Gutes Regieren
Konzepte – Realisierungen – Perspektiven

ÖFFENTLICHES MANAGEMENT UND FINANZWIRTSCHAFT 13
herausgegeben vom
KDZ – Zentrum für Verwaltungsforschung
mit Unterstützung des Österreichischen Städtebundes und
des Bundeskanzleramtes

Gutes Regieren

Konzepte – Realisierungen – Perspektiven

herausgegeben von

H. Bauer, P. Biwald, E. Dearing

redaktionell bearbeitet von

A. Steffek

neuer wissenschaftlicher Verlag

Wien · Graz 2011

Bibliografische Information der Deutschen Nationalbibliothek

Die Deutsche Nationalbibliothek verzeichnet diese Publikation in der Deutschen Nationalbibliografie; detaillierte bibliografische Daten sind im Internet über http://dnb.d-nb.de abrufbar.

ISBN 978-3-7083-0760-2
Neuer Wissenschaftlicher Verlag GmbH Nfg KG
Argentinierstraße 42/6, A-1040 Wien
Tel.: +43 1 535 61 03-24
Fax: +43 1 535 61 03-25
E-Mail: office@nwv.at

Geidorfgürtel 20, A-8010 Graz
E-Mail: office@nwv.at

Internet: www.nwv.at

Druck: Széchenyi Nyomda Kft., H-9024 Györ

Vorwort

Foto: BKA/Astrid Knie

Die Erwartungen an die Leistungsfähigkeit der öffentlichen Verwaltung sind im Verlauf der letzten 20 Jahre stark gestiegen. Gleichzeitig wurden die Ressourcen knapper. Diesen Herausforderungen versuchte man Ende der 1990er Jahre mit der Philosophie des New Public Managements zu begegnen. Nach diesem Verständnis sollte sich die öffentliche Verwaltung vom Verwaltungsapparat hin zur Dienstleisterin entwickeln. Neue Organisations- und Steuerungskulturen entstanden und seither kommen neue Instrumente in der Verwaltung erfolgreich zur Anwendung. Zusätzlich haben die Entwicklungen im IT-Sektor ganz entscheidend zur Modernisierung beigetragen. Letztlich hat man aber auch erkannt, dass mit der rein ökonomischen Logik nicht alle Probleme zu lösen sind.

So wurde nach dem Paradigma des Public Managements zu Beginn des neuen Jahrtausends Public Governance zum neuen Leitmotiv und damit zu einem wichtigen neuen Impulsgeber der Verwaltungsmodernisierung. Die Verwaltung begreift sich demnach nicht mehr nur als Teil eines abgeschotteten politischen Systems, sondern impliziert eine wirkungsorientierte Kooperation aller staatlichen Ebenen. Die Umsetzung von Public Governance in den Teilbereichen strategische Planung, Accountability, Evaluierung, Transparenz und Nachhaltigkeit wird aktuell durch die derzeit laufende Implementierung der wirkungsorientierten Verwaltungssteuerung im Rahmen der Haushaltsrechtsreform in der österreichischen Bundesverwaltung ganz entscheidend gefördert.

Die vorliegende Publikation dient als Beleg für die Innovationsfähigkeit der öffentlichen Verwaltung und die Innovationskraft ihrer Mitarbeiterinnen und Mitarbeiter. Diese Innovationskraft gilt es, zukünftig in Staat, Verwaltung und Wirtschaft zu bewahren und weiterzuentwickeln.

Gabriele Heinisch-Hosek

Bundesministerin für Frauen und Öffentlichen Dienst

Vorwort

Das KDZ – Zentrum für Verwaltungsforschung, das sich inzwischen als die Experteninstanz für kommunale Verwaltungsmodernisierung etabliert hat, legt nunmehr den dritten Band einer Reihe über Public Management und Governance vor, in dem die neuesten Entwicklungen im Bereich Verwaltungsmodernisierung in Österreich dargestellt werden.

„Public Management" und „Public Governance" – unter diesen Schlagworten werden all jene Bestrebungen subsumiert, die in den vergangenen Jahren gesetzt wurden, um aus einer gewachsenen öffentlichen Verwaltung eine moderne, effiziente und kundenorientierte Dienstleisterin zu entwickeln. Besonders die kommunale Ebene, die Städte und Gemeinden in Österreich, haben im Laufe der letzten Jahrzehnte bewiesen, dass sie ständig und mit Erfolg an der Verbesserung und Modernisierung ihres Leistungsangebotes arbeiten. So sind beispielsweise Bürgerservicestellen bereits seit langem Standard in Österreichs Städten, durch E-Government wurde ein verbesserter und beschleunigter Zugang der Bürgerinnen und Bürger zur Verwaltung geschaffen, durch die Zusammenführung von Fach- und Ressourcenverantwortung mittels Globalbudgets konnten Effizienzsteigerungen sowohl bei der Mittelverwendung als auch bei den Ablaufprozessen erzielt werden. Auch die interkommunale Kooperation wird immer mehr zum Thema. Die österreichischen Städte und Gemeinden werden trotz finanziell angespannter Zeiten nicht müde neue Wege zu gehen, um die Verwaltung effizienter zu gestalten.

Der Österreichische Städtebund wird auch weiterhin die österreichischen Städte und Gemeinden bei der Umsetzung der Instrumente des Public Managements und von Public Governance unterstützen.

Dr. Michael Häupl
Präsident des Österreichischen Städtebundes

Vorwort der Herausgeber

Ein ambitioniertes Regierungsprogramm sieht breite Reforminitiativen in allen zentralen Aufgabenbereichen des Staates vor. Aufbauend auf den Vorschlägen des Rechnungshofes sollte eine Arbeitsgruppe aufgrund von Expertenvorschlägen Umsetzungen einleiten. Diese Vorschläge liegen nun für große Teilbereiche vor, eine Umsetzung ist bis dato jedoch kaum erfolgt. Vor dem Hintergrund dieses „Reformstillstands" soll die hier vorgelegte Publikation einen neuen Impuls in Richtung „Gutes Regieren" geben. In Ergänzung zu den eher systemorientierten Arbeiten der Expertengruppe, liefern hier Erfolgsbeispiele und Erfahrungen aus der Praxis aller drei Gebietskörperschaften die Basis für eine Bilanz und Perspektiven.

Den Leserinnen und Lesern dieses Bandes aus Politik, Verwaltung, Verbänden und reforminteressierten Bürgerinnen und Bürgern werden aktualisierte Konzepte von „gutem Regieren" ebenso geboten wie international diskutierte Strategien und Erfolgsfaktoren sowie Beispiele für gelungene Reformen in organisatorisch oder sachlich abgegrenzten Bereichen. Damit soll nicht nur mehr Klarheit über das theoretische Fundament von Politik- und Verwaltungsmodernisierungen geschaffen werden, sondern auch vorhandene Defizite leichter erkennbar und Handlungsmöglichkeiten konkretisiert werden.

Nach dem vom KDZ im Jahr 2003 herausgegebenen Band „Öffentliches Management in Österreich"[1], der das Public Management-Konzept ausführlich beschreibt, folgte im Jahr 2005 eine Publikation zum Thema „Public Governance – Öffentliche Aufgaben gemeinsam erfüllen und effektiv steuern"[2], in dem die Modernisierungskonzepte um den Governance-Aspekt erweitert wurden. Die nun vorgelegte Publikation soll die Weiterentwicklung zu „Gutem Regieren" in Theorie und Praxis darlegen.

Hauptziel von „gutem Regieren" muss es sein, Gemeinwohl zu schaffen und zu individueller Lebensqualität beizutragen – dies ist eine der zentralen Thesen des vorliegenden Bandes. Damit soll auch zur weiteren Diskussion des Verständnisses von Public Value (Gemeinwohl) unter den heute gegebenen Bedingungen beigetragen werden. Die Auseinandersetzung mit den verschiedenen Dimensionen von Public Value erscheint uns für das Selbstverständnis der öffentlichen Verwaltung von essentieller Bedeutung, nicht zuletzt deshalb, weil sie auch Sicherheit im Rahmen der strategischen und operativen Ausrichtung bietet.

Im Mittelpunkt vieler Beiträge in diesem Buch stehen daher Fragen, wie das Vertrauen in den Staat und die Verwaltung gestärkt werden, wie Fairness, Gender-Gerechtigkeit und interkulturelle Gerechtigkeit erreicht, wie das im öffentlichen Sektor bestehende Innovationspotenzial genutzt, und wie letztlich Nachhaltigkeit von Politik- und Verwaltungshandeln gesichert werden können. Dies prägt auch die inhaltliche Gliederung des Bandes:

1 Vgl. dazu: Bauer; Biwald; Dearing (Hrsg.): Management, 2003.

2 Vgl. dazu: Bauer; Biwald; Dearing (Hrsg.): Governance, 2005.

- Der erste Teil widmet sich globalen Konzepten im nationalem Kontext sowie den Realisierungen in Österreichs Städten, Ländern und auf der Bundesebene.
- Im zweiten Teil geht es um die Stärkung des Vertrauens in Staat und Verwaltung, ein international forciertes Thema insbesondere auf OECD-Ebene.
- Im dritten Teil wird gezeigt, wie nachhaltige Gender-Politik und Integrations- und Diversity Management Wege zu mehr Fairness und Gerechtigkeit bei der staatlichen Aufgabenerfüllung sein können.
- Der vierte Teil widmet sich der Nachhaltigkeit von Politik und Verwaltungshandeln und zeigt, dass Nachhaltigkeit auf allen Ebenen und in vielen Sektoren konkretisierbar ist: auf strategischer Ebene, beim Budgetieren, aber auch bei der konkreten Leistungserbringung, wie etwa der Daseinsvorsorge.
- Der fünfte Teil umfasst die Entwicklungsperspektiven von Public Management und Governance aus nationaler und internationaler Sicht.
- Im sechsten Teil wird zusammengefasst und zentrale Schlussfolgerungen für „gutes Regieren" gezogen.

In jedem dieser Teile bringen Grundlagenbeiträge, vor allem jedoch praktische Beispiele aus Bundes-, Landes- und Stadtverwaltungen, Denkanstösse, konkrete „Reformberichte" wie auch Hinweise auf Probleme und mögliche künftige Verbesserungen.

Die Herausgeber bedanken sich bei den Autorinnen und Autoren für ihr Engagement bei der Erarbeitung der Texte und Praxisberichte. Die verschiedenen öffentlichen Verwaltungen haben trotz unterschiedlicher Aufgabenstellungen und Kontexte doch ähnliche Probleme zu lösen, Erfahrungen und Rat von anderen können dabei hilfreich sein und durchaus auch angenommen werden. Dies alles in der vorliegenden Publikation sichtbar zu machen, ist uns durch namhafte Förderungen des Bundeskanzleramtes, des Österreichischen Städtebundes sowie der UniCredit Bank Austria AG und der Kommunalkredit AG erleichtert worden. Allen Autorinnen und Autoren, den Sponsoren und nicht zuletzt der Redakteurin im KDZ, Andrea Steffek, gilt unser aufrichtiger Dank. Dem Verlag danken wir für die professionelle Umsetzung unserer Gedanken.

H. Bauer, P. Biwald, E. Dearing Wien, im Mai 2011
(Herausgeber)

Inhaltsverzeichnis

Abkürzungsverzeichnis

A	Autobahn
ADRCD	Adresscode
AEC	Ars Electronica Center Linz GmbH
AEPEA	Administrative Entlastung der Polizei für den exekutivdienstlichen Außendienst
AEUV	Vertrag über die Arbeitsweise der Europäischen Union
AGWR	Adress-, Gebäude- und Wohnungsregister
AKH	Allgemeines Krankenhaus
AMP	Arbeitsmarktpolitik
AMS	Arbeitsmarktservice Österreich
AR	Adressregister
Art.	Artikel
ASFINAG	Autobahnen- und Schnellstraßen-Finanzierungs-Aktiengesellschaft
ASP	Application Service Providing
ASVG	Allgemeines Sozialversicherungsgesetz
AWV	Abfallwirtschaftsverband Wiener Neustadt
B	Bundesstraße
Bd.	Band
BEV	Bundesamt für Eich- und Vermessungswesen
BGBl	Bundesgesetzblatt
BH	Bezirkshauptmannschaft
BHG	Bundeshaushaltsgesetz
BIP	Bruttoinlandsprodukt
BKA	Bundeskanzleramt
BMASK	Bundesministerium für Arbeit, Soziales und Konsumentenschutz
BMF	Bundesministerium für Finanzen
BMG	Bundesministerium für Gesundheit
BMI	Bundesministerium für Inneres
BMLFUW	Bundesministerium für Land- und Forstwirtschaft, Umwelt und Wasserwirtschaft
BMLV	Bundesministerium für Landesverteidigung und Sport
BMS	Bedarfsorientierte Mindestsicherung
BMUKK	Bundesministerium für Unterricht, Kunst und Kultur
BMVIT	Bundesministerium für Verkehr, Innovation und Technologie
BMWFJ	Bundesministerium für Wirtschaft, Familie und Jugend
BSC	Balanced Scorecard
BStG	Bundesstraßengesetz
BSVG	Bauern-Sozialversicherungsgesetz
B-VG	Bundes-Verfassungsgesetz
BVV	Bezirksverordnetenversammlung
bzw.	beziehungsweise
CAF	Common Assessment Framework
CCJE	Consultative Council of European Judges
CCT	compulsory competitive tendering
CIRS	Critical Incident Reporting System
CMS	Content Management System
COAG	Council of Australian Governments
CONAGUA	Comisión Nacional del Agua

CRM	Customer Relationship Management
ČSSR	Tschechoslowakische Sozialistische Republik
CSV	Comma Separated Value
DCB	Design Center Betriebsgesellschaft mbH
DiReSy	Dienstrechtssystem
DPM	Disease-Management-Programm
DWP	Department for Work and Pensions
e.g.	exempli gratia (zum Beispiel)
EAVG	Energieausweis-Vorlage-Gesetz
ECOFIN	Economic and Financial Affairs Council
EDV	Elektronische Datenverarbeitung
EFQM	European Foundation for Quality Management
EIPA	European Institute for Public Administration
EK	Europäische Kommission
ELAK	elektronischer Akt
EM	Europameisterschaft
EMRK	Konvention zum Schutze der Menschenrechte und Grundfreiheiten
EPSA	European Public Sector Awards
ESVG	Europäische System Volkswirtschaftlicher Gesamtrechnungen
etc.	et cetera
EU	Europäische Union
EUR	Euro
EW	Einwohner/in
EWWU	Europäische Wirtschafts- und Währungsunion
FAG	Finanzausgleichsgesetz
FCO	British Foreign & Commonwealth Office
FH	Fachhochschule
FIV	Führungsforum Innovative Verwaltung
FLAF	Familienlastenausgleichsfonds
FOIA	Freedom of Information Act
FSVG	Freiberuflich Selbständigen-Sozialversicherungsgesetz
F-VG	Finanz-Verfassungsgesetz
FW	Feuerwehr
GDP	gross domestic product
GeMA	Gesunde MitarbeiterInnen
GEMNR	Gemeindenummer
GID	Gebäudeidentifikation
GIS	Geoinformationssystem
GIZ-K	Gemeindeinformatikzentrum Kärnten
GM	Gender Mainstreaming
GmbH	Gesellschaft mit beschränkter Haftung
GÖD	Gewerkschaft Öffentlicher Dienst
GP	general practitioners
GP	Gesetzesperiode
GSG	Gemeindesoftware Großzählung
GSM	Grazer Steuerungsmodell
GSVG	Gewerbliches Sozialversicherungsgesetz
GWG	Gemeinnützige Wohnungsgesellschaft der Stadt Linz GmbH
GWR	Gebäude- und Wohnungsregister
GWZ	Gebäude- und Wohnungszählung
hhf	haushaltsführend

hhl	haushaltsleitend
HMRC	Her Majesty's Revenue and Customs
Hrsg./Ed.	Herausgeber/Editor
HVB	Hauptverband der österreichischen Sozialversicherungsträger
i.e.	id est
ICT	information and communications technology
idF	in der Fassung
IEZ	Interne Entwicklungsziele
IFP	Immobilien Freizeit Parken Wiener Neustadt GmbH
IHS	Institut für Höhere Studien
IKS	Internes Kontrollsystem
IKT	Informations- und Kommunikationstechnologie
IKZ	Interkommunale Zusammenarbeit
IMF	International Monetary Fund
ISSAB	Institut für Stadtteilentwicklung, Sozialraumorientierte Arbeit und Beratung
IT	Informationstechnologie
IT-DV	Informationstechnologie und Datenverarbeitung
iVm	in Verbindung mit
IVP	Informationsverpflichtung
IWG	Informationsweiterverwendungsgesetz
KAV	Krankenanstaltenverbund
KEST	Kapitalertragsteuer
KFZ	Kraftfahrzeug
KGSt	Kommunale Gemeinschaftsstelle für Verwaltungsmanagement
KME	Kultur Marketing Event Wiener Neustadt GmbH
KNU	Karen National Union
KOM	Kommission
L-17	Lenkberechtigung-17
LILO	Linzer Lokalbahn AG
LIVA	Linzer Veranstaltungsgesellschaft mbH
LMSVG	Lebensmittelsicherheits- und Verbraucherschutzgesetz
LOD	Linked Open Data
LRH	Landesrechnungshof
LSE	London School of Economics
MA	Magistratsabteilung
MB	machine bureaucracy
MbO	Management by Objektives
mE	meines Erachtens
MINT	Mathematik, Information, Naturwissenschaften und Technik
Mio.	Million
MIS	Managementinformationssystem
MLG	multi-level governance
Mrd.	Milliarde
NAO	neue Amtsorganisation
NGO	Nongovernmental Organisation
NHS	National Health Service
NÖ	Niederösterreich
NÖKAS	Niederösterreichischer Krankenanstaltensprengel
NPO	Nonprofit Organisation
Nr.	Nummer
Nr./No.	Nummer/Number

ÖBB	Österreichische Bundesbahn
OBJNR	Objektnummer
OECD	Organisation for Economic Co-operation and Development
OeNB	Österreichische Nationalbank
OKZ	Ortschaftskennziffer
OMV	Österreichische Mineralölverwaltung
OÖ	Oberösterreich
ÖPNV	Öffentlicher Personennahverkehr
ORF	Österreichischer Rundfunk
OSL	Ordnungsdienst der Stadt Linz GmbH
ÖStB	Österreichischer Städtebund
(N)PM	(New) Public Management
p.	page
PAC	Public Accounts Committee
PB	Professional Bureaucracy
PDF	Portable Document Format (Dateiformat)
POPUPGEM	POlicy and PUblic Service Push GEnder Mainstreaming
PPP	Public Private Partnership
PR	proportional representation
PSDPA	Public Service Disclosure Protection Act
PSI	Public Sector Information
R&D	research and development
RA	Rechnungsabschluss
RÄG	Rechnungslegungsrechts-Änderungsgesetz
RDF	Resource Description Framework
RH	Rechnungshof
RStDG	Richter- und Staatsanwaltschaftsdienstgesetz
RZLP	Ressourcen-, Ziel- und Leistungsplan
S	Schnellstraße
S.	Seite
SFr.	Schweizer Franken
SH	Schleswig-Holstein
SKZ	Straßenkennziffer
SMZ	Sozialmedizinisches Zentrum
SNG	Sub national governments
SOA	Serviceorientierte Architektur
SPÖ	Sozialistische Partei Österreich
SP-V	strategischer Prüfung-Verkehrsbereich
STAT	Statistik Österreich
STEK	Stadtentwicklungskonzept
SUPer NOW	Strategische Umweltprüfung für den Nordosten Wiens
SWOT	Strengths-Weaknesses-Opportunities-Threats
SWP	Stabilitäts- und Wirtschaftspakt
SZL	Seniorenzentren Linz GmbH
TCO	total costs of ownership
TSC	Teleservice-Center
u.a.	und andere
UG	Untergruppe
UK	United Kingdom
ULG	Unternehmensgruppe Stadt Linz
UN	United Nations
UNDESA	United Nations Department of Economic and Social Affairs

UR	Unternehmensregister
URI	Uniform Resource Identifier
USA	United States of America
UVE	Umweltverträglichkeitserklärung
UVG	Umweltverträglichkeitsgutachten
UVP-G	Umweltverträglichkeitsprüfungsgesetz
ÜZI	Überziel
V(B)Ä	Vollbeschäftigtenäquivalent
v.H.	von Hundert
Vbg.	Vorarlberg
VfGH	Verfassungsgerichtshof
Vgl.	vergleiche
VGR	Volkswirtschaftliche Gesamtrechnung
VHS	Volkshochschule
VRV	Voranschlags- und Rechnungsabschlussverordnung
VwGH	Verwaltungsgerichtshof
W3C	World Wide Web Consortium
waff	Wiener ArbeitnehmerInnenförderungsfonds
WAI	Web Accessibility Initiative
WEEP	Wiener Erneuerbarer Energie Plan
WHO	World Health Organization
WIFO	Österreichisches Institut für Wirtschaftsforschung
WLV	Wildbach- und Lawinenverbauung
WM	Weltmeisterschaft
WN	Wiener Neustadt
WNSKS	Wiener Neustädter Stadtwerke und Kommunalservice GmbH
WOV	wirkungsorientierte Verwaltungsführung
WU	Wirtschaftsuniversität
XLS	Excel Spreadsheet (Dateiformat)
Z	Zahl
z.B.	zum Beispiel
ZIM	Zielgruppen-Inhaltsmatrix
ZIT	Zentrum für Innovation und Technologie
ZMR	Zentrales Melderegister
ZPS	Zielfindungs-, Planungs- und Steuerungsprozess

Teil 1:
Konzepte und Realisierungen

1.1 Konzepte

1.2 Realisierungen

Teil 1.1:

Konzepte

Helfried BAUER, Elisabeth DEARING

Public Management und Governance: Globale Konzepte im nationalen Kontext

Österreichs öffentliche Verwaltungen befinden sich in verschiedenen Modernisierungsprozessen, die teilweise bereits viele Jahre laufen. Spätestens seit dem Beitritt des Landes zur Europäischen Union (1995) und zur Europäischen Wirtschafts- und Währungsunion (1997) können viele Reformvorhaben dem weltweit eingesetzten Konzept des New Public Managements und in weiterer Folge den Bemühungen um Public (normativ um: Good) Governance zugerechnet werden. Welche Hauptelemente das Modell und welche Strategien für „Gutes Regieren" eingesetzt werden, soll im folgenden Text überblicksartig behandelt werden.

1. Entwicklung des New Public Management-Modells

Seit dem Ende der 1980er und dem Beginn der 1990er Jahre kann man von einer neuen, international mit unterschiedlichen Schwerpunkten diskutierten und praktizierten Reform- und Reorganisationsstrategie für den Staat und die öffentlichen Verwaltungen sprechen, dem New Public Management. Das einflussreiche Buch von Osborne und Gaebler „Reinventing Government – How the Entrepreneurial Spirit is transforming the Public Sector"[1] lieferte bereits im Jahr 1992 in den USA und den Reformstaaten der ersten Stunde (so etwa Neuseeland) eine Zusammenstellung der konzeptionellen Ansätze und der damaligen praktischen Erfahrungen.

Mit dem NPM-Konzept wird das seit Jahrzehnten in vielen Großorganisationen und damit auch im öffentlichen Sektor dominierende „Bürokratiemodell" zumindest teilweise abgelöst. Für einen hoch entwickelten Wohlfahrtsstaat mit seinen vielfältigen Planungs- und Steuerungsaufgaben sowie den diversen Dienstleistungen und Einrichtungen ist das auf strenge Hierarchie und auf Normenvollzug ausgerichtete, unpersönliche und eher unflexible Bürokratiemodell wenig geeignet, wenngleich einzelne positive Aspekte – wie das Rationalitätsprinzip oder die schriftliche Kommunikation innerhalb der Organisation – auch im NPM-Konzept angewendet werden. Wie Schedler und Proeller ausführen, stößt das Bürokratiemodell in einer Zeit sich rasch verändernder Umfeldbedingungen, *„die auch von der Verwaltung immer höhere Anpassungsfähigkeit verlangt, an ihre Grenzen"*[2].

Mit dem ursprünglich stark aus der Praxis heraus entwickelten NPM-Modell wird eine neue, vor allem ökonomisch definierte Rolle von Staat und Verwaltung und damit verbunden eine an Kategorien des Manage-

---

1 Die Merkmale der in diesem Werk geforderten Reformen werden schlagwortartig bei Schauer angeführt. Vgl. dazu: Schauer: Betriebswirtschaftslehre, 2008, S. 64.

2 Schedler; Proeller: Management, 2009, S. 17.

ments ausgerichtete Steuerung der öffentlichen Aufgabenerfüllung verfolgt. Zwei maßgebliche Experten formulierten dies so:

> *„Das NPM strebt insgesamt eine Stimulierung neuer Wirkungsmechanismen im öffentlichen Sektor, mit dem Ziel der Verbesserung der Qualität, der Effizienz und der Effektivität der Dienstleistungsproduktion an.“*[3]

New Public Management war und ist nicht völlig neu. Vielmehr versucht es, verschiedene bestehende wissenschaftliche Disziplinen und deren Erkenntnisse zu nutzen, wie vor allem jene der betriebswirtschaftlichen Managementlehre, der Verwaltungswissenschaften, der Politikwissenschaft und der Verwaltungssoziologie. Public Management kann jedoch nicht als „Reprise alter planungstheoretischer Konzepte“ – so stand beispielsweise in den 1970er Jahren das Planning-Programming-Budgeting-System der Rand Corporation in hoher Gunst staatlicher Reformer – interpretiert werden, weil diese damals *„nicht dafür entwickelt wurden, den Staat wettbewerbsfähiger und kundenorientierter zu machen, sondern seine zentrale Steuerungskapazität zu erhöhen“*[4].

1.1 Prämissen und Hauptelemente des New Public Management-Konzepts

Der Wandel vom Ordnungs- zum Dienstleistungsstaat und in weiterer Folge teilweise zum Gewährleistungsstaat erfordert neue Formen staatlichen Handelns und Steuerns. Der hoheitliche Normenvollzug tritt tendenziell in den Hintergrund, Problemlösungen für Bürgerinnen und Bürger und für die Wirtschaft werden wichtiger. Verstärktes ökonomisches Denken, das Übernehmen von Marktelementen und erwerbswirtschaftliche Methoden etablieren sich schrittweise bei der Erfüllung öffentlicher Aufgaben.

Nach dem Verständnis des Gewährleistungsstaates stellt der Staat die Erfüllung politisch gewollter öffentlicher Aufgaben sicher. Er gewährleistet, dass diese Aufgaben erledigt werden. Diese Gewährleistung umfasst nicht unbedingt, dass der Staat die Aufgaben selbst erfüllt. Die Erledigung der Aufgaben kann auch durch Private, also den Markt oder durch gemeinnützige Organisationen, also den Dritten Sektor, oder sogar durch die Bürgerinnen und Bürger selbst erfolgen. Weitere Alternativen sind Mischformen, bei denen es zu Kooperationen des Staates mit Privaten, gemeinnützigen Organisationen oder Gruppen von Bürgerinnen und Bürgern kommt. Wesentliches Kriterium zur Entscheidung, in welcher Form die Aufgaben zu erfüllen sind, ist die Effizienz. Dabei sind die verschiedenen (privaten und öffentlichen) Leistungsangebote prinzipiell als gleichberechtigt anzusehen.[5] Im Falle der Nichterfüllung vereinbarter Leistungen durch Partner trägt jedoch der Staat die Verantwortung für die Aufgabenerfüllung und damit das Risiko. Somit ist diese nicht gleich verteilt zwischen den Partnern und dem Staat.

---

3 Naschold; Bogumil: Modernisierung, 1998, S. 79.
4 Röber: Missverständnisse, 1996, S. 103.
5 Reichard: Gewährleistungsstaates, 2003.

Abbildung 1: Tiefgehender Wandel im Staatsverständnis

ZIEL:	Recht-mäßigkeit	Wettbewerbs-fähigkeit	Lebensqualität, nachhaltiges Wirtschaften
BLICK-RICHTUNG:	Hoheits-rechte	Abnehmer/ Konkurrenten	umfassende Kooperationen (z.B. mit der Zivilgesellschaft)
STEUERUNGS-MODUS:	Hierarchie/ Bürokratie	Dienstleistungs-orientierung/ Marktelemente	Netzwerke, Partizipation, Verträge
ARGUMEN-TATION:	juristisch	ökonomisch	demokratiepolitisch, ganzheitlich

Quelle: übersetzt und modifiziert nach Bovaird; Löffler: context 2009, p. 21

Das Konzept des New Public Managements ist nicht starr, sondern vielfältig adaptierbar. So liefert es für die öffentlichen Verwaltungen, die in einzelnen Staaten mit ihren verschiedenen politischen Ideologien, den sozio-ökonomischen Gegebenheiten sowie den teils auch tradierten Rahmenbedingungen tätig sind, Strategien und Instrumente. NPM ist *„keine eigene Theorie, sondern ein Konzept mit unterschiedlichen theoretischen und empirischen Einflüssen“*[6], das unter verschiedenen ideologischen Ansichten von der Art und Weise der öffentlichen Intervention funktioniert, aber auch je nach den dominierenden Vorstellungen von einer idealen öffentlichen Verwaltung adaptiert werden kann.

Beispielsweise wurde das Konzept etwa in Großbritannien und teils auch in den USA, wo bisher überwiegend neo-liberale Ideologien[7] verfolgt wurden, weitgehend angewendet und zwar in einer Ausrichtung, die deutlich auf Deregulierung und Entstaatlichung bzw. die Privatisierung öffentlicher Aufgaben gesetzt hat. In den skandinavischen Ländern prägen da-

6 Schedler; Proeller: Management, 2009, S. 44.

7 In seinem Werk „The Conscience of a Liberal“ (2007) beschreibt Krugman wie dagegen die Politik des New Deal von Präsident Roosevelt das Ausmaß des Staatsanteils schrittweise erhöhte und die Finanzierung über Vermögenssteuern und eine verschärfte Progression bei den Sätzen der Einkommensteuern erfolgte. Auch die Rückkehr der Republikaner an die Macht im Jahr 1948 – Harry Truman wurde überraschend zum US Präsidenten gewählt – änderte zunächst nichts an der Zustimmung zur Politik des New Deal. Vgl. dazu: Krugman: Conscience, 2007.

gegen NPM-Ansätze die Modernisierungsbemühungen, die durchaus dem Erhalt des Wohlfahrtsstaates gelten. Sie bedienen sich nicht nur der Ergebnissteuerung, sondern zeichnen sich auch durch sozialen Ausgleich, Bürgerbeteiligung, Wettbewerbsdenken sowie selektive Dezentralisierungs- und Privatisierungsvorhaben aus.[8] OECD-Experten bestätigen diesen Umstand wie folgt:

> „*In fact, OECD countries have taken strikingly different paths towards improving responsiveness and performance* [...] *Diverse administrative traditions and the malleability of administrative systems play a key role in determining these differences.*“[9]

Eine Zusammenstellung der hauptsächlichen Merkmale von New Public Management, wie sie in den frühen 1990er Jahren verstanden wurden, ergibt aus der Sicht verschiedener Autoren das folgende Bild (siehe Tabelle 1). Man erkennt hierbei unterschiedliche Schwerpunkt- bzw. Akzentsetzungen. So etwa die Betonung von Privatisierung und marktwirtschaftlichen Instrumenten auf Seiten der OECD.

Tabelle 1: Gegenüberstellung von Merkmalen des New Public Managements nach Hood und der OECD

Christopher Hood[1]	**OECD: Public management developments**[2]
Praktisches professionelles Management	More responsiveness to users/ other customers in public services
Betonen von Führung im betriebswirtschaftlichen Sinn; mit Handlungsfreiheit ausgestattete Führung	More devolved personel management with increasing use of performance-related pay and personalised contracts
Größere Betonung der Output-Steuerung	Emphasis on performance management
Explizite Leistungsstandards und Leistungsmessgrößen	More flexible and devolved financial management
Betonen größerer Disziplin und Sparsamkeit im Ressourceneinsatz	Privatisation of market-oriented public enterprises
Mehr Wettbewerb im öffentlichen Sektor etc. durch befristete Verträge und öffentliche Ausschreibungen	Greater recourse to the use of market-type mechanisms (internal markets, user charges, vouchers, contracting out)
	Greater decentralisation of authority and responsibility from central to lower levels of government

1 Hood: Management, 1991
2 OECD: Public Management Developments, 1995.

So unterschiedlich die Strategien und eingesetzten Instrumente auch sein mögen, ist ein Umstand jedoch konstitutiv für alle Ausprägungen von New Public Management: Man hat erkannt, dass einfache, eindimensiona-

8 Im OECD-Bericht „Public Governance Review of Finland“ wird dies wie folgt zusammengefasst: „*The public administration's contribution to Finland economic success and social cohesion is well recognised. Its ability to respond to new developments will have an impact not just on economic growth, but citizens' way of life, for example: the sustainability of small northern towns, based on mining or logging industries; the close proximity of high quality public services, even in sparsely populated areas and a tradition of strong local authorities.*“ (OECD: report, 2010, p. 4.)

9 Blum; Manning: Management, 2009, p. 45.

le Ansätze der Reorganisation – z.B. der Einsatz des Instrumentes der Kosten- und Leistungsrechnung oder eine Strategie des Verwaltungsmarketings – nicht ausreichen, sondern nur ein ganzheitliches und umfassendes System Sinn macht. Denn es gilt, nicht nur bewährte Instrumente einzusetzen, sondern auch die zur Erwerbswirtschaft unterschiedlichen Ziele und Denkweisen des öffentlichen Sektors zu betonen und damit Reformen verschiedener Art (z.B. Organisationsveränderungen, neues Selbstverständnis und Motivation der ausführenden Mitarbeiterinnen und Mitarbeiter, Flexibilität aller Akteurinnen und Akteure), die sich teils gegenseitig bedingen, zu leisten.

1.2 NPM als vielschichtige Reformperspektive

New Public Management strebt eine Reorganisation auf drei Ebenen an, nämlich auf der Ebene des Grundverständnisses vom Staat, im Bereich des Verhältnisses der Verwaltung nach außen (zu Wirtschaft und Gesellschaft) sowie auf der Ebene der „Binnenmodernisierung" (Modernisierung im Innenbereich).

1. Das veränderte Grundverständnis des Staates wird neben dem Wandel der Rolle und Verantwortlichkeit – wie in Abbildung 1 dargestellt – auch durch externe Faktoren, wie die globalisierte Wirtschaft, gesellschaftlichen Wertewandel oder eine aktive, vernetzte Bevölkerung, beeinflusst.

   Als grundlegende Orientierung gilt mit den Worten von Budäus der *„Verlust des Glaubens an die Allzuständigkeit des Staates, seine Kompetenz für Problemlösungen und nicht zuletzt seine Finanzierbarkeit.*"[10] Vielmehr setzt man auf Zusammenarbeit, auch auf Konkurrenz mit anderen Sektoren der Gesellschaft, insbesondere mit dem erwerbswirtschaftlichen, jedoch auch mit dem Nonprofit-Bereich und last but not least mit den Bürgerinnen und Bürgern.

2. Es geht weiters um nach außen gerichtete Strukturreformen, welche sich vor allem an den Nutzerinnen und Nutzern sowie Begünstigten der öffentlichen Aufgaben orientieren. Die Reformen betreffen mehr Wahlmöglichkeiten für die Leistungsempfängerinnen und Leistungsempfänger, Bemühungen um Qualität der Leistungen und um mehr Kommunikation sowie eine tendenziell nutzerbezogene Leistungsfinanzierung. Ein weiterer Aspekt besteht darin, dass marktnahe Leistungen des öffentlichen Sektors aus der Verwaltung ausgegliedert und durch öffentliche Unternehmungen (bei verschieden hohen Beteiligungen der öffentlichen Hand) erbracht werden. Weitere Elemente marktwirtschaftlichen Handelns finden Eingang in das öffentliche Handeln, wie etwa die Ansätze zur Schaffung von wettbewerbsähnlichen Bedingungen („managed competition") und das „Lernen von den Besten".

10 Budäus: Steuerung, 1998, S. 107.

Dieser Außenbezug wird nicht zuletzt durch global wirkende Faktoren begründet, die einen Druck nach Reformen auslösen und/oder verstärken. Bovaird und Löffler verweisen hier auf *„a particularly powerful group of external factors pushing for reform since the early 1990s [...] associated with quality of life issues. The first of these to make a major impact was the global environmental crisis, particularly since the Rio Summit in 1992. Since then, interest has grown in many countries around the world in the quality of health, the quality of life of children, particularly the prevalence of child poverty [...], and the quality of life for the elderly [...]".*[11]

3. Auf der dritten Ebene liegt die „Binnenmodernisierung". Das sind umfassende interne Reorganisationen von Strukturen und Geschäftsprozessen (Verfahren), weiters ein verbesserter Wirkungsgrad der Mitarbeiterinnen und Mitarbeiter durch Führen mit Zielen, durch neues Budgetieren (z.B. Verknüpfen der Top down- mit Bottom up-Planung). Pollitt und Bouckaert charakterisieren diese innere Verwaltungsmodernisierung – als eine von vier strategischen Reformoptionen – wie folgt:

„Modernisation of the system, by bringing in faster, more flexible methods in all aspects of the administrative systems (e.g. budgeting, accounting, staff management, service delivery etc.), with some knock-on effects on the political system – this option has one variant that emphasises the need for deregulation and ‚empowerment' of lower levels of managers, while another variant emphasises the need for citizen participation and stakeholder engagement."[12]

2. Das System des New Public Managements

Das System des NPM, wie wir es heute verstehen, umfasst mehrere strategische Reformbereiche, die man als *Handlungsfelder* für die modernisierte öffentliche Verwaltung und die öffentlichen Unternehmungen ansehen kann (die äußeren Eckpunkte in Abbildung 2), sowie *„neue" zentrale Instrumente*, die sich meist im Wirtschaftsleben bewährt haben, jedoch teils auf die Gegebenheiten im öffentlichen Bereich angepasst werden müssen. Dieses System fußt – entsprechend den Gegebenheiten des öffentlichen Sektors – auf zwei unterschiedlichen Entscheidungskreisen, die jedoch mit einander verzahnt werden müssen. Es sind dies der Kreislauf der politischen Logik in einem „pluralistischen Ziel- und Anreizsystem" und der Kreislauf der Managementlogik (Kreislauf der administrativen Verwaltungsführung), welcher stärker sachlich begründet ist.

„Was politisch rational ist, kann auf das Management irrational wirken. Wo das Management Sachentscheide fällt, ist die Politik auf Mehrheiten angewiesen, um ihre Anliegen durchzusetzen. Mehrheiten wiederum sind oft das Ergebnis komplexer Aushandlungspro-

---

11 Bovaird; Löffler: context, 2009, p. 16.

12 Pollitt; Bouckaert: management, 2004, p. 186ff.

zesse, in denen Zustimmung oder Ablehnung zu Dingen getauscht wird, die oft nur wenig in Zusammenhang stehen. Politik und Management sind oft gleichermaßen zielorientiert; nur der Weg zum Ziel kann sich fundamental unterscheiden [...] *Eine Übersetzerfunktion ist nötig: politische Vorgaben müssen in führungsrelevante Ziele zerlegt und umgekehrt das Ergebnis der Verwaltungsproduktion hinsichtlich politischer Aspekte eingeordnet werden.*"[13]

Allerdings haben bürokratietheoretische Studien auch gezeigt, dass die Verwaltungsführung nicht nur sachlich agiert und im Interesse der längerfristigen Entwicklung des Gemeinwohls entscheidet, sondern auch eigene machterhaltende Kalküle verfolgen kann. Dies stellt etwa Pitlik fest und verweist auf „*Informationsasymmetrien, auf Kontrollprobleme und die Monopolposition, welche in Budgetverhandlungen mit der Politik eine Machtasymmetrie zu Gunsten der Bürokratie*"[14] implizieren.

Abbildung 2: System der Modernisierung im NPM-Modell

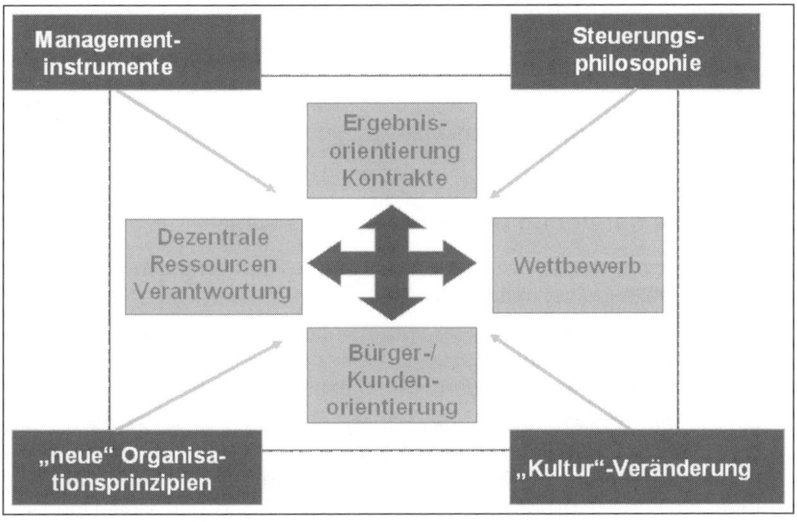

Quelle: KDZ

So geht es zunächst – wie Abbildung 2 zeigt – um

1. ein neues Verständnis von der Zusammenarbeit zwischen politischer und administrativer Führung sowie zwischen Führung und den ausführenden Mitarbeiterinnen und Mitarbeitern (neue „*Steuerungsphilosophie*"),
2. eine gegenüber dem Bürokratiemodell *veränderte Organisationskultur*,

13 Schedler; Proeller: Management, 2009, S. 64f.
14 Pitlik: Ansatzpunkte 2008, S. 110.

3. *neue Organisationsprinzipien* in den Zentralstellen sowie in den nachgeordneten Dienststellen, den ausgegliederten Betrieben und Einrichtungen sowie
4. der Einsatz von teils neuen bzw. zusätzlichen *Managementinstrumenten*, wie beispielsweise Steuerungskennzahlen, Qualitätsmanagement und wettbewerbsähnliche Bedingungen der Leistungserstellung.

Im Inneren der Abbildung 2 werden vier *instrumentelle Erfolgsfaktoren* des Public Management-Systems angeführt. Es sind dies folgende Handlungsweisen:

1. die *Ergebnisorientierung*, die durch Kontrakte und Zielvereinbarungen auf den einzelnen Steuerungsebenen konkretisiert wird,
2. Die grundsätzliche *Ausrichtung der Ziele und Prozeduren an den Leistungsempfängerinnen und Leistungsempfängern* in Wirtschaft und Gesellschaft (Bürgerinnen und Bürger, Interessensgruppen, andere Stakeholder),
3. die *Wettbewerbsorientierung* (im Sinn einer „managed competition" durch das Schaffen von Leistungsvergleichen, Ausschreibungen zur Steigerung von Effizienz und Flexibilität) sowie
4. die *dezentrale Fach- und Ressourcenverantwortung*, womit wichtige Elemente auch des Finanzmanagements im Public Management-System bezeichnet werden.

2.1 Inhalte der neuen Steuerungsphilosophie

Drei Teilbereiche bilden im Wesentlichen das Handlungsfeld der neuen Steuerungsphilosophie, nämlich

1. das Entwickeln und Vermitteln von Visionen, von Werten und von Aufgaben, die durch einen „Public Value" gekennzeichnet und über Kontrakte und Leistungsvereinbarungen umzusetzen sind,
2. die Außenorientierung der Verwaltung, also die Pflege der Beziehungen zwischen Politik und Verwaltung, die Orientierung an den Bürgerinnen und Bürger sowie an den Leistungsempfängerinnen und Leistungsempfänger (Kundinnen und Kunden) und an den vielfältigen Interessensgruppen („Stakeholder") in Wirtschaft und Gesellschaft und
3. die Motivierung, Unterstützung und Befähigung der Beschäftigten in der öffentlichen Verwaltung, insbesondere über Ziele, mit denen gesagt wird, was es zu erreichen gilt. Sie treten anstelle von Arbeitsanweisungen.

Zum Verhältnis von Politik und Verwaltung im New Public Management

Nach einem manchmal noch überwiegenden Verständnis vieler Akteurinnen und Akteure im öffentlichen Sektor soll die Politik vorgeben, was es zu schaffen gilt und damit die Ziele formulieren (strategische, politische Planung). Der Verwaltung würde dann das „Wie" obliegen, also die Entscheidung über die geeigneten Vorgangsweisen zur Umsetzung der Ziele. Im NPM-Konzept gilt dieses Verständnis jedoch als überholt, da strategische Planung, Steuerung und Erfolgskontrolle im Zusammenwirken der politischen als auch der administrativen Führung erfolgen soll. In diesem Sinn erscheint ein modifiziertes Verständnis der Verwaltung erforderlich.

So formulierte etwa kürzlich das „Führungsforum Innovative Verwaltung“ (FIV) folgende Sicht von strategischer und operativer Arbeit im öffentlichen Sektor:

„Neues Verwaltungsverständnis schaffen: Verwaltung wird im Sinne der Gewaltenteilung als Teil der Vollziehung verstanden. Daher scheint die im Sprachgebrauch übliche Trennung zwischen Politik und Verwaltung verfehlt [...] *Die Mitverantwortung der Führungskräfte bei der Entwicklung politischer Strategien gewährleistet die best-mögliche Umsetzung im Vollzug. Vor dem Hintergrund der politischen Verantwortung gegenüber dem Parlament liegt die Letztverantwortung und Letztentscheidung in allen Bereichen bei der politischen Ebene.“*[15]

Das zentrale Reforminstrument der neuen Steuerungsphilosophie ist die Etablierung von Leistungskontrakten in Verbindung mit Globalbudgets für die strategischen und operativen Organisationseinheiten. Zum Teil wird ein neues Rollenverständnis notwendig sein, *„das einerseits für die Politik die für die Strategieentwicklung notwendigen Freiräume schafft und anderseits die mit der Übertragung von Eigenverantwortung verbundene Freisetzung von Leistungspotenzialen der Mitarbeiterinnen und Mitarbeiter fördert“*[16].

Außenorientierung des öffentlichen Handelns

Die Außenorientierung besteht somit darin, die Wirkungen und die Leistungen für Wirtschaft und Gesellschaft festzulegen, zu messen und zu steuern. Gegenüber der Inputorientierung im Bürokratiemodell ergibt dies einen anderen Fokus des Handelns – Politik und Verwaltung öffnen sich und suchen die Anliegen der Bürgerinnen und Bürger, der Wirtschaft, aber auch die Generationengerechtigkeit (Anliegen der künftigen Generationen) und die ökologische Nachhaltigkeit zu erfassen sowie Chancen und Risken zu erwägen.

Die Vision von der „menschlichen“ Verwaltung steht im Gegensatz zum unpersönlichen Bürokratiemodell, und bedeutet vor allem

1. die Bürgerinnen und Bürger nicht als Untertanen, sondern als Personen mit ihren Rechten, Anliegen und tatsächlichen Bedürfnissen anzusprechen,
2. die Mitarbeiterinnen und Mitarbeiter als wichtigsten Faktor der Leistungserstellung zu schätzen und zu befähigen, und schließlich auch
3. Legitimations- und Finanzierungsprobleme zu lösen bzw. zu überwinden.

---

15 Führungsforum Innovative Verwaltung: Gebote, 2010.

16 Führungsforum Innovative Verwaltung: Positionspapier, 2010, S. 7.

Steuern über Freiräume und Verantwortung für die Mitarbeiterschaft

Mit diesem Begriff wird deutlich, dass die Steuerungsphilosophie des New Public Managements den ausführenden Mitarbeiterinnen und Mitarbeitern grundsätzlich viele Freiräume eröffnet, was nicht nur eine wichtige Voraussetzung für die Arbeitsmotivation bietet. Freiräume ermöglichen es den Bediensteten auch – im Rahmen der Visionen und Zielvereinbarungen –, sich mit den Erwartungen und den Erfordernissen der Leistungsempfängerinnen und Leistungsempfänger auseinander zu setzen, und diese bei den Inhalten und Vorgangsweisen der Leistungserstellung zu berücksichtigen. Im Kontakt mit den Leistungsempfängerinnen und Leistungsempfängern erfahren motivierte Leistungsproduzentinnen und Leistungsproduzenten auch direkt Rückmeldungen und übernehmen so Verantwortung für den Nutzen bzw. die Brauchbarkeit ihrer Leistungen; sie sind damit in der Lage, für die innerbetriebliche Diskussion zu möglichen Verbesserungen, Vorschläge zu erstatten.

Für die *Führungskräfte* erfordert das Steuern über Freiräume und die Übertragung von Ergebnisverantwortung die verstärkte Befassung mit den Zielen der Leistungserstellung und mit den angestrebten Wirkungen. Dies soll dadurch ermöglicht werden, dass die Führung von der täglichen Anweisungsarbeit und Kontrolle befreit wird. Dabei wird klar, dass eine mehrdimensionale Steuerung über die Beiträge zur angestrebten Wirkung, über Quantität und Qualitäten der Leistungserstellung, über den Ressourceneinsatz pro Leistungseinheit sowie über den unterschiedlichen Einsatz von Produktionsfaktoren (z.B. Datenbeschaffung, qualifizierte Beratung, IKT-Einsatz) die Arbeit der ausführenden Dienststellen besser leitet, als bloßes Berufen auf die geltenden Normen und den jeweiligen Budgetansatz. Führungskräfte sowie Mitarbeiterinnen und Mitarbeiter sind schließlich über die periodischen Ergebnisberichte wieder miteinander verknüpft, die im Idealfall mit wenigen gut konzipierten Kennzahlen und Feedbacks von den Leistungsempfängerinnen und Leistungsempfängern ein klares Bild von der Zielerreichung und der Umsetzung der übergeordneten Strategien bieten.

Ein Beispiel stellt das Expertenpapier zur Bildungsreform im Zuge der Arbeitsgruppe „Verwaltung Neu" vom Sommer 2009 dar.[17] Dort sind folgende Grundprinzipien einer neuen Bildungsstruktur vorgesehen:

1. die Steuerung auf Basis strategischer Bildungsziele (Output- und Outcomeorientierung)
2. die Aufgaben-, Ausgaben- und Finanzierungsverantwortung sowie die interne Kontrolle der Schulgebarung in eine Hand zu legen
3. die weitgehende Autonomie der Schulen in Bezug auf die Unterrichtsgestaltung und Personalauswahl
4. die Qualitätssicherung und Qualitätskontrolle der Leistungserbringung der Schulen durch ein permanentes übergeordnetes Monitoring

Daraus wird ersichtlich, dass strategische Bildungsziele (vom BMUKK) vorgegeben und eine Qualitätssicherung und Qualitätskontrolle durch ein

17 Vgl. dazu: http://www.rechnungshof.gv.at unter Verwaltungsreform/Lösungsvorschläge Bildung.

übergeordnetes Monitoring vorgesehen werden sollten. Die Ebene der Leistungserbringer – die Schulen – müsste nach dem Konzept aber möglichst weitgehende Autonomie bei der operativen Umsetzung der strategischen Vorgaben haben. Es bleibt zu hoffen, dass das derzeit noch im „Kompetenzdschungel gefangene" Lösungskonzept auch einmal umgesetzt werden kann.

2.2 Verwaltungskultur als zweites strategisches Handlungsfeld

Verwaltungskultur kann mit Schedler und Proeller *„vereinfachend als die Gesamtheit des Gelebten in der Verwaltung* [...] *als Informelles, Tatsächliches und Erlebtes im Umgang der Mitarbeitenden untereinander und mit ihren Ansprechpartnern außerhalb der Verwaltung"*[18], als Haltungen, Einstellungen, Gebräuche von Führungskräften sowie Mitarbeiterinnen und Mitarbeiter bezeichnet werden. Man kann davon ausgehen, dass sich die Organisationskultur in gewinnorientierten Wirtschaftssektoren von der Kultur in Nonprofit Organisationen (z.B. Menschenrechtsorganisationen, politische Parteien) und von der Verwaltungskultur im öffentlichen Bereich in mehrerer Hinsicht unterscheidet – so beispielweise bezüglich des Umgangs mit den zahlungskräftigen Kundinnen und Kunden oder bezüglich der Reaktion im Inneren der Organisation auf veränderte äußere Umstände.

Diese Unterschiede sind in erster Linie auf jeweils verschiedene *Werte*, die in Organisationen vorherrschen, und auf die individuellen Wertvorstellungen und das Einsetzen für bestimmte Tugenden zurück zu führen. Werte sind die Grundlagen für das Verhalten der Mitarbeiterinnen und Mitarbeiter einer Organisation und prägen damit die Verwaltungskultur, die auch als Ethik einer Verwaltungsorganisation bezeichnet wird.

Beispielsweise ist es eine Frage der herrschenden Werthaltung, wie aktiv sich die Führung sowie die Mitarbeiterinnen und Mitarbeiter auf Veränderungen im Umfeld einer Organisation einstellen oder wie defensiv, wie reaktiv sie handeln. Wenn beispielsweise die BH Innsbruck erkannt hat, dass Bedarf besteht, den Bürgerinnen und Bürgern und der Wirtschaft „entgegen zu gehen" und sie daraufhin einen Stand bei der Innsbrucker Messe und am Flughafen einrichtet, bei dem Behördenleistungen – wie etwa Reisepässe – bezogen werden können, so ist dies ein gutes Beispiel dafür, wie auf Erwartungen und Bedürfnisse der Umwelt reagiert wird. Interessant bei diesem Projekt ist, dass diese Innovation insbesondere von den Mitarbeiterinnen und Mitarbeitern getragen wurde, die den Behördenleiter überzeugen konnten, dass es sich lohnt, dieses Service anzubieten.

Konsequenz anderer Werte ist etwa die fallweise erkennbare Haltung von Verwaltungsmitarbeiterinnen und Verwaltungsmitarbeitern, sich den Vorgaben der Politik und der Verwaltungsführung diskussions- und kritiklos unterzuordnen und „Befehle" bzw. Anordnungen zu erfüllen. Ihr Wertesystem wird anders geprägt sein, als bei jenen, die in einer offenen Dis-

18 Schedler; Proeller: Management, 2009, S. 267.

kussion einen Austausch der Sichtweisen und der Erfahrungen „von unten“ mit jenen der Führung „von oben“ verfolgen.

Die Organisationskultur im Public Management setzt auf Menschen, die offen für Einflüsse von außen sind, die sich aktiv mit den Leistungsempfängerinnen und Leistungen sowie den Vorgesetzten auseinandersetzen, die sich selbst steuern können und ihre eigene Meinung bei einem – wenigstens teilweise – selbst bestimmten Handeln einbringen.

Tabelle 2: Gegenüberstellung von Elementen traditioneller Verwaltungskultur und NPM-Organisationskultur

Traditionelle Verwaltungskultur	Organisationskultur im Public Management
Reagieren auf neue Gegebenheiten, auf äußere Einflüsse	Aktives handeln; es wird frühzeitig versucht, unerwünschte Entwicklungen zu verhindern, abzuschwächen
hohe Resistenz gegen Veränderung	Änderungen gekonnt planen und umsetzen
Obrigkeitsstaatliches Verhalten durch unpersönliches, defensives, formalistisch korrektes Handeln	Servicegesinnung steht im Vordergrund; die öffentliche Verwaltung sieht sich als Partner für Bürgerschaft und Wirtschaft
Zentralistische Führungskultur	Kultur der Kooperation zwischen Dienststellen im Interesse einer raschen und umfassenden Erledigung
„alte“ Fehlerkultur – Suche nach Schuldigen	neue Fehlerkultur – aus Fehlem lernen wirkt
Misstrauen gegenüber Leistung und Verhalten von Mitarbeiterinnen und Mitarbeitern	Vertrauen in das Urteilsvermögen und in die Selbststeuerung der Mitarbeiterschaft

Quelle: Helfried Bauer und Elisabeth Dearing (2011)

Die Kultur einer Organisation kann durch Anordnungen bezüglich der Vorgangsweisen (Prozesse), durch neue Strukturen nur schwer und kaum kurzfristig verändert werden. Um den notwendigen Wandel der Verwaltungskultur im Sinn des New Public Managements für Mitarbeiterinnen und Mitarbeiter leisten zu können, müssen Diskussionen über die vorherrschenden Werte geführt werden, um Werthaltungen transparent und verständlich zu machen. Darüber hinaus ist es notwendig, Werte mit bestimmtem Handeln zu verbinden. Die Leistung von Führungskräften (Produkt „Führung“) ist beispielsweise mit dem Wert „Vertrauen“ zu verbinden. An bestimmten Maßnahmen der Führung merkt der/die einzelne Mitarbeiter/in, dass es eine Kultur des Vertrauens gibt oder nicht gibt.

Der vergleichsweise rasche Wandel in der Einstellung von Verwaltungsführung und Verwaltungsbediensteten zu den Bürgerinnen und Bürgern (Kundinnen und Kunden), der überall in Österreich registriert werden kann, zeigt, dass ein nachhaltiger Kulturwandel durchaus in überblickbaren Zeiträumen erreichbar ist; allerdings ist die Werthaltung von Leistungsproduzenten bezogen auf ihre Kundinnen und Kunden auch durch den generellen gesellschaftlichen Wandel zur Dienstleistungsgesellschaft geprägt.

Zum Thema „Kulturänderung“ existieren im Bundesbereich doch einige bemerkenswerte Entwicklungen, so etwa beim Heerespersonalamt, das als Teil des BMLV einer Organisation angehört, die sehr hierarchisch aufgebaut ist und noch heute durch eine stark entwickelte Befehls- und Weisungskultur gekennzeichnet ist. Dennoch hat das Heerespersonalamt über die Jahre hinweg konsequent an der Umsetzung von NPM gearbeitet. Es betrachtet die Wehrdienerinnen und Wehrdiener als Kundschaft, führt regelmäßig Kundenbefragungen durch, hat ein etabliertes Beschwerdemanagementsystem, wendet regelmäßig den CAF an und nutzt auch konsequent die Möglichkeiten des E-Governments. All dies zeigt, was auch innerhalb einer eher traditionell hierarchisch arbeitenden Kultur möglich ist, wenn der Leiter dies aktiv fördert und die Mitarbeiterinnen und Mitarbeiter gut ausgebildet und motiviert sind.

2.3 Neue Organisationsprinzipien als Handlungsfeld des New Public Managements

Während früher private Unternehmungen und traditionelle öffentliche Verwaltungen – vor allem in größeren Betrieben – häufig durch funktionale und stark arbeitsteilige Verwaltungsstrukturen, durch geringe Führungsspannen und hohe Organisationstiefe (= mehrere hierarchische Ebenen, die über- bzw. untergeordnet sind), durch vertikale Informationsflüsse und durch wenig Kooperation zwischen Dienststellen gekennzeichnet sind, übernimmt im New Public Management die öffentliche Verwaltung verschiedene, in der Praxis bereits bewährte neue Organisationsprinzipien (siehe Abbildung 3).

Abbildung 3: Die traditionellen und modernen Organisationsprinzipien

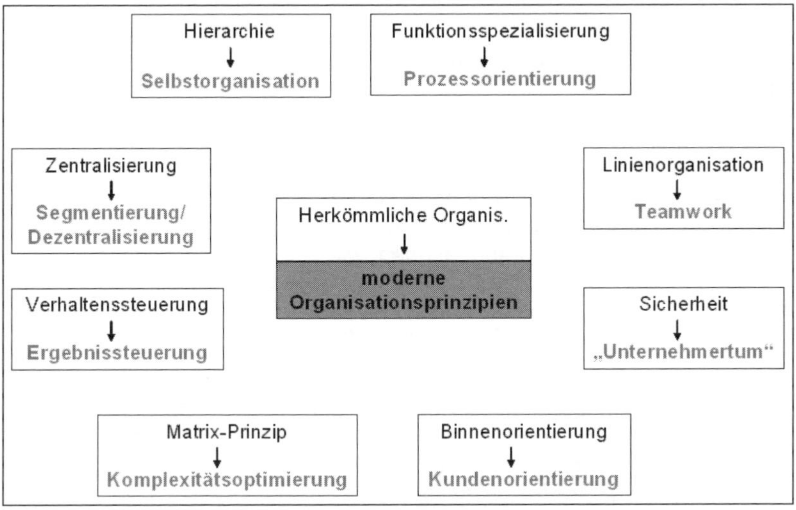

Quelle: nach Reiss. In: Colbe u.a.: Betriebswirtschaft, 2000

Zum Prinzip der Prozessorientierung

Die gezeigten Prinzipien führen zu teils neuen organisatorischen Strukturen (Team- und Projektorganisation) und Abläufen (Prozesse) sowie zu geändertem Verhalten (verstärkte Selbststeuerung). Das Prinzip der *Prozessorientierung* beispielsweise drängt die funktionelle Spezialisierung und Arbeitsteilung – ähnliche Teilaufgaben werden an einer Stelle erbracht – zurück zugunsten einer ganzheitlichen Leistungserstellung, die nach dem Gesichtspunkt der „Objektzentralisation“ erfolgt. Objektzentralisation bedeutet, alle auf ein Objekt – auf Zielgruppen, auf einzelne Leistungen oder Produkte – gerichteten Tätigkeiten zusammenzufassen. Im Weg der Prozessoptimierung werden die einzelnen Erledigungsschritte – die teils von verschiedenen Dienststellen erbracht werden – besser koordiniert und aufeinander abgestimmt; das heißt, die einzelnen Teilleistungen werden nicht hintereinander mit teils zeitlichen Verzögerungen, sondern konzentriert auf den jeweiligen Fall ausgerichtet, wobei eine „simultane" Bearbeitung durch Zugriff der jeweils Berechtigten auf die zentral gespeicherten Informationen möglich ist. Die Erledigung wird sofern erforderlich, im unmittelbaren Dialog mit den anderen Bearbeiterinnen und Beratern und bei einem „Stopp" mit dem Interessentinnen und Interessenten erbracht oder abgeschlossen. Bei der prozessorientierten Organisation der Leistungserbringung stehen die Leistungsempfängerinnen und Leistungsempfänger im Mittelpunkt des Prozesses; die Bearbeitung erfolgt gegebenenfalls durch ein Team und/oder durch Verwaltungsmitarbeiterinnen und Verwaltungsmitarbeiter, die über „Generalistenwissen" verfügen und hierfür auch geschult werden.

Selbststeuerung durch Zusammenwirken der Prinzipien des Führens mit Zielen, der Ergebnissteuerung und der Selbstorganisation

Die Prinzipien der Ergebnissteuerung, der Selbstorganisation und des „Unternehmertums" im Rahmen eines „Ergebniscenters" führen im Gegensatz zur traditionellen Fremdsteuerung zu einer stärker selbst bestimmten Denk- und Handlungsweise. Das diesen Prinzipien zugrunde liegende Modell ist als Theorie der Selbstregulation[19] bekannt. Diese befasst sich mit dem Einfluss von Zielen auf das Verhalten von Menschen. Ziele werden als bewusst erstrebte Zustände verstanden, die das Verhalten bestimmen. Und zwar liegt hier keine externe Steuerung vor, sondern die Selbstregulierung der Menschen wirkt, also die Möglichkeit, sich durch eigene Verarbeitung von Informationen, wie weit man etwa vom gesetzten Ziel entfernt ist, zu motivieren. Hierbei werden zwei Zieldimensionen als maßgeblich für die verhaltensbestimmenden Effekte angesehen; die Intensität der Bindung an die Ziele und der Inhalt der Ziele.

> *„Die Zielintensität bezieht sich auf die relative Bedeutung, die die betreffende Person dem Ziel beimisst und die Bindungstiefe (commitment), d.h. wie stark sich die Person dem Ziel verbunden fühlt* [...] *Es gilt die empirisch vielfach bestätigte Annahme, dass Ziele um so stärker das Verhalten bestimmen, je wichtiger sie vom Individuum erlebt werden und je schwieriger sie zu erreichen scheinen. Auch die Inhalte der Ziele sind wichtig, und zwar in dem Sinn, dass sie von den Menschen verstanden, akzeptiert und/oder befürwortet werden."*[20]

Drei Komponenten bestimmen die Selbststeuerung:

1. Selbstbeobachtung, denn Informationen müssen gewonnen werden, die zeigen, wie weit man auf dem Weg der Zielerreichung fortgeschrit-

19 Vgl. dazu: Steinmann; Schreyögg: Management, 1997, S. 482ff.
20 Steinmann; Schreyögg: Management, 1997, S. 483.

ten ist, welche Hindernisse bestehen, welche Rückmeldungen seitens der „Kundinnen und Kunden" vorliegen.

2. Selbstbeurteilung, das heißt, eine Selbsteinschätzung ist notwendig, um die Differenz zwischen dem gesetzten Ziel und dem erreichten Stand zu bewerten.
3. Selbstreaktion, etwa hinsichtlich der Zufriedenheit oder Unzufriedenheit; eine starke Abweichung zwischen Ziel und erreichtem Ergebnis wird zu Enttäuschung führen.

Dezentralisierung und Verknüpfung von Fach- und Ressourcenverantwortung

Ähnlich wie die Selbststeuerung bedeutet Dezentralisierung, dass auch bei der Erfüllung komplizierter öffentlicher Aufgaben gut motivierte und ausgebildete Mitarbeiterinnen und Mitarbeiter mehr Verantwortung übernehmen können, als ihnen im bürokratischen Modell zugetraut wurde. Bei klar formulierten Leitbildern, Zielen und Strategien können die ausführenden Mitarbeiterinnen und Mitarbeiter durchaus eigenverantwortlich zu deren Umsetzung beitragen. Damit wird klar, dass Dezentralisierung eine gute Orientierung und Rahmensetzung sowie Definition anzustrebender Resultate für die jeweilige Organisation erfordert. Je besser auf den zentralen (übergeordneten) Ebenen die strategische Arbeit geleistet wird, desto leichter kann die Dezentralisierung umgesetzt werden und erfolgreich gelingen. Vermehrte Entscheidungsfreiheit auf den unteren Ebenen hilft natürlich auch der zentralen Führung, denn *„Selbständigkeit macht betroffen, fördert das Interesse sowie verantwortliches Mitdenken"*[21].

Schedler und Proeller[22] führen insgesamt sechs Dimensionen der Dezentralisierung an, dazu zählen sie neben der genannten Übertragung von Verantwortung unter anderem:

1. die *Führung* (von Regeln zu Anreizen)
2. die *Organisationsstrukturen* (von zentral zu dezentral)
3. die *Steuerung/Prüfung* (Inputs zu Outputs)
4. die *Rollenverteilung* (Fach- und Ressourcenverantwortung möglichst in eine Hand zu geben; dagegen Trennung bezüglich Besteller und Auftragnehmer)
5. die *Orientierung* (von der Binnensicht der Organisation zur Kundenorientierung, ebenso auch zur Mitarbeiterorientierung)

Dezentralisierung der Führungsorganisation bedeutet, dass sich die politisch-administrativen Führungseinrichtungen (Parlament, Ausschüsse, Ministerinnen und Minister, Sektionsleitungen) möglichst auf die Festlegung von Leistungen und Wirkungen sowie den zur Leistungserstellung benötigten Ressourcen und Rahmenbedingungen (Gleichstellungsfragen,

---

21 Hack: Fach- und Ressourcenverantwortung, 2003, S. 48.
22 Vgl. dazu: Schedler; Proeller: Management, 2009, S. 92.

Nachhaltigkeitsprinzip) in länger- und mittelfristiger sowie in der einjährigen Sicht konzentrieren. Die operative Steuerung der Leistungserstellung wäre dagegen weitgehend den ausführenden Organisationseinheiten und den ausführenden Mitarbeiterinnen und Mitarbeitern zu überlassen. Die Steuerung und Kontrolle der Zielerreichung ist eindeutig von der strategischen Führungsebene wahrzunehmen; auch auf der Ebene der dezentralen Organisationen macht (operatives) Controlling Sinn.

Die Position des „Führungsforum Innovative Verwaltung" zur Dezentralisierung lautet:

„Im Lichte des New Public Management ist einer dezentralen Aufgabenverteilung der Vorzug zu geben, wenn eine entsprechende Steuerbarkeit gewährleistet ist. Das sichert kurze Entscheidungswege und eine sachnahe Entscheidungskompetenz. Die zentrale (politische) Steuerung der Verwaltung soll sich auf strategische Aspekte beschränken und die operative Aufgabenwahrnehmung ‚nachgeordneten' Stellen überlassen [...]

Eine Organisationsoptimierung der öffentlichen Leistungserstellung nach dem grundsätzlichen Modell ‚strategische Zentrale' und ‚operative Agentur' ist anzustreben, um die wirtschaftlichen und rechtlichen Defizite auszugleichen. Querschnittsaufgaben sind nach Möglichkeit zu bündeln (Shared Services). Als Vorbild dienen hier moderne Konzern- und Holdingstrukturen. Ausgliederungsmaßnahmen bloß um ihrer selbst willen sind abzulehnen."[23]

Dezentrale Fach- und Ressourcenverantwortung: Dezentrale Fach- und Ressourcenverantwortung bedeutet die Übertragung (Dezentralisierung) von Führungsverantwortung an ausführende Organisationseinheiten hinsichtlich der inhaltlichen Erledigung von Leistungsbündel (Produktgruppen), hinsichtlich der geeigneten kommunikationsbezogenen und organisatorischen Formen und hinsichtlich der Verantwortung für den zur Leistungserstellung notwendigen Einsatz der Ressourcen. Unter Ressourcenverantwortung werden insbesondere jene für die Personalbewirtschaftung und jene für die Budgetierung und für den Haushaltsvollzug verstanden.

Dezentrale Finanz-(Ressourcen-)Verantwortung tragen heißt:

„Für den optimalen Mitteleinsatz im budgetierten Bereich zu sorgen; etwa das einzusparen, was man an anderer Stelle zur Zielerreichung benötigt und mit dem Eingesparten an den Stellen mehr tun als bisher möglich war. Nicht übersehen sollte man die Kehrseite: Budgetierung verlangt den internen Budgetausgleich dort, wo die veranschlagten Mittel wider Erwarten nicht ausreichen."[24]

23 Führungsforum Innovative Verwaltung: Positionspapier, 2010, S. 7.
24 Hack: Fach- und Ressourcenverantwortung, 2003, S. 55.

2.4 Das erweiterte Managementinstrumentarium im New Public Management

Das seit über 100 Jahren in der betriebswirtschaftlichen Theorie und Praxis behandelte Instrumentarium, so etwa jenes des Managements, des Marketings oder des Rechnungswesens ist hier schon mehrfach angesprochen worden. Im Folgenden soll zunächst nur ein kurzer Überblick über zentrale Instrumente, gegliedert nach Instrumenten, die für die strategische Arbeit im Rahmen des New Public Managements erforderlich sind sowie nach Instrumenten für die operative Praxis sehr hilfreich sind, gegeben werden.

Einen besonderen Stellenwert im New Public Management nehmen die Instrumente zur Ergebnisorientierung im Sinn der Zielerreichung für die individuellen Leistungsempfängerinnen und Leistungsempfänger ebenso wie für das Erreichen gesellschaftlich erwünschter Wirkungen ein, weiters die Instrumente der strategischen Planung und Steuerung sowie zur Stärkung der Führungsverantwortung und zur Befähigung der Mitarbeiterschaft.[25]

Tabelle 3: Managementinstrumente für die Ergebnisorientierung

Strategischer Bereich	Operativer Bereich
• Strategien	• Deinition der Leistungen/Teilwirkungen
• Wirkungsziele	• Mitarbeitergespräch
• Aufgabenkritik/Evaluierungen	• Kontrakte/Globalbudgets
• Qualitätsmanagement	• Produktbudgets
• Leistungsvergleiche, Lernen voneinander	• Prozessoptimierung
• Ausgliederungen von Aufgaben in Betriebe	• Indikatoren, Messgrößen und Kennzahlen
• Umfassendes Controlling	• Messung der Kunden- und Mitarbeiterzufriedenheit

Quelle: Helfried Bauer und Elisabeth Dearing (2011)

Generell ist anzumerken, dass die strategische Arbeit in der öffentlichen Verwaltung in Österreich noch ein großes Entwicklungs- und Verbesserungspotenzial aufweist. Allerdings ist mit der Einführung des neuen Haushaltsrechts des Bundes ein großer Impuls zum Ausbau des strategischen Denkens und Planens im Bereich der Legislative, der politischen Führung der Ressorts und bei den Führungskräften im Bereich der Verwaltung gegeben.

In diesem Sinn äußert sich auch das Führungsforum Innovative Verwaltung, in dem von der Verwaltung mehr Unterstützung der Politik bei der Strategieentwicklung gefordert wird:

„Soll die Erreichung von Wirkungszielen und Wirtschaftlichkeitszielen verbessert werden, ist es unerlässlich, in die Verbesserung der Planung und Steuerung zu investieren. Kurz- bis mittelfristig sollten daher folgende Schwerpunkte gesetzt werden:

25 Das Instrumentarium der Informationstechnologie bleibt hier aus Gründen der mangelnden Kompetenz der beiden Verfasser ausgeblendet.

1. Forcierung des Einsatzes von Szenariotechniken, statistischen Entwicklungsabschätzungen, Strategieklausuren und lang- bis mittelfristige Strategievorschläge für die Politik. Im Bereich der Bundesverwaltung sollten sich die Ministerien auf Strategiefunktion und Kontrolle konzentrieren, die operativen Tätigkeiten sollten in den nachgeordneten Dienststellen angesiedelt sein.
2. Klare Schnittstellen zwischen den politischen Büros und den Führungskräften in der Verwaltung
3. Einsatz von strategischen und operativen Zielvereinbarungen als durchgängiges Führungsinstrument in der Verwaltung (beginnend auf der politischen Ebene) [...]“[26]

Ergebnisorientierung durch Output- und Outcomesteuerung

Outputsteuerung: Leistungen (Output, Produkte) sind die bereitgestellten Güter und erbrachten Dienstleistungen der öffentlichen Verwaltung, die aus Kunden-, Politik- und Verwaltungssicht definiert und auf die die Steuerungsanforderungen abgestimmt werden. Beispiele für Produkte: Planen von Verkehrswegen, Bewilligungen, Urteile etc., Erteilen von Familien- und Wohnbauförderung, Straßenbau und Straßeninstandhaltung.

Zur Steuerung auf Basis von Produkten ist die Definition und Beschreibung der Verwaltungsprodukte unumgänglich, womit unter anderem festgelegt wird:

1. welche Produkte angeboten werden bzw. angeboten werden sollen und welche nicht,
2. welche Anforderungen die Leistungsempfängerinnen und Leistungsempfänger, Politik und Expertenschaft an das Produkt stellen und wie viel sie dafür zu zahlen bereit sind,
3. wer für das Produkt verantwortlich ist,
4. welche Wirkungs- und Leistungsziele (kurz- und langfristig) erreicht werden sollen,
5. wie die Zielerreichung gemessen werden kann und
6. welche Kosten ein Produkt verursacht.

Outcomesteuerung: Wirkung ist der politisch beabsichtigte Beitrag zum Gemeinwohl; Adressaten sind Interessensgruppen oder die Gesellschaft insgesamt. Verwaltungsleistungen bilden dazu nur Mittel.[27] Während Leistungskennzahlen meist auf den operativen Ebenen verwendet werden, findet die strategische Steuerung über Wirkungsindikatoren am Schnittpunkt zwischen Politik und Verwaltung statt und macht eine saubere Trennung zwischen den Verantwortungen dieser beiden Bereiche notwendig. Wenn etwa als Wirkung „erhöhte Verkehrssicherheit“ angestrebt wird und dies mit dem Indikator „Anzahl der Verkehrstoten“ oder „Anzahl der Verkehrsunfälle“ gemessen wird, so leisten sowohl die Politik (z.B. durch Programme, Gesetze, Informationskampagnen) als auch die Ver-

26 Führungsforum Innovative Verwaltung: Positionspapier, 2010, S. 6.
27 Vgl. dazu den Glossar des CAF 2006.

waltung (z.B. durch verstärkte Kontrollen der Fahrzeuge) ihren Beitrag. Soll die Verwaltung wirkungsorientiert gesteuert und somit die Leistungen der Verwaltung auf die angestrebte Wirkung ausgerichtet werden, so ist stets darauf zu achten, dass sich die Verwaltung auf ihre ureigensten Leistungen (z.B. Kontrollen, Bescheide, Beratungen etc.) konzentriert, die für sie steuerbar und damit auch zu verantworten sind. Die Verwaltung kann und sollte jedoch nicht für Politiken oder Gesetze verantwortlich gemacht werden, selbst wenn sie diese vollzieht. Soll etwa die Zahl der Jugendarbeitslosen gesenkt werden, so ist das Instrument dafür wohl primär ein Programm oder ein Gesetz und weniger die Beratungs- und Vermittlungsleistungen des AMS, auch wenn diese einen Beitrag dazu leistet.

Bei der Steuerung über Wirkungsindikatoren stößt man rasch auf das Problem der Mehrdimensionalität des Ursachen-Wirkungs-Zusammenhangs. Wird als Wirkung die Gesundheit der Österreicherinnen und Österreicher angestrebt, wird diese Wirkung durch mehrere Einflussgrößen bestimmt. Die staatliche Gesundheitsleistung ist eine davon, es werden aber auch das gesundheitsbewusste Verhalten der Österreicherinnen und Österreicher, die Qualität der Medikamente und soziale Aspekte einen Ausschlag geben. Welchen Anteil dabei die staatliche Gesundheitsleistung am Erreichen der gewünschten Wirkung hat, ist nicht einfach festzustellen.

Im Lichte aller dieser Gesichtspunkte stellt sich die Ausgangslage für die Steuerung über Wirkungsziele und deren Messung über Wirkungsindikatoren als große Herausforderung dar.

Erweiterte Steuerung des Verwaltungshandelns

Im bürokratischen Modell bildeten die Steuerung über Normen und Richtlinien sowie die Bereitstellung von Ressourcen in den Personalplänen und in den öffentlichen Budgets den Kern der Verhaltenslenkung. Bei der legislativen Steuerung handelt es sich um die Vorgabe von Handlungsgrundlagen mit geringem Ermessensspielraum, die in der Regel in der Form von allgemeinen Verfahrensnormen – Verwaltungsverfahrensgesetz – sowie von fachgesetzlichen Normen (Materiengesetzen) zu befolgen waren. Mit verschiedenen anderen Instrumenten – etwa des Rechtsschutzes – wird das Sichern der Rechtmäßigkeit des Verwaltungshandelns angestrebt. Über die öffentlichen Budgets wird weiters auf den Entstehungsprozess von Verwaltungsleistungen durch die Bereitstellung von Ressourcen – in der Regel Geld, Personal und Technik – Einfluss genommen; es erfolgt eine Inputsteuerung, die häufig ohne expliziten Bezug auf die erforderlichen und/gewünschten Leistungen stattfindet. Dies vor allem dann, wenn die Budgets nur mehr „fortgeschrieben werden".

Das New Public Management fügt nun weitere Steuerungsformen hinzu, vor allem die Ergebnissteuerung (was erreicht werden soll, wird festgelegt), weiters durch eine vermehrte Delegation von Befugnissen (Kompetenzen) bei gleichzeitiger Ergebnisverantwortung sowie Anreize zu einem effizienten und kundenorientierten Verhalten.

Die Steuerungslogik des New Public Managements verzichtet damit nicht auf die traditionelle Steuerung über Budgets, also über die „Inputsteuerung“. Vielmehr versucht sie mit allen angeführten Ansätzen zur Zielerreichung beizutragen, wobei als Grundsatz gelten könnte: so viel Selbststeuerung der handelnden Personen als möglich und so wenig übergeordnete oder Rahmensteuerung als nötig.

Das zentrale Instrument der erweiterten Steuerung des Verwaltungshandelns ist die *Aufstellung von Leistungskontrakten* für die Organisationseinheiten der verschiedenen Ebenen. Dahinter steht die Idee, dass die politischen Entscheidungsträgerinnen und Entscheidungsträger den Sektionen und Abteilungen sowie den nachgeordneten Dienststellen und/oder unabhängigen Betrieben und Agenturen in gemeinsam ausgehandelten Zielvereinbarungen einen konkreten Auftrag zur Erstellung bestimmter Leistungen oder – künftig noch weiter gehend – zur Erreichung bestimmter Wirkungen erteilen und hierfür auch entsprechende Anreize vorsehen. Dieser Leistungsauftrag wird durch *Globalbudgets*, durch Vereinbarungen über zu deckende Saldi ergänzt; Leistungsaufträge ohne gleichzeitige Vereinbarung über die Finanzierung entsprechen jedenfalls nicht dem Konzept des New Public Managements.

Nach Pitlik ist das „*Ziel der Kontraktmodelle* [...] *nicht primär eine verbesserte Informationsbasis für politische Entscheidungen. Vielmehr steht die Steuerung durch Leistungsanreize im Mittelpunkt. Positive oder negative Sanktionen bei Erfüllung bzw. Nichterfüllung der getroffenen Vereinbarungen sollen die Anreize für eine effiziente Leistungserbringung verbessern* [...]“.[28]

Managed competition – Benchmarking und Benchlearning, Contracting out

In der ökonomischen Theorie ist aufgrund theoretischer Modelle und empirischer Untersuchungen die oft positive Rolle bestimmter Formen des Wettbewerbs für Effizienz und Effektivität herausgefunden worden.

> „*Grundlegend hierfür ist die Erkenntnis, dass nicht die Sektorenzugehörigkeit des Leistungserbringers zu Effizienz führt, sondern* [...] *ob die Leistungserbringung dem Wettbewerb ausgesetzt ist.*“[29]

Dieser Zusammenhang wird auch im New Public Management für die Versorgung von Bevölkerung und Wirtschaft mit Gütern und Dienstleistungen zugrunde gelegt. Allerdings sind in der öffentlichen Verwaltung marktmäßige Wettbewerbskonstellationen nur bedingt anzutreffen. Deshalb versucht man, wettbewerbsähnliche Formen der Leistungserstellung im öffentlichen Bereich zu organisieren (= managed competition) und im Interesse der Steuerzahlerinnen und Steuerzahler und der Leistungsempfängerinnen und Leistungsempfänger zu nutzen.

> „*So kann zum einen eine Art virtuelle Konkurrenz etabliert werden, bei der die politischen Auftraggeberinnen und -geber die von den*

28 Pitlik: Ansatzpunkte, 2008, S. 113.

29 Schedler; Proeller: Management, 2009, S. 194.

eigenen Verwaltungseinheiten erbrachte Performance mit der Performance anderer Institutionen vergleichen, die ähnliche oder identische Leistungen bereitstellen. Kosten- und Leistungsvergleiche beschränken sich oft auf einen Datenvergleich zwischen Verwaltungen in unterschiedlichen Gebietskörperschaften.“[30]

In der folgenden Übersicht werden einige Formen von nichtmarktlichem und von marktlichem Wettbewerb angeführt, die von öffentlichen Verwaltungen teils bereits umfassend genutzt werden, teils aber noch ausbaufähig sind.

Tabelle 4: Arten und Formen von Wettbewerbsmechanismen für die öffentliche Verwaltung

Nicht-marktlicher Wettbewerb	**Marktlicher Wettbewerb (öffentlich – privat)**
Leistungsvergleiche, Kostenvergleiche innerhalb derselben Organisation als Zeitvergleich	Contracting Out, z.B. der Reinigung, Gebäudeinstandhaltung, Buchhaltung
Leistungsvergleiche, Kostenvergleiche zwischen verschiedenen Organisationen mit ähnlichen Aufgaben (auch bei anderer Aufgabenstellung möglich)	Contracting In, z.B. Drucken von Dokumenten einer staatlichen Druckerei für diverse Auftraggeber im öffentlichen Bereich, Laborleistungen eines Großspitals werden von einem anderen öffentlichen Spital zugekauft
Benchmarking, Benchlearning	Ausschreibung von Lieferungen und Leistungen
Interne Leistungsverrechnung (mit und ohne Kontrahierungszwang)	
Innovationswettbewerbe etc.	

Quelle: Helfried Bauer und Elisabeth Dearing (2011)

„Der Performancevergleich kann zu einem institutionalisierten Benchmarking erweitert werden, bei dem die gute Performance einer Einheit als Richtmaßstab für andere Verwaltungseinheiten herangezogen wird. Dadurch können Lernprozesse begünstigt und Innovationen angeregt werden. Die Publikation von Performancedaten wird darüber hinaus den politischen Vergleichswettbewerb intensivieren.“[31]

In seiner einfachsten Form handelt es sich beim *Benchmarking*[32] um einen Prozess, in dem eine Organisation andere relevante Organisationen ausfindig macht, mit denen sie ihre eigenen Strukturen, Prozesse und Leistungen vergleichen kann. Das System des CAF kann, wie auch andere Instrumente zur Organisationsanalyse, zu diesem Zweck eingesetzt werden.

Anders als beim klassischen Benchmarking ist die Suche nach vergleichbaren Organisationen und die Anwendung klarer Indikatoren für direkte Vergleiche beim *Benchlearning* nicht unbedingt erforderlich. Hier konzentriert man sich mehr auf den Prozess, gegenseitig voneinander zu lernen als darauf, einen Vergleich mit dem Besten zu ziehen. Das Ziel des

30 Pitlik: Ansatzpunkte, 2008, S. 118.
31 Pitlik: Ansatzpunkte, 2008, S. 118.
32 Diese Methode kann ein leistungsfähiges und wirksames Instrument der Organisationsentwicklung sein, denn sie folgt einigen soliden Grundprinzipien, wie z.B.: „*Das Rad muss nicht neu erfunden werden*“ und „*Von den anderen lernen*“.

Benchlearnings besteht darin, von den Stärken anderer Organisationen zu lernen, von ihnen etwas über die gut funktionierenden Abläufe zu erfahren und Anregungen zu erhalten, in der eigenen Arbeit nach Verbesserungen zu suchen und von den Fehlern der anderen zu lernen und diese zu vermeiden. Es handelt sich um einen aktiven, kontinuierlichen Prozess und nicht nur um Messungen und einen Vergleich von Fakten.

Good Practices (vorbildliche Beispiele) sind in der Regel untrennbar mit Benchlearning verbunden. Bei den für das Benchlearning ausgewählten Partnern sollte es sich um Organisationen handeln, die gute Methoden anwenden, welche – nachdem sie angepasst und angewendet wurden – zu einer verbesserten Leistung in der eigenen Organisation führen könnten. Es muss erwähnt werden, dass sich die Suche nach Benchlearning-Partnern nicht darauf beschränken sollte, ähnliche Organisationen zu finden, denn Innovation wird in vielen Fällen durch Lernen von unähnlichen Partnern aus anderen Sektoren angeregt.

So wurde etwa im Rahmen des Projektes „Leistungsbericht der Bundesverwaltung" auch ein Benchlearning-Projekt zwischen zwei sehr unterschiedlichen Organisationen durchgeführt, dem Finanzamt Baden und dem AMS Linz. Verglichen wurden etwa Führungsspannen, Krankenstands- und Fluktuationsraten, Weiterbildungstage pro Mitarbeiter/in oder der Frauenanteil. In der Projektdokumentation findet sich der folgende Hinweis: *„Der Blick auf die MitarbeiterInnendaten lohnt sich und vermag in der Zusammenschau Hinweise auf Führungsverständnis, Kultur und Entwicklungen in der Organisation zu geben."*

2.5 Bürger- und Kundenorientierung

Um ein Bild der Bürger- und Kundenorientierung zu zeichnen, gibt es verschiedene Ansätze. So differenziert etwa Bovaird zwischen den Menschen in ihren Rollen als Bürgerinnen und Bürger, als Steuerzahlerinnen und Steuerzahler und als Kundinnen und Kunden. Weiters unterscheidet er jene, die das Service bereits erhalten haben, jene die darauf warten, jene die es vielleicht in Zukunft einmal brauchen oder auch jene, die es bewusst nicht in Anspruch nehmen.[33] Er tut dies im Kontext des Marketings und versteht Marketing als Vermittlung zwischen denen, die das Service brauchen und der Organisation, die bestrebt ist, diese Leistungen anzubieten oder auch mit Baker als *„establishment of mutually satisfying exchange relationship"*[34]. Erweitert man den Kundenbegriff, indem man auch die Stakeholder (wie etwa Politikerinnen und Politiker, Interessensvertretungen etc.) einbezieht, wird deutlich, wie breit und vielschichtig die Bürger- und Kundenorientierung gesehen werden kann.

Der „Marketing Mix"[35] kann in adaptierter Form für die Verwaltung verwendet werden. „Kundenservice" findet seinen Ausdruck in der Gestaltung der Leistungen (z.B. Öffnungszeiten, Kinderecken in Amtsräumen etc.) und der Prozesse, weiters durch die Erreichbarkeit des Angebots (Amts-

33 Vgl. dazu: Bovaird: Marketing, 2009, S. 84.
34 Bovaird: Marketing, 2009, S. 82.
35 Vgl. dazu: Bovaird: Marketing, 2009, S. 89ff.

haus oder mobile Behörde auf einer Messe), in der „Preisgestaltung" und in der Information über die Leistung (z.B. mehrsprachige Folder für Menschen mit Migrationshintergrund). Dennoch sind auch Grenzen für die Anwendung des Marketings auf die öffentliche Verwaltung zu sehen, wie etwa der Umstand, dass man sich die Inanspruchnahme öffentlicher Leistungen nicht immer aussuchen kann. Auch lässt das Legalitätsprinzip – im Interesse von Nachvollziehbarkeit und Transparenz – die Verfahren oft langwierig erscheinen.

Ausgangspunkt der Überlegungen, wie Kundenorientierung gestaltet und strategisch verankert werden kann, ist eine Umfeldanalyse. Diese kann entweder die wichtigsten Partner für die Organisation betrachten und zwar inwieweit sie die Macht haben, die Organisation zu beeinflussen, oder ob sie nur an den Ergebnissen der Organisation interessiert sind. Diese Analyse kann aber auch prüfen, welche Auswirkungen die Leistungen der Organisation auf die Kundinnen und Kunden haben. Diese reichen von sozialen, über ökonomische bis hin zu legistischen Effekten.[36]

Kundenorientierung in der öffentlichen Verwaltung hat sich erst im Laufe der Zeit durchsetzen können. Zu unterschiedlich sind doch die Gegebenheiten und Rahmenbedingungen öffentlicher Verwaltungen im Vergleich zur Wirtschaft. Insbesondere die Hoheitsverwaltung tut sich nach wie vor schwer mit der Kundenorientierung. So wird etwa bei Strafgefangenen oder Adressaten von Verwaltungsstrafen nicht unbedingt von „Kundinnen und Kunden", sondern eher von Bürgerinnen und Bürgern, die Anspruch auf Einhaltung der Menschenrechte haben, gesprochen werden. Sieht man aber Kundenorientierung als Philosophie und Frage der Einstellung der Mitarbeiterinnen und Mitarbeiter gegenüber den Adressaten ihrer Handlungen, so kann Kundenorientierung wohl auch im Hoheitsbereich gegenüber Bürgerinnen Bürgern gelten. Bestes Beispiel dafür ist die Finanzverwaltung, die heute nicht mehr von den „Pflichtigen", sondern bereits auch von den Kundinnen und Kunden spricht.

Hilfreich für die begriffliche Unterscheidung können die Differenzierungen von Pollitt und Bouckaert (1995) sein.

> *„Differences between the concept of a citizen and the client/customer/ user of public services:*
>
> *A citizen can be defined as a concentration of rights and duties in the person of an individual within a constitutional state, under the rule of law, and within the hierarchy of laws and regulations.*
>
> *A client is a concentration of needs and satisfaction of needs in an individual, within a market situation of supply and demand of goods and services, and within a hierarchy of needs, subject to the willingness to pay. A citizen is part of a social contract, whereas the client is part of the market contract."*[37]

36 Vgl. dazu: Bovaird: Marketing, 2009, S. 86.
37 Zitiert nach: Bovaird; Löffler: Understanding, 2009, p. 8.

Eine kundenorientierte Verwaltung findet in nahezu allen Elementen des New Public Managements ihren Niederschlag. Beispielhaft sollen hier bürger- und kundenorientierte Organisationsformen in diesem Konzept angeführt werden. So richtet sich etwa mit der Einrichtung einer Bürgerservicestelle („One-Stop-Shop") die Verwaltung nach den Erfordernissen der Bürgerinnen und Bürgern (und nicht nach traditionellen Funktionsteilungen) und ermöglicht es ihnen, bei einer Anlaufstelle möglichst viele Anliegen zu erledigen (z.B. Information, Beratung, Erhalt von Formularen, aber auch einfache Erledigungen etc.). Die geänderte Prozessorientierung wird dadurch erreicht, dass etwa das Ausfüllen eines Formulars, das Bezahlen einer Gebühr und das Aushändigen einer Bestätigung in einem bei/von der Bürgerservicestelle erledigt werden kann und die BürgerInnen nicht mehr gezwungen sind, innerhalb der Behörde von einer zur anderen Stelle zu gehen, zu warten und ihr Anliegen vorzutragen. Wenn manche Bürgerservicestellen sich zum Ziel gesetzt haben, einen bestimmten Prozentsatz aller Anliegen der Bürgerinnen und Bürger sofort zu erledigen, wird daraus auch die Ergebnisorientierung deutlich.

One-Stop-Shops machen einen Wandel von einer funktionalen Aufbauorganisation zu einer kundenorientierten Ablauforganisation notwendig. Dies stellt teils erhebliche Ansprüche an das Veränderungsmanagement einer Verwaltung. Der Einrichtung eines One-Stop-Shops sinnvoller Weise vorgeschaltet sind Befragungen der Kundinnen und Kunden aber auch der Mitarbeiterinnen und Mitarbeiter. Dies ist beispielsweise vorbildlich geschehen vor der breiteren Einführung von Bürgerservicestellen in Gerichten (nach dem Vorbild des Landes- und Bezirksgerichts Linz, wo zahlreiche nichtrichterliche Leistungen eines Landes- und eines Bezirksgerichtes täglich an einer Stelle angeboten werden). Die Ergebnisse der Befragungen brachten viele Anregungen für die zukünftige Gestaltung, boten, aber auch den Mitarbeiterinnen und Mitarbeitern die Gelegenheit, Ängste und Bedenken gegen eine solche One-Stop-Shop-Lösung zu artikulieren. Deren Bearbeitung hat in der Folge die Akzeptanz für die Bürgerservicestellen des Landes- und Bezirksgerichts Leoben und des Bezirksgerichts Hall in Tirol wesentlich erhöht. So werden etwa im Justizzentrum Leoben täglich von 07:30 bis 15:30 Uhr und Donnerstag bis 17:30 Uhr Anträge (Exekution, Testament etc.) entgegengenommen, Grundbuchsauszüge ausgestellt, Unterschriften beglaubigt, Gebühren (Zeuginnen und Zeugen, Laienrichterinnen und Laienrichter) ausgezahlt.[38]

Die Vielfalt der Bevölkerung und die Unterschiedlichkeit ihrer Bedürfnisse macht im Sinne einer Kundenorientierung auch *zielgruppengerechtes Service* notwendig. Ältere Menschen tun sich mit Online-Amtswegen vielleicht schwerer und schätzen das persönliche Gespräch, junge Menschen hingegen sind versiert in der Nutzung des Internets und nehmen E-Government-Angebote lieber in Anspruch. Menschen mit Migrationshintergrund haben möglicherweise Sprach- und Verständnisschwierigkeiten, bei Frauen kann zudem ein zusätzliches kulturelles Hindernis für Amtskontakte bestehen, wofür es einer Ermutigung oder besonderer Angebote bedarf. Zielgruppenorientiertes Service erhöht die Akzeptanz, das

38 Für das Leistungsangebot vgl.: http://www.justiz.gv.at [Download: 28.03.2011].

Vertrauen in Staat und Verwaltung und macht die Aufgabenerfüllung effizienter, wenn etwa Anträge richtig und vollständig eingebracht werden.

Qualitätsstandards sind Vorgaben, die im Vorhinein bestimmte Ergebnisse vorschreiben. Sie sind nicht absolut, sondern orientieren sich an den Ressourcen, an den Kundenbedürfnissen oder an anderen Verwaltungen. Um ihre Wirksamkeit zu entfalten müssen sie kommuniziert und transparent sein.[39] Qualitätsstandards dienen somit den Bürgerinnen und Bürger sowie Kundinnen und Kunden aber auch der Verwaltung, damit sie die Erwartungen erfüllen kann und den Mitarbeiterinnen und Mitarbeitern, damit sie erkennen, was von ihnen erwartet wird. Last but not least dienen Qualitätsstandards, die im Vergleich mit anderen Behörden entwickelt wurden, einer effizienten Aufgabenerfüllung.

Bürokratieabbau für Bürgerinnen und Bürger: Neben dem Großvorhaben des BMF „Verwaltungslasten senken für Unternehmen" wurde auch eine Bürokratieentlastungsinitiative für die Bürgerinnen und Bürger gestartet. Mit Hilfe von strukturierten Fragebögen wurden zunächst der Zeitaufwand und die direkten Kosten für rund 100 Informationsverpflichtungen (IVPs) erhoben, welche in diesen Fällen entstehen. Dabei wurden auch qualitative Faktoren, wie etwa Wartezeiten und Servicequalität, abgefragt. In der zweiten Phase des Projekts zur Bürgerentlastung wurden auf Basis der Fragebogenergebnisse in Workshops mit Expertinnen und Experten aus der Verwaltung und mit Betroffenen konkrete Maßnahmenvorschläge erarbeitet. Die daraus entstandenen Maßnahmenvorschläge wurden in den Ressorts weiter präzisiert und konsolidiert. Eine abgestimmte Liste mit rund 150 Maßnahmen wurde am 24. August 2010 dem Ministerrat vorgelegt und beschlossen.[40] Die meisten Maßnahmen fielen in den Ressortbereichen des BMASK, des BMI und des BMUKK an, wobei sich die noch nicht ausreichende Nutzung von E-Government als weit verbreitet ergab und die Einführung eines Personenstandsregisters als vordringliche Maßnahme erwies. Damit könnte die „lästige" wiederholte Vorlage von immer denselben Dokumenten vermieden werden.

Parallel dazu wurden in den Lebenssachverhalten Geburt, Eheschließung und Todesfall mit der Umsetzung begonnen.[41] Auch bei diesem Projekt zeigte sich die Notwendigkeit, über Zuständigkeits- und territoriale Grenzen der Gebietskörperschaften hinweg bürgerfreundliche Lösungen zu entwickeln. Wenn bei der Geburt eines Kindes beim selben Standesamt wieder die Sponsionsurkunden der Eltern vorzulegen sind, die diese kürzlich im Zuge der Hochzeit ohnehin vorgelegt haben, oder wenn bei der Eheschließung immer noch der Auszug aus dem Geburtenbuch der Geburtsgemeinde durch den Heiratswilligen organisiert werden muss, dann wird deutlich, dass das Denken in Lebenssachverhalten und die Herangehensweise aus Sicht der Bürgerinnen und Bürger vielen Entscheidungsträgerinnen und Entscheidungsträgern immer noch Probleme bereitet.

39 Vgl. dazu: Bauer: Qualitätsstandards, 2008, S. 22.

40 Näheres dazu in: http://www.verwaltungskostensenken.at [Download: 28.03.2011].

41 Vgl. dazu den Beitrag von Elisabeth Dearing zum Thema „Public Governance in der Bundesverwaltung" in der vorliegenden Publikation.

Erfolgsfaktoren für die Umsetzung solcher Reformmaßnahmen sind die genaue Analyse der Sachlage, die Einbindung insbesondere der betroffenen Praktikerinnen und Praktiker und ein offenes Klima zur Entwicklung von neuen Lösungen und Abläufen.

3. Public Governance: Verbesserte Steuerung der gesellschaftlichen Entwicklung

3.1 Modelle von Public Governance

In den frühen 1990er Jahren wurden Ansätze von Public Management als „Neues Steuerungsmodell" den deutschen Stadtverwaltungen, als Tilburger Modell verschiedenen holländischen und skandinavischen Gebietskörperschaften näher gebracht. Man hatte damals das Ziel, mit einer stark betriebswirtschaftlichen Steuerung die Modernisierung öffentlicher Aufgabenerfüllung voran zu bringen. Fast zur selben Zeit fassten jedoch auch Bemühungen Fuß, die Modernisierung des Staates im Weg von „Good Governance", also durch gutes Regieren voran zu bringen.

Die Weltbank sprach schon im Jahr 1989 von Governance als *„the exercise of political power to manage a nations affair*" und führte damit zusätzliche, möglicherweise auch „unpolitisch" erscheinende Perspektiven[42] in die Debatte um die Entwicklungspolitik von Staaten der Dritten Welt ein. Der Europarat und die Europäische Union haben sich ebenfalls Governance-Reformen verschrieben. So war etwa zu Beginn des 21. Jahrhunderts das Weißbuch der Europäischen Kommission über „Gutes Regieren" ein wichtiger Versuch, um eine – durch damals fünf Prinzipien – besser organisierte Europäischen Union den Bürgerinnen und Bürgern näher zu bringen.[43]

Kriterien wie Legitimität, Legalität, Transparenz, Effektivität, Partizipation und nicht zuletzt Kooperation und Partnerschaft zwischen den Staaten (EU) und innerhalb der einzelnen Länder (z.B. Kooperation zwischen den föderalen Ebenen, mit den verschiedenen Stakeholdern, ebenso mit ethnischen Minderheiten) erscheinen für eine demokratiepolitische Neuausrichtung oder Belebung des Staates maßgeblich zu sein. Public Governance wurde gewissermaßen als *„Makroperspektive für den gesamten öffentlichen Sektor in seiner Vernetzung mit gesellschaftlichen Umfeldern*"[44] verstanden.

Mögen diese oder jene Ansätze vielleicht wieder in den Hintergrund gerückt sein, gibt es doch eine weitgehende Übereinstimmung, was Public Governance leisten kann: In den westlichen Demokratien bedeutet Public Governance heute, eine solche Form von Demokratie zu entwickeln, die

---

42 Vgl. dazu: Löffler: governance, 2009, p. 216: „[The] *use of the seemingly apolitical term ‚governance' was valuable in preventing criticism that the World Bank was trying to interfere in the political decisions made by debtor countries.*"

43 Vgl. dazu: Europäische Kommission: Regieren, 2001. Die Prinzipien lauten: Offenheit, Partizipation, Verantwortlichkeit, Effektivität, Kohärenz.

44 Reichard zitiert nach: Rossmann: Governance, 2005, S. 22.

den Ansprüchen der verschiedenen Bevölkerungs- und Interessensgruppen nach Beteiligung am politischen Geschehen und bei der Suche möglichst konsensbetonter Lösungen weitgehend entspricht. Weiters strebt man kontinuierliche Verbesserungen der sozialen und wirtschaftlichen Performance und damit eine nachhaltige Erhöhung der Lebensqualität an. Dies soll durch strategiebetontes Weiterentwickeln von Strukturen und Prozessen der öffentlichen Aufgabenerfüllung sowie durch „evidence-based decision-making"[45] und flexible Steuerung erreicht werden.

Die Krise der politischen Steuerung („politisches Staatsversagen"), welche unter anderem durch einen *„Reformstau der politischen Institutionen und Politikverdrossenheit, durch gesellschaftlichen Wertewandel"*[46] offensichtlich geworden ist, hat zu diesem Wandel im Verständnis von gutem Regieren und zur Suche nach Ansatzpunkten einer Verbesserung beigetragen. Ebenso führte der Kompetenz- und Souveränitätsverlust von Staaten, in denen seit den 1980er Jahren dem Marktsektor mehr Gewicht verliehen worden ist, zu diesem Wandel.[47]

Public Governance verlangt heute von den demokratisch legitimierten Regierungen eine stärkere Betonung der Entscheidungs- und der Steuerungsprozesse des Regierens und der Machtausübung. Die Institutionen treten dabei nicht notwendigerweise in den Hintergrund, jedoch geht es bei Governance-Reformen stärker um die Formen und die Art der Zusammenarbeit im Staat und zwischen Staat und Gesellschaft. Der Fokus liegt aber nicht nur auf der Arbeitsweise, sondern auch auf den Werten und Einstellungen von Politik und Verwaltung, etwa auf dem Grad des Einbeziehens der Bevölkerung, welche neben den politisch angestrebten Wirkungen die öffentliche Aufgabenerfüllung insgesamt bestimmen. So wie die politischen Kulturen in einzelnen Staaten differieren, wie Werte und Prinzipien in den verschiedenen gesellschaftspolitischen Entwicklungsstadien anders gewichtet werden, so gibt es auch verschiedene Ausprägungen von Public Governance. In einem Staat kann bestimmten Elementen von Governance ein größeres Gewicht zukommen, anderswo wiederum haben diese Prinzipien weniger Gewicht. Dies wird etwa sichtbar, wenn sich in einem Land die öffentlichen Debatten um Integration, um Gleichstellung, um Fairness und um Konsensorientierung drehen; während anderswo massive Interessenskonflikte und Unvereinbarkeiten oder etwa Korruption bei der Vergabe öffentlicher Aufträge, Missbrauch von

45 So auch ein Hauptdiskussionspunkt beim Ministerial Meeting of the OECD-Public Governance Committee 2010 in Venedig: *„evidence based reforms in public sector require data, analysis and focus on outputs/outcomes"*. Vgl. dazu den Beitrag von Rolf Alter und Stéphane Jacobzone zum Thema „Public Management and Governance: an OECD Perspective" in der vorliegenden Publikation.

46 Rossmann: Governance, 2005, S. 23.

47 Egon Matzner hat dies bereits in den 1980er Jahren bearbeitet und eine *„Überprüfung der Formen staatlicher Intervention empfohlen* [...] *An die Stelle der an Effizienz orientierten Entscheidungsverhältnisse sollten solche treten, in denen Kooperation zwischen den bisher individuell Entscheidenden unter Einschluss einer das allgemeine Interesse sichernden zentralen Instanz stattfindet"* (Matzner-Holzer: Querdenker, 2001, S. 51.).

geschützten Daten zu einem Absinken im Ranking von Transparency International geführt haben und Forderungen nach mehr Transparenz, nach Verhaltenskodices, nach größerer Unabhängigkeit der Justiz die Diskussion bestimmen.

Grundsätzlich muss der Zeitbezug, ebenso auch die politische Zielsetzung – Sicherung knapper Ressourcen, Landgewinne, oder friedliches Zusammenleben – der jeweiligen Regime bei der Antwort auf die Frage nach den Zielen, nach dem Erfolg von gutem Regieren in Rechnung gestellt werden.[48]

Aus dieser Darstellung wird klar, dass eine statische und „zeitlose", überall gleich gültige Definition von Public Governance nicht zweckmäßig und realistisch ist. Auch sind die Erfolgskategorien guten Regierens auf den einzelnen staatlichen Ebenen des Regierens unterschiedlich; eine einheitliche Auffassung von Governance und der jeweiligen Strategien, von der kommunalen bis zur supranationalen Ebene, lässt sich eben kaum herstellen. Das bedeutet – wie Bovaird und Löffler schon 2002 betont haben – aber nicht, dass Governance als „a less useful concept" verstanden werden soll, denn *„almost all definitions contain some common elements"*[49].

3.2 Gemeinsame Elemente verschiedener Definitionen von Governance

Welche gemeinsamen Elemente wären zu nennen? In erster Linie gehört dazu die Einsicht, dass gesellschaftliche Entwicklung bzw. die Lösung von Gemeinschaftsprobleme heute nicht durch den Staat allein bewältigt werden können, sondern der Zusammenarbeit aller Interessierten, also der verschiedenen Stakeholder bedarf, was die Suche nach Konsens, nach Lösungen, die nicht einseitig zu Lasten einer Gruppe erfolgen, noch wichtiger als bisher macht. Weiters, dass die Steuerung durch die Politik zentral ist, da sich die Steuerung nicht nach Kategorien des Marktes, sondern an gesellschaftlichen Werten orientiert. Allerdings muss auch erkannt werden, dass die „politische" Steuerung nicht mehr allein den Politikerinnen und Politikern vorbehalten ist, da auch den betroffenen Bürgerinnen und Bürgern, den Institutionen der Zivilgesellschaft, der Wissenschaft, der Künste und der Wirtschaft sowie Expertinnen und Experten in und außerhalb der öffentlichen Verwaltung eine Mitwirkung an der Entscheidungsfindung zukommt, das heißt, die Souveränität muss geteilt werden.[50]

Weitere gemeinsame Elemente verschiedener Governance-Definitionen sind die stärkere strategische Ausrichtung des öffentlichen Handelns, das Streben nach nachhaltigen Reformen in Wirtschaft, öffentlicher Verwaltung und Gesellschaft, der Kampf gegen Machtmissbrauch und für die Gleichstellung der gesellschaftlichen Gruppen. Hierfür besteht auch allgemeine Übereinstimmung darüber, dass formale Normen – wie Verfas-

48 Vgl. dazu den Beitrag von Otto Brodtrick zum Thema „Rückblick und Ausblick: Staaten erfolgreich lenken" in der vorliegenden Publikation.

49 Löffler: governance, 2009, p. 217.

50 Vgl. dazu: Bauer; Biwald; Dearing: Governance, 2005, S. 395.

sungsbestimmungen, Gesetze, Verhaltensregeln, Ergebnisse der Rechtsprechung – für Governance nicht allein maßgeblich sind, sondern dass es auch auf Werthaltungen, gute Traditionen und das Berücksichtigen von anerkannten Gebräuchen, also auf informelle Denk- und Handlungsweisen ankommt. In diesem Sinne fordert auch Gratz einen Dialog mit der Politik, in dem die Spitzenbeamtinnen und Spitzenbeamten eine aktive Rolle spielen müssen. Da politische Prozesse oft informell laufen, sind durch eine „konzertierte Informalität" Aktivitäten einer Vielzahl von Personen an verschiedenen Orten zu setzen, um Fortschritte erzielen zu können.[51]

Ebenso werden das Treffen von Entscheiden anhand ausreichender Analysen und empirischer Evidenzen (evidence-based decision-making) sowie das Herstellen einer gemeinsamen Bindung (commitment) an strategisch wichtige Reformen zwischen den Regierungsebenen im föderalen Staat, zwischen den politischen Parteien und den Stakeholdern als entscheidend für gutes Regieren angesehen.

Wie die jeweiligen Prioritäten gesetzt werden, welches Gewicht den einzelnen informellen und formellen Prinzipien zukommt, muss jedoch jede Gemeinschaft, jede Gesellschaft im Dialog mit den hauptsächlichen Stakeholder klären.[52]

Angesichts der sich wiederholenden Finanz- und Wirtschaftskrisen, die nach allen ökonomischen Erkenntnissen den Einsatz der Staaten zur Vermeidung von Zusammenbrüchen und zum Schutz der sozial und wirtschaftlich schwächeren Gruppen erfordern, wird wohl auch der Ansicht von Rossmann beizupflichten sein:

> *„Beim verstärkten Einsatz von Governance-Mechanismen ist der Staat nicht nur ein wichtiger Spieler; es ist auch darauf zu achten, dass er die Verantwortung für die übergeordnete Koordination und Steuerung der Regime im Hinblick auf zentrale staatliche Ziele behält."* [53]

3.3 Von Public Management zu Public Governance?

Öfters wird die Frage gestellt, ob die Bemühungen um Reformen von Public Governance eine Abkehr von Konzepten des Public Managements bedeuten? Die stark betriebs- und marktwirtschaftlich ausgerichtete Managementlogik, die neuen Organisationsdesigns und Handlungskonzepte des Public Management-Ansatzes haben gewiss Spannungen zu tradierten staatlichen Grundstrukturen und Aufgaben, zum Selbstverständnis von Politikerinnen und Politikern sowie Beamtinnen und Beamten erzeugt. Man denke nur an die diversen Ausgliederungen bei öffentlichen Aufgaben, wo zwar wirtschaftliche Steuerung durch die Führungskräfte und ergebnisorientierte Anreizstrukturen eingeführt werden, Grundfragen der Versorgungsqualität und der Finanzierung jedoch politischer Beschlüsse

51 Vgl. dazu den Beitrag von Wolfgang Gratz zum Thema „Die Zukunft des Verwaltungsmanagements" in der vorliegenden Publikation.

52 Vgl. dazu: Löffler: governance, 2009, p. 217.

53 Rossmann: Governance, 2005, S. 29.

bedürfen. Zur Auflösung der Spannungen bedarf es offensichtlich einer *„Weiterentwicklung des NPM-Paradigmas“* und eines *„Zusammenführens mit staats- und gesellschaftstheoretischen Fragen“*[54]. Ähnlich auch Schedler und Proeller, welche die Notwendigkeit betonen, beide Konzepte als komplementär aufzufassen:

> *„Public Governance und Verwaltungsreform im Sinn von Public Management schließen sich nicht aus, sondern sie befruchten und ergänzen sich sowohl konzeptionell als auch in der Verwaltungspraxis.“*[55]

Public Management fragt beispielsweise nicht nach direktdemokratischer Beteiligung von Bürgerinnen und Bürgern, fragt nicht nach dem sozio-ökonomischen Kontext in dem Menschen handeln, nicht nach ihrer sozialen Lage, kümmert sich meist wenig um Gerechtigkeit und Fairness. Für Public Governance ist dagegen die Wirkungsorientierung im Kontext der sozialen Lage einzelner Gruppen von großer Bedeutung, weil das Ziel staatlicher Aufgabenerfüllung die Sicherung einer angemessenen Lebensqualität und die Schaffung von zusätzlichen Aspekten von Gemeinwohl (Public Value) ist. Ebenso werden Kooperationen mit Menschenrechtsorganisationen nicht als notwendiges Übel eingegangen[56] sowie *„Beteiligung von BürgerInnen nicht als ‚Notnagel‘ zur Erfüllung von Staatsaufgaben“* bei knappen Ressourcen verstanden. Vielmehr wird Partizipation als *„wichtige Voraussetzung für eine zukunftsfähige Entwicklung“*[57] und als Kernelement öffentlicher Dienstleistungsproduktion gesehen.

Public Governance umfasst so Vorstellungen von Erfolgen des politischen Handelns, wozu nicht erst seit heute *„Demokratisierung des Alltags, Dezentralisierung der Macht, Demokratisierung der Entscheidungsverhältnisse“*[58] gehören. Ebenso sind strategische Weitsicht über mögliche Herausforderungen für den öffentlichen Sektor – wie beispielsweise das Ver- oder Bestärken der Werte kollektiver Risikovorsorge sowie die Bekämpfung von Armut aufgrund der Ungleichheit der Einkommen – weitere Elemente von Public Governance. Damit wird die effizienzorientierte „Binnenmodernisierung“ des New Public Management-Modells nicht nur ergänzt, vielmehr bildet Governance eine umfassende Reformperspektive für den gesamten Staat. In Österreich bedeutet dies zum Beispiel die Verbesserung der föderalen Beziehungen; auch die Mindestsicherung und das Zurückdrängen von steigenden Armutsraten, die Bemühungen um Gleichstellung und besserer Integration von Zuwandernden sind hierfür aktuelle Beispiele.

---

54 Rossmann: Governance, 2005, S. 23.

55 Schedler; Proeller: Mangement, 2009, S. 37.

56 Vgl. die exzellente Beschreibung der schwierigen Arbeit einer NGO im Dialog zwischen Politik, Verwaltung und den Bürgerinnen und Bürgern, bei der unter anderem professionelle Zusammenarbeit zwischen dem Staat (in diesem Fall das Land Kärnten) und der NGO (pro mente kärnten) oft zu einer Kommunikation zwischen Bittsteller (NGO) und Spender (Staat) gerät, anstatt sich auf partnerschaftlicher Ebene zu bewegen (Vgl. dazu: Leutner: NGO's, 2005, S. 362-383.).

57 Trattnigg; Wutscher: Erfolgsfaktoren, 2005, S. 55-56.

58 Matzner-Holzer: Querdenker, 2011, S. 53.

Public Governance durch evidence-based decision-making – das Beispiel der Armutsbekämpfung

Armutsbekämpfung ist ein wichtiger Teil der Sozialpolitik, gleichzeitig wohl auch ein Ansatzpunkt für Public Governance. Zwei übliche Indikatoren für Armutsmessung schaffen zunächst etwas Transparenz – nämlich die Armutsgefährdung gemessen durch den Anteil der Personen mit Einkommen unter der Armutsgrenze (poverty rate)[59] sowie die Armutsgefährdungslücke (poverty gap)[60], welche Auskunft darüber gibt, in welcher Intensität Menschen von Einkommensarmut betroffen sind und damit eine Aussage trifft, wie groß das Elend der Menschen ist. Mit dieser am Einkommen orientierten Sichtweise *„wird allerdings nicht das tatsächliche Ausmaß von Armut erfasst. Vor allem Ausgaben, finanzielle Belastungen, individuelle Lebenslagen und Kostenstrukturen, aber auch verminderte Verwirklichungschancen werden dabei nicht berücksichtigt*“[61].

In Abbildung 4 werden die beiden genannten Armutsindikatoren für die Gesamtheit der OECD-Mitgliedstaaten Mitte der ersten Dekade des 21. Jahrhunderts[62] dargestellt. Die durchschnittliche Armutsrate für alle OECD-Länder liegt bei rund 11 Prozent der Bevölkerung, wobei etwa Mexiko, die Türkei und die USA Armutsraten von weit über 15 Prozent aufweisen; die relativ niedrigsten Armutsraten werden mit weniger als 6 Prozent für Dänemark, Schweden und die Tschechische Republik ausgewiesen. Österreich liegt mit einer Rate von etwa 6,5 Prozent ähnlich wie Norwegen oder Frankreich. Allerdings ist die Armutsgefährdungslücke in Österreich mit fast 30 Prozent deutlich höher als etwa in Frankreich oder in der Tschechischen Republik (jeweils ca. 25 Prozent). Deutschland zeigt im Vergleich mit Österreich zwar eine deutlich höhere Armutsrate von fast 10 Prozent; die Armutslücke ist in Deutschland dagegen nur wenig höher als in Österreich. Ein zeitlicher Vergleich ergibt, dass die Armut in Österreich zwischen 1985 und 1995 deutlich weniger zugenommen hat als in der Dekade danach (1995 bis 2005).

59 Die Armutsgrenze wird von der OECD mit einem Einkommen von 50 Prozent des Medianeinkommens bestimmt. Das Einkommen wird als verfügbares (Netto-)Einkommen eines Haushalts in einer Periode (Jahr) gemessen. In der nationalen Statistik wird die Armutsgefährdung bereits ab einem Einkommen von 60 Prozent des Medianeinkommens angenommen.

60 Die Armutsgefährdungslücke wird „als Differenz zwischen dem Medianeinkommen der Armutsgefährdeten und der Armutsgefährdungsschwelle“ in Prozent interpretiert.

61 ÖGPP: Armut, 2009, S. 10.

62 Vgl. dazu: OECD: OECD-Factbook, 2010, S. 237.

Abbildung 4: Armutsgefährdung (poverty rate) und Armutsgefährdungslücke (poverty gaps) in OECD-Staaten (Mitte der 2000er Jahre)

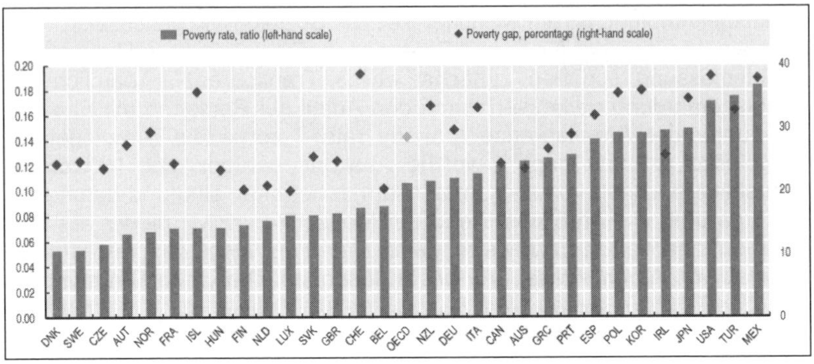

Quelle: StatLink http://dx.doi.org/10.1787/822560430054 [Download: 28.03.2011]

Das zweite Element zur Beweislage findet sich im Bericht „Einkommen, Armut, und Lebensbedingungen 2007" der Statistik Austria und zeigt das Einkommen an, bis zu dem Armutsgefährdung nach der österreichischen Definition vorliegen kann.

Tabelle 5: Armutsgefährdungsschwelle (60 Prozent des Medianeinkommens) bei unterschiedlichen Typen von Haushalten

Haushaltstyp	Gewichtungs-faktor nach EU-Skala	Jahreswert (in EUR)	Monatswert (in EUR)
		2007	
Einpersonenhaushalt	1	10.945	912
1 Erwachsener + 1 Kind	1,3	14.228	1.186
2 Erwachsene	1,5	16.417	1.368
2 Erwachsene + 1 Kind	1,8	19.701	1.641
2 Erwachsene + 2 Kinder	2,1	22.984	1.915
2 Erwachsene + 3 Kinder	2,4	26.268	2.189

Quelle: Statistik Austria, EU-SILC 2007

Die Armutsgefährdungsschwelle liegt in Österreich – auf Basis der hier angeführten Daten von 2007 – für einen Einpersonenhaushalt bei einem verfügbaren Jahresnettoeinkommen von € 10.945,-, für einen Zweipersonenhaushalt bei € 16.417,- p.a.

Die im Frühjahr 2010 beschlossene bedarfsorientierte Mindestsicherung (bMS) – sie versteht sich neben anderen Zielen als Schutz vor Armut – wird wie folgt definiert:

> *„Durch die BMS werden für alle Anspruchsberechtigten die selben Mindeststandards sichergestellt. Es ist den Ländern freigestellt, höhere Beträge für Sonder- bzw. Zusatzbedarfe (zum Beispiel Heizkostenzuschüsse) zu gewähren. Die Höhe der Leistung aus der BMS orientiert sich am Nettoausgleichszulagenrichtsatz in der Pen-*

sionsversicherung. Die Leistung gebührt 12 Mal jährlich und beträgt 2010 monatlich 558 Euro für Einzelpersonen sowie 837 Euro für (Ehe-)Paare. Zu diesem Grundbetrag kommt noch ein Teil zur Abdeckung der Wohnkosten hinzu (186 Euro für Alleinstehende, 279 Euro für Paare)."[63]

Die Diskrepanz zwischen der Armutsgefährdungsschwelle – verfügbares Jahreseinkommen z.B. von € 10.711,- für eine Person bzw. von € 16.067,- für (Ehe-)Paare – und der Leistung aus der bedarfsorientierten Mindestsicherung – 12 x die genannten Beträge = € 8.928,- für eine Person bzw. von € 13.392,- für zwei Erwachsene – beträgt somit für eine Person € 2.017,- p.a. bzw. für zwei Personen € 3.025,- p.a. Tatsächlich ist die Differenz noch höher, da die angegebenen Jahreseinkommen der Armutsgefährdungsschwelle das Jahr 2007 betreffen und die BMS sich auf die Leistung des Jahres 2010 bezieht.

Der im Januar 2010 zwischen dem Bund und den Ländern erzielte Kompromiss, die BMS nur 12 Mal und nicht 14 Mal pro Jahr zu leisten, geht somit am Ziel des Schutzes vor Armut doch ziemlich klar vorbei und lässt bezüglich eines „evidence-based decision-making" Einiges zu wünschen übrig. Dies dürfte wohl einer der Gründe sein, dass neben der bundesweiten BMS noch Ergänzungen durch einzelne Länder geboten werden, die jedoch substanzielle Transaktionskosten durch Parallelförderungen nicht ausschließen.

3.4 Strategische Ziele von Public Governance

Zur Konkretisierung des Konzeptes von Public Governance sollen im Folgenden einige mögliche strategische Ziele für den Nationalstaat sowie für die dezentralen staatlichen Ebenen angeführt und erläutert werden.

Erhöhen des Vertrauens in demokratisches Regieren

Der bereits genannte Kompetenz- und Souveränitätsverlust von Regierungen und Parlamenten ist – nicht nur – in Österreich fortgeschritten. Nach Filzmaier „*halten 90 Prozent der Österreicher Familie und Freunde für einen wichtigen Lebensbereich, bis zu 80 Prozent sagen das von ihrer Arbeitswelt und Freizeit. Politik ist für 20 Prozent wichtig* [...] *Für die (politischen) Institutionen werden dagegen vernichtende Vertrauenswerte gemessen* [...] *Fast jeder vertraut Feuerwehrleuten und Krankenschwestern, bei Politikern tut das höchstens jeder Zehnte* [...] *Eine Konstante in allen Studien sind ein Drittel mit der Demokratie Unzufriedene* [...]"[64].

63 Vgl. dazu: http://www.bmask.gv.at/cms/site/attachments/0/6/8/CH0052/CMS1248767097932/bms_folder.pdf [Download: 26.03.2011].

64 Filzmaier: Zug, 2010, S. 18f.

Abbildung 5: Vergleich von Umfrageergebnissen des Eurobarometers in Italien, Österreich und Finnland zur Frage nach dem Vertrauen in die jeweilige nationale Regierung

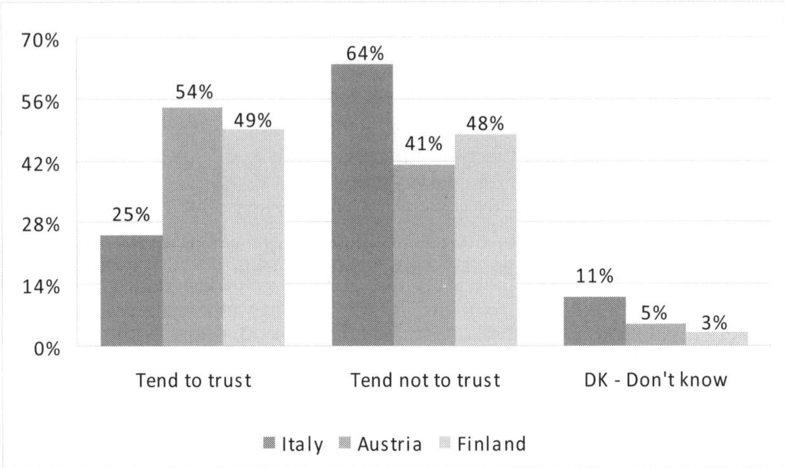

Quelle: http://ec.europa.eu/public_opinion/archives/flash_arch_en.htm

Abbildung 6: Vergleich von Umfrageergebnissen des Eurobarometers in Italien, Österreich und Finnland zur Frage nach dem Vertrauen in die jeweilige Justiz

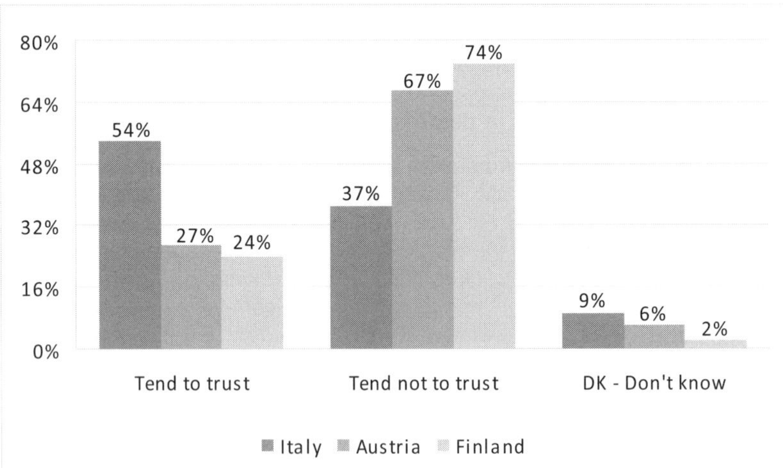

Quelle: http://ec.europa.eu/public_opinion/archives/flash_arch_en.htm

Abbildung 5 und 6 zeigen im Vergleich von drei Staaten, dass das Vertrauen in die Regierung unterschiedlich niedrig ist; in Österreich und Finnland vertrauen 54 bzw. 49 Prozent der Befragten der jeweiligen Regierung; das Misstrauen liegt aber bei beachtlichen 41 Prozent der Befragten in Österreich und in Italien sogar bei fast zwei Drittel. Allerdings sind auch zwischen Teilbereichen des öffentlichen Sektors (hier im Bereich der Justiz) beträchtliche Unterschiede gegeben – generell genießt der Bereich der Justiz in Österreich ein höheres Maß an Vertrauen als die Regierungen, jedoch ist das Ausmaß des Vertrauens der finnischen Bevölkerung mit 74 Prozent signifikant höher als jenes der österreichischen (67 Prozent).

Das Ziel von Public Governance, „Vertrauen in demokratisches Regieren" zu erhöhen, wird vermutlich unterschiedlich dringend eingeschätzt werden; ebenso die jeweils zu ergreifenden Maßnahmen. Grundsätzliche Ansätze, die Public Governance für das Wiedergewinnen von Vertrauen in demokratische Regimes bietet, sind das Verstärken von Offenheit und Transparenz[65] und/oder das Arbeiten an anderen Werten, beispielsweise der Befassung mit den verschiedenen Dimensionen der Accountability mehr Gewicht zu verleihen. Konsens dürfte auch bezüglich mehr direktdemokratischer Beteiligung zu finden sein. Filzmaier führt ein stärker personenbezogenes (Mehrheits-)Wahlrecht an sowie die Möglichkeit einer Umgestaltung des politischen Systems weg vom Parteienstaat. Da dies für die Parteien Machtverlust bedeutet, wird es seiner Meinung nach dazu wohl nicht so rasch kommen, es sei denn *„etablierte Parteien akzeptieren ihre relative Schwächung als mittelfristig notwendig, um nicht langfristig noch mehr zu verlieren. Man gibt einen Teil der Macht* [...] *an die demokratische Zivilgesellschaft ab, um ungleich heftigere Wählerströme in Richtung nicht wirklich demokratischer Basisbewegungen im Populismusstil zu verhindern."*[66].

Insbesondere in der Jugendarbeit ist vor dem Hintergrund des Herabsetzens des Wahlalters der Zugang zu demokratischen Institutionen und das Einbinden der Jugendlichen in den politischen Entscheidungsprozess eine wichtige demokratiepolitische Aufgabe, um ein aktives Mitgestalten des öffentlichen Lebens im Bewusstsein der Jugendlichen zu verankern. Innovative Ansätze bestehen dabei auch in der Verknüpfung von „politischer Bildung" und „Informationskompetenz" durch entsprechende öffentliche Angebote – sei es bei der Mitwirkung Jugendlicher an der Erarbeitung jugendbezogener Leitbilder, sei es durch ein Wahlbegleitservice für Jugendliche von 15 bis 20, sei es durch niederschwellige Dialoganbote mit politischen Repräsentantinnen und Repräsentanten.[67]

---

65 Vgl. dazu die Forderung der OECD: *„Governments must ensure that information is complete, objective, reliable, relevant, easy to find and to understand* [...]" (OECD: Gaps, 2009.)

66 Filzmaier: Zug, 2010, S. 20.

67 Beispiele bietet etwa der im Auftrag der Vorarlberger Landesregierung tätige Verein „aha", der unter anderem „Frageräume" und Wahlbegleitservices organisiert. FrageRaum-Politik gibt den Jugendlichen die Möglichkeit, heimische Spitzenpolitikerinnen und Spitzenpolitiker persönlich kennen zu lernen. Gemeinsam mit erwachsenen Moderatorinnen und Moderatoren erarbeiten die Teilnehmerinnen und Teilnehmer Fragen an die Politikerinnen und Politiker. Anschließend werden die FrageRäume von je einem/r Politiker/in besucht. Die Jugendlichen können ihre Fragen stellen und so den/die Politiker/in im direkten Kontakt erleben. Die Info-Folder des Wahlbegleitservices bieten Erst- und Jungwählerinnen und -wähler umfassende Informationen zu bevorstehenden Wahlen. Sie sollen Jugendliche in ihrer Meinungsbildung

Regierungen entwickeln hohe strategische Gestaltungskraft (Strategic Agility)

Ein rezenter OECD-Bericht zur Evaluierung von Public Governance in Finnland[68] weist besonders auf die Notwendigkeit hin, hohe strategische Flexibilität zu erreichen. Damit sollen Politik und Verwaltung in die Lage versetzt werden, auf die zunehmend komplizierten Herausforderungen für die Staaten möglichst vorausschauend und pro-aktiv zu antworten. Man denke in diesem Zusammenhang an die Aufgaben- und Verwaltungsreform im Bundesstaat oder an die gegenwärtig umzusetzende Konsolidierung der öffentlichen Finanzen, welche die hohe Verschuldung des Bundes und teilweise der Länder unter Kontrolle bringen, gleichzeitig jedoch neue Impulse für mehr soziale Gerechtigkeit, für nachhaltiges Wirtschaftswachstum, aber auch für Klimaschutz schaffen soll.

Der Bericht der OECD streicht drei Komponenten für den Aufbau von Strategic Agility heraus.

1. „Strategic insight is the ability to understand and balance government values, societal preferences, current and future costs and benefits, and expert knowledge and analysis, and to use this understanding coherently for planning, objective-setting, decision-making and prioritisation.
2. Collective commitment is adherence and commitment to a common vision and set of overall objectives, and their use to guide one's individual work, as well as the co-ordination and collaboration with other actors (both inside and outside of government and across levels of government) where needed to achieve goals collectively.
3. Resource flexibility is the ability to move resources (personnel and financial) to changing priorities if and as needed; to identify and promote innovative ways [...] and to increase efficiences and productivity both for fiscal consolidation and for reinvestment in more effective public policies and services."[69]

Regierungen und öffentliche Verwaltungen verstärken die Zusammenarbeit mit Interessensgruppen und mit sozialen Netzwerken

Dieses Ziel hat in Österreich einen beträchtlichen Stellenwert – man denke an die legendäre Sozialpartnerschaft. Die etablierten und institutionell fest gefügten Interessensvertretungen und die traditionellen gemeinnützigen Organisationen, wie das Rote Kreuz und freiwillige Feuerwehren, sind jedoch nur ein Teil der möglichen Partner für die politische Arbeit der verschiedenen Gebietskörperschaften und öffentlichen Unternehmungen auf allen föderalen Ebenen. Faktisch sind es heute viele andere Gruppen der

und Entscheidungsfindung unterstützen. Weiters sollen Jugendliche motiviert werden, von ihrem Wahlrecht Gebrauch zu machen. Vgl. dazu: http://www.aha.or.at/ [Download: 28.03.2011].

68 Vgl. dazu: https://community.oecd.org/community/pgc [Download: 25.04.2010].

69 OECD: report, 2010, p. 13.

heterogen zusammengesetzten Zivilgesellschaft, die auch örtlich und regional in unterschiedlichem Ausmaß aktiv werden und/oder zur Mitarbeit eingeladen und gewonnen werden können.

So gibt es unterschiedliche Formen von Öffentlichkeitsbeteiligung beispielsweise im Prozess der Erarbeitung und Verabschiedung von Gesetzen. Sie reichen von breiter Einladung zur Stellungnahme, über öffentliche Diskussionsveranstaltungen bis zu vorbereitenden Komitees. Die Abbildung 7 zeigt die Entwicklung von Bundesgesetzen von 2005 bis 2008 und lässt erkennen, dass die Einbindung der Öffentlichkeit seit 2005 überall, wenngleich bei den einzelnen Instrumenten in unterschiedlichem Ausmaß zugenommen hat.

Abbildung 7: Routinemäßige Konsultationsformen im Prozess der Erarbeitung und Verabschiedung von Bundesgesetzen, Vergleich der Mitgliedstaaten der OECD und der EU der Jahre 2005 und 2008

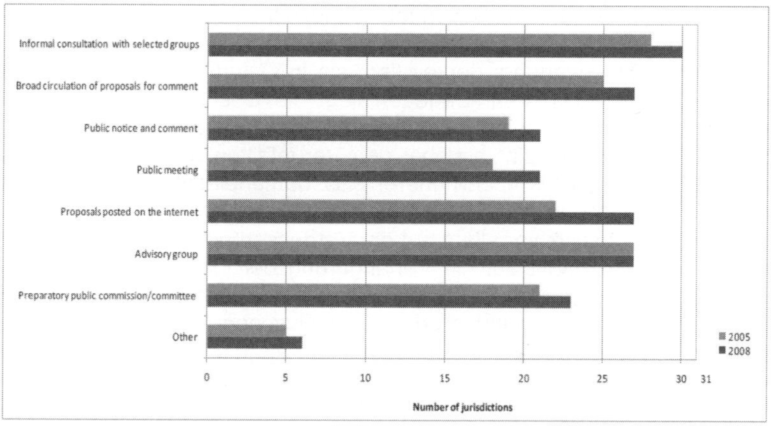

Notes: Data for 2005 and 2008 are presented for the 30 OECD member countries and the European Union.

Quelle: OECD Regulatory Management Systems' Indicators Survey 2005 and 2008. In: http://www.oecd.org/regreform/indicators [Download: 28.03.2011]

Auch in Österreich ist beispielsweise ein Stellungnahmeverfahren zu Entwürfen von Bundesgesetzen etabliert. Die Liste der zur Stellungnahme Eingeladenen ist oft lang und reicht von allen Ministerien und obersten Organen, über Interessensvertretungen bis zu NGOs.

Die Praxis der letzten Jahre zeigt jedoch, dass die Möglichkeiten zur Stellungnahme oft durch kurze Fristen eingeschränkt werden, insbesondere für kleinere NGOs, die nicht ausreichend Personal haben, um rasch fundierte Stellungnahmen in allen Fällen abgeben zu können. Auch konnte man teilweise den Eindruck gewinnen, dass die politische Entscheidung zu einem Gesetz bereits gefallen war und die Stellungnahmen daher lediglich pro forma eingeholt wurden. Diese Entwicklung schwächt das Instrument der Öffentlichkeitsbeteiligung, weil es die Institutionen, die Stellung nehmen, demotivieren kann und dazu führt, dass sie sich das nächste Mal die Mühen der Beteiligung am Verfahren überlegen. Damit verzichtet man aber auf wertvolle Anregungen, die die Qualität eines Gesetzes verbessern könnten.[70]

Wie Löffler unter Bezug auf Arbeiten von Kickert und Koppenjan ausführt, geht es nicht nur um Information und Konsultation, sondern *„auch um das Aufbauen und das Pflegen von Kooperationen und von Netzwerken, und weiters auch darum, die institutionellen Arrangements so zu verbessern, dass die Möglichkeiten und Bedingungen für die Kooperation verbessert werden“*[71]. Damit werden jedenfalls wieder einzelne Werte und Grundprinzipien von Public Governance, so beispielsweise Transparenz, Gleichstellung und Integration verschiedener ethnischer Gruppen ins Spiel gebracht.

Verstärken der Bürgerbeteiligung (Co-Design und Co-Production)

Dieses Ziel bildet wohl eine besondere Herausforderung für das fest gefügte repräsentative System des föderalen Staates und der Selbstverwaltungskörper in Österreich. Besonders augenscheinlich ist dies derzeit in der Gesundheitspolitik. Es zeigt sich international eine ähnliche Entwicklung der Lebenserwartung; derzeit liegt sie in Österreich im Durchschnitt bei knapp über 80 Jahren. Dagegen liegt die Gesundheitserwartung in Lebensjahren um mehr als 20 Jahre darunter.[72] Da die gegenwärtig praktizierte „Reparaturmedizin“ erst bei den Verunfallten und Erkrankten ansetzt, wird ein allenfalls noch höherer Ressourceneinsatz hierfür nicht zu mehr Lebensjahren in guter Gesundheit beitragen können. Deshalb muss die Gesundheitspolitik vor allem auf die Verbesserung der Gesundheit der Bevölkerung und damit auf die Verlängerung der Gesundheitserwartung gerichtet werden. Dem nun in Diskussion befindlichen „Masterplan Gesundheit“ des Hauptverbandes der österreichischen Sozialversicherungsträger vom November 2010[73] liegt demgemäß die Vision von „Länger selbstbestimmt bei guter Gesundheit leben“ zugrunde. Kernforderungen des Masterplans betreffen den Ausbau von Prävention und Gesundheitsförderung sowie die aktive Mitwirkung der Bevölkerung:

> *„Der Paradigmenwechsel, weg von der reinen Reparaturmedizin hin zum Ausbau von Prävention und Gesundheitsförderung ist aus Sicht der Sozialversicherung in allen Politikbereichen zu verstärken* [...] *Ein modernes Gesundheitssystem setzt auf die aktive Mitwirkung der Bevölkerung. Der Mensch ist eigenverantwortlicher Gestalter seiner persönlichen Lebenswelt. Voraussetzung ist allerdings das notwendige Wissen. Die Bevölkerung soll zur Teilnahme an*

70 Zu den Qualitätsanforderungen einer guten Öffentlichkeitsbeteiligung siehe „Standards für Öffentlichkeitsbeteiligung“ durch Ministerratsbeschluss vom Juli 2008 zur Anwendung in der Bundesverwaltung empfohlen. Vgl. dazu: http://www.partizipation.at [Download: 28.03.2011].

71 Löffler: governance, 2009, p. 221.

72 Vgl. dazu den Beitrag von Josef Probst zum Thema „Verwaltungstheoretische Überlegungen zum österreichischen Gesundheitswesen“ in der vorliegenden Publikation.

73 Vgl. dazu: www.hauptverband.at/mediaDB/730577_Masterplan%20Gesundheit_Langfassung.pdf [Download: 28.03.2011].

Präventivmaßnahmen als Form der integrierten Versorgung motiviert werden“[74].

Zur Verstärkung der Partizipation ist auch das Nutzen der neuen „sozialen Medien“ seitens der Gebietskörperschaften auf den einzelnen staatlichen Ebenen erforderlich. Dies vor allem zum Erreichen der verschiedenen Gruppen von Jugendlichen und von jungen Erwachsenen, die für Politik und Verwaltung besonders schwer zugänglich sind. Duelli unterstreicht dies: Eine neue Kommunikations- und Kooperationskultur (wird) für lokale und regionale Regierungen und Stadtverwaltungen zu einer großen Aufgabe, „[nämlich] *in einem sich permanent ändernden, sehr heterogenen Gemeinwesen mit einer Mischung aus aktiven, dynamischen, aber auch mit vielen passiven Mitgliedern zu arbeiten. Ein Gemeinwesen mit einer neuen Kommunikationskultur und vielen Menschen, die ständig Lust auf Neues haben, Werte wie Toleranz, Offenheit und Vielfalt* [pflegen], *aber auch Ausgrenzung und Ignoranz* [leben]“[75].

Bürgerbeteiligung versteht sich, wie an diesen Fallbeispielen gezeigt, in einem umfassenden Sinn: Bürgerinnen und Bürger benötigen Informationen und Wissen, werden an Planung und am politischen Meinungsbildungsprozess beteiligt (Konsultation) und übernehmen oder bekommen auch eine Rolle bei der Erbringung von öffentlichen Dienstleistungen, die teils weit über die Kommunikation und den Dialog hinausreicht. International wird dies auch als Co-Design, Co-Production und Co-Evaluation bezeichnet. Darunter versteht Martin die *„aktive Beteiligung der Bevölkerung an der Politikgestaltung und/oder an der Leistungsproduktion*“[76]. Ihr Nutzen besteht vor allem in besserer Qualität der Leistungen und höherer Akzeptanz, in verbesserten Zugängen zu den öffentlichen Leistungen, in einem Zuwachs an Vertrauen in das öffentliche Handeln. Besonders betont Martin die erhöhten Chancen dafür, dass *„die Einrichtungen und Dienste besser auf die Bedürfnisse der Bürgerinnen und Bürger ausgerichtet werden. Sie spielt auch eine Rolle in der Aufwertung der sozialen Rolle von Menschen mit Behinderungen, in dem es deren Selbstwertgefühle und Selbstsicherheit erhöht und ihren Platz in der Gemeinschaft aufwertet*“[77].

Fallweise wird die freiwillige Mitwirkung von Bürgerinnen und Bürgern an der Erbringung von Gemeinschaftsleistungen als Kompensation für nicht ausreichende öffentliche Mittelbereitstellung aufgefasst und abgelehnt. Wenn jedoch im Vordergrund *„die Nutzung von Sozialkapital (steht), welches im Rahmen des Bürgerengagements verfügbar ist*“ (Duelli), tritt der mögliche Einsparungseffekt für die öffentliche Verwaltung in den Hintergrund. Das Sozialkapital in Form von Erfahrungen älterer Menschen, die anderen vermittelt werden, in Form von Beispielwirkungen von Hilfseinsätzen bei Katastrophen, in der Erwachsenenbildung etwa im Weg der

74 Vgl. dazu den Beitrag von Josef Probst zum Thema „Verwaltungstheoretische Überlegungen zum österreichischen Gesundheitswesen“ in der vorliegenden Publikation.

75 Duelli: Innovation, 2008, S. 304.

76 Martin: Engaging, 2009, p. 284.

77 Martin: Engaging, 2009, p. 286.

Lernbegleitung durch Facilitators ist jedenfalls ein Faktor der zur Steigerung von Lebensqualität beiträgt. Aufgabe guten Regierens ist es deshalb auch, Sozialkapital verfügbar und nutzbar zu machen.

Kohärente Wirkungsorientierung: Koordinierung der Inhalte unter Berücksichtigung der zuständigen staatlichen Ebenen und der differenzierten Trägerschaft der Aufgaben

Wirkungsorientierung bedeutet, das staatliche Handeln auf angestrebte Wirkungen auszurichten. Dazu sind Wirkungsziele festzulegen, Wirkungskennzahlen zu entwickeln, Maßnahmen und Leistungen zu vereinbaren und ein Wirkungscontrolling aufzubauen. Die dadurch erzeugte Klarheit darüber, wo die Prioritäten liegen und was erreicht werden soll, ist einerseits für die Mitarbeiterschaft in der öffentlichen Verwaltung handlungsleitend, andererseits macht sie den Bürgerinnen und Bürgern gegenüber transparent, was Politik und Verwaltung planen und was die Bürgerinnen und Bürger von ihnen erwarten können. Diese Klarheit erhöht die Wirksamkeit der Aufgabenerfüllung und trägt dazu bei, dass Probleme rascher und besser gelöst werden.

Da Wirkungen oft erst mittel- bis langfristig eintreten, verlangt eine wirkungsorientierte Steuerung langfristiges Denken und Handeln. Versteht man Nachhaltigkeit als Qualitätskriterium dafür, dass Entscheidungen und Handlungen in der Gegenwart zukünftigen Generationen nicht zum Nachteil gereichen sollen, wird deutlich, dass Wirkungsorientierung auch dazu beiträgt, die Nachhaltigkeit von Verwaltungshandeln zu stärken. Wirkungen sind meist strategischer Natur. Dies bedeutet, dass sie in der Regel durch die Politik in sehr allgemeiner Form vorgegeben werden. Zur Umsetzung bedarf es jedenfalls einer Konkretisierung, was die Formulierung und Abstimmung von Zieldimensionen, zu erreichenden Zielwerten und einvernehmlichen Beschreibungen eines konkreten Zielzustandes anlangt.

So existieren etwa in Finnland mehrere Zielebenen[78]: Es sind dies z.B. für die Bildung die Ebenen der Entwicklungsstrategie (z.B. Weiterentwicklung des Bildungs- und Forschungssystems) und der generellen Wirkungsziele (z.B. Bildungsmöglichkeiten und Gleichberechtigung schaffen), die in weiterer Folge konkretisiert werden (konkretisiertes Wirkungsziel: bis 2015 soll der Anteil der 25-29jährigen, die zumindest Bildung im sekundären Bereich erhalten haben, von 85 auf 90 Prozent gesteigert werden). In Österreich werden derzeit bei der Umsetzung des BHG 2013 Wirkungsziele entwickelt, die sehr allgemein gehalten sind. Die notwendige Konkretisierung ist bis dato nicht erfolgt. Vielmehr sind im künftigen Bundesvoranschlag lediglich bereits Maßnahmen zur Umsetzung der Wirkungsziele vorgesehen.[79]

Wirkungsorientierung ist zudem ein umfassender Ansatz, der sowohl die unterschiedlichen Wirkungen auf die verschiedenen Zielgruppen

78 Zitiert nach: http://www.bka.gv.at/site/6362/default.aspx [Download: 12.03.2011].

79 Vgl. dazu den Beitrag von Elisabeth Dearing zum Thema „Public Governance in der Bundesverwaltung" in der vorliegenden Publikation.

(Frauen, Männer, Ältere und Junge etc.) als auch unterschiedliche Wirkungen, etwa auf die Umwelt oder auf die Budgetlage, berücksichtigt. Dabei ist es jedoch nicht immer sinnvoll, direkte Verknüpfungen zwischen angestrebten Wirkungen und dem Budget herzustellen. Vielmehr ist beim Dialog zwischen Politik und Verwaltung bzw. zwischen Verwaltung und Öffentlichkeit über angestrebte Wirkungen immer der budgetäre Rahmen im Auge zu behalten. Mögliche Alternativen sind unter Berücksichtigung der vorhandenen Ressourcen zu besprechen. Auch die Bezüge zwischen Wirkungen und Leistungen sind relevant, weil Leistungen stets zur Erreichung der Wirkungen dienen sollten. Die Kohärenz zwischen Wirkungen und Leistungen ist daher essentiell, wenngleich nicht immer eindeutig zuordenbar.

Wirkungen zeichnen sich dadurch aus, dass sie multikausal sind, das heißt, sie werden in der Regel durch mehrere Faktoren und das Handeln mehrerer Akteurinnen und Akteure hervorgerufen. So tragen etwa zu guter Gesundheit wirksame Präventionsmaßnahmen, eine gute Versorgung erkrankter Menschen, aber auch ein möglichst hoch entwickeltes Gesundheitsbewusstsein in der Bevölkerung und aktive Mitwirkung der Menschen an der Erhaltung ihrer Gesundheit bei. Will man daher gute Gesundheit erreichen, ist es notwendig, allen Akteurinnen und Akteuren gemeinsame Ziele zu geben und die einzelnen Maßnahmen/Leistungen aufeinander abzustimmen und die Umsetzung zu koordinieren. Strategische Oberziele der Wirkungsorientierung sollten jedenfalls die verschiedenen staatlichen Ebenen und sonstigen öffentlichen und privaten Akteure einschließen. Dies gilt in einem Bundesstaat wie Österreich insbesondere auch zwischen den Gebietskörperschaften, den Trägern der Sozialversicherung und anderer Parafisci sowie den ausführenden Unternehmungen.

Wirkungsorientierung fördert auch die Kommunikation zwischen Politik und Verwaltung und den Bürgerinnen und Bürgern. Wegen der teilweise komplexen Inhalte können diese aber nur dann verständlich werden, wenn sie konkrete Ausprägungen erhalten, das heißt, auf operationale Ziele und auf – möglichst leicht messbare – Kennzahlen beschränkt werden.

Ein interessantes Beispiel, wie all dies gelingen könnte, zeigt das „National Performance Framework" von Schottland.[80] Dort sind auf einer staatlichen Website ein Leitbild (The Government's Purpose), national geltende Wirkungsziele, die jeweils konkret gefasst werden und ein Satz von Indikatoren zu den Kernaufgaben des Staates zu finden, welche die Wirkungen der Aktivitäten verschiedener Gebietskörperschaften sowie anderer öffentlichen Einrichtungen beobachten helfen.

80 Zitiert nach http://www.scotland.gov.uk/About/scotPerforms/indicators [Download: 28.12.2011].

Abbildung 8: Das schottische System der Wirkungsziele und der nationalen Indikatoren

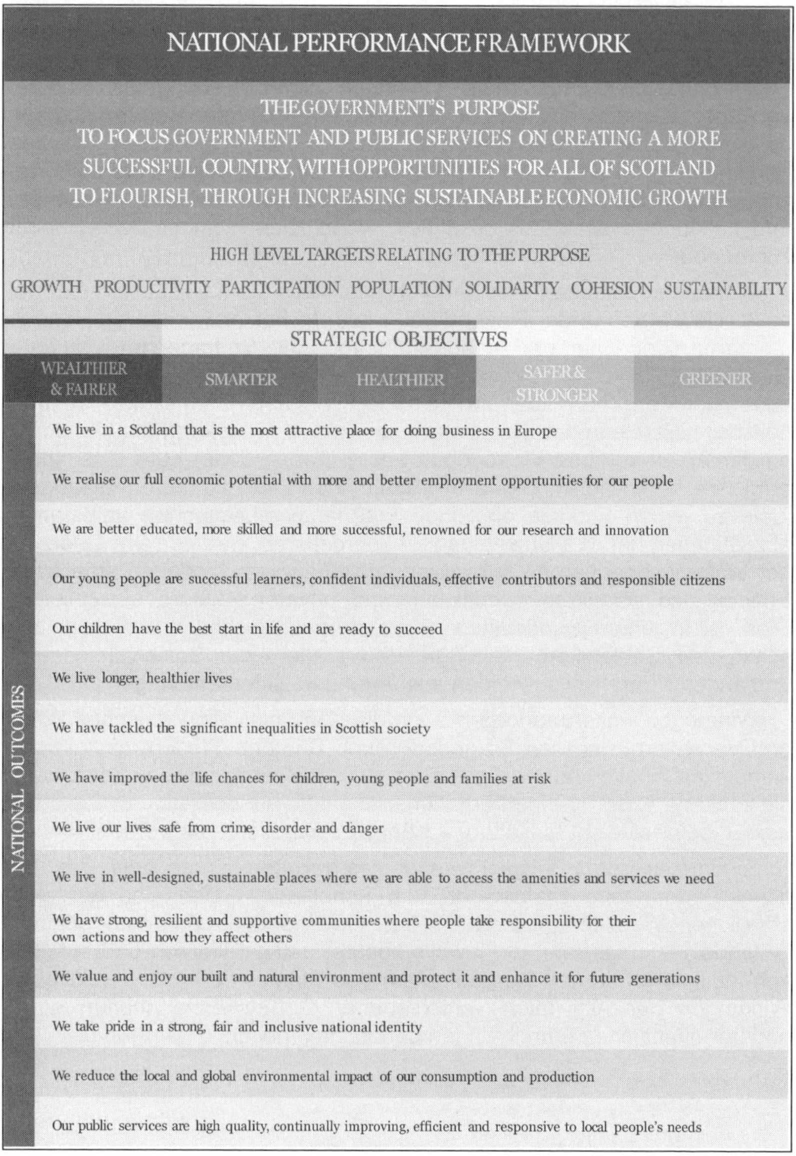

NATIONAL INDICATORS AND TARGETS

- At least halve the gap in total research and development spending compared with EU average by 2011
- Increase the business start-up rate
- Grow exports at a faster average rate than GDP
- Improve public sector efficiency through the generation of 2% cash releasing efficiency savings per annum
- Improve people's perceptions of the quality of public services delivered
- Reduce the number of Scottish public bodies by 25% by 2011
- Reduce the proportion of driver journeys delayed due to traffic congestion
- Increase the percentage of Scottish domiciled graduates from Scottish Higher Education Institutions in positive destinations
- Improve knowledge transfer from research activity in universities
- Increase the proportion of school leavers (from Scottish publicly funded schools) in positive and sustained destinations (FE, HE, employment or training)
- Increase the proportion of schools receiving positive inspection reports
- Reduce number of working age people with severe literacy and numeracy problems
- Increase the overall proportion of area child protection committees receiving positive inspection reports
- Decrease the proportion of individuals living in poverty
- 60% of school children in primary 1 will have no signs of dental disease by 2010
- Improve the quality of healthcare experience
- Increase the proportion of pre-school centres receiving positive inspection reports
- Increase the social economy turnover
- Reduce the rate of increase in the proportion of children with their Body Mass Index outwith a healthy range by 2018
- Increase the average score of adults on the Warwick-Edinburgh Mental Wellbeing Scale by 2011
- Increase healthy life expectancy at birth in the most deprived areas
- Reduce the percentage of the adult population who smoke to 22% by 2010
- Reduce alcohol related hospital admissions by 2011

NATIONAL INDICATORS AND TARGETS

- Achieve annual milestones for reducing inpatient or day case waiting times culminating in delivery of an 18 week referral to treatment time from December 2011
- Reduce the proportion of people aged 65 and over admitted as emergency inpatients two or more times in a single year
- Reduce mortality from coronary heart disease among the under 75s in deprived areas
- Increase the percentage of people aged 65 and over with high levels of care needs who are cared for at home
- All unintentionally homeless households will be entitled to settled accommodation by 2012
- Reduce overall reconviction rates by 2 percentage points by 2011
- Reduce overall crime victimisation rates by 2 percentage points by 2011
- Increase the percentage of criminal cases dealt with within 26 weeks by 3 percentage points by 2011
- Increase the rate of new house building
- Increase the percentage of adults who rate their neighbourhood as a good place to live
- Decrease the estimated number of problem drug users in Scotland by 2011
- Increase positive public perception of the general crime rate in the local area
- Reduce overall ecological footprint
- Increase to 95% the proportion of protected nature sites in favourable condition
- Improve the state of Scotland's Historic Buildings, monuments and environment
- Biodiversity: increase the index of abundance of terrestrial breeding birds
- Increase the proportion of journeys to work made by public or active transport
- Increase the proportion of adults making one or more visits to the outdoors per week
- 50% of electricity generated in Scotland to come from renewable sources by 2020 (interim target of 31% by 2011)
- Reduce to 1.32 million tonnes of waste sent to landfill by 2010
- Increase to 70% key commercial fish stocks at full reproductive capacity and harvested sustainably by 2015
- Improve people's perceptions, attitudes and awareness of Scotland's reputation

Quelle: http://www.scotland.gov.uk/About/scotPerforms/indicators

So hat sich Schottland unter anderem als ein Wirkungsziel die Verbesserung der Gesundheit der Menschen vorgenommen (National Outcome: „*We live longer, healthier lives*“); dies wird anhand von zwei konkreten Zielvorgaben mit klaren Messgrößen angepeilt und überprüfbar gemacht. Das erste Ziel (siehe Abbildung 8) lautet: 60 Prozent der Kinder in der ersten Volksschulklasse sollen keine Zahnschäden aufweisen; das zweite Ziel gilt der Reduktion der Sterberate von herzerkrankten Menschen unter 75 Jahren in sozial benachteiligten Gebieten. Beschreibungen zu den einzelnen Zielen und Indikatoren finden sich dazu im Hintergrund. Das im zweiten Teil von Abbildung 8 wiedergegebene Set an nationalen Indikatoren und konkretisierten Zielen (national indicators and targets), wird durch die nationale Statistik bearbeitet, die Kennzahlen werden für das Verfolgen verschiedener Wirkungsziele herangezogen.

3.5 Zusammenfassung: Gutes Regieren schafft Gemeinwohl und trägt zu individueller Lebensqualität bei

Wozu sind Staat und öffentliche Verwaltung da? Sie erfüllen Grundbedürfnisse der Bevölkerung, wie Bildung, Sicherheit und sozialen Ausgleich, wenn sie vom Markt nicht erfüllt werden können oder auch nicht erfüllt werden sollen. Der Staat in seinen diversen Organisationsformen sorgt für Ordnung durch Regeln und die Überwachung ihrer Einhaltung, sichert tendenziell einen Interessensausgleich und die Einbindung verschiedener Bevölkerungs- und Interessensgruppen. Einiges davon kann auch die Privatwirtschaft leisten, vieles davon jedoch nur der Staat, weil er auf demokratischen Prinzipien aufgebaut ist und so seine Legitimation für das Staatshandeln von der Bevölkerung erhält. Zusätzlich zu den Dienstleistungen für den Einzelnen schafft der Staat Gemeinwohl (Public Value), der auch insbesondere in Krisenzeiten Stabilität und Handlungsfähigkeit sichert. Wenn der Staat Dienstleistungen für den einzelnen Menschen erbringt, beispielsweise Bildung zur Verfügung stellt, so nützt dies der Einzelperson, es hat aber meist auch Effekte auf die Gesellschaft. So leistet Bildung gleichzeitig einen Beitrag zur Armutsbekämpfung, da gut ausgebildete junge Menschen leichter einen Arbeitsplatz und damit gesicherte Einkommen erhalten können.

Beispiele für konkrete übergeordnete wirtschaftliche Wirkungsziele bietet die kürzlich publizierte neue Wirtschaftsstrategie der Europäischen Kommission[81] die fünf EU-Kernziele vorsieht, welche die Mitgliedstaaten in nationale Ziele umzusetzen haben:

1. 75 Prozent der Menschen im Alter zwischen 20 und 64 Jahren sollen in Arbeit stehen.
2. 3 Prozent des BIP der EU soll in Forschung und Entwicklung investiert werden.
3. Die „20/20/20“-Klima- und Energieziele müssen verwirklicht werden.
4. Der Anteil der Schulabbrecherinnen und Schulabbrecher muss auf unter 10 Prozent zurückgehen, und 40 Prozent der jungen Menschen sollen eine Hochschulausbildung absolvieren.
5. 20 Mio. Menschen weniger als bisher sollen von Armut bedroht sein.

Diese auf EU-Ebene vorgegebenen Ziele erzeugen auf nationaler Ebene Handlungsbedarf. Zumindest ein Bezug im Strategiebericht des Bundesministeriums für Finanzen im Rahmen der vierjährigen Finanzrahmenplanung und auch bei der Definition der Wirkungsziele wäre geboten.

Bei der Umsetzung von Zielen und Maßnahmen für Good Governance kann die Präzisierung des Begriffs des Public Value hilfreich sein, der

81 Vgl. dazu: http://europa.eu/rapid/pressReleasesAction.do?reference=IP/10/225&format=HTML&aged=0&language=DE [Download: 28.03.2011].

wohl auch zu einer Differenzierung in mehrere Public Values führen muss. Colin Talbot hat bereits vor Jahren eine solche Definition vorgelegt:

> *„Public Value bedeutet nicht nur den Aspekt der Wertschöpfung durch öffentliche Güter, die der Staat wegen Marktversagens bereitstellen muss, vielmehr auch das ausreichende Umsetzen konkreter Werte, wie vor allem Gerechtigkeit, Gleichheit, Rechtschaffenheit, die der private Sektor nicht schaffen kann und will.*"[82]

Talbot weist auch darauf hin, dass Public Value nicht nur von öffentlichen, sondern auch von erwerbswirtschaftlichen oder NGOs erzeugt (oder vernichtet) werden kann – in dem diese (meist aufgrund von staatlichen Vorschriften) unerwünschte externe Effekte (z.B. Lärm, Verpackungsmüll) vermeiden.[83] Versucht man die Inhalte der verschiedenen Public Values zu beschreiben, so könnte es dabei zunächst um folgende gesellschaftliche Umstände gehen:

1. Gute Lebensqualität für alle: Gute Lebensqualität wird seitens der EU mit objektiven Indikatoren gemessen, wie etwa Lebenserwartung und Gesundheit, Bildung, Beschäftigung, aber auch soziale Beziehungen oder politische Teilhabe.[84]
2. Ein effektiver und effizienter Rechtsstaat: Dies bedeutet, dass Urteile und Bescheide rechtsrichtig, verständlich und akzeptiert sind und diese in angemessener Zeit getroffen werden. Akzeptiert sind sie dann, wenn ein faires Verfahren stattgefunden hat, in dem allen Parteien Gehör geschenkt wurde und die vorgebrachten Anträge, Kommentare etc. entsprechend gewürdigt und in die Entscheidung eingeflossen sind. Akzeptiert wird ein Bescheid oder Urteil aber auch nur, wenn es den staatlichen Organen gelungen ist, einen Interessensausgleich zwischen privaten und öffentlichen Interessen herzustellen.
3. Eine funktionierende Demokratie bedeutet eine interessierte und informierte Bürgerschaft, gute und rechtlich abgesicherte Instrumente einer Bürgerbeteiligung und eine entsprechende Offenheit von Politik und Verwaltung, das von den Bürgerinnen und Bürgern Vorgebrachte auch zu hören und aufzunehmen. Vor dem Hintergrund sinkenden Vertrauens in Staat und Verwaltung müssten sich Politik und Verwaltung den neuen Anforderungen stellen, da eine funktionierende Demokratie das Vertrauen in den Staat und seine Legitimation erhöht.[85]

Einen anderen Zugang zur Konkretisierung von Public Value wählt Bovaird, wenn er fünf Dimensionen von Public Value beschreibt: „user value", „value for wider groups" (family, friends) „political value" (through co-planning as support to democratic process), „social value" (creating social cohesion) und „environmental value" (sustainability).[86]

---

82 Talbot: Management, 2005, p. 501. (deutsche Übersetzung: Helfried Bauer)

83 Vgl. dazu: Talbot: performance, 2010, p. 129.

84 Vgl. dazu: Europäische Kommission: The Social Situation in the European Union 2009. Luxemburg 2010. Zitiert nach Pesendorfer; Leitner: Zugänge, 2010, S. 538f.

85 Vgl. dazu: Dearing: Verwaltungsreform, 2008, S. 124f.

86 Vgl. dazu: Bovaird: strategy, 2008, p. 260.

Bauer setzt die Bemühungen um die Konkretisierung des Public Values fort, indem er von mehreren Public Values ausgeht:

1. Sichern der Gleichheit der Menschen, Respekt vor dem Individuum und damit Ausrichten des Handelns auf Chancengleichheit, Wertschätzung der sozialen und kulturellen Vielfalt
2. Sichern und Stärken der Demokratie gemessen durch den Grad der Bürgerbeteiligung, die Teilnahme an geheimen Wahlen und dergleichen
3. Sichern des sozialen Zusammenhalts der Gesellschaft durch ausreichende Umverteilung, Bürgerengagement (Co-Production), Gemeinsinn und Solidarität
4. Optimismus als ästhetische Kategorie, das heißt, etwa positive Einstellung zu Reformen, Hervorkehren möglicher Verbesserungen in den Beziehungen zwischen Politik, Verwaltung und Bürgerinnen und Bürgern, verstanden als soziales Lernen[87]

Die hier angeführten Kategorien von Public Value zeigen, dass es auch vom jeweiligen gesellschaftlichen Grundkonsens abhängt, welche Public Values im Vordergrund stehen. Es muss dabei bedacht werden, dass einzelne Public Values einander konkurrenzieren oder sich auch gegenseitig verstärken können. Eine Konkurrenzbeziehung wird beispielsweise dann vorliegen, wenn sich die Bevölkerung mehr Sicherheit wünscht; dies kann im Fall von verstärkter Videoüberwachung öffentlicher Räume zu Beeinträchtigung von Freiheit führen. Die Klärung von Kategorien des Public Values kann eine Hilfe bei der Definition und Überprüfung von Wirkungen des öffentlichen Handelns bieten, aber auch das Selbstverständnis (Rollenbild) von Führungskräften und Mitarbeiterinnen und Mitarbeitern im öffentlichen Sektor bestärken.

Die oben beschriebenen Elemente von „Gutem Regieren" fördern die Schaffung von Gemeinwohl. Die aktive strategische Gestaltung – im Sinne einer „Strategic Agility" – von Beziehungen zwischen Institutionen, von Verantwortlichkeiten, von Prozessen und Leistungen sind vor dem Hintergrund komplexer Problemstellungen (Stichworte: Klimawandel, Finanzkrise, Migration) für komplexe Lösungen unerlässlich. Die Zusammenarbeit mit Interessensgruppen und sozialen Netzwerken verbessert die Qualität von Entscheidungen, macht die Leistungen zielgruppengerechter und erhöht dadurch die Wirksamkeit. Vermehrtes Einbinden der Bürgerinnen und Bürger stärkt demokratische Institutionen, fördert die demokratische Qualität des Verwaltungshandelns, erhöht das Vertrauen in die Problemlösungsfähigkeit des Staates. Sie macht aber auch die Bedürfnisse der unterschiedlichen Zielgruppen deutlich und kann das staatliche Handeln im Falle von „Co-Production" zudem ergänzen.

87 Vgl. dazu: Bauer: Ethik, 2010, S. 5.

Otto BRODTRICK

Rückblick und Ausblick: Staaten erfolgreich lenken

Societies tend to be managed by settled institutions designed to allow imperfect people to use flawed procedures to cope with insoluble problems. There are no universal easy answers.[1]

Paraphrase eines Textes aus „Bureaucracy“ von James Q. Wilson, 1989

In diesem Kapitel möchte ich einige der historischen und gegenwärtigen Ansätze skizzieren, mit denen versucht wurde und wird, ein erfolgreiches Funktionieren von Staatengebilden und öffentlichen Institutionen zu gewährleisten. Anschließend wage ich eine Prognose zur Zukunft von Governance. Diese gründet sich auf Lernprozesse über jene Lenkungs- und Governance-Mechanismen, die sich über die Jahrtausende hinweg in lebenden Organismen entwickelt haben, insbesondere was die genetisch bedingten Funktionen betrifft, deren wir uns kaum bewusst sind.

Weltweit stehen die staatlichen Institutionen vor einer ständigen Herausforderung: Es geht um die bestmögliche Entwicklung und Implementierung einer Politik, die einen erfolgreichen Staat hervorzubringen vermag. Was erfolgreich ist, lässt sich auf vielerlei Weise definieren, und das zeigt sich auch anhand der unterschiedlichen Ideologien, denen etablierte oder auch neu gewählte Regierungen im Laufe der Zeit gefolgt sind. Als Beispiel sei etwa die neue britische Regierung genannt, die den Multikulturalismus als gescheitert erklärt und in dieser Beziehung ein Umdenken gefordert hat.

Was als erfolgreich betrachtet wird, lässt sich etwa auch in den unterschiedlichen Ansätzen zur Erhaltung der Volksgesundheit erkennen. So wird das Gesundheitssystem in den USA weitgehend von gewinnorientiert arbeitenden Finanzinstituten und Krankenanstalten des privaten Sektors betrieben. Dagegen beruht die Gesundheitsversorgung im benachbarten Kanada auf einem „freien“ und universellen Zugang aller Bürgerinnen und Bürger zur gesundheitlichen Infrastruktur und wird über Steuereinnahmen staatlich finanziert. In einigen europäischen Ländern stellen sich die Gesundheitssysteme wiederum als Zusammenspiel öffentlicher und privater Institutionen dar. Somit variiert das Erfolgskonzept von Staat zu Staat.

---

1 *„Gesellschaften werden zumeist von etablierten Institutionen verwaltet, die so konzipiert sind, dass unvollkommenen Menschen gestattet wird, fehlerhafte Verfahren zur Lösung unlösbarer Probleme anzuwenden. Es gibt keine einfachen, allgemein gültigen Antworten.“* (deutsche Übersetzung: Regina Berger)

1. Ideologien verändern sich unter dem Einfluss bestimmter Ereignisse

Im Laufe der Geschichte hat sich die Definition dessen, was in Bezug auf die Führung eines Staates als Erfolg anzusehen ist, drastisch verändert. Der Perserkönig Xerxes legte nach seiner Krönung vor rund zweieinhalbtausend Jahren in einer Rede vor den führenden Vertretern des Landes seine Absichten dar. Sein Reich erstreckte sich damals vom Mittelmeer bis nach Afghanistan und selbst Ägypten gehörte dazu. Xerxes sprach zu seinen Gefolgsleuten:

> *„Männer von Persien! Ich führe keine neuen Sitten ein; ich setze lediglich alte persische Traditionen fort. Unsere Vorfahren berichten, dass es nie eine Zeit gegeben hat, in welcher wir ohne Krieg waren, zurückgehend bis auf die Zeit von Cyrus, der den Astyages stürzte, und wir die Macht von den Medern übernahmen. Es ist Gott, der uns auf diesem Weg leitet, und wir gedeihen stets, wenn wir seiner Führung vertrauen.*
> *Es wäre unnötig, all die Siege aufzuzählen, die Cyrus, Cambyses und mein Vater Darius errangen, und all die Völker, die sie sich unterwürfig machten, denn ihr wisst von diesen Errungenschaften.*
> *Was mich betrifft, so hatte ich gleich nach meiner Krönung zum König von Persien begonnen, darüber nachzudenken, wie ich vermeiden könnte, hinter denen zurückzubleiben, die mir in diesem Amt der Ehre voranschritten, und wie ich das Persische Reich vergrößern könnte, so wie sie es vor mir taten.*
> *Nach vielem Nachdenken fand ich einen Weg, nicht nur Ruhm für uns zu gewinnen sowie Länder, die noch fruchtbarer sind als die, die wir zurzeit beherrschen, sondern außerdem Vergeltung an unseren Feinden zu üben und von ihnen Tribut zu erzwingen.*
> *Der Grund für diese Zusammenkunft ist also, Euch über meine Pläne zu unterrichten. Ich habe die Absicht, eine Brücke über den Hellespont zu schlagen und mit einem Heer durch Europa zu marschieren. Mit Eurer Hilfe werde ich ganz Europa unterwerfen und alle Länder zu einem einzigen Land vereinigen.“*[2]

---

2 *„Men of Persia, I am introducing no new custom here; I am simply drawing on traditional Persian ways. After all, as far as I can gather from our elders, there has never been a time when we have not been at war, ever since Cyrus deposed Astyages and we took over from the Medes. It is the god who steers us in this direction, and so we prosper as we follow his guidance time and again. There would be no point in recounting all the victories Cyrus, Cambyses, and my father Darius won, and all the peoples they annexed, because you are already well aware of their achievements. But what about me? When I became the king of Persia, I began to wonder how to avoid being left behind by those who preceded me in this position of honour, and how I might increase the Persian empire just as much as they did. And after a lot of thought I found a way for us not only to win glory and gain land which, so far from being smaller or meaner than what we currently have, is in fact more fertile, but also to exact retribution and compensation from our enemies. The reason I have convened this meeting, then, is to tell you my plans* [...] *I intend to*

Diese Rede ist Ausdruck einer drakonischen Ideologie ständiger Kriege und Eroberungen, und doch wurde sie unter Xerxes zum offiziellen Modell eines erfolgreichen Staates.

Bei näherem Hinsehen findet man aber aus etwa derselben Zeit auch ganz andere Vorstellungen von einem erfolgreichen Staat, beispielsweise im antiken Griechenland. Aristeides von Athen, genannt „der Gerechte", war ein Staatsmann, der ebenfalls das Wachstum und Wohlergehen seiner Gesellschaft, das heißt, das Wohl der Athenerinnen und Athener sowie der Griechinnen und Griechen, fördern wollte. Dies strebte er jedoch nicht durch Krieg und Eroberung, sondern durch weise und gerechte Regierungskunst und die Zusammenarbeit mit Gleichgesinnten an. Er wurde als Unterstützer der Bewegung zur Einführung der Demokratie bekannt, die schließlich an die Stelle der Herrschaft des Erbadels der verschiedenen Sippen trat. Während Xerxes unermessliche Schätze für Persien ansammelte, soll Aristides arm gestorben sein, nachdem er es abgelehnt hatte, sich durch die Macht seines Amtes zu bereichern. Sein Interesse galt eher dem Wohlergehen des Staates, das er durch eine aufgeklärte Politik – wie eben die Demokratie – zu befördern gedachte, als seinem eigenen persönlichen Wohlstand.[3]

Dagegen scheinen Herrscher wie die abgesetzten Staatsoberhäupter Ägyptens und Haitis heute kaum an der Entwicklung und dem Wohlergehen ihrer Gesellschaften interessiert, sondern streben die persönliche Bereicherung ihrer Familien und Freunde an – wozu sie in den Jahren ihrer Herrschaft viele Millionen US-Dollar an persönlichem Vermögen angehäuft haben.

Zum Zweck der Reflexion und Analyse ist es von Interesse, eine Reihe von Ideologien oder Konzepten zu erörtern, nach denen ein Staat regiert werden kann. Der folgende Abschnitt beinhaltet eine Reihe derartiger Vorstellungen.

1.1 Verschiedene Konzepte des Staates

1. Der regulierende Staat

Der *Staat* wird hier als Regulator betrachtet. Er führt Gesetze, Regeln und Vorschriften ein. Die *öffentliche Verwaltung* fungiert als neutrale und unparteiische Einrichtung, die Vorschriften und Bestimmungen implementiert. Die *Bürgerinnen und Bürger* gelten als Wählerinnen und Wähler und als Subjekte, die sich der Autorität gegenüber loyal verhalten und sich Vorschriften unterordnet. Das *visionäre Konzept* lautet: Aufrechterhaltung von Frieden, Ordnung und einer guten Staatsführung.

---

bridge the Hellespont and march an army through Europe [...] *With your help I will sweep through the whole of Europe and make all lands into a single land.*" In: Herodot: Historien 7.8 (deutsche Übersetzung: Otto Brodtrick).

3 Vgl. dazu: Sacks: dictionary, 1996.

2. Der paternalistische Staat

Die *Regierung* wird als Souverän, Schutzmacht und Bewahrer gesehen. Die *öffentliche Verwaltung* gilt als Bewahrerin traditioneller Rechte und Werte, sowohl auf moralischer als auch auf fachlicher Ebene. Die *Bürgerinnen und Bürger* werden als Individuen betrachtet, die es zum Wohl der Gemeinschaft zu beschützen, sozialisieren und führen gilt. Das *visionäre Konzept* lautet: Schutz, Legalität, Gleichheit und Moral sowie professionelle Standards.

3. Der konsensorientierte Staat

Der *Staat* wird als Hersteller eines gesellschaftlichen Konsenses betrachtet. Die *öffentliche Verwaltung* gilt als Mediatorin, Verhandlerin und Versöhnerin der konkurrierenden Interessengruppen. Die *Bürgerinnen und Bürger* werden als Mitglieder einer oder mehrerer Interessengruppen gesehen. Das *visionäre Konzept* lautet: Kompromiss, Konsens und politische Stabilität.

4. Der kompetitive Staat

Die *Regierung* wird als Unternehmung gesehen, die sich im Wettbewerb mit anderen Unternehmungen zu behaupten hat. Die *öffentliche Verwaltung* gilt als Unterstützerin von Wettbewerbspraktiken. Ihr Handeln ist auf die Förderung von Produktivität, Prosperität und finanzieller Integrität ausgerichtet. Die *Bürgerinnen und Bürger* werden einerseits als Produzentinnen und Produzenten und andererseits als Konsumentinnen und Konsumenten wirtschaftlicher Aktivitäten gesehen. Das *visionäre Konzept* lautet: wirtschaftliche Effizienz durch Wettbewerb.

5. Der dienstleistungsorientierte Staat

Der *Staat* wird als Dienstleister betrachtet. Die *öffentliche Verwaltung* gilt als Anbieterin von Dienstleistungen oder als eine Art „Supermarkt", in dem die Bürgerinnen und Bürger Produkte und Dienstleistungen erhalten können. Die Rolle der *Bürgerinnen und Bürger* ist die von Klientinnen und Klienten bzw. von Kundinnen und Kunden. Das *visionäre Konzept* lautet: Dienstleistungen für die Öffentlichkeit.

6. Der entwicklungsorientierte Staat

Die *Regierung* wird als Katalysator der gesellschaftlichen Entwicklung betrachtet. Die *öffentliche Verwaltung* bildet den Rahmen für diese Entwicklung sowie für ihre Implementierung und Unterstützung im Sinne einer möglichst umfassenden Selbstverwaltung und Eigenständigkeit. Die *Bürgerinnen und Bürger* werden als Partnerinnen und Partner, Mitarbeiterinnen und Mitarbeiter sowie mündige Teilhaberinnen und Teilhaber der Regierung gesehen. Das *visionäre Konzept* lautet: Eigenständige Entwicklung und partizipatorische Demokratie.

7. Der empathische Staat

Die *Regierung* wird als empathisch ausgleichende und umverteilende Kraft betrachtet. Die *öffentliche Verwaltung* gilt als Bewahrerin der Mechanismen zur Erarbeitung und Verteilung des Wohlstandes, um einen einheitlichen Lebensstandard zu gewährleisten. Die *Bürgerinnen und Bürger* werden als Mitwirkende, oder als respektvolle Empfängerinnen und Empfänger staatlicher Freigiebigkeit gesehen. Das *visionäre Konzept* lautet: Wohlstand und Verteilung von Wohlstand.

8. Der minimalistische Staat

Die *Regierung* wird hier als kaum wahrnehmbare gesetzgebende Instanz und Schutzmacht der Verträge und Vermögenswerte der Bürgerinnen und Bürger betrachtet. Die *öffentliche Verwaltung* gilt als Bewahrerin des für das Funktionieren der Gesellschaft erforderlichen Mindestmaßes an gesetzlichen Rahmenbedingungen. Die *Bürgerinnen und Bürger* werden als Souverän gesehen, für den die Regierung und die öffentliche Verwaltung tätig werden. Das *visionäre Konzept* lautet: Streben nach Glück, Selbstverwirklichung und Zufriedenheit der/s Einzelnen.

9. Der zukunftsorientierte Staat

Die *Regierung* wird als visionäre Kraft betrachtet, die festlegt, wie eine wünschenswerte Zukunft für die Gesellschaft auszusehen hätte. Die *öffentliche Verwaltung* gilt als Katalysator, Unterstützerin und als Vehikel, um die Bürgerinnen und Bürger bzw. die Gesellschaft in Richtung einer wünschenswerten Zukunft zu bewegen. Die *Bürgerinnen und Bürger* werden als eifrige und engagierter Partnerinnen und Partner für die Schaffung einer besseren Zukunft durch Lernen, Innovation und Wandel betrachtet. Das *visionäre Konzept* lautet: Festlegen wünschenswerter Ziele für die Zukunft sowie Entwicklung in diese Richtung.

10. Der Staat als Instrument des Triumphs und der Kontrolle

Die *Regierung* wird hier als eine Instanz gesehen, die den Staat sozusagen als Preis für das Gewinnen einer Wahl oder eines Machtkampfes errungen hat. Die *öffentliche Verwaltung* gilt als Instrument zur Kontrolle aller Ressourcen, von der Energie bis zu den Finanzen sowie, – auf Anweisung – zur Nutzung derselben im Sinne der Regierung. Den *Bürgerinnen und Bürgern* kommt in diesem Modell die Rolle der Produzentinnen und Produzenten zu, die gezwungen werden, dem Staat zu gehorchen und auf Aufforderung für diesen tätig zu werden. Das *visionäre Konzept* lautet: „Wir haben gesiegt und sind berechtigt, unseren Preis, den Staat, nach unserem Gutdünken gebrauchten."

Diese Vorstellungen vom Staat sind lediglich Beispiele zur Illustration der unterschiedlichen Ideologien, an denen sich der Governance-Prozess eines Staates orientieren kann. Die Liste ist keineswegs vollständig. Außerdem kommt es, von wenigen Ausnahmen abgesehen, kaum vor, dass ein Staat nach einer einzigen idealtypischen Ideologie regiert wird. In der Praxis stellen wir fest, dass häufig ganz unterschiedliche Vorstellungen zu einem einheitlichen Governance-Ziel verbunden werden. Wie Testanalysen des Autors in diversen Workshops über die letzten Jahre gezeigt haben, werden häufig die Modelle 4, 6 und 9 zu einer Ideologie verbunden, in der Wettbewerbsgeist, kontinuierliche Entwicklung und Zukunftsorientierung in einen lebendigen Governance- und Entwicklungsprozess einfließen.

Und man sollte hier noch einen weiteren Vorbehalt aufzeigen. Eine Regierung kann bestrebt sein, eine ganz bestimmte Ideologie umzusetzen. Allerdings erzwingen unvorhergesehene Situationen und Ereignisse möglicherweise ein Abgehen vom ursprünglichen Plan und führen zu einer Vorgehensweise, die unter den gegebenen Umständen unvermeidlich ist, obwohl sie nicht mit der anfänglichen Absicht übereinstimmt. Am Beispiel Xerxes: Wir wissen heute, dass er sein Vorhaben, mit einer großen Armee quer durch Europa zu ziehen, nie verwirklichen konnte. Es gelang ihm zwar, eine Brücke über den Hellespont zu schlagen, er marschierte mit seiner Armee auch darüber, doch dann wurde er in mehreren Schlachten von den Griechen zurückgeschlagen und zog sich schließlich zurück nach Persien.

2. Vorschriftenerlasse sollten sich an der Art der zu regulierende Tätigkeit orientieren

Viele Regierungen sind in ihren Staatsgeschäften bemüht, für alles, was sich dazu eignet, Routineverfahren einzuführen. Normalerweise geschieht dies durch die Einrichtung eines militärischen Dienstes, der Bedrohungen von außen abwehrt, und eines zivilen Dienstes – auch als öffentlicher Dienst bezeichnet –, dessen Funktion es ist, die internen Aufgaben eines Staates wie Steuererhebung, Straßenbau und Postdienste zu erfüllen.

Daraus entstehen Bürokratien, die ihren Obliegenheiten anhand detaillierter, einheitlicher Regeln und Routinen nachzukommen suchen, um so die Kosten möglichst gering zu halten. In wirtschaftlich schwierigen Zeiten werden diese Regeln zusätzlich verschärft, um die Kosten weiter zu senken. Doch bisweilen pervertieren Regeln und werden kontraproduktiv. Dies lässt sich etwa anhand eines kanadischen Beispiels aus der Mitte der 1990er Jahre belegen.

Der kanadische Treasury Board – die leitende Verwaltungsbehörde für den öffentlichen Dienst – kürzte im Zuge von Sparmaßnahmen die Anzahl der Auslandsreisen staatlicher Bediensteter um die Hälfte. Das war scheinbar ein vernünftiger Schritt, der jedoch eine ungeahnte Kreativität auf Seiten der Beamten zur Folge hatte. Wollte ein Forscher etwa in einem Abstand von zwei Wochen zwei Konferenzen – eine in Stockholm und eine in London – besuchen, so stellte er nur einen und nicht zwei Reiseanträge. Dann begab er sich zunächst nach Stockholm, schloss einen zweiwöchigen Aufenthalt in Paris an und beendete schließlich seine Dienstreise mit der zweiten Konferenz in London. Damit hatte er die Vorgabe einer Halbierung der Zahl seiner Reisen erfüllt, doch die Gesamtkosten fielen deutlich höher aus, als sie es für zwei Einzelreisen gewesen wären. Vorfälle wie dieser zeigen, dass undifferenzierte Regelungen, die von einer zentralen Stelle verfügt und durchgesetzt werden, nicht notwendigerweise zum beabsichtigten Ergebnis einer Kosteneinsparung führen.

Neben den häufigen Mängeln zentral verordneter und durchgesetzter Vorschriften hat dieses Vorgehen auch Auswirkungen auf die Effektivität der Vorschriften selbst, die ja mit dem Ziel einer universellen Anwendung erlassen werden. In nachstehender Übersicht werden die Funktionen der kanadischen Regierung, gegliedert nach Aufgabenbereichen, grob aufgelistet.

2.1 Staatliche Aufgabenbereiche der kanadischen Regierung, gegliedert nach Funktionen

A. Aufgaben im Bereich ENTWICKLUNG

1. Politische Entwicklung

   Beispiele:
   - Finance (Finanzpolitik)
   - Heritage (Kulturpolitik)
   - Immigration (Einwanderungspolitik)

2. Forschung (Wissensentwicklung)

   Beispiele:
   - National Research Council
   - Communications Research Centre
   - International Development Research Centre

3. Bauwesen (physische Entwicklung)

   Beispiele:
   - Canadian International Development Agency (Errichtung von Staudämmen)
   - Public Works (Errichtung von Gebäuden)
   - Parks Canada (Straßenbau)

B. Aufgaben zur Bereitstellung von DIENSTLEISTUNGEN

1. Routineleistungen für die Öffentlichkeit

   Beispiele:
   - Passport Office (Ausstellung von Reisepässen)
   - Employment Insurance (Arbeitslosenversicherung zur Bearbeitung von Ansprüchen)
   - Postal Services (Transport und Zustellung von Poststücken)

2. Professionelle Dienstleistungen für die Öffentlichkeit

   Beispiele:

   - Health Canada (Gesundheitsdienst)
   - Statistics Canada (statistische Dienstleistungen)
   - Museen (historische Dienstleistungen)

3. Routinedienste für den Staat

   Beispiele:

   - Canada Revenue Agency (Steuererhebung)
   - Public Works (Beschaffung von Dienstgebäuden)
   - Public Archives (Staatsarchiv)

4. Professionelle Dienstleistungen für den Staat

   Beispiele:

   - Justice (Rechtsdienste)
   - Consulting & Audit Canada (Beratungsdienste)
   - School of Public Service (Schulungsdienste)

C. Aufgaben mit dem Fokus auf KONTROLLE und SCHUTZ

1. Zentralagenturen (Kontrolle der Ministerien)

   Beispiele:

   - Treasury Board (administrative Kontrollen)
   - Public Service Commission (Schutz der Integrität des öffentlichen Personalwesens)
   - Privy Council Office (Beratungsgremium für Premierminister und Kabinett)

2. Aufsichtsbehörden (Regulierung von Unternehmen)

   Beispiele:

   - Canadian Radio & TV Commission (Rundfunk- und Fernsehaufsichtsbehörde)
   - Industrie (Kartellrecht, Werbevorschriften)
   - Umwelt (Verschmutzungsverbote)

3. Behörden mit Schutzfunktion (Schutz gegen Verbrechen, Aggression)

   Beispiele:

   - Royal Canadian Mounted Police (Schutz gegen Verbrechen)
   - National Defence (Schutz gegen Bedrohungen von außen)
   - Canada Border Agency (Schutz gegen Schmuggel)

Bei näherer Betrachtung dieser Aufgabenbereiche zeigt sich, dass sich viele von ihnen nach Beschaffenheit, zeitlichen Aspekten und Sensibilität deutlich voneinander unterscheiden. Sie benötigen daher Personal mit unterschiedlicher Expertise, für das auch unterschiedliche Regeln gelten sollten. Hierzu ist zu sagen, dass die übliche bürokratische Praxis, zentral konzipierte, universelle Regeln vorzugeben, die von allen überall und jederzeit einzuhalten sind – unter dem Gesichtspunkt von Effizienz und Effektivität – nicht optimal ist.

So müssen beim Betrieb eines Kernkraftwerks aus nahe liegenden Sicherheitsgründen beispielsweise Innovationen und Risikobereitschaft praktisch ausgeschlossen werden. Dagegen erweisen sich Innovationen mit entsprechender Risikobereitschaft beim Betrieb eines Reisebüros zur Maximierung des wirtschaftlichen Nutzens im Tourismus meist als zweckmäßig.

Die Öffentlichkeit und sogar die Politikerinnen und Politiker sind davon jedoch nicht überzeugt. Stellt man Politikerinnen und Politikern oder Bürgerinnen und Bürgern die Frage, was sie vom öffentlichen Dienst erwarten, und legt man ihnen eine Auflistung von Begriffen – wie Innovation, Kühnheit, Kreativität, Risikobereitschaft oder die Einhaltung von Regeln und Vorschriften – vor, so erhält man in den meisten Fällen dieselbe Antwort: Die Vertreterinnen und Vertreter des öffentlichen Dienstes haben Regeln und Vorschriften einzuhalten.

Wie der nachstehend beschriebene Ansatz zeigt, ist eine zentral angesiedelte Top down-Kontrolle zwar nicht immer effektiv, kann aber von örtlichen Führungskräften erfolgreich zum Nutzen der Organisation und sogar der kontrollierenden Stelle modifiziert werden.

> *„Karl V von Spanien (Kaiser des Heiligen Römischen Reiches, 1519-1558) regierte über ein Reich, ‚in dem die Sonne nie unterging'. Dies führte zu enormen Kommunikationsproblemen für die Beamten der Krone in den überseeischen Besitzungen. Man erwartete von ihnen, dass sie die kaiserlichen Befehle aus Madrid getreulich ausführten. Dies war ihnen jedoch häufig unmöglich, weil diese Weisungen meist in krasser Unkenntnis der örtlichen Gegebenheiten erteilt wurden und in jedem Falle die Befehlsempfänger erst Wochen oder sogar Monate nach ihrem Erlass erreichten und bis dahin längst durch die Weiterentwicklung der Lage überholt waren. In Zentralamerika führte dieses Dilemma zu einer heute noch praktizierten, sehr pragmatischen Lösung: Se obedece pero no se cumple (man gehorcht, aber man führt* [die Weisung] *nicht aus). Dank dieser Lösung blühten die mittelamerikanischen Besitzungen nicht wegen, sondern trotz der kaiserlichen Machtansprüche.*“[4]

---

4 *„Charles V (of Spain, Emperor of the Holy Roman Empire from 1519-1558) ruled over an empire ‚in which the sun did not set'. This created fantastic communications problems for officials of the Crown in the remote overseas possessions. They were supposed to carry out faithfully the imperial orders reaching them from Madrid. However, often they could not, because the directives either were issued in crass ignorance of the local situation, or they arrived weeks if not months after being decreed, by which time they were largely obsolete. In Central America this dilemma led to a very pragmatic solution: Se obedece pero no se cumple (One obeys but does not comply). Thanks to this recipe, the Central American possessions flourished, not because but in spite of the imperial orders from the Escorial.*“ In: Watzlawick: Wirklichkeit, 1976.

Hier sehen wir ein Beispiel, wie ein zentralistischer Regierungsapparat zu Beginn der Neuzeit von den handelnden Personen „vor Ort" auf pragmatische Weise unterlaufen wurde, zum Wohle der Gesamtorganisation.

3. Überlegungen zu historischen Versuchen, einen leistungsstarken Staat zu errichten

Vor einigen Jahren publizierte Hubert Markl von der Universität Konstanz eine Arbeit über Gebräuche und Gepflogenheiten der Steinzeitmenschen. Ihn beschäftigte die Frage, wie Jäger und Sammler einen angemessenen Lebensstandard erreichen konnten und wie viel Zeit sie dafür aufwendeten. Markl schreibt:

> *„Bewegte sich der Steinzeitmensch ständig am Rande des Hungertodes? Nun, alle paläoanthropologischen und ethnologischen Erkenntnisse sprechen eindeutig dagegen. Die Menschen lebten, sofern sie das Kleinkindalter überstanden hatten, wohl genährt und meistens auch ohne schwerwiegende Erkrankungen und sie hatten eine absolut akzeptable Lebenserwartung."*[5]

Was nun den zur Erreichung eines solchen Lebensstandards erforderlichen Zeitaufwand betrifft, so meint Markl, der durchschnittliche Steinzeitmensch habe Dank klarer Arbeitsteilung und weitgehender Geschlechtergleichheit etwa drei bis vier Stunden täglich gearbeitet.

Im Vergleich zu unseren modernen Usancen erscheinen uns drei bis vier Stunden erstaunlich kurz. Dieser Zeitaufwand ist jedoch gar nicht so bemerkenswert, wenn man ihn im Lichte folgender Überlegungen betrachtet: Der kanadische Rechnungshof prüfte 1979 die Arbeitsgewohnheiten eines bestimmten Samples öffentlich Bediensteter. Obwohl die gesetzliche Arbeitszeit siebeneinhalb Stunden täglich betrug, stellte der Rechnungshof fest, dass die öffentlich Bediensteten nur 60,8 Prozent der vorgeschriebenen Zeit tatsächlich mit produktiver Arbeit verbrachten.[6] Umgerechnet ergibt das rund viereinhalb Stunden tatsächlicher Arbeitszeit pro Tag, was gar nicht so weit von den Gepflogenheiten der Steinzeit abweicht.

Professor Markl wusste nichts von der kanadischen Studie, denn sonst hätte er nicht Folgendes geschrieben: *„Das, wofür schon der Steinzeitmensch nicht zu unwissend und zu primitiv war, sollte auch uns möglich sein."*.[7] Trotz oder vielleicht gerade wegen der Bürokratie könnten wir heute den steinzeitlichen Gepflogenheiten näher sein, als Markl meint.

---

5 *„Did humans during the Stone Age perennially vegetate on the edge of starvation? All paleanthropological and ethnological findings indicate the exact opposite. People lived well-fed and for the most part free from serious diseases, with an entirely acceptable life expectancy once early infancy was behind them."* In: Markl: Evolution, 1980 (deutsche Übersetzung: Regina Berger).

6 Vgl. dazu: Auditor General to the House of Commons, Minister of Supply and Services: Report, 1979.

7 *„That for which Stone Age man was not too ignorant and too primitive should be possible for us, too."* In: Markl: Evolution, 1980 (deutsche Übersetzung: Regina Berger).

3.1 Die Griechen

Zu den frühesten Schriften über Organisationsbestrebungen in der Gesellschaft gehören die Werke von Platon, Aristoteles und einigen ihrer Schüler. Platon etwa beschreibt ein Modell der menschlichen Organisation und Kooperation, das ihm als das Optimum an Effektivität und Effizienz erschien.

Die Leitung der staatlichen Institutionen wurde darin den „Regenten" übertragen. Diese erreichten ihre Position nicht nur durch gute Leistungen, sondern auch durch ihre bedingungslose Loyalität und Hingabe an die Gesellschaft insgesamt. Über das Auswahlverfahren der idealen Regenten schreibt Platon:

> „*Dann müssen wir feststellen, wer die besten Leute mit einer inneren Überzeugung sind, so dass sie stets das tun, was sie als das Beste im Sinne des Gemeinwohls erachten. Wir müssen sie von frühester Kindheit an beobachten* [...] *Wenn wir jemanden finden, der in Kindheit, Jugend und Erwachsenenalter unversehrt alle Prüfungen besteht, setzen wir diese Person als Regenten ein.*"[8]

Das unterscheidet sich gar nicht allzu sehr von heutigen Konzepten. Allerdings weicht das Modell Platons in einem entscheidenden Aspekt von unserer modernen Bürokratie ab. Dieser Aspekt ist die Dokumentation von Politiken und Verfahren, Regeln und Verantwortlichkeiten. Platon glaubte nicht daran, dass eigenständig existierende, schriftliche Vorschriften der organisatorischen Effektivität dienlich sein könnten. Bei ihm entscheiden stattdessen die Regenten, die von Fall zu Fall vorschreiben, was richtig, gut und angemessen ist. Da sie nicht nur hervorragend ausgebildet und erfahren sind, sondern auch von ihrer Motivation her nur das Beste für die Gesellschaft im Sinn haben, würden sie natürlich auch immer die richtigen Entscheidungen treffen. Nach Platons Ansicht wäre ein solcher „lebender" Auswahlmechanismus einem festen Katalog schriftlich festgelegter Vorschriften deutlich vorzuziehen, weil letzterer erstens niemals alle denkbaren Fälle abdecken könnte und weil er zweitens mit jeder Änderung der Umstände überholt wäre.

Auch Platons berühmtester Schüler, Aristoteles, ist ein bedeutender Organisationstheoretiker. Allerdings ist er sich in einigen wichtigen Punkten mit seinem Lehrer uneins. Dies betrifft vor allem folgende zwei Bereiche: Die Regierungsform und das Wesen der „Wahrheitsfindung" beziehungsweise den Entscheidungsmechanismus. Hatte sich Platon für nur eine Form ausgesprochen – Regierung durch eine Elite, die kollegial entscheidet –, so ist Aristoteles hier flexibler. Er räumt ein, dass unterschiedliche Situationen auch ganz unterschiedliche Formen der Führung erfor-

---

8 „*Then, we must find out who are the best people with this inward conviction that they always do what they believe to be best for the commonwealth. We shall have to watch them from their earliest childhood* [...] *Whenever we find one who has come unscathed through every test in childhood, youth and manhood, we shall set him as a ruler.*" In: Plato: Republic, 1945 (deutsche Übersetzung: Regina Berger).

dern können. Zwar akzeptiert auch Aristoteles die Regierung durch eine Elite, aber er kann auch der Führung durch eine einzelne Person mit höchster Autorität etwas abgewinnen – *„sofern sich"*, wie er sagt, *„eine entsprechend weise und kompetente Person finden lässt"*[9].

Doch Aristoteles misstraut Platons Konzept vom Vorrecht der Regenten. Er bezweifelt, ob Regierende ohne einen Katalog schriftlich festgelegter Ziele und Politiken ihren Aufgaben gerecht werden können. Aristoteles besteht auf einem neutralen und zugleich rationalen Katalog dokumentierter Richtlinien und Verfahren als letztgültiger Orientierungshilfe für die Institution.

Solche Politiken müssen seiner Argumentation nach auf Basis der Vernunft entwickelt werden, der sich die Leidenschaften des Menschen zu unterwerfen haben, soll ein angemessenes Verhalten des Einzelnen und somit der kollektive Erfolg sichergestellt werden. Aristoteles ist sich offenbar der bedauernswerten Tatsache bewusst, dass Menschen, die durch hohe Positionen an die Macht gelangen, letztlich, wenn sie ihren Leidenschaften nachgeben, zur Korruption neigen. Diesem Phänomen lasse sich nur mit einem unabhängigen Gesetzes- oder Regelwerk entgegenwirken.

In beiden Fällen lautet die zentrale Frage: Wer hat die Kontrolle über die letzten Entscheidungsmechanismen? Bei Platon ist dies ganz klar die Gruppe der Regenten. Für Aristoteles sind dagegen schriftlich festgehaltene politische Konzepte und Richtlinien der eigentliche Souverän der Organisation.

3.2 Die Römer

Platon und Aristoteles waren Theoretiker und verfassten ihre Werke im fünften und vierten Jahrhundert vor Christus. Im ersten vorchristlichen Jahrhundert verfasste Cicero, ein erfahrener Staatsmann, am Ende eines Lebens, das durch eine Fülle organisatorischer und administrativer Erfahrungen gekennzeichnet war, sein *DE OFFICII*. Cicero sinniert darin über das Leben und gelangt zu der Schlussfolgerung, der Schlüssel zu einer erfolgreichen Zivilisation sei die Fähigkeit der Menschen, sich unter begabten Führern zu produktiver Arbeit zusammenzuschließen:

> *„Ohne den Zusammenschluss von Menschen hätten keine Städte gebaut oder bevölkert werden können* [...] *Gesetze und Gebräuche wurden eingeführt, es folgten die gerechte Verteilung privater Rechte und ein soziales System. Daraufhin stellte sich ein humanerer Geist ein* [...] *mit dem Ergebnis, dass das Leben besser wurde,* [...] *und* [...] *wir in all unseren Bestrebungen erfolgreich waren* [...] *Wir sichern uns durch das Zusammenwirken der Menschen einen großen Nutzen* [...] *Das Zusammenwirken der Menschen* [...] *wird durch die Weisheit und Tugend von Männern mit überlegenen Fähigkeiten gesichert."*[10]

9 *„provided* [...] *that a suitably wise and competent person can be found."* In: Plato: Republic, 1945 (deutsche Übersetzung: Regina Berger).

10 *„Without the association of men, cities could not have been built or peopled* [...] *Laws and customs were established, then came the equitable distribution*

Hinsichtlich der persönlichen Bereitschaft der Menschen, für begabte Führungspersönlichkeiten tätig zu werden, wird Cicero konkret. Er führt sechs Motivationsfaktoren an, die Menschen veranlassen, anderen freiwillig zu folgen:

- Gutwilligkeit, wenn die betreffenden Personen aus irgendwelchen Gründen Zuneigung zur Führungspersönlichkeit gefasst haben,
- Dankbarkeit für erhaltene Wohltaten,
- Respekt vor der sozialen Position des anderen,
- Angst, sie könnten sowieso gezwungen werden, dieser Person zu dienen,
- Hoffnung auf Geldgeschenke oder sonstige Wohltaten und
- Verpflichtung aufgrund von Bestechung.

Wir stellen dabei fest, dass Cicero jene zwei Attribute nicht erwähnt, die in modernen Organisationen für die Bewerbung um eine Position entscheidend sind: die Kompetenz der betreffenden Person und ihr Wunsch, eine bestimmte Tätigkeit zu verrichten. Wahrscheinlich setzt Cicero diese beiden Attribute voraus.

Danach beschäftigt sich Cicero mit der Frage der Motivation aus der Sicht des Vorgesetzten. Hat er die Situation der Untergebenen einfach deskriptiv darlegt, wird er bei den Vorgesetzten beinahe emotional präskriptiv. Von allen Motiven der Führungskraft, sagt er, sei keine besser zur Sicherung und Bewahrung von Einfluss geeignet als Liebe und Zuneigung. Zugleich hält Cicero nichts für destruktiver als Führung durch Angst. Die Grundlage dauerhafter Autorität und Macht kann aus seiner Sicht nur die Zuneigung sein. Angst ist bestenfalls ein schwacher Ersatz für sie. Seine klarste Aussage zum Thema ist folgende:

> *„Doch jene, die sich in einem freien Staat bewusst in eine Position begeben, in der sie gefürchtet werden müssen, sind die Törichtsten der Törichten.“*[11]

Es folgt die Belehrung, Regierende sollten als Beschützer der Organisation und nicht als ihre Beherrscher betrachtet werden. Und Cicero zitiert die schlechten Erfahrungen, die der Staat diesbezüglich gemacht hat:

> *„Weil wir es vorgezogen haben, Gegenstand von Angst statt von Liebe und Zuneigung zu sein, sind uns viele Missgeschicke zuteil geworden. Und wenn solche Folgen sogar den Staat für seine Tyrannei treffen, was kann dann schon der Einzelne erwarten?“*[12]

---

of private rights and a definite social system. Upon these followed a more humane spirit [...] *with the result that life was better* [...] *and* [...] *we succeeded in all our wants* [...] *We secure great advantages through the co-operation of men* [...] *The co-operation of men* [...] *is secured through the wisdom and virtue of men of superior ability.*“ In: Cicero: De Officii, 1913 (deutsche Übersetzung: Regina Berger).

11 „*But those who in a free state deliberately put themselves in a position to be feared are the maddest of the mad.*“ In: Cicero: De Officii, 1913 (deutsche Übersetzung: Regina Berger).

12 „*It is because we have preferred to be the object of fear rather than love and affection that all these misfortunes have fallen upon us. And if such retribution*

Im Wesentlichen sagt Cicero, eine Führungskraft dürfe nur dann hoffen, eine Organisation erfolgreich zu leiten, wenn sie die ihr anvertrauten Menschen versteht und mit Respekt und Würde behandelt, während dem gegenteiligen Ansatz – Führung durch Angst – langfristig kein Erfolg beschieden sein kann.

3.3 Byzanz

Kaiser Konstantin I. erklärte am 11. Mai des Jahres 330 Konstantinopel feierlich zur neuen Hauptstadt des Römischen Reiches. Von diesem Tag an blieb die Stadt über tausend Jahre lang Hauptstadt des oströmischen Reiches und stieg dabei zum Zentrum einer der bemerkenswertesten Bürokratien des Altertums auf. Der byzantinische Staat verfügte über eine effiziente Verwaltungsmaschinerie mit einer hervorragend ausgebildeten Beamtenschaft. Er basierte auf kaiserlicher Autokratie, politischer Zentralgewalt und einer bürokratischen Regierung. Ein Beispiel aus seiner langen und wechselvollen Geschichte zeigt, dass die Probleme moderner Organisationen keineswegs unbedingt neu sind.

Wir konstatieren heute in den Organisationen bisweilen ein Phänomen, das wir als „Classification Creep" bezeichnen. Es geht darum, dass die Positionen von Führungskräften, die man auf keine andere Weise befördern kann, zur Belohnung in eine höhere Gehaltsklasse eingereiht werden. Diese Praxis wird zumeist als unethisch betrachtet und wir halten sie für einen der vielen unerwünschten Auswüchse moderner Bürokratien. Und doch ist sie keineswegs neu – dieses Phänomen war schon vor mehr als tausend Jahren ein „alter Hut".

Um die Mitte des sechsten Jahrhunderts gab es in Byzanz drei Klassen gehobener Beamter: die *Illustres*, die *Spectabiles* und die *Clarissimi*. Die Kaiser wurden im Laufe der Zeit allerdings immer großzügiger mit der Vergabe der Titel. Dadurch verloren bestehende Titel an Wert, und als es immer mehr *Clarissimi* gab, beförderte man die bisherigen Mitglieder dieser Beamtenklasse einfach in die Ränge der *Spectabiles*, während die früheren *Spectabiles* zu den *Illustres* aufsteigen durften. Doch nun musste plötzlich eine neue Klasse über den bisherigen *Illustres* geschaffen werden, weshalb die neue Kategorie der *Gloriosi* entstand. Diese Art der Beförderung war Jahrhunderte lang gebräuchlich und fand im ausgehenden Mittelalter sogar eine noch deutlichere Ausprägung.[13] Das Beispiel zeigt also, dass die schleichende Aufwertung von Positionen ein bereits altbekannter Missstand ist. Es darf also durchaus bezweifelt werden, dass es uns heute gelingen wird, ihn auszurotten.

3.4 Polizeieinsatz zur Durchsetzung moralischen Verhaltens

Eines der wichtigsten Verwaltungswerkzeuge von Regierungen war seit jeher jene Behörde, die die Gesetze und Politiken des Staates exekutiert.

---

could overtake the state for its tyranny, what ought private individuals to expect?" In: Cicero: De Officii, 1913 (deutsche Übersetzung: Regina Berger).

13 Vgl. dazu: Ostrogorsky: History, 1968.

Aus dem deutschen Bundesland Hessen stammt ein Bericht, wie im Jahrhundert der protestantischen Reformation versucht wurde, die Polizei zur Hebung von Moral und Anstand in der Bevölkerung einzusetzen.

Im Jahr 1526 erweiterte der Landgraf von Hessen die Regeln, die vorschreiben, wann ein polizeiliches Eingreifen gerechtfertigt ist. Vor allem für Fälle von Trunkenheit in der Öffentlichkeit wurden die Bestimmungen verschärft. Die Polizei sollte eingreifen, sobald sie Personen erblickte, die zu Zeiten kirchlicher Predigten Bier oder Wein oder zu jeder beliebigen Zeit Schnaps tranken, die schimpften, fluchten, spielten oder lästerliche Reden führten. Beamte, die nicht genügend hart durchgriffen, wurden mit Geldstrafen und Entlassung bedroht. Sie durften keinerlei Gnade walten lassen. Doch die Polizei ignorierte die neuen Regeln und tat nichts, um die Einstellung der Leute zu „verbessern". Als Reaktion darauf setzte der Landgraf 1530 so genannte „Steuererheber" ein. Diese Beamten sollten die Polizei überwachen. Wenn ein Polizeibeamter dem Recht nicht zur Geltung verhalf und keine Geldstrafe einhob, musste der Steuererheber ihn dem Bürgermeister der Stadt melden, wofür ihm ein Viertel aller Geldstrafen zugesagt wurde, die der Polizist hätte einheben sollen. Doch das Ergebnis war für die Behörden immer noch unbefriedigend. Weder die Polizei, noch die Steuererheber setzten die Vorschriften durch, und wenn hin und wieder ein Fall dem Bürgermeister vorgelegt wurde, wies dieser ihn ab.

Die Zeit verging, doch der gewünschte Wandel trat nicht ein. Mittlerweile schrieb man das Jahr 1538. Ganze acht Jahre lang hatte der Landgraf alles versucht, um die moralische Einstellung seiner Untertanen zu verbessern und immer noch hatte sich nichts getan. In Hessen herrschten nach wie vor Trunkenheit, Unzucht, Ausschweifungen bis drei Uhr am Morgen und die Leute konnten sich problemlos scheiden lassen. Die Moral der Hessen war genauso verkommen wie immer. Der Landgraf begann zu verzweifeln und verschärfte neuerlich die Gesetze. Hessen war mittlerweile zu einem virtuellen Polizeistaat geworden – trotzdem zeigte sich kein Erfolg. Die wenigen Fälle, in denen die Polizei einschritt, wurden von den anderen Beamten einfach ignoriert, so dass praktisch keine Geldstrafen oder sonstigen Strafen gegen die Übeltäter verhängt wurden.

Im Jahr 1540 gab dann selbst der Landgraf auf. Er stand damals in einem massiven Interessenkonflikt zwischen seiner offiziellen Position als frommer christlicher Herrscher und einem persönlichen Dilemma: Er war verheiratet, verliebte sich jedoch in eine andere Frau. Schließlich ging er eine Doppelehe ein und wurde so vor Gott und der Welt zum öffentlichen Sünder. Der Chronist schließt:

> *„Die gewaltsamen Bemühungen zur Verbesserung der Einstellung der Leute waren in jeder Weise fehlgeschlagen. Der Polizeistaat hätte zwar einen mechanischen Gehorsam durchsetzen können, doch einen inneren Wandel vermochte er nicht herbeizuführen. Moral lässt sich nicht polizeilich verordnen. Dieser Versuch war der*

Kampf um die Verwirklichung eines irrationalen Ziels. Dass er misslungen ist, sagt viel über die Trägheit des Herzens aus."[14]

Angesichts dieses Falls kann man nicht anders, als an die warnenden Worte Ciceros zu denken, wonach Regierung durch Angst, Gewalt und strenge, zentral verordnete Regeln zumeist nur wenige, langfristig jedoch praktisch gar keine positiven Auswirkungen zeigt.

4. Aktuelle Herausforderungen für Public Management und Governance

Im Laufe der Zeit haben die staatlichen Institutionen erhebliche Fortschritte in ihrer Produktivität und Innovationskraft gemacht. Trotzdem bleiben gewisse Spannungsfelder bestehen, die sich aus der immanenten Funktion von Public Management und Governance ergeben. Zur Illustration sind einige dieser Spannungsfelder in der folgenden Tabelle 1 dargestellt.

Tabelle 1: Inhärente Spannungsfelder für Public Management und Governance

Einerseits ...	Andererseits ...	Spannungsfeld
1. Die öffentliche Verwaltung wurde für ein stabiles und vorhersagbares Umfeld konzipiert.	Das heutige Umfeld ist turbulent, ändert sich rasch und weist zunehmende Unsicherheiten auf.	Inkongruenzen zwischen dem Konzept der öffentlichen Verwaltung und neuen Herausforderungen.
2. Die öffentliche Verwaltung soll sich auf Ergebnisse und "Performance Management" konzentrieren.	Die öffentliche Verwaltung wird an der Einhaltung ihrer Vorschriften und Rechtsstaatlichkeit gemessen.	Widersprüche im Denken der Führungskräfte der öffentlichen Verwaltung.
3. Eine gute Performance in einem komplexen und veränderlichen Umfeld erfordert Leadership und ein gewisses Maß an Autonomie auf allen Ebenen.	Der öffentliche Dienst ist hierarchisch strukturiert. Er ist rigide und bürokratisch und unterliegt bei geringer Autonomie detaillierten Vorschriften.	Widersprüchliche Vorstellungen davon, welche Werte zu beachten sind.
4. Die öffentliche Verwaltung bekennt sich dazu, dass Teamwork wünschenswert und notwendig ist.	Der öffentliche Dienst belohnt im typischen Fall nicht die Teamleistung, sondern die Leistung der/s Einzelnen.	Spannungen zwischen Rhetorik und tatsächlichem Umgang mit Mitarbeiterinnen und Mitarbeitern des öffentlichen Dienstes.
5. Führungskräfte anerkennen die Notwendigkeit von Innovationen und Risikobereitschaft, um in einem turbulenten Umfeld gute Leistungen erbringen zu können.	Sobald Führungskräfte Innovationskraft und Risikobereitschaft zeigen, werden Fehler, die dadurch auftreten, als Fehlverhalten gewertet, kritisiert und bestraft.	Das traditionelle Konzept der Verantwortlichkeit verhindert, dass sich die öffentliche Verwaltung zu einer innovativeren Institution entwickelt.

14 „*The effort to improve attitudes by force was a total failure. The police state might have been able to enforce mechanical obedience, but it could not bring about inner conversion. Morality cannot be created by the police. The attempt was a battle for the realization of an irrational goal. Its failure was an experience that witnessed eloquently on behalf of the inertia of the heart.*" In: Sohm: Territorium, Marburg, 1915 (deutsche Übersetzung: Regina Berger).

Einerseits ...	Andererseits ...	Spannungsfeld
6. Die öffentliche Verwaltung hat allen Bürgerinnen und Bürgern zu dienen. Sie muss für 100 Prozent des "Marktes" da sein.	Private Unternehmen können auch bei geringen Marktanteilen oder in Nischenmärkten erfolgreich agieren.	Von der öffentlichen Verwaltung wird gefordert, genauso effizient zu sein wie der private Sektor, doch sie wird zugleich kritisiert, wenn sie für einzelne Bürgerinnen und Bürger nicht da ist.

Ich möchte eines dieser Spannungsfelder herausgreifen, um zu zeigen, dass man diese Diskrepanzen keinesfalls ignorieren sollte, weil sie nämlich reale Folgewirkungen haben. Es geht um den Gegensatz von Risikovermeidung und Innovation, also den Fall 5 in der obigen Tabelle.

4.1 Risikobereitschaft als Gefahr oder Chance

Kanada hat im Eiskunstlauf der Frauen seit 37 Jahren keine Goldmedaille bei einer Weltmeisterschaft mehr gewonnen und die früheren Preisträgerinnen fragen sich, warum die Erfolge ausbleiben. Sie glauben, die Jury würde junge Eisläuferinnen für ihre Risikobereitschaft bestrafen, so dass diese sich lieber für ein sicheres Programm entscheiden, um die Jugendmeisterschaften zu gewinnen, aber dann in der Weltmeisterschaft versagen. Petra Burka brachte 1965 eine Goldmedaille nach Hause. Seither schaffte es nur noch Karen Magnussen im Jahr 1973 für Kanada auf den ersten Platz.

Es scheint, als ob die Jurorinnen und Juroren in den Jugendmeisterschaften jene Mädchen besonders gut bewerten, die einfache Programme absolvieren, bei denen sie wenig riskieren, während jene, die ein Risiko eingehen, nicht wirklich zum Zug kommen.

> „*Sometimes in Canada we get caught up in being cautious* [...] *The problems at the senior level begin with what the judges reward at the youngest levels. Years ago, women could win an Olympic gold medal with nothing more difficult than a double Axel. But Dorothy Hamel in 1976 was the last woman to win such a title with such a jump. Now young women must land five to seven triples to win a world junior title.*“[15]

15 Vgl. dazu Petra Burka in the Globe & Mail newspaper vom 02.01.1999, p. A23: „*Irgendwann lernen wir in Kanada, vorsichtig zu sein* [...] *Die Probleme der erwachsenen Läuferinnen bei Weltmeisterschaften beginnen eigentlich schon mit der Bewertung der Jüngsten. Früher konnten Frauen eine olympische Goldmedaille schon mit einem einfachen Doppel-Axel erringen. Doch Dorothy Hamel war 1976 die letzte Frau, die einen solchen Titel durch einen solchen Sprung erhielt. Heute müssen junge Frauen fünf bis sieben Dreifachsprünge landen, wenn sie die Jugend-Weltmeisterschaft gewinnen wollen.*“ (deutsche Übersetzung: Regina Berger)

Wir können daraus Folgendes lernen: Hält man Menschen davon ab, Risiken einzugehen, während Risikovermeidung zugleich belohnt wird, so verhindert man dadurch Fortschritt und Innovation. Risiko ist also nicht nur eine mögliche Gefahr, sondern auch eine potenzielle Chance und ermöglicht Vorteile für die Zukunft. Werden Menschen ständig daran gehindert, Risiken einzugehen, darf man nicht damit rechnen, dass sie sich später innovativ verhalten und Fortschritte erzielen werden. Stattdessen werden sie sich nach Möglichkeit auf „sicherem Terrain" bewegen. Toleriert man hingegen Fehler, die beim Eingehen von Risiken auftreten, so werden diese als Lernmöglichkeit genutzt und die Chancen für Innovation und Fortschritt steigen.

Man kann die oben skizzierten Spannungsfelder auch als Dilemmata oder konkurrierende Werte sehen, die sich kaum auflösen lassen dürften. Führungskräfte im öffentlichen Dienst müssen sie als Bestandteil ihres Arbeitslebens akzeptieren und lernen, damit umzugehen. Diesen Umgang gut zu beherrschen, kann sich tatsächlich als eine wesentliche Leadership- und Managementkompetenz im öffentlichen Dienst erweisen.

Mit dem folgenden, abschließenden Abschnitt möchte ich versuchen, noch einen Schritt weiter zu gehen. Es geht um die Frage, ob wir von den Steuerungs- und Governance-Ansätzen lernen können, die sich über extrem lange Zeiten in lebenden Organismen entwickelt haben. Dabei denke ich vor allem an die DNA-Funktionen, denen lebende Organismen unterworfen sind, und zwar vor allem an jene, die von ihrem Wesen her selbstorganisierend sind und die uns kaum bewusst werden. Mit diesem Abschnitt möchte ich auch den Bogen vom Rückblick zum Ausblick schlagen.

5. Ausblick

In meinem Beitrag habe ich mich bisher mit einer Reihe von Situationen und Ereignissen befasst, die das Thema Governance in verschiedenen historischen Perioden beleuchten. Die Conclusio, zu der man unweigerlich gelangt, wenn man sich die verschiedenen Beispiele ansieht, lautet, dass es in modernen Gesellschaften kaum etwas gibt, was nicht auch schon zuvor getan, versucht oder zumindest empfohlen wurde – bisweilen bereits vor mehreren tausend Jahren.

Was noch zu tun bleibt, ist der Versuch eines Ausblicks auf zukünftige Entwicklungen, jedoch nicht in dem passiven Sinn einer versuchten Vorhersage dessen, was voraussichtlich eintreten wird, wie in der Wettervorhersage. Stattdessen wollen wir uns aktiv überlegen, in welche Richtung wir denken sollten, um in der wichtigen Aufgabe der Erhaltung leistungsstarker Gesellschaften, Staaten und öffentlicher Verwaltungen weiter voranzukommen.

Der Rest dieses Beitrages widmet sich dieser Aufgabe. Es ist der Versuch, zum Lernen aus der Evolution, vor allem aus Genetik und Epigenetik anzuregen, und zwar mit einem Blick auf den Entwurf einer Art DNA der Organisation analog zur DNA lebender Organismen.

5.1 Metaphorisches Modell einer DNA der Organisation

In all den Jahren, in denen ich für den kanadischen Rechnungshof tätig war, stellten wir immer wieder fest, dass manche staatliche Institutionen gegen alle Beanstandungen und Empfehlungen von unserer Seite, die sich auf die Feststellung von Unzulänglichkeiten oder Ordnungswidrigkeiten gründeten, resistent zu sein schienen. Selbst wiederholte Aufforderungen, gewisse Korrekturen vorzunehmen, zeigten keine Wirkung.

In dieser Zeit kamen auch immer wieder Presseberichte über die neue Wissenschaft der Organtransplantation heraus. So wurde etwa von Nieren- oder sogar Herztransplantationen berichtet. Heute sind solche medizinischen Eingriffe weitgehend Routine, doch in den ersten Jahren neigten die Patientinnen und Patienten dazu, das neue Organ abzustoßen, und viele starben in der Folge auch. Das Immunsystem der Empfängerinnen und Empfänger erkannte das neue Organ als fremd und bekämpfte es buchstäblich bis zum Tod, um den Körper gegen den vermeintlich feindlichen Eindringling zu schützen.

Damals fiel mir eine Ähnlichkeit zwischen einem Körper, der ein Transplantat abstößt, und einer Organisation, die eine Maßnahme zur Verbesserung ihrer Performance zurückweist, auf, obwohl doch beide – Transplantat und Verbesserungsmaßnahmen – eigentlich nützlich sein sollten. Auf diese Analogie wurde ich durch Berichte aufmerksam, wonach die Abstoßung eines Organs auf das Immunsystem des Körpers zurückzuführen sei. Dieses Immunsystem wurde als das Verteidigungszentrum des Körpers beschrieben, dessen Aufgabe es ist, schädliche Keime zu neutralisieren oder abzustoßen, wenn diese versuchen, in den Körper zu gelangen, um uns möglicherweise zu schaden. Die Rolle des Immunsystems ist es also, uns vor Krankheit zu schützen. Und es stellte sich die Frage, ob eine Organisation möglicherweise auch über ein solches Immunsystem verfügt, das sie vor vermeintlichen Schäden durch Eindringlinge von außen schützen soll.

Es ist ein relativ kleiner Schritt, die Vorstellung vom Immunsystem einer Organisation mit der Idee einer DNA der Organisation zu verbinden. Ich wollte diesen Schritt jedenfalls vollziehen und begann mich mit dem Konzept zu befassen. Ein Ergebnis meiner Sondierungsarbeit ist der folgende Abschnitt, den ich als den bereits im Titel erwähnten „Ausblick" an das Ende dieses Beitrags stellen möchte. Die folgenden Zeilen sind daher nicht als ausgereifter Ansatz eines neuen Managementparadigmas zu verstehen. Vielmehr handelt es sich um einen sachten Versuch, zum Lernen von den in der Natur auftretenden Phänomenen anzuregen, mit denen wir zwar noch nicht ganz vertraut sind, die jedoch ein signifikantes Potenzial für uns entfalten könnten.

5.2 DNA der Organisation und Epigenetik

Die Erfahrung lehrt, dass Organisationen wie Organismen individuell einmalig sind und – metaphorisch gesprochen – wie Individuen über eine eigene DNA und ein eigenes Immunsystem verfügen.

Als Individuen sind wir alle gleich, aber auch verschieden. Unsere Gleichheit besteht darin, dass wir alle zwei Arme und zwei Beine haben, zwischen etwa 150 und 200 cm groß sind und alle (oder fast alle) den von Genetikerinnen und Genetikern als „Human Universals" bezeichneten Vorlieben frönen. Diese schließen einen Hang zu Prestige und Status, zu eigenem Besitz, sexueller Eifersucht, Angst vor dem Tod und eine Vorliebe für Süßigkeiten mit ein. Auf anderen Gebieten dagegen sind wir verschieden, etwa was unsere Persönlichkeit, Erscheinung, Einstellung und Reaktion auf Medikamente anlangt. Warum etwa werden medizinisch verordnete Brillen nicht gestohlen? Nun, Brillen passen einer bestimmten Person perfekt, sind jedoch für alle anderen nutzlos – denn die Augen jedes Menschen sind optisch gesehen einmalig.

Die neue Disziplin der Epigenetik hat dazu noch mehr zu sagen. Sie erklärt uns, dass es nicht nur jene genetische Struktur zu berücksichtigen gilt, die man als unseren Genotyp bezeichnet. Jede/r Einzelne von uns stellt auch noch eine komplexere Struktur, einen bestimmten Phänotyp, dar. Forschungsarbeiten über den Phänotyp zeigen, dass unsere grundlegende genetische Struktur zeitweise dadurch verändert wird, dass bis zu einem Viertel unserer Gene ausgeschaltet werden können, die dann keinen Einfluss mehr auf unser Handeln haben. Dieses An- und Abschalten der Gene erfolgt durch die so genannten Epigene, von denen je eines mit einem regulären Gen verbunden ist. Unser Genotyp wird also durch die Arbeit der Epigene zu einem Phänotyp modifiziert, und dieser Phänotyp ist flexibel, abhängig davon, inwieweit die Epigene die Gene steuern.

Poetisch wird dieser Unterschied zwischen Genotyp und Phänotyp von John Steinbeck illustriert:

> *„The Mexican Sierra has ‚XVII-15-IX' spines in the dorsal fin. These can easily be counted. But if the sierra strikes hard on the line so that our hands are burned, if the fish sounds and nearly escapes and finally comes in over the rail, his colours pulsing and his tail beating the air, a whole new relational externality has come into being – an entity which is more than the sum of the fish plus the fisherman. The only way to count the spines of the sierra unaffected by this second relational reality is to sit in a laboratory, open an evil-smelling jar, remove a stiff colourless fish from the formalin solution, count the spines, and write the truth ‚D. XVII-15-IX'. There you have recorded a reality which cannot be assailed – probably the least important reality concerning either the fish or yourself. It is good to know what you are doing. The man with his pickled fish has set*

down one truth and recorded in his experience many lies. The fish is not that colour, that texture, that dead, nor does he smell that way.“[16]

Der Genotyp ist der in einem mit Formalinlösung gefüllten Einmachglas liegende Fisch. Der Phänotyp ist der richtige, der lebendige Fisch in seinem Element, der mit aller Kraft an der Angel zieht. Steinbeck bezeichnet diese zwei Zustände als die erste und die zweite Wirklichkeit.

Offensichtlich ist mit jedem Gen ein so genannter Silencer oder Marker verbunden – man spricht von einem Epigen – der das Gen ausschalten und wieder einschalten kann und der dies je nach Umwelteinflüssen, traumatischen Ereignissen, Ernährung – inklusive pränataler Ernährung – und Stress tut. Diese Sichtweise würde die wesentlichen Unterschiede zwischen verschiedenen Menschen in Hinblick auf ihre Interessen, ihre Motivation und ihr Verhalten erklären. Dasselbe gilt für die ziemlich dramatischen Veränderungen, die wir bei manchen Menschen im Laufe der Zeit feststellen.

Aus unserem begrenzten Verständnis der Epigenetik gewinne ich den Eindruck, dass die ungefähre Struktur von Organismen folgenden Linien folgt:

- einer grundlegenden Infrastruktur (DNA)
- dem gelegentlichen Auftauchen neuer „Ideen“ oder „Pilotprojekte“ in Form von *Mutationen*, die aber größtenteils nicht überleben
- einem ko-evolutionären Mechanismus, bestehend aus Epigenen, die reale Gene beeinflussen und lenken können. Epigene reagieren auf Spannungen aus der Umwelt und innerhalb des Organismus und auf Stress; dementsprechend schalten Epigene die Gene EIN oder AUS und schaffen so eine Konstellation aktiver Gene, die den Organismus zu einer optimalen Kongruenz mit seiner Umwelt veranlassen

Die Analogie einer elektronischen Anzeigetafel mag dies illustrieren. Auf der Anzeigetafel sind zahlreiche winzige Glühbirnen installiert. Diese Grundstruktur bleibt erhalten, doch der Status einiger dieser Glühbirnen –

---

16 Original: Steinbeck: Log, 1941, S. 2. Deutsche Übersetzung: Logbuch des Lebens, 1963: *„Die mexikanische Sierra hat 17 plus 15 plus 9 Dorne in der Rückenflosse. Die kann man ohne Schwierigkeiten zählen. Wenn die Sierra aber mit aller Kraft an der Angel zieht, so dass uns die Hände brennen, wenn der Fisch lärmt und beinahe entkommt und schließlich über die Reling hereinfällt, mit pulsierenden Farben und einem die Luft peitschenden Schwanz, dann ist in unserer Beziehung eine völlig neue Körperlichkeit ins Dasein getreten – eine Einheit, die mehr ist als die Summe von Fisch und Fischer. Der einzige Weg, die Dorne der Sierra unbeeinflusst von dieser zweiten, dieser Beziehungs-Wirklichkeit zu zählen, liegt darin, in einem Labor zu sitzen, ein übelriechendes Einmachglas zu öffnen, einen steifen, farblosen Fisch aus der Formalinlösung herauszunehmen, die Dorne zu zählen und die Wahrheit zu schreiben. ‚17-15-9‘ Dort hast du dann eine Wirklichkeit festgehalten, die nicht angegriffen werden kann – wahrscheinlich die für den Fisch wie für dich am wenigsten wichtige Wirklichkeit. Es ist gut, zu wissen, was du tust. Der Mann mit dem eingemachten Fisch hat eine Wahrheit niedergelegt und seine Erfahrung in vielen Lügen festgehalten. Der Fisch ist nicht diese Farbe, dieses Gewebe, dieser Tod, und er riecht auch nicht so.*“

das heißt, EIN oder AUS – verändert sich, so dass sich auch die daraus resultierende sichtbare Botschaft verändert, je nachdem, welche Glühbirnen EIN oder AUS geschaltet werden. Metaphorisch gesprochen entspricht die Struktur der Glühbirnen den Genen, während die Aktivierung oder Deaktivierung ausgewählter Glühbirnen/Gene durch die Epigene kontrolliert wird. Sie reagieren auf veränderliche Reize von Außen und Innen und schaffen dementsprechend aktive Genmuster. Dieser Mechanismus stellt einen sich selbst organisierenden ko-evolutionären Prozess dar, welcher in Echtzeit stattfindet.

Doch welcher Zusammenhang besteht hier zu Organisationen? Nun, wenn eine Organisation als Organismus mit einer eigenen, einzigartigen DNA betrachtet werden könnte und wenn sie auch genetische Marker hätte, die einzelne Organisationsgene je nach den herrschenden Umwelteinflüssen oder sonstigen Einflüssen EIN oder AUS schalten kann, wäre jede Organisation tatsächlich einzigartig. Dies würde wiederum nahelegen, dass der traditionelle Ansatz einer „Reparatur“ von Organisationen durch die Verordnung systemweiter Regeln und die Durchsetzung derselben mithilfe universeller mechanistischer Kontrollen oft misslingen wird. Es wäre so, als wollte man allen dieselbe Brille verschreiben, damit auch wirklich alle besser sehen. Oder, um eine frühere Analogie zu benutzen, es wäre, als wollte man den Betreiberinnen und Betreibern von Atomkraftwerken und Reisebüros dasselbe Verhalten vorschreiben.

Diese Art des Denkens über Organisationen wirft zwei wesentliche Fragen auf. Erstens: Welche Art von Diagnose benötigen wir, um die beiden Realitäten einer Organisation festzustellen, also ihre grundlegende Infrastruktur und die Struktur jener Gene, die tatsächlich „aktiv“ oder eingeschaltet sind? Der Prozess wäre im Prinzip ähnlich dem, was ein Arzt mit seinem Patienten tut. Er stellt eine Diagnose, bevor er eine Therapie verordnet.

Die zweite Frage lautet: Was müssten wir wissen und tun, um möglicherweise das EIN- und AUS-Schalten einzelner Organisationsgene zu verändern und so eine Konstellation aktiver Gene hervorzubringen, die der Organisation helfen, sich in die richtige Richtung zu bewegen und möglichst zuverlässig Leistungen zu erbringen?

Hinweise aus einer Reihe informeller Gespräche zum Thema legen nahe, dass man dazu neigen könnte, die Mitglieder einer Organisation als ihre „Gene“ zu betrachten, und dass diese Gene mit den Zielen der Organisation im Sinne einer optimalen Leistung kongruent sein müssten. Das würde bedeuten, dass die Mitglieder nicht nur über die erforderliche Kompetenz, sondern auch über ein entsprechendes Engagement verfügen müssen. Ich vermute beispielsweise, dass die Herausgeber und der Verlag des Buches, in dem dieser Beitrag erscheint, die Autorinnen und Autoren der einzelnen Artikel sehr sorgfältig ausgewählt haben, um sicherzugehen, dass das Buch möglichst interessant und informativ wird.

Das führt mich zu zwei abschließenden Bemerkungen über diesen letzten Abschnitt. Erstens: Es könnte von Vorteil sein, verstärkt Projektteams und Arbeitsgruppen einzusetzen. In diese Projektteams werden für bestimmte Aufgaben Leute mit der entsprechenden Kompetenz und dem nötigen Engagement – vielleicht sogar echter Begeisterung – entsandt, um die erforderlichen Ergebnisse zu erreichen. Man könnte sich das ähnlich vorstellen wie die Besetzung der Rollen in einem erfolgreichen Film. Das sagt jedenfalls ein Filmproduzent, Regisseur und Oskar preisgekrönter Schauspieler mit über vierzig Jahren Erfahrung. Seiner Meinung nach lassen sich mit einer guten Besetzung, das heißt, wenn die Schauspieler für die Rollen, die sie spielen sollen, richtig ausgewählt werden, 90 Prozent aller Probleme einer Produktion vermeiden. Wenn Probleme auftreten, sind diese zumeist auf ein schlechtes Casting zurückzuführen.[17]

Zweitens: Ich möchte hier auch zur Vorsicht mahnen. Der Aufwand in Form von Untersuchungen und Experimenten, um aus der Hypothese einer DNA von Organisationen einen gangbaren Ansatz zur Diagnose und Verbesserung von Organisationen zu machen, und um Governance und Public Management zu verbessern, wäre erheblich. Ich möchte mit meinen Bemerkungen zum Thema nur einen Denkanstoß geben: Möglicherweise stellt das Konzept, dass Organisationen eine individuelle DNA haben, einen brauchbaren Ansatz im Umgang mit den ständigen Herausforderungen dar, die es bedeutet, ein leistungsstarkes Public Management und eine funktionierende Governance bereitzustellen.

Und damit möchte ich wieder zum Eröffnungszitat meines Beitrags zurückkehren: „*Gesellschaften werden zumeist von etablierten Institutionen verwaltet, die so konzipiert sind, dass sie unvollkommenen Menschen die Anwendung fehlerhafter Verfahren zur Lösung unlösbarer Probleme gestatten. Es gibt keine einfachen, allgemein gültigen Antworten.*“

17 Vgl. dazu das Interview mit Clint Eastwood in: FOCUS 2008, 26 vom 23. Juni 2008.

Rolf ALTER, Stéphane JACOBZONE

Public Management and Governance: an OECD Perspective

This article gives an overview of public governance challenges as illustrated through recent OECD analysis work. It reflects on the lessons learned through the meeting at Ministerial level in Venice 2010 aimed at identifying the key challenges faced by countries today.[1] The article also shows countries' efforts to meet public governance challenges, presenting Austria in a comparative perspective together with other OECD countries. Finally, the article emphasizes the OECD's role in supporting these efforts with the comprehensive public governance reviews helping order to strengthen capacity for implementation and foster a broad understanding of the public sector strategic goals. This is demonstrated by new findings from the OECD comprehensive public governance review of Finland.[2] Strong Public Governance supports countries to reach the overarching OECD goal of designing "Better Policies for Better Lives", promoting quality of life and better services for citizens, and fostering ethics to restore trust in government.

1. The 2010 Public Governance Ministerial Discussions

Governments across OECD Countries are facing a series of challenges:

- How to deliver better services under fiscal pressures?
- How to build a more effective and performance-oriented public service?
- How to promote an open and transparent government?
- How to strengthen strategic capacity, foster horizontal coordination and increase resource flexibility in the public sector?

These issues were discussed by the OECD Public Governance Ministers at their meeting in Venice in November 2010. The high level debates among Ministers highlight the importance of tackling the challenges of reform in the public sector, drawing out common issues, sharing lessons from best practice and analysing the gaps. Countries are still coping with the consequences of the global economic crisis. As a result the public sector is facing acute challenges in many countries, including fiscal pressures, need for leadership and increasing demands. Still, governments also need to maintain and rebuild trust. The demand for ethics and transparency in the public sector has also increased. Integrity and transparency are therefore top priorities for reform in the public sector.

1 See the meeting website http://www.oecd.org/governance/ministerial2010 [Download: 20.03.2011], which contains all the materials prepared for the meeting. The material on the discussions is in the conclusion document.

2 See: OECD: Finland, 2010.

The discussions highlighted the following elements:

- Governments have been called upon to assume greater responsibility after the crisis. As a result, public sector reform needs to be brought to the attention of the highest political leaders. Governments have to redesign their functions more in terms of steering and identifying strategic goals, than in terms of direct involvement in service delivery. They need to improve capacities for strategic insight, collective commitment and resource flexibility, to ensure greater coherence in political action and to restore long-term sustainable growth. A culture of performance is critical for governments to be more accountable. There is also a need to increase competition and citizen choice in service delivery as means for improving efficiency in the public sector, and to give users a greater voice in the design and delivery of public services.
- Increasing the efficiency of the public sector is now a priority. Many countries have to reduce public expenditure in order to restore their fiscal balances. They need to find innovative and effective solutions for service delivery, both in partnership with citizens and businesses. Citizens can help with the co-design and co-production of services, as well as with monitoring quality. The public sector needs to be more agile and to improve productivity at no additional costs, drawing on e-government as well as on strategic human resource management. This involves engaging with public sector employees to ensure that staffs perform at their best level. Evidence-based reforms in the public sector require data, analysis and focus on outputs and outcomes.
- Open and transparent government is vital to facilitate social engagement and restore trust. In difficult times, trust is vital to ensure the success of reforms. Openness and transparency can help redefine the boundaries between the public and the private spheres and to strengthen integrity. ICTs provide unique opportunities to improve transparency and access, facilitating better engagement with the public as well as improving user-centered service delivery. Strengthening dialogue with civil society is another priority.

In their final Communiqué, the Ministers acknowledged the importance of:

- *Leadership:* Political commitment, leadership and accountability are essential for deciding where, when and how governments can strengthen their strategic capacity and promote public sector innovation and co-ordination. New working methods and skills will be needed to benefit from technological opportunities.
- *Fostering efficiency and effectiveness through innovation in the public sector:* Promoting and enabling an environment conductive to innovation is crucial to generating a dynamic public sector focused on performance and greater productivity at no additional cost. This could entail maximising the use of new technologies, making things simpler and more transparent for citizens and businesses, preventing corruption, and building human capital. Incentives, new tools to share successful initiatives and the removal of administrative barriers are important considerations in fostering a new environment. The public sector could also draw on the expertise and creativity of the private and not-for-profit sector. The wide sharing of information electronically across sectors

and boundaries within the public sector is critical to boost innovation and reducing administrative burdens.

- *Openness, integrity and transparency:* This can help strengthen trust and build indispensible support for reform. Greater engagement with citizens and civil society is a key element of open and transparent government. Open government can also lead to more direct and effective engagement with citizens, civil society and businesses. Reaffirming the core values of the public sector will help improve public sector performance.
- *Preparedness for future challenges:* Public sectors must be forward looking, agile and prepare for the challenges of the future. They should have the capacity to identify and assess these challenges, change strategic direction, and allocate human and financial resources accordingly.

2. Meeting the Public Governance Challenge: Policy responses in OECD Countries

The policy responses fall into three broad areas of the public sector: (1) efficiency, (2) agility and performance orientation and (3) promoting an open and transparent government.[3] These are discussed below.

2.1 Increasing public sector efficiency

The public sector represents close to half of GDP in a majority of OECD countries. (see figure 1). Therefore, increasing public sector efficiency can yield very significant macroeconomic dividends. A 1 percent efficiency gain in the public sector would in theory be translated in a 0.5 percent productivity gain for the economy as a whole. These figures should be subject to interpretation, since a large share of public expenditure is made of public transfers, which are re-injected in the economy. Even if this would probably apply to the share of the public sector directly involved in the production of specific services, activities such as health and education have very significant macro impacts. This is particularly true in Austria as the country is among those with the highest public sector expenditure.

3 This section draws on the synoptic overview of country initiatives prepared jointly by the OECD Secretariat with the help of Geert Bouckaert, Leuven University. See: OECD: Government, 2011.

Figure 1: General Government Expenditure as a percentage of GDP[4]

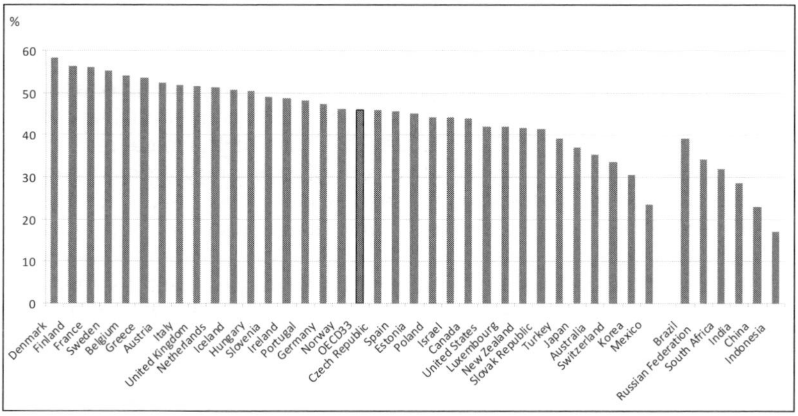

The public sector is facing restraint in a number of countries (e.g. Austria, Canada, Denmark, Estonia, Greece, Ireland, Italy, Japan, the United Kingdom etc.). However, Austria underlined the need for emphasizing service quality first.

Box 1: Public sector efficiency: Austria in perspective

Austria is notable for emphasising quality of service delivery first, as even at times of fiscal consolidation, Cost reductions must not have a negative effect on the appliance of the rule of law. Austria also shows how strong political commitment and political consensus are key ingredients for successful reform implementation. Still, the country also has proven capacity to implement major administrative reforms in the past, such as the merging of police forces in 2003-2005, into a single law enforcement body.

In general, countries reported that they would resort to the following policy and reform packages to increase public sector efficiency:

– *Developing consolidated and comprehensive programmes:* A number of countries have engaged or are currently going through major reviews of public sector expenditure. This includes for example Australia, Belgium, Canada, France, and Ireland. In all these countries major plans are made to review public expenditure and the functions of government

4 OECD: Government, 2011. Data from the OECD National Accounts Statistics. Data for the other major economies (excluding Russian Federation) are from the IMF Economic Outlook (October 2010). The statistical data for Israel are supplied by and under the responsibility of the relevant Israeli authorities. The use of such data by the OECD is without prejudice to the status of the Golan Heights, East Jerusalem and Israeli settlements in the West Bank under the terms of international law. Data for Chile are missing. Australia, Japan, Korea, New-Zealand and the Russian Federation: 2008 instead of 2009. Data extracted on February, 18th, 2011.

as a whole to ensure better efficiency and matching of supply with needs and demands. Some countries are introducing new management frameworks as well as explicit objectives for expenditure reduction and outcome improvement.

- *Cutting Red Tape:* A number of countries are cutting red tape, either in the economy as a whole, but also specifically within the public sector. The simplex programme in Portugal, the major efforts to cut red tape in Germany or Belgium, the improvement of internal government regulations in Denmark or Mexico: all these initiatives are geared to unleash productivity gains by helping economic actors, public or private, to do their job better.

  In Austria, the costs of administrative burdens have been estimated to represent € 4.3 billion annually for businesses, or 1.6 percent of GDP, using the Standard Cost Model methodology. The government launched the "Reducing Administrative Burdens for Businesses" initiative to improve Austria's appeal as a business location, alleviate the burden on businesses in a sustainable way and upgrade co-operation between businesses and the administration. A list of 133 projects was established in March 2008, to reduce administrative burdens for businesses. Another initiative was set up to reduce the administrative burdens for citizens in autumn 2009. First, data was collected concerning the most important administrative processes for customer satisfaction, expenditure of time and money and areas of improvement. Following this, the Austrian Council of Ministers has agreed on 150 measures in August 2010 to reduce administrative burdens for citizens that will be pursued in the next months and years.
- *Implement precise and contingent IT tools:* These can either be used for general purposes or for very well-defined target groups of citizens or customers. Examples include: Chile (National Student Card), Egypt (Family Card), Greece and Portugal (Citizen's Card), Israel (Civil Registry, Land Registry). However, many other countries have also adopted IT-driven initiatives, as IT drives many combined agendas (transparency, participation, simplification, and cutting red tape).

  Different measures exist as proxies for the level of development of IT related tools, in terms of e-government. The UN's e-government development index shown below is a combined indicator of the supply of, potential demand for and maturity of e-government services. According to these data, Austria appears to have an intermediate level of E-government development (see figure 2).

Figure 2: E-Government Development Index (2010)[5]

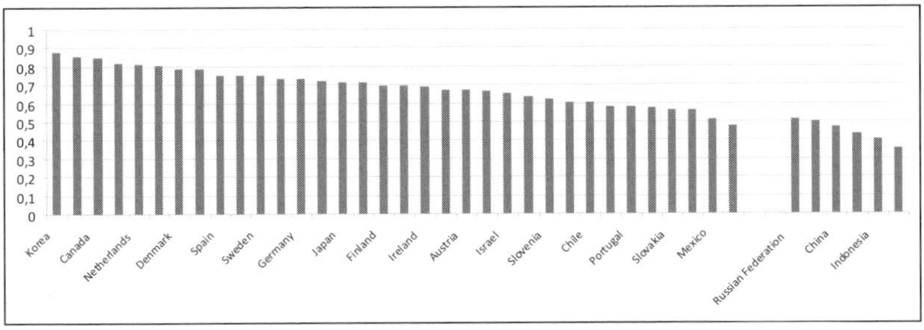

Achieving these reforms requires full mobilisation of citizens and a strong involvement of the private sector and civil society. This may either entail co-production of public services by citizens or involve public private partnerships, to provide well-defined services for some activities. It also requires a strategy for inclusive engagement at all levels of government, as this is where the challenges of policy implementation occur.

This also needs to follow the whole policy design and delivery cycle. At the design stage, countries are active in conducting consultations and surveys to assess expectations. For the evaluation stage, countries are increasingly involving citizens as customers for assessing satisfaction or quality of service.

2.2 Ensuring an agile and performance-oriented public service

Ensuring agility in the public sector is a priority to better match service supply with social expectations. Resources need to be directed where they are really necessary. Countries are adopting three major strategies for this purpose:

- *Strengthening resource management: Countries are better using e-government and human resources to* ensure full use of resources. This includes: e procurement (Brazil), National e Government Strategy (Germany), e Services (Finland), co-operation and shared services (Italy). This also connects with the “Cutting red tape” mentioned above, as this represents one of the most tangible dividends of new technologies. The second element is to strengthen staff capabilities and commitments through strategic human resource management (e.g. Australia: strengthen workforce capabilities; Israel: Government Public Service Index; Japan: Basic Act on Public Services; Norway: Internet-based Evaluation Portal).
- *Improving strategic management and matching it with expectations:* Countries are strengthening capacities for strategic foresight, governing for performance and using performance information, social dialogue, as

5 United Nations E-Government Readiness Knowledge Base, http://www2.unpan.org/egovkb/datacenter/CountryView.aspx Data extracted in March 2011. (See: OECD: Government, 2011 for a further discussion on definitions and methodology). The index ranges from 0 (low level of readiness) to 1 (high level of readiness).

well as communicating on performance with stakeholders and their expertise networks. The capacity for strategic foresight and for performance governance go beyond single organisations and require functional co-ordination at the level of a policy field or integrating the global service delivery chain across levels of government. These are considered to be crucial to steer, control and evaluate a performance-oriented public service in many countries. The examples include a "Blueprint for the Australian Federation", "Growth Acceleration Plan" in Brazil, the "Management Accountability Frameworks and Strategic Reviews" in Canada, the French "General Review of Public Policies" and the Italian "Public Administration Reform Package". Austria has also taken steps towards strengthening performance management (see box 2).

- *Reaching out appears necessary to facilitate effectiveness and performance:* Stakeholders are invited to provide significant input. Brazil has a qualified social debate on reforms and has a national network. In Italy, citizens and service users have the legal possibility for collective action suits against relevant public administrations and public service providers. In Canada, the Management, Resources and Results Structure re-inforces the government's commitment and provides information to parliament and citizens on results and associated spending down to the programme level. In Japan, the New Public Commons should increase participation to enhance performance. In Poland, there is a Civic Initiative Fund to promote partnerships and subsidiarity.
  Active social dialogue remains a crucial vehicle in several countries even though this is of less importance in other countries. One format consists of consulting employees to identify strengths and areas for improvement. Consequently, this creates an opportunity to encourage high performance and support for dealing with underperformance. In other countries (e.g. Denmark, Finland, Norway) employees or labour associations are involved in reforms to guarantee effective and sustainable change.

Box 2: Austria: steps towards performance management

Austria is currently reforming its Federal Budget and the second stage of the reform will enter into force on January 1st 2013. The aim is to build a consistent framework and to improve decision making with:

- A new budget structure
- Outcome-oriented management in public administration
- Accrual accounting and budgeting
- Performance budgeting

The focus is on performance management, especially the integration of performance budgeting as well as performance management into the budgetary decision-making process. Some performance information is already included into the budget documents. The performance budgeting system will be designed in a way that a focus on priorities is obligatory and documentation is kept as short and simple as possible. A direct linkage between performance indicators and budgetary allocations, so-called "taximeter budgeting", will be explicitly excluded as it is conceptually and practically highly problematic. While the information gathered through performance budgeting will not be directly linked to budgetary allocations, data on input, output, outcome and performance will be collected and analysed by a department for performance management at the Federal Chancellery. The data will then be published with the aim to support the national parliament with strategic and political decision making but will also be available to the public. This should put Austria on a par with well established OECD countries, such as Australia, Canada or the United Kingdom, which routinely use performance information for strategic management of their public sector.

2.3 Promoting an open and transparent government

An open and transparent government is a key vehicle to restore trust in government and to align the public sector with modern information management practices where citizens are looking for "government services in one click". It also offers policy levers to facilitate capacity for change and for sustainable reform in the public sector. For example, it requires access to information, to ensure that the Public Administration can appear as it always should have been: "*a Glass House in which clients have the right to look and verify how their money is being spent, may it be in a good or a bad way*", following the terms of the Address on the State of the Public Administration by the Italian Minister Renato Brunetta to the Parliament.

Countries are taking concrete steps to ensure openness and facilitate access by citizens to information and set up specific ombudsman institutions to make sure that citizens' request or difficulties can be properly taken care of (see figure 3).

Figure 3: Number of OECD countries with laws on access to information and Ombudsman Institutions

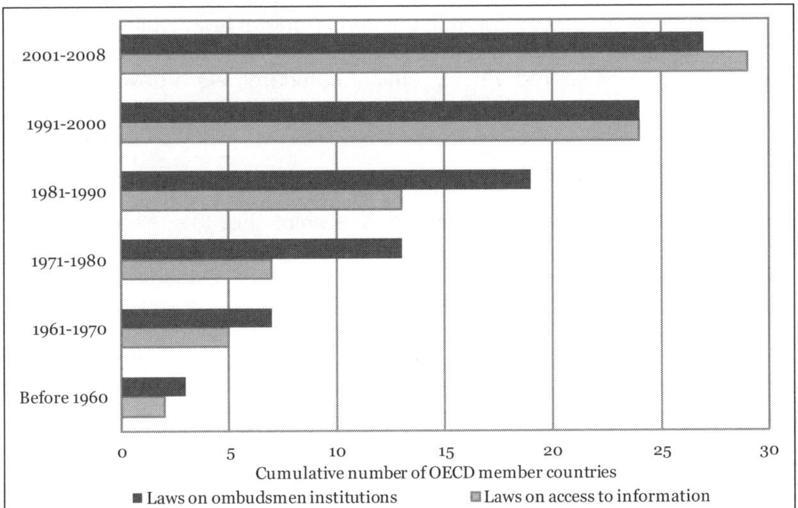

Source : OECD: Government, 2009

In Austria, this important policy goal is driven by the efforts of the Federal Chancery, and the Austrian Federal Court of Audit. The Austrian Chapter of Transparency International is pretty active in this area as well (see box 3).

Box 3: Open Government: the Austrian example

The goals of open and transparent government initiatives in Austria are to:

- make information available
- foster open and inclusive policy making
- boost integrity and transparency
- improve service delivery

The Standards of Public Participation that were adopted by the Austrian Council reflect the importance and the need for optimal involvement of the public. They are designed to help the government to conduct high-quality participation processes. Whereas the legal provisions on public participation have to be applied, these standards are to be applied in a supplementary way and, adjusted to specific topics, also to public participation processes for the development of policies, plans, programmes or legal instruments.

The sub-national and local levels are also engaged to promote the objective of open and transparent government. In 2009 and 2010 a collaborative initiative was launched to develop quality standards for district administrative authorities with a focus on standards for offices and customer satisfaction management and measurement. Another example is a conference organised in autumn 2007 by the Austrian Federal Chancellery and the Federal Province of Styria, which brought together the heads of the district administrative authorities, on the topic of "quality standards for citizens and businesses". Five district administrative authorities – which primarily enforce federal laws while providing a wide range of services – carried out a project to develop quality standards. Based on shared values, ethical standards were developed for the field of "management".

Establishing partnerships

Building sustainable reform requires partnerships. For this reason, several countries have established strategic partnerships with the private sphere and civil society to generate sufficient trust to reform. Canada shifted from proactive disclosure of government data to interactive policy making with citizens. In Finland, there is a sense of support for reforms which keeps trust at a high level. In Brazil, the *Gespublica* is a growing network of national and international conferences, which serves to consolidate this strategic partnership throughout the country. In Chile, constitutional reforms are the consecration of these national strategic partnerships.

Fostering Web-based tools

All channels are being used including ICT and web-based tools. Country practices vary from legal frames for access to public information or codes of conduct or simplifying procedures and processes, or events (e.g. Belgium: My Glass House Web; Brazil, Canada, Japan: Administrative Transparency Team; Poland: Review and Café), to ICT-based initiatives to "open" government (e.g. Australia: Government 2.0; Denmark: e-Government as driver for Open Government; Japan: 2008 and 2010 New Strategy on ICT; Mexico: Transparency Obligations Portal, Public Procurement Electronic System, and *Cineminutos*; New Zealand: 2010 State Service Integrity and Conduct Survey; Norway: 2009 Freedom of Information Act, also for databases). Austria has also been very active in developing web-based tools (see box 4).

Box 4: E-Government initiatives in Austria

Austria has very advanced e-government services, with a very high percentage of services available online (see chart). A mapping of e-government services was done in 2007 to identify not only the main focuses of the administration but also its shortcomings. The policy initiatives include:

- The *HELP.gv.at* online platform provides information on the official channels that are necessary for day to day life in the country. It offers a permanent interface between the authorities and citizens or businesses, with information on nearly 200 topics.
- The *Business Service Portal*, concentrates all information concerning businesses (including FinanzOnline applications). The portal is a one-stop-shop for businesses to gather information, submit applications and meet obligations to provide information quickly and efficiently. FinanzOnline an electronic data exchange system set up in 2003 by the tax administration: provides Austrian citizens, companies, professional client representatives, municipalities and many other participants cost-free around-the-clock access to the virtual tax office. It has a hotline, an extensive online help system and had attracted 1.3 million service user in 2007.
- The *Citizen Card* combines an official ID card and a means of verifying a person's electronic signature for online administrative procedures. This allows citizens to perform administrative procedures and paperwork online in a secure manner, provides numerous e-government solutions in public administration and web services in the business world. The services available include the Austrian Social Security Scheme (e.g. insurance account statements, basic health insurance details, pension account), the prescription drug approval procedure, online banking, the services of FinanzOnline, Company Register inquiries, childcare allowance applications, criminal record certificate, the confirmation of resident registration etc. In addition, an electronic public service ID card, ("eDA") is currently being introduced to serve as a multipurpose smart citizen card: http://www.buergerkarte.at

- The *Electronic Record System (ELAK)* is the back-office application in Austrian e-government, which allows replacing paper by electronic documents in all branches of the administration and to accelerate internal procedures. This fosters seamless administrative co-operation to handle citizen requests.
- The "*E-Recht*" Electronic law making project is a pioneering initiative for Austria at European level, which was launched in 2001 to enable an end-to-end electronic legislative process from the initial formulation of draft bills and their debate in Parliament through to the official promulgation of the legal instruments online. This ensures the complete traceability of the origin of the texts and the legal instruments (see at http://www.ris.bka.gv.at/).

Strengthening integrity in the public sector and ensure public scrutiny

Promoting integrity in the public sector is a key element to restore trust in government. While these issues may be perceived differently across countries, some comparative data from the Gallup Polls would tend to support the view of an inverted relationship between perception of corruption and the level of perceived confidence in national governments (see figure 4). However, these results come from limited samples and perception surveys and are presented with caution, as they have not been validated in OECD settings. Referring to these data Austria appears to be in an intermediate position, with a relatively low level of confidence in government, but an intermediate perceived level of corruption, comparable to France or Germany.

Figure 4: Perceived confidence in government versus perceived corruption

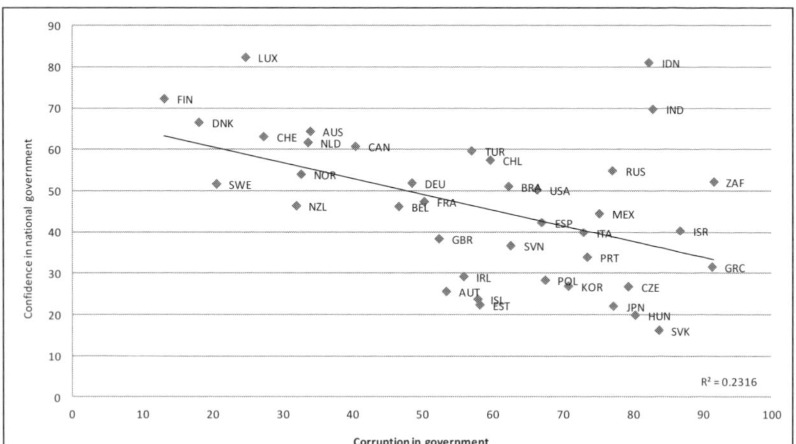

Source: Gallup Survey Data 2009

Strengthening integrity and promoting a "cleaner" culture in the public sector calls for concrete steps, with legal bases, codes of conduct and other instruments.

Country practices require legal bases (e.g. Canada: Public Service Disclosure Protection Act [PSDPA]; France: Decree on conflicts of interest) or they are of a soft law nature with codes of conduct (Australia). In terms of codes of conduct, the Austrian Federal Chancellery has published the "Code to Prevent Corruption" that addresses all public employees with the aim to raise awareness on issues like accepting small gifts and private sponsoring and thus supporting ethical values and preventative measures.

Some countries are aware that laws and codes are necessary but perhaps insufficient to achieve policy goals and therefore need to be complemented by other activities (Italy: Transparency Days, Transparency Operation). In Austria, public employees have to notify the employer of any secondary employments. In a post public employment situation, integrity is safeguarded by the obligation of official secrecy. The introduction of a "cooling-off period" for certain top-level public employees is currently under discussion.

Generally, countries are taking active steps to strengthen provisions for integrity in terms of addressing conflicts of interest and protecting whistle blowers (see figure 5 and 6).

Figure 5: Percentage of countries requiring decision makers in the central governments to disclose conflict of interest

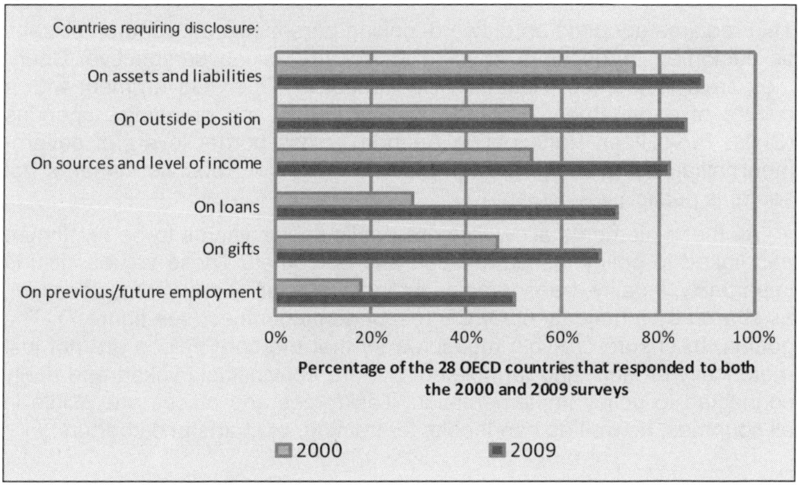

Source : OECD: Government, 2009

Figure 6: Percentage of countries offering protection for whistle blowers

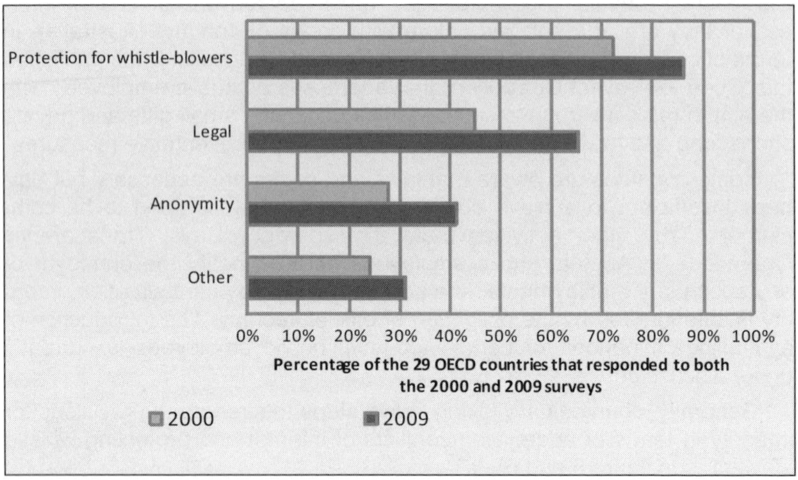

Source : OECD: Government, 2009

Promoting and implementing culture change in the public sector

This requires adopting an outward-looking perspective focused on citizens as customers rather than keeping an inward-looking perspective. Countries have taskforces (Australia: Declaration of Open Government with a culture of engagement; Poland: positive image and branding), agendas (Chile: Pro-Citizen Participation Agenda), cross border levels of government initiatives (Denmark), and principles (Slovak Republic: "what is not secret is public").

All these elements allow for core public sector values to be reaffirmed and linked to policy implementation and outcomes. These values include impartiality, legality, transparency, integrity, efficiency and professionalism, as shared by a majority of OECD respondent countries (see figure 7). The goal is, to ensure credible measures so that the core values are not just rhetorically present and formulated, but are convincingly linked and really connected to policy implementation. Taskforces and offices are visible in all countries, as well as handbooks for training, or charts and charters.

Figure 7: Core Public Sector Values in OECD Countries

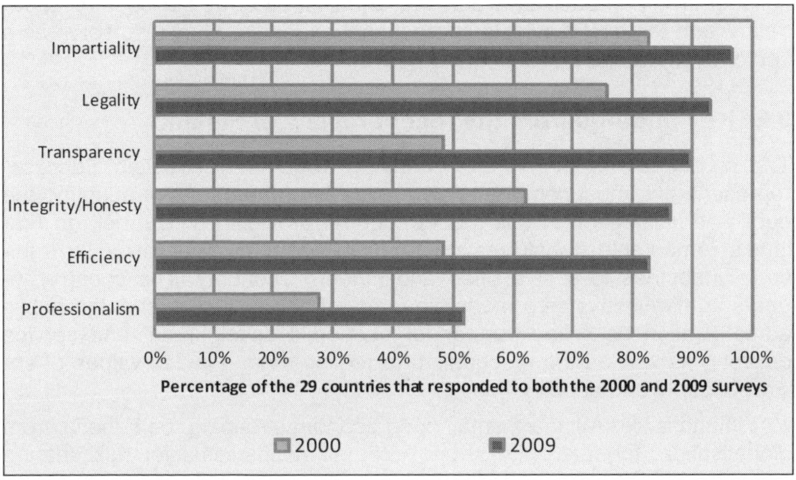

Source : OECD: Government, 2009

Connecting values and actions will ensure not only that core values are shared and understood, but also that government activities are simpler, more transparent and conducive to trust. Maintaining and building trust in government is a necessary capital to be invested in partnerships for sustainable reforms.

3. Heading to the Future: the OECD's role in supporting countries' efforts

Building better government will require a common and collective effort. The OECD is here to help in this effort, acting as a "club of best practice" and as a hub for global policy dialogue and exchange of experience. The OECD Public Governance Committee is the official standing body of the organisation which draws on the expertise and input from senior officials in all OECD countries, and also involving countries such as Brazil, the Ukraine or Egypt in its work.

3.1 Fostering capacity for implementation through comprehensive public governance reviews

The OECD supports countries' efforts in strengthening capacity through analytical work on all the key challenges of public governance, including ethics, human resources, budgeting, e-government, cutting red tape, and engagement with civil society. The OECD public governance reviews offer a multidisciplinary platform to support countries' efforts. They have been conducted in Ireland, Finland and Estonia (Respectively OECD 2008, 2010, 2011b). Reviews are also currently being conducted for Poland, France and Slovenia. They help government in identifying where they perform well and where they could improve performance, sustainability and delivery of public value. They represent a major tool to facilitate a collaborative approach between the administration of the country under review and the best available international expertise. They also serve as a vector to share and disseminate best practice.

3.2 Key findings from the recent review of Finland

The recent review of Finland, "Working Together to Sustain Success" represents the most comprehensive analysis of the efforts of adapting the public administration in this model country, providing critical help to Finland's remarkable transformation from an economy specialised in traditional industries to a diversified and modern economy. The country appears in many ways as a model, in terms of the level of trust in the public administration as a key partner for economic development and service delivery, as well as the mechanism to realise many Finnish values of social solidarity and equality.

Finland is like Austria a small open economy, reaping the benefits from globalisation, together with strong internal mechanisms for risk sharing through an advanced social protection system, which fosters a high level of social cohesion. Both countries are ageing and have been subject to the impact of the Global Financial Crisis. The OECD review acknowledges that in Finland, citizens' rising demands and expectations concerning both the quality and equality of public services have exerted increasing pressure on the public administration to improve its efficiency and responsiveness, and to be innovative and flexible in responding to longer-term issues.

The recommendations of the report invite the Finnish government to better communicate the difficult challenges and choices that are required of the society as a whole, and to make strategic choices, as the steward of Finnish public values, resources and objectives.

Achieving strategic agility

These recommendations are focused in terms of "achieving strategic agility", i.e., the government's ability[6] to anticipate and flexibly respond to increasingly complex policy challenges. Strategic agility requires a whole-of-government perspective to determine what requires collective action and what should be handled at a devolved sector or level in order to ensure the greatest responsiveness to the issue at hand. Strategic agility is about taking decisive action where necessary, as coherently as possible and in line with existing priorities and constraints. It requires frameworks to enable fast and quality decisions, and to ensure their effective implementation in order to generate public value.

The report analyses three key policy channels which appear as prerequisites for achieving strategic agility:

6 The concept of strategic agility has been adapted from work by Doz and Kosonen (See: Doz; Kosonen: Strategy, 2008.) for use in the public sector context.

- *Strategic insight:* Strategic insight helps the government to develop its vision of its aims. The report acknowledges the leading position of Finland, in terms of its capacity to identify and place high-level commitment behind horizontal, government-wide priorities. This requires a capacity to forecast future issues, associated with sufficient flexibility to address possible new issues as they arise. This also requires stakeholder engagement, effective planning and decision making to balance competing interests and information, and to anticipate future risks, costs and opportunities. The report suggests concrete steps for Finland to better achieve this balance, taking better advantage of a broad-evidence, constantly interacting with the surrounding environment to be permanently aware of the current strategic position, and scanning forward to understand the changing environment.
- *Collective commitment:* Achieving collective commitment to realise strategic insight does not necessarily mean consensus, as the public service will often be called to work in new ways and to achieve more difficult objectives. Public servants therefore need to understand why they are being asked to work a certain way and the consequences if they are unable to do so. The report underlines the importance for the country as a whole to adhere to the government's common vision and suggest ways in which this can be improved by addressing both incentives and values within the public service. This is illustrated through concrete examples, including e-government and other tools for service delivery. In a small Nordic country, the report also acknowledges the importance of informal working methods and networks that cut across sector boundaries to support the homogeneity of the Finnish public service. This is very helpful as it significantly lowers public sector transaction costs.
- *Resource flexibility:* In these fast-changing times, resource flexibility is of increasing importance as a tool for the strategic agility of governments. The report considers the limited ability of Finland to move both personnel and financial resources to support changing priorities. In terms of financial resources, most of these limitations are due to the separation of steering and budget planning. In terms of personnel resources, the limitations seem to be more cultural and self-imposed. The report analyses the role of the Productivity Programme, which looks to increase efficiency and productivity of the public administration by managing the reduction of the staff in the public administration. While this programme has contributed to the public sector's relative state of fiscal health, in order to actively promote further innovation and productivity, the report considered that it will need to better link reductions in staff with efforts to examine how to promote public sector innovation.

The report also considers funding mechanisms to channel resources to the local level, funding streams and simplifying regulations in the basic service delivery area. The provision of these services falls under the responsibility of municipal authorities, who receive a significant amount of their funding from state government, which differs in significant respects from Austria. The expectation is that greater coherence of budget and regulations will give local authorities new possibilities to innovate, and to find efficiencies in order to serve their citizens better. The report also draws the attention of the Finnish authorities to the importance of strengthening local capacity and taking into account the interplay with other sub-national reforms

Furthermore the report acknowledges at a broader level the multi-level governance mechanisms that sustain the organisation of the public authorities. A number of recent and ongoing municipal and regional reforms in Finland aim to ensure the sound structural and financial basis for the provision of municipal services, and to rationalise the current system of regional state administration. While they are expected to improve the efficiency of sub-national governments, improve policy coherence, and clarify the regulatory and reporting streams, the report calls for better communicating the rationale and execution of these reforms. This will further involve sub-national authorities as reform partners, increasing alignment of horizontal and vertical objectives, and building up local capacity in order to promote local innovation and services that are adapted to local needs.

Finally, the report invites the Finnish public sector to prepare for continuous change, as preparing for the future is essential for the country to maintain its global standing. While this effort needs to be strategically driven by the centre, it requires the commitment of the public sector as a whole, and increasingly, it requires a whole-of-government vision and horizontal ways of working. The report finds that it was not surprising that Finland has afforded a critical role to assuring the preparedness of its public service – to meet its own responsibilities, and to work with the rest of Finnish society to identify and achieve common goals and objectives, to prepare for future challenges, to build and sustain public and societal capacity, and to communicate the challenges and choices faced by the country as a whole.

While Austria and Finland differ in significant respects and history, many of the findings in the Finland Review could certainly be of help in the context of medium term strategic thinking. The two economies have a number of similarities as well, and sharing best practice across countries is often a key element to drive positive change.

4. Conclusion

The OECD serves as a center of expertise and a forum where countries can share and provide comparative evidence. At a political level, recent OECD policy initiatives and supporting measures to implement and live up to the challenges were discussed by Ministers in Venice 2010. This includes key initiatives to strengthen ethics in the public sector, for example focusing on public procurement and other risk areas, including lobbying.

Governments in OECD countries are facing significant policy challenges in an era of rapid technological shifts, substantial resource challenges and increasing social demands. Sharing their experience and reflecting on common knowledge helps to create a new paradigm for the future of the public sector.

Facilitating citizen engagement and a better dialogue with civil society in a broad way is another strategic goal. This is also the reason why Ministers in their final Communiqué adopted the "Venice Initiative for Dialogue with Civil Society Organisations", and invited the OECD to explore the potential for dialogue on best practices of public sector reform with Civil Society Organisations. This dialogue would allow for an exchange on the challenges, opportunities and implementation of public sector reforms in times of fiscal pressure, helping countries to search for sources of sustainable growth.

What is essential is to shift the mutual relationship between the state and citizens and civil society. The public sector needs to empower them to take on greater responsibility and to form new partnerships. Collaboration with citizens, civil society and the private sector will become a cornerstone for future public sector reforms. Reinventing these new partnerships with appropriate information, tools and guidance, is one of the key challenges faced by the state in the 21st century.

Tony BOVAIRD, Elke LÖFFLER

Innovation in public services: strategy, drivers and the role of competition[1]

1. Introduction

In an age of austerity, doing "more for less" seems to be the obvious efficiency strategy in order to reduce public budgets. Staff and citizens often experience such budget consolidation strategies as "less for less". However, in the UK such "traditional salami slicing" is no longer considered as an adequate answer. Local government is now in the middle of finding savings of more than 25 percent over the next four years. For many local authorities the only way forward is innovation. This means, not "less of the same" public services but "different and better" outcomes.

Indeed, our expectations from innovation in the public sector have risen over the decades. Even up to the mid-1990s, the US Government was content to have a National Productivity Review, which sought to raise the rate of "productivity increase" in the public sector. The implication was that underlying processes resulted in a relatively steady rate of change in the productivity of public sector resources; but that clever interventions might raise that rate of change, if carefully managed.

By 2000, such modest intentions were already being overthrown by much more ambitious programmes. "Transformational change" had become a mantra in business schools and in consultants' brochures. At governmental level, this was perhaps best illustrated by the UK government's commitment to "step change" in its best value initiative for all local government and many other public agencies. Innovation, instead of being seen as something remarkable and praiseworthy, was being talked of as a prerequisite for all excellent public service organizations.

In this chapter, we examine the strategic management case for innovation. In particular, we explore the extent to which innovation contributes to "public value", what are the drivers of innovation, and the extent to which competition in public services is important in unleashing innovative processes.

2. What is "innovation" in public services?

In this chapter, we adopt the following definition of "innovation": "*Innovation is defined as the adoption of an idea or behaviour that is new to the adopting organisation*"[2].

1 The material in this chapter draws upon some of the research summarised in Bovaird, Rippin and Russell (See: Bovaird; Rippin; Russell: change, 2002.) and Bovaird, Martin and Downe (See: Bovaird; Martin; Downe: government, 2009.).

2 See: Damanpour, 1990, p. 126.

We are therefore not talking about invention or the creation of something entirely new. This definition allows us to distinguish different categories of innovation – as a starting point[3], adapts the Ansoff matrix:

- *Total innovation:* where the change is both new to the organization (or may even be the creation of a new organisation itself) and serves a new beneficiary group.
- *Expansionary:* where the change involves offering an existing service of the organisation to a new beneficiary group
- *Evolutionary:* where the change involves providing a new service to the existing beneficiary group of an organisation
- *Developmental:* where the existing services of an organisation to its existing beneficiary group are modified or improved.

This approach is, of course, purely two-dimensional, and clearly a third dimension of "process innovation" should be added. This would then result in "total innovation" being seen as "a change new to organization, involving both new services, new beneficiary groups and new processes". Clearly, there are different risk levels attached to these different levels of innovation – three-dimensional "total innovation" brings a higher risk than two-dimensional "total innovation", which in turn is higher risk than "expansionary" or "evolutionary" innovation, which in turn is higher risk than "developmental" innovation.

This analysis is common to all services, not just public services. When we turn to consider how innovation in public services may differ from innovation in other sectors, we need to bring in other variables. In particular, we need to take account of the following characteristics of public service organizations:

- they are driven by multiple stakeholders, some of whom have quite differing goals – this means that innovation in the public sector will not always be seen as an improvement in the welfare of a particular stakeholder group;
- they are governed by elected politicians who have been mandated by the public, and who therefore may see their own values as the overriding determinant of the worth of any changes which may be made possible by technical innovations – they will typically give much less weight to the views of other actors;
- they have access to the "coercive powers of the state" (which normally means in practice that citizens can be expected to obey the laws of the land and pay taxes passed by Parliament), so that some solutions to pressing problems can be achieved without organizational innovation, but simply by state regulation.

While these characteristics of public service organizations make them distinctively different from organizations in the private and third sectors, their implications for innovation are generally that innovation in public service organizations is multi-facetted, and needs to be seen as a contested political concept. Some innovations may therefore turn out to be

3 See: Osborne: capacity, 1998, p. 23.

detrimental to public value – not because of their intrinsic technical characteristics but because of the decisions, actions, and behaviours to which they give rise. This is all the more important, as service users today have increasing opportunities to influence the design, introduction and trajectory of new products and services, and therefore the ability to directly influence innovation and encourage the development of new technologies.[4]

3. The strategic management of public services innovation: a public sector view

In this chapter we look at innovation from a strategic management perspective, to examine how it works in the public services and how it might be more systematically encouraged and exploited.

In the strategic management literature, the innovation process is typically conceptualised as an unambiguously positive process, in which the possibilities facing the organization (the "technical possibility frontier") are continuously expanded. As we have noted in the previous section, this is not sufficient for an understanding of innovation in public services. As Hartley[5] comments, there are limitations in applying concepts about technological innovation to serve *product* innovation, which has been the prime focus of the private sector literature, to *service* and *organizational* innovation, especially in a political environment. What is important in practice is how the possibility space for *political* decision-making has been altered – and this is typically a rather constrained and narrow part of overall "technical possibility space". Moreover, politicians are not always operating on the technical possibilities frontier – more outputs or outcomes could be achieved with available resources, but political constraints hinder the adoption of the changes needed to achieve this.

Consequently, we consider in this chapter how changes in "technical innovation" (affecting the technical possibilities frontier) may be linked to political possibilities space and how the relationship between them may be better managed.

Fundamentally, the great promise offered by innovation is, of course, that it can indeed expand the technical possibility frontier – it can open new outputs and outcomes within existing resource available. How is this possible? The underlying reason for this "miracle of the loaves and fishes", whereby existing resources can continually be stretched to provide more welfare – and, indeed, can expand apparently indefinitely, even in a period of diminishing resources – is that the knowledge bases of different actors in public services are different and separate. When ways can be found of integrating these knowledge bases, new possibilities for action arise in each of the organizations concerned. In each period, the knowledge bases of different professions, services, organizations and partnerships change – learning takes place. This then paves the way for innovation in the suc-

4 See: OECD: Strategy, 2010, p. 75.
5 See: Hartles: Innovation, 2005.

ceeding period, as ways are found of integrating these improved knowledge bases – in other words, the potential for learning over time has no limits.

Since actors in every public sector organization will find their own way to integrate the bases of knowledge and expertise to which they have access, this suggests that innovation is likely to be unique to some degree in each organization. This provides an immediate warning that we should be cautious about approaches which intend to "measure" and "compare" levels of innovation, as attempted by recent initiatives in the UK.[6]

Nevertheless, some of these processes of integrating knowledge to widen the possibilities of organizational action are likely to be similar. If we can identify these similarities, we may be able to understand better how innovation can be encouraged within organizations. This is a major challenge in itself. Naturally, it is likely to be even more difficult to find ways to transfer innovation across organizations. Yet this challenge must be met – most public sector organizations need to collaborate to some extent, and in many cases they even set up formal or semi-formal partnerships. Such collaborations and partnerships typically are:

- driven by multiple objectives (not necessarily shared by all the partners) – an even greater problem for partnerships than it is for individual public agencies;
- seeking to build sustainable "collaborative advantage" with each other, rather to compete against other agencies or partnerships;
- operating in complex environments in which the value they create for some stakeholders may by perceived by other stakeholders as a loss (e.g. when new housing is built at the edge of town or village, destroying the access of previous residents at the boundary to a nice view or to fields in which they can ramble).

Where innovations not only increase the *technical* possibilities available to public service organizations and partnership but also lead to actual improvements taking place, in terms of the welfare of priority stakeholder groups, then there is a *prima facie* case for embracing them in public policy. However, this is by no means certain – some innovations are genuinely detrimental to the interests of priority groups because of the way they are implemented and it is entirely rational and strategic for these innovations to be resisted. This suggests that the strategic management of public service innovation must pay attention both not only to the *potential* but also to the *actual* outcomes of the change process. This was a lesson which was very clearly spelt out in the 1950s in the welfare economics literature[7] but it has been often forgotten in the intervening period. Consequently, an innovation strategy for public sector organizations and public services has to pay much more attention than in the private sector to evaluating the public value and cost-effectiveness of different innovations – it is not simply about choosing the best of an interesting portfolio of innovations, but also about rooting out innovation approaches that could be seriously damaging to the interests of some stakeholders and to public value more generally.

6 See: LSE Government: Innovation, 2008.
7 See: Graaf: Welfare, 1957.

4. Characteristics and drivers of innovative public sector organizations and services

Tidd, Bessant and Pavitt[8] draw on an extensive (but mainly private sector) literature search to summarise the components of an innovative organization (see Table 1), concluding that "*innovative organisation implies more than just structure; it is an integrated set of components which work together to create and reinforce the kind of environment which enables innovation to flourish.*"

Table 1: Components of an innovative organisation

Component	Key features
Shared vision, leadership and the will to innovate	Clearly articulated and shared sense of purpose; stretching strategic intent; "top management commitment"
Appropriate structure	Organisation design which enables creativity, learning and innovation; finding appropriate balance between 'organic' and 'mechanistic' options for particular contingencies
Key individuals	Promoters, champions, gatekeepers and other roles which energise or facilitate innovation
Effective teamworking	Appropriate use of teams (at local, cross-functional and inter-organisational level) to solve problems; requires investment in team selection and building
Continuing and stretching individual development	Long-term commitment to education and training to ensure high levels of competence and the skills to learn effectively
Extensive communication	Within organizations (upwards, downwards and laterally) and with the outside world
High involvement in innovation	Participation in organisation-wide continuous improvement activity.
External focus	Internal and external customer orientation; total quality culture
Creative climate	Positive approach to creative ideas, supported by relevant reward systems – a "winners culture"
Learning organisation	High levels of involvement within and outside the firm in proactive experimentation, finding and solving problems, communication and sharing of experiences and knowledge capture and dissemination

Source: adapted from Tidd; Bessant; Pavitt: Innovation, 2001

When seeking to promote innovation in the public sector, a key issue is how to overcome the barriers which hinder it. The Public Accounts Committee recently listed these barriers[9]:

- poor sharing of knowledge across organisational boundaries,
- risk-averse attitudes which both stifle innovation and prevent lessons being learned,
- learning and innovation not being built routinely into staff appraisals and competency frameworks,
- too few ideas being generated from service users, suppliers and other organisations, and their own front-line staff, and
- many staff considering they do not have the incentives to learn or to innovate.

These clearly relate quite closely to the Tidd, Bessant and Pavitt[10] conclusions, although they put more emphasis on combating risk-averse atti-

8 See: Tidd; Bessant and Pavitt: Innovation, 2001, p. 315.
9 See: Public Accounts Committee: Innovation, 2009, p. 3.
10 See: Tidd; Bessant; Pavitt: Innovation, 2001.

tudes. What can be done to overcome these barriers? At around the same time as the Tidd study, Borins[11], looking at the winners of quality awards in the USA between 1995 and 1998, identified five main drivers of innovations in the public sector:

- Holism (takes a systems approach to problem solving, co-ordinates organisations, provides multiple services to clients) – 85 percent of innovations in public sector organizations in the study
- Use of new technology (usually new IT and included use of simplified technology) – 30 percent
- Process improvement – 35 percent
- Empowerment of citizens or communities – 17 percent (fell from 34 percent in 1990-1994)
- Use of private sector organisations – 30 percent (up from 17 percent in 1990-1994)

Interestingly, the Borins study has picked out key strategic processes which are contributory to innovation in public services – an overall systematic approach, multi-stakeholder involvement in service design, multi-stakeholder involvement in service delivery, ICT development and process improvement.

What is also particularly noticeable from the Borins study of public sector organizations is the absence of central government drivers. This has recently been re-emphasised by the Public Accounts Committee in the UK Parliament: "*Innovation cannot be driven from the centre of government but central bodies have an important role to play in spreading knowledge of what works*".[12] This suggests a paradox – a national innovation strategy for the public sector is likely to fail if it is not clearly about stimulating decentralized attitudes, cultures and processes which are likely to lead to greater, more appropriate innovation.

5. Competitive strategies for promoting innovation

One particular government strategy for promoting innovation in EU countries in recent years has been to increase the level of competition between providers of public services. Indeed, the EU long debated a services directive which would further open up many public services to cross-border competition, although it was a much-diluted version which came into force in 2009. The debate was most vigorous in France, where EU competition rules were commonly viewed as part of an attempt to impose a deregulated trading zone, *à l'anglaise*, on Europe.[13]

Alongside this initiative, the European Commission (2006) issued a strategic innovation policy paper highlighting the importance of public procurement for innovation and the creation of lead markets for innovation, especially in sectors in which the state is an important purchaser, particularly in ICT, where it proposed that "precompetitive procurement of research and

11 See: Borins: Cannons, 2000, p. 501.
12 Public Accounts Committee: Innovation, 2009, p. 5.
13 See: Needham; Murray: Future, 2005.

development (R&D)" be an instrument exempt from some of the competition restrictions affecting procurement of innovative goods and services.[14]

However, it has been the UK which has seen the major debate on competition as a driver for public services innovation. In Table 1, the LSE Policy Group[15] indicates a range of ways in which this mechanism might work.

Table 2: How likely are different types of agency and delivery chain to generate innovation

	Type of organization or delivery chain	Examples	Basis for expectation or other comment
Least likely to be innovative	Single, large machine bureaucracy (MB) in stable policy area	Prison Service, HMRC	Creating competition from outsourced suppliers may stimulate innovations.
↑	Machine bureaucracies with strong investment in ICTs	UK Border Agency, DWP	New IT has transformed some previously routine/labour-intensive machine bureaucracies into unexpected hi-tech areas (Dunleavy et al., 2006).
	Divisionalized bureaucracy with MB components *- very large agencies with a strong strategic centre acting like a 'holding company'*	Ministry of Defence and armed forces	Large size produces complexity but internal competition between divisions for resources boosts innovation, as does the professionalization of component agencies.
	Policy network/ community with MBs as delivery units	UK police authorities	Competition between different areas may stimulate performance improvements (see Figure 2 below).
	'Simple bureaucracies' *- small organizations with limited division of labour because few staff*	Primary schools, GP practices	The growth of 'micro-local agencies' (such as locally managed schools) has increased the number of simple organizations in the public sector. Their limited organizational capacity restricts innovation, but closeness to 'customers' may help responsiveness.
	Delivery chain with PBs as delivery units competing with each other, but with main occupational groups seen as only 'semi-professions'	Large secondary schools, Further Education Colleges, social services departments in local authorities	Where occupational groups are only ranked as 'semi-professions' strong bureaucratic control systems still operate on their work, and staff rarely publish or originate patents, but less public forms of innovation still help secure promotion.
	Single large professional bureaucracy (PB)	Ministry of Justice, FCO	The absence of competition and internal secrecy may restrict otherwise strong individual professional incentives to be innovative.
↓	Delivery chain with PBs as delivery units competing with each other, and fully recognized professions	NHS hospitals, universities, many local government services	Strong individual staff member and corporate-level incentives to innovate.
Most likely to be innovative	Adhocracy *- a form of knowledge-intensive organization with 'organismic' internal structures and great flexibility*	PM's Strategy Unit	This form of organization is rare in the public sector.

Source: LSE Policy Group: Innovation, 2008, p. 13

14 See: Edler; Georghiou: procurement, 2007.
15 See: LSE Policy Group: Innovation, 2008.

The role of competition in service improvement is still highly controversial in the public sector. At root, innovations in the private sector often occur fastest and most densely when a wave of new start-up firms colonize an industrial sector, usually creating some collateral "deaths" of other firms for which the new products are substitutes. This pattern is largely absent in the public sector, even in the UK, which is a centralized state, with an un-codified constitution and single-party majority governments, so that its rate of reorganizing or reforming government organizations is higher than in many other liberal democracies with restrictive written constitutions, PR voting systems and coalition governments.[16] Consequently, even in the UK, the "ecological" forces of competition among organisations in the public sector for relevant resources (like public finance, political priority and legislative time) are weaker influences (perhaps even absent) compared with the competitive pressures operating on firms in private markets. Indeed, the public sector has found many different ways, often innovative, of avoiding the depth of engagement with the private sector which administrations from Thatcher to Blair sought to engineer.[17]

Nevertheless, competition for public services does exist – and appears to be growing. An analysis of the operation of best value in UK local government[18] concluded that, in practice, most of the best value pilots experimented with voluntary competitive tendering to a greater extent than they had during the compulsory competitive tendering (CCT) regime which preceded Best Value (from 1988 to 1997), – although still very cautious and tentative in accepting competition. Overall, there was a significant expansion of the "mixed economy of provision" during the past 25 years in the UK. The report by Julius[19] estimated that the size of private and third sector contributions to public service provision had grown by almost 130 percent up to 2008 – estimated growth was 6.8 percent p.a. in real terms from 1995/96 to 2003/04 and then levelled off at 2.9 percent p.a.

Of course, not all the externalisations since 1997 in UK public agencies have been to take advantage of the innovation which competition is said to make available – some such arrangements were clearly simply a "marriage for money", e.g. through PFI or other public-private partnerships, simply in order to get access to capital which were available from private partners but not to local authorities, because of perverse capital financing arrangements. Nevertheless, externalisaiton has clearly been a major and important trend during this period.

However, the extent to which this trend to competition and subsequent externalization has led to service improvement, and the mechanisms by which this might happen, is much less clear. The clearest evidence for the UK came in the early 1990s from research commissioned by the government into the operation of CCT in local government.[20] It suggested that the main gains were in cost reduction; that these typically amounted from

16 See: LSE Policy Group: Innovation, 2008, p. 9.
17 See: Bovaird; Downe: reform, 2006.
18 See: Bovaird: competition, 2000.
19 See: Julius: Public Services, 2008, p. ii
20 See: Walsh; Davis: Tendering, 1991. Walsh; Davis: Comeption, 1993.

5 percent to 10 percent, but in some services there was little improvement and in others there was greater improvement than this; that the "set-up"-costs of the competitive regime were quite high; and that quality changes were generally not evident in the data collected by local authorities.

While the Walsh and Davis work was influential, there has been little other empirical research into the results of competition in the UK public sector. Moreover, the mechanisms by which competition might bring about service improvement have not been convincingly analysed. Thus, for example, trade unions have dismissed many of the cost reduction gains from CCT and from best value reviews as having largely resulted from worse pay and conditions for staff rather than higher productivity rates. Politicians have suspected that they were the result of lower overheads, partly due to lower accountability standards met by external contractors. Professional staff has often accused private companies of substituting unqualified and/or untrained staff for properly accredited staff. Top management have feared that they were produced by lower operating standards which are not picked up by contract monitoring systems – essentially contract games playing. In each case, the concern has been that the innovations associated with external provision have not been in terms of better quality of service or reduction of unnecessary inputs but rather profit maximisation at the expense of the client, the staff or the local authority.

While this debate does not suggest that competition fails to produce increased cost-effectiveness, from the provider's viewpoint, it does throw doubt on the overall desirability of competitive outcomes, especially where the service commissioner (such as a local authority) has simultaneous responsibility for achieving corporate outcomes such as higher local incomes, improved employment levels for disadvantaged local groups and higher quality of life for clients in high priority social groups. The ambivalence of local authorities towards competition was shown up in a major survey of staff in 2006, in which a majority of corporate officers reported their belief that increased use of competition in their authority would lead to improvements in service quality and efficiency, but most service managers believed that it would not do so.[21]

Even where competition is used to decide the desired provider of public services, the equation of market competition with service-enhancing or productivity-enhancing innovation is clearly not necessarily replicable in public services. Moreover, just as service regulation in the private sector has sought to ensure that innovation was kept within certain boundaries, in order to ensure that market power was not achieved, or abused, so also in the public sector we have seen the role of innovation in service provision circumscribed in a number of different ways. In the case of in-house providers who are able to win competitive tenders (often by means which are, to say the least, "anti-competitive"), innovation in service provision is typically constrained by mechanisms such as: professional myopia; managerial myopia; political ideology; staff inertia; customer conservatism; lack of

21 See: Martin: Services, 2008.

investment funds; lack of new staff; isolation from new ideas and best practice in other places or other sectors.

Moreover, in the case of market tested services, mechanisms for constraining the levels of innovation exhibited by the winning tenderer (whether private, voluntary or public sector) typically include:

- setting of service specifications which embody the determination to impose existing services, standards or ways of working, based partly on suspicion of potential private contractors
- imposition of strict monitoring and penalty clauses on all contracts, which drive away potentially innovative contractors who are unwilling to pay the high transaction costs involved (and who would only be willing to engage in relational contracting rather than transactional contracting
- choice of service contractors who feel "comfortable" to the public sector commissioner of the services, often because they seem less "threatening", which may betray the likelihood that these contractors are less innovative
- suspicion of all new ideas from external providers on the grounds that they are likely only to be based on profit-maximising or cost-reduction motives, rather than genuine attempts to provide better quality services or enhanced value-for-money

In the cases of both in-house and external provision, therefore, there are often strong constraints on the degree of innovation which are allowed by service commissioning bodies. As suggested above, these constraints can be detrimental to the public interest. However, they are often publicly necessary – OECD[22] suggest that, with the growing use of public procurement to drive innovation, there is a risk that public procurement of innovation may be at odds with good governance – innovation goals must be balanced with integrity. Indeed, OECD suggests that, in promoting a culture of innovation, governments cannot adopt the same risk-taking culture in their management processes as private companies. Finding the right balance between continuity and stability, on the one hand, and innovation and risk taking, on the other, both in government and in its interaction with private companies, is a continuing challenge.[23] Consequently, the strategy suggested by OECD (2010) does not propose at any point that competition is a valuable mechanism for raising the level of innovation in the public sector.

Even if innovation is allowed, it is often carefully screened off from "normal" agency activity. A number of mechanisms exist to do this, including:

- establishing the innovation as a time-limited pilot project, which is self-contained, funded centrally (often with a matching grant from external agencies such as the EU or, in the UK, the Single Regeneration Budget or Invest to Save or Community Empowerment Fund schemes), staffed by temporary workers or secondees, and managed separately from mainstream budgets
- setting up a separate organisation to undertake the project, sometimes as a joint venture with the voluntary or private sector

22 See: OECD: Strategy, 2010, p. 114.

23 See: OECD: Strategy, 2010, p. 156.

– funding a voluntary organisation to undertake the project on behalf of the public sector agency

Each of these mechanisms, often justifiable in themselves as ways of making the innovation easier to introduce and to manage, can significantly limit its impact within the sponsoring agency and make it much more difficult to roll out across the service, even when it has been evaluated as highly successful.

In summary, the role of competition in public services has so far been quite limited, and where it has occurred there have been strong suspicions that it may have operated less through creating value for the clients or the other stakeholders of the public agency, and more by capturing and appropriating value from the service staff or clients. Furthermore, where the use of competitive mechanisms and external providers has been accepted, it appears that public agencies have the potential to design and implement quite effective strategies for limiting the degree of innovation associated with the changes and, even where innovation has successfully occurred, have mechanisms available to them for limiting the spread of these innovations within the organisation. Consequently, the strategic impact of the movement to external provision in public services has been partially a "leap into the dark" – there is no clear body of theory to substantiate the proposition that competitive mechanisms and external provision will improve services or even will raise levels of innovation.

6. Innovation and commissioning of public services

One consequence of market testing and externalisation in the public sector has been the recognition that the activities of commissioning, purchasing and providing services are very different. At first, most public agencies found the former activities difficult to accommodate, having mainly acted as providers. This was especially the case in local government and the health service, but it applied to almost all government agencies and departments, other than those which had a largely regulatory or advisory function.[24] It was originally hoped, by the Thatcher government, that commissioning units would be able to take a more independent, open-minded stance on which providing units to use for public services, with the possibility that external providers would therefore have more opportunity to compete on a level playing field. Secondly it was believed that commissioning units would be more likely to benchmark across sectors and to identify innovations and higher performance standards elsewhere, which they would wish to embed within their service specifications. However, these hopes were only partially been fulfilled in 1980s and 1990s – agency commissioning units often appeared to be just as affected by the twin tendencies towards in-house-orientation and innovation-aversion as the rest of their agency.

---

24 The Department of Defence has historically been the biggest exception, with its huge procurement of weapons systems.

However, as the concept of commissioning became more acceptable and its practice became more embedded within public agencies, interest grew in moving towards more innovative commissioning approaches. In particular, there was a rapid move to decentralised commissioning within some public purchasing systems. Obvious examples were the devolved budgeting systems for schools which have operated since the late 1980s, whereby most central government for schools is allocated to Local Education Authorities, but these must "passport" almost all of these budgets direct to their schools, which can then use these services to commission services as they wish. Other examples include the commissioning of care services for the elderly in the community from trusts, voluntary sector providers and the private sector; and the commissioning of primary health care services by Primary Care Trusts from general practitioners (GPs). Indeed, the new coalition government in the UK has announced that all primary health care will now be commissioned from consortia of GPs. However, a major impetus for interest in decentralised commissioning has come with the neighbourhood and community forum initiatives which followed the New Labour government's agenda to modernise local government and its commitment to regenerate disadvantaged areas. This led, for example, to the importation of participatory budgeting mechanisms from Brazil and other European countries.[25]

This new tendency towards decentralised commissioning opened up different directions for competition and choice in public services. First of all, some of the local commissioning units were more ready to consider different service providers, making use of the choice given to them in the decentralised system. This had the further knock-on effect of sensitising other local commissioning units to the choices which they had, and led, at least to some degree, to local choices of providers based more on actual performance records than prejudice and ideology.

Secondly, and perhaps more important, there was more variation in the specifications of services chosen by different commissioning units. This in turn gave providers more scope to suggest alternative ways of meeting specifications. Thus decentralised commissioning was innately likely to give rise to higher levels of innovation in any given service simply because of variety in the preference structures of local citizens and the commissioning units which acted on their behalf.

This was nowhere more vividly demonstrated than in relation to personalised services, particularly in adult social care (although similar approaches are now being rolled out in health and other public services). Here, services to be provided have been directly determined by the preferences of local people, rather than by the preferences of service professionals. This has led to significant variation in the services demanded – and, consequently, in the services being offered by local service providers.[26]

Finally, in the past decade, the realisation that competition may not be the mainspring of innovation in public services followed on the heels of a

25 See: Bovaird: engagement, 2007.

26 See: Glasby: Health, 2011.

widespread awakening of interest in joined-up government (between government agencies at the same level of decision-making) and partnership working between sectors and between commissioners and providers. As in the private sector, public sector organisations have come to recognise the value of synergy both in commissioning and provision.[27] It quickly became recognised that, while partnership provision can be bedevilled by major problems over division of the spoils (which agency gets control, which contributes most funding, whose managers will get the best jobs, whose staff will keep their jobs etc.), partnership commissioning has more potential to be successful because it can more easily offer win-win solutions (as long as no partner has a strong commitment to any given provider). In addition, it makes innovation easier, as risks can be absorbed by the partnership as a whole, rather than being borne by the individual partners.

7. Conclusions

Innovation has become a key issue in public management and governance. As public attention has focused more and more on service improvement, the search for innovation has widened and deepened, in order to reduce costs, improve service quality and, eventually, raise public outcomes.

However, innovation in public services is not unambiguously favourable to the creation of public value, as it can have negative effects on some important stakeholders. An innovation strategy for public sector organizations and public services therefore has to pay much more attention than in the private sector to evaluating the public value and cost-effectiveness of different innovations. It is not simply about choosing the best of an interesting portfolio of innovations, but also about rooting out innovation approaches that could be seriously damaging to the interests of some stakeholders.

In spite of increasing emphasis on market testing and externalisation of public services, the role of competition in public services has so far been quite limited in most European countries, and where it has occurred (in particular, in the UK), there have been strong suspicions that it may have benefited the private providers more than service clients. Consequently, the strategic impact of the movement to external provision in public services has been partially a "leap into the dark" – there is no clear body of theory to substantiate the proposition that competitive mechanisms and external provision will improve services or even will raise levels of innovation.

However, as the concept of commissioning has became more embedded within public agencies, more innovative commissioning approaches have evolved, particularly through decentralised commissioning within some public service systems. Paradoxically, this increase in innovativeness has accompanied a realisation that competition may not be the mainspring of innovation in public services, but, on the contrary, innovation may be more favoured by collaborative strategies, e.g. in joined-up gov-

27 See: Bovaird: relationships, 2006.

ernment (between government agencies at the same level of decision-making) and partnership working between sectors and between commissioners and providers. Collaborative and partnership commissioning can more easily offer win-win solutions and, in addition, they make innovation easier, as risks can be absorbed by the partnership as a whole, rather than being borne by the individual partners.

This chapter suggests that innovation is indeed a key concept in public management and governance – but that it has been misunderstood as something "extra" on top of the drive to public service or public governance improvement. Rather, it should be seen as the dynamic element which leads to improvement in services and/or governance, so that innovation should be subjected to the same cost-benefit calculus as is applied to the outcomes of services or the achievements of public governance.

Peter BIWALD, Bruno ROSSMANN

Öffentliches Finanzmanagement – Anforderungen und Erreichtes

1. Internationale Trends von Haushaltsreformen

In den OECD-Staaten hat es in den vergangenen zwei Jahrzehnten bedeutsame Modernisierungsschritte in der öffentlichen Verwaltung und weit reichende Haushaltsreformen gegeben. Zu den Pionieren gehören insbesondere die angelsächsischen Staaten (Großbritannien, Neuseeland, Australien, USA, Kanada) und die skandinavischen Länder (Dänemark, Schweden). Österreich zählt eher zu den Nachzüglern. Getragen wurden diese Reformprozesse vor allem von der Überzeugung, dass das Design von Budgetierungssystemen erheblichen Einfluss auf die Budgetdisziplin und auf die Wirkungen budgetpolitischer Maßnahmen („Outcomes") haben kann. Aus den zahlreichen Initiativen in den Ländern der OECD filterte Blondal auf Basis von umfangreichem Datenmaterial die zentralen Reformansätze heraus.[1] Die ersten beiden Gruppen von Reformansätzen – ergebnisorientierte Budgetierung und „Accrual Accounting" – sind eng verknüpft mit den Grundsätzen des Public Managements. Die Steuerung über „Outputs" und „Outcomes" sowie die Einführung dezentraler Fach- und Ressourcenverantwortung dienen der Erhöhung der Autonomie und der Ergebnisverantwortung jener Organisationseinheiten, die mit der Aufgabenausführung betraut sind. Zentrales Ziel ist dabei die Verbesserung von Entscheidungsprozessen auf Basis besserer Informationen über die Performance von Organisationseinheiten und Programmen. Der Übergang von einer ausgaben- zu einer ressourcenorientierten Haushaltsführung („Accrual Accounting") stellt dem Prinzip der kaufmännischen Rechnungsführung folgend die wertmäßige Betrachtung in den Mittelpunkt. Eine letzte Gruppe von Reformansätzen umfasst mittelfristige Fiskalregeln, vorsichtige wirtschaftliche Annahmen und die Top down-Budgetierung zur Erhöhung der Budgetdisziplin. In manchen Staaten – etwa in der Schweiz – wurden diese Reformansätze mit Reformen des föderalen Systems verknüpft.

Diese Haushaltsreformen, die in den Pionierstaaten sehr unterschiedlich ausgestaltet sind, entfalteten zum Teil weit reichende Wirkungen, werden aber aufgrund zahlreicher Probleme nicht nur positiv gesehen.[2] Im Folgenden werden einige Blitzlichter auf diese Reformansätze geworfen.

1 Vgl. dazu: Blondal: Reform, 2008.

2 Vgl. dazu die Literatur zu einzelnen Reformansätzen sowie Länderstudien im OECD Journal on Budgeting: http://www.oecd.org/document/14/0,3343,en_2649_34119_2074062_1_1_1_1,00.html [Download: 21.02.2011].

1.1 Ergebnisorientierte Budgetierung und dezentrale Fach- und Ressourcenverantwortung

Den breitesten Raum nehmen in den OECD-Staaten Reformen ein, die aus dem Bereich des Public Management stammen. Im Fokus steht der Übergang von einer input- zu einer ergebnisorientierten Steuerung auf Basis von Outputs und Outcomes („Performance Budgeting") sowie die Einführung der dezentralen Fach- und Ressourcenverantwortung.[3] „Performance Budgeting" (PB) beruht auf dem einfachen Konzept, Informationen über budgetpolitische Programme, öffentliche Dienstleistungen und die Organisationseinheiten zur Überprüfung der Effizienz und Effektivität zur Verfügung zu stellen. Es gibt keine Standarddefinition von Performance Budgeting. Die OECD definiert Performance Budgeting sehr breit *„as a form of budgeting that allocates funds to measurable results"* und unterscheidet auf Basis dieser Definition drei Kategorien von Performance Budgeting:[4]

Abbildung 1: Kategorien von Performance Budgeting

Kategorie	Verknüpfung zwischen Performance Information und Mittelbereitstellung	geplante und tatsächliche Performance	Hauptziel im Budgetprozess
auf die Präsentation bezogenes Performance Budgeting	keine Verknüpfung	Performance-Ziele und/oder Performance-Ergebnisse	Verantwortlichkeit
auf Information aufbauendes Performance Budgeting	lockere/indirekte Verknüpfung	Performance-Ziele und/oder Performance-Ergebnisse	Planung und/oder Verantwortlichkeit
direktes Performance Budgeting	enge/direkte Verknüpfung	Performance-Ergebnisse	Ressourcenallokation und Verantwortlichkeit

Quelle: OECD: Budgeting, 2007, S. 21.

Es gibt auch nicht *das* Benchmarkmodell von Performance Budgeting. Selbst wenn Staaten ähnliche Modelle eingeführt haben, unterscheiden sich oft die Implementierungsstrategien und es werden nationale Prioritäten und die jeweiligen kulturellen Spezifika berücksichtigt.

Es sind vor allem drei Faktoren, die die Einführung von Performance Budgeting auslösen: budgetäre Krisen (z.B. Dänemark, Schweden), zunehmender Druck zur Senkung von Ausgaben (Schweden, Dänemark) oder ein Regierungswechsel (z.B. Großbritannien). In vielen Fällen war die Einführung von Performance Budgeting in ein breiteres Reformkonzept eingebettet. Zumeist standen mehrere Ziele im Vordergrund: Kontrolle der Ausgaben und Steigerung der Allokation, effiziente Verwendung der Mittel, Verbesserung der Performance des öffentlichen Sektors und die Steigerung der Verantwortlichkeit. Während in den skandinavischen Ländern

3 Für einen Überblick über die Reformen in den OECD-Staaten vgl.: OECD: Budgeting, 2007.

4 Vgl. dazu: OECD: Budgeting, 2007, p. 21f.

Public Management-Ansätze im Vordergrund stehen, die die Ergebnissteuerung zur Steigerung der Qualität der öffentlichen Leistungen in den Mittelpunkt rücken, wurden in Ländern mit neoliberaler Modernisierungspolitik Public Management-Strategien gefahren, bei denen Deregulierung und Entstaatlichung/Privatisierung dominierten (z.B. Neuseeland, Australien, USA).

Performance Budgeting hat in den OECD-Staaten eine lange Geschichte. Heute haben nahezu alle Staaten Output und Outcomemaße und führen Evaluierungen mit unterschiedlicher Intensität durch. Mehr als die Hälfte der OECD-Staaten arbeitet seit mehr als zehn Jahren damit. In der Praxis hat sich aber gezeigt, dass sich viele Informationen zwar in den Budgetdokumenten niederschlagen, aber bislang nicht den Weg in budgetäre Entscheidungsprozesse gefunden haben (z.B. Kanada, USA). Australien, die Niederlande, Neuseeland und Großbritannien haben hingegen ihre Budgetstrukturen verändert und stellen auf Ergebnisse ab. Schweden wiederum hat seine Budgetstrukturen geändert, trennt aber immer noch die finanziellen Aspekte von den Ergebnisaspekten. Häufig fließen Ergebnisinformationen in die Verhandlungen zwischen dem Finanzministerium und den Ausgabenministerien bzw. zwischen den Ministerien und den Organisationseinheiten ein. Es zeigt sich jedoch, dass es in den meisten OECD-Staaten keinen systematischen Ansatz zur Verknüpfung von Ausgaben und Ergebnissen gibt, der alle Ressorts mit einbezieht. Ergebnispläne und Ergebnisziele werden im Budgetprozess nicht immer diskutiert und genehmigt, in einigen Ländern sind Planungs- und Budgetierungsprozess sogar getrennt. Zur Verbesserung der Performance setzen die Finanzministerien drei Instrumente ein: finanzielle Belohnungen bzw. Sanktionen, finanzielle Flexibilität bzw. Flexibilität bei leitenden Bediensteten sowie *„naming an shaming“*.

Ein großes Problem stellt die Messung dar. Der Quantifizierungsmythos[5] der Reformansätze des Public Managements geht implizit davon aus, dass alles Relevante quantifiziert werden kann, während qualitative Beurteilungen vielfach als nicht notwendig angesehen werden. In der Folge setzt die Messung der Wirkungen voraus, dass es Ziele und geeignete Indikatoren gibt. Dennoch zeigen Fallstudien und die akademische Literatur, dass Informationen über Ergebnisse die Performance und die Effizienz der öffentlichen Leistungserbringung verbessert und die Verantwortlichkeit erhöht haben. Wenngleich sich durch die Performance Informationen die Transparenz erhöht hat, wird viel zu wenig dem Aspekt Rechnung getragen, dass Information allein kein Ziel an sich ist. Entscheidend ist die Verknüpfung „objektiver“ Information mit den Entscheidungsprozessen über Programme und Prioritäten.

Länder mit Erfahrung in der Verwendung von Performance Informationen verweisen auf einige Vorteile, darunter

- erhöhter Druck auf Regierungen, den Fokus auf Ergebnisse zu legen
- mehr und bessere Information über Ziele und Prioritäten der Regierung

5 Vgl. dazu sowie für eine generelle Kritik an den Public Management-Ansätzen: Rossmann: Governance, 2005.

- Ermutigung zu mehr Planung sowie Signalfunktion für die administrativen und politischen Akteurinnen und Akteure
- erhöhte Transparenz für das Parlament und die Öffentlichkeit
- Potenzial zur Verbesserung der Effizienz und der Implementierung von Programmen.

Trotz dieser Vorteile sind aus den Fallstudien einzelner Länder die Probleme und Herausforderungen nicht zu übersehen. Dazu gehören vor allem Verbesserungen in Hinblick auf die Messung von Outputs und Outcomes (nicht selten kommt es zur Manipulation von Daten); konsequentere und systematische Einbettung von Performance Information in den Budgetprozess; die politischen Entscheidungsträgerinnen und Entscheidungsträger müssen dazu gewonnen werden, diese Informationen in den Entscheidungsprozess einfließen zu lassen. Nach einer Studie der OECD verwenden nur 19 Prozent der politischen Entscheidungsträgerinnen und Entscheidungsträger in der Legislative Performance Information im Entscheidungsprozess, in den Budgetausschüssen sind es gar nur 8 Prozent.[6] Ferner müssen die Widerstände in der öffentlichen Verwaltung überwunden werden. Es zeigt sich, dass die meisten Regierungen es schwierig finden, die Entscheidungsträgerinnen und Entscheidungsträger rechtzeitig mit relevanter, zuverlässiger und qualitativ hochwertiger Information zu versorgen und die entsprechenden Anreize zur tatsächlichen Verwendung dieser Informationen für Budgetentscheidungen zu setzen. Vielfach fehlt es an klaren Zielsetzungen, die das Performance Budgeting scheitern lassen.

Ein weiterer Reformansatz, der in vielen Ländern im Zuge von Konsolidierungsprozessen zunehmend mit Erfolg Anwendung gefunden hat, ist die schrittweise Einführung von dezentraler Fach- und Ressourcenverantwortung sowie die korrespondierende Einführung von Globalbudgets. Der Erfolg beruht darauf, dass die leitenden Akteurinnen und Akteure von Organisationseinheiten am besten in der Lage sind, den effizientesten Ressourceneinsatz zu wählen, so dass dieselben Leistungen zu geringeren Kosten oder mehr Leistungen zu gleichen Kosten erbracht werden können. Die Umsetzung der dezentralen Fach- und Ressourcenverantwortung führte in vielen OECD-Ländern zu erhöhtem betriebswirtschaftlichen Denken und rückte strategische Überlegungen stärker in den Mittelpunkt.

1.2 Ressourcenorientierte Haushaltsführung („Accrual Accounting“)

Veränderungen der Budgetstrukturen wurden nicht nur im Rahmen von Performance Budgeting, sondern auch im Zuge von Reformen des Rechnungswesens implementiert. Auch in dieser Hinsicht hat sich in den OECD-Ländern in den letzten zehn Jahren viel getan, viele Länder haben ihr Rechnungswesen von Cash-Basis auf Accrual-Basis umgestellt. Heute verfügt etwa die Hälfte der OECD-Staaten über eine ressourcenorientierte Haushaltsführung, wobei die Ausgestaltungen sehr unterschiedlich sind.

6 Vgl. dazu: OECD: Government, 2005, p. 72.

Wenn man bedenkt, dass Neuseeland als erstes Land das „Accrual Accounting" erst in der ersten Hälfte der 1990er Jahre eingeführt hat, muss man von einer sehr raschen Ausbreitung gesprochen werden.

Die ressourcenorientierte Sicht stellt, dem Prinzip der kaufmännischen Rechnungsführung folgend, die wertmäßige Betrachtung in den Mittelpunkt. Leitend ist das Prinzip der periodengerechten Abgrenzung, das eine zeitliche Abgrenzung aller Wertflüsse notwendig macht. Demnach werden Ein- und Auszahlungen nicht im Zeitpunkt ihres Zu- und Abflusses erfolgswirksam, sondern jenen Perioden zugeordnet, denen sie wirtschaftlich zuzuordnen sind. Die Kosten werden also jenem Haushaltsjahr zugewiesen, in dem sie entstehen. Im ressourcenorientierten Haushalt schlagen sich Aufwendungen nieder, die in der Kameralistik als Ausgaben keinen Niederschlag finden (z.B. Abschreibungen auf Anlagegüter, Rückstellungen für Verpflichtungen). Ressourcenorientierte Haushalte gewähren also Einsichten in die öffentlichen Finanzen, die durch die Kameralistik (Einnahmen- und Ausgabenrechnung) nicht gewonnen werden können.

In der einschlägigen Literatur werden daher dem Accrual-Konzept folgende Vorteile zugeschrieben:[7]

- bessere Messung der finanziellen Lage öffentlicher Haushalte
- Effizienzsteigerung der öffentlichen Verwaltung
- Sicherung der Nachhaltigkeit

Hinsichtlich der finanziellen Lage gewährt das ressourcenorientierte Konzept umfassendere Informationen als die Kameralistik, weil alle Ressourcenflüsse aufgezeichnet werden und nach erfolgs-, zahlungs- und vermögenswirksamen Vorgängen unterschieden werden. Die umfassenden Aufzeichnungen erlauben eine Integration der Finanzflüsse in die Bilanz und ermöglichen eine getreue Darstellung der Vermögenslage, der Leistungsfähigkeit und Zahlungsfähigkeit der öffentlichen Verwaltung. Das Accrual-Konzept sorgt für die periodengerechte Finanzierungs-, Erfolgs- und Vermögensrechnung. Erfolgt die Bewertung der Finanzlage auf Kassenbasis, dann ist sie unvollständig und kann leicht manipuliert werden.

Ressourcenorientierten Konzepten wird weiters zugeschrieben, dass sie bessere Bedingungen für ein effizientes öffentliches Management und für die Stärkung der Accountability schaffen, weil sie alle Kosten berücksichtigen und somit geeignet sind, das Kostenbewusstsein in der öffentlichen Verwaltung zu steigern. Die Kosten- und Leistungsrechnung lässt sich in diesem Konzept leichter mit ressourcenorientierten Haushalten verbinden. Gelingt das, dann sind positive Effekte auf die öffentlichen Haushalte aus Effizienzsteigerungen zu erwarten. Voraussetzung dafür ist aber die erfolgreiche Umsetzung der dezentralen Fach- und Ressourcenverantwortung.

Der dritte Vorteil wird schließlich darin gesehen, dass eine ressourcenorientierte Budgetierung einen effektiveren Umgang mit öffentlichen Mitteln fördert. So etwa kann die Verpflichtung zur Bildung von Rückstellungen für sozialpolitische Leistungen – beispielsweise für Beamtenpensio-

7 Vgl. dazu: Schick: Budgeting, 2009. Fleischmann: Haushaltswesen, 2008.

nen – ein sorgloses Eingehen von Verpflichtungen verhindern. Das Accrual-Konzept spiegelt wider, inwieweit eine Regierung von heute die Kosten der Leistungen von morgen bezahlt. In diesem Sinne stellt es eine längerfristige Perspektive zur Abschätzung von politischen Einflüssen bereit.[8]

Das kaufmännische Rechnungswesen stellt somit aufgrund der knapp skizzierten Vorteile nach Ansicht der Befürworterinnen und Befürworter ressourcenorientierter Haushaltsführung ein bedeutendes Instrument dar, um zukünftige Implikationen in den laufenden Budgets in Rechnung zu stellen. Voraussetzung dafür ist die Bereitschaft der Politik, die zukünftigen Lasten tatsächlich offen zu legen. Fleischmann weist auf einen weiteren wichtigen Aspekt in Zusammenhang mit der Einführung neuer Instrumente hin. Er meint, dass bei der Einführung neuer Instrumente die Auswirkung auf die Budgetarbeit berücksichtigt werden muss. „*Wenn sie* [Anm. der Verfasser: die Instrumente] *den Prozess überladen, mehr Informationen verlangen als zeitlich verarbeitet werden können, werden sie schließlich nicht mehr verwendet, weil sie der Budgeterstellung nur im Weg stehen.*“[9]

Die Anwendung der ressourcenorientierten Haushaltsführung ist in vielen OECD-Staaten auf erhebliche Reservationen gestoßen. Schick führt drei Gründe an: die Aushöhlung der fiskalischen Disziplin, Manipulationsmöglichkeiten aufgrund komplizierter technischer Annahmen und die Probleme der Politikerinnen und Politiker. Das Konzept zu verstehen. Während die Niederlande von der Einführung überhaupt Abstand genommen haben, gelangt eine Fallstudie über Australien zu einem vernichtenden Urteil:

> *„Australia has invested heavily in its accrual budgeting framework and is unlikely to abandon it. However, as one senior official noted, ‚knowing what we now know, we would not have introduced accrual budgeting‘. The practise of appropriating cash for non-cash items (such as depreciation) is peculiar and should be reconsidered.“*[10]

1.3 Top down-Budgetierung und mittelfristige Fiskalregeln

Die Implementierung von Reformen zur Verbesserung der Budgetdisziplin ist eine Reaktion auf behauptete Unzulänglichkeiten traditioneller Budgetierungsprozesse („Inkrementalismus“) und damit einhergehender chronischer Budgetdefizite, hoher bzw. steigender Staatsschulden- und Staatsquoten.

Die Top down-Budgetierung hat sich mittlerweile international gegenüber der Bottom up-Budgetierung durchgesetzt. Sie ist aus mehreren Gründen vorteilhaft: Die Regierung kann am Beginn politische Ziele, Strategien und Prioritäten setzen, wodurch die budgetpolitische Steuerung deutlich verbessert werden kann. Zudem handelt es sich um ein einfaches Budgetierungssystem mit deutlich geringerem Zeitaufwand. Ein wichtiges

---

8 Vgl. dazu: Fleischmann: Haushaltswesen, 2008, S. 143.
9 Fleischmann: Haushaltswesen, 2008, S. 147.
10 Blöndal et al.: Budgeting, 2008, S. 31.

Instrument zur Top down-Budgetierung ist das Globalbudget, das die Spielräume auf der operativen Ebene in den Ausgabenressorts erhöht (*„Jede/r Minister/in ist sein/ihre eigene/r Finanzminister/in.“*).

Fiskalregeln zielen in erster Linie darauf, dass die politischen Entscheidungsträgerinnen und Entscheidungsträger unabhängig von politischen Stimmungen und der wirtschaftlichen Entwicklung vorherbestimmte Grenzwerte einhalten. Sie werden weitgehend unabhängig von ihrer Ausgestaltung als Schlüsselfaktor sowohl für eine effektive Kontrolle öffentlicher Ausgaben als auch für eine erfolgreiche Konsolidierungsstrategie angesehen.[11] Auch der politische Wille zur Erhöhung der Budgetdisziplin hat deutlich zugenommen.

Die Ausgestaltung von Fiskalregeln ist sehr unterschiedlich. Die in der Europäischen Union dominierende fiskalische Regel ist der Stabilitäts- und Wirtschaftspakt (SWP), der für die Staaten der Eurozone für finanzpolitische Stabilität sorgen soll. Auf nationaler Ebene gibt es häufig Ergänzungen durch Schuldenbremsen (z.B. Deutschland), Ausgabenregeln (z.B. Belgien), mittelfristige Finanzrahmen (z.B. Schweden, die Niederlande, Österreich) sowie unterschiedlichste Regelungen für die nachgeordneten Gebietskörperschaften – von Koordinationsmechanismen mit oder ohne Sanktionen bis hin zu nationalen Stabilitätspakten. Der SWP fordert im Wesentlichen, dass die Mitgliedstaaten in wirtschaftlich normalen Zeiten einen annähernd ausgeglichenen Staatshaushalt sowie eine Begrenzung ihrer öffentlichen Verschuldung beachten. Wegen seiner prozyklischen Ausgestaltung und seiner Unvereinbarkeit mit den Zielen der Lissabon Strategie war er von Beginn an heftiger Kritik ausgesetzt. Zudem hat der SWP den massiven Anstieg der Staatsverschuldung im Gefolge der Finanz- und Wirtschaftskrise nicht verhindern können. Durch die Krise ist offenkundig geworden, dass die bestehenden institutionellen Rahmenbedingungen mit ihrem einseitigen Fokus auf die öffentliche Verschuldung für die Europäische Währungsunion nicht adäquat sind. Die derzeitigen Finanzschwierigkeiten sind nicht eine Folge eines verschwenderischen Lebensstils, sondern der Finanzmarktkrise und der damit verbundenen Stützung von Banken und der Konjunktur. Eine fundamentale Ursache für die Euroraumkrise liegt im Auseinanderlaufen der internationalen Wettbewerbsfähigkeit, was sich in einer divergierenden Entwicklung der Leistungsbilanzsalden niederschlägt. Der SWP ignoriert also zusätzlich zu anderen Schwächen die Finanzierungsposition des Privatsektors und des Auslands, die sich im Leistungsbilanzsaldo widerspiegeln.

Ein Festhalten an den fehlkonzipierten Regeln des gescheiterten SWP oder gar eine Verschärfung desselben ist daher mit hohen Risiken für den Euroraum verbunden, dessen Stabilität gegenwärtig auf dem Spiel steht. In dieser Situation ist eine Reform des Paktes gefordert, die vorrangig an den makroökonomischen Ungleichgewichten ansetzt und den Kohäsionsprozess in der Europäischen Union nicht aus dem Auge verlieren darf. Die gegenwärtig vorliegenden Vorschläge zur Steuerung und Überwachung der Wirtschafts- und Währungsunion, das sind die Ergebnisse der Task

11 Vgl. dazu: Schick: Rules, 2003.

Force unter der Leitung von Herman Van Rompuy und sechs Legislativvorschläge der Europäischen Kommission zur Verschärfung des SWP und zu den makroökonomischen Ungleichgewichten – sind wenig ermutigend. Einerseits wird der fehlkonzipierte SWP verschärft und andererseits fehlt in Hinblick auf die Wirtschafts- und Finanzpolitik der Mut, die enge nationale Perspektive aufzugeben und einer europäischen Perspektive Platz machen.[12]

In einigen Ländern wurde erkannt, dass Budgetdefizite nicht das geeignete Steuerungsaggregat für eine nachhaltige Finanzpolitik sind. Sie setzen daher auf mittelfristige Finanzrahmen. Sie haben den Vorteil, dass sie Budgetkonsolidierungen im Konjunkturaufschwung unterstützen, weil den Ausgabenerhöhungen Grenzen gesetzt werden. Gleichzeitig eignen sie sich besser zur wirtschaftlichen Stabilisierung im Abschwung, weil die automatischen Stabilisatoren zumindest auf der Einnahmenseite wirksam werden können. Durch diese doppelte Zielsetzung sind Finanzrahmen prinzipiell geeignet, die Glaubwürdigkeit der Budgetpolitik zu erhöhen, während der SWP seit geraumer Zeit erhebliche Glaubwürdigkeitsprobleme hat, die sich durch das Verhalten Griechenlands intensiviert haben. Freilich werfen auch mittelfristige Finanzrahmen Probleme auf und ihre Ausgestaltung ist keineswegs trivial. Auch zu rigide Finanzrahmen können prozyklisch wirken, und die Annahmen über die mittelfristige wirtschaftliche Entwicklung sind von großer Bedeutung.[13]

Aufgrund der Erfahrungen mit fiskalischen Regeln in den letzten Jahrzehnten und insbesondere der jüngsten Finanz- und Wirtschaftskrise erscheint es zielführend, einen europäischen Pakt zu schnüren, der nicht vorrangig auf Defizite, sondern auf den Leistungsbilanzsaldo fokussiert. Mittelfristige Finanzplanungen auf Basis vorsichtiger wirtschaftlicher Annahmen könnten diesen neuen Pakt ergänzen. Auf mittlere Sicht führt kein Weg an einer Europäisierung der Wirtschafts- und Finanzpolitik und somit an einer stärkeren politischen Union vorbei.

Die jüngste Krise hat die Budgetpolitik durch eine globale Vorgangsweise um eine Facette erweitert, indem die konjunktursteuernden Maßnahmen „Spillovers“ über die nationalen Grenzen hinaus auslösten. Die noch wenig diskutierte Frage in diesem Kontext ist jene nach dem Budgetieren nach der Krise. Schick entwickelt die These, dass die Nachwirkungen der Krise die Staaten anregen werden, ihre Budgetpolitiken so zu harmonisieren und integrieren, dass sie auf das internationale Finanzsystem einwirken.[14] Es wird sich zeigen, ob die Reformprozesse sich in diese Richtung weiter entwickeln werden.

12 Für Vorschläge in dieser Richtung vgl.: Horn et al.: Wirtschaftspolitik, 2011.
13 Vgl. dazu: Rossmann: Rules, 2006.
14 Vgl. dazu: Schick: Budgeting, 2009.

2. Bundeshaushaltsreform – Erreichtes und kritische Aspekte[15]

Während von den Pionierstaaten der OECD erste Modernisierungsschritte im Haushaltswesen bereits vor mehr als zwei Jahrzehnten einsetzten, hinkten Reformen in Österreich trotz erheblicher Schwachstellen (unzureichende Budgetplanung, Haushaltssteuerung über Inputs, mangelnde Koordination zwischen den Gebietskörperschaften, Ineffizienzen als Folge von Fehlanreizen in der Ausgestaltung der föderalen Beziehungen etc.) deutlich nach. Den Anstoß zur Modernisierung des Haushaltsrechts in Österreich gab der im Mai 2003 eingesetzte Österreich-Konvent. Ein für den Österreich-Konvent erarbeiteter Vorschlag des Finanzministeriums, der die wesentlichen Schwachstellen der haushaltsrechtlichen Bestimmungen und Budgetgrundsätze aufgriff, fand jedoch dort keine Zustimmung. Erst eine vom Finanzministerium ins Leben gerufene Expertengruppe und eine sie begleitende politische Runde mit Vertreterinnen und Vertretern aus allen Parlamentsparteien schaffte 2005 den Durchbruch durch eine Einigung auf neue verfassungsrechtliche Haushaltsgrundsätze, die im Dezember 2007 vom Nationalrat verabschiedet wurden.[16] Zeitgleich wurden im Rahmen der ersten Etappe der Haushaltsrechtsreform einige zentrale Elemente auf einfachgesetzlicher Ebene mit Wirksamkeitsbeginn 1. Januar 2009 beschlossen, darunter insbesondere die Umsetzung der mittelfristigen Budgetplanung (Bundesfinanzrahmen). Die zweite Etappe der Haushaltsrechtsreform, die auf die ergebnisorientierte Steuerung und das Rechnungswesen fokussiert, wurde im Dezember 2009 beschlossen und gelangt erstmals mit dem Bundeshaushalt 2013 zur Anwendung.

2.1 Die neuen verfassungsrechtlichen Bestimmungen

Die verfassungsrechtlichen Bestimmungen zum Haushaltsrecht wurden in mehrfacher Hinsicht geändert. Erstens wurde die Staatszielbestimmung zum gesamtwirtschaftlichen Gleichgewicht neu gefasst (Art. 13 Abs. 2 B-VG). Diese Bestimmung adressiert zum einen gängige Ziele des „magischen Vielecks", die Bund, Länder und Gemeinden im Rahmen ihrer Haushaltsführung anzustreben haben. Dazu zählen: das Wirtschaftswachstum, die Preisstabilität, die Vollbeschäftigung und der Umweltschutz. Nicht explizit verwiesen wird auf die Verteilungsgerechtigkeit, stattdessen ist analog zum Vertrag von Lissabon lediglich von sozialem Fortschritt die Rede. Damit bleiben Fragen der Verteilungsgerechtigkeit weiterhin Randfragen der Budgetpolitik. Zum anderen wird auf „nachhaltig geordnete Haushalte" abgestellt, wobei die Formulierung „nachhaltig geordnete Haushalte" nicht zwangsläufig im Sinne eines „ausgeglichenen Haushalts über den Konjunkturzyklus" zu verstehen ist.

Gänzlich neu und international einmalig ist die Verankerung des Gender Budgetings für die Haushaltsführung von Bund, Ländern und Gemeinden als Staatszielbestimmung in Art. 13 Abs. 3 B-VG. Allerdings wird in

15 Vgl. dazu ausführlicher: Rossmann: Haushaltsrecht, 2009.
16 Vgl. dazu auch: Steger: Reform, 2010.

den erläuternden Bemerkungen sehr unklar zum Ausdruck gebracht, was genau darunter zu verstehen ist. Der Literatur über Gender Budgeting entsprechend umfasst es unter anderem:[17]

- eine genderspezifische Wirkungsanalyse der Budgets, der Einnahmen und Ausgaben
- die Einbeziehung der Gender-Perspektive auf allen Ebenen und in allen Phasen des Budgetprozesses und
- eine Umstrukturierung von Einnahmen und Ausgaben in Hinblick auf die Förderung der tatsächlichen Gleichstellung von Frauen und Männern.

Mit der neuen Staatszielbestimmung zum Gender Budgeting wird der Startschuss für eine geschlechtergerechte Budgetpolitik gegeben, wobei die konkrete Umsetzung im Rahmen der Wirkungsorientierung – einem neuen Budgetgrundsatz – erfolgen soll.

Zweitens wird der Bund verpflichtet, einen auf vier Jahre ausgelegten mittelfristigen Finanzrahmen mit verbindlichen Ausgabenobergrenzen vorzulegen, der alljährlich um ein weiteres Jahr vorgerollt wird. Die Bestimmungen über den mittelfristigen Finanzrahmen in Art. 51 B-VG und im gleichzeitig novellierten Bundeshaushaltsgesetz zielen zusammen mit der Nachhaltigkeit der öffentlichen Haushalte darauf ab, die Steuerung der öffentlichen Haushalte im gesamtwirtschaftlichen Zusammenhang durch eine verstärkte mittelfristige Orientierung und Gestaltung der Budgeterstellung und des Budgetvollzugs zu verbessern. Drittens werden vier leitende Budgetgrundsätze in der Bundesverfassung festgelegt: die Wirkungsorientierung unter Berücksichtigung des Gender Budgetings, Effizienz, Transparenz und möglichst getreue Darstellung der finanziellen Lage. Viertens schließlich wurden die Bestimmungen für das Budgetprovisorium gestraffen.

2.2 Mittelfristiger Finanzrahmen mit verbindlichen Ausgabenobergrenzen

Der mittelfristige Finanzrahmen mit (fixen und variablen) Ausgabenobergrenzen adressiert zwei Ziele. Internationale Erfahrungen (z.B. die Niederlande, Schweden) zeigen, dass er zum einen die Budgetdisziplin sowie die Planungssicherheit und Flexibilität steigern kann, weil die durch den Finanzrahmen festgelegten Ausgabenobergrenzen nur in gesetzlich definierten Ausnahmefällen überschritten werden dürfen. Von wenigen Ausnahmen abgesehen können nicht ausgeschöpfte Ausgaben automatisch einer Rücklage zugeführt und zu einem späteren Zeitpunkt aufgelöst werden. Durch die Neuregelung des Rücklagenregimes wird daher dem so genannten „Dezemberfieber" ein Riegel vorgeschoben. Zum anderen eignet er sich zur Wachstumsstabilisierung im Konjunkturabschwung, weil die Steuereinnahmen ebenso wie der Budgetsaldo keiner Bindung unterliegen. Bleiben die Steuern im Konjunkturabschwung zurück, erhöht sich das Budgetdefizit, so dass die so genannten automatischen Stabilisatoren wirken können. Umgekehrt können die Steuermehreinnahmen im Aufschwung zur Konsolidierung genutzt werden, vorausgesetzt die Politik hält

17 Vgl. dazu: Beigewum: Budgets, 2002.

sich an die mittelfristig fixierten Ausgabenobergrenzen. Der Finanzrahmen kann daher wesentlich zur Glaubwürdigkeit der Budgetpolitik beitragen.

2.3 Ergebnisorientierte Budgetierung und neues Rechnungswesen

Im Fokus der zweiten Etappe der Haushaltsrechtsreform, deren umfangreiche Änderungen in das neue Bundeshaushaltsgesetz 2013 mündeten, stehen der Übergang von der Kameralistik (Einnahmen-Ausgaben-Rechnung) auf die Doppik (kaufmännisches Rechnungswesen) und die Implementierung der wirkungsorientierten Budgetierung unter Einbeziehung der geschlechterspezifischen Auswirkungen des Budgets.

Die wirkungsorientierte Haushaltsführung versteht sich als zentrales Steuerungsinstrument für Wirkungen und Ressourcen. Die Grundprinzipien der neuen Steuerungsarchitektur liegen internationalen Reformansätzen folgend in:

- einer Dezentralisierung der Ressourcenverantwortung sowie der Zusammenführung von Fach- und Ressourcenverantwortung,
- der Integration von Wirkungen, Leistungen und Ressourcen in der neuen Steuerung sowie
- der Verantwortlichkeit auf der Ebene der politischen Steuerung, der strategischen Verwaltungssteuerung und der betriebswirtschaftlichen Steuerung.

Eine zentrale Schwäche der neuen Steuerungsarchitektur, nach der die Untergliederungen (frühere Budgetkapitel) in Global- und Detailbudgets herunter gebrochen werden, besteht darin, dass die Ergebnissteuerung sehr zentralistisch angelegt ist. Wirkungsziele sind nur auf der Ebene der haushaltsleitenden Organe – also für die Untergliederungen – vorgesehen. Die Verantwortung auf der Ebene der Globalbudgets ist hingegen sehr schwach ausgeprägt. Auf dieser Ebene sind keine Wirkungsziele, sondern nur Maßnahmen vorgesehen. Das hat zur Folge, dass die Umsetzungsverantwortung bei den haushaltsführenden Stellen, also auf der untersten Ebene, angesiedelt ist. Nur dort gibt es Ressourcen-, Ziel- und Leistungspläne. Damit wird in der neuen Steuerungsarchitektur die Stellung, Rolle und Funktion der Verantwortlichen für die jeweiligen Globalbudgets sehr unklar. Ein Konzept mit Dezentralisierung auf allen Ebenen, wonach Ressourcen-, Ziel- und Leistungspläne auch zwischen den Verantwortlichen des Globalbudgets und jenen des Ressorts vereinbart werden, wäre daher geeigneter gewesen.

Die neue Steuerungsarchitektur ist mit einer Verschiebung des Machtgefälles zwischen der Exekutive und der Legislative verbunden. In Hinkunft sind die gesetzlichen Bindungswirkungen auf Rubriken, Untergliederungen und Globalbudgets beschränkt, während die Auszahlungen in den darunter liegenden Budgets (Detailbudgets 1. und 2. Ebene) nur mehr verwaltungsinternen Bindungswirkungen unterliegen. Das stärkt die Rolle der Regierung gegenüber dem Parlament. Diese asymmetrischen Implikationen sind in der Public Management-Steuerung angelegt. Eine solche Verschiebung der „Checks and Balances“ ist demokratiepolitisch bedenklich. Das Entstehen dieser Asymmetrie muss daher jedenfalls kompensiert werden, indem die Rechte des Parlaments ebenso wie die Berichtspflichten an dieses und die Öffentlichkeit im Sinne von Good Governance gestärkt werden. Viele Details der Umsetzung erfolgen zudem über Verordnungen. Das schwächt die Rolle des Gesetzgebers zusätzlich.

Die Einführung der Doppik sowie der Kosten- und Leistungsrechnung soll zur Erhöhung der Transparenz des Bundeshaushalts, zur Verbesserung der Qualität der parlamentarischen Entscheidungsgrundlagen, zu Qualitätssteigerungen in der Leistungserbringung und zu einer effektiveren Kontrolle der Regierung beitragen. Aus einer Reihe von Gründen sind Zweifel an der Realisierbarkeit berechtigt. Drei seien genannt: Das neue Rechnungswesen, das eine Finanzierungs-, Ergebnis- und Vermögensrechnung enthält, ist kompliziert und schwer verständlich. Die Doppik enthält Elemente, die aufwendig zu betreiben, aber wenig steuerungsrelevant sind (z.B. Rückstellungen, aber auch die Eigenkapitalquote). Finanzierungs- und Ergebnisrechnung sind über weite Strecken identisch. Zudem ist die Ergebnisrechnung unvollständig, weil Rückstellungen für Pensionen nicht vorgesehen sind. Im Rahmen der Vermögensrechnung stehen hohe Kosten einer unvollständigen und daher nicht aussagekräftigen Bilanz gegenüber. Eine kritische Prüfung der Bestimmungen des neuen Rechnungswesens führt auch zum Schluss, dass die dem kameralistischen System umgehängten Schwächen – darunter die fehlende Transparenz beispielsweise durch Nebenhaushalte, fehlende Kosten für Leistungen sowie fehlende Ergebnisinformationen führen zu Fehlanreizen bei der Finanzsteuerung – nicht überwunden werden (können), da Kosten- und Ergebnisinformationen auch nicht Bestandteil des kaufmännischen Rechnungswesens sind.

2.4 Ein kritisches Resümee

Mit der Novellierung der Verfassungsbestimmungen wurden die haushaltsrechtlichen Ziele und Grundsätze in wesentlichen Teilen neu gefasst. Sie zielen auf die Überwindung der aufgezeigten Schwächen des Haushaltsrechts – von der fehlenden mittelfristigen Orientierung im Sinne einer verbindlichen mehrjährigen Planung bis hin zur Ausrichtung der Steuerung auf die Inputs statt auf die Ergebnisse (Outputs und Outcomes). Daher sind die Reformbemühungen grundsätzlich zu befürworten. Kritisch festzuhalten ist, dass sich die neuen Grundsätze der Haushaltsführung und die mittelfristige Budgetplanung nur auf den Bund und nicht auch auf Länder und Gemeinden beziehen, weil sie Eingriffe in ihre Budgetautonomie befürchteten.

Die einfachgesetzliche Umsetzung im Bundeshaushaltsrecht erfolgt in zwei Etappen. Im Fokus der ersten Etappe steht die Schaffung einer verbindlichen mittelfristigen Budgetplanung. Die ersten Erfahrungen aus deren Umsetzung sind in mehrfacher Hinsicht enttäuschend. Die vorgelegten Finanzrahmen hatten bislang den Charakter von Budgetprognosen und daher mit mittelfristiger Budgetplanung wenig gemeinsam. Es war auch nicht erkennbar, nach welchen makroökonomischen Gesichtspunkten die Ausgabenobergrenzen festgelegt wurden. Der den Finanzrahmen begleitende Strategiebericht lässt budgetpolitische Prioritäten und Strategien nur in Ansätzen erkennen. Wenn der Strategiebericht und der Finanzrahmen – wie beabsichtigt – tatsächlich *die* zentralen Budgetunterlagen sein sollen, dann muss noch kräftig nachgebessert werden. Kontraproduktiv –, weil vom Fokus ablenkend – erscheint in diesem Zusammenhang das gewählte Prozedere, im Frühjahr nicht nur die budgetpolitischen Strategien, sondern auch die Ausgaben für die Untergliederungen für das folgende Budgetjahr zu fixieren. Die politische Selbstbindung an den Ausgabenrahmen hat in den Jahren 2009 und voraussichtlich auch 2010, von kleineren Korrekturen abgesehen, gut geklappt. Insgesamt ist aber die Schlussfolgerung zu ziehen, dass der mit der ersten Etappe einhergehende Kulturwandel (noch) nicht geglückt ist. Die Politik muss „nachgeschult" werden, sonst verbleibt ein verbindlicher mittelfristiger Finanzrahmen als Disziplinierungsinstrument und die strategische Planung budgetpolitischer Schwerpunkte bleibt ebenso wie die makroökonomischen Zielsetzungen auf der Strecke.

Im Fokus der zweiten Etappe stehen der Übergang von der Kameralistik (Einnahmen-Ausgaben-Rechnung) auf die Doppik (kaufmännisches Rechnungswesen) und die Implementierung der wirkungsorientierten Budgetierung unter Einbeziehung der geschlechter-spezifischen Auswirkungen des Budgets (Gender Budgeting). Als State of the Art-Konzepte gelangen Public Management und in Ansätzen Good Governance zur Anwendung. Deren Übertragung auf öffentliche Haushalte gilt sowohl in der ökonomischen Literatur als auch in der Praxis wegen zentraler Defizite als umstritten. Als gravierende Defizite sind anzusehen: das Risiko der Denaturierung des Staates zum Wirtschaftsunternehmen und seine Verkürzung auf ökonomische Dimensionen; der dem Konzept inhärente Quantifizierungsmythos, wonach alles Relevante gemessen werden kann; die aus demokratiepolitischer Sicht höchst bedenkliche Verschiebung der „Checks and Balances" zulasten der Legislative. Anstatt diese Konzepte basierend auf internationalen Erfahrungen kritisch auf den Prüfstand zu stellen, wurden sie im Rahmen der zweiten Etappe kritiklos übernommen. Es ist daher nicht auszuschließen, dass Teile der Reform, wie in anderen Ländern, in der Umsetzung scheitern könnten.

Aufgrund der aufgezeigten Kritik gilt das vorrangig für die Einführung des kaufmännischen Rechnungswesens und der Kosten- und Leistungsrechnung. Es sind große Zweifel berechtigt, ob die Ziele der Erhöhung der Transparenz des Bundeshaushalts, der Verbesserung der Qualität der parlamentarischen Entscheidungsgrundlagen, der Qualitätssteigerungen in der Leistungserbringung und der Ermöglichung einer effektiveren Kontrolle der Regierung mit einer Umstellung auf ein kaufmännisches Rechnungswesen tatsächlich erreicht werden können. Es wäre ausreichend gewesen und verwaltungsökonomisch geboten, das vorhandene kameralistische System zu erweitern und zu ergänzen. Demnach wäre eine erweiterte, mehrdimensionale Kameralistik, die finanz-, betriebs- und gesamtwirtschaftlichen Ansprüchen gerecht wird, erforderlich. Derartige Reduktionen hätten den Bestimmungen im BHG 2013 die Komplexität genommen und die Übersichtlichkeit gefördert. Die Doppik ist für den Kernbereich der öffentlichen Verwaltung nur bedingt geeignet – der Staat kann nicht auf ökonomische Dimensionen reduziert werden –, mit extrem hohen Implementierungskosten verbunden und bedarf zudem einer Umformung bzw. Ergänzung in Hinblick auf die Erfordernisse des öffentlichen Haushaltswesens, insbesondere auch bezüglich der Vorgaben des ESVG und der Maastricht-Kennzahlen (öffentliches Defizit und öffentliche Verschuldung). In diesem Zusammenhang ist darauf hinzuweisen, dass die erste Etappe der Haushaltsrechtsreform finanzwirtschaftlich orientiert ist und sich nicht am „Ressourcenkonzept" ausrichtet. Der mittelfristige Finanzrahmen ist dagegen finanzwirtschaftlich orientiert und richtet sich nicht am „Ressourcenkonzept" aus.

In Bezug auf die ergebnisorientierte Budgetierung weist der Reformansatz fundamentale Schwächen auf. Die Steuerungsarchitektur greift den Quantifizierungsmythos – das heißt, flächendeckendes Messen von Ergebnissen und Wirkungen – auf, ist sehr zentralistisch angelegt und führt zur Einschränkung der parlamentarischen Entscheidungsbefugnisse, so dass deren Implementierung zu einer aus demokratiepolitischer Sicht nicht akzeptierbaren Verschiebung der „Checks and Balances" zugunsten der Exekutive führt. Zu viele Details der Umsetzung erfolgen zudem über Verordnungen, wodurch die Rolle des Gesetzgebers zusätzlich geschwächt wird. Die Ausarbeitung der Verordnungen erfolgt weitgehend ohne Begutachtungsverfahren.[18]

Die Modernisierung des Haushaltsrechts müsste auch von einer Reform der Institutionen begleitet sein. Es ist insbesondere in Hinblick auf den Rechnungshof, das Gender Budgeting und die Schwächung des Parlaments problematisch, dass die Umsetzung der Reform mit dem bisherigen organisatorischen Design das Auslangen finden will. Wesentliche Elemente der Wirkungsorientierung sind unzureichend konkretisiert, das betrifft vor allem das Zusammenspiel zwischen der Wirkungscontrollingstelle und dem Parlament. Zur Umsetzung des Gender Budgetings bedarf es, nach einem sehr zurückhaltenden Start im Anschluss an die Beschlussfassung der neuen Staatszielbestimmung, einer institutionellen Absicherung, etwa durch eine Gleichstellungscontrollingstelle, die mit klaren Verantwortlichkeiten und entsprechenden Ressourcen ausgestattet wird. Das neue Haushaltsrecht erfordert auch eine Neufestlegung der Rolle des Rechnungshofes als Rechnungsprüfer und Evaluator.

Eine erfolgreiche Umsetzung der Wirkungsorientierung setzt daher Korrekturen und Ergänzungen voraus: an der zentralistisch ausgerichteten Steuerung, am flächendeckenden Ansatz, der wegen der Messproblematik angepasst werden sollte, an der neuen Rolle des Rechnungshofs und vor allem an der Stärkung des Parlaments. In institutioneller Hinsicht wird zur Aufwertung des Parlaments bzw. des Budgetausschusses die Einrichtung eines unabhängigen „Budget Offices" nach dem Vorbild des Congressional Budget Offices in den USA als unabdingbar angesehen. In den Schlussverhandlungen zum BHG 2013 einigten sich die fünf Parlamentsparteien zwar auf die Einrichtung eines solchen unabhängigen Bud-

18 Bei Abschluss dieses Aufsatzes waren es nur zwei Verordnungsentwürfe zur Wirkungsorientierung, die einer Begutachtung zugeführt wurden.

getdienstes, der ab dem Jahr 2012 seine Arbeit aufnehmen soll. In Hinblick auf die Zielsetzung dieses Budgetdienstes und die personelle Ausstattung bleibt aber die politische Vereinbarung sehr vage.

Nur unter den genannten Bedingungen kann sich die seit Jahrzehnten größte Haushaltsrechtsreform zu einem emanzipatorischen Reformprojekt entwickeln und zu einem Meilenstein für die Reform des Finanzmanagements in Österreich werden. Ergänzend bedarf es intensiver Schulungen von Politik (von den Ministerinnen und Ministern bis zu den Abgeordneten) und Verwaltung (von Sektionschefs bis zu den Bediensteten in den operativen Einheiten). Sie sind die Voraussetzung dafür, dass der Kulturwandel angenommen wird und die bisherigen Denkmuster den neuen Platz machen können. Als weitere Meilensteine zur Modernisierung der Finanzmanagements müssen die haushaltsrechtlichen Grundsätze einer finanz-, betriebs- und gesamtwirtschaftlichen Steuerung auf alle Gebietskörperschaften ausgeweitet, im Rahmen einer Aufgabenreform die Neuverteilung der Kompetenzen mit dem Ziel der Stärkung des Konnexitätsgrundsatzes sowie die Reform des Finanzausgleichs und seiner verfassungsrechtlichen Grundlagen vorangetrieben werden.

3. Haushaltsreform auf Länder- und Gemeindeebene

Bund, Länder und Gemeinden kamen 1974 überein, Form und Gliederung der Voranschläge und Rechnungsabschlüsse der Länder, der Gemeinden und von Gemeindeverbänden einvernehmlich zu gestalten und als Bundesverordnung (im Einvernehmen mit dem Rechnungshof) zu verlautbaren. Damit wurde die Haushaltssystematik hinsichtlich der Struktur, Informationstiefe und Informationsbreite der Voranschläge und Rechnungsabschlüsse festgelegt, die aktuelle Version findet sich in der VRV 1997.[19] Die einheitliche Form und Gliederung von Voranschlag und Rechnungsabschluss basiert auf dem § 16 Abs. 1 F-VG. Trotz einheitlicher Form- und Gliederungsvorschriften sind beispielsweise die Landeshaushalte untereinander teilweise nicht vergleichbar.

3.1 Länderebene

Der Rechnungsabschluss und Voranschlag ist in der Regel kameral aufgebaut und rein inputorientiert. Ergebnis- und Wirkungskomponenten finden sich im Rechnungsabschluss und Voranschlag nicht wieder, haben jedoch im Zuge der Public Management-Reformen im letzten Jahrzehnt im internen Rechnungswesen in unterschiedlicher Ausprägung einen Stellenwert bekommen.

So wurde das Rechnungswesen vom Land und der Stadt Wien ab dem Jahr 2002 um Instrumente des Public Managements weiterentwickelt und damit auch die Vereinbarkeit zwischen Kameralistik und modernen betriebswirtschaftlichen Instrumenten umgesetzt.[20] Mit der Einführung der

19 Voranschlags- und Rechnungsabschlussverordnung (VRV) 1997, BGBl. II 787/1996 idF. 118/2007.

20 Vgl. dazu: Huemer: Analyse, 2011, S. 160ff. Sedlak: Regeln, 2010, S. 75ff.

Globalbudgetierung wurde ein wichtiger Schritt in Richtung dezentraler Ressourcenverantwortung gesetzt. Es wurden eigene Geschäftsgruppenansätze geschaffen und jeder einzelnen Geschäftsgruppe ein nicht zu überschreitender Ausgabenrahmen bzw. Saldo festgelegt. In diesem Zusammenhang wurde eine einseitige Deckungsfähigkeit bei Personalkosten geschaffen. Das heißt, Einsparungen beim Personal können für Anschaffungen im Rahmen des Sachaufwandes genutzt werden. Nicht verbrauchte Budgetmittel können einer Rücklage zugeführt werden und in der Geschäftsgruppe in den Folgejahren genutzt werden. Begleitet wurde dies durch den Einsatz betriebswirtschaftlicher Instrumente, wie des Controllings, der Kosten- und Leistungsrechnung, der internen Leistungsverrechnung sowie des Kontraktmanagement. Das Kontraktsystem steht für eine umfassende Vereinbarung über Ziele, Ressourcen, Produkte bzw. Leistungen sowie Rahmenbedingungen zwischen Politik und Verwaltung. Inhalte dieser Vereinbarung sind insbesondere die Klärung der Frage nach den Ergebnissen und Wirkungen, die mit der Leistungserbringung erzielt werden sollen. Auf Basis der Pilotprojekte ab 1998/1999 war das Kontraktmanagement mit 2005 nahezu flächendeckend umgesetzt. Im Jahr 2004 hat auch das Gender Budgeting Eingang in das Wiener Haushaltswesen gefunden, gute Ansätze in der Umsetzung sind gegeben.

Im Land Vorarlberg[21] wird seit vielen Jahren eine der Doppik ähnliche Buchführung praktiziert. Neben der Einnahmen- und Ausgabenrechnung gibt es eine umfassende Vermögensrechnung. In Oberösterreich hat das Reformprojekt WOV 2015/2021[22] zu einer Weiterentwicklung des internen Rechnungswesens geführt.

Auch in den anderen Bundesländern wurden Elemente des Public Managements umgesetzt, ganzheitliche Ansätze zur Haushaltsreform wurden jedoch nicht verfolgt. Die mittelfristige Ausrichtung der Länderhaushalte ist allerdings noch unterentwickelt. Mittelfristige Budgetplanungen auf Basis einheitlicher Standards bestehen nicht.

Grundlegende, länderübergreifende Analysen[23] zeigen, dass der Informationsgehalt der Landesvoranschläge und Landesrechnungsabschlüsse für die erforderlichen Steuerungs-, Informations- und Kontrollanforderungen unzureichend ist. Die Budgetgrundsätze der Vollständigkeit und Budgetklarheit erfordern ein Haushaltswesen, das die Beteiligungen der Länder konsolidiert und mit einrechnet. Dies ist in der Praxis jedoch nicht gegeben. Eine gesamtstaatliche Steuerung erfordert konsistente, miteinander vergleichbare Informationen über alle öffentlichen Einrichtungen, was derzeit nicht Standard ist. Daraus ergeben sich Harmonisierungserfordernisse hinsichtlich der funktionalen und ökonomischen Gliederung auf den einzelnen Ebenen. Weiters sollte das Rechnungswesen auf Länderebene neben finanzwirtschaftlichen auch betriebs- und gesamtwirtschaftlichen Ansprüchen gerecht werden.

21 Vgl. dazu: Mohr: Regeln, S. 166 ff.

22 Vgl. dazu den Beitrag von Paul Gruber, Gerold Kaltenbrunner und Eduard Pesendorfer zum Thema „WOV 2021 – Konzept, Erreichtes, Ausblick“ in der vorliegenden Publikation.

23 Vgl. dazu: Hauth: Informationsgehalt, 2011, S. 156ff.

3.2 Gemeindeebene

Das externe Rechnungswesen ist auf Gemeindeebene inputorientiert und von einem sehr hohen Detaillierungsgrad gekennzeichnet, der wiederum die Transparenz und Aussagekraft für externe Interessensgruppen (Bürgerinnen und Bürger, Gemeinderat) einschränkt.[24] Eine Vermögensrechnung ist in den Betrieben und betriebsähnlichen Einrichtungen Standard – eine flächendeckende Vermögensrechnung gibt es in einigen Gemeinden, in einzelnen Bundesländern ist sie gesetzlich festgelegt. Mit den in den letzten Jahren zunehmenden Ausgliederungen hat die Gesamtsicht auf den kommunalen Haushalt gelitten. Es gibt derzeit keine Konsolidierungspflicht, weder des Vermögens noch der Schulden. Die mittelfristige Finanz- und Investitionsplanung ist seit mehr als zehn Jahren in allen Bundesländern verpflichtend, die Umsetzung zeigt jedoch qualitative Mängel.

Public Management bildet bei der Weiterentwicklung der öffentlichen Verwaltungen auf der Ebene der Gemeinden seit mehr als zehn Jahren das zentrale Reformkonzept. Eng damit verbunden ist der Übergang von der Input- zur Output- und Outcomesteuerung sowie dem Auf- und Ausbau eines ganzheitlichen, ergebnis- und wirkungsorientierten Steuerungssystems.[25]

In den österreichischen Städten und Gemeinden ist diesbezüglich in den letzten 15 Jahren viel geschehen. Die ersten Produktkataloge wurden Mitte der 1990er Jahre in der Praxis eingesetzt, im Jahr 1999 ist der Produktkatalog des Österreichischen Städtebundes als Handlungsanleitung und Handlungsempfehlung erschienen.[26] Ein überarbeiteter Katalog wurde 2009/2010 entwickelt.[27] Globalbudgetierung und dezentrale Ressourcenverantwortung haben in einer Vielzahl von Städten aber auch kleineren Gemeinden Anwendung gefunden. Kontraktmanagement ist seit den späten 1990er Jahren ein Thema wie auch die Produktsteuerung – in Form von Produkthaushalten wie auch einer produktorientierten Budgetierung und Steuerung. Einzelne Städte verfolgen auch einen ganzheitlichen Steuerungsansatz auf Basis der Balanced Scorecard. Faktum ist derzeit immer noch, dass die outputorientierten Instrumente und Verfahren parallel zum inputorientierten Gemeindehaushaltswesen entwickelt wurden und eingesetzt werden.

Globalbudgets haben auch in der Praxis kleiner Gemeinden einen relativ großen Stellenwert. Insbesondere in Oberösterreich können die Gemeinden für verschiedene Einrichtungen, wie z.B. Schulen, Musikschule, Kindergärten etc., bestimmte Positionen der Sachausgaben (Postenklasse 4, 6 und 7) in einem Globalbudget zusammengefasst und damit als gegenseitig deckungsfähig erklärt werden. Nicht verbrauchte Mittel können nach – gemeindeindividuellen Regelungen – in das nächste Jahr mitgenommen werden. Das Besondere an der oberösterreichischen Praxis ist,

24 Vgl. dazu: Biwald: Haushaltswesen, 2010, S. 395ff.
25 Vgl. dazu: Biwald: Steuerung, 2008, S. 245ff.
26 KDZ; Österreichischer Städtebund; BMF: Kommunalmanagement, 1999.
27 KDZ; Österreichischer Städtebund: Produktkatalog, 2010.

dass die Globalbudgets für einzelne Einrichtungen nettobudgetiert und nettoverrechnet werden können, womit eine Prozessvereinfachung zwischen Gemeinde und dezentraler Einrichtung erreicht wird.

Auf der städtischen Ebene ist die Globalbudgetierung umfassend angelegt. Nach Abzug der Vorweggrößen (z.B. Transferausgaben, Schuldendienst) von den voraussichtlichen Einnahmen wird die Manövriermasse auf Basis politischer Prioritäten auf die einzelnen Geschäftsbereiche und die dort angesiedelten Organisationseinheiten verteilt. In einzelnen Städten (z.B. Linz) besteht ein Globalbudget mit gegenseitiger Deckungsfähigkeit von Personal- und auch Sachausgaben.

Eine produktorientierte Steuerung und Budgetierung gibt es erst in einer relativ kleinen Zahl an Gemeinden. Die Produktorientierung im Rechnungswesen basiert dabei auf einem Produktplan gegliedert nach Produktbereich, Produktgruppe und Produkt. Die Verbuchung auf Produktebene erfolgt im Rechnungswesen durch die Nutzung der Kostenträger- und Kostenartenfunktion in den einschlägigen Programmen. Auf diesen Grundlagen können auch Globalbudgets für einzelne Produkte, Produktgruppen und Produktbereiche vorgegeben werden. Im Rahmen der Budgetierung bilden die Produkte die Basis und werden in die Einnahmen- und Ausgabenlogik des kommunalen Voranschlags übergeführt. In den letzten Jahren gab es bereits erste kommunale Ansätze und Beispiele von Gender Budgeting (z.B. Tulln, Klosterneuburg, Graz, Wien).

Das interne Rechnungswesen wurde somit in den letzten zehn Jahren stark ausgebaut. Die Kosten- und Leistungsrechnung ist in den größeren Städten und Gemeinden Standard. Die Outputseite wurde mit Produktkatalogen abgedeckt, in einigen Gemeinden wird eine produktorientierte Planung und Steuerung praktiziert, die schließlich in Produktbudgets mündet. Globalbudgets und dezentrale Ressourcenverantwortung sind verbreitet, ebenso haben Zielvereinbarungen und Kontraktmanagement an Bedeutung gewonnen. Dabei werden mehrdimensionale Ansätze verfolgt, wie auch die strategische Ebene mit der operativen Ebene verknüpft. Die Ergebnisorientierung hat mit dem Produktansatz bereits Ende der 1990er Jahre Einzug gehalten, die Wirkungsorientierung ist im kommunalen Steuerungssystem noch Neuland. Jene Gemeinden, die einen ganzheitlichen Steuerungsansatz verfolgen (häufig auf Grundlage der Balanced Scorecard), berücksichtigen jedoch auch in einzelnen Bereichen Ansätze der Wirkungsorientierung.

Zusammenfassend kann festgehalten werden, dass das kommunale externe Rechnungswesen inputorientiert ist, im internen Rechnungswesen durchaus output- und outcomeorientierte Ansätze gegeben sind, jedoch derzeit kein integrierter und flächendeckender Ansatz besteht.

3.3 Wirkungsorientierung – Einsatz auf Gemeindeebene[28]

Die Wirkungsorientierung in den Gemeinden sollte folgenden Grundprinzipien folgen:

28 Vgl. dazu: Biwald; Maimer: Steuerung, 2010, S. 12-13.

- Die Politik legt mit Unterstützung der Verwaltung strategische Wirkungsziele fest – z.B. Wirtschaftsstandort stärken, demografischen Abgang stoppen, bedarfsgerechtes Wohnen ermöglichen etc. –, wobei diese Ziele zu konkretisieren und mit Indikatoren zu hinterlegen sind.
- Im nächsten Schritt wird festgehalten, welche Produkte zu den einzelnen Wirkungszielen einen Beitrag leisten können.
- Darauf aufbauend wird definiert, welche Ziele mit den einzelnen Produkten erreicht werden müssen, um einen positiven Beitrag zum Wirkungsziel zu leisten.
- Schließlich werden die Maßnahmen und die für das jeweilige Produkt erforderlichen Ressourcen definiert, um diese Ziele erreichen zu können.

Bei kleineren Gemeinden wird von vier bis fünf Wirkungszielen auszugehen sein, bei größeren Gemeinden können dies ein bis drei Wirkungsziele je Politikfeld bzw. Geschäftsbereich sein. Diese Wirkungsziele werden in einem ersten Schritt relativ allgemein definiert (z.B. Fördern der Gemeinde als Wohn- und Lebensort), in einem zweiten Schritt wird jedes Ziel konkretisiert (z.B. Halten der Hauptwohnsitze, Reduktion des Wegzugs der Jungen um x Prozent). Dann werden jene Produkte benannt, die zum jeweiligen Wirkungsziel einen Beitrag leisten können und die damit verbundenen Ziele und Kennzahlen definiert. Ein Erreichen dieser Ziele bedeutet einen positiven Beitrag zu diesen Wirkungszielen.

Die Wirkungsorientierung könnte wie folgt in das kommunale Rechnungswesen integriert werden:

- Zu Beginn der Budgeterstellung werden die zentralen Wirkungsziele der Gemeinde definiert. Im Zuge der Festlegung der Wirkungsziele kann auch das Globalbudget für die einzelnen Felder festgelegt werden.
- Darauf aufbauend, wird in den einzelnen Organisationseinheiten festgehalten, welche Ziele erreicht werden müssen, um die Wirkungsziele positiv zu unterstützen. Häufig wird dies auf der Ebene der Produkte erfolgen. Das heißt: Was sollte mit einzelnen Produkten zur Förderung der Wirkungsziele erreicht werden? Welche Ressourcen sind dafür erforderlich? Welche Maßnahmen sind umzusetzen?
- Damit wird der Kreis insofern geschlossen, als die Produktbudgets in den Haushalt einfließen und aggregiert das Gesamtbudget ergeben.

Bei einer Integration in das kommunale Haushaltswesen bedeutet dies, dass die Wirkungsziele dem Budget (bzw. der jeweilige Gruppe) vorangestellt sind. In den einzelnen Abschnitten (ab der 3. Ebene als Produkte dargestellt) finden sich neben den Ressourcen die jeweiligen Detailziele und Indikatoren. Im Rechnungsabschluss werden die Ist-Werte mit den Soll-Werten verglichen. Möglich wäre dies in einer kombinierten finanz- und betriebswirtschaftlichen Rechnung, wobei auf der Querschnittsebene bis zur zweiten Dekade die finanzwirtschaftliche Rechnung gilt, darunter findet sich eine betriebswirtschaftliche Rechnung – auch mit den entsprechenden Leistungs- und Wirkungsinformationen.

3.4 Resümee

Ein einheitliches Haushaltswesen von Bund, Ländern und Gemeinden ist derzeit nicht gegeben, wodurch eine gesamtstaatliche Steuerung nur eingeschränkt möglich ist. Jedenfalls wäre es sinnvoll, einheitliche Prinzipien des Haushaltswesens für alle Gebietskörperschaften festzulegen, die sich an den finanz-, betriebs- sowie gesamtwirtschaftlichen Steuerungsanforderungen einschließlich einer mittelfristigen Ausrichtung sowie den Grundsätze der Transparenz und Nachvollziehbarkeit – das heißt, Darstellung von Input, Ergebnissen und Wirkungen – orientieren. Eine entsprechende Reform der Voranschlags- und Rechnungsabschlussverordnung (VRV) ist daher erforderlich. Die Finanzkoordination zwischen Bund, Ländern und Gemeinden ist unzureichend. Der österreichische Stabilitätspakt – obwohl geltendes Recht – wird seit Jahren nicht beachtet.

4. Aufgaben- und Finanzierungsreform

Die Schwachstellen der föderalen Strukturen und der Steuerung der Verwaltung sind seit Jahrzehnten unübersehbar:

- die zahlreichen Vermischungen und Verflechtungen bei der Trägerschaft und Finanzierung öffentlicher Aufgaben und das daraus resultierende komplexe Transfergeflecht führen zu den hinlänglich bekannten und seit Jahren national und international kritisierten Unwirtschaftlichkeiten, die aus dem Auseinanderklaffen von Aufgaben-, Ausgaben- und Einnahmenverantwortung – Paradebeispiele sind die Organisation des Pflichtschulwesens, der Krankenanstalten und des Pflegebereichs –, aus hohen Transaktionskosten sowie der Unüberschaubarkeit und Unkontrollierbarkeit resultieren;
- die Dominanz des Steuerverbundes bei der Abgabenteilung und die damit einhergehende de facto fehlende Verantwortlichkeit für die Einhebung von Steuern auf Landesebene;
- die Schwächen bei der Koordination der Finanz- und Budgetpolitik, die einen Wildwuchs begünstigen (z.B. bei Förderungen) und Parallelstrukturen schaffen (etwa im Support);
- das Fehlen einheitlicher Prinzipien für das Finanzmanagement aller Gebietskörperschaften sowie von Zielen in der Finanzverfassung und des Finanzausgleichs abseits der Verteilung der Abgaben aus dem Steuerverbund.

Die Notwendigkeit einer Staats- und Verwaltungsreform mit dem Ziel von Aufgaben- und Finanzierungsentflechtungen zwischen den Gebietskörperschaften findet breite Zustimmung, weil mit ihr verschiedenste Zielsetzungen erreicht werden können: Qualitätsverbesserungen sowie erhöhte Bürgernähe, Steigerungen der Effizienz und Effektivität, Stärkung der Verantwortlichkeit, Transparenz und Partizipation. Die dafür erforderlichen Maßnahmen reichen von der Binnenmodernisierung der Verwaltung (E-Government-Anwendungen, Neuausrichtung des Finanzmanagements im Bundesstaat) bis hin zu einer Reform der föderalen Strukturen durch eine Neuverteilung der Kompetenzen im Bundesstaat und einer daraus resultierenden Reform der Finanzverfassung und des Finanzausgleichs.

4.1 Föderalismus- und Aufgabenreform

Forderungen nach einer Reform des Staats- und Verwaltungsgefüges mit dem Fokus auf Aufgaben und Finanzierungsentflechtungen zwischen den Gebietskörperschaften sind in Österreich keineswegs neu, sie reichen bis in die Zeit Maria Theresias zurück. Es ist daher kein Zufall, dass „Föderalismusminister" Jürgen Weiss im Bericht der Strukturreformkommission (1994) von der „Verwaltungsreform als unendlicher Geschichte" gesprochen hat. Bekanntlich ist ihm 1994 keine Aufgabenreform gelungen. Auch zuvor und danach scheiterten viele Kommissionen an dieser Aufgabe. Beispielhaft seien genannt: Perchtoldsdorfer Abkommen (1992), Aufgabenreformkommission unter Bernhard Raschauer (2001), Österreich-Konvent (2003-2005) unter Franz Fiedler, Verwaltungsreform II (2005), Expertengruppe (2007). Und schließlich konstituierte sich am 17. Februar 2009 eine „Arbeitsgruppe zur Erarbeitung von Konsolidierungsmaßnahmen", die Vorschläge zu elf Arbeitspaketen erstatten soll.[29] Unter Beiziehung von Expertinnen und Experten werden zunächst Problemanalysen erstellt. Nach deren Anerkennung werden von einem Vorbereitungsgremium Lösungsvorschläge erarbeitet, über deren Umsetzung schließlich in so genannten „Österreich-Gesprächen" entschieden werden soll. Teilnehmerinnen und Teilnehmer der Österreich-Gespräche sind neben Kanzler und Vizekanzler die Klubobleute der parlamentarischen Oppositionsparteien. Zusätzlich wurde ein Unterausschuss zum Verfassungsausschuss mit unklaren Zielen eingesetzt. Obwohl diese Reformkommission zu verschiedenen Aufgabenbereichen bereits durchaus brauchbare Problemanalysen erstellt und Lösungsvorschläge erarbeitet hat, wurde bis heute trotz oftmaliger Beschwörungen durch Kanzler und Vizekanzler über die Notwendigkeit und Bedeutung einer Bundesstaatsreform im Zuge der Budgetkonsolidierung in den Österreich-Gesprächen kein einziges Reformprojekt beschlossen.

Fazit der „unendlichen Geschichte der Verwaltungsreform" ist daher, dass die politischen Ankündigungen in Bezug auf die Bundesstaatsreform stets programmatischer Natur blieben. Sie sind zu einem Ritual verkommen, und der Begriff der Bundesstaatsreform wird daher zu Recht mit Rhetorik gleichgesetzt und auch von vielen Führungskräften der öffentlichen Verwaltung so empfunden. Diese Schlussfolgerung in Hinblick auf die Reform der föderalen Strukturen – von deren Notwendigkeit im Übrigen alle politischen Entscheidungsträgerinnen und Entscheidungsträger überzeugt sind – wirft mehrere Fragen auf:

- Woran liegt es, dass die Föderalismusreform zur Rhetorik verkommen ist?
- Was sind die zentralen Anliegen einer Reform der föderalen Strukturen?
- Welche Voraussetzungen müssen für eine Beseitigung des Reformstaus und zur Überwindung der Blockaden gegeben sein?

29 Der Arbeitsgruppe gehören an: der Bundeskanzler, der Vizekanzler, zwei Landeshauptleute, der Präsident des Rechnungshofs und die Leiter der Forschungsinstitute WIFO und IHS. Das KDZ ist Teil der Expertengruppe.

Das Scheitern der Aufgaben- und Finanzierungsreform im Bundesstaat hängt eng mit der Finanzausgleichspolitik zusammen. Es war stets oberstes Ziel die steuer- und budgetpolitisch erforderlichen Maßnahmen des Bundes so in das Gefüge der föderalistischen Finanzordnung einzupassen, dass die gegebene Mittelverteilung so wenig wie möglich und damit der Konsens mit den Ländern und Gemeinden nicht mehr als unbedingt notwendig gestört wird. Die seit Jahrzehnten dominante Stellung der Aufbringung der Mittel und deren möglichst gerechte Verteilung über den Finanzausgleich haben zu einem Verhandlungspatt geführt, das keinen Spielraum für Reformen ermöglicht. Änderungen der Zielsetzungen, eine neue Aufgabenverteilung im Bundesstaat auf Basis einer Aufgabenkritik oder die Stärkung der Einnahmenautonomie wurden daher nie als Win-Win-Situation begriffen, sondern immer als bedrohliche Angriffe auf das bestehende Machtgefüge und die vorherrschenden Besitzstände gesehen und daher verhindert. Die Folge ist, dass die Verhandlungspartner, die seit Jahren für dieses Patt verantwortlich sind, einander mit Misstrauen in den Beratungen gegenübersitzen. Das blockiert offene Diskussionen und zukunftsorientierte Lösungen und perpetuiert so die ineffizienten Strukturen unseres föderalen Systems. In hohem Ausmaß sind dafür die Länder verantwortlich zu machen, die über die Parteigrenzen hinweg die Verantwortung für die Einhebung von Steuern an den Bund delegieren und die Reformvorschläge zur Änderung der Aufgabenverteilung stets reflexartig ablehnen – zuletzt etwa die Lösungsvorschläge der Reformkommission zur Schulverwaltung, die von allen Expertinnen und Experten positiv gesehen wurden.

Zentraler Ausgangspunkt für eine zielführende Aufgabenreform ist eine Aufgabenkritik, die alle staatlichen Ebenen umfasst. Das Ziel dieser längst fälligen Staatsdebatte liegt dabei in der Aufgabenfestlegung und der Art ihrer Erfüllung. Dabei darf aber die Ausgestaltung des Wohlfahrtsstaates nicht verwechselt werden mit der Kontroverse um die Effizienz und Effektivität seiner Implementierungsstrukturen. Auch die Expertinnen und Experten der Reformkommission betonen in ihren Ergebnispapieren die Notwendigkeit zur Aufgabenkritik.[30] Die Aufgabenkritik muss mit Vorgaben verknüpft werden: Erzielung bei Qualitätsverbesserungen, Erzielung von Mehreinnahmen und Ausgabeneinsparungen bei gleich bleibender Qualität der Leistungen.

Im Anschluss an die Aufgaben- und Prozesskritik liegen die nächsten Schritte in einer sachgerechten Neuverteilung der Aufgaben zwischen den Gebietskörperschaften und daran anknüpfend in einer (Neu-)Regelung ihrer Finanzierung. Die Neuverteilung der Kompetenzen ist notwendig, um bestehende Ineffizienzen und Parallelstrukturen zwischen den Gebietskörperschaften zu beseitigen. Leitendes Prinzip ist die Zusammenführung der Aufgaben-, Ausgaben- und Finanzierungsverantwortung. Ziel muss es sein, die zahlreichen vermischten und verflochtenen Kompetenzbereiche in Bezug auf die Aufgabenträgerschaft und Finanzierung möglichst auf

30 Vgl. dazu: http://www.rechnungshof.gv.at/fileadmin/downloads/2010/beratung/verwaltungsreform/Aufgabenreform/Problemanalyse_Aufgabenreform.pdf [Download: 21.02.2011].

einer Ebene zusammenzuführen (Pflichtschulen, Krankenanstalten, Sozial- und Pflegebereich etc.). Naturgemäß ist es nicht einfach in diesen Fragen einen politischen Konsens zu erzielen, daher kommt der Beantwortung der dritten Frage eine zentrale Bedeutung zu.

Die „Gretchenfrage" ist, wie das oben beschriebene Muster der Blockadehaltung überwunden werden kann, damit sich das derzeit laufende – ohnehin abgespeckte – Reformprojekt zu einem emanzipatorischen Reformprojekt entwickeln und der Reformstau in Hinblick auf Änderungen in der föderalen Struktur behoben werden kann. Das Projekt hat nur dann eine Realisierungschance, wenn die folgenden Voraussetzungen gegeben sind:

- Der politische Wille zur Umsetzung muss auf allen Ebenen (Bund, Länder, Gemeinden) vorhanden sein.
- Die politischen Zielvorgaben und die Zielrichtung der Reform müssen ebenso wie die politische Steuerung des Reformprozesses eindeutig erkennbar sein.
- Alte Denkmuster müssen über Bord geworfen und Besitzstände hinterfragt bzw. aufgegeben werden.
- Und schließlich bedarf es eines Methodenwandels in prozeduraler Hinsicht, das heißt, einer offeneren Diskussion über Auswirkungen und Betroffenheiten.

Da der laufende Reformprozess diesen Voraussetzungen zum überwiegenden Teil nicht gerecht wird, ist ein Scheitern des Reformprojekts vorgezeichnet. Neben dem „Szenario des Scheiterns" ist auch ein Szenario denkbar, in dem einzelne Projekte im politischen Verhandlungsprozess so stark verwässert werden, dass sie den Namen Reform nicht mehr verdienen („Verwässerungsszenario").

4.2 Finanzierungsreform

Die Notwendigkeit der Reform der österreichischen Finanzverfassung und des Finanzausgleichs ergibt sich aus dem Urteil von versierten Praktikerinnen und Praktikern, von Finanzwissenschafterinnen und Finanzwissenschaftern, von Expertinnen und Experten der OECD sowie von nationalen Wirtschaftsforschungsinstituten und des KDZ. Aufgrund von Studien[31] liegen auch ausreichende empirische Nachweise vor.

Der Reformbedarf ergibt sich aus zwei Umständen, nämlich den schweren *systemischen Mängeln* der Finanzausgleichsgesetze des Bundes und anderer Regelungen (z.B. landesgesetzliche Regelungen des tertiären Finanzausgleichs) sowie aus den für die *Städte ungünstigen und problematischen finanzpolitischen Festlegungen*:

- tendenzielle Verschiebungen in den Aufgabenstellungen der einzelnen staatlichen Ebenen, welche sich häufig zu Lasten der Städte auswirken,

31 Vgl. dazu: Bröthaler u.a.: Gemeindefinanzierung, 2002. Bröthaler; Bauer; Schönbäck: Gemeinden, 2006. Bauer; Mitterer: Gemeinde-Finanzausgleich, 2009. Bauer; Mitterer: Transferverflechtungen, 2009. Biwald u.a.: Reform, 2010. Bröthaler u.a.: Reform, 2010.

- die dazu konträre Zentralisierungstendenz auf der Einnahmenseite sowie
- die Dominanz von Zielen des Finanzkraftausgleichs im horizontalen Gemeindefinanzausgleich.

Zu den *schweren Systemmängeln* zählen vor allem:

- das Ausblenden der Kompetenzen und faktischen Trägerschaften der einzelnen staatlichen Ebenen bei verschiedenen kostspieligen Aufgaben im Sozial-, Bildungs- und Gesundheitsbereich bei der Festlegung der Mittelverteilung in den jeweiligen Finanzausgleichsgesetzen,
- die unzureichende Ausstattung der subnationalen Gebietskörperschaften mit eigenen Steuerquellen, die für die Gemeinden zu einer im Zeitablauf substanziellen Reduzierung der Steuerhoheit geführt hat,
- die dazu korrespondierende Ausweitung der Mittel des Steuerverbundes, die nicht nach dem Prinzip des örtlichen/regionalen Aufkommens, sondern nach künstlichen Verteilungsschlüsseln (vor allem nach der Volkszahl bzw. nach dem abgestuften Bevölkerungsschlüssel) horizontal verteilt werden,
- die Ausweitung von intragovernmentalen Transferzahlungen im vertikalen Finanzausgleichsgefüge – vom Bund zu den Ländern, zwischen dem Land und den jeweiligen Gemeinden – sowie
- die fehlende ausgewogene Ausrichtung an gesamtwirtschaftlichen und aufgabenbezogenen strategischen Zielen.

Damit werden *zentrale Konstruktionsprinzipien* der Finanzverfassung und des Finanzausgleichs verletzt, wie ein ausreichend ausgeprägtes Trennprinzip, das Herstellen von Transparenz zwischen Aufgaben und deren Finanzierung aus Abgaben (Wahrung des Äquivalenzprinzips) bei den subnationalen Gebietskörperschaften sowie das Schaffen ausreichender Anreize zum effizienten und wirkungsvollen Mitteleinsatz auf allen staatlichen Ebenen bei möglichst geringen Transaktionskosten.

Das in Österreich herrschende Mischsystem bei der Konstruktion des Finanzausgleichs sieht auch eine Vielzahl von Zuweisungen (intragovernmentale Transferzahlungen), von „oben nach unten“ (z.B. vom Bund an die Länder und/oder Gemeinden), aber auch umgekehrt – vor allem von den Gemeinden an das jeweilige Land – vor. Mit den Transferzahlungen soll vor allem die „fiskalische Lücke“ subzentraler Gebietskörperschaften, die zwischen den zu erfüllenden Aufgaben und den zugewiesenen Steuereinnahmen besteht, geschlossen werden.

In Zeiten von Rezession oder schwacher Wirtschaftskonjunktur werden die Systemmängel besonders deutlich spürbar. Während die Einnahmen in solchen Zeiten geringer wachsen oder stagnieren, in schweren Rezessionen sogar absolut sinken, bleiben die Entwicklungstrends auf der Seite der Ausgaben gleich oder bedingen unter Umständen sogar vermehrte Ausgaben (z.B. Bankenrettungspakete, konjunkturstützende Maßnahmen). Die Schere zwischen Mittelbedarf und Mittelaufkommen öffnet sich stärker als in wirtschaftlich günstigeren Zeiten.

Internationale Erfahrungen zeigen, dass die Modernisierung der Finanzausgleichssysteme auf einigen *zentralen Prinzipien* beruht. Dazu zählen:

- *Stärkung des Trennprinzips gegenüber dem heute dominierenden Verbundprinzip* – sowohl bei der Aufgabenverteilung durch den Abbau gemeinsamer Trägerschaften als auch bei der Aufgabenfinanzierung durch den Abbau der Ko-Finanzierungen; nach allen verfügbaren Informationen führt das Verstärken des Trennprinzips zur besseren Geltung des Äquivalenzprinzips, des Prinzips der Accountability (Verantwortlichkeit für Entscheidungen) und des effizienteren Mitteleinsatzes.
- *Föderale Systeme setzen auf (dosierte) Konkurrenz zwischen den Gebietskörperschaften*, hinsichtlich der Versorgung der Bevölkerung nach regionalen Präferenzen, der Unternehmungen, der eigene Steuereinnahmen; dies wird auf der Gemeindeebene längst praktiziert, zwischen den Bundesländern jedoch als bedrohlich empfunden.
- Aufgabenorientierung bei der Ausstattung mit eigener Steuerhoheit sowie bei Verteilung von Mitteln des Steuerverbundes.
- Es wird zwischen der Abgabenhoheit, der Ertragshoheit und der Verwaltungshoheit von Abgaben unterschieden; dies bedeutet, dass den subnationalen Gebietskörperschaften volle oder in Grenzen gehaltene *Hoheit bei der Ausschreibung von Abgaben und bei der Verwendung des Abgabenertrages (Ertragshoheit)* geboten wird, dagegen kann im Interesse möglichst niedriger Transaktionskosten die Verwaltung der Steuern (Einhebung) einer anderen gebietskörperschaftlichen Ebene übertragen werden, die hierfür ein pauschales Entgelt erhält.
- *Signifikantes Reduzieren der Verflechtungen im Transferbereich*; intragovernmentale Transfers sollen lediglich der Feinsteuerung der Finanzmittelverteilung (insbesondere für den Finanzkraftausgleich) dienen, nicht jedoch zum Schließen der Finanzlücke zwischen Ausgabenbedarf und unzulänglicher Ausstattung mit eigenen Steuerquellen.
- Das *Ausrichten des Finanzausgleichs als zentrales Finanzierungsinstrument öffentlicher Aufgaben an Zielen*; damit würde der Finanzausgleich verstärkt als Instrument zur Erreichung wichtiger wirtschafts- und gesellschaftspolitischer Ziele ausgelegt werden können und gleichzeitig eine gewisse Flexibilität im Sinn der jeweils verfolgten aufgabenpolitischen Strategien erreichen.
- Einbauen von Anreizen für Strukturverbesserungen.

5. Resümee

In den OECD-Staaten hat es in den letzten 20 Jahren zum Teil weit reichende Modernisierungsschritte der Verwaltung und weit reichende Haushaltsreformen gegeben. Zu den Pionieren gehörten die angelsächsischen und skandinavischen Staaten, wohingegen Österreich eher zu den Nachzüglern gehört. Dabei zeigen sich drei zentrale Reformstränge: erstens die ergebnisorientierte Budgetierung und die dezentrale Fach- und Ressourcenverantwortung, zweitens die ressourcenorientierte Haushaltsführung („Accrual Accounting“) sowie drittens Top down-Budgetierung und mittelfristige Fiskalregeln. Die Ausgestaltungen weisen große Unterschiede auf, und auch die Erfahrungen mit der Umsetzung dieser Reformen sind durchaus unterschiedlich. Die Problemfelder reichen von der Messung von Outputs und Outcomes, über die Verwendung der Daten im politischen Entscheidungsprozess bis hin zu den Erfahrungen mit Fiskalregeln. Auf besondere Reservationen stieß in vielen Ländern die Anwendung der ressourcenorientierten Haushaltsführung.

5.1 Haushaltsreform

In Österreich hat der Bund mit seiner Haushaltsreform entscheidende Schritte zur Verbesserung des Finanzmanagements gesetzt. In einer ersten Etappe wurden die verfassungsrechtlichen Bestimmungen zum Haushaltsrecht weit reichend ergänzt und gleichzeitig die mittelfristige Budgetplanung auf Bundesebene (Bundesfinanzrahmen mit verbindlichen Ausgabenobergrenzen) implementiert. In einer zweiten Etappe, die mit 2013 in Kraft treten soll, wurden – basierend auf den neuen Budgetprinzipien – die ergebnisorientierte Budgetierung einschließlich des Gender Budgetings und der Übergang von der Kameralistik auf ein kaufmännisches Rechnungswesen im neu gefassten Bundeshaushaltsrecht verankert. Während für die Umsetzung der zweiten Etappe die Vorbereitungen laufen, gibt es bei der mittelfristigen Planung bereits erste praktische Erfahrungen. Diese sind jedoch eher enttäuschend. Die vorgelegten Finanzrahmen hatten eher den Charakter von Budgetprognosen. Eine budgetpolitische Planung mit einer mittelfristigen Festlegung von Prioritäten und Strategien lässt sich bisher nur in Ansätzen erkennen. Wenn der Finanzrahmen und der begleitende Strategiebericht tatsächlich – wie beabsichtigt – die zentralen Budgetunterlagen sein sollen, muss noch kräftig nachgebessert werden. Die politische Bindung an den Finanzrahmen hat bisher gut geklappt. Insgesamt lässt dich daher der Schluss ziehen, dass der Finanzrahmen eher ein Disziplinierungsinstrument als ein strategisches Planungsinstrument ist. Der Kulturwandel scheint (noch) nicht geglückt zu sein.

Als bescheiden sind hingegen die Fortschritte der Haushaltsreformen auf Länderebene zu bezeichnen. In einzelnen Bundesländern gab es zwar diverse Reformschritte – Übergang auf eine Ergebnissteuerung, Einsatz der Globalbudgetierung und Weiterentwicklungen im internen Rechnungswesen –, sie sind jedoch vergleichsweise bescheiden geblieben und erfolgten nicht systematisch. Geringe Fortschritte wurden bei der Implementierung einer mittelfristigen Budgetplanung erzielt.

Deutlich mehr Aktivitäten hat es auf der Ebene der Gemeinden gegeben. Zentrales Reformkonzept war wie auf Bundesebene, das Public Management. In vielen Gemeinden wurden daher Schritte zur Ergebnissteuerung und dem Auf- und Ausbau eines ganzheitlichen, ergebnis- und wirkungsorientierten Steuerungssystems gesetzt. Bereits in den 1990er Jahren wurden erste Produktkataloge in der Praxis umgesetzt. Eine produktorientierte Steuerung und Budgetierung existiert allerdings erst in wenigen Gemeinden. Globalbudgets haben auch in kleineren Gemeinden bereits einen relativ hohen Stellenwert. Nennenswerte Fortschritte wurden beim internen Rechnungswesen erzielt. Während das externe Rechnungswesen weiterhin inputorientiert ist, ist in den größeren Städten und Gemeinden die Kosten- und Leistungsrechnung bereits Standard, so dass durchaus output- und outcomeorientierte Ansätze vorhanden sind. Ein integrierter und flächendeckender Ansatz hingegen fehlt.

Eine alle Gebietskörperschaften umfassende Haushaltsreform mit einheitlichen Prinzipien und Standards – wie sie der Bund beschlossen hat – ist bislang an den Vorbehalten der Länder und Gemeinden gescheitert. Sie befürchteten Eingriffe in ihre Haushaltsautonomie. Auf Landes- und Gemeindeebene fehlen daher auch mittelfristige Budgetplanungen, die eine politische Verbindlichkeit aufweisen und damit die Grundlage für die Jahresbudgets bilden. Große Schwächen sind auch durch die kaum vorhandene Kooperation zwischen den Gebietskörperschaften in Grundsatzfragen der Aufgabenabstimmung und im Anwenden der Methoden des Public Managements zu sehen. In diesem Kontext geht es unter anderem darum, dass die nationale Finanzwirtschaft besser abgestimmt und auch eingehalten wird. Schwere Verstöße einzelner Bundesländer gegen die Vorgaben des gemeinsam ausgehandelten nationalen Stabilitätspaktes – die seit Jahren stattfinden und weder öffentlich diskutiert, noch sanktioniert werden – sind ernste Anzeichen mangelnder Professionalität des Finanzmanagements. Es muss daher darum gehen, die Kooperationskultur in Österreich zu verbessern.[32]

Grundsätzlich gilt, dass das Rechnungswesen die Steuerungsanforderungen widerspiegeln soll, das heißt, den finanz-, betriebs- und gesamtwirtschaftlichen Steuerungsbedarf. Das bedeutet mehrere Erweiterungen und Modifikationen des traditionellen öffentlichen Rechnungswesens, wie sie teilweise bereits bei verschiedenen Gebietskörperschaften praktiziert werden. Es geht dabei um Verknüpfungen von Wirkungen und Leistungen mit dem Einsatz der öffentlichen Ressourcen; weiters um den Einsatz verschiedener Steuerungs- und Rechnungsgrößen, wie Wirkungs- und Leistungsindikatoren, Messgrößen für den Ressourceneinsatz im Sinne des finanzwirtschaftlichen Rechnens (Einnahmen und Ausgaben), im Sinne des betriebswirtschaftlichen Rechnens (Kosten und Erlöse) sowie im Sinne von gesamtwirtschaftlichen Indikatoren (Veränderungen von Vermögen und Schulden, gesellschaftlicher Nutzen bzw. Wirkungen). Weiters muss auch festgelegt werden, welche Teile des öffentlichen Rechnungswesens im Sinn des Transparenzgebotes öffentlich gemacht werden sollen und welche Teile der internen Steuerung dienen.

Angesichts dessen basiert eine zeitgemäße öffentliche Rechnungslegung auf

- einer komprimierten finanzwirtschaftlichen Rechnung (z.B. Querschnittsrechnung gesamt wie auch für die Ansätze),
- einer betriebswirtschaftlichen Rechnung unterhalb der Ansätze für Produktgruppen und Produkte sowie
- einer gesamtwirtschaftlichen Rechnung mit Informationen zur Substanzerhaltung, zu den Schulden sowie zu den Wirkungen bzw. zum gesellschaftlichen Nutzen des öffentlichen Handelns.

32 Vgl. dazu: Bauer; Rossmann: Finanzmanagement, 2010.

Eine Ausrichtung und Erweiterung des Rechnungswesens nach kaufmännischen Grundsätzen greift daher zu kurz und bildet nicht den Lösungsansatz für die bestehenden Steuerungserfordernisse. Es bedarf daher eines integrierten Konzeptes einer finanz-, betriebs- und gesamtwirtschaftlichen Rechnungslegung. Damit kann das Rechnungswesen auch ein zentrales Element einer wirkungsorientierten Verwaltungssteuerung sein.

5.2 Aufgaben- und Finanzierungsreform

Obwohl die Schwachstellen der föderalen Strukturen und des Finanzmanagements seit Jahren unübersehbar sind, ist es in Österreich bislang nicht möglich gewesen, die seit Jahrzehnten ausstehende Abstimmung der Aufgabenverantwortlichkeiten zwischen Bund, Ländern und Gemeinden, die föderale und zentrale Anliegen unter einen Hut bringen könnte, voranzutreiben. Die Föderalismusreform ist reine Rhetorik geblieben. Es wird zwar viel von Bürgerorientierung gesprochen, aber gleichzeitig werden Kompetenzstreitigkeiten zwischen Bund und Ländern auf dem Rücken der Steuerzahlerinnen und Steuerzahler ausgetragen. Die Umsetzung international bewährter Grundsätze für Staatsreformen und die zahlreichen Vorschläge aus den verschiedensten Reformkommissionen scheiterten bisher daran, dass Staatsreformen nicht als Win-Win-Situation begriffen, sondern stets als bedrohliche Angriffe auf das bestehende Machtgefüge und die herrschenden Besitzstände gesehen werden.

Ziel wäre es, die strategischen Regelungen im Interesse der Bürgerinnen und Bürger sowie der Wirtschaft zentralstaatlich festzulegen und im Gegenzug bei der operativen Umsetzung den Ländern und den vor Ort operierenden Aufgabenträgerinnen und Aufgabenträgern mehr Verantwortung einzuräumen. Voraussetzung dafür sind nicht nur der entsprechende politische Wille zur Reform und die politischen Zielvorgaben, es müssen auch alte Denkmuster über Bord geworfen und Besitzstände hinterfragt werden.

Auf der Finanzierungsseite leitet sich der Reformbedarf aus schweren systemischen Mängeln des Finanzausgleichsgesetzes und der zahlreichen anderen materiellen Regelungen des tertiären Finanzausgleichs ab, darunter das Ausblenden der Kompetenzen und faktischen Trägerschaften der einzelnen staatlichen Ebenen bei verschiedenen Aufgaben, die geringe Einnahmenautonomie von Ländern und Gemeinden, die Ausweitung der intragovernmentalen Transferzahlungen im vertikalen Finanzausgleich und die fehlende Ausrichtungen an gesamtwirtschaftlichen und aufgabenbezogenen strategischen Zielen. Dadurch werden zentrale Konstruktionsprinzipien eines Finanzausgleichs verletzt.

Als Folge des in Österreich herrschenden Mischsystems bei der Konstruktion des Finanzausgleichs kommt es zu einer Vielzahl von Zuweisungen (intragovernmentale Transferzahlungen), von „oben nach unten“ (z.B. vom Bund an die Länder und/oder Gemeinden), aber auch umgekehrt (vor allem Ko-Finanzierungen von den Gemeinden an das jeweilige Land). Mit den Transferzahlungen soll vor allem die „fiskalische Lücke“ subzentraler

Gebietskörperschaften, die zwischen den zu erfüllenden Aufgaben und den zugewiesenen Steuereinnahmen besteht, geschlossen werden.

Handlungsleitend für die Modernisierung des Finanzausgleichs sollten internationalen Erfahrungen folgend – einige zentrale Grundprinzipien sein, darunter insbesondere

- das Ausrichten des Finanzausgleichs an Zielen
- die Stärkung des Trennprinzips gegenüber dem Verbundprinzip sowohl bei der Aufgabenverteilung durch den Abbau gemeinsamer Trägerschaften als auch bei der Aufgabenfinanzierung durch den Abbau der Ko-Finanzierungen
- signifikantes Reduzieren der Verflechtungen im Transferbereich
- ein aufgabenorientierter Finanzausgleich, der davon ausgeht, dass (Teile der) Einnahmen der Länder und Gemeinden durch einzelne Elemente (Kriterien, Indikatoren) bestimmt werden sollen, die die Art und das Ausmaß (Entwicklung der Ausgabenlasten im Zeitablauf, Intensität der Aufgabenerfüllung) der Ausgaben zur Aufgabenerfüllung berücksichtigen. Dafür sollen demografische, sozio-ökonomische, geografische und topografische, aber auch institutionelle Faktoren, welche die Aufgaben und damit auch Ausgaben bestimmen, berücksichtigt werden.

Da die öffentliche Finanzwirtschaft ein bedeutender Faktor der Politikgestaltung und Politikumsetzung geworden ist, ist eine verstärkte Ausrichtung an Werten, Leitbildern und Zielen sowie an finanz- und betriebswirtschaftlichen Erfordernissen unverzichtbar geworden. Da aber das Finanzmanagement in Österreich trotz wichtiger Reformschritte immer noch erhebliche Schwachstellen aufweist, ist die weitere Professionalisierung zügig voranzutreiben.

Teil 1.2:

Realisierungen

Renate BRAUNER

Public Governance – Realisierungen aus politischer Sicht

Für die Umsetzung von Public Governance in der Wiener wie auch österreichischen Praxis stehen zentrale Governance-Elemente, wie etwa Transparenz, Verantwortlichkeit, Nachhaltigkeit, Wirkungsorientierung, Public Value oder auch Beteiligung (von Bürgerinnen und Bürgern, NGOs etc.), im Mittelpunkt. Im folgenden Beitrag sollen einige konkrete Umsetzungen der letzten Jahre in der Stadt Wien aufgezeigt, aber auch ein Ausblick in geplante Vorhaben geboten werden. Die Stadt Wien bekennt sich zur Wichtigkeit der demokratischen Mitbestimmung der Bevölkerung in Politik und Verwaltung und fördert die aktive Beteiligung der Bürgerinnen und Bürger und damit die Bildung einer lebendigen Zivilgesellschaft. Dies wurde im Regierungsprogramm 2010 bekräftigt.

1. Einleitung

Eine scharfe Trennung der Begriffe Public Governance und Public Management lässt sich nur schwer vornehmen. Das liegt nicht nur an der weiten Begrifflichkeit beider Ausdrücke, sondern auch daran, dass sie teilweise ineinander übergehen bzw. einander bedingen. Zumindest dann, wenn man unter Public Management nicht die bloße Übernahme privatwirtschaftlicher Instrumente in die öffentliche Verwaltung versteht. Diese rein betriebswirtschaftliche Sichtweise ist in der Tat zu kurz gegriffen.

Trotz unterschiedlicher Ausgestaltungen lässt sich gesamteuropäisch eine Tendenz in Richtung Public Governance mit all seinen Instrumenten erkennen. Die Europäische Union selbst setzt bereit seit Anfang des Jahrtausends Impulse in diese Richtung (z.B. EU-Weißbuch „Gutes Regieren“, KOM(2001) 428). Ich persönlich kann diese Entwicklung nur unterstützen. Die Bürgerinnen und Bürger werden immer mündiger und verlangen, völlig zu recht, eine transparente, nachhaltige Politik, die sich von Aspekten der Wirtschaftlichkeit und Zweckmäßigkeit leiten lässt. Die Einbindung der Bevölkerung in Entscheidungsprozesse ist ein zentraler Ansatz von Public Governance und garantiert soziale Nachhaltigkeit.

Ich werde anhand von Beispielen der Umsetzung zentraler Governance-Elemente – wie Transparenz, Verantwortlichkeit, Wirkungsorientierung, Kontraktwesen, Nachhaltigkeit, Public Value bis hin zur Beteiligung im Prozess der Budgetgestaltung – versuchen, den in Wien eingeschlagenen Weg zu skizzieren.

2. Verwaltungsmodernisierung in Wien

Die Stadt Wien hat sich schon Mitte der 1990er Jahre entschlossen, ihre Verwaltung und Leistungserbringung verstärkt unter den Gesichtspunkten des Public Managements zu modernisieren. Dieser Schritt war notwendig und wichtig, insbesondere auch unter dem Eindruck immer knapper werdender Ressourcen. Politik und Verwaltung haben in den letzten 10-15 Jahren einen Systemwechsel hin zu einem outputorientierten Dienstleistungskonzern mit sozialer Verantwortung vollzogen.

Die Stadt Wien hat im Jahr 2002 den, auf den Grundsätzen des Public Managements basierenden „Wiener Weg der Verwaltungsmodernisierung" entscheidend vorangetrieben. Mit der Einführung der Globalbudgetierung wurde ein wichtiger Schritt in Richtung dezentraler Ressourcenverantwortung gesetzt. Es wurden eigene Geschäftsgruppenansätze geschaffen. Jeder Stadträtin bzw. jedem Stadtrat, die bzw. der einer Geschäftsgruppe vorsteht sowie die Magistratsdirektion erhalten von der amtsführenden Stadträtin für Finanzen – derzeit fällt diese Aufgabe in meinen Verantwortungsbereich – einen Budgetrahmen für ihre bzw. seine jeweilige Geschäftsgruppe zugewiesen, der unbedingt eingehalten werden muss. Nach Bekanntgabe der Globaldaten obliegt es den Geschäftsgruppen die interne Zuteilung der Finanzmittel auf die einzelnen Dienststellen – und zwar für Personal-, Amtssach- und Zweckaufwand – vorzunehmen. Der amtsführenden Stadträtin bzw. dem amtsführenden Stadtrat obliegt es somit, eine Prioritätenreihung innerhalb ihrer bzw. seiner Geschäftsgruppe vorzunehmen. Ein ganz entscheidender Nutzen des Globalbudgets liegt in der Tatsache, dass das Kostenbewusstsein für die Verwendung der Mittel in den einzelnen Geschäftsgruppen wesentlich gesteigert werden konnte, da die Ausgaben nicht mehr aus einem einzigen „Topf" bedeckt werden. Alle Veränderungen bei den Ausgaben sind nun unmittelbar spürbar. Ausgaben, die bisher selbstverständlich getätigt wurden, werden hinterfragt und auf ihre tatsächliche Notwendigkeit hin überprüft.

Jede Geschäftsgruppe hat dadurch einen genauen Überblick über die aus ihrer Tätigkeit erfließenden Kosten. Der Geschäftsgruppe kommt durch diese Form der Budgetierung eine zentrale Steuerungsfunktion zu. Um diese Funktion verantwortungsbewusst wahrnehmen zu können, wurde einerseits ein umfassendes Budgetcontrolling eingeführt, andererseits geeignete Strukturen geschaffen. Aus diesem Grund wurde für jede der acht Geschäftsgruppen und für die Magistratsdirektion jeweils die Schaltstelle einer Budgetkoordinatorin bzw. eines Budgetkoordinators ins Leben gerufen, die/der die Vorstellungen der politischen Ebene unter Berücksichtigung der finanziellen Rahmenbedingungen auf die Ebene der einzelnen Dienststellen des Magistrats transformieren soll.

Zudem wurde den Geschäftsgruppen ein zusätzliches Steuerungselement im Zusammenhang mit dem Personalaufwand zur Verfügung gestellt, indem eine einseitige Deckungsmöglichkeit in diesem Bereich geschaffen wurde. Dienststellen können Einsparungen im Personal für Anschaffungen im Rahmen des Sachaufwandes heranziehen. Auch dies führt zu einem gesteigerten Kostenbewusstsein mit dem Ziel der Personalkostenreduktion. Dies ist bewusst nur „in eine Richtung" möglich. Eine doppelte Deckungsfähigkeit brächte zwar eine noch größere Flexibilität, jedoch mit der nicht zu unterschätzenden Gefahr einer Verlagerung zu Lasten der Personalkosten, die wiederum langfristige Kostentreiber sind.

Ein weiterer Meilenstein in Richtung Output- und Outcomeorientierung wurde durch die Implementierung des Wiener Kontraktwesens gesetzt.

Ende 1998 wurde innerhalb der Stadt Wien eine Organisationseinheit mit dem Ziel gegründet, das Controlling flächendeckend einzuführen. Im folgenden Jahr wurde mit drei Dienststellen in einem Pilotprojekt ein Erstkontrakt für das Wirkungsjahr 2000 erarbeitet. Nach dieser Pilotphase wurde 2002 das Kontraktsystem auf Basis der bisherigen Erfahrungen überarbeitet und der flächendeckende Einsatz in Teilschritten bis 2005 beschlossen. Mit dem Wirkungsjahr 2007 haben 72 Dienststellen des Magistrats der Stadt Wien einen Leistungskontrakt abgeschlossen.

Der Kontrakt (Leistungskontrakt) stellt einen Vertrag über Ziele, Produkte, Ressourcen, Rahmenbedingungen zwischen einer leistungserbringenden Dienststelle, der Verwaltungsspitze und der/die jeweiligen politischen Auftraggeber/in dar und sieht ein umfassendes Berichtswesen vor.

Inhalt dieser Vereinbarung ist die Klärung der Frage nach der Wirkungs- und Ergebnisorientierung, die durch das Verwaltungshandeln erzielt werden soll. Durch Einigung über Ziele und Produkte innerhalb definierter Rahmenbedingungen sowie durch die Einführung funktionierender Controllingsysteme wird die Ergebnisorientierung gestärkt.

Die angestrebten Wirkungen werden von den Dienststellen durch strategische Ziele abgebildet, die wiederum über Indikatoren (Zielerreichungskriterien) und in der Folge über operationale Ziele (Inhalt, Ausmaß, Zeitbezug) konkretisiert und messbar gemacht werden. Realisiert werden diese Ziele durch die Tätigkeiten der Dienststelle, ausgedrückt durch die Produkte, Leistungen und Vorhaben. Der Leistungskontrakt enthält strategische bzw. längerfristige Projekte und Ziele (Organisationsentwicklungs-, Verwaltungs-, und Geschäftsgruppenziele und auch interne Ziele für die jeweilige Dienststelle).

Ein mir persönlich sehr großes Anliegen war die Einführung von Gender Mainstreaming und Gender Budgeting. Diese Bereiche werden von der Wiener Politik seit vielen Jahren stark forciert und von der Verwaltung laufend optimiert.

2.1 Kurz zur Begriffsbestimmung

Gender Mainstreaming ist die (Re-)Organisation, Verbesserung, Entwicklung und Evaluierung grundsatzpolitischer Prozesse, mit dem Ziel, eine geschlechterbezogene Sichtweise in alle politischen Konzepte auf allen Ebenen und in allen Phasen durch alle an politischen Entscheidungsprozessen Beteiligten einzubringen.

Gender Budgeting ist das finanzpolitische Instrument von Gender Mainstreaming. Es zielt darauf ab, die Budgetpolitik um die Geschlechterperspektive zu erweitern. Das heißt, die unterschiedlichen Lebensrealitäten von Frauen und Männern werden systematisch in den Prozess der Budgeterstellung einbezogen. Zentrales Anliegen ist es, die Haushaltsmittel unter sozialen Gesichtspunkten gerecht zwischen den Geschlechtern aufzuteilen. Das bedeutet eine Erweiterung des traditionellen Budgetprozesses, nicht die Erstellung separater Budgets.

Wien ist die einzige Gebietskörperschaft, in der sowohl Gender Mainstreaming als auch Gender Budgeting schon Jahre vor dem Inkrafttreten des Art. 13 Abs. 3 B-VG („*Bund, Länder und Gemeinden haben bei der Haushaltsführung die tatsächliche Gleichstellung von Frauen und Männern anzustreben.*“) sowohl von der Politik als auch von der Verwaltungsspitze für den gesamten Magistrat vorgegeben wurde und bereits flächendeckend implementiert ist. Bereits per 1. Januar 2000 wurde Gender Mainstreaming in der Geschäftseinteilung für den Magistrat der Stadt Wien verankert. Die Implementierung von Gender Budgeting als finanzpolitisches Instrument von Gender Mainstreaming wurde bereits im Jahr 2004 in die Wege geleitet. In diesem Jahr wurde eine Enquete zum Thema „Gender Budgeting – Wege zur geschlechtergerechten Verteilung öffentlicher Gelder und Leistungen“ mit internen und externen Expertinnen und Experten abgehalten, die magistratsübergreifende Projektgruppe „Gender Mainstreaming und Gender Budgeting“ gegründet und ein Gender Budgeting-Pilotprojekt im Wiener Bezirk Meidling gestartet. Im Januar 2005 beschloss die Wiener Landesregierung den „Ausbau von Gender Mainstreaming um Gender Budgeting“.

Wesentliche Grundsatzfragen in diesem Zusammenhang sind:

- Wie erfolgt die Verteilung von Ausgaben und Einnahmen auf die Geschlechter?
- Wie wirkt die Haushaltspolitik kurz- und langfristig auf die Ressourcenverteilung zwischen den Geschlechtern?
- Wie sind die Wirkungen auf bezahlte und unbezahlte Arbeit von Frauen und Männern?
- Wie beeinflusst die Haushaltspolitik die Geschlechterrollen?
- Wie stellen sich die Auswirkungen auf die Erwerbstätigkeit (arbeitsmarktpolitische Effekte) dar?

Durch diese Schwerpunktsetzung in den Bereichen Gender Mainstreaming bzw. Gender Budgeting wurde die Stadt Wien nicht nur national, sondern auch innerhalb der Europäischen Union und international zum Benchmark. Erfreulicherweise wird dieses Thema österreichweit immer präsenter und mittlerweile implementieren immer mehr Gebietskörperschaften Gender Mainstreaming bzw. Gender Budgeting.

Abschließend sei erwähnt, dass die öffentlichen Aufgabenerfüllung insgesamt in Wien seit vielen Jahren durch strategische Umfeldanalysen, Stärken-Schwächen-Prüfungen (z.B. SWOT), Qualitätsmanagement- und Qualitätssicherungstools (CAF – Common Assessment Framework), interne Risiko- und Kontrollsysteme (IKS – Internes Kontrollsystem) und sonstige betriebswirtschaftliche Instrumente (z.B. Kosten- und Leistungsrechnung) ergänzt wird.

3. Aktive Bürgerbeteiligung

Genauso wie die Instrumente zur Verwaltungsmodernisierung gehören Formen der Bürgerbeteiligung seit geraumer Zeit zum Alltag der Politik und Verwaltung der Stadt Wien. In den Bürgerbeteiligungsverfahren sollen die Erfahrungen von Jung und Alt in die Überlegungen mit einfließen. Gemeinsam soll das bestmögliche Ergebnis für die Entwicklung einer lebenswerten Stadt erzielt werden.

Erst 2010 wurde erfolgreich eine große Volksbefragung zu mehreren wichtigen Angelegenheiten in Wien durchgeführt. Die hohe Beteiligung von knapp 36 Prozent ist ein klares Zeichen für das Bedürfnis der Menschen, sich in den politischen Entscheidungsprozess mitunter auch durch Instrumente der direkten Demokratie einzubringen. Die Option der Beantwortung per Brief war ein wichtiger Schritt, um auch in diesem Bereich Schranken abzubauen und möglichst viele Menschen zu erreichen. Wichtig ist, dass die Bevölkerung in ihrem Abstimmungsverhalten ernst genommen wird. Selbstverständlich hat die Stadt Wien den Auftrag der Wienerinnen und Wiener innerhalb ihres Kompetenzbereiches schnellstmöglich umgesetzt.

Im Regierungsübereinkommen vom November 2010 („Gemeinsame Wege für Wien") wurde als eine Schwerpunktsetzung vereinbart, dass die Möglichkeiten der partizipativen Demokratie weiterentwickelt und ausgebaut werden.

Auszug aus dem Regierungsübereinkommen vom November 2010

„Mehr Partizipation und Mitbestimmung in Wien:

Die Möglichkeiten der partizipativen Demokratie sollen ausgebaut, in den Geschäftsordnungen von Landtag, Gemeinderat und Bezirksvertretungen die Minderheitsrechte gestärkt werden.

- BürgerInnenversammlungen und Beteiligungsmodelle auf Bezirks- und Grätzelebene sollen leichter initiierbar und gefördert, standardisierte Richtlinien für die Abhaltung von BürgerInnenversammlungen erstellt werden.
- Volksbefragungen sollen häufiger eingesetzt und auch in Bezirken oder Grätzeln möglich werden.
- Die Lokale Agenda 21 soll weiterentwickelt werden.
- Ein Petitionsrecht soll eingeführt werden.
- Für die Weiterentwicklung der direkten und partizipativen Demokratie in Wien wird eine Enquete und in Fortsetzung ein regelmäßiger „Runder Tisch" unter Einbeziehung zivilgesellschaftlicher AkteurInnen eingerichtet.

Es sollen Parteiengespräche mit dem Ziel einer weiteren Reform der Geschäftsordnung der Bezirksvertretungen aufgenommen werden. Schwerpunkte sollen sein:

- mehr Information, Mitsprache und Transparenz bei Budgeterstellung und -gestaltung
- mehr Information, Mitsprache und Transparenz bei Großprojekten im Bezirk verbessertes Anfrage-/Antragsrecht."

Zudem wurde im Regierungsprogramm vereinbart, dass bei dem für diese Angelegenheiten zuständigen Stadtregierungsmitglied eine Koordinationsstelle für Teilhabe und Bürgerbeteiligung eingerichtet wird. Diese befasst sich aufbauend auf bestehende Einrichtungen unter anderem mit der Förderung von Beteiligungsmodellen für alle gesellschaftlichen Gruppen auf Bezirks- und Grätzelebene.

Der Zugang zur Bürgerbeteiligung hat in Wien lange Tradition. 1996 unterzeichnete Bürgermeister Häupl die Charta von Aalborg. Damit wurde der Grundstein für aktive die Bürgerbeteiligung in Wien gelegt. Die Lokale Agenda 21 startete 1998 als Pilotprojekt im Bezirk Alsergrund. Seither wurde Bürgerbeteiligung intensiv ausgeweitet. In einigen Bezirken finden Lokale Agenda 21-Prozesse statt. In der Bezirks- und Stadtentwicklung haben sich aber auch viele andere Formen der Bürgerbeteiligung etabliert. Nach 13 erfolgreichen Jahren beginnt mit der Lokalen Agenda 21 Plus nun eine neue Phase der nachhaltigen Bezirks- und Stadtentwicklung in Wien. Die Lokale Agenda 21 Plus läuft von Herbst 2009 bis Sommer 2012 vorerst in den Bezirken Wieden, Alsergrund, Donaustadt und Liesing. Ziel der Lokalen Agenda 21 ist es, die Ideenfindung, Entwicklung und Umsetzung lokaler Projekte in transparenter Weise von und mit den betroffenen Menschen abzuwickeln. Mit der Lokalen Agenda 21 Plus werden in den kommenden Jahren viele neue Projekte zu zentralen Themen gemeinsam mit den Bürgerinnen und Bürgern realisiert werden können. Mehr als 300.000 Wienerinnen und Wiener können hier ihre Ideen einbringen. Die Themenschwerpunkte sind etwa „nachhaltige Mobilität und öffentlicher Raum", „Stadtteile für Jung & Alt" sowie „interkultureller Dialog".

Durch eine Impulsplattform werden die zentralen Akteurinnen und Akteure der Lokalen Agenda 21 Plus frühzeitig und bezirksübergreifend vernetzt und erarbeiten gemeinsam Projektideen. Diese können in der Folge von Agendagruppen im Bezirk aufgegriffen oder für die Aktivierung neuer Gruppen genutzt werden. Die Impulsplattform schafft eine neue Ebene der Kooperation und verbindet lokale Aktivitäten stärker mit aktuellen Programmen und Handlungsschwerpunkten der Stadt Wien. Geplant ist weiters, die Beteiligungsmöglichkeiten durch mehrere Web 2.0-Anwendungen zu erweitern. So soll die Zielgruppe der jungen Menschen besser erreicht werden.

Die Stadt Wien bietet auf verschiedenen Ebenen und zu unterschiedlichsten Themen und Projekten eine breite Palette an Beteiligungsformen an. Dazu gehören beispielsweise aus dem Bereich der Stadtentwicklung die SUPer NOW (Strategische Umweltprüfung für den Nordosten Wiens), der Wiener Stadtentwicklungsplan 2005, das Bürgerbeteiligungsverfahren „Zielgebiet Gürtel", der „Kooperative Planungsprozess Kabelwerk 2000" oder etwa die Einbindung in die Neugestaltung Franz-Josefs-Bahnhofs/ Wirtschaftsuniversität Wien.

Im Bereich der Energiepolitik orientiert sich die Stadt Wien sehr stark an den Zielen der Europäischen Union. Wesentlicher Schwerpunkt der gemeinsamen europäischen Energiepolitik ist der effiziente Umgang mit Energie sowie der Ausbau erneuerbarer Energien. Dieser Punkt hat für Ballungszentren und Städte wie Wien besondere Relevanz. Bis 2012 wird ein Versorgungssicherheitsplan sowie ein „WEEP Wiener Erneuerbarer Energieplan“ beschlossen werden. In der Ausarbeitungsphase erfolgt eine Einbindung der relevanten Stakeholder in Wien (Stadtwerke, Magistrat, Parteien, Wissenschaft, NGOs, Bauträger etc.).

Ein weiteres Beispiel innovativer Einbindung der Bevölkerung ist jenes zum Leitbild Innere Stadt auch via Facebook. Die Wiener Innenstadt ist eines der 13 Zielgebiete im Wiener Stadtentwicklungsplan, die im besonderen Fokus der Stadtplanung stehen. Für die zukünftige Entwicklung der City bis zum Jahr 2020 wird ein Leitbild erstellt, das als Rahmenkonzept die Zielsetzungen für die Innenstadt definieren soll. Für die Erstellung wurden unterschiedliche Zugänge gewählt und vor allem auch der Beteiligung der Wienerinnen und Wiener besonderer Stellenwert eingeräumt. In einem eigenen Forum auf http://www.wien.at können alle Bürgerinnen und Bürger mitdiskutieren und ihre Ideen deponieren. Die Möglichkeit, sich in den Leitbildprozess einzubringen, wurde nunmehr um eine wesentliche Facette erweitert. Unter „Visionen Wiener Innenstadt 2020“ ist es ab sofort auch auf Facebook möglich mitzudiskutieren.

Wie man an diesen Beispielen erkennen kann, bleibt Bürgerbeteiligung in der Stadt Wien keine politische Worthülse. Wien bekennt sich zur Wichtigkeit der demokratischen Mitbestimmung der Bevölkerung in Politik und Verwaltung und fördert die aktive Beteiligung der Bürgerinnen und Bürger und damit die Bildung einer lebendigen Zivilgesellschaft. Es wird in den nächsten Jahren Aufgabe der Politik bleiben, diese Anstrengungen in allen Bereichen zu intensivieren.

Auch im Budgetbereich werden von der Stadt Wien neue Wege beschritten. So wurde im Regierungsübereinkommen vereinbart, dass eine Arbeitsgruppe zur Erstellung von Pilotprojekten zur partizipativen Budgeterstellung in Bezirken eingerichtet wird. Das bedeutet einen Meilenstein in der gelebten Einbindung der Bevölkerung an Gestaltungsmaßnahmen der Stadt Wien. Durch diese Einbindung schon im Budgetierungsprozess soll ein „mehr“ an sozialer Nachhaltigkeit garantiert werden. Dazu bedarf es der Klärung entscheidender Fragen wie:

- Welche Bereiche sind von der Mitbestimmung umfasst?
- Sind alle Bürgerinnen und Bürger oder nur einzelne Interessensvertreterinnen und Interessensvertreter in die Entscheidung eingebunden?
- Trifft der Bezirk die Letztentscheidung aufgrund eines Pools von Vorschlägen oder ist der Bezirk an den Bürgerwillen gebunden?
- ...

Das Diktat immer knapper werdender finanzieller Ressourcen und der Bedarf nach Budgetkonsolidierung sind Rahmenbedingungen, die bei den Überlegungen Berücksichtigung finden werden müssen.

4. Information, Transparenz und Verantwortlichkeit

Eng verbunden mit der Mitbestimmung sind Information, Transparenz und Verantwortlichkeit. Das Informationsangebot der Stadt Wien, insbesondere über das Internet (http://www.wien.gv.at), wurde schon oft wegen seines Umfanges, seiner Übersichtlichkeit und der leichten Handhabbarkeit prämiert. In diesem Bereich wird ständig an Optimierungspotenzialen gearbeitet. Philosophie ist es hierbei, mit möglichst reduziertem Einsatz von grafischen Mitteln und dem Verzicht auf aufwändige technische Lösungen die Information in den Mittelpunkt zu stellen. Der Erfolg von wien.at beruht nicht zuletzt auf dem Grundsatz, möglichst viele Menschen mit hochaktueller Information zu versorgen. Und das barrierefrei, das heißt, unabhängig davon, über welche technische Ausstattung sie verfügen, welchen Internetzugang sie haben, ob sie von einem Public Terminal auf die Inhalte zugreifen oder persönliche Handicaps (z.B. Sehbehinderung) haben.

Sehbehinderte und blinde Menschen stehen bei Verfahrensbeteiligungen oft vor dem Problem, dass die Inhalte von Akten oder Aktenteilen nur in gedruckter Form vorliegen. Relevante Schriftstücke können jedoch per E-Mail oder Diskette vom Magistrat kostenlos angefordert werden. Zudem sind die Mitarbeiterinnen und Mitarbeiter der Stadt Wien (und natürlich auch aller anderen Behörden in Österreich) verpflichtet, blinden oder hochgradig sehbehinderten Verfahrensbeteiligten Akteninhalte vorzulesen.

Das Zukunftsthema für die städtische Internetplattform wien.at ist die Weiterentwicklung in Richtung Dialog mit der Bevölkerung.

Es ist unsere Pflicht als Politikerinnen und Politiker, der Bevölkerung zu erklären, was die Stadt Wien tut und dafür die Verantwortung zu übernehmen. Die Rollenverteilung bei der Gesetzgebung und Durchführung muss klar sein. Neben klassischen Informationsveranstaltungen stehen seit langem über die Informationsdatenbank des Wiener Landtages und Gemeinderates selbstverständlich alle Wortprotokolle und Beschlüsse dieser beiden Organe im Internet zur Verfügung. Es wird dabei darauf geachtet, dass die Suche durch verschiedene Suchoptionen möglichst anwenderfreundlich gestaltet ist. Dies schafft größere Klarheit und Zurechenbarkeit politischer Vorgänge. Das gilt natürlich auch für den Bereich der (politischen) Verantwortlichkeit.

Die Stadt Wien ist eine effiziente und effektive Dienstleisterin mit starkem Focus auf soziale Verantwortung. So stellt die Stadt Wien eine breite Palette an Angeboten aus den Bereichen Kultur und Freizeit zur Verfügung. Viele dieser Leistungsangebote sind nicht annähernd kostendeckend und können dies auch nicht sein. Nach rein betriebswirtschaftlichen Kriterien sind diese Leistungen auch unter effizientester Durchführung daher nicht rentabel, zumindest dann nicht, wenn man die Preisgestaltung so regeln will, dass sie auch für das Gros der Bevölkerung leistbar bleibt. Trotz mangelnder unmittelbarer wirtschaftlicher Rentabilität wohnt vielen dieser Leistungen eine gewisse Umwegrentabilität inne, sei es im Gesundheitsbereich oder auch im Bildungsbereich.

Beispiel Büchereien: Durch ein hochwertiges, breitgefächertes Angebot lockt man Menschen aller Altersklassen und Bildungsschichten in städtische Büchereien. Das fördert Bildung und stellt für mich einen hohen gesellschaftlichen Wert dar. Die Stadt Wien hat in diesem Bereich die Zeichen der Zeit erkannt und auf den geänderten Medienkonsum reagiert. Seit 2010 bieten die Büchereien Wien eBooks, eAudios und ePapers an. In der virtuellen Bücherei können rund um die Uhr digitale Medien per

Download ausgeliehen werden. Das neue Online-Service wurde von den Benutzerinnen und Benutzern begeistert aufgenommen. Die steigende Zahl an Kundinnen und Kunden beweist, dass die städtische Bücherei als Informations-, Bildungs-, Kultur- und Freizeiteinrichtung noch lange nicht ausgedient hat. Es ist Aufgabe der Politik, diesen Public Value aufrecht zu erhalten.

Dieser so genannte Public Value ist ganz besonders bei den erstklassigen Leistungen im Sektor der Daseinsvorsorge ersichtlich. Angefangen von der Wasserversorgung, über den öffentlichen Verkehr, die medizinische Versorgung bis hin zur Unterstützung bedürftiger Menschen – die Stadt Wien ist sich ihrer Verantwortung gegenüber den Wienerinnen und Wienern bewusst. Diese Verantwortung zeigt sich beispielsweise in einem medizinischen Angebot auf höchstem Niveau, in der Betreuung alter und behinderter Menschen, im Beistand für mittellose und benachteiligte Bürgerinnen und Bürger und in zahlreichen Services für Familien, Seniorinnen und Senioren. Die Stadt Wien investiert in die Erhaltung, den Ausbau und die Verbesserung der sozialen und gesundheitlichen Dienstleistungen.

Das Zurverfügungstellen eben dieser Leistungen sowie von wichtiger Infrastruktur für alle Wienerinnen und Wiener zu einem angemessenen Preis ist ein wichtiges Anliegen der Wiener Politik. Diese Haltung wird auch international bei Standortentscheidungen gewürdigt. Nicht zuletzt auf Grund dieser Leistungen zählt Wien zu den Städten mit der weltweit höchsten Lebensqualität.

Thomas PROROK, Klaus WIRTH

Public Management in Österreichs Städten – ein Zwischenbericht

Im Herbst 2010 hat das KDZ Zentrum für Verwaltungsforschung begonnen, im Rahmen einer Auftragsarbeit des Österreichischen Städtebundes, den Status quo sowie die Entwicklungsperspektiven der Public Management-Reformen in Österreichs Städten zu evaluieren. Zum Zeitpunkt der Verfassung dieses Beitrages ist die Evaluierung noch nicht abgeschlossen, allerdings lassen sich bereits erste Ergebnisse zusammenfassen und Entwicklungstrends darstellen.

Die Evaluierung basiert auf einer Umfrage unter den Bürgermeisterinnen und Bürgermeistern sowie der Amtsleiterinnen und Amtsleitern der Mitgliedsgemeinden des Österreichischen Städtebundes sowie acht qualitativen Fallstudien. Für die Fallstudien haben sich acht österreichische Städte bereit erklärt, mittels Unterlagen und Interviews einen tieferen Einblick in die Entwicklungen und den aktuellen Status der Public Management-Reformen zu gewähren.

Das hier zum Tragen kommende Verständnis von Public Management vereint die betriebswirtschaftlich orientierten Ansätze des New Public Managements mit den sozialwissenschaftlich geprägten Grundsätzen von Good Governance. Dabei wird die auf die Ökonomisierung der Verwaltung ausgerichtete „Binnenmodernisierung", welche zu Beginn der Public Management-Reformen im Vordergrund stand, um Governance-Aspekte erweitert. Diese kommen vor allem im neuen Verhältnis von Politik und Verwaltung nach außen – zu Wirtschaft und Gesellschaft – zum Ausdruck und werden meist mit den Begriffen Transparenz, Partizipation und Verantwortlichkeit umschrieben.

Zentrale Anforderungen dieser neuen Verwaltungserneuerung, welche als neues Leitbild in den öffentlichen Sektor Einzug hält, sind

- eine neue *Steuerungsphilosophie* in der Verwaltung zu etablieren, die neben den Inputs (Ressourcen) vor allem an Zielen (Ergebnissen und Wirkungen) orientiert ist,
- die hierfür notwendigen neuen *Managementinstrumente* zur Verfügung zu stellen (insbesondere Controllingsysteme mit Zielen und Kennzahlen) und andere *Organisationsprinzipien* zu verwirklichen (größere und an Zielgruppen/Politikfeldern orientierte Organisationseinheiten, die auf Basis von Kontrakten gesteuert und mit erweiterten Kompetenzen – Stichwort dezentrale Fach- und Ressourcenverantwortung – ausgestattet sind),
- eine neue *Verwaltungskultur* zu begründen (Denken und Handeln an den Adressatinnen und Adressaten, sprich den Kundinnen und Kunden des Handelns ausrichten – Stichwort Kunden-/Bürgerorientierung, Gestalten statt Verwalten, unternehmerisch Denken – „Entrepreneur").

Der folgende Beitrag stellt die ersten Ergebnisse sowohl der Befragung als auch der Fallstudien in komprimierter Weise dar. Kapitel 1 konzentriert sich auf die Befragung, in Kapitel 2 führen wir die Ergebnisse der Fallstudien und der Befragung zusammen und formulieren Perspektiven für die weitere Entwicklung der Public Management-Reformen in Österreich.

1. Ausgewählte Ergebnisse der aktuellen Online-Befragung

In den vergangenen Jahren hat das KDZ immer wieder Befragungen zum Stand und den Entwicklungen der Verwaltungsmodernisierung durchgeführt. Diese Befragungen hatten nicht den Anspruch auf Repräsentativität. Sie konnten jedoch immer wieder generelle Einstellungen der handelnden Akteurinnen und Akteure in der kommunalen Politik und den Gemeindeverwaltungen und grundsätzliche Entwicklungstrends bei den Reformgegenständen aufzeigen.

Vor diesem Hintergrund wurde 2011 vom KDZ erneut eine schriftliche Befragung durchgeführt. Hierfür wurden die Bürgermeisterinnen und Bürgermeister sowie Amtsleiterinnen und Amtsleiter der Mitgliedsstädte des Österreichischen Städtebundes per Online-Fragebogen um Stellungnahmen ersucht. Jeweils rund 40 Prozent der angeschriebenen Bürgermeisterinnen und Bürgermeister sowie Amtsleiterinnen und Amtsleiter haben an der Befragung mitgewirkt.[1] Die Ergebnisse sind vor dem Hintergrund der jeweiligen Rollen der antwortenden Bürgermeisterinnen und Bürgermeister sowie Amtsleiterinnen und Amtsleiter und der auf die eigene Organisation fokussierten Perspektive zu sehen.

1.1 Reformklima – Impulse für die Zukunft

In Bezug auf das Reformklima in den Städten und Gemeinden nehmen die Bürgermeisterinnen und Bürgermeister bei den Führungskräften der eigenen Verwaltung, aber auch den Managerinnen und Managern der kommunalen Betriebe ein starkes Interesse an Verwaltungsreformthemen wahr. Sowohl bei den Beschäftigten und den Mandatarinnen und Mandatare als auch bei der Bevölkerung sehen sie demgegenüber ein deutlich geringeres Interesse.

Wenig überraschend sind die Antworten der Bürgermeisterinnen und Bürgermeister bezüglich der tatsächlichen Reformaktivitäten auf den unterschiedlichen staatlichen Ebenen. Die befragten Bürgermeisterinnen und Bürgermeister nehmen im kommunalen Bereich jedenfalls einen deutlich größeren Reformwillen bei sich als bei Bund und Ländern wahr.

Um den Reformbemühungen in den Gemeinden neue Impulse zu geben, schlagen sie vor, vermehrt auf Bewusstseinsbildung und einen Einstellungswandel zu setzen und dabei zunehmend den Nutzen der Reformen – aber auch die Folgen eines Ignorierens – aufzuzeigen. Unterstüt-

1 Die Ergebnisse der beiden Befragungen wurden mit den kommunalen Expertinnen und Experten am 18. März 2011 in Linz erörtert. Sofern nachfolgend Bezug auf Experteneinschätzungen genommen wird, ist damit immer das genannte Expertentreffen in Linz gemeint.

zung erhoffen sich die Gemeinden von Bund und Ländern, indem sie diese dazu auffordern, selbst mit gutem Beispiel voranzugehen. Auch in der Diskussion mit den städtischen Expertinnen und Experten hat sich einmal mehr gezeigt, dass offensichtlich ein österreichweites positives Reformklima fehlt. Und weil dieses – Veränderungen und Erneuerungen positiv attribuierende Klima – nicht gegeben sei, falle es den Gemeinden und den dort handelnden Personen schwer, vor Ort etwas zu verändern und insbesondere auch bei den Mitarbeiterinnen und Mitarbeitern Veränderungsbereitschaft zu wecken.

1.2 Reformgegenstände und Reformschwerpunkte

Die Erfahrungen aus gescheiterten Reformprojekten der Vergangenheit haben erkennen lassen, dass es sowohl eines inhaltlichen Reformkonzepts als auch eines klaren Konzepts für die Gestaltung des Veränderungsprozesses bedarf.[2] Um so mehr überrascht zunächst einmal, dass nur rund 15 Prozent der befragten Amtsleiterinnen und Amtsleiter angaben, ein – im Sinn eines Masterplans – gesamthaftes Reformkonzept gehabt zu haben. Die überwiegende Mehrzahl der Gemeinden (zwei Drittel) stützt ihre Modernisierungsbemühungen auf Teilkonzepte, Vorschläge externer Beraterinnen und Berater, Ideen der eigenen Führungskräfte (z.B. im Rahmen von Veranstaltungen, anderen Gemeinden).

Abbildung 1: Wichtigkeit von Reformbereichen

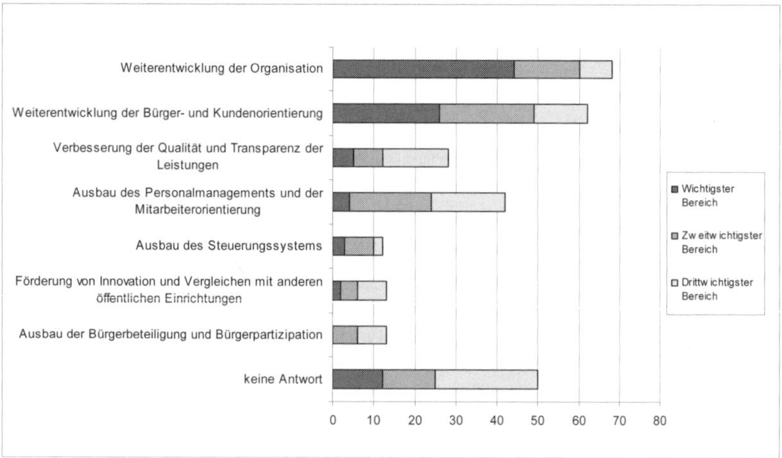

Quelle: KDZ (2011)

Das lässt einmal mehr den Schluss zu, dass die zurückliegenden Reformen in den Städten und Gemeinden vielfach eher dem Modell des „piecemeal-engineering“ denn einer geplanten Veränderung folgen.

2 Vgl. dazu die Ergebnisse zu den Erfolgsfaktoren in Kapitel 1.6 des vorliegenden Beitrags.

Die Amtsleiterinnen und Amtsleiter wurden ferner auch gefragt, auf welchen Reformgebieten in den letzten Jahren die Schwerpunkte ihrer Reformbemühungen lagen. Die Übersicht deckt sich mit den Antworten der Bürgermeisterinnen und Bürgermeister hinsichtlich der größten Reformerfolge in der zurückliegenden Dekade.

Auch wenn die Reformbereiche nicht ganz trennscharf sind, lassen die Antworten einige vorläufige Schlüsse zu.

- Die Weiterentwicklung der Bürger- und Kundenorientierung wird als ganz großer Schwerpunkt der Reformbemühungen der Städte und Gemeinden genannt. Der zweiten Seite der Kundenorientierung – nämlich die Verbesserung der Qualität und Transparenz der Leistungen – wurde demgegenüber in der Vergangenheit deutlich weniger große Aufmerksamkeit geschenkt.
- Ein ähnliches Bild zeigt der eigentliche „Reformspitzenreiter", die Weiterentwicklung der Organisation. Während hier angenommen werden kann, dass die meisten der Befragten an Strukturen und Abläufe – auch die Verbesserung der EDV (Stichwort ELAK) – gedacht haben, stand die eigentliche Steuerung der Organisationen, also das Management, nur bei wenigen Verwaltungen ganz oben auf der Reformagenda. Dies hat auch die städtischen Expertinnen und Experten überrascht, ist doch die Weiterentwicklung der Steuerung – weg von der Input- und hin zur Ergebnis-/Wirkungssteuerung – doch ein zentrales Element des Public Managements.
- Erfreulich – nicht nur aus Sicht der Beschäftigten selbst – ist, dass der Ausbau des Personalmanagements zwar vielfach nicht auf Platz Eins der Reformthemen stand, aber insgesamt sehr wichtig war. Dies gerade deshalb, weil mit der Veränderung des Organisationskonzepts, der Einführung von neuen und für viele in der Verwaltung bislang nicht gewohnten Instrumenten, auch ein erheblicher Fort- und Weiterbildungsbedarf einhergeht. Nicht vergessen werden darf an dieser Stelle aber auch, dass zuerst und vor allem die Führungskräfte mit dem Umstieg auf das Public Management-Konzept einer Neuausrichtung ihrer Führungsaufgaben und Führungsrolle konfrontiert sind. Auch dies muss durch gezielte Personalentwicklungs- und Weiterbildungsmaßnahmen begleitet werden.

Es würde hier zu weit führen, alle im Detail abgefragten Reformthemen darzustellen. Einige, aus unserer Sicht, für die weitere Diskussion besonders wichtige Teilergebnisse möchten wir gleichwohl vorstellen.

- *Strategie – strategisches Management:* Vielen Führungskräften ist schon lange bewusst, dass die Themen Strategie und Führung im Alltag vielfach zu kurz kommen. Auch die Reformen der letzten Jahre brachten – so die vorliegenden Ergebnisse der Befragung – hier keine nennenswerten Verbesserungen. Nach wie vor besteht auf dem Gebiet der strategischen Arbeit und des strategischen Managements erheblicher Entwicklungsbedarf. Regelmäßige Auseinandersetzungen mit Chancen und Risiken der Verwaltungsentwicklung finden ebenso nur selten statt, wie beispielsweise jährliche Strategieklausuren. Auch gibt es nach Einschätzung der vorliegenden Antworten in der Mehrzahl der

Gemeinden noch keine jährlichen Zielvorgaben für einzelne Organisationseinheiten/Abteilungen im Sinne des Kontraktmanagements.

- *Steuerung mit Kennzahlen:* „Produkte“ sind als Reformbausteine in sehr vielen Gemeinden eingeführt. Demgegenüber wird Entwicklungsbedarf dahingehend deutlich, dass die Nutzung der Produkte zur Budgetierung und zur ergebnisorientierten Steuerung (Nutzung von Kennzahlen zur Operationalisierung von Zielen) nur vereinzelt praktiziert werden.
- *Wirkungen – Wirtschaftlichkeit:* Rund die Hälfte aller Gemeinden gibt an, zumindest teilweise bei der Planung von Maßnahmen dezidiert die erwarteten Wirkungen zu berücksichtigen, regelmäßig kommunale Leistungen (insbesondere auch Förderungen) auf deren Wirkungen hin zu überprüfen. Hier geben die Befragungsergebnisse – so die Einschätzung der städtischen Expertinnen und Experten – ein zu positives Bild wieder.
- *Innovation – Leistungsvergleiche:* Auch hier wird deutlich, dass die Entwicklungspotenziale in den Städten und Gemeinden noch merklich gehoben werden könnten. Denn nur ganz wenige Amtsleiterinnen und Amtsleiter geben zu erkennen, dass es in ihrer Verwaltung spezielle Programme zur Förderung von Innovationen gibt, dass Leistungsvergleiche – sowohl in der eigenen Verwaltung als auch mit andern Gemeinden – regelmäßig praktiziert werden und sich die eigene Gemeinde mit ihren Modernisierungsprojekten an Qualitätswettbewerben (z.B. EPSA-Award) beteiligt.

1.3 Reformerfolge: Verbesserte Bürgerorientierung und optimierte Strukturen

Was die Erfolge der zurückliegenden Reformbemühungen in den Städten und Gemeinden anbelangt, nennen die Bürgermeisterinnen und Bürgermeister am häufigsten Verbesserungen im Bereich des Bürgerservices. Sei es durch die Einrichtung von Bürgerbüros, die Erweiterung der Leistungen/Services oder generell die Vereinfachung von Wegen für die Bürgerinnen und Bürger. Maßnahmen einer verbesserten Bürgerbeteiligung – Partizipation – werden nur vereinzelt genannt. Dazu passt eine zweite Erkenntnis aus der Befragung, wonach für rund die Hälfte aller an der Befragung mitwirkenden Bürgermeisterinnen und Bürgermeister die Bürgerservicestellen inzwischen als die wichtigsten Ansprechstellen bzw. Schnittstellen zu den Bürgerinnen und Bürgern geworden sind.

Gleich dahinter rangiert eine Vielzahl von sehr unterschiedlichen Verbesserungen zur Optimierung von Strukturen und Abläufen sowie Maßnahmen zur Ausgliederung von Aufgaben/Leistungen in private Organisationsformen. Und so überrascht eigentlich nicht, dass mehr als die Hälfte der Bürgermeisterinnen und Bürgermeister in der Befragung angab, für die kommenden Jahre keine weiteren Ausgliederungen zu planen.

1.4 Einbindung der Politik in die Reformen

Immer wieder wurde in den letzten Jahren darauf hingewiesen, dass es nicht ausreichend gelungen ist, die Politik für die Reformen zu gewinnen. Auch von Seiten der städtischen Expertinnen und Experten wurde – bezogen auf deren jeweilige Erfahrungen – darauf hingewiesen, dass die Mandatarinnen und Mandatare dem Thema Verwaltungsmodernisierung insgesamt zwar Aufmerksamkeit schenken, das Mitwirkungsinteresse aber eher geringer ausfällt. Insofern war uns wichtig herauszufinden, in welcher Weise die Städte und Gemeinden die Gemeindemandatarinnen und Gemeindemandatare in ihre Reformprojekte einbezogen haben.

Abbildung 2: Einbindung der Politik in den Modernisierungsprozess

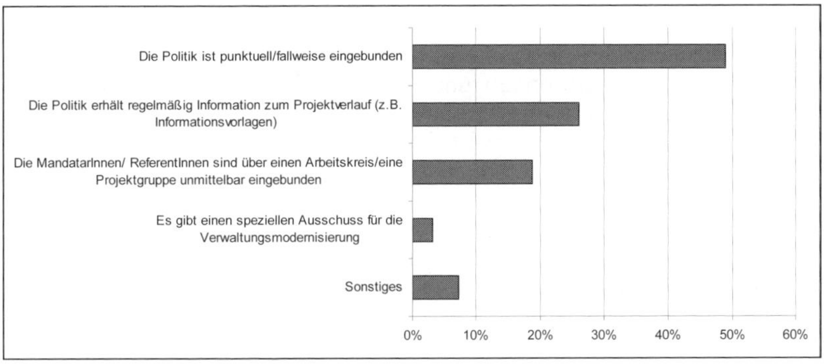

Quelle: KDZ (2011)

Mehrheitlich sind die politischen Repräsentantinnen und Repräsentanten in den Städten und Gemeinden lediglich fallweise in die Projekte eingebunden; werden jedoch in Abhängigkeit vom konkreten Projektverlauf regelmäßig informiert. Nur in wenigen Fällen sind die Politikerinnen und Politiker aktiv mitwirkender Teil der Reformen.

1.5 Effekte der Reformen

Unser Befragungsinteresse war weiters darauf ausgerichtet, zu erkennen, welche Effekte die zurückliegenden Reformen in den Städten und Gemeinden hatten. Dazu haben wir drei komplementäre Bereiche abgefragt: Wirtschaftlichkeitseffekte, Performance- respektive Ergebniseffekte und zuletzt positive Effekte im Bereich der Verwaltungskultur.

- Bezogen auf positive *Effekte bei der Wirtschaftlichkeit* geben die meisten Amtsleiterinnen und Amtsleiter durch ihre Antworten zu erkennen, dass es durch die Reformmaßnahmen gelungen sei, mit weniger Personal die selbe Leistungsqualität zu gewährleisten oder bei gleich bleibendem Personalstand neue, zusätzliche Aufgaben für die Bürgerinnen und Bürger anbieten zu können. Einige wiesen gleichermaßen darauf hin, dass bei ihnen keine Wirtschaftlichkeitsverbesserungen eingetreten, oder diese nicht messbar seien.[3]

- Was nun aber die *Auswirkungen der Reformbemühungen auf die Leistungen* – die Performance der Gemeinden – betrifft, sind die Antworten etwas uneinheitlich. Eine große Zahl an Nennungen betrifft Fortschritte im Bereich des Kundenservices und der Kundenzufriedenheit. Als bemerkenswert wird hier von den Expertinnen und Experten angesehen, dass *Wirkungen* – ein ganz zentrales Reformelement des Public Managements – nicht wirklich ein Thema bei den Antworten sind. Hinsichtlich der *systemischen und kulturellen Effekte der Reformen* werden von den Amtsleiterinnen und Amtsleitern vor allem die positiven Veränderungen bei Einstellungen, Werthaltungen und Denkweisen hervorgehoben. So hat sich in der Wahrnehmung der Amtsleiterinnen und Amtsleiter in den Städten und Gemeinden gerade das *Kostenbewusstsein* bei den Beschäftigten durch die Reformen positiv verändert. Des Weiteren haben die Amtsleiterinnen und Amtsleiter beobachtet, dass bei den Führungskräften die *Eigenverantwortung* und bei den Mitarbeiterinnen und Mitarbeitern die *Innovationsbereitschaft* als Folge der Reformen gestiegen zu sein scheinen. Damit wird deutlich, dass sich, parallel zum Kulturwandel hin zur serviceorientierten Gemeindeverwaltung (Reformschwerpunkt Bürgerservice), die Einstellung der Beschäftigten – wenn auch langsam und nicht in allen Verwaltungen gleichermaßen, so doch für die Verwaltungsführung sichtbar – positiv verändert zu haben scheint.

1.6 Reformerfahrungen – Erfolgsfaktoren

Wer sich auf den Weg der Verwaltungsreform begibt, bewegt sich auf einem unwägbaren und steinigen Weg. Wir haben danach gefragt, ob es bei den zurückliegenden Reformbemühungen Vorhaben gab, die nicht erfolgreich abgeschlossen werden konnten. Immerhin gaben rund 20 Prozent der mitwirkenden Amtsleiterinnen und Amtsleiter an, dass es solche Abbrüche gab.

Als Hauptgründe hierfür wurden genannt: die zu geringe oder falsch eingeschätzte Veränderungsbereitschaft bzw. Veränderungswille in der politischen Führung, Ressourcenmangel respektive das Unterschätzen der Aufgabenstellung sowie der zu hohe Anspruch des Public Management-Konzepts.

Insofern war es auch spannend zu erfahren, was die Amtsleiterinnen und Amtsleiter rückblickend selbst als die *fünf* wichtigsten Erfolgsfaktoren von Reformen ansehen. Auf den Spitzenplätzen eins bis fünf finden sich folgende Erfolgsbedingungen:

3 Die Antworten werden von den städtischen Expertinnen und Experten als insgesamt plausibel gewertet. Personaleinsparungen hatten in der Vergangenheit sicherlich einen großen Stellenwert. Nicht zuletzt auch deshalb, weil sowohl die Landesverwaltungen als auch die lokalen Politikerinnen und Politiker dies immer wieder fordern. Insofern kann die hier genannte Personaleinsparung in den Städten und Gemeinden auch als Erfolg der Reformen gelten.

- klare Zielvorstellungen
- die gemeinsame Suche nach einem hauseigenen (= passenden) Weg
- die konsequente Erfolgs-/Umsetzungsorientierung der Führung (auch in Krisen)
- umfassende Analysen vor der Festlegung von Maßnahmen
- professionelle Projektorganisation/-steuerung

Aus Sicht der kommunalen Expertinnen und Experten wird bei den Antworten der Amtsleiterinnen und Amtsleiter wohl zu wenig berücksichtigt, wie wichtig Machtpromotoren in einem Reformprozess sind.[4] Ebenso wird darauf hingewiesen, dass der Faktor Aufbruchstimmung von den Befragten ebenfalls nicht ausreichend herausgestellt wird („*Ein gemeinsamer und fester Wille zur Veränderungen muss gegeben sein*"). Auch brauche es ein Grundverständnis der Inhalte und der Sinnhaftigkeit der Reformziele. Als hilfreich für einen erfolgreichen Reformprozess wurde von den Expertinnen und Experten angesehen, wenn es zu Beginn eines Reformvorhabens einen für alle sichtbaren und leicht zu kommunizierenden Handlungsdruck oder auch einen konkreten Anlassfall (z.B. eine gravierende finanzielle Krise) gibt.

Alles in allem fehle – so die kommunalen Expertinnen und Experten – dem öffentlichen Sektor der externe Wettbewerb, der das System fortlaufend unter Druck setzt („*Das System unter Strom setzt*"). In diesem Zusammenhang wurde daher zuletzt die Frage aufgeworfen, ob und inwieweit gesetzliche Vorgaben zur Förderung von Reformen sinnvoll oder auch notwendig wären.

1.7 Zukunftsthemen – die Sicht der Gemeinden

Abschließend danach befragt, was aus Sicht der Bürgermeisterinnen und Bürgermeister die wesentlichen Themen der nächsten Jahre sein werden, wird folgendes deutlich: An der Spitze der Nennungen steht die generelle Aufgabe der Sicherung (und teilweise des Ausbaus) der kommunalen Infrastruktur und erst danach die Fortsetzung der Verwaltungsreformagenden, wobei das Themenspektrum der Verwaltungsreformfelder hier sehr breit und individuell ist. Die Antworten sind vermutlich stark von der aktuellen Finanzkrise und den in vielen Städten und Gemeinden schwierigen finanziellen Bedingungen geprägt. Auffallend ist aber auch, dass die Antworten wohl stark von gegenwärtigen verwaltungspraktischen Überlegungen und weniger von längerfristigen globalen Entwicklungstrends (z.B. Demografie, Globalisierung, Klimawandel etc.) beeinflusst zu sein scheinen.

2. Entwicklungsperspektiven des Public Managements

Führt man die Ergebnisse der Befragung und der Fallstudien zusammen, zeigt sich, dass vor allem die Bürgerorientierung und die Optimierung der Aufbauorganisation forciert wurden. Der Ökonomisierung im Sinne der

4 Es handelt sich dabei jeweils um den personifizierten Gestaltungs-/Veränderungswillen.

Steigerung der Effizienz wurde mittels zahlreicher Instrumente (z.B. Kosten- und Leistungsrechnung, Einführung von Produkten) Rechnung getragen.

2.1 Schwachstellen des Public Management-Konzepts

Aspekte der Binnenmodernisierung zur Ökonomisierung der Verwaltung, welche zu Beginn der Public Management-Reformen im Mittelpunkt standen, finden sich in allen Städten. Allerdings ist festzustellen, dass diese in den meisten Fällen als Einzelinstrumente in die Reformprozesse eingeführt wurden und der Blick auf die Gesamtzusammenhänge des Public Managements eine geringere Rolle spielte. Bislang haben nur wenige Städte versucht, Public Management als Gesamtkonzept umzusetzen.

Offensichtlich hatte das Public Management-Konzept Schwachstellen, die dazu führten, dass vor allem die Zusammenarbeit zwischen Politik und Verwaltung nicht im ursprünglich vorgesehen Umfang umgesetzt werden konnte. So wurde bei der Einführung des Public Management-Konzepts zu wenig darauf Bedacht genommen, die unterschiedlichen Rollen und Interessen von Politik und Verwaltung zu würdigen. Es wurde zu wenig an der praktischen politischen Realität orientiert vorgegangen und die jeweiligen Rationalitätskategorien (Wie funktioniert kommunale Politik? Was sind ihre Interessen? Welchen Handlungslogiken folgt Politik?) zu sehr außer Acht gelassen.

2.2 Weiterführen des Public Management-Konzepts

Trotz der heute feststellbaren unvollständigen – oder besser punktuellen – Umsetzung, gilt es weiterhin, das Gesamtkonzept des Public Managements fortzuführen. Dieses hat sich in den letzten 15 Jahren bedeutend weiterentwickelt und hierin ist die Chance zu sehen, die Verbesserungen nun nachzuholen. Während Public Management in seiner ursprünglichen Fassung ein Konzept zur Ökonomisierung der Verwaltung war, das die innere Modernisierung der Organisationen forcierte, beziehen die modernen Public Management-Konzepte die Aspekte von Governance mit ein. Hiermit wird der enge Fokus der Binnenmodernisierung erweitert und eine Öffnung der Verwaltung gefordert, welche in den Begriffen Transparenz und Partizipation zum Ausdruck kommt. Modernes Public Management „orientiert“ sich nicht nur an den Bürgerinnen und Bürgern, sondern bezieht die Bürgerinnen und Bürger mit ein.

Diese neue Einbeziehung der Bürgerinnen und Bürger reduziert sich nicht nur auf Parteienstellungen in Umwelt- oder Nachbarschaftsverfahren oder auf das Einholen von Feedback der Kundinnen und Kunden. Damit wird vielmehr die aktive Rolle der Bürgerinnen und Bürger im gesellschaftlichen, politischen und administrativen Leben angesprochen, welches bis hin zur Aktivierung der Bürgerinnen und Bürger geht, das ein Mitmachen, Mitproduzieren und Mitentscheiden bedeutet.

2.3 Das Zusammenwirken von Politik, Verwaltung und der Bürgerinnen und Bürgern

Der zentrale Nachholbedarf hinsichtlich des Gesamtkonzepts von Public Management ist im Zusammenwirken von Politik und Verwaltung zu sehen: Die Politik soll strategische Vorgaben definieren, welche von der Verwaltung operativ umgesetzt werden. Dies sollte mittels Kontrakten geschehen, welche von der Politik und der Verwaltung vereinbart werden.

Die Evaluierung hat gezeigt, dass diese Kontrakte in vielen Städten nicht vorhanden sind. In anderen finden sich diese punktuell in einzelnen Themenbereichen. Nur in ausgewählten Städten findet sich ein umfassendes, systematisiertes System der Leistungsvereinbarungen. Dies wird auch durch die Ergebnisse der Umfrage bestätigt: Den Aussagen „*Für alle Leistungsbereiche existieren jährliche Zielvorgaben hinsichtlich der Ergebnisse und Wirkungen; es gibt jährliche Strategieklausuren zur Abstimmung von politischen Vorgaben und deren Umsetzung in der Verwaltung*" stimmen ungefähr acht Prozent der Amtsleiterinnen und Amtsleiter vollständig und 40 Prozent teilweise zu.

Begründungen für die geringe oder punktuelle Umsetzung finden sich viele. Diese reichen von „*Die Möglichkeiten und Kompetenzen der Politik werden unangemessen eingeschränkt*", über „*Das System lässt keine Flexibilität zu und bindet die Entscheidungsträgerinnen und Entscheidungsträger zu stark*" und „*Der bürokratische Aufwand ist zu hoch*" bis hin zu „*Die Verwaltung ist diese Form der Transparenz nicht gewöhnt*". Mitunter wird auch ausgeführt, dass das Public Management-Konzept die individuellen Interessenlagen von Politik und Verwaltung zu wenig beachtet und somit ein theoretisches Konzept geschaffen hat, welches zumindest hinsichtlich der Zusammenarbeit von Politik und Verwaltung nicht alltagstauglich ist.

Ob diese Begründungen zutreffend sind, ist anzuzweifeln. Trotzdem ist festzustellen, dass dieses wichtige Element der Zusammenarbeit von Politik und Verwaltung als zentrale Klammerfunktion für das Gesamtkonzept von Public Management noch nicht die österreichische Realität prägt. Von Interesse hierbei ist, dass auf der Ebene der Bundesverwaltung ab 2013 mit dem Projekt „Wirkungsorientiertes Haushaltsrecht" genau dieser Aspekt für alle Ministerien verpflichtend eingeführt wird und derzeit die ressortinternen Abstimmungen und Zielvereinbarungen stattfinden. Insofern ist hier in den nächsten Jahren seitens des Bundes eine Vorbildwirkung zu erwarten, welche der gesamthaften Steuerung, unter Einbeziehung der Politik, neuen Schub verleihen wird.

Worauf jedoch noch hingewiesen werden soll, ist der vorhin erwähnte Umstand der Weiterentwicklung der Public Management-Konzepte hinsichtlich einer Öffnung hin zu den Bürgerinnen und Bürgern. Mehr noch als bisher müssen die Bürgerinnen und Bürger in die Politik und Verwaltungsagenden aktiv einbezogen werden. Ist es bisher wenig gelungen, die Politik aus Verwaltungssicht ins Boot zu holen, macht es Sinn, dies mittels der Einbeziehung der Bürgerinnen und Bürger neu zu versuchen.

Hier sind neue Ideen der Einbeziehung bei der Definition der Ziele gefragt, welche zu Kontrakten zwischen Politik und Verwaltung führen können. Jedenfalls ist hier die Verwaltung gefordert, der Politik Angebote zu machen und in Vorleistung zu treten. Andererseits muss die Politik die Vorteile erkennen, wenn sie den Rat der Verwaltung aber auch der Bürgerinnen und Bürger sowie Expertinnen und Experten mit einbezieht. Das Primat der Politik wird dadurch nicht aufgegeben und die Kompetenzen der Politik nicht eingeschränkt, jedoch wird eine Neudefinition von politischer Entscheidungsfindung notwendig sein, wenn die Einbeziehung von Jugendlichen gelingen und Phänomene wie Stuttgart 21 künftig verhindert werden sollen.

2.4 Aktive Bürgerinnen und Bürger, Mitwirkung und Koproduktion

Exemplarisch für die Potenziale der Bürgerbeteiligung und Bürgermitwirkung sei hier auf die zahlreichen Bürgerhaushalte in Deutschland verwiesen. Diese sind als Trend zur frühzeitigen Einbeziehung der Bürgerinnen und Bürger in wichtige kommunale Entscheidungen zu sehen. Dabei bleibt die eigentliche Haushaltserstellung Aufgabe der Verwaltung und die Letztentscheidung über den Haushalt fällt weiterhin die Politik. Den Bürgerinnen und Bürgern wird jedoch ermöglicht, sich bei der Haushaltserstellung einzubringen.

In einer vergleichenden Studie europäischer Bürgerhaushalte wird der Begriff „Bürgerhaushalt" wie folgt definiert:

> *„Bürgerhaushalt ist ein Verfahren, das Bürgerinnen und Bürger die Beteiligung an der Planung von Einnahmen und Ausgaben öffentlicher Mittel ermöglicht."*[5]

In Zusammenhang mit dem Bürgerhaushalt werden oft das Vorschlagswesen und die Prioritätensetzung als Partizipationsmaßnahmen diskutiert. Dabei werden Bürgerinnen und Bürger nicht in einem ganzheitlichen Prozess bei der Haushaltserstellung beigezogen, sondern für einzelne Elemente des Prozesses konsultiert. So ist es beispielsweise denkbar, die Bürgerinnen und Bürger im Sinne eines Vorschlagswesens über Verbesserungsmöglichkeiten in ihrem unmittelbaren Lebensumfeld einzubeziehen. Die dabei generierten Rückmeldungen können Handlungsimpulse für Politik und Verwaltung sein, aus denen Veränderungen im Leistungskatalog der Verwaltung entstehen bzw. finanzielle Prioritäten anders gesetzt werden. Weiters ist es denkbar, die Bürgerinnen und Bürger bei der Prioritätensetzung einzubinden, wenn beispielsweise ein Katalog von Einsparungs- und/oder Investitionsvorschlägen vorliegt, der von der Verwaltung erarbeitet wurde.

Die Einbindung der Bürgerinnen und Bürger bei Zielfestlegungen und kommunalen Planungsagenden sollte sich zu einer Selbstverständlichkeit entwickeln. Innovative Ansätze der Bürgermitwirkung gehen aber noch

5 Sintomer; Herzberg; Röcke: Bürgerhaushalt, 2010, S. 42.

einen Schritt weiter. Hier sieht sich die Stadt als Plattform zur Förderung und Forderung von Bürgeraktivität. Das Potenzial ist hoch.

> *„44 Prozent der über 15jährigen ÖsterreicherInnen leisten in irgendeiner Form Freiwilligenarbeit. Das entspricht in absoluten Zahlen rund 3 Mio. Menschen. Davon sind rund 1,9 Mio. in Vereinen oder Organisationen, also in der formellen Freiwilligenarbeit, tätig. 1,9 Mio. Personen betätigen sich informell in der Nachbarschaftshilfe. Rund 800.000 Personen sind doppelt, also informell und formell in der Freiwilligenarbeit aktiv.*“[6]

Verschiedene Städte nähern sich dem Thema auf individuelle Weise. Es finden sich Büros für Bürgerbeteiligungen, welche das Engagement in Vereinen unterstützen. In Feldkirch findet sich ein eigenes Büro für Ehrenamt. Bürgermitwirkung wird hier als Lernprozess verstanden, dessen Ziel die Entwicklung des persönlichen Potenzials zum selbständigen Handeln und der Befähigung zu Mitsprache, Mitwirkung und Urteilskraft ist.

Für die neuesten Trends der Einbeziehung der Bürgerinnen und Bürger wird der Begriff „Koproduktion“ verwendet[7]. Dieser geht über die Einbeziehung hinaus und beschreibt das Engagement der Bevölkerung, beispielsweise im Bereich von Vorsorge- und Präventionsmaßnahmen zur Verbesserung der Lebensqualität und öffentlicher Dienstleistungen. Die Steuerung dieses Engagements wird zunehmend zur Aufgabe der Städte. Umsichtig organisiert kann dies zukünftig einen relevanten Beitrag zur Stärkung des Gemeinwohls und des gesellschaftlichen Zusammenhalts leisten.

Die neuen Formen der Einbeziehung der Bürgerinnen und Bürger haben das Potenzial, die Kluft zwischen Politik und Verwaltung überbrücken zu helfen und dabei gleichzeitig den Bürgerinnen und Bürgern die Teilnahme an gesellschaftlichen und politischen Entwicklungen zu ermöglichen. Dies wird notwendig sein, um den Herausforderungen der nächsten Jahrzehnte gewachsen zu sein. In diesem Zusammenhang seien nur die globalen Entwicklungen, wie der Klimawandel, die Migration und demografische Entwicklung sowie Gender- und Diversity-Fragen, Wissensgesellschaft und lebenslanges Lernen sowie Politikverdrossenheit, erwähnt, auf die Antworten auch auf lokaler Ebene gefunden werden müssen.

2.5 Der verantwortliche Staat

Ein weiteres zentrales Element der Weiterentwicklung des Public Managements in Richtung Governance wird mit dem Begriff Accountability beschrieben. Hierunter wird die Verantwortlichkeit einzelner Personen oder der gesamten Organisation für die Erreichung von Zielen, des Einsatzes der Mittel oder der Erfüllung von Erwartungen und Bedarfen verstanden. Das *„Für etwas gerade stehen*“ ist auch als aktive Übernahme von Verantwortung zu sehen. Dies spielt im öffentlichen Sektor eine große Rolle, da hier in den letzten Jahren ein Trend in die Gegenrichtung zu beobachten ist.

6 Löffler: Prioritäten, 2010, S. 10.
7 Vgl. dazu: Birk: Koproduktion, 2010, S. 29-31.

Im Konzept des Gewährleistungsstaates trägt der Staat dafür Sorge, dass die erforderlichen Leistungen (z.B. Verkehr, Gesundheit, Soziales etc.) erbracht werden. Die tatsächliche Erbringung übernimmt der Staat nicht mehr notwendigerweise selbst, sondern überlässt diese entweder eigenen Gesellschaften oder der privaten Hand. Tatsächlich ist zu beobachten, dass es mit der Etablierung des Gewährleistungsstaats zu einem *„Rückzug des Staates“* in vielen Bereichen gekommen ist.

Das Konzept des Gewährleistungsstaates erfordert seitens des öffentlichen Sektors ein hohes Maß an Verantwortlichkeit. Er hat für die Transparenz der Leistungen und der Erbringung zu sorgen, Standards festzulegen und eine ausreichende Kontrolle sicherzustellen. Aus heutiger Sicht lässt sich feststellen, dass es zu den Übertragungen (Ausgliederung oder Privatisierung) der Leistungserbringung gekommen ist. Die Übernahme der Verantwortung für die ausgelagerten Bereiche durch den öffentlichen Sektor konnte jedoch mit der Raschheit und hohen Zahl an Ausgliederungen nicht Schritt halten.

Als Beispiel hierfür ist die Steuerung von Beteiligungen zu nennen, welcher seitens der Städte nicht immer ausreichend Aufmerksamkeit gewidmet wird. Ein Auseinanderdriften der Städte und ihrer ausgegliederten Gesellschaften lässt sich unter diesen Umständen auf Dauer nicht verhindern. Den Verantwortlichen muss dabei bewusst sein, dass die Städte für ihre Gesellschaften in jedem Fall verantwortlich sind und auch zur Verantwortung gezogen werden können.

In vielen Städten konzentriert sich das Beteiligungsmanagement auf die operative Ebene. Als Basis braucht es jedoch ein strategisches Beteiligungsmanagement, das die Intentionen der öffentlichen Hand konkretisiert und bei der Entwicklung von Beteiligungsportfolios hilfreich ist. Ein zentraler Beitrag zum Beteiligungsmanagement ist ein in sich geschlossenes Zielsystem. Die Beteiligungsziele sollten sich aus den Gesamtzielen der Stadt ableiten, seitens des Beteiligungsmanagements sind dazu Vorarbeiten zu leisten. Die Ziele selbst sind auf politischer Ebene abzustimmen.

Für die Steuerung der Beteiligungen bedarf es der Unterstützung durch die Verwaltung. Notwendig ist eine Organisationseinheit, die an der Verwaltungsspitze angesiedelt ist und als Geschäftsstelle für Angelegenheiten der Beteiligungssteuerung fungiert. Für die strategische Ebene der Beteiligungssteuerung ist die Politik in Form von Beteiligungsjourfixen oder Ähnlichem zu integrieren.

2.6 Die Zukunft braucht Qualität und Transparenz

In erster Linie dient Qualitätsmanagement als Instrument, die Unterschiede zwischen angestrebter und tatsächlich erreichter Qualität systematisch zu messen und auszugleichen. Dadurch sollen die Erwartungen und Bedürfnisse der Bürgerinnen und Bürger, Kundinnen und Kunden, Partnerinnen und Partner und der Gesellschaft erfüllt werden. Standards und Transparenz spielen hier eine große Rolle, da diese die Bedürfnisse und Erwartungen definieren, außer Streit stellen und einer breiteren Öffentlichkeit zugänglich machen.

Die Befragung zeigt, dass rund ein Drittel der befragten Städte und Gemeinden die Aufbauorganisation an den Bedürfnissen der Kundinnen und Kunden ausrichtet. Die Qualität der Leistungen wird nur in drei Prozent der befragten Städte erfasst und anhand von festgeschriebenen Leistungsstandards evaluiert. In weiteren 17 Prozent der Städte findet dies teilweise statt. Dies bedeutet, dass partiell Leistungsstandards vorhanden sind und Leistungszusagen gegenüber den Kundinnen und Kunden ausgesprochen werden (z.B. der Baubescheid erfolgt in sechs Wochen). Dies trifft auch auf die Messung der Kundenzufriedenheit zu.

Insgesamt zeigt sich hier ein hoher Nachholbedarf, insbesondere weil das Qualitätsmanagement als Dach für alle Reformbestrebungen gesehen werden kann. Qualitätsmanagement vereint in einem gesamthaften Zugang alle Elemente der Public Management-Konzepte und bietet somit eine profunde Grundlage zur Steuerung der Modernisierung. Mit dem Common Assessment Framework (CAF) liegt zudem ein umfassendes Kriteriensystem vor, das die Gesamtheit einer Organisation oder eines Leistungsbereiches abbildet und Impulse für weitere Verbesserungen liefert.

Nach zehn Jahren CAF-Einsatz (2000 bis 2010) zeigt sich, dass der CAF gerade dort wirkt, wo die Umsetzungsdefizite der Public Management Reformen konstatiert wurden.[8] So führt Qualitätsmanagement mit dem CAF zu einem höheren Verständnis für die Ziel- und Wirkungsorientierung. Diese Vertiefung des Verständnisses erfolgt nicht nur durch CAF-Schulungen, sondern vor allem durch einen Prozess der Selbstbewertung, in dem die Zusammenhänge im Sinne der Wirkungsorientierung und der notwendigen Zielvereinbarungskultur klar werden. Des Weiteren wirkt der CAF durch die Stärkung der Bürger- und Kundenorientierung. Nach fast allen CAF-Anwendungen kommt es zu Maßnahmen der Intensivierung im Bereich der Bürger- und Kundenorientierung.

Die Offenheit gegenüber dem Benchlearning und Kooperationen runden das Bild der CAF-Wirkungen ab. In den CAF-Diskussionen wird die Bereitschaft für den gegenseitigen Austausch zwischen Behörden im Sinne eines Benchlearnings immer betont. Manchmal führt dies auch zu Kooperationen, wie das Projekt „Voneinander – Miteinander lernen“ von fünf Bezirkshauptmannschaften zeigt.[9]

---

8 Hierbei handelt es sich um Ergebnisse einer durch das KDZ durchgeführten Umfrage. Vgl. dazu: KDZ: Common Assessment Framework, 2009 sowie den Beitrag von Thomas Prorok und Michael Kallinger zum Thema „10 Jahre CAF – ein reifes Qualitätsmanagement für öffentliche Verwaltungen“ in der vorliegenden Publikation.

9 Hier haben sich die Bezirkshauptmannschaften Zell am See, Eisenstadt Umgebung, Rohrbach, Hermagor und Hallein zu einem Lernnetzwerk zusammengeschlossen. Vgl. dazu: http://www.pinzpower.at/bhplus/index.html [Download: 18.04.2011].

3. Schlussfolgerungen

Der bislang unzureichende Umsetzungsstand von Public Management bedeutet nicht, dass das Konzept an sich obsolet ist oder nicht funktioniert. Ganz im Gegenteil. Das Konzept ist nach wie vor richtig und sollte konsequent weiter umgesetzt werden. Dabei ist es besonders die Weiterentwicklung von Governance, welcher besondere Aufmerksamkeit geschenkt werden sollte. Governance verfügt über das Potenzial, die Lücken der anfänglich vielleicht zu sehr binnenorientierten Modernisierung, zu schließen.

Es gilt nun, dass sich diejenigen, welche mit den Public Management-Reformen schon weit fortgeschritten sind, nun auf die Aspekte der Nachhaltigkeit der Reformen und die Beteiligung der Bürgerinnen und Bürger konzentrieren. Jene, die sich im Stadium der punktuellen Umsetzung befinden, sollten die Binnenmodernisierung konsequent weiterführen und dabei auf die Werkzeuge von Governance zurückgreifen. Das heißt, die Bürgerinnen und Bürger zum Mitmachen aufzufordern und sie einzubinden, um die offensichtliche Kluft zwischen Politik und Verwaltung aber auch der Bürgerinnen und Bürger zu schließen. Damit werden die Voraussetzungen für eine offene Stadt geschaffen, welche Teilhabe und Engagement als Selbstverständlichkeit erachtet.

Paul GRUBER, Gerold KALTENBRUNNER, Eduard PESENDORFER

WOV 2021 – Konzept, Erreichtes, Ausblick

Im März 2003 hat die oberösterreichischen Landesregierung das langfristige Management- und Unternehmenskonzept WOV 2015 für eine wirkungsorientierte Landesverwaltung beschlossen. Damit wurde ein Konzept für eine langfristige Unternehmensausrichtung der oberösterreichischen Landesverwaltung bis zum Jahr 2015 in Kraft gesetzt. Das Konzept wurde für eine weitere Legislaturperiode weiterentwickelt und im März 2010 als das langfristige Management- und Unternehmenskonzept WOV 2021 für eine wirkungsorientierte Landesverwaltung beschlossen.

Die oberösterreichische Landesverwaltung bedient sich damit eines in der Privatwirtschaft, insbesondere in der Konzernsteuerung, schon lange geübten Instrumentes der strategischen Ausrichtung und langfristigen Planung. Dieses Instrument ist für die öffentliche Verwaltung einigermaßen neu, da eine langfristige Planung den bisherigen Gesetzmäßigkeiten und Steuerungsmechanismen der Verwaltung nicht entsprochen hat.

Das Konzept WOV 2015 bzw. 2021 ist aber nicht die Übernahme eines modischen Trends aus der Privatwirtschaft à la Balanced Scorecard, dieses Konzept ist vielmehr

- das konkrete (Zwischen-)Ergebnis der bisherigen Entwicklungsschritte in Oberösterreich,
- aber auch das bewusste Bekenntnis der oberösterreichischen Landesverwaltung zum Modell der Wirkungsorientierung,
- damit das gemeinsame Dach und die Bündelung aller bisherigen und künftigen Reform- und Entwicklungsschritte
- und beschreibt das Bild der Verwaltung der Zukunft in Oberösterreich und damit die weitere Entwicklungsrichtung.

Mit diesem Beitrag wollen wir das Instrument der Unternehmensausrichtung – im Sinne der ganz konkreten Ausformung für die oberösterreichischen Verhältnisse – erläutern und kurz die bis 2010 gesetzten Umsetzungsschritte darstellen. Das Konzept lässt sich vor allem dann verstehen und nachvollziehen, wenn man die Entwicklungsschritte dort hin kennt.

1. Verwaltungsentwicklung als permanenter Prozess

Unsere Zeit ist geprägt von Veränderungen in der Arbeitswelt, großer Vielfalt und Differenzierung in den Wertesystemen, Globalisierung und neuen Technologien. Der Wandel, der alle Bereiche der Gesellschaft erfasst, zwingt auch die Verwaltungen zu neuen Sichtweisen. Daraus ergibt sich, dass sich das Rollenverständnis und die Aufgabenstellungen der Verwaltung ständig ändern und vor allem der öffentlichen Verwaltung zunehmend neue Aufgaben übertragen werden. Deshalb sind jene Maßnahmen notwendig, die wir üblicherweise unter der Bezeichnung Verwaltungsreform oder besser Verwaltungsentwicklung zusammenfassen.

Die oberösterreichische Landesverwaltung war immer mit Erfolg bemüht den gesellschaftlichen Änderungen Rechnung zu tragen. Die Rasanz und der Umfang der Entwicklung haben die oberösterreichischen Landesverwaltung zu Beginn der 1990er Jahre veranlasst, diesen Veränderungen durch einen bewusst gestalteten und permanenten Prozess der Verwaltungsentwicklung gerecht zu werden. Dabei wurde immer danach getrachtet, die Verwaltungsreform- und Verwaltungsentwicklungsmaßnahmen bewusst und aktiv mitzugestalten und unter Einbeziehung aller Mitarbeiterinnen und Mitarbeiter durchzuführen, weil nur so gewährleistet wird, dass wertvolle Erfahrungen nicht unter die Räder sinnloser Selbstzweckerneuerungen kommen.

Einen wesentlichen Meilenstein in dieser Verwaltungsentwicklung stellte das Projekt „Aufgabenreform in der Landesverwaltung“ dar. Dabei wurde, neben dem primären Projektziel der Reduktion der öffentlichen Aufgaben der Landesverwaltung sowie der Verbesserung des Leistungsprogrammes, immer das Ziel verfolgt, das Bewusstsein für den Veränderungsprozess der Verwaltung vom aufgabenerledigenden Verwaltungsapparat hin zum ziel-, ergebnis- und kundenorientierten Dienstleistungsunternehmen zu fördern. Damit war auch ein klares Reformziel für die Verwaltungsentwicklung in Oberösterreich formuliert.

Seit ca. 20 Jahren läuft daher in Oberösterreich ein permanenter Verwaltungsentwicklungsprozess. Eine Besonderheit ist dabei, dass dieser Prozess nicht aufgrund des Drucks der leeren Kassen oder auf Zuruf von außen erfolgte, sondern auf Basis der Aussagen der Organisationsentwicklung mit einem ganzheitlichen Entwicklungsansatz. Es war unser Anliegen, nicht nur durch kurzfristige Verwaltungsreformmaßnahmen die Schwachstellen unseres Systems zu beseitigen oder auf Zuruf von außen Modernisierungen vorzunehmen, sondern ziel- und wirkungsorientiert den sich ständig ändernden Anforderungen der Umwelt anzupassen und uns im Sinne einer lernenden Organisation permanent zu erneuern.

Im Sinne dieser Grundsätze der permanenten und nachhaltigen Verwaltungsentwicklung wurden viele Veränderungsprojekte und „Reformbaustellen“ in der oberösterreichischen Landesverwaltung begonnen bzw. realisiert. Diese Verwaltungsreform und Verwaltungsentwicklung stand aber immer schon unter dem eindeutigen Reformziel: „Das Dienstleistungsunternehmen Land Oberösterreich“.

Damit war und ist aber auch ein Wandel im Selbstverständnis und in der gesamten Kultur der Verwaltung angesprochen, der alle Aspekte und Elemente sowie Ebenen einer Organisationseinheit betrifft und nur gesamtheitlich betrachtet und betrieben werden kann. Zur Sicherung einer nachhaltigen Verwaltungsentwicklung war es daher notwendig, nicht nur punktuelle und isolierte Maßnahmen zu setzen, sondern auf die Wechselwirkungen der einzelnen Entwicklungsschritte Bedacht zu nehmen. Diese einzelnen Entwicklungsschritte selbst sowie die Notwendigkeit, sie unter dieses gemeinsame Dach zu stellen, führten letztlich zur Formulierung eines gesamtheitlichen Entwicklungskonzeptes.

2. Grundlagen und Entwicklungsschritte

Mit dem Großprojekt Aufgabenreform in den Jahren 1993 bis 1994 wurden die ersten wichtigen Entwicklungen in Richtung Wirkungsorientierung in der oberösterreichischen Landesverwaltung eingeleitet. Dabei wurden eine systematische Durchforstung der Aufgaben sowie die Erarbeitung von Vorschlägen zur Reduktion und zur Verbesserung des Leistungsprogrammes der Landesverwaltung durchgeführt und damit ein Einsparungspotenzial von 789 Personenjahren ermittelt. Bewusst wurde versucht diese Einsparungen über Aufgabenreduktion (Aufgabenkritik) zu erzielen und nicht mit Effizienzsteigerungen zu verquicken.

Über diesen zahlenmäßigen Erfolg hinaus gelang es Oberösterreich mit diesem Projekt einen umfassenden Produktkatalog für die gesamte Verwaltung samt Einmal-Vollkostenrechnung zu erstellen, was damals in Österreich einzigartig war. Damit wurde aber auch die Grundlage für die weitere Einführung betriebswirtschaftlicher Steuerungsinstrumente wie Kosten- und Leistungsrechnung und Controlling gelegt. Der Haupteffekt des Projektes lag zusätzlich in der systematischen Änderung der Betrachtungsweise der Leistungen der Verwaltung: Nicht allein die Aufgabenerledigung und die Ressourcenallokation standen im Mittelpunkt, sondern die Arbeitsergebnisse, die Produkte, der Output. Somit war dieses Projekt wesentlicher Impulsgeber für die verstärkte Outputorientierung.

Abbildung 1: Entwicklungsschritte

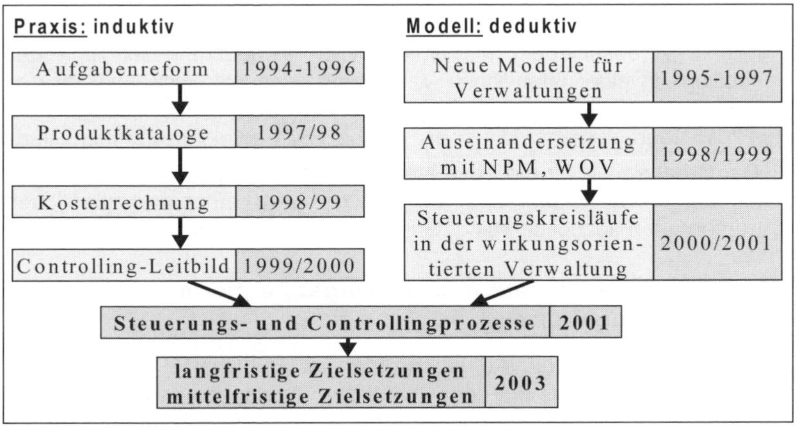

Quelle: Amt der Oberösterreichischen Landesregierung

Es ergaben sich daher zwei wesentliche Themenblöcke für die weitere Reformarbeit:

- Einerseits die Weiterentwicklung der betriebswirtschaftlichen Steuerungsinstrumente aufbauend auf dem Produktkatalog und der Kostenrechnung (als induktive Weiterentwicklung nach der Aufgabenreform),
- andererseits die bewusste und verstärkte Auseinandersetzung mit neuen Steuerungsmodellen, wie dem New Public Management (NPM)

und der wirkungsorientierten Verwaltungsführung (WOV) (als deduktive Ableitung von Anforderungen aus einem Modell).

2.1 Betriebswirtschaftliche Steuerungsinstrumente

Wegen der eindeutigen Erfolge der Aufgabenreform war klar, dass die Aufbereitung entsprechender betriebswirtschaftlicher Daten systematisch in der oberösterreichischen Landesverwaltung fortgesetzt werden soll. Basis dieser verstärkten Outputorientierung bildete der Produktkatalog; es wurde ein beispielgebender Leitfaden für die Produktdefinition erarbeitet und der Produktkatalog neuerlich überarbeitet, um als Basis für die Kostenträgerrechnung der Kosten- und Leistungsrechnung dienen zu können.

Parallel dazu wurde die Entscheidung getroffen, in der oberösterreichischen Landesverwaltung die Kosten- und Leistungsrechnung flächendeckend mit SAP/R3 einzuführen. Gleichzeitig haben wir auch Überlegungen angestellt, ein Produktberichtswesen (inkl. Produktbeschreibungen nach deutschen Vorbildern) aufzubauen, wobei mögliche relevante Kenngrößen für die Produkte des Produktkataloges gesucht wurden. Diese Überlegungen wurden aber nicht fortgesetzt, weil nicht klargestellt war, welche lang- und mittelfristigen Ziele zu verfolgen sind und mit welchen Steuerungsgrößen diese Zielerreichung gelenkt werden sollte. Dies wäre damit die Gefahr eines übermäßigen Kennzahlenbürokratismus verbunden gewesen.

Deshalb haben wir keine aufwendigen Produktbeschreibungen erstellt, sondern 1998 sehr intensiv über das Steuerungsverständnis einer öffentlichen Verwaltung nachgedacht und als Ergebnis Jahr 2000 unser Controllingleitbild verabschiedet, das neben einer eindeutigen Definition des Controllings in einer öffentlichen Verwaltung auch die Basisziele unseres Verwaltungshandelns klarstellt. Diese Basisziele wurden später in das Konzept 2015 übernommen und für das Konzept 2021 geringfügig umformuliert.

Damit haben wir für die oberösterreichische Landesverwaltung festgeschrieben, welche Steuerungsgrößen in unseren betriebswirtschaftlichen Instrumentarien abzubilden sind. Das Leitbild wurde breit kommuniziert.

2.2 Public Management und wirkungsorientierte Verwaltungsführung

Nach dem Abschluss der Aufgabenreform im Frühjahr 1996 lag aber für uns auf der Hand, dass mit dem Schritt zur Outputorientierung auch eine generelle Auseinandersetzung mit den damals gerade neuen Steuerungsmodellen wie dem Public Management oder der wirkungsorientierten Verwaltungsführung notwendig wurde.

Wir haben dies sehr intensiv in einer kleinen Strategiegruppe betrieben und uns vor allem mit dem Schweizer Modell der wirkungsorientierten Verwaltungsführung auseinandergesetzt, weil die Schweizer Kantonalverwaltungen – aus damaliger Sicht – für uns am ehesten als Vorbild galten und mit uns vergleichbar waren. Ganz wesentlich war es, ein Grundverständnis für die Anliegen der Wirkungsorientierung zu erzielen. Insbesondere der „Steuerungs- und Regelkreis einer öffentlichen Verwaltung“, wie er von Buschor und Schedler entwickelt wurde, wurde zur Grundlage unserer Überlegungen.

Abbildung 2: Steuerungs- und Regelkreis einer öffentlichen Verwaltung

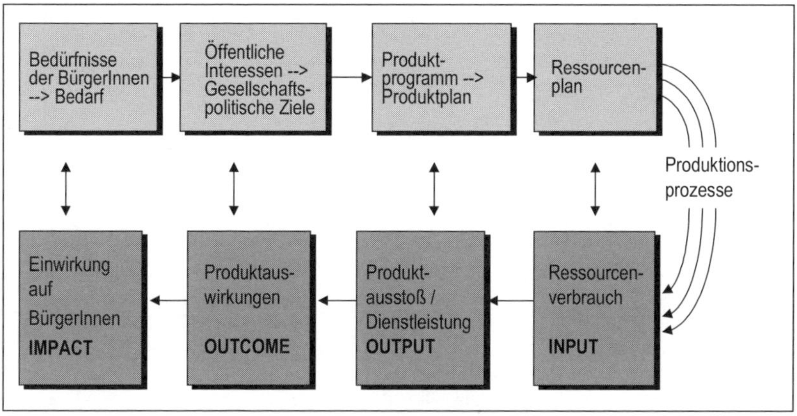

Quelle: Amt der Oberösterreichischen Landesregierung

Anhand dieses Regelkreises als visualisierter Essenz des WOV-Modells konnten wir eine inhaltliche Auseinandersetzung unserer Führungskräfte mit der Wirkungsorientierung erzielen.

Sowohl diese Auseinandersetzung als auch die Festlegung der Basisziele des Verwaltungshandelns in unserem Controlling-Leitbild führten dazu, dass wir nach längerer Entwicklungszeit unserer Landesregierung 2001 ein Konzept für standardisierte Steuerungs- und Controllingprozesse vorlegen konnten, das einstimmig verabschiedet wurde und nunmehr die Basis der kompletten Neuausrichtung unserer Steuerungs- und Controllingprozesse bildet.

2.3 Wirkungsorientierte Steuerungsprozesse

Kernstück der wirkungsorientierten Steuerungsprozesse war der Ansatz, langfristige Wirkungsziele für die Bevölkerung im Sinne von gesellschaftspolitischen Zielsetzungen als Ausgangsbasis für die Planung und Steuerung in der Landesverwaltung festzulegen. Dazu sollten Planungs- und Steuerungsprozesse in standardisierter Form eingeführt werden und durch Herabbrechen dieser Ziele in mittelfristige Meilensteine die Überleitung in die Jahresplanungen sichergestellt werden. Abbildung 3 zeigt in einem Schaubild den Bezugsrahmen für unsere unternehmensweiten und lebensbereichsbezogenen Steuerungsprozesse. Durch die Entwicklung dieser zeitlichen Ebenen war für uns ersichtlich, dass wir einen Stufenbau in den Zielsetzungsebenen verbindlich festschreiben mussten.

Abbildung 3: Bezugsrahmen für unternehmens- und lebensbereichsbezogene Steuerung

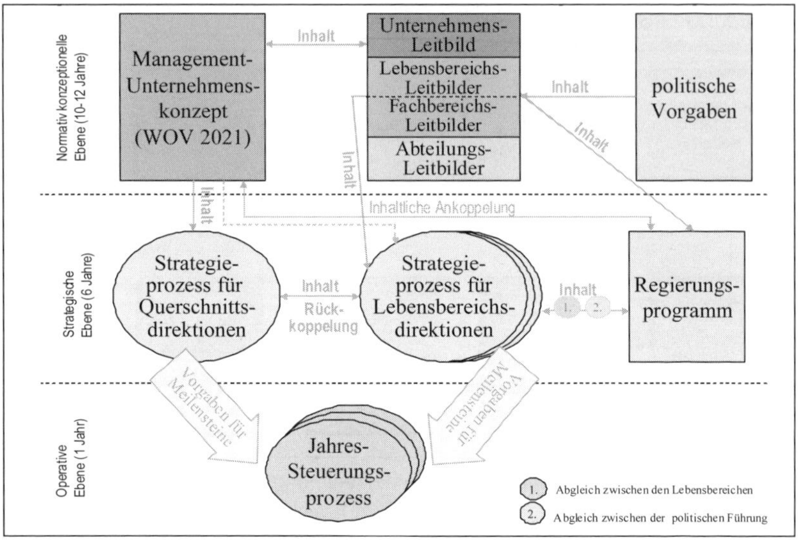

Quelle: Amt der Oberösterreichischen Landesregierung

3. Langfristige Ausrichtung und Stufenbau der Zielsetzung

Um den oben erwähnten Bezugsrahmen für unternehmens- und lebensbereichsbezogene Steuerung in der oberösterreichischen Landesverwaltung im Rahmen unserer Führungskräfteschulung besser vermitteln zu können, haben wir das Schaubild über den Stufenbau der Zielsetzungsebenen entwickelt (Abbildung 4). Von Bedeutung ist, dass in zeitlicher Hinsicht neben der operativen Ebene der Jahresplanung und der strategischen Ebene unserer Legislaturperiode noch eine langfristige normativ-konzeptionelle Ebene vorgesehen ist. Auf dieser normativ-konzeptionellen Ebene ist es vor allem wichtig, durch Leitbilder und Richtungsaussagen eine Grundausrichtung und Grundorientierung für die gesamte Landesverwaltung oder einzelne inhaltliche Lebensbereiche, für die die Verwaltung zuständig ist, zu formulieren.

Abbildung 4: WOV-2015 im Stufenbau der Zielsetzungen

Quelle: Amt der Oberösterreichischen Landesregierung

Es wurde also mit der Erarbeitung und Standardisierung unserer neuen wirkungsorientierten Steuerungsprozesse die Notwendigkeit erkennbar, auch innerhalb der Verwaltung eine langfristige Ausrichtung dieses „Unternehmens Landesverwaltung" vorzunehmen.

Dieser Bedarf an langfristiger Ausrichtung ergab sich aber auch aus den übrigen Reformmaßnahmen, da eine transparente Bündelung und Konzentration der Verwaltungsentwicklungsschritte bereits eingefordert wurde und im Interesse unserer gesamtheitlichen Betrachtung eine Abstimmung und ein gesamtheitliches Entwicklungskonzept überfällig waren.

Nach der Verabschiedung der standardisierten Steuerungs- und Controllingprozesse wurde im Jahr 2002 sehr intensiv an der Erstellung eines langfristigen Unternehmenskonzeptes Oberösterreich gearbeitet. Es sollte

- in konsequenter Fortsetzung unserer Reformschritte als oberste Ebene die Zielsetzungspyramide vervollständigen,
- ein gemeinsames Dach für alle weiteren Entwicklungsmaßnahmen bilden,
- das Zusammenwirken und die Zusammenhänge aller bisherigen und künftigen Reformmaßnahmen für alle Beteiligten transparent darstellen,
- ein klares Bekenntnis zum Modell der Wirkungsorientierung enthalten,
- damit auch Orientierung und Klarheit über die Weiterentwicklung bieten und so
- die Identifikation mit der neuen Ausrichtung ermöglichen.

Nach einer über einjährigen Diskussion und Redaktionsphase konnte im März 2003 das langfristige Management- und Unternehmenskonzept des Landes Oberösterreich für eine wirkungsorientierte Landesverwaltung – WOV 2015 – vorgelegt werden, das im Stufenbau der Zielsetzungsebenen das unternehmensweite Konzept auf der normativ-konzeptionellen Ebene war.

Es besteht aus Kern- und Richtungsaussagen für generelle Themen und Querschnittsthemen der Landesverwaltung, soll für 12 Jahre gelten und beinhaltet generelle Leitaussagen für die Weiterentwicklung zur wirkungsorientierten Verwaltung. Das Konzept wurde – wie bereits erwähnt – als WOV 2021 für die nächste Legislaturperiode weiterentwickelt.

4. Gliederung und Kernaussagen des WOV 2021

Das Management- und Unternehmenskonzept WOV 2021 gliedert sich in einen allgemeinen und einen besonderen Teil. Im allgemeinen Teil wird eine grundsätzliche Leitaussage der oberösterreichischen Landesverwaltung getroffen (das Dienstleistungsunternehmen Land Oberösterreich als lernende Verwaltung), zudem wird das Modell der Wirkungsorientierung in seinen Kernaussagen beschrieben und die Basisziele der Wirkungsorientierung sowie die Zielsetzungsebenen erläutert.

Folgende Basisziele der Wirkungsorientierung sind in WOV 2021 definiert:

- Wirksamkeit
- Zweckmäßigkeit und Finanzierbarkeit
- Qualität und Kundenorientierung
- Wirtschaftlichkeit und Sparsamkeit

Der besondere Teil wird, angelehnt an die gängige Strukturierung des Public Managements bzw. der wirkungsorientierten Verwaltungsführung, in sieben Entwicklungsfelder unterteilt. Diese sieben Entwicklungsfelder sind

- Wirkungsorientierung
- Kundenorientierung
- Planung und Steuerung
- Gemeinsame Ergebnis- und Ressourcenverantwortung
- Mitarbeiterorientierung
- Wettbewerb
- Optimierung von Strukturen und Abläufen

Im besonderen Teil unseres Management- und Unternehmenskonzeptes sind in den sieben Entwicklungsfeldern insgesamt 117 Kern- und Richtungsaussagen enthalten. Diese Kern- und Richtungsaussagen werden in Form von

- Bekenntnissen und Richtungsentscheidungen,
- langfristigen Zielen als Beschreibung von Zuständen in der Zukunft,
- langfristigen Zielen für die Entwicklung und den Einsatz von Instrumenten und
- Werthaltungen und Einstellungen

formuliert. Als Beispiel für diese vier Formen der Kern- und Richtungsaussagen und zur exemplarischen Veranschaulichung sollen vier dieser Kernaussagen nachfolgend dargestellt werden.

Als Beispiel für Bekenntnis und Richtungsentscheidungen:

„Die Wirkungen in der Gesellschaft und die Erfordernisse für die Bürgerinnen und Bürger und die Allgemeinheit stehen im Zentrum unseres Handelns; damit dient unser Handeln nicht nur dem Prinzip der Ordnungsmäßigkeit, sondern auch der Erzielung von Wirkungen.“

Als Beispiel für langfristige Ziele als Beschreibung von Zuständen in der Zukunft:

„*Die Erhöhung der Wirksamkeit unseres Handelns setzt klare Ziele voraus. Nur dann können die Planung von Maßnahmen und die Steuerung der Zielerreichung verbessert werden. Wir wollen daher in unserer Verwaltung eine durchgängige und umfassende Zielvereinbarungskultur (Kontraktmanagement) etablieren.*“

Als Beispiel für langfristige Ziele für die Entwicklung und den Einsatz von Instrumenten:

„*Wir entwickeln ein Management-Informationssystem mit Informationen aus dem integrierten Rechnungswesen, dem Leistungs- und Wirkungscontrolling, dem Prozesscontrolling sowie dem Qualitätsmanagement.*“

Als Beispiel für Werthaltungen und Einstellungen:

„*Wir kommunizieren laufend mit unseren Mitarbeitern und Führungskräften die inhaltlichen Zusammenhänge zwischen den geplanten Wirkungszielen und den eingesetzten Instrumenten der Planung und Steuerung.*“

5. Was haben wir, was brauchen wir?

Die oberösterreichische Landesverwaltung hat mit dem Management- und Unternehmenskonzept WOV 2015 bzw. 2021 ein Konzept erstellt und langfristige Entwicklungsziele formuliert. Das heißt aber auch, dass die wirkungsorientierte Verwaltungsführung im Sinne dieser Zielsetzungen zum Zeitpunkt der Beschlussfassung 2003 noch nicht Realität war, sondern im Sinne dieses Konzeptes realisiert werden sollte. Mittlerweile sind wesentliche Umsetzungsschritte, wie die durchgängige Schaffung von Lebensbereichsleitbildern, die Inangriffnahme von Strategieprozessen, die Ausrichtung der Personalentwicklung auf WOV, die Neuorganisation des Amtes der Landesregierung, gesetzt worden. Weitere wichtige Schritte sind in Umsetzung.

Wir haben also mit dem Konzept in Oberösterreich

- ein abgestimmtes Bild über die Verwaltung der Zukunft,
- übersetzt in ein langfristiges Unternehmenskonzept,
- ein Commitment der politischen und administrativen Führung zu diesem Bild der Verwaltung der Zukunft,
- standardisierte Steuerungs- und Planungsprozesse sowie
- Vorschläge und Muster für die dazu notwendigen Instrumente.

Wir haben mit WOV 2015 bzw. 2021 in Oberösterreich daher nicht

- einen völligen Turnaround von heute auf morgen samt Überforderung der Mitarbeiterinnen und Mitarbeiter,
- die unmittelbare Betroffenheit der Mitarbeiterinnen und Mitarbeiter durch das Konzept, da die Veränderungen erst in konkreten Projekten erfolgt sind oder erfolgen müssen,

- die sofortige Umstellung und den sofortigen Kulturwandel in den Köpfen, da dies nur sukzessive und langfristig erfolgen kann,
- den Stein der Weisen und das Geheimrezept für die perfekte Verwaltung.

Wir brauchen daher für die weiteren Phasen der Verwaltungsentwicklung

- konkrete Erfahrungen und Erfolge in den WOV-relevanten Umsetzungsprojekten,
- Unterstützung und Kooperation von anderen Verwaltungen,
- Menschen, die das von uns gezeichnete Bild der Verwaltung der Zukunft Wirklichkeit werden lassen.

Für die Steuerung der WOV-Umsetzung sind aus unserer Sicht fünf Ebenen relevant:

- Projektmanagementebene: „die WOV-Umsetzung managen“
- Konzept- und Strategieentwicklungsebene: „unternehmensweite Konzepte (weiter-)entwickeln und verankern“
- WOV-relevante Projektebene: „laufende Veränderungsprojekte auf WOV ausrichten“
- Dienststellenebene: „die Dienststellen in der WOV-Umsetzung begleiten“
- Bewusstseinsbildungsebene: „WOV verständlich und annehmbar machen“

Mit der gesamtheitlichen und umfassenden Ausrichtung auf das Modell der wirkungsorientierten Verwaltungsführung haben wir in Oberösterreich natürlich einen hohen Anspruch an unsere Weiterentwicklung gestellt. Wir müssen in der Praxis unter Beweis stellen, dass Wirkungsorientierung funktionieren kann. Wir glauben, dass wir in den seit dem Beschluss von WOV 2015 im Jahr 2003 und seiner Weiterentwicklung zu WOV 2021 im Jahr 2010 durch die Umsetzung vieler in der Strategie vorgesehener Maßnahmen schon einen großen Beitrag zu dieser Beweisführung erbracht haben. In der Folge werden die wesentlichen Maßnahmen dargestellt.

6. Beurteilung der Umsetzungsmaßnahmen bis Ende des Jahres 2010

In der Jubiläumsausgabe der Zeitschrift VerwaltungInnov@tiv „Effizienz und Wirkungsorientierung für eine rechtsstaatliche und leistungsstarke Verwaltung“ anlässlich des zehnjährigen Bestandes des Führungsforums Innovative Verwaltung aus dem Jahre 2009 wurden in einem Artikel Erfolgfaktoren großer Verwaltungsreformprozesse formuliert. Der derzeitige Umsetzungsstand der WOV-Strategie in Oberösterreich wird im Folgenden unter Zugrundelegung dieser Erfolgsfaktoren dargestellt.

Kriterium	Kurze Beschreibung des Kriteriums	Ergebnisse 2003-2010
Vision	Die Vision geht dem Veränderungsprozess voraus Sparsamkeit und Effizienz bieten alleine keine ausreichende Basis für Reformprojekte	Das Konzept WOV 2015/2021 zeichnet ein Bild einer zukünftigen, modernen Verwaltung und enthält Richtungsaussagen für die langfristige Entwicklung der oberösterreichischen Landesverwaltung. Es gibt eine gute inhaltliche und sachliche Orientierung und ist unter Führungskräften gut bekannt und verstanden.
Klare Ziele	Aus der noch etwas undeutlichen Vision abgeleitete klare Ziele; diese sind glaubwürdig allen Beteiligten zu kommunizieren	Klare Ziele und deren Kommunikation gibt es: - in Form der WOV-Meilensteine - in verschiedenen Zielvereinbarungen vor allem mit der Amtsleitung - in den einzelnen (WOV-Umsetzungs-) Planungen der Organisationseinheiten - in den in verschiedenen Veranstaltungen (WOV-Vorträgen mit Diskussionen, Dienstbesprechungen, Konferenzen etc.) vorgetragenen Zielen und Schwerpunkten der WOV-Umsetzung
Breite Einbindung	Gemeinsames Vorhaben von Politik und Personal; Vertrauen der Politik gewinnen; breite Betroffenheit, Beteiligung und Akzeptanz schaffen	Das Konzept WOV 2015/2021 sieht die Einbindung und vor allem auch den gemeinsamen Weg mit der Politik vor. Die Politik ist in die Zielfindung, Planung und Steuerung (ZPS) eingebunden.
Win-Win-Situation	Bürgerinnen und Bürger (bessere Verwaltung), Politik (effektiveres Regieren) und Mitarbeiterschaft (neue Rolle der Verwaltung, mehr Selbstbewusstsein) sollen gewinnen	Nutzen und Vorteile werden der Öffentlichkeit, der Politik und den Mitarbeiterinnen und Mitarbeitern laufend kommuniziert. Sie sind aber vor allem der Öffentlichkeit und zum Teil auch der Politik noch zu wenig bewusst. Dazu sind noch mehr konkrete Erfolge nötig.
Kraft für Veränderungen	Starker Auftraggeber mit Umsetzungswillen, hochrangige Promotoren; während des gesamten Prozesses spürbar	Die Kraft geht vor allem von der Amtsleitung und einigen Direktorinnen und Direktoren bzw. Abteilungsleiterinnen und Abteilungsleitern sowie Bezirkshauptleuten aus.
Gesamtheitliches Vorgehen	Keine Maßnahme ohne Diagnose, Konzept und Blick auf das Ganze	Die Maßnahmen konzentrierten sich stark auf die Neue Amtsorganisation (NAO) und ZPS sowie die Personalentwicklung (PE). ZPS und PE werden vor dem Hintergrund der Gesamtstrategie weiterverfolgt. NAO ist abgeschlossen und war von einer professionellen und systematischen Vorgangsweise geprägt.
Differenzierte Prozessbetrachtung	Veränderungsprozesse bestehen aus strategischen, operativen und unterstützenden (z.B. Kommunizieren) Prozessen	Im NAO-Projekt wurden die Teilprozesse gut beachtet. Im WOV-Projekt ZPS werden vor allem die normative, strategische und die kommunikative Ebene beachtet.
Professionelles Projektmanagement	Ausgewähltes Projektteam, genügend Ressourcen, realistische Zeitplanung mit Fristen, Systembeobachtungen, Assistenzleistungen, gemeinsame Ausrichtung etc.	Das Projektteam des Gesamtprozesses wurde entsprechend der Entwicklung bereits mehrmals angepasst. Die Ressourcen sind sehr knapp bemessen. Durch die Konzentration auf die Schwerpunkte soll den knappen Ressourcen entsprochen werden. Assistenzleistungen werden in den Direktionen durch Organisationsentwicklungs- und Controlling-assistentinnen und -assistenten erbracht.
Angepasste Implementierung	Gestaltungsspielräume nutzen, angemessene Partizipation und Top-down- oder Bottom-up- oder Middle-in-Prozesse; pragmatische, angepasste Lösungen; Entwicklungen und eine gewisse Eigendynamik zulassen	Die einzelnen Projekte und Umsetzungen in den Organisationseinheiten erfolgen sehr angepasst und pragmatisch.
Umgang mit schwierigen Veränderungen	Harte und schmerzhafte Veränderungen rasch und vollständig durchziehen	Im NAO-Projekt wurden schwierige Veränderungen rasch und vollständig durchgezogen.
Etappenziele **Komplexität reduzieren**	Überschaubare Etappenziele setzen und damit raschere Erfolge erzielen; Erfolge erlebbar machen	Das NAO- und das ZPS-Projekt stellt solche Etappen dar. Aber auch die Implementierung der ZPS-Instrumente und der lang- und mittelfristigen Planungen erfolgt in Etappen.
Personalentwicklung	Aufbau der nötigen neuen Kompetenzen; Erlernen neuer Methoden und Verhaltensweisen, Entwicklung bestimmter Fähigkeiten; Entwicklungs- und Lernbereitschaft fördern; Umstellung der Unternehmenskultur in die Wege leiten	PE ist ein Schwerpunkt der WOV-Umsetzung. Es fand bzw. findet ein starkes Zusammenwirken beim Projekt ZPS mit der PE statt.

Kriterium	Kurze Beschreibung des Kriteriums	Ergebnisse 2003-2010
Umfassende Kommunikation und Information	Sinn und Zweck vermitteln, offenes Ohr für Rückmeldungen; konstruktiver Umgang mit Widerständen, Menschen gewinnen; Vertrauen schaffen	Die Kommunikation wird als ein eigener Projektteil berücksichtigt. Die allgemeine Kommunikation der Amtsleitung über Intranet, Zeitung, MA-Briefe etc. und die Kommunikation im Rahmen des NAO-Projekts funktionieren gut bzw. haben gut funktioniert. Die Kommunikationsprozesse in der Linie sind sehr unterschiedlich.

7. Ausblick

- Im Entwicklungsfeld „Wirkungsorientierung" sind weitere konkrete Wirkungsindikatoren und Wirkungsziele zu erarbeiten, damit 2015/2016 erstmals Aussagen zur Erreichung angestrebter Wirkungen getroffen werden können (Zielevaluierung).
- Diese Wirkungsziele sind in ein noch aufzubauendes Managementinformationssystem (MIS) zu integrieren. Mit diesem System wollen wir eine umfassende elektronische Unterstützung des Managements und der Führungskräfte (auf allen Ebenen) sicherstellen.
- Im Entwicklungsfeld „Kundinnen- und Kundenorientierung" ist in den nächsten Jahren eine neuerliche umfangreiche Befragung hinsichtlich der Kundinnen- und Kundengerechtheit unserer Leistungen geplant.
- Mitte 2012 wird der erste flächendeckende Strategieprozess in der oberösterreichischen Landesverwaltung abgeschlossen sein. Im Entwicklungsfeld „Planung und Steuerung" werden wir daher in den nächsten Jahren die Zielfindungs-, Planungs- und Steuerungsprozesse (ZPS) evaluieren.
- Im Entwicklungsfeld „Gemeinsame Ergebnis- und Ressourcenverantwortung" werden wir uns mit dem Globalbudget auseinander zu setzen haben. Vor dem Hintergrund des neuen Bundeshaushaltsrechts werden wir sinnvollerweise Hand in Hand mit dem Bund vorgehen.
- Im Entwicklungsfeld „Mitarbeiterinnen- und Mitarbeiterorientierung" wird durch weitere Maßnahmen der Personalentwicklung den weiter steigenden Anforderungen an die Mitarbeiterinnen und Mitarbeiter Rechnung zu tragen sein. Ebenso wird es notwendig sein, die demografische Entwicklung in die Personalplanung verstärkt einfließen zu lassen.
- Im Entwicklungsfeld „Wettbewerb" ist unter dem Aspekt unserer Leitaussage „Dienstleistungsunternehmen Land Oberösterreich als lernende Verwaltung" geplant, verstärkt Benchmarkings mit anderen Landesverwaltungen durchzuführen, damit vorhandene Optimierungspotenziale wahrgenommen werden können.
- Im Entwicklungsfeld „Optimierung von Strukturen und Abläufen" werden wir die neue Amtsorganisation (NAO), die mit 1. Januar 2008 in Kraft gesetzt wurde, hinsichtlich der damit angestrebten Ziele evaluieren.

Elisabeth FREIBERGER

Qualitätsmanagement in der steirischen Landesverwaltung – die Anwendung des CAF

Qualitätsmanagement ist in der öffentlichen Verwaltung ein wichtiges Thema. In einem zeitgemäßen Verständnis von Verwaltungsführung ist die Sicherung der Qualität der Leistungserstellung, insbesondere unter Einbeziehung der Sicht der Kundinnen und Kunden, ein unabdingbares Muss.

Im Leitbild des steirischen Landesdienstes lautet ein Leitthema „Qualität unser Ziel". Im Rahmen des für die steirische Landesverwaltung erarbeiteten Verwaltungsentwicklungsprogramms wurde Qualitätsmanagement als eines von sieben Leitthemen identifiziert. Zur Umsetzung dieser strategischen Ansätze wurden in den letzten Jahren verschiedene Instrumente und Maßnahmen entwickelt und eingesetzt, um Qualitätsmanagement in den Alltag der steirischen Landesverwaltung zu integrieren.

Somit ist die Steigerung der Qualität der Verwaltung ein erklärtes bzw. bei vielen Vorhaben naturgemäß implizites Ziel, wie z.B. bei der Verfahrensbeschleunigung, der Einrichtung von diversen Servicestellen, dem Ausbau von E-Government-Anwendungen mit dem Ziel der vollständigen elektronischen Abwicklung von Verfahren, dem Förderungsmanagement und der Implementierung unterschiedlicher Ansätze des Wissensmanagements. Insbesondere wird mit dem Ideenmanagement in der steirischen Landesverwaltung der Gedanke des kontinuierlichen Verbesserungsprozesses in den Dienststellen verankert. Umfassend angelegt ist auch das Thema Prozessmanagement, das auf die Erhöhung der Transparenz, der Nachvollziehbarkeit und vor allem der Optimierung der Abläufe abzielt und daher wesentlich das Qualitätsmanagement unterstützt und forciert.

Neben diesen unterschiedlichen Maßnahmen werden in der Steirischen Landesverwaltung zwei Qualitätsmanagementsysteme – nämlich ISO-Zertifizierungen und CAF-Selbstbewertungen – eingesetzt. Die Auswahl eines Qualitätsmanagementsystems hängt von verschiedenen Parametern ab, nicht zuletzt auch von der jeweiligen Branche. So sind einige Dienststellen, wie z.B. die Bildungshäuser des Landes Steiermark, die steirische Landesverwaltungsakademie oder der gesamte steirische Straßenerhaltungsdienst, ISO-zertifiziert. Die ISO-Zertifizierung ist nicht für alle Dienststellen und Organisationseinheiten gleichermaßen zweckmäßig. Der CAF stellt eine weitere Möglichkeit dar, sich umfassend mit Qualitätsmanagement auseinander zu setzen.

1. Die Grundsätze der Anwendung des CAF in der Steiermark

Obwohl der CAF erst seit 2009 in der steirischen Landesverwaltung eingesetzt wird, liegen mittlerweile umfangreiche Erfahrungen und Erkenntnisse dazu vor. Diese sind im Kontext der Grundsätze zu sehen, die der Einführung des CAF in der steirischen Landesverwaltung zugrunde gelegt wurden. Diese sollen vorerst dargestellt werden.

1.1 Das Grundsatz der Freiwilligkeit

Grundprämisse für die Überlegung, den CAF in der steirischen Landesverwaltung einzusetzen war, dass dieses System für die anwendende Organisationseinheit passend ist. Aus anderen österreichischen Bundesländern ist bekannt, dass der CAF vor allem in den Bezirkshauptmannschaften eingesetzt wird. Daher wurden im Jahr 2009 vier Bezirkshauptmannschaften im Rahmen einer Führungskräfteausbildung angeboten, den CAF in den einzelnen Häusern einzuführen. Die vier Behördenleiterinnen und Behördenleiter haben sich nach einer Erstinformation für dieses Instrument entschieden. Von Beginn an wurde klargestellt, dass die Anwendung des CAF freiwillig ist. Die Erfahrung hat gezeigt, dass das Prinzip der Freiwilligkeit mit einem hohen Maß an Eigenverantwortung und Motivation verbunden ist.

Auch die weiteren den CAF-anwendenden Dienststellen haben aktiv ihr Interesse am CAF-Prozess gemeldet und freiwillig an der weiteren Ausrollung teilgenommen.

1.2 Der Grundsatz der dezentralen Verwertung der Ergebnisse

Die Dienststellen, die den CAF in ihrem Bereich anwenden, sind für den Prozess und für die Umsetzung der Ergebnisse eigenverantwortlich. Der/Die Dienststellenleiter/in hat die Verantwortung, die erarbeiteten Ergebnisse im jeweiligen Bereich umzusetzen. Es gibt keine zentrale Auswertung und somit keinen detaillierten Vergleich. Lediglich die übergeordneten Erkenntnisse und allgemeinen Schlussfolgerungen aus den Einzelprozessen werden gemeinsam ausgewertet, damit sie für die gesamte Organisationentwicklung des Landes Steiermark nutzbar gemacht werden können. Die Zusage, dass die Ergebnisse ausschließlich den jeweiligen Organisationeinheiten zukommen, ist ein wesentlicher Erfolgsfaktor dafür, dass – vor allem in der Anfangsphase – sehr offen und engagiert mitgearbeitet wird. Ein weiterer wesentlicher Faktor ist, dass viele Beteiligte bei diesem Prozess (erstmals) das Gefühl haben, dass die erarbeiteten Ergebnisse und Maßnahmen ausschließlich ihnen zu Gute kommen.

1.3 Der Grundsatz der Vernetzung

So wesentlich es für die Anwendung des CAF ist, dass die Durchführung, die Auswertung und die Umsetzung der Ergebnisse in der alleinigen Verantwortung und Zuständigkeit der anwendeten Dienststellen liegt, so wichtig ist es auch, im gesamten Prozess eine Vernetzung sicherzustellen.

Diese dient dazu, dass die Dienststellen im Prozess Reflexionspartner haben, sich austauschen und übergeordnete Verbesserungsvorschläge entwickeln und initiieren können.

1.4 Der Grundsatz der zentralen Unterstützung

Die Initiative zur Einführung des CAF und die weitere Koordination erfolgten zentral. Dies stellt sicher, dass der Prozess nach einheitlichen Qualitätskriterien abläuft, die dezentralen Dienststellen bei Bedarf im Prozess bzw. auch in der Umsetzung unterstützt werden und allgemeine Erfahrungswerte für den weiteren Projektverlauf genützt werden können.

2. Die Zielsetzungen des CAF

Im Rahmen der Einführung des CAF wurden folgende Projektziele festgelegt:

- Die Dienststellen werden mit den Prinzipien des Qualitätsmanagements vertraut gemacht.
- Es wird eine CAF-Selbstbewertung durchgeführt, um Verbesserungsmaßnahmen zu erarbeiten und zu ermöglichen.
- Im Rahmen des Qualitätsmanagements soll ein kontinuierlicher Verbesserungsprozess initiiert werden.

Darüber hinaus werden in den einzelnen Dienststellen folgende Ziele und Nutzenerwartungen an die Einführung des CAF geknüpft:

- das Erlangen einer Übersicht über die aktuelle Performance
- das Finden von Verbesserungspotenzialen
- die breite Einbindung der Mitarbeiterinnen und Mitarbeitern
- die Verbesserung der internen Kommunikation
- die Steigerung des Bewusstseins für Qualitätsmanagement und Verbesserungsprozesse
- das Vernetzen der einzelnen Organisationseinheiten innerhalb der anwendenden Dienststelle
- das Stärken der Führungsfunktionen
- das Aufzeigen und Implementieren strategischer Zielsetzungen

3. Die organisatorische Verankerung des Projektes

3.1 Verantwortlichkeiten zentral und dezentral

Die Implementierung des CAF wurde von einer zentralen Stelle des Amtes der Landesregierung, der Fachabteilung 1A Organisation, im Auftrag des Landesamtsdirektors initiiert und begleitet. Die zentrale Steuerung stellt sicher, dass die Informationen zwischen den Dienststellen ausgetauscht werden, der Prozess der Einführung des CAF überall nach gleichen Standards abläuft und auch die finanziellen Ressourcen bereitgestellt werden. Insbesondere werden Schulungen angeboten. Weiters wurde der Fragebogen adaptiert.

Dezentral werden die Informationsveranstaltungen und Workshops abgehalten. Ebenso liegt die Verantwortung für den Kommunikationsprozess und die Umsetzung der festgelegten Maßnahmen in der jeweiligen Dienststelle. Diese vernetzen sich zum gegenseitigen Austausch und für gemeinsame Maßnahmen. Es werden dienststellenübergreifende Treffen organisiert, die Behördenleiterinnen und Behördenleiter tauschen sich regelmäßig aus, um den Prozess zu reflektieren, gemeinsame Verbesserungsvorschläge zu entwickeln bzw. sich gegenseitig zu beraten. Weiters erfolgen Abstimmungen und Rückkoppelungen mit der zentralen Projektleitung, insbesondere, wenn Maßnahmen gemeinsam umgesetzt werden sollen.

Die Vernetzungsaktivitäten haben sich sehr bewährt und eine neue Kooperationskultur entstehen lassen.

Insgesamt kann durch diese Projektorganisation die größtmögliche Autonomie der Dienststellen in der Durchführung des Prozesses bei gleichzeitiger Gewährleistung eines Mindestmaßes an zentralem Support sichergestellt werden.

Abbildung 1: Die CAF-Architektur

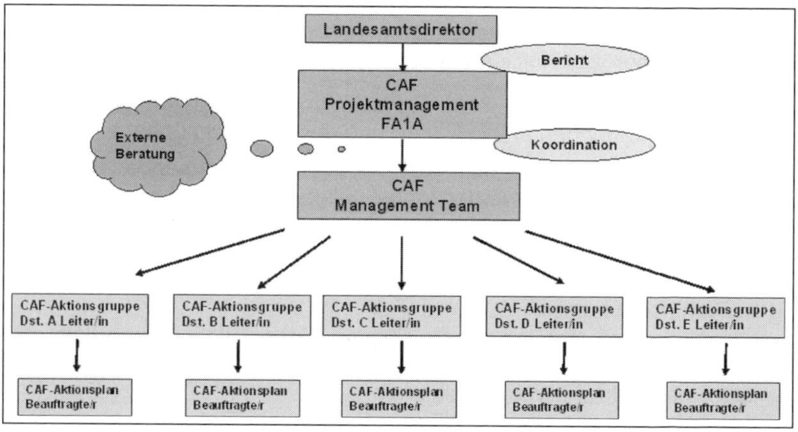

Quelle: KDZ (2011)

4. Die Umsetzung in der Dienststelle

Der essentielle Output des CAF ist die Auflistung der Verbesserungsvorschläge, die in einen CAF-Aktionsplan münden. Damit beginnt der eigentliche Organisationsentwicklungsprozess. Zu Sicherung der umfassenden Einbindung der Mitarbeiterinnen und Mitarbeiter wird der Umsetzungsprozess möglichst breit angelegt.

Die Umsetzung erfolgt wie in Abbildung 1 dargestellt in den Dienststellen in Form einer Projektorganisation. Die zentrale Gesamtsteuerung wird durch Verantwortliche für einzelne Aktionsplanpakete unterstützt.

Abbildung 2: Das CAF-Qualitätsprogramm in der BH – Phase 2

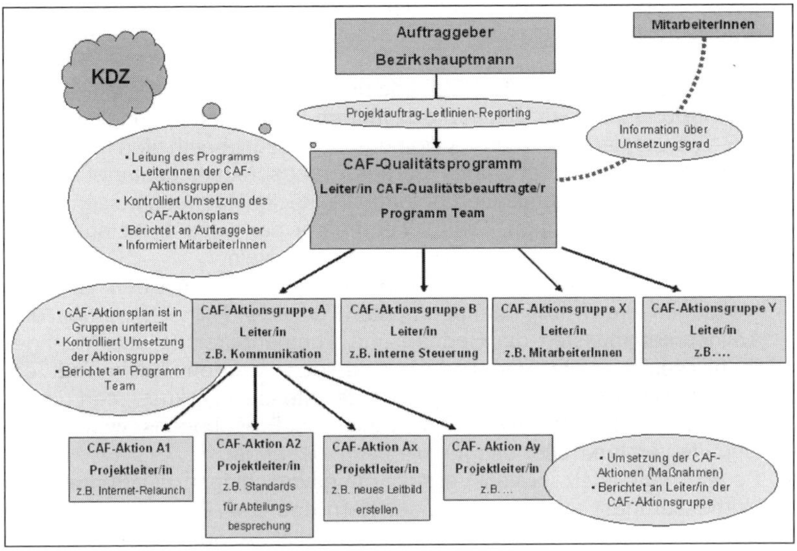

Quelle: KDZ (2011)

5. Die bisherigen Erfahrungen

Insgesamt haben innerhalb von zwei Jahren neun Bezirkshautmannschaften und zwei zentrale Dienststellen den CAF angewendet. Zugegebenermaßen herrschte in den Dienststellen anfänglich durchaus Unsicherheit über die Erfolgsaussicht dieses Prozesses. Allzu oft wurden Projekte bzw. Reformprozesse angekündigt, ohne dass die Dienststellen für sich einen konkreten Nutzen erkennen konnten. Also war ein gewisses Maß an Skepsis nicht unerwartet. Nach der ersten Information gelang es, diese Skepsis zu senken, wie wohl die Unsicherheit insbesondere über den Inhalt des Projektes, die Begrifflichkeiten in den Fragebögen und vor allem auch hinsichtlich des zeitlichen Aufwandes nicht ganz auszuräumen war.

Insgesamt waren die Rückmeldungen aus den Dienststellen zum bisherigen CAF-Prozess sehr positiv. Insbesondere haben die positiven Erfahrungen der Anwender weitere Interessenten zur Anwendung des CAF motiviert.

Die bisherigen Erfahrungen wurden einerseits im Rahmen der Projektabschlussbesprechungen zusammengefasst, andererseits wurden diese auch im Rahmen einer Masterthese[1] untersucht. Die Erkenntnisse zur Anwendung des CAF lassen sich zusammenfassend wie folgt darstellen:

- Durch die Anwendung des CAF entsteht ein neuer und moderner Ansatz der internen Kommunikation und des (hierarchie- und bereichsübergreifenden) Austausches. Auch wenn die interne Diskussion viel

1 Waltl: Aktionsplans, 2010.

Zeit in Anspruch nimmt, sehen die Dienststellen in diesem Prozess einen hohen Nutzen. Er bietet die Möglichkeit einen repräsentativen Quer-schnitt der Organisation in einen breit angelegten Prozess zu integrieren.

- Durch die Anwendung des CAF beginnt in der Regel ein Organisationsentwicklungsprozess. Durch die geführten Diskussionen und die erstellten Aktionspläne wird in einzelnen Organisationeinheiten (vielleicht zum ersten Mal) ein geplanter Verbesserungsprozess gestartet, der alle Bereiche der Organisation betrifft. Die Rückmeldungen zeigen einen hohen Beteiligungsgrad. Dies scheint einer der wesentlichsten, positiven Effekte des gesamten CAF-Prozesses zu sein.
- Zum Teil ist der CAF die erste Auseinandersetzung mit den Themenstellungen des Public Managements. Für viele Teilnehmerinnen und Teilnehmer mussten die Begriffe und Themenbereiche aus Managementsprache in ihr Verständnis „übersetzt" werden. Darin liegt ein Hauptkritikpunkt am CAF. Erst durch zeitintensive Diskussionen und in weitere Folge durch die Adaptierung des Fragebogens wurden die Begriffe verständlicher und für alle nachvollziehbar.
- Es wird eine Vielzahl von Verbesserungsvorschlägen gesammelt. Die Verbesserungsvorschläge sind der Kern des CAF-Prozesses. Dies ist ein entscheidender unternehmenskultureller Aspekt, da Verbesserungsvorschläge gemeinsam erarbeitet und diskutiert werden. Damit steigt der Umsetzungsgrad der Vorschläge, was wiederum die Nachhaltigkeit des Instruments verbessert. Viele Maßnahmen wurden sofort umgesetzt bzw. werden sukzessive bearbeitet. Zu den Beispielen für Verbesserungsvorschläge zählen:
  - die Umsetzung der strategischen Planung
  - die Einführung des Controllings
  - die Einführung regelmäßiger Besprechungen
  - die Einführung des jährlichen Mitarbeitergespräches
  - das Durchführen von Kundenbefragungen
  - die Standardisierung von Formularen
  - das Optimieren des Internetauftrittes
  - die Maßnahmen zur internen Kommunikation
- Auch einige nicht so positiv eingeschätzte Aspekte sind zu beachten. So stellte sich heraus, dass der Prozess der Darlegung des Projektes, der Klärung der Zielsetzungen und letztendlich auch der Klärung, wie mit dem umfangreichen Fragenraster umgegangen werden soll, aufwändig ist. Auch wenn der Nutzen des CAF insgesamt als positiv eingeschätzt wird, muss man sich des Aufwandes, der damit verbunden ist, bewusst sein.
- Die Anwendung des CAF und die Umsetzung der Maßnahmen fordern sowohl das Management als auch die Mitarbeiterinnen und Mitarbeiter. Es bedarf der Fähigkeiten des Projektmanagements, der Kommunikation und der Moderation. Viele Synergien können nur durch übergeordnete Koordination genützt werden, manche Vorschläge brauchen zentrale Unterstützung. Zur Sicherung der Nachhaltigkeit braucht es besondere Anstrengungen und das dauerhafte Verfolgen der festgelegten Ziele und Maßnahmen.

6. Ausblick

Die bisherigen Erfolge und positiven Rückmeldungen zu den Erfahrungen mit dem CAF dürfen nicht darüber hinwegtäuschen, dass der CAF, wie jedes Instrument, weitere Anstrengungen braucht, um zweckmäßig eingesetzt werden zu können.

Die nächsten Schritte und Herausforderungen sind:

- Die Motivation aufrecht zu erhalten, an den Umsetzungsprozessen weiterzuarbeiten und die Ergebnisse nicht versanden zu lassen. Es sind regelmäßige CAF-User-Treffen geplant, um die Ergebnisse, Fortschritte und auftretende Anliegen abstimmen zu können.
- Es ist nach wie vor wichtig, dass die Führungskräfte den CAF als „Chefsache" begreifen. Die Beispielwirkung der Identifikation der Führungskraft mit dem Prozess hat hohe Wirkung und muss daher weiterhin im Selbstverständnis der Führungskräfte verankert sein.
- Eine Herausforderung ist die Sicherung der Nachhaltigkeit des CAF. Dazu ist angedacht, den Dienststellen die Wiederholung des CAF-Prozesses nach zwei bis drei Jahren zu ermöglichen. Eine Perspektive dazu ist die Ausbildung von internen CAF-Moderatoren zur Unterstützung sowie die Verleihung des CAF-Gütesiegels bei wiederholter Durchführung.
- Zur Erleichterung der Anwendung des CAF und damit der Steigerung seine Akzeptanz wird der Fragebogen auch nach dem zweiten Durchgang anzupassen sein.
- Der CAF stellt sich letztendlich als ein Instrument zur Initiierung eines Organisationsentwicklungsprozesses heraus. Auch in dieser Hinsicht soll der CAF zukünftig als Treiber der Organisationsentwicklung angesehen werden. Insbesondere ist sicherzustellen, dass der CAF mit anderen Methoden und Instrumenten des Public Managements bzw. der Steuerung abgestimmt wird.

Die konkreten Auswirkungen und Einschätzungen zum CAF-Projekt sind insgesamt als positiver Beitrag zu einer gesamthaften Organisationsentwicklung und zum Qualitätsmanagement zu sehen. Der CAF könnte künftig ein Fixpunkt unter den Verwaltungsentwicklungsmaßnahmen in der steirischen Landesverwaltung sein.

Elisabeth DEARING

Public Governance in der Bundesverwaltung – Erreichtes und aktuelle Handlungserfordernisse[1]

1. Einleitung

Bei Public Governance, dem Prinzip des „Guten Regierens", geht es primär darum, die Lebensqualität der Menschen zu erhöhen und für die Gesellschaft Gemeinwohl zu schaffen. Lebensqualität konkretisiert sich oft in den vier Kernfeldern des Lebens: Arbeit, Bildung, Sicherheit und Gesundheit. Staatliches Handeln verlangt daher etwa gute Rahmenbedingungen für ausreichende Arbeitsplätze, hohe Bildungsqualität und faire Bildungschancen, Maßnahmen zur inneren und äußeren Sicherheit sowie Gesundheitsvorsorge und Gesundheitsversorgung, um nur einige Beispiele zu nennen.[2] Gemeinwohl (Public Value) wird, ergänzend zu guter Lebensqualität, etwa durch einen angemessenen Interessensausgleich zwischen unterschiedlichen Gruppen oder durch nachhaltige Aufgabenerfüllung, bei der Ansprüche und Chancen auch künftiger Generationen berücksichtigt werden, geschaffen.[3] Ebenso stellt die Lösung von übergreifenden Problemen (Querschnittsaufgaben) zum Wohl der/des Einzelnen und der Gesellschaft durch eine gemeinsame Vorgangsweise der betroffenen Partner Public Value dar. Auch die demokratische Qualität eines Staatswesens stellt einen Wert dar, der für das Vertrauen und die Legitimation des Staates von großer Bedeutung ist. Bietet der Staat entsprechende Rahmenbedingungen, die die aktive Bürgereinbindung fördern, so wird auch dadurch Public Value geschaffen.

Ausdruck findet dies unter anderem im Vertrag von Lissabon, der am 1. Dezember 2009 in Kraft getreten ist.[4] Er stärkt die Elemente von Public Governance innerhalb der europäischen Rahmenbedingungen und fordert dies auch für die Gestaltung von Politiken auf nationaler Ebene. So sind etwa folgende Leitvorstellungen im Vertrag von Lissabon enthalten:

– Ein *demokratischeres und transparenteres* Europa, in dem das Europäische Parlament vor allem in Bezug auf die Gesetzgebung, den Haus-

1 Die folgenden Ausführungen basieren auf den Kenntnissen und Erfahrungen der Autorin als langjährige Leiterin der Abteilung Verwaltungsreform im Bundeskanzleramt. Der Inhalt fällt einzig und allein in die Verantwortung der Autorin.

2 Zu den Indikatoren für gute Lebensqualität zählen unter anderem die Lebenserwartung und Gesundheit, die Bildung, die Beschäftigung aber auch soziale Beziehungen oder politische Teilhabe. Vgl. dazu: Pesendorfer; Leitner: Zugänge, 2010, S. 533ff.

3 Vgl. dazu den Beitrag von Helfried Bauer und Elisabeth Dearing zum Thema „Public Management und Governance: Globale Konzepte im nationalen Bezug" in der vorliegenden Publikation.

4 Vgl. dazu: http://europa.eu/lisbon_treaty/glance/index_de.htm [Download: 27.03.2011].

halt und internationale Übereinkommen eine größere Rolle spielt. Auch eine stärkere Einbeziehung der nationalen Parlamente ist vorgesehen, indem diese mehr Möglichkeiten haben, sich in die Arbeit der Europäischen Union einzubringen. Ein stärkeres Mitspracherecht der Bürgerinnen und Bürger äußert sich etwa im neu geschaffenen Instrument der Bürgerinitiative. Eine Million Bürgerinnen und Bürger aus den verschiedenen Mitgliedstaaten der Europäischen Union haben die Möglichkeit, die Kommission aufzufordern, neue politische Vorschläge zu unterbreiten.

- *Verbesserung der Lebensbedingungen:* Der Vertrag von Lissabon verbessert die Handlungsfähigkeit der Europäischen Union in politischen Bereichen mit hoher Priorität, wie beispielsweise die Freiheit, die Sicherheit und das Recht (insbesondere für die Terrorismus- und Verbrechensbekämpfung). In geringerem Maße gilt dies unter anderem auch für Bereiche wie die Energiepolitik, die öffentliche Gesundheit, den Zivilschutz, den Klimawandel, die Forschung, den räumlicher Zusammenhalt, die Handelspolitik, die humanitäre Hilfe und die administrative Zusammenarbeit.
- *Ein Europa der Rechte und Werte, der Freiheit, Solidarität und Sicherheit*, das neue Instrumente der Solidarität vorsieht und die europäischen Bürgerinnen und Bürger besser schützt.
  - Demokratische Werte: Der Vertrag von Lissabon nennt und bekräftigt die Werte und Ziele, auf denen die Europäische Union aufbaut. Diese Ziele dienen als Richtschnur für die EU-Bürgerinnen und EU-Bürger und zeigen darüber hinaus, was Europa seinen internationalen Partnern anbieten kann.
  - Bürgerrechte und Charta der Grundrechte: Der Vertrag von Lissabon baut auf bestehendem Recht auf und betrifft politische, wirtschaftliche, sozialer Rechte sowie Bürgerrechte. Insbesondere garantiert er die Freiheiten und Grundsätze, die in der Charta der Grundrechte verankert sind.
  - Freiheiten der EU-Bürgerinnen und EU-Bürger: Der Vertrag von Lissabon garantiert und stärkt die „vier Grundfreiheiten“ sowie die politische, wirtschaftliche und soziale Freiheit der europäischen Bürgerinnen und Bürger.
  - Solidarität zwischen Mitgliedstaaten: Der Vertrag von Lissabon sieht vor, dass die Europäische Union und ihre Mitgliedsstaaten gemeinsam und solidarisch handeln, wenn ein Mitgliedstaat Opfer eines terroristischen Anschlags oder einer Naturkatastrophe bzw. einer vom Menschen verursachten Katastrophe wird. Dasselbe gilt im Falle von Problemen im Energiebereich.

Im Folgenden wird versucht, vor dem Hintergrund des Modells von Public Governance[5] Ansätze in der Bundesverwaltung seit etwa 2006 darzustellen, kritisch zu hinterfragen und Handlungsnotwendigkeiten aufzuzeigen. Noch zur Erinnerung: Elemente von „Public Governance“ – wie

---

5 Vgl. zu den Elementen von Public Governance den Beitrag von Helfried Bauer und Elisabeth Dearing zum Thema „Public Management und Governance: Globale Konzepte im nationalen Bezug“ in der vorliegenden Publikation.

die zentrale Steuerung durch die Politik und die Ausrichtung auf gesellschaftliche Werte – räumen der strategischen Arbeit größere Bedeutung ein. Auch die Erkenntnis, dass der Staat nicht mehr allein alle öffentlichen Aufgaben erfüllen kann, sondern mehr in Zusammenarbeit mit Partnern und Interessierten, ist ein wichtiges Element von „Gutem Regieren". Der Staat trägt aber die Verantwortung für die übergeordnete Koordinierung und Steuerung in Richtung der zentralen, staatlichen Ziele. Den „roten Faden" in den folgenden Ausführungen bilden daher Themen wie Strategie, neue Steuerungsphilosophie, Transparenz, Kohärenz sowie der Beitrag zu guter Lebensqualität und zum Gemeinwohl insgesamt.

An dieser Stelle sei noch darauf hingewiesen, dass die Reformkonzepte von Public Management und Public Governance zwar Ansätze mit unterschiedlichen Stoßrichtungen sind, sie sich aber ergänzen, weshalb eine Abgrenzung im Folgenden nicht immer einfach ist. Wie im Beitrag von Bauer und Dearing ausgeführt, geht es bei Public Management eher um eine betriebs- und marktwirtschaftlich ausgerichtete Managementlogik, Public Governance bildet hingegen eine umfassende Reformperspektive, die von einer Bekämpfung der Armut, über eine Verbesserung der föderalen Beziehungen bis zu einer Dezentralisierung der Macht über eine Demokratisierung des Alltags reicht.[6]

2. Überblick zum Stand von Public Governance in der Bundesverwaltung

Im Jahr 2005 führte das KDZ in der Bundesverwaltung eine Umfrage durch, inwieweit sich diese mit Public Governance auseinandersetzt und welche praktischen Ansatzpunkte hierbei bestehen.[7] Die Umfrage richtete sich an rund 65 ausgewählte Sektionen und andere Organisationseinheiten aus allen Ressorts sowie die Parlamentsdirektion und den Rechnungshof.

Der Bekanntheitsgrad der einzelnen Elemente von Public Governance war dabei relativ hoch. Jedenfalls noch als ausbaufähig erachtet wurden jedoch etwa aktive Bürgerbeteiligung, das Nutzen von Kooperationen zwischen privaten und öffentlichen Akteuren oder auch standardmäßige Evaluierungen.

> *Beitrag zur Umsetzung:* Zur Bürgerbeteiligung kann auf die zwischenzeitlich entwickelten Standards für Öffentlichkeitsbeteiligung verwiesen werden, die im Juli 2008 vom Ministerrat zur Anwendung empfohlen wurden.[8] Diese Maßnahme zur Qualitätssicherung von Verfahren der Öffentlichkeitsbeteiligung kann als wichtiger Schritt in Richtung einer Aktivierung von Bürgerinnen und Bürgern gesehen werden. Wenn die

---

6 Vgl. dazu den Beitrag von Helfried Bauer und Elisabeth Dearing zum Thema „Public Management und Governance: Globale Konzepte im nationalen Bezug" in der vorliegenden Publikation.

7 Vgl. dazu: http:// www.bka.gv.at/verwaltungsinnovation [Download: 27.03.2011].

8 Vgl. dazu den Beitrag von Kerstin Arbter und Rita Trattnigg zum Thema „Öffentlichkeitsbeteiligung – ein Motor für eine moderne Politik- und Verwaltungsführung" in der vorliegenden Publikation.

Bürgerinnen und Bürger ernsthaft gefragt werden und eine echte Chance haben, mitzugestalten, wenn sie ausreichend Zeit haben, um Stellung zu nehmen, und wenn in einem Feedback das „Schicksal“ der Stellungnahme kommuniziert wird, werden Bürgerinnen und Bürger eher bereit sein, Partizipationsmöglichkeiten zu nutzen.

Die strategische Planung wurde in der Studie als bereits teilweise gut ausgeprägt beurteilt (z.B. Klausuren mit Politik und Verwaltung), kaum genutzt wurden aber Ansätze von Benchmarking oder Stärken-Schwächen-Analysen im Vorfeld der Strategiebildung.

Beitrag zur Umsetzung: Zur verstärkten Nutzung von Benchmarking gibt es im Rahmen des Arbeitspaketes 7 „Effizienz in der Verwaltung“ aktuell eine Initiative, in ausgewählten Bereichen des Personalmanagements – derzeit Personalverwaltung, Aus- und Weiterbildung und Posteingang/Postausgang – sogar gebietskörperschaftsübergreifend Benchmarking zu betreiben. Zwei Bundesministerien, zwei Länder und zwei Städte beteiligen sich an diesem Projekt. Kennzahlen, Produktkataloge und Prozesse wurden definiert. So kann nun etwa die Anzahl der von einer Personalreferentin betreuten Mitarbeiterinnen und Mitarbeiter verglichen werden, um die Unterschiede zwischen den Organisationen zu analysieren und Effizienzgewinne zu lukrieren. Die Ergebnisse werden auf einer Wiki-Plattform (http://www.benchmarkingforum.at) zur Verfügung gestellt und mit Best Practice-Beispielen ergänzt.[9]

Die Verantwortlichkeit (Accountability) wurde nach den Aussagen der Interviewten lediglich in Einzelaspekten praktiziert, die Zusammenführung der Fach- und Ressourcenverantwortung, die Verantwortung für das Festlegen von Qualitätsstandards oder auch für eine koordinierte Vorgangsweise bei der Bearbeitung von Querschnittsaufgaben (z.B. Gleichstellung) wurden kaum gesehen bzw. waren die Rahmenbedingungen des Haushalts- und Dienstrechts wenig förderlich. Zudem basierten politische Entscheidungen nicht immer auf nachvollziehbaren Zieldefinitionen oder messbaren Ergebnissen, strategische Steuerung und strategisches Controlling waren unterrepräsentiert.

Beitrag zur Umsetzung: Viele dieser Punkte hat nun das neue Haushaltsrecht aufgegriffen, indem es etwa im Rahmen der Wirkungsorientierung für jede Untergliederung bis zu fünf Wirkungsziele samt Wirkungsindikatoren zu ihrer Messung fordert, oder indem die Fach- und Ressourcenverantwortung möglichst zusammengeführt und dezentralisiert werden soll, um eine integrierte Steuerung zu ermöglichen.[10]

9 Vgl. dazu den Ministerratsbeschluss vom 07.03.2011, S. 8.
10 Vgl. dazu das Kapitel „Wirkungsorientierung als Hebel für Reformen“ im vorliegenden Beitrag.

Eine Schlussfolgerung aus der Studie ist die Forderung, bei einer Verfassungsreform neben den Grundsätzen von Sparsamkeit, Wirtschaftlichkeit und Zweckmäßigkeit auch dem Gleichstellungsgrundsatz, der Nachhaltigkeit und der Transparenz Rechnung zu tragen. Es ist erfreulich zu sehen, dass dies im Zuge der Haushaltsrechtsreform nun durch Art. 51 Abs. 8 B-VG[11] und durch Art. 13 (2) B-VG[12] vorgesehen ist.

Insgesamt wird aus diesen Ausführungen ersichtlich, dass sich der Umsetzungsstand von Public Governance seit 2005 langsam aber doch weiterentwickelt hat.

3. Umfassende Verwaltungsreformprogramme im Laufe der Zeit

Wie schon im vorigen Jahrhundert zieht sich eine Verwaltungsreform als Handlungserfordernis durch alle Regierungsprogramme der letzten zehn Jahre. Eingangs wäre klarzustellen, dass zwischen umfassenden Verwaltungs*reform*initiativen – wie etwa der Aufgabenreformkommission 2001/2002[13] oder dem Österreich-Konvent 2003-2005[14] – einerseits und Modernisierungsprogrammen – wie beispielsweise den Verwaltungsinnovationsprogrammen – andererseits zu unterscheiden ist. Während sich erstere primär mit Fragen der Aufgabenreform, Kompetenzverteilung und finanzwirtschaftlichen Beziehungen zwischen Bund, Ländern und Städten/Gemeinden aus überwiegend rechtlicher Sicht befasst haben, waren die Verwaltungsinnovationsprogramme eher auf die Einführung moderner Managementmethoden, von Qualitätsmanagement oder von E-Government-Lösungen ausgerichtet.

3.1 Verwaltungs*reform*initiativen

In Fortführung von Aufgabenreformkommission und des Österreich-Konvents hat sich 2007/2008 eine Staatsreformkommission weiter mit der

11 *„Bei der Haushaltsführung des Bundes sind die Grundsätze der Wirkungsorientierung insbesondere auch unter Berücksichtigung des Ziels der Gleichstellung von Männern und Frauen, der Transparenz, der Effizienz und der möglichst getreuen Darstellung der finanziellen Lage des Bundes zu beachten.“*

12 *„Bund, Länder und Gemeinden haben bei ihrer Haushaltsführung die Sicherstellung des gesamtwirtschaftlichen Gleichgewichts und nachhaltig geordnete Haushalte anzustreben. Sie haben ihre Haushaltsführung in Hinblick auf diese Ziele zu koordinieren.“*

13 Hauptaufgabe der Aufgabenreformkommission war es, der Politik Vorschläge für Aufgabenstraffungen und damit Einsparungen vorzulegen. Zum Bericht vgl.: http://www.konvent.gv.at/K/DE/GRUND-K/GRUND-K_00045/imfname_047585.pdf [Download: 13.03.2011].

14 Hauptaufgabe des Österreich-Konvents war es, Vorschläge für eine grundlegende Staats- und Verfassungsreform auszuarbeiten, die auch Voraussetzungen für eine effizientere Verwaltung schaffen sollten. Die künftige Verfassung soll eine zukunftsorientierte, kostengünstige, transparente und bürgernahe Erfüllung der Staatsaufgaben ermöglichen. Endergebnis sollte der Entwurf einer neuen Bundesverfassung sein. Zum Arbeitsauftrag und den Ergebnissen vgl.: http://www.konvent.at [Download: 27.03.2011].

Ausarbeitung von Textvorschlägen für eine umfassende Verfassungsreform beschäftigt. 2008 wurde zur Erarbeitung von Konsolidierungsmaßnahmen gemäß des Regierungsprogramms eine Arbeitsgruppe „Verwaltung Neu" eingerichtet.[15] Aufbauend auf den vom Rechnungshof vorgelegten Positionen zur Verwaltungsreform[16] sollten zu vorgegebenen Themenbereichen – wie etwa Bildung, Gesundheit, Pensionen, Förderungen oder Finanzausgleich – von Expertinnen und Experten Problemanalysen vorbereitet und Lösungsvorschläge entwickelt werden, die im Anschluss daran von der Politik außer Streit gestellt bzw. diskutiert sowie über deren Umsetzung entschieden werden sollten. Bei den bearbeiteten Themenfeldern wird deutlich, dass es dabei um die Kernaufgaben des Staates geht – um Bildung, Gesundheit, Pflege –, also von Feldern, die die Lebensqualität der Menschen beeinflussen. Es würde den Rahmen dieses Beitrags sprengen, hier umfassend über die bisherigen Ergebnisse zu berichten.[17] Einzelne Feststellungen und Ergebnisse fließen in die folgenden Ausführungen ein und werden teilweise ebenfalls in den Beiträgen anderer Autorinnen und Autoren behandelt. Generell kann gesagt werden, dass sich die Arbeiten zunehmend mit Themen von Public Governance beschäftigen.

So geht es etwa im Arbeitspaket 7 „Effizienz der Verwaltung" um die „Verbesserung der Steuerungsqualität" der Verwaltung. Dort ortet die Expertengruppe erhebliche Steuerungsdefizite und erläutert dies beispielhaft für das Gesundheitswesen und den Sozial- und Pflegebereich.[18]

Steuerungsprobleme im Gesundheitswesen

- zersplitterte Kompetenzen und Steuerungsdaten für träger- und sektorübergreifende Angebotsplanung
- In wichtigen Teilbereichen fehlen die Voraussetzungen für ein Benchmarking zwischen den Einrichtungen.
- Trennung von Bundes-, Landes-, Gemeinde- und Krankenkassenbudgets von der Verpflichtung zur Sicherstellung der öffentlichen Krankenhausversorgung
- Fehlende prozess- und ergebnisorientierte Qualitätsmessungen

Steuerungsprobleme im Sozial- und Pflegebereich

- unvollständige bzw. uneinheitliche Erfassung der Daten
- unvollständige Erfassung in der Bundespflegegelddatenbank
- keine benutzergerechte Sozialhilfestatistik
- lückenhafte Informationen über den Umfang, die Struktur und die Entwicklung der Ausgaben für die Jugendwohlfahrt
- Informationsmängel und Parallelitäten im Bereich der Kinderbetreuung

---

15 Vgl. dazu das Regierungsprogramm 2008-2012, S. 267f. In: http://www.bka.gv.at/DocView.axd?CobId=32965 [Download: 16.03.2011].

16 Vgl. dazu: Österreichischer Rechnungshof: Verwaltungsreform, 2007.

17 Zum aktuellen Stand der Arbeiten der Arbeitsgruppe „Verwaltung Neu" vgl.: http://www.rechnungshof.gv.at [Download: 27.03.2011].

18 Vgl. dazu: http://www.rechnungshof.gv.at/fileadmin/downloads/2010/beratung/verwaltungsreform/Effizienz_Verwaltung/Loesungwsvorschlaege_Verwaltungssteuerung.pdf [Download: 27.03.2011].

Generell wird die fehlende Nutzung einer Kosten- und Leistungsrechnung, von Controlling und anderen Steuerungsinstrumenten festgehalten sowie auf fehlende oder uneinheitliche Steuerungsdaten verweisen. Die primären Schwachpunkte liegen daher in der mangelhaften Datenqualität, in unklaren Verantwortlichkeiten und fehlenden Controllingsystemen.

Die Vorbereitungsgruppe schlägt daher ein Verwaltungssteuerungsgesetz für den Bund bzw. eine Art. 15a-Vereinbarung zwischen Bund und Ländern unter Einbindung der Gemeinden vor. Damit sollen diese Defizite behoben werden, indem die Basis für einen offenen, ehrlichen Austausch von steuerungsrelevanten Daten und für ein gemeinsames Verständnis von Wirkungsorientierung gelegt werden.

Die vorgeschlagene rechtliche Fundierung einer integrierten Verwaltungssteuerung, des Einsatzes von Steuerungsinstrumenten des Public Managements (z.B. Führen mit Zielen, Kontraktmanagement, dezentrale Fach- und Ressourcenverantwortung etc.) und einer besseren Datenqualität – um nur einige Beispiele zu nennen – würde aus Sicht der Autorin eine wichtige Ergänzung zu den Vorschriften des BHG 2013 darstellen. Auch wenn etwa in den Bestimmungen der §§ 41 und 68 des BHG 2013 Regelungen zur Wirkungsorientierung und damit zum inhaltlichen Aspekt einer integrierten Steuerung getroffen werden, so wird doch beispielsweise aus den inhaltlichen Vorgaben zum Strategiebericht in §14 BHG 2013 deutlich, dass das BHG 2013 primär auf budgetäre und damit Input-Gesichtspunkte fokussiert. Von den insgesamt acht Punkten zu den erforderlichen Inhalten des Strategieberichts betrifft nur der Unterpunkt 5a die inhaltlichen Ziele, Strategien und Wirkungen. Weiters sind die Steuerungsmechanismen für Ressourcen hoch entwickelt, die Steuerungsmechanismen für eine Wirkungssteuerung hingegen kaum vorhanden. Diese könnten sehr gut durch das vorgeschlagene Verwaltungssteuerungsgesetz konkretisiert werden.

Zur Art. 15a-Vereinbarung wurde im Rahmen der Vorbereitungsgruppe „Effiziente Verwaltung“ ein Entwurf entwickelt, der der Arbeitsgruppe zur politischen Beschlussfassung vorgelegt wurde. Im Zuge der Diskussionen in der Vorbereitungsgruppe hat sich gezeigt, dass seitens der Partner bisher wenig Bereitschaft zu einer inhaltlichen Abstimmung der Wirkungsziele und einer gemeinsamen Festlegung von Indikatoren besteht.

Um die Public Governance-Elemente „strategische Steuerung“ und „Kohärenz“ geht es beim Masterplan Gesundheit[19], der im November 2010 vom Hauptverband der Sozialversicherungsträger präsentiert wurde. Dort wird konstatiert, dass Österreich als eines von wenigen Ländern der Europäischen Union keine nationalen Gesundheitsziele definiert hat. So wird ein Strategiedefizit deutlich, das im Lichte notwendiger Gesundheitsreformen kritisch erscheint. Auch in der Problemdarstellung zum Arbeitspaket 10, der Vorbereitungsgruppe „Verwaltungsreform“, halten die Expertinnen und Experten fest, dass keine österreichweite, sektorübergreifende Planung des Leistungsangebots im Bereich Gesundheit besteht. Der Österreichi-

19 Vgl. dazu: http://www.hauptverband.at/mediaDB/730577_Masterplan%20 Gesundheit_Langfassung.pdf [Download: 27.03.2011].

sche Strukturplan Gesundheit umfasst im Wesentlichen nur den stationären Bereich, die regionalen Strukturpläne Gesundheit auf Länderebene sind, sofern diese bereits vorliegen, uneinheitlich.[20]

Zudem fordert der Rechnungshof als bundes- bzw. länderübergreifendes Kontrollorgan Kohärenz ein, wenn er etwa in seinem Bericht 2010/5 für Oberösterreich Anforderungen an ein zeitgemäßes Rechnungswesen definiert. Insbesondere hält er fest: Um die Finanzverflechtungen zwischen Bund, Ländern und Gemeinden gesamthaft beurteilen zu können, wäre pro Aufgabengebiet (z.B. Sozialhilfe, Krankenanstalten) eine übersichtliche Darstellung über alle Gebietskörperschaften erforderlich. Die Länder sollten gemeinsam mit dem Bund und den Gemeinden Übersichten erstellen, um beurteilen zu können, welche Mittel bei einer gesamthaften Betrachtung in bestimmte Aufgabengebiete fließen.

Diese Beispiele zeigen, dass das Bewusstsein der Notwendigkeit von Kohärenz und Koordination bei der staatlichen Aufgabenerfüllung vorhanden, in der Umsetzung jedoch noch ausbaufähig ist.

3.2 Verwaltungs*modernisierungs*programme

Generelles Ziel dieser Programme war es, die öffentliche Verwaltung moderner und effizienter zu gestalten und das Service für die Kundinnen und Kunden zu verbessern. Von 1997 bis 2008 gab es insgesamt drei Verwaltungsinnovationsprogramme (VIPs) und eine Verwaltungsqualitätsoffensive, allesamt Initiativen der Bundesregierung, die sämtliche Bundesministerien umfassten, jedoch kann die Schnittstelle zu den Ländern und den Städten/Gemeinden bearbeiteten. Die Projekte reichten von Strukturreformen, über die Einführung von E-Government-Lösungen und betriebswirtschaftlichen Methoden bis zu Maßnahmen der Personalentwicklung.[21] Die Verwaltungsqualitätsoffensive legte den Schwerpunkt auf eine „verstärkte Bürgerorientierung", auf ein hohes Tempo der Verwaltungsabläufe unter Wahrung der Rechtssicherheit. Als wichtigste Ziele einer modernen Verwaltung wurden Effizienz und Kundenorientierung genannt sowie die Anwendung von Qualitätsnormen und Standards für Erledigungen.[22] Tendenziell forcierten diese Modernisierungsprogramme eher Umsetzungen von Public Management. So hat sich etwa im Rahmen von „E-Stipendium" mit dem so genannten „Systemantrag" der Weiterbezug in den folgenden Studienjahren wesentlich vereinfacht. Die Berechtigung wird über vorhandene Datenbanken geprüft und die Verlängerung der Studienbeihilfe gegebenenfalls automatisch bewilligt. Im Regelfall müssen sich Studierende damit nur ein Mal, zu Beginn des Studiums, persönlich an die Studienbeihilfebehörde wenden. Hier führte ein Prozess-

20 Vgl. dazu: http://www.rechnungshof.gv.at/fileadmin/downloads/2010/beratung/verwaltungsreform/Gesundheit/Problemanalyse_Gesundheit_und_Pflege.pdf [Download: 27.03.2011].

21 Vgl. dazu: http://www.bka.gv.at/DocView.axd?CobId=19951 [Download: 13.03.2011].

22 Vgl. dazu: http://www.bka.gv.at/DocView.axd?CobId=34413 [Download: 13.03.2011].

Redesign unter Nutzung der Möglichkeiten des E-Governments zu einer signifikanten Entlastung von Studierenden.

Diese Modernisierungsprogramme zeigen jedoch auch zunehmend Ansätze von Public Governance. So wurde etwa im Rahmen der Verwaltungsqualitätsoffensive zum Zweck der Korruptionsprävention ein Verhaltenskodex[23] für öffentliche Bedienstete geschaffen, der die geltende Rechtslage möglichst einfach in handlungsleitende Standards umsetzt und so ein wertebasiertes Verwaltungshandeln fördert. Dieser wurde in Zusammenarbeit aller Ministerien mit den Ländern, dem Rechnungshof, dem Österreichischen Städtebund und dem Österreichischen Gemeindebund sowie der Gewerkschaft entwickelt. Dadurch wurden die Möglichkeiten und Chancen von Kooperationen genutzt und damit ein Beitrag für mehr Akzeptanz des Ergebnisses geleistet.

Eher als Umsetzung von Public Management können die Programme „Verwaltungskosten senken für Unternehmen"[24] und „Verwaltungskosten senken für BürgerInnen"[25] gesehen werden. Dabei geht es um den Bürokratieabbau durch Prozesskritik und Kosteneinsparung bei Unternehmen bzw. die Zeitersparnis für Bürgerinnen und Bürger. Für Unternehmen sollten eine zeitsparende Übermittlung von Informationen durch E-Government-Lösungen angeboten, Doppelgleisigkeiten durch verbesserten Datenaustausch in der Verwaltung vermieden und komplizierte Bestimmungen vereinfacht werden. Gleichzeitig sollten aber die Kosten der Verwaltung nicht steigen. Die bereits umgesetzten Maßnahmen reichen von der Verwendung von „Eigenerklärungen" im Vergabeverfahren über die Einrichtung des Unternehmensserviceportals[26] bis zu Vereinfachungen bei statistischen Meldungen. Die andere Seite der Medaille darf jedoch nicht übersehen werden. Wenn Unternehmen etwa von einer statistischen Meldung entlastet werden kann das zu einer verringerten Datenqualität führen, was im Sinne eines „evidence based decision making" von Nachteil ist. Auch dass etwa Buchführungsgrenzen von € 400.000,- auf € 700.000,- (RÄG 2010) angehoben wurden, kann selbst für die betroffenen Unternehmen nachteilig sein, da die Buchführungspflicht zum Schutz der Unternehmen geschaffen wurde.

Im Programm „Verwaltungskosten senken für BürgerInnen" wurden für 100 Informationsverpflichtungen der Zeitaufwand der Bürgerinnen und Bürger und die direkten Kosten erhoben. Daraufhin haben die Ministerien in Workshops rund 150 Maßnahmenvorschläge erarbeitet und dem Ministerrat am 24. August 2010 vorgelegt. Parallel dazu wurde in den Lebenssachverhalten Geburt, Eheschließung und Todesfall mit der konkreten Umsetzung begonnen. So ist es jetzt im Falle einer Geburt möglich, bereits beim Standesamt über help.gv.at oder über finanz.online Kindergeld

23 Vgl. dazu: „Die Verantwortung liegt bei mir". Zum Wortlaut vgl.: http://www.bka.gv.at/DocView.axd?CobId=32347 [Download: 13.03.2011].

24 Vgl. dazu: http://www.verwaltungskostensenken.at/Deutsch/Initiative/_start.htm [Download: 13.03.2011].

25 Vgl. dazu: http://www.verwaltungskostensenken.at/Deutsch/BRGERINNEN-PROGRAMM/_start.htm [Download: 27.03.2011].

26 Der Start des Portals http://www.usp.gv.at/ erfolgte mit 01.01.2010.

und Familienbeihilfe zu beantragen. So genannte „Babypoints" verwirklichen das One-Stop-Shop unter anderem in Wien (AKH und SMZ-Ost) und in Graz. Die Meldung von Geburt und Todesfall an den Hauptverband erfolgt weitgehend automatisch durch das Standesamt. Bei der Eheschließung wird zumindest an einer Vereinheitlichung der Gebühren gearbeitet.[27] Dennoch bleiben zahlreiche Punkte offen, die insbesondere gebietskörperschaftsübergreifende Aktionen erfordern würden. So scheitert etwa das automatische Initiieren der Namensänderung in Reisepass und Führerschein im Falle einer Heirat nach wie vor an den Zuständigkeitsgrenzen und der fehlenden Kooperation zwischen den Behörden.

Insgesamt gesehen, liegen die Problemdarstellungen und die Lösungsvorschläge auf dem Tisch, teilweise wurden bereits konkrete Maßnahmen beschlossen. Eine ambitionierte Umsetzung steht jedoch weitgehend aus, weil der Konsens der betroffenen Partner dazu fehlt und offenbar die Notwendigkeit von großräumigen Reformen immer noch nicht gesehen wird.

4. Wirkungsorientierung als Hebel für Reformen

Insbesondere das neue Haushaltsrecht, das ab 2013 in Kraft tritt, stellt eine große Chance für tief greifende Reformen zumindest in der Bundesverwaltung dar. Sein Bekenntnis zu Wirkungsorientierung und Transparenz, zur Gleichstellung von Frauen und Männern und zur nachhaltigen Budgetgestaltung machen seinen Bezug zu Public Governance deutlich.[28]

Durch die Verankerung der Wirkungsorientierung als Prinzip des BHG 2013 wird die Effektivität des Ressourceneinsatzes und der staatlichen Aufgabenerfüllung gestärkt.[29] Damit sollte auch eine Verbesserung der Lebensqualität bzw. die Sicherung guter Lebensqualität einhergehen. Wenn angestrebte Wirkungen (Wirkungsziele) zu den Leistungen und zu den eingesetzten Ressourcen in Bezug gesetzt werden und die Zielerreichung mit Wirkungsindikatoren gemessen wird, ergeben sich große Chancen für eine erhöhte Transparenz der Mittelverwendung aber auch über die Ziele und Handlungsschwerpunkte von Staat und Verwaltung.

Wirkungsziele und deren Evaluierung können staatliches Handeln wirksamer machen, da sie geplantes Vorgehen erleichtern und eine Konzentration auf das Wesentliche fördern. Durch die Bezüge zwischen den eingesetzten Ressourcen und den dafür erbrachten Leistungen zur Erreichung der Wirkungsziele wird zu einer Versachlichung der Diskussion über einen effektiven Ressourceneinsatz in der Verwaltung beigetragen.

---

27 Vgl. dazu auch den Ministerratsbeschluss vom 07.03.2011.

28 Vgl. zu den Elementen von Public Governance den Beitrag von Helfried Bauer und Elisabeth Dearing zum Thema „Public Management und Governance: Globale Konzepte im nationalen Bezug" in der vorliegenden Publikation.

29 Zu den gesetzlichen Grundlagen und dem zugrunde liegenden Verständnis des theoretischen Modells der wichtigsten Handlungsfelder von Public Governance vgl. den Beitrag von Monika Geppl, Wolfgang Hajek, Andreas Thaller zum Thema „Wirkungsorientierte Steuerung in der österreichischen Bundesverwaltung" in der vorliegenden Publikation.

Das Parlament erhält die Möglichkeit, verstärkt die Leistungen und Wirkungen zu betrachten, anstatt lediglich den Ressourceneinsatz.

Die Umsetzung der Wirkungsorientierung macht umfassende Reformen notwendig, die Managementmethoden ebenso betreffen wie Änderungen in der Verwaltungs- und Führungskultur.

4.1 Eine neue Steuerungsphilosophie

Von der Idee her wird das BHG 2013 von einer Zusammenführung der Fach- und Ressourcenverantwortung und ihrer Dezentralisierung sowie einer neuen Kultur des Vertrauens getragen. Diese bezieht sich etwa auf das Vertrauen des BMF gegenüber den Bundesministerinnen und Bundesministern, die nach dem Konzept des BHG 2013 jeweils ihre eigenen Finanzministerinnen und Finanzminister sind und die Aufgabe haben, die ihnen anvertrauten Ressourcen effizient und wirksam einzusetzen. Die Vertrauenskultur muss sich aber auch auf die Verwaltungsebenen innerhalb eines Ministeriums beziehen, wenn das haushaltsleitende Organ (Bundesminister/in) den haushaltsführenden Stellen Freiraum für die operative Umsetzung von Zielen und für Entscheidungen innerhalb eines vorgegebenen Ressourcenrahmens einräumt. Nicht zuletzt braucht es das Vertrauen der Führungskräfte in die Fähigkeiten und das Verantwortungsbewusstsein der Mitarbeiterinnen und Mitarbeiter, eigeninitiativ und ergebnisorientiert an der Erreichung der Ziele mitzuarbeiten.

Zusammenführung von Fach- und Ressourcenverantwortung

Derzeit liegt die Fachverantwortung meist in den Fachbereichen bzw. Fachsektionen, die Ressourcenverantwortung hingegen bei zentralen Supporteinheiten (z.B. in den Präsidialsektionen). In einem System einer Inputsteuerung haben daher letztlich die zentralen Supporteinheiten wesentlichen Einfluss auf die fachliche Aufgabenerfüllung. Nach der neuen Steuerungsphilosophie erhalten die Fachbereiche jedoch eine neue, um die Ressourcensteuerung erweiterte, Verantwortung, die zentralen Supporteinrichtungen hingegen müssen nach diesem Konzept Ressourcenverantwortung abgeben und bekommen dafür neue Aufgaben dazu: so ist etwa ein integriertes Steuerungssystem für das jeweilige Haus aufzubauen, das Berichtswesen zu organisieren, die Personalentwicklung auf die fachlichen und methodischen Anforderungen auszurichten und dafür zu sorgen, dass das „Schiff" Bundesministerium mit all seinen Fachbereichen in die vorgegebene strategische Richtung fährt.

Betrachtet man die geplanten neuen Globalbudgetgliederungen so wird deutlich, dass zum überwiegenden Teil weiterhin eine zentralisierte Ressourcenverantwortung vorgesehen ist. Nur in wenigen Ansätzen (z.B. BMLFUW oder BMASK) werden Ressourcenverantwortungen auch mit den Fachverantwortungen verbunden. Ein Grund für die Beibehaltung der zentralisierten Ressourcenverantwortung könnte darin liegen, dass den Fachbereichsverantwortlichen die Einhaltung der Ressourcenrahmen und damit die neue integrierte Verantwortung und Steuerung nicht zugetraut wird. Gerade dieses Zutrauen in die Fähigkeiten der Mitarbeiterinnen und Mitarbeiter und eine neue Fehlerkultur, die nicht nach den Schuldigen sucht sondern bemüht ist, aus den Fehlern zu lernen, prägen jedoch die Verwaltungskultur rund um die neue Steuerung im BHG 2013. Hier ist wohl noch viel zu tun. Eine entsprechende Einbindung in die Umsetzung der neuen Steuerungsphilosophie kann hier ebenso Abhilfe schaffen wie geeignete Schulungsmaßnahmen. Es werden jedenfalls derzeit Schulungsmaßnahmen in breitem Umfang angeboten. Kritisch angemerkt wird jedoch, dass sie stark auf die Neuerungen im Budgetvollzug fokussieren und die anspruchsvolle Aufgabe der Entwicklung von Wirkungszielen und Wirkungsindikatoren nur wenig beleuchtet. Es werden zwar umfangreiche Systembeschreibungen und Formulare präsentiert, die zu befüllen sind, die Hauptarbeit besteht jedoch in qualitativ guten, aussagekräftigen Angaben. Gerade hier benötigen die neuen Verantwortlichen Begleitung und Unterstützung. Diese wird großteils pro Ressort bei externen Beraterinnen und Beratern „eingekauft", ein koordiniertes Umsetzungsprogramm etwa nach dem Vorbild der Verwaltungsinnovationsprogramme fehlt jedoch. Dieser gemeinsame Veränderungsprozess würde alle Bundesministerien ins Boot holen und hätte den Vorteil des wechselseitigen Abstimmens, des Erfahrungsaustausches, der Ermutigung und der gemeinsamen Ideenfindung, um nur einige Beispiele zu nennen.

Dezentralisierung von Verantwortung

Dazu sieht das BHG das haushaltsleitende (hhl) Organ und die haushaltsführenden (hhf) Stellen als Schlüsselpositionen im neuen Budgetvollzug. Dahinter steht der Gedanke, dass die operative Umsetzung von Wirkungs- und Leistungszielen möglichst dezentral durch die „nachgeordneten" Dienststellen in deren Verantwortung erfolgen soll. Diese Stellen erhalten Detailbudgets, werden durch Ressourcen-, Ziel- und Leistungspläne (RZLPs) „verpflichtet" und die Leiterinnen und Leiter dieser Stellen sind verantwortlich für die effiziente und wirksame Aufgabenerfüllung in ihrem Bereich. Von außen betrachtet, liegt es nahe, etwa Finanzämter, Botschaften, Schulen, Bezirkspolizeikommanden oder Strafvollzugsanstalten zu haushaltsführenden Stellen zu machen. Nach den Planungen scheinen jedoch etwa die Finanzämter erst auf der zweiten Detailbudgetebene auf, lediglich die Strafvollzugsanstalten werden voraussichtlich Detailbudgets erster Ordnung erhalten. Wenn sich die Zentralstellen nach wie vor viel Entscheidungsmacht vorbehalten, muss ihnen auch klar sein, dass, je tiefer die einzelnen Stellen in der Budget- bzw. Verantwortungshierarchie angesiedelt sind, diese umso weniger Freiräume und Gestaltungsspielräume besitzen.

In manchen Ressorts kommt hinzu, dass eine haushaltsführende Stelle – in der Regel die Budgetabteilung – für mehrere Detailbudgets zuständig ist. Dies kann dann dazu führen, dass die Budgetabteilung als Vollzugsbeauftragte des haushaltsleitenden Organs mit sich selbst, als haushaltsführender Stelle, mehrere Ressourcen-, Ziel- und Leistungspläne (RZLPs) abschließt. Damit wird jedoch die ursprüngliche Absicht des BHG 2013 verfehlt.

Es hat auch den Anschein, dass die haushaltsführenden Stellen etwa im BMASK eher geringe Bedeutung haben. Im BMLFUW hingegen ist von den neun Detailbudgets der UG 42 die Budgetabteilung lediglich bei zwei der neun Detailbudgets haushaltsführende Stelle. Bei den Detailbudgets zweiter Ebene ist durchgängig der Fachbereich die haushaltsführende Stelle.

4.2 Neue Verantwortlichkeiten (Accountability)

Das BHG 2013 sieht zahlreiche neue Verantwortlichkeiten vor, die sich aus der oben beschriebenen Steuerungsphilosophie ergeben.

Das Parlament

Dem Parlament und im Besonderen dem Budgetausschuss werden mit dem BHG 2013 erstmals, ergänzend zu den Budgetdaten, auch Wirkungs- und Leistungsinformationen zu den einzelnen Untergliederungen als Grundlage für die Diskussion zum Bundesvoranschlag vorgelegt. Gemäß § 68 (5) BHG 2013 erhält das Parlament gleichzeitig mit dem Entwurf zum Bundesvoranschlag auch einen Bericht über die Ergebnisse des Wirkungscontrollings, der es zukünftig erlauben wird, zu erkennen, ob die einzelnen Ressorts ihre Wirkungsziele erreicht haben, dargestellt anhand von Wirkungsindikatoren, die das Ergebnis nachvollziehbar machen sollen. Dies ermöglicht es dem Parlament zu entscheiden, ob die budgetierten Ressourcen wirksam eingesetzt wurden bzw. wo das Erreichen von Wirkungszielen durch entsprechende Umschichtung von Ressourcen gefördert werden könnte. Die Diskussion kann dadurch neben den Budgetentwicklungen noch um inhaltliche Schwerpunktsetzungen bei der staatlichen Aufgabenerfüllung bereichert werden.

Weiters wird dem Parlament jeweils im Frühjahr ein Strategiebericht als Teil des Bundesfinanzrahmengesetzes zur Diskussion und Beschussfassung vorgelegt. Auch hier wird durch die Prioritätensetzungen der Untergliederungen eine inhaltliche Komponente in die parlamentarische Diskussion einfließen.

Im System der repräsentativen Demokratie stärkt diese neue Gestaltungsmöglichkeit der Legislative die demokratische Qualität von und das Vertrauen in staatliche Entscheidungen, ein wesentliches Element von Public Governance. So könnten etwa bei einer Debatte über den Klimaschutz die inhaltlichen Schwerpunkte der Ressorts als Gesamtheit betrachtet werden, das Erreichen der Wirkungsziele und die Wirksamkeit der gesetzten Maßnahmen beurteilt und allenfalls Nachbesserungen angeregt werden. Auch Wechselwirkungen zwischen Wirkungszielen und Maßnahmen würden bei einer solchen übergreifenden Betrachtung deutlich, notwendige Maßnahmen könnten zielgerichtet getroffen werden. Ebenso bieten die in der Folge vorzulegenden Evaluierungsberichte die Chance für eine sachlich fundierte Kontrolle der Regierung durch das Parlament.

Damit kommt eine neue Verantwortung auf das Parlament zu, für die es sich zu rüsten gilt. Dazu wurde eine politische Vereinbarung aller Parteien über einen Budgetdienst im Parlament beschlossen, wonach bei der Präsidentin bzw. dem Präsidenten des Nationalrates ein unabhängiger Budget-Dienst einzurichten ist. Dieser soll den Nationalrat bei der Beratung, Beschlussfassung und Kontrolle der Haushaltsführung des Bundes unterstützen und ab 2012 in Betrieb sein.[30] Auch wäre zu überlegen, die Bezeichnung „Budgetausschuss" um die neue Verantwortlichkeit zu erweitern, ihn etwa als „Ausschuss für Budget und Wirkungsorientierung" zu bezeichnen.

Weiters erhält der Rechnungshof als Organ des Nationalrats eine wichtige Rolle im Rahmen der Wirkungsorientierung. Wirkungen sind in der Regel mehrdimensional und machen weder an Ressort- noch an Gebietskörperschaftsgrenzen halt. Um gute Schulbildung zu gewährleisten oder eine hohe Qualität bei der Gesundheitsversorgung haben alle Gebietskörperschaften in ihrem Rahmen an der Erreichung von Wirkungszielen mitzuwirken. Dafür ist es notwendig, Wirkungsziele zwischen den einzelnen Gebietskörperschaften abzustimmen und sich darauf zu einigen, wie und mit welchen Indikatoren die Erreichung der Wirkungsziele gemessen wird.

Durch die Prüfungstätigkeit auf allen Gebietskörperschaftsebenen gewährleistet der Rechnungshof die notwendige bund-, länder- und gemeindeübergreifende Gesamtsicht. Diese wird durch die jüngste Erweiterung der Prüfkompetenz auf Gemeinden über 10.000 EW noch verstärkt. Wechselwirkungen werden leichter erkennbar und Wirkungszielkonflikte sowie unterschiedliche Indikatoren für die Wirkungsmessung treten zu Tage. Auch auf der Bundesebene können, wie etwa in der Forschung oder im Bereich Migration, oft mehrere Ressorts zur Erfüllung eines Wirkungsziels beitragen, was ebenfalls eine Abstimmung von Zielen und Indikatoren zwischen den Ministerien und eine gesamthafte Evaluation erfordert.

Bundesministerinnen und Bundesminister

Bundesministerinnen und Bundesminister sind Politikerinnen und Politiker, aber auch Chefinnen und Chefs ihrer Ministerien und als solche verantwortlich dafür, Wirkungsziele vorzugeben und über die Indikatoren zu ihrer Messung zu entscheiden. Während es früher herrschendes Verständnis war, dass die Politik die Ziele und die Strategie vorgibt und die Verwaltung für die Umsetzung zuständig ist, muss dieses Verhältnis heute differenzierter betrachtet werden. Da Wirkungsziele und Indikatoren realistisch und aussagekräftig zu gestalten sind, ist ein Dialog zwischen Politik und Verwaltungsführung unerlässlich. Nur so können die unterschiedlichen Rationalitäten zwischen Politik und Verwaltung abgestimmt und die jeweiligen Stärken bei der gemeinsamen Lösungsfindung eingebracht werden. Dieser Dialog schärft das wechselseitige Verständnis und trägt zu mehr Akzeptanz und besserer Qualität der Wirkungsziele bei.

Zudem betont Brodtrick in seinen Ausführungen zu „Accountability", dass Verantwortlichkeit immer zwei Partner braucht: einen, der Verantwortung übernimmt und trägt und einen der diese einfordert.[31] Auch in den

30 Die Aufgaben dieses Budgetdienstes umfassen unter anderem die Beratung des Budgetausschusses, insbesondere in Form schriftlicher Expertisen, Analysen und Kurzstudien, hinsichtlich der gemäß des BHG 2013 vorzulegenden Unterlagen (insbesondere BFG-Entwurf, BFRG-Entwurf, Berichte gemäß §§ 47, 66 bis 68 BHG 2013).

31 Vgl. dazu: Brodtrick: Accountability, 2005, S. 58f.

Bundesministerien ist es daher erforderlich, dass sich die politische Führung mit dem Management der Verwaltung regelmäßig über Geplantes, über den Fortschritt der Umsetzung, über das Erreichen oder Nichterreichen von Wirkungszielen austauscht. Es genügt nicht, wenn die Politik nur die Wirkungsziele und deren Messung vorgibt, auch im begleitenden Wirkungscontrolling und in der Evaluierung sollte ein kontinuierlicher Dialog zwischen Politik und Verwaltung stattfinden.

Eine positive Entwicklung zeigt sich dabei im Selbstverständnis der Verwaltungsmitarbeiterinnen und Verwaltungsmitarbeiter. Diese sehen sich zunehmend als Partnerinnen und Partner der Politik[32] und nicht mehr lediglich als „Weisungsempfängerinnen und Weisungsempfänger". In den Bundesministerien ist dieser Dialog unterschiedlich ausgeprägt. Während sich etwa im BMI und im BMUKK die Ministerinnen jeweils sehr aktiv an Strategieprozessen und der Vereinbarung von Wirkungszielen beteiligen, läuft der Prozess der Strategie- und Zielfindung in anderen Ressorts stärker Bottom up. So spielen etwa im BMASK die Abteilungsleiterinnen und Abteilungsleiter eine tragende Rolle, strategische und operative Ziele werden im Rahmen eines strukturierten MbO-Prozesses „von unten nach oben" getragen und wieder „zurückgespielt". Die Sektionsleiterinnen und Sektionsleiter sehen ihre Aufgabe unter anderem in der Integration der politischen Aufträge in die Zielfindung und das Arbeitsprogramm.

Insgesamt laufen derzeit in allen Ressorts Projekte, die sich um eine Festlegung von Wirkungszielen, Wirkungsindikatoren und Maßnahmen bemühen. Kein leichtes Unterfangen, wenn man bedenkt, dass im vorherrschenden System der Inputsteuerung die Frage nach den Wirkungen noch relativ neu ist. Erste Erfahrungen etwa im Zuge eines Pilotprojektes[33] haben gezeigt, dass Wirkungsziele sogar relativ einfach zu formulieren sind. Um die Akzeptanz dafür im ganzen Haus zu erhalten, war man bestrebt zu erreichen, dass sich alle Organisationseinheiten des Ministeriums in den Wirkungszielen wieder finden. Die Definition der Messgrößen hat sich als ungleich schwieriger herausgestellt. Dies liegt wohl daran, dass das Messen von Ergebnissen in der Bundesverwaltung derzeit noch wenig entwickelt ist und wenn, dann eher auf der Leistungsebene stattfindet.

Ein gutes Praxisbeispiel bietet das BMLFUW. Dort bildete ein bereits seit 2007 funktionierender MbO-Prozess die Basis für die Entwicklung der Wirkungsziele, Wirkungsindikatoren und Maßnahmen. Die vom BKA qualitätsgesicherten Wirkungsziele und Wirkungsindikatoren sind im MbO-Prozess 2011 bereits integriert. Aus dem bestehenden Steuerungsprozess können Wirkungsinformationen generiert werden.[34]

32 so etwa im BMUKK oder auch im BMASK

33 2009 wurde unter Federführung des BKA ein Pilotprojekt zur Definition von Wirkungszielen und Wirkungsindikatoren durchgeführt, an dem das BMUKK (Bundesschulen), das BMF (Finanzverwaltung), das BKA und das BMI (Polizei) beteiligt waren. Die daraus gewonnen Erfahrungen sind beispielhaft in diesem Beitrag angeführt und wurden allen Bundesministerien in einer Veranstaltung am 9. Juni 2010 berichtet.

34 Vgl. dazu das Interview mit der Projektleiterin im BMLFUW.

Betrachtet man die Herausforderungen der Zukunft so heißen diese unter anderen: Klimawandel, Migration oder Innovationsfähigkeit. Diese typischen Querschnittsthemen können nur in gemeinsamer Anstrengung von den verschiedenen Bereichen (Ministerien) bearbeitet werden. Etwas verwundert stellt man jedoch fest, dass etwa bei der inhaltlichen Definition der Wirkungsziele und Wirkungsindikatoren kaum eine Abstimmung oder Koordinierung zwischen den einzelnen Ministerien stattfindet. Auch mit den Ländern, die in vielen Bereichen in enger Kooperation mit dem Bund agieren müssen, ist eine solche Abstimmung von Wirkungszielen und Messgrößen nicht erkennbar. Damit wird eine ministerien- und gebietskörperschaftsübergreifende Steuerung unmöglich, eine problematische Entwicklung, wenn man bedenkt, dass Wirkungen nicht an Organisationsgrenzen halt machen, das heißt, nicht eindeutig zuordenbar sind und sich wechselseitig beeinflussen.

Als weitere Schwierigkeit hat sich in der praktischen Umsetzung die Definition eines Gender-Ziels herausgestellt. Hier sind zahlreiche Regelungen vorgesehen, wie etwa gemäß § 4 (3) des Entwurfs der Verordnung gemäß § 41 (2) BHG 2013, dass zumindest eines der fünf Wirkungsziele pro Untergliederung (UG) ein Gender-Ziel sein sollte. Dieses sollte jedenfalls über die Erhöhung eines Frauenanteils hinausgehen und außenwirksam sein.

Da die Wirkungsziele noch nicht veröffentlicht sind, kann man derzeit nur auf den Strategiebericht 2011 bis 2014 zurückgreifen, der mit den Wirkungszielen in Einklang stehen sollte. Ein Blick hinein zeigt, wie unterschiedlich das Gender-Bewusstsein entwickelt ist. Vorbildlich nimmt sich etwa das BMASK vor, 50 Prozent der im Rahmen der aktiven AMP zur Verfügung stehenden Mittel zur Verringerung des „Gender Gap“ frauenspezifisch einzusetzen. Auch wird für die UG 21 (Soziales und Konsumentenschutz) Gender Mainstreaming als Querschnittsziel definiert und derzeit die gesamte Ausgabenstruktur auf Gender-Relevanz hin überprüft mit dem Ziel, für die Bundesfinanzgesetze 2011 bis 2014 genderrelevante Bereiche mit konkreten Maßnahmen umfassend darstellen zu können. Auch das BMLVS führt zumindest im Bereich des Sports ausdrücklich genderpolitische Maßnahmen (z.B. Mädchen- und Frauensportprojekte) an. Etwas unbestimmt heißt es für das BKA: es sind frauen- und gleichstellungspolitische Strategien der Bundesregierung zur umfassenden Gleichstellung, gegen Diskriminierung und Gewalt zu entwickeln, umzusetzen und zu koordinieren. In großen Bereichen wie etwa dem BMI, dem BMJ und selbst im BMF enthalten zumindest die Strategieberichte noch keine Hinweise auf genderspezifische Ziele und Maßnahmen.

Die Globalbudgetverantwortlichen

Vom Konzept her sollte das Budget für eine UG nach eher fachlichen Gesichtpunkten in Globalbudgets gegliedert werden. Die Globalbudgets sind mit einem Ressourcenrahmen versehen und die Verantwortlichen erhalten die Aufgabe, durch Maßnahmen die angestrebten Wirkungsziele möglichst zu erreichen. Diese Globalbudgets wären auch organisatorisch bestmöglich abzubilden. Damit kann die Eigenverantwortlichkeit der Leiterinnen und Leiter von Fachbereichen bzw. von Dienststellen gestärkt und die Aufgabenerfüllung effektiver gestaltet werden. Wie die Autorin bereits in einem Beitrag vom Juni 2009 näher ausgeführt hat[35], kommt diesen Globalbudgetverantwortlichen eine zentrale Rolle bei der Umsetzung des neuen Haushaltrechtes zu. Als Verbindungsglied zwischen dem haushaltsleitenden Organ (Minister/in) und den Leiterinnen und Leitern der haushaltsführenden Stellen haben sie die Verantwortung für die integrierte Wirkungs-, Leistungs- und Budgetsteuerung in ihren jeweiligen Bereichen. Sie sorgen dafür, dass Ressourcen-, Ziel- und Leistungspläne (RZLPs) in ihren Fachbereichen erstellt werden und das Wirkungscontrolling durch entsprechende Berichte ermöglicht wird. Weiters sind sie Ansprechstelle für die Ministerinnen und Minister in Steuerungsfragen. In den gesetzlichen Vorschriften werden die Globalbudgetverantwortliche kaum behandelt, in der Praxis ist die Grundphilosophie nur vereinzelt erkennbar. So hat etwa das BMLFUW bereits früh mit einer sehr sachbezogenen Gliederung des Ministeriums begonnen, Geschäftsfelder definiert und die entsprechenden Sektionen geschaffen, um pro Geschäftsfeld klare Verantwortlichkeiten zu haben. Dass dies mit der aktuellen Globalbudgetgliederung doch weitgehend gelungen ist, macht die folgende Übersicht deutlich[36].

Geschäftsfeld	**Anzahl der Globalbudgets**	**Verantwortung in der Organisation**
Steuerung und Services	1	2 Sektionen
Landwirtschaft und ländlicher Raum	1	2 Sektionen
Forst-, Wasserressourcen- und Naturgefahrenmanagement	1	2 Sektionen
Abfall und Siedlungswasserwirtschaft	1	1 Sektion
Allgemeine Umweltschutzpolitik	1	1 Sektion

Die Ausgestaltung der Verantwortlichkeit der Globalbudgetverantwortlichen, insbesondere wenn sie zwei Sektionsleiterinnen bzw. Sektionsleiter betrifft, muss erst erarbeitet werden.

Auch im BMASK liegt die Hauptverantwortung (Fach- und Ressourcenverantwortung) bei den Globalbudgetverantwortlichen, die weitgehend mit den Sektionsleiterinnen und Sektionsleitern ident sind. Diese schließen Leistungskontrakte mit der politischen Ebene (den Kabinetten), die in entsprechende Maßnahmen münden. Auch hier werden im Rahmen eines gesamthaften MbO-Prozesses auf Abteilungsleiterebene Wirkungs-, Leistungs- und Prozessziele sowie Entwicklungsziele definiert. Vor dem Hintergrund dieses schon relativ gut entwickelten MbO-Systems werden derzeit im Zuge der Umsetzung des BHG 2013 Wirkungsziele und Wirkungsindikatoren sowie Maßnahmen erarbeitet.

35 Vgl. dazu: Dearing: Haushaltsführung, 2009, S. 20f.
36 Vgl. dazu das Interview mit der Projektleiterin im BMLFUW.

Eine nicht uninteressante Beobachtung hat sich in Ressorts mit sehr gut etabliertem MbO-System ergeben. Selbst von den Befürworterinnen und Befürwortern des MbO wird die Gefahr des „Gaming“ gesehen, wonach die Zielerfüllung über alles andere gestellt wird und mit allen Mitteln versucht wird, die Ziele zu erreichen. Damit werden etwa geänderte Rahmenbedingungen während der Laufzeit oder unerwünschte Nebeneffekte nicht berücksichtigt. Eine Verknüpfung von Belohnungen mit der Zielerreichung verstärkt diesen Effekt. Auf das Mitarbeitergespräch und die tägliche Führungsarbeit hat MbO hingegen einen positiven Effekt. Mitarbeitergespräche bekommen einen anderen Stellenwert, da Ziele und Leistungsaufträge bereits im Vorfeld klar sind, wenn die Ziele klar sind, wird die Führungskraft von „täglichen Kleinaufträgen“ entlastet.

Die Zielfindungspraxis erfolgt oft auch noch nach dem Motto eines *„nur ja nicht zu viel Vornehmen*“. So werden tendenziell wenig engagierte Ziele festgelegt, um ihre Erreichung zu erleichtern. Im BMASK ist die Kultur schon weiter entwickelt. Dort gilt der Grundsatz *„Es ist besser ein engagiertes Ziel leicht zu verfehlen als ein wenig ambitioniertes Ziel über zu erfüllen*“. Dies entspricht viel eher einer wirkungsorientierten Steuerung und kann so den Nutzen dieser Steuerungsphilosophie erhöhen.

In anderen Ministerien wurden die Globalbudgets so festgelegt, dass entweder die zentrale Supporteinheit für mehrere Globalbudgets zuständig ist, oder es überhaupt keine expliziten Globalbudgetverantwortlichen gibt. Mit dieser Praxis wird die klare Regelung der Verantwortlichkeit und eine Zusammenführung der Fach- und Ressourcenverantwortung verhindert.

5. Kohärenz

Das Schaffen und Sichern von Kohärenz bei der staatlichen Aufgabenerfüllung erfordert, aus Sicht der Autorin, in Österreich noch erheblichen Handlungsbedarf. Kohärenz bedeutet eine Abstimmung zwischen Vorgaben, Messgrößen und Maßnahmen sowohl innerhalb eines Ministeriums zwischen den Verwaltungsebenen (z.B. BMF-Zentralstelle, Steuer- und Zollkoordination und Finanzamt) als auch zwischen den UGs (Bundesministerien) aber auch zwischen Bund, Länder und Kommunen, wo dies der sachliche Zusammenhang erfordert (z.B. in den Bereichen Gesundheit, Soziales, Bildung). Diese Kohärenz fördert die Effektvität der Aufgabenerfüllung und gestaltet den Ressourceneinsatz effizienter. Blickt man auf ein weiteres Kernressort, das BMUKK, so ist erkennbar, dass dieses nach den Vorgaben des Strategieberichts des BHG 2013, Wirkungsziele und Maßnahmen vorbildlich festgelegt hat. Bereits im Strategiebericht finden sich etwa Hinweise auf genderspezifische Schwerpunkte, wie die Förderung der Ausbildungen von Frauen und Männern in nichttraditionellen Bereichen. Kohärent dazu gestaltet sich ein Wirkungsziel, das die Erhöhung des Bildungsniveaus unter Berücksichtigung der Chancen- und Geschlechtergerechtigkeit vorsieht. Eine Maßnahme dazu lautet „Durchführung von Maßnahmen zur Individualisierung des Lernens unter Berücksichtigung der Chancen- und Geschlechtergerechtigkeit.“[37]

37 Vgl. dazu das Interview mit dem Projektleiter im BMUKK.

All diese Festlegungen scheinen auf den ersten Blick sehr schlüssig und kohärent. Bei näherem Hinsehen wird aber eine Problematik deutlich, die bereits im Grundkonzept des BHG 2013 liegt. Wirkungsziele sind naturgemäß eher strategisch und abstrakt gestaltet. Es geht um große Linien und längerfristige Zielvorgaben. Die Wirkungsziele sind aber nur dann erfolgreich umzusetzen, wenn sie konkretisiert, mit Zielgrößen versehen und damit handhabbar für die Führungskräfte auf allen Ebenen werden. Das Wirkungsziel zur Bildung würde dringend eine Konkretisierung benötigen, um überhaupt umsetzbar zu sein. Die fehlende Konkretisierung wird sich spätestens bei der Entwicklung von Indikatoren aber auch dann bei der konkreten Maßnahmenplanung als Problem herausstellen. Dieses Manko liegt jedoch primär beim Grundkonzept des BHG 2013, das von sehr allgemeinen strategischen Wirkungszielen direkt zu den Maßnahmen kommt, ohne dazwischen noch eine Ebene vorzusehen. Insbesondere bei sehr „tiefengegliederten" Ressorts mit vielen nachgeordneten Dienststellen wird es für diese schwierig, konkret zu den Wirkungszielen beizutragen, weil der Auftrag nicht ausreichend klar ist und auch der Anteil der einzelnen Behörde am Erreichen des Wirkungsziels nicht deutlich werden kann. Dies beeinträchtigt die Wirksamkeit der Aufgabenerfüllung aber auch die Motivation der Dienststellenleiterinnen und Dienststellenleiter.

Ein Best Practice-Beispiel, wie die Konkretisierung von Wirkungszielen gelingen kann, liefert – aus der Sicht der Autorin – Schottland. Aus dem schottischen Budgetbericht[38] werden die strategischen Ziele auf den ersten Blick deutlich: Schottland soll wohlhabender, fairer, gesünder, sicherer, grüner und schlanker werden. Die Ziele werden dabei auf drei Ebenen mit unterschiedlichem Konkretisierungsgrad formuliert:

- einer Mission (governments purpose),
- generell strategischen Zielen – wie oben beschrieben – und
- konkret beschrieben in den „national outcomes".

Dahinter liegt ein System an „national indicators", die den strategischen Zielen ganz konkret Ausdruck verleihen.[39]

6. Transparenz

Transparenz gegenüber der Öffentlichkeit, den Parlamenten aber auch gegenüber den Partnern und Auftraggebern bei der Aufgabenerfüllung ist eine notwendige Bedingung unter anderem für eine effektive Steuerung. Sowohl die Expertinnen und Experten in der Vorbereitungsgruppe „Verwaltungsreform" als auch der Rechnungshof in zahlreichen Prüfungen

38 Vgl. dazu den Scottish Budget Spending Review 2007. In: http://www.scotland.gov.uk/Publications/2007/11/13092240/0 [Download: 27.03.2011].

39 Für weitere Ausführungen zum schottischen Beispiel vgl. den Beitrag von Helfried Bauer und Elisabeth Dearing zum Thema „Public Management und Governance: Globale Konzepte im nationalen Bezug" in der vorliegenden Publikation sowie die Ausführungen im Kapitel „Transparenz" des vorliegenden Beitrags.

haben auf die Bedeutung der Transparenz hingewiesen und Transparenzdefizite festgestellt.

So wird etwa in der Problemanalyse zum Arbeitspaket 5 „Effizientes Förderungswesen“ festgehalten, dass das Förderungssystems für Förderungswerber intransparent und die notwendige gebietskörperschaftsübergreifende Datenbanklösung gescheitert ist.

Das jüngst in Begutachtung geschickte Transparenzdatenbankgesetz ist ein Versuch, die Transparenz über geleistete Zahlungen des Bundes zu erhöhen.[40] Umfasst sind dabei unter anderem Sozialversicherungsleistungen, Ruhe- und Versorgungsbezüge, Förderungen, aber auch Ersparnisse aus Haftungen, verbilligten Zinsen und Sachleistungen. (z.B. Kinderbetreuungseinrichtungen). Nicht erfasst sind Leistungen an Gebietskörperschaften und Gemeindeverbände sowie Zahlungsströme zwischen Gebietskörperschaften. Der Bundesregierung soll die Möglichkeit eingeräumt werden, anonymisierte und aggregierte Daten für planerische und steuernde Zwecke zu nutzen. Unklar ist noch, wie dadurch überschneidende Leistungen/Doppelförderungen durch verschiedenen Stellen tatsächlich verhindert werden können. Auf die gemeldeten Daten haben nur die Leistungsempfängerinnen und Leistungsempfänger selbst Zugriff, nicht aber die Förderstellen, die aufgrund dieser Informationen ihre Förderentscheidung anpassen könnten. Insgesamt betrachtet wird somit zwar die Transparenz für die Leistungsempfängerinnen und Leistungsempfänger erhöht, nicht aber die Datenausgangslage für die entscheidende staatliche Stelle verbessert.

Zum Arbeitspaket 8 „Aufgaben- und Strukturreform“ wird auf die verbreitete Praxis der Ausgliederung von Schulden auf allen Gebietskörperschaftsebenen hingewiesen, was die Gefahr erheblicher außerbudgetärer Schulden mit sich bringt. Insgesamt gibt es keine genaue Übersicht über die Höhe der gesamten außerbudgetären Schulden, die nicht oder sehr unterschiedlich in den Rechnungsabschlüssen der Gebietskörperschaften ausgewiesen werden. Demgegenüber trägt die Gebietskörperschaft bei Haftungen jedoch das Ausfallsrisiko. Im Jahr 2009 betrugen die Haftungen für Unternehmungen mit Bundesbeteiligung rund € 26,2 Mrd.

Der Rechnungshof hat dazu in seinem Prüfbericht zu den Anforderungen eines künftigen zeitgemäßen Rechnungswesens unter anderem empfohlen, Landesvermögen und Landesschulden in einer Art Bilanz darzustellen. Dabei sollten die außerbudgetären Schulden und die noch nicht fälligen Verwaltungsschulden mit berücksichtigt sein.[41]

Das BHG 2013 ist diesbezüglich ein Schritt in die richtige Richtung. Die bereits jetzt vorliegenden Budgetmaterialien tragen zweifellos zu mehr Transparenz für das Parlament und die Öffentlichkeit bei, wenn etwa der Strategiebericht über die strategischen Schwerpunkte der UGs Auskunft gibt, oder ab dem BVA 2013 auch die Wirkungsziele und Maßnahmen den Ressourcen gegenüber gestellt werden. Auch innerhalb der Organisatio-

40 Vgl. dazu: http://www.parlament.gv.at/SUCH/viewsource.shtml?docid=7c937c2a50710e4b2bbb121c84bbd972_both&qtf_teaser:query=bt1.bidxlemtitle:%22transparenzdatenbankgesetz%22#match0 [Download: 27.03.2011].

41 Vgl. dazu: Österreichischer Rechnungshof: Wiedervorlage, 2010.

nen trägt die Befassung mit den Wirkungszielen, -indikatoren und Maßnahmen zu mehr Transparenz bei und fördert die Zusammenarbeit und wechselseitige Abstimmung innerhalb der Organisation. Inwieweit die Ressorts diese Möglichkeiten zur Transparenz nutzen und sich etwa auch zu allfälligen negativen Entwicklungen bekennen, bleibt eine politische Entscheidung.

Ein positives Beispiel zur Transparenz der Regierungsarbeit gegenüber der Öffentlichkeit bietet wieder die schottische Regierung. Sie veröffentlicht im Internet die wichtigsten nationalen Indikatoren[42], die teils eher allgemeiner Natur (z.B. Reduktion des ökologischen Fußabdrucks im Gesamten), teilweise aber auch sehr konkret (z.B. 60 Prozent aller Schulkinder haben in der ersten Klasse Volksschule keine Zahnschäden) sind. Jedenfalls umfassen diese Indikatoren alle wichtigen Bereiche staatlicher Aufgabenerfüllung, die gute Lebensqualität ausmachen, angefangen von der Bildung, über die Sicherheit, die gesunde wirtschaftliche Entwicklung (z.B. Neugründungen von Unternehmen steigern), ergänzt um die subjektive Einschätzung der persönlichen Lebensbedingungen („*increase the percentage of adults who rate their neighbourhood as a good place to live*"). Zum letzten Punkt führen die weiteren Informationen aus, dass in Schottland derzeit in der Regel 90 Prozent der Bevölkerung ihre Wohnumgebung als einen guten Platz zum Leben sehen. Allerdings fällt dieser Wert in sozial benachteiligten Regionen auf 75 Prozent. Dazu wird berichtet, welche Programme der Staat durchführt, um diesen Prozentsatz anzuheben. Die Aktivitäten der Regierung reichen von Armutsbekämpfung, über Bildungsinitiativen bis zu Maßnahmen zur Reduktion der Kriminalität. Alle Indikatoren werden jährlich ausgewertet und die Veränderungen im Internet veröffentlicht.

7. Schlussbemerkungen

Die vorangegangenen Ausführungen zeigen, dass in Österreich ein Problembewusstsein vorhanden ist und immer wieder teilweise beeindruckende Reform- und Modernisierungsmaßnahmen gesetzt wurden. Verfolgt man die Diskussionen der letzten Jahre, so vermisst man jedoch die ambitionierte Umsetzung von umfassenden Reformen in Richtung von Public Governance. Man könnte vielmehr den Eindruck gewinnen, bei „Gutem Regieren" ginge es nicht primär um gute Bildungsmöglichkeiten für Kinder oder qualitätvolle Pflegeangebote für alte Menschen, sondern um das Dienstrecht der und die Diensthoheiten über Lehrerinnen und Lehrer oder um Fragen der Finanzierung und der Aufgabenverteilung im Bundesstaat. All diese Initiativen wären zwar im Falle ihrer Umsetzung eine Basis für „gutes Regieren", jedoch sind Staat und Verwaltung vorrangig dazu da, Gemeinwohl (Public Value) zu schaffen, jede Gebietskörperschaftsebene nach ihren Möglichkeiten. Dies erfordert in erster Linie

- eine Einigung über gemeinsame Ziele und Indikatoren, mit denen die Zielerreichung gemessen wird,

42 Vgl. dazu: http://www.scotland.gov.uk/About/scotPerforms/indicators [Download: 27.03.2011].

- eine Koordinierung der Maßnahmen und
- eine gemeinsame Evaluierung über die Gebietskörperschaftsgrenzen hinweg.

Vor der Fülle an Problembefunden und bereits gesetzten Initiativen sollen abschließend nochmals die wesentlichen Ansatzpunkte für künftige Reformen dargestellt werden.

7.1 Österreich ist Teil der internationalen Gemeinschaft

Zahlreiche Strategien und Ziele insbesondere auf EU-Ebene[43], und sonstige Studien etwa der OECD zu aktuellen Themenstellungen[44] geben auch Österreich für strategische Entscheidungen den Rahmen vor. Beobachtet man die Aktivitäten in Österreich, so gewinnt man den Eindruck, dass diese internationalen Vorgaben kaum bekannt sind und daher auch wenig berücksichtigt werden. So finden sich etwa in den Strategieberichten keine Hinweise auf diese Vorgaben bzw. werden die Ergebnisse von OECD-Studien und Arbeitsschwerpunkten wenig berücksichtigt.

7.2 Nur erhöhte Transparenz kann das Vertrauen in Staat und Verwaltung stärken

Einige Projekte und Maßnahmen, insbesondere im Zuge der Umsetzung des neuen BHG 2013, tragen zu vermehrter Transparenz bei. Die neue Rolle des Parlaments kann bei entsprechender Nutzung der Möglichkeiten einen Beitrag zu mehr Demokratiequalität leisten. Wenn in einer repräsentativen Demokratie dem Parlament eine starke, gestaltende und kontrollierende Rolle zukommt, indem nicht nur die finanzielle Seite der Bundesvoranschläge, sondern auch die angestrebten Wirkungen und die erzielten inhaltlichen Ergebnisse Grundlage der parlamentarischen Diskussion sind, so besteht die Chance auf eine stärker versachlichte Budgetdiskussion, auf so genanntes „evidence-based decision making“[45]. Damit wächst die Qualität der Entscheidung und mit ihr die Qualität der Demokratie, was wiederum das Vertrauen der Bevölkerung in Staat und Verwaltung sowie das Interesse an Politik und politischem Engagement erhöht. Hier sind die Parlamentarierinnen und Parlamentarier, aber auch die Bundesministerinnen und Bundesminister sowie die Verwaltung gefordert.

---

43 Zur EU-Strategie 2020 vgl.: http://europa.eu/rapid/pressReleasesAction.do?reference=IP/10/225&format=HTML&aged=0&language=DE [Download: 24.03.2011] sowie die Ausführungen im Beitrag von Helfried Bauer und Elisabeth Dearing zum Thema „Public Management und Governance: Globale Konzepte im nationalen Bezug“ in der vorliegenden Publikation.

44 Vgl. dazu den Beitrag von Rolf Alter und Stéphane Jacobzone zum Thema „Public Management and Governance: an OECD Perspective“ in der vorliegenden Publikation.

45 Vgl. dazu den Beitrag von Helfried Bauer und Elisabeth Dearing zum Thema „Public Management und Governance: Globale Konzepte im nationalen Bezug“ in der vorliegenden Publikation.

7.3 Wirkungsorientierung erfordert eine Kultur des Vertrauens und der Ergebnisorientierung

Jedenfalls forciert eine wirkungsorientierte Steuerung die Wirksamkeit der Verwaltungsführung und kann damit zu bessere Lebensqualität beitragen. Dass dabei verwaltungskulturelle Defizite bestehen – Stichworte für die neue Kultur: Denken in Ergebnissen und Wirkungen, Vertrauen in die Fähigkeiten der Mitarbeiterinnen und Mitarbeiter, neue Fehlerkultur – ruft die Verantwortlichen insbesondere in den zentralen Supporteinrichtungen auf, durch Projekte und Weiterbildungsmaßnahmen eine solche Kultur zu fördern.

7.4 Gendergerechtigkeit von Budgets und Wirkungszielen

Die Umsetzung von gendergerechten Budgets und die Gleichstellung von Frauen und Männern gem. Art. 51 (8) B-VG stecken derzeit noch in den „Kinderschuhen". Ein Ausdruck fehlenden Bewusstseins ist, dass der Beirat im Parlament lediglich männliche Budgetexperten hörte, die Frauenperspektive und damit Ansätze von Gender Budgeting kaum berücksichtigt wurden, obwohl Art. 51 (8) B-VG ausdrücklich von einer Berücksichtigung des Ziels der tatsächlichen Gleichstellung von Frauen und Männern spricht. Auch die Projekte zu Gender Budgeting betreffen kaum Kernbereiche mit Frauenrelevanz.[46]

Gute Lebensqualität kann für Frauen etwas anderes bedeuten als für Männer und welche Leistungen für das Gemeinwohl zu erbringen sind, kann von Frauen anders beurteilt werden als von Männern. Fairness und bessere Nutzung der Vielfalt in der Bevölkerung sind Wesenselemente von „gutem Regieren". Wenn man bedenkt, dass die österreichische Bevölkerung zu mehr als 50 Prozent aus Frauen besteht, die teilweise andere Bedürfnisse, andere Fähigkeiten haben und andere Gesichtspunkte in die Diskussion einbringen können, wird der Handlungsbedarf deutlich.

7.5 Querschnittsaufgaben erfordern Kohärenz

Kohärenz ist eine der wesentlichen Anforderungen zur Lösung der zukünftigen Herausforderungen. Insbesondere die Bearbeitung von Querschnittsaufgaben – wie etwa Klimaschutz oder Migration – benötigt eine Einigung über Ziele und Messgrößen und ein koordiniertes Zusammenwirken bei der Umsetzung. Dazu ist es auch notwendig, Verantwortlichkeiten innerhalb des Prozesses zu bestimmen, inklusive der Verantwortlichkeit für die Koordinierung. Es wird letztlich notwendig werden, dass sich die beteiligten Bundesministerien und Gebietskörperschaften öffnen, an einer inhaltlichen Abstimmung mitwirken und das Wohl der Bürgerinnen und Bürger bzw. der Bevölkerung insgesamt in den Vordergrund stellen.

---

46 Vgl. dazu den Beitrag von Elisabeth Klatzer zum Thema „Neue Qualität in Public Management and Good Governance: Gender Budgeting als Strategie zur Gleichstellungsorientierung öffentlichen Handelns" in der vorliegenden Publikation.

7.6 Finanzausgleich als Reformfeld

Effektive und effiziente Aufgabenerfüllung kann nicht ohne Bezug zu den Ressourcen erfolgen. Ein großer offener Punkt in der Reformdebatte bleibt weiterhin der Finanzausgleich. Trotz zahlreicher Bekenntnisse zu einer Zusammenführung von Aufgaben-, Ausgaben- und Einnahmenverantwortung reduzieren sich die Maßnahmen nach wie vor auf ein „Mehr" an Ressourcen, wie zuletzt in der Einigung zur Pflege. Eine Reform des Finanzaugleiches wurde mit einer Verlängerung auf 2014 erneut hinausgeschoben. Strukturelle Schwächen treten etwa mit der zunehmenden Verschuldung von Gemeinden besonders stark zu Tage. Diese ist umso bedenklicher, als die Gemeinden gerade für besonders kostenintensive öffentliche Leistungen – wie Kindergärten und Pflegeeinrichtungen – verantwortlich sind. Die fehlende Transparenz der Zahlungsströme und das Nichtausweisen von ausgegliederten Schulden verschärfen die Problematik zusätzlich. Hier ist allerhöchster Handlungsbedarf gegeben.

Teil 2:

Wie kann das Vertrauen in Staat und Verwaltung verstärkt werden?

Rosmarie DREXLER

Qualitätsmanagement in der öffentlichen Verwaltung

Verwaltungen, die Verwaltungshandeln lediglich als rechtsstaatliche Anwendung von Regeln sehen und sich dabei am Bürokratiemodell von Max Weber orientieren, stoßen an ihre Grenzen. Webers Modell schafft durch strikte Planung von Arbeitsabläufen und klare Arbeitsstrukturen Effizienz, wobei das Verhalten der/des Einzelnen auf das Ziel ausgerichtet ist und kontrolliert wird.[1] Werte wie Gehorsam, Pflichterfüllung und Hierarchie stehen in diesem traditionellen Verwaltungsmodell im Vordergrund. Feste generelle Kompetenz sowie ein festgesetztes System von Über- und Unterordnung gelten als Prinzipien.

Ist der Bürokratiebegriff Max Webers auch ein positiver, nach dem alle den gleichen Spielregeln und Gesetzen unterliegen und der somit keine Bevorzugung erlaubt, so entspricht doch die Fokussierung auf die Strukturen der bürokratischen Organisation nicht dem modernen Verwaltungsdenken, das sich an den Bedürfnissen der Bürgerinnen und Bürger orientiert und in erster Linie auf Qualität als den zentralen Begriff von Verwaltungshandeln zielt.

So verweisen auch Schedler und Proeller darauf, dass unter Bürokratien heutzutage insbesondere staatliche Organisationen und Organisationsformen verstanden werden, deren Strukturen sich nicht am Markt orientieren, sondern an der bürokratischen Organisation.[2]

Im Bürokratiemodell nach Max Weber findet sich zudem kein Qualitätsbegriff.

Der Begriff der Qualität in öffentlichen Institutionen wird *„traditionell vor allem mit Recht- und Ordnungsmäßigkeit gleichgesetzt“*.[3] Verwaltungen, die nach den Grundsätzen des Public Managements arbeiten, stehen im Spannungsfeld mehrerer Dimensionen und beziehen die Bürger-, die Kunden- und die Mitarbeitersicht sowie die Führung gleichermaßen mit ein.

> *„Ein umfassendes Qualitätsmanagement befasst sich dementsprechend mit Fragen der Effizienz, der Effektivität sowie der Angemessenheit von staatlich produzierten Leistungen.“*[4]

Die vielfältigen Herausforderungen, die jetzt und in Zukunft an die Verwaltung und an deren Führungskräfte gestellt werden, können nur nach den Grundsätzen des Public Managements erfüllt werden. In diesem Modell sind die Verwaltungen Dienstleistungsunternehmen, welche ein be-

---

1 Vgl. dazu: Drexler: Kompetenz, 2010, S. 12ff.
2 Vgl. dazu: Schedler; Proeller: Management, 2009, S. 17.
3 Schedler; Proeller: Management, 2009, S. 78.
4 Schedler; Proeller: Management, 2009, S. 79.

triebswirtschaftlich rationales Ressourcen- und Ergebnismanagement betreiben.

Dem Public Management wird eine Organisation zugrunde gelegt, die flexibel auf gesellschaftliche Veränderungen und Veränderungen der Welt reagiert. Die Verwaltung erhält also eine völlig neue und oft ungewohnt Rolle. Bruno Rossmann[5] nennt als zentrale Aspekte des Public Managements folgende:

- eine veränderte Steuerungsphilosophie (Selbststeuerung, Qualitätsmanagement)
- eine neue Organisationskultur (Leitbilder, ein neues Führungsverständnis, das Vertrauen in die Leistungsfähigkeit etc.),
- neue Organisationsprinzipien (z.B. dezentrale Fach- und Ressourcenverantwortung)
- neue Managementinstrumente (Ergebnismessungen, Kennzahlenvergleiche)

In Verwaltungseinheiten, in denen die Ziele des Public Managements und von Good Governance verfolgt werden, kommt Werten wie Transparenz, Partizipation, Verantwortung für Qualität und Effizienz sowie Kohärenz eine besondere Bedeutung zu.[6]

So steht im Public Management die Verantwortung für Qualität im Vordergrund und es ist Aufgabe der Führungskräfte, eine Unternehmenskultur zu schaffen, in der es allen Mitarbeiterinnen und Mitarbeitern möglich ist, eine umfassende Qualität zu entwickeln und zu leben. Die bloße Einführung von Qualitätsbewertungsinstrumenten genügt dabei nicht, vielmehr muss Qualitätsmanagement aktiv und permanent umgesetzt werden.

Dieser Kulturwandel bedeutet sowohl für die Führungskräfte als auch für die Mitarbeiterinnen und Mitarbeiter einen grundlegenden Veränderungsprozess und eine große Herausforderung.[7] Auch Schein[8] bestätigt dies mit seiner Aussage:

> *„Culture is the result of a complex group learning process that is only partially influenced by leader behavior“.*[9]

1.1 Public Management und Qualitätsmanagement

Nach Schedler und Proeller[10] ergänzen sich Public Management und Qualitätsmanagement. Während Public Management die Steuerung einer Organisation in den Mittelpunkt stellt, konzentriert sich das Qualitätsmanagement auf die Verbesserung der Prozesse innerhalb einer Organisation. Mit dem Public Management sind höhere Anforderungen an die Leistungen der Verwaltung verbunden, die mit dem Konzept des Qualitätsmanagements erfüllt werden. Beiden gemeinsam ist, dass sie auf die

5 Vgl. dazu: Rossmann: Governance, 2005, S. 20.
6 Vgl. dazu: Rossmann: Governance, 2005, S. 24.
7 Vgl. dazu: Drexler: Kompetenz, 2010, S. 16.
8 Vgl. dazu: Schein: Culture, 2004.
9 Schein: Culture, 2004, S. 11.
10 Vgl. dazu: Schedler; Proeller: Management, 2009, S. 80ff.

Wirkungen des Verwaltungshandelns fokussieren. Public Management legt seinen Schwerpunkt auf sozio-ökonomische Probleme, die mit den Wirkungen des Verwaltungshandelns zu lösen sind. Qualitätsmanagement legt seinen Schwerpunkt auf die Wirkungen bei den Kundinnen und Kunden. Diese Ausrichtung auf die Wirkung stellt die Verbindung zwischen Public Management und Qualitätsmanagement dar.

1.2 Organisationsformen und Qualitätsmanagement

Wie eingangs bereits festgestellt, bedarf es für ein funktionierendes Qualitätsmanagement der Grundsätze und Werte des Public Managements. Es stellt sich nun die Frage, welche Form der Organisation notwendig ist, um ein umfassendes Qualitätsmanagement zu entwickeln, zu leben und damit erfolgreich zu sein.

Das erfolgreichste Unternehmen der 1990er Jahre wird dasjenige sein, welches als lernende Organisation bezeichnet werden kann, stellte Cohen fest.[11] In der Managementliteratur ist man sich einig, dass die Lernende Organisation die Unternehmensform schlechthin ist, die zum Erfolg führt. In der CAF-Broschüre wird die lernende Organisation als eine Organisation definiert, *„in der die Menschen unentwegt ihre Fähigkeiten, die gewünschten Ergebnisse zu erzielen, erweitern, die neue umfassende Denkmuster fördert, in der alle Mitarbeiterinnen und Mitarbeiter das Bestreben haben, mehr zu erreichen, und in der alle innerhalb der gesamten Organisation permanent lernen“*.[12]

Auch für Senge[13] gilt die Verknüpfung der individuellen Persönlichkeitsentwicklung mit höherer wirtschaftlicher Leistung als ein grundlegendes Ziel der lernenden Organisation.

Bereits in meiner Untersuchung zur kommunikativen Kompetenz in einer lernenden Verwaltung habe ich festgestellt, dass die Einstellungen, Überzeugungen und Werte der Mitarbeiterinnen und Mitarbeiter sowie Führungskräfte nicht durch bloße Verhaltensanordnungen oder durch Kontrolle weiterentwickelt werden können.[14] Vielmehr muss den Mitgliedern einer Verwaltungseinheit die Möglichkeit gegeben werden zu lernen. Im Rahmen des Lernprozesses ist es notwendig zu beobachten, eigene Ideen zu entwickeln, diese ausprobieren zu dürfen und zugleich auch die Wirkungen des Handelns zu reflektieren.

Die klassische Organisationsform, die Machthierarchie, wird in der lernenden Organisation von Netzwerken selbststeuernder Systeme abgelöst. Diesen Übergang von Hierarchien zu Netzwerken beschreibt Schmidt[15] als geistigen Prozess, der einen intensiven Lern- und Veränderungsprozess darstellt. Lernen ist die Erweiterung der Handlungsmöglichkeiten von Personen. Diese Ansicht wird von Weinert unterstützt:

---

11 Vgl. dazu: Cohen u.a.: Verhalten, 1996, S. 363.
12 Vgl. dazu: BKA: CAF, 2006, S. 53.
13 Vgl. dazu: Senge: Disziplin, 1997, S. 11.
14 Vgl. dazu: Drexler: Kompetenz, 2010, 23ff.
15 Vgl. dazu: Schmidt: Organisations-Revolution, 1993, S. 11.

„Dagegen zielen ‚Lernende Organisationen‘ darauf ab, dass ihre Mitarbeiter und Führungskräfte Problemstellungen und Aufgaben in einer neuen Weise und anders sehen sollen. Besonders betont wird dabei kontinuierliches Experimentieren und Feedback, das Denken außerhalb gewohnter Strukturen, ein Umdirigieren der Energien, ein Neuüberdenken gegenwärtiger Arbeitsgewohnheiten und Abläufe, und ein Verändern der Verhaltensgewohnheiten, die das eigene Denken begrenzen.“[16]

Die lernende Organisation

Zur lernenden Organisation gibt es in der Managementliteratur zwei anerkannte Sichtweisen, jene von Argyris und Schön und von Senge.

Argyris und Schön stellen bei der Entwicklung einer lernenden Organisation das Lernen in den Mittelpunkt und verweisen darauf, dass sich eine lernende Organisation nur dann entwickeln kann, wenn die Lernenden in ständig ablaufenden Lernprozessen Lerninhalte umsetzen. Dabei übernimmt die Führungskraft die Rolle eines Lernagenten, der die Leistung ständig zu verbessern versucht und den Vermittlungsprozess von Denken und Handeln steuert. Der Lernprozess muss letztendlich fixer Bestandteil der Unternehmenskultur werden.[17]

Senge hingegen rückt bei der lernenden Organisation den Menschen und seine Fähigkeiten in den Vordergrund. Demnach kann sich eine lernende Organisation nur dann entwickeln, wenn Menschen über die folgenden Fähigkeiten verfügen:

- Systemdenken, bei dem übergreifende Muster in Organisationen ganzheitlich wahrgenommen werden.
- Personal Mastery bezeichnet die Disziplin der Selbstführung und der Persönlichkeitsentwicklung.
- Mentale Modelle, zu denen Vorurteile, Annahmen und Verallgemeinerungen zählen.
- Das Entwickeln einer gemeinsamen Vision.
- Team-Lernen: Viele Köpfe wissen mehr! Um innerhalb eines Teams dieses Wissen austauschen zu können und dabei zu lernen, ist Dialogfähigkeit notwendig. Dies ist die Fähigkeit, sich auf ein gemeinsames Denken einzulassen, um Probleme kreativ zu lösen.

Während Argyris und Schön auf die Bedingungen eingehen, unter denen sich eine lernende Organisation entwickelt und zu denen Elemente wie Lerninhalt, Prozess und Lernende gehören, betont Senge einzelne Fähigkeiten, die seiner Darstellung nach für die Umsetzung einer lernenden Organisation Voraussetzung sind. Beide Ansätze zeigen jedoch gleichermaßen, dass die Entwicklung einer lernenden Organisation eine Herausforderung für die Führungskraft ist, da diese selbst bereit sein muss zu lernen.

16 Vgl. dazu: Weinert: Organisationspsychologie, 1998, S. 581f.
17 Vgl. dazu: Argyris; Schön: Organisation, 1999, S. 31f.

Die Kultur des Vertrauens als Säule der lernenden Organisation

Soll eine lernende Organisation entstehen, ist dafür in der Organisation eine Kultur des Vertrauens notwendig. Auch Senge erklärt, dass Vertrauen für das Lernen wichtig ist. Oft jedoch fehlen entsprechende Strategien, dieses Vertrauen aufzubauen[18] und so das Lernen zu ermöglichen.

Die Entwicklung einer Vertrauenskultur wird jedoch gefördert, wenn sich die Führungskräfte ihrer eigenen Annahmen bewusst werden. Dabei ist eine positive Einstellung der Führungskraft zu den Mitarbeiterinnen und Mitarbeitern sowie zu deren Leistungen von zentraler Bedeutung. Argyris betont in diesem Zusammenhang:

> *„Zu den wichtigsten Lernannahmen gehören: Die Menschen wollen einen Beitrag leisten, und man kann ihnen das zutrauen; man sollte sich dazu bekennen, wenn man nichts weiß, ein Lernender werden und versuchen, andere ebenfalls dazu zu bringen, und so die Verantwortung für das Lernen verbreiten; der Lernprozess muss letztlich Teil der Kultur werden.“*[19]

Im CAF wird die Frage danach gestellt, was die Führungskraft für die Stärkung des gegenseitigen Vertrauens und der gegenseitigen Achtung tut.[20] Gegenseitige Achtung und Vertrauen können demnach nur dann entstehen, wenn die Führungskraft auf die Fähigkeiten der Mitarbeiterinnen und Mitarbeiter vertraut und eine positive Einstellung dazu hat.

Analog dazu betont McGregor in seiner Theorie Y den Einfluss, den die Einstellung der Führungskraft zu den Mitarbeiterinnen und Mitarbeitern auf das Handeln der Führungskraft hat, wobei sich die Führungskraft dessen nicht bewusst sein muss.[21]

Die Theorie Y entspricht dabei der Einstellung *„Du bist o.k. – ich bin o.k.“* und geht von Annahmen aus wie:

- Der Mensch ist erfinderisch, wenn er es sein darf.
- Menschen spornen sich selbst an, um sich zu entwickeln.
- Menschen suchen Verantwortung und wollen sich selbst kontrollieren.

Das in der Theorie Y zugrunde gelegte Menschenbild ist also geprägt vom Streben nach Selbstverwirklichung und Wertschätzung sowie nach der Übernahme von Verantwortung in der Arbeit. Die zu erreichenden Unternehmensziele sollen auch zu persönlichen Zielen und Interessen der Mitarbeiterinnen und Mitarbeiter werden.[22]

Auch McGregors Ansatz macht deutlich, wie wichtig die positive Einstellung der Führungskraft gegenüber den Mitarbeiterinnen und Mitarbeitern ist, wenn es um die Entwicklung einer Kultur des Vertrauens für die Lernende Organisation geht.

---

18 Vgl. dazu: Senge: Unternehmen, 2010, S. 9.
19 Argyris; Schön: Organisation, 1999, S. 195. Vgl. dazu auch: BKA: CAF, 2006, S. 53.
20 Vgl. dazu: BKA: CAF, 2006, S. 11.
21 Vgl. dazu: Schreyögg: Organisation, 2008, S. 192ff.
22 Vgl. dazu: Stroebe: Führung, 1999, S. 24ff.

Den Einfluss der Führungskraft auf die Unternehmenskultur spricht auch Argyris an und verweist dabei auf die Argumentation Scheins, wonach *„die Kultur einer Organisation von ihrer Führung geprägt werden kann* [...] *Schein weiß offenbar, dass das Managen einer Kultur den Anflug eines inneren Widerspruchs in sich birgt (Kultur gilt gemeinhin als etwas, das wächst und sich entwickelt, nicht als Gegenstand direkter Einflussnahme)"*.[23]

Schein verweist hier darauf, dass gerade *„wenn es um die Schaffung und Verankerung von Kultur geht,* [...] *das persönliche Beispiel wichtig [ist], denn neue Mitarbeiter achten sehr viel stärker auf Taten als auf Worte. Wichtig ist insbesondere das, worauf die Unternehmensleitung achtet, was sie beurteilt, worüber sie sich ärgert, was sie belohnt und bestraft"*.[24]

Zu bedenken ist ,dass sich bei einer Veränderung der Kultur auch die organisationalen Annahmen verändern, das heißt, die Annahmen, die eine Organisation im Laufe der Jahre entwickelt und nach denen sie oft unbewusst lebt, sind einem Wandel unterworfen. Nach Schein[25] besteht eine Kultur ja aus gemeinsamen unausgesprochenen Annahmen; werden diese verändert, wird auch die Kultur verändert. Argyris und Schön stellen fest, dass sich beim *„organisationalen Lernen* [...] *die Grundannahmen im Kopf der Gruppenmitglieder* [verschieben]. *Die lernende Führungspersönlichkeit hat die Aufgabe, solche Verschiebungen zu fördern, indem sie den Organisationsmitgliedern hilft, zu einem bestimmten Grad von Einsicht* [zu] *gelangen und eine Motivation zum Wandel* [zu] *entwickeln"*.[26]

Gerade die Führungskraft ist es, die sich mit den organisationalen sowie den eigenen Annahmen zuerst auseinandersetzen muss, um die Organisation zum Wandel zu bringen. Das ist kein einfaches Unterfangen und oftmals damit verbunden, über die eigenen Grenzen zu gehen.

Hier zeigt sich erneut, wie entscheidend letztendlich die Einstellung bzw. Vorbildwirkung der Führungskraft für die Entwicklung eines Qualitätsmanagements ist und welch zentrale Bedeutung eine lernende Organisation für die Entwicklung des Qualitätsmanagements hat.

1.3 Die lernende Organisation – eine Voraussetzung für Qualitätsmanagement?

Im Qualitätsmanagement wird ständiges ganzheitliches Verbessern gefordert. Das bedeutet das Verhalten zu reflektieren und es zu verändern, um das Ziel besser zu erreichen. Sich auf die Bedürfnisse der Kundinnen und Kunden einzustellen, bedeutet zu kommunizieren, das Verhalten auf die veränderten Umwelten auszurichten und immer wieder kreative Lösungen zu suchen.

Um ein Qualitätsmanagement zu entwickeln, müssen die Mitarbeiterinnen und Mitarbeiter sowie die Führungskräfte ihre Verhaltensmuster er-

23 Argyris; Schön: Organisation, 1999, S. 196.
24 Schein: Culture, 2004, S. 101.
25 Vgl. dazu: Schein: Culture, 2004, S. 173.
26 Argyris; Schön: Organisation, 1999, S. 195.

kennen, in Frage stellen und verändern. Dafür ist ein reflexives Lernklima erforderlich, zu dem auch die Fähigkeit der Metakommunikation gehört. Die Führungskräfte müssen den Mut und das Selbstvertrauen haben, über Führung zu reflektieren und das Lernen und den Wandel gestalten.[27] Schein bestätigt diese Sichtweise in seinem kulturorientierten Ansatz der lernenden Organisation.

> „*The key to learning is to get feedback and to take the time to reflect, analyze and assimilate the implications of what the feedback has communicated. A further key to learning is the ability to generate new responses; to try new ways of doing things and to obtain feedback on the results of the new behaviour. This takes time, energy and resources. A learning culture must therefore value reflection and experimentation, and must give its members the time and resources to do it. The learning leader must both believe in the power of learning and personally display an ability to learn, by seeking and accepting feedback and by displaying flexibility of response as conditions change.*“[28]

In der traditionellen Verwaltung findet Lernen jedoch meistens nur in der Abänderung von Regeln, Zielvereinbarungen und Arbeitsplatzbeschreibungen seinen Niederschlag. In lernenden Organisationen geht das Lernen aber darüber hinaus, wie auch Weinert feststellt:

> „*Lernende Organisationen* [streben] *an, dass ihre Mitarbeiter und Führungskräfte Problemstellungen und Aufgaben in einer neuen Weise und anders sehen sollen*“.[29]

Auf die Verwaltung umgelegt, zeigt dieser Ansatz, dass also nicht nur das „Wie“ die Qualität des Handelns ausmacht, sondern auch der Nutzen, den Kundinnen und Kunden aus dem Verwaltungshandeln ziehen. Werden damit nicht die gewünschten Wirkungen erzielt, müssen neue, kreative Zugänge gefunden werden. Dies sind oft langwierige und mühevolle Lernprozesse.

Qualitätsmanagement setzt also Lernen voraus und braucht daher eine Organisation, die Lernen ermöglicht: eine lernende Organisation.

1.4 Die Führung in der lernenden Organisation

Die Verwaltung muss heute den Zielen des Public Managements und den Zielen des Qualitätsmanagements entsprechen, um mehr Effizienz und Effektivität zu erreichen. Zu diesem Zweck muss sie sich zu einer lernenden Organisation entwickeln. Der Führung kommt dabei große Bedeutung zu. Simon weist nach, dass die Führung für die Entwicklung einer Organisation der wichtigste Erfolgsfaktor ist.[30]

---

27 Vgl. dazu: Drexler: Kompetenz, 2010, S. 32.
28 Schein: Culture, 2004, S. 395f.
29 Weinert: Personalpsychologie, 2004, S. 583.
30 Vgl. dazu: Simon: Organisationstheorie, 2009, S. 194. Trebesch: Organisationsentwicklung, 2000, S. 162.

Der Begriff Führung ist aber neu zu definieren, auch wenn das kein leichtes Unterfangen ist und in der Literatur keine einheitliche Meinung darüber herrscht, was Führung impliziert.

Führungskräfte sind nicht mehr die besten Sachbearbeiterinnen und Sachbearbeiter, sie dürfen Dienstanweisungen und Kontrolle nicht als unabdingbar ansehen. Sie sind vielmehr diejenigen, die „*die Rahmenbedingungen schaffen, die es normalintelligenten Mitarbeiterinnen und Mitarbeitern ermöglichen, ihre Aufgaben selbständig und effizient zu erfüllen*“[31], erläutern Doppler und Lauterburg.

Senge beschreibt die mit diesem Wandel verbundenen Schwierigkeiten sehr einfühlsam, wenn er darauf hinweist, dass „[v]*or allem bei grundlegenden Veränderungen und dann, wenn unser landläufiges Wissen als selbstverständlich betrachtet wird,* [...] *dies besonders kritisch* [ist]. *Gerade dann ist es wichtig, so offen wie möglich zu sein, aber genau unter diesen Umständen machen die Menschen dicht. Die Wahrheit ist, dass Offenheit immer mehr war, als nur eine Offenheit des Geistes. Offenheit benötigt auch offene Herzen – Menschen, die bereit sind, eine emotionale Verwundbarkeit zu erfahren, wenn sie merken, dass sie falsch liegen, und die auch bereit sind, von Personen, die ganz anders als sie sind, zu lernen*“.[32]

Scharmer definiert Führung als Fähigkeit eines Systems, „*seine Zukunft zu gestalten*“[33] und ergänzt weiter: „*Es kann nur gelingen, wenn die Betreffenden den Mut aufbringen, den Fuß in ein vollkommen neues und bisher nicht bekanntes Territorium zu setzen.*“[34]

Zu den Aufgaben der Führung zählen nach den Prinzipien des Qualitätsmanagements die Entwicklung und Vermittlung einer Vision, das Schaffen von Voraussetzungen für effektive Kommunikation und die Stärkung des gegenseitigen Vertrauens sowie die Bereitschaft zur Entgegennahme von konstruktiver Kritik und die Einführung des Dialogs.[35]

Da eine lernende Organisation auf den Säulen einer Kultur des Vertrauens und des Lernens aufbaut, lauten die Anforderungen an die Führung, diese Kulturen zu entwickeln und dabei aber zugleich bereit zu sein, sich selbst als Führungspersönlichkeit zu entwickeln. Führung steht also mit der Bereitschaft zur Persönlichkeitsentwicklung in Verbindung. Die Führungskräfte müssen sich der Bedeutung ihrer Führungsarbeit bewusst werden und sie dementsprechend weiterentwickeln.

1.5 Qualitätsmanagement und Benchlearning

Fünf Bezirkshauptmannschaften (Eisenstadt-Umgebung, Rohrbach, Hallein, Hermargor und Zell am See) führten ein Projekt durch, in dem Aufgaben der Bezirksverwaltungsbehörde auch als Sicherheitsbehörde erster Instanz definiert, Prozesse analysiert, Qualitätsziele für einzelne Leistun-

31 Doppler; Lauterburg: Change Management, 1996, S. 61.
32 Senge: Unternehmen, 2010, S. 10.
33 Scharmer: Theorie U, 2009, S. 464.
34 Scharmer: Theorie U, 2009, S. 465.
35 Vgl. dazu: Drexler: Kompetenz, 2010, S. 22 ff.

gen erarbeitet und daraus allgemeine Standards entwickelt wurden. Es war auch Ziel, die Führungsarbeit in den Bezirkshauptmannschaften im Sinne des Qualitätsmanagements zu verbessern.

Das Projekt erhob Anspruch auf ein umfassendes Qualitätsmanagement. Das heißt, die Leistungen wurden auf die Bedürfnisse der Kundinnen und Kunden ausgerichtet, wobei der Ausgleich zwischen den vorhandenen Ressourcen gesucht werden musste.

In diesem Projekt hatten die Mitarbeiterinnen und Mitarbeiter die Möglichkeit voneinander zu lernen, Best Practices zu identifizieren und so ihr Verhalten zu verändern. Ziel war es, von den „Stärkeren" zu lernen.

Dabei handelte es sich um einen aktiven Prozess, in dem das eigene Verhalten reflektiert wurde und neue Lösungen von anderen aufgegriffen wurden. Der Anstoß für Prozess- und Verhaltensveränderungen kam von den Kolleginnen und Kollegen sowie von den Mitarbeiterinnen und Mitarbeitern selbst. Die Führungskräfte schufen die Rahmenbedingungen, innerhalb derer die Mitarbeiterinnen und Mitarbeiter lernen konnten. Und da sie auch ihre Führungsarbeit reflektierten und veränderten, waren sie zugleich Vorbild.

Einige Ergebnisse des erfolgreich durchgeführten Projekts seien hier kurz angeführt:

- die Bildung von Qualitätszirkeln der Führungskräfte
- die regelmäßige Selbstbewertung mit dem CAF
- das Schaffen von Richtlinien für ethisches Verhalten in den fünf Bezirkshauptmannschaften
- die Definition von Mindeststandards für die behördliche Einsatzkoordination bei Großschadensereignissen
- das Etablieren von Standards für das Baustellenmanagement
- das Etablieren von Standards für den Jugendschutz

Abschließend möchte ich nochmals darauf hinweisen, dass die Einführung des Qualitätsmanagements einen großen Reformprozess und eine Veränderung der Einstellung der Führungspersönlichkeit mit sich bringt. Wesentlich ist, dass Qualitätsmanagement von der Führungsspitze her gelebt wird, wofür es wiederum notwendig ist, die Werte und die Einstellung des Public Managements zu kennen, sich ehrlich damit auseinanderzusetzen und schließlich nach dieser Philosophie zu führen und die Organisation weiterzuentwickeln. Dazu gehört, dass die Führungskräfte bewusst den Rahmen schaffen, in dem eine Kultur des Vertrauens entstehen kann und die Mitarbeiterinnen und Mitarbeiter befähigt werden, die Aufgaben selbstständig zu erfüllen.

Eine lernende Organisation ist Voraussetzung für das Qualitätsmanagement, wobei gilt: Lernen müssen alle – die Führungskräfte sowie die Mitarbeiterinnen und Mitarbeiter.

Thomas PROROK, Michael KALLINGER

Zehn Jahre CAF – ein reifes Qualitätsmanagement für öffentliche Verwaltungen

Als vor mehr als zehn Jahren das Common Assessment Framework entwickelt wurde war man auf der Suche nach einem einfachen, kostengünstigen und schnellen Instrument zur Vertiefung des Verständnisses von Qualitätsmanagement in der öffentlichen Verwaltung. Es war für öffentliche Verwaltungen unüblich, den Blick auf sich selbst zu richten und sich selbst zu bewerten.[1] Aus diesem Grund lag der Fokus auf dem Instrument der Selbstbewertung, welches bis zur CAF-Version 2006 die zentrale Rolle beim CAF spielte.

Aus heutiger Erfahrung ist festzustellen, dass die Konzentration auf den Prozess und die Methodik der Selbstbewertung den Blick auf das Wesentliche beeinträchtigt hat: Die Initiierung des kontinuierlichen Verbesserungsprozesses und die Maßnahmen zur Umsetzung der CAF-Ergebnisse kamen oftmals zu kurz. Sie traten in den Hintergrund und mussten dem Ziel der Selbstbewertung und Verständniserhöhung des Qualitätsmanagements weichen.

In diesem Zusammenhang gab es auch länderweise Unterschiede in der Anwendung des CAF. Eine umfassende Übersicht über die Unterschiede in den Methoden der CAF-Anwendungen liegt bis heute nicht vor. Sicher ist aber, dass Österreich und Deutschland zu einer besonders strengen Auslegung der CAF-Anwendungsregeln tendierten, was die Fokussierung auf die Methodik der Selbstbewertung noch verstärkte.

Mit der CAF-Version 2006 wurde ein Paradigmenwechsel eingeläutet, der mit dem 2010 eingeführten CAF-Gütesiegel einen vorläufigen Abschluss fand. Der Fokus des CAF liegt seither auf der Umsetzung der CAF-Verbesserungsmaßnahmen, welche das Resultat der Selbstbewertung sind. Damit ist der zentrale Schritt in Richtung eines nachhaltigen Qualitätsmanagements gesetzt. Die Konsequenz ist allerdings, dass der Bewertungsmethodik weniger Aufmerksamkeit zukommen wird.

Der CAF unterliegt also auch selbst einem permanenten Verbesserungsprozess. Die unterschiedliche Anwendung in den verschiedenen europäischen Verwaltungskulturen stärkt diesen Trend, da die Weiterentwicklung des CAF von einer internationalen Arbeitsgruppe erfahrender CAF-Anwender vorangetrieben wird. Hier spiegeln sich die unterschiedlichen Zugänge und Kulturen in den Diskussionen wider. Die Best Practices aus den verschiedenen Ländern beziehungsweise die „guten“ Erfahrungen fließen in die Weiterentwicklung des CAF ein.

1 Staes; Thijs: Quality Management, 2005, p. 33-41.

Wie der CAF heute in Österreich dasteht, wird in den nächsten Kapiteln beleuchtet. Grundlage hierfür sind die Ergebnisse einer Umfrage des KDZ (im folgenden CAF-Umfrage genannt) im Vorfeld der Feierlichkeiten zum zehnten Jahrestag.[2]

1. Die CAF-Anwender

In Österreich sind derzeit (März 2011) 137 Einrichtungen der öffentlichen Verwaltung im CAF-Netzwerk registriert. Davon kommen allein 25 aus dem Bereich der Finanz- und Zollämter. Die Verteilung auf die Gebietskörperschaften zeigt, dass der CAF in den Gemeinden in sehr geringem Ausmaß eingesetzt wird. Eine Ausnahme bildet Wien, das in Abbildung 1 der Kategorie Länder zugeordnet wurde:

- Bund: 31 Prozent (43 CAF-Anwender)
- Länder: 29 Prozent (40 CAF-Anwender)
- Bezirkshauptmannschaften: 34 Prozent (46 CAF-Anwender)
- Gemeinden: 6 Prozent (8 CAF-Anwender)

Abbildung 1: CAF-Anwender in Österreich (Stand: März 2011)

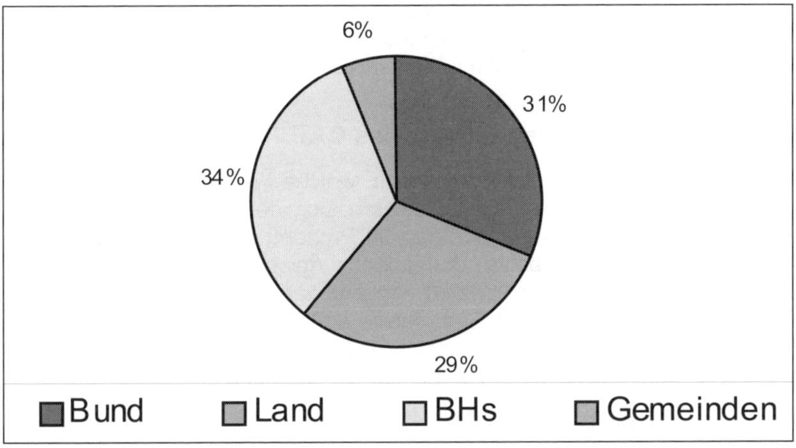

Quelle: KDZ (2011)

Die CAF-Umfrage zeigt, dass die Hälfte der CAF-Anwender den CAF erst einmal angewandt hat, ein Viertel kommt auf zwei CAF-Anwendungen und 20 Prozent haben den CAF in den letzten zehn Jahren drei oder mehrmals eingesetzt. Ein genauerer Blick auf die 50 Prozent, welche den CAF nur einmal angewandt haben, bringt ein heterogenes Bild.

Aus Gesprächen und Hinweisen der CAF-Netzwerkdatenbank wissen wir, dass manche den CAF lediglich ausprobiert haben. Dies war vor allem in der Anfangsphase des CAF der Fall. Wie oben erwähnt, war dies die Zeit, in welcher der CAF vor allem als Bewertungsinstrument betrachtet wurde, ohne den Fokus auf den Verbesserungsprozess zu richten. Inso-

2 KDZ: Common Assessment Framework, 2009.

fern ist es nicht verwunderlich, dass die Anwendung in diesen Fällen meist ein Test gesehen wurde, der von Einzelpersonen oder kleinen, nicht repräsentativen Gruppen durchgeführt wurde. Es ist auch verständlich, dass der Sinn des weiteren CAF-Einsatzes dabei nicht gesehen und deshalb nach dem ersten Versuch darauf verzichtet wurde.

Abbildung 2: CAF – Häufigkeit der Anwendung

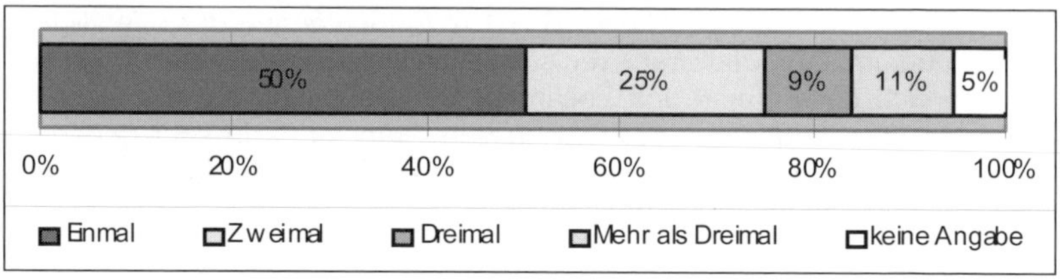

Quelle: KDZ (2011)

Dies allein kann jedoch nicht die 50 Prozent erklären, welche den CAF erst einmal eingesetzt haben. So kann man noch jene abziehen, die den CAF erst in den letzten ein bis drei Jahren durchgeführt haben und davon ausgehen, dass diese weitere Durchgänge planen. Danach bleiben noch immer zirka 20 Prozent an einmaligen CAF-Anwendern über, die das Instrument kein weiteres Mal mehr einsetzen werden.

2. Motivation für den Einsatz des CAF

Die CAF-Umfrage ging der Frage nach, welche Faktoren für die Verwendung des CAF sprechen. Dabei zeigten sich deutliche Trends bei den Anwendern, von denen fast alle (um 90 Prozent) die Einbindung der Mitarbeiterinnen und Mitarbeiter, die einfache Anwendung und die geringen Kosten hervorhoben. Für über 80 Prozent der Anwender zählt der Umstand, dass der CAF auf die Bedürfnisse der öffentlichen Verwaltung ausgerichtet ist. Dem Netzwerkaspekt wird ebenso wie den internationalen Kooperationsmöglichkeiten eine geringere Bedeutung zugeschrieben.

Abbildung 3: Faktoren für die CAF-Anwendung

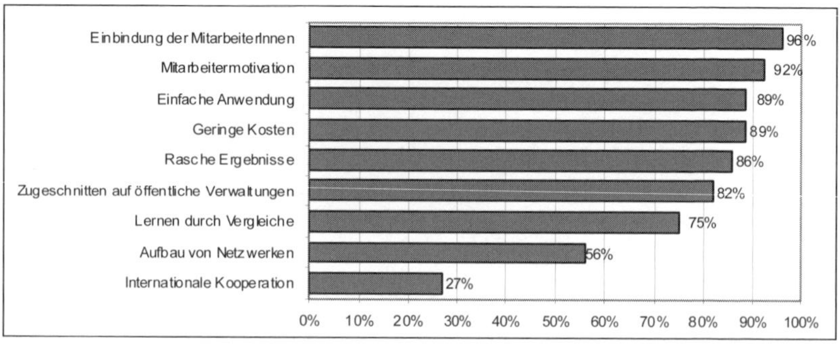

Quelle: KDZ (2011)

Hier ist darauf hinzuweisen, dass die Faktoren „geringe Kosten“ und „einfache Anwendung“ in Relation zu anderen Instrumenten des Qualitätsmanagements zu sehen sind. Oftmals herrschen hier falsche Vorstellungen bei den anwendenden Organisationen, was dazu führt, dass der Aufwand unterschätzt wird.

Der CAF ist kostengünstiger und einfacher als andere Systeme, aber trotzdem dürfen diese Faktoren nicht unterschätzt werden. Als Annäherung an den tatsächlichen Aufwand kann folgende Schätzung hilfreich sein. Jedes Mitglied der CAF-Bewertungsteams benötigt um die fünf Arbeitstage. Diese Schätzung bezieht die Schulungen, die Bewertungsphase, die Bewertungsworkshops und die Erstellung des Aktionsplanes mit ein. Multipliziert man diese fünf Tage mit der Anzahl der CAF-Bewertungsteammitglieder und rechnet noch einen Aufschlag für Projektmanagement hinzu, zeigt sich, dass der Aufwand für das die Organisation doch erheblich ist. Der CAF kann nicht einfach nebenher durchgeführt werden, wie das vielleicht die Aussage „Der CAF ist kostengünstig“ suggeriert.

Gleiches gilt für die „Einfachheit“ des CAF. Diese ist sicherlich auch nur in Relation zu anderen Instrumenten zu sehen und sollte keinesfalls dazu führen, dass die Vorbereitung vernachlässigt wird. Weiter oben wurde schon dargestellt, dass der CAF an die Spezifika der Organisation angepasst werden sollte. Eine zumindest eintägige (besser zweitägige) Schulung der Mitglieder der CAF-Bewertungsteams ist ebenso unumgänglich, um beim CAF-Einsatz zu reüssieren.

3. Ergebnisse der CAF-Anwendung: Verbesserung der Qualität

Nach zehn Jahren CAF-Einsatz kann auch ein Resümee über die Ergebnisse gezogen werden. Welche Änderungen sind nach der Nutzung des CAF in den Organisationen festzustellen? Darauf aufbauend lässt sich die wichtige Frage stellen: Was können Organisationen vom Einsatz des CAF erwarten? Hier liegen nur wenige empirische Befunde vor. Insofern basieren die folgenden Punkte auf der CAF-Umfrage und persönlichen Erfahrungen bei zahlreichen CAF-Begleitungen. Als Resultate des CAF-Einsatzes zeigt sich in den überwiegenden Fällen folgendes:

3.1 Höheres Verständnis für die Ziel- und Wirkungsorientierung

Sowohl in der CAF-Umfrage als auch bei den persönlichen Erfahrungen zeigt sich, dass nach dem CAF-Prozess in der Organisation für ein höheres Verständnis die Grundlagen des Public Management vorhanden ist. Dies lässt sich mit den Begriffen Wirkungsorientierung und Ausrichtung an vereinbarten Zielen zusammenfassen. Der CAF-Prozess trägt somit zur Stärkung der Reife der Organisation im Sinne des Qualitätsmanagements bei, indem eine signifikante Gruppe an Mitarbeiterinnen und Mitarbeitern sowie Führungskräften mit den Grundlagen des Public Managements vertraut wird. Dazu zählt auch die Wichtigkeit des Messens von Leistungsergebnissen, Kundenzufriedenheit etc. als objektive Grundlage für die kontinuierliche Weiterentwicklung. Dieses Schaffen von Verständnis erfolgt nicht nur durch CAF-Schulungen, sondern vor allem durch den Prozess der Selbstbewertung, in dem die Zusammenhänge im Sinne der Wirkungsorientierung und der notwendigen Zielvereinbarungskultur klar werden. CAF folgt hier dem Slogan: *„Teach me, and I will forget. Show me, and I will remember. Involve me, and I will understand.“* CAF bezieht die Belegschaft mit ein und schafft somit Verständnis.

Allerdings ist einzuräumen, dass dieses Verständnis in unterschiedlicher Ausprägung bei den einzelnen Teilnehmerinnen und Teilnehmern aufgebaut und auch nachhaltig verankert wird. Es ist auch zu beobachten, dass über den engen Kreis der CAF-Teams die Verständniseffekte nur peripher ankommen. Hier sind einerseits Unterschiede in der Anwendungsqualität zu erkennen, andererseits ist auch die Frage zu stellen, wie hier der CAF noch nachhaltiger eingesetzt werden kann.

3.2 Stärkung der Bürger- und Kundenorientierung

Die Ausrichtung der öffentlichen Verwaltung auf die Kundinnen und Kunden ist ein zentrales Element des Qualitätsmanagements aber auch des Public Management-Konzepts (Befragung, Information etc.). Hier ist der CAF sicher als erfolgreich zu werten. Nach fast allen CAF-Anwendungen kommt es zu Maßnahmen des Ausbaus der Kundenorientierung. Im Gegensatz zu anderen Qualitätsmanagementinstrumenten differenziert der CAF zwischen Bürger- und Kundenorientierung, um den spezifischen Anforderungen der öffentlichen Verwaltung gerecht zu werden. Somit geht es einerseits um das Verhältnis zu den Bürgerinnen und Bürgern als Teil der gesellschaftlichen Gemeinschaft sowie Steuerzahlerinnen und Steuerzahlern. Andererseits sind die Kundinnen und Kunden als Nutzerinnen und Nutzer von öffentlichen Leistungen gemeint.

Hier zeigt sich in den Diskussionen häufig ein Paradigmenwechsel weg von dem noch immer verbreiteten Primat der hoheitlichen Bescheiderlassung, welche keine Kundenorientierung zulässt, hin zu einem Servicegedanken für die Bürgerinnen und Bürger sowie Kundinnen und Kunden. Wenn dieser Schritt einmal gegangen ist, kommt es in vielen Fällen zum Hinterfragen der Öffnungszeiten und zur Diskussion über potenzielle Leistungen von Bürgerservicestellen.

Über den spezifischen Themendiskussionen steht aber der Wunsch, die Kundenbedürfnisse besser kennen zu lernen. Als häufige Maßnahmen finden sich deshalb:

- die Durchführung von Kunden- und Bürgerbefragungen,
- die Einführung von Beschwerdemanagementsystemen,
- das Auflegen von Feedbackbögen,
- Weiterbildungsmaßnahmen für den Umgang mit Kundinnen und Kunden,
- das Erstellen von Informationsunterlagen und
- das Erarbeiten von Telefonkonzepten.

3.3 Ausbau der internen Kommunikation

Der CAF-Prozess fordert zum Diskurs zwischen den Führungskräften und den Mitarbeiterinnen und Mitarbeitern auf. Dabei werden oftmals unterschiedliche Wahrnehmungen über Kommunikations- und Informationsstandards sichtbar. So kann Rhythmus, Inhalt und Vorbereitung von Besprechungen innerhalb der Organisation unterschiedlich sein, ebenso wie der Informationsstand über die Strategie und die Ziele innerhalb der Organisation. Führungskräfte erkennen, welche Informationen in welcher Intensität bei den Mitarbeiterinnen und Mitarbeitern ankommen. Dies führt in den meisten Fällen zur Festlegung von Kommunikationsstandards, welche sicherstellen sollen, dass alle Mitarbeiterinnen und Mitarbeiter die für sie relevanten Informationen erhalten. Diese enthalten unter anderem:

- die Durchführung von regelmäßigen Abteilungs- und Referatsbesprechungen,
- die Vorbereitung und Dokumentation der Besprechungen,
- das Erstellen eines internen Kommunikationsplanes „*Wer bekommt welche Informationen?*“,
- die Regelungen für die E-Mail-Nutzung,
- das Abhalten von Mitarbeiterversammlungen,
- die Förderung von Projekt- und Teamarbeit und
- das Initiieren von abteilungsübergreifenden Aktionen.

3.4 Stärkere Mitarbeiterorientierung

Mit der internen Kommunikation in Zusammenhang steht der Ausbau der Mitarbeiterorientierung. Das Bekenntnis zur Durchführung von Mitarbeiterbefragungen ist während des CAF-Prozesses in den meisten Fällen festzustellen. Die CAF-Umfrage hat gezeigt, dass die Durchführung der Mitarbeiterbefragung als ein zentrales Resultat der CAF-Anwender gesehen wird. Dadurch können Fragen der Zufriedenheit, Ausbildung, Kommunikation, Vorgesetztenbeurteilung, Work-Life-Balance, Arbeitszeiten auf Basis konkreter Messungen beantwortet und zukünftig auch Trends und Zeitreihen abgeleitet werden.

Das Mitarbeiterorientierungsgespräch nimmt im CAF-Prozess meist eine wichtige Position ein. In vielen Organisationen wird dies nicht systematisch durchgeführt, was bei den CAF-Diskussionen zutage kommt. Der verstärkte Einsatz des Mitarbeiterorientierungsgesprächs ist deshalb ein oftmals beobachtetes Resultat des CAF-Prozesses. Allerdings kommt es in der Priorität erst lange nach den Mitarbeiterbefragungen.

Schulungsbedarfe kommen bei den CAF-Diskussionen ebenfalls zum Vorschein und führen zu verschiedenen Maßnahmen: Dies beginnt bei der Vereinbarung spezifische Schulungsmaßnahmen für einzelne Mitarbeiterinnen und Mitarbeiter oder Gruppen. In der fortgeschrittenen Phase werden die Ausarbeitung von Weiterbildungskonzepten sowie Weiterbildungsplänen für die Mitarbeiterinnen und Mitarbeiter festgelegt. Allerdings liegen für die letztgenannten Maßnahmen nur wenige Evidenzen für die tatsächliche Umsetzung vor, während die Ausweitung spezifischer Schulungsmaßnahmen nach den CAF-Prozessen in den meisten Fällen auch tatsächlich umgesetzt wird.

Generell ist der CAF als Startschuss für eine stärkere Einbeziehung der Mitarbeiterinnen und Mitarbeiter in die Agenden der Organisation zu sehen. Dies liegt zum einen an der involvierenden Methodik der CAF-Selbstbewertung, welche von den Beteiligten im Nachhinein immer positiv gesehen und als weiterführungswürdig eingeschätzt wird. Zum anderen weist der CAF selbst auf die Notwendigkeit der stärkeren Einbeziehung der Mitarbeiterinnen und Mitarbeiter hin und dies wird von den Beteiligten aufgegriffen.[3] Die mit dem CAF initiierte Kultur der Mitarbeitereinbeziehung wird in vielen Fällen nachhaltig weitergeführt. Dies zeigt auch die CAF-Umfrage.[4]

3.5 Optimieren von Prozessen

Die CAF-Umfrage brachte zu Tage, dass die Optimierung von Prozessen von mehreren Anwendern als Ergebnis des CAF-Prozesses gesehen wird. Hierunter werden allerdings auch die Vorstadien der Prozessoptimierung verstanden. Der CAF führt demnach in den meisten Fällen zu einer Dokumentation der Kernprozesse sowie der Zuordnung von Indikatoren, um die Prozessqualität in Zukunft messen zu können. Zur Umsetzung neuer Sollprozesse als Resultat des CAF-Prozesses ist es nur in ausgewählten Fällen gekommen.

3.6 Wissensmanagement ausbauen

Die Einführung von Wissensdatenbanken und die Regelung des Umgangs mit neuen Mitarbeiterinnen und Mitarbeitern sind zwei Aspekte des Wissensmanagements, welche nach dem CAF-Prozess oftmals umgesetzt werden. So finden sich unter anderem Mentorinnen und Mentoren, Einsteigermappen für neue Mitarbeiterinnen und Mitarbeiter sowie Wikis, EDV-Laufwerke für gemeinsame Dokumente, der Zugang zu externen Datenbanken und Bibliotheken oder die Erstellung eigener Wissensdatenbanken.

3.7 Ausbau der Öffentlichkeitsarbeit und Homepage

In den meisten Organisationen stößt man auf ein modernes und offenes Verständnis zur Öffentlichkeitsarbeit und öffentliche Bewusstseinsbildung, doch es fehlt der systematische und standardisierte Zugang zur Öffentlichkeitsarbeit. In der Regel werden im CAF-Prozess zahlreiche Ideen zum Ausbau der Öffentlichkeitsarbeit gefunden. Die Umsetzung erfolgt in den meisten Fällen jedoch nicht vollständig. Trotzdem mündet der CAF-Prozess oftmals in

- den Ausbau der Homepage (selten Homepage-Relaunch),

3 Der CAF fordert auch die stärkere Einbeziehung der Kundinnen und Kunden sowie Stakeholder. Hier sind derzeit aber sehr wenige bis keine über das verbesserte Kundenservice hinausgehenden Ergebnisse sichtbar.

4 KDZ: Einsatz, 2009, S. 33.

- das Erstellen von Presseclippings und Medienbeobachtungen,
- den Ausbau der Pressearbeit,
- das Einführen von Besucherleitsystemen,
- das Erstellen von Informationsbroschüren,
- Messeauftritte sowie
- die Organisation von Veranstaltungen.

3.8 Offenheit gegenüber Benchlearning und Kooperationen

Ähnlich wie der erste Punkt „Höheres Verständnis für Ziel- und Wirkungsorientierung" ist auch dieser Punkt als Ergebnis schwer fassbar. Tatsache ist, in den Diskussionen die Bereitschaft für den gegenseitigen Austausch zwischen den Behörden im Sinne eines Benchlearnings immer begrüßt wird. Manchmal führt dies zu Kooperationen, wie beispielsweise das Projekt „Voneinander – Miteinander lernen" von fünf Bezirkshauptmannschaften zeigt.[5]

4. Das magische Fünftel – 20 Prozent CAF-Abbrecher

Man kann von einem Fünftel ausgehen, welches den CAF einmal anwendet und sich danach aus unterschiedlichen Gründen abwendet. Dies bestätigen auch die folgenden Umfrageergebnisse.

Als erstes ist anzuführen, dass sich 20 Prozent der CAF-Anwender nicht vorstellen können, den CAF ein weiteres Mal anzuwenden.[6] Aus CAF-Sicht positiv betrachtet, bedeuten 20 Prozent CAF-Abbrecher, dass 80 Prozent jener Organisationen, die den CAF bereits eingesetzt haben, dieses auch in Zukunft wieder anwenden wollen. Trotzdem sollten die 20 Prozent CAF-Abbrecher nicht vernachlässigt werden, zumal sich diese in den folgenden Umfrageergebnissen widerspiegeln.

Abbildung 4: Potenzielle zukünftige CAF-Organisationen

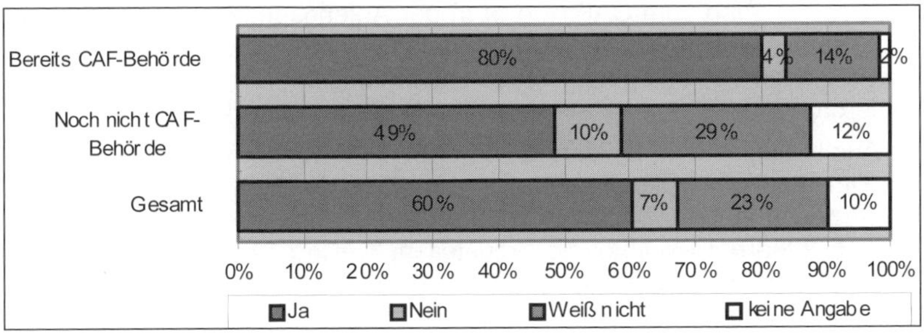

Quelle: KDZ (2011)

5 Hier haben sich die Bezirkshauptmannschaften Zell am See, Eisenstadt Umgebung, Rohrbach, Hermagor und Hallein zu einem Lernnetzwerk zusammengeschlossen. Vgl. dazu: http://www.pinzpower.at/bhplus/index.html

6 Die 20 Prozent ergeben sich, bei Zusammenfassung der folgenden Angaben der Kategorie „Bereits CAF-Behörde": 4 Prozent „Nein", 14 Prozent „Weiß nicht" und 2 Prozent „keine Angabe".

Des Weiteren ist der Grafik zu entnehmen, dass sich knapp die Hälfte jener Organisationen, die den CAF noch nicht angewendet haben, den Einsatz vorstellen kann. 60 Prozent der Organisationen, die den CAF als Qualitätsmanagementinstrument kennen, planen den zukünftigen Einsatz des CAF. Sieben Prozent schließen dies aus und 23 Prozent sind unschlüssig. Als Gründe für die Ablehnung des CAF-Einsatzes wurde vorwiegend die Verwendung anderer Qualitätsmanagementmethoden (ISO, Balance Scorecard, Total Quality Management) genannt.

4.1 CAF für 80 Prozent ein gutes Instrument des Qualitätsmanagements

Der CAF wird von 79 Prozent als sehr gutes beziehungsweisegutes Instrument des Qualitätsmanagement beurteilt. Dem gegenüber steht wiederum ein Fünftel, das den CAF als mäßiges oder unzureichendes Qualitätsmanagementinstrument betrachten.[7]

Abbildung 5: Bewertung – CAF als Qualitätsmanagementinstrument

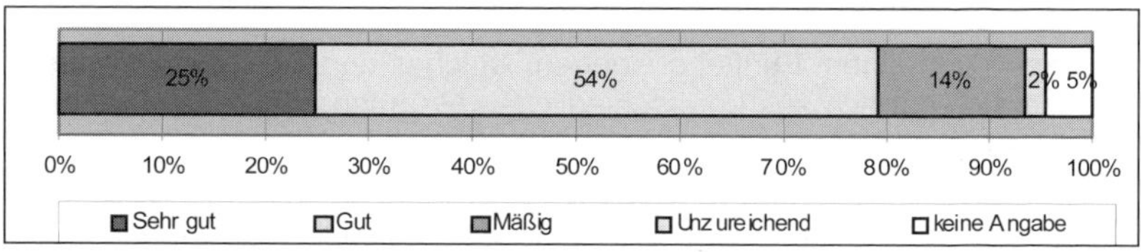

Quelle: KDZ (2011)

4.2 Ein Drittel hat keinen CAF-Aktionsplan

Etwas ausgeprägter zeigt sich das magische Fünftel auch bei die Umsetzung der CAF-Verbesserungsvorschläge. 20 Prozent der CAF-Anwender geben dezidiert an, keinen Aktionsplan erstellt zu haben. Hier zeigt sich noch der Zugang zum CAF, wie er in der Anfangsphase beobachtet werden konnte. Der Fokus lag auf der Selbstbewertung; das Umsetzen der gesammelten Vorschläge zur Weiterentwicklung der Organisation stand im Hintergrund.

Aus heutiger Sicht ist klar, dass bei CAF-Anwendern ohne Aktionsplan zur Umsetzung der Verbesserungsvorschläge der Nutzen des CAF nicht nachhaltig gegeben war bzw. ist. Hier wurde hoher Aufwand betrieben ohne sichtbare Resultate sicherzustellen, welche über ein ausgefülltes Bewertungsraster hinausgehen. 68 Prozent der CAF-Anwender haben dies erkannt und nach der Selbstbewertung einen Aktionsplan erstellt und umgesetzt.

7 Das Fünftel setzt sich zusammen aus den Angaben 14 Prozent „mäßig", 25 „unzureichend" und 5 Prozent „keine Angabe".

Abbildung 6: Einsatz eines Aktionsplans

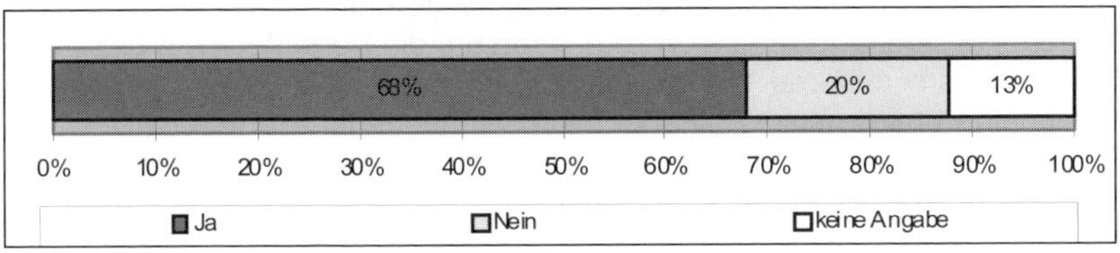

Quelle: KDZ (2011)

Das gleiche Bild zeigt sich bei der organisatorischen Verankerung der Verantwortung zur Umsetzung der CAF-Ergebnisse. 71 Prozent der CAF-Anwender haben Verantwortliche für die Umsetzung des CAF-Aktionsplans geschaffen.[8] Ein Fünftel bis ein Drittel hat wiederum darauf verzichtet.

Abbildung 7: Verantwortliche/r für die Umsetzung des CAF-Aktionsplanes

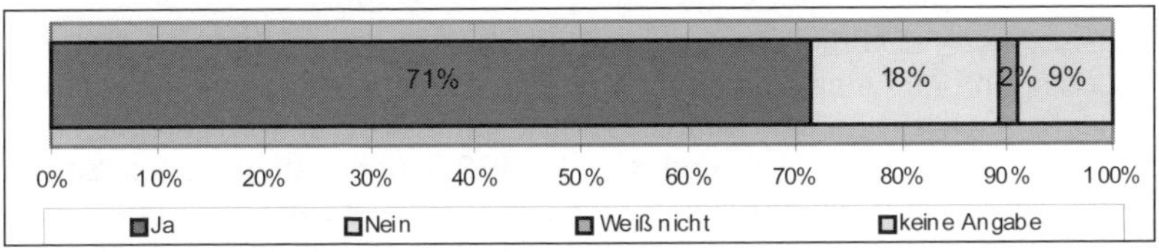

Quelle: KDZ (2011)

Somit ist ein langjähriger Trend von einem Fünftel an CAF-Abbrechern zu beobachten. Zirka ein Fünftel der CAF-Anwender führt den CAF nach dem erstmaligen Einsatz nicht weiter. Ein Fünftel bezeichnet den CAF als mäßiges oder unzureichendes Instrument des Qualitätsmanagements. Gleichzeitig weisen die Umfrageergebnisse aber auch darauf hin, dass ein Fünftel der Anwender den CAF-Einsatz nicht in der erforderlichen Intensität und Qualität durchführt. Das fehlende Fünftel bis Drittel an Aktionsplänen und Umsetzungsverantwortlichen ist ein deutliches Indiz hierfür.

Verstärkte Energie muss demnach in die Qualität der Umsetzung des CAF gesteckt werden. Die Konzentration auf den CAF-Prozess als Initiator und Begleiter der Verbesserungen steht hierbei im Vordergrund. Die Vereinfachung der Methodik und die Erhöhung der Verständlichkeit sind erste Schritte in diese Richtung. Dass dies oft genannte Forderungen von CAF-Anwendern sind, sei hier nur am Rande erwähnt.

5. Verbesserungsbedarf bei der CAF-Anwendung

Der CAF wird von 79 Prozent seiner Anwender als sehr gutes beziehungsweise gutes Instrument des Qualitätsmanagement beurteilt. Die Wiederholungsrate liegt bei 80 Prozent. Das heißt, 80 Prozent der Organisationen, die den CAF bereits eingesetzt haben, werden dies auch in

8 Die vermeintliche Unschärfe, dass mehr Umsetzungsverantwortliche als Aktionspläne erhoben wurden, ist dadurch zu erklären, dass die Erstellung des Aktionsplans erst in Planung ist, ein/e Verantwortliche/r aber bereits ernannt wurde.

Zukunft wieder tun. Diesen positiven Einschätzungen zum CAF stehen aber Hinweise und Forderungen von zur Weiterentwicklung des CAF entgegen. Hierbei handelt es sich zum einen um die Vereinfachung der Sprache und zum anderen um das Verkürzen des CAF-Bewertungsbogens. Auf beide Punkte soll im Folgenden kurz eingegangen werden.

5.1 Vereinfachung der „Sprache" des CAF

Die „Expertensprache" des CAF wird von den Anwendern oftmals als Problem betrachtet, da diese zu „kompliziert" sei. Dies brachte die CAF-Umfrage[9] zutage, ist auch eine die persönliche Erfahrung bei zahlreichen CAF-Moderationen. Die Hintergründe hierfür sind, dass der CAF für viele Anwender die erste umfassendere Auseinandersetzung mit den Grundlagen des Public Managements und des Qualitätsmanagements ist. Insofern sind die Anforderungen an die Anwender schon vom Ansatz her hoch gesteckt und setzen die Bereitschaft zu Lernen voraus.

Erschwerend kommt hinzu, dass der CAF nicht nur auf anerkannten Grundlagen des Qualitätsmanagements und Public Managements beruht, sondern auch ein gemeinsames Produkt der europäischen Verwaltungen ist. Die Fragen des CAF sind mit der IPSG (Innovative Public Sector Group) der Europäischen Union und deren Mitgliedsländern abgestimmt und deshalb als relevant für alle Verwaltungen zu betrachten. Dies führt sprachlich zu Kompromissen, die beim CAF-Einsatz vor Ort zu Verständnisproblemen führen können.

Allerdings bietet die CAF-Methodik ein Verfahren an, um die „Probleme mit der komplexen Sprache" zu minimieren. Es handelt sich dabei um die Möglichkeit der „Anpassung des CAF an die Organisation". Dieses Verfahren wird in unterschiedlichen Ausprägungen in zahlreichen europäischen Ländern eingesetzt, in Österreich allerdings nur selten genutzt.[10] Das Verfahren wird durch das neue CAF-Gütesiegel[11] bestärkt.

Anpassung des CAF an die Organisation

Der CAF kann an die Spezifika der Organisation angepasst werden. Dem Umfang der Anpassungen sind zwar Grenzen gesetzt, allerdings wird in

9 Die CAF-Umfrage 2009 erhob in einer offenen Frage generelle Verbesserungsvorschläge für den CAF als Qualitätsmanagementinstrument. Es können somit keine genauen Prozentzahlen angegeben werden. Tatsache ist aber, dass sich die meisten Antworten bei dieser Frage auf die „Sprache des CAF" bezogen.

10 Aus Gesprächen mit Mitgliedern der CAF-Expert-Group ist bekannt, dass in einigen südeuropäischen Ländern vereinfachte Bewertungsverfahren zur Anwendung kommen. Sanfte Anpassungen sind aus anderen Ländern, wie zum Beispiel Belgien, bekannt. Die CAF-Expert-Group ist ein Gremium zur Weiterentwicklung des CAF, welches sich aus entsandten Vertreterinnen und Vertretern der EU-Mitgliedstaaten zusammensetzt.

11 Das CAF-Gütesiegel wird durch externe CAF-Expertinnen und CAF-Experten vergeben und bestätigt den korrekten Einsatz des CAF. In Österreich wird das CAF-Gütesiegel vom KDZ Zentrum für Verwaltungsforschung administriert. Weitere Informationen: http://www.caf-zentrum.at

Österreich dieser Schritt innerhalb der Möglichkeiten selten gegangen. Dies hat sicherlich mit einer Verwaltungskultur zu tun, die stark auf obrigkeitsstaatliche Anordnungen vertraut. Allerdings ist auch einzuräumen, dass die Anpassung an die Spezifika der eigenen Organisation einen Aufwand bedeutet, der von vielen gescheut wird. Auch fehlt es oftmals am Know how zur Anpassung. Tatsache ist aber, dass das Potenzial zum „CAF-Customizen“ nicht genutzt, gleichzeitig aber die Kompliziertheit des CAF beklagt wird.

Konkret bedeutet die Anpassung des CAF ein Durchforsten der CAF-Indikatoren. Die Geschichte dieser mittlerweile über 200 Indikatoren deutet das Anpassungspotenzial schon an: In den ersten Versionen des CAF 2000 waren die Indikatoren als erläuternde Hinweise zum besseren Verständnis der CAF-Kriterien eingeführt worden. Diese umfassten konkrete Beispiele oder Hinweise. Dabei handelte es sich aber pro Kriterium um einige wenige Indikatoren, die keineswegs den gesamten Umfang des Kriteriums erklärten. Es war eindeutig keine abschließende Liste von Indikatoren zur vollständigen Erklärung des Kriteriums.

In der derzeit aktuellen CAF-Version finden sich im Durchschnitt acht Indikatoren pro Kriterium, die den gesamten inhaltlichen Umfang des Kriteriums näher definieren und erläutern sollen. Es entsteht zumindest der Eindruck einer abschließenden Liste an Indikatoren zur vollumfänglichen Erläuterung, die nicht verändert werden darf. In diesem Sinne wird der CAF in Österreich angewendet. Allerdings beweist die Entwicklung der CAF-Indikatoren und die Vorgehensweise in anderen Ländern, dass hier mehr Flexibilität notwendig ist.

Die Anpassung des CAF an die Spezifika der Organisation erfolgt vorzugsweise in Workshops, in denen die Indikatorenliste hinterfragt wird. Pro Kriterium können Indikatoren übernommen, konkretisiert, gestrichen oder hinzugefügt werden. Wichtig ist ausschließlich der Umstand, dass der Sinn des Kriteriums nicht verändert wird. Die Anpassung endet bei den Kriterien. Diese sind nicht veränderbar.[12] Dadurch werden etwaige Vergleiche im Rahmen des CAF-Benchlearnings und für die Erstellung von Zeitreihen bei multiplen Anwendungen ermöglicht.

5.2 Verkürzen des CAF-Bewertungsbogens

Die Länge des Bewertungsbogens ist der zweite Aspekt, der als Verbesserungspotenzial für den CAF öfter eingebracht wird. Auch hier ist darauf zu verweisen, dass der CAF hierfür ein Verfahren vorsieht, das in anderen Ländern häufig zur Anwendung[13] kommt und in Österreich, aus den gleichen Gründen wie oben beschrieben, vermieden wird. Auch dieses Verfahren wird durch das CAF-Gütesiegel klar legitimiert. Es handelt sich dabei um die Bewertung auf Kriterienebene.

12 Vgl. dazu: CAF-Gütesiegel: http://www.caf-zentrum.at [Download: 18.03.2011].

13 Vgl. dazu: FN 10.

Bewertung auf Kriterienebene

In Österreich am weitesten verbreitet ist die Methode der Bewertung auf Indikatorenebene. Das heißt, dass jeder der mehr als 200 Indikatoren einzeln bewertet wird. Dadurch wird der Fokus auf den Bewertungsakt gelegt, der vorsieht, dass zu jedem Indikator am Ende des CAF-Prozesses ein vereinbarter Zahlenwert vorliegt. Der Diskurs über die Inhalte tritt dabei in vielen Fällen in den Hintergrund.

Ein Blick auf den englischen Basistext des CAF zeigt, dass die Indikatoren im Original „Examples" genannt werden. Diese sind demnach als Beispiele zu sehen und spielen in anderen Ländern bei der Bewertung nur eine untergeordnete – nämlich eine erläuternde – Rolle. Es ist somit möglich und bei den Vorgaben des CAF-Gütesiegels vorgesehen, dass nicht jeder Indikator einzeln bewertet werden muss, sondern nur die insgesamt 28 Kriterien. Dies ermöglicht es, den inhaltlichen Diskurs zu stärken und den CAF nicht als zahllose Punktekalkulationen zu belasten.

Die Bewertung auf Kriterienebene bedeutet jedoch nicht, dass die Indikatoren keine Rolle mehr spielen. Im Gegenteil: Diese sind in die Bewertung des Kriteriums weiterhin mit einzubeziehen und es erfordert im Vorfeld der Bewertung eine verstärkte gemeinsame Auseinandersetzung mit den Indikatoren. Diese müssen auf ein gemeinsames Verständnis und die Anwendungstauglichkeit in der Organisation hin überprüft werden.

Wichtig ist jedoch, dass es keiner Verkürzung des CAF-Bewertungsbogens bedarf, sondern mit der Bewertung auf Kriterienebene genügend Potenzial für einen zielgruppengerechteren Einsatz des CAF besteht. Im Idealfall werden die beiden Verfahren „Anpassung des CAF" und „Bewertung auf Kriterienebene" in Kombination angewendet. In diesem Fall findet bereits im Vorfeld der Bewertung eine ausreichende Auseinandersetzung mit dem CAF und dem Bewertungsraster statt, so dass der Prozess reibungslos funktionieren kann.

5.3 Ist der CAF innovationsfeindlich?

Im wissenschaftlichen Diskurs wird schon lange die Frage erörtert, ob Qualitätsmanagement innovationsfeindlich sei. An sich geht es darum, dass Standards und Zertifizierungen auf den Status quo der Organisation abstellen. Dabei stehen – je nach Instrument des Qualitätsmanagements - Dokumentationen im Mittelpunkt der Qualitätsmanagementprozesse und nicht die Aktivierung von Verbesserungspotenzialen. Dies trifft zwar für den CAF nicht zu, dennoch kann auch der CAF als geschlossenes, formalisiertes Modell gesehen werden, das dazu animiert, als Checkliste verwendet zu werden.[14] In diesem Fall geht das im CAF vorhandene Potenzial zur Förderung und Forderung von Innovation verloren.

Hierzu ist festzuhalten, dass die praktischen Erfahrungen mit CAF-Anwendungen die Problematik des Innovationshemmnisses nicht bestätigen können. Dies hat vor allem zwei Gründe:

14 Vgl. dazu: Hill: Qualitätsmanagement, 2008, S. 789-797.

- CAF baut auf der Idee der lernenden, innovationsfördernden Organisation auf.
- CAF ist als Wegbereiter für Organisationen am Anfang des Qualitätsprozesses konzipiert.

Die lernende, innovationsfördernde Organisation

Auch wenn der CAF-Bewertungsraster an sich ein geschlossenes und formalisiertes System ist, steckt in diesem die Idee der lernenden Organisation, welche Innovation fordert und fördert. Dies zeigen auch einige Kriterien und Indikatoren, die sich explizit mit dem Thema „Innovation" auseinandersetzen. Tatsächlich besteht die Gefahr, dass bei einem streng formalisierten Einsatz des CAF das innovative Potenzial der Organisation nicht ausgeschöpft wird.

Wie oben beschrieben gibt es unterschiedliche Auslegungen der Bewertungstiefe in den CAF-Anwenderländern. Und hier zeichnet sich Österreich durch seine besondere Strenge aus, indem die Bewertung auf Indikatorenebene vorgenommen wird und die Anpassung des CAF an die Spezifika der Organisation eine geringe Rolle spielt. Insofern besteht gerade in Österreich die Gefahr des innovationshemmenden Einsatzes des CAF. Allerdings kann diese Gefahr durch die in anderen Ländern übliche Vereinfachung des Bewertungsverfahrens bei gleichzeitiger Fokussierung auf den inhaltlichen Diskurs deutlich minimiert beziehungsweise ausgeschlossen werden.

Wichtige Zielgruppe des CAF: Qulitätsmanagementanfänger

Der CAF ist als Wegbereiter für Organisationen am Anfang des Qualitätsprozesses konzipiert. Der CAF soll den öffentlichen Verwaltungen den Einstieg in das Qualitätsmanagement und den Verbesserungsprozess erleichtern. Mit der Einführung des CAF-Gütesiegels wurde dies noch deutlicher dargestellt: Der CAF richtet sich primär an Organisationen des öffentlichen Sektors, welche mit der „Veränderung zum Besseren"[15] beginnen wollen. Dies zeigt sich beim CAF-Gütesiegel dadurch, dass nach der mehrmaligen Gütesiegelverleihung die Organisation reif für weitere Schritte im Qualitätsmanagement sein sollte und zum Beispiel die Exzellence-Kriterien des EFQM[16] erfüllt.

Wenn man nun die Realität des CAF-Einsatzes in Österreich betrachtet, kann die Problematik des Innovationshemmnisses nicht bestätigt werden. Großteils handelt es sich um Organisationen, die mit dem systematischen Verbesserungsprozess gerade beginnen und noch großes Entwicklungspotenzial aufweisen. In vielen Fällen werden dabei die Mitarbeiterinnen und Mitarbeiter erstmals in die internen Entwicklungsagenden der Organisation einbezogen und nutzen diese Möglichkeiten sehr aktiv, so

15 „Veränderung zum Besseren" ist die Übersetzung des japanischen Begriffs „Kaizen", welche oft als Synonym für einen „kontinuierlichen Verbesserungsprozess" als Basis des Qualitätsmanagements verwendet wird.

16 EFQM = European Foundation for Quality Management, ein Qualitätsmanagementsystem auf das der CAF aufbaut.

dass für die Organisationen selbst ein hohes Lern- und Innovationsreservoir ausgeschöpft werden kann. Die hohe Anzahl von Maßnahmen in den CAF-Aktionsplänen als Resultat der CAF-Bewertungen beweist dies. Die etwas offenere Nutzung des CAF, wie sie in anderen Ländern vorgezeigt wird, kann dieses Potenzial noch weiter stärken.

Bei wiederholtem Einsatz des CAF über einen Zeitraum von mehreren Jahre sollte der Frage „*Wie können Themen, welche vom CAF-Raster nicht berührt werden und unter Umständen auch nicht im Bewusstsein der Organisation verankert sind, in den Verbesserungszyklus eingespeist werden?*" besondere Aufmerksamkeit geschenkt werden. Im Rahmen der Anpassung des CAF an die Spezifika der Organisation lässt sich diese Frage leicht klären.

6. Resümee und Ausblick

6.1 Von der Selbstbewertung zum Qualitätsmanagement

Der CAF hat sich in den letzten zehn Jahren von einem einfachen Selbstbewertungsinstrument zu einem Qualitätsmanagementsystem weiterentwickelt. Diese Entwicklung ist bei vielen CAF-Anwendern noch nicht angekommen. Vor allem in Österreich (und in Deutschland) steht die Selbstbewertung noch immer im Vordergrund des CAF-Einsatzes. Der Schritt in Richtung Qualitätsmanagement ist jedoch zu gehen, um die Stärken des CAF ausspielen zu können. Dies bedeutet, dass der Fokus des CAF-Einsatzes stärker auf die Umsetzung der Verbesserungs-maßnahmen zu legen ist. Es ist sicherzustellen, dass die Ergebnisse der CAF-Bewertung umgesetzt werden und nach der Bewertung ein Verbesserungsprozess initiiert wird. Hierfür ist es unerlässlich, nach der CAF-Bewertung einen Aktionsplan zu erstellen, dessen schrittweise Abarbeitung durch Projektmanagement und Controlling begleitet wird.

6.2 Von der Selbstbewertung zum inhaltlichen Diskurs

Der Fokus der CAF-Selbstbewertung muss vermehrt auf den inhaltlichen Diskurs gerichtet werden. CAF-Anwendungen, welche die Mathematik der Durchschnitts- oder Medianrechnung zu unbekannten Höhenflügen verhelfen, sind fehl am Platz. Wichtig ist die offene und faire inhaltliche Diskussion zwischen den Mitgliedern der Bewertungsgruppen, welche die größtmögliche Einbindung der Mitarbeiterinnen und Mitarbeiter ermöglicht und vorzugsweise im Konsens entscheidet. Der Bewertungsvorgang an sich tritt dabei in den Hintergrund und dient vor allem als Mittel zur Initiierung des Diskurses sowie zu Dokumentationszwecken.

6.3 „Relativ" kostengünstig und einfach

Am CAF wird geschätzt, dass er einfach und kostengünstig ist. Es wurde schon ausgeführt, dass dies nur „relativ" zu sehen ist, da die qualitativevolle CAF-Anwendung auch beträchtlichen internen Aufwand verursacht und von den betroffenen Mitarbeiterinnen und Mitarbeitern nicht als einfach betrachtet wird.

Diesen Erfahrungswerten ist Rechnung zu tragen und bei jedem CAF-Einsatz die Ressourcenplanung dementsprechend auszurichten. Noch wichtiger aber ist, mehr in die Schulungen der CAF-Anwender zu investieren. Von der EIPA[17] ist bekannt, dass diese bei CAF-Anwendungen immer zwei Tage für die Schulungen der Anwender vorsieht. In Österreich liegt der durchschnittliche Schulungsaufwand für die CAF-Anwender deutlich darunter, nämlich unter einem Tag.

Den Entwicklungen des CAF in Richtung eines umfassenden Qualitätsmanagementsystems mit dem Fokus auf den inhaltlichen Diskurs und die Umsetzung von Verbesserungsmaßnahmen spiegelt sich somit im Aufwand und im Schulungsbedarf wider. Das Verständnis über die Ziele, Anforderungen und Inhalte des CAF ist zu schärfen. Dies bedeutet intensivere und ausführlichere Schulungen für die Anwender und wird insgesamt die Qualität und Wirkungen der CAF-Anwendungen deutlich erhöhen.

6.4 Vereinfachen der CAF-Anwendung

Neben der Intensivierung der Schulungen für die CAF-Anwender, dem Fokussieren auf den inhaltlichen Diskurs und dem Anpassen des CAF an die Spezifika der Organisation ist auch die Methodik der CAF-Bewertung zu vereinfachen. Es wurde schon auf die unterschiedlichen Anwendungspraktiken in einzelnen Ländern hingewiesen und festgestellt, dass Österreich (und Deutschland) mit der Bearbeitung auf der Ebene der über 200 Indikatoren einer sehr detaillierten und buchstabengetreuen Bewertung folgt. Im englischen Original handelt es sich bei den Indikatoren um Beispiele (Examples) und dementsprechend treten diese in anderen Ländern bei der Bewertung in den Hintergrund.

Dieser Erleichterung der Anwendung steht auf der anderen Seite die Konzentration auf den inhaltlichen Diskurs gegenüber, was aufgrund der Entwicklungen des CAF in den letzten Jahren zu bevorzugen ist. Konkret bedeutet dies, dass der CAF in Zukunft auf der Ebene der Kriterien bewertet werden soll und die Indikatoren als Beispiele zum besseren Verständnis und zur Abgrenzung der Kriterien herangezogen werden. Das neue CAF-Gütesiegel lässt dies zu.

6.5 Das CAF-Gütesiegel – ein Schritt zur Exzellence

Im September 2009 wurde von der CAF-Expertengruppe der „Innovative Public Sector Group" (IPSG) das CAF-Gütesiegel „Effective CAF-User" entwickelt. Dabei handelt es sich um ein Feedback erfahrener, externer CAF-Expertinnen und CAF-Experten. Das Feedback bestätigt die korrekte Verwendung des CAF sowie die Effektivität des eingeschlagenen Weges zur Weiterentwicklung der Organisation im Sinne des Qualitätsmanagements.

17 EIPA = European Institute for Public Administration

Das CAF-Gütesiegel macht den Nutzen des CAF für die Bürgerinnen und Bürger sowie für die Politik sichtbar und führt mit seinem externen Feedback zu einer weiteren Leistungsverbesserung der öffentlichen Verwaltung. Es ist ein kostengünstiges, externes Feedback, welches nach der Ausschöpfung der Potenziale der internen Kritik durch die CAF-Selbstbewertung noch zusätzliche externe Sichtweisen einbringt. Somit wird auch die Feedback-Kultur in der öffentlichen Verwaltung gestärkt.

Das CAF-Gütesiegel setzt Standards für die CAF-Anwendung in Europa. Europaweit wurde Einigung darüber erzielt, wie ein „guter und korrekter" CAF-Einsatz aussehen sollte. Dabei zählen der Fokus auf die Umsetzung der CAF-Verbesserungen, der kontinuierliche Verbesserungsprozess, die zentrale Stellung des inhaltlichen Diskurses, die verbesserten Schulungen und die Möglichkeit zur einfacheren Anwendung zu den wichtigsten Standards.

Dem CAF-Gütesiegel ist in Österreich Erfolg zu wünschen. Dies würde die Qualität, das positive Image und die Modernität des öffentlichen Sektors deutlich steigern.

Markus HÖDL

Qualitätsstandards in der öffentlichen Verwaltung – Instrument und Ausdruck einer neuen Verwaltungskultur

Die öffentliche Verwaltung hat auf allen Ebenen in den vergangenen Jahren und Jahrzehnten einen Wandel durchlebt. Stand früher der Aspekt der Rechtmäßigkeit im Mittelpunkt des Verwaltungshandelns, haben im Zuge der vielfältigen Veränderungen die Themen Serviceorientierung, Kunden- und Bürgerorientierung sowie Qualitätsmanagement deutlich an Bedeutung gewonnen. Dabei sind die Anforderungen und Erwartungen der Bürgerinnen und Bürger sowie der Kundinnen und Kunden ein besonderes Kriterium für die Art und Weise sowie die Qualität der erstellten Leistungen geworden. In diesem Beitrag wird das Thema Qualitätsstandards aus zwei Perspektiven betrachtet. Einerseits wird dargestellt, worum es geht und in welcher Form sie als Instrumentarium einer modernen Verwaltung zum Einsatz kommen. Andererseits setzen Qualitätsstandards auch einen Kulturwandel und ein neues Führungsverständnis im öffentlichen Sektor voraus.

1. Definition von Qualitätsstandards

„Qualität bedeutet das Erfüllen von Erwartungen und Erfordernissen.“[1]

Mit der wachsenden Bedeutung der Bürger- und Kundenorientierung in der öffentlichen Verwaltung, wuchs auch die Notwendigkeit nach einem geänderten Qualitätsbegriff. Die Bürgerinnen und Bürger werden als Kundinnen und Kunden gesehen, die Ansprüche an die Verwaltungsleistungen stellen (können) und diese müssen bei der Leistungserstellung berücksichtigt werden. Nun ist nicht mehr alleine von Bedeutung wie eine Leistung von der Verwaltung erbracht wird, sondern auch welchen Nutzen die Kundinnen und Kunden aus der erbrachten Leistung ziehen können.

Um die Qualität einer Verwaltungsleistung zu definieren, bedarf es somit konkreter Festlegungen in Form von Qualitätsstandards (oftmals auch als Leistungsstandards bezeichnet). Zusammenfassend können Qualitätsstandards gemäß der Vision einer qualitätsorientierten Verwaltung nach Hack folgendermaßen definiert werden:

„Die Verwaltung bindet sich selbst und gegenüber dem Bürger, indem sie ihm im Voraus verspricht, was er erwarten kann.“[2]

1 Rugor; Studzinski: Qualitätsmanagement, 2003, S. 14.
2 Biwald; Hödl: Leistungsstandards, 2001, S. 3.

2. Nutzen von Qualitätsstandards

Die Definition und Anwendung von Qualitätsstandards in der täglichen Verwaltungspraxis hat insbesondere folgenden Nutzen:

- *Imageverbesserung/Marketing:* Qualitätsstandards können den Umfang und die Qualität einer Leistung nach außen darstellen, um damit Rechenschaft gegenüber den Kundinnen und Kunden bzw. den Steuerzahlerinnen und Steuerzahlern abzulegen.
- *Steigerung der Mitarbeitermotivation:* Durch die konsequente Einbeziehung der Mitarbeiterinnen und Mitarbeiter bei der Erstellung und Weiterentwicklung der Qualitätsstandards steigt die Identifikation mit dem Arbeitsbereich. Die Mitarbeiterinnen und Mitarbeiter fühlen sich verantwortlich für ihren eigenen Arbeitsbereich und für die Erreichung einer bestimmten Qualität.
- *Optimierung der Arbeitsprozesse:* Die intensive Auseinandersetzung der Mitarbeiterinnen und Mitarbeiter mit dem eigenen Arbeitsbereich gibt Anstöße für Verbesserungen der Arbeitsabläufe.
- *Kontinuierliche Qualitätsverbesserung:* Die klare Festlegung von bestimmten Qualitätsstandards sowie der regelmäßige beziehungsweise laufende Kontakt mit den Kundinnen und Kunden ermöglicht eine ständige Verbesserung der Qualitätsstandards.
- *Planungssicherheit für die Kundinnen und Kunden:* Die Bürgerinnen und Bürger sind durch das Vorhandensein von Qualitätsstandards über die Angebote und Leistungen einer Verwaltung informiert und haben so eine hohe Planungssicherheit bezüglich der angebotenen Dienstleistung und ihrer Ergebnisse.
- *(Inter)nationale Vergleiche:* In Zeiten zunehmender Internationalisierung und Globalisierung ist man sehr bestrebt, von anderen zu lernen. Da nur knappe Ressourcen zu Verfügung stehen, ist Benchmarking und das gemeinsame Lernen aus Vergleichen gefragt, um die vorhandenen Qualitätsstandards evaluieren, aufrechterhalten und gegebenenfalls anpassen zu können. Um überhaupt Vergleiche mit anderen Organisationen – national und/oder international – machen zu können, sind genau definierte Qualitätsstandards die Voraussetzung.

Qualitätsstandards sind somit kein Selbstzweck, sie bilden ein wichtiges Instrumentarium des Public Managements. Ein wesentlicher Faktor ist, dass Qualitätsstandards sowohl innerhalb als auch außerhalb der betreffenden Verwaltung eingesetzt werden. Sie unterstützen dabei, die gesetzten beziehungsweise, im Idealfall, vereinbarten Ziele zu erreichen. Leistungsziele sollten somit konkret formuliert und messbar gemacht werden. Beispielsweise kann ein Leistungsziel eine Kundenzufriedenheit von x Prozent sein. Qualitätsstandards sind jedoch nicht nur ein Instrumentarium des Public Managements, sondern bei ganzheitlicher und nachhaltiger Anwendung auch Ausdruck einer geänderten Verwaltungs- und Führungskultur.

3. Voraussetzungen für Qualitätsstandards

Um Qualitätsstandards festlegen zu können, ist es notwendig, auf verschiedene Kriterien zu achten.

- Zum Ersten ist ein Leistungsziel (z.B. Kundenzufriedenheit) zu definieren und messbar zu machen. Dazu muss der Output festgelegt und der dazu benötigte Input nach dem Wirtschaftlichkeitsprinzip bestimmt werden. Die Definition von Produkten und die Darstellung in Form eines Produktkataloges können hier sehr hilfreich sein.
- Zum Zweiten muss das Niveau, auf dem die Leistungen erbracht werden sollen (Standard) ermittelt werden. Dies kann auf verschiedene Arten erfolgen. Einerseits durch den Vergleich mit den Leistungen anderer Verwaltungen, andererseits durch das Beachten von Erfahrungswerten aus dem eigenen Bereich. Wesentlich ist, dass der Standard
  - klar, exakt und eindeutig definiert ist;
  - so festgelegt ist, dass das Erreichen möglich ist (keine unrealistischen Vorgaben);
  - nicht selbstverständlich ist (festschreiben von Ist-Zuständen, ohne diese zu hinterfragen), das heißt, auch herausfordernd ist.
- Zum Dritten ist ein festgelegter Qualitätsstandard zu kommunizieren. Darunter versteht man das interne und externe Veröffentlichen und Bekanntmachen. Nur wenn die Kundinnen und Kunden wissen, was sie erwarten bzw. verlangen können, machen Qualitätsstandards Sinn. Selbstverständlich müssen alle beteiligten Mitarbeiterinnen und Mitarbeiter über die vereinbarten Qualitätsstandards unterrichtet sein. Erst dann ist der Kommunikationsfaktor wirklich vollständig erfüllt. Die Standards und Qualität der Leistungserbringung müssen für alle Beteiligten transparent sein.
- Zum Vierten ist darauf zu achten, dass auch Konsequenzen festgelegt werden, für den Fall, dass Qualitätsstandards nicht erfüllt werden. Die Konsequenzen müssen ebenso nach innen und außen kommuniziert werden. Das heißt, es muss sowohl für die Kundinnen und Kunden als auch für die Mitarbeiterinnen und Mitarbeiter Folgen geben. Wichtig ist weiters, diese Konsequenzen zeitgleich mit den Qualitätsstandards festzusetzen und motivierend zu gestalten.

4. Exkurs: Leistungsstandards und Qualitätsstandards – Gemeinsamkeiten und/oder Unterschiede?

Oftmals wird in der Praxis kein Unterschied zwischen Leistungs- und Qualitätsstandard gemacht. Daher stellt sich grundsätzlich die Frage, ob es überhaupt einen gibt. Qualitätsstandards sollten einem mehrdimensionalen Ansatz folgen. Qualität wird bekanntlich von fünf Dimensionen bestimmt, nämlich von der Ergebnis-, Prozess-, Struktur-, subjektiven und sozialen Dimension. Der Unterschied zwischen Leistungs- und Qualitätsstandards kann daher anhand von zwei Beispielen aus der Praxis veranschaulicht werden.

- *Beispiel 1*: Baubescheide werden innerhalb von vier Wochen ausgestellt. Dieser Leistungsstandard lässt weder erkennen, ob der Bescheid

den Vorstellungen der Kundinnen und Kunden entspricht, noch ob das Ziel Hausbau mit diesem Bescheid erreicht werden kann.
- *Beispiel 2*: Eine Entlassung aus dem Krankenhaus innerhalb von vier Tagen muss nicht bedeuten, dass die Patientinnen und Patienten zufrieden mit der Behandlung waren, noch ob sie das Krankenhaus überhaupt gesund verlassen.

Die Bürgerinnen und Bürger/Kundinnen und Kunden und die Mitarbeiterinnen und Mitarbeiter wie auch die Ergebnisse und Wirkungen kommen bei der Formulierung von Standards der öffentlichen Verwaltung oft zu kurz. Qualitätsstandards für eine Kernleistung folgen daher, im Gegensatz zu Leistungsstandards, einem mehrdimensionalen Ansatz, der messbar zu machen ist und möglichst mehrere der genannten Qualitätsdimensionen abbildet. In der Praxis wird es sicher nur vereinzelte Bereiche geben, in denen Qualitätsstandards anhand der fünf Dimensionen beschrieben werden kann. Die Regel sollte jedoch sein, dass für eine Kernleistung (Produkte) jedenfalls zwei bis drei Merkmale vorliegen.

5. Die Bedeutung von Qualitätsstandards

Qualitätsstandards werden grundsätzlich von der Vision und der politischen Zielsetzung der zuständigen Körperschaft (Bund, Land, Gemeinde) bestimmt. Standards sind somit in vielen Bereichen eine strategische Entscheidung seitens der Politik und der Verwaltungsführung. Wesentliche Kriterien für das Arbeiten mit Qualitätsstandards sind das schriftliche Festlegen, die Transparenz – zuerst interne und in weiterer Folge auch externe Veröffentlichung – sowie die Messbarkeit (Wurden die Standards erreicht?) dieser Qualitätsstandards.

Qualitätsstandards sind allerdings nicht nur unter dem Gesichtspunkt der Qualität zu sehen (Welche Leistung wird wie oft und in welcher Qualität erbracht?), sondern auch als entscheidender Faktor für die Bedarfsermittlung von Personal und technischer Ausstattung. So ist beispielsweise von Bedeutung, in welchem Ausmaß die Öffnungszeiten des Bürgerbüros festgelegt werden. Es macht einen wesentlichen Unterschied, ob die Reinigung der Straßen flächendeckend, einmal wöchentlich oder in abgestufter Form in einzelnen Gebieten täglich, wöchentlich oder monatlich durchgeführt wird.

Qualitätsstandards sind somit nicht nur ein Instrument des Verwaltungsmarketings, sondern Grundlage für die verschiedenste Aspekte der Verwaltungssteuerung:
- die Herstellung von Transparenz über öffentliche Leistungen und deren Qualität
- die Grundlage zur Ermittlung der benötigten Ressourcen
- die Grundlage für die Steuerung der (internen und externen) Kosten der Leistungserstellung
- der Anlass für die Einbeziehung der Stakeholder (Bürgerinnen und Bürger, Kundinnen und Kunden, Nutzerinnen und Nutzer, Mitarbeiterinnen und Mitarbeiter etc.) bei der Planung und Erstellung öffentlicher Leistungen

Erfolgentscheidend für festgelegte Qualitätsstandards ist eine einvernehmliche Definition in Abstimmung mit der Politik. So müssen die zuständigen und verantwortlichen Politikerinnen und Politiker in jedem Fall hinter diesen Festlegungen stehen. Allzu oft genehmigte Ausnahmen verwässern diese Standards und erschweren den Bediensteten ein konsequentes Einhalten.

6. Beispiele für Qualitätsstandards in der Praxis

Eine der ersten Verwaltungen, die mit Qualitätsstandards gearbeitet hat, war die Stadtverwaltung *Braintree (Großbritannien)*.[3] Sie verspricht den Nutzerinnen und Nutzern ihrer Parkhäuser und öffentlichen Parkplätze folgende Qualität:

- die Aufzüge und Treppen werden mindestens fünfmal pro Woche gereinigt
- mindestens 90 Prozent der Beleuchtungen in Parkzonen funktioniert ständig
- kein Ticketautomat ist aufgrund kleinerer Reparaturarbeiten länger als vier Stunden außer Betrieb

Diese Standards erfüllen sehr klar das Kriterium der Messbarkeit. Wichtig wäre, zu definieren, was bei einer Nichteinhaltung passiert.

Das Stadtgartenamt Wien hat ein „Leitbild zur Parkgestaltung" erarbeitet, welches Qualitätsstandards bei der Planung, Errichtung und laufenden Betreuung öffentlicher Grünflächen definiert. Ein essentieller Grundsatz bei der Planung von Parkanlagen ist, dass nicht für, sondern mit den späteren Nutzerinnen und Nutzern geplant wird, um Ansprüche und Bedürfnisse der Parkbesucherinnen und Parkbesucher soweit als möglich erfüllen zu können.

Die Qualitätsstandards für eine qualitätsvolle Planung von Parkanlagen sind die folgende.[4]

- Gender Mainstreaming: Es wurden Planungsempfehlungen zur geschlechtssensiblen Gestaltung von öffentlichen Parkanlagen in Zusammenarbeit mit der Leitstelle für alltagsgerechtes Planen und Bauen entwickelt. Insbesondere die Bedürfnisse von Mädchen sowie Nutzerinnen und Nutzern mit Migrationshintergrund sollen in räumliche Gesamtkonzepte einfließen.
- Sicherheit: Transparente, überschaubare Parkanlagen, die auch in den Nachtstunden ohne Bedenken oder Angst begangen werden können, sind insbesondere für Frauen ein wichtiges Thema.
- Barrierefreie Ausgestaltung: Die Parkanlagen und Spielflächen sollen für alle Personen, etwa von Menschen mit besonderen Bedürfnissen, benutzbar sein. Daher sind beispielsweise stufenlose Anlagen, ebene Wegbeläge, Orientierungshilfen für Sehbehinderte und

3 Biwald; Hödl: Leistungsstandards, 2001, S. 14f.

4 Auszug aus dem Leitbild zur Parkgestaltung des Stadtgartenamtes der Stadt Wien. Vgl. dazu auch: Hödl: Qualität, 2009, S. 134-135.

Blinde sowie ausreichend Sitzgelegenheiten einzuplanen.
- Hundeproblematik: In Wien sind bei der Planung von Grünflächen die rund 50.000 Hunde zu bedenken. Gute Lösungen zum Schutz von Parkanlagen vor Verschmutzungen durch Hundekot sind daher zu suchen. Erste Ansätze sind beispielsweise die DogStations (Hundekotsackerlspender) oder die eigens eingezäunten Hundezonen.
- Geräuschentwicklung: Bei der Planung von Parkanlagen sind rechtzeitig die Bedürfnisse und Erwartungen der Anrainerinnen und Anrainer zu berücksichtigen. Zu erwartende (Lärm-)Belästigungen, auch in den Nachtstunden, können einerseits durch entsprechende technische Maßnahmen (wie Kunststoffbeläge, schallisolierte Gitter) und andererseits durch die Einbindung der Nachbarinnen und Nachbarn in den Planungsprozess minimiert werden.
- Ökologische Gesichtspunkte: Diese Qualitätsdimension drückt sich insbesondere in der Art der Bepflanzung durch Bäume und Sträucher, in der Gestaltung der Grünflächen (Art der Rasenqualität, laufende Betreuung und Pflege durch die Gärtnerpartien etc.) sowie in der Verwendung von Streumitteln im Winter aus.

Alltagstauglichkeit: Letztlich ist bereits bei der Planung auf die künftigen Betreuungsleistungen zu achten. Einerseits soll die Qualität der Parkanlagen möglichst lange hochwertig erhalten bleiben und andererseits die laufende Betreuung und Instandhaltung möglichst effizient durchführbar sein. Zusätzlich ist auf die Multifunktionalität der Anlagen zu achten, beispielsweise durch Sitzmöblierung.

In Österreich gab es 2009/2010 ein *Projekt des Bundeskanzleramtes* zum Thema Qualitätsstandards. Dazu wurden Mitarbeiterinnen und Mitarbeiter sowie Führungskräfte aller österreichischen Bezirksverwaltungsbehörden (Bezirkshauptmannschaften und Magistrate) eingeladen, im Rahmen von Workshops zu den Themen Bürgerbüro, Betriebsanlagengenehmigungsverfahren und Kundenzufriedenheitsmessungen Qualitätsstandards zu definieren. Nachfolgend seien die vereinbarten Qualitätsstandards zu den Bürgerbüros exemplarisch angeführt[5]:

- Jede Bezirksverwaltungsbehörde verfügt über ein gut zugängliches Bürgerbüro im Sinne eines One-Stop-Shops. 90 Prozent der Anliegen werden mit einem Kundenkontakt abgewickelt.
- Innerhalb eines Bundeslandes bieten alle Bürgerbüros einen einheitlichen Leistungskatalog an und kommunizieren diese Leistungen auch nach außen.
- Die Öffnungszeiten des Bürgerbüros orientieren sich an den Bedürfnissen der Kundinnen und Kunden der Region und umfassen jedenfalls 30 Stunden pro Woche.
- Die direkte Bezahlung von Leistungen ist im Bürgerbüro oder in räumlicher Nähe an einem Schalter möglich.
- Informationsmaterialien (z.B. über Öffnungszeiten, Erreichbarkeit, Ansprechpersonen, Leistungspalette) und Formulare sind im Bürgerbüro

5 Vgl. dazu: http://standards.kdz.eu [Download: 31.03.2011].

in aktueller und zielgruppengerechter Form erhältlich. Dies bedeutet, sie sind verständlich und geschlechtsneutral formuliert, bestmöglich einheitlich gestaltet und bei Bedarf mehrsprachig. Darüber hinaus stehen diese via Internet und sonstige Medien zur Verfügung. Laufend, zumindest alle drei Monate erfolgt eine Aktualisierung.

- Für die Mitarbeiterinnen und Mitarbeiter des Bürgerbüros existieren klare Anforderungsprofile. Daran orientieren sich die Auswahl neuer Mitarbeiterinnen und Mitarbeiter und die Weiterbildung.
- Es wird seitens der Führungskräfte eine regelmäßige Aus- und Weiterbildung der Mitarbeiterinnen und Mitarbeiter geachtet: möglichst drei Aus- und Weiterbildungstage pro Jahr und Mitarbeiter/in. Neben Schulungen zu Fachthemen werden auch persönlichkeitsbildende Weiterbildungen (insbesondere Kommunikation, Konfliktmanagement) durchgeführt.
- Die Zufriedenheit der Kundinnen und Kunden mit dem Bürgerbüro und seiner Servicequalität wird zumindest alle zwei Jahre in standardisierter Form erhoben. Die Ergebnisse werden nach Innen und Außen kommuniziert und intern entsprechend reflektiert. Darauf bauen Maßnahmen zur Weiterentwicklung des Bürgerbüros auf.

7. Schlussfolgerungen

Qualitätsmanagement ist ein zentraler Aspekt von modernem Verwaltungshandeln und ist mit all seinen Aspekten ein wesentlicher Bestandteil von Public Governance, unabhängig davon wie dieser Begriff konkret definiert wird. Das theoretische Thema Qualitätsmanagement kann auf zwei Ebenen praxisgerecht aufbereitet werden.

Einerseits auf der Ebene der Verwaltungskultur, wie im Beitrag von Rosmarie Drexler eindrucksvoll erläutert wird.[6] Dort wird veranschaulicht, dass die gute Qualität aller Leistungen des öffentlichen Sektors maßgeblich durch die gelebte Kultur der Zusammenarbeit aller Akteurinnen und Akteure geprägt wird. Nicht nur eine Kultur des Vertrauens und des Miteinanders ist wichtig, sondern auch eine Toleranzkultur im Umgang mit Fehlern, das Einfordern und Fördern des Lernens und als zentraler Erfolgsfaktor die praktizierte Führungskultur (Vorbild sein, Transparenz herstellen, Kommunikation betreiben etc.).

Andererseits wird Qualitätsmanagement in Form von konkreten Qualitätsstandards in der täglichen Arbeit der öffentlichen Verwaltung erkennbar. Das Definieren und Anwenden solcher Standards basiert auf einer neuen Verwaltungskultur und ist dann, wenn diese auch entsprechend nach Außen kommuniziert werden, ein wesentlicher Beitrag für ein modernes und zeitgemäßes Image der öffentlichen Verwaltung.

Qualitätsmanagement und Qualitätsstandards sind ein gutes Beispiel dafür, wie zentrale Aspekte von Public Governance von der Theorie in die Praxis transferiert werden.

---

6 Vgl. dazu den Beitrag von Rosmarie Drexler zum Thema „Qualitätsmanagement in der öffentlichen Verwaltung“ in der vorliegenden Publikation.

Kerstin ARBTER, Rita TRATTNIGG

Öffentlichkeitsbeteiligung – ein Motor für eine moderne Politik- und Verwaltungsführung

1. Einleitung

Der Begriff des Vertrauens ist sehr vielschichtig. Er wird im politischen Kontext immer häufiger verwendet, wie beispielsweise die OECD-Ministerkonferenz in Rotterdam im Jahr 2005 zum Thema „Trust in government"[1] veranschaulicht. Wir meinen in unserem Beitrag vor allem jene Art von Vertrauen, in die politisch investiert werden kann und soll: das Vertrauen in die Verlässlichkeit, Aufrichtigkeit und Glaubwürdigkeit der Politik, wie z.B. die Gewährleistung von demokratischen Rechten, die Leistungen der Verwaltung, die transparente Kommunikation und Umsetzung von Reformvorhaben, die Einbeziehung von Betroffenen in die Politikgestaltung etc. Aktuelle Phänomene, wie das schwindende Vertrauen der Bevölkerung in politische Institutionen[2], oder die kontinuierlich sinkende Wahlbeteiligung sind Anzeichen einer Krise. Die Vertrauensbasis zwischen Politik und Bürgerinnen und Bürgern bzw. der Zivilgesellschaft scheint gestört zu sein.

1 Vgl. dazu: http://www.oecd.org/mingov2005 [Download: 28.02.2011].

2 Vgl. dazu die Eurobarometerumfragen.

1.1 Was können nun die Gründe für das schwindende Vertrauen sein?

Dass sich die Bürgerinnen und Bürger immer weniger von der Politik vertreten fühlen, darf zum einen angesichts einer immer vielfältiger werdenden Gesellschaft nicht verwundern. Zum anderen lässt sich eine zunehmende Entfremdung zwischen der Politik und den Bürgerinnen und Bürgern beobachten, ihre Lebenswelten entwickeln sich immer stärker auseinander. Die Bürgerinnen und Bürger fühlen sich aufgrund scheinbar übermächtiger, schwer veränderbarer Strukturen ohnmächtig. Viele Menschen ziehen sich frustriert und entmutigt ins Private zurück, zum einen weil allein ihr Alltag anstrengend ist und zum anderen, weil Glaubenssätze – wie z.B. *„Es hat ja eh keinen Sinn."* – das Engagement entkräften. Dazu kommt eine traditionelle Prägung der politisch-administrativen Kultur in Österreich, dass man meint, die Lösungen für anstehende Probleme könne am besten innerhalb dieses Systems gefunden werden. Dementsprechend erwarten sich auch viele Bürgerinnen und Bürger, dass Regierung und Verwaltung die „richtigen Antworten" finden sollen. Doch diese Muster brechen langsam auf: Gerade die Europäisierung bringt viel Dynamik und Offenheit mit sich. Ein weiterer Grund für den Vertrauensverlust ist, dass viele Menschen negative Beteiligungserfahrungen gemacht haben: Die Beteiligung erfolgt meist zu spät und Frusterlebnisse sind die Folge. Die Menschen haben nicht das Gefühl, dass ihr Beitrag zählt und/oder einen Unterschied macht.

Insgesamt betrachtet, werden einige gegenläufige Entwicklungen sichtbar. Die Ereignisse rund um das Großprojekt „Stuttgart 21" zeigen beispielsweise auf, dass bestimmte Themen die Menschen auf die Straße bringen. Ein Zeichen dafür, wie wichtig die rechtzeitige Einbeziehung der Betroffenen ist. Auch am Beispiel der Studierendenproteste in Österreich („Uni brennt") wird deutlich, welches Engagementpotenzial vorhanden ist. Das Medium Internet erhält für die Organisation von Interessen und Aushandlungsprozessen zunehmende Bedeutung.

1.2 Was bedeutet das für unsere Demokratie?

Im EU-Weißbuch „Europäisches Regieren" spricht die Europäische Kommission davon, dass eine gute Regierungs- und Verwaltungsführung – insbesondere eine verstärkte Teilhabe an der Politik – dazu geeignet wäre, das Vertrauen der Bürgerinnen und Bürger zu stärken:

> *„Wie gut, sachgemäß und wirksam die Politik der Union ist, hängt davon ab, inwieweit die AkteurInnen in den Politikgestaltungsprozess – von der Konzipierung bis hin zur Durchführung – einbezogen werden. Verstärkte Teilhabe bewirkt größeres Vertrauen in das Endergebnis und die Politik der Institutionen."*[3]

In unserem Beitrag wollen wir darstellen, wie eine gelungene Öffentlichkeitsbeteiligung dazu beitragen kann, vielfachen Nutzen zu stiften,

3 Vgl. dazu: Europäische Kommission: Regieren, 2001, S. 13.

unter anderem auch das Vertrauen in die Politik und die politischen Entscheidungsprozesse zu stärken.

2. Mehr Vertrauen durch Öffentlichkeitsbeteiligung

Es gibt zahlreiche Ansätze, wie das Vertrauen der Bürgerinnen und Bürger in die Politik und Verwaltung gestärkt werden kann. Öffentlichkeitsbeteiligung ist einer davon. Doch nicht immer führt die Beteiligung der Bürgerinnen und Bürger und der organisierten Interessengruppen zum gewünschten Erfolg. Unabdingbar dafür ist, dass die Öffentlichkeitsbeteiligung qualitätvoll durchgeführt wird.

Allerdings ist keineswegs selbstverständlich, was *qualitätvolle Öffentlichkeitsbeteiligung* ausmacht. Klare Orientierung bieten seit 2008 die „*Standards der Öffentlichkeitsbeteiligung*"[4]. Sie definieren Qualitätsstandards für Beteiligungsprozesse. Damit erleichtern sie die Öffentlichkeitsbeteiligung, weil nicht bei jedem Prozess von neuem die Grundregeln festgelegt und damit „das Rad neu erfunden" werden muss. Die Standards der Öffentlichkeitsbeteiligung, die am 2. Juli 2008 vom Ministerrat beschlossen und damit der Bundesverwaltung zur Anwendung empfohlen wurden, sind eine – rechtlich nicht verbindliche – Selbstverpflichtung der Bundesregierung. Entwickelt wurden diese Standards von einer interministeriellen Arbeitsgruppe unter Beteiligung von Interessenvertretungen, Nongovernmental Organisations (NGOs) und externen Fachexpertinnen und Fachexperten im Rahmen eines Projektes im Auftrag des Bundeskanzleramtes und des Lebensministeriums.[5] Damit sind sowohl die Erfahrungen der Verwaltungsmitarbeiterinnen und Verwaltungsmitarbeiter, die Beteiligungsprozesse durchführen, als auch die Erfahrungen der Organisationen, die sich an diesen Prozessen beteiligen, eingeflossen.

Es gibt Standards für die drei Phasen eines Beteiligungsprozesses, nämlich

- die Vorbereitung,
- die Durchführung sowie
- das Monitoring und die Evaluierung.

Die *Standards zur Vorbereitung* eines Beteiligungsprozesses beinhalten beispielsweise, dass die Ziele, der Gestaltungsspielraum, die Einflussmöglichkeiten der Öffentlichkeit und die Zielgruppen des Prozesses klar festgelegt werden. Außerdem soll definiert werden, wie intensiv die Öffentlichkeit beteiligt wird, welche Methoden dafür eingesetzt werden, ob eine Prozessbegleitung beauftragt wird und wann die Beteiligung erfolgt. Es sollen ein Ablaufplan und ein Zeitplan zum Beteiligungsprozess erstellt und Informationsgrundlagen zum Gegenstand des Prozesses zusammengestellt werden. All diese Festlegungen sollen in einem Konzept zum Beteiligungsprozess zusammengefasst werden, um der Öffentlichkeit zu erläutern, wie der Prozess ablaufen wird. Das Konzept zum Beteiligungsprozess soll mit den politisch Verantwortlichen abgestimmt werden, um

4 Vgl. dazu: http://www.partizipation.at/standards_oeb.html [Download: 21.02.2011].
5 Vgl. dazu: Arbter: Öffentlichkeitsbeteiligung, 2008.

deren Unterstützung für den Prozess zu sichern. Wichtig ist in der Vorbereitungsphase auch die Zusage der politischen Entscheidungsträgerinnen und Entscheidungsträger, die Ergebnisse des Beteiligungsprozesses zu berücksichtigen. Berücksichtigen heißt nicht, dass die Ergebnisse beim politischen Beschluss 1:1 übernommen werden müssen. Aber die politischen Entscheidungsträgerinnen und Entscheidungsträger sollen sich respektvoll mit den Ergebnissen auseinandersetzen und diese, so weit wie möglich, in die Entscheidung einfließen lassen. Sollte das nicht überall möglich sein, so sollen abweichende Entscheidungen verständlich begründet werden. So soll für die Beteiligten nachvollziehbar werden, aus welchen Gründen die Entscheidungsträgerinnen und Entscheidungsträger wie entschieden haben.

Die *Standards zur Durchführung eines Beteiligungsprozesses* sind nach den drei Intensitätsstufen der Beteiligung gegliedert[6]:

- Information
- Konsultation und
- Kooperation.

Qualitätvolle *Information* soll ausgewogen, zielgruppenspezifisch und barrierefrei sein sowie angepasste Kommunikationsmittel nützen. Die interessierte organisierte Öffentlichkeit, also Interessenvertretungen wie die Kammern oder Organisationen der Zivilgesellschaft wie NGOs, sollen aktiv informiert werden, beispielsweise per E-Mail oder Post. Weitere Informationsquellen zum Thema sollen angegeben und getroffene Entscheidungen verständlich begründet werden.

Für die *Konsultation* gibt es die meisten Standards, weil Stellungnahmeverfahren in der Verwaltungspraxis bereits weit verbreitet sind. Die Standards geben Hinweise, um einen Konsultationsprozess anzukündigen, die Konsultationsunterlagen zu erstellen, zu Stellungnahmen einzuladen und die Öffentlichkeit während der Stellungnahmerunde zu betreuen. Außerdem regeln sie, dass für jede Stellungnahme eine Eingangsbestätigung versandt werden soll, dass die Stellungnahmen veröffentlicht, gesichtet und berücksichtigt werden sollen, und dass über die Entscheidung informiert werden soll. Zentral ist der Standard S 14 zu den *Stellungnahmefristen*: Er sieht 6 bis 12 Wochen als meist angemessene Frist vor. In den Hauptferien soll die Stellungnahmefrist um zwei Wochen verlängert werden. Diese Empfehlung leitet sich einerseits aus zahlreichen österreichischen Gesetzen ab, wie zum Beispiel dem Immissionsschutzgesetz-Luft, diversen Raumordnungsgesetzen der Länder, dem Gentechnikgesetz oder dem Stadterneuerungsgesetz. All diese Rechtsakte sehen sechswöchige Stellungnahmefristen vor. Andererseits ersucht der Verfassungsdienst des Bundeskanzleramtes in seinem Rundschreiben vom 2. Juni 2008 um „Festsetzung einer angemessenen, grundsätzlich sechswöchigen Begutachtungsfrist“ für die Begutachtung der Entwürfe von Bundesgesetzen und von Verordnungen des Bundes. Dem schloss sich

6 Vgl. dazu: http://www.digitales.oesterreich.gv.at/site/6912/default.aspx [Download: 21.02.2011].

auch der Oberste Gerichtshof in den Vorbemerkungen zu seiner Stellungnahme zum Entwurf des Budgetbegleitgesetzes Justiz 2011-2013 an.[7]

Entscheidend für die Wirksamkeit der Öffentlichkeitsbeteiligung ist auch der Standard S 24: Er sieht vor, den *Konsultationsprozess* zu *dokumentieren*. In einem Bericht sollen alle eingelangten Stellungnahmen zusammengefasst werden. Außerdem soll zumindest im Überblick erläutert und nachvollziehbar begründet werden, welche Stellungnahmen übernommen wurden und welche nicht und warum nicht. Dieser Bericht über den Konsultationsprozess soll veröffentlicht werden, um der Öffentlichkeit rückzumelden, was mit den eingelangten Stellungnahmen passiert ist. Der Standard setzt damit an einem der größten Stolpersteine erfolgreicher Öffentlichkeitsbeteiligung an, nämlich dem Faktum, dass Menschen, die Stellungnahmen abgeben, leicht zu frustrieren sind, wenn sie keine Rückmeldung zu ihren Beiträgen bekommen.

Die Standards für qualitätvolle *Kooperation* sehen vor, den Zeitaufwand für die Beteiligung im Vorhinein abzuschätzen und den Teilnehmerinnen und Teilnehmern mitzuteilen sowie unentgeltlich geleistete Arbeitsstunden der Beteiligten entsprechend zu würdigen, zum Beispiel durch Ehrungen, Gutscheine für öffentliche Verkehrsmittel oder Einrichtungen, Zeitungsartikel mit namentlicher Nennung der Beteiligten oder eine Aufwandsentschädigung. Außerdem sollen die Allparteilichkeit der Moderation sichergestellt und Prozessvereinbarungen über die Zusammenarbeit im Beteiligungsprozess geschlossen werden. Dazu gehört der Modus der Entscheidungsfindung, also zum Beispiel wann Mehrheitsentscheidungen getroffen und wann konsensuale Entscheidungen angestrebt werden. Da kooperative Beteiligungsprozesse meist in kleineren Arbeitsgruppen verlaufen, sehen die Standards vor, dass auch die breite Öffentlichkeit über den Prozess und die endgültige Entscheidung informiert werden soll. Und es soll auch dokumentiert werden, wie die Öffentlichkeitsbeteiligung die endgültige Entscheidung beeinflusst hat.

Die *Standards zu Monitoring und Evaluierung* eines Beteiligungsprozesses zielen auf die Phase nach Abschluss des Prozesses, wenn ein Blick zurück geworfen wird. Sie sehen vor, dass es ein Monitoring zur Umsetzung der beschlossenen Maßnahmen geben soll. Außerdem sollen die Erfahrungen, die mit dem Beteiligungsprozess gemacht wurden, dokumentiert und überprüft werden, ob die anfangs gesteckten Ziele der Öffentlichkeitsbeteiligung erreicht wurden. Auch bei Monitoring und Evaluierung soll an die Beteiligung der Öffentlichkeit gedacht werden.

Zur Hilfe bei der praktischen Anwendung der Standards wurde ein *Praxisleitfaden* herausgegeben.[8] Im Januar 2011 ist bereits die zweite, layoutierte und um Hinweise zu elektronischer Beteiligung (E-Participation) ergänzte Version erschienen. Der Praxisleitfaden beginnt mit dem Kapitel „Öffentlichkeitsbeteiligung – ja oder nein?“ in dem eine Entscheidungshilfe

7 Vgl. dazu: http://www.parlament.gv.at/PAKT/VHG/XXIV/ME/ME_00233_39/fnameorig_199832.html [Download: 21.02.2011].

8 Vgl. dazu: Arbter: Öffentlichkeitsbeteiligung, 2011.

angeboten wird, ob ein Beteiligungsprozess durchgeführt werden soll oder nicht. Öffentlichkeitsbeteiligung ist nämlich nur dann erfolgversprechend, wenn es das politische Commitment dazu gibt, wenn es vom Thema Betroffene oder daran Interessierte gibt, wenn es Gestaltungsspielraum gibt, und wenn es die zeitlichen, finanziellen und personellen Ressourcen zur Beteiligung gibt. Danach erläutert der Praxisleitfaden alle Standards der Öffentlichkeitsbeteiligung und gibt Tipps und Hinweise, wie die Standards erfüllt werden können. Zahlreiche Praxisbeispiele aus der österreichischen Verwaltung illustrieren die Empfehlungen. Ein weiteres Kapitel erläutert die wichtigsten Begriffe im Zusammenhang mit Öffentlichkeitsbeteiligung, beispielsweise die Unterscheidung in breite Öffentlichkeit (Bürgerinnen und Bürger sowie Bürgerinitiativen) und organisierte Öffentlichkeit (Interessenvertretungen, wie die Kammern und Organisationen der Zivilgesellschaft, Gewerkschaften, NGOs etc.). Im Anhang finden die Leserinnen und Leser Checklisten beispielsweise zur Beteiligung schwer erreichbarer Gruppen, zum Risikomanagement oder zum Einsatz elektronischer Medien im Beteiligungsprozess. Außerdem wird ein Muster für Konsultationsunterlagen angeboten.

Auf Gesetzesebene sind die Standards der Öffentlichkeitsbeteiligung in den Erläuterung zur Novelle des Wasserrechtsgesetzes aus dem Jahr 2010 erwähnt. Dem in § 55m Abs. 1a und 1b beschriebenen Öffentlichkeitsbeteiligungsverfahren liegen, wie beim Nationalen Gewässerbewirtschaftungsplan, die Standards der Öffentlichkeitsbeteiligung zugrunde.

Außerdem wurden die Standards der Öffentlichkeitsbeteiligung im Jahr 2009 bei einer Ausschreibung zur Beratung und Moderation bei der Erstellung des Leitbilds der Marktgemeinde Zirl in Tirol explizit erwähnt, was auf erste Anwendungen auch auf Landes- und Gemeindeebene hinweist. Im Land Vorarlberg hat das Büro für Zukunftsfragen die Öffentlichkeitsbeteiligung zum Arbeitsschwerpunkt gemacht.[9] Es bestehen zahlreiche Bezugspunkte zwischen den Arbeiten auf Landes- und auf Bundesebene und ein intensiver Erfahrungsaustausch. 2010 wurde das „Handbuch Bürgerbeteiligung für Land und Gemeinden" herausgegeben. Es wurde bei einer prominent besetzten Veranstaltung mit dem Vorarlberger Landeshauptmann der Öffentlichkeit vorgestellt. Auch ein Seminar zur Öffentlichkeitsbeteiligung wurde an der Verwaltungsakademie Vorarlberg im Frühjahr 2010 angeboten. An der Verwaltungsakademie des Bundes steht im Frühjahr 2011 ein Kurs zur Öffentlichkeitsbeteiligung in der Verwaltungspraxis auf dem Programm.

Derzeit besteht kein gesamthafter Überblick über die praktische Anwendung und die Erfahrungen mit den Standards der Öffentlichkeitsbeteiligung. Einzelne Standards werden immer wieder in diversen Beteiligungsprozessen berücksichtigt. Ob es bereits einen Beteiligungsprozess gibt, bei dem alle relevanten Standards erfüllt wurden, ist nicht bekannt, sollte jedoch in nächster Zeit erhoben werden.

9 Vgl. dazu: http://www.vorarlberg.at/zukunft [Download: 21.02.2001].

Neben den Standards der Öffentlichkeitsbeteiligung und dem dazu gehörigen Praxisleitfaden gibt es zahlreiche weitere Materialien zur Förderung qualitätvoller Öffentlichkeitsbeteiligung.

Die vom Lebensministerium beauftragte Website http://www.-partizipation.at[10] bietet unter anderem eine umfangreiche Sammlung von Praxisbeispielen und Beteiligungsmethoden. Auf http://www.digitales. oesterreich.gv.at[11] finden sich unter dem Navigationspunkt Verwaltung und dann unter Bürgerbeteiligung[12] Informationen zum Nutzen der Öffentlichkeitsbeteiligung, zu den Voraussetzungen und zu weiteren Dokumenten und Links. Geplant ist, auf http://www.help.gv.at ein zentrales Zugangsportal zu österreichischen Beteiligungsprozessen zu schaffen. Vorbild ist das Portal der Europäischen Kommission[13], auf dem alle laufenden und abgeschlossenen Beteiligungsprozesse der Kommission nach Themen geordnet, zugänglich sind. In Österreich werden alle Ministerien und auch die Länder und Gemeinden eingeladen, ihre Beteiligungsprozesse bei der help.gv.at-Redaktion zu melden. Dann bekämen die Bürgerinnen und Bürger sowie die Interessengruppen einen raschen Überblick über diverse Beteiligungsmöglichkeiten.

Auch internationale Organisationen wie die UNO oder die OECD treiben die Öffentlichkeitsbeteiligung voran. Im Umweltbereich hat die UNECE (United Nations Economic Commission for Europe), eine Unterorganisation der UNO, die Aarhus-Konvention ins Leben gerufen.[14] Sie regelt den Zugang zu Informationen, die Öffentlichkeitsbeteiligung an Entscheidungsverfahren und den Zugang zu Gerichten in Umweltangelegenheit. Sie trat am 30. Oktober 2001 in Kraft und ist auch für Österreich verbindlich.[15] Die OECD hat 2009 eine Publikation mit dem Titel „Focus on Citizens: Public Engagement for Better Policy and Services" veröffentlicht. 2008 kam das Dokument „Mind the Gap: Fostering Open and Inclusive Policy Making – An Issues Paper" heraus.[16]

3. Erfahrungen – Ein Blick auf die Praxis im Umweltbereich

Wie wirken all diese Impulse auf die Durchführung von Beteiligungsprozessen? Welche Entwicklungen sind in der Praxis zu beobachten? Welche Erfahrungen wurden mit der Öffentlichkeitsbeteiligung bereits gesammelt? Diesen Fragen widmet sich der folgende Abschnitt. Der Fokus liegt dabei auf Beispielen aus dem Umweltbereich auf Bundesebene, weil es hier zahlreiche verschiedene Beteiligungsprozesse gibt[17]:

---

10 Vgl. dazu: http://www.partizipation.at [Download: 21.02.2011].

11 Vgl. dazu: http://www.digitales.oesterreich.gv.at [Download: 21.02.2011].

12 Vgl. dazu: http://www.digitales.oesterreich.gv.at/site/6909/default.aspx [Download 21.02.2011].

13 Vgl. dazu: http://ec.europa.eu/yourvoice/index_de.htm [Download: 21.02.2011].

14 Vgl. dazu: http://www.unece.org/env/pp/ [Download: 21.02.2011].

15 Vgl. dazu: http://umwelt.lebensministerium.at/article/archive/7247/ [Download 21.02.2011].

16 Vgl. dazu: http://www.oecd.org/gov/publicengagement [Download 21.02.2011].

17 Der folgende Text basiert auf der Studie von Kerstin Arbter zum Thema „Beteiligungsprozesse des Lebensministeriums. Eine Dokumentation der

Bereits im Jahr 2003 wurde der *Walddialog* gestartet.[18] Ausgangspunkt war, dass um den Wald wirtschaftliche, umweltbezogene und soziale Interessen konkurrieren. Deshalb wurde mit allen Betroffenen und am Wald Interessierten ein langfristiger Dialog gestartet, um gemeinsam die Wirkungen des Waldes zu sichern und Möglichkeiten zu seinem Schutz sowie zur Förderung seiner ausgewogenen Bewirtschaftung zu finden. Ein wichtiger Meilenstein des Walddialogs war das von 80 Organisationen und Institutionen erarbeitete und Ende 2005 im Konsens beschlossene erste Österreichische Waldprogramm. Besonders bewährt haben sich bei diesem langfristigen Prozess die intensive Vorbereitung der Öffentlichkeitsbeteiligung sowie die Prozessvereinbarungen, die mit den Teilnehmerinnen und Teilnehmern erarbeitet wurden und die Zusammenarbeit regelten.

Auch das *Programm zur Entwicklung des ländlichen Raums 2007-2013* wurde in einem Beteiligungsprozess entwickelt. Das Programm enthält Maßnahmen in den Bereichen Land- und Forstwirtschaft, Naturschutz, Tourismus und Gewerbe im ländlichen Raum, die von der EU, vom Bund und von den Ländern gefördert werden. Das Programm ist damit ein wichtiges Instrument der Agrarpolitik. Es wirkt großflächig und hat ein Fördervolumen von mehreren Milliarden Euro. Allein deshalb wurden die betroffenen Interessengruppen bei der Programmerstellung beteiligt. Es wurden Arbeitsgruppen zu verschiedenen Themen mit mehreren großen Konsultationsveranstaltungen kombiniert. Das hat sich bewährt, weil in den Kleingruppen effizient gearbeitet werden konnte, während in den Konsultationsveranstaltungen alle interessierten Interessengruppen erreicht werden konnten.

Bei der Erstellung eines weiteren Programms aus dem Landwirtschaftsbereich, dem ÖPUL (*Österreichisches Programm zur Förderung einer umweltgerechten, extensiven und den natürlichen Lebensraum schützenden Landwirtschaft*), wurde ebenfalls die Öffentlichkeit beteiligt. In vier Arbeitsgruppen wurde ein möglichst konsensualer Programmtext erarbeitet. Die intensive Einbindung der Betroffenen brachte einerseits Akzeptanz für das Ergebnis und andererseits Sicherheit für die reibungslose Abwicklung des Programms in der Umsetzungsphase.

Bei der Erstellung des *Kinder-Umwelt-Gesundheits-Aktionsplans* (CEHAPE) wurden unter anderem Jugendliche eingebunden. Sie wurden zu „CEHAPE-Coaches" ausgebildet, um ihrerseits andere Jugendliche zu Gesundheits- und Umweltthemen zu befragen und besonders wichtige Themen herauszufinden. Bei der Beteiligung junger Menschen ist der ehrliche Umgang oberstes Gebot. Dazu gehört, ihnen klar zu machen, ob man ihnen wirklich Mitgestaltungsmöglichkeiten gibt und in welcher Intensität.

Beim *Flussdialog Österreich* wurde die Zukunft von fünf ausgewählten Flüssen in Oberösterreich mit den betroffenen Interessengruppen der Region und der lokalen Bevölkerung diskutiert. Damit sollte ein Bewusstsein für die Vorgabe der Wasserrahmenrichtlinie der EU geschaffen wer-

derzeitigen Praxis" im Auftrag des BMLFUW von 2009. Die Studie wird in Kürze publiziert werden.

18 Vgl. dazu: http://www.walddialog.at [Download: 22.02.2011].

den, einen guten ökologischen Zustand der Gewässer zu bewahren oder wiederherzustellen. Nach den Dialogveranstaltungen gab es Online-Votings und zum Abschluss ein Fest der Flüsse im Linzer Lentos-Museum. Es stellte sich heraus, dass qualitätvolle Beteiligung viel mit Wollen und Motivation zu tun hat, damit sie gelebt wird und nicht nur Formsache bleibt.

Bei der Erstellung der *Abfallvermeidungs- und -verwertungsstrategie im Rahmen des Bundes-Abfallwirtschaftsplans 2006* wurden die betroffenen Verwaltungsstellen, Interessengruppen und Fachleute beteiligt. Darüber hinaus konnte die breite Öffentlichkeit zum Entwurf Stellung nehmen. Die breite Akzeptanz, die erreicht werden konnte, erleichterte die Annahme des Plans auf politischer Ebene. Für das federführende Ministerium war der Beteiligungsprozess auch ein Imagegewinn. Wenn Verwaltungsmitarbeiterinnen und Verwaltungsmitarbeiter fachliche Beiträge einbringen und in den Arbeitsgruppen als gleichrangige Mitglieder agieren wollen, ist es sinnvoll das Prozessmanagement und die Moderation an externe Prozessbegleiterinnen und Prozessbegleiter auszulagern.

Bei der *Anpassung der Klimastrategie Österreichs zur Erreichung des Kyoto-Ziels 2008-2012* sollte ein möglichst breit akzeptiertes Maßnahmenbündel erarbeitet werden. Der Beteiligungsprozess startete mit einem umfangreichen Fragebogen zur Ausrichtung der künftigen Klimastrategie. Die Ergebnisse der Konsultation wurden bei einer halbtägigen Enquete präsentiert. Danach erarbeiteten thematische Arbeitsgruppen Maßnahmenvorschläge, die vom Lebensministerium zu einem Entwurf der Klimastrategie weiterbearbeitet wurden. Zu diesem Entwurf gab es wieder die Möglichkeit Stellung zu nehmen.

Bei der Erstellung der *Umgebungslärm-Aktionspläne* bestand die Herausforderung, dass für unterschiedliche Lärmquellen unterschiedliche Gebietskörperschaften zuständig sind. Die Beteiligung erfolgte vor allem über die beim Lebensministerium eingerichtete zentrale Umgebungslärm-Website[19]. Deutlich wurden Unterschiede in der Beteiligung der breiten Öffentlichkeit und der Interessengruppen. Während die Bevölkerung in erster Linie an der Darstellung der bestehenden Lärmbelastung interessiert war, langten von Kammern und NGOs auch Stellungnahmen zu den geplanten Maßnahmen ein.

Alle eben beschriebenen Beteiligungsprozesse brachten einen *Mehrwert*, auch wenn der Nutzen je nach Prozessverlauf sehr unterschiedlich war. Bei manchen Prozessen wurde die Meinungsvielfalt zum Thema offensichtlich und konnte im Beteiligungsprozess konzentriert und strukturiert bearbeitet werden. In anderen führte der Beteiligungsprozess zu merkbaren Arbeitserleichterungen im Anschluss daran, auch wenn die Durchführung des Prozesses selbst aufwändig war. Oft wurden die Ergebnisse der Planungen durch die Beteiligung inhaltlich verbessert. Die Beteiligten konnten ihr Wissen und ihr Verständnis für andere Positionen erweitern. Diskussionen konnten versachlicht werden. Ohne die Beteiligten wären manche Fachbeiträge nicht leistbar gewesen. Neue Ideen, auf

19 Vgl. dazu: http://www.umgebungslaerm.at [Download: 22.02.2011].

die man ohne Beteiligung nicht gekommen wäre, bereicherten das Ergebnis. Oft wurde die Zusammenarbeit zwischen den Beteiligten dauerhaft verbessert. Fast immer führte die Beteiligung zu einer besseren Akzeptanz der Planung. Damit konnte auch die politische Beschlussfassung erleichtert werden. Viele Verwaltungsmitarbeiterinnen und Verwaltungsmitarbeiter erlebten neue Wertschätzung für ihre Arbeit und ihrer Ansicht nach konnte das Ansehen ihres Ressorts verbessert werden.

4. Die Schnittstellen zwischen Beteiligungsprozess und politischen Entscheidungsgremien

Obwohl mittlerweile der Nutzen von Beteiligungsprozessen in der Praxis vielfach bestätigt ist, wird Öffentlichkeitsbeteiligung in breiten Kreisen immer noch skeptisch beäugt. Befürchtungen werden laut, dass die Beteiligung der Bürgerinnen und Bürger sowie der Interessengruppen die etablierten Strukturen der repräsentativen Demokratie untergräbt und damit der Demokratie schadet. Das entspricht jedoch nicht der Intention der Beteiligung. Die Öffentlichkeitsbeteiligung, oder anders ausgedrückt: die partizipative Demokratie ist als dritte Dimension der Demokratie zu verstehen, die die repräsentative und die direkte Demokratie ergänzt und stärkt, aber keinesfalls ersetzen kann. Öffentlichkeitsbeteiligung bereichert damit die Demokratie und schwächt sie nicht. Entscheidend dafür ist jedoch die sorgsame Gestaltung der Schnittstellen zwischen Beteiligungsprozess und politischen Entscheidungsgremien.

Abbildung 1: Schnittstellen zwischen Beteiligungsprozess und politischen Entscheidungsgremien

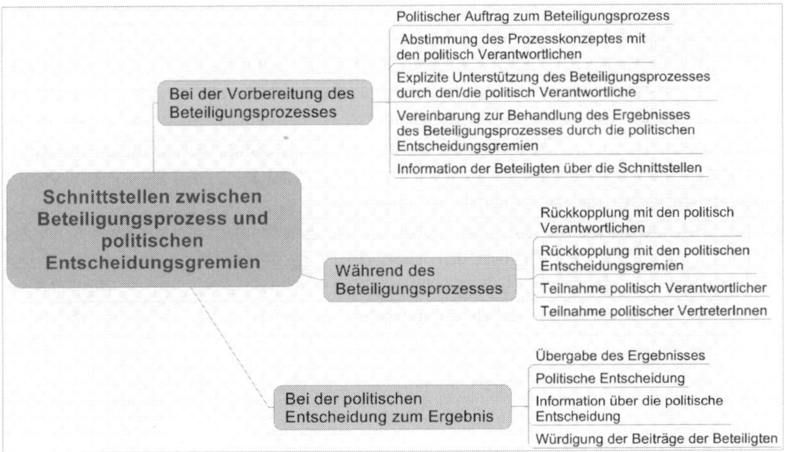

Quelle: Arbter: Schnittstellen, 2009

Auf das gute Zusammenspiel von Beteiligung und den bestehenden Entscheidungsstrukturen ist sowohl bei der Vorbereitung des Beteiligungsprozess es als auch bei seiner Durchführung und ganz besonders in der Phase der politischen Entscheidung zum Thema zu achten. In der Folge stellen wir einige Empfehlungen für die gute Praxis vor, die sich auf Basis von Befragungen von Expertinnen und Experten sowie bisherigen Erfahrungen in Beteiligungsprozessen heraus kristallisiert haben. Die Empfehlungen sind als Ausgangspunkt für eine (noch) zu initiierende Diskussion mit Verwaltungspraktikerinnen und Verwaltungspraktikern sowie politischen Entscheidungsträgerinnen und Entscheidungsträgern zu sehen.

Bei der *Vorbereitung des Beteiligungsprozesses* ist es besonders wichtig, dass die politisch Verantwortlichen sachlich und ausgewogen über die Chancen und Risken des Beteiligungsprozesses, über den voraussichtlichen Zeit- und Geldbedarf und über die wichtigsten Voraussetzungen für einen erfolgversprechenden Prozessverlauf informiert sind. Außerdem soll es einen klaren politischen Auftrag geben, den Beteiligungsprozess durchzuführen. Die politisch Verantwortlichen sollten den Beteiligungsprozess mittragen und ihn wahrnehmbar unterstützen. Darüber hinaus soll mit der politischen Ebene geklärt sein, welche Funktion der Beteiligungsprozess für die Politikerinnen und Politiker hat und damit verbunden, wie die Entscheidungskompetenzen geregelt sind, also ob:

- der Beteiligungsprozess der *Information* der politischen Entscheidungsträgerinnen und Entscheidungsträger dient, das heißt, dass die Beteiligten unverbindlich ihre Meinungen, Vorschläge und Wünschen einbringen und die Entscheidungsträgerinnen und Entscheidungsträger ein Stimmungsbild und Ideen bekommen, aus denen sie für sich Passendes herausgreifen können.
- der Beteiligungsprozess zur *Beratung* der politischen Entscheidungsträgerinnen und Entscheidungsträger dient, das heißt, dass die Beteiligten möglichst konsensuale fachliche Entscheidungsgrundlagen erarbeiten und einen Lösungsvorschlag an die politischen Entscheidungsträgerinnen und Entscheidungsträger herantragen, den diese entweder übernehmen oder adaptieren können.
- der Beteiligungsprozess dazu dient, eine *Entscheidung* zu *treffen*, dass heißt, dass die Beteiligten von den dafür legitimierten demokratischen Gremien die Entscheidungsmacht übertragen bekommen; dies ist in der Praxis nur in Ausnahmen der Fall.

Wichtig ist auch im Vorhinein zu klären, ob beziehungsweise welche politischen Vorgaben es zu den Inhalten des Prozesses gibt. Das kann reichen vom Wunsch, bestimmte Themen jedenfalls im Beteiligungsprozess zu behandeln, bis zur Vorgabe einzelner Fixpunkte, die bereits politisch entschieden sind und damit nicht mehr zur Diskussion stehen. Außerdem soll von Anfang an klar vereinbart sein, was mit dem Ergebnis des Beteiligungsprozesses passieren wird, wie es in den politischen Entscheidungsgremien behandelt werden wird und welche legitimierten Gremien die endgültige Entscheidung zum Thema des Beteiligungsprozesses treffen werden. Zentral für den Erfolg eines Beteiligungsprozesses ist auch die Zusage der politischen Entscheidungsträgerinnen und Entscheidungsträger, die Ergebnisse des Beteiligungsprozesses bei ihrer Entscheidung zu berücksichtigen.[20] Die Beteiligten sollten zu Prozessstart über die Gestaltung der Schnittstellen zwischen dem Beteiligungsprozess und den politischen Entscheidungsgremien informiert werden.

Bei der *Durchführung des Beteiligungsprozesses* sollte klar sein, wie zwischen dem Beteiligungsprozess und den politisch Verantwortlichen rückgekoppelt wird (Worüber wird wer von wem wann und wie informiert?). Wenn politische Wünsche oder Vorgaben auftauchen, die im Beteiligungsprozess zu berücksichtigen sind, sollten diese für die Beteiligten transparent gemacht sowie möglichst offen und nachvollziehbar begründet in den Beteiligungsprozess zurückgetragen werden. Die Beteiligten sollten darauf reagieren können. Herausfordernd könnten inhaltliche Vorgaben sein, die die fachliche Arbeit im Beteiligungsprozess erschweren – im Extremfall, wenn ein gewünschtes Ergebnis vorgegeben wird. Hier sollten die Prozessverantwortlichen im vertraulichen Rahmen das Gespräch mit den politisch Verantwortlichen suchen, um Lösungen auszuloten, die den Beteiligungsprozess nicht gefährden oder – wieder im Extremfall – wie der Prozess einvernehmlich beendet werden könnte. Jedenfalls sollte mit den politisch Verantwortlichen geklärt werden, wie etwaige strittige Themen bearbeitet und kommuniziert werden könnten.

Ganz besonders wichtig ist die Gestaltung der Schnittstellen *bei der politischen Entscheidung zum Ergebnis* des Beteiligungsprozesses. Dazu sollten die Beteiligten womöglich persönlich die Ergebnisse des Beteiligungsprozesses und Highlights aus dem Prozess den politischen Entscheidungsgremien präsentieren. Im Optimalfall kommen die Teilnehmerinnen und Teilnehmer danach noch einmal zusammen, um die Rückmeldungen der Politikerinnen und Politiker zu diskutieren und einzuarbeiten. Alle Beteiligten sollten gleichrangig über die politische Entscheidung zu den Ergebnissen des Beteiligungsprozesses informiert werden. Sollten die politischen Entscheidungsträgerinnen und Entscheidungsträger beim Beschluss vom Ergebnis des Beteiligungsprozesses abweichen, sollten sie um eine nachvollziehbare Begründung ersucht werden, die den Beteiligten übermittelt werden kann. Die Begründung sollte womöglich auf die Argumente der Beteiligten eingehen. Im Optimalfall erläutern die politi-

20 Vgl. dazu die Definition des Begriffes „Beteiligungsprozess“ im vorliegenden Beitrag.

schen Entscheidungsträgerinnen und Entscheidungsträger ihre Entscheidungen den Beteiligten persönlich. Zentral ist zum Abschluss eines gelungenen Beteiligungsprozesses auch, dass die politischen Entscheidungsträgerinnen und Entscheidungsträger die Beiträge der Beteiligten würdigen, idealerweise persönlich durch Dankesworte, die persönliche Übernahme der Ergebnisse im Zuge einer Präsentation durch die Beteiligten, Essenseinladungen, Abschlussfeste oder Ähnliches.

5. Schlussfolgerungen

Wenn Öffentlichkeitsbeteiligung gelingt, weil sie qualitätvoll durchgeführt wird und alle Beteiligten offen für eine neue Art der gemeinsamen Gestaltung von Lösungen sind, erkennen immer mehr Akteurinnen und Akteure, dass die Beteiligung der Öffentlichkeit vielfachen Nutzen stiftet. Die Öffentlichkeit bei politischen Entscheidungen einzubeziehen, beginnt sich in Österreich Schritt für Schritt zu etablieren – gute Beispiele gibt es vor allem auf lokaler und regionaler Ebene.[21] Aber auch auf „abstrakteren" politischen Ebenen, wie der Landes- und Bundesebene, gibt es Bestrebungen in diese Richtung, wie die von uns vorgestellten Beispiele zeigen.

Die Beachtung von wichtigen Grundregeln erhöht die Chancen für das Gelingen unserer Erfahrung nach ganz entscheidend – wie etwa, dass die Betroffenen möglichst frühzeitig eingebunden werden, dass Ziele und der vorhandene Gestaltungsspielraums klar formuliert werden, dass ausreichend lange Fristen zur Stellungnahme gesetzt werden oder etwa auch, dass darüber informiert wird, welche Stellungnahmen berücksichtigt wurden bzw. welche nicht berücksichtigt wurden und aus welchen Gründen.[22]

Darüber hinaus kann es sich als sehr nützlich erweisen, am Beginn und auch im Laufe des Beteiligungsprozesses bei den Beteiligten entstehende Erwartungen entsprechend zu „managen". Dazu hat die seit 2002 bestehende „Strategiegruppe Partizipation" im Auftrag des Lebensministeriums ein Arbeitsblatt zum Thema „Umgang mit Erwartungen in Beteiligungsprozessen" entwickelt, das wir gerne zur Anwendung empfehlen möchten.[23]

Resümierend erachten wir folgende Punkte als wesentlich, um die Öffentlichkeitsbeteiligung als Element einer modernen Politik- und Verwaltungsführung in Österreich weiter zu etablieren und ein erhöhtes Bewusstsein für den Wert und Nutzen von Beteiligung zu schaffen:

Innerhalb der öffentlichen Verwaltung erscheint eine grundsätzliche Thematisierung der Öffentlichkeitsbeteiligung und den damit zusammenhängenden Erfordernissen (unter anderem zur Frage der Ressourcen) angezeigt. Öffentlichkeitsbeteiligung ist keine Sache für „nebenbei", sie braucht einen gewissenhaften Rahmen und die Klarheit darüber, was einen erwartet.

---

21 Vgl. dazu: http://www.partizipation.at [Download: 28.02.2011].

22 Vgl. dazu das Kapitel zum Thema „Mehr Vertrauen durch Öffentlichkeitsbeteiligung" im vorliegenden Beitrag.

23 Vgl. dazu: http://www.partizipation.at [Download: 28.02.2011].

Damit verknüpft ist aus unserer Sicht eine notwendige Diskussion und Reflexion über Rollenbilder, die die Vorstellungen und Haltungen der Akteurinnen und Akteure bestimmen: Welches Bild haben Politik und Verwaltung von jenen, die sie beteiligen wollen und umgekehrt? Welches Bild haben die Bürgerinnen und Bürger, hat die Zivilgesellschaft von der Politik und Verwaltung?

Grundlegend wäre schließlich (mittelfristig) die Ausarbeitung einer Vereinbarung zwischen Politik und Verwaltung und der organisierten Zivilgesellschaft, in der die „Spielregeln" der Zusammenarbeit, beispielsweise in Öffentlichkeitsbeteiligungsprozessen festgelegt werden. Als Anregung können bereits existierende Vereinbarungen („Compact") in anderen europäischen Ländern dienen.[24] Eine leitende Frage könnte sein, wie ein Modell einer partnerschaftlichen Politikgestaltung konkret ausgestaltet werden soll. Dazu wäre ein weites Begriffsverständnis von „Politik" sicherlich dienlich: Politikerinnen und Politiker, Verwaltungsmitarbeiterinnen und Verwaltungsmitarbeiter, die Zivilgesellschaft, Bürgerinnen und Bürger etc. könnten sich gemeinsam als Co-Produzentinnen und Co-Produzenten von Politik oder, anders ausgedrückt, als Akteurinnen und Akteure der Politikgestaltung verstehen.

Die wechselseitige Anerkennung spielt dabei eine wichtige Rolle: Die Politik und die Verwaltung könnten beispielsweise die hohe Expertise anerkennen, die bei der Zivilgesellschaft zu vielen verschiedenen Fragen vorhanden ist oder auch den Zugang der Zivilgesellschaft zu wichtigen Zielgruppen. Die Zivilgesellschaft wiederum könnte das Bemühen der Politik und der Verwaltung anerkennen, politische Entscheidungsprozesse so zu gestalten, dass möglichst alle Betroffenen gehört werden und dass Zeiten und Räume eröffnet werden, um einen tragfähigen Interessensausgleich zu organisieren.

Insgesamt betrachtet, ist das Commitment der politischen Entscheidungsträgerinnen und Entscheidungsträger ein wesentlicher Gelingensfaktor für eine wirkungsvolle Öffentlichkeitsbeteiligung. Wenn die Politikerinnen und Politiker hinter dem Prozess stehen und die Ergebnisse ernst nehmen, können Ergebnisse auf den Tisch kommen, die breit mitgetragen werden und damit auch umsetzbar sind – selbst wenn im einen oder anderen Punkt divergierende Meinungen bestehen geblieben sind. Allein eine nachvollziehbare Begründung der Entscheidung durch die Entscheidungsträgerinnen und Entscheidungsträger kann viel bewirken.

Ganz konkret gilt es, die Standards der Öffentlichkeitsbeteiligung bekannter zu machen und dazu anzuregen, sie zu erproben. Die Verbreitung von guten Beispielen zur Inspiration von Verwaltungsmitarbeiterinnen und Verwaltungsmitarbeitern zählt in diesem Zusammenhang zu einer wesentlichen Aufgabe. Eine weitere förderliche Rahmenbedingung ist im Angebot von Schulungen für Verwaltungsmitarbeiterinnen und Verwaltungsmitarbeiter beispielsweise im Rahmen der Verwaltungsakademie des Bundes zu sehen. Darüber hinaus empfehlen wir, gerade bei kooperativer Öffentlichkeitsbeteiligung verschiedene Methoden und Settings auszuprobieren.

24 Vgl. dazu: http://www.partizipation.at/735.html [Download: 28.02.2011].

Der Praxisleitfaden zu den Standards der Öffentlichkeitsbeteiligung bietet dabei Unterstützung. Des Weiteren erscheint es sinnvoll, in jedem Ministerium Ansprechpartnerinnen und Ansprechpartner oder Koordinatorinnen und Koordinatoren für Öffentlichkeitsbeteiligung zu benennen und einen kontinuierlichen Austausch von Erfahrungen zu pflegen, etwa im Rahmen einer „Plattform Öffentlichkeitsbeteiligung".

Die Umsetzung der von uns genannten Punkte im Sinne eines gemeinsamen Lern- und Entwicklungsprozesses könnte, wie wir meinen, ein wichtiger Beitrag zu einer modernen Politik- und Verwaltungsführung in Österreich sein. Denn eine lebendige Demokratie braucht das Engagement von möglichst vielen Menschen.

Johannes MIDDENDORF

Bürgerhaushalt in Berlin-Lichtenberg – Baustein auf dem Weg zur Bürgerkommune

1. Lichtenberg – ein facettenreicher Bezirk im Nord-Osten Berlins

Lichtenberg kann auf eine mehr als 700jährige Geschichte zurückblicken und ist aus ehemals selbständigen Ortskernen (Lichtenberg, Rosenfelde/ Friedrichsfelde, Karlshorst und Rummelsburg) entstanden.

Das Dorf Lichtenberg wurde im Jahre 1288 erstmals urkundlich erwähnt. Die Stadt Berlin erwarb 1391 den Ort mit Vorwerk und führte ihn als Kämmereidorf. Nach 1871 entwickelte sich das Dorf zum Industriestandort. Lichtenberg erhielt 1907 das Stadtrecht und bildete ein Jahr später einen selbständigen Stadtkreis. Das Lichtenberger Rathaus, ein roter neugotischer Verblendziegelbau, wurde 1898 eingeweiht. Im Jahre 1920 wurde Lichtenberg als ein Verwaltungsbezirk in die Stadt Berlin eingemeindet. Bis zum Jahr 1979 gehörte zu Lichtenberg auch das im Osten angrenzende Gebiet des heutigen Bezirks Marzahn-Hellersdorf.

Lichtenberg ist heute ein Berliner Bezirk mit rund 252.000 Einwohnerinnen und Einwohnern im Nordosten der Stadt. Es handelt sich bei dem 52,3 km^2 großen Bezirk um ein mehr oder weniger künstliches Gebilde, das im Jahre 2001 im Zuge der Berliner Gebiets- und Verwaltungsreform durch Fusion mit dem ehemaligen Bezirk Hohenschönhausen entstanden ist. Heute ist der Bezirk Lichtenberg ein zukunftsträchtiger Standort für die Ansiedlung von industrieller und gewerblicher Produktion sowie von Dienstleistungen.

Im Verlauf der stadtgeschichtlichen Entwicklung sind in Lichtenberg Teilräume gewachsen und haben ihr spezifisches Erscheinungsbild ausgeprägt. Der Bezirk Lichtenberg setzt sich aus 13 zum Teil sehr unterschiedlich geprägten Stadtteilen zusammen: die ländlich geprägten Dörfer im Norden mit fließendem Übergang in den brandenburgischen Barnim. In der Mitte der ehemalige Industriegürtel, der nach der Wende wegbrach und erst langsam auch durch Neuansiedlung, insbesondere von Dienstleistungs- und Handelsbetrieben, wieder belebt wird. Nördlich und südlich davon urbane Hochhausarchitektur, im Süden der selbstbewusste bürgerliche Stadtteil Karlshorst mit seinen Ein- und Mehrfamilienhäusern.

Im Vergleich aller Berliner Bezirke nimmt Lichtenberg einen guten Mittelplatz ein. Dies betrifft unter anderem die sozialräumliche Entwicklung – Index = 1,01 (Berlin = 1,0) –, die Arbeitslosenquote Dezember 2010 = 12,6 Prozent (12,8 Prozent).[1]

1 Vgl. dazu: Statistik der Bundesagentur für Arbeit (Stand: 05.01.2011).

2. Lichtenberg – auf dem Weg zur Bürgerkommune

Lichtenberg hat sich bereits im Jahre 2001 die Entwicklung zur Bürgerkommune grundsätzlich auf die Fahne geschrieben. Bezirksamt und Bezirksverordnetenversammlung waren sich immer einig darüber, dass nicht die „Bürgerkommune" an sich beschlossen werden kann, sondern nur das Ziel definiert und der Weg dorthin annähernd beschrieben werden kann, die Straße aber noch gebaut werden muss.

Es wird keinen festen Zeitpunkt der fertigen Umsetzung geben. Vielmehr wird es ein sich langsam entwickelnder Prozess sein, bei dem allerdings immer zu beachten ist, nicht alles neu zu erfinden. Bestehendes muss genutzt und – soweit erforderlich – den Gegebenheiten angepasst werden.

Nach Holtkamp und Bogumil[2] werden mit dem Leitbild der Bürgerkommune fünf Ziele verfolgt:

- höhere Bürgerzufriedenheit mit kommunalen Dienstleistungen und Planungsprojekten (Akzeptanz)
- stärkere Teilnahme der Bürgerinnen und Bürger an der demokratischen Willensbildung und Revitalisierung der kommunalen Demokratie (Demokratisierung)
- Stärkung der Unterstützungsnetzwerke der Bürgerinnen und Bürger (Solidarität)
- Entlastung der kommunalen Haushalte (Effizienz)
- bessere Politikergebnisse im Sinne der politischen Zielsetzungen (Effektivität)

Abbildung 1: Aufbau der Bürgerkommune Berlin-Lichtenberg

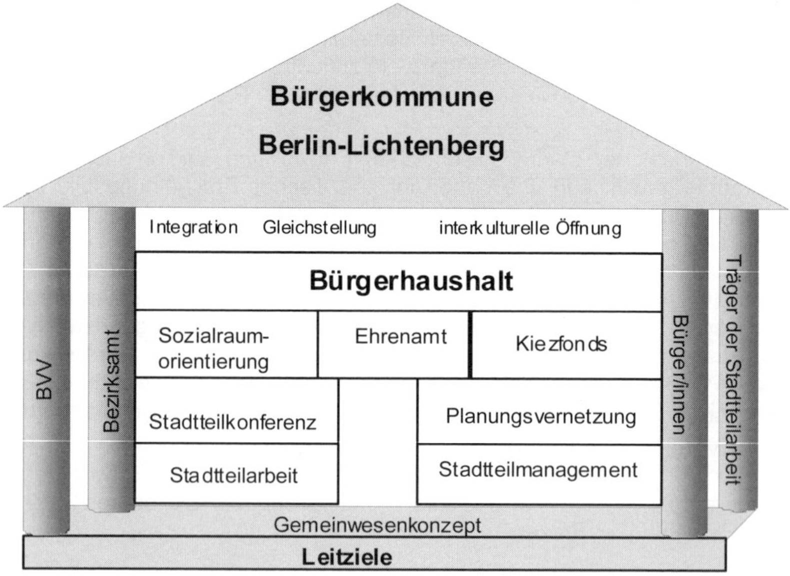

Quelle: Johannes Middendorf

2 Vgl. dazu: Holtkamp; Bogumil: Bürgerkommune, 2007, S. 235f.

Die Bürgerkommune Lichtenberg definiert sich als ein regionales Gemeinwesen innerhalb Berlins, in dem die Menschen gern leben, weil

- sie sich an den kommunalen Gestaltungsprozessen beteiligen,
- ein vielfältiges und lebendiges Lebensumfeld mit gestalten,
- in dem sie eine sehr gute bezirkliche Angebots- und Servicequalität vorfinden und nutzen können,
- bürgerschaftliches Engagement gefördert wird,
- soziale und kulturelle Angebote von öffentlicher Hand und freien Trägern vernetzt sind und
- die Verwaltung stadtteilbezogen und transparent handelt.

2.1 Die Leitziele für die Entwicklung des Bezirks

Bezirksamt und Bezirksverordnetenversammlung haben nach ausführlicher Diskussion im Jahre 2005 vier Leitziele für die Entwicklung des Bezirks verabschiedet. Die Leitziele bilden das Fundament, auf dem das Konstrukt „Bürgerkommune" errichtet wird. Voraussetzung für eine nachhaltige zielorientierte Entwicklung des Gemeinwesens „Lichtenberg" war und ist der parteiübergreifende Konsens, damit die Ziele eine Wahlperiode überdauern und jenseits von Wahlergebnissen Bestand haben. Die Leitziele sollten allerdings nicht nur die Diskussion zwischen Politik und Bürgerschaft beeinflussen, sondern auch die Grundlage für die Fach- und Ressourcenplanungen sowie das Verwaltungshandeln bilden. Deshalb hat es in den Jahren 2006 bis 2008 breit angelegte moderierte Leitbilddiskussionen zunächst des Bezirksamtes (Bezirksbürgermeisterin und Bezirksstadträte) mit den obersten Führungskräften der Verwaltung und darauf aufbauend der Amtsleitungen mit ihren Mitarbeiterinnen und Mitarbeitern gegeben. Herausgekommen sind Leitbilder für jede Organisationseinheit, die Orientierung für die Führung und das Verhalten im Binnenverhältnis geben und nach außen das Verhalten gegenüber den Bürgerinnen und Bürgern regeln.

Die vier Leitziele sind jeweils durch Einzelziele untersetzt.

Wir sind der kinder- und familienfreundliche Bezirk

- Wir fördern familien- und kinderfreundliche Bedingungen und familien- und kinderbezogene Angebote.
- Wir ermöglichen generationsübergreifendes Wohlbefinden, Begegnung und Beteiligung.
- Wir erhalten und erweitern bedarfsgerechte Bildungsangebote auf hohem qualitativem Niveau.
- Wir fördern die wirtschaftliche Entwicklung mit hoher Kompetenz.
- Wir setzen uns ein für Gesundheitsschutz und Gesundheitsförderung.

Wir fördern Vielfalt und Chancengleichheit

- Wir fördern die Herstellung gleichwertiger Lebensbedingungen von Menschen mit und ohne Behinderung.
- Wir fördern und unterstützen die Zivilgesellschaft.
- Wir verstehen kulturelle Vielfalt als Bereicherung und Chance und nutzen die sich aus ihr ergebenden Potenziale.

- Wir stellen Chancengleichheit zwischen Frauen und Männern durch die konsequente Anwendung von Instrumenten des Gender Mainstreamings und Gender Budgetings her.
- Wir stehen für eine demokratische Gesellschaft, Integration und Toleranz, gegen Ausgrenzung, Rassismus und Gewalt.

Wir sind eine innovative Verwaltung und setzen Ressourcen effektiv ein

- Wir verbessern die Zielgenauigkeit von Bedarfen und Angeboten.
- Wir nutzen Synergieeffekte durch Ressourcenbündelung und Kooperation.
- Wir setzen Ressourcen unter Berücksichtigung regionaler Aspekte ein.
- Wir leisten Gefahrenabwehr.

Wir entwickeln Lichtenberg zur Bürgerkommune

- Wir nutzen die vielfältigen Kompetenzen der Bevölkerung im Rahmen einer umfassenden Bürgerbeteiligung.
- Wir unterstützen bürgerschaftliches Engagement und ehrenamtliche Tätigkeit.
- Wir fördern die Motivation und Qualifikation der Bürgerinnen und Bürger, um ihre Bereitschaft und Möglichkeit zur Mitbestimmung zu stärken.
- Wir streben danach, bürgerschaftliche Partizipationsräume nachhaltig zu erhalten und zu erweitern.
- Wir setzen uns für ein sinnvolles Zusammenwirken von Politik, Bürgerschaft und Verwaltung ein.
- Wir erwarten von den Bürgerinnen und Bürgern die Übernahme von Verantwortung und die Bereitschaft zum Engagement für kommunale Belange.

2.2 Das Gemeinwesenkonzept[3]

Die Entstehungsgeschichte des Bezirks, die durch zwei Ost-West-Magistralen bedingte Dreiteilung, die weitgehend beziehungslose Aneinanderreihung der Stadtteile ohne Zentrum war nach 2001 eine Herausforderung für die kommunalpolitische Gestaltung. Der typische Lichtenberger wohnt in seinem Stadtteil oder besser: in seinem Kiez.

Es mussten folglich Strukturen und Rahmenbedingungen geschaffen werden, die stadtteilbezogenes Handeln ermöglichen und befördern und gleichzeitig eine gesamtbezirkliche Planung, Steuerung und Koordination gewährleisten.

Das Gemeinwesenkonzept knüpft an die Stadtteile an. Mit dem Begriff Gemeinwesen wird dabei die Gesamtheit aller sozialen und kulturellen Angebote und Aktivitäten zusammengefasst. Der Stadtteil wird als ein Ort verstanden, an dem innerhalb bestimmter sozialstruktureller Verhältnisse alltägliches Leben konkret, überschaubar und identitätsbildend stattfindet.

3 Vgl. dazu: Berlin-Lichtenberg: Gemeinwesenentwicklung, 2005.

Er beschreibt den Handlungs- und Erlebensraum, in dem Individuen und Gruppen sich in gegenseitiger Bedingtheit beeinflussen: Die Menschen beeinflussen den Stadtteil und der Stadtteil beeinflusst die Menschen.

Das Gemeinwesenkonzept bildet den Handlungsrahmen für die öffentlichen und freien Träger von Gemeinwesenaktivitäten, es soll die bezirkliche Steuerung in Bezug auf die Bedarfe in den Stadtteilen und die Abteilungskooperation verbessern, die Ausrichtung des Stadtteilmanagements gewährleisten und nicht zuletzt die Grundlage für eine stadtteilbezogene Bereitstellung von Haushaltsmitteln schaffen.

Getragen werden kann die Bürgerkommune nur gemeinsam von der politischen Vertretung, der Verwaltung, der Bürgerschaft und den Trägern der Stadtteilarbeit.

Als Ziele/Prinzipien der Gemeinwesenarbeit lassen sich formulieren:

- die Orientierung der Arbeit auf einen bestimmten sozialen Raum, seine Tradition, seine Besonderheiten als Entwicklungschancen oder spezifische Gefährdungen
- die Aktivierung der Menschen in ihrer Lebenswelt zur Wahrnehmung ihrer Interessen und Orientierung an ihrer Betroffenheit
- die Veränderung von Entscheidungsstrukturen durch Demokratisierung
- das politische Lernen durch kollektive Erfahrung, z.B. in gemeinsamen Aktionen und Parteinahme in aktuellen Konflikten
- das Angehen strukturell-institutioneller Problemlösungen durch die Vernetzung zwischen den verschiedenen Ebenen und Kooperation im Stadtteil.

3. Die Bausteine der Bürgerkommune Berlin-Lichtenberg

Aus den Leitzielen ergeben sich für die Politik und Verwaltung folgende Handlungsstrategien:

- die umfassende Einbeziehung der Bürgerschaft in kommunale Entscheidungen
- das transparente Handeln der Verwaltung
- die verstärkte Verknüpfung bürgerschaftlichen Engagements mit kommunalem Handeln
- die verstärkte Stadtteilorientierung im Handeln der Verwaltung durch Schaffung der dafür notwendigen Strukturen (Stadtteilmanagement, lokale Netzwerke freier Träger)
- die Unterstützung und Förderung einer verstärkten Selbstorganisation der Bürgerschaft
- die Erarbeitung integrierter Stadtteilentwicklungsziele

Nach Holtkamp und Bogumil[4] sollte die Bürgerkommune aus vier Bausteinen bestehen.

4 Vgl. dazu: Holtkamp; Bogumil: Bürgerkommune, 2007, S. 237ff.

3.1 Die Ressort- bzw. politikfeldübergreifende Koordination

Die Bürgerinnen und Bürger erwarten, dass die Probleme ihrer Lebenslage entsprechend ganzheitlich behandelt und Beteiligungsergebnisse ressortübergreifend umgesetzt werden. In Lichtenberg wurde hierzu die Arbeitsgruppe „Planungsvernetzung" (siehe weiter unten) ins Leben gerufen.

3.2 Das Partizipationsmanagement

Die Beteiligung der Bürgerinnen und Bürger an lokalen und kommunalen Entscheidungen macht nur Sinn, wenn sie auf Dauer angelegt ist und nachhaltige Wirkungen entfalten kann. Daraus folgt, dass die Bürgerkommune die jeweils nächste Wahl überdauern muss. Bürgerbeteiligung und Bürgerkommune dürfen nicht dem freien Spiel der parteipolitischen Interessen preisgegeben werden. Mehrheitsfraktionen sind deshalb gut beraten, ihre Machtansprüche zurückzuschrauben, um einen Konsens mit den übrigen demokratisch legitimierten Fraktionen zu suchen.

> *„Im Rahmen des Partizipationsmanagements sollten sich die kommunalen Entscheidungsträger vor dem Einsatz von Beteiligungsinstrumenten darüber Gedanken machen, wann, an welcher Stelle, zu welchem Thema Bürger wie zu beteiligen sind."*[5]

Die Bürgerinnen und Bürger werden sich auf Dauer nur beteiligen, wenn sie spüren, dass sie Einfluss nehmen können, wenn sie von den politischen Entscheidungsträgerinnen und Entscheidungsträgern ernst genommen werden.

> *„Dies setzt insbesondere voraus, dass hinterher zumindest ein Teil der Anregungen der Bürger tatsächlich auch umgesetzt wird."*[6]

In Lichtenberg hat die Bezirksverordnetenversammlung im Jahre 2004 für die Erarbeitung eines Beteiligungskonzeptes für den Bürgerhaushalt ein Lenkungsgremium, bestehend aus drei Bezirksamtsmitgliedern (je Partei ein Mitglied) und vier Bezirksverordneten (je ein/e Verordnete/r der in der Bezirksverordnetenversammlung (BVV) vertretenen Parteien, eingesetzt. Als fachliches Entscheidungsgremium, das von Spitzenkräften der Verwaltung und der Bundeszentrale für politische Bildung beraten wurde, musste die Lenkungsgruppe bei gleichem Stimmrecht für alle Mitglieder alle Beschlüsse einstimmig treffen. Hierzu muss man wissen, dass eine Partei in der BVV über die absolute Mehrheit verfügte, eine andere dagegen nicht mal in Fraktionsstärke vertreten war.

In Lichtenberg hat die Bezirksverordnetenversammlung im Jahre 2005 darüber hinaus öffentlich und feierlich erklärt, dass sie sich ernsthaft mit den Vorschlägen der Bürgerinnen und Bürger im Rahmen des Bürgerhaushalts auseinandersetzen und im Falle der Ablehnung hierzu in einer öffentlichen Veranstaltung Rechenschaft ablegen werde.

5 Holtkamp; Bogumil: Bürgerkommune, 2007, S. 238.
6 Holtkamp; Bogumil: Bürgerkommune, 2007, S. 238.

3.3 Die Delegation von Verantwortung

„Die Delegation auf Stadtteilebene, dezentrale Einrichtungen und Bürgergruppen führt zu erhöhten Anreizen der Bürger, sich an der Planung und Umsetzung lokaler Politik zu beteiligen, weil der einzelne Bürger sieht, dass es auf sein Handeln wirklich ankommt und Trittbrettfahrerverhalten aufgrund größerer sozialer Kontrolle unwahrscheinlicher ist als in größeren Einheiten.“[7]

In Berlin soll sich die Verwaltung insbesondere aufgrund der angespannten Haushaltslage auf Aufgaben der Gewährleistung und Steuerung beschränken, die konkreten Leistungen sollen soweit wie möglich durch freie Träger angeboten werden.

3.4 Der Kulturwandel

„Kein Beteiligungskonzept, keine Dienstanweisung kann bewirken, dass die Bürgerkommune von den beteiligten Akteuren auch entsprechend umgesetzt wird. Kooperative Verhaltensweisen von Politik und Verwaltung, wie z.B. die frühzeitige umfassende Information der Bürger über wichtige kommunale Planungsvorhaben, lassen sich nicht anordnen, sondern kommen am ehesten zustande, wenn die Akteure von diesen Verhaltensweisen überzeugt sind.“[8]

Personalentwicklerinnen und Personalentwickler bemühen im Rahmen ihrer Aktivitäten gern das Motto, die Mitarbeiterinnen und Mitarbeiter dort abzuholen, wo sie stehen. Es darf nur nicht darauf vergessen werden, sie auch tatsächlich abzuholen. Ohne ein integriertes Personal- und Organisationsentwicklungskonzept, ohne verbindliche Anforderungsprofile und Beurteilungsgrundsätze insbesondere für Führungskräfte kann der Kulturwandel nicht erfolgreich gestaltet werden.

In Lichtenberg haben die Bausteine der Bürgerkommune teilweise andere Bezeichnungen.

3.5 Die Stadtteilarbeit

Der Bezirk Lichtenberg hat seit der Fusion 2001 eine Entwicklung zu mehr Stadtteilorientierung im kommunalen Handeln eingeleitet. Der Bezirk wurde auf der 1. Planungsebene in 32 Sozialräume (Planungsräume), die auf der 2. Ebene zu 13 Stadtteilen (Bezirksregionen) zusammengefasst sind, untergliedert. Auf der 3. Planungsebene setzen sich die Stadtteile wiederum zu fünf Mittelbereichen (Prognoseräume) zusammen.

Die Einwohnerzahlen der Stadtteile schwanken zwischen 3.000 Personen (Rummelsburger Bucht) und 30.000 Personen (Fennpfuhl), sie sind jedoch hinsichtlich der Art der Bebauung und der Sozialstruktur relativ homogen.

7 Holtkamp; Bogumil: Bürgerkommune, 2007, S. 238.
8 Holtkamp; Bogumil: Bürgerkommune, 2007, S. 238.

Mit der Einrichtung des Stadtteilmanagements und der Etablierung lokaler Netzwerke von Trägern sozialer und kultureller Angebote soll den differenzierten Anforderungen und Bedarfen in den unterschiedlichen Stadtteilen besser entsprochen werden.

Für jeden Stadtteil gibt es ein Stadtteilporträt (Beschreibung des Ist-Zustands und des besonderen Gepräges), Leitbild und Perspektiven sowie die Entwicklungsziele für den Stadtteil, die von den Bewohnerinnen und Bewohnern, der Verwaltung und Politik gemeinsam erarbeitet werden.[9]

Abbildung 2: Der Bezirk Lichtenberg mit seinen 13 Stadtteilen und Einwohnern je Stadtteil (Stand: 30.06. 2010)

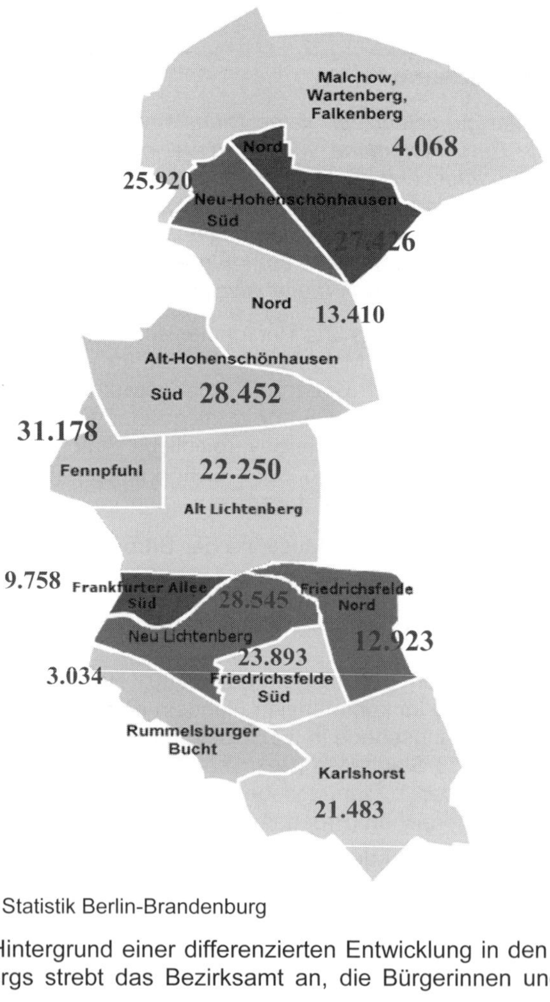

Quelle: Amt für Statistik Berlin-Brandenburg

Vor dem Hintergrund einer differenzierten Entwicklung in den Stadtteilen Lichtenbergs strebt das Bezirksamt an, die Bürgerinnen und Bürger

9 Ausführliche Informationen zu jedem Stadtteil finden sich unter: http://www.kiezatlas.de/lichtenberg/ [Download: 28.01.2011].

umfassend in die kommunalen Entscheidungen einzubeziehen. Angesichts dauerhaft knapper öffentlicher Ressourcen wird das Ziel verfolgt, öffentlich finanzierte, soziale und kulturelle Einrichtungen, Dienste und Angebote weiterzuentwickeln und nachhaltig zu sichern.

Die Stadtteilzentren

Die Stadtteilzentren sind als Träger der Stadtteilarbeit Schnittstellen in einem über den ganzen Bezirk ausgelegten Netzwerk sozial-kulturell tätiger Strukturen. Das einzelne Stadtteilzentrum ist nicht nur ein Ort, sondern auch eine Methode der Bündelung von ideellen und materiellen Ressourcen, von Kommunikationsmöglichkeiten, Informationen und Angeboten. Sie wirken mit ihren Standorten und Räumen als regionale Netzwerke. Sie sind Orte des Engagements, der Partizipation und der Integration.

Den Stadtteilzentren kommt in den Bezirksregionen eine besondere Rolle zu. Sie sind wichtige Kristallisationspunkte im Sozialraum, indem sie über unterschiedliche Zugänge, vielfältiges Wissen zu Bedarfslagen, Ressourcen und Partnern im Stadtteil gewinnen, daraus Handlungsbedarfe ableiten und sinnvolle Entwicklungsprozesse in der Bezirksregion in die Wege leiten.

Dies erfolgt durch das Anpassen bestehender oder Initiieren neuer Angebote in eigener Trägerschaft oder mit geeigneten Partnern.

Als Verantwortungsträger für die Vernetzungsprozesse in ihrem Prognoseraum (2-3 Stadtteile) mit den dazugehörigen Bezirksregionen und als Katalysatoren für die Bedürfnisse der Anwohnerschaft sind die Stadtteilzentren zudem wichtige Partner der öffentlichen Verwaltung.

In Lichtenberg sind die Stadtteilzentren auf der Ebene der Prognoseräume eingerichtet. Das heißt, jedes Stadtteilzentrum ist für mehrere Stadtteile zuständig.

Im Rahmen stadtteilbezogener Zielabsprachen übernehmen die Stadtteilzentren Aufgaben, die von ihnen eigenständig und unabhängig umgesetzt werden. Zu diesen Aufgaben gehören unter anderem:[10]

- die Förderung von Nachbarschaftsarbeit und Identifikation
- die Förderung und Unterstützung ehrenamtlichen Engagements, von Selbsthilfe und von demokratischem Verhalten
- die Förderung von Integrationsarbeit (generations- und zielgruppenübergreifend)
- die Förderung der „gemeinsamen" Nutzung von Ressourcen
- die Vernetzung und Kooperation von Initiativen, Projekten etc.
- die Partnerschaft für arbeitsmarktpolitische Maßnahmen mit Wirkung für den gesamten Stadtraum
- die Weitergabe von Wissen zur Gewaltprävention und Konfliktlösung im Stadtteil

10 Vgl. dazu: Berlin-Lichtenberg: Gemeinwesenentwicklung, 2005, S. 24.

Das Stadtteilmanagement/Die Bezirkskoordination

Das Bezirksamt beschäftigt insgesamt fünf Stadtteilmanagerinnen (je eine pro Prognoseraum). Das Stadtteilmanagement, als Bestandteil der Verwaltung, unterstützt die Stadtteilzentren bei der Vernetzungsarbeit im Stadtteil. Es bildet die Schnittstelle zwischen der Bezirksverwaltung und den Stadtteilen, stellt mehr Transparenz und einen reibungslosen Informationsfluss in beiden Richtungen her. Es transportiert Informationen zu Ressourcen, Aktivitäten und Handlungsbedarfen der Stadtteile in die Verwaltung.

Umgekehrt werden relevante Informationen zu bezirklichen Interessen und Zielsetzungen sowie über Vorhaben und Planungen in die Stadtteile getragen.

Das Stadtteilmanagement berät und unterstützt die Stadtteilzentren bei der Planung und Durchführung der Beteiligung der Bürgerinnen und Bürger an der Haushaltsplanung auf der Ebene der Stadtteile.

Die Stadtteilkonferenzen

Die Stadtteilkonferenzen sind regelmäßig stattfindende Foren, die durch die Stadtteilzentren für jeden Stadtteil in Zusammenarbeit mit der Verwaltung, insbesondere mit dem Stadtteilmanagement durchgeführt werden.

Teilnehmerinnen und Teilnehmer von Stadtteilkonferenzen sind Bürgerinnen und Bürger, alle im Stadtteil ansässigen Träger und Einrichtungen, Kiezvereine und Kiezbeiräte, Mieterbeiräte, Wohnbaugesellschaften und Wohnbaugenossenschaften, Vertreterinnen und Vertreter der Wirtschaft; unter anderem werden Politik und Verwaltung nach Bedarf und auf Anforderung durch die Organisatoren der Stadtteilkonferenzen zugezogen.

Stadtteilentwicklungsziele sollen hier abgestimmt und fortgeschrieben sowie die Vernetzung von Planungen der Stadtteilarbeit und des Haushaltes sichergestellt werden.

Die Stadtteilkonferenzen sind ein wesentlicher Bestandteil für die Diskussionen innerhalb des Bürgerhaushaltes Lichtenberg. Sie bieten das Forum für die kontinuierliche Erarbeitung von Vorschlägen und bereiten die Vorschläge für die Votierungsveranstaltungen vor. Dazu gehört auch die Präsentation umgesetzter Vorschläge im Rahmen des Bürgerhaushaltes Lichtenberg.

3.6 Die Sozialraumorientierung

Verwaltungen sind nach Ressortprinzipien verbunden mit einer Bündelung der Fach- und Ressourcenverantwortung aufgebaut. Fachplanungen und Handlungskonzepte sind deshalb überwiegend auf die spezifischen Bedarfe unterschiedlicher Zielgruppen ausgerichtet. Diese basieren auf den jeweils spezifischen Rechtsvorschriften und fachlichen Erkenntnissen und Standards.

Bei ausschließlich bereichs- und zielgruppenspezifischen Ansätzen besteht immer die Gefahr, dass widersprüchliche Wirkungen auftreten und die Gesamtentwicklung ungenügend beachtet wird.

Der Fokus der lokalen Politik und die Wahrnehmung der Bürgerinnen und Bürger sind dagegen eher auf die Entwicklung der Stadtteile und des unmittelbaren Lebensumfeldes gerichtet. Zwischen regionalen Ansätzen wie Sozialraumorientierung und der Arbeit mit Zielgruppen musste und muss daher ein ausgewogenes, flexibles Verhältnis entwickelt werden, welches Reaktionen auf Krisen oder nicht planbare Veränderungen zulässt.

In diesem Spannungsfeld werden die bezirklichen Instrumente und fachlichen Grundlagen einer bürgernahen Kommunalpolitik und Verwaltungsorganisation in Lichtenberg mit Blick auf eine stärkere Stadtteilorientierung weiterentwickelt. So wurde das Jugendamt bereits vollständig nach sozialräumlichen Aspekten umorganisiert.

Die wesentlichen methodischen Prinzipien sozialräumlich orientierter Arbeit sind nach Hinte vom Institut für Stadtteilentwicklung, Sozialraumorientierte Arbeit und Beratung (ISSAB) der Universität Duisburg-Essen[11]:

- das konsequente Ansetzen am Willen und an den Interessen der Wohnbevölkerung
- die aktivierende Arbeit und Förderung von Selbsthilfe
- die Konzentration auf die Ressourcen der im Quartier lebenden Menschen
- die Konzentration auf die Ressourcen der materiellen Struktur des Quartiers
- ein zielgruppen- und bereichsübergreifender Ansatz
- die Kooperation und Abstimmung der professionellen Ressourcen

Durch eine Arbeit nach diesen Prinzipien können aus Objekten staatlicher Fürsorge handelnde Subjekte werden, die Verantwortung für sich selbst übernehmen. Lösungsorientierte Arbeit unterstützt ein optimales Verhältnis der zur Verfügung stehenden Ressourcen (individuelle, soziale/familiäre, sozialräumliche und institutionelle) untereinander in Hinblick auf die konkreten Anliegen der Bürgerinnen und Bürger.

3.7 Die Planungsvernetzung

Inhaltlich und zeitlich aufeinander abgestimmte Planungen sind zur Effektivierung des bezirklichen Handelns und des Ressourcenmanagements von wesentlicher Bedeutung. Über die Information und Kommunikation hinaus werden deshalb abteilungsübergreifende Kooperationen bei der Erstellung und Fortschreibung von Fach- und Ressourcenplanungen sichergestellt.

Aus der Analyse der abgestimmten Planungsgrundlagen und Prognosedaten sowie einer fortlaufenden Raumbeobachtung sollen die notwendigen Entscheidungen z.B. über den (Förder-)Mitteleinsatz und die Flächenvorsorge ressortübergreifend abgestimmt und für das Bezirksamt vorbereitet werden.

---

11 Vgl. dazu: http://www.uni-due.de/biwi/issab/sozialraumorientierung [Download: 28.01.2011].

Diese Art der Planungsvernetzung erfolgt seit mehreren Jahren in einer von der Bezirksbürgermeisterin geleiteten ressortübergreifenden Arbeitsgruppe „Planungsvernetzung", in der alle mit Fachplanungen (z.B. Jugendhilfeplanung, Sozialplanung, Schulentwicklungsplanung, Sportentwicklungsplanung, Grünflächenplanung, Kinderspielplatzentwicklungsplan), Stadtplanung und Haushaltsplanung befassten Führungskräfte im Monatsrhythmus ihre Planungen besprechen und abstimmen.

3.8 Das Ehrenamtliche Engagement

Zur Förderung des bürgerschaftlichen Engagements gehören insbesondere der Erhalt und die Verstetigung einer engagementfördernden Infrastruktur und Fort- und Weiterbildung zur Unterstützung zivilgesellschaftlicher Strukturen in den Bezirken und Kiezen unter Einbeziehung von Migrantenorganisationen. Bürgerschaftliches Engagement darf dabei aber nicht Ersatz für vom Staat zu leistende Aufgaben werden.

In Lichtenberg wurde ein Freiwilligenrat eingerichtet, der ehrenamtliche Aktivitäten koordiniert und belohnt.

3.9 Der Kiezfonds

Nach intensiver Diskussion zwischen Bürgerinnen und Bürgern, Politik und Verwaltung wurde mit der Haushaltsplanung 2010 ein so genannter Kiezfonds in Höhe von jährlich € 65.000,- eingerichtet, aus dem je Stadtteil € 5.000,- bereitgestellt werden. Gefördert werden Vorhaben, die den Zusammenhalt im Kiez fördern, Nachbarschaften stärken oder das Wohnumfeld verschönern (z.B. Hoffeste, Nachbarschaftsfeste, Straßenfeste, Verschönerung von Spielplätzen, Gehweg- oder Straßenbereichen, Gebäudefassaden etc., Pflanzaktionen in der Straße, Lehr- und Diskussionsveranstaltungen, Selbsthilfe- und Nachbarschaftsprojekte, Material zur Bürgerinformation).

Alle Anwohnerinnen und Anwohner, Initiativen und Vereine können eine Kostenübernahme bis zu € 1.000,- für die Realisierung einer solchen Idee beantragen. Über die Vergabe entscheidet eine für jeden Stadtteil gebildete Bürgerjury. 515 Bürgerinnen und Bürger haben sich bereit erklärt, in den Jurys mitzuwirken. Jede Jury besteht aus 10-15 Bürgerinnen und Bürgern, die Zusammensetzung erfolgte nach einem Losverfahren, wobei drei Altersgruppen (Jugendliche, Erwachsene, Seniorinnen und Senioren) geschlechtsparitätisch gebildet wurden, hinzu kamen jeweils Bürgerinnen und Bürger mit Migrationshintergrund.

Die Konstituierung der Bürgerjurys erfolgte Mitte April 2010. Im Jahr 2010 haben die Bürgerjurys 121 Projekte bewilligt, insbesondere Jugendliche entdecken, dass sie sich hier unbürokratisch einbringen können, aber die Bürgerjury zugleich von der Ernsthaftigkeit, der Stadtteilbezogenheit und dem Nutzen überzeugen müssen. Die Verwaltung prüft die bewilligten Projekte nur unter formalrechtlichen Aspekten, nicht jedoch fachlich-inhaltlich. Für die Realisierung der bewilligten Projekte sind die Bürgerinnen und Bürger verantwortlich.

4. Der Bürgerhaushalt Lichtenberg

Nach Herzberg[12] kann von einem Bürgerhaushalt nur gesprochen werden, wenn er folgende Kriterien erfüllt:

- Im Zentrum der Beteiligung stehen finanzielle Angelegenheiten, es geht um begrenzte Ressourcen.
- Die Beteiligung findet auf der Ebene der Gesamtstadt oder auf der eines Bezirks mit eigenen politischen und administrativen Kompetenzen statt. Ein Stadtteilfonds allein, ohne Partizipation auf der gesamtstädtischen bzw. bezirklichen Ebene, ist kein Bürgerhaushalt.
- Es handelt sich um ein auf Dauer angelegtes und wiederholtes Verfahren. Ein einmaliges Referendum zu haushalts- oder steuerpolitischen Fragen ist kein Bürgerhaushalt.
- Der Prozess beruht auf einem eigenständigen Diskussionsprozess, der mittels Internet oder Versammlungen bzw. Treffen geführt wird. Eine schriftliche Befragung allein ist demnach kein Bürgerhaushalt, ebenso nicht die bloße Öffnung bestehender Verwaltungsgremien oder Institutionen der repräsentativen Demokratie.
- Die Organisatorinnen und Organisatoren müssen Rechenschaft in Bezug darauf ablegen, inwieweit die im Verfahren geäußerten Vorschläge aufgegriffen und umgesetzt werden.

Diese Kriterien, die auch auf Grundlage der Diskussionen um den Lichtenberger Bürgerhaushalt in Zusammenarbeit mit der Bundeszentrale für politische Bildung entwickelt wurden, sind Grundlage des Verfahrens in Lichtenberg. Die Beteiligung der Bürgerinnen und Bürger an der Aufstellung des Bezirkshaushaltsplans Lichtenberg ist jedoch darüber hinaus ein weiteres integratives Element auf dem Weg zur Bürgerkommune.

Der Bürgerhaushalt soll aufgrund der aktiven Mitwirkung der Bürgerinnen und Bürger an der Haushaltsplanung und Haushaltskontrolle einen effizienteren und effektiveren Einsatz der Ressourcen bewirken, insbesondere sollen die nur begrenzt verfügbaren Mittel aufgrund sorgfältiger Prioritätenabwägung und den Bedürfnissen der Bürgerinnen und Bürger entsprechend eingesetzt werden. Das schließt Vorschläge und Empfehlungen zu Minderausstattungen mit ein. Die öffentliche Auseinandersetzung über Bedarfe und Ressourcen einerseits, die Transparenz der Haushaltsentscheidungen andererseits ermöglicht einen Informationsgewinn sowohl bei den Entscheidungsträgerinnen und Entscheidungsträgern als auch bei den beteiligten Bürgerinnen und Bürgern, Ressourcenbündelung durch Planungsvernetzung, dem Wirksamkeitsdialog und der kleinräumlichen Steuerung des Mitteleinsatzes.

Der Bürgerhaushalt ist somit ein wesentlicher Baustein der Entwicklung Lichtenbergs zur Bürgerkommune:

- Die Partizipation befördert zugleich die Entwicklung der Stadtteile und die Realisierung der bezirklichen Leitziele.
- Soziale und kulturelle Angebote von öffentlicher Hand und freien Trägern sind vernetzt und aufeinander abgestimmt.

---

12 Vgl. dazu: Herzberg: Bürgerhaushalt, 2007.

- Das bürgerschaftliche Engagement wird gefördert.
- Das stadtteilbezogene Handeln der Verwaltung wird gestärkt.
- Die Partizipation wird für jeden Stadtteil und den Bezirk insgesamt durchgeführt.

4.1 Exkurs: Die Berliner Haushaltssystematik

Die Zuweisung der Finanzen an die Bezirke

Berlin ist Stadt und Land zugleich. Die Berliner Bezirke erfüllen ihre Aufgaben nach den Grundsätzen der Selbstverwaltung und nehmen regelmäßig die örtlichen Verwaltungsaufgaben wahr. Gemäß Art. 67 Abs. 2 Satz 1 VvB sind die Bezirke für alle Aufgaben der Landesverwaltung zuständig, die nicht ausdrücklich der Hauptverwaltung zugewiesen sind. Die Steuerhoheit liegt beim Land, die Bezirke dürfen keine Kredite am Kapitalmarkt aufnehmen, die notwendigen Haushaltsmittel werden den Bezirken vom Land im Rahmen einer Globalsumme zugewiesen, soweit diese die Ausgaben nicht durch eigene Einnahmen (Gebühren, Beiträge, Mieten etc.) decken können. Grundsätzlich müssen alle Ausgaben aus der Zuweisung und den sonstigen Einnahmen gedeckt werden. Das Jahresabschlussergebnis wird auf das übernächste Haushaltsjahr vorgetragen. Einnahmen und Ausgaben sind titelkonkret in Bezirkshaushaltsplänen nachzuweisen, diese sind haushaltsrechtlich Teil des Berliner Haushaltsplans.

Das Haushaltsvolumen des Bezirksamtes Lichtenberg beträgt für 2011 ca. € 600 Mio., davon entfallen 78 Prozent auf soziale Leistungen (Sozialhilfe, Jugendhilfe, Kosten der Unterkunft etc.), 14 Prozent auf das Personal, 6 Prozent auf konsumtive Sachausgaben (Bauunterhaltung, Bewirtschaftung von Gebäuden, Verköstigung in Schulen, Beschaffungen etc.) und 2 Prozent auf Investitionen.

Die Kosten- und Leistungsrechnung

Die Bezirke buchen ihre Kosten und Mengen auf einheitlich definierte Produkte. Grundlage für die Ermittlung der Zuweisung ist der so genannte „Medianpreis" je Produkt (durchschnittliche Stückkosten des 6. und 7. Bezirks) multipliziert mit der jeweiligen Produktmenge.

Der Standardpreis ist der *Median* der Stückkosten des vorletzten Jahres (Basisjahr). Wichtigste Abweichung erfolgt durch den *„Medianfaktor"* (z.B. die Summe der gebuchten Kosten ist niedriger als die Summe aus Median x Ist-Mengen).

Die „Standardmenge" ist die bezirksindividuelle *Ist-Menge* des vorletzten Jahres. Die bekanntesten Abweichungen sind die Planmengen, die unterschieden werden in:

- *Prognosemengen* (Schülerzahlen) und
- *Wertausgleichsmengen* (Umverteilung unter den Bezirken nach einem Indikatorenset).

Ermittlung von Produktbudgets am Beispiel „Entleihung von Medien in der Bibliothek“ (unabhängig von den Kosten werden jedem Bezirk € 1,90 je Mengeneinheit zugewiesen).

Der Produktkatalog der Bezirke weist insgesamt ca. 330 extern budgetierte Produkte aus. Die Budgetzuweisung erfolgt für jedes Produkt nach dem Faktor „Menge x Preis“ als Globalsumme. Bezirke, die mit ihren Stückkosten insgesamt unterhalb des Medians liegen, haben prinzipiell ein höheres Budget zur Verfügung als sie unter Kostenaspekten tatsächlich benötigen würden. Diese Mittel können sie für bezirkseigene Aufgaben einsetzen.

Abbildung 3: Bildung des Medianpreises als Basis für den Zuweisungspreis

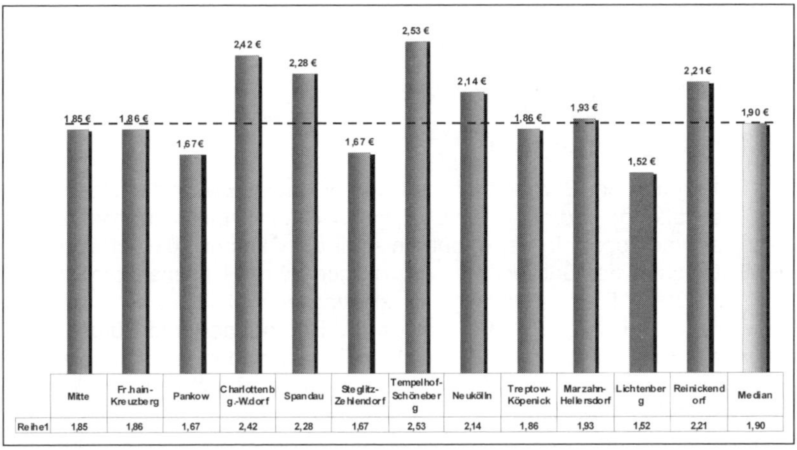

Quelle: Johannes Middendorf

4.2 Die Grundlagen der Beteiligung im Bürgerhaushalt

Produkte

Grundlage für die Beteiligung ist der Produkthaushalt und nicht der kamerale Haushalt. Der gesamte Haushalt wird verständnisorientiert (lesbar) aufbereitet, die Diskussion mit den Bürgerinnen und Bürgern wird lebenslagen- bzw. produktbezogen geführt, nicht haushaltstechnisch.

Den Produkten sind alle wesentlichen Daten zugeordnet: Beschreibung der Leistungen, Auftragsgrundlage, Zielgruppe (Empfänger der Leistung), Ziele, Bezugsgröße, finanzwirtschaftliche Daten für Budgetierung und das Controlling (Ist-Kosten gesamt, Ist-Kosten je Mengeneinheit, überbezirklicher Kostenvergleich).

In einer vom Bezirksamt Lichtenberg erstellten, jährlich aktualisierten Broschüre werden die vorgenannten Punkte detailliert beschrieben und – soweit die Datengrundlage dies bereits hergibt – Stadtteilbudgets je Produkt auszuweisen.

Steuerbare Produkte

Zur Diskussion im Rahmen des Bürgerhaushalts stehen alle Produkte (Angebote), die der Bezirk selbst nach Umfang, Kosten und Qualität steuern und beeinflussen kann. Leistungen, auf die ein einzelne Bürgerinnen und Bürger gegebenenfalls einen individuellen Rechtsanspruch haben (z.B. Wohngeld), sind von der Beteiligung ausgeschlossen.

Steuerbare Angebote im Rahmen des Bürgerhaushaltes mit einem Gesamtbudget von ca. *€ 38 Mio.* sind: Öffentliche Bibliotheken, Musikschule, Volkshochschule, kulturelle Angebote aller kommunalen Kultureinrichtungen, Gesundheitsförderung, allgemeine Kinder- und Jugendförderung, Seniorenbetreuung, Sportförderung, Unterhaltung des Straßenbegleitgrüns und der Straßenbäume, Grünflächenunterhaltung, Spielplätze, Unterhaltung des öffentlichen Straßenlandes, Wirtschaftsförderung, Stadtteilarbeit, Bauinvestitionen.

4.3 Die Beteiligungsgrundsätze

Die frühzeitige Beteiligung

Die Beteiligung der Bürgerinnen und Bürger erfolgt, bevor das Bezirksamt (die Verwaltung) und/oder die BVV sich mit der Aufstellung des Haushaltsplans befassen. In den Monaten April bis Oktober 2010 erfolgte z.B. die Beteiligung der Bürgerinnen und Bürger an der Haushaltsplanung für das Jahr 2012. Diese frühzeitige Beteiligung ermöglicht es einerseits der Verwaltung und Politik, die Vorschläge der Bürgerinnen und Bürger in die Haushalts- und Produktplanung aufzunehmen, andererseits müssen die Bürgerinnen und Bürger nicht korrigierend in die Planungen der Verwaltung eingreifen. Die Bürgerinnen und Bürger können unvoreingenommen von fachlichen und/oder politischen Prioritätensetzungen Vorschläge einbringen und diskutieren, die Politik kann entscheiden, welche Vorschläge die Verwaltung der Aufstellung des Haushaltsplanentwurfs berücksichtigen soll. Die Haushaltsplanung wird durch die vorgeschaltete Bürgerbeteiligung aufwändiger, aber auch qualifizierter. Die Diskussionen in den politischen Gremien sind deutlich niveauvoller.

Der lange Vorlauf kann jedoch einerseits das Interesse – insbesondere von jungen Menschen – an der Beteiligung hemmen, andererseits ist grundsätzlich nicht in Zahlen messbar und belegbar, welche Umverteilung von Haushaltsmitteln es durch die Bürgerbeteiligung gegeben hat. Das kann für Politikerinnen und Politiker sowie Medienvertreterinnen und Medienvertreter, die Erfolge gern mit Zahlen untermauern, ein Problem darstellen.

Diese sehr frühzeitige Beteiligung unterscheidet den Lichtenberger Bürgerhaushalt von den Verfahren in anderen Städten und Gemeinden, in denen Eckwerte für den Haushaltsplan festgesetzt werden, bevor die Bürgerbeteiligung erfolgt. Die Unterschiede werden in Tabelle 1 dargestellt.

Tabelle 1: Übersicht zur Beteiligung der Bürgerinnen und Bürger am Bürgerhaushalt

	Lichtenberg	Bürgerhaushalte mit Umverteilung
1. Schritt	Bürgerinnen und Bürger bringen Vorschläge zum Haushalt ein und setzen Prioritäten	Stadtverordnetenversammlung beschließt Eckwerte des Haushaltsplans mit konkreten Ansatzbildungen und Erläuterungen der beabsichtigten Mittelverwendung
2. Schritt	BVV entscheidet, welche Vorschläge der Bürgerinnen und Bürger in die Haushaltsplanung aufgenommen werden sollen.	Bürgerinnen und Bürger werden über die Eckwerte informiert und können Vorschläge einbringen, welche Veränderungen der Mittelverteilung sie vornehmen wollen (gegebenenfalls mit Prioritätensetzung im Rahmen einer Votierung)
3. Schritt	Bezirksamt erarbeitet einen Haushaltsplanentwurf unter Berücksichtigung der von der BVV beschlossenen Vorschläge der Bürgerinnen und Bürger	Verwaltung erarbeitet einen veränderten Entwurf eines Haushaltsplans, in dem die Vorschläge der Bürgerinnen und Bürger gegebenenfalls berücksichtigt sind, verbunden mit Ansatzerhöhungen bzw. Vorschlägen, welche Ansätze zum Ausgleich abgesenkt werden sollen.
4. Schritt	BVV beschließt den Haushaltsplanentwurf unter Berücksichtigung der eingearbeiteten und besonders ausgewiesenen Vorschläge der Bürgerinnen und Bürger incl. dafür erforderlicher Mittel.	Stadtverordnetenversammlung befasst sich erneut mit dem Haushaltsplan und beschließt gegebenenfalls über notwendige Änderungen der Ansatzbildung.
5. Schritt	Verwaltung setzt die beschlossenen Vorschläge im Rahmen der Haushaltswirtschaft um und berichtet darüber.	Verwaltung setzt die beschlossenen Vorschläge im Rahmen der Haushaltswirtschaft um und berichtet darüber.

Quelle: Johannes Middendorf

In Lichtenberg kommen zunächst die Bürgerinnen und Bürger zu Wort, daran anschließend die politischen Entscheidungsträgerinnen und Entscheidungsträger. In anderen Städten und Gemeinden setzen zunächst die Prioritäten der politischen Entscheidungsträgerinnen und Entscheidungsträger, daran anschließend wird das Votum der Bürgerinnen und Bürger zu eventuell Korrekturen eingeholt.

Die Beteiligungsberechtigung

Der Zugang ist niederschwellig. Für die Teilnahme legitimiert ist, wer in Lichtenberg wohnt und/oder arbeitet.

Kinder und Jugendliche

Lichtenberg hat sich dem Leitziel „kinder- und familienfreundlicher Bezirk“ verschrieben. Im Bezirk Lichtenberg gibt es deshalb für die Beteiligung an der Haushaltsplanung keine Altersgrenze, das heißt, auch Kinder und Jugendliche können und sollen sich beteiligen. Um auch Eltern mit Kleinkindern eine Teilnahme an Bürgerversammlungen zu ermöglichen, werden Kinderbetreuungen vor Ort angeboten. Am Votierungstag erhalten Erziehungsberechtigte mit Kleinkindern für jedes Kind zusätzlich einen Punktesatz.

Für die regelmäßige Begleitung und Unterstützung von Kindern und Jugendlichen in den unterschiedlichen Beteiligungsformen hat das Bezirksamt Lichtenberg im Jahr 2008 eine Stelle für die Beteiligungskoordination im Jugendamt eingerichtet. In der Praxis zeigt sich allerdings, dass vor allem für Kinder und Jugendliche der Prozess vom Vorschlag zur sichtbaren Umsetzung (bis zu zwei Jahre) zu lang ist. Sie verlieren das Interesse an der Beteiligung. Um diesem Dilemma entgegen zu wirken, haben BVV und Bezirksamt zum Haushaltsjahr 2010 einen Fonds[13] für kurzfristig umsetzbare, kleinere Projekte eingerichtet.

Bürgerinnen und Bürger mit Migrationshintergrund

Ein weiteres Leitziel des Bezirks ist die Förderung von Vielfalt und Chancengleichheit. An der Haushaltsplanung sollen sich deshalb auch Migrantinnen und Migranten beteiligen können, die nicht oder noch nicht über die deutsche Staatsangehörigkeit verfügen bzw. nicht wahlberechtigt im Sinne der Wahlgesetze sind. Das Bezirksamt Lichtenberg betrachtet diese Beteiligungsoption als Beitrag zur Integration. Um die wichtigsten Migrantengruppen in Lichtenberg zu erreichen, werden Flyer in vietnamesischer und russischer Sprache erstellt. Die Broschüre „Bürgerhaushalt Lichtenberg" liegt auch in russischer und englischer Übersetzung vor. Recht aktiv ist die aus Vietnam stammende Bevölkerungsgruppe, insbesondere nachdem sie mit dem Vorschlag, aktuelle vietnamesische Literatur in den Lichtenberger Bibliotheken ausleihen zu können, Erfolg hatte. Seit 2009 werden über einen mit Unterstützung der vietnamesischen Botschaft akquirierten Buchhändler in Hanoi Medieneinheiten im Umfang von jährlich € 4.000,- (1 v.H. des Medienetats der Bezirksbibliothek) beschafft. Die Ausleihquote dieser Medienbestände liegt über der durchschnittlichen Entlehnung der sonstigen Medieneinheiten.

Barrierefreiheit

Niemand soll von der Teilnahme ausgeschlossen werden, schon gar nicht aufgrund einer Behinderung. Deshalb wird darauf geachtet, dass Versammlungsräume barrierefrei zugänglich sind. Darüber hinaus stehen in jeder Bürgerversammlung zum Bürgerhaushalt Gebärdensprachdolmetscher zur Verfügung.

Die Vorschläge der Lichtenberger Bürgerinnen und Bürger zu Bordsteinabsenkungen und Gestaltung von Fußgängerüberwegen für die Haushaltsjahre 2010-2012 zeigen, dass ihnen Barrierefreiheit auch im öffentlichen Raum wichtig ist.

Bürgerinnen und Bürger mit Arbeitsschwerpunkt in Lichtenberg

Politisches Handeln hat Auswirkungen nicht nur auf die Bewohnerinnen und Bewohner, sondern auch auf die im Bezirk ansässigen Betriebe. Insoweit räumt der Bezirk auch jenen Menschen ein Mitspracherecht an der Haushaltsplanung ein, die zwar ihren Wohnsitz außerhalb des Bezirks, jedoch ihren Arbeitsplatz im Bezirk haben.

Das Regelwerk

Für die Beteiligung der Bürgerinnen und Bürger an der Haushaltsplanung gibt es keine gesetzlichen Vorschriften. Jedes Beteiligungsverfahren braucht aber Strukturen und Regeln, die strikt beachtet werden sollten. Hierfür gibt es in Lichtenberg eine von der BVV beschlossene Rahmen-

13 Vgl. dazu den Abschnitt zum Thema Kiezfonds im vorliegenden Beitrag.

regelung, die jeweils für einen Durchlauf gilt. In Lichtenberg wird jeweils am Jahresende im Rahmen eines offenen Evaluationsworkshops der vorangegangene Beteiligungsprozess überprüft. Sofern Änderungen und/oder Ergänzungen für erforderlich gehalten werden, werden diese in die Rahmenregelung für das Folgejahr aufgenommen.

Die Regelaufgabe

In Lichtenberg ist die Beteiligung der Bürgerinnen und Bürger an der Haushaltsplanung kein befristetes Projekt, sondern Regelaufgabe. Das Beteiligungsverfahren ist auf Dauer angelegt und findet im jährlichen Zyklus statt.

4.4 Das Beteiligungsverfahren

Zu Beginn des Beteiligungsprozesses für das jeweilige Haushaltsjahr erhalten zehn v.H. der nach dem Zufallsprinzip ausgewählten Einwohnerinnen und Einwohner je Stadtteil (insgesamt 25.000 Haushalte) eine Einladung der Bezirksbürgermeisterin sich zu beteiligen. Daneben wird über diverse Medien geworben.

Die Bürgerinnen und Bürger können sich auf drei Wegen und in unterschiedlicher Intensität in zwei Phasen einbringen:

1. *Diskussion mit anderen Bürgerinnen und Bürgern in stadtteilbezogenen Diskussionsforen*
   - kleinere Veranstaltungen für bestimmte Zielgruppen oder für die Bewohnerinnen und Bewohner eines Kiezes
   - Stadtteilkonferenzen für alle Bewohnerinnen und Bewohner des Stadtteils

   Ziel: Vorschläge werden eingebracht, diskutiert und qualifiziert, jedoch erfolgt keine Priorisierung
   Organisation: Stadtteilzentren als Träger der Stadtteilarbeit
2. *Online-Diskussion im Internet überwiegend gesamtbezirkliche Themen*
   - Vorschläge werden von den Bürgerinnen und Bürgern eingestellt, kommentiert und bewertet
   - die Online-Moderation erfolgt durch die Verwaltung
3. *Vorschläge können jederzeit schriftlich, per E-Mail oder persönlich (z.B. in den Bürgerämtern) eingereicht werden*

Nach Abschluss der Diskussionen werden alle Vorschläge, die sich den vom Bezirksamt beeinflussbaren Aufgabenbereichen zuordnen lassen, zur Abstimmung (Votierung) gestellt.

- Über Vorschläge aus den Stadtteildiskussionen können die Bürgerinnen und Bürger am Votierungstag (an stark frequentierten Orten des Stadtteils, insbesondere Einkaufszentren, zentrale Plätze, Bahnhöfe) abstimmen (je Bürger/in fünf Punkte). Zusätzlich werden die oben genannten Haushalte schriftlich befragt.
  Die fünf Vorschläge mit der höchsten Punktzahl je Stadtteil bleiben im Rennen.
- Über die im Internet eingebrachten Vorschläge können die registrierten und berechtigten Nutzerinnen und Nutzer über einen Zeitraum von

zehn Tagen ebenfalls durch Verteilung von fünf Punkten verdeckt für Vorschläge votieren. Auch diese Vorschläge werden zusätzlich von den oben genannten Haushalten votiert.
Hier kommen zehn Vorschläge in die nächste Runde.

Abbildung 4: Beteiligungswege und Beteiligungsphasen des Bürgerhaushalts Lichtenberg 2012

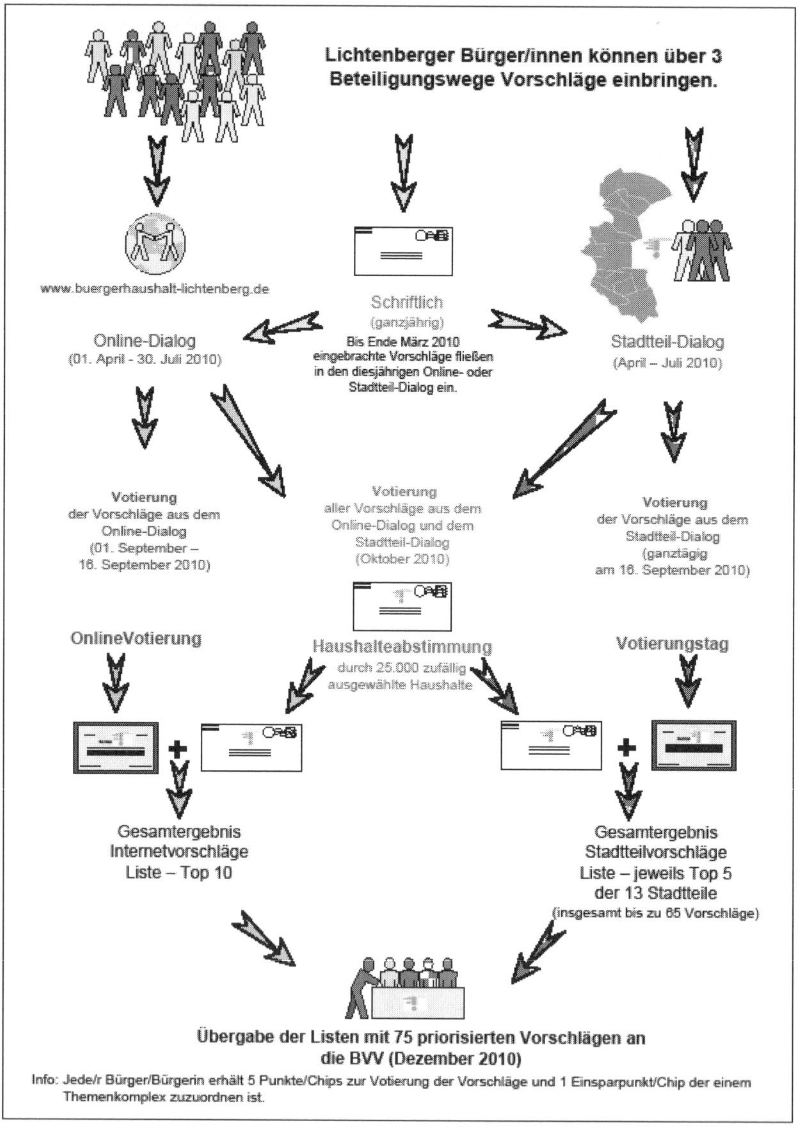

Quelle: Geschäftsstelle Bürgerhaushalt Berlin-Lichtenberg

Die zeitliche Trennung von Diskussion und Votierung (Zwei-Phasen-Modell) wurde erstmalig im Jahre 2009 für den Haushalt 2011 mit Erfolg praktiziert.

Die von den Bürgerinnen und Bürgern im Rahmen der Votierung priorisierten 65 + 10 Vorschläge werden der BVV zugeleitet, die nach einer Diskussion in den Ausschüssen entscheidet, welche Vorschläge in die Haushaltsplanung aufgenommen werden sollen.

4.5 Repräsentative Demokratie

Die Lichtenberger Bürgerinnen und Bürger erarbeiten und diskutieren Vorschläge und entscheiden, welche dieser Vorschläge und Ideen ihnen am wichtigsten sind. Die Bürgerinnen und Bürger haben jedoch nur ein Mitspracherecht, aber kein Entscheidungsrecht. Die Haushaltsplanung ist Parlamentsrecht. Für Politik und Verwaltung folgt daraus allerdings, dass sie den Bürgerinnen und Bürgern rechenschaftspflichtig sind:

- Die politisch Verantwortlichen müssen nicht alle von den Bürgerinnen und Bürgern priorisierten Vorschläge in die Haushaltsplanung aufnehmen, jedoch der interessierten Öffentlichkeit erläutern, warum sie einzelne Vorschläge nicht berücksichtigt haben.
- Die Verwaltung muss regelmäßig und verständlich darlegen, wie sie die in die Haushaltsplanung aufgenommenen Vorschläge in Verwaltungshandeln umgesetzt hat.

> *„Aus der Perspektive der Nachhaltigkeit ist die Beteiligung von Bürgern nicht per se ein anstrebenswertes Gut, sondern erst dann, wenn die Beteiligungsangebote nach Möglichkeit so konzipiert sind, dass sie die Bereitschaft der Bürger zur Teilnahme an zukünftigen Beteiligungsangeboten stärkt.“*[14]

Gerade für die Verwaltung ist dies ein Lernprozess, dem sie sich stellen muss.

Tabelle 2: Entwicklung der Beteiligung und der Vorschläge im Vergleich

Bürgerhaushalt [1]	2007	2008	2009	2010	2011	2012
Zahl der Beteiligten insgesamt	4.048	4.140	4.150	5.794	8.130	7.989
Zahl der Vorschläge	367	182	378	232	241	258
Priorisierte Vorschläge	43	35	31	68	75	65
In den Haushaltsplan aufgenommen	39	29	27	65	70	? [2]

[1] Die Jahreszahlen beziehen sich jeweils auf das beplante Jahr. Die tatsächliche Beteiligung erfolgte jeweils zwei Jahre früher.

[2] Die Beteiligung der Bürgerinnen und Bürger für den Haushalt 2012 erfolgte zwischen April und Oktober 2010. Zum Zeitpunkt der Drucklegung dieses Beitrags war die Debatte in der BVV über die Berücksichtigung der priorisierten Vorschläge noch nicht abgeschlossen.

Quelle: Johannes Middendorf

14 Holtkamp; Bogumil: Bürgerkommune, 2007, S. 238.

5. Fazit

5.1 Voraussetzungen für Erfolg und Nachhaltigkeit

Die politischen Entscheidungsträgerinnen und Entscheidungsträger müssen parteiübergreifend

- bürgerschaftliches Engagement wollen und unterstützen,
- bereit und in der Lage sein, Kompetenzen der Bevölkerung zu nutzen,
- die Übernahme von Verantwortung für kommunale Belange durch die Bürgerinnen und Bürger fördern und
- bürgerschaftliche Partizipationsräume nachhaltig erweitern und hierfür eine Beteiligungskultur entwickeln.

Die Bürgerhaushalt und die Bürgerkommune dürfen nicht als Ein-Parteien-Projekt angelegt sein. Kurzfristiger Aktionismus befördert das Vertrauen der Bürgerinnen und Bürger in die Ernsthaftigkeit und Beständigkeit politischen Handelns nicht.

Das Regelwerk für Beteiligungsverfahren, Beteiligungsgrundlagen und Beteiligungswege muss im Laufe eines Procedere strikt beachtet werden, sollte aber nach Abschluss eines Durchlaufs unter Beteiligung aller Akteurinnen und Akteure gegebenenfalls im Rahmen eines offenen Evaluationsworkshops überarbeitet werden.

Die Partizipation sollte zugleich die Entwicklung der Stadtteile und die Realisierung der Leitziele befördern.

5.2 Ausblick

Die Lichtenberger Bürgerinnen und Bürger beteiligen sich im Jahr 2011 zum siebten Mal in Folge an der Aufstellung des Haushaltsplans. Der Bürgerhaushalt ist als Regelaufgabe in die Geschäftsverteilungspläne der Bezirksverwaltung aufgenommen. Die in den vergangenen Jahren gesammelten Erfahrungen, die vielfältigen Diskussionen in den Bürgerversammlungen, im Internet und in Workshops verdeutlichen folgende Aspekte:

- Die Bürgerinnen und Bürger interessieren sich für ihre konkrete Lebenslage und nicht für die Zuständigkeiten der Verwaltung. Die Zweistufigkeit der Verwaltung, in der z.B. der Bezirk für den Bau des Gehweges nur zuständig ist, soweit dieser nicht über eine Brücke führt, zeigt dem Lebenslagenprinzip schnell Grenzen auf. Lichtenberg will mit dem Durchlauf für den Haushalt 2013 auch Vorschläge zur Votierung zulassen, für deren Umsetzung eine Senatsverwaltung zuständig wäre. Der Bezirk hat hier jedoch nur die Möglichkeit, den Senat um Realisierung zu bitten, auf die Haushaltsplanung der Hauptverwaltung hat er keinen Einfluss.
- Je konkreter der Vorschlag und je stärker das unmittelbare Wohnumfeld tangiert ist, desto größer ist die Bereitschaft sich zu beteiligen. Lichtenberg hat daraus die Konsequenz gezogen, den Diskussions- und Beteiligungsprozess räumlich und zeitlich zu entzerren. Zwar wird es auch künftig eine Bürgerversammlung bzw. Stadtteilkonferenz für den gesamten Stadtteil geben, jedoch werden daneben zahlreiche

zielgruppen- oder wohnumfeldbezogene Veranstaltungen zu unterschiedlichen Tageszeiten geben.
- Ein zentrales Thema für die Bürgerinnen und Bürger ist die Umsetzung der Vorschläge. Der Verwaltung muss es noch besser gelingen, anschaulich und für jedermann verständlich über realisierte Vorschläge zu berichten. Bebilderung und grafische Darstellungen sind dabei hilfreicher als noch so wohl formulierte Sätze.
- Die Vernetzung aller Bausteine auf dem Weg zur Bürgerkommune muss noch besser gelingen. Insbesondere sind die Bausteine „Stadtteilarbeit", „Sozialraumorientierung" und „Bürgerhaushalt" noch nicht ausgereizt. Zwar kann jede/r interessierte Bürger/in auf unter anderem im Internet unter http://www.buergerhaushalt-lichtenberg.de oder http://www.kiezatlas.de/lichtenberg nachvollziehen, welche soziokulturelle Infrastruktur und welche Angebote im jeweiligen Wohngebiet bestehen. Auch ist es möglich, sich in Ansätzen über die auf den jeweiligen Stadtteil entfallenden Budgets für die Bürgerhaushaltsprodukte zu informieren. Für eine nachhaltige Sicherung der Beteiligung und ein dauerhaftes Interesse an der Entwicklung des Stadtteils müssen sich Politik und Verwaltung jedoch weiter öffnen. Die auf den jeweiligen Stadtteil entfallenden Budgets müssen für den gesamten Haushalt offengelegt werden. Erst wenn die Bewohnerinnen und Bewohner wissen, wie viele Ausgaben – z.B. für Hilfen zur Erziehung, für Eingliederungshilfen, für Kosten der Unterkunft, für Kindertagesbetreuung, für Baumaßnahmen, für Schulen etc. – in ihrem Stadtteil aufgewendet werden (absolut und relativ), können sie sich einen Eindruck über die soziale Situation ihres Stadtteils verschaffen. Daran knüpft der Autor die Erwartung, dass noch mehr Bürgerinnen und Bürger zum Engagement bereit sind und ernsthaft über Prioritäten für die weitere Entwicklung diskutieren.

Heike SPRENGER, Martin DUELLI

Das Ehrenamt – Bürgerintegration am Beispiel der Stadt Feldkirch

1. Ehrenamt in Feldkirch

Ehrenamt und bürgerliches Engagement sind wichtige Säulen des gesellschaftlichen Zusammenlebens. Ohne Ehrenamt und bürgerliches Engagement können Gesellschaften nicht existieren.

Ehrenamt und bürgerliches Engagement haben in Feldkirch Tradition. Ehrenamt und Engagement finden in über 300 Vereinen Feldkirchs statt. Ehrenamt und bürgerliches Engagement finden aber auch im Rahmen der Nachbarschaftshilfe und in unzähligen privat organisierten Strukturen statt.

Es stellt sich in diesem Zusammenhang die Frage, was die Stadt Feldkirch dazu beitragen kann, dass das Ehrenamt und das bürgerliche Engagement auch weiterhin jenen Stellenwert haben, der ihnen derzeit zusteht. Was kann die Stadt Feldkirch dazu beitragen, dass das Ehrenamt und das bürgerliche Engagement auch mittel- bis langfristig für viele Bürgerinnen und Bürger eine Selbstverständlichkeit ist oder vielleicht sogar ausgebaut werden kann?

Abbildung 1: Seniorenbörse Feldkirch – „Senioren helfen Senioren“

Quelle: Amt der Stadt Feldkirch, Abteilung Öffentlichkeitsarbeit

Die Primäraufgabe der städtischen Verwaltung besteht darin, Rahmenbedingungen zu schaffen, die das Zusammenleben in der Gesellschaft sichern. Bereits seit Beginn der 1990er Jahre ist Feldkirch bemüht, im Zuge von Modernisierungsmaßnahmen den neuen Anforderungen, resultierend aus dem sich vollziehenden gesellschaftlichen Wandel, gerecht zu werden. Von einer primären Ordnungsverwaltung, welche geprägt war durch den Vollzug von Gesetzen, erfolgte ein Wandel hin zur Dienstleistungsverwaltung, welche ihren Fokus auf die Bürgerinnen und Bürger als Kundinnen und Kunden und die Dienstleistungserbringung legte.

Ein logischer weiterer Schritt im Rahmen der Verwaltungsmodernisierung war das Management des bürgerlichen Engagements. Nicht mehr der Output (Was wird produziert?) steht im Vordergrund sondern der Outcome (Was wird durch die Maßnahme bewegt?) ist die strategische Messgröße. Die Integration der Bürgerinnen und Bürger in den Leistungsprozess, der dem Wertewandel hin zu einer Individualisierung und Selbstentfaltung der/des einzelnen Bürgerin/Bürgers Rechnung trägt, liegt diesem Gedankengut zugrunde.

Abbildung 2: Ehrenamtliche Ersthelfer des Roten Kreuzes

Quelle: Amt der Stadt Feldkirch, Abteilung Öffentlichkeitsarbeit

Keimzelle für das Engagement und das Ehrenamt ist heute immer noch der Verein. Engagement entsteht aber immer mehr auch abseits von Vereinsstrukturen in Projekten. Die Menschen wollen sich nicht mehr längerfristig binden, sondern in einem Projekt mitarbeiten und sich dann wieder ausklinken. Das Ehrenamt ist heute noch zu starr strukturiert, es muss für das Individuum flexibler gestaltbar sein.

Diesem Umstand wurde in der Stadt Feldkirch durch die Schaffung einer Anlaufstelle, des Büros für Ehrenamt, Rechnung getragen (Stadt Feldkirch 2004).

2. Das Büro für Ehrenamt der Stadt Feldkirch

2.1 Die Ziele

Das Büro für Bürgerengagement will verschiedenste Formen des bürgerlichen Engagements in Feldkirch ermöglichen und unterstützen. Das Büro für Ehrenamt ist erster Ansprechpartner für Vereine, Institutionen und Freiwillige in Feldkirch. Es bietet Hilfestellung bei den verschiedensten Vereinsanliegen (z.B. bei der Vereinsgründung, organisatorischen Fragen, Veranstaltungen, Statutenänderungen etc.), setzt Themen, die der Stadt Feldkirch wichtig sind, gemeinsam mit den Vereinen um. Gemeinsam mit Organisationen und Institutionen, die freiwilliges Engagement unterstützen, werden neue Angebote für Vereine (z.B. Weiterbildungen) erarbeitet. Das Büro für Ehrenamt bietet weiters Informationen für zeitlich begrenzte Ehrenamtstätigkeiten.

2.2 Die Aufgaben

Zu den Aufgaben des Büros für Ehrenamt der Stadt Feldkirch zählt:

- *bestmögliche Rahmenbedingungen* für Vereine *zu schaffen* – Initiativen, Organisationen und Einzelpersonen, die sich in Feldkirch engagieren
- ein *Bewusstsein zu schaffen* – damit Ehrenamt und bürgerliches Engagement als wertvolle Stützen unserer Gesellschaft anerkannt werden
- *gemeinsam* mit agierenden Personen *Netzwerke aufzubauen*, die Unterstützung bieten – ein wichtiges Ziel ist, die Vernetzung zwischen Vereinen, Institutionen und Freiwilligen in Feldkirch zu fördern
- *Möglichkeiten zu schaffen* – damit Interessierte auch zeitlich begrenzt oder projektbezogen *ehrenamtlich tätig werden können*
- *gemeinsam* mit anderen Organisationen und Institutionen, die freiwilliges Engagement in Feldkirch unterstützen, l*aufend neue Angebote* (z.B. Weiterbildung für Vereine) zu *erarbeiten*
- die *Hilfestellung bei* verschiedenen *Vereinsanliegen* (z.B. Öffentlichkeitsarbeit bei Veranstaltungen)
- *gemeinsam* mit den Vereinen *Themen umzusetzen*, die der Stadt Feldkirch wichtig sind
- *Ansprechpartner* für Vereine, Institutionen und Freiwillige in Feldkirch *zu sein*

2.3 Die Vereinsplattform

Um dem wachsenden Bedürfnis nach Öffentlichkeitsarbeit nachzukommen, hat die Stadt Feldkirch eine Internetplattform für Vereine geschaffen. Die Internetplattform http://www.feldkirch.at/vereine bietet den Vereinen mehrere Möglichkeiten: Mit einem persönlichen Login, den jeder Verein beim Büro für Ehrenamt erhält, können aktuelle Vereinsinformationen publiziert, Veranstaltungen angekündigt und Bildergalerien online gestellt werden. Auch die Vereinsstammdaten können selbst bearbeitet werden. Mit den individuellen Zugangsdaten ist gewährleistet, dass die Informationen stets aktuell sind. Außerdem lassen sich die Daten zeitlich unabhängig und von jedem beliebigen Ort aus ändern oder korrigieren.

Ein Nachschlagewerk für Bürger und Bürgerinnen

Die Vereinsplattform ist aber nicht nur dafür gedacht, dass die Vereine sich und ihre Arbeit präsentieren, sondern dient den Feldkircherinnen und Feldkirchern als Nachschlagewerk zum Vereinsangebot in ihrer Stadt. Die Stadt Feldkirch möchte die Vereine mit der neuen Plattform in Sachen Öffentlichkeitsarbeit unterstützen und gleichzeitig das Ehrenamt in Feldkirch für die Bevölkerung noch attraktiver machen. Interessierte Vereinsmitglieder erhalten eine Einschulung in das schnell erlernbare und einfach zu bedienende Programm. Wer Hilfe braucht, der kann sich beim Büro für Ehrenamt melden.

2.4 Projekte, Aktionen ...

Das Büro für Ehrenamt versucht über verschiedene Projekte und Aktionen den Vereinen Möglichkeiten zur Präsentation zu bieten. Weiters wird von Seiten der Stadt Feldkirch bewusst darauf geachtet, kontinuierliche Öffentlichkeitsarbeit zum Thema Ehrenamt zu betreiben. Beispiele für solche Projekte sind:

- Die *Feldkircher Vereinsmesse* soll den Feldkircher Vereinen die Möglichkeit bieten, auf mehreren Ausstellungsebenen und auf einem großen Freigelände ihre Leistungen der Feldkircher Bevölkerung näher zu bringen. Mit eingebunden werden dabei alle Vereine, sei es aus Sport, Kultur, Jugend oder Soziales. Eine Aktionsbühne bietet außerdem Platz für Präsentationen. Die Vereinsmesse wurde bereits zweimal mit großem Erfolg durchgeführt.
- Im *Europäischen Jahr der Freiwilligentätigkeit* rückt das Büro für Ehrenamt gemeinsam mit unterschiedlichen Partnern das Thema in den Vordergrund. Mit Aktionen, wie z.B. einem Fotowettbewerb oder einer Präsentation von Ehrenamtlichen in den lokalen Medien (Ehramtliche über die man spricht), werden die in Vereinen oder im Bereich der Nachbarschaftshilfe Tätigen vor den Vorhang gestellt. Ein weiteres Thema ist die Bewusstseinsbildung in der Bevölkerung.

2.5 Fazit

Es ist eine große Herausforderung, mit und für ehrenamtlich Tätige zu arbeiten. In erster Linie sind Kreativität, Initiative und vor allem der kontinuierliche persönliche Kontakt zu den Vereinen und ehrenamtlich Tätigen die wichtigsten Indikatoren für eine gelungene Arbeit.

3. Perspektiven

Eine wesentliche Herausforderung für Feldkirch liegt in der Beantwortung der Frage: *Wie kann es Feldkirch schaffen, Ehrenamt und Bürgerengagement nachhaltig zu sichern?* Wobei Ehrenamt und Bürgerengagement als ein sich Einbringen in die Gemeinschaft und das Tragen von Mitverantwortung für die Gesellschaft verstanden wird.

Feldkirch positioniert sich als Stadt der Bildung. Die Bildung Erwachsener (Andragogik) stellt dabei ein bedeutendes Positionierungsmerkmal dar. Nicht weniger als 150 Organisationen in Feldkirch bearbeiten Themen der Erwachsenerbildung, die Hälfte dieser Organisationen wird über ehrenamtliche Arbeit definiert.

Es ist deshalb naheliegend, bei der Suche nach Perspektiven das Wesen der Bildungsstadt Feldkirch in diese Suche zu integrieren. Eine Suche nach den Verknüpfungen zwischen der Bildungsstadt Feldkirch und dem aktiven Engagement in Form von Ehrenamt und Partizipation (Bürgerbeteiligung) kann die Suche nach jenen Ermöglichungsräumen sein – gemeint sind hier soziale Räume aber auch reale Lernorte. An diesen Orten findet Lernen in der Anknüpfung an die Lebenswelt statt und dieses Lernen kann gefördert werden, indem die Ermöglichungsräume für dieses Lernen gefördert werden.

Durch die gesellschaftlichen Entwicklungstendenzen bedingt, wird es immer mehr Menschen geben, die sich nicht mehr mit ihrer Stadt verbunden fühlen. Die österreichische Wertestudie zeigt auf[1], dass die Individualisierung als die innere Loslösung des Einzelnen aus der Gemeinschaft zunimmt. Es wächst eine Bevölkerung heran, die in keine klaren Verpflichtungen mehr eingebunden ist. Daraus entsteht Individualität auf der Beziehungsebene, aber auch Unsicherheit über die Positionierung und Zugehörigkeit. Ich-Bezogenheit, Sozialblindheit und Erörterungstaubheit stellen sich ein. Wenn Solidarität verloren geht, nimmt auch bürgerliches Engagement ab. Die Bereitschaft der Bürgerinnen und Bürger, sich für die Stadt einzusetzen, sinkt. Polarisierungen aus Motiven der Selbstverwirklichung nehmen zu.

Viele Probleme unseres Gemeinwesens sind in der gesellschaftlichen Struktur beheimatet und deshalb nicht unmittelbar zu lösen. Wichtig ist es aber, das Erkennen dieser Probleme zu fördern und Problemlösungsprozesse zu initiieren. Die Befähigung zum Urteil, zur Mitwirkung und zur Mitsprache muss gefördert werden. Die Weiterentwicklung von Wertorientierungen und die Fähigkeit zur kritischen Auseinandersetzung mit gesellschaftlichen Fragen sind zu unterstützen. Soziale Innovationen, Selbstverwirklichung und Chancengleichheit sind zu fördern. Aus dieser Perspektive betrachtet, kann Ehrenamt und Bürgerengagement einen Beitrag leisten, Menschen Möglichkeitsräume zu bieten, damit sich Verbundenheit und Identität entwickeln kann.

Die Globalisierung der Kultur bringt es mit sich, auf Menschen mit Migrationshintergrund zuzugehen, unterschiedliche Werthaltungen sichtbar zu machen und damit das Verständnis zwischen den Kulturen zu fördern.

Stadtentwicklungsplanung ändert sich und entwickelt sich zu einer Moderation von Ansprüchen an den städtischen Raum.

Diese Überlegungen und die ergänzende Feststellung, dass bei einer sinkenden Integrationsfähigkeit einer Gesellschaft möglicherweise auch

1 Vgl. dazu: Friesl; Pollak; Hamachers-Zuba: Österreicherinnen, 2009, S. 233.

die Voraussetzung für ehrenamtliches Engagement sinkt[2], begründen eine Förderung von Ermöglichungsräumen für das Ehrenamt und Bürgerengagement in Feldkirch.

4. Welches Lernen findet in diesen Ermöglichungsräumen statt und wie kann dieses Lernen unterstützt werden?

Lernprozesse im bürgerschaftlichen Engagement sind durch die Kombination von selbstorganisiertem, autodidaktischem, nichtintentionalem und en-passant-Lernen gekennzeichnet.

> *„Es findet mehr oder weniger ungeplant in Situationen statt, in denen das Lernen keinen formalen Bedingungen unterliegt (Lehrplan, Prüfungsordnungen etc.). Lernprozesse und Kompetenzgewinne im Engagement sind vielschichtig und komplex.“*[3]

Lernen im bürgerlichen Engagement ist mit Tätigkeiten und Handlungen verbunden, es geht in der Regel um gesellschaftspolitische Handlungs- und Entscheidungsprozesse, an denen aktiv teilgenommen wird. Das Lernen ist meistens nicht an bestimmte Qualifikationen gebunden und es kann auch jeder daran teilnehmen.

Die Überlegung lautet, im Rahmen der Weiterentwicklung von Ehrenamt und Bürgerengagement Lernarrangements – z.B. in Form von fremd organisierten Veranstaltungen im Sinne einer Begleitung und Unterstützung der eigenen Lernprozesse – anzubieten, mit der Intention, damit die Verbundenheit zur Stadt, die Solidarität, die Befähigung zur Mitwirkung und die Mitsprache sowie die Integration zu fördern. Die Teilhabe an der gesellschaftlichen Entwicklung setzt die Motivation voraus, sich auf solche Prozesse einzulassen. Dies bedingt wiederum eine Orientierung und Kompetenz. Bildung in Form der Bereitstellung von Lernarrangements kann dazu beitragen, Orientierung und Kompetenz zu erlangen.

Welches sind, unter Beachtung der oben erwähnten Lernprozesse, die konkreten Ansatzpunkte für Feldkirch, diese Ermöglichungsräume für das Ehrenamt und das Bürgerengagement zu schaffen?

Eine grundsätzliche Überlegung in der Suche nach Ermöglichungsräumen ist die Erschließung bzw. die Öffnung der Zugänglichkeit bereits vorhandener Ermöglichungsräume. Damit verbunden stellen sich folgende Fragen:

- Wo sind die Plattformen, in denen sich Menschen einbringen und über wichtige Bereiche des Zusammenlebens diskutieren können?
- Wo können sich Menschen Rat, koordinierende Unterstützung und Zuspruch einholen?
- Wo sind Projekte, an denen sie mitarbeiten können?

2 Vgl. dazu: Friesl; Pollak; Hamachers-Zuba: Österreicherinnen, 2009, S. 46.
3 Huth: Engagement, 2007, S. 18f.

- Wo können Menschen die Erfahrung machen, welche weitere Qualifizierung sie benötigen und wo sie sich weiterbilden möchten?[4]

Um diese Fragen beantworten zu können, bedarf es eines Monitorings des Engagements in Feldkirch und der Transparenz von Aktivitäten in diesem Bereich. Die Stadt muss es sich zur Aufgabe machen, ein solches Monitoring zu initiieren.

Die Ergebnisse des Monitorings können transparent und zugänglich gemacht werden. Dabei ist zu beachten, dass eine Zugänglichkeit für alle Personengruppen möglich sein muss, dass heißt, auch für Menschen mit Migrationshintergrund, Bildungsferne oder ältere Menschen. Es ist zu überlegen, Multikanalzugänge zu schaffen, indem elektronische Plattformen, Printmedien, persönliche Informationsgespräche, Regional-TV etc. bedient werden. Somit wäre eine Transparenz geschaffen, die gewährleistet, den Menschen in Feldkirch aufzuzeigen, welche Plattformen es gibt, in denen sie sich engagieren können.

Ein weiterer Ansatzpunkt, Ermöglichungsräume für Bürgerengagement zu schaffen, ergibt sich aus der Überlegung, dass mit der Beteiligung in Engagementprozessen ein Kompetenzgewinn verbunden ist. Dies kann bedeuten, dass die Schaffung eines engagementfreundlichen Klimas in Prozessen der Stadtentwicklung (Politikprozesse), einen Beitrag zur Kompetenzentwicklung leisten kann. Kompetenzentwicklung wird hier verstanden als die Entwicklung eines subjektiven Potenzials zum selbständigen Handeln in unterschiedlichen Gesellschaftsbereichen.[5]

Gerade in Politikprozessen wird Engagement nicht immer forciert (z.B. in Bürgerinitiativen), weil es sich dabei auch um Initiativen gegen ein kommunalpolitisches Thema handeln könnte. Aus der Perspektive der Schaffung von Ermöglichungsräumen für Bürgerengagement betrachtet, kann eine Begleitung und Unterstützung im Sinne der Andragogik neue Sichtweisen in solchen Politikprozessen eröffnen, Lernprozesse bei den Beteiligten initiieren und Perspektivenwechsel bewirken.

Dies würde laut Ross dann der Fall sein, wenn in der Diskussion Werte der primäre Anknüpfungspunkt sind. Es muss über Werte gesprochen und debattiert werden, wobei zu beachten ist, nicht in eine problematische Beliebtheit zu geraten und sich gegenüber Wertefragen indifferent zu verhalten. Ross begründet diese These damit, dass es in einer pluralen, ausdifferenzierten Gesellschaft keinen „Wertehimmel" gibt, auf den sich alle Mitglieder der Gesellschaft beziehen können. Die Bürgergesellschaft der Zukunft ist nicht das Ergebnis gemeinsam geteilter Werte, sondern das Ergebnis gemeinsam fair ausgetragener Konflikte.[6]

In der exemplarischen Überlegung zur Schaffung eines engagementfreundlichen Klimas in Prozessen der Stadtentwicklung kommt noch ein weiterer Gesichtspunkt zum Tragen, der den Zugang der Menschen zum Bürgerengagement ermöglicht. Neben der Transparenz der Prozesse ist

4 Vgl. dazu: Diepentahl; Jackels; Osterhage: Österreicherinnen, 2009, S. 273ff.
5 Vgl. dazu: Arnold: Kompetenz, 2001, S. 176.
6 Vgl. dazu: Ross: Bürgerkommune, 2009, S. 219f.

die Überlegung anzustellen, wie eine *„aufsuchende Beteiligungsarbeit, die systematisch jene Personengruppen zur Teilhabe stärkt, die in geringem Maße in die Gesellschaft inkludiert sind*"[7] angestrebt werden kann. Dies wird durch lebensweltbezogene, aktionsorientierte Engagementformen, durch aktivierende Befragungen, durch Planen am Modell oder mittels wertschätzender Erkundung ermöglicht.[8] Ziel ist es, durch diese aufsuchende Beteiligungsarbeit einen anderen Ermöglichungsraum zu schaffen, sich zu engagieren und eine Entwicklung der bürgerschaftlichen Kompetenz für diese Menschen zu fördern.

Für die Stadt bedeutet dies, in der Konkretisierung der Überlegungen zum Bürgerengagement, ein systematisches Partizipationsmanagement zu entwickeln, das es erlaubt, Engagement im Sinne kommunaler Lernprozesse zu entwickeln.[9]

Auf der Suche nach Ermöglichungsräumen für Bürgerengagement eröffnet ein Partizipationsmanagement auch Ermöglichungsräume für Solidarität. Ein neues Verständnis für bürgerliches Engagement aus kommunaler Perspektive mit einem Fokus auf die Diskussion und die Auseinandersetzung über Werte, erschließt die Thematik der Solidarität im Sinne der Fähigkeit (Kompetenz), sich für das Gemeinwohl stark zu machen.[10] Ein Partizipationsmanagement schließt Angebote zur Beteiligung für Menschen mit Migrationshintergrund, Bildungsferne bzw. Bildungsarme ein, schafft Ermöglichungsräume zur Diskussion über Werte und eröffnet somit einen reflexiven Zugang zur eigenen Solidarität der in den Prozess involvierten Menschen.

Ergänzend ist festzustellen, dass ein Partizipationsmanagement dazu beitragen kann, Integration zu fördern. Die Bereitstellung von Ermöglichungsräumen durch aufsuchende Beteiligungsarbeit kann dazu führen, Lernprozesse als Unterstützungsprozesse für Lebensroutinen von Menschen mit Migrationshintergrund zu initiieren. Aufsuchende Beteiligungsarbeit, kann bedeuten, Hilfestellungen in Form intentionaler, fremdorganisierter Lernprozesse, aber auch en-passant-Lernen (Lernen im Vorübergehen) zu ermöglichen (Wo befinden sich Menschen in Lebensroutinen? Wo kann eine Unterstützung nützlich sein?).

5. Grenzen

In den hier aufgezeigten Überlegungen zur Bereitstellung von Ermöglichungsräumen für Bürgerengagement ist zu beachten, dass immer noch die Komponente der Individualisierung und damit der individuellen Abrufbarkeit von Angeboten ein wichtiger Faktor in der Selbststeuerung und der Selbstorganisation darstellt. Im Rahmen eines Partizipationsmanagements ist dies zu berücksichtigen. Allein mit der Schaffung von Angeboten an Ermöglichungsräumen ist es nicht getan. Es braucht kreative Zugänge,

7 Ross: Bürgerkommune, 2009, S. 221.
8 Vgl. dazu: Ross: Bürgerkommune, 2009, S. 223.
9 Vgl. dazu: Ross: Bürgerkommune, 2009, S. 123.
10 Vgl. dazu: Friesl; Pollak; Hamachers-Zuba: Österreicherinnen, 2009, S. 237.

um die Menschen zum Engagement zu führen. Diese Kreativität sicherzustellen, wird eine große Herausforderung sein, denn es geht darum, bildungsfremde und bildungsarme Menschen sowie Menschen mit Migrationshintergrund abzuholen. Friesl, Pollak und Hamachers-Zuba zeigen in diesem Zusammenhang auf, dass Engagement nicht bei denen am höchsten ist, die am meisten Zeit haben, „*sondern bei denen, die durch Beruf gut gesellschaftlich integriert sind und auch was für andere tun möchten*".[11] Das bedeutet, dass ein Teil jener Menschen, die Ziel eines Partizipationsmanagements sind, tendenziell durch ihre Stellung in der Gesellschaft und im Beruf nicht engagiert sind.

11 Vgl. dazu: Friesl; Pollak; Hamachers-Zuba: Österreicherinnen, 2009, S. 49.

Bernhard KRABINA

Open Government und Public Governance 2.0

In vielen Publikationen und Wortmeldungen zu Open Government bzw. Government 2.0 ist von „Paradigmenwechsel" oder „Revolution" die Rede. Obwohl das Phänomen Web 2.0 oder Social Media massive gesellschaftliche Veränderungen verursacht hat bzw. noch verursachen wird, erscheint es doch etwas überzeichnet, in der Euphorie von einem Paradigmenwechsel zu sprechen. Die Merkmale von Open Government oder Government 2.0 lassen sich in der Verwaltungswissenschaft einwandfrei beschreiben, es ist daher kein neues Paradigma, sondern vielmehr eine konsequente Anwendung bereits bekannter Elemente modernen Politik- und Verwaltungshandelns gefordert.

1. Government 2.0

In den letzten Jahren hat ein in seiner Intensität bemerkenswerter Wandel stattgefunden: Web 2.0 beschreibt nicht nur eine technologische Weiterentwicklung, sondern hat Effekte möglich gemacht, die sich insbesondere auch auf die Politik und Verwaltung auswirken. Der Betriff Web 2.0 tritt an Stelle von Social Media in den Hintergrund, vor allem auch deshalb, weil die Nummer 2.0 in Anlehnung an eine neue Softwareversion bereits in vielfach anderer Weise verwendet wird, etwa als Government 2.0.

Neue Formen der sozialen Kommunikation ermöglichen es der Zivilgesellschaft sich wesentlich einfacher und rascher zu vernetzen, Meinungen auszutauschen und soziale Netzwerke zu bilden, die sich (auch) mit Fragen der Politik und Verwaltung beschäftigen. Es besteht daher für den öffentlichen Sektor die große Chance, diese neue Art der Medienökonomie zu nutzen, um eine verstärkte Einbeziehung der Zivilgesellschaft in den Governance-Zyklus zu erreichen. Ein Risiko für Politik und Verwaltung besteht dabei Steuerungsverlust. Dort, wo geeignete offizielle Angebote zur Partizipation fehlen, können diese nun auch durch Initiativen der Zivilgesellschaft angeboten werden. Ein Beispiel dafür ist etwa mySocienty.org. Es handelt sich dabei um eine Plattform für Partizipationsprojekte und Transparenzprojekte, die von der Zivilgesellschaft organisiert werden.[1] Ein weiters Beispiel ist das größte und bekannteste soziale Netzwerk Facebook, wo nicht nur laufend Kommunikation und Vernetzung zu Themen der Politik und Verwaltung stattfinden, sondern wo es sogar möglich ist, offiziell anmutende Seiten zu erstellen, ohne das diese von offiziellen Stellen eingerichtet oder genehmigt werden müssten. Eine privat initiierte Facebook-Seite über Wien wurde wesentlich erfolgreicher als der (später eingerichtete) offizielle Facebook-Auftritt von Wien.at. Mittlerweile wurde die Seite zwar von Wien Tourismus übernommen, aber das Beispiel

1 Vgl. dazu: http://www.mysociety.org [Download: 01.03.2011].

zeigt deutlich, dass ein Steuerungsverlust jederzeit eintreten kann.[2] Ein weiteres Risiko besteht in der Frage der Nutzung sozialer Netzwerke durch die Verwaltung und ihre Mitarbeiterinnen und Mitarbeiter sowie die komplexe Abgrenzungsfrage zwischen privater und dienstlicher Tätigkeit. Dominierte in der Diskussion der vergangenen Jahre noch der Aspekt der Sperrung von Web 2.0-Diensten auf Arbeitsplätzen der öffentlichen Verwaltungen, so setzt sich immer mehr die Erkenntnis durch, dass ein Sperren keine Lösung darstellt, sondern dass es erforderlich ist, die Medienkompetenz von Verwaltungsbediensteten zu erhöhen.[3]

Tapscott charakterisiert Government 2.0 anhand von vier Kräften, die auf die Transformation des öffentlichen Sektors wirken[4]:

- die technologische Revolution (Web 2.0),
- die demografische Revolution (Internetgeneration, digital natives),
- die soziale Revolution (Soziale Netzwerke) und
- die wirtschaftliche Revolution (Wikinomics, Macrowikinomics).

Es sind also nicht nur die neuen technologischen Möglichkeiten des Webs 2.0 oder die sozialen Netzwerke, die auf die Politik und Verwaltung Auswirkungen haben. Die Internetgeneration wächst mit einem anderen Nutzungsverständnis des Internets heran und es wird zunehmend schwieriger, diese mit klassischen Partizipationsmöglichkeiten zu erreichen. Zusätzlich wirkt eine wirtschaftliche Revolution, die neue Wertschöpfungsketten ermöglicht. Für die Nutzung von neuen, kollaborativen Produktionsprozessen (Peer Production oder Massenkooperation) gibt es in der Wirtschaft bereits zahlreiche Beispiele, die Frage der Öffnung von Verwaltungsprozessen nach außen unter Miteinbeziehung vieler Akteurinnen und Akteure in die Wertschöpfungsprozesse steht in der öffentlichen Verwaltung noch am Anfang.[5]

In der Ausgabe 9 des European Journal of ePractice: „Government 2.0-Hype, Hope or Reality?“ fast Osimo wie folgt zusammen:

> *„Government 2.0 implies a different way to manage public policies, based on openness, trust and meritocracy. Across public policy domains, government have to learn to promote innovation and create public value not through direct intervention, but by leveraging and enabling the best capacities of citizens to be deployed and fully realised.“*[6]

Es geht also um eine neue Form von Politik- und Verwaltungshandeln, welche die oben erwähnten wirkenden Kräfte versteht, zu lenken und einzusetzen vermag.

---

2 Vgl. dazu: http://www.facebook.com/WienTourismus [Download: 01.03.2011].
3 Vgl. dazu: BLSG: Leitfaden, 2010.
4 Vgl. dazu: Tapscott: Government 2.0, 2009.
5 Vgl. dazu: Tapscott; Williams: Wikinomics, 2007.
6 Osimo: Government 2.0, 2010.

1.1 Open Government

Die Frage nach der Offenheit der öffentlichen Verwaltung ist nicht neu. In den USA trat der Freedom of Information Act (FOIA) im Jahr 1966 in Kraft.[7] Ursprünglich zwar sehr verwässert, wurde er nach dem Watergate-Skandal 1974 aber deutlich verschärft.[8] Barack Obama hat dem Thema 2009 einen neuen Impuls gegeben: Am Tag nach seinem Amtsantritt unterzeichnete er das „Memorandum on Transparency and Open Government", in dem er seine grundlegenden Vorstellungen über eine Erneuerung der US-amerikanischen Administration darlegt. Die drei Eckpunkte der Open Government-Initiative bilden: Transparenz, Partizipation und Kollaboration.[9] Obama erklärt seine Beweggründe unter anderem so:

> „*The way to make government responsible is to hold it accountable. And the way to make government accountable is make it transparent so that the American people can know exactly what decisions are being made, how they're being made, and whether their interests are being well served.*"[10]

Obama hat damit im Verständnis von Public Governance gehandelt.[11] Bei einer Gegenüberstellung der wesentlichsten Grundsätze (siehe Tabelle 1) wird deutlich, dass Obama alle Prinzipien anwendet, ihnen aber unterschiedliche Gewichtungen verleiht: von Verantwortlichkeit, Effektivität und Kohärenz spricht er explizit in der Beschreibung der Open Government-Grundsätze, allerdings scheinen sie nicht als separate Punkte auf. Er legt dafür einen verstärkten Fokus auf die Kollaboration: „*Executive departments and agencies should use innovative tools, methods, and systems to cooperate among themselves, across all levels of Government, and with nonprofit organizations, businesses, and individuals in the private sector.*"[12]

Tabelle 1: Prinzipien von Public Governance und Open Government

Public Governance	**Open-Government-Initiative**
Offenheit	Transparenz
Partizipation	Partizipation
	Kollaboration
Verantwortlichkeit	
Effektivität	(Verantwortlichkeit, Effektivität, Kohärenz)
Kohärenz	
EU-Weißbuch "Gutes Regieren" (2001)	**Barack Obama, „Memorandum on Transparency and Open Government" (2009)**

Quelle: KDZ (2011)

7 Vgl. dazu: Freedom of Information Act, 1966.
8 Vgl. dazu: Bruch: Akteneinsichtsrecht, 2000.
9 Vgl. dazu: http://www.whitehouse.gov/the_press_office/Transparencyand-OpenGovernment/ [Download: 15.03.2011].
10 The White House, Office of the Press Secretary: Remarks, 2009.
11 Public Governance beruht auf den fünf Grundsätzen: Offenheit, Partizipation, Verantwortlichkeit, Effektivität und Kohärenz. Vgl. dazu: Europäischen Kommission: Regieren, 2001.
12 Vgl. dazu: http://www.whitehouse.gov/the_press_office/Transparencyand OpenGovernment/ [Download: 15.03.2011].

Mit Blick auf die zwischen diesen beiden Dokumenten vergangene Zeit wird auch klar, warum sich die Schwerpunkte verschieben: das EU-Weißbuch „Gutes Regieren“ stammt aus dem Jahr 2001, Obamas Memorandum aus dem Jahr 2009. Im Jahr 2003 ist der Begriff Web 2.0 erstmals aufgetaucht und die im Government 2.0 beschriebenen, bereits erwähnten, Effekte sind in diesem Zeitraum wirksam geworden. Sie ermöglichen insbesondere ganz neue Formen der Kollaboration.

Eine umfassendere Sicht auf ein modernes Governance-Verständnis bietet der Verwaltungswissenschaftler Lenk:

> *„Inhaltliche Ziele müssen demokratisch zustande kommen; dies ist das oberste Formalziel. Was beschlossen ist, muss dann effektiv umgesetzt werden. Aber der Staat tut nicht nur, was er sagt, sondern er sagt auch, was er tut. Damit sind wir bei Transparenz als wichtigem Zielwert. Erst danach sollte das heute im Vordergrund stehende Ziel Effizienz und Sparsamkeit kommen. Weitere modale Nebenziele wie eine möglichst widerspruchsfreie, kohärente Politik, Entlastung der Wirtschaft und der Bürger durch Bürokratieabbau kommen hinzu. All das zusammen kann man als Good Governance bezeichnen.“*[13]

Lenk erweitert den Katalog von Zielen und formt ihn wie folgt um:

- Demokratie
- Effektivität
- Rechtsstaatlichkeit, Transparenz und Accountability
- Kapazitätspflege, Bewahrung der Handlungsfähigkeit, Resilienz
- Effizienz
- Minimierung administrativer Lasten, Bürgernähe und Servicequalität

Auch für den Verwaltungsinformatiker Lucke greift es zu kurz Open Government als simple Öffnung der Regierung und Verwaltung zusammen zu fassen. Vielmehr sieht er Open Government als einen Sammelbegriff für eine ganze Reihe unterschiedlicher Konzepte und Visionen, die sich mit bestimmten Facetten einer Öffnung von Staat und Verwaltung auseinandersetzen. Hierzu zählen Überlegungen zu Transparenz 2.0, Partizipation 2.0 und Kollaboration 2.0, der Ansatz offener Innovationen, die Öffnung der Gesellschaft, die offene Gesellschaft, Überlegungen zu freien Daten sowie offene Standards, offene Schnittstellen, quelloffene Software und offene Kommunikationssysteme.[14]

Zur Frage der Öffnung der Regierung und Verwaltung herrscht in Mitteleuropa historisch bedingt, ein anderes Grundverständnis als im angloamerikanischen Raum. Das Öffentlichkeitsprinzip bringt einen Paradigmenwechsel vom bisher geltenden Geheimhaltungsgrundsatz hin zu mehr Transparenz der Verwaltung. Das bedeutet gestärkte demokratische Kontrollrechte für die Bürgerinnen und Bürger. Innerhalb der Verwaltung bewirkt

13 Vgl. dazu: Lenk: E-Government, 2010.
14 Vgl. dazu: Lucke: Government, 2010.

das Öffentlichkeitsprinzip einen Kulturwandel.[15] Dieser ist durch ein neues partnerschaftliches Verhältnis zu den Bürgerinnen und Bürgern geprägt.[16]

In der aktuellen Diskussion wird Open Government häufig mit Open Data (auch Open Goverment Data) gleichgesetzt. Dies ist eine verkürzte Betrachtung, da die Frage der Daten nur ein – wenngleich auch wesentlicher – Aspekt von Open Government ist.

1.2 Open Data – Die Freigabe von Daten der öffentlichen Verwaltung

Öffentliche Stellen erfassen, erstellen, reproduzieren und verbreiten im Rahmen ihres öffentlichen Auftrages Daten und Informationen aus den verschiedensten Gebieten (z.B. Geographie, Wetter, Patentwesen, Tourismus, Bildung, Wirtschaft, Soziales, Verkehr). Diese Informationen können Ausgangsmaterial für neue Produkte und Dienste sein und eine Quelle für Innovationen darstellen, da nicht jeder Anwendungsfall für Daten vorhersehbar ist. So wurde beispielsweise innerhalb weniger Stunden nach der Freigabe einer Statistik über Fahrradunfälle in Großbritannien eine Integration dieser Daten auf Google Maps programmiert, so dass Strecken mit der größten Unfallwahrscheinlichkeit sichtbar wurden und Radfahrerinnen und Radfahrer ihre Routen besser planen konnten.[17]

Open Data hat zur Grundlage, dass die (Regierungs-)Daten frei für jedermann verfügbar und frei von Copyrights, Patenten oder anderen Kontrollmechanismen sein sollen.[18] Gemäß den Open Data-Principles müssen die Daten vollständig, aus der Primärquelle, zeitnah, zugänglich, maschinenlesbar, nicht diskriminierend, nicht proprietär und lizenzfrei sein.[19] Personenbezogene Daten sind aus Datenschutzgründen von diesen Überlegungen explizit ausgeschlossen.

1.3 Linked (Open) Data

Linked Open Data (LOD) bezeichnet im Internet frei verfügbare und adressierbare Daten, die mit den aktuellen technischen Standards des Semantic Web[20] publiziert worden sind. Die miteinander verknüpften Daten ergeben ein weltweites Netz, das auch als „Linked (Open) Data Cloud“ oder „Giant Global Graph“ bezeichnet wird. Auch das W3C hat sich bereits mit der Frage der Publikation von Open Govenment Data im Web beschäf-

15 Vgl. dazu: E-Government BLSG-Arbeitsgruppe: http://reference.e-government.gv.at/Open-Government-Let-the-suns.opengovernment.0.html [Download: 15.03.2011].
16 Vgl. dazu: Lucke: Government, 2010.
17 Vgl. dazu: Shadbolt: Open Data, 2011.
18 Vgl. dazu: http://de.wikipedia.org/wiki/Open_data [Download: 15.03.2011].
19 Vgl. dazu: http://sunlightfoundation.com/policy/documents/ten-open-data-principles/ [Download: 15.03.2011].
20 Vgl. dazu: Berners-Lee; Hendler; Lassila: Semantic Web, 2001, p. 34-43.

tigt.[21] Berners-Lee hat in einer Eröffnungsrede der Gov 2.0-Expo in Washington ein Fünf-Sterne-Modell vorgeschlagen:[22]

*	Daten im Web publizieren
**	Maschinen lesbares Format bereitstellen
***	Offene Standards verwenden(z.B.: CSV statt XLS)
****	Dingen / Daten eine URI geben / RDF verwenden
*****	Daten mit anderen Daten verlinken (Linked Data)

Eine Publikation in PDF-Dokumenten stellt zwar eine Verfügbarkeit sicher und würde nach dem Modell von Berners-Lee mit einem Stern ausgezeichnet werden. Die Daten lassen sich aber nicht oder nur mit unzumutbar hohem Aufwand weiterverwenden. Stellt man die Daten daher in einem maschinenlesbaren Format zur Verfügung (z.B. Microsoft Excel), erhält man zwei Sterne. Verwendet man z.B. CSV-Files[23] statt des Excel-Formats von Microsoft, so hat man einen offenen Standard eingesetzt und erhält den dritten Stern. Wenn man nun der Datenquelle eine Adresse im Internet gibt (URI), unter der diese verfügbar gemacht wurde und RDF[24] als Datenformat verwendet, erhält man vier Sterne. Den fünften Stern kann man erlangen, wenn man seine Datenquellen mit anderen verlinkt: Im Semantic Web sind bereits einige Daten frei verfügbar, eine Verlinkung von Datensätzen mit anderen bereits veröffentlichten Datensätzen führt zu Linked Data.

An einem Beispiel lässt sich dies recht einfach verdeutlichen: Viele Städte und Gemeinden veröffentlichen ihre Budgetdaten bereits auf den kommunalen Homepages in Form von PDF-Dokumenten und würden somit bereits einen Stern erhalten. PDF-Dokumente sind jedoch nur von Menschen lesbar, die der jeweiligen Sprache mächtig sind. Interpretierbar sind diese Daten noch dazu nur für jene, die über Kenntnisse des öffentlichen Haushaltswesens verfügen. Werden diese Daten nun nicht mehr als PDF-Dokumente, sondern (zusätzlich) z.B. in Form von Excel-Tabellen veröffentlicht, so wird eine weitere Verarbeitung bereits erleichtert (zweiter Stern im Modell von Berners-Lee). Den dritten Stern erhält man, wenn die Budgetdaten als CSV-Datei veröffentlicht werden. Der vierte Stern ist bereits ein wesentlich weiterer Schritt. Dabei ist die Datenquelle über eine im Internet frei zugängliche Adresse (URI) im RDF-Format abrufbar. Metadaten wie z.B. Titel, Autor, Änderungsdatum und Lizenzinformationen werden dabei hinzugefügt, weitere budgetspezifische Metadaten, wie Ansätze oder Posten müssten, ebenfalls in RDF beschrieben werden. Im letzten Schritt sollen diese Daten mit anderen vernetzt werden. Dadurch wird es beispielsweise möglich, automatisiert – z.B. über eine Gemeinde-

21 Das World Wide Web Consortium (kurz: W3C) ist das Gremium zur Standardisierung von Internet-Technologien. Vgl. dazu: http://www.w3.org/TR/gov-data/ [Download: 15.03.2011].

22 Vgl. dazu: http://inkdroid.org/journal/2010/06/04/the-5-stars-of-open-linked-data/ [Download: 15.03.2011].

23 CSV = Comma Separated Value, also durch Komma getrennte Werte. CSV-Dateien sind in beliebigen Anwendungen importierbar.

24 Resource Description Framework, http://www.w3.org/RDF/ [Download: 15.03.2011].

kennziffer – zu erkennen, dass die Budgetdaten von Münster von der Tiroler Gemeinde stammen und nicht von einer der 18 anderen Orte dieses Namens aus Deutschland. Darüber hinaus ermöglicht es die Verknüpfung mit bereits bestehenden anderen Datensätzen, z.B. der Eurostat[25], zu erkennen, dass es weitere Datenquellen gibt, die das gleiche Münster enthalten wie die veröffentlichten Budgetdaten. Ebenso können die Budgetdaten mit Daten von Bund oder Ländern in Beziehung gesetzt werden. In Deutschland werden die Budgetdaten des Bundes bereits als Open Data bereitgestellt.[26] Eine Verknüpfung von österreichischen und deutschen Budgetdaten würde voraussetzen, dass man die österreichischen Ansätze mit dem deutschen Funktionenplan und die österreichischen Posten mit dem deutschen Gruppierungsplan vernetzt. Hierbei bestehen natürlich Probleme der Vergleichbarkeit der unterschiedlichen Systematiken, die sich auch mit Linked Data nicht lösen lassen.

Das Beispiel der Budgetdaten zeigt aber, dass Open Data bzw. Linked Data nicht immer bedeutet, dass neue, bisher nicht veröffentlichte Daten freigegeben werden müssen, sondern dass die bereits vorhandenen Daten in anderen Formaten veröffentlicht werden sollen. Bei Linked Data liegt der Schwerpunkt daher auf einer technisch zeitgemäßen Bereitstellung von Daten, um Wiederverwendbarkeit zu ermöglichen.

1.4 PSI-Richtlinie / Informationsweiterverwendungsgesetz

Mit dem Informationsweiterverwendungsgesetz (IWG)[27] wurde die EU-Richtlinie 2003/98/EG („Public Sector Information“-Richtlinie, kurz PSI-Richtlinie) auf Bundesebene umgesetzt. Diese Richtlinie hat zum Ziel, die unterschiedlichen nationalen Bestimmungen und Verfahren für die Weiterverwendung von Dokumenten des öffentlichen Sektors in allen Mitgliedstaaten auf ein Mindestniveau anzugleichen. Durch mehr Sicherheit für die/den Einzelne/n und gleiche Bedingungen für alle auf dem europäischen Markt sollen unionsweite Informationsdienstleistungen erleichtert und dadurch der Binnenmarkt längerfristig gestärkt werden.

Durch das IWG werden öffentliche Stellen grundsätzlich nicht verpflichtet, die Weiterverwendung ihrer Dokumente zu gestatten. Es regelt nur die Rahmenbedingungen, unter denen die Weiterverwendung zu geschehen hat. Die Argumentation für die Weiterverwendung öffentlicher Daten ist vorwiegend eine ökonomische: Das Potenzial von Informationen des öffentlichen Sektors wird aufgrund rechtlicher und praktischer Hindernisse nicht ausgenutzt.[28] Eine Schätzung geht davon aus, dass der Wert von Public Sector Information in der Europäischen Union € 68 Mrd. pro Jahr beträgt.[29] Da Europa im Vergleich zu den USA oder Asien diesbezüglich

25 Vgl. dazu: http://epp.eurostat.ec.europa.eu/portal/page/portal/eurostat/home [Download: 15.03.2011].

26 Vgl. dazu: http://bund.offenerhaushalt.de/ [Download: 15.03.2011].

27 Bundesgesetz über die Weiterverwendung von Informationen öffentlicher Stellen (Informationsweiterverwendungsgesetz – IWG), BGBl. I Nr. 135/2005.

28 Vgl. dazu: Fallenböck; Galla; Stockinger: Urheberrecht, 2005.

29 Vgl. dazu: Pira International Ltd.: exploitation, 2000.

im Hintertreffen ist, wird die Förderung der Informationsweiterverwendung in der Europäischen Union weiterhin forciert. Die Digitale Agenda der EU 2010-2020 sieht deshalb eine Überprüfung der Richtlinie, insbesondere hinsichtlich ihres Anwendungsbereiches und ihrer Grundsätze für Zugangs- und Nutzungsentgelte, vor.[30]

2. Status in Österreich

In Deutschland und Österreich wurden 2009 bzw. 2010 erste Initiativen der Zivilgesellschaft gegründet. Die Österreichische Initiative ist weniger politisch/ideologisch, sondern eher technologisch motiviert und möchte vorwiegend dort, wo Daten bereits vorhanden sind, diese wiederverwendbar und nutzbar machen.[31] Die Verwaltung in Österreich ist noch eher zurückhaltend, formuliert aber in der E-Government-Vision 2020 die *„Bereitstellung von ausgewählten öffentlichen Rohdaten und Mashups mit privaten Services"*.[32] Open Government Data steht auch auf der Agenda des Kompetenzzentrums Internetgesellschaft.[33] Politisch wird das Thema Open Government in Österreich und Deutschland vor allem in Koalitionspapieren von Rot-Grünen-Koalitionen erwähnt. Im Wiener Regierungsübereinkommen ist festgehalten, dass ein Symposium veranstaltet und eine Expertengruppe eingesetzt werden soll, um Möglichkeiten und etwaige Risiken von Open Data und Open Government für Wien zu erörtern.[34]

Am 16. Juni 2010 fand die erste Open Government Data-Konferenz in Österreich statt. Zur Vorbereitung wurden Workshops mit den Stakeholdergruppen Politik, Bürgerinnen und Bürger, Wirtschaft sowie öffentliche Verwaltung abgehalten.[35]

3. Governance-Modellkrise?

Kann man nun von einer Governance-Modellkrise sprechen, die einen Paradigmenwechsel erfordert? Der Nachhaltigkeitsexperte Harich beschreibt in seinem Buch „A Model In Crisis"[36] nicht nur das Konzept des Paradigmenwechsels des Wissenschaftsphilosophen Kuhn, sondern plädiert für einen Systemverbesserungsprozess, der von der Modellkrise zu einem neuen Paradigma führen soll, ohne den schmerzlichen Prozess der

30 Vgl. dazu: Europäische Kommission: Digitale Agenda, 2010.

31 Vgl. dazu: http://gov.opendata.at/ [Download: 15.03.2011].

32 Vgl. dazu: http://www.digitales.oesterreich.gv.at/site/6878/default.aspx [Download: 15.03.2011].

33 Vgl. dazu: http://www.digitales.oesterreich.gv.at/site/cob__38186/5236/default.aspx [Download: 15.03.2011].

34 Vgl. dazu das Regierungsübereinkommen Wien 2010-2015: http://www.wien.spoe.at/sites/default/files/entwurf_regierungsuebereinkommen.pdf [Download: 15.03.2011] und den Koalitionsvertrag für Nordrhein-Westfalen 2010-1015 http://www.gruene-nrw.de/fileadmin/user_upload/landesverband/gruene-nrw/aktuelles/2010/koalitionsvertrag/Koalitionsvertrag_Rot-Gruen_NRW_2010-2015.pdf [Download: 15.03.2011].

35 Vgl. dazu: http://www.ogd2011.at [Download: 15.03.2011].

36 Vgl. dazu: Harich: Model, 2005.

Modellrevolution durchlaufen zu müssen. Er ist der Ansicht, dass die Zivilisation in Fragen der ökologischen Nachhaltigkeit in der Phase der Modellkrise steckt, die entweder durch einen schmerzlichen Modellrevolutionsprozess zu einem Paradigmenwechsel führen muss. Da es gilt, die Modellrevolution zu vermeiden. Er plädiert für einen Systemverbesserungsprozess (siehe Abbildung 1).

Abbildung 1: Modellrevolution oder Systemverbesserungsprozess?

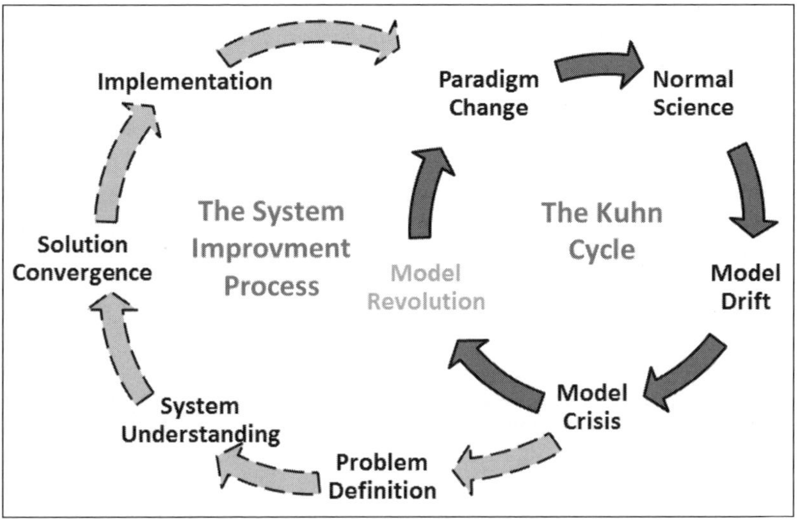

Quelle: KDZ (2011), nach Jack Harich: http://www.thwink.org

Es stellt sich nun die Frage, ob bezüglich Government 2.0 bereits von einem Paradigmenwechsel gesprochen werden kann. Anzeichen für eine Modellkrise des Politik- und Verwaltungshandelns gibt es jedenfalls. Bereits 2003, also in dem Jahr, in dem der Begriff „Web 2.0" geprägt wurde, hat die Österreichische Gesellschaft für Politikberatung und Politikentwicklung in Vorbereitung auf den Österreich-Konvent eine Studie mit dem Titel „Krise der Demokratie – Zukunft der Demokratie" herausgebracht.[37] Die Mechanismen von Web 2.0 erhöhen den Druck auf die Politik und Verwaltung noch mehr und es wird nötig, zu einem Government 2.0 zu gelangen.

Die Krise macht sich allerdings nicht als Krise des Governance-Modells, sondern als Krise der fehlenden Umsetzung bzw. Anwendung von Public Governance bemerkbar.

Public Governance versteht sich nicht als neues Paradigma, das angetreten ist, um das herrschende Paradigma des Public Management abzulösen. Vielmehr greift der Governance-Ansatz zentrale Kritikpunkte am Public Management auf und geht weiter darüber hinaus, indem auf eine ganzheitliche Steuerung der politisch-gesellschaftlichen Veränderung in

37 Vgl. dazu: Bauer: Krise, 2003.

aktivierender Kooperation der unterschiedlichen gesellschaftlichen Akteurinnen und Akteure mit Politik und Verwaltung abgezielt wird.[38]

Der Politikwissenschafter Müller bezeichnet strategisches Management für einen neuen öffentlichen Sektor als „offene Staatskunst":

> *„Politik und Verwaltung in Deutschland stehen vor Herausforderungen, die mit singulären Konzepten wie E-Government und Public Management (wirkungsorientierte IT-Unterstützung von Aufgaben und Prozessen) nicht gelöst werden können. Diese Ansätze begnügen sich meist mit einer partiellen Neujustierung entlang technischer und gesellschaftlicher Kontexte; sie versäumen es aber, die Art und Weise des Regierens und Verwaltens insgesamt auf den Prüfstand zu stellen. Politik und Verwaltung benötigen daher einen ganzheitlichen Modernisierungsansatz: eine offene Staatskunst."*[39]

Mit seiner Kritik am Public Management ist er nicht alleine, wurde Good Governance doch bereits 2003 von Bauer als Weiterentwicklung von Public Management verstanden.[40] Auch Lenk hat bereits im Jahr 2000 darauf hingewiesen, dass Good Governance Effektivität und Verwaltungstransparenz fordert und die Öffnung der Verwaltung eine Konsequenz der neuen Informations- und Kommunikationstechniken ist.[41]

Im Verständnis des KDZ steht mit Public Governance ein ganzheitlicher Modernisierungsansatz zur Verfügung, der die Art und Weise des Regierens und Verwaltens insgesamt auf den Prüfstand stellt und weiterentwickelt. Die offene Staatskunst könnte also eine Ergänzung oder Weiterentwicklung von Governance darstellen, die nötig ist, um das bald zehn Jahre alte Konzept an die aktuellen Gegebenheiten anzupassen und somit zu einem „Governance 2.0" weiterzuentwickeln.

4. Governance 2.0

Die Prinzipien von Good Governance gelten auch im Zeitalter von Government 2.0 und Open Government. Sie werden durch den aktuellen Diskurs um diese Themen sogar ganz besonders verstärkt. Die Merkmale von Government 2.0 sind abschließend noch beispielhaft dargestellt (siehe Tabelle 2).

38 Vgl. dazu: Rossmann: Governance, 2005.
39 Internet & Gesellschaft Co:llaboratory: Staatskunst, 2010.
40 Vgl. dazu: Bauer: Management, 2003, S. 11-29.
41 Vgl. dazu: Lenk: Government, 2000.

Tabelle 2: Gegenüberstellung Government 1.0 und Government 2.0

Government 1.0	**Government 2.0**
Bürgerinnen und Bürger als Konsumeninnen und Konsumenten bzw. Zuschauerinnen und Zuschauer	Bürgerinnen und Bürger als Parnterinnen und Partner sowie Mitgestalterinnen und Mitgestalter
Antragsverwaltung, E-Government = Online-Anträge	Bürgerzentrierung, E-Democracy
Beschwerdemanagement mittels Online-Formularen	Geo-Blogging, soziale Netzwerke, Innovationsmanagement
Einsichtnahme in beschlossene Budgets	Bürgerhaushalt
E-Administration	Offene Staatskunst
Public Management	Public Governance

Quelle: KDZ (2011)

Im E-Government wurde der Fokus in der Vergangenheit auf den Prozess der Online-Antragstellung bis hin zur Online-Zustellung gelegt, der Fokus auf E-Democracy und E-Participation wird auf der Agenda des E-Government 2.0 stehen. Lenk fordert, E-Government als Teil der Verwaltungsmodernisierung zu begreifen und den Blick von Technik und Recht zu erweitern, hin zu den Menschen.[42]

Es geht darum, die Stakeholder (insbesondere die Bürgerinnen und Bürger) in den Prozess der Politikgestaltung mit einzubeziehen und mitwirken zu lassen. Im 4-Phasen-Modell effektiver Bürgermitwirkung von Governance International werden die Phasen Mit-Entwickeln, Mit-Beauftragen, Mit-Umsetzen und Mit-Bewerten beschrieben.[43] Auch Müllers „offene Staatskunst“ möchte Verwaltungsprozesse im Sinne von Open Government strategisch umstrukturieren und orientiert sich dabei ebenfalls an den vier Phasen des „Policy-Zyklus“ (Initiierung, Formulierung, Implementierung und Evaluation).[44] Die offene Staatskunst beschreibt den strategischen Managementansatz der Nutzung offener Wertschöpfungsketten – Verwaltungsprozesse, die durch eine Öffnung über die Verwaltungsgrenzen hinaus gestaltet werden –, um letztlich zu Public Governance zu gelangen.

Ein neuer Begriff (Governance 2.0) ist aus theoretischer Sicht nicht nötig. Public Governance beschreibt im Grunde bereits einen Weg aus der Modellkrise des Politik- und Verwaltungshandelns. Wenn neue Begrifflichkeiten (wie z.B: „offene Staatskunst“) allerdings helfen können, dass die Prinzipien von Public Governance mehr als bisher in der Praxis zur Anwendung kommen, dann sind sie als Hilfsmittel gerne willkommen.

42 Vgl. dazu: Lenk: E-Government, 2010.
43 Vgl. dazu: Bovaird; Löffler; Downe: Public Services, 2009.
44 Vgl. dazu: Internet & Gesellschaft Co:llaboratory: Staatskunst, 2010.

Sonja STEFFEK

Das AGWR II als Grundlage für Analysen und Planungsaufgaben

Es steht außer Frage, dass Daten, welche laufend von statistischen Ämtern erhoben werden, die Grundlage für eine Vielzahl von Analysen bieten können. Um diesen Datenpool jedoch für weitergehende Analysen raumbezogener Zusammenhänge und in Folge für Prognosen nutzbar zu machen, ist es unerlässlich einen Raumbezug herzustellen. Erst durch diesen Raumbezug wird die Möglichkeit geschaffen, statistische Daten mit anderen Daten zu kombinieren und zu vergleichen, wodurch umfassendere Analysen ermöglicht werden und sich ein Mehrwert lukrieren lässt. In diesem Sinne bietet das Adress-, Gebäude- und Wohnungsregister (AGWR) sicherlich einen wichtigen und umfangreichen – wenngleich auch bisher noch nicht in vollem Umfang erkannten und genutzten – Datenbestand an geokodierten Adressen[1] und Gebäudeadressen[2]. Dieser ermöglicht – einerseits bereits in Verbindung mit den ebenfalls darin geführten Strukturmerkmalen zu Gebäuden und Nutzungseinheiten und andererseits durch die Verknüpfung mit weiteren Daten – weit reichende Analysen sowie gezielte Entscheidungen und Planungsmaßnahmen auf kommunaler wie auf staatlicher Ebene.

Im Jahr 2004 wurde mit dem Gebäude- und Wohnungsregister-Gesetz (BGBl. I Nr. 9/2004) die Basis für die Schaffung eines zentralen Adress-, Gebäude- und Wohnungsregisters (AGWR) geschaffen, welches die Führung eines österreichweiten authentischen Bestandes von raumbezogenen Adressdaten bis auf die Gebäude- bzw. Nutzungsebene (Wohnungs-, Büroebene etc.) – wie sie von einer Gemeinde offiziell vergeben werden – ermöglicht. Ergänzt werden diese Adressinformationen durch Strukturdaten zu den Gebäuden und Nutzungseinheiten. Dazu zählen Flächen- und Höhenangaben, das Errichtungsdatum, die Beheizung, Informationen über eine spezielle Nutzung des Gebäudes als Schule, Gemeindeamt, Apotheke etc., wie auch Meldeinformationen über die Anzahl der Personen, welche mit Haupt- und Nebenwohnsitz gemeldet sind. Wichtig erscheint es hier festzuhalten, dass es sich bei dem Datenbestand nicht – wie gewohnt – um statistische Daten, sondern – zumindest was die erfassten

1 Als Adresse wird die Bezeichnung einer Örtlichkeit eines Grundstückes, eines Gebäudes, oder einer Wohnung oder sonstigen Nutzungseinheit verstanden.

2 Gibt es auf der Grundstücksadresse mehr als ein Gebäude, so muss die Grundstücksadresse zur genauen Beschreibung der Gebäude um eine Gebäudespezifikation (z.B. Stiege, Haus, Block etc.) erweitert werden (z.B. Huberweg 1 Stg. 1, Huberweg 1 Stg. 2 etc.). Diese erweiterte Adresse wird als Gebäudeadresse bezeichnet. Wenn auf der Grundstücksadresse nur ein Gebäude vorhanden ist, so ist keine weitere Gebäudespezifikationen notwendig (z.B. bei den zahlreichen Einfamilienhäusern), die Gebäudeadresse ist dann identisch mit der Grundstücksadresse (z.B. Huberweg 1).

Daten seit Inbetriebnahme betrifft – um Verwaltungsdaten der Gemeinden handelt.

Durch diese Informationen sowie die mögliche weitere Verknüpfung mit Information über die Bevölkerung – wie beispielsweise demografische Altersinformationen, Wohnbevölkerung und deren Entwicklung oder Beschäftigungsentwicklung bzw. Pendlerbewegungen – können die Daten des AGWR für vielerlei Analysen und Planungsmaßnahmen betreffend das Wohnungswesen, die soziale Infrastruktur (z.B. Kinderbetreuung, Altenbetreuung, Gesundheits- und Sozialeinrichtungen etc.), die Bildungsinfrastruktur, die technische Infrastruktur (z.B. Energie, Abfall, Wasserversorgung und Abwasserbeseitigung), den Verkehr, die Wirtschaft oder Natur und Umwelt herangezogen werden. Für die Bundes-, Landes- und Gemeindeverwaltung können diese Informationen somit als Werkzeug- und Informationsgrundlage für die Steuerung der Daseinsvorsorge in diesen Bereichen, aber auch als Ausgangsbasis für gezielte Förderungen (z.B. Förderung für den Tausch von Wärmebereitstellungssystemen) dienen.

Adressbezogene Daten stellen jedoch nicht nur in behördlichen Verfahren, in darauf aufsetzenden Verwaltungsverfahren und in Registerführungen, sondern auch in generellen Bereichen der Wirtschaft eine unabdingbare Voraussetzung dar, um Verwaltungsabläufe effizient, kostengünstig und rechtsicher abgewickeln zu können. Dies gilt sowohl für jene Fälle, in denen die Verwaltung mit den Bürgerinnen und Bürgern bzw. der Wirtschaft (z.B. Bescheidverfahren, Gebührenvorschreibung, Zustellverfahren) in Kontakt tritt, als auch im umgekehrten Fall, in welchem die Bürgerinnen und Bürger sich an die Behörden (Antragstellung) wenden. Auch für die Wirtschaft sowie den Bürgerinnen und Bürger kann der Zugriff auf gesicherte, aktuelle und rechtsgültige Adressen für deren Geschäftsverkehr – vor allem in Hinblick auf die Liberalisierung des Postwesens – eine kostensparende Entwicklung bedeuten.

Mit dem Beitrag soll den Leserinnen und Lesern im Folgenden ein Einblick in die sehr komplexe Thematik des Adress-, Gebäude- und Wohnungsregisters, dessen Inhalte aber auch dessen Verknüpfungen und das Zusammenspiel mit anderen Registern und Verwaltungsstellen, wie seine Nutzungsmöglichkeiten für die öffentliche Verwaltung, die Wirtschaft und letztlich auch die Bürgerinnen und Bürger gegeben werden.

1. Das Adress-GWR-Online

Das Adress-GWR-Online (AGWR-Online) stellt die gemeinsame Meldeschiene für das Adressregister (AR) sowie das Gebäude- und Wohnungsregister (GWR) dar. Aus Gründen der Zugriffs- und Nutzungsrechte wurde gesetzlich verfügt, das Adressregister und das Gebäude- und Wohnungsregister formal getrennt zu führen, weshalb das Adressregister beim Bundesamt für Eich- und Vermessungswesen (BEV) und das Gebäude- und Wohnungsregister bei der Statistik Österreich (STAT) eingerichtet wurde.

Mit Inbetriebnahme der Meldeschiene AGWR-Online Ende 2004 wurde erreicht, dass – aufbauend auf einem von der Großzählung 2001 vorhandenen Datenbestand – von den Gemeinden Adressverbesserungen, Neuvergaben und Änderungen von Adressen einheitlich und aktuell über eine Online-Applikation eingemeldet werden. Durch die Meldung sind alle bundesgesetzlichen Meldepflichten der Gemeinden, welche die Zurverfügungstellung von authentischen Adressdaten betreffen, erfüllt. Über das AGWR-Online werden vorgenommene Änderungen aktuell in das Adressregister und in Folge in die Grundstücksdatenbank übermittelt. Gleichzeitig erfolgt auch die Wartung des GWR, welches wiederum den Datenabgleich mit dem Zentralen Melderegister (ZMR) über das AGWR-Online bewerkstelligt.

Während das Adressregister Adressen lediglich bis auf Ebene der Gebäude führt, wird im GWR eine durchgehende Adressierung bis zur Ebene der Nutzungseinheiten (Wohnungen) – das heißt, bis auf Ebene der Tür- bzw. Topnummer – geführt.

Abbildung 1: Die Struktur des Adress-, Gebäude- und Wohnungsregisters-Online

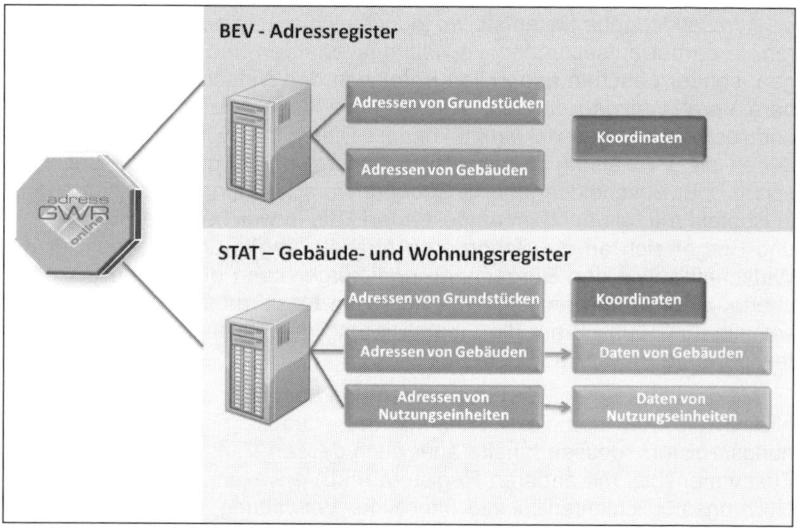

Quelle: Statistik Österreich (2011)

Die laufende Aktualisierung des Registers erfolgt durch die Einmeldung von Änderungen am Adress- und Gebäudebestand sowie durch die Erfassung von Baumaßnahmen durch die Gemeinden und die Bezirkshauptmannschaften, letztere soweit bei diesen – in Wahrnehmung der ihnen übertragenen Aufgaben der örtlichen Baupolizei – Daten anfallen. Die Erfassung der Daten sowie deren Bearbeitung ist sowohl über eine Internetapplikation (Web-Client), welche den Gemeinden von der Statistik Österreich unentgeltlich zur Verfügung gestellt wird, als auch über Web-Services (Programm-Programm-Verbindung) möglich. Letzteres ermöglicht es jenen Gemeinden, welche gemeindeintern über eigene lokale Anwendungen im Bau- und Meldewesen verfügen, ihre Daten direkt an das AGWR zu übermitteln oder Daten aus diesem in die lokalen Anwendungen (z.B. Baumodule, lokale Melderegister, GIS etc.) zurück zu übernehmen.

Das Adress-GWR-Online ist darüber hinaus ebenfalls die Grundlage sowie ein Verbindungsglied für andere zentrale Register, wie beispielsweise das Zentrale Melderegister (ZMR). So bilden die GWR-Adressen für Meldevorgänge im ZMR die Basis und es wird sichergestellt, dass Meldungen im ZMR nur auf real existierenden Wohnungen möglich sind. Im Gegenzug wird das GWR mit der Anzahl der Haupt- und Nebenwohnsitze pro Gebäude und pro Nutzungseinheit befüllt.

Abbildung 2: Schematische Darstellung der Nutzungsrechte und Verknüpfungen des AGWR I

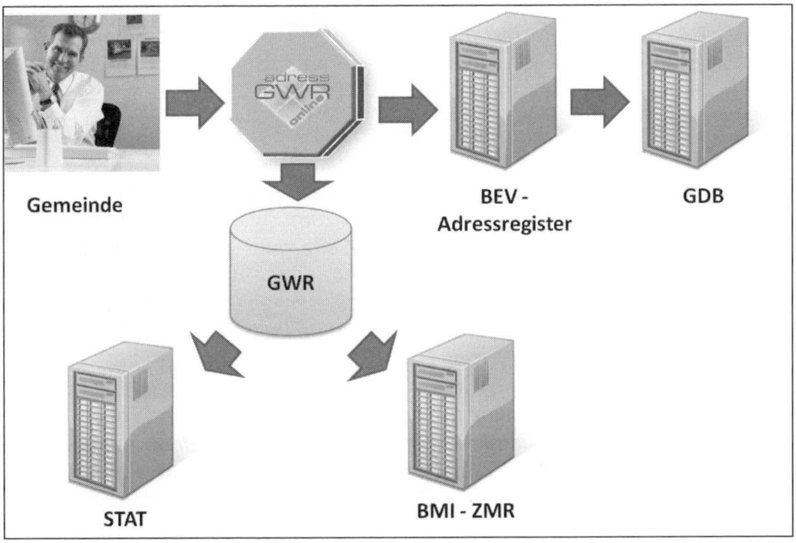

Quelle: Statistik Österreich (2011)

In seiner ursprünglichen Konzeption wurden im Gebäude- und Wohnungsregister-Gesetz (BGBl. I Nr. 9/2004) lediglich den Gemeinden Nutzungsrechte für ihre im GWR geführten Daten für Aufgaben der kommunalen Verwaltung sowie der Bundesstatistik für statistische Zwecke eingeräumt. Erst mit der Änderung des GWR-Gesetzes (BGBl. I Nr. 125/2009) wurde die Nutzung des GWR als Verwaltungsregister der Gemeinden auf andere Verwaltungsstellen[3] ausgeweitet.

3 Im Zuge der Novellierung des GWR-Gesetzes im Jahr 2009 wurde den Ländern und Ministerien – für die Erfüllung der ihnen gesetzlich übertragenen Aufgaben – der Zugriff auf bestimmte gesetzlich festgelegte Daten des Gebäude- und Wohnungsregisters (GWR) eingeräumt.

2.1 Das Adressregister

Das Adressregister führt österreichweit einen authentischen Datenbestand von geokodierten Adressen und kann im Sinne des E-Governments einerseits die Grundlage für andere Verwaltungsregister bilden und andererseits sowohl allen Gebietskörperschaften als auch der breiten Öffentlichkeit zugänglich gemacht werden.

Durch die Geokodierung erhalten die Adressen einen räumlichen Bezug, der nicht nur für die Verwaltung, die Wirtschaft und für private Nutzerinnen und Nutzer, sondern auch für Feuerwehren und Rettungsdienste von großer Bedeutung sind. Behörden erhalten zur Wahrnehmung ihrer gesetzlich übertragenen Aufgaben einen kostenlosen Zugang. Einzelne Adressen können auch von Privaten kostenlos abgefragt werden. Abfragen und Auswertungen, die darüber hinausgehen oder kommerziell verwertet werden, unterliegen einem Kostenersatz. So heißt es im Gebäude- und Wohnungsregistergesetz (BGBl. I Nr. 9/2004):

> *„§ 47a. (1) Jedermann kann kostenlos aus dem Adressregister die in § 9a Abs. 2 Z 1 bis 4, 6, 7 und 10 und § 9a Abs. 3 Z 1 bis 3, 5 und 10 genannten Daten einer einzelnen Adresse abfragen. Die Aufzeichnung von Abfrageergebnissen zum Zweck der kommerziellen Verwertung, insbesondere durch Weitergabe an Dritte, ist unzulässig.*
> *(2) Abfragen und Auszüge aus dem Adressregister, die über Abs. 1, erster Satz, hinausgehen, sowie die unmittelbare Einsicht in das technische Operat oder das Grundstücksverzeichnis gemäß § 14 Abs. 4 und 6 unterliegen einem Kostenersatz. Der Kostenersatz ist durch den Bundesminister für Wirtschaft und Arbeit im Einvernehmen mit dem Bundesminister für Finanzen mit Verordnung entsprechend dem gemeinen Wert gemäß § 305 ABGB in Form von Bauschbeträgen festzulegen. Der Gemeindebund und der Städtebund sind vor Erlassung der Verordnung anzuhören.*
> *(3) Keine Kostenersatzpflicht für Abfragen und Auszüge aus dem Adressregister nach Abs. 2 besteht – sofern damit nicht die Weitergabe an Dritte für kommerzielle Zwecke verbunden ist – für Abfragen durch*
> 1. *Behörden, soweit die Abfrage zur Wahrnehmung einer der Behörde gesetzlich übertragenen Aufgabe erforderlich ist,*
> 2. *die Bundesanstalt Statistik Österreich für statistische Zwecke und*
> 3. *Feuerwehren und Rettungsdienste für Aufgaben des Krisenmanagements und des Einsatz- und Rettungswesens.“*

2.2 Das Gebäude- und Wohnungsregister

Im Gegensatz zum Adressregister handelt es sich im Fall des Gebäude- und Wohnungsregisters nicht um ein öffentliches Register, wodurch der Zugriff auf bestimmte, gesetzlich definierte, Benutzergruppen beschränkt ist.

Neben den geokodierten Adressen der Grundstücke und Gebäude – die aufgrund der einheitlichen Meldeschiene identisch mit jenen des Adressregisters sind – enthält das Gebäude- und Wohnungsregister auch Adressen von Wohnungen und anderen Nutzungseinheiten (z.B. Büros, Groß- und Einzelhandelsflächen, Flächen für Industrie und Lagerei etc.) sowie Strukturdaten von Gebäuden und Wohnungen bzw. sonstigen Nutzungseinheiten.

Das Gebäude- und Wohnungsregister dient der Bundesstatistik für laufende statistische Auswertungen (z.B. Wohnbaustatistik). Es wird jedoch auch als eines der Basisregister für zukünftige Registerzählungen herangezogen Den Gemeinden stehen im Register außerdem je fünf freie Felder zur Verfügung, in den sie beliebige Merkmale zu den Gebäuden oder Wohnungen und sonstige Nutzungseinheiten für die eigene Verwaltung führen können. Ein weiterer Vorteil des Gebäude- und Wohnungsregisters besteht ferner darin, dass aus dem Register tagesaktuelle Statistiken oder Berichte für die Gemeinden erstellt werden können.

Zusätzlich ist das Gebäude- und Wohnungsregister von größter Bedeutung, da Österreich per EU-Verordnung[4] verpflichtet ist, quartalsweise die Österreich betreffenden Zahlen über Baugenehmigungen an Eurostat zu melden. Diese Informationen über die Baugenehmigungen stellen einen Teil der Konjunkturindikatoren der europäischen Wirtschaft dar. Mit der Novelle zum GWR-Gesetz im Jahr 2009 hat die Bundesanstalt Statistik Österreich weiters die Aufgabe, die Daten des zentralen Registers, die die jeweilige Gemeinde betreffen, für die Gemeinden als lokales Gebäude- und Wohnungsregister für Zwecke der Verwaltung, Forschung und Planung zu führen. Das lokale Gebäude- und Wohnungsregister wird den Gemeinden unentgeltlich per Gesetz als Dienstleistung im Sinne der Verwaltungsökonomie zur Verfügung gestellt und deckt sich mit den Inhalten des zentralen Gebäude- und Wohnungsregisters.

3. Gesetzliche Grundlagen

Die gesetzliche Grundlage für die Einrichtung des Gebäude- und Wohnungsregisters (GWR) bildet das GWR-Gesetz (BGBl. I Nr. 9/2004), während die Errichtung des Adressregisters in einer Novelle des Vermessungsgesetzes geregelt wurde. Aufgrund der Bedeutung beider Register für E-Government in Österreich, erfolgte die parlamentarische Beschlussfassung der Rechtsgrundlagen für deren Führung gemeinsam mit jener des E-Government-Gesetzes am 29. Januar 2004 (BGBl. I Nr. 9/2004). Beide gesetzlichen Bestimmungen traten mit 1. März 2004 in Kraft.

Inhalt und Struktur der Angaben des Adressregisters wurden in der Adressregisterverordnung (AdrRegV) geregelt, deren Kundmachung am 20. Juli 2005 (BGBl. II Nr. 218/2005) erfolgte. Sie erfuhr am 28. Dezember 2007 (BGBl. II Nr. 395/2007) und am 27. Februar 2009 (BGBl. II Nr. 57/2009) eine Änderung.

4 Vgl. dazu: Verordnung (EG) Nr. 1165/98 des Rates vom 19. Mai 1998 über Konjunkturstatistiken.

Mit 1. Januar 2010 trat die *Novelle des GWR-Gesetzes* in Kraft (BGBl. I Nr. 125/2009) mit welcher nicht nur der Kreis der Zugriffsberechtigten erweitert wurde, sondern auch die im Gebäude- und Wohnungsregister geführten Merkmale erweitert und adaptiert wurden, um dadurch einen größeren Nutzen zu lukrieren. Zu den wichtigsten Neuerungen, welche durch die Novellierung wirksam wurden, zählen:

– die Nutzung der GWR-Daten für Verwaltungszwecke
– die Adaptierungen der Begriffsbestimmungen
– die Erweiterung des Merkmalskatalogs
– die Erweiterung der Nutzungsrechte
– die Einrichtung der Energieausweisdatenbank

Aufgrund der sehr umfangreichen Adaptierungen und Neuerungen – welche über ein reines Redesign hinausgingen – wurde für die neue Applikation schließlich die Bezeichnung *AGWR II* gewählt.

4. Die Nutzer des AGWR II

Mit der Erweiterung der Zugriffsrechte wurde dem Wunsch nach einer verstärkten Nutzung des GRW für Verwaltungszwecke im Sinne der Verwaltungsökonomie, der Sparsamkeit, der Vermeidung von redundanten Datenführungen und der Einheitlichkeit Rechnung getragen.

Die Verwaltungsstellen des Bundes und der Länder können nunmehr für die Wahrnehmung ihrer gesetzlichen Aufgaben die Objektdaten, welche ohnedies bei den Gemeinden aufliegen und von den Gemeinden in das GWR eingebracht werden, nutzen. Dadurch wird verhindert, dass diese Daten nicht erneut bei den Eigentümerinnen und Eigentümern erhoben, sonstigen Registern entnommen oder direkt bei den Gemeinden beschafft werden müssen.

Die gemeindeeigenen Daten des GWR können von den Gemeinden für Verwaltungszwecke herangezogen werden. Sie sind damit beispielsweise für die Berechnung kommunaler Abgaben (z.B. Gebührenvorschreibungen für Kanal, Wasser) einsetzbar, jedoch ebenfalls für kommunale Planungsmaßnahmen, wie beispielsweise die Projektierung von Lärmschutzmaßnahmen, Umweltschutzmaßnahmen und energiepolitischen Maßnahmen, Projekte der Raumplanung oder die Erstellung von Katastrophenschutzplänen.

Den Ländern wurde – unter der Voraussetzung der Umsetzung der in der GWR-Novelle angeführten landesrechtlichen Vorschriften hinsichtlich der Einrichtung einer Energieausweisdatenbank – der Zugriff auf alle GWR-Daten des jeweiligen Landes eingeräumt, welche somit für Analysen sowie als Grundlage für Steuerungsmaßnahmen im Rahmen der Raumplanung und Raumordnung, der Infrastrukturplanung, der Wohnbauförderung oder als Datenbasis für ein Energiemonitoring bzw. die Erstellung von Energiekonzepten zur Verfügung stehen. Darüber hinaus wurde die Zugriffsberechtigung der Länder auf den Datenbestand des AGWR II von der Umsetzung eines gemeinsamen Maßnahmenpakets, welches Städte und Gemeinden bei ihrer Arbeit unterstützen und zur Qualitätssicherung beitragen soll, abhängig gemacht. Die geplanten Maßnahmen umfassen neben der Schaffung der rechtlichen Voraussetzungen für eine einheitliche und durchgehende Adressierung bis zur Ebene der Türnummern auch die Verankerung eines österreichweit einheitlichen Formulars zur Baubeschreibung in den Bauordnungen. Letzteres würde Städte und Gemeinden sehr entlasteten, insbesondere, wenn damit die Möglichkeit der elektronischen Einbringung verbunden wäre. Damit würden vom Planverfasser aufbereitete Daten zur Verfügung stehen, welche von den Behörden nicht mehr manuell aus den Plänen errechnet werden müssten, wodurch eine hohe Qualität des bereitgestellten Datenmaterials gegeben wäre. Das Formular könnte unmittelbar, zumindest als Bestandteil des Bauaktes, Verwendung finden, bei elektronischer Verfügbarkeit sogar Eingang in eine elektronische Abwicklung des Bauakts.

Dies würde einen Beitrag zur Senkung des Mitteleinsatzes auf Seiten der Städte und Gemeinden leisten und damit zur Steigerung der Effizienz des Verwaltungshandelns beitragen. Die verminderte Anzahl der Behördenkontakte würde darüber hinaus auch eine positive Auswirkung für die Bürgerinnen und Bürger sowie die Bauträger haben.

Abbildung 3: Der erweiterte Nutzerkreis des AGWR II entsprechend der Novelle zum GWR-Gesetz 2009

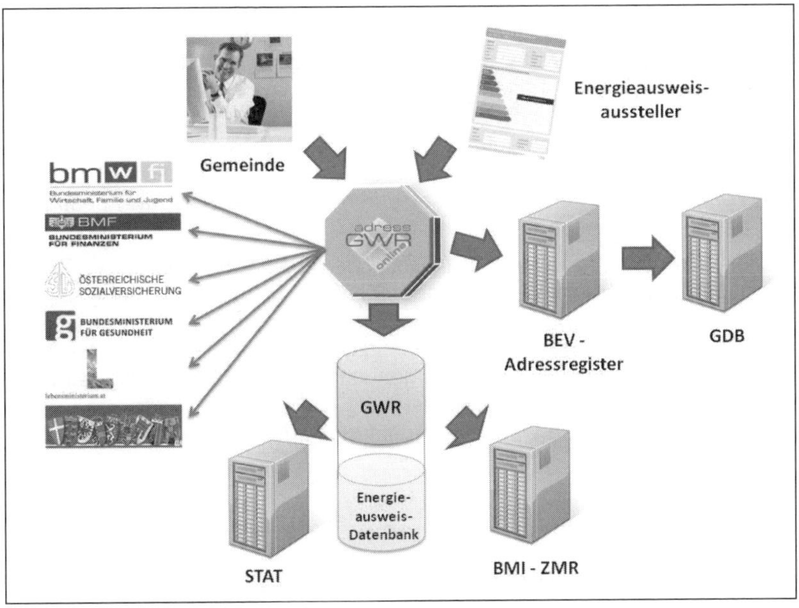

Quelle: Statistik Österreich (2011)

Die Zugriffsrechte des *Bundesministeriums für Wirtschaft, Familie und Jugend (BMWFJ)* auf die Daten des GWR sind in erster Linie in Hinblick auf die Daten der Energieausweise zu sehen. Die Informationen sollen Meldungen über die energetische Verbesserung des Gebäudebestandes sowie der neu errichteten Gebäude gegenüber der Europäischen Kommission ermöglichen und sind vor allem für den Nachweis einer Effizienzsteigerung gemäß der EU-Richtlinie 2002/91/EG über die Gesamtenergieeffizienz von Gebäuden essentiell. Die Daten sollen zukünftig auch die Grundlagen für Maßnahmen zum Klimaschutz und zu einer weiteren Senkung des Energieeinsatzes in Gebäuden liefern.

Ein Zugriff des *Bundesministeriums für Gesundheit (BMG)* auf die Daten des GWR wird für die Vollziehung der im Lebensmittelsicherheits- und Verbraucherschutzgesetz (LMSVG) sowie im Veterinärrecht normierten Aufgaben benötigt.

Durch den Zugriff des *Bundesministeriums für Land- und Forstwirtschaft, Umwelt und Wasserwirtschaft (BMLFUW)* auf bestimmte Daten des GWR können Analysen und Planungsmaßnahmen, beispielsweise im Bereich Abfallwirtschaft, Emission sowie Lärmschutz, unterstützt werden. Auch für die Erstellung der Hochwassergefahren- und Hochwasserrisikomanagementpläne, für Wirtschaftlichkeitsuntersuchungen (KNU) von Schutzmaßnahmen der Wildbach- und Lawinenverbauung (WLV), Analysen im Zusammenhang mit Gefahrenzonenplänen der WLV und Risikobetrachtungen, wie auch die Bewertung von Schutzmaßnahmen hinsichtlich deren Dringlichkeit sind die Daten des AGWR von großer Bedeutung.

Der Zugriff des *Bundesministeriums für Finanzen (BMF)* auf bestimmte Daten des GWR ermöglicht es, im Sinne der Verwaltungsökonomie, die von den Gemeinden eingebrachten Gebäudedaten direkt den Finanzämtern für die Einheitswertermittlung zur Verfügung zu stellen. Auf diese Weise kann in vielen Fällen die bescheidmäßige Festsetzung des Einheitswertes gemäß des Bewertungsgesetzes (BGBl. Nr. 148/1955) bei Neu-, An-, Auf- und Umbauten ohne weitere Befassung des Bauwerbers automatisiert erfolgen, Dies führt in Folge zu einer Effizienzsteigerung bei der Vorschreibung der Grundsteuer durch die Gemeinden und beschleunigt das Verwaltungsverfahren erheblich.

Dem *Hauptverband der Sozialversicherungsträger* wurde der Zugriff auf gesetzlich festgelegte Daten des AGWR II in Zusammenhang mit der Vorschreibung lohnabhängiger Abgaben eingeräumt. Mit dem Adressbestand des GWR können aktuelle, rechtsgültige Adressen – welche identisch mit jenem des ZMR sind – genutzt werden. Gleichzeitig wird auf diesem Wege eine Adressharmonisierung der Datenbestände der Sozialversicherungsträger sowie die Vermeidung redundanter Adressbestände unterstützt.

5. Die Erstbefüllung und Datenqualität des Adress-GWR

Die Erstbefüllung des Adress-GWR konnte aus den Daten der Gebäude- und Wohnungszählung 2001 (GWZ 2001), der nachfolgenden Baumaßnahmenstatistik, des ehemaligen Gebäudeadressregisters der Statistik Österreich, des Zentralen Melderegisters, der Grundstückdatenbank sowie der Digitalen Katastralmappe erfolgen.

Die *Adressdaten* des AGWR-Online konnten im Wesentlichen dem – von der Statistik Austria bis Ende November 2004 geführten – Gebäuderegister entnommen werden. Dieser Adressbestand wurde mit jenem des Bundesamts für Eich- und Vermessungswesen (BEV) abgeglichen und um die dort vorhandenen GIS-Koordinaten sowie die Grundstücksnummern erweitert wurden. Gleichzeitig wurden – soweit vorhanden – die Adressen der sonstigen Bauwerke (z.B. Geräteschuppen, Gartenhäuschen, Trafostationen, Bushaltestellen etc.) sowie die Angaben aus der GWZ 2001 in die Erstbefüllungsdaten übernommen. Die im Adress-GWR-Online ebenfalls geführten *Adressen von Nutzungseinheiten* (z.B. Wohnungen, Geschäftslokale, Arztpraxen etc.), welche auch in Zusammenhang mit dem Meldewesen von unmittelbarer Bedeutung sind, wurden im Vorfeld mit dem damaligen Bestand des Zentralen Melderegisters abgeglichen.

Abbildung 4: Schematische Darstellung der Erstbefüllung des Gebäude- und Wohnungsregisters (GWR)

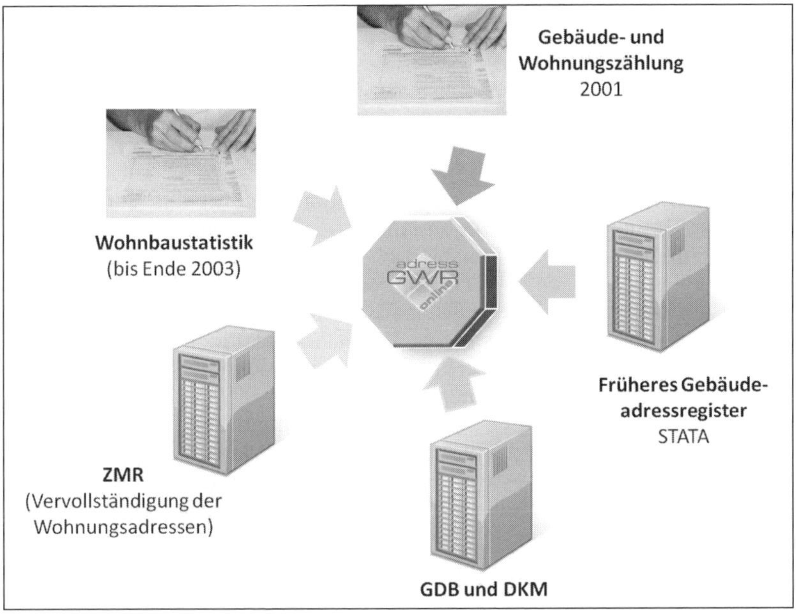

Quelle: Statistik Österreich (2011)

Im Zuge der Gebäudezählung 2001 wurden die Daten des damaligen Gebäudeadressregisters sowohl zur Erhebungsunterstützung für den Vordruck der Gebäudeblätter als auch für die Befüllung der GSG2001 (Gemeindesoftware Großzählung 2001) verwendet. Diese Applikation wurde den Gemeinden zur Verfügung gestellt. Sie beinhaltete die Adressen aller zu erhebenden Gebäude der jeweiligen Gemeinde. Seitens der Gemeinden wurden nun in diese Applikation die Daten der lokalen Melderegister eingebracht. In Städten mit Bundespolizeidirektionen als Meldebehörde wurden anstelle der Meldedaten die Daten der Einwohnerverzeichnisse der Magistrate herangezogen.

Für die *Erstbefüllung des Gebäude- und Wohnungsregisters* (GWR) mit Gebäuden und Nutzungseinheiten wurde in erster Linie auf die Angaben der Gebäude- und Wohnungszählung 2001 (GWZ 2001) sowie der laufenden Wohnbaustatistik, die in erster Linie aktuelle Bauvorhaben beinhaltet, zurückgegriffen. Lagen Informationen aus einer laufenden Wohnbaustatistik vor, so wurden diese den Informationen aus der GWZ 2001 vorgezogen.

So bei Gebäuden keine Informationen zu den Nutzungseinheiten vorlagen, wurden ersatzweise Einheiten ins GWR mit einer Größe von 20m² und einer Nutzungseinheit von 4m² aufgenommen, welche aufgrund der Größe von tatsächlich erfassten Gebäuden unterscheidbar waren. Zur weiteren Unterscheidung wurde bei der Nutzungseinheit anstelle der Türnummer in das Feld zur Lagebeschreibung als Adresse der Systemschlüssel – die Nutzungseinheitenlaufnummer – eingetragen sowie alle anderen Strukturmerkmale mit dem Wert „unbekannt“ befüllt. Bei vielen Merkmalen konnten jedoch die Angaben der GWZ 2001 bzw. der laufenden Wohnbaustatistik direkt in das Gebäude- und Wohnungsregister übernommen werden.

Seit Inbetriebnahme des AGWR im Jahr 2004 erfolgt die laufende Erfassung der Daten durch die Gemeinden auf Basis der Einarbeitung von Verwaltungsdaten aus Bauverfahren sowie der Aufbringung von Änderungen am Adress- und Gebäudebestand. Die unterschiedlichen Quellen – einerseits Daten aus statistischen Erhebungen, andererseits Verwaltungsdaten der Gemeinden – bedingen jedoch, dass die Qualität der im GWR enthaltenen Daten sehr unterschiedlich ausfällt. Während die Erstimportdaten zum größten Teil die Qualität der jeweiligen statistischen Auswertungen der sie entstammen aufweisen, weisen die laufend erfassten Daten aus Baumaßnahmenmeldungen Verwaltungsdatenqualität auf. Adressen sowie Gebäudeadressen (Hausnummern, Siegen etc.) bzw. Nutzungseinheitenadressen (Tür-/Topnummer) – welche die Grundlage für Meldungen im ZMR bilden – lassen eine durchgehend hohe Qualität erkennen. Aktuell sind 99,7 Prozent aller ZMR-Meldefälle bis zur Gebäudeadresse mit den GWR-Adressen abgeglichen. Auf der Ebene der Türnummern sind 83,5 Prozent aller ZMR-Meldefälle auf GWR-Adressen (Türnummern) zugeordnet.

Tabelle 1: Der aktueller Stand der im AGWR II erfassten Registereinheiten in Mio. (Stand: Februar 2011)

1. Adressen	2,2
2. Gebäudeadressen	2,4
3. Gebäude	2,3
4. Wohnungen	4,4
5. sonstige Nutzungseinheiten	0,5

Quelle: Statistik Österreich (2011)

6. AGWR II-Daten als Basis für die Analyse, Planung und Steuerung

Die Geokoordierung auf Adress- wie auch auf Gebäudeebene in Verbindung mit der Verknüpfung diverser Datenquellen machen kleinräumige Auswertungen auf Basis von regionalstatistischen Rastern möglich.

Die Adresse stellt dabei den räumlichen Bezug zu einem Grundstück her, unabhängig davon, ob sich ein Gebäude auf dieser Adresse befindet. Dabei kann die Adresse einerseits mehrere Grundstücksnummern umfassen, andererseits können auf einer Grundstücksnummer mehrere Adressen liegen. Jede Adresse im AGWR II wird durch einen 7stelligen Adresscode (ADRCD), welcher automatisch beim Anlegen vom System vergeben wird, eindeutig identifizierbar. Selbst im Falle, dass eine Adresse aufgelassen bzw. gelöscht wird, bleibt dieser erhalten bzw. wird nicht neu vergeben.

Mittels der Koordinaten können alle Adressen und Gebäude im AGWR II eindeutig auf der Landkarte zugeordnet werden. Die einzutragende GIS-Koordinate basiert auf dem Gauß-Krüger-Koordinatensystem.

Die Geokodierung des Gebäudes ermöglicht es, alle damit verknüpften Daten auf die Geokoordinate des Gebäudes umzulegen und sie sowohl als Punktobjekt als auch zusammengefasst in Rastereinheiten für kleinräumige Auswertungen – wie beispielsweise für Analysen von Einzugsbereichen von Haltestellen oder Apotheken, für Analysen von betroffenen Gebäuden in vom Hochwasser gefährdeten Gebieten bzw. für Analysen der vom Kraftfahrzeugsverkehr, Fluglärm oder Luftverschmutzung betroffenen Anrainerinnen und Anrainern – zu nutzen.

Wie bereits im Vorangegangenen aufgezeigt, umfasst das GWR alle Gebäude Österreichs, wie sie von den Gemeinden erfasst wurden. In Hinblick auf die Gebäude unterscheidet das GWR aufgrund der Nutzung[5]:

- Gebäude mit einer Wohnung
- Gebäude mit zwei oder mehr Wohnungen
- Wohngebäude für Gemeinschaften
- Hotels und ähnliche Gebäude
- Bürogebäude
- Groß- und Einzelhandelsgebäude
- Gebäude des Verkehrs- und Nachrichtenwesens
- Industrie- und Lagergebäude
- Gebäude für Kultur- und Freizeitzwecke sowie das Bildungs- und Gesundheitswesen
- landwirtschaftliche Nutzgebäude
- freistehende Privatgaragen
- Kirchen, sonstige Sakralbauten

5 Die Klassifikation des Gebäudes (gemäß der EU-Gebäudeklassifikation) erfolgt im AGWR-Online automatisch und klassifiziert das Gebäude immer aufgrund seiner Haupteigenschaft. Dies ist insbesondere dann von Interesse, wenn sich mehrere Nutzungseinheiten unterschiedlicher Nutzungsart innerhalb eines Gebäudes befinden. Die Berechnung erfolgt anhand der Nettogrundflächen pro Nutzungsart, wobei jene Nutzung bestimmend für die Gebäudeeigenschaft ist, die abgesehen von den Wohnflächen den größten Flächenanteil am Gebäude einnimmt. Um als Wohngebäude klassifiziert zu werden muss der flächenmäßige Anteil der Wohnungen innerhalb des Gebäudes mindestens 50 Prozent betragen. Bei einem Wohnungsanteil unter 50 Prozent wird für die Berechnung der Gebäudeeigenschaft jene Nutzung bestimmend, welche den nächstgrößten Flächenanteil des Gebäudes einnimmt.

- Pseudobaulichkeiten[6]
- sonstiges Bauwerk (Trafohäuschen, Bushaltestelle etc.)

Befindet sich an einer Adresse mehr als ein Gebäude, so ist für jedes Gebäude eine eindeutige Unterscheidung anzugeben (Stiege 1, Stiege 2; Haus A, Haus B; Vorderhaus, Hinterhaus etc.).

Jedem Gebäude des GWR ist eine Objektnummer (OBJNR), eine österreichweit eindeutige, nicht sprechende Identifikationsnummer zugeordnet. Sie wird vom System pro Gebäude, unabhängig von der Gemeindezugehörigkeit oder der Zugehörigkeit zu einer Adresse, vergeben und bleibt bei allen Veränderungen – wie etwa Gemeindezusammenlegungen, Adressänderungen oder Umbauten etc. – unverändert. Das heißt, diese Objektnummer ist einmalig, wodurch das Gebäude auch im Falle eines Abbruchs im Datenbestand des AGWR II[7] verspeichert bleibt und historisiert wird. Entsteht am Standort eines Abbruches ein Neubau, erhält das neu errichtete Gebäude eine neue Objektnummer, auch wenn der Neubau die gleiche Adresse erhält wie das abgebrochene Gebäude.

Die Objektnummer stellt die Verbindung mit allen weiteren Daten, welche mit den AGWR-Daten verknüpft werden sollen, dar. Darüber hinaus enthalten die Gebäudedaten jedoch auch weitere administrative Kennziffern.

Die *Merkmale des AGWR II* umfassen:

- die Objektnummer (OBJNR)
- die Gemeindekennziffer (GEMNR) und den Gemeindenamen
- die Zählsprengelkennziffer innerhalb der Gemeindenummer und den Zählsprengelnamen
- die Ortschaftskennziffer (OKZ) und den Ortschaftsnamen
- die Straßenkennziffer (SKZ) und den Straßennamen
- die Gebäudeidentifikation (GID) – physische Hausnummer
- den Hinweis, ob es sich dabei um eine Haupt- oder Identischadresse handelt
- die Objekttypisierung (z.B. Wohngebäude, Bürogebäude etc.)
- das Anlagedatum (wird bei der Ersterfassung eines Objekts vergeben)
- das Datum der Inaktivsetzung oder des Abbruchs (wird bei der Statusänderung eines Objekts vergeben)
- das Änderungsdatum (wird bei Änderung bestimmter Merkmale vergeben)
- die Postleitzahl

6 Unter Pseudobaulichkeiten werden mobile oder temporäre Unterkünfte wie Wohnwagen oder Baracken, sofern Personen im Zentralen Melderegister (ZMR) an diesen Einheiten gemeldet sind, oder auch Arbeitsstätten, die sich nicht in Gebäuden befinden, wie etwa eine Schottergrube mit mindestens 1 Beschäftigten und diese Arbeitsstätte etwa im Unternehmensregister (UR) geführt wird, verstanden.

7 Der Zustand des Gebäudes wird durch die Angabe zum Status identifiziert. Im AGWR II sind nicht nur bestehende Gebäude erfasst, sondern auch Gebäude, die abgerissen wurden oder nie existent (das heißt, fälschlich angelegte Gebäude, welche in der Realität nie bestanden) waren. Dies ist aus Gründen der Nachvollziehbarkeit der Datenbestände notwendig. Da alle Eingaben im AGWR II historisiert gespeichert werden, ist es möglich frühere Bestände wiederherzustellen.

Darüber hinaus verspeichert das AGWR II zusätzlich zu den Adressen Angaben, durch welche diese auf topografischen und thematischen Karten eindeutig lokalisiert werden können. Diese Merkmale umfassen:

- die Kennziffer der Katastralgemeinde
- die Grundstücksnummer
- die X- und Y-Koordinaten des Bauflächenpunktes
- die X- und Y-Koordinate des Grundstücks
- den Meridianstreifen (M28, M31 und M34)

Durch die X- und Y-Koordinaten der Gebäudeadressen ist ihre geografische Position eindeutig festgelegt, womit jedes statistische Datenmaterial auf jede gewünschte Bezugseinheit aggregiert werden kann.

Neben den bereits beschriebenen Daten zur eindeutigen Adressierung führt das GWR jedoch auch die Strukturdaten der Gebäude und Nutzungseinheiten. Die *Strukturdaten des Gebäudes* beinhalten:

- Flächenangaben für das Gebäude (überbaute Grundfläche, Bruttogrundfläche des Gebäudes, Nettogrundfläche des Gebäudes, Gebäudehöhe, Rauminhalt)
- die Anzahl der oberirdischen- und unterirdischen Geschoße
- Flächenangaben je Geschoß (Bruttofläche, Nettofläche, Geschoßhöhe)
- die Bauweise je Geschoß
- die Anzahl der gemeldeten Personen mit Haupt- und Nebenwohnsitz
- Gebäudeeigenschaft gemäß der EU-Gebäudeklassifikation (z.B. Gebäude mit Wohnungen, Bürogebäude, landwirtschaftliche Nutzgebäude etc.)
- die Bauperiode/das Errichtungsdatum
- die/den Eigentümerin/Eigentümer des Gebäudes
- Informationen zur Trinkwasser-, Elektrizitäts- und Gasversorgung, Abwasser-, Niederschlagswasser- und Abfallentsorgung
- die Angaben zur Energiekennzahl
- die Angaben zur Beheizung des Gebäudes (Wärmebereitstellungssystem, Betriebsweise, Wärmeabgabesystem, Brennstoff)
- die Angaben zur Warmwasseraufbereitung (Warmwasseraufbereitung, Brennstoff)
- die Angaben zur Belüftung des Gebäudes
- die Angaben über die Funktion des Gebäudes

Die Funktion des Gebäudes beschreibt, ob eine Einrichtung im Gebäude vorhanden ist, welche für Planungs- und Steuerungsmaßnahmen (z.B. Erstellung von Katastrophenschutzplänen) Bedeutung hat. Im Rahmen der speziellen Gebäudefunktion werden Angaben zum Vorhandensein von Apotheken, Einsatzzentralen bzw. Rettungsdiensten, der Exekutive, der Feuerwehr, von Gemeindeämtern, Krankenanstalten, Tankstellen sowie Schulen verspeichert.

Darüber hinaus führt das AGWR II auch Merkmale auf der Ebene der Nutzungseinheiten. Hier werden Angaben zu folgenden Merkmalen verspeichert:

- der Art der Nutzungseinheit (Wohnung, Büro, Hotel und andere Einheiten für kurzfristige Beherbergung etc.)
- der Anzahl der gemeldeten Personen mit Haupt- und Nebenwohnsitz

- der Anzahl der Geschoße der Nutzungseinheit (z.B. bei Maisonettenwohnung)
- den Flächenangaben zur Nutzungseinheit (Nutzfläche, Raumhöhe)
- der Anzahl aller Räume
- den Angaben zur Ausstattung (Bad, WC, Küche, Wasserauslass)
- den Angaben zum Rechtsverhältnis an der Nutzungseinheit (Wohnungseigentum, Hauptmiete etc.)
- den Angaben zur Beheizung der Nutzungseinheit (Wärmebereitstellungssystem, Betriebsweise, Wärmeabgabesystem, Brennstoff)
- den Angaben zur Warmwasseraufbereitung (Warmwasseraufbereitung, Brennstoff)
- den Angaben zur Belüftung der Nutzungseinheit

Damit stellt das AGWR II eine Reihe von Merkmalen zur Verfügung, welche in Zusammenhang mit den geokodierten Gebäudeadressen bereits erste Analysen im Rahmen der Infrastrukturplanung oder des Risikomanagements erlauben.

6.1 Bedarfsorientierte Infrastrukturplanung

Die Daseinsvorsorge bedingt in Zukunft eine weit genauere und nachhaltigere Planung des Mitteleinsatzes, um die Erhaltung, den Ausbau oder Rückbau der Infrastruktur zu gewährleisten. Dies betrifft neben der technischen Infrastruktur – wie beispielsweise Telekommunikation, Strom, Wasser, Abfall etc. – auch die soziale Infrastruktur – wie etwa Bildung, Gesundheit, Erholung etc. Um hier eine konkrete Planung zu ermöglichen, bieten Informationen über die Einwohner-, Wohnungs- und Gebäudedichte eine solide Grundlage. Kleinteilige siedlungsstrukturelle Kennzahlen können dabei sowohl in der Grundversorgungsplanung, der Schulnetzplanung wie auch in der Kalkulation der Einzugsbereiche von Gesundheitseinrichtungen und Apotheken Anwendung finden.

Eine darauf aufbauende bedarfsorientierte Gestaltung beispielsweise des Wohnumfeldes mit Einrichtungen für Grunddaseinsfunktionen (z.B. Wohnen, Arbeiten, Freizeit, Versorgung, Bildung etc.) kann unter anderem dazu beitragen, die individuell zurückzulegenden Wegelängen zu reduzieren und gleichzeitig die Wahrscheinlichkeit der Nutzung umweltfreundlicher Verkehrsmittel, die Wohnzufriedenheit und die Attraktivität des Lebensraums erhöhen. Umgekehrt werden jedoch auch die bestehenden infrastrukturellen Einrichtungen in ihrer Wirtschaftlichkeit gestärkt. Hierbei tritt insbesondere die Wechselwirkung zwischen Siedlungsentwicklung und Infrastrukturplanung in den Vordergrund. Eine Abstimmung der Siedlungsentwicklung bei gleichzeitiger ressourcenschonender und dennoch kostengünstiger Erschließung der Infrastruktur stellt das zentrale Ziel der Planung dar, wobei dem Prinzip der „räumlichen Nähe“ bzw. Erreichbarkeit eine besondere Bedeutung zukommt. Die Verfügbarkeit, Zugänglichkeit und Erreichbarkeit von Dienstleistungen und Einrichtungen zu Daseinsgrundfunktionen sind wesentliche Grundlagen für die alltägliche Funktionsfähigkeit von Räumen. Diese reichen von der Verkehrsinfrastruktur und den öffentlichen Verkehrsbedienung, über die Nahversorgung bis hin zu sozialen, kulturellen, technischen und institutionalen Diensten (z.B. Kindergärten, Schulen, Ärzte, Apotheken etc.).[8]

Planungskarten, welche statistische Inhalte beinhalten, können dabei Aufschluss über die räumliche Entwicklung eines Gebietes – wie über die bestehende bauliche Struktur aber auch Möglichkeiten der Erhaltung, wie die Notwendigkeit eines Wandels – geben und damit für gezielte Lösungsansätze von Problemen und Bedürfnissen innerhalb einer bestimmten Region herangezogen werden. Dies betrifft beispielsweise die Frage, wie die Erholungs-, Ver- und Entsorgungsfunktionen in den Städten abgedeckt werden können, wie bzw. ob ökologische Ausgleichsflächen bei Anwachsen der Städte erhalten werden können, oder ob künftig ausreichend Reserveflächen für noch nicht absehbare kommunale Nutzungserfordernisse (z.B. Kindergärten, Pflegeheime etc.) zur Verfügung stehen werden.[9]

Das AGWR II kann hierfür die notwendigen Angaben – wie etwa die Lage jener Standorte, welche ein Infrastrukturangebot zur Verfügung stellen – bereitstellen. So kann beispielsweise durch die Bevölkerungsprognose der künftige Bedarf an Pflegeplätzen ermittelt werden, welcher aufgrund regional unterschiedlicher demografischer Entwicklungen in den einzelnen Regionen unterschiedlich ausfallen wird. Um diesen Bedarf mit der aktuellen Angebotssituation abgleichen zu können, müssen standortbezogene Daten über die Anzahl und die Lage von Pflegeheimen vorliegen. In Kombination mit den Informationen über die Anzahl der Pflegeplätze je Pflegeheim und der Anzahl der zu erwartenden Pflegefälle, lässt dies eine Aussage über die Unter- bzw. Überversorgung mit Pflegeplätzen, bezogen auf die jeweilige Region, zu.

Gleichfalls können auch Angaben zu den Wohnungen sowie die Anzahl der gemeldeten Personen je Gebäude – bei einer Zuordnung bis auf die Nutzungseinheitsebene die Anzahl der Personen je Wohnung – direkt aus dem AGWR II gewonnen werden. Diese Daten können beispielsweise noch mit Angeben zu einzelnen Bevölkerungsgruppen (z.B. Pensionistinnen und Pensionisten, Schülerinnen und Schüler, Pendlerinnen und Pendler etc.) verknüpft werden. In der Regel stehen diese Daten aufgrund datenschutzrechtlicher Vorschriften nur in aggregierter Form zur Verfügung. In diesem Fall können Auswertungen auf Basis kleinräumiger Planquadrate (Raster) erfolgen.[10] Durch den Einsatz von Geoinformationssystemen

8 Vgl. dazu: Prinz: Bewertungsverfahren, o.J., S. 1.

9 Vgl. dazu: Wonka; Kaminger; Katzlberger: Auswertungen, 2009, S. 671f.

10 Die Geodaten der Raster (ohne Attributdaten) werden von der Statistik Österreich kostenlos unter http://www.statistik.gv.at/web_de/services/geodaten/index.html zu Download angeboten. Zusätzlich werden Zuordnungstabellen der Rastermittelpunkte und gewichteter Rastermittelpunkte zu den Gemeinden veröffentlicht. Weiterführende Informationen zu Rastereinheiten finden sich unter: http://www.statistik.gv.at/web_de/klassifikationen/regionale_gliederungen/raster_mgi_lambert/index.html [Download: 23.03.2011] sowie http://www.statistik.gv.at/web_de/klassifikationen/regionale_gliederungen/raster_etrs_laea/index.html [Download: 23.03.2011].

kann die Aussagekraft sowie die Transparenz der verarbeiteten Daten erheblich gesteigert werden.[11]

Auf diesem Wege können Versorgungsanalysen durchgeführt und infolge unterversorgte oder schlecht versorgte Bereiche lokalisiert werden. Das Einbeziehen kleinräumiger sozio-demografischer Strukturdaten ermöglicht die Abschätzung der Nachfrage, die Priorisierung von Investitionsvorhaben sowie die Durchführung gezielter Maßnahmen.

Abbildung 5: Das Einzugsgebiet von Bushaltestellen bei einem Gehweg von 250m

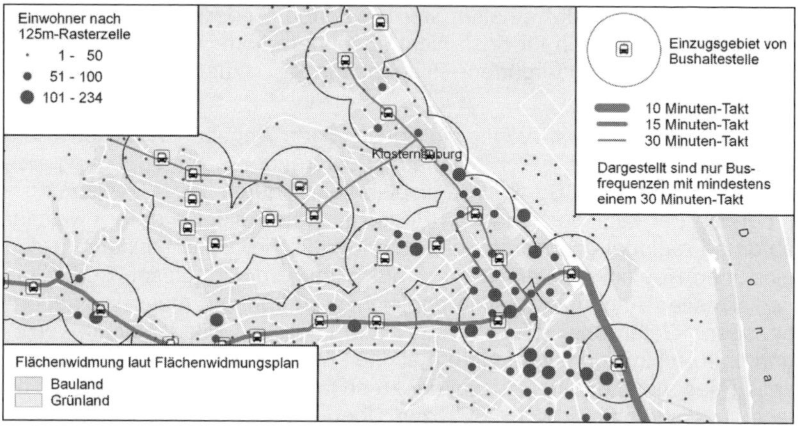

Quelle: Statistik Austria: Volkszählung 2001. Flächenwidmungsplan der Stadtgemeinde Klosterneuburg

Mit Hilfe zeitlich unterschiedlicher Kartenstände eines Gebietes können darüber hinaus auch quantitative Beschreibung der baulichen Veränderungen bis hin auf die Gebäudeebene ermöglicht werden. Diese könnte letztlich wiederum die nationale Nachhaltigkeitsstrategie mit ihren flächenpolitischen Zielen verfahrenstechnisch unterstützen. So kann beispielsweise durch gebäudebezogene Auswertungen im Baubestand die Nutzungseffizienz bestimmt werden.[12]

6.2 Grundlage für Risikomanagement

In Österreich stellen alpine Naturgefahren (Hochwasser, Wildbäche, Lawinen, Muren, Rutschungen, Steinschlag und Felssturz etc.) vielerorts ein erhebliches Sicherheitsrisiko dar. Der Schutz vor Wildbächen und Lawinen ist Aufgabe des Bundes in Gesetzgebung und Vollziehung. Darüber hinaus tragen jedoch auch alle Bürgerinnen und Bürger, die sich in einem durch Naturgefahren bedrohten Gebiet aufhalten, bewegen, wohnen oder bauen, eine gewisse Mitverantwortung für ihre eigene Sicherheit und die ihre Mitmenschen. In diesem Zusammenhang sind neben der Eintritts-

11 Vgl. dazu: Prinz; Dollinger; Wonka: Siedlungsräumen, 2006, S. 419f.
12 Vgl. dazu: Wonka: Stadtplanungskarten, 2006.

bzw. Überschreitungswahrscheinlichkeit des schadensverursachenden Ereignisses die Erwartungswerte des Schadens von Relevanz. Um in angemessenem Umfang einen Beitrag zur Naturgefahrenprävention leisten zu können, bilden festgelegte Sicherheitsregeln der Raumordnung, des Bauwesens und des Katastrophenmanagements der Länder und Gemeinden eine wichtige Voraussetzung. Die Gefahrenzonenpläne der Wildbach- sowie der Lawinenverbauung dienen als Grundlage zur Berücksichtigung der Gefahren in der allgemeinen Raumplanung sowie im Bau- und Sicherheitswesens und stellen damit eine wichtige Grundlage für die Planung und Umsetzung von Objektschutzmaßnahmen dar.

Karten mit topografischem wie thematischem Inhalt bieten dabei für den vorbeugenden Katastrophenschutz (Gefahrenquellen) und für die Katastrophenbewältigung bedeutende Anwendungsmöglichkeiten, unter anderem in den Bereichen Orientierung, Planung und Auswertung. Die Daten des AGWR II können hier beispielsweise für die Abschätzung des Schadenspotenzials herangezogen werden. Die Erstellung von Karten auf Basis der AGWR II-Daten ermöglicht die Simulation unterschiedlicher Szenarien von Umweltkatastrophen, sei es nun Hochwasser, Lawinen oder Murenabgänge. Durch die Verortung der Gebäudeadresse können Aussagen darüber getroffen werden, wie viele Gebäude bzw. Einwohnerinnen und Einwohner in einem bestimmten Gebiet von den Folgen betroffen sein werden. Gleichzeitig werden jedoch auch Auswertungen ermöglicht, die als Grundlage für Raumnutzungsentscheidungen, Flächensicherung sowie die Steuerung von Raumnutzungsmustern dienen können.[13]

Abbildung 6: Darstellung der Gesamtbevölkerung am gewichteten Rastermittelpunkt im Grünland und innerhalb des Hochwasserabflussgebietes

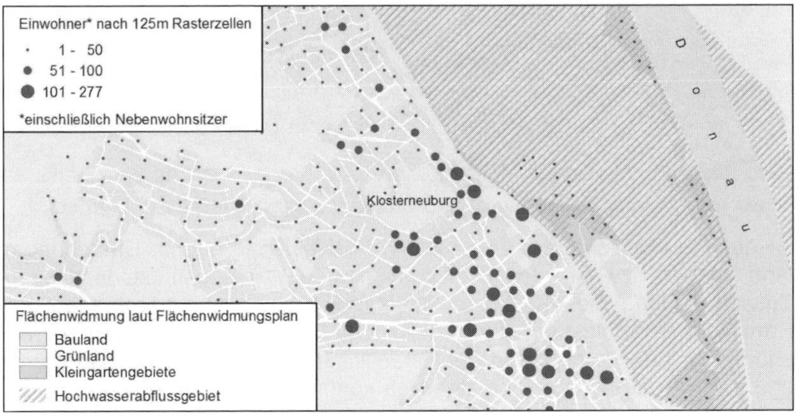

Quelle: Statistik Austria: Volkszählung 2001. Flächenwidmungsplan der Stadtgemeinde Klosterneuburg

So wird beispielsweise angesichts der zunehmenden Hochwasserschäden der wirtschaftlichen Bewertung möglicher Schutzmaßnahmen,

13 Vgl. dazu: Wonka; Kaminger; Katzlberger: Auswertungen, 2009, S. 671f.

unter Berücksichtigung der knapper werdenden finanziellen Mittel, zunehmend Bedeutung bei der Entscheidungsfindung beigemessen. Risikoanalysen und darauf aufsetzende Risikobewertungen können wesentliche Entscheidungshilfen bei der Erstellung von zukunftsfähigen Schutzkonzepten sein.

Zur Berechnung der Hochwasserschäden können die aus dem AGWR II stammenden Informationen zu den Gebäuden (Art der Nutzung, Gebäudehöhe, Geschoßhöhe oder Bauperiode) im Projektgebiet mit relevanten Gefährdungsinformationen (Wasserstand im Objekt etc.) verschnitten werden. Damit lassen sich Berechnung möglicher Schäden an Gebäuden bis auf Ebene der Geschoße – das heißt, wie viele Gebäude sind bis zu welchem Geschoß vom Hochwasser betroffen – erstellen oder Aussagen über das Ausmaß über die vom Hochwasser betroffenen historischen Bauten ableiten.

Abbildung 7: Die Lärmbelastung durch den Flugverkehr in der Umgebung des Flughafens Schwechat

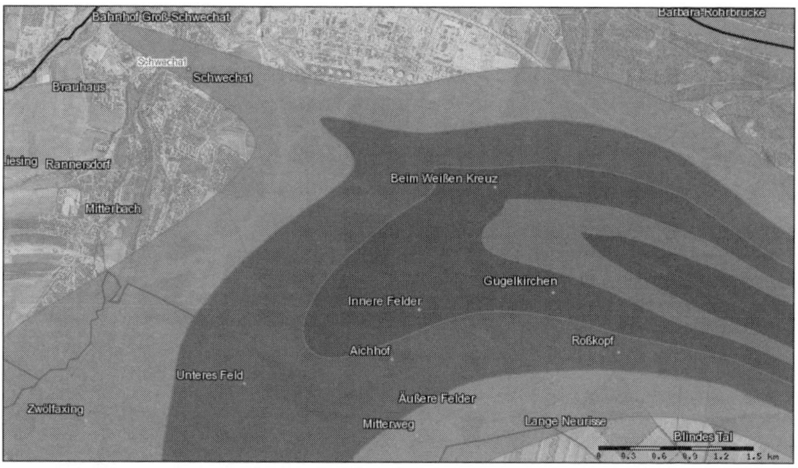

Quelle: http://gis.lebensministerium.at/eLISA/frames/index.php?&145=true&gui_id=eLISA

Auch in Hinblick auf die Analyse von Belastungen durch Umgebungslärm können bzw. werden die Daten des AGWR II genutzt. In diesem Zusammenhang dienen sie sowohl zur Erstellung von Lärmkarten zur Ermittlung der Belastung durch den Umgebungslärm, aber auch zur Sicherstellung der Information der Öffentlichkeit über den Umgebungslärm und seine Auswirkungen. Letztendlich können auf der Grundlage der Ergebnisse von Lärmkarten und die Annahme von Aktionsplänen Maßnahmen erarbeitet werden, um das Ausmaß von gesundheitsschädlichen Auswirkungen zu mindern, wenn nicht gar zu verhindern.

Die Umgebungslärmkarten können als Grundlage für die Erstellung von Lärmaktionsplänen, die jeweils im Folgejahr einer Kartierung aufzustellen sind, dienen oder auch bei einer vorausschauenden Bauleit- und Stadtentwicklungsplanung hilfreich sein. Auch hier können für Auswertung die geokodierten Gebäudeadressen aus dem AGWR II Anwendung finden.

Für die Auswertung der Anzahl der betroffenen Bewohnerinnen und Bewohner je Gebäude können die darin verspeicherten Informationen (z.B. Hauptwohnsitz) zu den gemeldeten Personen herangezogen werden.

Abbildung 8: Die GIS-Auswertung der Verkehrsbelastung in Wohngebieten auf Basis der AGWR II-Daten

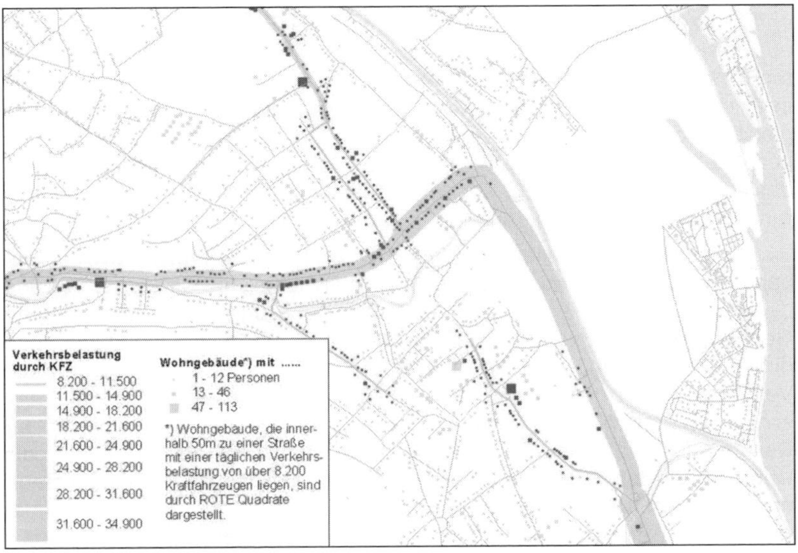

Quelle: Statistik Österreich: Volkszählung 2001. Flächenwidmungsplan der Stadtgemeinde Klosterneuburg

6.3 Energiemonitoring

Ein Energiemonitoring für Gebäude beinhaltet die kontinuierliche und systematische Erfassung und Auswertung von Energiedaten und von relevanten Gebäudedaten (z.B. Baujahr, Gebäudehülle, Energieträger etc.). Es stellt eine Erhebung von (effektiven) Verbraucherdaten im zeitlichen Verlauf dar. Ziel ist, aus der Analyse der erfassten Daten Grundlagen zu den Energieperspektiven und Inputs für energiepolitische Maßnahmen (z.B. Gesetze, Verordnungen etc.) abzuleiten, aber auch die Wirkung einzelner Maßnahmen über die Zeitreihe zu erkennen. Dadurch kann eine erhöhte Transparenz des Energieverbrauchs von Gebäuden erreicht werden.

Mit der Einführung der EU-Richtlinie über die Gesamtenergieeffizienz von Gebäuden (Richtlinie 2002/91/EG) wird für alle EU-Länder zwingend die Einführung eines Energieausweises gefordert, um dem Thema Energie mehr Transparenz und mehr Gewicht zu verleihen. Darin wurde festgelegt, dass für Neubauten, wie auch für Bestandsgebäude bei Verkauf oder Vermietung des Gebäudes oder einer Nutzungseinheit eines Gebäudes ein Energieausweis auszustellen ist.[14] Mit dieser Richtlinie werden jedoch nicht nur Impulse zur Steigerung der Gesamteffizienz von Gebäuden gesetzt. Durch die Umsetzung der Richtlinie wird darüber hinaus auch bedeutendes Energie-Know how im Gebäudesektor generiert und umfassendes Datenmaterial zur energetischen Qualität der erfassten Gebäude verfügbar.

Eine zentrale Erfassung der Daten aus der Berechnung von Energieausweisen ermöglicht es die mit der EU-Energieeffizienzrichtlinie geforderten Bottom up-Daten bereitzustellen. Eine einheitliche Struktur der Daten in einer zentralen Datenbank kann darüber hinaus die Grundlage für Vergleiche der energetischen Qualität des Gebäudebestandes zwischen verschiedenen Gebäudekategorien aber auch zwischen einzelnen Bundesländern bieten, welche wiederum die Grundlage für gezielte Förderungsmaßnahmen sein können.

In diesem Sinne sollen künftig in der zentralen Energieausweisdatenbank – welche die Statistik Österreich als Dienstleister für die Länder und den Bund einrichtet – alle aus der Berechnung der Energieausweise für Gebäude (Wohn- und Nichtwohngebäude) gewonnen Daten archiviert und direkt mit den Gebäudedaten des AGWR II verknüpft werden. Durch die Verknüpfung mit dem AGWR II wird eine eindeutige Adressierung – einschließlich der Wahrung von Schlüsselintegritäten – der Gebäude, für welche ein Energieausweis ausgestellt wird, gewährleistet. Durch die Übernahme der Schlüssel (Objektnummer und Nutzungseinheitenlaufnummer) des AGWR II kann sichergestellt werden, dass auch bei Änderungen der Adressen die Nachvollziehbarkeit erhalten bleibt. Gleichzeitig wird durch die Geokodierung des Gebäudes wieder ein räumlicher Bezug hergestellt. Auf Ebene des Gebäudes und der Nutzungseinheit werden Energiedaten und energieverbrauchsrelevante Informationen in die Energieausweisdatenbank eingebracht.

Aufbauend auf die Strukturdaten zur Wärmebereitstellung (z.B. Kessel, Fernwärme etc.) lassen sich räumlich sehr differenzierte Analysen auf Rasterbasis erarbeiten und konkrete Schritte bzw. Maßnahmen planen. Gemeinden und Länder können durch die Bereitstellung entsprechender (z.B. alternativer) Energieträger, durch die Gestaltung der Bebauungsstruktur sowie durch Energieberatung einen bedeutenden Beitrag zur Reduktion des Energieverbrauches leisten.

Die konstante Führung der Daten lässt künftig Aussagen über genutzte Wärmebereitstellungssysteme und Brennstoffe auf bestimmte Regionen bezogen, aber auch über die Effizienz von Fördermaßnahmen im Bereich

14 Der zivilrechtliche Teil der Richtlinie wurde im Energieausweis-Vorlage-Gesetz (EAVG) geregelt, welches gemäß § 7, mit der einheitliche Regelung über den Inhalt und die Ausstellung des Energieausweises in allen Bundesländer, spätestens aber mit 1. Januar 2008, in Kraft tritt. Mit Inkrafttreten findet das EAVG auf alle neu errichteten Gebäude sowie bei Verkauf und Vermietung von Gebäuden und Wohnungen, für welche eine Baubewilligung ab 1. Januar 2006 erteilt wurde, Anwendung. Seit 1. Januar 2009 ist das EAVG auch auf Bestandsgebäude mit einem Bewilligungsdatum vor 1. Januar 2006 anzuwenden.

der Energieeffizienz (z.B. im Rahmen der Wohnbauförderung, Förderungen von umfassenden Sanierungen etc.) zu. Gleichzeitig können auf diesem Weg aktuelle Projekte zur Ermittlung der Gesamtenergieeffizienz von geplanten Siedlungen unterstützt und – unter Einbezug von Daten aus weiteren Quellen – die Gesamteffizienz von Siedlungen objektiv bewertet werden. Dies ermöglicht es, die gesamtheitliche Optimierung der Wirtschaftlichkeit ganzer Siedlungseinheiten – nicht nur von Einzelobjekten –, unter Berücksichtigung von Kriterien, wie Bebauungsdichte, Anordnung der Gebäude, solare Einstrahlung, Energieaufwand für Mobilität oder Errichtungs- und Betriebskosten für die Infrastruktur, zu betrachten.

Abbildung 9: Der Energie-Atlas Bayern

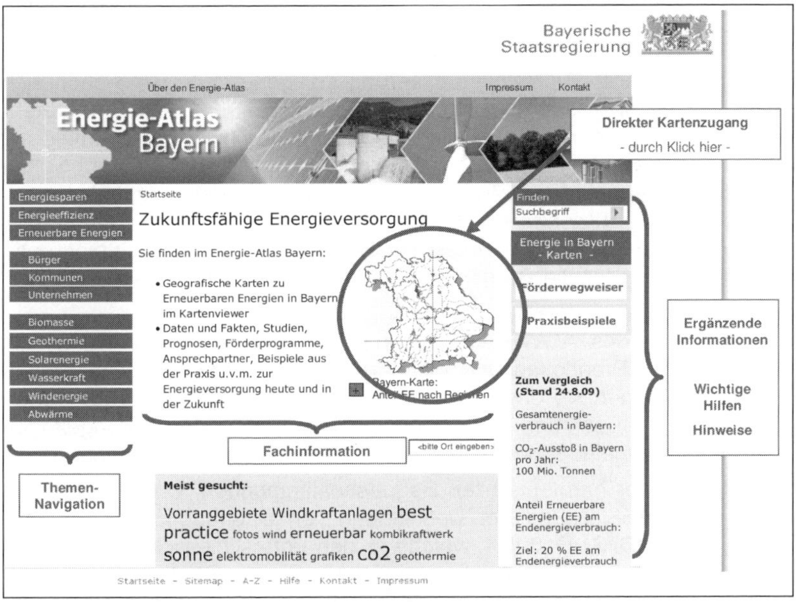

Quelle: Bayerische Vermessungsverwaltung[15]

Weiters könnte mit Hilfe der Daten die Basis für einen Energieatlas – vergleichbar mit einem Projekt, welches bereits in Bayern initialisiert wurde[16] – umgesetzt werden, in welchem digitale Karten, Daten, Fakten, Förderprogramme und Anlagenstandorte rund um das Thema „zukunftsfähige Energienutzung" grafisch für jedermann angeboten werden können. Damit könnten Informationen zum Erkennen und Nutzen bereits vorhandener Potenziale, aber auch zu „Modellvorhaben" bereitgestellt werden. Gleichzeitig bietet sich hier die Möglichkeit zur Schaffung einer Informationsplattform, welche als Planungshilfe für Gemeinden, Planungsbüros,

15 Vgl. dazu: http://www.vermessung.bayern.de/file/pdf/3583/Pr%C3%A4sentation_Lautenbacher_Wolf.pdf Download: 22.03.2011].

16 Vgl. dazu: http://www.energieatlas.bayern.de/index.htm [Download: 22.03.2011].

Bauträger, Investorinnen und Investoren, Energieagenturen etc. wertvolle Daten zur Verfügung stellen könnte.

7. Schlussbemerkung

Das AGWR II kann einen umfangreichen Datenbestand an Adress- und Strukturdaten von Gebäuden und Nutzungseinheiten bereitstellen, der bereits für sich allein, stärker jedoch noch in Verbindung mit anderen Datenquellen die Grundlage für Analysen und Planungen bietet und zur Transparenz, beispielsweise im Bereich Raum-, Infrastruktur- oder Energieplanung, beitragen kann.

Durch die Nutzung des GWR als führendes Register für Adressen und Gebäudedaten, können lokale Datenbestände der Ministerien, Länder und Gemeinden harmonisiert und eine redundante Datenhaltungen vermieden werden, was eine Qualitätsverbesserung der genutzten Daten nach sich zieht. Gleichzeitig soll die Nutzung dieses zentral geführten Datenbestands und die damit verbundene Verminderung bzw. Vermeidung lokaler Register einen Beitrag zur Senkung des Mitteleinsatzes auf Seiten der Städte, Gemeinden, Länder und des Bundes leisten und damit zur Steigerung der Effizienz des Verwaltungshandelns beitragen. Die verminderte Anzahl der Behördenkontakte würde darüber hinaus auch eine positive Auswirkung für die Bürgerinnen und Bürger sowie die Bauträger zur Folge haben.

Die Daten des AGWR können in vielen Verwaltungsbereichen die Grundlage für Prognosen und die darauf aufbauenden Entscheidungen bieten. So können sie etwa für die von Moser in seinem Beitrag[17] angesprochenen Maßnahmen zum Schutz vor Naturgefahren herangezogen werden und gemeinde- oder länderübergreifende Prognosen unterstützen.

Aufgrund der harmonisierten Begriffsbestimmungen, wie beispielsweise der Vereinheitlichung der Definitionen von Gebäudeflächen entsprechend der ÖNORM B1800 – welche in den unterschiedlichen Gesetzgebungen (Bauordnungen, Wohnbauförderungsgesetz etc.) nicht gegeben sind –, wird die Vergleichbarkeit der Datenbestände ermöglicht und damit mehr Transparenz geschaffen.

17 Vgl. dazu den Beitrag von Josef Moser zum Thema „Verwaltungsreform aus Sicht des Rechnungshofes – Stand und Perspektiven" in der vorliegenden Publikation.

Teil 3:

Wie können Fairness, Gender- und interkulturelle Gerechtigkeit erreicht werden?

Gabriele HEINISCH-HOSEK

Nachhaltige Gender-Politik

1. Einleitung

Nachhaltige Gender-Politik bedeutet für mich in die Zukunft unserer Gesellschaft zu investieren. Den zentralen Ausgangspunkt sehe ich in der Annahme, dass eine gerechte Gesellschaft eine Gesellschaft ist, an der Frauen und Männer gleichberechtigt teilhaben können. Aufgabe der Politik muss es sein, Rahmenbedingungen zur Verfügung zu stellen, die es allen Mitgliedern der Gesellschaft ermöglichen, ein selbst bestimmtes Leben zu führen.

Die Anerkennung der Gleichbehandlung der Geschlechter und des Rechts auf gleiche Teilnahme in allen Bereichen des Lebens ist ein Menschenrecht. Eine grundlegende Voraussetzung für die Verwirklichung von Demokratie ist, dass alle Mitglieder der Gesellschaft – Frauen und Männer – die gleiche Chance zur Teilhabe an allen Bereichen des politischen, wirtschaftlichen, gesellschaftlichen und kulturellen Lebens haben.

Die Gleichstellung von Frauen und Männern bedeutet in vieler Hinsicht sowohl eine höhere Lebensqualität, als auch mehr Entscheidungsfreiheit und Spielraum für die eigene Lebensgestaltung. Erst die tatsächliche Gleichstellung von Frauen und Männern wird die Vereinbarkeit von Beruf und Familie ermöglichen. Frauen müssen frei sein in der Wahl und Entscheidung ihrer Lebens- und Berufsziele, unabhängig von Rollenbildern und Stereotypen.

Frauenpolitik nachhaltig gestalten bedeutet für mich, auch dort anzusetzen, wo Weichen gestellt werden. In jeder Lebensphase gibt es bestimmte Symptome, Ungerechtigkeiten oder sogar handfeste Diskriminierungen, die uns verdeutlichen, dass die Gleichstellung noch lange nicht erreicht ist. Diese Bereiche gilt es zu identifizieren und gleichzeitig Maßnahmen zu formulieren, die Abhilfe schaffen.

2. Ausbildung

Die Ursachen für die Geschlechterdiskriminierung beginnen schon sehr früh und ziehen sich durch die gesamte weibliche und männliche Biographie.

Wir wissen, dass unser Denken und Handeln sehr stark durch vorherrschende Rollenbilder und Vorurteile geprägt ist. Um diese Zuschreibungen aufzubrechen, müssen wir diese Bilder in Frage stellen und alternative Möglichkeiten anbieten. Und das muss schon von klein auf beginnen.

Kinderbetreuungseinrichtungen sind die ersten zentralen Bildungseinrichtungen, bereits dort muss darauf geachtet werden, dass Mädchen nicht automatisch in die Puppenecke oder Spielküche und Burschen an die Werkbank geschickt werden. Hier ist es wichtig, dass Kinder auch männliche Role Models in der Kinderbetreuung vorfinden. Auch der Ansatz der gendersensiblen Pädagogik muss weiter vorangetrieben werden.

Neben den Kinderbetreuungseinrichtungen müssen wir auch bei den Schulen ansetzen. In Österreich wurde das Unterrichtsprinzip „Erziehung zur Gleichstellung von Frauen und Männern" 1995 eingeführt. Dieses Prinzip trägt dazu bei, dass Fragen zur Geschlechtergleichstellung verstärkt in den Lehrplänen, im Unterricht und in den Schulbüchern thematisiert werden.

Um ein gleichberechtigtes Bild in der Schule zu vermitteln, müssen die Lehrerinnen und Lehrer sich ihrer Rolle bewusst sein und entsprechend ausgebildet werden. Reflexive Ko-Edukation ist hier der Schlüsselbegriff: Intention ist es, dass Schülerinnen und Schüler ihre Kompetenzen und Interessen möglichst breit und frei von Rollenzuschreibungen entwickeln können. Denn wir wissen, dass Mädchen bei ihren schulischen Leistungen zwar immer erfolgreicher werden, sie sich aber insbesondere in bestimmten Fachgebieten, wie den so genannten MINT-Fächern (Mathematik, Informatik, Naturwissenschaften und Technik), weniger zutrauen. Für Burschen hingegen besteht die größte Problematik darin, dass sie vielfach vorzeitig ihre Ausbildung abbrechen und sich über die weit reichenden Konsequenzen nicht bewusst sind. Diesen beiden Tendenzen entgegenzuwirken, ist eines der Hauptziele der reflexiven Ko-Edukation, die letztlich die Verwirklichung gleicher Bildungschancen für Mädchen und Burschen über einen reflektierten Zugang des Lehrkörpers ermöglichen soll.

Daneben gibt es viele weitere Ansatzpunkte im schulischen Bereich, wie etwa das weitere Vorantreiben einer gendergerechten Darstellung von Inhalten in Schulbüchern oder der geschlechtssensiblen Berufsorientierung. Fast die Hälfte aller Lehrabschlüsse von Frauen konzentrieren sich auf nur drei Berufe: Einzelhandelsberufe, Bürokauffrau und Friseurin. Anders bei den Burschen, deren Berufswahl breit gefächert ausfällt. Hier müssen wir Mädchen schon früh genug auf das vielfältige Berufsspektrum aufmerksam machen. Selbstverständlich ist nichts dagegen einzuwenden, wenn es der klare Wunsch eines Mädchens ist, Bürokauffrau zu werden und diese Wahl auch bestens ihren Fähigkeiten entspricht. Es sollte jedoch den Mädchen und jungen Frauen von Anfang an klar sein, mit welchen Einkommensnachteilen sie in vielen so genannten „frauentypischen" Berufen rechnen müssen – und zwar sowohl beim Einstiegsgehalt als auch im weiteren Berufsverlauf.

An den Universitäten zeichnet sich bei der Studienwahl ein ähnliches Bild. Hier ist eine sehr stark geschlechtsspezifische Segregation bei der Fächerwahl zu beobachten. Zwar haben Frauen ihre männlichen Kollegen vielfach bei den Studienabschlüssen überholt, und es studieren mittlerweile mehr Frauen als Männer. Die Konzentration von Frauen in bestimmten Studienrichtung und der Mangel an Frauen in anderen bleibt aber weiterhin bestehen. In den technischen Studiengängen sind Frauen mit nur 21,5 Prozent unter den Studentinnen vertreten. Das heißt, wir müssen motivieren und informieren, damit die Talente von Frauen und jungen Mädchen auch hier tatsächlich zum Tragen kommen können.

3. Arbeitswelt

Frauen sind heute in größerem Ausmaß erwerbstätig als je zuvor. Waren 1998 noch 1,65 Mio. Frauen am Arbeitsmarkt vertreten, so waren es 2008 bereits 1,95 Mio. Dies ist in erster Linie auf den starken Anstieg der Teilzeitarbeit zurück zu führen. Mittlerweile arbeiten rund vier von zehn Frauen Teilzeit. Auch die Teilzeitquote der Männer hat sich in diesem Zeitraum deutlich erhöht, wenn gleich auf deutlich geringerem Niveau. Für viele Frauen ist ein verringertes Stundenausmaß in speziellen Lebensphasen eine wichtige Möglichkeit, Beruf und Familie zu vereinbaren. Prinzipiell ist dagegen auch nichts zu sagen, wenn es sich dabei gezielt um eine spezifische Phase, etwa den Wiedereinstieg nach einer Elternkarenz, handelt.

In Österreich herrscht nach wie vor das männliche Ernährermodell vor, dessen wesentlichster Aspekt die Zuweisung der familiären Betreuungs- und Versorgungsarbeit der Frau ist. Dieses Modell wurde auch durch den Anstieg der Erwerbstätigkeit von Frauen nicht abgelöst. Das hat dazu geführt, dass Frauen nun gleichzeitig Erwerbsarbeiterinnen und unbezahlte Versorgungsarbeiterinnen sind. Teilzeitarbeit ist so zu einer Vereinbarkeitsstrategie geworden, allerdings zu keiner ganz freiwillig gewählten. Viele Frauen wünschen sich eine Ausweitung ihrer Erwerbsarbeitszeit. Jede Vierte würde gerne mehr arbeiten. Das ist ein mehr als deutliches Signal, dass es an anderen Vereinbarkeitslösungen mangelt. Hier ist an zwei Punkten anzusetzen: Zum einen ist die Beteiligung der Männer an der unbezahlten Arbeit für die Familie und dem Haushalt deutlich zu erhöhen und zum anderen muss der Ausbau der Kinderbetreuungseinrichtungen noch mehr forciert werden.

Die Erwerbsarbeit von Frauen hat einen viel geringeren Wert als die der Männer und sie konzentriert sich auf bestimmte Branchen, Berufe und untere Hierarchieebenen, und das, obwohl die Bildungsbeteiligung der Frauen deutlich angestiegen ist. Hier gilt es, Hebel anzusetzen und nachhaltig mehr Mädchen und Frauen in technische und damit besser bezahlte Berufe zu bringen und die so genannte „Gläserne Decke" nach oben hin zu durchstoßen.

Auch die Frage der Arbeitsbewertung selbst ‚Welche Arbeit ist uns wie viel wert?' wird uns in Zukunft beschäftigen (müssen) – Gesundheits- und Pflegeberufe sind gefragter denn je, stark frauendominiert und tendenziell schlechter bezahlt als andere Branchen.

In den letzen eineinhalb Jahren hat sich der Diskurs zur Gleichstellung von Frauen und Männern am Arbeitsmarkt verdichtet. Die wesentlichen Themen – die Gleichstellung von Frauen und Männern in der Arbeitswelt, die Sicherung der Chancen von Frauen auf dem Arbeitsmarkt, das Verringern der Einkommensunterschiede zwischen den Geschlechtern und die Förderung von Frauen in Spitzenpositionen – nehmen in den politischen Debatten wieder einen breiteren Raum ein. Das ist nicht zuletzt auch ein Erfolg des Nationalen Aktionsplans zur Gleichstellung von Frauen und Männern auf dem Arbeitsmarkt, im Rahmen dessen im Juni 2010 55 zuvor von Expertinnen und Experten erarbeitete Vorschläge präsentiert wurden.

Eines der wichtigsten Projekte im Zuge dieses Nationalen Aktionsplans sind verschiedene Maßnahmen zur Stärkung der Einkommenstransparenz. Denn hier nach und nach eine Kultur zu etablieren, in der die Verdiensthöhe und das eigene Einkommen nicht tabuisiert werden, wird eine wichtige Unterstützung für Frauen sein. Im Januar 2011 konnte die Einkommenstransparenz im Gleichbehandlungsgesetz festgeschrieben werden. Unternehmen müssen nun die durchschnittlichen Löhne und Gehälter von Frauen und Männern betriebsintern offen legen – ein Meilenstein in der Gleichstellungspolitik, der gegen starke Widerstände, aber letztlich auch mit der Unterstützung der Sozialpartner, umgesetzt werden konnte.

Erstmals müssen sich nun Unternehmen damit beschäftigen, wie sie ihre Mitarbeiterinnen und Mitarbeiter bezahlen, und ob sie Frauen weniger als den Männern in ihrem Betrieb bezahlen. In den verpflichtenden Einkommensberichten müssen Betriebe, die durchschnittlichen Einkommen von Frauen und Männern offen legen. Mir ist es wichtig, die zentrale Rolle der Betriebsrätinnen und Betriebsräte hervor zu streichen. Dieses Gesetz stärkt die Belegschaftsvertretung. Betriebsrätinnen und Betriebsräte haben ab sofort ein wirksames Instrument in der Hand, um gegen Einkommensunterschiede im Betrieb vorzugehen. Dies bedeutet aber auch mehr Verantwortung für die Betriebsrätinnen und Betriebsräte.

Zunächst müssen Unternehmen ab 1.000 Mitarbeiterinnen und Mitarbeiten ihren Einkommensbericht erstellen. Geschieht dies nicht, kann der Betriebsrat den Einkommensbericht bei Gericht einklagen. Diese negative Publicity und etwaige anfallende Gerichtskosten werden sich wohl die wenigsten Unternehmen leisten. Im Sommer werden die ersten Einkommensberichte vorliegen, und dann wird man sehen, ob es (unsachliche) Unterschiede in der Bezahlung von Frauen und Männern gibt.

Es führt kein Weg an der Transparenz der Einkommen und damit an mehr Gerechtigkeit in der Bezahlung vorbei. Die Tatsache, dass sich Unternehmen mit den durchschnittlichen Gehältern von Frauen und Männern beschäftigen müssen, macht eine große Tür auf. Es wird eine Eigendynamik entstehen und immer mehr Frauen werden die gleiche Bezahlung wie ihre männlichen Kollegen einfordern.

Zusätzlich ist im Gesetz verankert, dass sich Frauen und Männer, die auf Jobsuche sind, deutlich besser orientieren können, wie viel Gehalt zu erwarten ist oder auch gefordert werden kann. Denn in Zukunft müssen Stelleninserate im Internet oder in der Zeitung den kollektivvertraglichen Mindestlohn für die ausgeschriebene Stelle sowie Angaben zur Bereitschaft einer möglichen Überzahlung beinhalten.

Aus dem Prozess der Erstellung des Nationalen Aktionsplans und den ersten Schritten zur Umsetzung verschiedener Maßnahmen, die nun Schritt für Schritt erfolgen werden, haben wir eines gelernt: Im Bestreben der Gleichstellung von Frauen und Männern und der Gender-Politik im allgemeinen kommen wir nur zusammen mit Bündnispartnerinnen und Bündnispartnern zu mehr Chancengleichheit und Gleichstellung am Arbeitsmarkt. Mittlerweile hat aber auch die Wirtschaft erkannt, dass Gleichstellung nicht nur ein Gebot der Fairness ist, sondern dass es sich auch für die Unternehmen ganz konkret bezahlt macht und geldwerte Vorteile haben kann, Frauen und Männer gleich zu behandeln, gleich zu bezahlen und ihnen die gleichen beruflichen Chancen zu eröffnen.

4. Vereinbarkeit

Die Geburt eines Kindes stellt für Frauen nach wie vor einen massiven Einschnitt beziehungsweise Rückschritt in ihrer Berufslaufbahn dar. Der Wiedereinstieg nach der so genannten Babypause gestaltet sich für Frauen vielfach etwa durch fehlende Kinderbetreuungseinrichtungen oder geringe Unterstützung durch den Partner als sehr schwierig. Oftmals ist damit auch eine starke Reduktion der Arbeitszeiten und Dequalifizierung verbunden. So sind nach dem Ende des Bezugs von Kinderbetreuungsgeld – wenn nur ein Elternteil Kindergeld bezieht – nur 63,7 Prozent der Frauen wieder erwerbstätig.

Wie können wir ein vereinbarkeitsfreundlicheres Klima in Österreich schaffen? Ein ganz wesentlicher Schlüssel ist der Ausbau der Kinderbetreuung – vor allem bei den unter 3jährigen. Hier liegen wir in Österreich derzeit bei einer Betreuungsquote von knapp 16 Prozent. Das so genannte Barcelona-Ziel sieht jedoch einen Zielwert von 33 Prozent vor. Ein weiterer wesentlicher Faktor ist die Väterbeteiligung. In Anbetracht der Quote der männlichen Kindergeldbezieher, die bei knapp 5 Prozent liegt, wird ganz deutlich, wer hier die Hauptverantwortung für die Kinder trägt.

Um Väter zu motivieren, sich von klein auf um ihre Kinder zu kümmern, muss an verschiedenen Stellen angesetzt werden. Zum einen ist es zentral, sich an die Väter selbst und deren Umfeld zu wenden, zum anderen muss sich aber auch die Wirtschaft stärker als bisher darauf einstellen.

Wir wissen, dass mittlerweile sehr viele „Jungpapas“ gerne mehr Zeit mit ihren Kindern haben wollen und sich wünschen würden, für eine bestimmte Phase aus dem Erwerbsleben aussteigen zu können, um sich ganz der Kinderbetreuung und Kindererziehung zu widmen. Mit der Einführung des einkommensabhängigen Kindergeldes im Januar 2010 konnte ein ganz wesentlicher Grundstein dafür gelegt werden, diesen Wunsch auch realisieren können. Denn damit wird es für Familien einfacher auch finanziell über die Runden zu kommen, ohne größere Einbußen in Kauf nehmen zu müssen. Auch in Deutschland ist es gelungen durch strukturelle Maßnahmen den Karenzväteranteil von 3,5 Prozent im Jahre 2006 auf 16 Prozent im Jahr 2008 anzuheben. Dass dieses Angebot aber noch nicht ausreicht, sehen wir auch daran, dass sich die Väterbeteiligung zwar im letzten Jahr erhöht hat, die tatsächliche Inanspruchnahme des Kinderbetreuungsgeldes durch Männer aber bei weitem noch nicht der Zahl an Vätern entspricht, die gerne mehr Zeit mit dem Nachwuchs verbringen würden. Eine entscheidende Rolle kommt hierbei auch dem Umfeld der Familien zu. Einerseits sind es Freundinnen und Freunde sowie Bekannte, die manchmal noch mit Unverständnis reagieren und mit tradierten Rollenbildern argumentieren. Andererseits sind es aber vor allem auch die Arbeitgeberinnen und Arbeitgeber, die teils sehr offen signalisieren, dass es nicht erwünscht sei, wenn männliche Mitarbeiter in Karenz gehen. Glücklicherweise haben viele Unternehmen aber die Zeichen der Zeit erkannt, nicht nur aus Gerechtigkeitsüberlegungen, sondern weil vielen die Vorteile klar geworden sind. Ein Beispiel dazu ist, dass je mehr sich auch die Väter zu Hause engagieren, umso früher es den gut ausgebildeten, eingearbeiteten Frauen möglich ist, wieder an den Arbeitsplatz zurück zu kehren. Und: Wenn sich die privaten Wünsche der Frauen wie der Männer mit ihrer Berufstätigkeit vereinbaren lassen, fördert das die Motivation, die Einsatzbereitschaft und auch die Loyalität zum Betrieb.

Im Jahr 2011 wird eine Informationsoffensive, die auch vom Sozialministerium, den Sozialpartnern und der Industriellenvereinigung getragen wird, Unternehmen aufzeigen, wie sie gutes Karenzmanagement implementieren können und wie sie speziell mit den Herausforderungen, die sich stellen, wenn mehr Männer in Karenz gehen, umgehen können. Denn auch hier gilt, dass Gender-Politik nur im Verbund mit Partnerinnen und Partnern aus allen relevanten Bereichen erfolgreich sein kann.

Ein weiteres Element, den Männeranteil bei der Kinderbetreuung zu erhöhen, ist die Umsetzung eines „Papamonats" in der Privatwirtschaft. Im Bundesdienst gibt es bereits die Möglichkeit einen unbezahlten „Papamonat" in Anspruch zu nehmen.

Der Ausbau der Kinderbetreuung ist ganz zentral, wenn es um die Verbesserung der Vereinbarkeit von Beruf und Privatleben geht. Die schlechten Pisa-Ergebnisse zeigen ganz deutlich, dass wir bei der Bildung im Kindergarten nicht auf der Bremse stehen dürfen. Die relativ schlechte Abdeckung mit Betreuungsplätzen wurde bereits angesprochen: Bisher konnte nur jedes sechste Kind unter drei Jahren einen Platz in Anspruch nehmen. Ziel ist es, für jedes dritte Kind einen Kindergartenplatz anzubieten.

Die Schaffung von Kinderbetreuungsplätzen ist im Wesentlichen Sache der Bundesländer. Weil die Bundesregierung aber den zentralen Stellenwert einer qualitativ hochwertigen Betreuungssituation anerkennt, wurden in den Jahren 2008 bis 2010 von Bundesseite Mittel in Form einer Anschubfinanzierung zur Verfügung gestellt, um den Ausbau voranzutreiben. Mit vergleichsweise wenig Geld (€ 15 Mio. pro Jahr) konnten 17.000 neue Kinderbetreuungsplätze und 6.000 Arbeitsplätze geschaffen werden – so viele wie in kaum einem anderen Bereich in der noch dazu wirtschaftlich schwierigen Phase der vergangenen Jahre. € 15 Mio. können also für die berufstätigen Frauen und die Kleinkinder in unserem Land große Wirkung erzielen. Diesen Weg müssen wir weitergehen.

Generell gibt Österreich im EU-Vergleich sehr viel für die Unterstützung von Familien aus, und das ist auch richtig so. In kaum einem anderen europäischen Land werden aber so viele direkte Geldleistungen an Familien ausbezahlt. Wir wissen aus vielen Studien, dass monetäre Transfers nicht die beste Maßnahme darstellen, um Familien optimal zu unterstützen. Die Hoffnung auf eine Erhöhung der Geburtenrate über finanzielle Anreize hat sich nicht erfüllt, weder in Österreich noch in anderen Ländern. Andere familienpolitische Maßnahmen wie etwa die Bereitstellung von Infrastruktur durch den Ausbau von Kinderbetreuungsplätzen sind hierbei vielleicht treffsicherer in der Unterstützung von Familien. Daher sollten wir dringend an der Ausgestaltung unserer Familienpolitik etwas ändern, denn derzeit nehmen wir sehr viel Geld in die Hand, ohne es optimal und zielgerichtet einzusetzen.

5. Frauen in Führungspositionen

Frauen haben, was die Bildung betrifft, eine absolute „Aufholjagd“ hingelegt. Aber dies schlägt sich in keiner Weise in den Führungsetagen nieder. Frauen gehen auf dem Weg nach oben verloren, und mit ihnen viel Wissen und Potenzial. Das kann sich eine Gesellschaft auf Dauer nicht leisten. Hier geht es darum, Rahmenbedingungen zu schaffen und zu stärken, die es Frauen ermöglichen, Führungspositionen zu erreichen. Tatsache ist, dass der Anteil von Frauen in österreichischen Aufsichtsräten bei 9 Prozent liegt. Seit 2006 ist der Frauenanteil in Vorständen oder der Geschäftsführung und in den Aufsichtsräten sogar wieder zurückgegangen. In den Entscheidungs- und Führungsebenen vieler Branchen fehlen Frauen völlig. Auch auf europäischer Ebene zeichnet sich deutlich die Erkenntnis ab, dass es wirtschaftlich notwendig ist, mehr Frauen in Führungspositionen zu bringen. Immer mehr europäische Länder versuchen hier, mit gesetzlichen Regelungen die Situation zu verändern. Auch ich denke, es ist höchst an der Zeit, hier konkrete Maßnahmen zu setzen. Vorstellbar wäre etwa ein stufenweises Vorgehen: In einem ersten Schritt sollten staatsnahe Betriebe wie auch börsendotierte Unternehmen ihren Anteil an Frauen in Führungspositionen auf 25 Prozent ausweiten, in einem zweiten Schritt soll dies auf 40 Prozent erhöht werden; zunächst auf freiwilliger Basis, über den Weg einer Selbstverpflichtung. Mir ist wichtig, dass der Zug in Richtung mehr Frauen in Führungspositionen endlich anrollt, und wenn die Wirtschaft unter Beweis stellen möchte, dass sie auch ohne gesetzliche Vorgabe den Anteil an Frauen in Spitzenpositionen deutlich anhebt, dann soll es mir recht sein. Die Betriebe sollen sich ernsthaft darum bemühen, ihre Aufsichtsräte auch mit Frauen zu besetzen. Wenn wir es aber auch in den nächsten Jahren nicht schaffen, die 90%ige Männerquote in den Aufsichtsräten nachhaltig zu reduzieren, dann sollten wir den Unternehmen eine 40%ige Frauenquote in Aufsichtsräten, wie in Norwegen, verpflichtend vorschreiben. Die Quote ist sicherlich kein elegantes Mittel, um Gleichstellung zu erreichen. Wir müssen aber auf Wege und Mittel zurückgreifen, die wirken und die ihre Wirkung in relativ kurzer Zeit entfalten. Denn wir haben lange genug gewartet.

Einige Quotenregelungen gibt es in Österreich bereits: Im Universitätsbereich ist es 2009 gelungen, eine Frauenquote von 40 Prozent in den universitären Gremien und Organen festzuschreiben. Das war ein wichtiger Schritt, um den Anteil von Frauen in Führungspositionen im Wissenschaftsbetrieb zu erhöhen. Was den öffentlichen Dienst betrifft, so haben sich die Ministerien im Personalplan des Bundes per Gesetz verpflichtet, seit dem Jahr 2009 den Anteil von Frauen in Spitzenpositionen zu erhöhen und Ziele zu definieren, wie viele weibliche Führungskräfte es im jeweiligen Ressort im Jahr 2013 geben soll. Erste Erfolge sind bereits sichtbar. Die Statistik zeigt, dass jede fünfte Leitungsposition Ende 2009 mit einer Frau besetzt war. Der Frauenanteil unter den Sektionschefs, Gruppenleiterinnen und Gruppenleitern sowie Leiterinnen und Leiter großer nachgeordneter Dienststellen betrug 21,3 Prozent. Das ist eine Steigerung von 3,2 Prozentpunkten gegenüber dem Jahr 2007.

6. Gender Budgeting

Gleichstellungspolitik braucht einen langen Atem, und es Bedarf einer gerechten Verteilung der Chancen zwischen Frauen und Männern. Gender Budgeting ist hier ein wichtiges Instrument. Es soll eine gerechtere Verteilung der Mittel des Staates erreichen und mehr Transparenz für die Bürgerinnen und Bürger schaffen.

Ein wesentlicher Nutzen von Gender Budgeting liegt darin, dass es als Instrument der Qualitätssicherung und Qualitätssteigerung in der Verwaltung eingesetzt werden kann. Durch Gender Budget-Analysen werden bestehende Strukturen und Abläufe durchleuchtet und auf Effizienz, Effektivität und Zielsicherheit hin überprüft. Grundlagen, die im Rahmen von Gender Budgeting erarbeitet werden, wie insbesondere die Formulierung von Zielen sowie Indikatoren zur Beurteilung der Wirkungen von öffentlichen Ausgaben und Einnahmen auf die Gleichstellung von Männern und Frauen stellen eine wichtige Notwendigkeit für die Verwaltungsmodernisierung eines Staates dar. Es wird das Bewusstsein der Politik wie Verwaltung dafür geschärft, dass eine Grundvoraussetzung für eine effektive und effiziente Haushaltsführung das Wissen über den Bedarf der BürgerInnen sowie über die derzeitige Inanspruchnahme öffentlicher Leistungen ist. Denn eine wirkungsorientierte Verwaltung ist nur dann erfolgreich, wenn die unterschiedlichen Lebensrealitäten von Frauen und Männern berücksichtigt werden.

Ein Meilenstein in der Umsetzung von Gender Mainstreaming war die Verankerung von Gender Budgeting in der Österreichischen Bundesverfassung (seit 1. Jänner 2009 in Kraft). Österreich gilt international als gutes Beispiel für die rechtliche Verankerung des Gender Budgetings. Das bedeutet, dass wir in einem zentralen gesellschaftspolitischen Bereich eine gewisse Vorreiterrolle einnehmen und andere Länder sich etwas von uns abschauen – keine unangenehme Position.

7. Schlussbemerkung

Der Einsatz für die Gleichstellung von Frauen erfordert viel Ausdauer und Kraft. Es geht darum, Maßnahmen zu setzen, die nachhaltig und von Dauer sind. Oft geht es auch darum, bereits Erreichtes zu verteidigen. Hier müssen wir ganz klar zum Ausdruck bringen, dass wir ein Aufweichen bereits erkämpfter Rechte nicht dulden. Frauenpolitik zu gestalten heißt auch, Bündnispartnerinnen und Bündnispartner mit ins Boot zu holen. Es muss gelingen, den Mehrwert der Gleichstellung für alle Mitglieder unserer Gesellschaft hervor zu streichen. Und es muss klar sein, dass Frauenrechte nicht verhandelbar sind und umgesetzt werden müssen.

Elisabeth KLATZER

Neue Qualität in Public Management und Good Governance

Gender Budgeting als Strategie zur Gleichstellungsorientierung öffentlichen Handelns

1. Einleitung

Das Staatsbild hat sich in den letzten Jahrzehnten grundlegend verändert. Das betrifft sowohl die Wahrnehmung der grundlegenden Funktionen des Staates – vom Wohlfahrtsstaat zum Wettbewerbsstaat – als auch die Organisations- und Steuerungsmechanismen öffentlicher Institutionen. Letztere haben mit neoliberalen Modernisierungsstrategien des Public Management seit den 1990er Jahren[1] und den daraus entwickelten Governance-Konzeptionen[2] ein neues Verständnis von den Funktionsweisen, Strategien und Zielen des öffentlichen Handelns geschaffen. Gerade aufgrund der grundlegenden Bedeutung dieser Ansätze ist das gleichstellungspolitische Defizit der Debatte bemerkenswert. Praktisch zeitgleich mit dem Bedeutungszuwachs von Public Management und Governance-Konzepten hat sich unter dem Begriff Gender Budgeting[3] ein Ansatz entwickelt, der wesentliche Governance-Konzepte und Governance-Kriterien – wie Good Governance und Wirkungssteuerung, Transparenz, Partizipation, Qualität und Effektivität öffentlicher Leistungen sowie Rechenschaftspflicht öffentlicher Akteurinnen und Akteure – mit der Gleichstellungsdimension verknüpft und im Bereich der Budgetpolitik Anwendung findet. Damit steht ein strategischer Ansatz zur Verfügung, der Public Management und Governance mit neuen und erweiterten Qualitätsmaßstäben erfüllt.

Der vorliegende Beitrag soll dazu beitragen, die gleichstellungspolitisch leeren Ecken von Public Management und Governance auszuleuchten und somit zu einer erweiterten Debatte über die Qualität des öffentlichen Handelns beitragen. Dementsprechend werden zunächst das Konzept Gender Budgeting (Kapitel 2) und anhand des Beispiels Österreich ein Modell der Integration von Gender Budgeting im Rahmen moderner wirkungsorientierter Reformprozesse (Kapitel 3) dargestellt. Darauf aufbauend werden zusammenfassend wesentliche Herausforderungen bei der Umsetzung von Gender Budgeting identifiziert, wobei dem Umsetzungsprozess in bürokratischen Strukturen besondere Bedeutung zukommt.

---

1 Vgl. dazu: Bauer; Biwald; Dearing: Management, 2003.
2 Vgl. dazu: Bauer; Biwald; Dearing: Governance, 2005.
3 International findet auch der erweiterte Begriff „Gender Responsive Budgeting“ bzw. „Gender Sensitive Budgeting“ Verwendung. Die treffendste Übertragung in deutsche Termini ist mit dem Begriff „geschlechtergerechte Budgetgestaltung“ gelungen.

Einige abschließende Bemerkungen zu den Erfolgsfaktoren für die Integration von Gender Budgeting in Public Management and Governance runden den Beitrag ab (Kapitel 4).

2. Gender Budgeting: erweiterte Qualitätsmaßstäbe für öffentliches Handeln

Gender Budgeting ist eine Strategie, die im Grunde die Gleichstellungswirkungen der Budgetpolitik und im weiteren Sinne die Gleichstellungswirkungen des staatlichen Handelns ins Zentrum von Public Management stellt. Die Frage nach der Verteilung und den Wirkungen von öffentlichen Einnahmen und Ausgaben auf Frauen und Männer sowie auf Geschlechterverhältnisse wird gestellt[4] und damit ein präziser spezifischer Wirkungsbegriff eingeführt. Wesentliche Ziele des Ansatzes sind die Veränderung der Budgetpolitik, um eine ausgewogene Verteilung der öffentlichen Ressourcen und eine Verbesserung der Gleichstellungssituation sowie erhöhte *Accountability* (Rechenschaftspflicht) der Regierung in Hinblick auf deren nationale und internationale Gleichstellungsverpflichtungen[5] zu erreichen.

Der Europarat hat eine Definition vorgelegt, die besagt:

> *„Gender Budgeting is an application of Gender Mainstreaming in the budgetary process. It means a gender-based assessment of budgets, incorporating a gender perspective at all levels of the budgetary process and restructuring revenues and expenditures in order to promote gender equality.“*[6]

Diese Definition ist breit anerkannt und weit verbreitete Ausgangsbasis für Arbeiten, auch in Österreich.

Obwohl es naheliegend wäre, enthalten das wirkungs- und ergebnisorientierte Management und Budgeting-Systeme selten Performance-Kriterien, die die Gleichstellung adäquat reflektieren.[7] Ein wesentliches Charakteristikum von Gender Budgeting-.Ansätzen ist, dass sie die Wirkung und Ergebnisse der Budgetpolitik generell verbessern wollen und im Speziellen in Hinblick auf deren Gleichstellungswirkung und die Ermächtigung (Empowerment) von Frauen zur Stärkung der ökonomischen Unabhängigkeit und gleichberechtigten Teilhabe in allen Bereichen.[8]

Gender Budgeting ist ein Ansatz, der sowohl auf die Substanz von öffentlichen Politiken (Qualität) als auch auf Entscheidungsprozesse und Abläufe abzielt (Prozess und Prozesssteuerung) und beides im Blickfeld behält, wenn es um die Veränderung zur Erlangung einer besseren Gleichstellung von Frauen und Männern geht. Es zeigt sich hier eine große Parallelität mit Governance-Ansätzen und die grundsätzliche Kompati-

---

4 Vgl. dazu: Budlender u.a.: Gender Budgets, 2002, p. 52.
5 Vgl. dazu: Elson: Budget, 2002. Bakker: Policy, 2002.
6 Europarat: Gender Budgeting, 2005, S. 9f.
7 Vgl. dazu: Sharp: Budgeting, 2003.
8 Vgl. dazu: Sharp: gender equality, 2007.

bilität beider. Dementsprechend sind drei wesentliche Bausteine einer zufriedenstellenden Umsetzung von Gender Budgeting im Sinne gleichstellungspolitischer Steuerung zu identifizieren: Gender-Analyse als Basis für strategisches Management, gendersensible Prozesse und Abläufe sowie – auf Basis der Ergebnisse der Analyse – strategische Steuerung, um gleichstellungsorientierte Veränderungen von Budgets und Politiken zu bewirken. Diese drei Elemente (vgl. dazu Abbildung 1) sind eng miteinander verknüpft und unverzichtbare Bestandteile des Gender Budgetings.

Abbildung 1: Steuerungsrelevante Elemente von Gender Budgeting

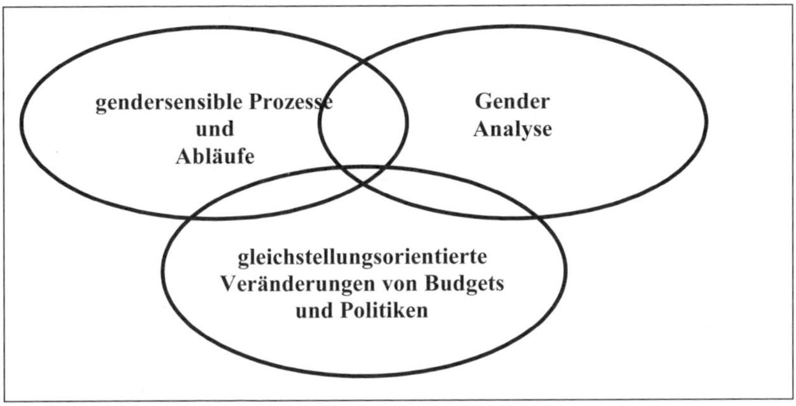

Quelle: Elisabeth Klatzer (2011)

2.1 Gender-Analyse

Zunächst geht es darum, eine systematische Gender-Analyse bzw. Gleichstellungswirkungsanalyse von öffentlichen Politiken, Programmen und Maßnahmen sowie den damit verbundenen Budgetallokationen bzw. Budgeteinnahmen durchzuführen. Eine regelmäßige und systematische Gender-Analyse ist das Fundament jeglicher Umsetzung von Gender Budgeting und strategischer Management- und Politiksteuerung. Ohne entsprechende Ergebnisse und Erkenntnisse über die Gleichstellungswirkungen aller wesentlichen Maßnahmen durch Gender-Analysen bleiben Aktivitäten an der Oberfläche und verdienen nicht den Namen Gender Budgeting. Die besondere Herausforderung von Gender-Analysen ist es, speziell jene Bereiche mit einzubeziehen, die in konventionellen Budget- und Politikanalysen oft übersehen oder verschleiert werden, wie der Beitrag unbezahlter Arbeit zu sozialen und wirtschaftlichen Entwicklungen, der überproportionale Beitrag von Frauen bei unbezahlten Arbeiten und der Versorgungsarbeit im Besonderen sowie intrafamiliäre und interfamiliäre Ressourcen- und Arbeitsverteilung. Durch die immer wieder praktizierte Reduktion von Gender-Analysen auf das Zählen von Frauen und Männern, die gewisse öffentliche Leistungen empfangen, wird Gender Budgeting seines gleichstellungspolitischen Kernes entledigt. Vielmehr sollte die Analyse Frauen und Männer in ihren vielfältigen sozialen, wirtschaftlichen und gesellschaftlichen Positionen und Rollen sowie die (Macht-)Verhältnisse zwischen Frauen und Männern in den Mittelpunkt stellen.[9] Gleichzeitig ist darauf Bedacht zu nehmen, Frauen und Männer durch die Analysen nicht als dualistische Kategorien („die" Frauen und „die" Männer) wahrzunehmen und eventuell sogar Gender-Stereotype weiter festzuschreiben[10], sondern es bedarf einer intersektionellen Analyse verschiedener Achsen der Ungleichheit aus der Geschlechterperspektive. Frauen und Männer sind in sich sehr heterogene Gruppen und diese Vielfalt sollte in den Analysen Berücksichtigung finden.

Gender-Analysen umfassen dementsprechend im Kern folgende Bereiche:

- die Analyse der Beschäftigungs- und Einkommenswirkungen
- die Analyse der Inanspruchnahme von öffentlichen Leistungen und Transfers
- die Analyse der Verteilungswirkungen des Ressourceneinsatzes und der Ressourcenaufbringung
- die Analyse der Auswirkungen auf Volumen und Verteilung der unbezahlten Arbeit
- die Analyse der Entscheidungsprozesse und Auswirkungen auf Teilhabe- und Einflussmöglichkeiten
- die Analyse der Auswirkungen auf die Geschlechterverhältnisse

Letzteres, die Wirkungen auf die Geschlechterverhältnisse umfassen – je nach untersuchtem Bereich – eine Reihe von unterschiedlichen Dimensionen, unter anderem Wechselwirkungen zwischen der Verteilung der unbezahlten Arbeit und den Geschlechterverhältnissen, Veränderungen der Geschlechterrollen und Geschlechternormen, Betroffenheit bzw. Schutz vor sexualisierter Gewalt, Vereinbarkeit von Beruf und Privatleben sowie politische Partizipationsmöglichkeiten und Wirkungen hinsichtlich einer Verlagerung der Tätigkeiten zwischen den verschiedenen Wirtschaftssektoren innerhalb und außerhalb der bezahlten Wirtschaft.

Im Sinne der Gender-Analyse als strategisches Instrument des strategisches Managements und der wirkungsorientierte Steuerung ist es selbstverständlich essentiell, dass entsprechende Analysen nicht in Randbereichen, sondern für alle wesentlichen Bereiche durchgeführt werden. Das heißt konkret, nicht nur einzelne bzw. vereinzelte Analysen in Detailbereichen, sondern eine systematische Integration von Gender-Analysen in alle wesentlichen Politikbereiche und Programme und insbesondere auch in makroökonomische Politiken und Strategien, die große, aber oft völlig unbeachtete Gleichstellungswirkungen mit sich bringen.[11]

2.2 Gendersensible Prozesse und Abläufe

Gender Budgeting kann nicht losgelöst von Verwaltungs- und Entscheidungskulturen umgesetzt werden. Die Transformation von Budgetprozessen und den daran Beteiligten im Rahmen von Organisationsentwicklungsprozessen ist wesentlicher Bestandteil für die erfolgreiche Umsetzung und damit wesentlicher Bestandteil erfolgreicher gleichstellungsori-

9 Vgl. dazu: Klatzer: Qualitätsmaßstäbe, 2008.

10 Vgl. dazu: Frey: Gender Budgeting, 2008.

11 Vgl. dazu: Klatzer; Schlager: governance, 2011.

entierter Steuerung. Dazu gehört nicht nur die Veränderung traditionell maskulin geprägter Bereiche und Prozesse in gleichstellungssensible und gleichstellungsfreundliche, sondern generell ist für Gender Budgeting wie für Good Governance-Ansätze auch die Partizipationsdimension wesentlich.

Wenn Good Governance *„das konstruktive Zusammenwirken der öffentlichen Verwaltung mit wichtigen Akteuren und Organisationen"*[12] ist, um die Lebensqualität vor Ort zu verbessern, dann ist geschlechtergerechte Good Governance darüber hinaus das konstruktive Zusammenwirken der öffentlichen Verwaltung mit wichtigen Akteurinnen und Akteuren sowie Organisationen, die die Perspektiven und Interessen von Frauen und Gleichstellungsanliegen gleichermaßen in die Prozesse einbringen und die tatsächliche Berücksichtigung dieser in Entscheidungsprozessen, um die Situation von Frauen und Männern zu verbessern und eine tatsächliche Gleichstellung zu erreichen. Das bedeutet wesentlich mehr, als ein paar Frauen mitreden zu lassen. Es bedingt einen Kulturwandel und die Öffnung der Budgetprozesse, um bislang in budgetpolitischen Prozessen marginalisierten Gruppen und Interessen verstärkt Zugang zu gewähren. Wesentliche Elemente dabei sind die Öffentlichkeit der Prozesse und Ergebnisse, die Einbeziehung von Zivilgesellschaft – insbesondere auch jener, die zu Frauen- und Gleichstellungsthemen arbeiten – und der gleichstellungsbewussten Wissenschaft sowie die Förderung des öffentlichen Diskurses über gleichstellungspolitische Dimensionen öffentlicher Politik und der Budgetpolitik im Speziellen. Geschlechtergerechte Good Governance-Prozesse implizieren auch, dass regelmäßig darüber Rechenschaft abzulegen ist, wie die Ergebnisse dieser partizipativen Prozesse umgesetzt werden.

Abbildung 2: Akteure in der Umsetzung von Gender Budgeting

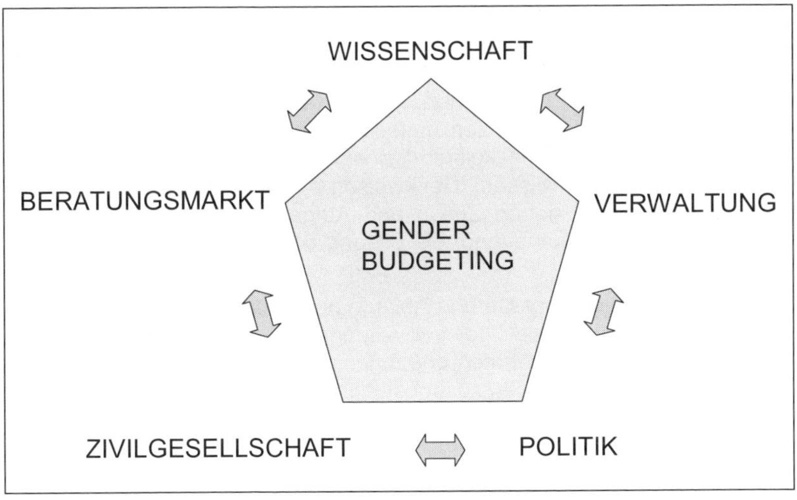

Quelle: Autorinnenkollektiv: Gender Budgeting, 2009

12 Löffler; Bovaird: Steuerung, 2005, S. 35.

Im Rahmen der Umsetzung von Gender Budgeting und der Gestaltung gendersensibler Prozesse und Abläufe ist eine Reihe von Akteuren relevant. Abbildung 2 fasst die wesentlichen Beteiligten einer wirkungsvollen Umsetzung zusammen. Diese Bild verdeutlicht einerseits, dass Gender Budgeting nicht als Prozess oder Instrument missverstanden werden darf, dass allein verwaltungsintern umgesetzt werden kann. Erst die Einbeziehung aller relevanten Akteure ermöglicht es wirkungsvolle Veränderungsprozesse in Gang zu setzen. Abgesehen von den bereits erwähnten Akteuren sei hier auf die zusätzliche in der Grafik sichtbar gemachte Gruppe der Beraterinnen und Berater verwiesen: Geschlechtersensible Prozesse bedürfen auch einer expliziten Berücksichtigung des Einflusses der Akteure auf dem Beratungsmarkt auf öffentliche Verwaltung und Politik, der im Zusammenhang mit der Einführung von Public Management- und Good Governance-Konzepten deutlich gestiegen ist. Hier gibt es einerseits einflussreiche Beratungsunternehmen, die in der Regel mit geschlechterblinden Ansätzen und Modellen arbeiten und andererseits eine Fülle an Expertise im Bereich des Gender-Segmentes in der Beratung, die allerdings eine marginalisierte Rolle spielt.

Für den Erfolg von Gender Budgeting wesentlich, wenn auch nicht in einem Netz von Akteuren agierend, ist die öffentliche Verwaltung. Der Aufbau von Know how und Grundlagen zur Umsetzung von Gender Budgeting in der Verwaltung sind dementsprechend wesentlich. Dazu zählt vor allem der Aufbau einer positiven Grundhaltung zur Gleichstellungsfragen als Teil der Verwaltungskultur. Ebenso wie das Selbstverständnis, dass Gender-Aspekte als selbstverständlicher Teil der Aufgaben berücksichtigt werden, die Vermittlung von Gender-Wissen auf allen Ebenen, die Erarbeitung methodischer Grundlagen und Mindeststandards, aber auch die Verfügbarkeit von geschlechterdifferenzierten Daten in allen Bereichen. All dies geschieht nicht selbstverständlich und bedarf beträchtlicher Anstrengungen und Ressourcen. Denn es geht darum, den Kern des Selbstverständnisses der Beschäftigten im öffentlichen Dienst zu verändern. Insbesondere Institutionen, deren Aufgabenbereiche die Wirtschaftspolitik und die Finanzen umfassen, sind geprägt von maskulinen Traditionen und einem maskulinen Selbstverständnis.[13] Hier gilt es neben der Vermittlung von Wissen, Denkweisen zu ändern und ein positives Verständnis zu den neuen Zielen und Aufgaben zu entwickeln, beziehungsweise darauf, aufbauend, die Bildung positiver Identifikationsmuster zu fördern.

Gendersensible Prozesse und Abläufe bedeuten aber auch, Gleichstellungsinstitutionen innerhalb der Verwaltung – wie Gender Mainstreaming-Beauftragte – ernst zu nehmen und ihnen eine tragende Rolle in strategischen Steuerungsprozessen zuzugestehen.

13 Vgl. dazu: Sen: Finanzministerien, 2002.

2.3 Gleichstellungsorientierte Veränderungen und die Steuerung von Budgets und Politiken

Gender-Analysen von Politiken und Prozessen sind zwar wichtig, aber ergeben noch kein Gender Budgeting. Herzstück und Ziel von Gender Budgeting ist die Umsetzung von Befunden aus der Gender-Analyse in entscheidende Veränderungen zur Verbesserung der Gleichstellungswirkung des öffentlichen Handelns. Die Frage des Outcomes, die Frage, welche Veränderungen in der tatsächlichen Gleichstellung von Frauen und Männern erreicht werden, bleibt ultimativer Prüfmaßstab des Erfolgs der Umsetzung, wie bei der Wirkungsorientierung insgesamt. In diesem Zusammenhang ist es wichtig, ein systematisches Evaluierungs- und Monitoringsystem – mit einer partizipativen Dimension durch Einbeziehung von Akteurinnen und Akteuren außerhalb der Verwaltung – zur Verfügung zu haben, um Veränderungen auch tatsächlich nachverfolgen zu können.

3. Fallstudie Österreich: Gender Budgeting als integraler Bestandteil moderner wirkungsorientierter Haushaltsführung

Der Prozess der Einführung des Konzeptes von Gender Budgeting in Österreich ist ein Beispiel dafür wie Governance-Strukturen – die den Austausch staatlicher Institutionen mit nichtstaatlichen Akteurinnen und Akteure fördern – einen positiven Transformationsprozess fördern. Wesentliche Impulse zur Umsetzung und Verankerung von Gender Budgeting wurden von Organisationen und Akteurinnen und Akteuren außerhalb der Regierung entwickelt,[14] Eine Gruppe von Frauen aus der Zivilgesellschaft, der Wissenschaft, Interessenvertretungen, Forschungsinstitutionen und der Verwaltung unter dem Namen „Watch Group. Gender und öffentliche Finanzen" hat in Österreich wertvolle Grundlagenarbeit geleistet, die später von öffentlicher Seite aufgegriffen werden konnte. Die Gruppe definiert Gender Budgeting als Strategie *„die Geschlechterperspektive in budget- und wirtschaftspolitische Prozesse und Entscheidungen einzubringen, die Politiken zu verändern und gleichzeitig auf eine Transformation der Prozesse in Richtung Öffnung und Demokratisierung hinzuarbeiten"*.[15]

Wesentliche Eckpunkte von Gender Budgeting sind demnach:[16]

- Die Grundlage bildet eine möglichst umfassende Analyse des Budgets mit besonderem Augenmerk auf die Wechselwirkungen zwischen den einzelnen Politikbereichen. Eine partielle Analyse eines kleinen Bereiches ist noch kein Gender Budgeting.
- Die Ergebnisse einer geschlechtsspezifischen Budgetanalyse sind Indiz für tiefer liegende Ungleichheiten in der Verteilung von Macht, von Chancen und beim Zugang zu Ressourcen. Diese Ungleichheiten sind schrittweise aufzudecken.

---

14 Vgl. dazu: Klatzer: Budgetgestaltung 2006. Mayrhuber: Gender Budgeting, 2006.

15 Beigewum: Frauen, 2002, S. 10.

16 Vgl. dazu: Beigewum: Frauen, 2002, S. 18f.

- Ein essentieller Bestandteil von Gender Budgeting ist, dass die Analyse zu einer Veränderung der Politik im Sinne von mehr Gender-Gerechtigkeit, Chancengleichheit und Gleichstellung führt.
- Die Regierung muss regelmäßig Rechenschaft darüber ablegen, was in Richtung von mehr Gender-Gerechtigkeit getan wurde.
- Die Nachvollziehbarkeit von politischen Veränderungen ist von großer Bedeutung, daher müssen quantitative und qualitative Indikatoren zur Bewertung der Fortschritte in Richtung der Gender-Gerechtigkeit eingesetzt werden.
- Es geht auch um die Gestaltung und Änderung von politischen Prozessen. Die Budgeterstellung ist transparenter und partizipativer zu gestalten.
- NGOs sind als Teil der mit Gender Budgeting implizierten Öffnung des Budgetprozesses in den Budgetprozess einzubeziehen.
- Die ökonomischen Grundlagen und Modelle sind aus feministischer Perspektive neu zu konzipieren: bislang weitgehend ausgeblendete Bereiche – wie die Wechselwirkungen zwischen bezahlter und unbezahlter Ökonomie und Versorgungsleistungen, die durch unbezahlte Arbeit im Haushalt und in der Gesellschaft erbracht werden, Zeit als knappe Ressource sowie der Haushaltssektor als produktiver Sektor – sind zu berücksichtigen.

Die groß angelegte Reform des Budgetrechts – deren Kernstücke eine Art Schuldenbremse in Form von gesetzlichen mehrjährigen Budgetobergrenzen sowie die Einführung der wirkungsorientierten Haushaltsführung sind – bot eine einmalige Gelegenheit, auf Basis der dargestellten Vorarbeiten, Gender Budgeting im Haushaltsrecht zu verankern. Dies wurde in zweifacher Weise realisiert, als Staatszielbestimmung für alle Gebietskörperschaften und als integraler Bestandteil der Wirkungsorientierung, die auf Bundesebene eingeführt wurde.

Mit dem am 1. Januar 2009 in Kraft getretenen neuen Artikels 13 Abs. 3 der Bundesverfassung wurde die Verpflichtung aller öffentlichen Gebietskörperschaften zu Gender Budgeting auf verfassungsrechtlicher Ebene verankert:

> *„Bund, Länder und Gemeinden haben bei der Haushaltsführung die tatsächliche Gleichstellung von Frauen und Männern anzustreben.“*[17]

Damit ist eine grundlegende Verpflichtung zu Gender Budgeting in der Budgetpolitik gegeben, unabhängig von der Ausgestaltung der Haushaltsführung. Somit wird deutlich zum Ausdruck gebracht, dass die Wirkungsorientierung keine Voraussetzung für die Umsetzung von Gender Budgeting ist; auch Gebietskörperschaften mit inputgesteuertem Haushaltsmanagement sind zur Einführung von Gender Budgeting verpflichtet.

Als zweiter Anknüpfungspunkt für Gender Budgeting wurde weiters verfassungsrechtlich normiert, dass die – bis 2013 umzusetzende – Wirkungsorientierung auf Bundesebene *„insbesondere auch unter Berücksichtigung des Ziels der tatsächlichen Gleichstellung von Frauen und*

17 Art. 13 Abs. 3 B-VG

Männern"[18] zu erfolgen hat. Die Gleichstellungswirkungsorientierung ist somit einer der Budgetgrundsätze des neuen Haushaltsrechts auf Bundesebene. Das bedeutet, dass Gender Budgeting bzw. die geschlechtergerechte Budgetgestaltung, wie in den Erläuterungen zur Gesetzesreform ausgeführt, als integraler Bestandteil des neuen Leitprinzips der Wirkungsorientierung der Haushaltsführung zu sehen ist. Damit hat der Verfassungsgesetzgeber sehr ambitionierte Vorgaben für die Verwaltung verabschiedet.

Für den Erfolg der Umsetzung von Gender Budgeting ist wesentlich, dass im Bundeshaushaltsgesetz (BHG) ein Zugang gewählt wurde, der sicherstellt, dass Gender Budgeting in allen Phasen des Budgetprozesses Verankerung findet. Dies entspricht den internationalen Standards des Gender Budgetings.[19] Tabelle 1 fasst die einzelnen Elemente der Umsetzung von Gender Budgeting im Rahmen der wirkungsorientierten Haushaltsführung zusammen.

Tabelle 1: Umsetzung von Gender Budgeting im Rahmen der Wirkungsorientierten Haushaltsführung

Bereich	Gesetzliche Regelung	Quelle
Strategiebericht	Erläuterungen zu Rubriken und Untergliederungen haben die umzusetzenden Ziele, Strategien und Wirkungen insbesondere auch unter Berücksichtigung des Ziels der tatsächlichen Gleichstellung von Frauen und Männern zu enthalten.	§ 14 (2) Z 5a BHG
Wirkungsorientierte Folgenabschätzung	Bei der Folgenabschätzung (bei Regelungsvorhaben u.a.) sind insbesondere auch Auswirkungen auf die tatsächliche Gleichstellung von Männern und Frauen zu berücksichtigen.	§ 17 (1) BHG
Interne Evaluierung	Aus der internen Evaluierung hat hervorzugehen, ob der angestrebte Erfolg und die vorgesehenen Maßnahmen mit dem Ziel der tatsächlichen Gleichstellung von Frauen und Männern im Einklang stehen und ob und in welchem Ausmaß die Zielsetzungen erreicht werden und sich die Maßnahmen auswirken.	§ 18 (3) Z 1-2 iVm § 2 (1) BHG
Bundesvoranschlags-entwurf	Angaben zur Wirkungsorientierung im BVA-Entwurf haben insbesondere auch unter Berücksichtigung des Ziels der tatsächlichen Gleichstellung von Frauen und Männer insbesondere Wirkungsziele für die Untergliederungen und Maßnahmen für die Globalbudgets, die der Erreichung der Wirkungsziele je entsprechender Untergliederung dienen, zu beinhalten.	§ 41 (1) BHG
Internes Wirkungscontrolling	Der Bericht über die Ergebnisse des Wirkungscontrolling hat jedenfalls gesondert Informationen über jene Bereiche des Wirkungscontrolling zu beinhalten, die zur Erreichung des Ziels der tatsächlichen Gleichstellung von Frauen und Männern dienen.	§ 68 (5) BHG
Rechnungshof	Rechnungshof kann zu den im BVA Entwurf enthaltenen Angaben zur Wirkungsorientierung, insbesondere auch unter Berücksichtigung des Ziels der tatsächlichen Gleichstellung von Frauen und Männern, dem Nationalrat zur Unterstützung der Beratungen eine Stellungnahme vorlegen. Wichtige Rolle als unabhängiges Kontrollorgan im Rahmen der Umsetzung der Wirkungsorientierung.	§ 41 (3) iVm § 41 (1) BHG

Quelle: Elisabeth Klatzer (2011)

Wie der Überblick über die rechtlichen Grundlagen in Tabelle 1 zeigt, wurde vom Gesetzgeber ein grundsätzlich interessanter Ansatz vorgege-

18 Art. 51 Abs. 8 B-VG

19 Vgl. dazu: Europarat: Gender Budgeting, 2005.

ben. Für die weitere Umsetzung von Gender Budgeting im Rahmen der Wirkungsorientierung ab 2013 wurde ein Weg gewählt, der Gender Budgeting im Zusammenhang mit strategischen Steuerungsinstrumenten im wesentlichen auf die Definition eines – einzigen, eventuell sehr allgemeinen und wenig operativen – Gleichstellungsziels pro Untergliederung und auf entsprechende Konkretisierung durch eine Maßnahme und einen Indikator (Meilenstein bzw. Kennzahl) auf Global- und Detailbudgetebene festlegt.[20] Damit wird das Bewusstsein auf konkrete Zielfestlegungen gelenkt, was in manchen Bereichen angesichts fehlender expliziter, allgemein verbindlicher Gleichstellungsziele durchaus ein wichtiger Schritt ist. Allerdings beinhaltet diese Vorgangsweise gleichzeitig Schwachpunkte: Es bleibt zweifelhaft, ob mit der Festlegung eines Gleichstellungsziels pro Ressort und einer entsprechenden Maßnahme bzw. eines Indikators pro Globalbudget tatsächlich wesentliche Fortschritte in Richtung der Gleichstellung erreicht werden können. Dies ist sicherlich in Zusammenhang mit anderen Instrumenten, wie insbesondere der Praxis des Wirkungscontrollings zu sehen, aber im Grunde bezieht sich dieses auch auf die von den Ressorts zu definierenden Wirkungsziele. Das heißt, im Zusammenhang mit der Gleichstellung wird jeweils ein Gleichstellungsziel pro Untergliederung handlungsleitend für das Wirkungscontrolling sein. Das ist der potenzielle strategische Schwachpunkt des Systems der Umsetzung von Gender Budgeting. Dieser Ansatz geht von der Annahme aus, dass mit einem Gleichstellungsziel pro Untergliederung und der weiteren Verpflichtung zur Formulierung von einer Gleichstellungsmaßnahme und einem Indikator in einem der Globalbudgets tatsächlich eine systematische Gleichstellungssteuerung im Sinne des Verfassungsgesetzgebers – der auf das international etablierte Konzept des Gender Budgeting verweist[21] – erreicht werden kann.

Hervorhebenswert ist die Einführung der wirkungsorientierten Folgenabschätzung im Zuge der Budgetreform: Künftig (ebenfalls ab 2013) besteht die Verpflichtung, bei Regelungsvorhaben und sonstigen Vorhaben ex ante mittels Folgenabschätzung die wesentlichen Auswirkungen – insbesondere auch Auswirkungen auf die tatsächliche Gleichstellung von Frauen und Männern – zu ermitteln. Damit wird eine Basis geliefert, um im Zusammenhang mit Gesetzesvorschlägen und anderen Vorhaben bereits im Zuge der Beschlussfassung verstärkt auf gleichstellungspolitisch wünschenswerte Auswirkungen Bedacht zu nehmen.

Die Partizipationsdimension wurde im österreichischen Umsetzungsprozess bislang weitgehend außer Acht gelassen. Von zivilgesellschaftlicher Seite wurden Vorschläge zur Förderung der Qualität sowie Transparenz und Partizipation vorgelegt[22], wie

– die Einrichtung eines von Gender Budget-Forums mit breiter öffentlicher Beteiligung,

20 Vgl. dazu: Bundesministerium für Finanzen: Haushaltsführung, 2009, 6ff.

21 Vgl. dazu das Kapitel zum Thema „Gender Budgeting: erweiterte Qualitätsmaßstäbe für öffentlichen Handeln“ im vorliegenden Beitrag.

22 Vgl. dazu: Watchgroup Gender und Öffentliche Finanzen: Budgetgestaltung, o.J., S. 9f.

- die Einrichtung eines wissenschaftliches Beirates zur Begleitung der Umsetzung von Gender Budgeting und
- die Einrichtung eines unabhängigen, öffentlich finanzierten Gender-Institutes, das Monitoring, Forschung und Beratung der öffentlichen Hand zu Gender Budgeting zur Aufgabe hat.

Das Beispiel der Umsetzung von Gender Budgeting in Österreich ist trotz mancher Defizite mit der durchgängigen Integration im Rahmen der wirkungsorientierten Budgetreform und der starken rechtlichen Verankerung international beispielgebend. Die große Herausforderung besteht nunmehr und nach wie vor in der Umsetzungsphase, um Gender Budgeting auf Bundesebene zu einem effektiven Gleichstellungs- und Steuerungsinstrument im Sinne von Good Governance und gleichstellungspolitischer Qualität des öffentlichen Handelns zu transformieren.

4. Herausforderungen der Integration von Gender Budgeting in Public Management- und Governance-Prozesse

Nicht nur eine Haushaltsrechtsreform mit der Einführung der Wirkungsorientierung ist ein bedeutender Kulturwandel für Verwaltung (und Politik). Vielmehr noch ist es die Einführung der tatsächlichen Gleichstellung von Frauen und Männern als leitende Zielsetzung und Grundsatz der Budgetpolitik.

Das Dreigespann von Gender-Analyse, gendersensiblen Prozessen und Abläufen sowie gleichstellungsorientierter Veränderungen und Steuerung von Budgets und Politiken verdeutlicht die unterschiedlichen Dimensionen der erfolgreichen Umsetzung von Gender Budgeting, aber auch von gleichstellungsrelevanten Good Governance-Prozessen allgemein. Gleichstellungsorientierung – und zwar sowohl der Inhalte als auch der Prozesse – wird damit als wesentliche und zusätzliche Qualitätsdimension in Steuerungskonzepte eingeführt (vgl. dazu Abbildung 1).

Eine Analyse des Ansatzes der Umsetzung von Gender Budgeting auf Bundesebene in Österreich vor dem Hintergrund dieser drei Dimensionen macht deutlich, dass der Fokus der Umsetzung auf der Steuerung von Veränderungen mittels Wirkungszielen und Indikatoren im Vordergrund liegt. Abgesehen von der Herausforderung, geeignete und tatsächlich steuerungsrelevante Wirkungsziele und Wirkungsindikatoren zu identifizieren, zeigt sich ein gewisses Aufmerksamkeitsdefizit von Gender-Analyse und gendersensiblen Prozessen und Abläufen. Beide sind aber wesentliche Bestandteile für effektives, gleichstellungsorientiertes Veränderungsmanagement.

Die fundierte und systematische Analyse der Gleichstellungswirkungen von Budgets und Politiken ist unverzichtbare Grundlage für sinnvolle Steuerungsprozesse. Gerade im Bereich der Gleichstellungspolitik besteht die Gefahr, dass vermeintliches Alltagswissen und (reflektierte oder unreflektierte) Einstellungen sowie bewusste und unbewusste Vorstellungen über Geschlechterrollen und Geschlechterstereotype anstelle von faktenbasiertem Wissen handlungsleitend werden. Um dem entgegenzuwirken, sind Gender-Analysen und eine umfassende geschlechterdifferenzierte

Datenlage ein wesentlicher Ansatzpunkt. Mit der Haushaltsrechtsreform wird die Gleichstellungsanalyse im Rahmen der wirkungsorientierten Folgenabschätzung für neue Rechtsvorhaben eingeführt, allerdings nicht explizit für bestehende Maßnahmen.

Die Erfahrungen mit den Pilotprojekten zu Gender Budgeting in der Bundesverwaltung seit 2005[23], die nicht über das Stadium vereinzelter Pilotanalysen hinausgingen, zeigen aber, dass die Einführung von systematischen Gender-Analysen besondere Aufmerksamkeit, Unterstützung und ausreichende Ressourcenbereitstellung bedingt. Es ist nicht automatisch davon auszugehen, dass entsprechende Aktivitäten – sofern sie durchgeführt werden – automatisch die für sinnvolle Steuerungsprozesse notwendige Tiefe und Qualität aufweisen.

Nicht minder wesentlich ist das Element gendersensibler Abläufe und Prozesse. Bereits vielfach wurde in der Governance-Literatur auf die Wichtigkeit der Berücksichtigung der besonderen Rahmenbedingungen in der Verwaltung in Hinblick auf effektives Veränderungsmanagement hingewiesen.[24] Von Seiten der Gleichstellungsperspektive kommt noch hinzu, dass Verwaltungssysteme traditionell aus der geschichtlichen Entwicklung heraus maskulin geprägte Systeme und Kulturen sind, deren Leitungsfunktionen nach wie vor einem pyramidenartig mit zunehmender Führungsverantwortlichkeit von abnehmenden Frauenanteilen gekennzeichnet sind. Es bleibt eine große Herausforderung Veränderungsmanagementprozesse so zu steuern, dass Entscheidungs- sowie Verwaltungsprozesse und Verwaltungsabläufe gleichstellungsorientiert gestaltet werden. Ein fehlender Schwerpunkt darauf riskiert, anspruchsvolle Konzepte der Gleichstellungswirkungssteuerung einem hohen Risiko des Scheiterns auszusetzen.

Zusammenfassend sollen wesentliche Erfolgsfaktoren für eine gelungene Integration von Gender Budgeting in Public Management and Governance-Prozesse zusammengefasst werden. Dazu zählen:

- die Sicherstellung von einheitlichen Qualitätsstandards für die Gender-Analyse und Veränderungsprozesse
- die Sicherstellung gendersensibler Prozesse und Abläufe und Einbeziehung von Gender-Institutionen innerhalb der Verwaltung in die Steuerungsprozesse
- die gezielte Steuerung und Etablierung von Gleichstellungswirkungssteuerung in allen Verwaltungseinheiten und Politikbereichen
- die Transparenz und Rechenschaftspflicht durch Veröffentlichung von Ergebnissen verwaltungsinterner Arbeit und die Förderung von öffentlichen Diskursen darüber
- der Ausbau der partizipativen Dimension in der Umsetzung von Gender Budgeting und Veränderungsprozessen im Sinne von Good Governance durch die Etablierung von regelmäßigen Partizipationsprozessen, unter Einbeziehung von NGOs und anderen Gruppen der Zivilgesellschaft und Wissenschaft

---

23 Vgl. dazu: Klatzer u.a.: Gender Budgeting, 2010.
24 Vgl. dazu auch: Buchinger; Lindner: Steuern, 2005.

- die Bereitstellung von Ressourcen für die Qualitätskontrolle und das Monitoring, sowohl für unabhängige Institutionen als auch für das Parlament

Schlussendlich ist die Offenheit der entscheidenden Akteurinnen und Akteure für die Einbeziehung von Gleichstellungsdimensionen in Konzepte, Strategien, Prozesse und die Umsetzung von Public Management und Good Governance ausschlaggebend. Und: Ein Bewusstsein dafür, dass Good Governance ohne Gleichstellungsdimension lückenhaft und Gender Budgeting ohne entsprechende Ressourcen, institutionelle Verantwortlichkeiten und spezifische Expertise eine gut klingende Hülle ohne gleichstellungspolitische Wirkungen bleibt.

Sandra FRAUENBERGER

Gender Budgeting in Wien

1. Gender Budgeting als Grundfrage öffentlicher Haushalte

Zu den ursächlichen Aufgaben der Finanzpolitik gehören nicht nur die Haushaltsmittel so zu gestalten und zu verwalten, dass sie die Bereitstellung öffentlicher Leistungen gewährleisten, sondern auch für einen sozialen Ausgleich zu sorgen. Im Sinne der Geschlechtergerechtigkeit ist ein wesentliches Ziel die Gleichstellung zwischen Frauen und Männern.

Die Geschlechter nehmen sowohl im wirtschaftlichen als auch im gesellschaftlichen bzw. sozialen Bereich eine unterschiedliche Position ein. Dies zeigt sich beispielsweise sehr deutlich in der Verteilung von bezahlter und unbezahlter Arbeit, von Vermögen und Einkommen sowie bei der unterschiedlichen Präsenz von Frauen und Männern in den einzelnen Berufen und Branchen. Aufgrund dieser unterschiedlichen Ausgangspositionen wirken sich auch budgetpolitische Entscheidungen unterschiedlich auf die Geschlechter aus. Die Frage, in welcher Weise sich Budgeteinnahmen und Budgetausgaben auf Frauen und Männer auswirken und welche gleichstellungspolitischen Schlussfolgerungen daraus zu ziehen sind, ist daher nur eine logische Weiterentwicklung im Haushaltswesen und gehört damit zu den Grundfragen öffentlicher Haushalte.

Die Berücksichtigung der unterschiedlichen Lebensrealitäten der Geschlechter in der Budgetpolitik wird mit dem aus dem Englischen kommenden Fachbegriff Gender Budgeting bezeichnet. Dieser Begriff kann als geschlechtergerechte Budgetgestaltung übersetzt bzw. verstanden werden und bezeichnet die Strategie, die Budgetpolitik um die Geschlechterperspektive zu erweitern. Gender Budgeting ist damit die finanzpolitische Anwendung der Gender Mainstreaming-Strategie. Diese zielt darauf ab, die Perspektive der Geschlechterverhältnisse als Querschnittmaterie in alle Entscheidungsprozesse einzubeziehen und für die Gleichstellung der Geschlechter nutzbar zu machen. Für den Budgetprozess bedeutet das, dass dieser durch Gender Budgeting erweitert wird, jedoch separaten Budgets erstellt werden.

Das zentrale Anliegen von Gender Budgeting ist es die Haushaltsmittel unter sozialen Gesichtspunkten gerecht zwischen den Geschlechtern aufzuteilen. Diese Zielsetzung unterscheidet sich klar von der Vorgehensweise reiner Frauenförderung. Letztere bezweckt bestehende Benachteiligungen von Frauen zu verringern und sie in besonderen Problemlagen zu unterstützen bzw. möglichst rasch wirkende Maßnahmen für Frauen zu bieten. Gender Budgeting richtet sich dagegen an Frauen und Männer und zielt darauf ab, die Rahmenbedingungen und Strukturen, die Ungleichheit hervorbringen, zu verändern.

Gender Budgeting kommt innerhalb der Gleichstellungspolitik ein hoher Stellenwert zu. Die starke Steuerungs- und Lenkungswirkung öffentlicher Einnahmen und Ausgaben äußert sich dadurch, dass diese nicht nur über die Verteilung finanzieller Ressourcen, sondern auch über die verfügbare Zeit als immaterielle Ressource entscheiden. So existieren Wechselbeziehungen zwischen öffentlich angebotenen Leistungen und der Erbringung dieser Leistungen im Privatbereich. Werden beispielsweise Pflege- und Kinderbetreuungseinrichtungen von der öffentlichen Hand bereitgestellt, werden Eltern und Familienangehörige entlastet und ihnen eine Teilnahme am Erwerbsarbeitsmarkt ermöglicht.

2. Gender Budgeting als gesetzliche Verpflichtung

Internationale Verpflichtungen zur Einführung von Gender Budgeting gibt es bereits seit geraumer Zeit. So wurde bereits 1995 auf der 4. Weltfrauenkonferenz in Peking von den 189 teilnehmenden Staaten – darunter auch Österreich – vereinbart, die Geschlechterperspektive in die Haushaltsentscheidungen zu integrieren, um geschlechtsspezifische Disparitäten zu identifizieren und zu beseitigen bzw. zu vermindern. 1997 wurde das Ziel der Gleichstellung der Geschlechter mit der Verpflichtung zum Gender Mainstreaming im Vertrag von Amsterdam verankert und 1999 der Einsatz von Gender Budgeting als Gleichstellungsinstrument von der Europäischen Kommission beschlossen.

Auf nationaler Ebene wurde Gender Budgeting im Rahmen der Haushaltsreform 2007 verpflichtend für Bund, Länder und Gemeinden gesetzlich verankert. Durch die mit 1. Januar 2009 in Kraft getretene Verfassungsnovelle wurde in Art. 13 Abs. 3 B-VG die Gleichstellung von Frauen und Männer als eine der Staatszielbestimmungen definiert:

> *„Bund, Länder und Gemeinden haben bei der Haushaltsführung die tatsächliche Gleichstellung von Frauen und Männern anzustreben.“*

Zur Konkretisierung wird in den Erläuterungen Gender Budgeting als Instrument zur Erreichung dieser Zielbestimmung angeführt und definiert.

Im Zuge der zweiten Etappe der Haushaltsreform, die mit 1. Jänner 2013 in Kraft treten wird, sieht die Bundesverfassung die Wirkungsorientierung als einen der Grundsätze der Haushaltsführung vor, die auch das Ziel der Gleichstellung von Frauen und Männern mit umfasst. In Artikel 51 Abs. 8 B-VG wurde diese Verpflichtung folgendermaßen formuliert:

> *„Bei der Haushaltsführung des Bundes sind die Grundsätze der Wirkungsorientierung insbesondere auch unter Berücksichtigung des Ziels der tatsächlichen Gleichstellung von Frauen und Männern, der Transparenz, der Effizienz und der möglichst getreuen Darstellung der finanziellen Lage des Bundes zu beachten.“*

3. Gender Budgeting als Markenzeichen – „Der Wiener Weg“

Die Stadt Wien hat eine lange und nachhaltige Tradition in Frauenförderung und Gleichbehandlung. Auf Wiener Landesebene gibt es schon seit Jahren ein klares politisches Bekenntnis zur querschnittorientierten Frauen- und Gleichstellungspolitik. Dieses politische Bekenntnis spiegelt sich in der Verwaltung insofern wider, als Gender Mainstreaming bereits per

1. Januar 2000 in der Geschäftseinteilung für den Magistrat verankert wurde. Die eigens eingerichtete Projektstelle für Gender Mainstreaming wurde seit 2005 in der Magistratsdirektion, Geschäftsbereich Organisation und Sicherheit verortet. Zu diesem Zeitpunkt hatte sich Gender Mainstreaming bereits in einigen Bereichen durchgesetzt. So wurde eine Leitstelle für frauen- und alltagsgerechtes Planen und Bauen eingerichtet und Gender Mainstreaming beim Entwerfen des Stadtentwicklungs- und Verkehrsmasterplanes berücksichtigt.

Die Implementierung von Gender Budgeting wurde in Wien – lange vor Inkrafttreten der diesbezüglichen Verfassungsbestimmung – bereits im Jahr 2004 in die Wege geleitet. In diesem Jahr wurde eine Enquete zum Thema „Gender Budgeting – Wege zur geschlechtergerechten Verteilung öffentlicher Gelder und Leistungen" mit internen und externen Expertinnen und Experten abgehalten, die magistratsübergreifende Projektgruppe „Gender Mainstreaming und Gender Budgeting" gegründet und ein Gender Budgeting-Pilotprojekt im Wiener Bezirk Meidling gestartet.

Im Januar 2005 beschloss die Wiener Landesregierung die Erweiterung von Gender Mainstreaming um Gender Budgeting. Eine Mitarbeiterin der Finanzabteilung wurde gemeinsam mit den Budgetkoordinatorinnen und Budgetkoordinatoren der einzelnen Geschäftsgruppen zur Gender Budgeting-Beauftragten bestellt und mit der Koordinierung von Gender Budgeting beauftragt. Auf Basis der Expertise der Wiener Landesstatistik, der Budgetkoordinatorinnen und Budgetkoordinatoren, der Frauenabteilung und des Gender Mainstreaming-Verantwortlichen wurde ein Umsetzungsplan für die Einführung von Gender Budgeting erarbeitet. Es konnte hierbei bereits auf Ergebnisse der Grundlagenforschung und Studien aufgebaut werden. So wurde gemeinsam von der MA57 – Frauenabteilung und der MA5 – Finanzwesen, Referat Statistik und Analyse eine Studie zu gendersensibler Statistik vom Institut für Höhere Studien (IHS) beauftragt. Weiters wurde der Wiener Arbeitsmarkt im Auftrag des Wiener ArbeitnehmerInnenförderungsfonds (WAFF) von Synthesis Forschung nach Gender Mainstreaming-Kriterien untersucht und Gleichstellungsindikatoren entwickelt.

Mit Juli 2005 ist Gender Budgeting auch in der Geschäftseinteilung für den Magistrat der Stadt Wien verankert und der MA5 – Finanzwesen zugewiesen. Die Ausführung von Gender Budgeting wird im Erlass zum Voranschlag bzw. zum Rechnungsabschluss präzisiert. Die vollständige Integration von Gender Budgeting in den regulären Budgetkreislauf erfolgte mit dem im Herbst des Jahres 2005 fertig gestellten Voranschlag für das Jahr 2006. Seit dem Voranschlag für das Jahr 2006 sowie dem Rechnungsabschluss desselben Jahres wird Gender Budgeting regelmäßig über das gesamte Budget durchgeführt.

Darüber hinaus wird in den jeweiligen Vorkapiteln zum Gender Budgeting-Teil im Zentralbudget der Stadt Wien die Lebensrealität von Frauen und Männern in Wien mittels eigens entwickelter Indikatoren dargestellt.

Gendersensible Statistik

Frauen und Männer sind mit unterschiedlichen Lebensrealitäten konfrontiert. Um die soziale Wirklichkeit abzubilden, Ungleichheiten zu identifizieren und Gleichstellungsmaßnahmen erarbeiten zu können, werden Daten benötigt. Dieses Sammeln und Aufbereiten von Daten – von der einfachen Gegenüberstellung der Geschlechter bis zu durchdachten Indikatorensystemen – wird als gendersensible Statistik bezeichnet.

Die Aufgaben der gendersensiblen Statistik sind primär folgende:

- das Aufzeigen von Gender-Unterschieden
- die Förderung der Bewusstseinsbildung in Hinblick auf Gender-Unterschiede
- die Aufbau von Gender-Wissen
- die Identifizierung von Problemen und deren Ursachen als Basis für die Umsetzung von Gender Mainstreaming
- die Hintergrundinformationen für die Politikgestaltung
- die Ermöglichung eines laufenden Monitorings der Effekte von Politiken und Programmen auf das Leben von Frauen und Männern

Um teilweise gegenläufige Entwicklungen der Geschlechterverhältnisse in verschiedenen sozialen, kulturellen und ökonomischen Bereichen insgesamt zu bewerten, werden genderspezifische Indizes verwendet. Ein genderspezifischer Index ist eine aus mehreren genderspezifischen Statistiken und Indikatoren zusammengesetzte Maßzahl.

Ein Beispiel für einen genderspezifischen Index ist der so genannte „Gender Mainstreaming-Syndex“ (GM-Syndex). Er wurde im Auftrag des Wiener ArbeitnehmerInnenförderungsfonds (WAFF) vom Wirtschafts- und Arbeitsmarkforschungsinstitut Synthesis entwickelt, um die arbeitsmarktpolitische Situation aus dem Blickwinkel des Gender Mainstreamings in Wien besser einschätzen zu können. Der GM-Syndex wird alle zwei Jahre berechnet und setzt sich aus 20 Basisindikatoren zusammen, die jeweils gleich gewichtet sind und einen Wert zwischen 0 und 100 annehmen. Je größer ein Wert ist, umso größer sind die geschlechtsspezifischen Unterschiede im Beobachtungszeitraum. Er besteht aus den vier Gruppenindikatoren Erwerbschancen, Positionierung im Beschäftigungssystem, Arbeitslosigkeit und Einkommen.

Abbildung 1: Entwicklung des GM-Syndex seit 2000

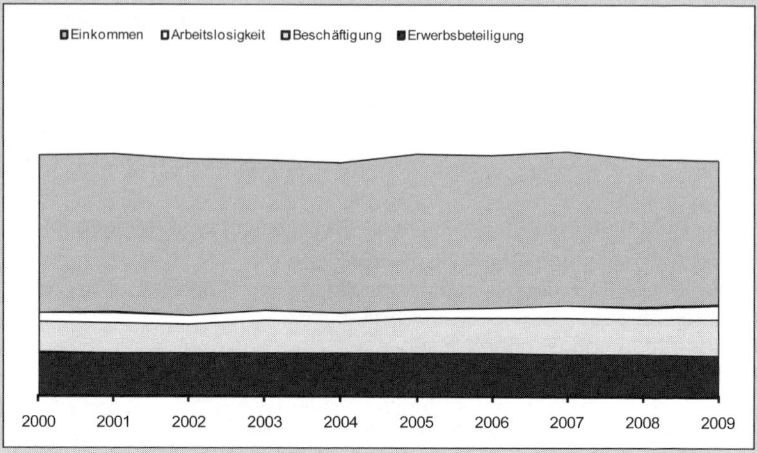

Quelle: Wiener ArbeitnehmerInnenförderungsfonds: Synthesis Forschung

Abbildung 1 zeigt, dass sich seit dem Jahr 2000 die Ungleichstellung der Frauen und Männer am Arbeitsmarkt leicht verringert hat. Der GM-Syndex hat in diesem Zeitraum 0,5 Indexpunkte verloren und beträgt im Jahr 2009 27,6 Punkte. Allerdings ist diese Angleichung nicht bei allen untersuchten Indikatoren erfolgt. Den größten Beitrag zur Ungleichheit zwischen Frauen und Männer liefert nach wie vor das Einkommen. Die Einkommensschere zwischen den beiden Geschlechtern hat sich in den vergangenen Jahren nur geringfügig geschlossen.

Neben den Veröffentlichungen im Voranschlag und Rechnungsabschluss wird Gender Budgeting auch als Instrument im internen Budgetcontrolling verwendet und in die Wirtschaftsberichte der Abteilungen aufgenommen. Die für die Gender Budgeting-Berichte zuständigen Budgetkoordinatorinnen und Budgetkoordinatoren sowie die Budgetreferentinnen und Budgetreferenten werden dabei laufend durch Schulungen und Workshops unterstützt.

Da die Wiener Bezirke im Rahmen der Dezentralisierung wesentliche für den Bezirk relevante Ausgaben selbstständig verwalten, wurde schon 2004, parallel zur Implementierung von Gender Budgeting im Gesamtbudget, im 12. Wiener Gemeindebezirk (Meidling) ein Gender Budgeting-Pilotprojekt gestartet. Hierzu wurden zunächst ein Situationsbericht zur sozio-ökonomischen Lebenssituation von Frauen und Männern in Meidling erstellt und Grundlagendaten erhoben. Alle für den Bezirk anordnungsbefugten Dienststellen wurden damit beauftragt in ihren Bereichen eine geschlechtsspezifische Nutzenanalyse aller auf Bezirksebene steuerbaren Ausgaben durchzuführen. Das gesamte Bezirksbudget wird seit 2005 nach Gender Mainstreaming- und Gender Budgeting-Gesichtspunkten detailliert behandelt und gestaltet sowie in den regulären Bezirksbudgetierungsprozess integriert. Alle Bezirksrätinnen und Bezirksräte erhalten zu ihrer Unterstützung einen internen Arbeitsbehelf, welcher ein eigenes Kapitel zu Gender Mainstreaming und Gender Budgeting enthält. Mittlerweile erstellen auch die Wiener Bezirke 5 (Margareten) und 17 (Hernals) ihre Budgets im Sinne von Gender Budgeting.

4. Gender Budgeting als methodische Herausforderung

Konkrete Vorgaben, wie Gender Budgeting umzusetzen und darzustellen ist, existieren bislang nicht. Die eingesetzte Methodik, wie Gender Budgeting von den derzeit durchführenden Ländern und Gemeinden erstellt wird, variiert dabei relativ stark. Sie reicht von der vertieften, zeitpunktbezogenen Status quo-Analyse einzelner Budgetansätze bis zur regelmäßigen Analyse des gesamten Budgets – der Vorgehensweise Wiens. Damit ist Wien schon seit Jahren die einzige Gebietskörperschaft in Österreich, die Gender Budgeting über das gesamte Budget umsetzt.

Bei der Erstellung des Gender Budgeting-Kapitels für den Voranschlag und den Rechnungsabschluss werden alle Budgetansätze auf ihre Genderrelevanz hin geprüft, das heißt, einem durchgängigen „Gender Check“ unterzogen. Die Prüfung der Budgetansätze auf Gender-Relevanz erfolgt durch die Budgetreferentinnen und Budgetreferenten der Abteilungen. Hierfür müssen folgende Grundfragen beantwortet werden:

- Wie erfolgt die Verteilung der Ausgaben/Einnahmen auf die Geschlechter?
- Wie wirkt die Haushaltspolitik kurz- und langfristig auf die Ressourcenverteilung zwischen den Geschlechtern?
- Wie sind die Wirkungen auf bezahlte und unbezahlte Arbeit von Frauen und Männern?
- Wie beeinflusst Haushaltspolitik die Geschlechterrollen?
- Wie stellen sich die Auswirkungen auf die Erwerbsarbeit (arbeitsmarktpolitische Effekte) dar?

Zusätzlich zu den genannten Grundfragen, erfolgt zur Beurteilung, ob der jeweilige Budgetansatz in die Gender Budgeting-Analyse einzubeziehen ist, eine Bewertung der Ausgaben nach weiteren Kriterien:

- Ist in einem bestimmten Bereich überhaupt Genderrelevanz von Einnahmen und Ausgaben gegeben, das heißt, können durch Zahlungsströme unterschiedliche Auswirkungen auf die Geschlechter ausgelöst bzw. damit verändert werden?
- Ist der Grenznutzen positiv, das heißt, kann eine Veränderung von Budgetmitteln tatsächlich zu einer Veränderung der Verteilung der Chancen und Möglichkeiten bzw. der Nutzung von Einrichtungen etc. führen?
- Sind ausreichend Beurteilungskriterien und Daten vorhanden, und ist eine statistische Zusatzerhebung – unter Berücksichtigung des damit verbunden möglichen Nutzens – überhaupt wirtschaftlich zweckmäßig?

Wird in einem Budgetansatz Genderrelevanz festgestellt, sind in weiterer Folge von den Budgetreferentinnen und Budgetreferenten für jeden einzelnen Budgetansatz genderspezifische Ziele zur Reduktion von geschlechtsspezifischen Unterschieden, Maßnahmen zur Erreichung dieser Ziele sowie Indikatoren zur Messung der Zielerreichung anzugeben.

Die Formulierungen genderspezifischer Zielsetzungen bezieht sich auf Überlegungen, wie Produkte und Dienstleistungen gestaltet werden können, damit sie den tatsächlichen Zielgruppen besser zu Gute kommen und wie durch die angebotenen Leistungen ein Mehr an Gleichstellung erreicht werden kann. Die Herstellung gleichberechtigter Zugangschancen zu Gesundheitsleistungen entsprechend individueller Bedürfnisse von Frauen und Männern ist ein Beispiel für eine solche Zielsetzung.

In Abhängigkeit von den definierten Zielsetzungen werden genderspezifische Maßnahmen, Angebote und Projekte, die zur Erreichung der Ziele führen sollen, festgelegt. In Bezug auf die oben genannte Zielsetzung der gleichberechtigten Zugangschancen zu Gesundheitsleistungen können die gezielte Bewerbung von Gesundheitsprogrammen und die Gestaltung zielgruppenspezifischer Informationsunterlagen als Maßnahme dienen.

Zur Messung des Grades der Zielerreichung, der durch die angeführten Maßnahmen, Angebote und Projekte erreicht werden konnte, sind für die jeweiligen Budgetansätze Erfolgsindikatoren zu definieren. Ein Beispiel dazu ist der Nutzeranteil der angebotenen Leistungen entsprechend dem genderspezifischen Bedarf.

Der Fokus des Wiener Gender Budgeting liegt bei der Mittelverwendung, konkreter beim Zweckaufwand. Die Einnahmen der Gebietskörperschaft Wien finden keinen Eingang in das Gender Budgeting, da diese von den Bundesländern nur bedingt steuerbar sind. Zur notwendigen Analyse der Verteilungswirkung der Steuereinnahmen ist daher der Bund gefordert.

Die Koordination und Evaluierung der Gender Budgeting-Beiträge der verschiedenen Abteilungen erfolgt durch die Finanzabteilung. Hier erfolgt die Überprüfung der im Rechnungsabschluss dokumentierten Umsetzung der im Voranschlag festgelegten genderspezifischen Zielsetzungen.

5. Gender Budgeting als Profilierungsmöglichkeit

Die Qualität der Gender Budgeting-Berichte differiert zwischen den einzelnen Dienststellen je nach der Dauer und Intensität der Auseinandersetzung mit dem Thema Gender Mainstreaming. Einige befinden sich noch im Anfangsstadium, viele sind als Testerinnen und Tester aktiv. Die Mehrheit der Dienststellen ist jedoch bereits als Routiniers in der Umsetzung von gleichstellungspolitischen Analysen und Maßnahmen erfolgreich. In der erfolgreichen Anwendung von Gender Budgeting besteht für eine Dienststelle bzw. Abteilung die Möglichkeit sich sowohl innerhalb des Magistrats als auch gegenüber der Öffentlichkeit zu profilieren.

Als ein vorbildhaftes Beispiel, was die Umsetzung von Gender Budgeting betrifft, kann der Gender Budgeting-Beitrag des ZIT – Zentrum für Innovation und Technologie im Rahmen der Wirtschaftsförderung Wiens angeführt werden. Die Wirtschaftsförderung Wien zielt darauf ab, die Wirtschaftskraft Wien zu stärken und durch geeignete Maßnahmen zur Verbesserung der Struktur der Wiener Wirtschaft beizutragen.

Da Frauen insbesondere in der betrieblichen Forschung und Entwicklung unterrepräsentiert sind, integriert das ZIT – Zentrum für Innovation und Technologie Gender Aspekte in die Technologieförderung. Es werden explizit Projekte mit Projektleiterinnen gefördert, so dass Frauen bessere Aufstiegschancen erhalten und der Einstieg in die klassisch männerdominierte Forschungs- und Technologiebranche erleichtert wird.

Folgende Maßnahmen wurden im aktuellen Voranschlag für das Jahr 2011 zu diesem Zweck eingeführt:

- die Vergabe einer Zusatzprämie von € 10.000,- in der Förderschiene Forschung, wenn das eingereichte Forschungsprojekt von einer Frau geleitet wird
- die Aufnahme von Gender-Kriterien bei der Bewertung von Förderprojekten (positive Diskriminierung)
- die Durchführung eines Förderwettbewerbs („Fempower"-Initiative) für Projekte, die von Frauen geleitet werden oder an denen Frauen substantiell mitarbeiten, oder welche besonders genderspezifische Aspekte vorweisen.

Als Erfolgsfaktoren konnte auf folgende Punkte verwiesen werden:

- Im Jahr 2009 wurden zwei der 20 geförderten Projekte (10 Prozent) im Bereich Forschung von einer Frau geleitet und erhielten daher die Zusatzprämie im Ausmaß von € 10.000,-.
- Im Rahmen der „Fempower"-Initiative wurden neun Projekte mit insgesamt € 1.020.000,- gefördert, alle neun Projekte wurden von Frauen geleitet.

6. Gender Budgeting als Anknüpfungsgegenstand an Public Management und Governance

Public Management ist ein Schlagwort, das für eine Vielzahl von Reformansätzen im Bereich der öffentlichen Verwaltung steht. Kennzeichnend für Public Management-Reformen ist die Änderung der politischen Steuerung von der Input- zur Outputorientierung, die verstärkte Markt- und Kundenorientierung, der Rückzug staatlicher Einflussnahme und die Reorganisation öffentlicher Verwaltungen, die auch Ausgliederungen beinhaltet.

Die Umsetzung dieser Reformen erfolgt mittels privatwirtschaftlicher Managementmethoden, die hinsichtlich der Gegebenheiten der öffentlichen Verwaltung adaptiert werden. Neben der Einführung einer umfassenden Kosten- und Leistungsrechnung, des Leistungscontrollings und der Optimierung von Prozessabläufen kommt vor allem der Budgeterstellung große Bedeutung zu. Im Mittelpunkt steht hierbei die Dezentralisierung der Ressourcenverantwortung, die in erster Linie durch neue Verteilungsverfahren gewährleistet wird. Die Gemeinde Wien orientiert sich dabei an einer Mischform aus dem traditionellen Bottom up- und dem Top down-Prinzip, das die Zuteilung von Fachbereichsbudgets auf der Basis kalkulierter Einnahmen vorsieht. Innerhalb dieser Fachbereiche werden die Einzelbudgets selbstständig festgelegt. Daraus und durch die Zuteilung von „Globalbudgets" ergeben sich auch in Bezug auf genderspezifische Maßnahmen neue Handlungsspielräume für die einzelnen Fachbereiche.

Im Zuge von Bestrebungen zur Regierungs- und Verwaltungsreformen werden Grundsätze des Public Managements zunehmend mit den Prinzipien von Good Governance ergänzt. Good Governance betont neben der Markt- und Kundenorientierung des Public Managements auch die Bedeutung der Partizipation und der Einbeziehung der Zivilgesellschaft (Bürgerinnen und Bürger, Vereine, Verbände, Medien etc.) in den Reformprozess. Weiters steht Good Governance für eine offene, transparente Politik, die sich den Prinzipien der Verantwortlichkeit, Effektivität und Kohärenz verschrieben hat.

Zur Bürger- bzw. Kundenorientierung leistet Gender Budgeting einen wertvollen Beitrag. Durch den durchgängigen „Gender Check“ über alle Budgetansätze wird systematisch analysiert, welcher Bedarf an Leistungen bzw. sonstigen Mitteln für welche Personengruppe besteht und damit die Zielgruppe für die geplanten Ausgaben bzw. Maßnahmenpakete definiert. Weiters wird evaluiert, ob die Ausgaben tatsächlich der Zielgruppe zugute kommen und die angestrebten Effekte erzielen.

Ganz im Sinne von Good Governance geht es bei Gender Budgeting-Analysen um gesamtgesellschaftliche bzw. gesamtwirtschaftliche Wirkungen. Die Struktur des Budgets spiegelt die Prioritätensetzung und gesellschaftliche Leitbilder der politischen Entscheidungsträgerinnen und Entscheidungsträger wider und besitzt über finanzielle Zuweisungen starke Steuerungs- und Lenkungswirkung.

Durch die Offenlegung der Gender Budgeting-Analysen für die Öffentlichkeit werden die Transparenz und der Zugang zu Informationen erhöht. Gleichzeitig wird durch die laufende Veröffentlichung die Rechenschaftspflicht zu gleichstellungspolitischen Aktivitäten institutionalisiert. Den Bürgerinnen und Bürgern wird durch die Darlegung von Maßnahmen und Ergebnisindikatoren die Bewertung der Ergebnisse und der Fortschritte hinsichtlich gleichstellungspolitischer Zielsetzungen der Regierung ermöglicht. Durch die laufende Durchführung der Gender-Analyse im Budget können budgetpolitische Entscheidungen evaluiert, die längerfristige Entwicklung beobachtet und gegebenenfalls Korrekturen durchgeführt werden.

Diese grundsätzliche Orientierung der Budgetgestaltung an Output bzw. Wirkung und Effektivität, die Verstärkung der Transparenz in Bezug auf die Kosten, Maßnahmen und Wirkungen sowie die Aufwertung von Partizipationsmöglichkeiten bieten Anknüpfungspunkte für Gender Budgeting an das Public Management-Konzept und Good Governance-Prinzipien und bietet damit Potenzial für Erweiterungsmöglichkeiten. Die im Haushaltsvollzug der Stadt Wien integrierten Gender Budgeting-Beiträge sind schlussendlich im Wesentlichen gendersensible Wirkungsanalysen. Gender Budgeting ist somit in seiner strategischen Umsetzung in Wien zweifach eingegliedert. Einerseits ist Gender Budgeting als Strategie in die Gleichstellungspolitik integriert, andererseits aber auch in das Konzept der Wirkungsorientierung eingebettet.

Ursula STRUPPE, Victoria BENESCH

Integrations- und Diversity-Management am Beispiel der Stadt Wien

Wien ist eine internationale und vielfältige Stadt. Sie beheimatet aktuell rund 1,7 Mio. Wienerinnen und Wiener. Ein großer Teil der hier lebenden und arbeitenden Menschen – insgesamt 44 Prozent[1] – hat internationale Wurzel und verfügt über Migrationserfahrung in dem Sinne, dass die Menschen entweder selber aktiv zugewandert sind oder zumindest einen Elternteil haben, der nach Österreich migriert ist. Diese gesellschaftliche Diversität ist ein kennzeichnendes Merkmal Wiens, wie vieler anderer europäischer Großstädte auch. Eine grundlegende Frage stellt sich in diesem Zusammenhang: Welche Auswirkungen hat diese gesellschaftliche Vielfalt auf die Wiener Stadtverwaltung? Denn wie mit dieser sozialen und kulturellen Pluralität umgegangen wird, wie diese gezielt genutzt werden kann, wird maßgeblich über die zukünftige Positionierung der Stadt als internationaler Wirtschaftsstandort und als Metropole mit einer sehr hohen und ausgewiesenen Lebensqualität entscheiden. Die demografische Entwicklung Wiens zeigt deutlich, dass die gleichberechtigte Teilhabe aller Wienerinnen und Wiener an gesellschaftlichen und politischen (Entscheidungs-)Prozessen ein wesentlicher Faktor für die Gestaltung des urbanen Zusammenlebens ist.

1. Die Wiener Integrationspolitik

Die Themen Integration und Diversität sind inhaltlich sehr eng miteinander verwoben und stehen in starker Wechselwirkung. Dennoch werden sie in der breiten Öffentlichkeit sehr unterschiedlich rezipiert. Zuwanderung und Integration werden in diesem Zusammenhang häufig sehr verkürzt diskutiert – meist mit dem Fokus auf Spracherwerbmaßnahmen oder kultureller Anpassung, wenn nicht gar Assimilation. Tatsächliches umfassendes Integrationsmanagement und in der Folge integrationsorientiertes Diversitätsmanagement – also die gezielte Gestaltung der Integration und die Nutzung der ethnischen und kulturellen Vielfalt Wiens – wird im breiten öffentlichen Diskurs meist sehr marginal behandelt und vielerorts nicht im vollen Umfang wahrgenommen. Die Stadt Wien steuert mit ihrer Integrations- und Diversitätspolitik diesem Trend aktiv entgegen und gestaltet klare Rahmenbedingungen für die Integration und ein integrationsorientiertes Diversitätsmanagement. Fakt ist: Wien ist eine Stadt der kulturellen Vielfalt und war und ist maßgeblich geprägt durch die Zu- und Abwanderung.

Ein zentrales Bestreben der Stadt Wien ist in diesem Kontext die Objektivierung der Debatte rund um die Themen Migration und Integration. Diesem Bestreben liegt ein integrationspolitisches Konzept zugrunde,

1 Vgl. dazu: Stadt Wien: Integrationsmonitor, 2009, S. 23.

welches erstmals 2007 von der zuständigen Integrationsstadträtin für Wien, Sandra Frauenberger, vorgestellt und seither laufend umgesetzt wird. Das Wiener Integrationskonzept basiert auf einem 4-Säulen-Prinzip, welches vor sieht, die Zuwanderung klar und transparent zu regeln und an Integrationsmaßnahmen zu koppeln. Unterstrichen wird all dies von einer klaren Haltung gegen Rassismus und Fremdenfeindlichkeit. Die vier Säulen repräsentieren zentrale Bereiche des gesellschaftlichen Zusammenlebens, in welchen die Stadt Wien gezielt Maßnahmen und Unterstützung anbietet.

Abbildung 1: Das Wiener Integrationskonzept

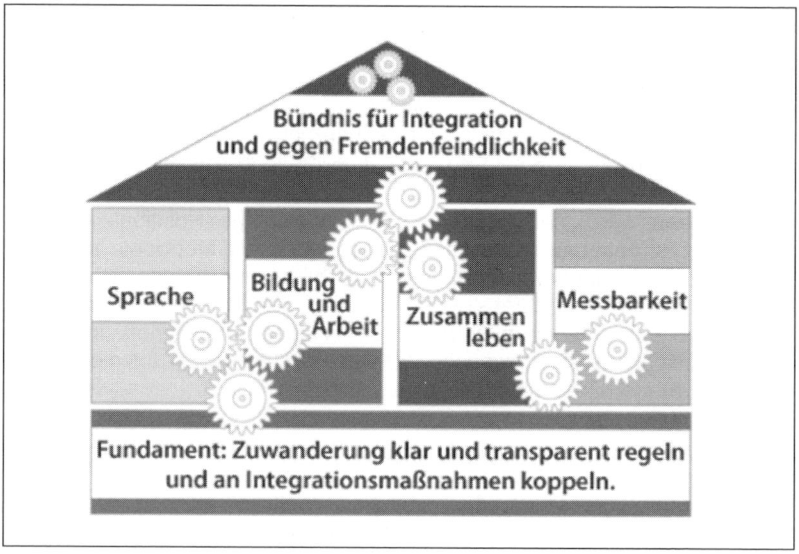

Quelle: https://www.wien.gv.at/integration/integrationskonzept.html [Download: 01.02.2011]

- Säule 1: *Sprache* – gilt als imperativ für eine gelungene Integration, für ein gelungenes Zusammenleben und letztendlich auch als Voraussetzung für den sozialen Aufstieg. Die Stadt Wien unterstützt hier mit speziell geförderten, kostengünstigen und leicht zugänglichen Sprachkursen, beispielsweise im Rahmen des Projektes „Start Wien".
- Säule 2: *Bildung und Arbeit* – umfasst längerfristige, integrationspolitische Maßnahmen in den Bereichen Ausbildung und Arbeitsmarkt. Hier geht es primär darum, gute Ausbildungs- und Jobchancen für Kinder und Jugendliche zu garantieren und ihnen gleiche Chancen beim Zugang zur Bildung und beim Einstieg ins Erwerbsleben zu ermöglichen.
- Säule 3: *Zusammenleben* – ist ein wesentlicher Schlüssel für erfolgreiche Integration. Zahlreiche unterschiedliche Projekte unterstützen und fördern eine gute Nachbarschaft und ein gutes Zusammenleben in Wien. Da dies nicht immer konfliktfrei von statten geht, werden die Wienerinnen und Wiener auch im Umgang mit Konflikten unterstützt.
- Säule 4: *Messbarkeit* – ein wichtiger Punkt ist die Messbarmachung und regelmäßige Evaluierung des Fortschrittes und der Erfolge der

Wiener Integrationspolitik. Hierbei steht die Generierung von international vergleichbaren Daten auf Basis von migrationsspezifischen Indikatoren im Vordergrund. In diesem Zusammenhang wurde ein Integrations- und Diversitätsmonitoring für die Stadt Wien entwickelt. Denn eine klare Datengrundlage leistet einen unverzichtbaren Beitrag zur Objektivierung der Themen Migration und Integration.

2. Migration & Vielfalt in Wien – Zahlen, Daten, Fakten

Wovon sprechen wir nun eigentlich, wenn die Rede von Migration und Integration in Wien ist? Wie vielfältig ist die Stadt tatsächlich?

Die Geschichte Wiens ist – wie die aller Großstädte Europas – von Zuwanderung geprägt. Historisch betrachtet, kann diese nach 1950 in folgende Phasen unterteilt werden:

- die Phase der gezielten Anwerbung der so genannten „Gastarbeiterinnen und Gastarbeiter“ aus dem damaligen Jugoslawien und der Türkei in den 1960 und 1970er Jahren
- die Phase der Aufnahme von politischen Flüchtlingen aus Osteuropa: Ungarn (1956), ČSSR (1968) und der damaligen Volksrepublik Polen (1981)
- die Phase der Migration aus den Ländern des ehemaligen Jugoslawiens, Osteuropas nach den Systemzusammenbrüchen nach 1989 und der Türkei
- die Phase zwischen dem Beitritt Österreichs zur Europäischen Union 1994 und der EU-Erweiterung 2004/2007

Die Dynamik dieser migrationspolitischen Prozesse und Zäsuren schlägt sich letztendlich auch in der Zusammensetzung der Wiener Stadtbevölkerung nieder. Ein internationaler Background stellt heute nicht mehr selten die Ausnahme, sondern vielmehr ein Stück großstädtischer Normalität dar. Doch dieser Tatbestand scheint das Selbstbild der Wiener Stadtbevölkerung verhältnismäßig wenig zu beeinflussen. Zuwanderung ist in Wien Realität, die es notwendig macht, Migration als Bereicherung und Chance zu sehen und Zuwanderinnen und Zuwanderer mit ihren Erfahrungen, Kompetenzen, Sprachen, transkulturellen und transnationalen Systemkenntnissen, ihren Ideen, ihrer Kreativität, Leistungsbereitschaft und Lebenslust als Gewinn für die Stadt Wien betrachten.

Seit der Publikation des ersten Wiener Integrations- und Diversitätsmonitors 2010[2] ist diese Vielfalt nun auch erstmals empirisch analysiert und belegt. Dieses Monitoringsystem bietet auf gesamtstädtischer Ebene die Möglichkeit, jene Bereiche kontinuierlich zu beobachten, in denen Integration relevant ist und gleichsam aufzuzeigen, wo die Stadt bei der Umsetzung ihres Diversitätsansatzes steht.

2 Vgl. dazu: https://www.wien.gv.at/integration/monitor.html

2.1 Wer sind die „Migrantinnen und Migranten“ in Wien?

In einem ersten Schritt wurde im Rahmen des Monitoringprozesses der Terminus „Migrationshintergrund“ definiert und zeitgleich ausgeweitet. Über einen so genannten Migrationshintergrund verfügen demnach jene Wienerinnen und Wiener, auf welche folgende formalrechtliche und persönliche Kriterien zutreffen:

- fremde Staatsangehörige und im Ausland geboren
- fremde Staatsangehörige und in Österreich geboren
- österreichische Staatsangehörige und im Ausland geboren
- österreichische Staatsangehörige, in Österreich geboren und haben mindestens ein Elternteil, das im Ausland geboren ist.

Nach dieser Definition besitzen aktuell 44 Prozent[3] der Wienerinnen und Wiener einen Migrationshintergrund.

Abbildung 2: Wienerinnen und Wiener mit Migrationshintergrund

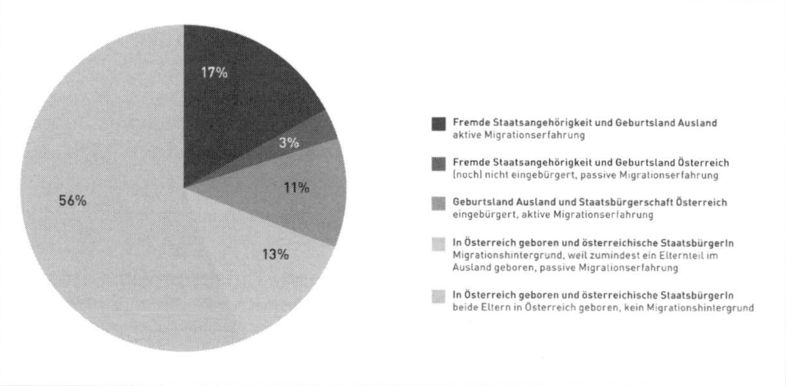

Quelle: ZSI auf Basis MZ 2008/2009

Die Vielfalt der Stadt wird darüber hinaus sichtbar, wenn wir uns vor Augen führen, dass die Wiener Bevölkerung sich aus 186 Herkunftsländern zusammensetzt. Die größte Zuwanderergruppe bilden gegenwärtig die Staatangehörigen Serbiens und Montenegros mit 73.190 Personen, gefolgt von der Türkei (41.130 Personen), Deutschland (27.735 Personen) und Polens (25.548 Personen).[4]

Eine wesentliche Errungenschaft des Monitoringprozesses ist die Darstellung migrationsspezifischer, demografischer Trends für Wien. Die statistischen Informationen betreffend die Wiener Bevölkerung untermauern, dass Migration im politischen als auch im Kontext der Verwaltung sehr differenziert zu betrachten ist. Die Monitordaten erlauben Rückschlüsse auf dezidierte politische Handlungsfelder und geben, darüber hinaus,

3 Vgl. dazu: Stadt Wien: Integrationsmonitor, 2009, S. 23

4 Vgl. dazu: Statistik Austria: Bevölkerungsregister (Stand: 01.01.2009). Berechnungen der MA5.

Empfehlungen für ein nachhaltiges Integrations- und Diversitätsmanagement der Wiener Stadtverwaltung. Drei zentrale, gesamtstädtische demografische Trends sind für Wien auszumachen und sollen nachfolgend skizziert werden.

Veränderungen in der Zuwandererquote

Entgegen der landläufigen Annahmen, dass die größten Personengruppen Zugewanderte aus den so genannten Drittstaaten stellen, zeigen die aktuellen Zahlen, dass die Zuwanderungsquote aus diesen Ländern konstant bleibt (Türkei) bzw. sogar stagniert (Serbien und Montenegro). Wohingegen der EU-Binnenmigration eine gewichtigere Rolle zukommt. Die Zahl der EU-Bürgerinnen und EU-Bürger, die sich in Wien niederlassen steigt – ins besondere jene aus Deutschland.[5]

Abbildung 3: Die Wiener Bevölkerung 2002-2009, nach zusammengefasster Staatszugehörigkeit

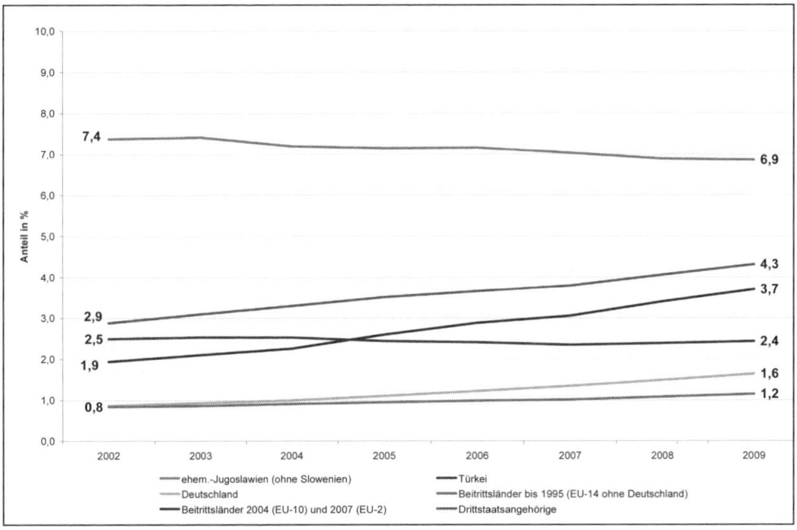

Quelle: Statistik Austria; Berechnung MA5 (2011)

Die 2. Generation gewinnt zunehmend an Bedeutung

13 Prozent aller Wienerinnen und Wiener, die in Österreich geboren sind und die österreichische Staatsbürgerschaft besitzen, haben zumindest einen Elternteil, der aktiv zugewandert ist. Das bedeutet, dass die zweite Generation tendenziell jung ist – knapp die Hälfte der zweiten Generation ist jünger als 15 Jahre und bei den Kleinkindern beträgt der Anteil rund 65 Prozent. Darüber hinaus zeigt sich, dass der Anteil von Kindern, deren

5 Vgl. dazu: Stadt Wien: Integrationsmonitor, 2009, S. 40ff.

Eltern im Ausland geboren wurde, von 27 Prozent auf 33,5 Prozent angestiegen ist.[6]

Abbildung 4: Lebendgeborene nach Migrationshintergrund 1991-2007, in Prozent

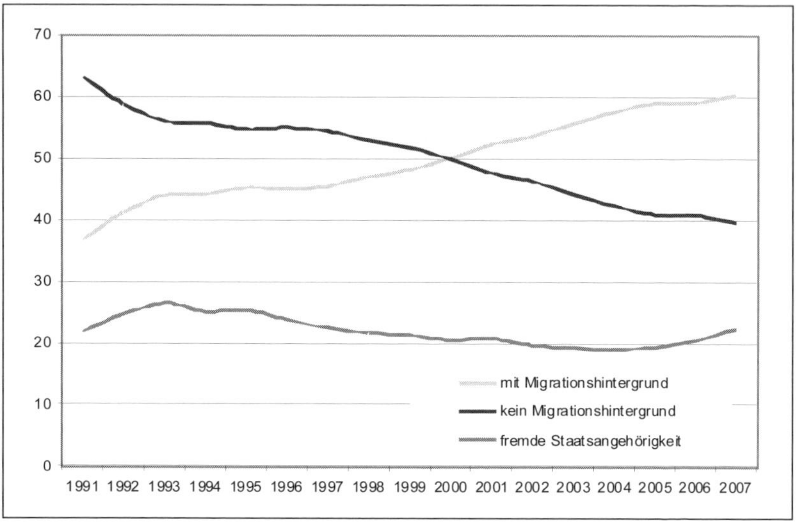

Quelle: Statistik Austria; bearbeitet durch die MA5

Die erste Zuwanderergeneration scheidet aus dem Erwerbsleben aus

Der derzeitig noch geringe Anteil an Personen im Bereich der Pflege wird sich in Hinblick auf die demografische Entwicklung in den nächsten Jahren stetig erhöhen. Die erste Generation der Migrantinnen und Migranten, die so genannte „Gastarbeitergeneration“ wird älter und scheidet aus dem Erwerbsleben aus. Für den medizinischen Bereich und den Pflegebedarf werden sich demzufolge neue qualitative und quantitative Herausforderungen ergeben.[7]

6 Vgl. dazu: Stadt Wien: Integrationsmonitor, 2009, S. 41.
7 Vgl. dazu: Stadt Wien: Integrationsmonitor, 2009, S. 135.

Abbildung 5: Anteil der im Ausland geborenen Personen nach Geschlecht im Alter von 15 bis 65 Jahren 2002-2009

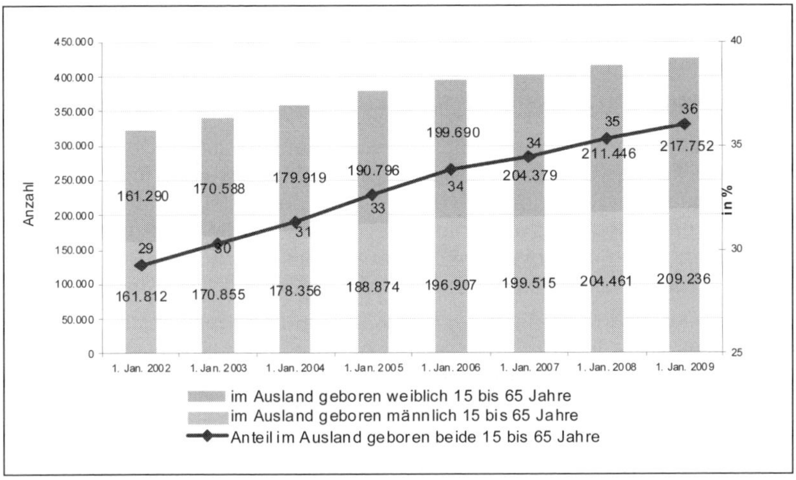

Quelle: Integrationsmonitor der Stadt Wien (2009)

3. Diversitätspolitik – Die Weiterentwicklung der Wiener Integrationspolitik

Die Ergebnisse des Wiener Integrations- und Diversitätsmonitors unterstreichen erneut, dass Wien heute in einem globalen Wettbewerb der Wirtschafts-, Tourismus-, Wissenschafts- und Kulturstandorte und im Wettbewerb um Fachkräfte und kreative Köpfe steht. Die Offenheit der Stadt gegenüber dieser Vielfalt dabei erweist sich Standortvorteil und bestimmt das Bild entscheidend mit, das die Welt von Wien hat. Die Frage nach der konkreten Nutzbarmachung dieser Vielfalt beschäftigt somit nicht nur die Politik, sondern auch die Wiener Verwaltung. Diversitätsmanagement ist ein Konzept, das darauf abzielt, die sozio-kulturelle Vielfalt im Magistrat und in der Gesellschaft potenzialorientiert zu steuern. Vor diesem Hintergrund erfolgte 2004 ein maßgeblicher Paradigmenwechsel und eine Weiterentwicklung der Integrationspolitik in Richtung Diversitätspolitik. Diese begreift Integrationsprozesse als einen Vorgang, der sowohl Menschen mit Migrationshintergrund als auch die Aufnahmegesellschaft und ihre Institutionen betrifft. Im Sinne dieser Neuorientierung ist die Verwaltung Dienstleisterin und Arbeitgeberin für alle Bewohnerinnen und Bewohner ihrer Stadt.

Zur Unterstützung des Diversitätsmanagements wurde 2004 im Magistrat der Stadt Wien eine eigene Abteilung geschaffen, die neben den klassischen Integrationsagenden das Diversitätsmanagement als Dienstleisterin nach innen unterstützt: die MA17 – Abteilung für Integration und Diversität. Der vielleicht größte Nutzen der Diversitätspolitik besteht darin, das Problemdenken zu überwinden. Die klassische Integrationspolitik ist eine spezifische Politik für Zuwandernde. Sie will deren gesellschaftliche

Eingliederung erleichtern und bietet daher beispielsweise Beratung und Sprachkurse, wie es der Wiener Integrationsfonds viele Jahre lang erfolgreich getan hat. Solche Maßnahmen sind weiter notwendig. Die Diversitätspolitik geht einen entscheidenden Schritt weiter.

4. Integrationsorientiertes Diversitätsmanagement der MA17

Um zu unterstreichen, dass der Diversitätsansatz integrationspolitische Konzepte keineswegs überflüssig macht, sondern erweitert, führt die Stadt die Begriffe Integration und Diversität unter dem Titel „integrationsorientierte Diversitätspolitik" zusammen. Heute versteht die Stadt integrationsorientierte Diversitätspolitik als gesamtstädtische Aufgabe und Querschnittmaterie aller Geschäftsgruppen und Abteilungen der Stadt Wien.

Während sich der Begriff der Integration auf den Inklusions- bzw. Einbindungsprozess in einer Gesellschaft bezieht und auf die zentrale Frage des Zugangs und der Partizipation fokussiert, macht der Diversitätsbegriff den Blick frei für Chancen und Potenziale, die mit einer vielfältigen Stadtgesellschaft einhergehen.

Dies bedeutet, dass im Rahmen des integrationsorientierten Diversitätsmanagements das Ziel verfolgt wird, die Dienstleistungen der Verwaltung zielgruppengerecht anzubieten und ihr Personal auch in der herkunftsmäßigen Zusammensetzung zu einem Spiegelbild der Bevölkerung zu machen. Es liegt daher im Interesse der Stadt, das Potenzial dieser sozialen und kulturellen Diversität zu begleiten und zu steuern. Migrantinnen und Migranten gelten nicht mehr als marginale Sondergruppe sozialpolitischer und rechtlicher Maßnahmen, sondern als selbstverständlicher Teil der Bevölkerung und gleichberechtigte Bürgerinnen und Bürger der Stadt.

5. Best Practice-Beispiele

5.1 Messbarkeit in der Wiener Praxis – das Wiener Integrations- und Diversitätsmonitoring

Die Publikation des ersten Wiener Integrations- und Diversitätsmonitors 2010 war der Startschuss zu einer profunden empirischen Analyse der Bevölkerungsrealitäten Wiens sowie der großen gesellschaftlichen Teilbereiche, die für eine gelungene Integrations- und Diversitätspolitik von maßgeblicher Bedeutung sind.

Das Integrationsmonitoring soll eine kontinuierliche Beobachtung der Bereiche, in denen Integration stattfindet und gemessen werden kann, ermöglichen. Es beschreibt anhand ausgewählter Indikatoren den gesellschaftlichen Status quo der Wiener Bevölkerung aus integrationspolitischer Sicht und bietet im Sinne eines Wegweisers in weiterer Folge eine Grundlage für strategische Entwicklungen in Politik und Organisation der Stadt Wien.

Mit dem Diversitätsmonitoring wird hingegen analysiert, wo der Magistrat der Stadt Wien bei der Umsetzung ihres Diversitätsansatzes steht. Entlang der politischen Zielvorgaben und dem gesellschaftlichen Handlungsbedarf, der sich aus dem Integrationsmonitoring ergibt, wird bewertet, was die Verwaltung bei der Adaptierung ihrer Dienstleistungen und Personalentwicklung erreicht hat und welcher zukünftige Handlungsbedarf besteht. Der Diversitätsmonitor entstand unter Federführung des Europaforums Wien in Zusammenarbeit mit Kenan Güngör im Auftrag der MA17.

Aufgabe der kommenden Jahre wird es sein, auf Basis dieses Ausgangsmonitors einen kontinuierlichen Prozess des Integrations- und Diversitätsmonitorings weiterzuführen, in dessen Zuge die Vorgangsweisen verfeinert und zusätzliche Aspekte einbezogen werden. Ziel ist die regelmäßige Erstellung von Monitoren im Zeitraum von zirka zwei Jahren, die gegenüber dem jeweils vorangegangenen Monitor Aussagen über zwischenzeitlich erfolgte Veränderungen bzw. Ergebnisse erlauben.[8]

5.2 Integration in der Wiener Praxis – „Start Wien“

Seit 1. Oktober 2008 bietet die MA17 Zuwandernden aus Drittstaaten eine persönliche Erstberatung an. Sie erfolgt unmittelbar nach der Übergabe der Bewilligung mit dem erstmalig ausgestellten Niederlassungstitel in Wien direkt im Gebäude der Einwanderungsbehörde – MA35. Durch eine Reihe von kostenlosen Vorträgen (Informations-Modulen) in der Muttersprache will die Stadt ihren neuen Einwohnerinnen und Einwohnern helfen, sich in wichtigen Lebensbereichen (z.B. Bildung, Gesundheit, Arbeit) von Anfang an zurechtzufinden. Die Begleitung von Neuzuwandernden durch das Schaffen eines auf die Person zugeschnittenen Angebots, ist Ziel des Projektes. Weitere wesentliche Aspekte sind:

- *Positive Grundhaltung:* „StartWien“ soll die positive Grundhaltung der Stadt Wien gegenüber ihren Zuwandernden ermitteln und zur positiven Identifikation mit Wien und der österreichischen Gesellschaft beitragen.
- *Rechte und Pflichten:* Neben den Rechten werden auch die Pflichten erläutert, rechtliche und gesellschaftliche Rahmenbedingungen sowie Erwartungen der Stadt Wien klar kommuniziert.
- *Datenqualität:* Durch „StartWien“ werden erstmals die Schulausbildung, Sprachkenntnisse und berufliche Qualifikationen der Migrantinnen und Migranten erhoben. Die Zuwandernden erhalten personalisierte Sprachgutscheine.
- *Qualität der Kurse:* Bei „StartWien“ geht es um die gezielte Vermittlung von Deutschkursen und um effiziente Weiterbildungsangebote. Durch die zielgerichtete Information werden auch bestehende Angebote optimal genützt und die zeitraubende Suche nach Kursen erübrigt sich.
- *Perspektiven:* Die Nutzung des Bildungspotenzials der zuwandernden Menschen ist ein weiterer wichtiger Aspekt des Projektes „StartWien“. Denn jede/r fünfte Zuwandernden verfügt über einen Universitätsabschluss, knapp 39 Prozent besitzen eine höhere Schulbildung (Matura)

8 Vgl. dazu: Stadt Wien: Synthesebericht, 2010.

oder ein abgeschlossenes Universitätsstudium.[9] Die meisten Migrantinnen und Migranten üben nach ihrer Einwanderung eine für ihre Qualifikation nicht adäquate Tätigkeit aus.

- *Aus- und Weiterbildung:* Rund ein Drittel der Migrantinnen und Migranten verfügt allerdings über eine geringe Schulbildung. Häufig handelt es sich um Personen, die aus ländlichen Gegenden stammen und bei der Einwanderung besonders viele Barrieren zu überwinden haben. Sie haben meist eine ausgeprägte Familienorientierung und geringe Unterstützungsmöglichkeiten für ihre Kinder. Diese Personen brauchen ein speziell auf sie ausgerichtetes Integrationsangebot, um Abhängigkeiten, geringes Einkommen und soziale Isolation zu vermeiden.

Die MA17 – Integration und Diversität der Stadt Wien hat dieses völlig neue, auf die Bedürfnisse der einzelnen Personen zugeschnittene, individuelle und systematische Unterstützungsangebot für Migrantinnen und Migranten auf Basis wissenschaftlicher Erkenntnisse und einer breiten Befragung von Expertinnen und Experten, insbesondere Konsultationen in den verschiedenen Communities, entwickelt. Das Projekt wurde im Herbst 2008 gestartet und nach sechs Monaten extern evaluiert. Die Zahlen zeigten: 80-90 Prozent der Zielgruppe wurde erreicht; die Beurteilung durch die Klientinnen und Klienten fiel sehr positiv aus.

Startcoaching – muttersprachliche Erstberatung

Beim Startcoachinggespräch unmittelbar nach Erhalt des Erstaufenthaltstitels erhalten die Kundinnen oder Kunden einen Bildungspass mit drei Wiener Sprachgutscheinen und werden über die nächsten Schritte beraten:

- Wie melde ich meine Kinder für den Kindergarten oder die Schule an?
- Was bedeutet die „Integrationsvereinbarung" und was beinhaltet sie?
- Wie finde ich einen für mich passenden Deutschkurs?

Der mehrsprachige Bildungspass Stadtplan zeigt die Lage der Beratungsstellen in Wien – etwa für Fragen zu Aufenthalt, Gesundheit, frauenspezifischen Aspekten, Arbeit oder Behörden.

Integrationsvereinbarung und Deutsch lernen

Fast alle Personen, die eine Aufenthaltsbewilligung oder eine Niederlassungsbewilligung bekommen, müssen die Integrationsvereinbarung unterschreiben (§14 Niederlassungs- und Aufenthaltsgesetz). Sie zielt darauf ab, dass die deutsche Sprache (Lesen und Schreiben) in einem Ausmaß erlernt wird, um am gesellschaftlichen, wirtschaftlichen und kulturellen Leben in Österreich teilnehmen zu können.

Die Integrationsvereinbarung, die innerhalb von fünf Jahren erfüllt werden muss, sieht Deutschkurse im Ausmaß von 300 Stunden vor. Am Ende

9 Vgl. dazu: Stadt Wien: Integrationsmonitor, 2009, S. 77. Im Jahr 2009 wurden im Rahmen des Startcoaching für Neuzuwandernde 2.879 Personen mit einem Wiener Bildungspass beraten. Im Zuge dessen wurden Angaben zu den Bildungs- und Berufsbiographien erhoben.

steht eine Prüfung auf dem Sprachlevel „A 2". Im Falle einer vorab erforderlichen „Alphabetisierung" – etwa aufgrund eines anderen Schriftsystems – sind 75 Stunden Alphabetisierung vorgestellt. Wird die Prüfung innerhalb von zwei Jahren absolviert, erstattet der Bund für die Deutschkurse maximal 50 Prozent bzw. maximal € 750,- zurück, zusätzlich die Kosten für das Alphabetisierungsmodul. Die Beraterinnen und Berater informieren die Kundinnen und Kunden beim Startcoaching im Detail über einzuhaltende Fristen, über die Möglichkeiten, einen Aufschub oder eine Befreiung von der Integrationsvereinbarung zu erwirken und schließlich auch über die Konsequenzen, für den Fall, dass die Vereinbarung nicht erfüllt wird. Die Beraterinnen und Berater suchen beim Startcoaching zusammen mit den Zuwandernden aus der StartWien-Datenbank ein maßgeschneidertes Angebot für einen Deutsch-Integrationskurs. Statt einer zeitraubenden persönlichen Suche nach richtigen Informationen über Kurse in Wien, bekommen die Kundinnen oder Kunden auf Wunsch eine Übersicht der Kursangebote – abgestimmt auf die jeweiligen Bedürfnisse (z.B. Jugendkurse, Crashkurse etc.)

Wiener Bildungspass und Sprachgutscheine

Im Wiener Bildungspass, den die Zuwandernden beim Startcoaching erhalten, werden die Sprachkenntnisse, Kurs- und Modulbesuche, Beratungen und Weiterbildungen eingetragen.

Der Wiener Bildungspass ist ein Dokument, das überall dort vorgelegt werden kann, wo die Zuwandernden nach Deutschkenntnissen, beruflicher Qualifikation, Ausbildung oder Fortbildung gefragt werden, wie beispielsweise beim Arbeitsmarktservice, bei potenziellen Arbeitgeberinnen und Arbeitgebern, bei weiteren Beratungsgesprächen und bei Aus- und Weiterbildungsveranstaltungen. Weiters erhalten sie eine Dokumentenmappe, in der sie alle Dokumente von Behörden, Kursträgern etc. sammeln können. Basis des Bildungspasses ist die neu geschaffene Kooperation zwischen der MA17, der Wiener Einwanderungsbehörde (MA35), dem Wiener ArbeitnehmerInnenförderungsfonds (waff), dem Beratungszentrum für Migrantinnen und Migranten, dem Arbeitsmarktservice Wien, der Arbeiterkammer Wien und der Wirtschaftskammer Wien.

Der Bildungspass hat eine perforierte Seriennummer und wird auf den Namen der jeweiligen Person ausgestellt. Im Bildungspass befinden sich drei abtrennbare Wiener Sprachgutscheine im Wert von je € 100,-, somit insgesamt € 300,-. Sie können bei zertifizierten Kursanbietern innerhalb von 30 Monaten eingelöst werden. Für eine bildungsadäquate Integration in den Arbeitsmarkt ist es notwendig, sich die Ausbildung und die aus dem Herkunftsland mitgebrachten Kompetenzen anerkennen zu lassen. Empfohlen wird die muttersprachliche Beratung „Berufserstinformation des waff" oder die Anerkennungs- und Weiterbildungsberatungsstelle des Beratungszentrums für Migranten und Migrantinnen.

Info-Module: Wichtige Informationen in der Muttersprache

Drittes Element des Programms „StartWien" sind Info-Module, die in der jeweiligen Muttersprache der Migrantinnen und Migranten angeboten werden. Gegenwärtig wird das Coaching in 21 Sprachen angeboten.[10] Dabei wird eine Übersicht über für Migrantinnen und Migranten relevante Themen gegeben, ebenso wie Hinweise auf weitere Angebote der Stadt Wien. Voraussetzung für die Gültigkeit der Wiener Sprachgutscheine ist der Besuch von drei Info-Modulen. Angebotene Themen sind:

- Modul 1: *Aufenthaltsrechtliche Fragen:* Arten der Aufenthaltstitel, Verlängerung der Bewilligung, Infos über die Staatsbürgerschaft etc.
- Modul 2: *Bildung:* Informationen zu Kindergärten, Horten, Kinderbetreuungseinrichtungen, der Schuleinschreibung, den Schultypen, dem Schulbetrieb, dem Elternverein, dem Mitteilungsheft, öffentlichen und unterschiedlichen Typen privater Schulen, Lehre, Berufsschule etc.
- Modul 3: *Gesundheit:* Beschreibung des österreichischen Gesundheitssystems, der E-Card, der Notrufnummern, des Mutter-Kind-Passes, des Impfpasses, des Krankenhausaufenthalts, der Krankenversicherung etc.
- Modul 4: *Spracherwerb:* Informationen über das Erlernen der deutschen Sprache, Lerntechniken etc.
- Modul 5: *Wohnen:* Wohnungssuche, Miet-, Eigentums-, Genossenschaftswohnung, Mietvertrag, Provision, Ablöse, Wohnungskategorien, Hausverwaltung, Hausordnung, Mülltrennung etc.
- Modul 6: *Zusammenleben in Wien:* Beschreibung der Kultur in Wien und bestimmter Regeln des Zusammenlebens, um kulturell bedingte Missverständnisse zu vermeiden
- Modul 7: *Anerkennung von Qualifikationen:* Beim Kompetenzzentrum für Anerkennung von im Ausland erworbenen Ausbildungen werden Zuwandernden über der Anerkennung ihrer Ausbildungen (Nostrifikation) informiert
- Modul 8: *Berufserstinformation:* Berufserstinformation beim Wiener ArbeitnehmerInnenförderungsfonds in der Muttersprache, ausführliche Erhebungen der Qualifikationen, beruflichen Erfahrungen, Übersetzung dieser Angaben ins Deutsche, Erhebungsbogen als wichtige Informationsquelle für das AMS

Wien hat mit diesem neuen Programm ein österreichweit einzigartiges und auch international beispielhaftes Integrationsinstrument geschaffen. Es kann und wird gute Voraussetzungen bieten, um die Chancen der Einwanderung für Wien zu nutzen und die Risiken zu minimieren. Dies liegt im Interesse Österreichs wie im Interesse der Zuwandernden.

5.3. Diversitätsmanagement in der Wiener Praxis – der Diversity Check

Beim Diversity Check der MA17 handelt es sich um ein Instrument zur Organisationsentwicklung in der öffentlichen Verwaltung. Das Ziel des

10 Albanisch, Arabisch, Bosnisch, Bulgarisch, Chinesisch, (Deutsch), Englisch, Farsi, Französisch, Hindi, Kroatisch, Polnisch, Punkabi, Rumänisch, Russisch, Serbisch, Slowenisch, Spanisch, Tschechisch, Türkisch, Ungarisch und Urdu.

Diversity Checks ist die Implementierung des „integrationsorientierten Diversitätsmanagements" in den einzelnen Abteilungen und Organisationen der Stadt Wien. Zentrale Dimensionen des integrationsorientierten Diversitätsmanagements für die städtische Verwaltung sind:

Organisationsbezogene funktionale Dimension	Anerkennungs-dimension	Einbeziehungs- bzw. Teilhabedimension
KundInnenorientierte, bedarfsgerechte Anpassung der Dienstleistungen und Produkte Verbesserung der Effektivität und Qualität der Strukturen und Prozesse Verbesserung der Kommunikation nach innen und außen Wissens- und Reflexionssteigerung als „Lernende Organisation" Erhöhung der Diversitätskompetenz	Anerkennung und Wertschätzung der sozialen, kulturellen und ethnischen Vielfalt Sichtbarmachung und Entfaltung ihrer Produkte Zugewanderte als Selbstverständlichkeit und nicht als Sondergruppe mit Sondermaßnahmen Förderung und Identifikation mit der Stadt, in der Einheit und Vielfalt möglich ist	Die Stadt als Dienstleisterin und Arbeitgeberin für alle Qualität und Zugänglichkeit der Dienstleistungen für alle Bevölkerungsgruppen Berücksichtigung der verschiedenen Ausgangslagen, Zugänge und Bedürfnisse Erhöhung des Anteils an Personal mit Migrationshintergrund Verbesserung des Zugangs zur und Aufstiegs in der öffentlichen Verwaltung

Quelle: MA17

Der Diversity Check bietet eine prozessorientierte Analyse der jeweiligen Abteilung oder Organisation sowie eine Sensibilisierung der Mitarbeiterinnen und Mitarbeiter in Hinblick auf diversitätsrelevante Aspekte und Tätigkeitsfelder. Für die drei Kernbereiche einer Verwaltungseinheit – Kundinnen und Kunden & Dienstleistungen, Mitarbeiterinnen und Mitarbeiter & Kompetenzen, Organisation & Strategie – wurden insgesamt acht Hauptindikatoren und 34 Subindikatoren entwickelt, die eine Weiterentwicklung des Diversitätsmanagments ermöglichen und gleichzeitig die Anforderungen an ein effizientes und effektives Diversitätsmanagments in einer Organisation beschreiben.

Abbildung 6: Der Diversity Check

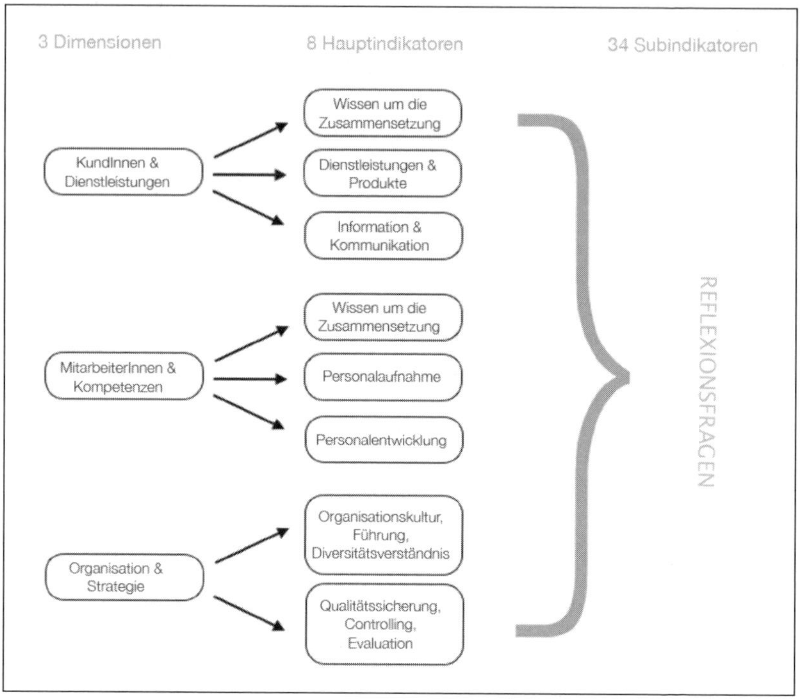

Quelle: MA17

Die Mitarbeiterinnen und Mitarbeiter sowie Führungskräfte analysieren mit Prozessbegleitung durch die MA17 ihre eigene Abteilung und ihr Arbeitsumfeld und entwickeln selbst neue Strategien und Maßnahmen, die in einem konkret festgelegten Aktionsplan für die jeweilige Abteilung oder Organisation münden.

Wie kann man sich den Prozess und Ablauf des Diversity Checks vorstellen?

Der Diversity Check dauert insgesamt zirka sieben Tage, die über einen Zeitraum von etwa vier bis sechs Monaten verteilt sind. Eine Gruppe von mindestens 10 bis 16 Mitarbeiterinnen und Mitarbeitern aus den verschiedene Bereichen der jeweiligen Abteilung oder Organisation analysieren in halb- bzw. ganztägigen Workshops anhand des oben gezeigten Indikatorensets, gemeinsam mit der externen Begleitung durch die MA17, ihre Abteilung oder Organisation. Das prozessorientierte Arbeiten in Kleingruppen dient der Analyse und der Maßnahmenentwicklung. Darüber hinaus bietet es aber auch Platz für den Austausch und die diversitätsrelevante Reflexion. Fachliche Inputs durch die MA17 in den Workshops – beispielsweise zu Diversitätsmanagement allgemein, interkultureller Kompetenz, Personalentwicklung etc. – ergänzen das Setting.

Der Diversity Check ist in mehrere Phasen unterteilt.

1. Die Vorbereitungs- und Aufbauphase
2. Die Phase der Ist-Analyse
3. Die Phase der Maßnahmenentwicklung
4. Die Umsetzung der Maßnahmen, Evaluierung und Weiterentwicklung

Vorbereitungs- und Aufbauphase – Die Durchführung des Diversity Checks bedarf einer sorgfältigen Planung, Abstimmung und Vorbereitung. Im Rahmen dieser Vorbereitung sind durch die Dienststellenleitung sowie die dienststelleninterne Projektleitung zentrale und wesentliche Punkte zu klären: Stehen die Führungskräfte hinter dem Prozess? Warum ist bzw. kann Diversitätskompetenz für die Dienststelle von Bedeutung sein? Welche Teilbereiche einer Dienststelle sind besonders relevant? Gibt es eine Zuständigkeitsstruktur für Diversitätsfragen in der Dienststelle? Welche zeitlichen, personellen und organisatorischen Ressourcen werden für das Projekt gebraucht und können diese bereitgestellt werden? Letztlich ist der formelle Prozessablauf abzustecken und der Zeitrahmen für die Durchführung des Diversity Checks zu planen.

Ist-Analyse – Die Ist-Analyse wird durch ein Analyseteam durchgeführt. Bei der Zusammenstellung des Teams, das aus 10 bis 16 Mitarbeiterinnen und Mitarbeitern besteht, ist darauf zu achten, Repräsentantinnen und Repräsentanten aller relevanten Hierarchieebenen und Organisationsbereiche einzubeziehen sowie auf die ausreichende Einbindung der Entscheidungsträgerinnen und Entscheidungsträger. Die Mitglieder des Analyseteams sollen neben ihrem Engagement und ihrer Motivation auch ihre Bereitschaft, mit kritischem Auge Handlungsfelder aufzudecken, einbringen. Die Projektorganisation wird in schriftlicher Form dokumentiert. Ziel dieser Phase ist die Erhebung des diversitätsbezogenen Ist-Standes der Organisation anhand von Haupt- und Subindikatoren. Die MA17, als Fachabteilung und Kompetenzstelle für Integrations- und Diversitätsfragen, unterstützt und begleitet diesen Prozess und übernimmt die fachliche Moderation. Am Ende dieser Phase sollten bereits erste Themenfelder für Maßnahmenvorschläge stehen. Mögliche Beispiele hierfür wären:

- ein Inkludieren des Themenbereiches „Interkulturelle Kompetenz“ in die Personalentwicklung
- ein Diversitätscontrolling im Sinne einer Diversity-Scorecard
- eine Institutionalisierung von integrationsorientiertem Diversitätsmanagement in der Abteilung

Vor dem Hintergrund der organisationsspezifischen Rahmenbedingungen und Möglichkeiten werden in einem nächsten Schritt die Maßnahmenvorschläge mit der Dienststellenleitung hinsichtlich ihrer Umsetzbarkeit und strategischen Anpassung erörtert und priorisiert.

Maßnahmenentwicklung – Nach erfolgter Ist-Analyse werden in der nachfolgenden Phase Maßnahmen entwickelt und ein Aktionsplan zur Umsetzung erstellt. Die Maßnahmenentwicklung erfolgt, je nach Bedarf, durch eine oder mehrere Arbeitsgruppen/Teams, deren Mitglieder über das Wissen, die Qualifikationen und Kompetenzen verfügen, die für die jeweilige Maßnahmenentwicklung erforderlich sind (Personal, Controlling,

Öffentlichkeitsarbeit etc.). Das Maßnahmenentwicklungsteam kann sich personell vom Analyseteam unterscheiden. Die in der Vorphase erarbeiteten und zusammen mit der Dienststellenleitung ausgewählten Maßnahmenvorschläge müssen nun inhaltlich konkretisiert und in einem Umsetzungsplan festgelegt werden. Fragen nach dem Ergebnis- bzw. Prozessziel, den Umsetzungs- und Controllingmethoden sollen im Rahmen dieses Entwicklungsprozesses für jede Maßnahme beantwortet werden. Am Ende diese Phase steht die Formulierung eines konkreten Aktionsplans.

Umsetzungsphase – Gemäß dem im Aktionsplan vorgegebenen zeitlichen Rahmen werden nun die einzelnen Maßnahmen umgesetzt. Um überprüfen zu können, ob mit den jeweiligen Maßnahmen die formulierten Ziele erreicht worden sind, ist eine Evaluierung durch die Projektverantwortlichen in den Abteilungen vorgesehen.

Abschließend ist zu bemerken, dass während der Durchführung des Diversity Checks größtmögliche Transparenz die oberste Prämisse ist. Während des gesamten Prozesses sollten die wesentlichen Vorgänge und Ergebnisse an die Mitarbeiterinnen und Mitarbeiter der Abteilung bzw. der Organisation kommuniziert werden. Denn der Prozess kann nur dann langfristig erfolgreich sein, wenn den Mitarbeiterinnen und Mitarbeitern der Dienststelle der Sinn, der mögliche Nutzen und die damit einhergehende Bedeutung des Diversitätsmanagements sowie die Prozessschritte des Diversity Checks entsprechend vermittelt werden. Diesbezüglich kann auch eine Kick off-Veranstaltung und/oder eine Abschlussveranstaltung in der Abteilung durchgeführt werden. Dadurch wird wertvolle Informations- und Überzeugungsarbeit geleistet und die Teilhabe der Organisationsmitglieder an diesem Veränderungsprozess intensiviert.

Aktuell wird der Diversity Check bei der Wiener Pflege- und Betreuungsdienste GmbH – Geschäftsbereich Tageszentren für Seniorinnen und Senioren durchgeführt.

6. Ausblick und Herausforderungen für die Stadt Wien

Zusammenfassend kann gesagt werden, dass Chancengleichheit und gleichberechtigte Teilhabe unabdingbare Voraussetzungen für das Integrations- und Diversitätsmanagement sind. Zentrale Herausforderungen stellen in diesem Zusammenhang die Schaffung und Sicherung der gleichberechtigten Partizipation aller Wiener Bürgerinnen und Bürger an den gesellschaftlichen Institutionen und Ressourcen sowie die Gleichstellung, Chancengleichheit und Gleichberechtigung in allen Bereichen – politisch, gesellschaftlich, kulturell, sozial – dar. Die Schaffung dieser Rahmenbedingungen ist eine der „Integrationspflichten" der Aufnahmegesellschaft.

Integration und Diversitätsmanagement nimmt sowohl die Aufnahmegesellschaft als auch Migrantinnen und Migranten in die Pflicht. Es handelt sich um eine Querschnittmaterie, die alle Politikbereiche und alle Gesellschaftsbereiche betrifft: Neben der Politik und allen öffentlichen Einrichtungen auch Sozialpartner, Vereine, NGOs, letztlich jede Bürgerin und jeden Bürger.

Integration verlangt aber auch von Zuwandernden vielfältige Anpassungsleistungen, an erster Stelle das Erlernen der Landessprache, aber auch die Adaption an die hier geltenden gesetzlichen (z.B. Sozialversicherung) und praktischen Rahmenbedingungen (z.B. Mülltrennung). Der Integrationsprozess muss von beiden Seiten gewollt und bejaht werden. Dazu gehört die Bereitschaft der Aufnahmegesellschaft zu akzeptieren, dass Menschen mit anderem Aussehen oder anderen Namen „echte Wienerinnen und Wiener“ sein bzw. werden dürfen. Hier hinkt das Bewusstsein der Realität leider noch hinterher: Integration muss daher auch als ein prinzipiell abschließbarer Prozess verstanden werden.

Hier greift der Diversitätsansatz der Stadt Wien. Vielfalt zu leben, bedeutet nicht nur den Blick auf das Unterscheidende, sondern auch auf die gesellschaftliche und institutionell unabdingbaren Voraussetzungen und Gemeinsamkeiten zu richten.

Priska PSCHAID

Gender Mainstreaming findet „Stadt“!

Die Gleichstellung von Frauen und Männern ist ein klar definiertes Ziel der Europäischen Union, aktive Gleichstellungspolitik ist damit auf höchster Ebene (Vertrag von Amsterdam)[1] verankert. *Gleichstellung* ist, wenn alle Strukturen und Entscheidungsprozesse so gestaltet sind, dass Frauen und Männer aufgrund ihrer Geschlechtszugehörigkeit in Bezug auf individuelle Lebensgestaltung, Verteilung von Macht, Ressourcen und Arbeit, weder bevorzugt noch benachteiligt sind. Gleichstellung ist das politische Ziel, *Gender Mainstreaming* ist die Leitstrategie zur Zielerreichung.

Der vorliegende Beitrag beschreibt den Implementierungsprozess von Gender Mainstreaming in der Stadt Graz.

1. In einer Stadt leben Frauen und Männer!

Die Stadt Graz ist sich ihrer Verantwortung bei der Umsetzung der Gleichstellung von Frauen und Männern auf allen Ebenen und in allen gesellschaftspolitischen Bereichen bewusst. Der geschlechtssensible Blick muss alle Bereiche der Verwaltung und sämtliche politische Aktionsfelder erreichen. Deshalb wurde bereits im Jahr 2001 mit der Implementierung von Gender Mainstreaming begonnen.

Nach einem Grundsatzbeschluss der Stadtregierung wurde Magistratsdirektor Haidvogl gemäß dem Top down-Prinzip mit der Umsetzung der Implementierung beauftragt. Von Anfang an war klar, dass Gender Mainstreaming nur dann funktionieren kann, wenn

- der politische Wille zur Implementierung vorhanden ist,
- Ressourcen zur Verfügung gestellt werden,
- eine Gender-Expertise aufgebaut wird,
- die Gender-Perspektive in alle Bereiche der Verwaltung und Politik getragen wird und
- die Implementierung einem strukturierten Vorgehen und strategischen Überlegungen folgen kann.

Gender Mainstreaming muss außerdem als Organisationsentwicklungstool erkannt werden, das bei der Implementierung der Gleichstellung von Frauen und Männern eingesetzt wird.

Als Organisationsentwicklungsinstrument unterliegt Gender Mainstreaming den systemischen Regeln von Organisationen und bedient sich dieser. Ziel ist die Veränderung der Strukturen und Prozesse innerhalb einer Organisation und diese Strategie braucht das Bewusstsein, dass Gender Mainstreaming eine Führungsaufgabe ist und Top down implementiert werden muss.

1 Vgl. dazu: Europäische Union: Vertrag von Amsterdam. In: http://www.graz.at/Gleichstellung

Die Kulturebene einer Organisation (Bewusstseinsbildung, Verbreitung des Themas auf informellem Weg, Engagement einzelner Personen) kann und soll den Prozess der Implementierung unterstützen.

Abbildung 1: Systemisches Dreieck

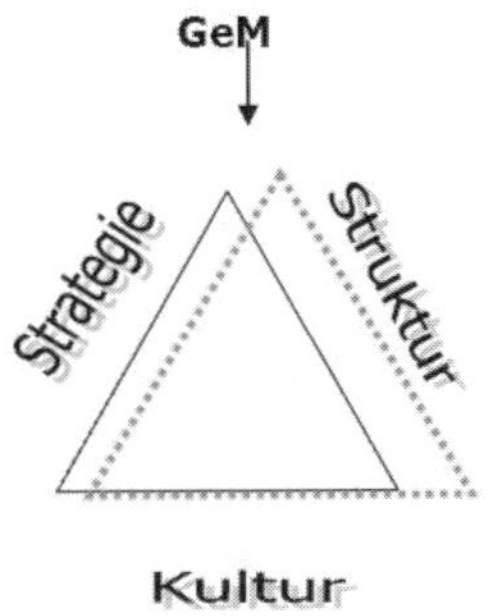

Quelle: Magistrat der Stadt Graz

Die Stadt Graz hat den Weg der Implementierung von Gender Mainstreaming strategisch gut überlegt und einige strukturelle Veränderungen vorgenommen. Damit wurde auch bewusst in Kauf genommen, dass die Implementierung von Gender Mainstreaming medial und politisch nicht immer plakativ „verkauft“ werden kann. Die Integration der Geschlechterperspektive in das strategische Handeln einer Organisation und die Veränderung von Strukturen und Prozessen erzeugen keine Jubelmeldungen. Erfolge und konkrete Veränderungen, die auch für die Bürgerinnen und Bürger sowie die Mitarbeiterinnen und Mitarbeiter sichtbar und spürbar werden, beanspruchen Zeit und erfordern mühevolle Kleinarbeit.

Gender Mainstreaming – wenn die Strategie ernst genommen wird und nicht durch Alibimaßnahmen abgehandelt werden soll – kann nicht von einem Tag auf den anderen umgesetzt werden!

Im Laufe der letzten neun Jahre hat die Stadt Graz Know how durch externe Expertinnen und Experten zugekauft, mit einem Pilotprojekt an der EQUAL-Entwicklungspartnerschaft „Just GeM“ teilgenommen und war bis Mitte 2007 operative Partnerin in der EQUAL-Entwicklungspartnerschaft POP UP GEM (POlicy and PUblic Service Push GEnder Mainstreaming).

2. Welche Strukturmaßnahmen wurden in der Stadt Graz umgesetzt?

Zu Beginn wurde gemeinsam mit den Mitarbeiterinnen und Mitarbeitern in einem extern begleiteten Workshop die *Implementierungsstrategie* für die Stadt Graz festgelegt. Gender Mainstreaming sollte einerseits in den internen Strukturen der Verwaltung verankert werden, um die Arbeitsbedingungen der Mitarbeiterinnen und Mitarbeiter zu verbessern und der Tatsache Rechnung tragen zu können, dass die Stadt Graz eine große Arbeitgeberin ist. Andererseits sollte Gender Mainstreaming auch in den *Produkten und Dienstleistungen* der Stadt Graz Niederschlag finden, damit die Bürgerinnen und Bürger Gleichstellung erfahren können.

In weiterer Folge beziehen sich alle Projekte und Maßnahmen auf diese grundsätzliche Entscheidung, den Blick sowohl nach innen als auch nach außen zu richten.

Abbildung 2: Projektstruktur

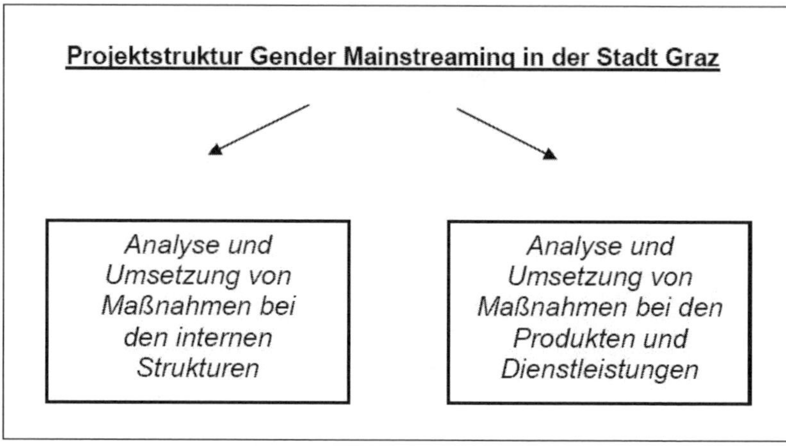

Quelle: Magistrat der Stadt Graz

Gender Mainstreaming braucht ein *breites politisches Bekenntnis* zur Umsetzung von Gleichstellung und muss alle politischen Aktionsfelder erreichen. Der Prozess muss von einer breiten politischen und verwaltungsinternen Basis getragen werden.

Aus diesem Grund wurde eine *Steuerungsgruppe* installiert, welche als Informations-, Verbreitungs- und Diskussionsgremium fungiert. Die Steuerungsgruppe trifft sich mehrmals jährlich und sorgt dafür, dass relevante politische und bedienstete Akteurinnen und Akteure in der Stadt Graz regelmäßig informiert werden. Die Zusammensetzung der Steuerungsgruppe wurde auf höchstem Niveau vorgenommen und kann je nach inhaltlicher Schwerpunktsetzung personell verändert werden:

- Bürgermeister/in der Stadt Graz
- zwei Stadtsenatsreferent/inn/en
- Klubobleute aller im Gemeinderat vertretenen politischen Parteien
- Magistratsdirektorinnen und Magistratsdirektoren
- zwei Abteilungsvorstände
- Projektleiterinnen und Projektleiter

Im Rahmen von POPUPGEM wurden *Projektteams* eingerichtet, welche bereichsübergreifend an konkreten Themen der Implementierung von Gender Mainstreaming arbeiten. Ziel ist es, in relevanten Abteilungen eine Gender-Expertise aufzubauen, Zeitressourcen für Gender Mainstreaming nicht mehr ausschließlich zentral zur Verfügung zu stellen und damit auch

Ressourcen zu vermehren, die Gender-Perspektive direkt in den Abteilungen zu verankern und Produkte und Dienstleistungen einer Gender-Analyse zu unterziehen.

Alle Abteilungen im Magistrat Graz wurden hinsichtlich der Relevanz von Gender Mainstreaming im jeweiligen Arbeitsbereich bewertet und jene Abteilungen, bei denen eine Implementierung von Gender Mainstreaming auf der Ebene der *Produkte und Dienstleistungen* am dringendsten zu erfolgen hatte, wurden in vier Projektteams zusammengefasst. Gemäß dem Top down-Ansatz wurden die ausgewählten Abteilungen vom Magistratsdirektor verpflichtet, eine *Führungskraft* zu entsenden, damit in weiterer Folge eine *Integration in Planungs- und Entscheidungsprozessen* gewährleistet ist.

Ausgewählte Abteilungen für die Projektteams:

- Projektteam 1 *„Innere Verwaltung“:* Magistratsdirektion, Informationsmanagement, Präsidialamt, Personalamt, Stadtrechnungshof, Krankenfürsorgeanstalt
- Projektteam 2 *„Lebenslagen“:* Sozialamt, Amt für Jugend und Familie, Gesundheitsamt, Amt für Wohnungsangelegenheiten, Geriatrische Gesundheitszentren
- Projektteam 3 *„Förderungen“:* Sportamt, Amt für Wirtschafts- und Tourismusentwicklung, Kulturamt, Umweltamt
- Projektteam 4 *„Bauen“:* Stadtbaudirektion, Abteilung für Verkehrsplanung, Stadtplanungsamt, Abteilung für Grünraum & Gewässer

Gender Mainstreaming ist ein Instrument der Organisationsentwicklung, die Gender-Perspektive muss alle Bereiche der Verwaltung und Politik erreichen und die Implementierung muss strategischen Überlegungen folgen.

Das Grazer Steuerungsmodell (GSM) führt verschiedene Reformprozesse in der Stadt Graz (Produktkatalog, Aufgabenkritik, Eckwertbudgetierung, Kostenrechnung etc.) zusammen und entwirft einen zeitlichen Jahreskreislauf, nach dem alle Abteilungen in der Stadt Graz strategisch gesteuert werden.

Die *Balanced Scorecard* ist das zentrale Instrument der strategischen Steuerung. Strategische und operative Ziele der Abteilungen sowie Maßnahmen zur Zielerreichung und einzelne Kennzahlen werden festgehalten, die Balanced Scorecards sind Grundlagen für Kontrakte, die zwischen den Abteilungen und der Politik geschlossen werden und ermöglichen schlussendlich eine Überprüfung der Zielerreichung.

Neben den „normalen“ strategischen Zielen müssen auch *Gleichstellungsziele* für Produkte, Dienstleistungen, Maßnahmen und Projekte definiert und in die Balanced Scorecards aufgenommen werden. Auch die Kennzahlenerfassung hat – sofern das sinnvoll ist – getrennt nach Frauen und Männern zu erfolgen und ermöglicht auf diese Art und Weise eine Analyse und Kontrolle im Sinne von Gender Mainstreaming.

Die Gender-Perspektive findet somit Eingang in die zentrale strategische Steuerung der Abteilungen der Stadt Graz. Damit ist auch gesichert, dass das Thema *Gender Budgeting* realisiert wird, denn das Budget drückt die Realitäten und Prioritäten einer Stadt, einer regionalen Regierung, einer Bundesregierung und aller Verwaltungseinheiten aus: Die Stadt Graz analysiert in ihrem Implementierungsprozess die Produkte und Dienstleistungen und bringt diese Ergebnisse in einem zweiten Schritt mit dem Budget für die jeweiligen Leistungen in Zusammenhang.

3. Beispiele für die Verankerung von Gender Mainstreaming in den Balanced Scorecards der Abteilungen[2]

Nachdem der Magistratsdirektor der Stadt Graz auch der oberste Gender Mainstreaming-Beauftragte ist, sind in der Balanced Scorecard der *Magistratsdirektion* die übergeordneten Gleichstellungsziele für die Gesamtorganisation verankert: Im Zielfeld „Entwicklung und Implementierung übergeordneter Ziele", als Kernaufgabe der Magistratsdirektion, ist das definierte Gender-Ziel die *Berücksichtigung der Gender Mainstreaming-Aspekte und Integrationsaspekte in allen Balanced Scorecards bis 31.12.2011.*

Neben den unten noch im Detail beschriebenen Schritten, die im *Personalamt* im Bereich Gender Mainstreaming bereits erfolgt sind, lauten die Gleichstellungsziele wie folgt: *Förderung der Vereinbarkeit von Beruf und Familie und Frauen in Führungspositionen.* Die Erhöhung des Frauenanteils in Führungspositionen ist im Magistrat der Stadt Graz in der „Objektivierungsrichtlinie" (Verfahren zur Personalauswahl) und bei den Beteiligungen als Frauenquote (40 Prozent) in den jeweiligen Geschäftsordnungen verbindlich verankert (seit Herbst 2010).

Im Sinne der Bürgerinnen und Bürger hat die gleichstellungsorientierte Leistungserbringung natürlich einen besonderen Stellenwert. Für die Projektgruppe „Lebenslagen" wird hier das Sozialamt beispielhaft gezeigt: Das formulierte Gender-Ziel lautet *Überprüfung des Zugangs zu Leistungen des A5 nach dem Gender-Aspekt bis 31.12.2011.* Hier ist realistischerweise jedoch davon auszugehen, dass dieser Prozess mit Ende 2011 noch nicht abgeschlossen sein wird.

Das *Sportamt* der Stadt Graz war eines der Pilotämter zu Beginn des Implementierungsprozesses im Jahr 2003. Die Gleichstellungsausrichtung der Produkte ist mittlerweile abgeschlossen, die Auswirkungen sind hier besonders deutlich auch im Budget zu sehen: Die (gratis) Sportkurse für Grazer Kinder, die vor dem Implementierungsprozess signifikant überwiegend von Jungen genutzt wurden, werden nun – durch adaptierte Angebote – von Jungen und Mädchen gleichermaßen genutzt. Auch die formulierten Gender-Ziele zeigen, wie fortgeschritten der Implementierungsprozess bereits ist. Zur Umsetzung des Abteilungszieles „Attraktivierung des Sportangebotes für Kinder und Jugendliche" sind die Gender-Ziele die *Anzahl weiblicher und männlicher jugendlicher Vereinsmitglieder und Anzahl weiblicher und männlicher jugendlicher Teilnehmerinnen und Teilnehmer bei Kursen des A13.* Zum Abteilungsziel „Ermöglichung von

2 Die in diesem Artikel angeführten Beispiele erfolgen mit freundlicher Genehmigung der Magistratsdirektion und der jeweiligen Abteilungen.

Leistungs- und Spitzensport" gehören *Anzahl der weiblichen und männlichen Top 3 Platzierungen bei EM, WM und Olympischen Spielen und Anzahl der weiblichen und männlichen Staatsmeistertitel des Vorjahres.*

Auch die Abteilung *Katastrophenschutz und Feuerwehr* hat mit dem Implementierungsprozess von Gender Mainstreaming begonnen. Die Einrichtung einer Freiwilligen Feuerwehr – neben der Berufsfeuerwehr der Stadt Graz, die bis dato im Einsatzbereich zu 100 Prozent männlich besetzt ist – bringt dabei neue Möglichkeiten der Gleichstellungsorientierung. Das Abteilungsziel „laufende Optimierung der Abläufe" nennt als Gender-Ziel die *schrittweise Anpassung der Informationsfolder bezüglich Gender Mainstreaming und Integration.* Beim Ziel „Etablierung der Feuerwehrjugend" findet sich zum einen das *Verhältnis von weiblichen zu männlichen Feuerwehrjugend*, zum anderen ein *Verstärktes Ansprechen von Mädchen/Migrantinnen und Migranten für die Feuerwehrjugend.*

Im *Amt für Jugend und Familie* zeigt sich sehr gut, dass die Umsetzung von Gleichstellungszielen Frauen und Männer betrifft. Im Referat für Unterhaltszahlungen geht es um die Sensibilisierung der Mitarbeiterinnen und Mitarbeiter im Umgang mit den betroffenen Vätern: *Qualifizierungsmaßnahme für die Referentinnen und Referenten im Umgang mit den Vätern.*

3.1 Implementierungsschritte und abgeschlossene Umsetzungsmaßnahmen seit Beginn des Prozesses

Der *Stadtrechungshof* prüft die gesamte Gebarung der Stadt Graz. Er ist gemäß des Grazer Stadtstatuts in seiner Kontrolltätigkeit weisungsfrei. Inhaltlich erstreckt sich die Prüfung auf die Gebarung der Stadt Graz sowie auf alle Institutionen, an denen die Stadt Graz beteiligt ist oder die sie fördert. Umfasst sind damit neben den Abteilungen des Magistrats Graz auch alle Beteiligungsgesellschaften, Maastricht-Betriebe und Empfänger von Subventionen und Zuschüssen. Die Prüfung ist eine formelle und materielle Prüfung – es werden sowohl die rechnerische Richtigkeit und Rechtmäßigkeit von Abrechnungsvorgängen, als auch die *Wirtschaftlichkeit, Sparsamkeit und Zweckmäßigkeit* der Gebarung untersucht. Bei der so genannten Projektkontrolle erstreckt sich die Prüfung auf die Feststellung des Bedarfs und auf die Plausibilitätsprüfung von Durchführungs- und Folgekosten.

In die *Prüfungen durch den Stadtrechnungshof* wurde auch der Bereich der *Gleichstellungsorientierung* aufgenommen. Das heißt, dass bei jeder Prüfung, die der Stadtrechnungshof durchführt – sei es die regelmäßige Prüfung der Abteilungen oder die Prüfung von einzelnen Projekten – auch nach Gleichstellungszielen und Maßnahmen zur Gleichstellung gefragt wird. Der Stadtrechnungshof gibt in weiterer Folge Stellungnahmen zur Sinnhaftigkeit und Effizienz dieser Maßnahmen ab und spricht Empfehlungen aus.

Im Rahmen von Gender Mainstreaming und der Beobachtung und Bearbeitung der *internen Strukturen* ist es unabdingbar, auf konkrete Daten zur *Personalsituation* zugreifen zu können und *genderspezifische Frage-*

stellungen beantworten zu können. Daher wurden genderspezifische Fragestellungen formuliert und als Anforderungen an ein neues Datensystem definiert, damit in Zukunft die Möglichkeit vorhanden ist, beispielsweise Stichtagsabfragen durchführen zu können oder auch Zuordnungsklarheit bei offenen Fragen – z.B. Sonderaufgaben, verschiedene Arten von Karenzen, (Projekt-)Leitungen etc. – hergestellt werden kann.

Damit die Gender-Perspektive alle Bereiche der Verwaltung erreichen kann, braucht es neben den strukturellen Veränderungen auch einen *Kompetenzaufbau bei den Mitarbeiterinnen und Mitarbeitern.* Neben zertifizierten Gender Agents[3], die zentrale Rollen bei der Implementierung von Gender Mainstreaming übernehmen, wurden *alle Führungskräfte im Bereich Gender Mainstreaming geschult.*

Im Rahmen ihrer Tätigkeit in der *Hearingkommission* wurden alle *Führungskräfte* der ersten Ebene und die *Personalvertreterinnen und Personalvertreter* im Bereich der geschlechtergerechten Personalauswahl geschult.

Die grundsätzliche Positionierung von *Gender Mainstreaming als Führungsaufgabe* erfolgt bei regelmäßig stattfindenden Besprechungen der Abteilungsleiterinnen und Abteilungsleiter durch den Magistratsdirektor persönlich.

Die *Projektteams* wurden – nach einer eintägigen Basisschulung zu Gender Mainstreaming – von den Projektleiterinnen und Projektleitern begleitet und unterstützt. Weiters wurden und werden die Projektteams in den Sitzungen zu speziellen Fachthemen (z.B. Gender Budgeting, geschlechtssensible Statistiken, geschlechtergerechter Sprachgebrauch, Gender Mainstreaming in der Raumplanung etc.) informiert, um die Gender-Expertise zu vertiefen.

Die Projektleiterinnen und Projektleiter haben verschiedene *Schulungs- und Beratungspakete* entwickelt, damit das nötige Know how punktgerecht vermittelt werden kann. Nicht alle Mitarbeiterinnen und Mitarbeiter in der Stadt Graz müssen Expertinnen und Experten im Bereich von Gender Mainstreaming sein, sie müssen aber wissen, was in ihrem speziellen Arbeitsbereich zu tun ist.

Für die Politik wurden Schulungen und Coachings in den einzelnen politischen Klubs und für die Stadtsenatsreferentinnen und Stadtsenatsreferenten angeboten.

3.2 Weitere abgeschlossene Bereiche

Das bei der Magistratsabteilung angesiedelte *Reformteam* der Stadt Graz wurde geschult und beraten, damit eine Integration von Gleichstellungszielen in die Balanced Scorecards möglich wurde.

Ebenso gab und gibt es spezielle Unterstützung für den *Stadtrechnungshof*, wenn es um die Formulierung von Prüfungsfragen zu Gender Mainstreaming geht, wobei eine Mitarbeiterin des Stadtrechnungshofes

3 Fünf Personen wurden bis jetzt ausgebildet, zwei davon sind nicht mehr bei der Stadt Graz beschäftigt. Ein weiterer Lehrgang ist in Planung.

auch zum Gender Agent ausgebildet wurde. Die Mitarbeiterin ist mittlerweile bei einer anderen Stadt beschäftigt und trägt somit auch zur Verbreiterung bei!

Der Arbeitskreis „*Geschlechtssensible Pädagogik in den städtischen Kinderbetreuungseinrichtungen*“ im Amt für Jugend und Familie wird von der Projektleitung unterstützt.

Im Jahr 2007 wurde erstmals eine *Gender-Befragung aller Kulturvereine und Kulturinstitutionen* in der Stadt Graz, welche vom *Kulturamt* vorgenommen wurde, durchgeführt; 2010 wurde die Befragung wiederholt. Ergebnisse der zweiten Befragung sind klare Handlungsanleitungen zur Umsetzung, die im Jahr 2011 in Angriff genommen werden.

Das *Sozialamt* wurde beim *EU-Projekt „i2i – From Isolation to Inclusion*“ beraten.

Beim magistratsübergreifenden Projekt „*GeMA – Gesunde Mitarbeiterinnen und Mitarbeiter*“ wurde die Gender-Perspektive in die *Konzepterstellung und Umsetzung* miteinbezogen.

Eine *umfassende Homepage* zum Implementierungsprozess als Dokumentation aller Schritte wurde erstellt: http://www.graz.at/gleichstellung.

Mit dem Jahr 2011 gelang – unabhängig von der Zuständigkeit des Magistratsdirektors – die *strukturelle Verankerung von Gender Mainstreaming* im Frauenreferat der Stadt Graz. Der Zuständigkeitsbereich wurde auf die mit Jahresbeginn umgesetzte Reorganisation des „Hauses Graz“ (Magistrat, Beteiligungen, Eigenbetriebe) ausgeweitet.

4. Gemeinsam die Gender-Perspektive einnehmen!

Die Stadt Graz hat in den letzten Jahren im Zuge der Implementierung von Gender Mainstreaming einiges erreicht. Diese Erfolge konnten unter anderem erzielt werden, weil die Stadt Graz Partner hatte und hat. „Just GeM“ und „POPUPGEM“ haben verschiedene politisch und wirtschaftlich verantwortliche Personen und Institutionen zusammengebracht, um gemeinsam an der Gleichstellung der Geschlechter zu arbeiten. Von verschiedenen Positionen aus wurde damit begonnen, die Aktivitäten auf Gleichstellung auszurichten.

Gender Mainstreaming ist in der Stadt Graz so stark verankert, dass das Einnehmen der Gender-Perspektive in vielen Bereichen zum Alltag gehört. Das Verschieben von „Projektstatus“ auf „Linie“ ist damit gut gelungen, auch wenn betont werden muss, dass begleitendes Controlling und konkrete fachliche Unterstützung bei Umsetzungsmaßnahmen weiterhin notwendig sind.

Im Konkreten bedeutet das, dass keine neuen Projekte ohne Berücksichtigung der Gender-Aspekte aufgesetzt werden. Der Bogen spannt sich hier über die gesamte Organisation, von Bauprojekten, über das *STEK* – Stadtentwicklungskonzept hin zu *mitarbeiterbezogenen Projekten* (Personalbedarfsplanung, betriebliches Gesundheitsmanagement), von *Produkten und Dienstleistungen* (Sportkurse, geschlechtergerechte Pädagogik in den städtischen Kinderbildungs- und Betreuungseinrichtungen, Leseangebote für Jungen in den städtischen Bibliotheken etc.) hin zu verbindlich festgelegten *Frauenquoten* in den Geschäftsordnungen der Beteiligungen der Stadt Graz und der gegenderten *Auftragsvergabe*, die gerade in Planung ist.

Einige strukturelle Veränderungen und Anpassungen sind noch nicht abgeschlossen und im Laufe der weiteren Implementierung von Gender Mainstreaming werden weitere Notwendigkeiten für strukturelle Maßnahmen sichtbar werden.

Den Bemühungen der Stadt Graz wurde auch in Form von Preisen und Auszeichnungen Rechnung getragen: 2008 ging einer der neun Hauptpreise des *Österreichischen Verwaltungspreises* an „Gender Mainstreaming findet ‚Stadt'!" Im Jahr 2009 wurde ein *Best Practice Certificate* des *European Public Sector Awards EPSA* an „Gender Mainstreaming Happens in a Town!" übergeben. Zur Zeit läuft ein Forschungsprojekt der Columbia University (New York) gemeinsam mit der UNO (Entity for Gender Equality and the Empowerment of Women – UN WOMEN und dem Department of Economic and Social Affairs – UN DESA) mit dem Titel *„Innovations in Governance and Public Administration that Deliver Services to Women"*, Graz wurde als eines der 20 Projekte, die analysiert werden, ausgewählt. Zahlreiche Einladungen österreichischer Städte und europäischer Länder, den „Grazer Weg" zu präsentieren sowie ebenso zahlreiche Besuche ausländischer Delegationen sind Indikatoren dafür, dass die Stadt Graz einen guten Weg geht, der auch auf andere Organisationen übertragbar ist.

Werner ZINKL

Fairness und Gerechtigkeit, zentrale Ergebnisse der „Welser Erklärung"

Fairness und Gerechtigkeit sind zentrale Elemente, die Richterinnen und Richter tagtäglich beschäftigen, welche die Parteien ihrer Verfahren ständig erwarten und einfordern. Sie sind aber auch Aspekte richterlicher Ethik und sollten das Verhalten der Richterinnen und Richter mitbestimmen. Sie stellen daher ein zentrales Element der „Welser Erklärung" dar, die von der Vereinigung der österreichischen Richterinnen und Richter im Jahr 2007 verabschiedet wurde.

1. Die Vorgeschichte ...

Die entscheidenden Impulse für die Vereinigung der österreichischen Richterinnen und Richter, sich dem Thema „Berufsethik" zu widmen, lieferten der österreichische Richtertag 2002 mit dem Generalthema „Richterliche Unabhängigkeit" und ein internationales Seminar zum Thema „Europäisches Richterbilder" an der deutschen Richterakademie in Trier.

Die Internationale Richtervereinigung befasste sich 2004 mit dem Thema: „Regeln für ein ethisches Verhalten von Richterinnen und Richter, ihre Anwendung und Beobachtung". Dabei wurde die Erarbeitung von ethischen Richtlinien durch die Richterinnen und Richter des jeweiligen Landes entsprechend den jeweiligen Bedürfnissen der Gerichtsbarkeit in diesem Land durchaus begrüßt.

Das Consultative Council of European Judges (CCJE), ein beratendes Richtergremium des Europarats, ermunterte in seiner Opinion Nr. 3 dazu, ethische Richtlinien für Richterinnen und Richter zu schaffen. In vielen Ländern wurden vergleichbare Dokumente bereits verabschiedet (vgl. dazu Italien, USA, Kanada, viele der neuen Demokratien). Im Rahmen der Menschenrechtskommission der Vereinten Nationen wurde ein Ethic Code (Bangalore Principles of Judicial Conduct) erarbeitet und von der Vollversammlung angenommen.

Diese Entwicklungen auf internationaler Ebene aber auch die ständigen Versuche von Einflussnahmen der Politik auf die Justiz und die dadurch ausgelöste Gefahr eines Vertrauensverlustes bei der Bevölkerung bestärkte die Vereinigung der österreichischen Richterinnen und Richter, sich mit der Sicherung der richterlichen Unabhängigkeit und mit dem Thema der richterlichen Ethik intensiver auseinanderzusetzen.

Den eigentlichen Start dieses Diskussionsprozesses bildete ein von der Vereinigung der österreichischen Richterinnen und Richter veranstaltetes Seminar im Jahr 2003 in Wels zum Thema „Unabhängigkeit – Berufsethik des Richters". In diesem Seminar setzten wir uns mit sämtlichen Aspekten richterlicher Unabhängigkeit, aber auch den Werten der Gesellschaft und jenen Werten, die die eigene Berufsausübung betreffen, auseinander.

Dabei waren natürlich auch die Erwartungen der Bevölkerung an unserem Berufsstand zu berücksichtigen, da davon auch die Akzeptanz richterlicher Arbeit abhängt. Ergebnis dieses Seminars war, dass die Erarbeitung von Verhaltensrichtlinien durchaus sinnvoll wäre, um die Bewusstseinsbildung und Selbstreflexion des Standes zu fördern und Glaubwürdigkeit und Vertrauen nach außen zu schaffen.

Motiviert durch diese Ergebnisse setzte der Vorstand der Vereinigung im Januar 2004 einen Arbeitskreis zum Generalthema „richterliche Berufsethik" ein. Das Seminar von Wels fand im Herbst 2004 unter dem Thema „Richterliches Verhalten – 10 Gebote / 7 Todsünden" seine Fortsetzung. In diesem Seminar wurden erste Entwürfe bereits erstellter Richtlinien diskutiert und die Abgrenzungsfragen zum Dienst- und Disziplinarrecht, Sanktionen bei Verhaltensverstößen und die Frage, ob auch außerberufliches Verhalten von einer Richtlinie umfasst sein soll, behandelt.

Die Schaffung von Richtlinien, in denen auch Selbstverständlichkeiten – wie positiver Umgang mit Parteien sowie Mitarbeiterinnen und Mitarbeitern, Erreichbarkeit im Dienst, Engagement, Zivilcourage, Selbstreflexion, Aus- und Weiterbildung – kodifiziert sein sollten, wurde klar befürwortet, soziale Kompetenz und kommunikative Fähigkeiten als gleichwertig zu juristischer Kompetenz gesehen.

Der Inhalt eines Ethikkodex, wurde immer konkreter, es folgten drei Jahre intensiver Diskussion unter Einbindung aller Kolleginnen und Kollegen.

2. Das Ergebnis …

Die Vereinigung der österreichischen Richterinnen und Richter hat im Jahr 2003 in Wels einen Diskussionsprozess eingeleitet, an dem sich österreichweit alle Richterinnen und Richter beteiligen konnten. In konsequenter Weiterentwicklung der Prinzipien der Salzburger Beschlüsse 1982 führte dies zu folgender Grundsatzerklärung, die am 8.11.2007 verabschiedet wurde

WELSER ERKLÄRUNG

Die österreichischen Richterinnen und Richter erklären, sich in ihrem Handeln von folgenden ethischen Grundsätzen leiten zu lassen:

Art. I. Grundrechte

Menschenrechte und Grundfreiheiten bilden die Basis unseres demokratischen Rechtsstaates. Als Garanten des Rechtsstaates orientieren wir unser Verhalten und unsere Entscheidungen an den Grundrechten. Wir treten jedem Versuch, die demokratische und rechtsstaatliche Grundordnung unserer Republik infrage zu stellen, entschieden entgegen.

Art. II. Unabhängigkeit

Wir entscheiden ausschließlich auf der Grundlage des Gesetzes und unserer freien inneren Überzeugung. Wir weisen jede Art von ungesetzlicher Einflussnahme zurück. Einladungen oder Geschenke, die den

Anschein erwecken, Abhängigkeiten zu schaffen, nehmen wir nicht an. Interventionsversuche legen wir offen. Richterliche Unabhängigkeit, dient dem Schutz der Recht suchenden Menschen und darf niemals als Vorwand für Willkür oder geistig oder sozial abgehobenes Verhalten missbraucht werden. Bei der Auswahl und Beurteilung von Kolleginnen und Kollegen orientieren wir uns nach den Kriterien des Richterdienstgesetzes an deren fachlicher und sozialer Kompetenz und weisen jede Protektion zurück.

Art. III. Selbstverantwortung und Organisation

Wir sind uns bewusst, dass die Entwicklung einer Richterpersönlichkeit nie abgeschlossen ist, sondern die stete Weiterbildung auf allen Gebieten der fachlichen und persönlichen Grundlagen unseres Berufes notwendig ist. Wir hören auch in uns selbst hinein, um unseren eigenen Standpunkt kritisch zu hinterfragen. Unsere Zusammenarbeit mit den Mitarbeiterinnen und Mitarbeitern ist von Wertschätzung, Offenheit und ernsthaftem Interesse für deren Anliegen getragen. Wir organisieren unsere Arbeit und, soweit wir dazu berufen sind, die unserer Mitarbeiterinnen und Mitarbeiter initiativ und zielgerichtet.

Art. IV. Ausbildung

Eine engagierte Ausbildungsarbeit ist unabdingbarer Bestandteil eines optimalen Auswahlverfahrens, aber auch eines positiven Bildes der Justiz in der Öffentlichkeit. Jene, die uns in der Ausbildung anvertraut sind, bilden wir gewissenhaft und umfassend aus.

Art. V. Justizverwaltung

Auch im Rahmen der uns übertragenen Justizverwaltungsaufgaben arbeiten wir im Dienste der unabhängigen Rechtsprechung. Wir bemühen uns, die bestmöglichen organisatorischen Rahmenbedingungen für die unabhängige richterliche Tätigkeit zu schaffen und zu erhalten. Wir sind bestrebt, die dafür notwendigen Fähigkeiten zu erwerben.

Art. VI. Fairness

Richterliche Unbefangenheit umfasst auch die Fähigkeit, eigene Vorurteile zu erkennen und auf die Wirkung eigener Worte und Handlungen auf andere zu achten. Wir begegnen Verfahrensbeteiligten sachlich, respektvoll und äquidistant und gewähren ihnen ausgewogen Gehör. Diskriminierende Haltungen und Äußerungen im Verfahren weisen wir bedingungslos zurück.

Art. VII. Entscheidungsfindung

Jede Person, die das Gericht anruft oder einer Straftat beschuldigt vor Gericht steht, darf von uns erwarten, dass wir uns sorgfältig mit ihrem Fall befassen und eine qualitätsvolle Entscheidung treffen. Dabei nehmen wir uns so viel Zeit wie nötig und entscheiden so zügig, wie es unsere Arbeitsbedingungen zulassen. Wir vermeiden es, den Parteien durch Zweifelsucht und Ängstlichkeit oder durch Beharrung auf unwesentlichen Förmlichkeiten Nachteile zuzufügen.

Art. VIII. Öffentlichkeit und Verständlichkeit

Die Rechtsprechung setzt zuweilen auch über den Einzelfall hinaus gesellschafts- und rechtspolitische Impulse. Sie braucht die Wahrnehmung durch die Öffentlichkeit. Wir bemühen uns daher, in unseren mündlichen und schriftlichen Äußerungen allgemein verständlich zu sein.

Art. IX. Außerdienstliches Verhalten

Wir prüfen sorgfältig und kritisch, ob uns unsere Handlungen oder Äußerungen in die Gefahr von Abhängigkeiten bringen oder auch nur einen solchen Anschein erwecken können. Dies gilt auch für unser privates Verhalten, soweit wir damit rechnen müssen, dass dadurch in der Öffentlichkeit unsere Glaubwürdigkeit als Richterinnen und Richter infrage gestellt werden kann. Wir sind überzeugt, dass der Beitritt zu einer politischen Partei oder parteipolitische Tätigkeiten einer Richterin oder eines Richters der Glaubwürdigkeit der unabhängigen, parteipolitisch unbeeinflussbaren und nicht an Interessenverbände gebundenen Gerichtsbarkeit schaden können.

Art. X. Gesellschaftliche Einflüsse

Das Richteramt ist ein fundamentaler Bestandteil unseres gesellschaftlichen Gefüges. Richterliche Arbeit beeinflusst dieses Gefüge, wird aber auch von ihm beeinflusst wird. Wir sind uns bewusst dass richterliche Entscheidungen tief greifende Auswirkungen auf die Lebensverhältnisse der Menschen haben. Wir achten daher bei der Ausübung unseres Amtes stets auf diese Zusammenhänge und gehen mit unserer Verantwortung gewissenhaft um.

3. Fairness und Gerechtigkeit

Die wesentlichen Bestimmungen dazu finden sich in den Artikeln VI und VII der Welser Erklärung.

Art. VI befasst sich mit der Wirkung richterlichen Handelns und richterlicher Worte auf Verfahrensbeteiligte und regt zu sachlicher, respektvoller und äquidistanter Begegnung an.

Art. VII setzt sich mit der Erwartungshaltung der Rechtssuchenden an die Richterinnen und Richter auseinander und enthält ein klares Bekenntnis, den Parteien nicht durch Beharrung auf unwesentliche Förmlichkeiten oder durch Zweifelsucht und Ängstlichkeit Nachteile zuzufügen.

Das kann vor allem in den Fällen, wo es um die Auslegung und Anwendung unbestimmter Gesetzesbestimmungen oder um Ermessensentscheidungen geht, eine Hilfestellung sein und die Qualität richterlicher Arbeit weiter erhöhen.

Die Beurteilung, ob ein Verfahren fair geführt wurde, kann einerseits nach den Voraussetzungen für ein „Fair Trial“ im Sinn des Art. 6 EMRK erfolgen, andererseits auch nach dem Empfinden der Prozesspartei, was für diese wahrscheinlich ausschlaggebend sein wird. Dabei kommt es zu einem sehr großen Teil darauf an, wie die Partei die Richterin oder den Richter wahrgenommen hat, wie ihr begegnet wurde, und ob ihr ausreichend Gehör gewährt wurde.

Ähnlich verhält es sich bei der Beurteilung, ob ein Verfahren gerecht war.

Dabei muss man zunächst die Begriffe *richtig* und *gerecht* gegenüberstellen. Wann spricht man von einer *richtigen* Entscheidung, wann von einer *gerechten* Entscheidung?

Richtig ist eine Entscheidung, wenn sie unter Einhaltung verfahrensrechtlicher Bestimmungen von der Rechtsmittelinstanz bestätigt wird.

Ist eine richtige Entscheidung aber auch immer eine gerechte oder umgekehrt?

Bei der Beurteilung, ob eine Entscheidung gerecht ist, spielen sehr oft subjektive Kriterien eine große Rolle, es hängt auch davon ab, wer gerade die Beurteilung vornimmt. Verfahrensparteien haben wahrscheinlich eine sehr unterschiedliche Auffassung, wann eine Entscheidung gerecht ist, und ob dabei auch die Gefahr des Einflusses von persönlichen Werten besteht.

Auch die Erwartungshaltung der Bevölkerung in Richtung Fairness und Gerechtigkeit spielt hier eine maßgebliche Rolle. Wodurch wird diese genährt? Sowohl Politik, als auch die Medien haben einen sehr großen Einfluss darauf, wie die Justiz bei der Bevölkerung wahrgenommen wird. Damit kommt ihnen auch eine große Verantwortung zu, denn die Bürgerinnen und Bürger beurteilen die Arbeit der Gerichte nach ihren Erwartungen, werden diese nicht erfüllt, sinkt das Vertrauen in die Justiz und damit in den Rechtsstaat.

Jede versuchte Einflussnahme durch Politikerinnen und Politiker in laufende Verfahren, sei es auch nur durch Zurufe oder Forderungen nach einem bestimmten Verfahrensausgang oder nach bestimmten Schritten in einzelnen Verfahren, die durch die Medien transportiert und damit der breiten Öffentlichkeit zugetragen werden, können bei der Bevölkerung den Anschein von Beeinflussbarkeit und Parteilichkeit hervorrufen. Man darf dabei auch den bereits durch Vorverurteilung bewirkten Schaden bei den Betroffenen nicht übersehen.

Nur wenn Richterinnen und Richter auch tatsächlich als unbefangen wahrgenommen werden, werden die von diesen geführten Verfahren auch als fair empfunden. Dieser Wirkung müssen sich auch die Richterinnen und Richter bewusst sein.

Dabei spielen oft Kleinigkeiten, wie unbedachte Äußerungen, die bei Verfahrensbeteiligten schon den Anschein von Voreingenommenheit hervorrufen können, eine nicht unbedeutende Rolle.

Auch der Umgang der Richterinnen und Richter mit Parteienvertreterinnen und Parteienvertretern, Sachverständigen sowie Zeuginnen und Zeugen wird von den Prozessparteien oft sehr sensibel wahrgenommen und ausgelegt. Jeglicher Anschein von Unparteilichkeit wirkt sich auch auf die Akzeptanz richterlicher Entscheidungen aus.

Zentrales Element eines fairen und gerechten Verfahrens ist die *Unparteilichkeit* der Richterinnen und Richter, die sowohl von außen als auch nach innen gegeben sein muss.

Art. 10 Abs. 2 EMRK schränkt sogar das Grundrecht auf Meinungsfreiheit dort ein, wo die Unparteilichkeit und das Ansehen der Rechtsprechung gefährdet wird und bringt damit auch den hohen Stellenwert der Unparteilichkeit klar zum Ausdruck.

Äußere Unparteilichkeit wird nicht zuletzt durch Unabhängigkeit gesichert.

4. Die richterliche Unabhängigkeit

Art. II der Welser Erklärung widmet sich der Unabhängigkeit und setzt sich auch mit der Anscheinwirkung auseinander, die durch Annahme von Geschenken, Einladungen oder auch durch Interventionsversuche entstehen kann.

Die Unabhängigkeit der Richterinnen und Richter steht in einer Wechselbeziehung zu deren berufsethischen Grundlagen. Die Richterinnen und Richter verstehen sich zunehmend mehr als von staatlicher Verwaltung unabhängige Funktionsträgerinnen und Funktionsträger. Das erfordert einerseits eine verstärkte Absicherung individueller Unabhängigkeit, andererseits aber auch den Ausbau institutioneller Autonomie.

Auf den ersten Blick könnte man einen unmittelbaren Zusammenhang zwischen Unabhängigkeit und Ethik verneinen.

Ethik ist Lehre vom Sittlichen und von den Regeln richtigen menschlichen Verhaltens. Das bedeutet auf Richterinnen und Richter bezogen einerseits das Verhältnis der Richterinnen und Richter zum Normensystem an sich, andererseits auch korrektes richterliches Verhalten und Handeln in diesem System. Da liegt ein enger Zusammenhang zur Unabhängigkeit. Die richterliche Unabhängigkeit umfasst einerseits die Haltung und innere Einstellung der Richterinnen und Richter, andererseits aber auch die entsprechende gesetzliche Absicherung und Verankerung als Grundvoraussetzung des Rechtstaats.

Die Unabhängigkeit der Richterinnen und Richter ist unabdingbare Voraussetzung für eine unabhängige Rechtsprechung, sie ist kein Richterprivileg oder gar eine Bevorzugung, sie ist vielmehr Privileg der Rechtsuchenden und auch Denk- und Handlungsauftrag an uns Richterinnen und Richter, denn sie fordert von uns ein, unsere Überzeugung und unser Gewissen auch wirklich zu erkennen und alles von fremder Hand Vor- und Zwischengeschobene trennend zu identifizieren.

Die richterliche Unabhängigkeit ist in der österreichischen Verfassung in Art. 87 B-VG garantiert. Das Festschreiben dieser Unabhängigkeit in der Rechtsordnung allein, sei es auch auf höchster Stufe in der Verfassung, ist aber bei weitem nicht genug. Auch die Trennung der Judikative von den anderen Staatsfunktionen dient ihrer Unabhängigkeit.

Richterliche Unabhängigkeit ist den rechtsuchenden Bürgerinnen und Bürgern aber erst dann wirklich garantiert, wenn für sie in allen Phasen richterlicher Amtsführung – von der Auswahl und Ernennung der Richterinnen und Richter über die Amtsausübung bis zur Beendigung des richterlichen Amtes – durch entsprechende gesetzliche Regelungen gesorgt ist.

5. Die sachliche Unabhängigkeit

Damit ist die Freiheit von Weisungen gemeint. Richterliche Unabhängigkeit ist keinesfalls eindimensional nur auf das Verbot beschränkt, der Richterin und dem Richter bei der Erledigung richterlicher Geschäfte Weisungen zu erteilen. Weisungsfreiheit allein macht bei weitem noch nicht unabhängig.

Nach dem Wortlaut der meisten einschlägigen gesetzlichen Regelungen wird darunter vor allem die Freiheit von formellen Einwirkungen der Exekutive im Einzelfall gemeint.

Dem steht nach richtig verstandener richterlicher Amtsauffassung die Freiheit zur allein rechtsgebundenen Entscheidung gegenüber. Richterinnen und Richter sind im konkreten Fall ausschließlich an die Regelungen der Rechtsordnung gebunden.

Diese Regelungen sind aber nicht immer klar, die Regelungsverantwortung wird auch öfter vom Gesetzgeber durch Verwendung von Generalklauseln oder den Gebrauch unbestimmter Gesetzesbegriffe zu den Richterinnen und Richtern hin verschoben. Die richterliche Unabhängigkeit im Sinne richterlicher Verantwortung wird gerade bei Ermessensentscheidungen oder bei der Ausfüllung unbestimmter Gesetzesbegriffe besonders stark spürbar.

6. Die persönliche Unabhängigkeit

Sie soll die Richterin und den Richter davor bewahren, Entscheidungen im Sinn von unausgesprochenen Forderungen, aber auch von informell nahe gebrachten Wünschen zu fällen. Es ist dagegen vorzukehren, dass Richterinnen und Richter, folgen sie solchen Wünschen nicht, keine Nachteile in ihrem beruflichen Fortkommen zu fürchten brauchen, aber auch keine Vorteile erhoffen dürfen, wenn sie diesen nachkommen.

Richterinnen und Richter sind Menschen und auch die stärkste Persönlichkeit und der stärkste Charakter kann gegebenenfalls entsprechend großen Versuchungen erliegen. Richterinnen und Richter müssen deshalb so gestellt werden, dass Einflussmöglichkeiten jeder Art, ob sie nun Vorteile versprechen oder Nachteile androhen, von vornherein ausgeschaltet werden.

An erster Stelle ist hier die Sicherung vor dem Amtsverlust erforderlich, also vor der Gefahr, das Richteramt, das gerade ausgeübt wird, zu verlieren, sei es durch Amtsenthebung überhaupt, sei es durch Versetzung an eine andere Stelle.

Unabsetzbarkeit und Unversetzbarkeit der Richterinnen und Richter sind von so elementarer Bedeutung, dass diese Garantien auf höchster rechtlicher Ebene, nämlich auf Verfassungsstufe geregelt sein müssen (Art. 88 B-VG).

Es kann sich ergeben, dass eine Richterin oder ein Richter, sei es mit oder ohne ihr Verschulden, das Amt nicht mehr ausüben kann. Die rechtlichen Folgen dafür dürfen nur in einem Dienstrechts- oder Disziplinarverfahren bestimmt werden, auf das die beiden anderen Staatsgewalten keinen Einfluss ausüben können, da eine solche Einflussnahme eine große Gefahr für die richterliche Unabhängigkeit mit sich bringen würde. Allein schon der drohende Nachteil einer Behinderung im beruflichen Fortkommen der Richterinnen und Richter wäre eine ernste Gefahr für Ihre Unabhängigkeit.

Die Durchführung solcher Verfahren muss daher durch die Gerichtsbarkeit selbst erfolgen. Richterliche Unabhängigkeit ist nur dann wirklich garantiert, wenn eine Richterin oder ein Richter nur durch ein tatsächlich unabhängiges Organ abgesetzt werden kann.

Richterliche Unabhängigkeit kann aber nicht nur durch politische Einflussnahme, sondern ebenso durch wirtschaftliche Ängste beeinträchtigt werden. Das Gehalt der Richterinnen und Richter muss daher so bemessen sein, dass es dem richterlichen Status, der im einzelnen Fall ausgeübten Amtsführung und der Last richterlicher Verantwortung angemessen ist. Deshalb ist das Richtergehalt durch Gesetz festzusetzen und darf nicht herabsetzbar sein, außer dies geschieht im Wege eines Disziplinarverfahrens.

Die vorhin erwähnten Garantien der Unabsetzbarkeit und der Unversetzbarkeit sichern gleichermaßen vor unzulässiger Einflussnahme während der Amtsführung, wie im Fall der Beendigung des richterlichen Amtes.

Aspekte der richterlichen Unabhängigkeit sind aber auch schon bei der Berufung der Richterin bzw. des Richters in ihr Amt im Spiel. Wenn von vornherein nur Personen ins Richteramt berufen werden, von denen man sicher sein kann, dass sie jeder Einflussnahme anderer Staatsgewalten oder politischer Machtträgerinnen und Machtträger zugänglich sein werden, kann ebenso wenig von Unabhängigkeit der Rechtsprechung die Rede sein.

Dabei darf auch die Außenwirkung und der damit entstehende Anschein von Befangenheit oder Unparteilichkeit einer Richterin bzw. eines Richters nicht übersehen werden.

Die für die richterliche Unabhängigkeit wesentlichsten Kriterien sind die Auswahl, Ernennung und Beförderung der Richterinnen und Richter, die Beurteilung der richterlichen Amtstätigkeit, Disziplinarangelegenheiten, Amtsenthebung und Versetzung auf eine andere Planstelle, Ausbildung und Fortbildung der Richterinnen und Richter, Überwachung der Amtsführung der Gerichte und die richterliche Dienstaufsicht, die Gerichtsorganisation und die Vorsorge für deren Finanzierung. Der Gerichtsbarkeit muss in all diesen Angelegenheiten eine entscheidende Mitbestimmung eingeräumt werden.

Ähnliche Bedeutung haben die richterlichen Arbeitsbedingungen.

Die Vereinigung der österreichischen Richterinnen und Richter hat sich seit längerer Zeit mit diesem Thema auseinandergesetzt und ist der Ansicht, dass eine derartige Mitbestimmung der Richterinnen und Richter bei oben angeführten Angelegenheiten in einem Gremium, wir nennen es „*Rat der Gerichtsbarkeit*“, am besten möglich ist.

Es soll die Unabhängigkeit der Gerichtsbarkeit und des/der einzelnen Richters/in schützen und gleichzeitig die Effektivität und Qualität der Justiz im Sinne des Art. 6 EMRK gewährleisten und das Vertrauen in die Justiz stärken.

Misstrauen in die Justiz entsteht nicht nur, wenn tatsächlich Einfluss erwiesen wird, sondern auch, wenn die vorhandenen Strukturen auf die Möglichkeit eines derartigen Einflusses hinweisen und ein solcher bloß angenommen bzw. unterstellt wird. Das kann aber vermieden werden, wenn schon organisatorisch der Einfluss der exekutiven Staatsgewalt auf die Gerichtsbarkeit ausgeschaltet und die Gerichtsbarkeit selbst für sich verantwortlich gemacht wird.

In völlig transparenter Weise soll der Rat der Gerichtsbarkeit über Ernennungen und Beförderungen von Richterinnen und Richtern entscheiden, die Dienstbeurteilungen vornehmen, Beschwerden der Rechtssuchenden behandeln, Aus- und Fortbildung organisieren, an der Erstellung des Justizbudgets mitwirken und die vom Parlament bewilligten Mittel verwalten.

Neben der Sicherung der richterlichen Unabhängigkeit und damit auch der Absicherung der Richterinnen und Richter vor jeglicher äußerer Einflussnahme bedarf es aber auch des entsprechenden Bewusstseins und Auftretens jeder/s Einzelnen, denn das Erscheinungsbild in der Öffentlichkeit hängt stark vom Umgang mit den Menschen ab.

Richterliche Arbeit besteht keinesfalls nur im Verhängen von Sanktionen über Rechtsbrecherinnen und Rechtsbrecher, der Beurteilung komplexer juristischer Fragen und einer möglichst raschen, fristgerechten und vor allem registerbereinigenden Ausfertigung schriftlicher Entscheidungen – sie besteht zu einem viel größeren Teil aus einem die Menschenwürde immer im Auge habenden, freundlichen Umgang mit Prozessparteien, Zeuginnen und Zeugen, Mitarbeiterinnen und Mitarbeitern sowie einer ständigen Konfrontation mit menschlichen Konflikten und Schicksalen.

Es erfordert neben dem notwendigen Fachwissen ein besonderes Maß an sozialer Kompetenz, Ausgeglichenheit und psychischer Stärke, um den vielfältigen Anforderungen, die uns unser Beruf täglich abverlangt, auch gerecht zu werden.

Die stete Weiterbildung von Richterinnen und Richtern und eine engagierte Ausbildungsarbeit sind unabdingbarer Bestandteil eines optimalen Auswahlverfahrens.

Seit Verabschiedung der Welser Erklärung am 8. November 2007 sind mehr als drei Jahre vergangen. Das Thema „Berufsethik" ist seither fester Bestandteil in der Ausbildung der Richteramtsanwärterinnen und Richteramtsanwärter und im jährlichen Fortbildungsprogramm des Bundesministeriums für Justiz. Soziale Fähigkeiten, Kommunikationsfähigkeit und die Eignung für den Parteienverkehr wurden als Ernennungserfordernis in § 54 Abs. 1 Z. 4 RStDG verankert.

Mit der Welser Erklärung wurde nicht nur ein wichtiger Beitrag zur Qualitätssicherung, sondern auch die Grundlage für eine regelmäßige Selbstreflexion und die Auseinandersetzung mit der Wirkung richterlichen Handelns nach Außen geschaffen. Der damit ausgelöste Prozess darf aber nicht abbrechen, er muss fortgesetzt werden, um die Glaubwürdigkeit und Akzeptanz zu erhalten und zu verbessern, aber auch das Bewusstsein bei Einzelnen zu schärfen.

Dieses Bewusstsein ist unverzichtbar, um das Vertrauen der Bevölkerung in die österreichische Gerichtsbarkeit zu erhalten bzw. zu stärken. Nur wenn sich jede einzelne Richterin bzw. jeder einzelne Richter auch der ethischen Werte bewusst ist, das eigene Handeln danach ausrichtet und dessen Wirkung hinterfragt, werden die Erwartungen der Rechtsuchenden in Richtung Fairness und Gerechtigkeit erfüllbar sein.

Auch die verantwortlichen Vertreterinnen und Vertreter der Politik und der Medien sollten sich der Wirkung ihres Handelns in Hinblick auf die damit erzeugte Erwartungshaltung bei der Bevölkerung bewusst sein.

Die Vereinigung der Österreichischen Richterinnen und Richter wird sich weiterhin diesem Thema widmen und den mit der Welser Erklärung eingeleiteten kollegialen Diskurs über die Grundhaltungen richterlicher Tätigkeit fortsetzen und zur Sicherung und Stärkung der richterlichen Unabhängigkeit die Schaffung eines Rates der Gerichtsbarkeit fordern.

Teil 4:

Wie kann die Nachhaltigkeit von Politik- und Verwaltungshandeln gesichert werden?

SW 21 – Ganzheitliche Steuerung in der Stadtgemeinde Schwechat

Hannes FAZEKAS, Johann WACHTER

Strukturreformen in der Statutarstadt Wiener Neustadt

Bernhard MÜLLER

Wie gewährleisten Städte die Daseinsvorsorge bei Outsourcing?

Peter BIWALD, Karl KAMPER

DIGITALE:STÄDTE: Eine Leitinitiative des Österreichischen Städtebundes zur Unterstützung der E-Government-Umsetzung in den Städten und Gemeinden

Ronald SALLMANN, Elvira REGENSPURGER

Public Value der Gemeinnützigen Wohnungswirtschaft

Alexandra SCHANTL, Nikola HOCHHOLDINGER

Matthias TSCHIRF

Governance – Einschätzungen aus politischer Sicht

Das Verhältnis zwischen der Verwaltung, den Bürgerinnen und Bürgern hat sich in Europa innerhalb des letzten Jahrzehnts stark verändert. Begriffe wie Good Governance und Public Management prägen die Verwaltungslehre der letzten 20 Jahre. Im Mittelpunkt stehen heute die Fragen: Was kann der Staat leisten und welche dieser Leistungen nehmen die Bürgerinnen und Bürger tatsächlich in Anspruch? Der Begriff Good Governance zielt dabei auf die Qualität der Zusammenarbeit und Entscheidungsfindung zwischen staatlichen und gesellschaftlichen Gruppen in Angelegenheiten des öffentlichen Interesses ab.[1] Es geht also um einen positiven, gewinnbringenden, Dialog zwischen dem Staat und der Bürger- bzw. Zivilgesellschaft.

Innerhalb des Diskurses werden die Aspekte Transparenz, Verantwortlichkeit und Nachhaltigkeit sowie der Bürgerdialog ausführlicher betrachtet. Governance ist in diesem Zusammenhang als ein *„hochpolitischer Prozess, der über das Kräftedreieck Politik, Verwaltung und Bürgerschaft hinausgeht. Es geht um eine bessere Balance zwischen Staatsbürokraten und Markt- und Wettbewerbsfetischisten*“[2] zu sehen.

Obwohl die Verwaltungsreform anhaltend auf der politischen Agenda steht, beteiligt sich die Politik relativ wenig am Prozess der Verwaltungsmodernisierung, vor allem nicht die Parlamentarierinnen und Parlamentarier. An dieser Stelle plädiere ich aber explizit für dieses Engagement der Politik für Verwaltungsqualität. Die Diskussion wird fast ausschließlich von Verwaltungsexpertinnen und Verwaltungsexperten sowie Wissenschafterinnen und Wissenschaftern auf hohem Niveau geführt, leider oft weit weg von der politischen Praxis. Als unbeirrter Pendler zwischen den Welten der Politik und der Verwaltung liefere ich vor allem Denkanstösse in Hinblick auf die politische Umsetzung und Implementierung von Verwaltungstheorien. Governance-Theorien sind keine Vehikel zum Auflösen von generellen Akzeptanzproblemen jener Politik, die sich in Populismus und bunten Bildern erschöpft. Die Governance-Diskussion leistet durchaus einen Beitrag dazu, dass Politiksteuerung mehr bedeutet als die Inszenierung von Medienshows. Governance wird in der Verwaltungsdiskussion partiell als (Teil-)Lösung gesehen, wie mit möglichst wenigen Einschnitten der gegenwärtige Status quo erhalten werden kann.[3] Governance soll jedoch als Mittel zur Statuserweiterung und Qualitätsverbesserung gesehen werden, auch wenn dies große Einschnitte in unser derzeit von Lobbyismus und Medienschau geprägtes Politiksystem bedeutet.

1 Vgl. dazu: Hill: Governance, 2004.
2 Löffler; Bovaird: Steuerung, 2005.
3 Vgl. dazu: Löffler: Verwaltung, 2010, S. 4ff.

1. Die Politik in der Krise

Zu Ende des ersten Jahrzehnts des 21. Jahrhunderts ergingen sich die politischen Kommentatorinnen und Kommentatoren in Europa wie in den USA in einem Wehklagen über die Kurzatmigkeit der Politik, lamentierten über entzauberte Hoffnungsträgerinnen und Hoffnungsträger, allen voran US-Präsident Barack Obama. Die Menschen hätten zwischen den „Skandälchen" und den großen globalen wirtschaftlichen Verwerfungen den Überblick und das Interesse an Politik oft verloren.[4] Dabei steht die Politik, deren Aufgabe definitionsgemäß die Steuerung von Staat und Gesellschaft ist, vor historisch besonderen, globalen Herausforderungen mit Auswirkungen auf die gesamte Weltbevölkerung: das Verschieben der wirtschaftlichen und militärischen Stärkeverhältnisse, die sich verschärfenden demografischen und sozialen Unterschiede, der Klimawandel etc.

Verflogen scheint jene Renaissance der Staatsgläubigkeit die als Folge des 11. Septembers 2001 zur neuen Form des Staatenbauens führte. Die Zeit des mächtigen Staates sei abgelaufen. Die Politik sei in die Krise geraten. Die objektiven Merkmale dieser Krise beschreibt der ehemalige deutsche Finanzminister Peer Steinbrück wie folgt.[5]

Diagnostiziert wird, dass der Sozialstaat in eine Leistungs- und Legitimationskrise gerate, sich die Schere zwischen Arm und Reich in Deutschland und in fast allen europäischen Staaten immer mehr öffne, sich aus der zunehmenden Spaltung der Gesellschaft[6] neben dem Klimawandel und den entfesselten Finanzmärkten die größte Bedrohung ergibt. Gleichzeitig sei die Sehnsucht nach dem „grand design" und „mitreißenden Visionen" besonders groß. Hämmerle bezweifelt die Möglichkeiten der Politik, der Politikerinnen und Politiker selbst handeln zu können.

> *„In dieser Situation auf die Weisheit der Staatenlenker zu setzen, wie es für frühere Generationen üblich war, hat sich mittlerweile ebenfalls erledigt. Nicht, dass unsere Politiker allesamt jene Versager wären, als die sie in der medialen Darstellung meist karikiert werden. Es ist nur leider so, dass ihnen die Zügel der Macht längst entglitten sind. Wirtschaft wie Bürger widersetzen sich ebenso beharrlich wie leidenschaftlich dem Ansinnen der Politik, dass sie nach ihren Vorgaben glücklich werden sollen."*[7]

Peer Steinbrück[8] weist noch auf ein wesentliches zusätzliches Moment hin: *„Politik gerät ins Hintertreffen, weil sie anders als Ökonomie und Finanzwelt, die im Zeichen der Globalisierung entgrenzt sind, überwiegend in nationalen Dimensionen sich bewegen müssen"*.

Vernichtend und für die Medienkonsumentinnen und Medienkonsumenten übertrieben formuliert, ist der Befund des Philosophen Peter

4 Vgl. dazu: Mitlöhner: Hoffnung, 2010.
5 Vgl. dazu: Steinbrück: Strich, 2010, S. 235ff.
6 Vgl. dazu: Bertelsmann Stiftung: Gerechtigkeit, 2011, S. 26.
7 Hämmerle: Leitartikel, 2010, S. 2.
8 Steinbrück: Strich, 2010.

Sloterdijk[9] hinsichtlich der Akzeptanzprobleme. Er diagnostiziert ein „Brot und Spiele"-System, dass er historisch so darstellt: *„Das Miteinander von Verwaltungsstaat und Unterhaltungsstaat antwortet auf einen Weltzustand, in dem die Machtausübung nur noch durch die weitgehende Entpolitisierung der Reichspopulation gesichert werden konnte*". Die heutige „Brot- und Spiele" -Politik sieht er in *„einer Synergie von Sozialstaat und Sensationsindustrie, die Rückentwicklung des öffentlichen Lebens auf Administration und Entertainment*".

Sloterdijk[10] spricht sogar von *„der manifesten Entfremdung zwischen politischer Klasse und Bevölkerung*" und *„scheut vor der Diagnose zurück, wonach die Politik der nützlichen Entpolitisierung des Volkes vor dem Scheitern steht*". Er fürchtet die *„Bürgerausschaltung durch Stillhalteprämien und die Bürgerlähmung durch Resignation.*" Besonders hart meint er dann, dass *„die heutigen Staaten auf die Passivität ihrer Bürger spekulieren*".

Im Besonderen würden wirtschaftliche Interessen jene der modernen Bürgerdemokratie überflügeln. Eine Lehre der Finanz- und Wirtschaftskrise 2008/2009 kann sein, dass sich wirtschaftliche Kennzahlen leichter entwickeln lassen als politische. Schließlich habe sich die Wirtschaft in Rekordzeit erholt, die Krise des Politischen hält jedoch weiter an. Wirtschaftlich erfolgreiche Staaten mit hoher Wachstumsrate spekulieren – durch keine Krise angetrieben – auf die Passivität der Bürgerinnen und Bürger und die Aktivität ihrer (Export-)Wirtschaft. Asiatische Staaten und Russland wetten auf die unverwüstliche Wirksamkeit offener Repression und den daraus resultierenden Vorteil billiger Produktionen. Die Frage, ob der moderne Staat in seiner nationalstaatlichen Struktur den Herausforderungen des 21. Jahrhunderts überhaupt gewachsen ist, drängt sich förmlich auf, wenn bedacht wird, dass China wirtschaftlich äußerst erfolgreich ist, weil oder obwohl Diktatur herrscht. Demnach werden andere politische Strukturen wirksam. Diese Frage kann jedoch leicht beantwortet werden: ja, der moderne Staat ist dieser wirtschaftlichen Bedrohung gewachsen. Die Herausforderung liegt vielmehr dabei, die dienstleistungsverwöhnten Bürgerinnen und Bürger der westlich-modernen Staaten auf diese ökonomischen Parameter hinzuweisen. Die Produktivität der Bürgerschaft neigt sich in modernen Staaten dem Ende zu. Sollten sich diese weiterhin von einer *„Politik der schlafenden Bürger*" und deren Unterhaltungsmedien blenden lassen, werden auch die wirtschaftlichen Strukturen einen Wandel vollziehen, der zu einem strikteren und konkurrenzbetonteren betriebswirtschaftlichen Klima in den Unternehmen der westlichen Staaten führen wird. Das Motto einer solchen Gesellschaft könnte lauten, *„Potato in Politics, Bully in Business*".

2. Der Staat in der Krise

Die Organisation der europäischen Staaten vollzog sich im ausgehenden 19. und beginnenden 20. Jahrhundert neu. Die Verfassungen der EU-Länder (wie auch Österreichs) sichern zwar das politische Mitwirken in der

9 Sloterdijk: Debatte, 2010, S. 136.
10 Sloterdijk: Debatte, 2010, S. 136.

Europäischen Union sehr genau, sie definieren jedoch die politische Dimension technisch und weniger als Leitbild der politischen Struktur Europas im Sinne des europäischen Bürgertums. Ein Versäumnis, das die Verwaltungsstrukturen der Europäischen Union zu spüren bekommen.

Es gibt keine gemeinsame politische Kultur in Europa. Die Mitglieder des Europäischen Parlaments bleiben Zeit ihrer politischen Laufbahn in den Gremien der Europäischen Union weiterhin regionale Politikerinnen und Politiker, die in nationalen Parteien beheimatet sind und von nationalen Medien kommentiert werden. Auch die europäischen Parteien sind lediglich Zusammenschlüsse nationaler Parteien. Ökonomie und Finanzwelt hingegen sind „entgrenzt", so Steinbrück[11], nämlich sowohl global als auch überregional organisiert. Nicht erst seit der Griechenland Finanzkrise wird der Ruf nach einer stärkeren gemeinschaftlichen europäischen Wirtschaftspolitik laut. Auch wenn Europa formal über eine gemeinsame Außenministerin[12], und einen Präsidenten des Europäischen Rates[13], verfügt – zeigt die Realität, dass der französische Präsident, die deutsche Kanzlerin, der britische und italienische Premierminister jene sind, die in Europa die Hebel in Bewegung setzen.

Der wirtschaftliche Wettbewerb Europas[14] mit den USA, China, Indien und Brasilien muss demnächst auch Niederschlag in der europäischen Verwaltung finden. Das Mehrebenensystem der Europäischen Union muss flacher organisiert werden, ebenso wie die Europapolitik. Dies dem Wählervolk zu erklären scheint jedoch immer mehr zu einer „Mission Impossible" zu werden.

Die Medienlandschaft hat mit ihren Denunziationen an einer ernst geführten öffentlichen Debatte kein Interesse. So wird der Europäischen Union mit der Währungsunion die Schuld an den negativen Auswirkungen der Globalisierung gegeben. Die Europäische Union sei daran die sozialen Errungenschaften des späten 19. und 20. Jahrhunderts Schritt für Schritt zu beseitigen und das soziale Gefüge durch ungebremste Einwanderung, zu zerstören. Dabei hilft es den Befürworterinnen und Befürwortern der Europäischen Union wenig, dass die Datenlage für sie spricht und gerade die großen wirtschaftlichen und sozialen Agenden sowie die innere und äußere Sicherheit nur auf europäischer Ebene, oder zumindest nur durch effizientes gemeinsames, europäisches Handeln lösbar sind.

Nur zwei Jahre nach der Finanz- und Wirtschaftskrise, die nur durch gemeinsames Handeln in der Europäischen Union und politische Gewaltakte eingedämmt werden konnte, lautet das europäische Dilemma: Nichts geht mehr! Regierungen, die Einschnitte im Pensions- und Sozialsystem vornehmen, verlieren sofort den Rückhalt der Bevölkerung und bringen schließlich die Wählerinnen und Wähler gegen sich auf. Sie werden schlichtweg abgewählt. Das lähmt die Politik und führt dazu, dass etwa wichtige Infrastrukturprojekte nicht mehr umgesetzt werden können. Das

11 Vgl. dazu: Steinbrück: Strich, 2010
12 Catherine Aston, Vizepräsidentin der Europäischen Kommission
13 Hermann Van Rompuy
14 Deutschland exportiert derzeit stärker nach China als in die USA

Bahnhofsprojekt „Stuttgart 21“ steht dafür als Synonym. Der Industriestandort Europa selbst gerät somit in einer globalisierten Welt in einen Wettbewerbsnachteil. Die Konkurrenzfähigkeit mit den großen asiatischen Mitbewerbern ist nicht mehr gegeben. Selbst gegen die aufstrebenden Mächte am Rande Europas, wie die Türkei oder Russland, kann sich die Europäische Union als Produktionsstandort oft nicht mehr behaupten. Die EU-Staaten reduzieren sich zu Dienstleistungs- und Konsumstaaten, die sich selbst nicht mehr aus eigener Tasche finanzieren können, da sie nicht mehr produktiv sind und kein adäquates Wirtschaftswachstum vorweisen können. Das zieht Kapital von der Europäischen Union ab und verhindert private Investitionen, welche außerhalb der EU gerne angenommen werden. Mit einem Satz: Die Realität hat die Politik längst überholt!

Sollte den politisch Verantwortlichen aber auch den Qualitätsmedien angesichts dieser Tatsachen nicht bewusst werden, dass sie die Bürgerinnen und Bürger über diese Situation aufklären sollten? Sollte den politischen Akteurinnen und Akteuren nicht daran gelegen sein, mehr Transparenz in das politische System zu bringen, um die Bürgerinnen und Bürger auf notwendige Projekte und die Dringlichkeit von Reformen aufmerksam zu machen? Ja, sollte sie! Bislang hat sich jedoch noch kein/e politische Akteur/in gefunden, der/die sowohl über die politische Handlungsfähigkeit, als auch über die notwendige mediale Glaubwürdigkeit verfügt, um auf die Push- und Pull-Faktoren der Globalisierung hinzuweisen und gleichzeitig das Wagnis einzugehen, ein europäisches Wirtschaftskonzept vorzustellen. Jetzt braucht es ein Team von politischen Akteurinnen und Akteuren, die dieser Herausforderung – dieser Mission Impossible – gewachsen sind und eventuelle Attacken der Boulevardpresse nicht scheuen.

3. Governance im Spannungsfeld von Politik und Verwaltung

Bei Governance geht es nicht nur um technische Effizienz, sondern vor allem um politische Effektivität und die Neuerfindung des Regierens. Public Management und Good Governance beschreiben mehr als eine lernende Verwaltung und den Bürgerdialog. Sie beschreiben und fordern ein klares Umdenken in der Politik mitunter auch die Freisetzung von Kreativität im öffentlichen Sektor. Hierbei geht es um mehr als reine „Manageralisierung“ des öffentlichen Sektors. Es geht auch um die Stärkung der Leistungs- und Kundenorientierung und Instrumente, die nach privatwirtschaftlicher Erprobung nun in der Politik und Verwaltung zur Anwendung kommen. Qualitätsmanagement- und Kundenfeedbacksysteme dienen auch der Kommunikation mit den Bürgerinnen und Bürgern und können dadurch helfen, ein Problembewusstsein für die Anliegen der Bürgerinnen und Bürger zu schaffen.

Die Einführung privatwirtschaftlicher Elemente des Steuerungsmanagements und das Aufbrechen öffentlicher Monopole durch Privatisierung, Outsourcing und die Pluralisierung von Anbieterstrukturen markieren eine Restrukturierungslinie des öffentlichen Sektors. Ziele sind dabei die Stärkung von Flexibilität, Kreativität und die Implementierung unternehmerischen Elans in die Verwaltung. In den 1990er Jahren wurde in Deutschland der „aktivierende Staat“ diskutiert. Aus dieser Diskussion entstand in der Europäischen Union ein Diskurs um den Begriff der Good Governance. Das Resultat war ein Paradigmenwechsel in der Verwaltungssteuerung zu Beginn des 21. Jahrhunderts. Der Dialog zwischen Staat und Gesellschaft trat an die Stelle hoheitlicher Dekrete. Viele europäische Länder und auch die Europäische Union haben seither Unterstützungsstrukturen und Anreizsysteme für den Aufbau von netzwerkförmigen und partnerschaftlichen Systemen in der Entscheidungsbildung etabliert. So werden etwa Innovationsprobleme nun nicht mehr rein von betriebswirtschaftlichen Mit- und Wettbewerbern diskutiert, sondern mitunter in Zusammenarbeit mit der Verwaltung als Ermöglicher von Innovation. Das Kernelement des neuen verwaltungspolitischen Leitbildes ist dabei die Trennung zwischen dem Öffentlichen und dem Privaten. Das bedeutet, private Anbieter sind mit ihren Lösungsangeboten den öffentlichen gleichgestellt. Das ermöglicht einen stärkeren Wettbewerb zwischen privaten und öffentlichen Anbietern, was wiederum sowohl die Transparenz, Effizienz und Produktivität erhöht, als auch die Preise für vermeintlich öffentliche Dienstleistungen senkt.

4. Die Situation in Österreich

Das Verhältnis Politik und Verwaltung wird in Österreich nur sehr verhalten diskutiert. Es herrscht weitgehend noch immer die Vorstellung einer Trennung zwischen einer Politik die anschafft und einer Verwaltung die umsetzt und vollzieht. Die Verwaltung agiert in Österreich vielfach im Schatten der Politik. Werner Wutscher – ehemaliger Generalsekretär des Landwirtschaftsministeriums und Gestalter des Österreich-Konvents – misst der Verwaltung vieles von dem zu, was der Politik vielfach abgesprochen wird: immenses Wissen und strategisches Management. Er zeigt einen geglückten Umgang mit Governance auf, wie etwa die Stakeholder-Dialoge, der österreichische Walddialog oder die Umsetzung der EU-Wasserrahmenrichtlinie. Im Rahmen dieser Prozesse wird auf Initiative von Politik und Verwaltung eine Vielzahl von Interessengruppen (Sozialpartner, NGOs, Länder etc.) unter Nutzung neuer Formen in die Entscheidungsvorbereitung für eine Politik eingebunden. Dazu zählen runde Tische, neuer Methoden wie Konsensus Konferenz, Zukunftswerkstätten oder Bürgergutachten, strategische Umweltprüfung der Stadt Wien am Grünen Tisch.

Meine persönlichen Erfahrungen mit dem Begriff Governance als Oppositionspolitiker im Wiener Stadtparlament sind sehr marginal. Der Begriff Governance findet sich lediglich in den zu beschließenden Unterlagen im Stadtentwicklungsplan und in der strategischen Umweltprüfung wieder. Das „Dialogforum Flughafen Wien“ unternahm den Versuch dem Begriff gerecht zu werden, allerdings blieb es lediglich bei einem Versuch. Warum die Politik nicht stärker gemeinsam mit der Zivilgesellschaft agiert, hat unterschiedlichste Ursachen.

Eine Hypothese ist, dass zum einen eine Marginalisierung der Parlamente vorliegt, da die Parlamente und deren Mitglieder sich zunehmend auf das Abstimmen von Regierungsvorlagen beschränken oder von den Medien darauf beschränkt werden. Zum anderen spielt sich die Governance-Diskussion sehr stark auf Expertenebene ab. Viel stärker im politischen Bewusstsein sind Public Private Partnerships zwischen Staat und

Privatwirtschaft, da sie in Zeiten leerer Kassen der öffentlichen Haushalte Infrastrukturprojekte erst ermöglichen.

Erst die persönliche Betroffenheit macht die Politik und Verwaltung für die Bürgerinnen und Bürger fassbar. Dieser Leitsatz sollte im Diskurs um die Verwaltungsreform und Governance-Strukturen in Österreich und im Besonderen in Wien stärker berücksichtigt werden. Schließlich bedeutet Good Governance die Einbindung der Bürger- und Zivilgesellschaft in politische und verwaltungsstrukturelle Entscheidungen. Aber unsere heutige repräsentativ geprägte Demokratie, welche als Kommunikationsmittel mehrheitlich auf Massenmedien setzt, lässt bislang jegliche ernst gemeinte Bürgerbeteiligung vermissen. Kritikpunkte betreffend Transparenz, Verantwortung und Nachhaltigkeit in der Politik verhallen durch die politischen Machtverhältnisse in der Bundeshauptstadt Wien leider allzu oft.

5. Resümee und abschließende Thesen

Europa hat sich innerhalb des letzten Jahrzehnts stark verändert. Der wirtschaftliche Wettbewerb Europas mit den USA, China und Indien ist härter geworden. Die Europäische Union als Mehrebenensystem muss sich auf diesen Wettbewerb genauso einstellen wie auch die Mitgliedstaaten der Union selbst. Europa und seine Länder müssen flacher organisiert werden. Es braucht mehr Transparenz und mehr positiven Wettbewerb im politischen System der Staaten, damit die Bürgerinnen und Bürger ein europäisches Wirtschafts- und Politiksystem mittragen. Good Governance könnte den Weg vorgeben, wie die Staaten mit ihren Bürgerinnen und Bürgern umgehen sollten. Die Governance-Theorien dürfen jedoch nicht zu technisch bleiben. Die Bürgerinnen und Bürger haben ein Recht darauf zu erfahren, dass es sehr wohl Möglichkeiten gibt, die politische Effektivität zu steigern und mehr Service in die Verwaltung zu bringen. Es braucht ein Umdenken in der Politik und der Verwaltung, um die Kommunikation mit den Bürgerinnen und Bürgern zu verbessern und deren Anliegen besser zu erfassen. Dabei darf jedoch nicht auf die Handlungsebene des Staates vergessen werden. Es gilt, das eine zu tun und das andere nicht zu lassen, denn der Regelungsbedarf der globalen Wirtschaft und der Volkswirtschaften der souveränen Staaten ist im 21. Jahrhundert sehr groß. Politik muss steuern und darf sich nicht nur von Meinungsumfragen leiten lassen. Sie muss die Bürgerinnen und Bürger in die funktionierenden staatlichen Strukturen stärker einbinden und sie auf konkrete Entscheidungen hinweisen, um ein Bewusstsein für dringend notwendige Reformen zu schaffen. Das gilt für die Sicherheitspolitik, Terrorbekämpfung, Korruptionsbekämpfung, das Verhindern einer sozialen Spaltung der Welt, im Kampf gegen den Clash of Civilisations, im Kampf gegen den Klimawandel und bei der Erhaltung natürlicher Ressourcen.

Europa ist gefährdet, dass „nichts mehr geht". Es bedarf daher aus europäischer Sicht eines Regelwerkes, welches das demokratische Europa nicht ohnmächtig gegenüber den starken Wirtschaften der Welt bleiben lässt. Die Notwendigkeit Europa wirtschaftlich stärker zu einen sowie die Schaffung einer verzahnten Wirtschaftsgemeinschaft ist ebenso notwendig, wie die Entwicklung eines gemeinsamen europäischen politischen

Systems bis in die Mitgliedstaaten hinein. Es braucht eine Renaissance der Demokratie ebenso, wie einen neuen Gestaltungs- und Führungswillen der Politik. Strukturelle Unterstützung muss von den Bürgerinnen und Bürgern und der Wirtschaft kommen, die sich beide in Zukunft mehr mit politischen Entscheidungen, als mit Unterhaltung und Marketing beschäftigen werden müssen. Parlamentarierinnen und Parlamentarier müssen den Stellenwert von Dolmetscherinnen und Dolmetschern erlangen, um die Anliegen der Bürgerinnen und Bürger und der Wirtschaft in die Sprache der Gesetzgebung und Verwaltung zu übersetzen. Ich verstehe Governance als Hilfestellung zur Hebung der Akzeptanz von Staat und Politik. Sowohl Staat als auch Politik sind gefordert, den Bürgerinnen und Bürgern Entscheidungen verständlich und direkt zukommen zu lassen und sie auch direkt einzubinden, und nicht nur über Massenmedien und Postwurfsendungen zu instrumentalisieren. Good Governance, als größtmögliche Einbindung der Bürger- und Zivilgesellschaft in politische Entscheidungen bei bestmöglicher Beibehaltung von Handlungsfähigkeit der Verwaltung zu verstehen, ist sicherlich ein pragmatischer wie zweckdienlicher Zugang, den ich in diesem Zusammenhang empfehlen kann.

Monika GEPPL, Wolfgang HAJEK, Andreas THALLER

Wirkungsorientierte Steuerung in der österreichischen Bundesverwaltung

Die öffentliche Verwaltung sieht sich ständig veränderten Rahmenbedingungen gegenüber. Die gegenwärtigen Herausforderungen erfordern eine noch effizientere und effektivere Erbringung der öffentlichen Aufgaben. Die Wirkungsorientierung erweist sich dabei als geeignetes Instrument, die effektivsten Stellhebel der Verwaltung zu identifizieren und mit knappen Ressourcen mehr Wirkung zu erzielen.

1. Was heißt Wirkungsorientierung?

Die traditionelle öffentliche Verwaltung wird über Ressourcen gesteuert und geführt. Durch die Zuteilung verschiedener Inputs, wie finanzielle Mittel und Personal, wird erreicht, dass die Verwaltung in bestimmten Aufgabenfeldern tätig wird. Dieser Steuerungsmechanismus bringt einige negative Leistungsanreize mit sich. Eine effiziente (wirtschaftliche) Arbeitsweise führt in der nächsten Haushaltsperiode zu Budgetkürzungen. Effektives (wirksames) Verwaltungshandeln wird nicht honoriert, weil die Ergebnisse der Verwaltungstätigkeit kaum in die Diskussion mit einbezogen werden.

An diesen Schwächen knüpft die Wirkungsorientierung an. In der wirkungsorientierten Verwaltung bilden nicht die zur Verfügung stehenden Ressourcen, sondern die angestrebten Wirkungen und die hierfür erforderlichen Leistungen den Ausrichtungsmaßstab des Verwaltungshandelns. Dahinter steht der Gedanke, dass die Wirkung letztendlich das Ziel staatlichen Handelns ist und nicht nur das bloße Tätigwerden der Verwaltung.

Die Wirkungsorientierung umfasst grundsätzlich zwei Anwendungsgebiete.

1. *Wirkungsorientierte Verwaltungssteuerung* mit dem Ziel die Effektivität und Effizienz der Verwaltung weiter zu optimieren
2. *Wirkungsorientierte Folgenabschätzung* von Regelungsvorhaben und sonstigen Vorhaben sowie deren interne Evaluierung mit dem Ziel einer Verbesserung der Rechtsetzung bzw. Vorhabensplanung

Beide Themen sind nicht losgelöst voneinander zu betrachten. Die wirkungsorientierte Folgenabschätzung ist vielmehr Teil einer wirkungsorientierten Verwaltungssteuerung. So können etwa Gesetze oder Verordnungen zur Umsetzung einer angestrebten Wirkung beitragen.

Der Beitrag fokussiert im Folgenden auf die wirkungsorientierte Steuerung der Verwaltung.

Die Logik der wirkungsorientierten Verwaltungssteuerung ist in Abbildung 1 stark vereinfacht dargestellt. Ausgangspunkt der Überlegungen ist immer ein von der Politik festgelegter, zukünftig zu erreichender Zustand, welcher sich auf eine *Wirkung (Outcome)* (1) staatlichen Handelns bezieht. Die Politik erteilt daraufhin der Verwaltung Vorgaben in Form von *Wirkungszielen* (2).

Nun liegt es an der Verwaltung, die von der Politik vorgegebenen Wirkungsziele durch *Maßnahmen (Output)* (3) umzusetzen. Die Verknüpfung von Wirkungen und Maßnahmen erfolgt dabei auf der Basis identifizierter Ursache-Wirkungsbeziehungen. Diese Kausalzusammenhänge sind nicht immer eindeutig und werden zusätzlich von anderen *Einflüssen* (4) wie etwa Veränderungen im Umfeld oder Wirkungen anderer Maßnahmen mitbestimmt.

Abbildung 1: Wirkungsmodell

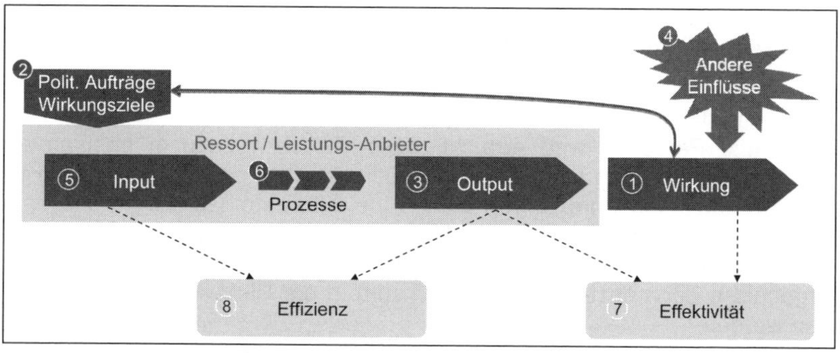

Quelle: Bundeskanzleramt: Steuerung, 2010, S. 12

Bevor die Maßnahmen umgesetzt werden, müssen die hierfür notwendigen *Ressourcen (Input)* (5) ermittelt und bereitgestellt werden. Der Ressourcenbegriff ist dabei umfassend zu interpretieren. Beispiele sind etwa die Qualifikation der Mitarbeiterinnen und Mitarbeiter, das Personal, die Finanzmittel, die Sachmittel, Information und die Infrastruktur.

Schließlich folgt der *Prozess der Leistungserstellung* (6). Dieser umfasst sämtliche Prozessfaktoren sowie alle Verwaltungstätigkeiten, mittels derer Input in Output umgewandelt wird. Die Leistungserstellung kann sowohl innerhalb der Verwaltung als auch durch externe Dritte erfolgen.

2. Welchen Nutzen erzeugt die wirkungsorientierte Steuerung?

Die wirkungsorientierte Steuerung …

1. *verstärkt die Transparenz über die Ziele der Politik:* Die Bundesministerinnen und Bundesminister präsentieren künftig im Nationalrat konkrete Wirkungsziele und Maßnahmen. Die Umsetzung der Ziele und Maßnahmen wird jährlich überprüft. Die interessierte Öffentlichkeit kann sich über Schwerpunkte und deren Umsetzung informieren.

2. *stärkt die Außenorientierung der Verwaltung:* Im Vordergrund der wirkungsorientierten Steuerung steht nicht der Input, sondern das Ergebnis des Verwaltungshandelns. Die knappen Ressourcen sollen für jene Tätigkeiten eingesetzt werden, welche die höchste Wirkung erwarten lassen. Das Hauptaugenmerk muss daher auf die Identifikation der effektivsten Stellhebel zur Erreichung der Wirkung gelegt werden.
3. *fördert die Ergebnisverantwortung der Führungskräfte der Verwaltung und legt klare Verantwortlichkeiten fest:* Bisher gab es nur wenig Transparenz über die Leistungen unterschiedlicher Verwaltungseinheiten. Durch die Festlegung von konkreten Zielen wird es Führungskräften erleichtert, Verantwortung zu übernehmen.
4. *fördert die Berücksichtigung der Gleichstellung von Frauen und Männern im Verwaltungshandeln:* Das Ziel der tatsächlichen Gleichstellung von Frauen und Männern wird bei der Zielformulierung, Zielumsetzung und Evaluierung der Zielerreichung explizit berücksichtigt.
5. *schafft die Voraussetzung für eine ganzheitliche Steuerung der Verwaltung:* Das neue Haushaltsrecht verbindet Input-, Leistungs- und Wirkungssteuerung auf pragmatische Weise. Es bildet die Grundlage für die jährlich wiederkehrenden zielorientierten Steuerungsprozesse in den Ressorts. Dadurch wird es den Mitarbeiterinnen und Mitarbeitern möglich, den eigenen Beitrag, den sie zur Erreichung der Wirkungsziele leisten, zu erkennen.

3. Der wirkungsorientierte Steuerungskreislauf

Durch die Verankerung der Wirkungsorientierung in der Bundesverfassung und im Bundeshaushaltsgesetz 2013 wurde das Steuerungsmodell der Wirkungsorientierung für die gesamte österreichische Bundesverwaltung verbindlich festgelegt. Die wirkungsorientierte Steuerung beinhaltet den ganzheitlichen Kreislauf der Planung, Umsetzung und Evaluation der festgesetzten Maßnahmen und Wirkungen. Im Zentrum steht die Frage, welche Wirkungsziele sich die Politik setzt und inwieweit diese tatsächlich umgesetzt werden.

Abbildung 2 gibt einen Überblick über den wirkungsorientierten Steuerungskreislauf, der durch die Budgetstruktur des neuen Haushaltsrechts geschaffen wird.

Abbildung 2: Der wirkungsorientierte Steuerungskreislauf aus Sicht der Budgetstruktur

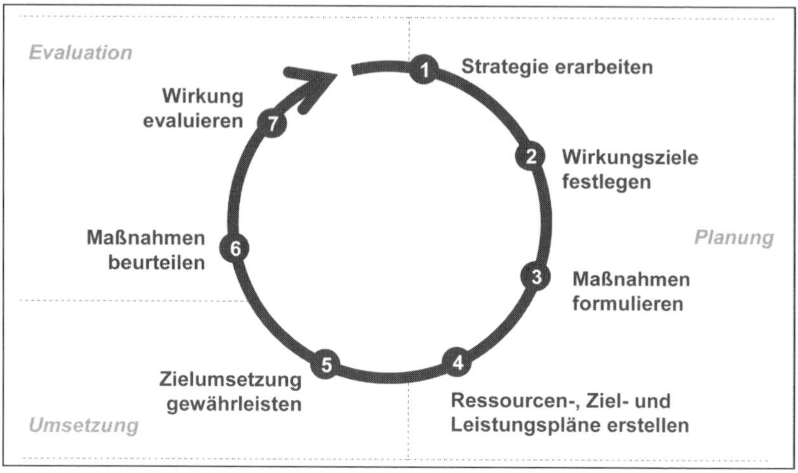

Quelle: Bundeskanzleramt: Steuerung, 2010, S. 17

Die Ressorts erarbeiten auf Untergliederungsebene jährlich im Frühjahr eine mehrjährige *Strategie* (1) und legen diese im Strategiebericht zum Bundesfinanzrahmengesetz für die nächsten vier Jahre fest. Die Strategie zeigt die wesentlichen Stoßrichtungen auf, welche das Ressort in den kommenden vier Jahren verfolgen will.

Die Angaben im Strategiebericht werden im jährlichen Bundesvoranschlag durch die Festlegung von ein- oder mehrjährigen *Wirkungszielen* (2) auf Untergliederungsebene detailliert. Anschließend werden auf Globalbudgetebene *Maßnahmen* (3) zur Erreichung der Wirkungsziele festgelegt. Dabei handelt es sich um hoch aggregierten Schwerpunkte auf Leistungsebene. Die Wirkungsziele und Maßnahmen dienen dem Nationalrat und der interessierten Öffentlichkeit, aber insbesondere auch den Mitarbeiterinnen und Mitarbeitern der Verwaltung als Orientierung, welche Schwerpunkte das jeweilige Ressort im kommenden Jahr verfolgen wird. Bei der Festlegung der Wirkungsziele und Maßnahmen ist das Ziel der tatsächlichen Gleichstellung von Frauen und Männern explizit zu berücksichtigen.

Diese Schwerpunkte werden anschließend auf Detailbudgetebene in *Ressourcen-, Ziel und Leistungsplänen* (4) für spezifische Verwaltungseinheiten konkretisiert. Diese Pläne bilden den konkreten operativen Arbeitsplan einer Verwaltungseinheit für die kommenden vier Jahre ab.

Der Nutzen entsteht nicht nur durch die Zielsetzung auf unterschiedlichen Ebenen, sondern insbesondere durch die *Umsetzung* der Ziele (5). Ein wesentlicher Baustein sind die Mitarbeitergespräche. Dabei wird der Beitrag der Mitarbeiterinnen und Mitarbeiter zur Erreichung der Ziele festgelegt.

In regelmäßigen Abständen sollte eine *Beurteilung* der tatsächlichen *Maßnahmen* (6) durchgeführt werden. Dadurch können Abweichungen frühzeitig erkannt und Gegenmaßnahmen ergriffen werden.

Die Beurteilung der Leistungen alleine gibt noch keine Information darüber, ob ein Ressort oder oberstes Organ seine Wirkungsziele erfüllt. Hierzu ist eine *Evaluierung der Wirkungen* (7) erforderlich.

Die Schlussfolgerungen aus der Evaluation der Wirkungen zeigen Optimierungspotenziale zur Steigerung der Effektivität und der Effizienz der öffentlichen Leistungserbringung auf. Die Evaluierungsergebnisse finden schließlich Eingang in die künftige Strategie (1) der Untergliederung. Somit schließt sich der Kreislauf.

4. Die Ressorts wirkungsorientiert steuern

Mit dem neuen Haushaltsrecht des Bundes wurde der Grundstein für eine weitere Modernisierung der Steuerungslogik in der österreichischen Bundesverwaltung gelegt. Das Bundeshaushaltsgesetz 2013 gibt durch die Budgetstruktur und die verpflichtenden Elemente der wirkungsorientierten Haushaltsführung den groben Rahmen für die Ressortsteuerung vor, den die Ressorts nun individuell nutzen können, um die eigene Steuerung noch weiter zu verbessern und in Richtung einer verstärkten Wirkungsorientierung auszubauen. So gibt es bereits in einigen Bundesministerien Steuerungsansätze für Ressourcen, Leistungen und Wirkungen, auf denen aufgebaut werden kann. Ziel ist es, diese Ansätze und mit der Steuerungsarchitektur, die durch das neue Haushaltsrecht geschaffen wird, zu verknüpfen und eine ganzheitliche Perspektive auf die Organisation, welche Ressourcen, Leistungen und Wirkungen kombiniert, zu ermöglichen. Abbildung 3 zeigt die Schritte des wirkungsorientierten Steuerungsprozesses aus Sicht der Organisationsstruktur auf.

Abbildung 3: Der wirkungsorientierte Steuerungskreislauf aus Sicht der Organisationsstruktur

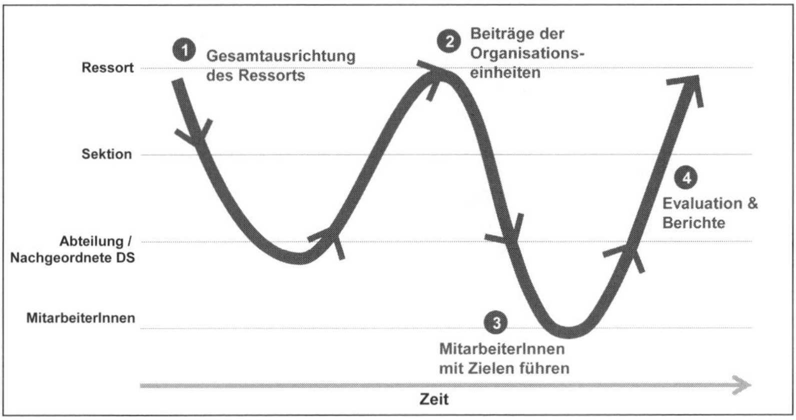

Quelle: Bundeskanzleramt: Wirkungscontrolling, 2011

Um eine effektive und effiziente Steuerung der Organisation sicherzustellen, sind die Ressorts gefordert, ein ressortinternes Wirkungscontrolling einzuführen bzw. zu etablieren. Zu berücksichtigen ist dabei, dass sich die effektive Steuerung eines Ressorts nicht an der Budgetstruktur orientiert, sondern entlang der Hierarchie der Organisation (Ressort – Sektionen/nachgeordnete Dienststellen – Abteilungen – Mitarbeiterinnen und Mitarbeiter) erfolgt.

So wird in einer Planungsphase zunächst die *Gesamtausrichtung des Ressorts* (1) für die kommenden Jahre bestimmt. Es erfolgt eine Schwerpunktbildung, die aufzeigt, welche Wirkungen künftig vorrangig mit den vorhandenen Ressourcen erzielt werden. Daraus werden die Angaben für den Strategiebericht und den jährlichen Bundesvoranschlag abgeleitet.

Ausgehend von diesen übergeordneten Prioritäten planen die einzelnen *Organisationseinheiten* (2) – Sektionen, nachgeordnete Dienststellen, Abteilungen – ihre Schwerpunkte und legen diese aufeinander abgestimmt fest. Sind die Schwerpunkte der Verwaltungseinheiten vereinbart, so kann mit der Umsetzung der festgelegten Prioritäten begonnen werden.

Dabei unterstützt das *„Führen der MitarbeiterInnen mit Zielen“* (3) eine verstärkte Ergebnisorientierung aller Mitarbeiterinnen und Mitarbeiter. Der Beitrag zu den Zielen der eigenen Organisationseinheit und des Ressorts wird sichtbar. Führen mit Zielen bedeutet nicht, einmal im Jahr Aufgaben zu verordnen und am Ende des Jahres zu beurteilen, ob diese Aufgaben erfüllt wurden. Führen mit Zielen umfasst auch das frühzeitige Erkennen von Abweichungen, das rechtzeitige Ergreifen von Maßnahmen und die Unterstützung der Mitarbeiterinnen und Mitarbeiter bei schwierigen Situationen und herausfordernden Aufgaben.

Bei der *Evaluation* (4) liegt der Fokus auf der Prüfung und Analyse der Zielerreichung auf den verschiedenen Verwaltungsebenen durch standardisierte Berichte und Diskussionen, um darauf aufbauend die Ziele zu adaptieren oder neue Schwerpunkte festlegen zu können. Erfahrungen aus der Vergangenheit sollen in zukünftige Entscheidungen einfließen. Somit schließt sich der Steuerungskreislauf.

Für die detaillierte Ausgestaltung der ressortinternen Steuerungsprozesse enthält das neue Haushaltsrecht (fast) keine zentralen Vorgaben. Eine zentrale Rolle kommt hier jenen Stellen zu, welche sich ressortintern für das Wirkungscontrolling verantwortlich zeichnen. Das ressortinterne Wirkungscontrolling stellt sicher, dass der Steuerungsprozess einen tatsächlichen Nutzen für die Steuerung des Ressorts erbringt. Es koordiniert und detailliert die internen Steuerungsprozesse von der Ressortleitung über die Führungskräfte auf den unterschiedlichen Verwaltungsebenen bis hin zu den einzelnen Mitarbeiterinnen und Mitarbeiter. Die zentralen Aufgaben des *ressortinternen Wirkungscontrollings* sind:

1. die Erstellung von Standards für die zielorientierten Steuerungsprozesse in der Organisation sowie die Überprüfung der Einhaltung der Standards (etwa im Bereich der Zielformulierung, des Mitarbeitergesprächs etc.)

2. die Koordination der Planungsprozesse: Prozessbegleitung, Moderation und Dokumentation der Strategieerarbeitung, der Erarbeitung der Wirkungsziele und Maßnahmen
3. die Koordination und zeitliche Festlegung der horizontalen und vertikalen Abstimmungsprozesse zwischen den verschiedenen Organisationseinheiten und Hierarchieebenen (z.B. von Prioritäten verschiedener Sektionen, Festlegung des Zeitpunktes der Mitarbeitergespräche auf den verschiedenen Hierarchieebenen)
4. die Informationsweitergabe von Wirkungszielen und Maßnahmen nach innen an alle Mitarbeiterinnen und Mitarbeiter (z.B. über Veranstaltungen, das Intranet, Zeitschriften etc.) und nach außen (an die ressortübergreifende Wirkungscontrollingstelle des Bundeskanzleramtes)
5. die Steuerung der ressortinternen und ressortexternen Berichtspflichten (z.B. ressortinterne Erreichung von Zielen in den Sektionen, Sammlung und Konsolidierung der Information nach außen)

Das ressortinterne Wirkungscontrolling weist dabei einige Schnittstellen zu weiteren steuernden und unterstützenden Funktionen der Ressorts auf:

1. *Budgetcontrolling:* Diese Schnittstelle ergibt sich durch den Ursprung der wirkungsorientierten Steuerung im Bundeshaushaltsgesetz 2013. Budgetprozesse und wirkungsorientierte Steuerungsprozesse müssen aufeinander abgestimmt werden. So sollten etwa die strategische Gesamtausrichtung des Ressorts ausgehend von den Budgetobergrenzen des Bundeshaushalts diskutiert werden. Auch die Planung der Schwerpunkte der Sektionen oder nachgeordneter Dienststellen sollte etwa auf der Schätzung des nächstjährigen Budgets beruhen. Eine direkte Verknüpfung einzelner Ziele oder Maßnahmen mit dem dafür zur Verfügung stehenden Budget ist nicht empfehlenswert.
2. *Personalcontrolling:* Das Personalcontrolling beinhaltet die Sammlung und Aufbereitung von personalrelevanten quantitativen (z.B. Personalkosten, Personalkapazitäten, Planstellen) und qualitative Daten (z.B. Mitarbeiterzufriedenheit, Kenntnisse und Fertigkeiten, Betriebsklima, Innovationskraft). Dabei geht es nicht nur um eine vergangenheitsbezogene Betrachtung, sondern vorrangig um eine Prognose, wie sich der quantitative und qualitative Bestand der Humanressourcen in Zukunft entwickeln wird. Diese Daten sind ebenso wie die Budgetdaten die Basis für die Festlegung von strategischen Schwerpunkten.
3. *Personalentwicklung:* Die Personalentwicklung umfasst die gesamte Bandbreite an Qualifizierungsmaßnahmen für die Mitarbeiterinnen und Mitarbeiter von der Einstellung bis hin zum Austritt aus der Organisation. Die Qualifizierungsmaßnahmen haben sich an der Strategie und den Schwerpunkten des Ressorts zu orientieren, um die Erreichung der Wirkungen auch künftig gewährleisten zu können. Konkrete Schnittpunkte ergeben sich einerseits indirekt aus der Konzeption von maßgeschneiderten, an der Strategie des Ressorts ausgerichteten Trainingsprogrammen, andererseits direkt im Mitarbeitergespräch in der persönlichen Förderung individueller Mitarbeiterinnen und Mitarbeiter.

4. *Kosten- und Leistungsrechnung:* Die Kosten- und Leistungsrechnung (KLR) gibt Informationen über die Kosten von Leistungen der Verwaltungen. Dies kann einerseits dabei helfen, jene Maßnahmen zu identifizieren, bei denen die Kosten im positiven Verhältnis zu der erzeugten Wirkung stehen. Andererseits hilft die KLR Effizienzsteigerungen zu realisieren. Dies wird insbesondere dann möglich sein, wenn verschiedene Dienststellen vergleichbare Leistungen erzeugen und Prozesse der Leistungserstellung somit vergleichbar werden.
5. *Gender Mainstreaming:* Die wirkungsorientierte Steuerung umfasst insbesondere auch die Gleichstellung von Frauen und Männern. In Zukunft wird die Gleichstellung von Frauen und Männern bei der Zielformulierung, Zielumsetzung und Evaluierung der Zielerreichung explizit berücksichtigt und ist somit in allen Phasen des Verwaltungshandelns verankert. Dabei kann auf die Expertise der Gender Mainstreaming-Arbeitsgruppen in den Ressorts zurückgegriffen werden.

Eine enge Zusammenarbeit des ressortinternen Wirkungscontrollings und jenen Abteilungen, die die funktionalen Schnittstellen betreuen, ist jedenfalls für das Gelingen der wirkungsorientierten Steuerung sinnvoll und daher empfehlenswert.

5. Die Veränderung der Steuerung erfolgreich gestalten

Ein wichtiger Erfolgsfaktor für die Entwicklung einer wirkungsorientierten Steuerung ist die Einbindung und das Commitment der Verwaltungsführung. Die Führungskräfte haben folgende Ansatzpunkte, um die Erreichung von Resultaten im eigenen Organisationsbereich zu beeinflussen:

1. Fachlich wird eine verstärkte Fokussierung des Verwaltungshandelns angestrebt. Prioritäten sollen auf unterschiedlichen Ebenen gesetzt werden, Verantwortungen festgelegt und die Umsetzung der gesetzten Ziele evaluiert werden.
2. *Strukturell* müssen die Prioritäten auf unterschiedlichen Organisationsebenen aufeinander abgestimmt und dadurch neue Steuerungsprozesse für die Planung und Evaluierung der Schwerpunkte etabliert werden. Die neue Budgetstruktur kann die verstärkte Zusammenarbeit von bisher autonomen Bereichen fördern.
3. *Kulturell* wird ein verstärkter systematischer Blick auf die Umwelt und den Zweck der Organisation geschaffen. Die Ergebnisorientierung wird durch die Prioritätensetzung verstärkt.

Die wirkungsorientierte Steuerung greift in das Führungsverständnis jeder Führungskraft ein und sorgt damit für die größte Veränderung des Managements öffentlicher Verwaltungen in den vergangenen Jahrzehnten. Veränderungen erzeugen Unsicherheit und Spannungen. Die Gestaltung und Einführung des ressortinternen Wirkungscontrollings verlangt nach einem breit gestalteten und transparent kommunizierten Prozess, in dem alle Schlüsselführungskräfte des Ressorts und die politische Ebene eingebunden sind und der Nutzen der wirkungsorientierten Steuerung sichtbar wird. Wird den betroffenen Führungskräften wenig Aufmerksamkeit geschenkt, so gefährdet dies einerseits deren Leistungsbereitschaft und in weiterer Folge den Nutzen der ressortinternen wirkungsorientierten Steuerung.

Folgende Aspekte sind bei der Entwicklung der ressortinternen, wirkungsorientierten Steuerungsprozesse zu berücksichtigen:

1. *Abstimmung des Vorgehens mit allen Sektionsleiterinnen und Sektionsleitern:* Die ressortinterne wirkungsorientierte Steuerung und deren Prozesse betreffen die Aufgaben der Führungskräfte des Ressorts. Daher sind diese in die Gestaltung der wirkungsorientierten Steuerungsprozesse einzubinden.
2. *Strategische Richtung statt allgemeine Aufgabenbeschreibung:* Die Strategie des Ressorts sollte konkret 10 bis 15 Maßnahmen enthalten, welche einen entscheidenden Beitrag haben für den zukünftigen Erfolg des Ressorts. Die Schwerpunkte müssen im Diskurs der Top-Führungskräfte aus den Herausforderungen im Umfeld der Verwaltung abgeleitet werden. Nur wenn an oberster Stelle eine Fokussierung stattfindet, kann eine Fokussierung der gesamten Organisation funktionieren.
3. *Konsistenz zwischen Organisationseinheiten:* Schwerpunkte auf den unterschiedlichen Organisationsebenen gehören miteinander verbunden. So macht es zum Beispiel keinen Sinn zuerst Mitarbeitergespräche zu führen und erst später die Schwerpunkte der Sektion oder der Abteilung festzulegen. Ebenso gehören zuerst die Schwerpunkte des gesamten Ressorts besprochen und erst danach die Schwerpunkte der Sektion. Eine inhaltliche Konsistenz der Schwerpunkte muss erkennbar sein.
4. *Querabstimmung zwischen Organisationseinheiten:* Um einem Bereichsdenken entgegenzuwirken, sollten alle Schwerpunkte der Sektionen zwischen den Sektionen abgestimmt werden. Gleiches gilt für die Abteilungen. Dadurch werden die Kooperation und die Effizienz der Organisation erhöht.
5. *Verknüpfung von Ziel- und Ressourcenplanung:* Auch wenn auf keiner Ebene eine direkte Verknüpfung zwischen einzelnen Maßnahmen und dem dafür zur Verfügung stehenden Budget angestrebt wird, ist eine gemeinsame Diskussion auf allen Ebenen nützlich. Erst dadurch kann beurteilt werden, welche Maßnahmen mit den vorhandenen Ressourcen realistisch durchgeführt werden können.
6. *Konsequente Kommunikation der Schwerpunkte:* Die Gesamtausrichtung des Ressorts und die Schwerpunkte der Sektionen sollten transparent kommuniziert werden. In einigen Ressorts können schon heute alle Mitarbeiterinnen und Mitarbeiter diese Schwerpunkte im Intranet abrufen bzw. werden diese durch die Führungskräfte und Mitarbeiterzeitschriften verbreitet. Dies gibt Orientierung und verstärkt die Zielkonsistenz auf allen Ebenen.
7. *Wichtigkeit von Mitarbeitergesprächen:* Gut geführte Mitarbeitergespräche sind Arbeit für die Führungskräfte. Diese Arbeit ist jedoch Bestandteil der Führungsaufgaben einer jeden Führungskraft und gut investierte Zeit. Auch zwischen den Führungsebenen sind Jahresgespräche zu führen. In gut geführten Gesprächen steckt viel Kraft.

8. *Konkrete Ziel- und Maßnahmenformulierung:* Auf allen Ebenen sollten Ziele und Maßnahmen so beschrieben werden, dass der Erfolg eindeutig aus den Beurteilungsgrößen abgeleitet werden kann. Das gilt auch für die Zielvereinbarungen auf Mitarbeiterebene.

6. Ressortübergreifende Wirkungscontrollingstelle im Bundeskanzleramt

Die ressortübergreifende Wirkungscontrollingstelle im Bundeskanzleramt – Sektion III – Öffentlicher Dienst und Verwaltungsinnovation – unterstützt die Ressorts methodisch-prozesshaft bei der Umsetzung der Wirkungsorientierung. Zum Aufgabengabereich des ressortübergreifenden Wirkungscontrollings zählen:

1. die *Koordination* des ressortübergreifenden Wirkungscontrollingprozesses
2. die begleitende Unterstützung der Ressorts bei der ressortinternen Wirkungssteuerung
3. die begleitende Unterstützung der Ressorts bei der wirkungsorientierten Folgenabschätzung von Regelungsvorhaben und sonstigen Vorhaben im Einvernehmen mit dem Bundesministerium für Finanzen
4. die *Qualitätssicherung* der Wirkungsziele und Maßnahmen im Bundesvoranschlagsentwurf, der mit Regelungsvorhaben und sonstigen Vorhaben verbundenen Angaben zur Wirkungsorientierung, sowie Koordination von Zielkonflikten
5. die ressortübergreifende *Berichtspflichten* an den Nationalrat (jährlicher Bericht zur Wirkungsorientierung, Bericht über die Ergebnisse der internen Evaluierung von Regelungsvorhaben und sonstigen Vorhaben)

Die Umsetzung der Wirkungsorientierung erfolgt in enger Zusammenarbeit mit den Ressorts (insbesondere mit den Verantwortlichen für das ressortinterne Wirkungscontrolling, für Budget- und Personalangelegenheiten sowie den Gender Mainstreaming-Arbeitsgruppen), dem Nationalrat, dem Bundesministerium für Finanzen und dem Rechnungshof.

Bisher erschienen sind die folgenden Handbücher:

1. *Handbuch Wirkungsorientierte Steuerung:* Das Nachschlagewerk gibt einen Gesamtüberblick über den wirkungsorientierten Steuerungskreislauf und erste Empfehlungen zur Etablierung eines ressortinternen Wirkungscontrollings.
2. *Handbuch Entwicklung von Zielen und Indikatoren:* Dieser Arbeitsbehelf zeigt praxisorientiert die erforderlichen Schritte zur Entwicklung von Zielen und Indikatoren und gibt Beispiele für Ziele und Indikatoren auf allen Ebenen der Budgetstruktur.
3. *Handbuch Ressortinternes Wirkungscontrolling:* Das Handbuch enthält Handlungsanleitungen für Fach- und Führungskräfte der Verwaltung zur Gestaltung ressortinterner Steuerungsprozesse sowie das notwendige methodische Werkzeug zu deren Umsetzung.

Reinhold LOPATKA

Optionen einer nachhaltigen Finanzpolitik des Bundes: Bevölkerungsalterung und Zurückführen der übermäßigen Verschuldung

Wer die wirtschaftlichen Eckdaten Österreichs mit jenen anderer Länder in Europa oder sonst wo auf der Welt vergleicht, kann nur zu einem Schluss kommen: „*Unser Land steht gut da!*"

- Die österreichische Wirtschaft wuchs im Jahr 2010 um 2 Prozent, für 2011 wird ein Wachstum von 2,2 Prozent erwartet. Dies liegt deutlich über den Werten der Eurozone (2010: 1,7 Prozent; 2011: 1,5 Prozent) und der EU-27 (2010: 1,8 Prozent; 2011: 1,7 Prozent).[1]
- Österreichs Wirtschaftsstruktur ist vergleichsweise diversifiziert, was sie unempfindlicher für sektorale Krisen macht. Finanzdienstleistungen, Tourismus und der Export innovativer Güter sind unsere wichtigsten Wirtschaftsbereiche.
- Die Leistungsbilanz bestätigt Österreichs internationale Wettbewerbsfähigkeit. Im Jahr 2010 betrug der Überschuss 3,7 Prozent des BIP. 2011 wird ein weiterer Anstieg auf 4,2 Prozent und für 2012 auf 4,6 Prozent prognostiziert.[2]
- Österreich hat sich international als Kapitalgeber etabliert. Die österreichischen Direktinvestitionen im Ausland beliefen sich 2009 auf € 202 Mrd.[3]
- Im Jahr 2010 verzeichnete Österreich eine Arbeitslosenrate von 4,4 Prozent, die 2011 auf 4,2 Prozent sinken wird (Euroraum: 10,1 Prozent für 2010 bzw. 10 Prozent für 2011). Durch die niedrige Arbeitslosigkeit und die geringe Streikhäufigkeit weist Österreich eine hohe soziale Stabilität auf.[4]

1. Österreichs Wirtschaft hat Zukunftspotenzial

- Die österreichischen Unternehmen (einschließlich der Banken) gehören zu den Hauptinvestoren in Mittel- und Osteuropa. Nach dem krisenbedingten Einbruch 2009 erwarten die EU-Länder der Region für 2011 ein Wirtschaftswachstum von 2,6 Prozent, das 2012 weiter auf 3,6 Prozent ansteigen wird.[5]
- Durch die geografische Nähe und starke bestehende Verbundenheit ist Österreich besonders gut positioniert, von diesem Wachstumsprozess

1 Vgl. dazu: WIFO: Prognose 2011 und 2012, 2010.
2 Vgl. dazu: WIFO: Prognose 2011 und 2012, 2010.
3 Vgl. dazu: Österreichische Nationalbank: Direktinvestitionen, 2010.
4 Vgl. dazu: Europäische Kommission: Forecast, 2010.
5 Vgl. dazu: Europäische Kommission: Forecast, 2010.

zu profitieren. Daher engagieren sich Österreich und seine Unternehmen in dieser Region und für diese Region.

- Die österreichische Forschungsquote stieg 2010 weiter auf 2,76 Prozent des BIP, obwohl wir bereits 2009 zu den Spitzenreitern in der Europäischen Union gehört haben.[6]
- Im Jahr 2011 wird eine Zunahme der Bruttoinvestitionen um +3,6 Prozent, 2012 um +2,9 Prozent erwartet.[7] Dies spielt für die künftige wirtschaftliche Entwicklung eine zentrale Rolle.
- Die moderate Lohnstückkostenentwicklung (Wachstum von nur 0,6 Prozent im Zeitraum 2010 bis 2012) sichert die Wettbewerbsfähigkeit Österreichs nachhaltig ab.[8]

Aber diese Zahlen sind nur die eine Seite der Medaille. Die andere Seite zeigt, dass diese Zahlen höchsten Produkt der Reformpolitik der frühen 2000er Jahre sind. Wir haben es in den letzten Jahren verabsäumt, strukturelle Reformen anzugehen. Stattdessen steigen die Ausgaben und die Schulden. Jahr für Jahr, Tag für Tag.

2. Die weltweite Schuldenexplosion

Die Verschuldung der Staaten ist in den vergangen zehn Jahren regelrecht explodiert: Während die weltweite staatliche Verschuldung im Jahr 2001 bei insgesamt U$ 20,4 Billionen lag, wird sie sich bis Ende des Jahres 2011 auf U$ 51,5 Billionen mehr als verdoppelt haben.[9]

Schuldenkönig – in absoluten Zahlen – bleiben die Vereinigten Staaten von Amerika mit Schulden in der Höhe von U$ 14 Billionen, dicht gefolgt von der Eurozone, die mit Ende des Jahres 2011 Schulden in der Höhe von U$ 12,5 Billionen angehäuft haben wird. Das Problem dabei: Der Anteil der Eurozone an der weltweiten Wirtschaftsleistung ist geringer als ihr Anteil an den weltweiten Schulden.[10]

Aus den genannten Zahlen geht hervor, dass Europa theoretisch im Zentrum einer gigantischen Schuldenkrise steckt. Island, Griechenland und Irland heißen die praktischen Beispiele, welche diese Theorie stützen.

Aber warum kann sich unser Kontinent vor Schulden kaum noch erwehren? Warum droht Europa die Zukunft seiner jungen Leute zu verspielen? Nur die ab 2008 einsetzende Finanz- und Wirtschaftskrise und die zur Stabilisierung notwendigerweise eingesetzten Konjunkturmilliarden dafür verantwortlich zu machen wäre der falsche Ansatz. Die Staaten Europas, und nicht zuletzt natürlich auch Österreich, haben ein strukturelles Problem, das getrost als die Folge der ständigen Missachtung einer einfachen, aber entscheidenden Maxime eines jeden ordentlichen Kaufmanns gelten kann: *Man darf auf Dauer nicht mehr Geld ausgeben, als man einnimmt!*

---

6 Vgl. dazu: Statistik Austria: Forschungsquote, 2010.
7 Vgl. dazu: WIFO: Prognose 2011 und 2012, 2010.
8 Vgl. dazu: WIFO: Prognose 2011 und 2012, 2010.
9 Vgl. dazu: Konrad; Zschäpitz: Schulden, 2010, S. 22.
10 Vgl. dazu: Konrad; Zschäpitz: Schulden, 2010, S. 22.

3. … und auch in Österreich

Österreich hat – mit Ausnahme der Jahre 1953 und 1954 – noch in jedem Jahr seit 1945 gegen diesen Grundsatz verstoßen und ein administratives Defizit produziert.[11] Mehr noch: Österreich hat in den 1970er Jahren – auch wenn mit Sicherheit ein gewisser gesellschaftlicher Wandel stattgefunden hat, der Wohlfahrtsstaat zum Profit fast aller Staatsbürger ausgebaut wurde[12] – den Grundstein für eine enorme Staatsverschuldung gelegt, die die Zukunftschancen der Jungen schleichend verringert. Die Verschuldung des Bundes hat sich zwischen 1970 und 1983 von 12,5 Prozent auf 32,4 Prozent des BIP mehr als verdoppelt[13], jene des Gesamtstaates stieg im gleichen Zeitraum von 20,4 Prozent auf 43,5 Prozent des BIP[14].[15]

Tabelle 1: Die Entwicklung der Staatsausgaben, der Steuereinnahmen, des öffentlichen Saldos (Maastricht) und der öffentlichen Schulden seit 1954 in Prozent des BIP

	Staatsausgaben	Steuer-einnahmen	öffentlicher Saldo	öffentlicher Schulden
1954	34,2	30,2	2,3	
1960	35,7	30,3	-0,5	
1965	37,8	34,6	1,4	
1970	39,2	35,9	1,2	20,4
1975	46,1	38,7	-2,5	26,4
1980	49,5	39,3	-2,1	35,3
1985	53	41,2	-3,1	47,9
1990	51,5	39,8	-2,6	56,2
1995	56,3	41,4	-5,8	68,3
2000	52,1	43,2	-1,7	66,5
2005	50,2	42,3	-1,7	63,9
2006	49,5	41,9	-1,5	62,2
2007	48,7	42,2	-0,4	59,5
2008	49	42,8	-0,4	62,6
2009	51,8	42,3	-3,4	66,5
2010	52,1	41,3	-4,1	69,7

Quelle: Statistik Austria: Gesamtrechnungen (bis 2009). Bundesministerium für Finanzen (2010)

Zwar ist die Schuldenquote seitdem auf 69,7 Prozent im Jahr 2010 angestiegen, wobei die Marke vor der Finanz- und Wirtschaftskrise mit

11 Vgl. dazu: Bundesministerium für Finanzen: Bundesfinanzgesetz, 2010, S. 16f.
12 Vgl. dazu: Berger: Geschichte, 2007, S. 331ff.
13 Vgl. dazu: Bundesministerium für Finanzen: Bundesfinanzgesetz, 2010, S. 36.
14 Vgl. dazu: Bundesministerium für Finanzen: Bundesfinanzgesetz, 2010, S. 40 sowie Tabelle 1.
15 Die gesamtstaatliche Schuldenquote ist den Jahren bis 1987 – als einige Maßnahmen der Kreisky-Ära sich voll im Budget niederschlugen – nochmals sprunghaft auf 56,6 Prozent gestiegen.

59,5 Prozent (2007) sogar unter der magischen 60 Prozent-Grenze lag[16], aber die starke Verschuldung ab Beginn der 1970er Jahre bildete die Basis für jene strukturellen Probleme, mit denen wir heute zu kämpfen haben.

Abbildung 1: Die Entwicklung der Maastricht-Schuldenquote des Gesamtstaates in Prozent des BIP 1982-2001

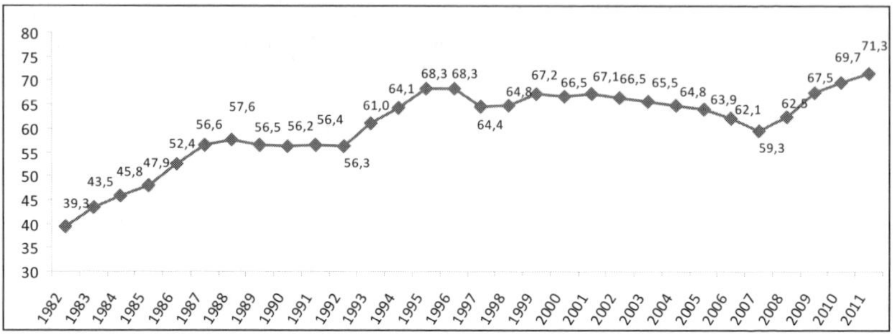

Quelle: Bundesministerium für Finanzen (2010)

4. Der demografische Strukturwandel

Neben der beschriebenen grundsätzlichen Schuldenproblematik sieht Österreich in den kommenden Jahren und Jahrzehnten auch handfesten demografischen Problemen entgegen. So sinkt die Geburtenrate seit Beginn des neuen Jahrtausends rapide auf mittlerweile 1,39 Kinder pro Frau[17], was bedeutet, dass in Zukunft immer weniger Menschen Beiträge in das Sozialsystem einzahlen, aber immer mehr Menschen aufgrund der Alterung der Gesellschaft Leistungen aus dem System beziehen werden. Zuwanderung kann diese Entwicklung zwar bremsen, aber keinesfalls umkehren bzw. aufhalten.

2011 ist es so weit: Die amerikanischen „Baby-Boomer" beginnen weltweit als erste dieser Generation in den Ruhestand zu gehen. Für Österreich wird der Höhepunkt der Pensionsantrittswelle laut einer im Januar 2011 veröffentlichten Studie[18] für 2025 prognostiziert – was für das staatliche Pensionssystem einen enormen Druck bedeutet.

16 Vgl. dazu: Bundesministerium für Finanzen: Bundesfinanzgesetz, 2010, S. 40 sowie Tabelle 1.

17 Vgl. dazu: http://www.statistik.at/web_de/statistiken/bevoelkerung/geburten/index.html [Download: 26.01.2011].

18 Vgl. dazu: Allianz: Demographic Pulse, 2011.

Abbildung 2: Prognostizierter Eintritt der Pensionswellen weltweit

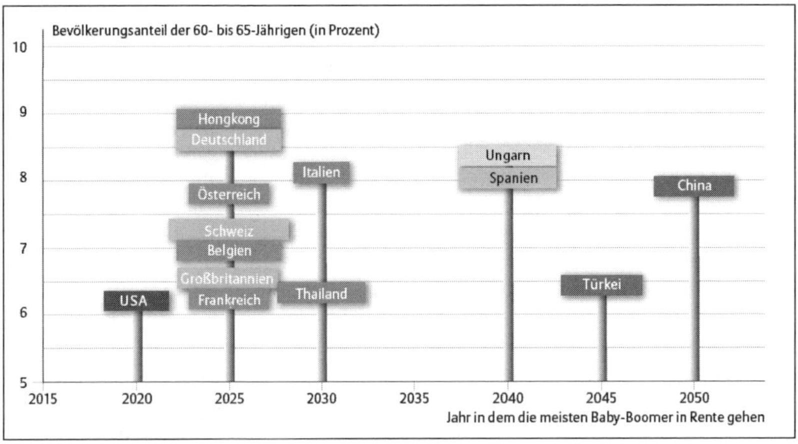

Quelle: Allianz: Demographic Pulse, 2011, S. 2.

Die Allianz-Untersuchung ist damit eine weitere Studie, welche den bereits seit Jahren sichtbaren Handlungsbedarf von Politik, aber auch Unternehmen in Österreich verdeutlicht. Denn auch diese tragen ihren Teil zu den explodierenden Kosten im Pensionssystem bei – aber der Reihe nach.

Mit dem Pensionseintritt der zahlreichen „Baby-Boomer" wird sich der Anteil der Menschen, die vom Beitragszahler zum Beitragsempfänger werden, schlagartig erhöhen. Das bedeutet für das Umlageverfahren ein deutliches Problem, denn spätestens dann, wenn mehrere hunderttausend Österreicherinnen und Österreicher gleichzeitig in Pension gehen, wird das Umlageverfahren allein die Kosten nicht mehr decken können. Das belegen auch die Zahlen des Hauptverbandes der österreichischen Sozialversicherungsträger (HVB) aus dem Jahr 2009.[19] Während 2008 etwa 2,2 Mio. Pensionistinnen und Pensionisten rund 3,5 Mio. Versicherten gegenüberstanden, wird sich das Verhältnis bis 2050 auf 3,2 Mio. Pensionistinnen und Pensionisten zu 3,7 Mio. Versicherten verändern. Das heißt in anderen Worten, die Zahl der Pensionistinnen und Pensionisten wächst um 50 Prozent, während die Zahl der Versicherten in den nächsten 40 Jahren nur um fünf Prozent steigen wird. Der Crash ist vorprogrammiert, wenn nicht rasch gehandelt wird.

Nicht nur die Zahl der Pensionistinnen und Pensionisten steigt ständig, sondern auch ihre Lebenserwartung[20]: Während ein 60jähriger Mann 1970 eine Lebenserwartung von 74,9 Jahren hatte, konnte ein 60jähriger im Jahr 2009 schon mit einer Lebenserwartung von 81,2 Jahren rechnen.

19 Vgl. dazu: Hauptverband der österreichischen Sozialversicherungsträger: Pensionsversicherung, 2009, S. 30.

20 Vgl. dazu: http://www.statistik.at/web_de/statistiken/bevoelkerung/demographische_masszahlen/demographische_indikatoren/index.html [Download: 26.02.2011].

Eine 60jährige Frau konnte 1970 damit rechnen, 78,8 Jahre alt zu werden, 2009 waren es bereits 85,1 Jahre.

Auf der anderen Seite sank seit den 1970er Jahren auch das Alter, in dem die Österreicherinnen und Österreicher in Pension gehen. Ging ein Mann 1970 mit rund 62 Jahren in Pension, sind es heute rund 59 Jahre – das sind sechs Jahre unter dem gesetzlichen Pensionsantrittsalter. Der Grund dafür ist durch einen Blick auf die Abbildung 3 leicht zu entdecken: Im Jahr 2009 gingen fast zwei Drittel aller Neupensionistinnen und Neupensionisten durch die Hacklerregelung oder die Invaliditätspension – und damit deutlich vor dem gesetzlichen Pensionsantrittsalter – in den Ruhestand. Die hohe Zahl der „Hacklerpensionen" belegt, dass die Politik durch die Anreizsetzung der letzten Jahre bzw. Jahrzehnte die „Frühpensionen" in Österreich sogar gefördert hat. Diese Tendenz wird auch von den Unternehmen unterstützt, die älteren Arbeitnehmerinnen und Arbeitnehmern aus Kostengründen, gerne die Frühpension „nahelegen". Dies wird im internationalen Vergleich deutlich und zwar in der Arbeitslosenstatistik: In den Niederlanden liegt die Arbeitslosenrate der Altersgruppe 55-64 Jahre bei den Männern um 1,5 Prozent und bei den Frauen um 1,4 Prozent höher als in Österreich. Der Grund: In Österreich wird niedrige Arbeitslosigkeit dadurch „teuer erkauft", dass sich viele Menschen dieser Altersklasse bereits in Pension befinden und nur mehr 38,6 Prozent erwerbstätig sind.[21]

Abbildung 3: Die Struktur des Pensionszugangs 2009

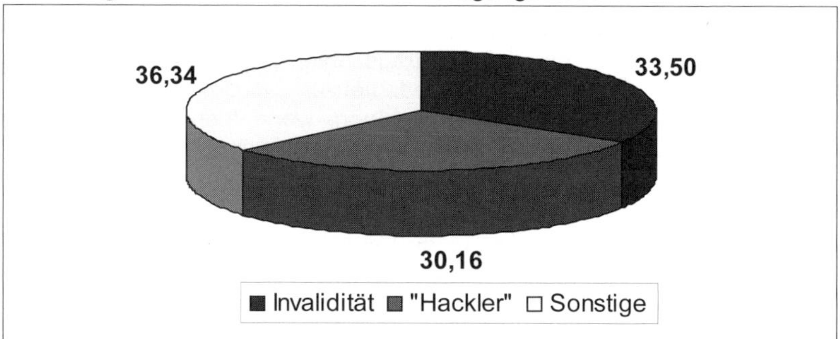

Quelle: Bundesministerium für Arbeit, Soziales und Konsumentenschutz (2010)

Diese Entwicklung führt natürlich dazu, dass die Pensionsbezugsdauer und somit die Kosten für den Staat extrem ansteigen. Männer, die im Laufe des Jahres 1970 starben, bezogen ihre Pension durchschnittlich 11,1 Jahre, während die im Laufe des Jahres 2009 verstorbenen Alterspensionisten ihre Pension durchschnittlich bereits 17,1 Jahre bezogen. Bei den Alterspensionistinnen und Alterspensionisten stieg die Bezugsdauer von 16,1 Jahren im Jahr 1970 auf 23,3 Jahre im Jahr 2009. 2010 in Pension gegangene Männer haben, laut Prognose, bereits einen Pensionsbezug von mehr als 22 Jahren zu erwarten, Frauen sogar von mehr als 28 Jahren.[22]

21 Vgl. dazu: Ours: crisis, 2010.

22 Vgl. dazu: BMASK: Sozialbericht, 2010, S. 70-71 sowie eigene Berechnun-

5. Die öffentliche Finanzierung der Pensionen steigt massiv

Betrachten wir die gestiegene Lebenserwartung gemeinsam mit dem gesunkenen tatsächlichen Pensionsantrittsalter, kommt man im Schnitt auf rund zehn Jahre, welche die Österreicherinnen und Österreicher länger in der Pension verbringen. Das bedeutet auch, dass die Pensionszahlungen in Zukunft noch weniger durch Beiträge gedeckt werden können. Aus „Fehlbeträgen" in den Betragstöpfen hat der Bund bereits jetzt enorme Zuschüsse zu bewältigen: 2010 müsste er insgesamt € 9,15 Mrd. an Mitteln (Bundesbeitrag insgesamt, Ausgleichszulagen und Wertausgleich) für das ASVG, BSVG und GSVG/FSVG aufwenden, 2015 werden es aus heutiger Sicht bereits € 12,46 Mrd. sein. Das bedeutet, dass 2015 bereits ein Drittel der Gesamtpensionsleistung (31,37 Prozent) nicht durch Beiträge gedeckt sein wird und daher aus Steuermitteln finanziert werden muss. Grund dafür sind die relativ geringen Deckungsbeiträge: So zahlt ein Bauer heute im Schnitt nur 19,1 Prozent seiner Pension selbst, über 80 Prozent trägt der Bund! Bei den Selbständigen zahlt der Bund bereits 54,62 Prozent dazu, bei den ASVG-Pensionisten „nur" 21,04 Prozent (da hier Arbeitgeberbeiträge geleistet werden). Bei den Beamten ergibt sich ein Deckungsgrad von rund 60 Prozent durch eigene Beiträge, bei den ÖBB-Pensionistinnen und ÖBB-Pensionisten sind es nur 19,60 Prozent.[23]

Ohne wirksame Maßnahmen ist laut OECD in fünf bis acht Jahren der Staatszuschuss zu den ASVG-Pensionen nicht mehr finanzierbar.[24] Wir müssen daher rasch damit beginnen, Sonderpensionsrechte einzuschränken und, wenn möglich, abzuschaffen, denn diese kosten verglichen mit der Anzahl der Bezieherinnen und Bezieher am meisten Geld.

Aber auch in den „normalen" Pensionssystemen gibt es Privilegien bzw. Sonderrechte. Eines davon ist die „Hacklerregelung", bei der ab 1. Januar 2011 der Nachkauf von Schul- und Studienzeiten verteuert wurde und auch der Kauf von Krankengeld-, Studien-, Schul- und Ausübungsersatzzeiten ab 2014 nicht mehr möglich wird – dadurch werden die „echten Beitragsjahre" aufgewertet. Die Hacklerregelung ist mittlerweile ein Privileg, dass zu zwei Dritteln nicht durch „körperlich von der Arbeit gezeichnete" Menschen in Anspruch genommen wird, sondern von Beamten und Angestellten.

6. Es besteht Handlungsbedarf!

Die geschilderten Zahlen führen eines deutlich vor Augen: Die jungen Menschen werden vom System benachteiligt, auf Dauer kann sich die Rechnung nicht ausgehen. Die Politik muss gegensteuern. Am Sparkurs führt kein Weg vorbei – gerade wenn wir den nachfolgenden Generationen

gen und Zahlen des Hauptverbandes der österreichischen Sozialversicherungsträger zum Berichtsjahr 2010.

23 Vgl. dazu: WIFO: Pensionsprognose, 2010, S. 27.

24 Vgl. dazu die Aussagen des OECD-Länderexperten Christopher Prinz zum Thema ASVG im Ö1-Morgenjournal vom 14. Juni 2010.

nicht die „größte Rechnung aller Zeiten" hinterlassen und sämtlichen politischen Handlungsspielraum nehmen wollen.

6.1 Aber was tun?

Eine langfristige Sicherung unseres Staatshaushalts erfordert neben dem unmittelbaren Stoppen der Ausgabenflut, die durch das Konsolidierungspaket 2011-2014 und die vorangegangene Haushaltsrechtsreform des Bundes bereits erfolgreich eingeleitet wurde, vor allem das Schaffen neuer Regeln für die Haushaltsbeziehungen zwischen den Gebietskörperschaften sowie die Umsetzung der viel zitierten Staats- und Verwaltungsreform.

7. Konsolidierung 2010 – ein Beginn

Ein erster Schritt zur Konsolidierung des Staatshaushaltes war die Haushaltssanierung 2010, das im steirischen Loipersdorf verabschiedete „Konsolidierungspaket 2011-2014". Rein formal ist es gelungen, die Staatsverschuldung und mit ihr die ausufernden Zinsausgaben zu stabilisieren und letztere im Jahr 2011 erstmals seit längerer Zeit sogar leicht zu senken.

Abbildung 4: Zinsvergaben des Bundes in Mio. €

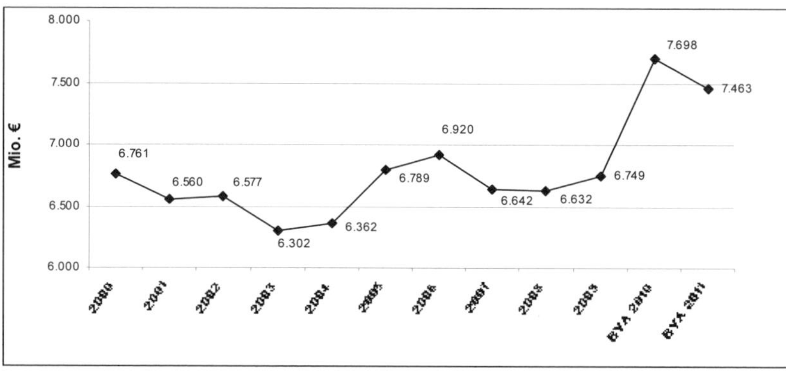

Quelle: Bundesministerium für Finanzen (2010)

Trotz expansiver Fiskalpolitik in den Krisenjahren bleibt die Staatsverschuldung Österreichs dabei auch in den Jahren 2010 und 2011 mit 69,7 Prozent und 71,3 Prozent unter dem EU-Durchschnitt (2010: 79,1 Prozent; 2011: 81,8 Prozent).[25] Das Defizit sinkt voraussichtlich bereits 2012 unter 3 Prozent des BIP und damit ein Jahr früher, als es der Rat der Europäischen Union im Rahmen des Stabilitäts- und Wachstumspakts gefordert hat.

Das Volumen des Konsolidierungspakets erreicht in den Jahren 2011 bis 2014 kumuliert € 14,5 Mrd., wobei über die Jahre exakt zwei Drittel ausgabenseitig und ein Drittel einnahmenseitig lukriert werden. Entgegen allen „Unkenrufen" sind die Belastungen dabei auch sehr breit verteilt und

25 Vgl. dazu: Europäische Kommission: Forecast, 2010.

betreffen daher die gesamte Bevölkerung: So werden etwa im Jahr 2011 mit familienpolitischen Maßnahmen rund € 245 Mio. an Einsparungen erzielt, im Bereich Pensionen sind es € 356 Mio., beim Pflegegeld knapp € 19 Mio., im Gesundheitsbereich € 29 Mio. Im Bereich Förderungen sind hingegen bereits im ersten Jahr fast € 190 Mio. an Kürzungen zu verzeichnen, 2014 werden es bereits € 457 Mio. sein. Ähnlich das Bild bei den Verwaltungskosten: Inklusive der beabsichtigten Änderungen bei diversen Projektvorhaben werden 2011 € 490 Mio. gespart, 2014 wird es fast eine Milliarde Euro sein.

Einnahmenseitig sorgen die Einführung der Stabilitätsabgabe (Bankenabgabe; Volumen im Jahr 2011: € 500 Mio.), der Wertpapier-KEST (Volumen 2011: € 30 Mio., 2014 bereits € 250 Mio.), die Anhebung des Zwischensteuersatzes bei Stiftungen (€ 50 Mio. pro Jahr), die Einführung der Flugticketabgabe (2011: € 60 Mio., in der Folge € 90 pro Jahr), die Erhöhung der Tabaksteuer (€ 100 Mio., danach € 150 Mio. pro Jahr) sowie die Einführung eines CO_2 -Zuschlags bei der Mineralölsteuer (Volumen 2011: € 417 Mio., ab 2012 pro Jahr € 470 Mio.) für eine mehr als gerechte Verteilung innerhalb der verschiedenen Bevölkerungsgruppen.

Die parallel beschlossenen Offensivmaßnahmen nützen letztendlich ebenfalls der breiten Masse: Die Universitäten bekommen pro Jahr um € 80 Mio. mehr, die Forschungsförderung € 100 Mio. Für die thermische Sanierung werden weitere € 100 Mio. pro Jahr zur Verfügung gestellt, der Kassenstrukturfonds mit € 40 Mio. pro Jahr gestärkt.

8. Haushaltsrechtsreform – Vorbild für die Bundesländer

Der Grundgedanke der mit 1. Januar 2013 endgültig und vollinhaltlich in Kraft tretenden Haushaltsrechtsreform besteht darin, einen Zusammenhang zwischen den eingesetzten Ressourcen und den Wirkungen für die Bürgerinnen und Bürger herzustellen. Im Zentrum künftiger Budgets steht nicht nur die Frage, wer wie viel Geld bekommt, sondern mindestens ebenso sehr, welche Wirkungen mit diesen Mitteln erzielt und welche Maßnahmen umgesetzt werden. Das Budget wird damit mehr noch als bisher zu dem zentralen Steuerungsinstrument der Politik.

Zugleich hat die erste Reformetappe, die bereits 2009 in Kraft getreten ist, schon sehr erfreuliche Früchte getragen. Die Einführung gesetzlich verbindlicher mehrjähriger Ausgabenobergrenzen und die Regelung, dass die Ressorts jene Mittel behalten dürfen, die sie nicht ausgeben, haben zu einer deutlich besseren Budgetdisziplin und damit zur Einhaltung der Budgets 2009 und 2010 beigetragen, die trotz sehr widriger internationaler Rahmenbedingungen erreicht werden konnte.

9. Stabilitätspakt NEU

Es wäre natürlich wünschenswert, wenn auch Österreichs Bundesländer und Gemeinden sich dieser „Reform der Budgetregeln" – die im Übrigen im Parlament einstimmig beschlossen wurde – anschließen könnten, sollte doch die Modernisierung des Budgetwesens alle Ebenen unseres Staates umfassen. Wünschenswert wäre es allerdings auch, wenn zwischen den Gebietskörperschaften ein neuer, schlagkräftiger Stabilitätspakt paktiert werden könnte.

Neben der Anpassung der Stabilitätsbeiträge sind hier die Verbesserung des Informationssystems zwischen den Gebietskörperschaften (z.B. durch mittelfristige Haushaltsplanungsmeldungen), die Einführung von rechtlich verbindlichen Haftungsobergrenzen für Bund, Länder und Gemeinden, die zu einer vom Rechnungshof durchaus angeregten Verbesserung des Risiko- und Haftungsmanagements der Gebietskörperschaften führen würden[26] sowie die Neugestaltung des Sanktionssystems (z.B. durch Einbeziehung des Rechnungshofs) wichtige Ziele für einen Stabilitätspakt NEU.

10. Verwaltungsreform

Die in der Öffentlichkeit mit Abstand am häufigsten eingeforderte Reformmaßnahme ist aber mit Sicherheit die Verwaltungsreform.

Eine substantielle Staats- oder Aufgabenreform im föderalistischen System, sprich die völlige Neuordnung der Kompetenzen der Gebietskörperschaften, wäre zwar notwendig, eine Umsetzung ist aber aufgrund der, der Regierungskoalition fehlenden Verfassungsmehrheit derzeit wenig realistisch.

Auch ein großer Wurf bei der Verwaltungsreform ist nicht absehbar. Wohl aber eine Verwaltungsreform der kleinen Schritte.

Abseits der oben ausführlich geschilderten Pensionsproblematik, die durch entsprechende (einfache) Gesetzesänderungen deutlich entschärft werden könnte, besteht in den Bereichen Bildung, Gesundheit und Förderwesen vordringlicher Handlungsbedarf. Zudem könnten die Landes- und Gemeindebeamtenpensionssysteme harmonisiert werden und die ein oder andere staatliche Beteiligung abgestoßen werden. Konkret wären im Zusammenspiel von Bund und Ländern folgende Akzente zu setzen:

10.1 Bildung

- Komplette Trennung der Gesetzgebung (großteils beim Bund konzentriert) und der Vollziehung (alles an die Länder); damit wäre eine einheitliche Schulvollziehung geschaffen
- Abschaffung der Landesschulräte und Einrichtung von Bildungsdirektionen
- Auflösung der Bezirksschulräte; eine eventuelle regionale Untergliederung der Bildungsdirektionen ist von den Ländern zu regeln
- Einführung eines neuen einheitlichen Lehrerdienstrechtes
- echte Schulautonomie bis hin zur Einbindung der Schulleitung bei Personalentscheidungen
- Lehrerfortbildung: gleichwertige pädagogische Ausbildung für Lehrerinnen und Lehrer aller Stufen
- Vereinheitlichung der Schulerhalterkompetenz

Diese Maßnahmen würden kurz- und mittelfristig zwar Mehrkosten verursachen, langfristig aber ein hohes (noch nicht konkret bezifferbares)

26 Vgl. dazu: Österreichischer Rechnungshof: Finanzierungsinstrumente, 2010.

Einsparungspotenzial bringen. Reformen im Bereich der Schulverwaltung dienen vor allem der Effizienzsteigerung, mit der langfristig über Personaleinsparungen (Nicht-Nachbesetzungen) Kosten minimiert werden können.

10.2 Gesundheit

- Neuregelung der Kompetenzen für das Gesundheitswesen
- Angleichung der österreichischen Akutbettendichte an den europäischen Durchschnitt; allerdings wären als Ersatz für die Kapazitätsreduktionen im stationären Bereich die Strukturen und Leistungsangebote im niedergelassenen Bereich zu verstärken

Der Rechnungshof hat dazu ein Umschichtungspotenzial von bis zu € 2,9 Mrd. errechnet.[27] Das WIFO sieht darüber hinaus ein kurzfristiges Einsparungspotenzial in der Höhe von € 300 Mio. pro Jahr, langfristig sogar € 2 bis 2,8 Mrd.[28]

10.3 Förderwesen

- Einrichtung einer Förderprogrammdatenbank über alle Förderungen von Bund und Ländern
- Einrichtung einer Förderwerberdatenbank
- Einrichtung einer zentralen Förderabwicklungsstelle; bisherige Förderstellen machen weiter Zuschlagsentscheidung, aber die Abwicklung (Überweisung, Einzelevaluierung) erfolgt über eine zentrale Förderstelle

Derzeit werden rund € 15,5 Mrd. oder 5,5 Prozent des BIP im Jahr in Österreich an Förderungen vergeben. Damit zählt die Förderungsquote in Österreich im internationalen Vergleich zu den höchsten und ist doppelt so hoch wie im EU-Durchschnitt (2,7 Prozent). Eine generelle Kürzung der Förderungen brächte bereits Einsparungen von bis zu € 850 Mio. pro Jahr (keine Kürzung bei Gesundheit und Forschung & Entwicklung).[29]

10.4 Landes- und Gemeindebeamtenpensionen

- Harmonisierung des Gemeindebeamtenpensionssystems in Wien (Einsparungspotenzial: € 350 Mio.)
- Harmonisierung des Landesbeamten- und des Gemeindebeamtenpensionssystems in Salzburg (Einsparungspotenzial: € 24 Mio.[30])
- Harmonisierung des Landesbeamten- und des Gemeindebeamtenpensionssystems in Tirol (Einsparungspotenzial: € 36 Mio.[31])
- Harmonisierung des Gemeindebeamtenpensionssystems in der Steiermark (Einsparungspotenzial allein in Graz: € 60 Mio.[32])

27 Vgl. dazu: Österreichischer Rechnungshof: Verwaltungsreform II, 2009, S. 51.
28 Vgl. dazu: WIFO: Konsolidierung, 2010, S. 100.
29 Vgl. dazu: WIFO: Konsolidierung, 2010, S. 88f.
30 Vgl. dazu: Arbeitsgruppe Verwaltung NEU: Pensionssysteme, 2010, S. 6.
31 Vgl. dazu: Arbeitsgruppe Verwaltung NEU: Pensionssysteme, 2010, S. 6.
32 Die neue steirische Koalitionsregierung aus SPÖ und ÖVP arbeitet derzeit an der Harmonisierung des steirischen Gemeindebeamtenpensionssystems. Ein

– Harmonisierung des Landesbeamten- und des Gemeindebeamtenpensionssystems in Kärnten (Einsparungspotenzial: € 199 Mio. [33])

10.5 Reform des Finanzausgleichs

Im Paktum zum Finanzausgleichsgesetz 2008 wurde die Einsetzung einer „Arbeitsgruppe zur grundsätzlichen Reform des Finanzausgleichs" vereinbart. Der Gruppe wurden im Dezember 2010 vier vom Bundesministerium für Finanzen beauftragte Studien zur Diskussion vorgelegt.[34] Die Kernfragen, nämlich die verstärkte Konnexität der Aufgaben-, Ausgaben- und Einnahmenverantwortung sowie die Frage einer verstärkten Abgabenautonomie der Länder und Gemeinden sollten in weiterer Folge auch im Mittelpunkt der anstehenden Reformgespräche mit den Gebietskörperschaften stehen.

10.6 Privatisierung

Durch die (Teil-)Privatisierung staatlicher Unternehmen lässt sich – wie unterschiedliche Studien feststellen[35] – jedenfalls ein enormes Einsparungspotenzial auf Ebene des Bundes, der Länder und der Gemeinden erzielen. Selbst die vom Wirtschaftsforschungsinstitut (WIFO) dargestellte Minimalvariante (Rückführung des Staatsanteils auf die „Sperrminorität") ließe Einnahmen in Milliardenhöhe erwarten.[36]

Tabelle 2: Privatisierungspotenzial in Österreich laut WIFO-Budgetstudie (Februar 2010)

Privatisierung/ Unternehmen	***Minimalvariante*** *(in Mio. €)*	***Maximalvariante*** *(in Mio. €)*
OMV	516	516
Telekom Austria	178,7	178,7
Post AG	364,9	364,9
Energieversorgungsunternehmen (EVUs)	3.232,8	14.442,4
davon Verbund	*103,6*	*2.692,4*
davon EVUs der Länder	*3.129,2*	*11.750*
BIG	1.165,5	3.496,6
Bundesforste	2.136,8	6.410,3
Gesamt	**7.594,7**	**25.408,9**

Quelle: WIFO: Konsolidierung, 2010, S. 134

entsprechender Landtagsbeschluss war für das 1. Halbjahr 2011 angekündigt.

33 Vgl. dazu: Arbeitsgruppe Verwaltung NEU: Pensionssysteme, 2010, S. 6. Kärnten hat im Herbst 2010 einen ersten Schritt zu einer Harmonisierung getan, das vom Rechnungshof errechnete Einsparungsvolumen wird allerdings nicht erreicht.

34 Vgl. dazu die Zusammenfassung in: Bröthaler u.a.: Reform, 2011.

35 Vgl. dazu: WIFO: Konsolidierung, 2010, S. 127ff. Economica Institut für Wirtschaftsforschung: Privatisierungspotenziale, 2010.

36 Vgl. dazu: WIFO: Konsolidierung, 2010, S. 134.

11. Wie weiter?

Die geschilderten Reformmöglichkeiten und die aufgezeigten Einsparungspotenziale zeigen eines deutlich: Es mangelt in Österreich *nicht* an der Kompetenz der Problemanalyse. Es mangelt auch nicht an der Kompetenz, Lösungen für aufgezeigte Probleme zu kreieren. Es mangelt in unserem Land schlicht am Willen zur Umsetzung.

Viele Versuche einer Strukturreform sind in den vergangenen Jahren unternommen worden. Es hat von 2003 bis 2005 den großen Österreich-Konvent unter der Regierung Schüssel gegeben und in den Jahren 2007 und 2008 unter der Regierung Gusenbauer die „Expertengruppe für Staats- und Verwaltungsreform".

Nunmehr tagt seit Februar 2009 unter Vorsitz von Bundeskanzler Faymann und Vizekanzler Pröll die „Arbeitsgruppe zur Erarbeitung von Konsolidierungsmaßnahmen". Wie ihre Vorgängerformate hat auch diese Gruppe – unter tatkräftiger Mithilfe von Expertinnen und Experten von Rechnungshof, WIFO, IHS und KDZ – schon viele produktive Reformvorschläge an Bund, Länder und Gemeinden gerichtet.

Für alle Gebietskörperschaften sollte die Zeit der Umsetzung gekommen sein.

Angelika FLATZ

Risikopotenziale im strategischen Personalmanagement des Bundes

Wie die demografische Entwicklung vom Risiko- zum Erfolgspotenzial werden kann[1]

1. Die Demografische Entwicklung

Der Prozess einer immer älter werdenden Gesellschaft stellt nicht nur die sozialen Sicherungssysteme vor große Herausforderungen, sondern auch die öffentlichen Dienste müssen sich fragen, wie sie mit einem steigenden Anteil älterer Mitarbeiterinnen und Mitarbeiter sowie einer sinkenden Anzahl an nachrückenden jungen Mitarbeiterinnen und Mitarbeitern den steigenden Anforderungen an Effizienz und Innovation gerecht werden können. Insbesondere die Arbeits- und Personalpolitik hat Raum für das dafür notwendige Personalmanagement zu gewährleisten.

Es steht fest, dass gerade der demografische Wandel, der sich in den Mitgliedstaaten der Europäischen Union in unterschiedlicher Intensität vollzieht und der sich in den nächsten Jahren noch beschleunigen wird, die Rahmenbedingungen für die öffentlichen Dienste erheblich verändern wird.

1.1 Europas Bevölkerung altert und schrumpft

Es wird prognostiziert, dass die Bevölkerung der EU-27 von *495 Mio. im Jahr 2008* auf *521 Mio. im Jahr 2035* ansteigen und anschließend bis zum *Jahr 2060 schrittweise wieder auf 506 Mio.* zurückgehen wird. Der Anteil der älteren Menschen (65 Jahre und älter) wird von 17,1 Prozent im Jahr 2008 auf 30,0 Prozent im Jahr 2060 steigen.

Es wird weiters angenommen, dass die einzelnen Mitgliedstaaten erhebliche Unterschiede aufweisen werden. Zwischen 2008 und 2060 wird für *13 Mitgliedstaaten ein Bevölkerungsanstieg* und für *14 Mitgliedstaaten ein Bevölkerungsrückgang* vorausgesagt.

Das größte Bevölkerungswachstum wird in Zypern (+66 Prozent), Irland (+53 Prozent), Luxemburg (+52 Prozent), dem Vereinigten Königreich (+25 Prozent) und Schweden (+18 Prozent) und die stärksten Rückgänge in Bulgarien (-28 Prozent), Lettland (-26 Prozent), Litauen (-24 Prozent), Rumänien (-21 Prozent) und Polen (-18 Prozent) erwartet. 2060 werden voraussichtlich das Vereinigte Königreich (77 Mio.), Frankreich (72 Mio.), Deutschland (71 Mio.), Italien (59 Mio.) und Spanien (52 Mio.) die Mitgliedstaaten mit den höchsten Bevölkerungszahlen sein.[2]

---

1 Dieser Beitrag wurde von Angelika Flatz als Referat im Rahmen der „Jahrestagung Interne Revision" am 21.10.2010 im Schloss Laudon gehalten.

2 Vgl. dazu: Eurostat: Bevölkerungsprojektionen, 2008.

Die wesentlichste Veränderung betrifft die Bevölkerung im arbeitsfähigen Alter (15 bis 64 Jahre), die bis 2050 um *48 Mio.* zurückgehen wird. Das heißt, nicht mehr vier Personen im arbeitsfähigen Alter kommen auf jede/n Mitbürger/in im Alter von „65 plus Jahren", sondern nur noch zwei Personen.[3]

1.2 Österreichs Bevölkerung ergraut und wächst

Nach den Ergebnissen der neuesten Prognose der Statistik Austria wird die Bevölkerung in Österreich auch in Zukunft weiterhin stark wachsen und zwar bis *2030 auf 9 Mio.* und danach auf *9,5 Mio. im Jahr 2050.* Die Altersstruktur verschiebt sich deutlich hin zu den älteren Menschen. Stehen derzeit 23 Prozent der Bevölkerung im Alter von 60 und mehr Jahren, so werden es mittelfristig (2020) rund 26 Prozent sein, langfristig (ca. ab 2030) sogar mehr als 30 Prozent. Die Absolutzahl der über 75jährigen Menschen steigt bis 2030 von derzeit 662.000 auf über 1 Mio. an.

Die stärksten Bevölkerungszunahmen haben, bedingt durch die Zuwanderung, die Bundesländer Wien und Niederösterreich zu erwarten. In den beiden westlichsten Bundesländern Vorarlberg und Tirol sowie im Burgenland wächst die Bevölkerungszahl ähnlich stark wie im Bundestrend. In Oberösterreich, Salzburg und in der Steiermark fällt das Bevölkerungswachstum unterdurchschnittlich stark aus. Nur im südlichsten Bundesland Kärnten stagniert die Bevölkerungszahl und dürfte künftig sogar geringfügig unter dem derzeitigen Niveau liegen. Der Alterungsprozess wird im Wesentlichen alle Bundesländer betreffen, allerdings mit unterschiedlicher Intensität. Wien wird sich in Zukunft zum demografisch jüngsten Bundesland Österreichs entwickeln.[4]

2. Die Demografische Entwicklung im Bundesdienst

Seit 1995 ist das *Durchschnittsalter der Bundesbediensteten von 40,5 auf 44,6 Jahre* im Jahr 2009 gestiegen. Besonders deutlich, nämlich um 3,9 Jahre, war der Anstieg des Durchschnittsalters der weiblichen Bediensteten. Der durchschnittliche männliche Bedienstete ist im gleichen Zeitraum um 2,6 Jahre älter. Mit Ausnahme des Jahres 2004 (Ausgliederung der Universitäten) erfolgt diese Entwicklung kontinuierlich. Der Anteil der *„45-plus Mitarbeiterinnen und Mitarbeiter"* ist *seit 1995* von *35,1 Prozent* auf *50,2 Prozent* gestiegen.[5]

2.1 Die Altersstruktur des Bundespersonals

Die Besetzung der jungen Jahrgänge, etwa der unter 30jährigen, ist derzeit nur etwa halb so stark wie 1995.

1995 waren die am stärksten besetzten Jahrgänge 32 bis 34 Jahre alt. Heute sind dieselben Jahrgänge 47 bis 49 Jahre alt und nach wie vor die im Bundesdienst zahlenmäßig stärksten.

3 Vgl. dazu: Bundesministerium des Inneren (Hrsg.): Wandel, 2007.
4 Vgl. dazu: Statistik Austria: Bevölkerungsprognosen, 2010.
5 Vgl. dazu: Bundeskanzleramt (Hrsg.): Personal, 2010, S. 42.

Diese Entwicklung ist vor allem eine Folge der restriktiven Aufnahmepolitik der letzten Jahre. Dazu kommt, dass das *Pensionsantrittsalter* im Vergleich zu 1995 um rund 4,1 Jahre gestiegen ist. Weiters haben die Bestrebungen, bei Neuaufnahmen eine höhere Qualifikation vorauszusetzen, dazu geführt, dass Berufseinsteigerinnen und Berufseinsteiger im Bundesdienst heute tendenziell älter sind als früher.[6]

Abbildung 1: Die Altersstruktur 1995 und 2009

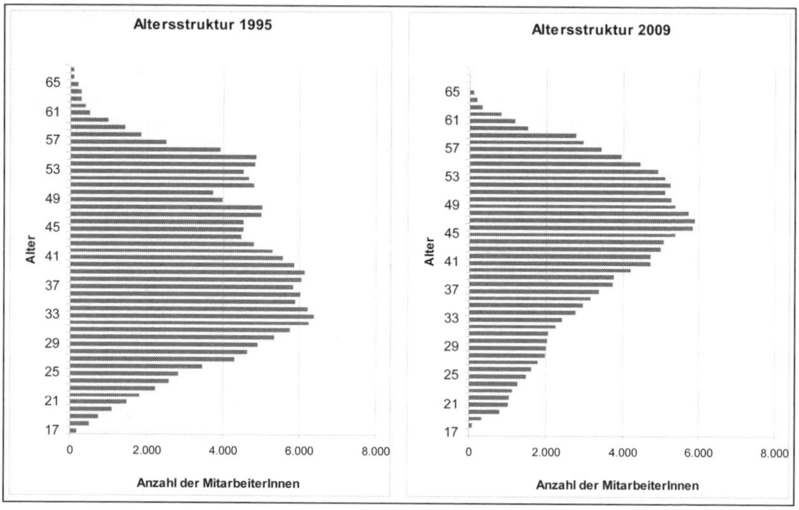

Quelle: Bundeskanzleramt (Hrsg.): Personal, 2010, S. 43

2.2 Konzentrierte Altersverteilung im Bund am Beispiel der Exekutive und der Lehrerinnen und Lehrer

Konzentrationsmaß Exekutive

Tabelle 1: Exekutivdienst

Durchschnittsalter	42,1
Konzentrationsmaß	53,1% der Bediensteten in 14 Kohorten (36-49 Jahre)
Anteil der über 45jährigen	42,3%

Quelle: Bundeskanzleramt (Hrsg.): Personal, 2010, S. 24-26

Das Konzentrationsmaß zeigt, dass der „Hauptteil" des Exekutivdienstes deutlich jünger ist als in anderen Berufsgruppen. Zwischen Frauen und Männern herrscht ein deutliches Ungleichgewicht, welches sich aber im Laufe der Zeit weiter zu Gunsten der Frauen ändern dürfte. Es zeigt sich, dass in den ganz jungen Jahrgängen (19-22 Jahre) die Frauen sogar überwiegen. Wie auch in den anderen Ressorts und Berufsgruppen sind die 44 bis 46jährigen besonders stark vertreten.

6 Vgl. dazu: Bundeskanzleramt (Hrsg.): Personal, 2010, S. 44.

Konzentrationsmaß Lehrerinnen und Lehrer

Tabelle 2: Lehrerinnen und Lehrer

Durchschnittsalter	46,2
Konzentrationsmaß	51,9% der Bediensteten in 13 Kohorten (43-45 Jahre)
Anteil der über 45jährigen	60,4%

Quelle: Bundeskanzleramt (Hrsg.): Personal, 2010, S. 26-27

Die Lehrerinnen und Lehrer sind unter den großen Berufsgruppen jene mit dem höchsten Durchschnittsalter (46,2 Jahre). Der Altersaufbau deutet darauf hin, dass es, nachdem die starken Jahrgänge der heute über 45jährigen in Pension gegangen sein werden, zu Engpässen kommen könnte. Selbstverständlich ist beim Lehrerbedarf auch die zu erwartende Schülerzahl zu berücksichtigen. Obwohl die Geburtenrate in Österreich derzeit niedrig ist, ist zu bedenken, dass der Anteil der Schülerinnen und Schüler, die nach der Volksschule höhere Schulen besuchen, nach wie vor steigt.

Die Alterspyramide der Lehrerinnen und Lehrer[7] zeigt deutlicher als jene anderer Berufsgruppen, dass Aufnahmen in das öffentlich-rechtliche Dienstverhältnis in Berufsgruppen mit vertraglicher Alternative kaum mehr vorkommen. Bei den über 50jährigen Lehrerinnen und Lehrern dominieren die Beamtinnen und Beamten bei weitem, während sie bei den unter 40jährigen praktisch nicht mehr vorkommen.[8]

Handlungsbedarf ist angesichts der Tatsache angezeigt, dass rund die Hälfte der derzeit beschäftigten Lehrerinnen und Lehrer bis 2020 in den Ruhestand treten wird. Auch aus Gründen der Budgetkonsolidierung ist nun der richtige Zeitpunkt gekommen, konkrete Überlegungen zu einem neuen Dienstrecht der Lehrerinnen und Lehrer anzustellen. Diese Überlegungen sollten eine Reform der Ausbildung und ihrer Inhalte umfassen.

2.3 Die Anzahl der Bundespensionen

Im Dezember 2009 betrug die Anzahl der Bundespensionen *93.278*. Diese Zahl setzt sich aus 64.568 Eigenpensionen, 26.824 Witwen- und Witwerpensionen, 1.794 Waisenpensionen und 92 sonstigen Pensionen zusammen.

2.4 Das Pensionsantrittsalter

Bundesbeamtinnen und Bundesbeamten traten 2009 mit durchschnittlich *60,5 Jahren* in den Ruhestand. Im Vergleich zum Vorjahr hat sich das Pensionsantrittsalter abermals erhöht, und zwar um *0,4 Jahre*. Es liegt nunmehr um *2,5 Jahre* über jenem der Privatwirtschaft.

Das Antrittsalter aufgrund von Pensionierungen nach dem Erreichen des gesetzlichen Antrittsalters ist um 0,4 Jahre gesunken. Die Pensionierung aufgrund von Dienstunfähigkeit fand im Durchschnitt um 0,3 Jahre

7 Vgl. dazu: Bundeskanzleramt (Hrsg.): Altersstruktur, 2007, S. 25.
8 Vgl. dazu: Bundeskanzleramt (Hrsg.): Altersstruktur, 2007, S. 21f.

früher statt als 2008. Der vorzeitige Ruhestand wurde – wie bereits im Vorjahr – mit 60,7 Jahren angetreten.

Ein Vergleich des durchschnittlichen Pensionsantrittsalters der Bundesbeamtinnen und Bundesbeamten mit dem der unselbständig beschäftigten ASVG-Versicherten zeigt, dass Bundesbeamtinnen und Bundesbeamten später die Pension antreten. Das Antrittsalter im ASVG-Bereich liegt für die Alterspension bei 60,8 Jahren. Dem Begriff „Alterspension" entspricht im Bundesbereich die Summe aus „Pensionierung nach Erreichen des gesetzlichen Antrittsalters" und „vorzeitigem Ruhestand". Das durchschnittliche Antrittsalter dieser Personengruppe liegt bei 61,8 Jahren, also um 1,0 Jahre höher.[9]

2.5 Die Pensionsprognose

Die jährlichen Pensionierungen werden mit Ausnahme der Berufsgruppe der Richterinnen und Richter sowie Staatsanwältinnen und Staatsanwälte im Prognosezeitraum in allen Bereichen ansteigen. Besonders deutlich wird diese Entwicklung im Lehrerbereich des Bundesministeriums für Unterricht, Kunst und Kultur stattfinden. Die Anzahl der Pensionierungen dürfte sich hier von 2007 auf 2020 verdreifachen. In den übrigen Berufsgruppen des Bundesdienstes wird sich die Anzahl der jährlichen Pensionierungen „nur" verdoppeln von derzeit rund 3.000 auf über 5.000 Personen.[10]

3. Die Entwicklung des Bundespersonalstandes

Der Personalstand des Bundes wurde seit 1997 kontinuierlich reduziert. Insbesondere die Berufsgruppe des allgemeinen Verwaltungsdienstes wurde deutlich verkleinert, während in den Bereichen Bildung und Sicherheit die Personalstände auf annähernd gleichem Niveau gehalten wurden.

Seit 1999 ist der Personalstand des Bundes um rund 33.000 Bedienstete gesunken. Zum Teil haben Ausgliederungen den Personalstand verringert (-23.470Personen), zum Teil wurde in nicht ausgegliederten Dienststellen der Personalstand reduziert (-9.705 Personen). Nachdem diese Einsparungen ohne eine Verringerung der Qualität und des Umfangs der Leistungen erreicht wurden, kann von einer beträchtlichen Effizienzsteigerung gesprochen werden.[11] Die Zentralstellen beschäftigen 6,9 Prozent der im öffentlichen Dienst beschäftigten Personen. Rund 92 Prozent sind im nachgeordneten Bereich und 0,8 Prozent bei den obersten Organen beschäftigt.

Nach wie vor ist der öffentliche Dienst der mit Abstand größte Arbeitgeber in Österreich. Von den rund 350.000 Vollbeschäftigungsäquivalenten in Bund, Ländern und Gemeinden entfallen knapp 133.000 auf den Bundesdienst.

9 Vgl. dazu: Bundeskanzleramt (Hrsg.): Personal, 2010, S. 57.
10 Vgl. dazu: Bundeskanzleramt (Hrsg.): Altersstruktur, 2007, S. 55ff.
11 Vgl. dazu: Bundeskanzleramt (Hrsg.): Personal, 2010, S. 42.

Abbildung 2: Personalstände 1997-2009

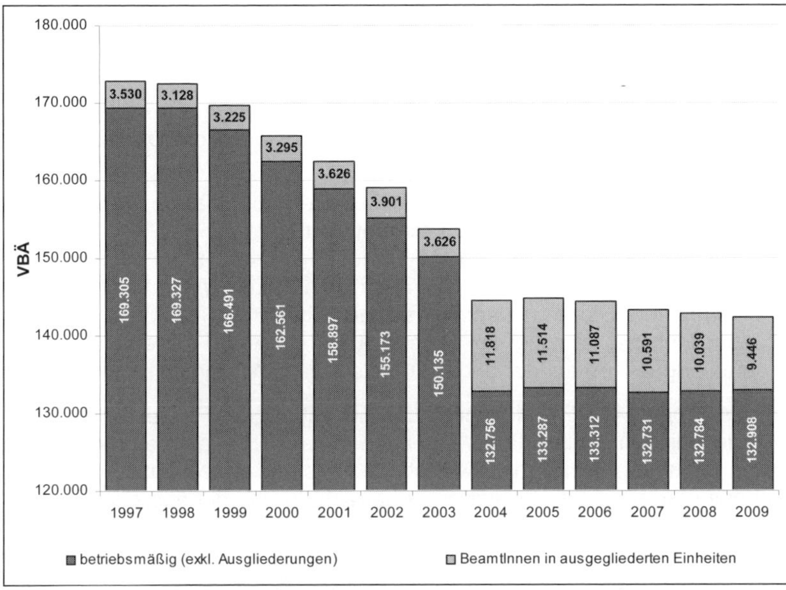

Quelle: Bundeskanzleramt (Hrsg.): Personal, 2010, S. 41

Zusammenfassend kann für den Bundesdienst festgehalten werden, dass der Personalstand seit zehn Jahren kontinuierlich sinkt und das aktive Personal zunehmend älter wird. Nunmehr anstehende große Pensionierungswellen stellen in bestimmten Bereichen eine große zusätzliche Herausforderung für das Personalmanagement dar. Handlungsbedarf und Steuerungsmöglichkeiten bestehen insbesondere in den im Folgenden dargestellten Handlungsfeldern.

4. Risiko Demografie oder Chance zur Weiterentwicklung

Der budgetäre Druck, der auf allen Mitgliedstaaten der Europäischen Union unter anderem aufgrund der steigenden Nachfrage nach Dienstleistungen einer immer älter werdenden Gesellschaft lastet, zwingt die öffentlichen Dienste mit weniger Personal noch effizienter zu arbeiten. *„Doing more with less"* lautet die Devise auch in Zukunft.

Die Schwerpunkte der nachgefragten öffentlichen Dienstleistungen werden sich voraussichtlich zunehmend auf die Bereiche *Gesundheit, Soziales, Bildung, Ver- und Entsorgung, Verkehr und Umwelt* verlagern. Das stellt nicht nur eine Herausforderung für die öffentlichen Haushalte, sondern für die gesamte Verwaltungsorganisation und insbesondere auch für das Personalmanagement dar.

Nach Auffassung der OECD wird aufgrund des verstärkten Personalbedarfs im sozialen Sektor eine Neuverteilung der Ressourcen über alle

Sektoren hinweg notwendig werden.[12] Das heißt, der öffentliche Dienst muss zukünftig deutlich mehr Mobilität gewährleisten.

4.1 Das Handlungsfeld Mobilität

Nicht nur die Durchlässigkeit zwischen öffentlichem und privatem Sektor ist nach wie vor verbesserungswürdig, sondern auch die Durchlässigkeit innerhalb des öffentlichen Dienstes.

- Mehr Mobilität ist nötig, um Mitarbeiterinnen und Mitarbeiter neue Perspektiven zu eröffnen und, um sie motiviert zu halten.
- Mehr Mobilität ist nötig, um Mitarbeiterinnen und Mitarbeiter auf Arbeitsplätze zu bringen, wo sie auch in höherem Alter leistungsfähig sein und ihre Erfahrung ideal einsetzen können.
- Mehr Mobilität ist nötig, um Personalüberhänge auf der einen mit Personalengpässen auf der anderen Seite kompensieren zu können.

Das *Projekt AEPEA* „Administrative Entlastung der Polizei für den exekutivdienstlichen Außendienst" stellt in diesem Zusammenhang einen ersten wichtigen Schritt dar. Anstatt Bedienstete als zu teuer, unflexibel und mitunter als nicht einsetzbar zu betrachten und sie aus dem Arbeitsleben zu drängen oder in Jobcenter abzuschieben, soll das vorhandene Potenzial genützt und dorthin verlagert werden, wo Bedarf und Einsatzmöglichkeiten bestehen. Das Projekt AEPEA, das Post- und Telekombediensteten neue Perspektiven im Bundesdienst eröffnet, ermutigt zu weiteren diesbezüglichen Initiativen.

Im Zusammenhang mit der Mobilitätsförderung birgt auch die *Jobbörse des Bundes* noch zusätzliches Potenzial. Der Ausbau dieser Mobilitätsplattform wurde von der Sektion III des Bundeskanzleramtes bereits in Angriff genommen und soll noch 2011 abgeschlossen werden. Dass nicht die Mitarbeiterinnen und Mitarbeiter das Problem sind, zeigt insbesondere auch das große Interesse an der im Rahmen der Jobbörse jüngst ins Leben gerufenen *Karrieredatenbank*, die es veränderungswilligen Bundesbediensteten ermöglicht, ihre Karriere selbst proaktiv zu gestalten. Personalverantwortliche können auf diese Datenbank zugreifen, die einzelnen Mitarbeiterprofile einsehen und mit den veränderungswilligen Kandidatinnen und Kandidaten in Kontakt treten.

Unser aller gemeinsames Ziel muss es sein, einen offenen und *transparenten verwaltungsinternen Arbeitsmarkt* zu schaffen, damit die öffentlich Bediensteten die Perspektive haben, in ihrem Arbeitsleben mehr als eine Karriere zu verwirklichen. In diesem Zusammenhang benötigen wir eine strategische Personalentwicklung mit dem Fokus auf individuelle Karriereplanungen.

12 Vgl. dazu: Bundesministerium des Inneren (Hrsg.): Wandel, 2007.

4.2 Das Handlungsfeld Recruiting

Neuaufnahmen werden aus Einsparungsgründen wohl auch in Zukunft eher restriktiv gehandhabt werden. Gleichzeitig wird ein sinkendes Angebot an jungen qualifizierten Mitarbeiterinnen und Mitarbeitern auf dem Arbeitsmarkt prognostiziert. Ab 2015 soll es in Österreich erstmals weniger potenzielle Berufseinsteigerinnen und Berufseinsteiger (15-20jährige) als potenzielle Pensionsantritte (60-65jährige) geben. Diese Schere soll sich in Folge noch erweitern. Für den Bund wird es daher notwendig sein, stärker im Segment älterer, erfahrener Arbeitnehmerinnen und Arbeitnehmer zu „fischen“ – in direkter Konkurrenz zum privaten Arbeitsmarkt.

Die *Rekrutierung* wird vor diesem Hintergrund zu einem *Schlüsselfaktor* und der Wettbewerb um den besten Nachwuchs wird auf dem Arbeitsmarkt jedenfalls auch für den öffentlichen Dienst eine Herausforderung werden.

Die Tatsache, dass Mitarbeiterinnen und Mitarbeiter nach wie vor in den Bundesdienst kommen, um ihr Arbeitsleben länger hier zu verbringen, bedeutet, dass Fehler in der Personalauswahl im öffentlichen Dienst kaum korrigierbar sind.

Welche Rekrutierungschancen der öffentliche Dienst bei jüngeren Qualifizierten in Zukunft hat, hängt stark von seiner *Attraktivität als Arbeitgeber* ab. Mehrere Karrieren innerhalb des öffentlichen Dienstes und innerhalb eines Arbeitslebens zu ermöglichen, ist dabei ein wichtiges Ziel. Nachweislich ist die Arbeitsplatzsicherheit ein Asset. Wichtig für potenzielle Bewerberinnen und Bewerber sind auch die Gestaltungsmöglichkeiten, die sie auf den künftigen Arbeitsplätzen haben.

Ein *Recruiting- und Testcenter*, das derzeit im Rahmen einer interministeriellen Arbeitsgruppe unter der Federführung der Sektion III des Bundeskanzleramtes konzipiert wird, ist ein Schritt in die richtige Richtung. Es soll die Ressorts zukünftig dabei unterstützen, ihr Recruiting zu professionalisieren, zu standardisieren und gleichzeitig auch die Personalabteilungen zu entlasten. Um die Attraktivität des Bundes als Dienstgeber zu erhöhen, wird es unumgänglich sein, eine ganzheitliche Strategie zu entwickeln.

4.3 Das Handlungsfeld Ageing Workforce

Der öffentliche Dienst hat sich nicht nur auf den Wettbewerb mit der Privatwirtschaft um qualifizierte Nachwuchskräfte einzustellen, sondern im zumindest gleichen Ausmaß auch auf die Erhaltung und Stärkung der Leistungsfähigkeit, Lern- und Leistungsbereitschaft der bereits vorhandenen, erfahrenen und damit immer älter werdenden Belegschaft zu konzentrieren.

Betriebliche Gesundheitsprogramme, die sich mittlerweile zunehmend entwickeln, sind ein wichtiges Thema, weil wir definitiv nicht umhin können, die Mitarbeiterinnen und Mitarbeiter länger im Arbeitsprozess zu halten.

Ernsthaft und damit nachhaltig betriebene Gesundheitsprävention dient nicht nur der Reduktion von Krankenstandstagen, sondern vielmehr der

Produktivitätssteigerung und der Erhaltung der Leistungsfähigkeit der Bediensteten.

Das Thema der *altersgerechten Arbeitsplätze*, das im öffentlichen Bereich noch weitgehend unbearbeitet ist, wird uns vermehrt beschäftigen.

Führungskräfte sind gefordert, auf die Bedürfnisse einer mehrheitlich älteren Belegschaft einzugehen. Die Mitarbeiterinnen und Mitarbeiter wiederum werden erkennen, dass *Qualifizierung und Lernen* nicht nur ein Thema der Jugend ist, sondern ein Thema, das sie ihr ganzes Berufsleben hindurch begleitet und ein Teil ihres Arbeitsprozesses ist.

4.4 Das Handlungsfeld Wissensmanagement

Die bevorstehende Pensionierungswelle im öffentlichen Dienst schafft Chancen und Risiken. Einerseits eröffnet sie die Möglichkeit, den Bestand und die Qualifikation aufzufrischen und andererseits ermöglicht sie es, das Personal auf die einzelnen Bereiche bedarfsgerecht zu verteilen.

Eine Herausforderung stellt es jedoch dar, den Wegfall von Kernkompetenzen zu verhindern und vor allem den *Wissenstransfer* zu gewährleisten.

Der bewusste *Einsatz von altersgemischten Teams* macht dort Sinn, wo neues Wissen auf der einen Seite mit Erfahrung und fachspezifische Kompetenz auf der anderen Seite verbunden werden kann. Die traditionelle Zug-um-Zug-Nachbesetzung ist in diesem Zusammenhang ein besonderes Risiko.

Aktives Erfahrungs- und Wissensmanagement ist strukturiert zu etablieren, damit nicht durch Pensionierungen ganzer Alterskohorten oder durch das Instrument des Vorruhestandes die Erfahrungsbestände ganzer Verwaltungsbereiche verloren gehen. *Mentoringprojekte, Lernpartnerschaften und Wissensdatenbanken wie beispielsweise das „DiReSy“* (Online Dienstrechtssystem) können helfen, das Wissen einer Organisation verfügbar zu halten.

Halten wir uns vor Augen, dass es nicht nur um Fachwissen geht, es geht auch um Wissen über persönliche Netzwerke, um Wissen über Arbeits- und Entscheidungsprozesse und über informelle Abläufe. Dieses Wissen gewährleistet den Erhalt der Produktivität, den Erhalt des Qualitätsniveaus im Interesse der uns übertragenen Aufgaben und schlussendlich im Interesse eines funktionierenden Rechtsstaates.

4.5 Das Handlungsfeld Diversity Management

Die *gesellschaftliche Integration von Migrantinnen und Migranten* findet über ihre Teilhabe an gesellschaftlichen, politischen und ökonomischen Prozessen statt, so auch über ihre Teilhabe am Arbeitsmarkt. Dafür ist der gleichberechtigte Zugang zu den Leistungen des öffentlichen Dienstes eine notwendige Voraussetzung. Allerdings stellt der Staatsbürgerschaftsvorbehalt immer noch eine Barriere dar.

Können öffentliche Verwaltungen ihrem Auftrag besser nachkommen, wenn ihre Beschäftigten ein repräsentatives Abbild der Gesellschaft darstellen? Ein pragmatischer Beweggrund für öffentliche Verwaltungen in

Europa, *Diversity Management* einzuführen, war ohne Zweifel der Mangel an Fachkräften.

Erste Ansätze in diese Richtung stellen beispielsweise das Migrantenprojekt der Wiener Polizei „*Wien braucht dich*“ oder der muttersprachliche Zusatzunterricht in Wiener Schulen dar.

4.6 Das Handlungsfeld Gender Equality

Die *Erwerbsbeteiligung von Frauen* ist in Österreich seit Mitte der 1980er Jahre deutlich gestiegen. Lag der Anteil der Frauen, die erwerbstätig waren im Jahr 1984 noch bei 49,4 Prozent, standen 2008 65,8 Prozent der Frauen im Erwerbsleben. Dieser Wert ist im europäischen Vergleich durchaus beachtlich – nur in fünf Ländern ist die Frauenerwerbsquote höher. Länder wie beispielsweise Schweden (72 Prozent) zeigen aber, dass noch mehr möglich ist.

Die *Erwerbsbeteiligung der Männer* ist im gleichen Zeitraum relativ konstant geblieben und betrug 2008 78,5 Prozent. Bei Frauen ist nach wie vor ein Aufholprozess im Gange, im Vergleich zu 2007 ist die Frauenerwerbsquote um 1,4 Prozent angestiegen. Allerdings ist in Österreich die Teilbeschäftigung unter Frauen sehr hoch, Das heißt, ihr wahrer Anteil an der Arbeitskapazität liegt deutlich unter 65,8 Prozent.

Mädchen schließen heute ihre schulische Ausbildung im Durchschnitt mit besseren Ergebnissen ab als Jungen. Sie besuchen häufiger Realschulen und Gymnasien und haben eine geringere Quote an Klassenwiederholungen. Sie erwerben deutlich häufiger die allgemeine Hochschulreife. Diesen Vorsprung verlieren sie mit dem Übergang in die berufliche Ausbildung und von dort in die Erwerbstätigkeit. Immer noch ist der Ausbildungsmarkt stark nach Geschlechtern getrennt.

Wie kann eine gleichberechtigte Teilhabe als Voraussetzung für *materiale Chancengleichheit* vor dem Hintergrund unfreiwilliger Nichterwerbstätigkeit und erzwungener Teilzeitarbeit für Mütter hergestellt und organisiert werden? Das ist die aktuelle Herausforderung für die Politik und schlussendlich für uns Ressourcenverantwortliche.

Dem Trend entsprechend steigt auch im Bundespersonal der Frauenanteil kontinuierlich. Im Jahr 2009 lag er bei 39,8 Prozent. Bei den Vertragsbediensteten erreichte der Anteil 60,6 Prozent, bei den Beamtinnen 26,0 Prozent. Der stärkste Anstieg des Frauenanteils ist in der Qualifikationsgruppe der Akademikerinnen und Akademiker und dabei in der Berufsgruppe der Richterinnen und Richter sowie der Staatsanwältinnen und Staatsanwälte zu verzeichnen.[13]

Im Bereich der Frauenförderung und Gleichstellung ist der Bund Vorbild. Viele neue Maßnahmen und Projekte konnten gerade in den letzten Jahren erfolgreich implementiert werden. Im Bereich der weiblichen Führungskräfte sind noch weitere Anstrengungen notwendig. Erfreulich ist in diesem Zusammenhang, dass sich die Ressorts im Rahmen des Gender-Controllings erstmals konkrete Ziele gesetzt haben und diese auch verfol-

13 Vgl. dazu: Bundeskanzleramt (Hrsg.): Personal, 2010, S. 46f.

gen. Die *Gender-Controllingberichte* werden regelmäßig dem Ministerrat vorgelegt.

5. Resümee

Gerade in Zeiten immer knapper werdender Budgetmittel, die in den Ressorts auf die Personalstandssituation durchschlagen und den großen demografiebedingten Veränderungen, die uns sowohl gesellschaftlich als auch innerbetrieblich bevorstehen, braucht es ein gemeinsames Verständnis für die Risiken und Chancen, um gemeinsam Gesamtstrategien im Interesse einer leistungsfähigen, innovativen Verwaltung entwickeln zu können. Das Personalmanagement stellt in diesem Innovationsprozess zweifellos einen Schlüsselfaktor dar.

Demografieorientiertes Personalmanagement darf aber nicht nur ein Ziel bleiben, sondern es gilt, entsprechende Strategien zu entwickeln, Konsequenzen abzuleiten und Maßnahmen in den oben angeführten Handlungsfeldern zu setzen.

Es braucht überdies eine Führungsphilosophie, welche die Verschiedenheit der Mitarbeiterinnen und Mitarbeiter berücksichtigt. Dieser notwendige Wandel in der Führungs- und Unternehmenskultur in Richtung Wertschätzung der Vielfalt braucht natürlich Zeit. Umso rascher allerdings erkannt wird, dass „jüngere Mitarbeiterinnen und Mitarbeiter mitunter schneller laufen, ihre älteren Kolleginnen und Kollegen allerdings die richtigen Abkürzungen kennen“, desto eher haben wir die Möglichkeit, die Chancen, die sich durch die demografischen Veränderungen bieten, erfolgswirksam zu nützen.

Erich WOLNY, Christoph ANDLINGER

Strategisches Management am Beispiel von Verwaltungsreformschritten der Stadt Linz

1. Strategische Ausrichtung

Das Handeln des Magistratsmanagements der Landeshauptstadt Linz orientiert sich grundsätzlich an Zielen und Prozessen, die sich in *unterschiedlichen „strategischen" Papieren* finden. Chronologisch gereiht – beginnend ab 1990 – lassen sich exemplarisch folgende nennen:

- Sozialprogramm
- Nachhaltige Stadtentwicklung
- Wirtschaftskonzept der Stadt Linz
- Kulturentwicklungsplan
- Verkehrsleitbild und Verkehrsstrategie
- Mittelfristige Finanzplanung
- Frauenförderungs- und Gleichstellungsprogramm

Diese Programme wurden partiell bereits evaluiert und an neue Herausforderungen adaptiert. So wird beispielsweise im November 2011 ein aktualisiertes Sozialprogramm dem Linzer Gemeinderat zur Beschlussfassung vorgelegt werden.

Neben programmatischen Papieren finden sich noch spezifische Aktivitäten mit strategischer Relevanz. Besonders spannend war das Projekt *„Linz 21"*, welches in Kooperation mit namhaften Vertreterinnen und Vertretern aus Politik, Wirtschaft und Wissenschaft die Entwicklung von Zukunftsszenarien für Linz zum Thema hatte. Diese dienten einerseits zur Deskription der Ausgangslage, andererseits wurden wertvolle Grundlagen zur Weiterentwicklung für verschiedene Bereiche geschaffen.

Für die Verwaltung von besonderer Bedeutung sind gemeinsame *jährliche Strategiesitzungen* mit Gemeinderatsfraktionen sowie über Initiative des Magistratsdirektors *Strategieklausuren*, die in der Regel alle zwei Jahre mit sämtlichen Führungskräften ab der Ebene der Dienststellenleitung sowie unter Einbindung der Personalvertretung erfolgen.

Das für die Verwaltung zentrale strategische Papier stellt das *Leitbild des Magistrates* aus dem Jahr 1993 – samt diversen Umsetzungsaktivitäten (z.B. die jährliche Großgruppenveranstaltung „MATCH" oder Dienststellenleitbilder) – dar. Dieses Papier wurde in partizipatorischer Weise unter externer Begleitung erstellt und manifestiert sich in vielfacher Weise. Das Leitbild setzt sich aus *folgenden Kapiteln* zusammen:

- Unsere Aufgaben und Ziele
- Unsere KundInnen und PartnerInnen
- Unsere Zusammenarbeit mit den politischen Organen
- Kommunikation mit der Öffentlichkeit
- Unsere MitarbeiterInnen
- Unser Führungsverständnis

- Unser Organisationskonzept
- Unser wirtschaftliches Handeln

Auf zwei dieser Kapitel, nämlich die Bereiche „Unsere KundInnen und PartnerInnen“ sowie „Unser Organisationskonzept“ soll in der Folge näher eingegangen werden.

2. „Unsere KundInnen und PartnerInnen“

Die Schaffung bürgernaher Strukturen ist quasi als Imperativ im Leitbild fest verankert. Exemplarische Aussagen dazu sind:

- „Wir sehen Bevölkerung, Wirtschaft und andere Institutionen als KundInnen und PartnerInnen und bemühen uns um bedürfnis- und lösungsorientiertes Handeln.“
- „Unsere Auskünfte und Entscheidungen wollen wir klar, verständlich, nachvollziehbar und rasch gestalten.“
- „Wir bemühen uns, auf Einzelinteressen flexibel und kreativ einzugehen.“

Die *Konkretisierung* dieser Aussagen erfolgte beispielsweise durch:

- die Implementierung eines Beschwerdemanagementsystems
- den Betrieb des Internet-Services „e-linz“
- die Errichtung und den Betrieb eines modernen Bürgerservice-Centers sowie von Fachcentern
- die Entwicklung eines professionellen Leitfadens für eine moderne, kundenorientierte und verständliche Sprache – Projekt „Amtsdeutsch a.D.“
- die Installation des Teleservice-Centers (erstes kommunales Call Center Österreichs)

Als Motto bei der Kundenorientierung des Magistrats gilt: *„Anklicken statt anstellen*“ (e-linz), *„Anrufen statt hingehen*“ (Teleservice-Center) und *„Wenn schon hingehen, dann Service-Center*“ (One-Stop-Shop).

2.1 e-Linz

Unter dem Namen *„e-linz*“ finden sich alle Aktivitäten, die die Präsenz und den Ausbau des Linzer E-Government-Programms zum Gegenstand haben. Dabei orientiert sich Linz unter Einhaltung der Vorgaben der Europäischen Union (e-Europe) und der österreichischen Bundesregierung am größtmöglichen Nutzen für die Kundinnen und Kunden. Das Linzer Informations- und Dienstleistungsangebot kann einfach und bequem über alle Lebensbereiche abgefragt und genutzt werden.

2.2 Teleservice-Center

Seit 2006 verfügt die Stadt Linz über das einzige österreichische kommunale *Call Center (Teleservice-Center oder auch TSC).* Dieses wurde bereits mehrfach national und international ausgezeichnet. Über das TSC erhält man *umfassende Auskünfte* zu zahlreichen städtischen Leistungen wie Passwesen, Meldewesen, Gewerbeangelegenheiten, Personenstandswesen, Zuständigkeiten, Öffnungszeiten etc. Darüber hinaus werden *konkrete Services* direkt telefonisch erbracht. Beispiele dafür sind die Bestellung von Urkunden, die Leihzeitverlängerung bei Bibliotheksmedien, die Terminreservierung für Hochzeiten, Anmeldungen bei VHS-Kursen, telefonische Bestellungen von Bewohnerparkkarten etc.

Das TSC *ruft Kundinnen und Kunden auch aktiv an*, beispielsweise um zu informieren oder Inkasso zu betreiben und erledigt Anfragen, die per E-Mail an den Magistrat gelangen.

All diese Leistungen werden mit modernster Technologie und dem Einsatz einer Wissensdatenbank erbracht.

2.3 Bürgerservice-Center

Besonders avantgardistisch war (und ist) in Linz das *zentrale Bürgerservice-Center*, welches 2002 den Betrieb aufgenommen hat. Die Service-, Beratungs- und Informationsstelle im Erdgeschoss des neuen Rathauses vereint viele Vorteile: vor allem werden zahlreiche Leistungen verschiedener Dienststellen zusammengefasst angeboten. Die Linzerinnen und Linzer können hier unterschiedlichste Behördengänge rasch und unbürokratisch erledigen. Das Bürgerservice-Center versteht sich außerdem als zentrale Anlaufstelle für alle Arten von Anfragen und Anliegen, die die Stadt Linz betreffen. Es zeichnet sich durch Punkte aus wie

- Quickservices mit geringer Beratungstiefe
- relativ schnelle, abschließende Bearbeitung
- lange Öffnungszeiten von 55 Stunden pro Woche (Montag bis Freitag von 07:00-18:00 Uhr)
- Multifunktionalität an über zehn Schaltern mit einer Entmischung von persönlichem und telefonischem Kundenkontakt
- Qualifikation der Mitarbeiterinnen und Mitarbeiter
- spezielle IT-Anwendungen

Die Zufriedenheit mit dieser Einrichtung ist besonders hoch und wird durch eine jährliche *Kundenfrequenz von ca. 125.000* unterstrichen. Darüber hinaus gibt es beim Magistrat Linz noch *Fachcenter*, wie

- Anlagen- und Bauservice-Center
- Baustellen-Center
- Standesamt
- Abgabenservice

Ferner können in den *11 Stadtbibliotheken* viele der im Bürgerservice-Center angebotenen Leistungen bequem in Wohnortnähe in Anspruch genommen werden. Die aufgezeigte Kundenorientierung basiert auf den Organisationsgrundlagen, die in der Folge näher beleuchtet werden.

3. Unser Organisationskonzept

Kundenorientierung und das Organisationskonzept können nur gemeinsam gedacht und synchron gestaltet werden. Daher ist die zentrale Aussage dazu im Leitbild:

„Unsere Organisation und unsere internen Vorschriften sind so zu gestalten, dass sie uns bei der Aufgabenerfüllung unterstützen und Nähe zu den KundInnen und PartnerInnen ermöglichen."

Organisatorische Reformschritte erfolgten in der Vergangenheit meist durch internes Consulting – der Magistrat Linz verfügt über eine eigene Organisationsentwicklung –, partiell wurde auch externes Know-how unterstützend zugekauft.

Beispiel für ein rein internes, auf breiter partizipatorischer Ebene angelegtes Projekt ist die Magistratsstrukturreform 2004, die gemeinsam durch den Bürgermeister und den Magistratsdirektor initiiert wurde.

3.1 Magistratsstrukturreform 2004

Die Magistratsstrukturreform basierte auf *klaren Projektprämissen* und wurde zügig unter Einbindung von Top-Führungskräften als Projektleiterinnen und Projektleiter abgewickelt. Die Prämissen waren unter anderem eine klare Ausrichtung an den Wirkungen des Verwaltungshandelns, eine umfassende Kundenorientierung, die Trennung hoheitlicher Bereiche von Servicebereichen, die Vereinheitlichung politischer Zuständigkeiten und die Implementierung einer verbesserten Wirtschaftlichkeit

Ein Teilprojekt dieser Reform stellte das *Gebäudemanagement* dar. Hier ging es um die Realisierung einer ganzheitlichen Perspektive auf den Gebäudelebenszyklus – von der Planung eines Objektes bis hin zum Abriss.

Abbildung 1: Das Gebäudemanagement der Stadt Linz

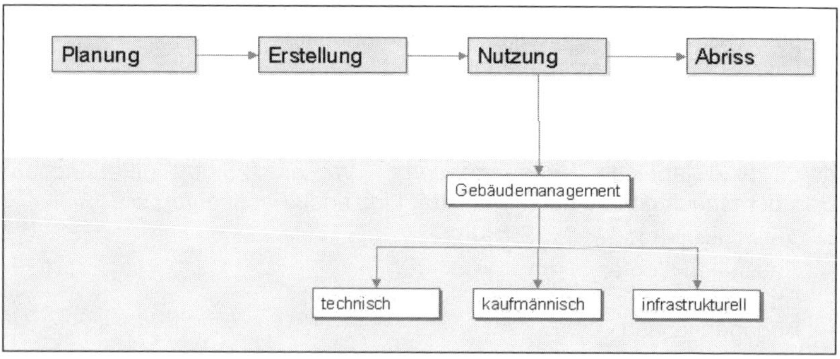

Quelle: Magistrat der Stadt Linz (2010)

Betroffen waren dabei mehrere Dienststellen des Magistrats (z.B. das ehemalige Hochbauamt genauso wie das ehemalige Amt für Technik).

Die Dienststelle Gebäudemanagement wurde im Zuge der Magistratsstrukturreform entsprechend aufgewertet und umfassend für gebäudespezifische Angelegenheiten zuständig. Ihr wurden beispielsweise Schulwarte und Reinigungsdienste ebenso übertragen, wie technische Belange oder der zentrale Einkauf.

Ergebnisse dieses Teilprojektes waren neben der Auflösung einer Dienststelle unter anderem eine Intensivierung des Besteller-Lieferanten-Prinzips, die Schaffung klarer Ansprechstrukturen, optimierte Steuerungsmöglichkeit im Personaleinsatz sowie eine Verbesserung der Wirtschaftlichkeit.

Neben internen Reorganisationsschritten gab es in den vergangenen Jahren verschiedene *weiterführende Organisationsprojekte*. Vor allem sind hier *Privatisierungen bzw. Ausgliederungen* zu nennen.

3.2 „Privatisierungen"

Von den drei möglichen Privatisierungsarten – formelle, materielle und Vermögensprivatisierung –, erfolgte bei der Stadt Linz ein Fokus auf Ausgliederungen unter Aufrechterhaltung der Eigentümerschaft durch die Stadt.

Formell privatisiert – in der Regel in Form einer GmbH – wurden beispielsweise die Friedhöfe, der Wirtschaftshof, die Seniorenzentren, das Allgemeine Krankenhaus oder die Immobilien Linz.

Eine interessante Privatisierung fand durch Gründung der Informations- und Kommunikationstechnik Linz GmbH im Jahr 2009 statt. Diese Gesellschaft wurde personell aus IT-Mitarbeiterinnen und IT-Mitarbeitern des Magistrats sowie von Tochterunternehmen der Stadt gebildet und serviciert als interner Dienstleister die Unternehmensgruppe der Stadt Linz.

Neben formeller Privatisierung ist beim Magistrat Linz auch *Outsourcing* von Bedeutung. Dabei werden Wertschöpfungsaktivitäten auf einen Zulieferer übertragen. Beispielsweise erfolgt die Überwachung des ruhenden Verkehrs nicht durch Organe der Stadt, sondern durch einen privaten Dienstleister. Ähnliches ist auch bei der Reinigung passiert.

Zur stärkeren Kohärenz und Koordination zwischen den einzelnen Organisationen, die sich gänzlich oder zum Teil im Eigentum der Stadt Linz befinden, wurde 2006 die *„Unternehmensgruppe Stadt Linz" (UGL)* ins Leben gerufen.

3.3 Unternehmensgruppe Stadt Linz

Die UGL stellt ein *Netzwerk* mit über *10.000 Mitarbeiterinnen und Mitarbeiter* dar, das eine Vielzahl von Dienstleistungen anbietet, die für das städtische Leben unverzichtbar sind und eine hohe Lebensqualität in Linz bieten. Das *Motto* der UGL lautet: *„Gemeinsam sind wir stärker!"*

Abbildung 2: Die Unternehmensgruppe Stadt Linz

Quelle: Magistrat der Stadt Linz (2010)

Die kommunalen Unternehmen als Teile des kommunalen Leistungsnetzwerkes zu verstehen und zu organisieren, zielt auf die Sicherung von kommunaler Steuerungsfähigkeit ab. Es gilt vor allem, die Möglichkeiten von *Kooperationen und die Nutzung von Synergiepotenzialen* zwischen allen Akteuren des kommunalen Leistungsnetzwerkes zu stimulieren und zu koordinieren. Gleichwohl bleibt für den Erfolg kommunaler Unternehmen die Gewährung ausreichender Handlungsspielräume für deren Management unabdingbar.

Infrastrukturelle Angebote, wie die Versorgung mit Strom, Gas, Fernwärme, Wasser und öffentlichen Verkehrsmitteln stellen die Basis des Stadtlebens dar. Die umfassende *Gesundheitsversorgung* im Allgemeinen Krankenhaus, neue *Wohnungsanlagen* und eine breite Palette an *sozialen Leistungen* bieten weitere relevante Services. *Kulturelle Veranstaltungen* und *Sportstätten* für diverse Sportarten ergänzen die hochwertige Angebotsvielfalt der Stadt Linz für ihre rund 190.000 Einwohnerinnen und Einwohner, aber auch für das Umland.

Durch Übertragung wichtiger Aufgaben an Tochtergesellschaften wurden optimale Voraussetzungen für die *flexible Gestaltung des Tagesgeschäftes* geschaffen. Die Stadt ist für diese Gesellschaften weiterhin *politisch verantwortlich*. Damit bleibt ein großer Handlungsspielraum gewahrt, der auch soziale Gesichtspunkte einbezieht.

Eine übliche Klammer, um die Tochtergesellschaften und kommunalen Beteiligungen stellt das *Beteiligungsmanagement* dar. Hier erfolgt unter anderem eine Aufarbeitung betriebswirtschaftlicher Daten und rechtlicher Fragen für den Eigentümer und die Mitglieder der Aufsichtsräte der städtischen Gesellschaften.

Zur Vertiefung der Zusammengehörigkeit der einzelnen Organisationen der UGL gab es 2008 und 2009 ein *Identitäts- und Kulturentwicklungsprojekt* mit externer Begleitung. Ergebnis aus diesem Projekt war ein umfassender Katalog an Maßnahmen, die die Weiterentwicklung einer gemeinsamen, verbindenden Kultur sicherstellen.

2010 erhielt die UGL *neue Managementstrukturen*. Neben einer *„großen UGL-Runde"* – gebildet aus den Stadtsenatsmitgliedern und allen Geschäftsführungen – gibt es ein *„Koordinationsteam"* (Zusammensetzung: Magistratsdirektor und die Geschäftsführer wichtiger Gesellschaften). Inhaltlich widmet sich dieses Team vor allem der

- Koordination und Monitoring UGL-weiter Entwicklungen
- Koordination von Kooperationsthemen zur Nutzung von Synergien
- Organisation von UGL-weiten Kommunikationsprozessen

Aktuelle gemeinsame Themen sind beispielsweise *Integration* und *„Clean Technologies"*.

4. Epilog

Strategisches Denken und Handeln duldet keinen Stillstand und die aktuelle Situation stellt die Stadt Linz vor beachtliche Herausforderungen. In diesem Kontext erfordert die ökonomische, sozio-kulturelle oder ökologische Dynamik eine Weiterentwicklung der Rolle und Aktivitäten des Magistrates. Die Frage nach einer verstärkten Wirkungsorientierung kommunaler Leistungen ist wohl parallel mit der finanziellen Leistbarkeit immer stärker in Verbindung zu sehen und es gilt, sämtliche Kräfte zu bündeln, um auch weiterhin eine optimale Servicierung von Bevölkerung und Wirtschaft mit kommunalen Dienstleistungen sicherstellen zu können. Die Schaffung der UGL und das dadurch ermöglichte Heben von Synergien ist in diesem Sinne ebenso positiv zu betrachten, wie das verstärkte interaktive Zusammenwirken – auch mittels elektronischer Medien – mit relevanten Stakeholdern der Stadt. Themen wie Good Governance, Open Government, Innovations- und Wissensmanagement werden in einer Zeit des exponentiellen technologischen Wachstums genauso aktiv zu behandeln sein, wie Nachhaltigkeit, demografischer Wandel oder die Bewältigung budgetärer Restriktionen.

Ziel sollte sein, dass die Kommune einen signifikanten Beitrag dazu leistet, damit die Menschen in und um Linz ihre Potenziale verwirklichen können. Die Sicherung eines breiten Zugangs zu qualitätvollen kommunalen Leistungen und Angeboten ist ein zentraler Weg dahin. Dafür ist der Mut zu Neuem ebenso gefragt, wie Leistungsorientierung, Kreativität sowie vorausschauendes Denken und Handeln.

Christine ROSE, Oliver FRANK

Umweltverträglichkeitsprüfung für Bundesstraßen im Lichte von Public Governance

1. Einleitung

Vor 15 Jahren ist die Umweltverträglichkeitsprüfung (UVP) in Österreich auch für Bundesstraßen eingeführt worden[1] und wir stellen die These auf: Es ist eine Erfolgsgeschichte.

Abbildung 1: S 33 Kremser Schnellstraße, Errichtung der nördlichen Vorlandbrücke der Donaubrücke Traismauer im Bereich der Krems

Quelle: Bundesministerium für Verkehr, Innovation und Technologie

Für den Bereich der Bundesstraßen können folgende Zahlen angeführt werden:

Es wurden bis Ende 2010 17 UVP-Verfahren für Bundesstraßen betreffend die Linienbauvorhaben mit einer Kilometeranzahl von rund 185 und 18 UVP-Verfahren betreffend die Anschlussstellen positiv abgeschlossen.[2] Ein UVP-Antrag wurde zurückgezogen.

1 Vgl. dazu: Umweltverträglichkeitsprüfungsgesetz 2000 (UVP-G 2000), BGBl. 697/1993 i.d.F. BGBl. I Nr. 87/2009.

2 Vgl. dazu auch die UVP-Berichte des/der Bundesministers/in für Land- und

Derzeit sind im Bundesministerium für Verkehr, Innovation und Technologie (BMVIT) sechs Linienverfahren, zwei Verfahren zu Anschlussstellen, drei Änderungen zu Linienverfahren und eine Änderung zu einem Verfahren betreffend die Anschlussstellen anhängig.

Von den Genehmigungsakten (Trassenverordnungen, ab 2004 Trassenbescheide) wurden bei den Linienvorhaben neun Entscheidungen nicht bei österreichischen Höchstgerichten bekämpft, sechs wurden beim Verfassungsgerichtshof angefochten und dieser hob eine Trassenverordnung (S 1 Wiener Außenringschnellstraße, Abschnitt West, A 5/B 7 – Knoten Korneuburg A 22/S 1) auf, die übrigen wurden bestätigt. Beim Verwaltungsgerichtshof wurden drei Trassenbescheide angefochten, zwei wurden bis dato bestätigt.[3] Mit der Verwirklichung von Straßenprojekten waren auch einzelne Enteignungsverfahren verbunden. Als Berufungsbehörde ist und war der/die Bundesminister/in für Verkehr, Innovation und Technologie nach UVP-Verfahren mit Enteignungsverfahren befasst. Bei den österreichischen Höchstgerichten wurden 12 diesbezügliche Verfahren bekämpft, wobei der Bescheid des/der Bundesministers/in für Verkehr, Innovation und Technologie neun Mal bestätigt und die Entscheidung drei Mal aufgehoben wurde.

Bei den Anschlussstellen wurden 17 Verfahren nicht bekämpft, eine Trassenverordnung (A 12 Inntal Autobahn, Anschlussstelle Innsbruck Mitte) wurde beim VfGH angefochten, die Beschwerde aber abgewiesen.[4]

Forstwirtschaft, Umwelt und Wasserwirtschaft an den Nationalrat, zuletzt den 4. UVP-Bericht 2009.

3 Linienvorhaben, abgeschlossen:

Bezeichnung	Rechtsform	Beschwerde bei	Beschwerde durch	Ergebnis
S 1 Süd (Vösendorf-Schwechat) ehemals B 301	V	VfGH	10 Bürgerinitiativen	abgewiesen
		EK	5 Grundeigentümer	eingestellt
A 9 Umfahrung Micheldorf	V	-		-
B 1 Ennsdorf-Enns-Asten (verländert)	V	-	-	-
B 15 Mannersdorfer Straße (verländert)	V	-	-	-
S 31 Neutal-Oberpullendorf	V	-	-	-
A 5 Eibesbrunn-Schrick	V	VfGH	1 Bürgerinitiative	zurückgewiesen
S 35 Stausee Zlatten-Mautstatt	V	-	-	-
S 33 Donaubrücke Traismauer	V	VfGH EK	3 Bürgerinitiativen	zurückgewiesen eingestellt
A 6 Spange Kittsee	V	-	-	-
S 5 Kollersdorf-Grafenwörth	V	-	-	-
S 1 Ost Landesgenze Wien-NÖ-Knoten Eibesbrunn	V	-	-	-
S 36 Judenburg-Scheiflinger Ofen	V	VfGH VfGH	1 Anrainer derselbe Anrainer	abgewiesen anhängig
S 2 Umfahrung Süßenbrunn	V	VfGH	2 Bürgerinitiativen	1 zurückgewiesen 1 abgewiesen
A 5 Schrick-Poysbrunn	B	VwGH	1 Bürgerinitiative, 1 NGO, 1 tschechische Gemeinde, 2 tschechische NGOs	offen
S 1 West A5/B7-Knoten Korneuburg A 22/S1	V	VfGH	2 Bürgerinitiativen	stattgegeben, V aufgehoben
S 1 West A5/B7-Knoten Korneuburg A 22/S1	B	VwGH	1 Bürgerinitiative 1 Anrainerin	abgewiesen
S 10 Mühlviertler Schnellstraße	B	VwGH	2 Bürgerinitiativen	abgewiesen
S 31 Eisenstadt-Schützen a.Geb.	Antrag zurückgezogen	-	-	-

4 Anschlussstellen, abgeschlossen:

Abbildung 2: Rechtsmittel gegen Trassenentscheidungen bei österreichischen Höchstgerichten

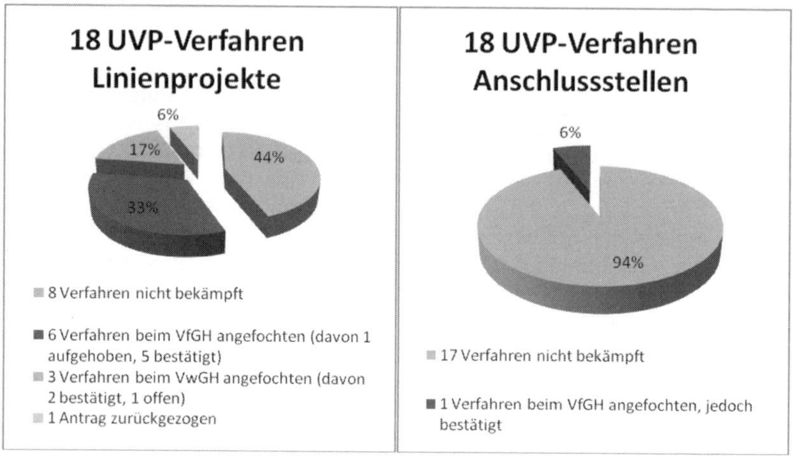

Quelle: Zusammenstellung der Daten durch Kurt Nemec, Grafik: Oliver Frank

Bei zwei Projekten wurden Beschwerden an die Europäische Kommission herangetragen, beide wurden eingestellt.[5]

Das bedeutet, dass von 35 Verfahren 33 Verfahren auf Anhieb erfolgreich waren und in die Tat umgesetzt werden konnten.

So wurden bedeutende Bundesstraßenbauprojekte (z.B. große Teile der S 1 Wiener Außenring Schnellstraße – die Strecke Schwechat – Süßenbrunn mit der Lobauquerung ist derzeit im BMVIT anhängig – der südlichste Teil der A 5 Nord/Weinviertel Autobahn und der S 10 Mühlviertler Schnellstraße, die S 33 Kremser Schnellstraße, Abschnitt Donaubrücke Traismauer und die A 6 Süd-Ost Autobahn) genehmigt und gebaut, ohne die Umwelt zu gefährden oder die Bürgerinnen und Bürger in ihren Rechten zu verletzen.

Bezeichnung	Rechtsform	Beschwerde bei	Beschwerde durch	Ergebnis
S 1 Schwechat Süd (B 301 Zwölfaxing)	V	-	-	-
S 1 Schwechat Ost (B 301, Weißes Kreuz)	V	-	-	-
A 2 Feldkirchen Flughafen Graz	V	-	-	-
A 10 Puch/Urstein	V	-	-	-
A 2 Kottingbrunn	V	-	-	-
S 1 Süd Laxenburgerstraße	V	-	-	-
A 12 Innsbruck Mitte	V	VfGH	2 Bürgerinitiativen	abgewiesen
A 1 Wals/Siezenheim Süd	V	-	-	-
S 1 Rustenfeld	V	-	-	-
A 2 Knoten Graz-Ost	V	-	-	-
S 1 Süd, Vorarlberger Allee	V	-	-	-
A 25 Weißenkirchen Süd	V	-	-	-
S 1 Rannersdorf	B	-	-	-
A 1 Enns-West	B	-	-	-
A 4 Neusiedl-Gewerbepark	B	-	-	-
A 1 Eberstalzell	B	-	-	-
A 2 Traiskirchen	B	-	-	-
A 2 Bad Vöslau	B	-	-	-

5 Zur S 1 Wiener Außenring Schnellstraße, Abschnitt Vösendorf-Schwechat, vormals B 301 und zur S 33 Kremser Schnellstraße, Abschnitt Donaubrücke Traismauer.

Im Folgenden soll versucht werden, die Umweltverträglichkeitsprüfung mit Maßstäben des Konzeptes von Public Governance[6] zu bewerten. Als wesentliche Elemente werden Nachhaltigkeit, die Beteiligung von Bürgerinnen und Bürgern an der Verwaltungsentscheidung, Transparenz, Verantwortlichkeit sowie Wirkungsorientierung herangezogen. Davor stellt sich jedoch die Frage, was Umweltverträglichkeitsprüfung bedeutet.

2. Die Umweltverträglichkeitsprüfung für Bundesstraßen

2.1 Wen geht es an?

Abbildung 3: Gruppen von Stakeholdern, Erwartungen, Ansprüche, Interessen

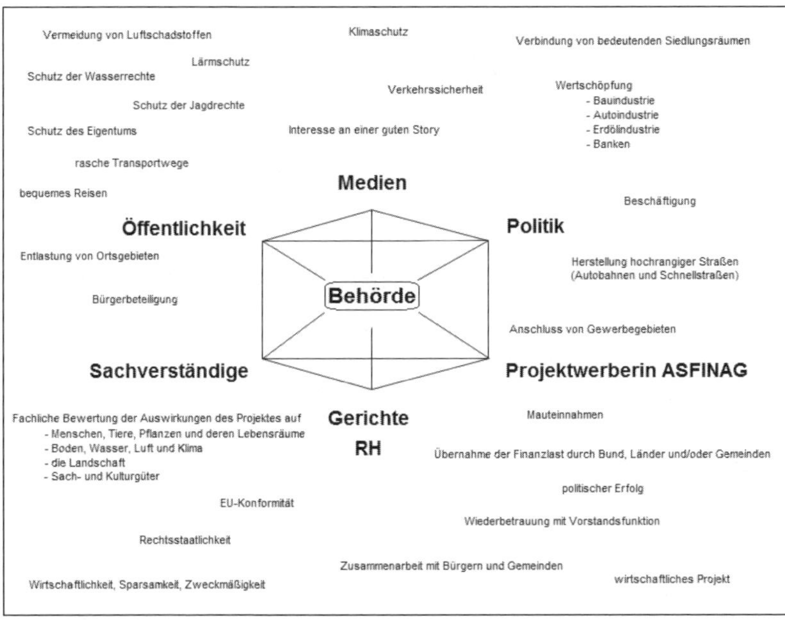

Quelle: Christine Rose, Grafik: Oliver Frank

Neubauprojekte von Bundesstraßen regen viele auf. Sei es, dass die Menschen dafür sind oder dagegen. Von Bundesstraßen wird praktisch die gesamte Bevölkerung Österreichs direkt oder indirekt betroffen: besonders als Anrainerinnen und Anrainer oder Grundstückseigentümerinnen und Grundstückseigentümer, über dessen Grundstück die Straße führen soll, aber auch als Autofahrerinnen und Autofahrer sowie Beifahrerinnen und Beifahrer, als Gewerbetreibende oder Arbeitnehmerinnen und Arbeitnehmer, als Mensch, dem der Umweltschutz ein Anliegen ist und als Politikerinnen und Politiker. Die Behörde[7] befindet sich inmitten dieses

6 Vgl. dazu: Rossmann: Governance, 2005, S. 19ff.

7 Im BMVIT sind die Abt. II/ST1 – Planung und Umwelt, II/ST2 – Technik und Verkehrssicherheit sowie II/ST3 – Rechtsbereich Bundesstraßen und 15 Per-

Spannungsfeldes und soll im Rahmen und aufgrund der Rechtsordnung eine Lösung ermöglichen, die allen Bedürfnissen gerecht wird. Abbildung 3 veranschaulicht dieses Szenario.

2.2 Worüber reden wir?

Die Umweltverträglichkeitsprüfung ist ein in ein Genehmigungsverfahren eingebettetes Verfahren, das die Folgen eines Projektes für die Umwelt in Gestalt von Menschen, Tieren, Pflanzen und deren Lebensräumen, Boden, Wasser, Luft und Klima, Landschaft sowie Sach- und Kulturgütern darstellt und bewertet und dabei der Öffentlichkeit einen breiten Raum für Stellungnahmen einräumt.[8] Die Umweltverträglichkeitsprüfung wurde in der zweiten Hälfte des 20. Jahrhunderts in Nordamerika entwickelt und fand in den 1980er Jahren Niederschlag in der UVP-Richtlinie der Europäischen Gemeinschaft. Inzwischen wurde sie dreimal erweitert und ihre Instrumente vertieft.[9] Mit dem Beitritt Österreichs zur Europäischen Union mit 1. Januar 1994 wurde diese Richtlinie auch für Österreich verbindlich und im Umweltverträglichkeitsprüfungsgesetz (UVP-G) umgesetzt.[10] Im UVP-G werden, zu den in einem UVP-Verfahren anzuwendenden Verwaltungsvorschriften zusätzliche inhaltliche Voraussetzungen formuliert, die erfüllt sein müssen, damit für ein Projekt eine Genehmigung nach dem UVP-G erteilt werden darf.

Bundesstraßen sind die Straßenzüge, die in den Verzeichnissen (Verzeichnis 1 Bundesstraßen A – Bundesautobahnen und Verzeichnis zwei Bundesstraßen S – Bundesschnellstraßen) im Bundesstraßengesetz 1971[11] beschrieben sind. Durch die Beschreibung wird dieser Straßenzug in Gesetzgebung und Vollziehung Bundessache.[12] Der Beschreibung geht ein politischer Prozess, bei dem oft die Bundesländer eine treibende Kraft darstellen, voraus. Ist es doch ein „politischer Erfolg" für das Land, wenn der Bund Straßen in das Bundestraßengesetz aufnimmt, sie dann genehmigt und auch finanziert. Seit der Umsetzung der Richtlinie über die stra-

---

sonen (VBÄ) mit UVP-Verfahren für Bundesstraßenbauvorhaben befasst.

8 Vgl. dazu: § 1 UVP-G 2000.

9 Vgl. dazu insbesondere: Altenburger; Berger: Umweltverträglichkeitsprüfungsgesetz, 2010. Baumgartner; Petek: UVP-G 2000, 2010. Ennöckl; Raschauer: Umweltverträglichkeitsprüfungsgesetz, 2006. Eberhartinger-Tafill; Merl: UVP-G 2000, 2005. Zur Stammfassung des UVP-G vgl.: Raschauer: UVP-G, 1995. Köhler; Schwarzer: Umweltverträglichkeitsprüfungsgesetz, 1997.

10 Vgl. dazu: Richtlinie 85/337/EWG vom 27.06.1985 über die Umweltverträglichkeitsprüfung bei bestimmten öffentlichen und privaten Projekten, novelliert durch die Richtlinien 97/11/EG vom 03.03.1997, 2003/35/EG vom 26.05.2003 und 2009/31/EG vom 23.04.2009. Erwähnt werden sollen in diesem Zusammenhang auch die Leistungen der zuständigen Leiterin der Abt. V/1, Anlagenbezogener Umweltschutz im BMLFUW, Waltraud Petek, die nicht nur die legistischen Arbeiten betreut, sondern auch im Zuge des UVP-Arbeitskreises für Fragen der Vollziehung zur Verfügung steht und eine Plattform für Gedankenaustausch zwischen den Behörden schafft.

11 Vgl. dazu: Bundesstraßengesetz 1971 (BStG 1971) BGBl. 286/1971 i.d.F. BGBl. I Nr. 24/2010.

12 Vgl. dazu: Art. 10 Abs. 1 Z 9 B-VG.

tegische Umweltprüfung durch das SP-V-Gesetz wird der Aufnahme ins Bundesstraßengesetz ein Prozess der Strategischen Umweltprüfung[13] vorangestellt.

Die Autobahnen- und Schnellstraßen-Finanzierungs-Aktiengesellschaft (ASFINAG) wurde vom Bund damit beauftragt, Bundestraßen zu finanzieren, zu planen, zu errichten, zu erhalten und zu betreiben.[14] Die Genehmigung und die Durchführung von Umweltverträglichkeitsprüfungen für neue Bundesstraßenstücke fallen in die Zuständigkeit des/der Bundesministers/in für Verkehr, Innovation und Technologie. Daneben sind Behörden auf Landesebene – der Landeshauptmann bzw. die Landeshauptfrau (z.B. für Wasserrecht und Denkmalschutz) und die Landesregierung oder die Bezirkshauptmannschaft (für Naturschutz) für die Genehmigung des Projektes auf der Basis des beim BMVIT durchgeführten UVP-Verfahrens zuständig.[15]

2.3 Der Ablauf der Umweltverträglichkeitsprüfung

Nach Maßgabe des Bauprogramms (Rahmenplan gemäß Punkt IV, Abs. 2 Fruchtgenussvertrag), das mit dem BMVIT jährlich für fünf Jahre abgestimmt wird, nimmt die ASFINAG die Planungen in Angriff. Dabei wird dieser Prozess von einer technischen Abteilung des BMVIT begleitet. Gemäß der Projektierungsdienstanweisung[16] – einem Akt im Rahmen der Privatwirtschaftsverwaltung gegenüber der ASFINAG – erstellt die ASFINAG zuerst ein Vorprojekt. Am Ende des Erstellungsprozesses steht eine Vorzugsvariante für die Trassierung. Neben funktionalen, planungstechnischen und wirtschaftlichen Gesichtspunkten spielen bereits im Rahmen des Vorprojektes auch Umweltaspekte eine bedeutende Rolle.

Mit dem Antrag auf Durchführung der Umweltverträglichkeitsprüfung und Genehmigung des Projekts reicht die ASFINAG das Einreichprojekt und die Umweltverträglichkeitserklärung (UVE) beim BMVIT zur Genehmigung nach dem UVP-G und den sonstigen anzuwendenden Verwaltungsvorschriften ein. Die nachfolgende Abbildung 4 zeigt den weiteren Ablauf.

---

13 Vgl. dazu: Bundesgesetz über die Strategische Prüfung im Verkehrsbereich (SP-V-Gesetz), BGBl. I Nr. 96/2005 in Umsetzung der Europäischen Richtlinie 2001/42/EG.

14 Der Bund ist zu 100 Prozent Eigentümer der ASFINAG und hat mit ihr einen Fruchtgenussvertrag abgeschlossen, der auch das Recht, ein Benützungsentgelt einzuheben, umfasst.

15 Vgl. dazu: § 24 UVP-G 2000.

16 Vgl. dazu: GZ. BMVIT-300.040/0011-ST/ALG/2002 (Verbindlicherklärung).

Abbildung 4: Ablauf des Umweltverträglichkeitsprüfungsverfahrens und Genehmigung betreffend die Errichtung von Bundesstraßen

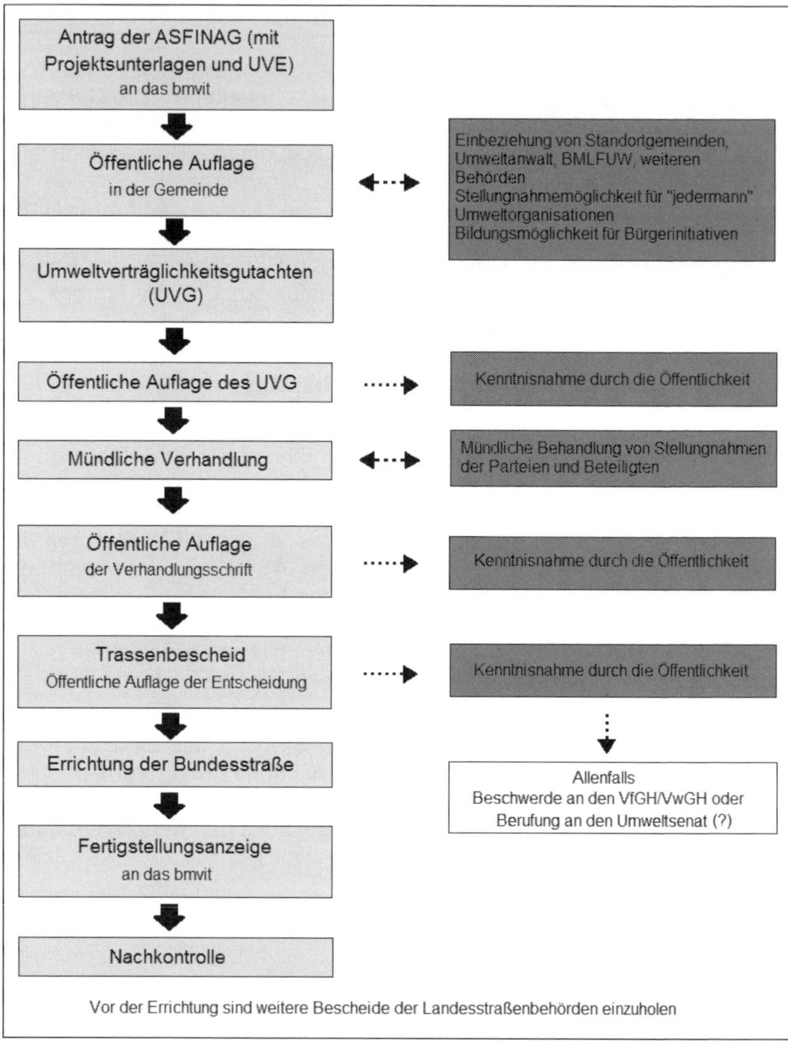

Quelle: Christine Rose, Grafik: Rüdiger Kodym

3. Umweltverträglichkeitsprüfung und Public Governance

Im Folgenden soll die Umweltverträglichkeitsprüfung zu wesentlichen Elementen von Public Governance in Beziehung gesetzt werden.

3.1 Zur Nachhaltigkeit

Die Bundesministerin für Verkehr, Innovation und Technologie, Doris Bures, bekennt sich in der Broschüre der ASFINAG „Weitblick kommt gut an“[17] zur Nachhaltigkeit und bestätigt der ASFINAG:

> *„Die ASFINAG baut neue Straßen bedarfsgerecht, wirtschaftlich wirksam und umweltgerecht aus.“*

Soweit zu den Neubauprojekten. Die Nachhaltigkeit in Bezug auf Umweltqualität wird in besonderem Maße durch die Prüfung der Umweltverträglichkeit selbst in den Verfahren und in der Umsetzung gewährleistet. In der Umweltverträglichkeitserklärung hat die ASFINAG unter anderem zu sämtlichen im UVP-G genannten Schutzgütern[18] Berichte vorzulegen und die entsprechenden unmittelbaren und mittelbaren Umweltauswirkungen des Projektes sowie die Wechselwirkungen mehrerer Auswirkungen untereinander darzustellen. Wo notwendig, entwickelt die Projektwerberin selbst Maßnahmen, die negative Auswirkungen vermeiden oder vermindern. Aber bereits im Zuge der Trassenauswahl wird darauf geachtet, dass Schutzgebiete geschont und Menschen nicht gefährdet oder unzumutbar belästigt werden. Im Umweltverträglichkeitsgutachten, an dem durchschnittlich 3 bis 15 Sachverständige im Team mit dem/der internen externen UVP-Koordinator/in das Projekt und seine Auswirkungen bewerten, werden, um Umweltbelastungen entsprechend zu minimieren, regelmäßig zusätzliche Maßnahmen formuliert. Diese Maßnahmen können beispielsweise beinhalten: Die Errichtung von Lärmschutzwänden und/oder der Einbau von Lärmschutzfenstern, Ersatzaufforstungs- und Ausgleichsflächen, Verlegung von Habitaten gefährdeter Tierarten, die Errichtung von Amphibienleiteinrichtungen und Amphibienleittunneln, landschafts- und regionsadäquate Bepflanzungen an den Böschungen, Gewässerschutzanlagen sowie Querungshilfen für Wild, Amphibien oder Fledermäuse. Umfangreiche Monitoringprogramme runden die Maßnahmen in den meisten Fällen ab. Der/Die Bundesminister/in für Verkehr, Innovation und Technologie legt als Behörde in weiterer Folge diese Maßnahmen in ihrem Genehmigungsakt als Auflagen fest, soweit sie in ihre Zuständigkeit fallen[19] und beobachtet in der Folgezeit deren Einhaltung.

Die Umweltverträglichkeitsprüfung fördert insoweit auch die ökonomische Nachhaltigkeit, als zusätzliche Maßnahmen auch zusätzliche Aufwendungen und damit mehr Beschäftigung nach sich ziehen. Auch die Entwicklung des Know hows und der Umwelttechnologie dafür wirkt nachhaltig.

3.2 Zur Beteiligung von Bürgerinnen und Bürgern

Die Öffentlichkeit ist in vielfältiger Weise in das UVP-Verfahren eingebunden. Schon im Planungsstadium hält die ASINAG Informationsveranstaltungen mit Bürgerinnen und Bürgern, Umweltorganisationen und Gemein-

17 Vgl. dazu: Nachhaltigkeitsbericht der ASFINAG 2009/10.

18 Vgl. zu den Schutzgütern Kapitel 2.2 des vorliegenden Beitrags.

19 Vgl. zu diesem Thema auch Punkt 3.6.a des vorliegenden Beitrags.

den ab, bei denen Wünsche und Anregungen an sie herangetragen werden können.

Danach erhält die Öffentlichkeit bei der öffentlichen Auflage der Projektunterlagen in der Gemeinde Gelegenheit, Einschau zu halten und eine Stellungnahme abzugeben. Schon nach dem Bundesstraßengesetz 1971 war das für „jedermann" möglich, das UVP-Gesetz hat dieses Recht noch um die Facette reicher gemacht, dass sich das Umweltverträglichkeitsgutachten in einem eigenen Teil fachlich mit den eingelangten Stellungnahmen auseinanderzusetzen hat. Die Einwirkungen von Luft und Lärm können weite Gebiete betreffen, so dass im Zuge von UVP-Verfahren betreffend die Bundesstraßenbauprojekte viele Personen Parteistellung – insbesondere, was den Gesundheits- und Belästigungsschutz anlangt – erlangen können.

Die Öffentlichkeit kann sich auch als Bürgerinitiative konstituieren und Parteirechte erlangen, wenn mindestens 200 Personen, die in einer Standortgemeinde oder in einer unmittelbar angrenzenden Gemeinde wahlberechtigt sind, eine bestimmte Stellungnahme zu einem konkreten Projekt unterschreiben.

Auch Umweltschutzorganisationen, wie das Ökobüro oder Global 2000, die sich als solche beim BMLFUW registrieren ließen, können zum Projekt Stellung nehmen und genießen bestimmte Parteirechte.

Die Einrichtung des Umweltanwaltes kann man schließlich auch dem Bereich der Öffentlichkeitsbeteiligung zurechnen. Er kann – wie die Bürgerinitiativen oder die Umweltorganisationen – die Einhaltung von Umweltschutzvorschriften bei der Behörde und den Höchstgerichten einfordern.

Schließlich sind auch Mediationsverfahren zu nennen, die im Vorfeld der Einreichung eines Projektes durchgeführt werden können.

Der Bürgerbeteiligung sind aber auch Grenzen gesetzt: Die Bürgerinnen und Bürger haben ein Recht auf Information und Konsultation im oben geschilderten Ausmaß, sie entscheiden aber formell nicht mit. Die Planung von solchen Großprojekten ist hochkomplex und die Bürgerinnen und Bürger sind nicht in jeden Schritt eingebunden. Sie verfügen gewöhnlich nicht über die gleichen Mittel wie die Projektwerberin oder die Behörde.[20] Und die Frage, ob überhaupt eine Straße gebaut werden soll, ist ihnen formell nicht zugänglich. Allerdings, wenn ihre Forderungen mit den Ideen der Politik – gepaart mit einem engen finanziellen Korsett bei der ASFINAG – zusammenfallen, kann es schon vorkommen, dass ein Projekt von der ASFINAG zurückgezogen wird. So geschehen bei der S 31 Burgenland Schnellstraße, Abschnitt Eisenstadt – Schützen. Hier wurde die Verlängerung der Straße auch aus dem Verzeichnis der Bundesstraßen herausgenommen.[21]

Grundsätzlich trägt die Bürgerbeteiligung zur Qualität des Ergebnisses bei. Dennoch wird dieses Instrument manchmal auch missbraucht: Bei-

20 Vgl. in diesem Zusammenhang die Studie „Unterstützungsmechanismen für Öffentlichkeitsbeteiligung in Umweltverfahren" des Forschungsinstitutes für Energie- und Umweltplanung.

21 Vgl. dazu: BGBl. I Nr. 24/2010.

spielsweise, wenn Personen in den Listen der Bürgerinitiativen aufscheinen, die zum Zeitpunkt der Projektsauflage nicht mehr gelebt haben, oder wenn von einzelnen Bürgerinnen und Bürgern standardisierte Einwendungen mit Abweichungen in nichtfachlichen Details oder in exotischen Sprachen eingebracht werden.

3.3 Zur Transparenz

Parallel zu den Elementen der Bürgerbeteiligung können die Aspekte der Transparenz gesehen werden.

Die ASFINAG versendet regelmäßig Broschüren im Projektgebiet, in denen sie über die neuesten Entwicklungen informiert. Meist findet während der öffentlichen Auflage der Umweltverträglichkeitserklärung und der Projektunterlagen eine öffentliche Planungsausstellung in den Standortgemeinden statt.

Die Projektunterlagen selbst, das Umweltverträglichkeitsgutachten, die Verhandlungsschrift und die Entscheidung samt den wesentlichen Gründen sind bei der Gemeinde zur öffentlichen Einsichtnahme aufgelegt und verbleiben auch dort. Daneben werden sie auch auf der Homepage des BMVIT veröffentlicht und bei den Ämtern der Landesregierungen zur Einsicht aufbewahrt.

Die Umweltverträglichkeitserklärung der Projektwerberin hat eine allgemein verständliche Zusammenfassung zu enthalten und die Behörde achtet zusätzlich darauf, dass diesem Gebot auch Folge geleistet wird. Weiters findet eine mündliche Verhandlung statt – außer es gab keine einzige begründete Einwendung – und die Parteien und Beteiligten können Fragen an die Gutachterinnen und Gutachter sowie die Projektwerberin stellen und ihre Meinung äußern.

3.4 Zur Verantwortlichkeit

Die Zuständigkeit für die Durchführung der Umweltverträglichkeitsprüfung liegt in Händen des/die Bundesministers/in für Verkehr, Innovation und Technologie. Als solche hat er/sie die Gesetze einzuhalten und unterliegt der Rechnungshofkontrolle.

Beispielsweise stellte der Rechnungshof in seinem Bericht betreffend Maßnahmen zum Schutz der Umwelt und der Gesundheit im Straßenbau in Österreich unter anderem fest, dass das Verkehrsressort zu prüfen hat, bis zu welchem Nutzen Kosten Verhältnis ein Straßenbauvorhaben volks- und betriebswirtschaftlich sinnvoll ist, um letztendlich eine Prioritätenreihung zu ermöglichen.[22]

In einem Bericht betreffend die A 7 Mühlkreis Autobahn im Bereich Bindermichl gab der Rechnungshof in Bezug auf die Planung umfangreicher und komplexer Projekte und deren Kostenstruktur zahlreiche Empfehlungen ab.[23]

Die Entscheidungen des/der Bundesministers/in für Verkehr, Innovation und Technologie sind gemäß des UVP-Gesetzes sind auch dem Um-

22 Vgl. dazu: Österreichischer Rechnungshof: Umwelt, 2008, S. 39ff.
23 Vgl. dazu: Österreichischer Rechnungshof: Mühlkreis Autobahn, 2006, S. 179ff.

weltrat, der beim BMLFUW eingerichtet ist, zu übermitteln. Gemäß § 44 UVP-G 2000 übermittelt das BMLFUW alle fünf Jahre einen Bericht an den Nationalrat. Schließlich ergibt sich auch für den/die Bundesminister/in für Verkehr, Innovation und Technologie die politische Verantwortung, die beim Verfassungsgerichtshof eingemahnt werden kann.

In Bezug auf die Verantwortlichkeit der ASFINAG ist festzustellen, dass sowohl die ASFINAG als auch ihre Tochterunternehmen der Kontrolle durch den Rechnungshof unterliegen. Weiters wären in diesem Zusammenhang noch die Eigentümerfunktion nach dem Aktiengesetz 1965, die der/die Bundesminister/ in für Verkehr, Innovation und Technologie als Vertreter/Vertreterin des Eigentümers der ASFINAG ausübt und die Rolle des Bundesministeriums für Finanzen, beispielsweise im Zusammenhang mit der Haftungsübernahme für Kredite – zu nennen.

Nicht zuletzt kann sich „jedermann" wegen behaupteter Missstände in der Verwaltung des Bundes bei der Volksanwaltschaft beschweren, sofern er von diesen Missständen betroffen ist und ihm ein Rechtsmittel nicht oder nicht mehr zur Verfügung steht (Art. 148a B-VG).

3.5 Zur Wirkungsorientierung

Wiewohl die Grundsätze der wirkungsorientierten Verwaltung im technischen Sinn[24] in Bezug auf die Umweltverträglichkeitsprüfungsverfahren im BMVIT nicht umgesetzt sind, gibt es doch Ansätze dafür.

Die wichtigste Zielvorgabe normiert das Bundesstraßengesetz 1971 mit seinen Verzeichnissen der Bundesstraßen selbst, verbunden mit der Verpflichtung, UVP-Verfahren für bestimmte Neubau- oder Änderungsprojekte durchzuführen. Aus der GSD-Studie[25] lassen sich Prioritäten in Bezug auf hochrangige Straßen ableiten, jedoch haben die Wirtschaftskrise und die derzeitige finanzielle Lage der ASFINAG zu gewissen Verschiebungen geführt. Im Jahr 2010 führten die Bundesministerin für Verkehr, Innovation und Technologie und die ASFINAG gemeinsam eine Evaluierung der derzeitigen und künftigen Straßenbauprojekte[26] durch. Die Ergebnisse werden im 5jährigen revolvierenden Rahmenplan der ASFINAG, der die Zustimmung des/die Bundesministers/in für Verkehr, Innovation und Technologie erfordert, auf die konkreten Projekte herunter gebrochen. Allerdings ändern sich die politischen Ziele oft während der Phase von Planung, Genehmigungsverfahren und Bauausführung. Dies stellt die Behörde und die ASFINAG vor große Herausforderungen stellt. Der derzeitige Trend besteht in Richtung zeitlicher Verschiebungen und sparsa-

24 Vgl. dazu den Beitrag von Monika Geppl, Wolfgang Hajek und Andreas Thaller zum Thema „Wirkungsorientierte Steuerung in der österreichischen Bundesverwaltung" in der vorliegenden Publikation. Dearing: Wirkungsindikatoren, 2005, S. 101ff.

25 Vgl. dazu die GSD-Studie „Die Gestaltung des Straßennetzes im Donaueuropäischen Raum unter besonderer Beachtung des Wirtschaftsstandortes Österreich" aus dem Jahr 1999.

26 Vgl. dazu: http://www.bmvit.gv.at/presse/archiv/1112infrastruktur/index.html [Download: 10.03.2011].

merer Ausführung der Bauvorhaben. Dies steht in einem gewissen Spannungsverhältnis zum Prinzip der Nachhaltigkeit.

Manche Wirkungen der UVP, wie die Dauer der Verfahren und die Akzeptanz der Entscheidungen anhand der eingebrachten Rechtsmittel, können allgemein aus dem UVP-Bericht an den Nationalrat abgelesen werden. Auf Projektebene verlangt das UVP-G drei bis fünf Jahre nach Verkehrsfreigabe eine Nachkontrolle – gemeinsam mit den mitwirkenden Behörden – mit dem Fokus auf der Frage, ob die Bescheide eingehalten und die Annahmen und Prognosen der Umweltverträglichkeitsprüfung mit den tatsächlichen Auswirkungen auf die Umwelt übereinstimmen. Derzeit wird die Nachkontrolle über vier Projekte durchgeführt. In Bezug auf Verkehr, Lärm und Luft können Daten erhoben und berechnet werden. In Bezug auf ökologische Auswirkungen ist es schwieriger, das Eintreffen von Annahmen zu überprüfen, es ist jedoch geplant, themenbezogene Querschnittsbetrachtungen zwischen den Projekten anzustellen. Eine Studie der ASFINAG beschäftigt sich mit der Frage der „Effizienz und Nachhaltigkeit von Ausgleichs- und Begleitmaßnahmen“.[27]

3.6 Offene Wünsche

Um das System der Umweltverträglichkeitsprüfung für Bundesstraßen noch effizienter zu gestalten und ihre Wirkungen auch zu überprüfen, wären nach Ansicht der Autoren noch Maßnahmen zu ergreifen. Sofern diese Maßnahmen Verfassungsbestimmungen betreffen und Länderkompetenzen berühren, kann eine Änderung legistischer Vorgaben nur mit Unterstützung der Länder gelingen. Folgende Punkte sind in diesem Zusammenhang zu nennen:

a. Die Zuständigkeit für die Genehmigungen auf Basis der Umweltverträglichkeitsprüfung ist zersplittert. Es entscheiden der/die Bundesminister/in für Verkehr, Innovation und Technologie (1. teilkonzentriertes Verfahren), der Landeshauptmann als Bundesbehörde (2. teilkonzentriertes Verfahren) und die Landesregierung und sonstige Landesbehörden. Ein und dasselbe Projekt muss in verschiedenen Detaillierungsgraden bei den verschiedenen Behörden eingereicht werden. Dies erfordert Koordinierungsmaßnahmen des/die Bundesministers/in für Verkehr, Innovation und Technologie im Rahmen des Umweltverträglichkeitsprüfungsverfahrens, wobei mit den anderen zuständigen Behörden abzustimmen ist, wie die Ergebnisse der Umweltverträglichkeitsprüfung in den einzelnen Genehmigungen berücksichtigt werden können und darauf zu achten ist, dass keine wesentliche Maßnahme entfällt.
   Manchmal ergeben sich auch Änderungen zwischen dem 1. und dem 2. teilkonzentrierten Verfahren oder dem Verfahren bei den Landesbehörden. Hier ist vom BMVIT zu prüfen, ob nun Teile des UVP-Verfahrens wiederholt werden müssen.
   In Bezug auf verschiedenste Anlagen, von der Skipiste über Stadtplanungsprojekte und Flughäfen entscheidet die Landesregierung als UVP-Behörde in einem konzentrierten Verfahren. Diese Vollkonzentration wä-

27 Vgl. dazu: Ransmayr: Nachhaltigkeit, 2010.

re auch für Infrastrukturprojekte zu fordern, wobei wegen der überregionalen Bedeutung die Zuständigkeit jedenfalls beim BMVIT bleiben sollte.

b. Festzuhalten ist weiters, dass die Abstimmung zwischen dem Bund, den Ländern und den Gemeinden im Bereich der Raumplanung nicht optimal verläuft. Mit besten Absichten können z.B. Wildquerungen über Autobahnen vorgesehen werden, wo die weiterführenden Grundstücke jedoch dann wegen der Widmung als Bauland verbaut werden dürfen. Die überregionalen Entwicklungskonzepte enthalten oft Hinweise auf künftige Bundesstraßen, die Konsequenzen bis hinunter zur Gemeindeebene ergeben sich daraus jedoch nicht. Die Verpflichtung, Bundesstraßenplanungen in den Flächenwidmungsplänen auszuweisen, wird oft erst bei der Erlassung des nächsten Flächenwidmungsplanes erfüllt. Hier wäre ein gemischtes Organ von Bund und Ländern, das dem Austausch von Informationen und der Festlegung von Berücksichtigungsverpflichtungen dient, vielleicht ein möglicher Weg. Derzeit laufen im Rahmen der Österreichischen Raumordnungskonferenz (ÖROK) Arbeiten am Österreichischen Raumentwicklungskonzept ÖREK 2011, das sich unter anderem mit dem Thema „Flächenfreihaltungen für Infrastruktureinrichtungen" beschäftigt. Nicht zuletzt spricht auch das aktuelle Regierungsprogramm von besseren Informations-, Koordinations- und Kooperationsverpflichtungen bei raumwirksamen Planungen und Maßnahmen zwischen Bund und Ländern, um Reibungsverluste zwischen den Gebietskörperschaften zu vermeiden.[28]

c. In Bezug auf den Rechtsschutz und die Beschwerdemöglichkeit an den Verwaltungsgerichtshof besteht derzeit eine Divergenz zwischen den österreichischen Gesetzen und der Judikatur des Verwaltungsgerichtshofs (Senat 03): In den Beschlüssen zu UVP-Verfahren in Angelegenheiten des Eisenbahnwesens (2010/03/0051 und 2010/03/0055 jeweils vom 30.09.2010) hat der Verwaltungsgerichtshof Bescheidbeschwerden zurückgewiesen, weil er der Ansicht ist, dass sich aus Art. 10a der UVP-Richtlinie ergibt, dass der Verwaltungsgerichtshof keine ausreichende Kognitionsbefugnis in Bezug auf Fragen des Sachverhalts hat, er daher nicht zuständig und in weiterer Folge der Umweltsenat als Berufungsbehörde anzusehen ist. In den Entscheidungen noch eine Woche davor hatte sich der VwGH für zuständig erachtet.
In Bezug auf Bundesstraßen ist derzeit ein Verfahren bei einem anderen Senat des Verwaltungsgerichtshofs anhängig und ungewiss, ob dieser zum selben Ergebnis kommen, die Sache zur Vorabentscheidung dem Europäischen Gerichtshof vorlegen oder einen verstärkten Senat bilden wird. Eine gesetzliche Lösung oder die Rückkehr zur bisherigen Judikatur des Verwaltungsgerichtshofes wäre dringend erforderlich, um Rechtssicherheit zu schaffen.

d. In Hinblick auf eine Auswertung der Wirkungen der Umweltverträglichkeitsprüfung wäre die Beauftragung einer Studie zum Thema „Kundenzufriedenheit" von Interesse. Im Rahmen einer derartigen Studie könn-

28 Vgl. dazu das Regierungsprogramm für die XXIV. Gesetzgebungsperiode, Punkt 3.2.

ten sowohl die Meinungen sowohl der von den Verfahren Betroffenen als auch jener der Projektwerberin ASFINAG mit einbezogen werden.

Abbildung 5: S 10 Mühlviertler Schnellstraße, mündliche Verhandlung, Behördenvertreterinnen und Behördenvertreter sowie Sachverständige

Quelle: ILF Beratende Ingenieure

4. Resümee

Trotz der noch offenen rechtspolitischen Fragen hat sich das System der Umweltverträglichkeitsprüfung für Bundesstraßen bewährt: Die Einführung der Umweltverträglichkeitsprüfung hat dazu geführt, dass von der Projektwerberin ASFINAG aus fachlicher Sicht immer bessere Projekte zur Genehmigung vorgelegt werden, was letztendlich den Einsatz von Zeit und Geld im Umweltverträglichkeitsprüfungsverfahren rechtfertigt. In einem mehrgliedrigen Prozess werden die Bedürfnisse der Stakeholder aufgegriffen und integriert. Nachdem alle Argumente dargestellt und ausgetauscht wurden, entsteht, in ganzheitlicher Arbeitsweise, ein für die Umsetzung geeignetes Projekt. Vielen Bedenken von Anrainern, Bürgerinitiativen und Umweltorganisationen wird durch Projektänderungen oder Auflagen Rechnung getragen. Die Behörden und die Sachverständigen arbeiten gemeinsam daran, die Verwirklichung zu ermöglichen und dabei die Interessen aller Beteiligten zu berücksichtigen. Die hohe Rate an unangefochtenen oder von den Gerichtshöfen des öffentlichen Rechts bestätigten Genehmigungen zeigt letztlich die Akzeptanz durch breite Bevölkerungsschichten.

Christian MÜRKL

Nachhaltige Produktbudgetierung

Vom Pilotprojekt zum unverzichtbaren Steuerungsinstrument für Politik und Verwaltung

Im Jahr 2004 wurde in der Stadt Wiener Neustadt mit dem Projekt „Produktbudgetierung" begonnen. Mittlerweile ist die Produktthematik sowohl im politischen, als auch im Verwaltungsbereich ein fixer Bestandteil der Ablauforganisation. Eines gleich vorweg: Weder ein flächendeckender Produktkatalog, noch Produktbudgets an sich, können die finanziellen Probleme der Städte und Gemeinden unmittelbar lösen. Dennoch zeigen aber die Erfahrungen aus Wiener Neustadt, dass es sich lohnt, über diese etwas andere Art der Budgetierung zumindest nachzudenken.

1. Zur Ausgangssituation

Spätestens zur Hälfte des ersten Jahrzehnts des neuen Jahrtausends war für viele Städte und Gemeinden klar, dass die bisherigen Methoden der Budgetierung für die sich rasch ändernden Rahmenbedingungen nicht mehr ausreichend waren. Das nachhaltige Auseinandertriften der Entwicklung der wesentlichen Einnahmen- und Ausgabenfaktoren riss in vielen kommunalen Haushalten Lücken auf, welche ohne strukturierte Gegensteuerungsmaßnahmen nicht mehr kontrollierbar waren. Das alljährliche „Budgetwunschkonzert der Fachabteilungen" musste demnach ein Ende haben. Ein probates Mittel dazu scheint in der Stadt Wiener Neustadt die Produktbudgetierung zu sein.

2. Der Ablauf des Projektes

- Ab *Juli 2004:* Pilotprojekt zur Produktdefinition im Bereich der Finanzverwaltung, zirka 30 Mitarbeiterinnen und Mitarbeiter, Durchlaufzeit rund drei Monate.
- Bis *Juni 2005:* Auftrag des Gemeinderates an den Magistrat für die Hoheitsverwaltung einen flächendeckenden Produktkatalog zu erstellen; 12 Dienststellen, rund 50 Referate, Durchlaufzeit ca. sechs Monate.
- Bis *November 2005:* Auftrag des Gemeinderates an den Magistrat auf Basis der definierten Produkte, Einsparungsmaßnahmen ab dem Budget 2006 zu finden und diese im Rahmen der Budgetgespräche vorzulegen; Basis dafür sind einheitliche Maßnahmendatenblätter, welche von allen Abteilungen verwendet werden.
- Ab *Juni 2006:* Erstmalige Budgetierung auf Produkten durch die Fachabteilungen in einer eigenen Datenbank für das Budget 2007, unter weiterer Berücksichtigung der bisherigen und möglichen neuen Maßnahmen zur Budgetkonsolidierung.
- Ab *Mai 2007:* Weiterführung der Produktbudgetierung, ergänzt durch eine jährliche Hochrechnung der Finanzverwaltung zur Errechnung von

„Eckwertbudgets“ der einzelnen politischen Ressorts, welche für die jeweilige Budgetierung zu berücksichtigen sind.
- *September 2007:* Der Gemeinderat beschließt das Ende des Projektes und die Einführung der im Rahmen des Projektes erarbeiteten Strukturen in die Ablauforganisation; die Produktbudgets werden jährlich parallel mit dem Voranschlag durch den Gemeinderat beschlossen.

3. Die Produktdefinition

Nach dem Verständnis der handelnden Personen haben Produkte folgende Merkmale:

Ein Produkt
- ist keine Einzelleistung, sondern eine Zusammenfassung von Einzelleistungen,
- wird zur Erreichung einer Wirkung bzw. eines Ergebnisses erbracht,
- wird von einer klar definierten Zielgruppe benötigt bzw. nachgefragt,
- kann demnach ein internes Produkt (Zielgruppe: z.B. andere Magistratsabteilung) oder ein externes Produkt (Zielgruppe: z.B. bestimmbare Gruppen von Bürgerinnen und Bürgern) sein,
- kann gesetzlich (EU-Verordnungen, Bundes- und Landesgesetze etc.) oder freiwillig (Gemeinderatsbeschluss, interne Verordnung etc.) erbracht werden,
- hat einen Produktnamen, der die Tätigkeiten klar beschreibt und
- hat einen Produktverantwortlichen (nicht die Magistratsabteilung XY, sondern konkret „Herr oder Frau Muster“), womit die Zuständigkeiten klar geregelt sind und allfällige Fragen rasch geklärt werden können.

Praxishinweis

Projektmanagement in bürokratischen Strukturen ist schwer genug. Sie müssen das Rad daher nicht doppelt und dreifach neu erfinden. Beginnen Sie bei der Produktdefinition mit Daten, welche in der Organisation ohnehin vorhanden sind. In Wiener Neustadt waren das die Dienstpostenbeschreibungen. Für jeden Arbeitsplatz gab es bereits vor dem Produktprojekt eine detaillierte Beschreibung, welche Funktionen und Tätigkeiten pro Arbeitsplatz zu erfüllen sind. Ähnliche Einzeltätigkeiten aus verschiedenen Dienstposten konnten so einfach zusammengefasst werden. Diese Daten waren die Grundlage für die ersten Leistungsbündel und in Folge auch für die ersten Definitionen der Produkte.

Der Produktkatalog in Wiener Neustadt hat sich im Wesentlichen an das Grundgerüst des Musterkataloges des KDZ und des Österreichischen Städtebundes gehalten. Leichte Adaptierungen oder Ergänzungen können jedoch in Abstimmungen auf das jeweilige Leistungsspektrum jederzeit durchgeführt werden.

Einige Beispiele für Produkte aus dem Produktkatalog der Stadt sind[1]:

- die Gewährung von Subventionen im Sozialbereich
- die Abwicklung der Agenden des Niederlassungs- und Aufenthaltsgesetzes
- die Maßnahmen für die Verkehrssicherheit
- die magistratsinterne Rechtsberatung
- das Service in Wohnungsangelegenheiten

Abbildung 1 soll zeigen, dass es bei der Zuweisung von Ausgaben und Einnahmen aus der Haushaltsstruktur gemäß der Voranschlags- und Rechnungsabschlussverordnung auf Produkte durchaus zu komplexen Zuordnungsmechanismen kommen kann, da der Gesamtsaldo eines Produktes aus zahlreichen Ansätzen quer über den Gesamthaushalt resultieren kann. Dass die Gesamteinnahmen und Gesamtausgaben eines Produktes deckungsgleich mit nur einem Ansatz sind, ist nahezu auszuschließen. Um eine lückenlose Zuteilung zwischen dem Haushalt und dem Produktkatalog sicherzustellen, ist es erforderlich, Ansatz für Ansatz und Voranschlagsstelle für Voranschlagsstelle zur prüfen und entsprechend auf ein oder – falls erforderlich – auf mehrere Produkte aufzuteilen. Die Erfahrungen des Projektes in Wiener Neustadt zeigen, dass dabei ein wichtiger Faktor vor allem die persönliche Abstimmung der Produktverantwortlichen mit den „Querschnittsämtern“ (z.B. Personal, IT, Beschaffung etc.) ist. Dies gilt sowohl für die erstmalige Definition und Budgetierung der Produkte als auch für die weitere Budgetierung von Einsparungsmaßnahmen dieser Produkte.

Abbildung 1: Differenzierung Voranschlag – Produkte

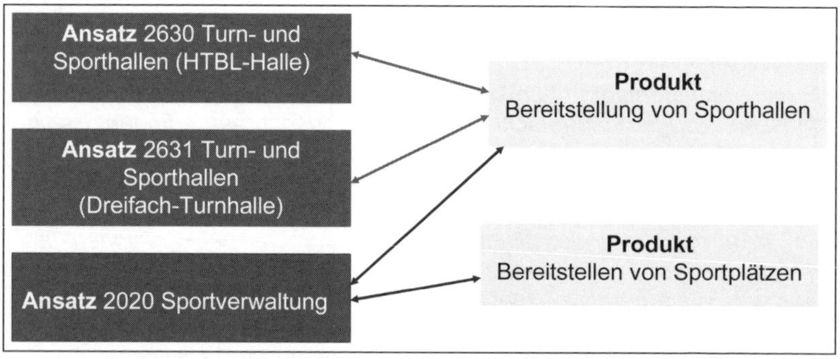

Quelle: Christian Mürkl (2010)

Die Produktbudgetierung stellt somit auch eine organisatorische Herausforderung für die meist funktional gegliederten Abläufe in öffentlichen Verwaltungen dar. Ohne die oben genannte direkte und persönliche Abstimmung der handelnden Personen ist die Gefahr groß, dass aus dem überschaubaren Produktprojekt ein Organisations- bzw. Reorganisations-

1 Exemplarischer Auszug aus dem Produktkatalog 2010 der Stadt Wiener Neustadt

projekt enormen Ausmaßes entsteht, welches mit den ursprünglich vorgesehenen Ressourcen nicht mehr administrierbar ist. Eine laufende Kontrolle und klare Abgrenzung durch die Projektleiterinnen bzw. Projektleiter ist daher dringend erforderlich.

4. Die jährliche Hochrechnung

Ein zentrales Element der Produktbudgetierung ist die jährliche Hochrechnung. Diese wird im Mai des jeweiligen Jahres für das kommende Jahr von der Finanzverwaltung durchgeführt. Ziel dabei ist es nicht, eine detaillierte Budgetvorschau zu geben, sondern festzustellen, ob die in der durch den Gemeinderat beschlossenen mittelfristigen Finanzplanung[2] festgelegten Zielwerte nach den letzten Erkenntnissen noch haltbar sind oder, ob es dazu Abweichungen gibt. Als Grundlage dafür dient der Voranschlags- und Rechnungsquerschnitt.

Der Großteil der Hochrechnungswerte wird durch Indexierung, anhand der zu erwartenden Inflation, für das kommende Jahr pauschal festgelegt. Lediglich einige wenige wesentliche Einflussfaktoren (z.B. die Ertragsanteile, die Kommunalsteuer, das Zinsniveau, die Personalausgaben, die Gebührenentwicklung etc.) werden dabei gesondert mit den Fachabteilungen abgestimmt und entsprechend für das kommende Jahr festgelegt. Die Erfahrungen der letzten Jahre haben gezeigt, dass diese Vorgangsweise ein sinnvolles Verhältnis zwischen Ergebnisgenauigkeit und entstehendem Arbeitsaufwand darstellt.

5. Die Ermittlung und Bedeutung der Eckwerte

Das prognostizierte Ergebnis der Hochrechnung wird dem Ergebnis der Finanzplanung gegenübergestellt. Allfällige negative Abweichungen bilden die Grundlage für die Einsparungsziele der Budgetgespräche. Ist beispielsweise in der Finanzplanung ein ausgeglichenes Ergebnis festgelegt worden und die Hochrechung ergibt einen Abgang im ordentlichen Haushalt von € 3 Mio., so ist das Einsparungsziel für den gesamten Magistrat eben zumindest dieser Betrag.

Der nächste wesentliche Schritt ist, den Gesamteinsparungsbetrag auf die „Eckwerte" pro politischem Ressort herunter zu brechen. In Wiener Neustadt wird dabei folgende Vorgangsweise gewählt:

- Zuteilung aller Einnahmen und Ausgaben auf die einzelnen Bereiche der ressortverantwortlichen Stadträtinnen und Stadträte – somit ergibt sich ein erster Gesamtsaldo pro Ressort
- Aufsplittung dieser Einnahmen und Ausgaben auf beeinflussbare und nicht beeinflussbare Bestandteile – somit ergibt sich ein neuer Gesamtsaldo pro Ressort, welcher wesentlich aussagekräftiger ist
- Jeder beeinflussbare Ressortsaldo wird in einem Prozentverhältnis zum gesamtbeeinflussbaren Saldo der Stadt dargestellt

2 In Wiener Neustadt erfolgt dies gemäß der Bestimmungen des § 54 (1) NÖ-Stadtrechtsorganisationsgesetz

– Jedes Ressort muss entsprechend seines Prozentanteils am gesamtbeeinflussbaren Saldo im gleichen Ausmaß auch prozentuell zum Gesamteinsparungsbetrag des Magistrates beitragen

Beispiel[3]**:**

Summe aller beeinflussbaren Ressortsalden:	
davon Ressort Kultur:	*€ -50.000.000,- (100%)*
davon Ressort Umwelt, Wirtschaftshof etc.	€ -10.000.000,- (20%)
davon Ressort Sport	€ -35.000.000,- (70%)
	€ - 5.000.000,- (10%)
Differenz zwischen Hochrechnung und Finanzplanung und daher Gesamteinsparungsbetrag für die Stadt: davon Ressort Kultur:	
davon Ressort Umwelt, Wirtschaftshof etc.	*€ 3.000.000,- (100%)*
davon Ressort Sport	€ 600.000,- (20%)
	€ 2.100.000,- (70%)
Daraus resultierende Eckwerte:	€ 300.000,- (10%)
Ressort Kultur:	
Ressort Umwelt, Wirtschaftshof etc.	
Davon Ressort Sport	€ - 9.400.000,- (20%)
	€ -32.900.000,- (70%)
Gesamtsaldo aller Bereiche mit neuen Eckwerten:	€ -4.700.000,- (10%)
	€ -47.000.000,- (100%)

Entscheidende Bedeutung in diesem Prozess kommt dabei der Einteilung in beeinflussbare und nicht beeinflussbare Einnahmen und Ausgaben zu. Hier gibt es kein Universalkonzept, um zu den richtigen Unterscheidungen zu kommen. Jedenfalls als nicht beeinflussbar einzustufen sind aber jene Einnahmen und Ausgaben, die durch andere Körperschaften gesetzlich festgelegt werden.

Dies sind in Niederösterreich beispielsweise die Umlagen des Landes, wie etwa die Jugendwohlfahrtsumlage oder die Sozialhilfeverbandsumlage. Jedenfalls als beeinflussbar sind jene Einnahmen und Ausgaben einzustufen, welche durch die Kommune weitgehend selbst definiert werden. Das sind beispielsweise die Grundbesitzabgaben (Wasser-, Kanal- und Müllgebühren). Es verbleibt jedoch ein großer Rest von Einnahmen und Ausgaben, bei welchem die Zuordnung nicht ganz eindeutig erfolgen kann. In wie weit Teile der Personalausgaben, Energieausgaben, Materialausgaben etc. als beeinflussbar einzustufen sind, hängt weitgehend auch davon ab, in wie weit das vorhandene Leistungsspektrum von der

3 Die Zahlen sind frei erfunden.

Verwaltung und der Politik als fix vorgegeben angesehen wird oder, ob der Leistungsumfang einzelner Teilbereiche zur Diskussion gestellt werden kann. Eine 100 Prozent korrekte Zuteilung wird wohl kaum möglich sein.

Dennoch reicht es aufgrund der Erfahrungen aus Wiener Neustadt aus, wenn die wesentlichen Einnahmen- und Ausgabenpositionen (die zum Teil auch oben genannt wurden) zu 70 bis 80 Prozent „richtig" eingeordnet werden, um zu sinnvollen Budgetvorgaben zu kommen. Auch hier sollte die so oft gültige 80:20-Regel als Maßstab gelten.

Abschließend ist zu erwähnen, dass das oben angeführte Rechenbeispiel eine rein mathematische Ableitung der Eckwerte darstellt. Empfehlenswert ist es jedoch, wenn zusätzlich zu diesen Berechnungen auch politische Prioritätensetzungen in die Festlegung der Eckwerte mit einfließen.

6. Projektstruktur und IT-Lösung

Im Wesentlichen bestand die Projektstruktur aus folgenden Einheiten:

- dem Gemeinderat (als Auftraggeber)
- dem Projektlenkungsausschuss (Gremium aus Vertreterinnen und Vertretern der Politik und Verwaltung zur Vorberatung wesentlicher Entscheidungen)
- den Projektteams (mindestens eines pro Abteilung) mit den jeweiligen Abteilungsleiterinnen und Abteilungsleitern als zuständige Projektleiterinnen und Projektleiter
- der Projektkoordination (Finanzverwaltung – Controlling)

Abbildung 2: Organigramm der Projektstruktur zur Abstimmung von Politik und Verwaltung

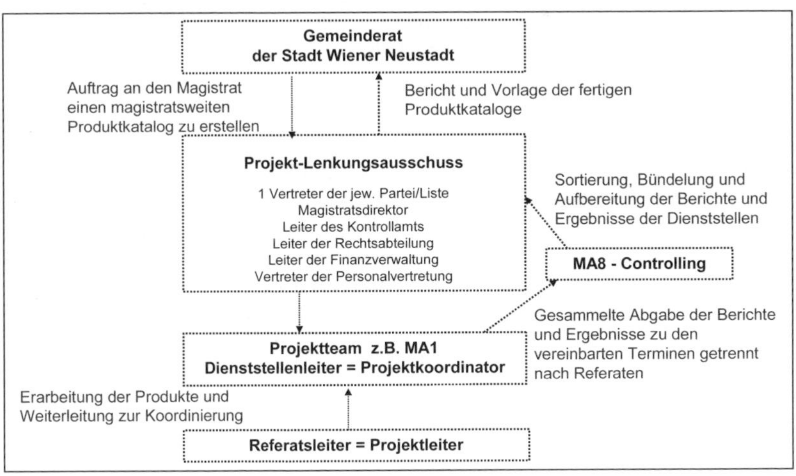

Quelle: Christian Mürkl (2010)

Sowohl für die einmalige Produktdefinition, als auch für die laufende Produktbudgetierung wurden vom Controlling der Stadt, in Abstimmung mit der IT-Abteilung, eigene Softwarelösungen (erweiterte ACCESS-

Applikation) erarbeitet. Der Aufwand dafür ist sicherlich nicht zu unterschätzen und im Einzelfall auf seine Sinnhaftigkeit zu überprüfen. Für die Größenordnung einer Stadt wie Wiener Neustadt ist es aber zielführend, einheitliche Datengrundlagen für alle Teilnehmerinnen und Teilnehmer zu schaffen.

Da die derzeitigen gesetzlichen Rahmenbedingungen die ausschließliche Budgetierung auf Produkten nicht erlaubt, werden sowohl der Voranschlag nach den Bestimmungen der VRV, als auch die flächendeckenden Produktbudgets erstellt und durch den Gemeinderat abgesegnet.

7. Conclusio

Grundsätzlich erscheint es als unabdingbar, gerade in Zeiten knapper Kassen, über den effizienten Einsatz von öffentlichen Mitteln nachzudenken, in welcher Form auch immer. Deshalb kann auch das Projekt „Produktbudgetierung“ in Wiener Neustadt als durchaus erfolgreich bezeichnet werden.

Der organisatorische Aufwand zur Einführung eines derartigen Projektes ist dabei sicherlich dem zu erwartenden Erfolgen gegenüberzustellen. Zu berücksichtigen ist dabei auch, dass in der laufenden Umsetzung der Produktbudgetierung derzeit der Produktkatalog parallel zum Voranschlag laut VRV zu erstellen ist. Eine „Haushaltsreform“ die möglicherweise ein Wahlrecht zur Art der Budgetierung Vorsieht wäre daher hilfreich um diesen doppelten Aufwand vermeiden zu können. Eine weitere Standardisierung des Produktwesens zwischen den Städten ist jedoch dafür auch Voraussetzung.

Im ersten Jahr des Projektes wurden schriftlich und in standardisierter Form mehr als 150 Maßnahmen zur Budgetkonsolidierung vorgeschlagen, was eine völlig neue Dimension darstellt.

Produkte und daraus abgeleitete Maßnahmen bieten die Möglichkeit, neue Ideen sachlich vorzubringen und eine laufende Abstimmung zwischen Politik und Verwaltung aufrechtzuerhalten. Die Budgetthematik findet nicht nur einmal im Jahr von Oktober bis Anfang Dezember Platz, sondern bleibt im Wesentlichen laufend im Focus der Verwaltungsabläufe. Die Information an die politischen Entscheidungsträgerinnen und -träger, aber auch vor allem an die Abteilungsleiterinnen und -leiter ist umfassender und kontinuierlicher geworden, was an manchen Stellen doch ein neues Bewusstsein für die Budgetierung hervorgerufen hat. Vor allem die Definition der Eckwertbudgets für die einzelnen politischen Ressorts ist ein gutes Bindeglied im Budgetprozess, welches einen klaren Rahmen für das Budget vorgibt, jedoch auch Spielräume für politische Prioritätensetzungen offen lässt.

Bis zum Jahr 2008 ist es gelungen, die laut den Prognoserechnungen zu erwartenden Abgänge im ordentlichen Haushalt massiv zu reduzieren und somit nennenswerte Entlastungen für die Budgets der Stadt zu erwirken. Leider wurden viele dieser Bemühungen durch die Auswirkungen der Finanz- und Wirtschaftskrise wieder teilweise zunichte gemacht. Trotzdem wäre ohne die getroffenen Maßnahmen die aktuelle finanzielle Situation der Stadt um vieles schlechter. Auch derzeit ist die Stadtverwaltung dabei, neue Maßnahmen und Vorschläge für die Politik aufzubereiten, um ab 2011 den veränderten Rahmenbedingungen gerecht werden zu können.

Am Ende jedes Einsparungsvorschlages kommt der Zeitpunkt, an dem eine Entscheidung getroffen werden muss, um die finanzielle Wirkung dieser auch zu entfalten. Der Weg über die Produkte hat sich in Wiener Neustadt als Möglichkeit erwiesen, eine Versachlichung in eine oft viel zu emotional geführte Diskussion zu bringen und somit neue Einsparungspotenziale umzusetzen.

Ohne rasche Einigung mit den übergeordneten Körperschaften, wie Ländern und Bund, über die künftige finanzielle Ausstattung von Städten und Gemeinden wird wohl auch die Produktbudgetierung die Kommunen nicht vor dem finanziellen Kollaps retten. Der Produktkatalog ist jedoch ein Nachweis über den effizienten Mitteleinsatz für eine breite Leistungspalette, welche die Städte und Gemeinden den Bürgerinnen und Bürgern anbieten. Somit auch ein gutes Argumentarium für die sicherlich bald zu führenden Verhandlungen über die künftige Mittelverteilung im Gesamtsystem Staat.

Alfred WATZINGER, Alexander MAIMER

Nachhaltiges Verwaltungsmanagement in kleineren Gemeinden am Beispiel der Gemeinde Engerwitzdorf

1. Nachhaltiges Verwaltungsmanagement in kleineren Gemeinden

1.1 Warum ist nachhaltiges Verwaltungsmanagement in kleineren Gemeinden sinnvoll?

Durchschnittlich haben Österreichs Gemeinden ca. 2.800 EW. In Österreich leben 4.640.803 Menschen, davon etwa 55 Prozent in 2.285 Gemeinden mit unter 10.000 EW. Lediglich 71 Gemeinden (ohne Wien) weisen mehr auf. In ihnen leben 2.035.665 Menschen, das sind 24,3 Prozent der Gesamtbevölkerung.

Die Meinung zu vertreten, in kleineren Gemeinden wäre nachhaltiges Verwaltungsmanagement nicht erforderlich, hieße, mehr als die Hälfte der österreichischen Bevölkerung „alten" Strukturen auszuliefern. Die Zielsetzung eines nachhaltigen Verwaltungsmanagements muss in jeder Gemeinde die gleiche sein. Der Weg dahin unterscheidet sich aber wesentlich und wird von individuell unterschiedlichen Faktoren geprägt.

1.2 Welche Besonderheiten ergeben sich für kleinere Gemeinden?

Bei der Umsetzung von Verwaltungsreformen gibt es sicherlich das „Privileg des Kleineren". Die Verwaltung selbst, die Prozesse, das Zusammenwirken der einzelnen Aufgabenbereiche sind überschaubar, weshalb auch mögliche Szenarien viel einfacher abgeschätzt werden können, als in großen Gemeinden.

In kleinen Gemeinden braucht es allerdings eine sehr intensive Überzeugungskraft, weil *„doch die Bürgerinnen und Bürger auch bisher zu ihren Bewilligungen gekommen sind*". Hier bedarf es insbesondere einer engagierten Verwaltungsführung als Fachpromotor (Amtsleiter).

Seitens der Politik wird das Erfordernis einer Verwaltungsmodernisierung nicht mit der Vehemenz gefordert, wie in großen Verwaltungen. Dies einerseits aufgrund der überschaubareren Größe und Prozesse in der Verwaltung und andererseits aufgrund der mangelnden Auseinandersetzung mit den Möglichkeiten moderner Verwaltungsführung.

2. Das Beispiel der Gemeinde Engerwitzdorf

2.1 Grundsätzliches zur Gemeinde Engerwitzdorf – die Entwicklung der Gemeinde in den letzten Jahren

Die Gemeinde Engerwitzdorf erfreut sich als Nachbargemeinde der Landeshauptstadt Linz großer Beliebtheit als Wohngemeinde. So stieg die Einwohnerzahl in den letzten 20 Jahren um ca. 2.500 EW auf insgesamt 8.500 EW an. Mit dieser rasanten Entwicklung mussten auch die Gemeindeeinrichtungen Schritt halten, was wiederum eine tief greifende Veränderung in der Gemeindeverwaltung nach sich zog. So ist es heute unerlässlich, Sachbearbeiterinnen und Sachbearbeiter für die Kinderbetreuung, Sport- und Kulturagenden oder Sozialangelegenheiten zu haben.

Die Gemeinde Engerwitzdorf verwaltet im ordentlichen Haushalt ein Budget von € 12,1 Mio., welches bis zum Jahr 2014 auf etwa € 13,0 Mio. ansteigen wird. Waren im Jahr 1990 noch 13 Mitarbeiterinnen und Mitarbeiter in der Gemeindeverwaltung beschäftigt, so sind es heute 20 Personaleinheiten. Da den Mitarbeiterinnen und Mitarbeitern sehr große Freiheit bei der Dienstzeitgestaltung eingeräumt wird, sind derzeit 27 Mitarbeiterinnen und Mitarbeiter mit unterschiedlichen Beschäftigungsausmaßen in der Verwaltung tätig.

2.2 Die Motivation zur Verwaltungsreform

Mit dem Wechsel in der Amtsleitung der Gemeinde wurde begonnen, sich mit dem Thema „Verwaltungsreform" zu beschäftigen. Bis zu diesem Zeitpunkt herrschte ein streng hierarchisches System vor. Der Amtsleiter war der „erste" Sachbearbeiter und übernahm sämtliche „wichtigen" Aufgaben. War ein/e Sachbearbeiter/in für eine Aufgabe zuständig und dabei mit einer bestimmten Thematik beschäftigt, übernahm der Amtsleiter diese, sobald ein Gemeinderatsbeschluss notwendig wurde, oder eine Finanzierungsbesprechung bei einem Landesregierungsmitglied stattfand. Das Prinzip einer inhomogenen Zuständigkeit bewirkte Demotivation bei den Mitarbeiterinnen und Mitarbeitern. Immer dann, wenn es interessant wurde, übernahm der Amtsleiter die Aufgabe. Gleichzeitig waren Weiterbildungsmaßnahmen oder Instrumente – wie ein Vergleich mit anderen Kommunen – völlig unbekannt. Es konnte also keine Entwicklung durch die Mitarbeiterinnen und Mitarbeiter geben, da der Blick fast ausschließlich auf die eigene Verwaltung gerichtet war.

Es galt nun, einen Plan zu erarbeiten, wie eine Verwaltungsreform in der Gemeinde Engerwitzdorf stattfinden soll. Am Beginn sollte das Projekt „Aus- und Weiterbildung" stehen, da damit die Grundlage für die weitere Entwicklung gelegt werden konnte. Besonders motivierend waren Beispiele von Gemeinden, die bereits den Weg einer Reform eingeschlagen hatten und damit sehr erfolgreich waren.

2.3 Die Verwaltungsreformansätze der Gemeinde Engerwitzdorf

Bürgerservice

Im Rahmen eines Projektes kümmerten wir uns um das neue Bürgerservice. Einerseits war es erforderlich, geringfügige bauliche Änderungen vorzunehmen, andererseits mussten wir festlegen, welche Aufgaben das Bürgerservice künftig bewältigen sollte.

Die im Bürgerservice beschäftigten Mitarbeiterinnen und Mitarbeiter bildeten mit dem Architekten eine eigene Arbeitsgruppe, in der Vorschläge zur Gestaltung der neuen Bürgerservice-Stelle erarbeitet wurden. Zielsetzung war, eine freundliche, offene Atmosphäre, gleichzeitig aber auch einen Rückzugsbereich für persönliche Gespräche zu schaffen. Die Arbeitsgruppe zur Gestaltung des Raumes hatte sehr schnell zu einem Ergebnis gefunden. Es sollten kleine Schreibtische mit üblicher PC-Ausstattung, parallel dazu aber jeweils ein Stehtisch, auf dem ein Bildschirm mit Tastatur zum Basis-PC mit angeschlossen werden konnte. So wurde dem Wunsch Rechnung getragen, die schnell zu erledigenden Anliegen von den Bürgerinnen und Bürgern am Stehtisch entgegenzunehmen und zu bearbeiten.

Schwieriger gestaltete sich das Festlegen der Agenden. Zu verwurzelt waren diese in den einzelnen Abteilungen. So bedeutete es intensive Diskussionen, beispielsweise die Ausgabe von Mülltonnen von der Finanzabteilung abzuziehen. Noch schwieriger war es, die Hauptkassa ins Bürgerservice zu verlegen, denn es gab intern große Vorbehalte, Mitarbeitern des Bürgerservices typische Finanzagenden zu übertragen.

Der erste Aufgabenkatalog orientierte sich an den Lebensbedürfnissen der Bürgerinnen und Bürger. Was brauchen die Bürgerinnen und Bürger, wenn sie eine Wohnung oder ein Wohnhaus neu beziehen? Alles, wofür die Gemeinde zuständig ist, sollte im Bürgerservice erhältlich sein. Notfalls hatte der Grundsatz „*Wenn jemand laufen muss, dann die Geschäftsstücke oder die Mitarbeiterinnen und Mitarbeiter, nicht aber die Bürgerinnen und Bürger*“ Gültigkeit.

Die Aufgaben des Bürgerservices werden ständig evaluiert, wobei auch eine jährliche Befragung der Kundinnen und Kunden am Gemeindeamt Hilfestellung gibt. Heute können wir uns über beste Beurteilungen durch die Bürgerinnen und Bürger freuen, was den anfänglichen Kritikerinnen und Kritikern dieser Einrichtung den Wind aus den Segeln genommen hat.

Personalmanagement

Die Basis für Personalentwicklung ist, sich mit den einzelnen Arbeitsplätzen inhaltlich auseinander zu setzen. In neu zu entwickelnden Arbeitsplatzbeschreibungen wurde das Aufgabengebiet genau definiert, die dafür aufzuwendende Jahresarbeitszeit geschätzt und vor allem die Befugnisse exakt festgelegt. Abgeleitet vom Aufgabengebiet und den Befugnissen mussten in der Folge die Voraussetzungen festgeschrieben werden, sowohl in fachlicher als auch in persönlicher Hinsicht.

Darauf aufbauend war nun die Grundlage für die Erstellung eines Weiterbildungsplanes gegeben. Die Erstellung des Weiterbildungskonzeptes wurde dahingehend weiterentwickelt, als im Rahmen von Mitarbeitergesprächen sowohl die Wünsche der Mitarbeiterinnen und Mitarbeiter als auch die Vorstellungen der Vorgesetzten zusammen geführt wurden. Dieses Vereinbarungsergebnis bildet die Basis für den jährlichen Weiterbildungsplan.

Für die vorgesehenen Seminare und Schulungen werden entsprechende Angebote gesucht und die Mitarbeiterinnen und Mitarbeiter dafür angemeldet.

In einem eigens dafür entwickelten Formular müssen die Mitarbeiterinnen und Mitarbeiter die Gründe für den bevorstehenden Seminarbesuch darstellen. Unmittelbar nach erfolgter Weiterbildung geben sie eine Beurteilung über den Inhalt, die Vortragenden und die Rahmenbedingungen ab und legen zugleich fest, was von den vermittelten Inhalten in die Praxis umgesetzt werden kann. Etwa ein halbes Jahr nach dem Seminarbesuch haben die Mitarbeiterinnen und Mitarbeiter das Formular um die tatsächlichen Umsetzungen zu ergänzen.

Die von den Mitarbeiterinnen und Mitarbeitern gegebene Gesamtbewertung ist Bestandteil zur Kennzahl der Mitarbeiterzufriedenheit beim Produkt „Aus- und Weiterbildung".

Eine wesentliche Reform bedeutet auch die Einführung von Mitarbeitergesprächen. Diese sind Teil eines großen Planungskreislaufes. Sowohl für die Mitarbeiterinnen und Mitarbeiter als auch für die Vorgesetzten steht ein Vorbereitungsbogen zur Verfügung. Zu den Inhalten des Mitarbeitergespräches zählen die Entwicklungsmöglichkeiten, die Weiterbildungserfordernisse sowie Zielvereinbarungen auf Basis der Kennzahlen aus der Produktrechnung.

Planungskreislauf

Ein wichtiges Projekt war, die Auswirkungen von politischen Zielsetzungen und von Verwaltungsprojekten in der Tagesarbeit berücksichtigen zu können. Aus diesem Grund erstellten wir einen Planungskreislauf. Mit diesem ist sichergestellt, dass die Zielsetzungen auch tatsächlich umgesetzt werden können. Bisher bestanden lediglich einzelne Planungsinstrumente, die aber nicht den erforderlichen Zusammenhalt aufwiesen. Nunmehr konnten wir einen in sich geschlossenen Planungskreislauf kreieren, bei dem ausgehend vom Budgetbeschluss des Gemeinderates im Dezember die Mitarbeitergespräche im Januar (Bürgermeister mit dem Amtsleiter, Amtsleiter mit dem Abteilungsleiter) und im Februar (Abteilungsleiter mit den Mitarbeiterinnen und Mitarbeitern) folgen. Die Zielsetzung ist damit gegeben, die Abteilungen halten im März interne Klausuren ab, in denen sie die Umsetzung der Vorgaben in der täglichen Arbeit beraten und festlegen. Zu den bisherigen Zielsetzungen gilt es auch, eine Abweichungsanalyse zu erstellen.

Damit beginnt die Vorbereitung des neuen Budgets bzw. der neuen mittelfristigen Finanzplanung. Von April bis Juni beraten die Ausschüsse des Gemeinderates die ihnen „zugeteilten" Budgetansätze, die von Juli bis September auf Sachbearbeiterebene überarbeitet und ergänzt werden. Im

Oktober koordiniert der Finanzausschuss die Teilbudgets der Ausschüsse und fügt diese zu einem geordneten Ganzen zusammen. In der im November stattfindenden Führungskräfteklausur wird das Ergebnis mit den Ergänzungen der Aufsichtsbehörde und den anstehenden Verwaltungsprojekte für das kommende Jahr intensiv diskutiert.

Damit steht dem Finanzausschuss für seine letzte Behandlung des Voranschlages und der mittelfristigen Finanzplanung nichts mehr im Weg, der Gemeinderat fällt schließlich den Beschluss über diese beiden Finanzplanungen, womit der Start für einen neuen Kreislauf eröffnet ist.

Abbildung 1: Planungskreislauf der Gemeinde Engerwitzdorf

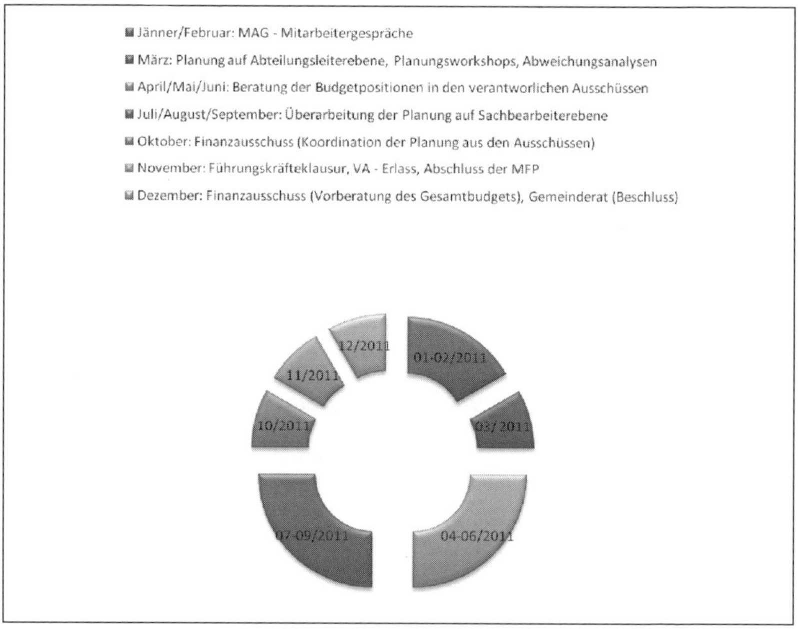

Quelle: Gemeinde Engerwitzdorf

Einführung eines elektronischen Workflowsystems

Vor der Einführung eines elektronischen Workflowsystems mussten wesentliche Voraussetzungen und Bedingungen festgelegt werden. Wichtig war, dass die Software flexibel einsetzbar ist und den organisatorischen Gegebenheiten in der Gemeinde gerecht wird. Wir legten den Grundsatz fest, dass sich keinesfalls die Organisation nach der Software richten dürfe, sondern einzig die Software an die Voraussetzungen in der Gemeindeorganisation angepasst werden müsse. Eine weitere Grundvoraussetzung war, dass elektronische Geschäftsstücke direkt in die elektronischen Fachanwendungen einfließen können, das Workflowsystem also direkt mit den übrigen Fachanwendungen gekoppelt werden kann. Diese restriktiven Vorgaben führten uns zu einem österreichischen Softwarehaus, das sämtliche Anforderungen erfüllen konnte.

Das Projekt „Elektronischer Workflow“ wurde mit einer Arbeitssitzung mit sämtlichen Verwaltungsmitarbeiterinnen und Verwaltungsmitarbeitern fortgesetzt. Dabei legten wir fest, wie lange der Probebetrieb, wie lange und in welcher Form ein „Parallelbetrieb“, und ab wann der ELAK als einzig gültige Aktenform geführt werden soll.

In einer Vorarbeit erstellten wir einen elektronischen Aktenplan. Dieser beinhaltet die Aktenzahl, den Namen der zuständigen Dienststelle und des/der verantwortlichen Mitarbeiters/in sowie dessen/deren Vertreter/in. Wichtig ist, dass zu jeder Aktenzahl definiert wurde, welchen digitalen Weg das Geschäftsstück im Gemeindeamt gehen muss. Da die Gemeinde Engerwitzdorf sämtliche Leistungen in einem Produktkatalog definiert hat, wird der Aktenzahl auch die Nummer des Produktes beigefügt.

Dieser elektronische Aktenplan lässt jederzeit die Erstellung eines aktuellen Geschäftsverteilungsplanes zu und gibt jedem elektronischen Geschäftsstück den Weg im Gemeindeamt vor.

Die gesamte Eingangspost wird digitalisiert, E-Mails werden direkt übernommen. Die zu vergebende Aktenzahl bewirkt, dass das Geschäftsstück in die richtige Dienststelle bzw. zum/zur verantwortlichen Mitarbeiter/in geleitet wird, eine manuelle Zuteilung also nicht (mehr) erforderlich ist. Die Bearbeitung erfolgt ausschließlich in elektronischer Form, da auch die Behandlung des Gegenstandes in einem Gremium durch das implementierte Sitzungsprogramm direkt und ohne Vervielfältigung von Geschäftsstücken und Dokumenten erfolgen kann.

Durch die Weiterentwicklung des elektronischen Workflows stehen wir nun unmittelbar vor der flächendeckenden Einführung der digitalen Amtssignatur (voraussichtlich ab März 2011) und der elektronischen Bearbeitung der Buchungsbelege. Sämtliche erforderlichen Unterschriften werden ab diesem Zeitpunkt in digitaler Form gegeben. Dies hat zur Folge, dass sämtliche Informationen über einen Beleg direkt über die Buchungszeile abgerufen werden können.

Abbildung 2: Elektronisches Workflowsystem, ÖKOM Rathausmanager

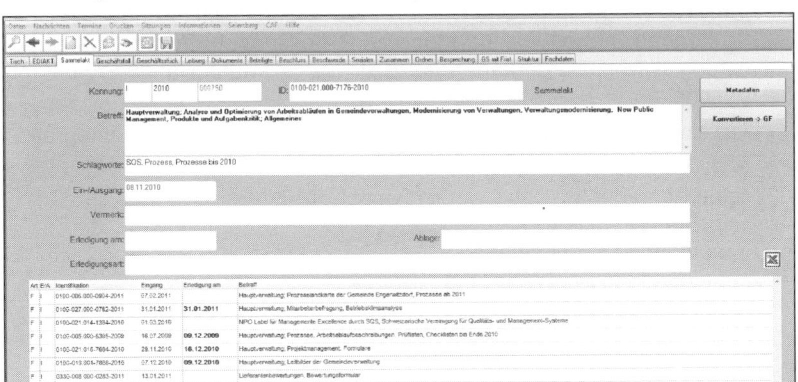

Quelle: Gemeinde Engerwitzdorf (2011)

E-Government

Da also die „Hausaufgabe" eines elektronischen Workflows bereits erfüllt war, stellte sich die Frage, in welcher Form sollten E-Government-Anwendungen realisiert werden. Dabei stellten wir uns die Prämisse, dass so genannte „intelligente" Formulare von Bürgerinnen und Bürgern ausgefüllt werden und diese, wenn möglich, direkt über den elektronischen Workflow zum/zur verantwortlichen Mitarbeiter/in weitergeleitet werden. Dies ist möglich, weil die Formulare die erforderlichen Informationen mitliefern. Ein Beispiel einer derartigen Anwendung ist die Ausstellung einer Wahlkarte. Beantragt ein/e Bürger/in eine Wahlkarte über das Online-Portal der Gemeinde, so wird im Workflowsystem automatisch ein Geschäftsstück mit der entsprechenden Aktenzahl erstellt und sofort in die zuständige Dienststelle weitergeleitet, ohne dass ein Posteingangsstück übernommen werden müsste. Gleichzeitig wird im Wählerverzeichnis die Ausstellung der Wahlkarte vermerkt.

Eine ebenfalls häufig genutzte Anwendung ist die Bekanntgabe des Standes des Wassermessers. Nach Authentifizierung erhalten die Bürgerinnen und Bürger die für sie gemeldeten Wassermesser vorgeschlagen, und sie können die Ablesewerte eingeben. Nach einer Plausibilitätsprüfung werden die Werte in einen gespiegelten Teil der Datenbank eingetragen, so dass die Verwaltungsmitarbeiterinnen und Verwaltungsmitarbeiter diese Daten weder eingeben, noch überprüfen müssen.

Immer größerer Beliebtheit erfreut sich das Angebot, Eintrittskarten für das Engerwitzdorfer Kulturhaus „Im Schöffl" über das Internet kaufen zu können. Die Besucherinnen und Besucher wählen die gewünschten Plätze aus einer Grafik des Veranstaltungssaales aus und bezahlen per Kreditkarte.

E-Government dient aber auch der aktuellen Information der Bürgerinnen und Bürger. Nach Authentifizierung erhalten sie Auskunft über den derzeitigen Stand des Gebührenkontos und über den Bearbeitungsstand ihrer Eingaben. E-Government ist ein fast permanentes Projekt, da die technische Weiterentwicklung eine ständige Vergrößerung des Angebotes ermöglicht.

Damit die Bürgerinnen und Bürger unser elektronisches Angebot sicher nutzen können, haben wir die Möglichkeit geschaffen, in der Gemeindeverwaltung sowohl Bürgerkarten auszustellen, als auch Handy-Signaturen frei zu schalten.

Derzeit bieten wir folgende E-Government-Lösungen mit Integration des elektronischen Workflows an:

- Meine Eingaben an das Gemeindeamt
- Mein Gebührenkonto
- Anmeldung eines Hundes
- Anmeldung für eine Wohnung
- Antrag auf Ausstellung einer Wahlkarte
- Bekanntgabe des Standes des Wassermessers
- Änderung Restabfalltonne (Abholrhythmus, zweite Tonne etc.)
- An- oder Abmeldung einer Biotonne
- Ticketkauf (für das Kulturhaus „Im Schöffl")
- Anmeldung für Veranstaltungen des Ferienpasses

Abbildung 3: Ticketservice über E-Government

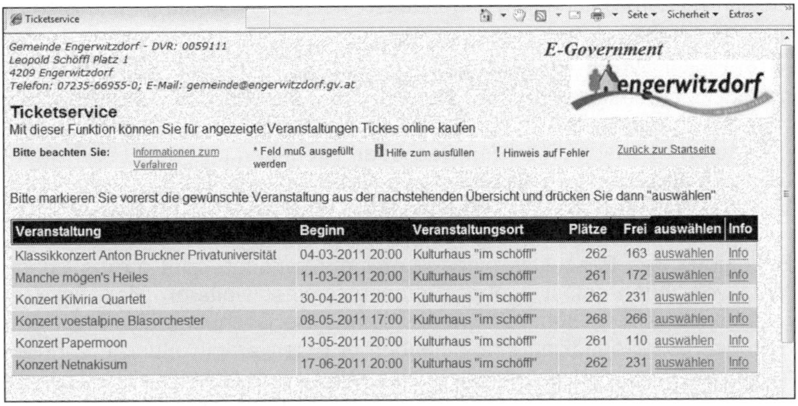
Ticketservice

Seite ▾ Sicherheit ▾ Extras ▾

Gemeinde Engerwitzdorf - DVR: 0059111
Leopold Schöffl Platz 1
4209 Engerwitzdorf
Telefon: 07235-66955-0; E-Mail: gemeinde@engerwitzdorf.gv.at

E-Government
Engerwitzdorf

Ticketservice

Mit dieser Funktion können Sie für angezeigte Veranstaltungen Tickes online kaufen

Bitte beachten Sie: Informationen zum Verfahren | * Feld muß ausgefüllt werden | Hilfe zum ausfüllen | ! Hinweis auf Fehler | Zurück zur Startseite

Bitte markieren Sie vorerst die gewünschte Veranstaltung aus der nachstehenden Übersicht und drücken Sie dann "auswählen"

Veranstaltung	Beginn	Veranstaltungsort	Plätze	Frei	auswählen	Info
Klassikkonzert Anton Bruckner Privatuniversität	04-03-2011 20:00	Kulturhaus "im schöffl"	262	163	auswählen	Info
Manche mögen's Heiles	11-03-2011 20:00	Kulturhaus "im schöffl"	261	172	auswählen	Info
Konzert Kilvria Quartett	30-04-2011 20:00	Kulturhaus "im schöffl"	262	231	auswählen	Info
Konzert voestalpine Blasorchester	08-05-2011 17:00	Kulturhaus "im schöffl"	268	266	auswählen	Info
Konzert Papermoon	13-05-2011 20:00	Kulturhaus "im schöffl"	261	110	auswählen	Info
Konzert Netnakisum	17-06-2011 20:00	Kulturhaus "im schöffl"	262	231	auswählen	Info

Quelle: Gemeinde Engerwitzdorf (2011)

Dezentrale Fach- und Ressourcenverantwortung

Dieses Projekt stellte für so manche/n Betroffene/n die bisherige Arbeitswelt auf den Kopf. Nicht mehr Auftragsempfängerinnen und Auftragsempfänger bzw. Auftragserfüllerinnen und Auftragserfüller zu sein, sondern selbst Verantwortung zu übernehmen, war eine völlige Abkehr vom bisher Gewohnten. Dieses Projekt erforderte sehr intensive Gespräche und im Rahmen der Umsetzung eine „Rücken stärkende“ Begleitung. Das Ziel war sehr einfach zu formulieren: Jede/r Sachbearbeiter/in soll seine/ihre Aufgaben laut Geschäftsverteilungsplan nicht nur wahrnehmen, sondern auch eigenverantwortlich bearbeiten und die dazugehörigen Budgetansätze planen – eine komplette Sach- und Ressourcenverantwortung also.

Dieses Projekt war zu einem Zeitpunkt möglich, als die Mitarbeiterinnen und Mitarbeiter bereits intensive Schulungen genossen, sie also im eigenen Sachbereich sehr sattelfest waren.

Vor diesem Projekt war es selbstverständlich, dass sämtliche Dokumente, die das Haus verließen, vom Bürgermeister unterschrieben wurden. Damit war die umfassende Information des Bürgermeisters garantiert. Sollen nun die einzelnen Sachbearbeiterinnen und Sachbearbeiter eine Gesamtverantwortung übernehmen, gehört dazu auch, dass sie „ihre“ Dokumente selbst unterzeichnen. Aus diesem Grund mussten wir sicherstellen, dass der Bürgermeister auch weiterhin die Informationen zur rechten Zeit erhält. Wir legten fest, dass jede/r Mitarbeiter/in von sich aus feststellen muss, welche Sachverhalte dem Bürgermeister umgehend bekannt zu geben sind. Als wichtigste Informationsquelle dient die wöchentliche Postbesprechung. Bei dieser Besprechung nehmen grundsätzlich der Bürgermeister, der Amtsleiter und die Abteilungsleiter teil. Jeder berichtet aus seinem Bereich, welche besonderen Aufgabenstellungen gegeben sind. Handelt es sich um ein umfassendes Thema, nimmt auch der/die verantwortliche Sachbearbeiter/in teil. Der Bürgermeister hat nun Gelegenheit, seine Weisungen zu erteilen bzw. die Erledigungsart mit den

Mitarbeiterinnen und Mitarbeitern zu diskutieren. Ebenso teilt der Bürgermeister mit, um welche Angelegenheiten sich die Verwaltung zusätzlich zu kümmern habe.

In dieser Weise ist die Frage der umfassenden Information des Bürgermeisters bestens gelöst. Durch den Einsatz des elektronischen Workflowsystems, dem Rathausmanager, kommt die tägliche Eingangspost sofort zu zuständigen den Sachbearbeiterinnen und Sachbearbeitern, die umgehend mit der Bearbeitung beginnen können. Es liegt nun in ihrer Verantwortung, ob sie den Abteilungsleiter über den Sachverhalt informieren, ob eine Diskussion in der Wochenbesprechung erforderlich ist, ob die Erledigung den Beschluss eines Gremiums verlangt, oder ob die Erledigung von ihnen selbst – ohne Befassung einer weiteren Stelle im Gemeindeamt – vorgenommen werden kann. Die Sachbearbeiterinnen und Sachbearbeiter erledigen ihre Aufgaben in Eigenverantwortung und unterfertigt die Dokumente selbst, egal ob es sich um ein einfaches Erledigungsschreiben, eine Subventionsgewährung oder ein Baubescheid handelt.

Die Folge dieses Systems ist eine enorme Beschleunigung der Verfahren und eine Verkürzung der Prozessdauer. Durch die Wahrnehmung der Verantwortung durch die Sachbearbeiterinnen und Sachbarbeiter kann der Grundsatz „*Nimm ein Geschäftsstück nur einmal zur Hand und erledige es sofort*" auch gelebt werden.

Erschien das Projekt anfangs als zu fordernd und unrealistisch, weil einerseits die Verwaltungsmitarbeiterinnen und Verwaltungsmitarbeiter kein eigenverantwortliches Arbeiten kannten, und weil andererseits der Bürgermeister allzu gerne selbst seine Unterschrift unter Briefe setzte – vor allem, wenn es um positive Erledigungen ging –, so zeigte sich im Laufe des Projektes, dass dies zwar Hürden sind, welche aber doch überwunden werden konnten.

Bereits zu Beginn dieses Projektes wurde deutlich, dass das Ziel nur erreicht werden kann, wenn die Sachbearbeiterinnen du Sachbarbeiter auch die finanzielle Planung für ihren Aufgabenbereich übernehmen. Das war nun allerdings für fast alle Betroffenen ein völlig fremdes Aufgabengebiet.

Jedes Haushaltkonto wurde nun mit dem/der zuständigen Sachbearbeiter/in verknüpft. Eine Gesamtverantwortung verlange aber auch, dass die Mitarbeiterinnen und Mitarbeiter die mit der Aufgabenerledigung verbundenen Kosten berücksichtigen und verantworten. Aus diesem Umstand entwickelte sich das Projekt „mittelfristige Finanzplanung und Voranschlag".

Mittelfristige Finanzplanung und Voranschlag

Die bis dahin übliche Trennung der Fach- und Ressourcenverantwortung zeigte uns die Grenzen sehr deutlich auf. Sachbearbeiter fühlten sich zwar in fachlicher Hinsicht für ihre Aufgaben verantwortlich, alles „Finanzielle" war jedoch Sache der Finanzabteilung. Diese Trennung bedeutete aber eine fehlende Qualität der Arbeit.

Die Finanzabteilung ging daraufhin jedes einzelne Haushaltskonto durch und trug in das ÖKOM-Haushaltsprogramm den/die dafür sachlich zuständige/n Mitarbeiter/in ein. Damit übertrugen wir den Sachbearbeiterinnen und Sachbearbeitern die Verpflichtung der Haushaltsplanung (Jahresvoranschlag und mittelfristige Planung) und der laufenden Bewirtschaftung. Der Leiter der Finanzabteilung übernahm die schwierige Aufgabe, die Sachbearbeiterinnen und Sachbearbeiter in internen Workshops in die Grundsätze der Bewirtschaftung einzuführen. Dabei lernten die Sachbearbeiterinnen und Sachbearbeiter die Zusammenhänge von Planung, Umsetzung und Jahresrechnung. Wir sehen es als Voraussetzung für eine erfolgreiche Bewirtschaftung durch die Mitarbeiterinnen und Mitarbeiter an, dass auch nur sie befugt sind, Bestellungen vorzunehmen und diese am Haushaltskonto durchzuführen. Dabei ist es selbstverständlich auch erforderlich, dass die Sachbearbeiterinnen und Sachbearbeiter eigenständig klären, welches Bestellverfahren zu wählen, sowie ob ein Beschluss eines Gremiums erforderlich ist.

Diese Lastenverteilung auf die einzelnen Mitarbeiterinnen und Mitarbeiter hatte zur Folge, dass die Motivation in einem unerwartet hohen Ausmaß anstieg. Nunmehr sind es tatsächliche ihre „eigenen" Aufgaben, weil sie sowohl für die fachliche als auch finanzielle Planung zuständig sind und im Rahmen der zur Verfügung stehenden Mittel die Umsetzung bestimmen können.

Dieses intensive Beschäftigen mit den finanziellen Aspekten der gestellten Aufgaben war weiters unabdingbare Voraussetzung für das unmittelbar nachfolgende Projekt, die „Produktorientierte Steuerung – POS".

Produktorientierte Steuerung – POS

Wie kann ein Gemeindehaushalt effektiv und effizient gesteuert werden? Wie können Aussagen über tatsächliche Kosten wichtiger Gemeindeleistungen getroffen werden? Das waren die drängenden Fragen, die wir uns in der Verwaltung gestellt und die fast zwangsläufig zu diesem Projekt führten haben.

Die Gliederung sämtlicher Gemeindeleistungen in Produkte und die flächendeckende Einführung der Kosten- und Leistungsrechnung in der Verwaltung waren dafür die Voraussetzungen.

Die Definition von Produkten als „Kostenträger" im Sinne der Kostenrechnung, war die erste große Hürde. In gemeinsamen Workshops „erlernten" wir, Produkte zu definieren. Bis dahin war jede/r Sachbearbeiter/in überzeugt, seine/ihre Leistung sei das Produkt. Erst die intensive Beschäftigung mit dieser Thematik machte deutlich, dass erst die Leistung, die bei den Bürgerinnen und Bürgern bzw. Kundinnen und Kunden ankommt, als Produkt bezeichnet werden kann. Das heißt, die einzelnen Sachbearbeiterinnen und Sachbearbeiter liefern also Teilleistungen für das Gesamtprodukt.

Als Nächstes bestimmten wir den/die jeweilige/n Produktverantwortliche/n, der also nun für die Überwachung und vor allem die Gestaltung des Gesamtprozesses zuständig war. Für die meisten bedeutete dies eine völlig neue Aufgabenstellung. War der/die Mitarbeiter/in bisher beispielsweise für „Essen auf Rädern" zuständig, so oblag ihm/ihr die Verwaltung der Kientinnen und Klienten, die Bestellung der Essensportionen, die Gestaltung der Routen für die Zustellung, nicht aber das Hereinbringen der Entgelte. Als Produktverantwortliche/r fällt nun auch die Gestaltung dieses Prozesses in seine/ihren Verantwortungsbereich.

Die Produkte mussten näher beschrieben werden (Was stellen wir damit bereit? Welche Zielgruppe ist davon betroffen? Handelt es sich um ein verpflichtendes oder freiwilliges Produkt?). Neben den strategischen Zielen legten wir auch operationale Ziele fest. Damit sollten jeweils die Bereiche

- Qualität,
- Erfüllung des Auftrages,
- Kundenzufriedenheit,
- Mitarbeiterzufriedenheit und
- Wirtschaftlichkeit

angesprochen werden. Es stellte sich heraus, dass es gar nicht so einfach war, ausschließlich messbare Ziele zu definieren. Ziel war, jedes Ziel mit zumindest einer aussagekräftigen Kennzahl zu versehen.

Während des gesamten Prozesses überprüften wir ständig, inwieweit die zur Verfügung stehende Software in der Lage war, die an sie gestellten Anforderungen zu erfüllen. Fast parallel zum Projektfortschritt wurde das Programm ergänzt bzw. angepasst. Durch den Umstand, dass der gesamten Gemeindesoftware eine einzige Datenbank zugrunde liegt, war es möglich, dass in das Modul der Kosten- und Leistungsrechnung die Programme „Haushalt" und „Vermögen" integriert werden konnten. Der kamerale Haushalt liefert die veranschlagten Einnahmen und Ausgaben, die Vermögensbuchhaltung wiederum die Abschreibungssätze.

Nun fehlte noch ein immens wichtiger Teil zur Erfassung der Verwaltungskosten, die Lohnkosten der Sachbearbeiterinnen und Sachbearbeiter. Entweder man schlägt den Sachkosten einen bestimmten Prozentsatz zu, mit dem der Verwaltungsaufwand dargestellt werden soll, oder man führt konkrete Zeitaufzeichnungen. Wir entschieden uns für die zweite Variante. Jede/r Mitarbeiter/in trägt in das Modul „Produktzeiterfassung" ein, wie viel Zeit er für das jeweilige Produkt aufgewendet hat. Damit sind wir in der Lage, jederzeit die bis dahin angefallenen Verwaltungskosten für ein bestimmtes Produkt zu bestimmen.

Um eine Aussage zur Kundenzufriedenheit treffen zu können, führen wir in einem dreijährigen Rhythmus eine Befragung der Bevölkerung durch. Für einzelne Kernprodukte werden die Betroffenen direkt einmal pro Jahr befragt, beispielsweise zu den Produkten „Baupolizeiliche Bewilligung", „Leistungen des Bürgerservices", „Mittagstisch – Schülerausspeisung" und andere.

Die Kennzahlen der einzelnen Produkte sind nunmehr zentrales Thema der Mitarbeitergespräche. Dabei werden die Ergebnisse, vor allem die Entwicklung diskutiert und Vereinbarungen für das nächste Jahr getroffen. Der/Die Produktverantwortliche hat daraufhin Maßnahmen auszuarbeiten, womit die neue Vereinbarung erreicht werden kann.

Sehr häufig geht es in diesem Zusammenhang um die Höhe der Verwaltungskosten, weshalb die Evaluierung des zugrunde liegenden Prozesses notwendig wird. Diese Erkenntnis der Produktverantwortlichen hat uns direkt zum nächsten Projekt geführt, nämlich in strukturierter Form die Prozesse zu beschreiben und sie auf mögliche Verbesserungen zu untersuchen.

Abbildung 4: Produktbeschreibung für die Kosten- und Leistungsrechnung, der ÖKOM Produktkatalog

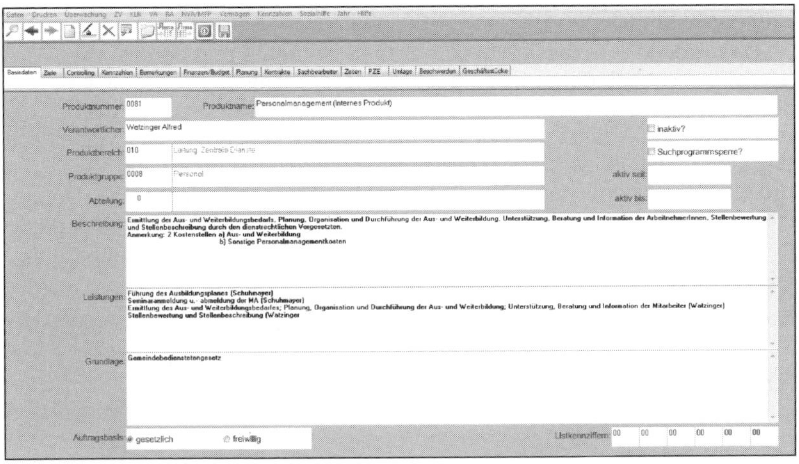

Quelle: Gemeinde Engerwitzdorf (2011)

Prozessoptimierung

Die Prozesse waren nicht beschrieben, es gab nur vereinzelte „Checklisten" oder „Arbeitsbeschreibungen", jedoch keine Prozessbeschreibungen. Es galt nun, die wichtigsten Prozesse zu bestimmen und im Rahmen eines gemeinsamen Projektes festzulegen, wie Prozesse künftig zu beschreiben sind. Ein Workshop für alle Sachbearbeiterinnen und Sachbearbeiter wurde dazu genutzt, zu zeigen, worauf es ankommt und was aus einer guten Prozessbeschreibung herausgelesen werden kann. Die Mitarbeiterinnen und Mitarbeiter lernten damit, vor allem auf Schnittstellen und auf Durchlaufzeiten bzw. Bearbeitungszeiten zu achten. Ebenso wichtig war es, zu überprüfen, ob es tatsächlich sinnvoll und richtig ist, zahlreiche verschiedene Mitarbeiterinnen und Mitarbeiter an einem Prozess zu beteiligten, oder ob Vereinfachungen möglich sind.

Als generelle Änderung bestimmten wir dabei, dass Erledigungen, Bescheide und andere Ausfertigungen der Gemeindeverwaltung nicht mehr vom Bürgermeister zu unterschreiben sind. Übernimmt das der/die verantwortliche Sachbearbeiter/in so kann einerseits einiges an Zeit gewonnen werden, andererseits bewirkt die persönliche Unterschrift die Identifizierung des/der Sachbearbeiters/in mit der Erledigung und damit einen großen Qualitätsgewinn. Darüber hinaus wurde hinterfragt, ob es tatsächlich notwendig sei, den Vorgesetzten bei fast jedem Prozessschritt über den Fortgang zu informieren, oder ob es nicht zweckmäßiger sei, ein gesondertes Berichtswesen zu statuieren.

Nach den generellen Veränderungen arbeiteten wir mit den Prozessverantwortlichen intensiv zusammen, um mögliche Verbesserungspotenziale zu finden. Dabei war es keineswegs gefordert, unbedingt Zeitressourcen aufzuspüren. Wichtig war es, „Qualitätslücken“ zu entdecken. Am Ende des Projektes konnten wir derart viele Zeiteinsparungen feststellen, dass der damals bestehende Wunsch von zwei Mitarbeitern nach Verringerung ihres Beschäftigungsausmaßes erfüllt werden konnte. Lediglich Veränderungen in der Aufgabenverteilung waren notwendig.

Das Projekt „Prozessoptimierung“ fand bis heute nun bereits zwei Wiederholungen, bei denen einerseits weitere wichtige Prozesse neu beschrieben wurden bzw. das „Formular“ um Angaben ergänzt wurde, die uns durch das ständige Arbeiten mit diesem Instrument als wesentlich erschienen. Heute werden zu jedem Prozess unter anderem die jeweiligen Prozessverantwortlichen, das Ziel des Prozesses, der Input, der Output, die Lieferanten sowie Empfängerinnen und Empfänger festgelegt. Zumindest einmal jährlich sind die Prozesse zu evaluieren und die Änderungen zu dokumentieren.

Abbildung 5: Prozesslandkarte und Prozessformular

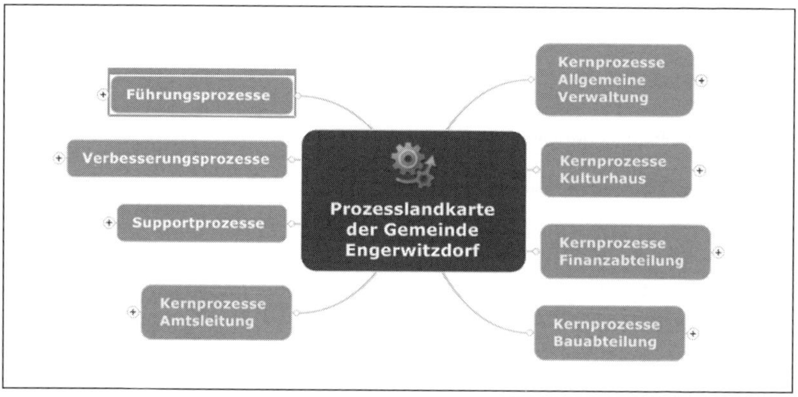

Quelle: Gemeinde Engerwitzdorf

Die Neuorganisation des Bauhofes

Der Bauhof war Nur äußerst lose mit der Gemeindeverwaltung verbunden. Die Kompetenz, dem Bauhof Aufträge zu erteilen, hatte in erster Linie der Bürgermeister sowie – mit seinem Einverständnis – auch bestimmte Gruppen in der Gemeinde, wie beispielsweise einzelne Mitglieder des Gemeindevorstandes oder Vereinsobleute. Als es aber galt, den Bauhof in die Kostenrechnung der Gemeindeverwaltung einzubeziehen, wurde deutlich, dass der Bauhof völlig neu zu organisieren war.

In einer sehr kleinen und effizient arbeitenden Projektgruppe wurden die wichtigsten Schritte dargelegt:

Der Leiter des Bauhofes durfte nicht mehr „erster“ Arbeiter sein, sondern musste zum Vorgesetzten der Mitarbeiter im Bauhof werden. Das nötige Rüstzeug musste er sich in Seminaren aneignen, was ihm sehr schnell gelang.

Das Organigramm wurde neu erstellt. Wir wollten bei dieser Gelegenheit auch die Zugehörigkeit des Schulwartes und der Gebäudereinigungskräfte klären. Es bot sich an, diese Gruppe ebenfalls dem Bauhof einzugliedern und damit eine Gruppe „Gebäudeinstandhaltung“ zu schaffen. Damit wurde der Bauhofleiter auch für diese Personengruppe zum direkten Vorgesetzten. Der Schulwart ist seither für alle Gemeindegebäude zuständig. Je nach Aufgabenstellung wird ihm ein zweiter Mitarbeiter des Bauhofes beigestellt. Um effizient arbeiten zu können, wurde ihm eine „mobile“ Werkstätte in einem Kleinbus zur Verfügung gestellt.

Die wichtigste organisatorische Änderung betraf jedoch das Planungs- und Auftragswesen. Bereits beim Projekt „Produktorientierte Steuerung – POS“ wurden die einzelnen Sachbearbeiterinnen und Sachbearbeitern für die Haushaltskonten verantwortlich gemacht. Gleiches sollte nun auch für die Haushaltskonten der Bauhofeinsätze gelten. Jeder Sachbearbeiter hat nun in der mittelfristigen Finanzplanung und im Jahresvoranschlag die notwendigen Bauhofeinsätze zu planen und zur Umsetzung den entsprechenden Auftrag zu erteilen.

Völlig unmissverständlich legten wir fest, dass jede/r Sachbearbeiter/in im Rahmen seines/ihren Verantwortungsbereiches zuständig ist, dem Bauhof entsprechende Aufträge zu erteilen. Der/Die Sachbearbeiter/in hat sich mit dem Bauhofleiter ins Einvernehmen zu setzen, damit eine Kostenschätzung des beabsichtigten Einsatzes in den Auftrag aufgenommen werden kann. Der/Die Sachbearbeiter/in trägt dort auch ein, zu Lasten welches Haushaltskontos der Einsatz erfolgt. Aufträge an den Bauhof werden ausschließlich elektronisch erteilt und können aus dem elektronischen Workflow heraus oder direkt im Bauhofprogramm erstellt werden. In Abstimmung mit dem Bautechniker arbeitet der Bauhofleiter mit seinen Mitarbeitern die Aufträge ab und trägt die erbrachten Arbeitsleistungen (Mannstunden, Fahrzeug- und Geräteeinsatz) direkt in das System ein. Da das Programm mit dem Buchhaltungsprogramm verknüpft ist, kann die Finanzabteilung die abgeschlossenen Aufträge direkt auf die vom Auftraggeber genannten Haushaltsstellen übernehmen.

Abbildung 6: Auftrag eines Sachbearbeiters an den Bauhof

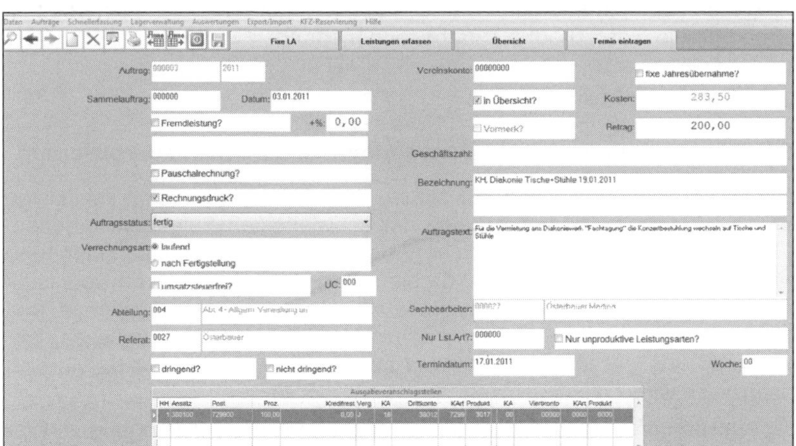

Quelle: Gemeinde Engerwitzdorf (2011)

Projektmanagement

Dieser Reformansatz war lange Zeit von keinem Erfolg gekrönt. Trotz der Ausbildung einzelner Mitarbeiterinnen und Mitarbeiter gelang es nicht, das Projektmanagement als Steuerungsinstrument zu implementieren. Jede/r Projektleiter/in war selbst für das Projekt verantwortlich, es gab keine Stelle im Haus, die sich um den Fortgang der Projekte insgesamt kümmerte und die verschiedenen Projekte koordinierte. Das Misslingen der Einführung des Projektmanagements trotz Inhouse-Seminars, der Ausbildung einzelner Mitarbeiterinnen und Mitarbeiter und dem Vorhandensein aller Formulare ließ uns zu der Überzeugung gelangen, eine Stelle mit der Hauptaufgabe „Qualitätsmanagement" und „Projektmanagement" einzurichten. Der Mitarbeiter absolvierte den Führungskräftelehrgang des KDZ, womit er die besten Voraussetzungen erbrachte, diese Aufgabe erfolgreich zu übernehmen.

Wir nahmen einen neuerlichen Anlauf und organisierten ein Inhouse-Seminar zum Thema „Projektmanagement", das – aufbauend auf das theoretische Basiswissen – konkrete Projekte der Gemeinde in der Praxis zum Inhalt hatte. Gemeinsam legten wir fest, welche Projekte sofort umzusetzen waren, der Inhaber der neuen Stelle übernahm die Koordination. Die Projektleiterinnen und Projektleiter müssen seither mit Gesprächen rechnen, in denen sie über den Fortgang ihres Projektes zu berichten haben. Damit ist sichergestellt, dass die einzelnen Arbeitspakete termingerecht abgearbeitet werden. Die Koordinierungsgespräche gestalten sich äußerst effizient und zielführend. Binnen kürzester Zeit ist unser neuer „Qualitäts- und Projektmanager" informiert und kann dem Amtsleiter bzw. dem Bürgermeister den aktuellen Stand berichten.

Das Feedback der Verwaltungsmitarbeiterinnen und Verwaltungsmitarbeiter zur Praxis des Projektmanagements ist äußerst positiv, weil nunmehr das gesamte Projekt bis zu seinem Abschluss konkret durchgeplant und die notwendigen Arbeitspakete definiert und vor allem terminisiert sind. Jede/r Mitarbeiter/in weiß also, was er/sie bis zum Abschluss des Projektes wann zu erledigen hat. Die damit gegebene hohe Sicherheit ist Grund für die äußerst hohe Mitarbeiterzufriedenheit.

2.4 Erfolgsfaktoren

Schrittweises Vorgehen bei Verwaltungs- und Politikmodernisierung

Die Modernisierungsschritte zu planen, vor allem eine in sich schlüssige Vorgangsweise zu finden, ist eine der schwierigsten Aufgaben. In jedem Fall muss die dafür erforderliche Ausbildung der Mitarbeiterinnen und Mitarbeiter geschaffen werden, da sie Voraussetzung für verantwortliches Arbeiten ist. Die Erfahrung zeigte auch, dass die Mitarbeiterinnen und Mitarbeiter bei jedem Projekt die Zielsetzung genau kennen müssen. Nur wenn sie von dessen Sinnhaftigkeit überzeugt sind, sind sie bereit, sich dafür auch wirklich einzusetzen.

War es anfangs noch notwendig, die Reformen im Alleingang zu planen, so haben diese Aufgabe gemäß dem nun bestehenden Planungskreislauf die Abteilungsklausuren und die Führungskräfteklausur übernommen. Damit ist von Anfang an eine breite Front für die neuen Projekte gegeben, was die Umsetzung enorm erleichtert.

Maßgebliche Unterstützung des Bürgermeisters bei Verwaltungsreformbemühungen

Der Bürgermeister ist Veränderungen gegenüber sehr aufgeschlossen. Er beteiligt sich als politisch Verantwortlicher beispielsweise im Rahmen der Führungskräfteklausur sehr intensiv und ist auch Garant dafür, dass die gemeinsam vereinbarten Reformprojekte durch entsprechende Finanzmittel abgesichert werden.

Als Politiker achtet er sehr darauf, dass Veränderungen zu keiner Verschlechterung der Bürgerfreundlichkeit führen dürfen. Dahingehend ist er für die Verwaltungsführung ein sehr wichtiger Gradmesser.

Aufbau einer Vertrauenskultur

Zahlreiche Projekte ließen sich nicht umsetzen, würde in der Verwaltung nicht eine ausgeprägte Vertrauenskultur herrschen. Ist die Führungskraft vor allem damit beschäftigt, die Arbeit der Mitarbeiterinnen und Mitarbeiter zu kontrollieren, so ist das kein Umfeld, in dem sich die Mitarbeiterinnen und Mitarbeiter motivieren lassen. Daher muss sich zu allererst die Führungskraft dazu durchringen, bestimmte Aufgaben tatsächlich mit der dazugehörigen Verantwortung zu delegieren. Die Führungskraft muss durch ihr Handeln zeigen und unmissverständlich zum Ausdruck bringen, dass sie in die Fähigkeiten der Mitarbeiterinnen und Mitarbeiter volles Vertrauen hat. Damit weder auf Seiten des Vorgesetzten, noch auf Seiten des/der Mitarbeiters/in Unklarheiten über die Befugnisse entstehen, müssen diese eindeutig in der Arbeitsplatzbeschreibung ihren Niederschlag finden.

2.5 Entwicklungsperspektiven

Interkommunale Zusammenarbeit

Der Idee zur Schaffung von Kompetenzzentren für ganz bestimmte Aufgaben kann sehr viel abgewonnen werden. Es ist naheliegend, dass nicht jede Gemeinde alles selbst machen muss, vor allem, wenn damit ein intensiver Schulungsaufwand verbunden ist. Aber auch hier erscheint es mir höchst vernünftig, Vorgaben zu machen und im Anschluss daran die Mitarbeiterinnen und Mitarbeiter in Arbeitsgruppen diskutieren und Vorschläge ausarbeiten zu lassen, wie der Weg der Zukunft aussehen sollte.

Qualitätsmanagement

Qualitätsmanagement und vor allem die Qualitätssicherung muss ein zentrales Anliegen der Verwaltungsführung sein. Das war der Grund dafür, einen eigenen Dienstposten zu schaffen, dessen Aufgabe es ist, Qualitätskriterien aufzustellen und die Instrumente zur Qualitätssicherung einzusetzen. Die Entscheidung für ein zentrales Verwaltungsmanagement als Stabstelle der Amtsleitung erscheint uns sehr wirkungsvoll. Qualitätskriterien müssen sich wie ein roter Faden durch (fast) alle Gemeindeleistungen durchziehen. Aus diesem Grund ist es wichtig, dies von einer zentralen Stelle aus festzulegen.

Wie die noch jungen Erfahrungen zeigen, trifft das Erfordernis der Qualitätssicherung vor allem auf die Gestaltung von Verwaltungsprozessen, ganz besonders aber auf die Anwendung der Instrumente des Projektmanagements zu.

Verwaltungsprozesse wurden bereits zu einem hohen Grad beschrieben, nun geht es um die Evaluierung derselben. Das ist Aufgabe des Qualitätsmanagers. Er diskutiert mit den jeweiligen Prozessverantwortlichen mögliche Verbesserungspotenziale und dokumentiert die vereinbarten Veränderungen. Im Zuge der nächsten Evaluierung kann daran abgelesen werden, ob die Veränderung die gewünschte Verbesserung gebracht hat.

Instrumente des Projektmanagements wurden bereits zu einem früheren Zeitpunkt – leider erfolglos – eingeführt. Wir suchten daher nach Möglichkeiten, das Verwenden der Instrumente zu sichern. Dies war der zweite Hauptgrund dafür, ein zentrales Qualitätsmanagement zu schaffen. Der/Die Mitarbeiter/in übernimmt die Aufgabe eines/einer „Projektkoordinators/in". Als solche/r achtet er/sie darauf, dass sämtliche Projekte am Laufen gehalten werden und unterstützt die einzelnen Projektleiterinnen und Projektleiter bei ihren Aufgaben. Er/Sie nimmt an verschiedenen Projektsitzungen teil, um auf die Einhaltung der Projektregeln achten zu können.

Qualitätssicherung wird einen sehr wichtigen Stellenwert einnehmen. Ein nächster Schritt wird uns dahin führen, verschiedene Qualitätskriterien, wie zum Beispiel die Dauer zum Erhalt einer Baubewilligung zu veröffentlichen. Die Bürgerinnen und Bürger sollen im Internet nachlesen können, welche Qualitätskriterien wir anbieten. Die genauen Rahmen dafür wurden noch nicht festgelegt, vor allem müssen die Konsequenzen bei Nichteinhalten der Kriterien intensiv diskutiert werden.

Insgesamt erscheint es uns ein enorm wichtiger Schritt gewesen zu sein, ein zentrales Qualitätsmanagement geschaffen zu haben, um in Zukunft eine hohe Sicherheit zur Einhaltung der Qualitätskriterien gewährleisten zu können.

3. Erfolgsfaktoren kleiner Gemeinden

Sind die Gemeinden auch sehr individuell organisiert, so lassen sich doch Faktoren aufstellen, die für jede Gemeinde wichtig sind, um Reformprozesse erfolgreich umsetzen zu können.

Unerlässlich sind die politische Unterstützung und der aufrechte Wille der Führungskräfte, Verwaltungsreformen umsetzen zu wollen. Die meisten Veränderungen haben nur dann eine realistische Chance auf Verwirklichung, wenn die Führungskraft der für alle erkennbare Motor ist und sie auch keinen Zweifel daran lässt, selbst die Veränderung zu leben. Kaum wo ist die Führungskraft ein derart wichtiges Vorbild, wie bei der Umsetzung von Reformprozessen.

Sind diese Grundvoraussetzungen gegeben, liegt es an der Geschicklichkeit der Führungskraft, die einzelnen Reformen in einer logischen Abfolge zu planen. Wie bereits an anderer Stelle ausgeführt, steht der (Aus-) Bildungsstand der Mitarbeiterinnen und Mitarbeiter an oberster Stelle. Aus- und Weiterbildung sind bei jeder Veränderung unerlässliche Voraussetzung für ein erfolgreiches Projekt. Daraus ableitend, erscheint es zielführend, das Personalmanagement vor allem mit den Bereichen „Ausbildungsplan" und „Mitarbeitergespräch" an den Beginn der Reformbewegung zu stellen. Damit erreicht man, dass Führungskultur gelernt und gelebt wird, dass aber auch die Mitarbeiterinnen und Mitarbeiter, dass sie wichtig sind. Gut vorbereitete Mitarbeitergespräche sind eine wesentliche Voraussetzung für die Mitarbeitermotivation. Mitarbeitergespräche bieten weiters die Gelegenheit, Reformen konkret anzusprechen und zu diskutieren.

Die sehr unterschiedlichen Anforderungen an eine Kleingemeinde lassen es nicht zu, allgemeingültige Vorgangsweisen aufzustellen, die ein „Erfolgsgarant" für Verwaltungsreformen sind. Ob es nach dem Projekt „Personalmanagement" nun wichtiger ist, die Bürgerbeteiligung zu forcieren oder aber eine Kosten- und Leistungsrechnung in der Verwaltung einzuführen, liegt an der Problemstellung in der jeweiligen Gemeinde. Wichtig ist aber, ein Gesamtkonzept der Reformschwerpunkte zu erstellen und dieses mit der Politik abzustimmen, denn jedes Projekt erfordert Personal- und Sachressourcen.

Natürlich erscheint es äußerst schwierig, die Zeit für interne Workshops und Projektsitzungen zu finden, ist es „doch viel wichtiger" das aktuelle Tagesgeschäft zu erledigen. Auch hier ist eine wichtige Aufgabe einer Führungskraft, zu vermitteln, dass gut geplanten Reformprojekten Priorität einzuräumen ist. Es muss zu einer Art „Selbstverständlichkeit" werden, dass Veränderungen ein Normalzustand und keine Ausnahmesituation sind.

In jedem Fall gilt es als unverzichtbare Voraussetzung für erfolgreiche Reformprozesse, die Mitarbeiterinnen und Mitarbeiter möglichst früh einzubeziehen und dabei die Zielsetzung klar zu formulieren. Nur dann schafft man die Möglichkeit, dass die Mitarbeiterinnen und Mitarbeiter die Sicherheit der gewohnten Arbeitsumgebung verlassen und sich tatsächlich auf Neues einlassen.

Hannes FAZEKAS, Johann WACHTER

SW 21 – Ganzheitliche Steuerung in der Stadtgemeinde Schwechat

In der Stadtgemeinde Schwechat basiert Public Management auf dem „Managementkonzept Schwechat" sowie einer entsprechenden E-Government-Strategie. Das Managementkonzept Schwechat gibt Auskunft darüber, nach welchen Grundsätzen die Stadtverwaltung arbeitet. Diese Grundsätze sind:

- sparsames, wirtschaftliches, zweckmäßiges und rechtskonformes Verwaltungshandeln
- Bürgerorientierung
- Mitarbeiterorientierung

1. Managementkonzept im Überblick

Dies soll durch „*Management by Objektives (MbO)*" unterstützt werden, das heißt, Führen durch Ziele und nicht durch den klassischen bürokratischen Ansatz. Dem liegen folgende Leitlinien zu Grunde:

Die Aufgabenerledigung wird nicht „von oben" im Detail vorgegeben, sondern beruht auf Zielvorgaben an die Bediensteten (insbesondere an die Führungskräfte der Verwaltung), die in ihrem Kompetenzbereich diese Aufgabenerledigung selbstständig zu planen und durchzuführen haben. Die Zielvorgaben kommen

- einerseits von der Politik: Überziel „ÜZI" bzw. daraus abgeleitete Ziele
- andererseits von der Verwaltung selbst: internes Entwicklungsziel „IEZ" bzw. daraus abgeleitete Ziele; diese IEZ bzw. die daraus abgeleiteten Ziele sollen dazu dienen, die von der Politik vorgegebenen Aufgabenstellungen unter dem oben genannten Grundprinzip der „Sparsamkeit, Wirtschaftlichkeit, Zweckmäßigkeit und Rechtskonformität" zu erledigen

Führen durch Ziele bedeutet, dass das Arbeitsergebnis, das heißt, der Grad der Zielerreichung, im Mittelpunkt der Betrachtungen steht. Die Zielvorgaben bestimmen den Handlungsspielraum des jeweiligen Bediensteten und können insbesondere bei einfachen Mitarbeiterinnen und Mitarbeitern durchaus auch ganz konkrete Verfahrensanweisungen sein.

Führen durch Ziele darf nicht mit „laissez faire" verwechselt werden. Es sind Instrumente zu schaffen und weiter zu entwickeln, die Aussagen darüber treffen können, ob man sich noch „auf Kurs" zum Ziel befindet oder nicht. Falls nicht, sind Maßnahmen zu treffen, die eine zielgerichtete Kurskorrektur ermöglichen. Dies soll Controlling sicherstellen. Controlling bedeutet daher nicht Kontrolle, sondern zu führen, zu lenken und zu leiten. Die jeweils nächst übergeordnete Dienststelle überprüft, mit Hilfe der Controlling-Instrumente – die vom Controller zu entwickeln sind – bzw. auf Basis der Informationen des Controllers, ob man noch auf Kurs ist; falls nicht, hat diese Dienststelle jene Vorgaben zu tätigen, die zu einer zielgerichteten Kurskorrektur führen.

Die Darstellung, wie man Ziele definiert und auf Grundlage dieser Ziele Maßnahmen zur Zielerreichung entwickelt, realisiert und evaluiert, ist ein Eckpfeiler des Managementkonzeptes Schwechat. Konkret handelt es sich dabei um folgende Bereiche:

- die Formulierung von Zielen
- das Erarbeiten von Maßnahmen zur Zielerreichung
- den Beschluss zur Realisierung der Maßnahmen => Produkte
- die Darstellung des Prozesses der Leistungserstellung
- den outputorientierten Dienstpostenplan: *Welche Stelle leistet welchen Beitrag im Prozess der Produkterstellung?*
- Die Produktbeschreibung inklusive Kennzahlen (Produktkatalog)

2. Die Formulierung von Zielen: Probleme und ihr Lösungsansatz in Schwechat

Bei der Formulierung von Zielen besteht das Hauptproblem in der Praxis schlechthin darin, dass komplexe Themenbereiche die Entscheidungsträgerinnen und Entscheidungsträger dazu verleiten, über jedes Detailproblem eine Grundsatzdebatte zu führen, womit eine zufriedenstellende globale Lösung des komplexen Themenbereiches de facto unmöglich wird. Je größer die Anzahl der Entscheidungsträgerinnen und Entscheidungsträger ist, desto aussichtsloser wird die Situation.

Weiters ist zu beachten, dass auf Basis von Zielformulierungen nur dann zielkonforme Maßnahmen effizient erarbeitet werden können, wenn die Zielformulierung einem bestimmten Qualitätsanspruch genügt.

Das Managementkonzept Schwechat bezeichnet dies als *„Zielgruppen-Inhaltsmatrix (ZIM)*", bei der Antworten auf folgende Fragen gegeben werden müssen:

WAS wollen wir
für WEN bis WANN und WARUM erreichen und
WIE messen wir den Erfolg?

Je komplexer ein Themenbereich ist, desto schwieriger ist natürlich die Beantwortung dieser Fragen. Im Rahmen des Managementkonzeptes Schwechat kommt deshalb ein iterativer Prozess zur Anwendung.

Das bedeutet, dass wir uns der Beantwortung der ZIM-Fragen schrittweise, aber zielgerichtet annähern. Wir iterieren mit Rückkopplung. Das heißt, die Ergebnisse eines Iterationsschrittes werden als Ausgangswerte des jeweils nächsten Schrittes genommen, bis das Ergebnis – beziehungsweise Veränderung einer Bestandsgröße – zufrieden stellt. Dabei ist zu beachten, dass im Rahmen eines Iterationsschrittes eine Verschränkung der

- Zielformulierung
- Ist-Analyse
- Erarbeitung zielkonformer Maßnahmen

stattfindet.

Bei komplexen Themen steht in der Regel am Beginn ein Leitziel, eine Vision. Sobald dieses Leitziel niedergeschrieben und als solches von den Entscheidungsträgerinnen und Entscheidungsträgern akzeptiert worden ist, erfolgt eine IST-Analyse und bei Bedarf werden erste Maßnahmen zur Zielerreichung erarbeitet.

Die Ergebnisse der IST-Analyse sowie etwaige vorgeschlagene Maßnahmen zur Zielerreichung werden den Entscheidungsträgerinnen und Entscheidungsträgern zur Kenntnis gebracht.

Auf Basis dieser zusätzlichen Informationen schärfen die Entscheidungsträgerinnen und Entscheidungsträger ihre Zielformulierung. Diese geschärfte Zielformulierung ist wiederum die Basis für

- eine IST-Analyse und
- die Erarbeitung bzw. Schärfung von Maßnahmen der Zielerreichung

Die Ergebnisse der IST-Analyse sowie etwaige vorgeschlagene Maßnahmen zur Zielerreichung werden den Entscheidungsträgerinnen und Entscheidungsträgern abermals zur Kenntnis gebracht.

Auf Basis dieser zusätzlichen Informationen schärfen die Entscheidungsträgerinnen und Entscheidungsträger ihre Zielformulierung.

...

Dieser Iterationsprozess wird so lange weitergeführt, bis die Entscheidungsträger konkrete Antworten auf die Fragen der ZielgruppenInhaltsmatrix (ZIM) geben können.

In der Regel werden zu diesem Zeitpunkt zum größten Teil bereits folgende Unterlagen vorhanden sein:

- eine IST-Analyse und
- ein Maßnahmenbündel zur Zielerreichung (SOLL-Konzept).

Der bestechende Vorteil dieser Vorgangsweise liegt darin, dass man damit quasi automatisch eine Zielhierarchie bekommt. Durch das Festlegen von Oberzielen werden hingegen bestimmte Grundsätze definiert, die quasi automatisch eine grundsätzliche Lösung der Detailprobleme nach sich ziehen. Die Zielformulierung erfolgt daher Top down: Aus einem Leitziel werden Unterziele abgeleitet etc.

Der *Produktkatalog* stellt in seiner Gesamtheit jenes kommunale Maßnahmenbündel dar, das zur Erreichung der politischen Ziele (Überziele – ÜZIs) und der verwaltungsinternen Ziele (Interne Entwicklungsziele – IEZ) eingesetzt wird.

Die Beschäftigung mit Zielen dient der Beantwortung folgender Frage: *„Machen wir die richtigen Dinge?“*. Darauf aufbauend ist die Frage zu beantworten: *„Machen wir die richtigen Dinge richtig?“*

Genau diese beiden Fragen sind die Basis für Budgetkonsolidierungsbestrebungen. Im ersten Fall sind die Ziele zu hinterfragen und bei Bedarf zu verändern. Wenn sich die Ziele verändern, sind jedenfalls auch die Maßnahmen zur Zielerreichung anzupassen. Selbst wenn die Ziele gleich bleiben, kann sich die Notwendigkeit ergeben, aufgrund geänderter Rahmenbedingungen die Maßnahmen – sprich Produkte – anzupassen. Das Schlagwort dazu ist: „*Aufgabenkritik*".

Im zweiten Fall geht es um den Prozess der Leistungserstellung und die Frage: Kann die Leistungserstellung verbessert werden? Das Schlagwort dazu ist: „*Prozessmanagement*".

3. Die E-Government-Strategie

Zu den häufigsten Schlagwörtern, die mit dem Begriff „Moderne Verwaltung" assoziiert werden, zählt E-Government. Schwechat definieren dies kurz und bündig wie folgt:

> *„E-Government ist die elektronische Abwicklung unseres Verwaltungshandelns."*

Das bedeutet, dass sich damit unsere Aktivitäten per se nicht verändern. Lediglich die verwendeten Instrumente zur Aufgabenerledigung verändern sich – dies aber grundlegend! Am Markt gibt es für Teilbereiche diverse Softwarelösungen.

3.1 Schwechat strebt eine ganzheitliche Lösung an

Die ganzheitliche Lösung soll folgende Ziele erfüllen:

- Sie soll praktische Anwendung des Managementkonzeptes Schwechat unterstützen.
- Die E-Government-Softwarelösung passt sich der jeweiligen optimalen Organisationsstruktur an und nicht umgekehrt.
- Das Bedienen der Software ist leicht erlernbar.
- Die Prozesse als Basis von elektronischen Akten (ELAK) sowie Produkte können in der eigenen Organisation entwickelt und gewartet werden – ohne Programmierkenntnisse!

Die Stadtgemeinde Schwechat hat unter der Federführung von Stadtamtsdirektor Wachter gemeinsam mit der RISE Forschungs- und Entwicklungs-GmbH zu Beginn des Jahres 2007 ein Forschungs- und Entwicklungsprojekt gestartet, das die oben genannten Leitziele umsetzen soll.

Von Anfang an wurde bei der Entwicklung sehr großer Wert darauf gelegt, dass für die Umsetzung ausschließlich freie Software (Open Source) als Basistechnologie für SW21 verwendet wird. Dieser Grundsatz wurde für alle verwendeten Komponenten umgesetzt, wodurch eine herstellerbedingte Abhängigkeit von der Basis verhindert, jedoch weiterhin eine hohe Qualität der erstellten Software gewährleistet werden konnte. SW21 kann somit frei von weiteren Lizenzkosten für Server bzw. Backend-Applikationen eingesetzt werden. Ein weiteres herausragendes Merkmal der Applikation ist die webbasierende Umsetzung, die eine Unabhängigkeit von den vorhandenen Arbeitsplatzrechnern und eine vergleichsweise geringe Belastung für diese nach sich zieht.

3.2 Das Softwarepaket SW21

Das Softwarepaket SW21 besteht aus folgenden Modulen:

- dem Produktkatalog (= Leistungskatalog der Stadtgemeinde Schwechat)
- dem elektronischen Posteinlauf
- dem Anliegen-Management
- dem Abbilden von Prozessen => als Grundlage für den elektronischen Akt (ELAK) verwendbar
- dem outputorientierten Dienstpostenplan (*Welche Stelle leistet bei welchem Prozessschritt der Produkterstellung welchen Beitrag?*)

Dazu gibt es umfassende Suchfunktionen zum schnellen Auffinden von Schriftstücken, Bürgeranliegen, elektronischen Akten und Produkten. Des Weiteren ist im System unter anderem abrufbar:

- wann welche Akten von anderen Stellen angefordert wurden und
- wann welche Stellungnahmen von anderen Stellen angefordert wurden.

Unser Ziel war daher nicht, den x-ten ELAK „neu" zu erfinden – denn es gibt schon jede Menge davon –, sondern eine ganzheitliche Lösung zu schaffen.

SW21 ist im Juni 2008 in den Echtbetrieb gegangen und wird kontinuierlich weiter verbessert.

4. Der Stand der praktischen Umsetzung des Managementkonzeptes Schwechat

WAS gemacht werden soll, muss letzten Endes die Politik entscheiden. WIE es gemacht wird, ist Aufgabe der Verwaltung.

Eine Aufgabenkritik samt daran anknüpfender Entscheidung über die konkrete weitere Vorgangsweise muss daher von der Politik erfolgen. Erst wenn die Verwaltung die Ziele der Politik kennt, kann sie zielgerichtete Maßnahmen erarbeiten und vorschlagen.

Genau hier liegt unserer Erfahrung nach der Knackpunkt, den man als „missing link" bezeichnen kann: Die Politik fordert von der Verwaltung Vorschläge betreffend zielgerichteter Maßnahmen ein, aber die Verwaltung kennt die Ziele der Politik nicht – zumindest nicht in der Qualität, die notwendig ist, um tatsächlich zielgerichtete Maßnahmen erarbeiten zu können. Kurz und bündig formuliert: Jede Seite wartet darauf, dass die andere den aus ihrer Sicht erforderlichen ersten Schritt setzt.

Es ist Aufgabe der Verwaltung zu versuchen, das „missing link" zu überbrücken. In vielen Fällen versucht die Verwaltung Ziele selbst zu definieren, von denen sie glaubt, dass diese von der Politik verfolgt werden. Eine wirkliche Abstimmung mit der Politik erfolgt nicht. Das führt meistens dazu, dass die Verwaltung „im eigenen Saft schmort" und parallel zur Politik – aber nicht mit ihr gemeinsam – agiert.

Schwechat versucht, das „missing link" in folgender Form tatsächlich zu überbrücken:

Die Verwaltung erarbeitet sich in einem ersten Schritt Grundsatzfragen an die Politik in einem bestimmten Themenfeld. Aus deren Beantwortung ergibt sich eine erste Zielformulierung. Selbstverständlich kann die Politik die vorgeschlagenen Grundsatzfragen ändern bzw. ergänzen. Die Moderation des Workshops der politischen Entscheidungsträgerinnen und Entscheidungsträger wird von der Verwaltung vorbereitet und im Bedarfsfall auch durchgeführt.

Die Beantwortung der Grundsatzfragen durch die Politik eröffnet der Verwaltung die Möglichkeit, zielgerichtet eine erste IST-Analyse sowie erste Maßnahmen zur Zielerreichung zu erarbeiten. Dabei arbeiten die jeweils zuständigen Dienststellenleitungen mit den politisch zuständigen Ressortverantwortlichen quasi als „Tandem" zusammen.

Auf Basis der neu gewonnenen Erkenntnisse formuliert sich die Verwaltung weitere Fragen an die Politik im entsprechenden Themenbereich. Im Rahmen des nächsten Workshops der Politik werden die IST-Analyse sowie die etwaigen Maßnahmen zur Zielerreichung präsentiert, ebenso die weiteren Fragen. Ergebnis des Workshops müssen letzten Endes beantwortete Fragen sein, die eine geschärfte Zielformulierung darstellen, eventuell schon verbunden mit konkreten Maßnahmen zur Zielerreichung.

Damit ist der erste Iterationsschritt abgeschlossen. Wenn das bereits ausreichend ist, endet der Iterationsprozess und die geplanten Maßnahmen werden realisiert.

Falls das Ergebnis noch nicht ausreicht, beginnt der nächste Iterationsschritt: Auf Basis der (geschärften) Zielformulierung wird eine IST-Analyse durchgeführt und darauf aufbauend Maßnahmen zur Zielerreichung erarbeitet. Dabei arbeiten die jeweils zuständigen Dienststellenleitungen mit den politisch zuständigen Ressortverantwortlichen quasi als „Tandem" zusammen. Auf Basis der neu gewonnenen Erkenntnisse erarbeitet die Verwaltung weitere Fragen an die Politik im entsprechenden Themenbereich. Im anschließenden Workshop der Politik werden die IST-Analyse sowie die etwaigen Maßnahmen zur Zielerreichung präsentiert, ebenso die weiteren Fragen.

...

Man muss sich im Klaren darüber sein, dass für diese Vorgangsweise sehr hohe Zeitressourcen notwendig sind, die vor allem auf der politischen Seite problematisch sein können. Je mehr Mandatarinnen und Mandatare in den Iterationsprozess eingebunden werden, um so mehr verschärft sich die Problematik. Letzten Endes führt aber daran kein Weg vorbei, wenn Politik und Verwaltung gemeinsam effizient und nachhaltig agieren möchten.

Die Realisierung dieses Konzeptes ist in der Umsetzungsphase, das heißt, in Teilbereichen bereits verwirklicht.

5. Ausblick und nächste Schritte

Im Zuge der begonnenen Budgetkonsolidierungsmaßnahmen wollen wir systematisch alle Aufgabengebiete unserer Stadt unter Anwendung des iterativen Prozessmodells durchleuchten. Das Ergebnis sind klar formulierte Ziele sowie entsprechende zielgerichtete Maßnahmenbündel, die in ihrer Gesamtheit den Produktkatalog der Stadtgemeinde Schwechat darstellen.

Bernhard MÜLLER

Strukturreformen in der Statutarstadt Wiener Neustadt

Die österreichischen, aber auch viele europäische, Städte und Gemeinden stehen vor enormen organisatorischen, strukturellen und insbesondere finanziellen Herausforderungen. Mentalität und Gebarung des „altehrwürdigen“ Amtes des 19. und 20. Jahrhunderts wurden fast gänzlich überwunden, moderne Dienstleistung steht im Vordergrund. Dennoch sind die Kommunen aufgrund der ständig steigenden Anforderungen und des wachsenden Aufgabengebietes, des Wandels der Kommunikationswege mit den Bürgerinnen und Bürgern sowie nicht zuletzt wegen der dramatischen Finanzlage gezwungen, laufend Strukturreformen in Angriff zu nehmen und umzusetzen.

1. Die Verflachung von Hierarchien in der Verwaltung

Die Stadt Wiener Neustadt hat in den vergangenen Jahren – zum Teil in politischen und administrativen Entscheidungsprozessen, zum Teil unter Einbindung von externen Fachleuten – zahlreiche Agenden gebündelt, Synergien genutzt und Magistratsabteilungen sowie Referate (Verwaltungsebene unter den Abteilungen) neu gruppiert und zusammengelegt. 1994 wurde unter dem damaligen Bürgermeister Peter Wittmann unter Beiziehung von externen Beraterinnen und Berater der Versuch unternommen, beim Magistrat der Stadt Wiener Neustadt Verwaltungshierarchien zu verflachen. Ergebnis dieser mehrjährigen Reform war eine massive Verschlankung der Stadtverwaltung, die Organisationsbreite wurde auf der Ebene der Abteilungen mehr als halbiert.

Abgerundet wurde der gesamte Reformprozess durch semantische Zeichen der Erneuerung, des Dienstleistungscharakters und der Kundenfreundlichkeit. So wurde beispielsweise aus dem Sozialamt das Sozialservice, aus dem Sekretariat des Bürgermeisters das Büro des Bürgermeisters und aus der Gebäude- und Liegenschaftsverwaltung das Immobilienservice. Das Organigramm zeigt mit Stand Januar 2011 folgendes Bild der Magistratsabteilungen Wiener Neustadt (siehe Abbildung 1).

Abbildung 1: Organigramm Magistrat der Stadt Wiener Neustadt

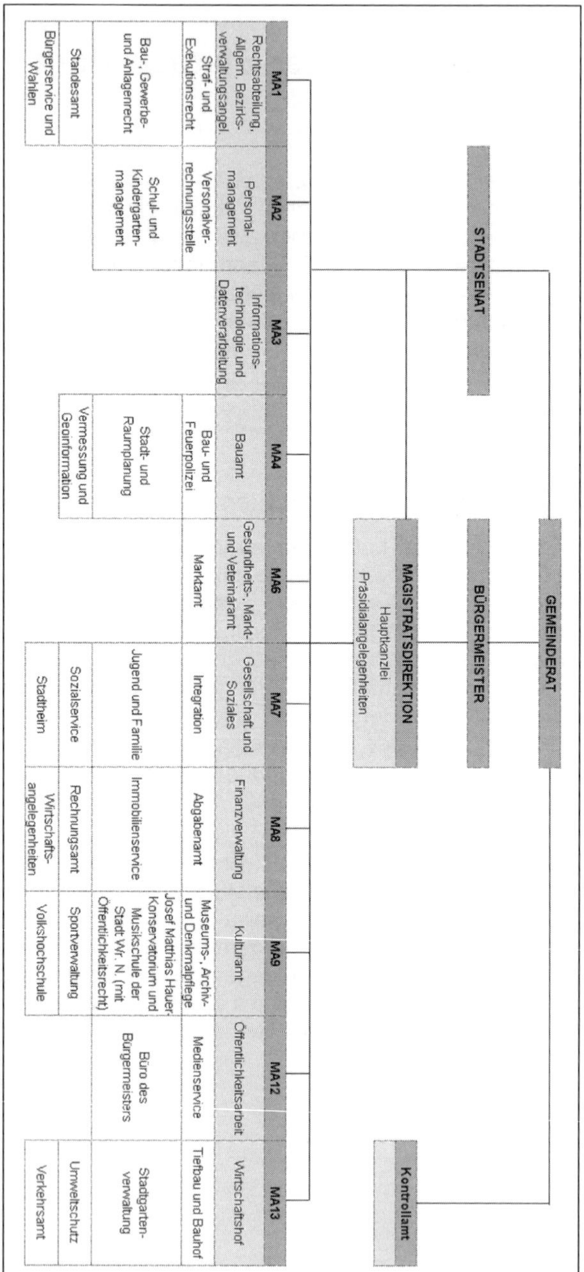

Quelle: Magistrat der Stadt Wiener Neustadt (2011)

2. Neue Herausforderungen der Zeit

Ohne den Einsparungsprozess der 1990er und 2000er Jahre revidieren zu wollen, bildete sich ab 2005 verstärkt der politische Wille heraus, auf neue gesellschaftliche Entwicklungen und Erfordernisse auch auf Verwaltungsebene Antworten zu geben bzw. vorhandene Strukturschwächen zu beseitigen.

2.1 Einsatz für ein friedliches und interkulturelles Zusammenleben der Menschen

Die vergangenen Jahre haben sowohl der Verwaltungsspitze, als auch den führenden Politikerinnen und Politikern der Stadt Wiener Neustadt sehr deutlich vor Augen geführt, dass es zum Teil massive Brüche in den unterschiedlichen Lebenswelten der Bürgerinnen und Bürger gibt. Dies hat zur Folge, dass das friedliche Zusammenleben der Menschen beeinträchtigt und in bestimmten Bereichen sogar gefährdet ist. Derartige Auseinandersetzungen aus dem Lebensumfeld heraus, finden zwischen den Geschlechtern, zwischen den Generationen, zwischen (größeren) Familien und Alleinstehenden, wie auch zwischen Einheimischen und Zuwandernden statt. In diesem Zusammenhang steht vor allem die Themen Migration, Integration und interkulturelles Zusammenleben häufig im Fokus von medialer und öffentlicher Auseinandersetzung. Um sich der fast allgegenwärtigen Debatte offensiv zu stellen, wurde im Jahr 2005 von Bürgermeister Bernhard Müller erstmals in der Geschichte Wiener Neustadts als deutliches politisches Signal ein Stadtrat für Integration – weitere Agenden: Soziales und Gesundheit – etabliert und die Gründung eines Integrationsbeirates im Gemeinderat beschlossen, um ein beratendes Gremium mit Vertreterinnen und Vertretern von Migrantenorganisationen, von Vereinen, der Zivilgesellschaft sowie von Fachleuten nutzen zu können.

Sehr bald zeigte sich aber, dass dies erste, aber keineswegs endgültige Schritte zur Minimierung des Problems waren und weitere in der Administration folgen mussten. Im Jahr 2008 beschloss der Gemeinderat der Stadt Wiener Neustadt als logische Konsequenz die Gründung eines Referates Integration bei der MA7 – Gesellschaft und Soziales; die Leitung wurde öffentlich ausgeschrieben und nach einem umfassenden Hearing vergeben. Mittlerweile arbeiten in diesem Referat fünf Mitarbeiterinnen und Mitarbeiter (vier Vollzeitäquivalente), die die Sprachen Deutsch, Englisch, Französisch, Spanisch, Slowakisch, Türkisch sowie die pakistanischen Sprachen Urdu, Punjabi, Hindi, Paschtu und Hindko abdecken.

Als Aufgaben und Ziele des Integrationsreferates wurden unter anderem formuliert:

- die strategische Entwicklung, Planung und Begleitung von integrativen Maßnahmen zur Förderung von Chancengleichheit von Zuwandernden in Abstimmung mit der Politik
- die Sensibilisierung der verschiedenen sozialen Akteurinnen und Akteure – Verantwortliche aus Politik, Verwaltung, diversen Institutionen, Einrichtungen, Vereinen – und der Wiener Neustädter Bevölkerung für die Bedeutung von Migrations- und Integrationsfragen als zentrale Zukunftsthemen

- die Aufbau und die Führung eines Wissens- und Kompetenzortes zum Themenkomplex Migration, Integration, interkulturelles Zusammenleben
- die Vernetzung zwischen Akteurinnen und Akteuren der Zivilgesellschaft, Politik und Verwaltung sowie die Etablierung eines Erfahrungs- und Wissenstransfers zwischen diesen
- die Förderung des Dialogs und des Zusammenlebens sowie das Aufgreifen von Problemen des Zusammenlebens und Vermittlung bei interkulturellen Konflikten
- Die Einbindung der Stadt in den regionalen, nationalen sowie internationalen Erfahrungs- und Wissensaustausch betreffend die Themenbereiche Migration, Integration und interkulturelles Zusammenleben

Seit Juli 2009 agiert darüber hinaus das Stadtviertelservice – organisatorisch angesiedelt im Referat Integration, aber über diesen engen Bereich hinaus gehend – in mehreren Vierteln von Wiener Neustadt, in denen es aufgrund unterschiedlicher Interessenslagen (Familien mit Kindern, Jugendliche, ältere Menschen), unterschiedlicher Lebensstile (auch durch verschiedene ethnische Gruppen) und der Tatsache, dass in der wärmeren Jahreszeit die Bewohnerinnen und Bewohner vermehrt den öffentlichen Raum als Lebensraum benutzen, zu Spannungen kommen kann wie es in der Presseaussendung des Magistrates formuliert wurde. Dieses Team der Gemeinwesen- und Grätzelarbeit – zuständig für Hot-Spots in den Stadtbezirken und Stadtvierteln Josefstadt, Flugfeld, Döttelbachsiedlung und Porsche-Viertel – besteht aus drei Mitarbeiterinnen und Mitarbeiter (zwei VÄ), wobei diese sowohl im Back office-Bereich mit Büroanlaufstelle, wie im Außendienst (z.B. in öffentlichen Parkanlagen) tätig sind. Nach einer Probephase von Juli bis September 2009 wurde das Stadtviertelservice zu einer fixen Einrichtung.

2.2 Bürgerservice

Mit der Eröffnung des neuen Rathauses im Januar 2007 wurde zeitgleich eine Bürgerservicestelle etabliert, die aus dem bisherigen Referat Wahlamt, Passamt, Fundamt und Statistisches Amt entwickelt und mit 1. Januar 2007 in Bürgerservice und Wahlen umbenannt wurde. Als nächster mittelfristiger Schritt ist geplant, das Referat Standesamt im Referat Bürgerservice und Wahlen aufgehen zu lassen.

Unmittelbar im Eingangsbereich des neuen Rathauses befinden sich ein halbkreisförmiger Infopoint (ca. 20 m^2), ein Vorraum (ca. 208 m^2) mit Kinderspielecke, Sitzgelegenheiten und einem elektronischen Infopoint (mit kostenlosem Internetzugang) sowie vier Beratungskojen (gesamt ca. 60 m^2). Der Infopoint dient dem Erstkontakt mit den Bürgerinnen und Bürgern. Hier werden Auskünfte und Informationen erteilt, Formulare ausgegeben und Anliegen behandelt, die keinem erhöhten Datenschutz unterliegen (z.B. Bestätigungen für den Meldenachweis, Pendlerpauschale). Die Prozesse sollen die Dauer von zehn Minuten nicht übersteigen. Der Vorraum dient als Wartezone, der darin befindliche elektronische Infopoint kann zum Download von Formularen der Bürgerservicestelle verwendet werden. Die Beratungskojen entsprechen den Datenschutzrichtlinien, sind durch halbhohe Wände getrennt und bieten den Kundinnen und Kunden ein Ablagepult sowie genug Platz für Kinderwägen. Hier werden unter anderem Reisepässe ausgestellt, Kirchenaustritte behandelt, An- und Abmeldungen vorgenommen. Insgesamt sind sieben 40-Stunden-Kräfte und zwei 20-Stunden-Kräfte eingesetzt, die in bestimmten, dienstplanmäßig geregelten, Abständen zwischen den Beratungskojen und dem Infopoint wechseln.

Als Ziele für die Bürgerservicestelle wurden von der übergeordneten Magistratsabteilung 1 und der Magistratsdirektion folgende Schwerpunkte definiert:

- die Steigerung der Servicequalität durch Ein- und Durchführung von Customer Relationship Management (CRM), insbesondere Servicemanagement und Konflikt- und Beschwerdemanagement
- die regelmäßige Durchführung von Kundenbefragungen und Frequenzmessungen
- die Ausweitung der Öffnungszeiten
- das E-Bürgerservice: E-Formularwesen und Informationen auf der Homepage http://www.wiener-neustadt.gv.at
- adäquate Räumlichkeiten für die Kundinnen und Kunden sowie die Verwaltungsbediensteten
- der durchgängiger Arbeitsfluss und die Senkung der Fehlerquote im Back Office-Bereich
- die Mitarbeiterausbildung und Mitarbeiterfortbildung insbesondere im Bereich des Konflikt- und Beschwerdemanagements
- die Einhaltung der Datenschutzrichtlinien durch entsprechende räumliche Adaptionen
- besseres Marketing für die Stadt Wiener Neustadt

Im alten Rathaus, das nur 3-4 Gehminuten vom neuen Rathaus entfernt liegt, verblieben nur jene Abteilungen, die wenig oder keine Kundenfrequenz haben (z.B. Magistratsdirektion, Personalmanagement, Öffentlichkeitsarbeit), Repräsentation (Trauungssaal, Empfangssaal etc.) und die Räumlichkeiten der politischen Vertreterinnen und Vertreter sowie Fraktionen. Das neue Rathaus ist barrierefrei, verfügt über mehrere Aufzüge, beheimatet die wichtigsten Magistratsabteilungen mit Außenwirkung, eine Mütterberatungsstelle sowie ein Kaffeehaus und kann zudem als Ausstellungsräumlichkeit genutzt werden. Im fünften Obergeschoß befindet sich ein Ärztezentrum.

2.3 Fokusgruppe Jugend

Im Februar 2009 wurde nach politischem Willensbildungsprozess der Funktionsdienstposten des Jugendbeauftragten der Stadt Wiener Neustadt öffentlich ausgeschrieben, eingeführt und in der Magistratsabteilung Gesellschaft und Soziales angesiedelt, ohne dabei ein eigenes Referat zu schaffen. Ziel ist es, dauerhaft eine Brücke zwischen Politik, Verwaltung, Vereinen und Jugendlichen zu bilden, als Ansprechpartner und Anlaufstelle für junge Menschen zu fungieren, Jugendprojekte in der Stadt (mit) zu konzipieren, zu begleiten und umzusetzen, der jungen Generation eine Kommunikationsplattform sowie eine gesellschafts- aber nicht (!) parteipolitische Plattform zu bieten. Nachstehend ein Auszug über umgesetzte Projekte:

- http://www.megafon-wn.at – Die junge Website der Stadt Wiener Neustadt
- „INVASION“ – Das Festival für moderne Musik, Kunst & Konfrontation im Zentrum der Stadt: jedes Jahr gibt es andere Spielstätten, andere Schwerpunkte und unterschiedliche Akteurinnen und Akteure
- Der „Papageienball“ als Alternative zur Tradition: während sich der Ablauf streng an den eines traditionellen Tanzballs hält, werden inhaltlich sämtliche Konventionen über Bord geworfen
- Intervention im öffentlichen Raum: im Esperantopark wurden fünf Liegen und eine Litfaßsäule für Jugendliche aufgestellt; anstatt Jugendliche zu vertreiben, wurde für sie ein spezieller Bereich im Park aufgewertet
- Der Weg zur Demokratie: Jungbürgerfeier, Bürgermeistergespräch, Jugendumfrage
- Die ersten Schritte zur aktiven Teilnahme in der Kommune: es geht darum, niederschwellig und ohne Verpflichtungen einen Zugang zu lokalen Themen anbieten

Als zusammenfassendes übergeordnetes Ziel dieses strategischen Dienstpostens können das Entgegenwirken einer potenziellen und tatsächlich vorhandenen Politik- bzw. Demokratieverdrossenheit und das Ermöglichen von Netzwerk- und Partizipationsebenen für junge Menschen genannt werden.

2.4 Informationstechnologie und Datenverarbeitung als Querschnittsmaterie

Bis zum Jahr 2010 war der Bereich Informationstechnologie und Datenverarbeitung als Referat in der Magistratsdirektion angesiedelt. Seit der Ausgliederung von Geschäftsbereichen und der Gründung von stadteigenen Gesellschaften zeigte sich aber vermehrt, dass die systemische Eingliederung in eine Abteilung Nachteile für die IT-DV bringt, zumal sie aus hierarchisch-bürokratischer Sicht „nicht auf Augenhöhe“ mit den von ihr zu betreuenden Kunden – nämlich den Magistratsabteilungen und Tochtergesellschaften – agieren konnte. Um unverzichtbare Dienstleistungen, wie die Sicherung des gesamten Netzwerkes, das Lizenzmanagement, die Organisation und Wartung von Arbeitsprozessen inklusive des Dokumentenmanagements oder der Betreuung des heterogenen Verwaltungsnetzwerkes – die eine klassische Querschnittsmaterie darstellen – auf gleicher Verwaltungsebene anzusiedeln, wurde die Organisationsform Referat gegen jene der Magistratsabteilung getauscht und mit der seit 1995 frei gebliebenen Nummer 3 (MA3) versehen. Es kam zu keiner Personalaufstockung und abgesehen von einer minimalen Zulage für den nunmehrigen Dienststellenleiter zu keiner Kostenerhöhung. In der Geschäftseinteilung des Magistrates und im Rahmen des Konzernverbandes der Stadt wurde sichergestellt, dass die neue Abteilung die Leistungen Informationstechnologie und Datenverarbeitung für den gesamten Magistrat und alle Tochtergesellschaften zu erbringen hat.

3. Die Gründung von stadteigenen Gesellschaften

Ab dem Jahr 2003 wurde ein Neustrukturierungsprozess der Verwaltung begonnen, der zum Inhalt hatte, Betriebe und Geschäftsbereiche aus dem Magistrat herauszulösen und in neu gegründete 100%ige Tochtergesellschaften der Stadt einzubringen. Im Folgenden sollen nur jene Gesellschaften näher betrachtet werden, bei denen die Stadt Wiener Neustadt alleiniger Eigentümer ist.

Abbildung 2: Organigramm der Gesellschaften der Stadt Wiener Neustadt

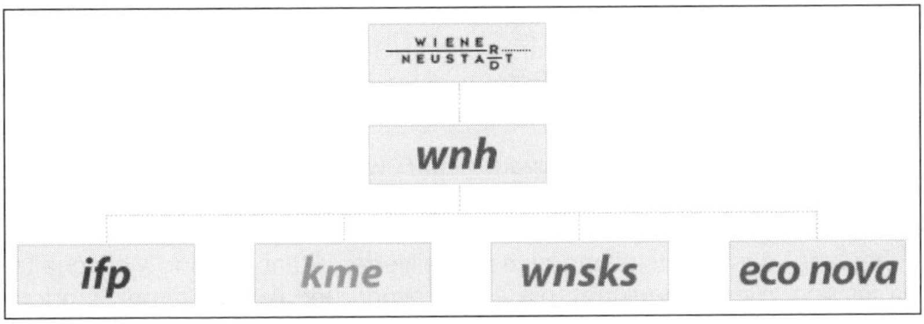

Quelle: Magistrat der Stadt Wiener Neustadt (2011)

Die *Wiener Neustädter Stadtwerke und Kommunalservice GmbH (WNSKS)* wurden am 1. Oktober 2003 als privatrechtliche Klammer der ehemaligen Stadtwerke Wiener Neustadt und von zwei Betrieben des Magistrates gegründet. Sie umfasst die Geschäftsbereiche Abfallwirtschaft (z.B. mechanisch-biologische Abfallbehandlungsanlage, Sortieranlage und Biomüllkompostierung), Abwasserbeseitigung, Wasserwerk/Installationen, Verkehrsbetrieb/Reisebüro, Forste, Eigenjagden, Gutshof, Bestattung und Friedhof.

Es ist geplant, im Jahr 2013 mit dem Bau einer Biogasanlage zu beginnen, um aus Abfällen Energie zu gewinnen. Ein Großteil der Fahrzeuge der städtischen Busflotte fährt bereits jetzt umweltfreundlich mit Erdgas und soll nach Fertigstellung des Projekts, ebenso wie die Müllfahrzeuge, auf Biogasbetrieb umgestellt werden.

Die *Immobilien Freizeit Parken Wiener Neustadt GmbH (IFP)* wurde am 23. Dezember 1993 als Wiener Neustädter Beteiligungs-, Betriebsführungs- und Stadtentwicklungs-GesmbH gegründet und verfolgte ursprünglich die Ziele Ankauf, Verkauf und Bestandnahme bzw. Bestandgabe von Liegenschaften oder Liegenschaftsanteilen im topografischen Bereich des Projektes Civitas Nova, Beteiligungen an bereits bestehenden oder noch zu gründenden Gesellschaften zur Errichtung, Realisierung und Aufrecherhaltung des Standortentwicklungsprojektes Civitas Nova und damit im Zusammenhang stehende Interessen. Nach und nach wandelten sich Zielsetzungen und Geschäftsfelder der Gesellschaft. Seit Januar 2007 verwaltet die Gesellschaft als Eigentümerin die städtischen Wohn- und Geschäftsgebäude (inklusive der Sonderprojekte), seit August 2008 deckt sie den Bereich der Gastronomie ab (z.B. Café im neuen Rathaus, Kantinen in den Bädern etc.). Des Weiteren ist sie für die Parkraumbewirtschaftung (z.B. Überwachung der Kurzparkzonen, Betrieb eines Parkhauses und einer Tiefgarage etc.) und den Betrieb der kommunalen Bäder (ein Freibad und das Hallenbad) zuständig. Um diesem Wandel der strategischen Ausrichtung gerecht zu werden und eine Verwechslung mit der bereits gegründeten Holding zu vermeiden, erfolgte am 1. Januar 2008 die Namensänderung in Immobilien Freizeit Parken Wiener Neustadt GmbH.

Die *Kultur Marketing Event Wiener Neustadt GmbH (KME)* wurde am 15. Dezember 2006 etabliert und umfasst die Geschäftsbereiche Durchführung von Veranstaltungen und kultureller Maßnahmen jeglicher Art, insbesondere in den Bereichen bildende Kunst, darstellende Kunst, Literatur, Musik, Film und Architektur, weiters (Stadt-)Marketing, Ausstellungswesen, Tourismusförderung, Betrieb einer Bücherei, Führung sowie Betrieb des Stadttheaters Wiener Neustadt.

Die *Eco Nova Wiener Neustadt GmbH* wurde am 21. Januar 2009 als Wirtschaftsagentur der Stadt Wiener Neustadt gegründet. Ihre Geschäftsfelder umfassen Betriebsansiedelung (z.B. Beratung bei der Standortentscheidung, die Bereitstellung eines detaillierten Standort- und Wirtschaftsprofils von Wiener Neustadt, die Aufbereitung und Auswahl von Standort- und Immobilienangeboten etc.), die Hilfestellung bei der Bildung von Netzwerken.

Die *WN Holding GmbH* (Holding) wurde am 1. August 2006 gegründet. Einzige Gesellschafterin ist die Stadt Wiener Neustadt, vertreten durch den Bürgermeister und den ersten und zweiten Vizebürgermeister; in der Generalversammlung herrscht Einstimmigkeitsprinzip.

Eine maßgebliche Aufgabe der Holding ist die Controllingfunktion über die Gesellschaften. Diese haben seit 2007 Quartalsberichte mit Plan-Ist-Vergleichen an die Holding weiter zu leiten. Über die Holding gehen die Berichte zur Beratung in den Ausschuss für Finanzen, Wirtschaft, Standortpolitik und Beteiligungen und zur Information an den Gemeinderat. Das Rechnungswesen und Berichtswesen für die gesamte Gruppe werden seit 1. Januar 2010 zentral über die Holding ausgeführt. Die Jahresbudgets der Gesellschaften sowie eine Investitionsplanung sind vor dem nächstfolgenden Jahr der Holding vorzulegen. Investitionen werden durch die Holding auf Wirtschaftlichkeit und Zweckmäßigkeit geprüft und müssen durch diese genehmigt werden. 2010 wurden ein Cashpooling (Liquiditätssteuerung und Optimierung der Kontensalden) sowie ein Risikomanagement gemeinsam mit der Stadt eingeführt. Das Personalmanagement wurde 2010 in der MA2 zentralisiert und als Dienstleistung zugekauft, das IT-Management im selben Jahr an die MA3 ausgelagert.

Wichtige Personalentscheidungen in den Gesellschaften sind im Vorfeld durch die jeweiligen Geschäftsführer mit der Holding abzustimmen. Die Aufsichtsratssitzungen der Gesellschaften finden im Sinne einer umfassenden Information im Beisein der Holding statt. Die Holding wird ihrerseits durch einen Aufsichtsrat (bestehend aus drei Politikern und zwei leitenden Magistratsbediensteten) überwacht. In der WN Holding GmbH sind 13, in den Gesellschaften 420 Mitarbeiterinnen und Mitarbeiter beschäftigt. Derzeit sind lediglich 49 davon direkt in den Unternehmungen angestellt, der Rest wird mittels Verträgen durch den Magistrat überlassen.

4. Die Abgabe des Allgemeinen Öffentlichen Krankenhauses der Stadt Wiener Neustadt

Ein für die Stadt nachhaltiger, einschneidend historischer und psychologisch nicht einfacher Schritt war die Abgabe des städtischen Krankenhauses an das Land Niederösterreich und die Überführung in die Landesklinikenholding. Mit 1. Januar 2008 wechselte in Niederösterreich die Rechtsträgerschaft der letzten drei Gemeindespitäler Wiener Neustadt, Neunkirchen und Klosterneuburg zum Land. Die exorbitant steigenden Kosten bei den Trägeranteilen und die damit einhergehende Unfinanzierbarkeit für die Kommune zwangen die Stadt Wiener Neustadt, sich nach mehr als 150 Jahren (Gründung 1856) vom Betrieb des Allgemeinen Öffentlichen Krankenhauses zu trennen. Dies bedeutete auch für mehr als 2.000 Beschäftige einen Wechsel vom Gemeinde- in den Landesdienst. Die Immobilien des Krankenhauskomplexes – Grundstück inklusive Spitalsgebäuden, dazugehöriges Parkdeck und Spitalspark – mussten vertraglich fixiert um € 1,- an das Land Niederösterreich abgetreten werden.

Abbildung 3: Zahlungen Rechtsträgeranteil, Umlage NÖ Krankenanstaltensprengel (NÖKAS) und so genannter Standortvorteil (durch Standort eines Krankenhauses in der eigenen Gemeinde) an das Land NÖ

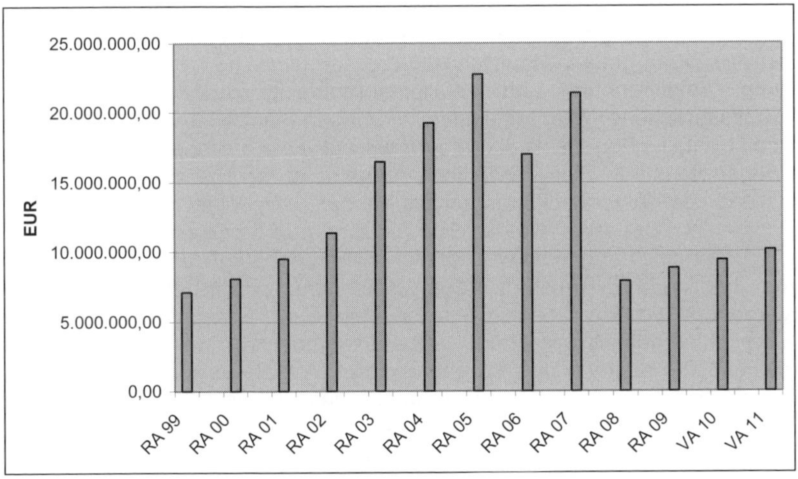

Quelle: Magistrat der Stadt Wiener Neustadt (2011)

5. Public Private Partnership (PPP) und Kooperationen in Verbänden

5.1 Bioenergie Wiener Neustadt GmbH

Im Oktober 2010 wurde die Bioenergie Wiener Neustadt GmbH gegründet, deren Ziel die Errichtung und der Betrieb einer Fernwärmeleitung von Bad Erlach nach Wiener Neustadt, die Errichtung und der Betrieb eines Fernwärmeverteilnetzes in Wiener Neustadt und Umgebung, die Errichtung und der Betrieb von Wärmeerzeugungs- und Wärmeversorgungsanlagen in Wiener Neustadt und Umgebung, der Handel mit Wärme sowie der Vertrieb und die Lieferung von Wärme an Endkundinnen und Endkunden in Wiener Neustadt und Umgebung sind. Diese Gesellschaft stellt ein PPP-Modell zwischen einem oberösterreichischen Energieversorger, einem Bioenergieanbieter aus der Region und der WNSKS dar. Die Stadt Wiener Neustadt hält mittels WNSKS 10 Prozent des Stammkapitals, den Rest brachten die beiden Unternehmen zu gleichen Teilen ein. Die Geschäftsführung der GmbH besteht aus je einem Vertreter der Wärmeerzeuger, die Wiener Neustädter Stadtwerke und Kommunalservice GmbH stellt zwei von sechs Generalversammlungsmitgliedern. Ein Aufsichtsrat wurde nicht geschaffen.

5.2 Abfallwirtschaftsverband Wiener Neustadt

Der Abfallwirtschaftsverband Wiener Neustadt (AWV) ist ein Zusammenschluss aller 36 Gemeinden des Bezirkes Wiener Neustadt zum Zwecke der Ausübung gemeinschaftlicher Interessen hinsichtlich der Abfallvermeidung, Abfalltrennung und Abfallentsorgung im Sinne der geltenden Rechtssprechung. Die Mitglieder verbringen sämtlichen im Gemeindegebiet anfallenden Rest- und Sperrmüll auf die Abfallbehandlungsanlage Wiener Neustadt. Eine zusätzliche Aufgabe ist die Überprüfung der Einhaltung des Kostendeckungsprinzips bei der Tarifgestaltung der Mitgliedsgemeinden. Der AWV wurde 1993 gegründet und bedient sich der Anlagen und Einrichtungen so wie der Verwaltung der Mitglieder, insbesondere der Stadt Wiener Neustadt (gegen Kostenersatz). Die Finanzierung des Verbandes wird durch einen Mitgliedsbeitrag pro Einwohner/in (€ 0,40/je EW) sichergestellt. In den Verbandsgemeinden werden insgesamt 109.536 Bürgerinnen und Bürger versorgt. Als Ziel und Zweck des Verbandes wurde auch die Errichtung und Beteiligung von Gesellschaften an Unternehmungen, welche die Behandlung und Verwertung von Abfall zum Gegenstand haben, formuliert.

5.3 Abwasserverband Wiener Neustadt Süd

Im Jahr 1973 wurde unter der Führung des damaligen Bürgermeisters von Wiener Neustadt, Hans Barwitzius, der Abwasserverband Wiener Neustadt Süd gegründet, der zurzeit 15 Gemeinden und einen Betrieb zu seinen Mitgliedern zählt. Beweggründe waren seinerzeit der Grundwasserschutz der Mitterndorfer Senke, ein hoher Reinigungseffekt von größeren Anlagen und die Wirtschaftlichkeit des Betriebes. Anfang des neuen

Jahrtausends wurden in zwei Etappen zwei Blockheizkraftwerke errichtet, die Strom für den Eigenbedarf und Ökostrom ins Netz einspeisen. Die vom Verband betriebene Kläranlage (230.000 Einwohnergleichwerte) deckt 90 Prozent des elektrischen Energiebedarfs selbst ab, bewerkstelligt die mechanische und biologische Reinigung des Wassers, behandelt den Schlamm und verwertet Biogas. Seit August 2009 bis Mitte 2012 wird die Kläranlage (Kosten € 15 Mio.) durch weit reichende Baumaßnahmen auf den Stand der Technik und jenen der gesetzlichen Behördenauflagen gebracht. Im Rahmen der Tätigkeit des Verbandes wird qualitative Abwasserreinigung mit aktivem Umweltschutz verbunden.

6. Schlussfolgerungen und Zusammenfassung

Die seit 1994 begonnenen Zusammenlegungen bzw. Auflösungen von Abteilungen und Referaten stießen nicht immer auf ungeteilte Zustimmung. Insbesondere für die Personalvertretung – die sich auch Wahlen stellen muss – war es schwer, potenziell nachrückenden Referats- und Dienststellenleitern klarzumachen, dass die Politik Nichtnachbesetzungen, größere Verwaltungseinheiten und flachere Hierarchien wünscht. Gewisse Karriereanreize für Mitarbeiterinnen und Mitarbeiter gingen damit zweifellos verloren.

Eine besondere ökonomische und organisatorische Belastung für Städte, insbesondere jene mit eigenem Statut, war die so genannte Verwaltungsreform Anfang der 2000er Jahre. Durch das Verwaltungsreformgesetz des Jahres 2001 wurden 33 Bundesgesetze novelliert und damit nahezu unzählige Aufgaben von Bund und Ländern – Deregulierungsgesetz, Bundes-Berichtspflichtgesetz, Forstgesetz, Wasserrechtsgesetz, Strahlenschutzgesetz, Gewerbeordnung, Abfallwirtschaftsgesetz, Apothekengesetz, Meldegesetz, Luftfahrtsgesetz, Sicherheitspolizeigesetz und Passgesetz etc. – auf die Bezirksverwaltungsbehörden überwälzt. Der Österreichische Städtebund (ÖStB) ortete *„Statt Einsparungen Millionenbelastung für Statutarstädte"* und löste, da für die enormen Mehraufwände bei Personal- und Sachleistungen keine finanziellen Abgeltungen seitens des Bundes vorgesehen waren, den Konsultationsmechanismus aus, was sich jedoch in weiterer Folge als völlig erfolglos erwies.

Der Umstand, strukturell weitgehend von Bund und Ländern abhängig zu sein, nahezu ohnmächtig und ohne rechtliche Handhabe neuen finanziellen und verwaltungstechnischen Belastungen durch die genannten Gebietskörperschaften entgegen sehen zu müssen, wirkt sich sehr negativ auf die Spargesinnung und den Reformwillen der Gemeinden aus, weil der fatalistische Eindruck entsteht, jeder kommunale ökonomische und administrative Verbesserungsansatz werde umgehend von neuen Landesumlagensteigerungen, der Ausweitung der Mitwirkungspflichten von Gemeinden und Belastungspaketen des Bundes etc. aufgezehrt.

Viele Großkommunen, so auch Wiener Neustadt, fühlen sich bei aktuellen Themenstellungen, wie Integration oder zeitgemäßer Jugendkulturarbeit, insbesondere vom Bund im Stich gelassen. Da sie weder nennenswerte Geldmittel, noch systemische Unterstützung erhalten, sind sie gezwungen, sich alleine diesen Herausforderungen zu stellen. Der inhaltliche und finanzielle Einsatz für ein friedliches, Generationen übergreifendes, interkulturelles Zusammenleben wird nicht nur von Boulevardmedien und populistischen Parteien kritisch gesehen, sondern bedarf auch der umfassenden verwaltungsinternen Darstellung und Erklärung. Andernfalls entsteht sehr schnell der falsche Eindruck, gesetzlich vorgeschriebene wichtige, aber wenig schillernde, Bereiche mit geringem Gestaltungsspielraum und mangelnder Öffentlichkeitswirksamkeit wie beispielsweise Straf- und Exekutionsrecht oder Marktamt, wären der Politik und im Verwaltungsgefüge weniger wichtig, als gesellschaftspolitische Themen der Zeit.

Der Prozess der Ausgliederung von stadteigenen Betrieben – inklusive der teilweisen Erweiterung und Neuordnung der Geschäftsbereiche, der Zentralisierung des Personalmanagements, Cashpoolings, Rechnungs- und Berichtswesens, wechselseitiger Kontrolle, vereinheitlichtem IT-DV-Wesen – kann als organisatorisch, strukturell und ökonomisch (Stichwort: Liquiditätsbildung und Gewinnausschüttungen) erfolgreich bezeichnet werden. Es ist aber unbedingt erforderlich anzumerken, dass dieser Prozess teilweise steinig und von Rückschlägen gekennzeichnet war, Probleme mit sich brachte, die zu Beginn nicht erkennbar waren oder nicht bedacht wurden und phasenweise wechselseitiges Misstrauen zwischen dem klassischen Magistratsbereich, neuen Rechtsformen und der Politik hervor brachte. Die leitenden Bediensteten – insbesondere der Magistratsdirektor, die Personalchefin, der Leiter Rechtsabteilung und der Holding-Geschäftsführer) wurden vor große administrative und persönliche Herausforderungen gestellt und sahen sich damit konfrontiert, persönliche Eitelkeiten und Befindlichkeiten hintanzustellen, eingefahrene Denk- und Handlungsmuster zu verlassen, Macht- und Einflussverluste zu akzeptieren und den Magistrat wie den Konzernverbund als einheitliches Ganzes der Stadtverwaltung Wiener Neustadt zu sehen. Vorhandenes Misstrauen wurde in teils heftigen, teils überaus konstruktiven Streitgesprächen aufgezeigt, im Rahmen eines Lenkungsgremiums – in dem alle maßgeblichen Akteurinnen und Akteure vertreten sind – analysiert und mit Hilfe eines Fachmannes aus der Unternehmensberatung in gezielten Workshops („Holding-Projekt") professionell abgebaut. Der Prozess ist weit gediehen, aber nicht abgeschlossen.

Wichtige Symbole wie die vorangetriebene Entpolitisierung der Aufsichtsräte – Politikerinnen und Politiker nur noch als notwendige Schnittstelle zwischen der Verwaltung und den Expertinnen und Experten –, das Entwickeln einer eigenen Corporate Identity und eines eigenen Corporate Designs für die Gesellschaften (z.B. einheitliche Schriftzüge bei den Logos, Zuordnung einer speziellen Farbe zu jeder Gesellschaft, gemeinsamer Webauftritt etc.), Medien-Jour fixe der MA12 – Öffentlichkeitsarbeit für den Konzern haben den Prozess abgerundet und die Professionalität in der Innen- und Außenwirkung gestärkt.

Als nächster Schritt soll, was die Geschäftsbereiche des Konzernverbundes der Stadt betrifft – nach Ausarbeitung eines einheitlichen Kollektivvertrages durch das Personalmanagement und die Personalvertretung – die Aufnahme von Mitarbeiterinnen und Mitarbeitern hinkünftig nur mehr direkt in den Gesellschaften von statten gehen und keine Überlassungen durch den Magistrat als Dienstgeber mehr erfolgen. Diese Etappe kann nur unter völliger Einbindung und gemeinsam mit der gewerkschaftlichen Vertretung gelingen.

Mit der WNSKS hat die Stadt einen ökonomischen und ökologischen Vorzeigebetrieb, den es zu erhalten und auszubauen gilt. Als besondere Auszeichnung kann der Betriebsbesuch des irischen Umweltministers 2008 gewertet werden. Der Bau einer eigenen Biogasanlage wird ein wichtiger Schritt auf dem Weg zur anvisierten Energieautarkie der Kommune sein, die Vision aber nicht Utopie ist.

Die Eco Nova ist ein moderneres, erweitertes und nunmehr in den Holdingverband der Stadt eingebettetes Nachfolgemodell des Ein-Personen-Referates Wirtschaftsangelegenheiten der MA8, welches eine reine Förder-(Beratungs-)stelle war und den Charme eines Versorgungspostens versprühte (2004 aufgelöst).

Die Stadt Wiener Neustadt hat sich durch die Abgabe des Krankenhauses an das Land Niederösterreich zweifellos maßgebliche zusätzliche finanzielle Belastungen erspart. Die Überführung der Rechtsträgerschaft in die Landesklinikenholding war ein Gebot der ökonomischen Vernunft und keine emotionale Entscheidung. Führende Politikerinnen und Politiker aller Ebenen sehen jedoch die Gefahr, dass viele Gemeinden in den letzten Jahren ihre sparsam und gut geführten Spitäler (was sich mit Benchmarks belegen lässt) abgegeben sowie den Einfluss auf regionale Erfordernisse (Zurverfügungstellung von Arbeitsplätzen, Einbindung der lokalen Wirtschaft bei Vergaben etc.) und die strategische Ausrichtung der Häuser (Struktur der Abteilungen, Ausmaß von Ambulanzen etc.) verloren haben und dennoch bei Steigerung der Krankenhausumlagen von teils 10-15 Prozent jährlich, kurzfristig wieder bei der Unfinanzierbarkeit angelangt sind, ohne mitgestalten, oder die Kostenexplosion verhindern zu können.

Einer potenziellen Gefahr des Auseinanderdriftens von ausgegliederten Bereichen und politischer Verantwortung (Organe: Bürgermeister, Stadtsenat, Gemeinderat) hat die Stadt Wiener Neustadt mit einem umfassenden Berichtswesen entgegen gewirkt. So fungieren 2-3 Politikerinnen und Politiker als Aufsichtsrätinnen und Aufsichtsräte in den Tochtergesellschaften und als Eigentümervertreterinnen und Eigentümervertreter in den Generalversammlungen und müssen die Geschäftsführerinnen und Geschäftsführer quartalsweise dem Ausschuss für Finanzen, Wirtschaft, Standortpolitik und Beteiligungen sowie dem Gemeinderat berichten. Diese Berichte werden auch der Gemeindeabteilung des Landes Niederösterreich zur Kenntnis gebracht.

Aufgrund der Erfolge von Abfallwirtschafts- und Abwasserverband überlegt die Stadtpolitik auch für das Musikschulwesen einen regionalen Verband unter Einbindung der Umlandgemeinden zu gründen, um die pädagogische Qualität langfristig zu sichern, Kosten zu sparen und Synergien nützen zu können.

Die Stadt Wiener Neustadt hat aufgrund des Diktats der leeren Kassen seit 2005 partiell Aufnahmestopps (Ausnahme Schlüsselkräfte) verhängt und in manchen Bereichen deutlich den Personalstand reduziert. Betrug beispielsweise die Zahl der Mitarbeiterinnen und Mitarbeiter im Bereich der WNSKS mit 31. Dezember 2003 noch 328, waren es am 1. Januar 2011 nur noch 300. Dabei ist es wichtig, Kostenreduktionen maßvoll vorzunehmen, aber auch die Gefahr von psychischer und physischer Überforderung der Bediensteten zu erkennen und zu vermeiden.

Aufgrund des Sparzwanges wurden in den vergangenen Jahren Verlust bringende Betriebe – unter anderem zwei Freibäder und ein Veranstaltungszentrum – geschlossen. Zweifellos unpopuläre, aber bedauerlicherweise notwendige, politische Maßnahmen.

In der Verwaltung der Stadt Wiener Neustadt wurden, wie ausführlich dargestellt, in den letzten Jahren zahlreiche Neustrukturierungs- und Reformprozesse in Gang gesetzt und umgesetzt. Ziel war es, dadurch den Magistrat und seine Tochtergesellschaften effizienter, bürgernäher, moderner und dienstleistungsorientierter zu machen und das Beteiligungsmanagement zu verbessern. Dabei gab es für die führenden verantwortlichen Politikerinnen und Politiker nur sehr wenige Dogmen. Die Entscheidung, welche Aufgaben in welcher Form und in welchem Kleid erfüllt werden, richtete sich ausschließlich nach steuerlichen, rechtlichen und strukturellen Handlungsleitfäden. Ein Tabu war jedoch die Privatisierung der Daseinsvorsorge (z.B. Kanal, Wasser, Müll) und die Zerschlagung von städtischer Infrastruktur sowie das Verkaufen des „Tafelsilbers" zum Bedecken von Budgetdefiziten. Die Stadtverwaltung soll hinkünftig noch stärker als Dienstleistungsunternehmen positioniert, die interkommunale Zusammenarbeit forciert und vermehrt Fremdaufträge (z.B. von anderen Gemeinden) übernommen werden.

Viele Kommunen in Österreich haben sich den neuen Herausforderungen gestellt, weit reichende Strukturreformen und Verwaltungsoptimierungsprozesse in Angriff genommen, Bürgerbeteiligungsmodelle umgesetzt, Gemeindebetriebe in schwarze Zahlen geführt und sparsames Wirtschaften und Handeln verinnerlicht. Manches davon war schmerzvoll, an der Grenze der Zumutbarkeit und politisch unpopulär. Die besten Optimierungsbemühungen können jedoch nicht fruchten, wenn den Städten und Gemeinden immer mehr Aufgaben und damit Ausgaben überantwortet, die Gemeindesteuern ausgehöhlt, regelrechte Landesumlagenlawinen losgetreten werden und ein aufgabenorientierter Finanzausgleich fehlt. Es ist höchst an der Zeit, dass Bund und Länder endlich begreifen, dass nur die ökonomisch freie Gemeinde die Grundfeste des freien Staates sein kann. Es ist eine Minute vor zwölf!

Peter BIWALD, Karl KAMPER

Wie gewährleisten Städte die Daseinsvorsorge bei Outsourcing?

Die Städte und Gemeinden erbringen eine breite Palette an Leistungen der kommunalen Daseinsvorsorge in einem vielfältigen Mix an Organisationsformen. Damit leisten sie einen wichtigen Beitrag zur Standortqualität, womit die Wettbewerbsfähigkeit der Stadt und Region wie auch die Lebensqualität verbessert wird.

Seit dem Jahr 2000 hat die Anzahl der Leistungserbringung in ausgegliederten Einheiten stark zugenommen.[1] Mit der wachsenden Vielfalt stellt sich vermehrt die Frage, wie die ausgegliederten Einheiten gesteuert bzw. die Leistungserbringung durch externe Partner hinsichtlich der Qualität und Effizienz gesichert und gewährleistet werden können.

Dieser auch in Österreich zu beobachtende Trend der Leistungserbringung folgt einem wichtigen Prinzip des Public Managements, wonach der Staat in allen öffentlichen Aufgabenbereichen die Gewährleistungsverantwortung trägt, aber lediglich so genannte Kernaufgaben des Staates selbst erbringt.[2] Die öffentliche Verwaltung trägt im Gewährleistungsstaat die Verantwortung für die Sicherstellung der Leistungserbringung der demokratisch festgelegten Aufgaben, jedoch nicht zwingend die eigentliche Ausführung und Erbringung der Aufgabe sowie deren Finanzierung. Die öffentliche Hand hat jedenfalls zu gewährleisten, dass eine Leistung zielgerecht erbracht wird und dabei die Finanzierung sicherzustellen. Es bedeutet jedoch nicht automatisch, dass die Leistung ausschließlich durch öffentliche Mittel finanziert wird. Die Gewährleistungsverantwortung ist jedenfalls von der Durchführungsverantwortung getrennt, die externen – öffentlichen oder privaten – Leistungsanbietern obliegt.

> *„Nach dem Gewährleistungskonzept muss eine Verwaltung die Produkte nicht mehr selbst erstellen, sondern Gewähr für deren Erstellung – durch eigene oder fremde Leistungserbringung – bieten."*[3]

Der Gewährleistungsverwaltung ist durch eine Zweiteilung der Verwaltungsorganisation in einen Auftraggeberbereich und einen Auftragnehmerbereich gekennzeichnet. Der Auftraggeberbereich besteht aus der politisch-administrativen Führung sowie einem Gewährleistungsmanagement (in der Literatur wird auch von „Vergabeabteilung" gesprochen)[4]. Das Gewährleistungsmanagement sichert, dass die politisch erwünschten

---

1 Eine Erhebung unter den Mitgliedstädten des Österreichischen Städtebundes im Frühjahr 2008 zeigte, dass sich die Anzahl der Beteiligungen seit dem Jahr 2000 verdoppelt hat; Vgl. dazu: Biwald; Mitterer; Parzer: Steuerung, 2008, S. 8.

2 Vgl. dazu: Schedler; Proeller: Management, 2009, S. 35ff.

3 Schedler; Proeller: Management, 2009, S. 110.

4 Vgl. dazu: Schedler; Proeller: Management, 2009, S. 112f.

Leistungen zu vereinbarten Standards und Kosten bzw. Zuschüssen bereitgestellt werden.

Durch das steigende Ausmaß an ausgegliederter Leistungserbringung wie auch Beteiligungen wird die Steuerung derselben somit immer wichtiger, was mithilfe eines Gewährleistungsmanagements im Sinne und im Interesse der öffentlichen Hand gesichert werden soll. Das heißt, neben dem Beteiligungsmanagement ist auch dem Gewährleistungsmanagement entsprechende Aufmerksamkeit zu schenken.

1. Die Eckpunkte des Gewährleistungsmanagements

Angesichts der wachsenden Bedeutung von externen Kooperationen zur Erbringung öffentlicher Aufgaben haben die Gemeinden in ihrer Gewährleisterfunktion, auch für ein effektives Management der ausgegliederten/ ausgelagerten Leistungserbringung zu sorgen. Dabei können folgende *Leitlinien* die Grundlage bilden:

- Gewährleistungspolitik erfordert ein systematisches und geplantes Steuern der externen Leistungserbringung, um die Erreichung der damit verbundenen Ziele zu gewährleisten.
- Dabei ist auf ein ausgewogenes Verhältnis zwischen der gegebenen Selbstständigkeit der externen Leistungserbringer und der Steuerung und Kontrolle durch die Stadt als öffentliche Gewährleisterin zu achten.
- Die Steuerung wie auch die Kontrolle soll sich auf die Ergebnisse der Leistungserbringung beziehen – das sind Finanz- wie auch Leistungsergebnisse.
- In der Praxis besteht häufig insofern ein Steuerungsvakuum, als keine Stelle jene Funktion umfassend wahrnehmen kann, die ein effektives Gewährleistungsmanagement erfordert.

2. Aufgabenbereiche des Gewährleistungsmanagements

Das Gewährleistungsmanagement umfasst die drei *zentralen Aufgabenbereiche*:

- Gewährleistungspolitik
- Verwaltung der externen Leistungserbringung
- Gewährleistungscontrolling

2.1 Gewährleistungspolitik

Diese umfasst die Analyse, Überprüfung und Festlegung der strategischen Ausrichtung der Gemeinde in der Frage welche Leistungen selbst, welche durch externe Partner erbracht werden sollen.

Mit der Formulierung der Gewährleistungsziele der Stadt (inkl. der Abstimmung hinsichtlich der Verträglichkeit mit den strategischen Zielen) einher geht die Entwicklung von Sach-, Leistungs- und Finanzvorgaben für die einzelnen Leistungsbereiche. Einen wichtigen Schwerpunkt bildet dabei das so genannte Portfoliomanagement, das sich insbesondere folgenden Fragestellungen widmet:

- Welche Leistungen sollen künftig weiterhin selbst erbracht werden, welche durch kommunale Beteiligungen, welche durch externe Partner?
- Welche Sach-, Leistungs- und Finanzziele werden in den einzelnen Leistungsbereichen verfolgt? Wie weit werden diese durch die bestehenden Vereinbarungen abgedeckt?
- Wie weit sind Leistungsbereiche zu reduzieren bzw. aufzulassen und damit nicht mehr zu gewährleisten?

2.2 Gewährleistungsverwaltung

Das Gewährleistungsmanagement ist für alle politischen, rechtlichen und organisatorischen Grundsatzfragen der externen Leistungserbringung verantwortlich und erstreckt sich auf die Funktionen der Koordination, Information, Dokumentation und Überwachung der Leistungserbringung durch Externe.

Davon betroffen ist insbesondere die Betreuung der geschäftsordnungsgemäßen Aufgaben einer Gewährleisterin. Das sind jedenfalls die Vorbereitung, Durchführung und Nachbereitung von Leistungsvereinbarungen, die Bearbeitung vertrags- und steuerrechtlicher Fragen sowie die laufende Berichterstattung und Dokumentation.

2.3 Gewährleistungscontrolling

Für die Steuerung der operativen Leistungserbringung ist das Management der aufgabenverantwortlichen Stelle zuständig, das Gewährleistungscontrolling konzentriert sich auf die Steuerung über Zielvereinbarungen und Berichtswesen. Daran ändert auch nichts, dass beim Gewährleistungsmanagement zwischen einer strategischen und operativen Ebene unterschieden wird. Strategisches Gewährleistungscontrolling konzentriert sich auf die Ziele der Stadt, und dabei insbesondere auf die Palette der extern erbrachten Leistungen und die Frage nach der Wahl des richtigen Leistungserbringers.

Das operative Controlling hat die Steuerung zentraler betriebswirtschaftlicher Größen – wie Gesamterfolg, Leistungs- und Qualitätsstandards, Finanzierung und Effizienz – im Fokus.

Im Rahmen des Gewährleistungscontrollings sind rechtzeitig steuerungsrelevante Informationen zur Verfügung zu stellen und dabei einschlägige Daten aufzuarbeiten, auszuwerten, zu verdichten und zu bewerten. Damit eng verbunden ist die Erarbeitung von Entscheidungsgrundlagen und Entscheidungsalternativen, der Aufbau eines Finanz- und Leistungscontrollings, die Einführung eines zeitnahen, regelmäßigen Berichtswesens sowie einer anlassbedingten Berichterstattung.

3. Steuerungsinstrumente des Gewährleistungsmanagements

Ein integratives Steuerungssystem umfasst einerseits klare Leistungsaufträge, andererseits ein entsprechendes Berichtswesen.

3.1 Leistungs- und Finanzierungsvereinbarung

Es ist ein System von Zielvereinbarungen bzw. Zielvorgaben zu entwickeln, das die Strategie in Ziele auf die einzelnen fachlich verantwortlichen Leistungserbringer herunterbricht.

Die Zielvereinbarungen werden in Kontrakten festgehalten, die sich aus folgenden Punkten zusammensetzen:

- Leistungsauftrag: Welche Leistungsschwerpunkte werden gesetzt? In welcher Quantität und Qualität sollen die Leistungen angeboten werden?
- Finanzierung: Eigenfinanzierung aus Leistungserlösen, Zuschuss des Eigentümers bzw. Überschüsse für das Stadtbudget
- Rahmenbedingungen: Berichtswesen, Prozedere bei Zielabweichungen, Evaluierung
- Steuerungsunterstützend hilft ein Controllingsystem, die erforderlichen Informationen in aussagekräftigen Berichten bereitzustellen, Abweichungsanalysen durchzuführen und Anpassungsmaßnahmen vorzuschlagen

In einem solchen Leistungsauftrag sind die Aufgaben zwischen Aufgabenträger und dem Auftragnehmer klar zu differenzieren und die zu erbringenden Leistungen ebenso differenziert abzugrenzen. Deshalb müssen in den Verträgen verbindliche Regelungen für die Leistungen (in Art und Umfang) und deren Vergütung, unter Berücksichtigung der gesetzlichen Zuschüsse und erzielbaren Leistungserlöse, vereinbart werden. Darüber hinaus werden Qualitätsstandards festzuschreiben sein, an denen die Leistung zusätzlich gemessen und verglichen werden kann.

An die Leistungs- und Finanzierungsvereinbarung werden hohe Anforderungen gestellt, da sie für beide Vertragsparteien einvernehmlich und verbindlich eindeutige und justiziable Leistungen festschreiben müssen. Aus der Perspektive des Aufgabenträgers sollen sie die Einhaltung bzw. Erreichung folgender Ziele – am Beispiel von Verkehrsdienstleistungen[5] – sicherstellen:

- Gewährleistung von Sicherheit und Zuverlässigkeit der Verkehrsdienstleistung
- Umsetzung bzw. Mitwirkung an der Realisierung planerischer oder verkehrspolitischer Zielsetzungen (z.B. Kundenzuwachs, Kundenzufriedenheit)
- Umsetzung bzw. Realisierung wirtschaftlicher Ziele des Aufgabenträgers
- Integration der erbrachten Verkehrsleistung in das Gesamtsystem des öffentlichen Verkehrs
- Umsetzung sozialer und ökologischer Ziele des Aufgabenträgers
- Vermeidung von Monopol-/Oligopolbildungen seitens der Betreiber
- Gewährleistung von planerischen Eingriffsmöglichkeiten durch den Aufgabenträger
- transparente Verteilung der Erlös- und Kostenrisiken

5 Auszug aus einem Muster-Verkehrsdienstevertrag (KDZ)

3.2 Berichtswesen

Zentrales Instrument des Gewährleistungsmanagements sind regelmäßige Berichte an die politischen Entscheidungsträgerinnen und Entscheidungsträger. Dabei ist zu unterscheiden zwischen:

– unterjährigen Controllingberichten, die einen Überblick über den Status quo und die Zielerreichung ermöglichen sowie
– einem jährlichen Gewährleistungsbericht der Stadt.

Die Controllingberichte spiegeln monatlich oder per Quartal das Ausmaß der Zielerreichung wider, der Gewährleistungsbericht bildet den Status quo über das abgelaufene Jahr ab.

Ein zentraler Inhalt eines solchen Berichts sind Informationen über die Aufwandsentwicklung, Ertragsentwicklung sowie die Investitionen und den Ressourceneinsatz. Im zweiten Teil des Berichts werden die Leistungen sowie zentrale Qualitätsindikatoren abgebildet.

4. Gewährleistungsmanagement am Beispiel der Stadt Graz

Auch die Landeshauptstadt Graz erbringt seit Jahrzehnten einen beträchtlichen Teil der Dienstleistungen für ihre Bürgerinnen und Bürger über ausgegliederte Einheiten (Beteiligungen, Eigenbetriebe, aber auch Drittauftragnehmer). Von den insgesamt über 7.000 aktiven Mitarbeiterinnen und Mitarbeitern sind rund 4.000 in etwa 50 direkten oder indirekten Beteiligungen tätig. Der von der Stadt Graz öffentlich berichtete Finanzschuldenstand von über € 1 Mrd. bezieht sich zu mehr als 50 Prozent nicht auf eigene städtische Schulden, sondern auf Verbindlichkeiten von Gesellschaften, die im städtischen Auftrag und für städtische Zwecke tätig sind. Die Entwicklung dorthin erfolgte in der Vergangenheit eher anlassbezogen und getrieben durch Sonderaspekte (Finanzierungs- und Steuervorteile, Maastricht-Optimierungen etc.). Dementsprechend war die Gewährleistung des Services in den einzelnen Bereichen sehr individuell geregelt: vertragliche Vereinbarungen mit externen Dienstleistern (z.B. Vereinen im Sozial- und Jugendbereich etc.) standen neben städtisch organisierten Aktivitäten mit traditionell weisungsgebundenem Eigenpersonal (z.B. Abwasserentsorgung, Straßenerhaltung) und neben Beteiligungen, die die städtischen Aufgaben ohne weitere detaillierte Formalisierungen einfach aus ihrem Selbstverständnis heraus wahrnahmen (z.B. öffentlicher Verkehr, Wasserversorgung etc.). Teilweise entstanden Doppelgleisigkeiten, weil ausgegliederte Einheiten vorübergehend bessere Finanzierungsmöglichkeiten vorfanden. Problematisch wurde dieser Zustand, sobald die verfügbaren Ressourcen nicht mehr ausreichten, um alle bestehenden Services und die in- und außerhalb des Magistrats entstehenden Zusatzwünsche für die Bevölkerung abzudecken. Es fehlten ein systematischer Überblick und eine abgestimmte politische Steuerung des Ressourceneinsatzes zur Gewährleistung eines möglichst optimalen Leistungsangebots.

4.1 Beteiligungscontrolling als erster wichtiger Schritt in Richtung des Gewährleistungsmanagements

Da die ausgegliederten Aktivitäten in der Stadt Graz hauptsächlich von eigenen Beteiligungen durchgeführt werden, wurde in einem ersten Schritt vor sieben Jahren ein einfaches Beteiligungscontrolling eingeführt. Sämtliche Tochtergesellschaften mussten nicht mehr nur – wie bis dahin – ihre Jahresabschlüsse durch den Gemeinderat genehmigen lassen und die zustimmungspflichtigen Geschäfte mit ihren individuellen Aufsichtsräten abstimmen, sondern zusätzlich ihre Budgets, mittelfristige Finanzplanungen sowie quartalsmäßigen SOLL-IST-Vergleiche an das zentrale Beteiligungscontrolling abliefern. All diese Unterlagen enthalten neben den Finanzkennzahlen auch – zumindest in rudimentärer Form – die wichtigsten Leistungskennzahlen und Qualitätsparameter (z.B. im Kulturbereich Besucherzahlen, Veranstaltungstage, Kundenbarometer etc). Die zusammengefassten Controllingberichte werden einmal im Quartal im so genannten Beteiligungsausschuss des Gemeinderates diskutiert und einer politischen Beurteilung unterzogen. Zweifelsfrei gehört die exakte Festlegung der zu gewährleistenden Inhalte (Gewährleistungspolitik) zu den schwierigsten Aufgaben, die in der Praxis nur Schritt für Schritt durch die Unterstützung einer guten Gewährleistungsverwaltung und eines als Regelkreis arbeitenden Gewährleistungscontrollings aufgebaut und permanent weiterentwickelt werden kann. Die Versuchung der Politik ist einerseits, zu viele und zu hohe Zielsetzungen zu formulieren, die mit den vorhandenen Ressourcen vielleicht nicht gewährleistet werden können, jedoch andererseits auch, zu allgemein und zu vage zu bleiben, so dass für die Bürgerinnen und Bürger die echte Performance nicht mehr erkennbar ist. Beiden Gefahren kann professionelles Gewährleistungsmanagement gegensteuern. Ein wesentlicher Meilenstein und wichtiger Beispielsfall für den Aufbau eines transparenten Gewährleistungsmanagements war in der Stadt Graz die Neuregelung des Verkehrsfinanzierungsvertrags mit den Grazer Verkehrsbetrieben (nunmehr Linien Graz) Ende 2007.

4.2 Gewährleistungsmanagement am Beispiel des Verkehrsfinanzierungsvertrages

Ausgangslage war, dass einerseits der seit 1960 durch die Grazer Verkehrsbetriebe abgewickelte öffentliche Personennahverkehr nicht mehr ausreichend durch den Querverbund mit der Wasser- und Energieversorgung finanziert werden konnte und andererseits die Stadt Graz inmitten einer strikten Budgetkonsolidierungsphase nur mit überzeugenden Leistungsargumenten eine Ausgabenausweitung rechtfertigen konnte. Vor diesem Hintergrund kam es erstmals in dieser Form zu einer exakten vertraglichen Vereinbarung über die für die Öffentlichkeit zu erbringenden Jahresplatzkilometer und Jahresfahrplanstunden, aufgeteilt auf die einzelnen Straßenbahn- und Buslinien, wobei innerhalb definierter Rahmen (abgestufte Zustimmungspflichten) gewisse Flexibilitäten zugelassen wurden und damit operativer Spielraum für Optimierungen auf der Leistungs- und Kostenseite verblieb. Weiters wurde das Procedere bei Anpassungen im ÖPNV-Angebot, die Qualitätsparameter und die Finanzierung samt der jährlichen Effizienzverbesserungsvorgabe vertraglich geregelt und ein so genanntes Kontrollgremium installiert, welches aus städtischen Vertretern der Bereiche Finanzen und Verkehr (Politik und Verwaltung) zusammengesetzt ist und in mindestens vierteljährlichen Sitzungen die Entwicklungen von der Auftragnehmerin anhand vordefinierter Berichte präsentiert bekommt, diskutiert und zu wesentlichen Entscheidungen, wie Jahresbudget samt Investitionsplan, mittelfristige Finanzplanung, Leistungsverschiebungen ab einer gewissen Größenordnung die (einstimmige) Zustimmung erteilen muss.

Nach über dreijähriger Laufzeit dieses – auf zehn Jahre abgeschlossenen – Verkehrsfinanzierungsvertrages kann zusammengefasst werden, dass bisher nicht nur die mittelfristigen finanziellen Ziele weitestgehend erfüllt, sondern auch die Leistungserbringung in quantitativer und qualitativer Hinsicht in transparenter Form absolut gewährleistet werden konnte. Das installierte Kontrollgremium verursacht einen nicht unerheblichen administrativen und zeitlichen Aufwand, der jedoch letztlich im bestmöglichen Ausmaß sicherstellt, dass der permanent vorhandene Finanzdruck nicht zu einem unbemerkten und unbewussten Leistungsverfall führt; umgekehrt ist es seit der Etablierung des Verkehrsdienstvertrages auch wesentlich leichter geworden, Leistungen, die im Verhältnis zum Ressourceneinsatz nicht mehr rechtzufertigen sind, bewusst nicht mehr zu gewährleisten.

4.3 Gewährleistungsmanagement im Konzept „Haus Graz“

Mit 1. Januar 2011 wurde die neue Organisationsstruktur der Stadt Graz und ihrer Beteiligungen wirksam, welche unter dem Motto „Haus Graz“ steht und dem Gewährleistungsmanagement einen bisher nicht gekannten systematischen Stellenwert einräumt.

Im „Haus Graz“ sind alle städtischen Aktivitäten in vier Säulen gruppiert:

- der Magistrat selbst (Hoheitsverwaltung, Subventionsvergabe)
- die ausgegliederten Betriebe der Daseinsvorsorge
- die Shared Services
- die sonstige (marktfähige) Beteiligungen

Die Säule 2 ist jener Bereich, den die Stadt für die Bürgerinnen und Bürger gewährleistet, ohne selbst tätig zu werden. Im Zuge der Implementierung des Konzeptes „Haus Graz“ wurden die bisherigen Magistratsbereiche Abwasserentsorgung, Müllabfuhr, Straßenerhaltung und Straßenpflege sowie Grünraumpflege – ebenso wie bereits bisher die Bereiche Öffentlicher Verkehr und Wasserversorgung – in die Graz Holding ausgegliedert; gleichzeitig wurde eine so genannte Steuerungsrichtlinie in Kraft gesetzt, mit welcher die grundlegenden Strukturen, Abläufe, Verantwortlichkeiten, Termine und Prinzipien zur Steuerung, zur Planung, zum Reporting sowie zur Leistungsverrechnung innerhalb des „Hauses Graz“ definiert werden. Über die einzelnen ausgegliederten Bereiche werden Leistungsvereinbarungen (Service Level Agreements) abgeschlossen, die neben jeweils drei bis fünf Wirkungszielen (z.B. Entsorgungsgrad und durchschnittliche Reinheit beim Abwasser; Quadratmeter gemähter Grünflächen in fünf Intensitätsklassen bei der Grünraumpflege; Tonnen entsorgter Müll bei der Müllabfuhr etc.) auch die Finanzziele (Cash flow vor Zuschüssen, Investitionen, Vollzeitäquivalente etc.) enthalten und gemäß einem festgelegten Steuerungskalender einem regelmäßigen SOLL-IST-Vergleich unterzogen werden. Die Etablierung von möglichst einfachen, jedoch adäquaten Wirkungszielen ist ein permanent roulierender Prozess, der sicherlich erst im Laufe einiger Jahre durch ständige Rückkoppelung von SOLL-IST-Vergleichen und Benchmarking mit anderen Gemeinden so weit geschärft sein kann, dass die Bürgerinnen und Bürger darin klar das gewährleistete Service erkennen können. Wie im Verkehrsbereich wird auch in allen anderen Bereichen zu erwarten sein, dass die Diskussion und das Controlling der zu gewährleistenden Leistungen einen nicht zu unterschätzenden Aufwand darstellt. Aber die dadurch erzielte, erhöhte Transparenz in der Beziehung zwischen Ressourceneinsatz und Outcome wird die Entscheidungsqualität bei der Weiterentwicklung (Aufbau und Abbau) öffentlicher Dienstleistungen ganz sicher wesentlich verbessern.

5. Resümee und Entwicklungsperspektiven

Gewährleistungsmanagement betrifft die gesamte öffentliche Leistungserbringung. Die von den Kommunen selbst erbrachten Leistungen werden dabei in Form von internen Zielvereinbarungen geregelt und gesteuert. Für die von kommunalen Beteiligungen erbrachten Leistungen bedarf es Leistungsvereinbarungen, die über das klassische Beteiligungsmanagement hinausgehen und insbesondere die Leistungsinhalte betreffend die Ergebnisse, angepeilte Wirkungen und Qualitätsstandards im Fokus haben. Auf der Ebene der externen Leistung zielt das Gewährleistungsmanagement auf die Steuerung von Leistungsinhalten (Quantität und Qualität hinsichtlich Ergebnisse und Wirkungen) sowie deren Finanzierung ab. Die Bandbereite reicht vom Sozialbereich bis zu technischen Dienstleistungen, wie auch der Ver- und Entsorgung. Im Sozialbereich sind dies beispielsweise die Rettungsdienste, mobilen Dienste und Pflegeheime, aber auch die Kinderbetreuung. Dabei geht es um die Festlegung der Rettungsbeiträge sowie der Stunden- und Tagsätze für Pflegeleistungen und der damit verbundenen Leistungs- und Qualitätsstandards. Im Bereich der Ver- und Entsorgung sind die häufig in Unternehmen oder Verbände ausgegliederten Leistungen von Abwasserentsorgung und Wasserversorgung betroffen. Insbesondere die Steuerung von Verbänden ist vom Prinzip der Zielvereinbarung zwischen Gewährleister (Verbandsgemeinden) und Leistungserbringer (Verband) häufig noch weit entfernt.

Die Eckpunkte des Gewährleistungsmanagements sind von der Form der Leistungserbringung unabhängig und somit einheitlich: Zielvereinbarungen stehen im Mittelpunkt. Es geht dabei um wenige, aber aussagekräftige Ergebnis- und Wirkungsziele. Diese basieren auf messbaren Indikatoren und Kennzahlen, die ein übersichtliches Berichtswesen ermöglichen. Für die Zielvereinbarungen bedarf es entsprechender Foren (Beiräte, Gremien etc.), für die auch der unterjährliche Austausch – unter anderem in Form des Berichtswesens – gesteuert wird.

Die Integration des Gewährleistungsmanagement in die öffentliche Verwaltung bildet einen wichtigen Aspekt. Dies erfordert entsprechende Kompetenzen und Kapazitäten, wie auch ein einheitliches Steuerungssystem.

Die Breite der Leistungen der Gebietskörperschaften und der bestehende Mix an Formen, wie diese erbracht werden, bedarf einer einheitlichen Steuerung unabhängig davon, in welcher Form die Leistung erbracht wird. Es ist ein einheitliches Steuerungssystem zu schaffen, das folgende Eckpunkte umfasst:

- die Integration der strategischen und operativen Ebene
- die Zielvereinbarungen auf Basis der Strategien, wobei sowohl die Finanzen als auch die Ergebnisse und die Wirkungen zu berücksichtigen sind
- ein einheitliches Berichtswesen hinsichtlich des Aufbaus, der Inhalte und Fristen
- eine Vereinheitlichung des Managementsystems mit gemeinsamen Basistools (z.B. Finanz-, Ergebnis- und Wirkungskennzahlen etc.)
- die Institutionalisierung des Prinzips der permanenten Verbesserung aus den gewonnenen Erfahrungen (SOLL-IST-Vergleichen, Benchmarks) hinsichtlich der Definition und Auswahl der Indikatoren (nicht nur Ausweitung, sondern auch Konzentration), der Zielausprägungen und der Prozessabläufe

Für eine ganzheitliche Steuerung bedeutet dies, dass die Kompetenzen – für Finanz- wie auch Ergebnis- und Wirkungssteuerung – entweder *an einer Stelle gebündelt oder jedenfalls gemeinsam zwischen dem Fach- und Finanzressort wahrgenommen werden müssen.*

Ronald SALLMANN, Elvira REGENSPURGER

DIGITALE:STÄDTE

Eine Leitinitiative des Österreichischen Städtebundes zur Unterstützung der E-Government-Umsetzung in den Städten und Gemeinden

E-Government hat in der österreichischen Verwaltungsreformdiskussion in den letzten Jahren einen sehr hohen Stellenwert eingenommen. Ausgangspunkt dafür ist der nicht zu leugnende Umstand, dass mittlerweile kaum ein Aufgabengebiet der öffentlichen Verwaltung ohne den Einsatz von Informations- und Kommunikationstechnologien auskommt. Einen weiteren Aspekt für die vergleichsweise hohe Repräsentanz von Informationstechnologien bildet der Umstand, dass deren Einsatz im Regelfall einen Paradigmenwechsel bei der bisherigen Abwicklung darstellt, das heißt, dass schon alleine durch den Einsatz von Informations- und Kommunikationstechnologien bestehende analoge Geschäftsprozesse zwangsläufig analysiert und an die neuen Gegebenheiten angepasst werden müssen.

Diese Entwicklung findet auch ihren Niederschlag in einer vergleichsweise hohen Repräsentanz von E-Government und den so genannten Shared Services[1] als Themen der aktuellen Verwaltungsreform. Die Idee zentral erbrachter Services unter Ausnutzung von Kostenteilungseffekten war schlussendlich auch ausschlaggebend für die Konzeption der E-Government-Referenzstädte-Initiative des Österreichischen Städtebundes.

Ausgangspunkt der im Juni 2008 gestarteten und auf drei Jahre projektierten Initiative war die Notwendigkeit einer intensiven Auseinandersetzung mit der sehr breiten und durchwegs komplexen Materie des E-Governments in den Städten und Gemeinden, gepaart mit der Idee, durch einer interkommunale Abstimmung und exemplarische Umsetzung effektiver und vor allem wesentlich kostengünstiger als am freien Markt zu

---

1 Unter dem Begriff „Shared Services" wird die Konsolidierung und Zentralisierung von Dienstleistungsprozessen einer oder mehrerer Organisationen verstanden. Dabei werden gleichartige Prozesse aus verschiedenen Bereichen einer Organisation oder aus gleichen Bereichen mehrerer Organisationen zusammengefasst und von (einer) zentralen Stelle(n) oder auch Abteilung(en) erbracht. Die anbietende Stelle wird in der Regel als Shared Service Center, kurz SSC, bezeichnet. Die Organisationen, welche die Dienstleistungen in Anspruch nehmen, stehen in einem Kunden-Dienstleister-Verhältnis zum SSC.
Der Begriff der Shared Services hat auch ins aktuell gültige Regierungsprogramm Einzug gefunden, allerdings mit Referenz auf den Bund: *„Shared-Service-Konzepte im Backoffice: Weitere Fortführung von Shared-Service-Projekten des Bundes, insbesondere des Projektes Service im Bund – Telephonie und des einheitlichen Bundesclients, und auch Identifikation neuer Projekte (z.B. unter Einbindung ausgegliederter Einrichtungen)."*

maßgeschneiderten Lösungsansätzen zu kommen. Eines der Hauptprobleme in der Verwirklichung von E-Government sind außerdem die sehr unterschiedlichen IT-Strukturen in den jeweiligen Verwaltungsorganisationen und die damit verbundene Notwendigkeit von individuellen softwaretechnischen Anpassungen und Entwicklungen, die wiederum mit hohen Kosten bei oftmals – zumindest in der Anfangsphase – geringen Nutzungszahlen einhergehen. Diesem Problem sollte die Referenzstädte-Initiative durch eine Entwicklung wieder verwertbarer, adaptiver Standards und universeller Services begegnen.

Als globales Ziel wurde die Einführung einer möglichst durchgängigen, medienbruchfreien E-Government-Referenzarchitektur in den Städten – vom Onlineantrag, über eine medienbruchfreie Übergabe der Formulardaten in die elektronische Aktenverwaltung, deren durchgängig elektronische Verarbeitung im Backoffice bis zur Amtssignatur, dualen Zustellung und automatisierten Erfassung der Rückscheine im Backoffice der Behörde – verfolgt.

Die im Rahmen der Initiative entwickelten und in der Praxis in den Referenzstädten erprobten Lösungen sollten als Good Practices dienen und so offen sein, dass sie jederzeit auf andere Städte und deren spezifische Erfordernisse übertragbar sind. Der Leitgedanke der Referenzstädte-Initiative war somit, alle Mitgliedsgemeinden des Österreichischen Städtebundes von den, in den Referenzstädten durchgeführten, Maßnahmen profitieren zu lassen.

1. Lösungsansatz funktionell klar abgegrenzter, zentral betriebener Services

Ein möglicher Lösungsansatz für diese Herausforderung liegt in der so genannten Serviceorientierten Architektur (SOA) von IT-Anwendungen, indem – einfach beschrieben – wieder verwendbare Softwaremodule oder auch Services mit bestimmten, klar abgegrenzten und für verschiedene Einsatzzwecke benötigten Funktionalitäten erstellt und über normierte Schnittstellen mit anderer Software gekoppelt werden.

Eine weitere Steigerungsstufe der SOA-Idee sind Services, die nicht von jeder Verwaltung für sich selbst betrieben, sondern von einem Provider zentral zur Verfügung gestellt werden. Die Vorteile dieses – Application Service Providing (ASP) oder aktuell auch SaaS (Software as a Service) genannten – Ansatzes liegen klar auf der Hand: geringerer Betriebsaufwand, Wartung, Support, Weiterentwicklung durch nur einen Betreiber und damit wesentlich geringere Kosten bei den Anwenderstädten.

Idealtypisch setzt sich eine solcherart aufgebaute E-Government-Anwendungslandschaft architektonisch aus folgenden Komponenten zusammen:

- Universell an unterschiedlichste Verfahren adaptierbares Akten-/Geschäftsfall und Dokumentenmanagement mit variabler und modulare Geschäftsprozesssteuerung
- Funktionale Einheiten (z.B. Softwarebausteine oder Services, die bestimmte E-Government-Funktionen für andere Softwareapplikationen

bereit stellen wie beispielsweise E-Formulare, Amtssignatur, Zustellung, Zugriff auf ein Register, Abgleich bestimmter Daten etc.)
- Fachanwendungen (z.B. Softwareapplikationen mit meist monolithischer Architektur, die für bestimmte Fachaufgaben eingesetzt werden wie beispielsweise Verwaltung der Steuern und Abgaben, Friedhofsverwaltung, Melde- und Wahlwesen etc.)
- Datentransport und Datenkonvertierung (übernimmt eine regelbasierte Übergabe von Daten einer Quellanwendung in eine oder mehrere Zielanwendungen) inkl. der Schnittstellenausprägung. Derartige Komponenten werden in der Praxis häufig als Service-Bus bezeichnet und sollen die Integration zwischen verschiedenen Anwendungen vereinfachen
- Externe Services mit Koppelung an interne Systeme (z.B. Antragsdatenpostfach für einlangende elektronische Anträge, Datenbereitstellung für Verwaltungskundinnen und Verwaltungskunden via Internetportal etc.)

Die daraus resultierende E-Government-Architektur sollte mit Unterstützung der Referenzstädte dahingehend aufgebaut werden, dass nach deren Implementierung im Prinzip beliebige Verfahren bzw. sonstige Verwaltungsabläufe ohne oder nur mit geringem weiteren technischen (softwareseitigen) Aufwand umgesetzt werden können.

Abbildung 1: E-Government-Architekturmodell

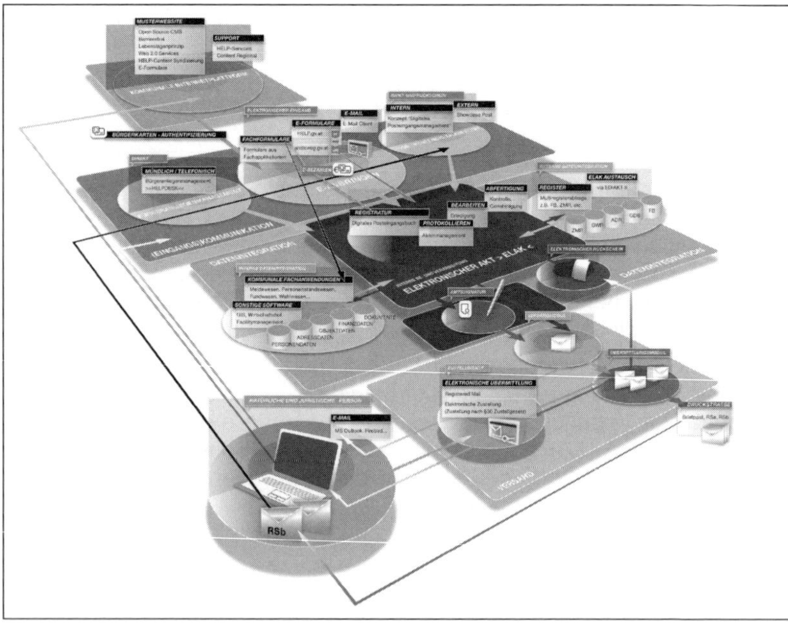

Quelle: Ronald Sallmann und Elvira Regenspurger (2011)

Diese E-Government-Architektur wurde schließlich zu sieben Schwerpunktbereichen einer elektronischen Umsetzung verdichtet:

1. kommunale Internetplattform (Website)
2. Eingangskommunikation

3. Ausgangskommunikation
4. digitale Signatur
5. Integration kommunaler Anwendungen
6. Anbindung an Systeme anderer Organisationen
7. Marketing

Die Entwicklung jedes Schwerpunktbereichs erfolgte mit unterschiedlichen Referenzstädten, je nach deren individuellen Präferenzen oder Zielsetzungen. Notwendige technische Adaptierungen, wie Schnittstellen, Softwareintegration oder Softwareentwicklung konnten anteilig aus Forschungsförderungsmitteln und aus Zuschüssen von einzelnen Referenzstädten bedeckt werden. Jeder Schwerpunktbereich wurde, wie geplant, als eigenständige Komponente oder eigenständiges Service ausgelegt, so dass die Gemeinden diese unabhängig von deren sonstigen, allenfalls bereits vorhandenen E-Government sowie ihrer IT-Infrastruktur einsetzen können.

Abbildung 2: E-Government-Referenzstädte

Wien	Magistrat Wien
Niederösterreich	Magistrat St. Pölten
	Magistrat Wiener Neustadt
	Stadtgemeinde Schwechat
	Stadtgemeinde Neunkirchen
Oberösterreich	Magistrat Wels
	Magistrat Steyr
Salzburg	Magistrat der Stadt Salzburg
Steiermark	Stadtgemeinde Leoben
	Stadtgemeinde Bruck an der Mur
	Stadtgemeinde Judenburg
	Stadtgemeinde Fürstenfeld
Tirol	Magistrat Innsbruck
	Stadtgemeinde Lienz
	Stadtgemeinde Wörgl
Kärnten	Magistrat Villach
	Stadtgemeinde Wolfsberg
	Gemeindeinformatikzentrum Kärnten
	(GIZ-K) GmbH. (Das GIZ-K beteiligte sich stellvertretend für alle Kärntner Gemeinden an der Initiative und koordinierte die Umsetzung im Bundesland Kärnten.)

Quelle: Ronald Sallmann und Elvira Regenspurger (2011)

2. Die kommunale Internetplattform (Musterwebsite)

Dem E-Government-Gesetz folgend, gilt für kommunale Internetauftritte, dass seit 1. Januar 2008 zumindest der behördliche Teil der Website barrierefrei nach der Stufe A der internationalen WAI-Richtlinie gestaltet sein muss. Darüber hinaus gibt es für die Ausrichtung von Internet-Seiten der öffentlichen Verwaltung eine Reihe weiterer Richtlinien und Empfehlungen, deren Einhaltung zwar nicht verbindlich vorgeschrieben ist, die jedoch im Endeffekt doch einen Maßstab für die Qualität der Umsetzung einer Website darstellen und auch in die Beurteilung einer österreichischen E-Government-Konformität einfließen. Zu diesen web-relevanten Richtlinien zählen etwa der Vorschlag für die Ausgestaltung von Lebenssituationen, die Abgrenzung von Verwaltungsbereichen oder die Empfehlung zur Beschreibung von Verfahren. Ebenfalls zu berücksichtigen ist eine Einbindung vorhandener Services, wie sie beispielsweise kostenlos von HELP.gv.at angeboten werden.

Im Schwerpunktbereich Website wurde initial eine WAI-Evaluierung der kommunalen Websites und Formularangebote durchgeführt und detaillierte Ergebnisberichte an die teilnehmenden Städte versandt – quasi als aktuelle Bestandsaufnahme und Vorgabe für die Erstellung einer musterhaften kommunalen Website. Den eigentlichen Kern bildete schließlich auch der Aufbau einer derartigen Musterwebsite, welche auf ein kostenloses Open Source Content Management System (Joomla CMS) setzt und sämtlichen technischen, wie auch fachlich-inhaltlichen E-Government-Anforderungen entspricht. Darüber hinaus wurden auch sämtliche frei verfügbaren Services, wie E-Formulare und Informationsblöcke (Content Syndizierung) von help.gv.at, freie amtsweg.gv.at-Formulare etc., standardmäßig eingebettet. Eine konkrete Implementierung erfolgte gemeinsam mit den Referenzstädten Judenburg und Neunkirchen. Die Musterwebsite steht mittlerweile allen Mitgliedsgemeinden des Österreichischen Städtebundes kostenlos zur Verfügung.

Weiters stand der Aufbau einer standardisierten Schnittstelle des E-Formular-Services amtsweg.gv.at zu kommunalen Fachanwendungen (ÖKOM, SER-DOMEA; Acta Nova) und ein Ausbau der Content Syndizierung – also der Möglichkeit einer automatisierten Einbettung zentral redaktionell erstellter und gewarteter Verfahrensbeschreibungen in kommunale Internetplattformen – im Mittelpunkt der Maßnahmen. Diese Form der Content-Syndizierung – umgesetzt unter dem Projekttitel Content Regional – wurde in Kooperation mit dem Magistrat St. Pölten erprobt.

3. Der Bereich „Eingangskommunikation“

Unter dem Begriff Eingangskommunikation wird die Verwaltung sämtlicher Eingänge aus verschiedenen Quellen – wie E-Formulare, E-Mails, Fax, Papierpost, persönlich abgegebene Anträge/Schreiben oder telefonische bzw. persönlich eingebrachte Anliegen – verstanden. Prämisse für den Projektbereich Eingangskommunikation war die Zusammenführung sämtlicher Eingangsquellen in einem einzigen System, um derzeit evidente Doppelgleisigkeiten bei der Verarbeitung wie auch bei der Ablage und damit verbundene Mehraufwände zu reduzieren.

Zu diesem Zweck erfolgten 2009 eine grobe Erhebung der Eingangspostvolumina und Eingangsposttypen in den Referenzstädten sowie die Konzeption eines optimierten digitalen Posteingangsmanagements. Begleitend zum Konzept erfolgte auch ein praktischer „Proof of Concept“ mit Scannersoftware und Hardwareintegration sowie einem spezifischen, im Rahmen einer kommunalen Projektgruppe bereits zu einem früheren Zeitpunkt entwickelten, kommunalen Aktenmanagementsystem (Acta Nova).

Die praxisnahe Erprobung erfolgte gemeinsam mit dem Magistrat Wiener Neustadt und der Stadtgemeinde Wörgl. Im Mittelpunkt der Maßnahmen stand die Bündelung aller eingehenden Anliegen, unabhängig von der Art der Einbringung (z.B. schriftlich, persönlich, telefonisch etc.), in einer Software. Da der persönliche Kontakt zu den Bürgerinnen und Bürgern nicht nur eine wichtige Achse der Informationsgewinnung darstellt, sondern auch ein oftmals nicht ausreichend dokumentierter Bereich von eingebrachten Wünschen und Anliegen ist, wurde in einem Teilprojekt unter aktiver Beteiligung der Städte St. Pölten, Wiener Neustadt und Krems an der Donau ein Erweiterungsmodul zur Erfassung und Verwaltung von Bürgeranliegen entwickelt. Dieses ergänzt die ELAK-basierten Methoden der elektronischen Eingangsposterfassung und rundet das Gesamtbild eines digitalen Eingangspostmanagements ab.

4. Der Bereich „Ausgangskommunikation“

Im Zentrum dieses besonders wichtigen Arbeitspakets stand eine Berechnung des erzielbaren Einsparungspotenzials durch verschiedene Formen elektronischer Übermittlung sowie eine möglichst schlüssige Aufbereitung als Entscheidungsgrundlage für die Referenzstädte. Dass sich damit bzw. mit der Verlagerung der Ausgangspostabfertigung auf externe Druckstraßendienstleister ein beträchtliches Einsparungspotenzial für die Gemeindeverwaltung lukrieren lässt, führte die mit 19 Städten/Gemeinden der Leitinitiative „Digitale Städte“ durchgeführte Erhebung und Studie eindrucksvoll vor Augen. Die Ergebnisse wurden den teilnehmenden Städten im Frühjahr 2010 in Form von individuellen Endberichten mit Berechnungen zum Einsparungspotenzial durch elektronische Übermittlung kommunaler Postsendungen zur Verfügung gestellt. Anhand verschiedener Szenarien konnte nachgewiesen werden, dass bereits bei konservativen Annahmen – wenn beispielsweise nur zehn Prozent der Ausgangspost elektronisch übermittelt werden – beträchtliche Kosteneinsparungen möglich sind.

Die zweite Säule des Arbeitspakets bildete die Entwicklung eines universellen und kostengünstigen E-Abfertigungsservices für Städte und Gemeinden, mit welchem PDF-Dokumente nicht nur mit der Amtssignatur versehen, sondern auch gleich elektronisch übermittelt werden können. Zur Verrechnung wurde ein sehr faires, nach Gemeindegrößenklassen aufgebautes Preismodell erstellt. Damit ist es möglich zum Preis einer geringen Jahrespauschale nicht nur aus der Webanwendung E-Abfertigung, sondern auch aus kommunalen Fachanwendungen, aus ELAK-Systemen und sonstigen Applikationen heraus auf dieselbe Signaturinfrastruktur zuzugreifen und zu signieren – ganz unabhängig davon ob tausend oder zehntausende Signaturen ausgelöst werden.

Für die Berechnung der Einsparungspotenziale bei der Nutzung elektronischer Übermittlungsformen wurde eine im Vorfeld durchgeführte Erhebung der Ausgangspostvolumina und Ausgangstypen als Basis herangezogen. Parallel dazu wurde in Verhandlungen mit dem führenden Anbieter von elektronischen Übermittlungsdiensten erreicht, dass die Übermittlungsvolumina aller an einer Rahmenvereinbarung partizipierenden Städten additiv für die Bemessung des mengenabhängigen Zustelltarifs herangezogen werden können. Dies bedeutet nicht nur, dass kleinerer Städte und Gemeinden in hohem Maße von der aktiven Teilnahme größere Städte profitieren, sondern real auch ein Einsparungspotenzial von rund 25 Prozent gegenüber den Normaltarifen.

Ein 2009 erstellter Leitfaden für Marketingmaßnahmen zur Erhöhung der Quote von elektronischen Empfängern unterstützt Städte, welche die elektronische Übermittlung und die duale Zustellung einführen wollen und darüber hinaus flankierend bei der Vermarktung dieses Vorhabens innerhalb der Verwaltung und gegenüber den Bürgerinnen und Bürgern sowie der lokalen Wirtschaft.

5. Der Bereich „Digitale Signatur“

Der Bereich der digitalen Signaturen spaltete sich auf in die Bürgerkartensignatur – also die elektronische Unterschrift der Verwaltungskundinnen und Verwaltungskunden – und die Amtssignatur – als Methode der digitalen Unterfertigung und der optischen Ausprägung eines elektronisch vorliegenden behördlichen Dokuments.

Den Schwerpunkt des Teilbereichs Bürgerkartensignatur bildeten Vor-Ort-Ausbildungen von Mitarbeiterinnen und Mitarbeitern der Referenzstädte zu Registration Officers für die Registrierung der Bürgerkarte. Solcherart qualifizierte Registratorinnen und Registratoren können nun selbst in ihrer Stadt E-Cards von Kolleginnen und Kollegen, wie auch Bürgerinnen und Bürgern mit qualifizierter Signatur versehen. Diese Maßnahme stellt eine weitere Facette zur Steigerung der Quote an elektronischen Empfängerinnen und Empfängern in den Städten dar, da eine Anmeldung zum elektronischen Zustelldienst ausschließlich mittels Bürgerkarte (Karte oder mobile Signatur via Handy) möglich ist.

Das zweite Jahr der Referenzstädte-Initiative stand schließlich ganz im Zeichen der neuen Anforderungen, die der Einsatz der Amtssignatur ab 1. Januar 2011 an die Verwaltungen stellte. Um alle Mitgliedsgemeinden des Österreichischen Städtebundes bei der zeitgerechten Erfüllung dieser Anforderungen zu unterstützen, wurde im Rahmen der Leitinitiative ein Handbuch erstellt, das eine detaillierte Anleitung liefert, welche Schritte bei der Einführung der Amtssignatur in der Kommunalverwaltung zu setzen sind. Zentraler Inhalt dieses Leitfadens war die organisatorische Unterstützung bei der Beschaffung und Einrichtung des Amtssignaturzertifikates inklusive aller notwendigen Vorkehrungen für dessen Verwendung. Die Bandbreite der beschriebenen Maßnahmen reichte dabei von der Bestellung des Zertifikates bis zur rechtskonformen Gestaltung der visuellen Darstellung (Bildmarke und Hinweis sowie Prüfinformation). Zusätzlich wurde ein zentrales Amtssignaturservice in Form einer Webanwendung aufgebaut, das es den Gemeinden seit Ende 2010 erlaubt, Schreiben in PDF-Format applikationsunabhängig nicht nur zu signieren, sondern auch elektronisch zu übermitteln bzw. dual zuzustellen.

6. Integration kommunaler Anwendungen

Eine große Herausforderung stellte die Integration zwischen Aktenmanagementsystem, kommunalen Fachanwendungen und sonstigen, aktenrelevante datenverarbeitenden Drittsystemen dar. Hier geht es vor allem darum, Daten bidirektional und mit hinterlegter Prozesslogik austauschen zu können. Die mangelnde Datenübergabe zwischen elektronischen Systemen stellt nach wie vor eine der größten Quellen von Medienbrüchen im E-Government dar. So muss es beispielsweise ohne Benutzereingriff möglich sein, mit einem Baubescheid vorgeschriebene Verwaltungsgebühren und Abgaben direkt in die Software für die Verwaltung der kommunalen Steuern und Abgaben zu übergeben.

Da sich die österreichische E-Government-Initiative vor allem auch durch den Aufbau zahlreicher neuer, zentraler Register und ein intelligentes Verbundsystem (Portalverbund) zur Verwaltung der Zugriffsrechte auf diese Register auszeichnet, stellte die Anbindung möglichst vieler, für Kommunen relevanter Register eine wesentliche Aufgabe im Rahmen der Referenzinitiative dar.

Im Rahmen der Referenzinitiative war vorgesehen, entsprechende intelligente Übergabeprozeduren zwischen den in den Städten und Gemeinden hauptsächlich zum Einsatz kommenden Systemen konzeptiv darzustellen und in den Pilotstädten exemplarisch auch umzusetzen. Aufgrund des sehr hohen Komplexitätsgrades wurde dieses Arbeitspaket kurz vor Abschluss der Referenzstädte-Initiative eingeplant und war während der Entstehung dieses Beitrages noch im Laufen.

7. Anbindung an Systeme anderer Organisationen

E-Government macht nicht vor Organisationsgrenzen halt, sondern umfasst selbstverständlich auch die elektronische Übermittlung zwischen Organisationen, wie beispielsweise den Gemeinden und der Aufsichtsbehörde. Für den behörenübergreifenden Aktenaustausch zwischen ELAK-Systemen wurde mit EDIAKT II ein Standard entwickelt, der im Rahmen der Leitinitiative auch zur Umsetzung kommen soll. Konkret wäre eine EDIAKT-II-konforme Übermittlungsmöglichkeit aus den ELAK-Systemen der Pilotgemeinden erforderlich. Bei dem bereits erwähnten, im Rahmen einer interkommunalen Arbeitsgruppe entwickelten elektronischen Aktenmanagementsystem Acta Nova wurde der EDIAKT-Standard vollständig – das heißt, auf allen Ebenen (Akt – Geschäftsfall – Geschäftsstück) – umgesetzt und kann als „Proof of Concept“ gesehen werden. Dies ist ein Beispiel für einen medienbruchfreien Aktenaustausch.

Eine weitere Facette stellt in diesem Zusammenhang die Möglichkeit einer gesicherten elektronischen Übermittlung zwischen Behörden dar, wofür einige administrative Aufgaben (z.B. Eintragung ins Ergänzungsregister für sonstige Betroffene) und die Registrierung bei einem zugelassenen Zustelldienst vorzunehmen sind. Eine Konkretisierung der Behördenzustellung ist in der letzten Phase der Referenzstädte-Initiative im Rahmen eines Teilprojekts vorgesehen.

8. Elektronische Bezahlung

In den diversen Verfahren fallen üblicherweise Verwaltungsgebühren und/ oder Abgaben an. Diese werden von der Stadtverwaltung entweder einzelfallbezogen – das heißt, je nach Anlassfall – vorgeschrieben oder quartalsweise gebündelt – im Falle laufender Vorschreibungen. Im Regelfall stehen den Vorschreibungsempfängerinnen und Vorschreibungsempfängern Einziehungsauftrag, der die Überweisung oder die Bezahlung mittels Zahlschein zur Verfügung. Im Rahmen der Leitinitiative werden – beginnend mit 2011 – aus dem Kreis der teilnehmenden Städte Good Practices im Bereich des Einsatzes elektronischer Bezahlsysteme aufbereitet und auf breiter Basis in Leitfadenform bereitgestellt.

Weiters ist in Abstimmung mit dem Konzept zur Steigerung der Quote an digitalen Empfängern vorgesehen Maßnahmen zu erarbeiten, um die Zahl der Einziehungsaufträge für kommunale Forderungen (z.B. Abgaben, Gebühren, sonstige Entgelte) zur erhöhen, die manipulations- und kostenintensiven Quartalsvorschreibungen durch elektronische Übermittlungsformen zu substituieren und alternative Zahlungsmöglichkeiten anbieten zu können.

9. Marketing

Bereits zum Start der Referenzstädte-Initiative wurde zunächst eine umfassende Projektplattform – erreichbar unter http://digitale.staedte.gv.at – ins Leben gerufen, auf der sämtliche Arbeitspakete vorgestellt und über aktuelle Aktivitäten informiert wird. Während diese Plattform vorwiegend einer allgemeinen Information der interessierten Öffentlichkeit dient, ist ein Zugriff auf projekt- und einzelfallbezogene Ergebnisse – wie Evaluierungsergebnisse, Studien, Berichte oder ausgearbeitete Module/ Anwendungen – ausschließlich den Referenzstädten vorbehalten. Erst in einer zweiten Phase wurden allgemeingültige Teile allen Mitgliedsgemeinden des Österreichischen Städtebundes zugänglich und damit für diese nutzbar gemacht.

Neben der laufenden Information der Referenzstädte zum Status quo der Leitinitiative und Berichten zum Projektfortschritt auf der Website wurden in Kooperation mit dem Österreichischen Städtebund auch Fachveranstaltungen organisiert, welche die Bereiche Amtssignatur und duale Zustellung als auch die kommunale Musterwebsite zum Inhalt hatten. Das große Interesse der Veranstaltungsteilnehmerinnen und Veranstaltungsteilnehmer – insbesondere an den Neuerungen zur seit 1. Januar 2011 verpflichtend einzusetzenden Amtssignatur – zeigten klar den Bedarf an entsprechender fachlicher Unterstützung der Städte und Gemeinden im Bereich E-Government.

Ein Folder zum Hintergrund der Leitinitiative und zu den einzelnen Aktivitäten ergänzten die zu Projektbeginn gesetzten Maßnahmen. Pressemeldungen, die im Zuge der Projektlaufzeit publiziert wurden, trugen dazu bei, das ambitionierte Projekt auch in der breiten Öffentlichkeit bekannt zu machen.

10. Flankierende Maßnahmen

Seitens des Bundes bestand im Rahmen einer – exklusiv für die Referenzstädte-Initiative abgeschlossenen – Kooperationsvereinbarung zwischen dem Bundeskanzleramt und dem Österreichischen Städtebund das Angebot, spezifische E-Government-Schulungen kostenlos auch in den Bundesländern bzw. den Referenzstädten vor Ort durchzuführen. Bereits ab 2009 wurden zahlreiche E-Government-Schulungen direkt in den teilnehmenden Referenzstädten abgehalten und fanden großen Anklang.

Als motivationsfördernde flankierende Maßnahme ist zum Abschluss der Initiative vorgesehen, den teilnehmenden Städten ein sichtbares Zeichen ihrer erfolgreichen Teilnahme an der E-Government-Leitinitiative des Österreichischen Städtebundes zu übergeben. Geplant ist eine Beantragung des E-Government-Gütesiegels für alle jene umgesetzten Teilbereiche der Referenzstädte-Initiative, für die ein Gütesiegel verfügbar wäre (z.B. Gütesiegel E-Formulare).

11. Resümee

Der Österreichische Städtebund hat in den letzten Jahren zahlreiche Aktivitäten zur Förderung von E-Government in den Städten und Gemeinden gesetzt und den Aufbau wesentlicher E-Government-Infrastrukturelemente gefördert. Mit dem dreijährigen Programm der Referenzstädte-Initiative wurde als logische Konsequenz die Zielsetzung verfolgt, die vorhandenen Ergebnisse aus bisherigen Aktivitäten dahingehend mit weiteren Komponenten anzureichern, so dass eine durchgängig elektronische, medienbruchfreie und effiziente Verwaltungsführung möglich wird.

Eine Einbindung von Mitgliedsstädten brachte das notwendige Praxiswissen und vor allem auch die fachspezifischen Anforderungen. Durch die Einführung einzelner Module oder Services in Referenzstädten konnten darüber hinaus auch wichtige Erfahrungen in der Richtung Praxistauglichkeit und der Benutzerfreundlichkeit gesammelt werden.

Der Ansatz, auf interkommunaler Ebene, also zusammen mit einer Gruppe von Städten ein Architekturmodell für E-Government zu erstellen und auch umzusetzen, hat sich somit bestens bewährt. Gleiches gilt für die Idee, durch interkommunale Kooperation wiederverwendbare E-Government-Module mit vollem Nutzen zu geteilten Kosten für alle Teilnehmergemeinden zu entwickeln und diese zu einem späteren Zeitpunkt als kostengünstige, im Regelfall zentral betriebene, Services für einen breiten Kreis an Nutzergemeinden auf den Markt zu bringen.

Beispiele aus dem benachbarten Deutschland – beispielsweise in den Ländern Baden-Württemberg oder Hessen – zeigen schon seit vielen Jahren vor, dass mittels kommunaler Rechenzentren, also IT-Dienstleistern im Eigentum mehrerer Städte und Gemeinden einer Region, deutliche Kosteneinsparungen im Bereich der EDV-Infrastruktur (insbesondere Software) erzielbar sind. In Österreich findet dieses Modell derzeit nur in Vorarlberg und in abgewandelter Form in Kärnten Anwendung.

Die technologische Entwicklung der letzten Jahre begünstigt und vereinfacht in jedem Fall alle Formen von Kooperation: Die ständig in Ausbau befindlichen Internetbandbreiten und neuen Übermittlungs- und Kompressionstechniken erlauben eine immer raschere Übertragung größerer Datenmengen und damit auch Dateigrößen. Moderne Softwareentwicklungstechniken ermöglichen die Programmierung von Webapplikationen, welche keiner lokalen Installation mehr bedürfen, sondern nur über einen gängigen Webbrowser ausgeführt werden. Beide Faktoren begünstigen sehr stark eine zentrale Betriebsführung. Aber auch im Bereich der Betriebsführung bahnen sich unter dem Schlagwort Cloud Services fundamentale Entwicklungsschübe an. Cloud Computing vereint den zentralen Betrieb, die Bereitstellung von Speicherplatz, die Anwendungen, die Datensicherung, die Verfügbarkeit etc. unter einem Begriff. In der Praxis könnte dies bedeuten, dass Kommunen nur noch über eine lokale Basisinfrastruktur in Form von Arbeitsplatzgeräten verfügen müssten, die gesamte benötigte Anwendungslandschaft wird remote, also über das Internet, bezogen.

Die Konsequenzen aus einem derartigen Ansatz wären:

- ein wesentlich höherer Grad an Standardisierung von Gemeindeanwendungen
- eine wesentlich bessere Integration zwischen den verschiedenen Anwendungsbereichen, wie beispielsweise dem ELAK und Fachanwendungen, da diese nur ein Mal umgesetzt werden müssen
- die Möglichkeit einer sehr raschen, anlassfallbezogenen Kooperation zwischen mehreren oder vielen Gemeinden in einer Region, weil eine Vernetzung bei einheitlichen und zentral betriebenen Anwendungen sehr rasch und unkompliziert möglich ist
- deutlich ein niedrigeres TCO (total costs of ownership) im IT-Bereich, bedingt durch den Wegfall von Doppelgleisigkeiten (bei Entwicklung, Wartung, Integration etc.), transparente Einkaufspreise (welche – wie Studien eindeutig zeigen – derzeit nicht gegeben sind) und niedrigere Stückkosten aufgrund höherer Einkaufsmengen

Im Rahmen dieser Initiative ist es mit vereinten Kräften des Österreichischen Städtebundes, Referenzstädten und der Public Management Consulting als projektbegleitendes Beratungsunternehmen mit Fachbezug gelungen, eine sehr komplexe, weit reichende Materie binnen kurzer Zeit auf den Boden der Kommunalverwaltungsrealität zu holen und in der Praxis modular umzusetzen und zu testen. Damit konnte sicherlich das Fundament für eine derartige Entwicklung errichtet und anhand einiger Beispiele auch die konkrete Machbarkeit aufgezeigt werden. Für eine tatsächliche, flächendeckende Realisierung sind aber noch beträchtliche Anstrengungen und der entsprechende politische Wille erforderlich.

Alexandra SCHANTL, Nikola HOCHHOLDINGER

Public Value am Beispiel der gemeinnützigen Wohnungswirtschaft

Wohnen ist ein Schlüsselfaktor für die territoriale und gesellschaftliche Kohäsion. In Zeiten knapper öffentlicher Haushalte und des verstärkten finanziellen Drucks auch auf die Privathaushalte aufgrund der aktuellen angespannten Wirtschaftssituation, verursacht durch die Finanz- und Wirtschaftskrise des Jahres 2008, wird es zunehmend schwieriger, leistbares, qualitätvolles Wohnen für alle nachhaltig zu sichern. Darüber hinaus bedingen der demografische Wandel und die zunehmende Arbeitnehmermobilität neue Anforderungen sowohl an die Wohnungspolitik als auch an die Wohnungswirtschaft. Schließlich geht es beim Wohnungswesen nicht nur um Gebäude, sondern um die Gemeinschaften und Gebiete, in denen wir leben. Ergo dessen ist davon auszugehen, dass sich hier ein gesellschaftlicher Mehrwert beziehungsweise ein so genannter Public Value zusätzlich zum eigentlichen Nutzen der Wohnbedarfsbedeckung manifestiert.

Eine zentrale Rolle in der Absicherung des Grundbedürfnisses „Wohnen" in Österreich spielt die gemeinnützige Wohnungswirtschaft, respektive die gemeinnützigen Wohnbauvereinigungen[1] als Errichter, Sanierer und Erhalter der Wohnbauten sowie die Länder als Gewährleister und Financiers der Wohnbauförderung.[2] Aus diesem Grund beauftragte der Verband der Gemeinnützigen Wohnbauvereinigungen (GBV) das KDZ oben genannten gesellschaftlichen Mehrwert – auch unter dem Aspekt des „wertschöpfenden Staates" – für die gemeinnützige Wohnungswirtschaft herauszuarbeiten und sichtbar zu machen.

Im Folgenden möchten wir das Public Value-Modell der gemeinnützigen Wohnungswirtschaft und ausgewählte zentrale Indikatoren und Wir-

---

1 Beinahe jede/r sechste Österreicher/in wohnt in einer von der Gemeinnützigen Wohnbauvereinigung errichteten und/oder verwalteten Wohnung. Gemessen am gesamtösterreichischen Wohnungsbestand verwaltet die GBV also etwa 20 Prozent aller Wohnungen, das entspricht einer Anzahl von 815.000 Wohnungen österreichweit. Insgesamt erbringt die gemeinnützige Wohnungswirtschaft rund 30 Prozent der gesamten Bauleistung und mehr als die Hälfte der Bauleistung im Mehrfamilienhausbau (Vgl. dazu: Bauer; Streimelweger: Wohnbau, 2010, S. 24-26.). Die Gemeinnützigen sind mit einer Bilanzsumme von € 37 Mrd. und einem jährlichen Neubauvolumen von rund € 2,4 Mrd ein bedeutender Wirtschaftsfaktor in Österreich. Aktuell gibt es in Österreich 190 gemeinnützige Bauvereinigungen, davon 99 Genossenschaften, 81 Gesellschaften mit beschränkter Haftung und zehn Aktiengesellschaften (Vgl. dazu: http://www.gbv.at)

2 Ein wesentlicher Faktor der Finanzierung sozial erschwinglicher Wohnungen ist die Wohnbauförderung der Länder, mittels derer rund 70 Prozent des Wohnungsbedarfs in Österreich in den vergangenen Jahren bedeckt wurden. Das Ausgabenvolumen der Wohnbauförderung beträgt jährlich durchschnittlich etwa € 2,3 Mrd.

kungen kurz skizzieren und somit den Beitrag der gemeinnützigen Wohnbauvereinigungen und der Wohnbauförderung zum Public Value der gemeinnützigen Wohnungswirtschaft belegen sowie deren Bedeutung für den gesellschaftlichen Zusammenhalt durch die Bereitstellung von leistbarem, qualitätvollem und sicherem Wohnraum für die österreichische Bevölkerung unterstreichen.

1. Das Public Value-Modell der gemeinnützigen Wohnungswirtschaft

Als erster Schritt zur Erarbeitung eines Public Value-Modells für die gemeinnützige Wohnungswirtschaft galt es, zunächst den Begriff „Public Value" zu definieren beziehungsweise für die gemeinnützige Wohnungswirtschaft zu klären, da mittlerweile die Bandbreite sowohl des Begriffes als auch des Konzeptes sehr groß ist.[3] Grundsätzlich kann Public Value als gesellschaftlicher Mehrwert übersetzt werden. Dieser Mehrwert umfasst den konkreten Nutzen für verschiedene Interessensgruppen, die Wirkungen der öffentlichen Leistungen sowie den Nutzen für die Gesellschaft. Ziel des Public Value-Ansatzes ist das Sichtbarmachen von Wirkungen für die Gesellschaft durch öffentliche Leistungen. Die Leistungserbringung muss dabei nicht durch die öffentliche Hand selbst erfolgen, sondern kann im Sinne des Gewährleistungsansatzes auch durch externe Akteure geschehen. Nutzen und Wirkungen sind dabei mehrdimensional zu sehen.

Da Wohnen Teil der Daseinsvorsorge[4] ist und der Public Value Maßnahmen einschließt, die Marktversagen abfedern[5], wurde als Grundlage für die Erstellung des Public Value-Modells der gemeinnützigen Wohnungswirtschaft das Fünf-Dimensionen-Modell für den öffentlichen Sektor von Tony Bovaird[6] herangezogen.

---

3 Eine der umfassensten Auseinandersetzungen mit dem Thema Public Value liefert der britische Think Tank *The Work Foundation*, wonach Public Value entweder ein akademischer Ansatz bzw. eine Theorie des öffentlichen Managements, ein Korrektiv oder eine Alternative zu früheren Managementansätzen, besonders zu Public Management, ein rhetorisches Instrument zur Neubelebung oder Reform des öffentlichen Sektors, eine besondere Ausprägung von Institutional Governance mit dem Schwerpunkt auf Netzwerk- und bzw. Kollaborationsstrukturen oder aber ein analoger Wert zu Private Consumer Value, also zu ökonomischen oder gar monetären Werten, die durch den Preismechanismus am Markt entstehen, sein kann. (Vgl. dazu: Körber: Public Value-Konzepte, 2009, S. 6.).

4 Die Versorgung der Bevölkerung mit Wohnraum zählt zu den Aufgaben der Daseinsvorsorge, das heißt, der Staat geht davon aus, dass der Markt die Wohnungsversorgung nicht alleine in sozial angemessener Weise erfüllen kann. Diese Mitverantwortung des Staates spiegelt sich im Wohnungsgemeinnützigkeitsgesetz wider (Vgl. dazu: Korinek; Holoubek: Wohnungsgemeinnützigkeit, 2008, S. 53-60.).

5 Vgl. dazu: Alford; O'Flynn: Public Value, 2009, p. 175-176.

6 Vgl. dazu: Bovaird: strategy, 2008, p. 260-270.

1.1 Grundzüge des Public Value-Modells der gemeinnützigen Wohnungswirtschaft

Das Public Value-Modell der gemeinnützigen Wohnungswirtschaft besteht zunächst aus zwei Hauptbausteinen:

Teil A – Politischer Nutzen bzw. übergeordnete politische Zielsetzungen

Zur näheren Spezifikation der fünf Hauptziele – *Daseinsvorsorge, sozialer Ausgleich* (Distribution), *Stabilisierung* (Arbeits- und Wohnungsmarkt), *nachhaltige Raumentwicklung* und *Verbesserung der Lebensqualität* wurden zwei bis drei Teilziele als Grundlage für die Definition der gewünschten Wirkungen formuliert.

Teil B – Wirkungen bzw. Nutzen der Aktivitäten der gemeinnützigen Wohnungswirtschaft

Bei den Wirkungen wird im Modell zwischen den *direkten Wirkungen* auf die Bewohnerinnen und Bewohner durch die Bereitstellung von leistbarem und qualitätvollem Wohnraum mit hoher Wohnsicherheit und einer daraus resultierenden Wohnzufriedenheit auf die Akteurinnen und Akteure, respektive die Bauwirtschaft durch die Errichtung der Gebäude (Beschäftigung, Beständigkeit) und die Gewährleister und Finanziers[7] (= Gebietskörperschaften als Fördergeber der Wohnbauförderung, Banken) – dem *Stakeholder Value*[8] – und den *indirekten Wirkungen* – dem *Public Value* – für das Umfeld (Nachbarschaft, Quartier) und die Gemeinschaft (Gesellschaft, Politik, Umwelt) unterschieden.

Zwecks einer Strukturierung und mit dem Ziel einer späteren Gewichtung und Zusammenführung des Public Values wurden die einzelnen Wirkungen folgenden *fünf Nutzendimensionen* zugeteilt, welche im Groben auch auf die übergeordneten politischen Zielsetzungen rückgeführt werden können:

- der soziale (Daseinsvorsorge und sozialer Ausgleich)
- der ökonomische (Stabilisierung, des Arbeits- und Wohnungsmarktes)
- der ökologische (Nachhaltigkeit)
- der räumliche (Raumentwicklung)
- der gesellschaftliche (Lebensqualität)

Nachfolgende Abbildung veranschaulicht das Public Value-Modell und stellt das System der unterschiedlichen Ziele, Nutzergruppen, Wirkungen und Wirkungsweisen dar.

7 Die Studie beschränkt sich bei den Gewährleistern/Financiers auf die Gebietskörperschaften, deren sparsamer Mitteleinsatz, Kontrolle und Stetigkeit maßgeblich zum Public Value der gemeinnützigen Wohnungswirtschaft beitragen.

8 Im Modell sprechen wir ausnahmslos von „Stakeholder Value“, da diese Begrifflichkeit die Zielgruppe des direkten Nutzens eindeutiger definiert als der allgemeine Terminus „User“.

Abbildung 1: Ziele und Nutzen der gemeinnützigen Wohnbauwirtschaft

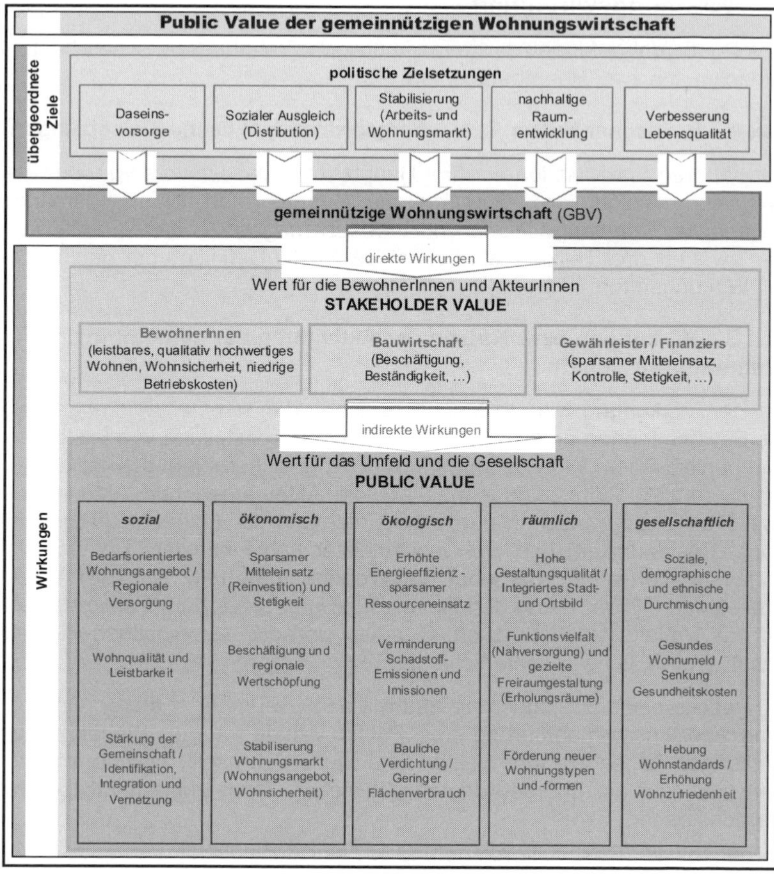

Quelle: KDZ (2011)

1.2 Das Wirkungs- und Indikatorenmodell

Die Graphik des Modell-Aufbaues täuscht ein einfaches lineares Modell mit eindeutigen Zusammenhängen und Zuordnungen vor. Das Wirkungssystem „Wohnen“ wird jedoch durch vielfältige Beziehungen und Wechselwirkungen bestimmt – weder die Wirkungsweise (direkt/indirekt) noch die Nutzergruppen oder die Wirkungsbereiche sind klar abgrenzbar –, so dass die Wirkungen der Leistungen der gemeinnützigen Wohnungsvereinigungen innerhalb eines eindimensionalen Ursache-Wirkungs-Systems nicht ausreichend beschrieben werden können. Folglich wurde in der Konzeption des Indikatorenmodells von den einzelnen Wirkungen ausgegangen, für die jeweils ein oder mehrere Indikatoren vorgeschlagen wurden. Der direkte Nutzen und die Indikatoren für die Stakeholder (Stakeholder Value) werden dabei ebenfalls den fünf Wirkungsdimensionen (sozial, ökonomisch, ökologisch, räumlich und gesellschaftlich) zugeordnet. Der Nutzen für die Bewohnerinnen und Bewohner – vorrangig das leistbare, qualitativ hochwertige Wohnen – wird überwiegend durch die sozialen Wirkungen abgebildet. Nutzen und Indikatoren für die gemeinnützige Bauwirtschaft und die Gewährleister finden sich in den ökonomischen Wirkungen wieder.

Abbildung 2: Auszug aus dem Wirkungsmodell: Beispiel für Indikatoren zu ökologischen und räumlichen Wirkungen

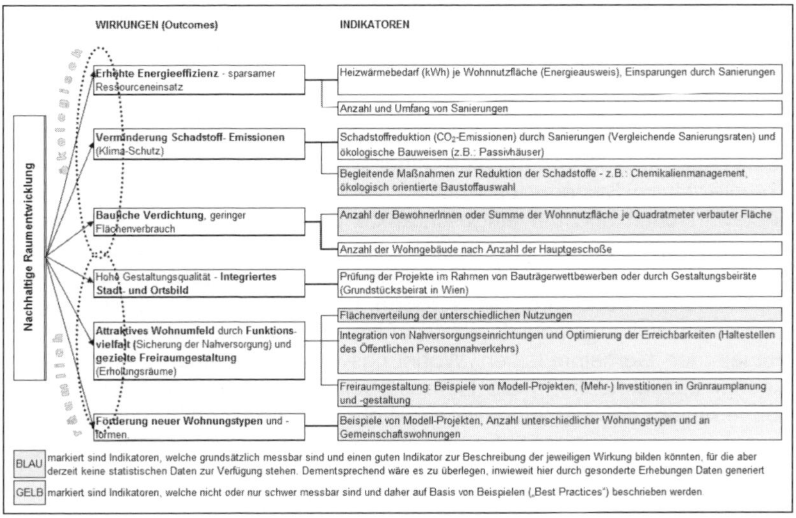

Quelle: KDZ (2011)

Der Versuch, den Public Value zu erfassen und zu visualisieren, stößt aufgrund der hohen Komplexität des Systems und der schwer bis gar nicht abgrenzbaren Wirkungen auf vielfältige Hindernisse: Einige Wirkungen – wie beispielsweise gestalterische Kriterien oder Netzwerke – sind quantitativ nicht erfassbar und können nur qualitativ beschrieben werden. Andere Wirkungen wiederum sind zwar messbar, die Daten sind jedoch aus unterschiedlichen Gründen nicht verfügbar und müssen noch erhoben werden. Zusätzlich treten externe Effekte[9] auf: Neben den durch die Maßnahme intendierten Wirkungen auf die direkt Beteiligten, werden ungeplante, nicht abgegoltene Wirkungen (Schäden und Nutzen) auf unbeteiligte Dritte ausgelöst.

9 *„Als externe Effekte bezeichnet man Kosten und Nutzen, die bei anderen als den bei einer wirtschaftlichen Tätigkeit beteiligten AkteurInnen entstehen. [...] Positive externe Effekte entstehen, wenn von einer wirtschaftlichen Aktivität positive Wohlfahrtseffekte für nicht-Beteiligte entstehen. [...] Beim Konzept negativer externer Effekte wird angenommen, dass im Produktions- und Konsumtionsprozess vielfach Kosten für die Allgemeinheit entstehen, die sich nicht in den Marktpreisen widerspiegeln.*" (Novy: Ökonomie, Abschnitt 2.2.5.5.4.1 Externe Effekte, 2005.)

Obwohl zur Bestimmung der besonderen Leistungen der gemeinnützigen Wohnungswirtschaft vorrangig nach Indikatoren mit verfügbaren Datengrundlagen gesucht wurde, verbleiben einzelne wesentliche Aspekte des Public Values, für die derzeit keine eindeutigen Belege für die Zusammenhänge erbracht werden können. Dieses Problem zeigt sich insbesondere im Bereich der ökologischen und räumlichen Wirkungen, welche nur sehr eingeschränkt quantifizierbar sind. Nachfolgend sind beispielhaft die vorgeschlagenen Indikatoren für diesen Bereich dargestellt, insgesamt beinhaltet das erarbeitete Modell für den Public Value der gemeinnützigen Wohnungswirtschaft ein System aus 36 unterschiedlichen Indikatoren.

Ein Indikatorensystem erfordert immer auch Vergleichs- und Richtwerte, anhand derer die Wirkung beurteilt werden kann, da eine Messgröße alleine – wie beispielsweise die Höhe der Miete je Wohneinheit – noch keine Aussage über den Wert einer Wirkung treffen kann. Die hohe Komplexität im System des Public Values bei der gemeinnützigen Wohnungswirtschaft und die eingeschränkte Datenverfügbarkeit erschwerten eine durchgehende Bestimmung dieser Referenzwerte. Deshalb wurde der Fokus einerseits auf die Definition und die Auswahl geeigneter Erfolgsindikatoren und ihrer Messgrößen, und andererseits auf die Erarbeitung eines Wirkungsmodells als Grundlage für die Berechnung des Public Values der Gemeinnützigen Wohnungswirtschaft gelegt. Zentral ist in diesem Zusammenhang die Herausarbeitung der Unterschiede und Besonderheiten der gemeinnützigen Wohnungswirtschaft – vor allem im Vergleich zum privaten Sektor und hinsichtlich der regionalen Verteilung.

2. Ausgewählte Wirkungen und Indikatoren

Nachstehend möchten wir auf zwei ausgewählte Wirkungen näher eingehen, nämlich das leistbare Wohnen im Rahmen der sozialen Wirkungen sowie die Stabilisierung des Wohnungsmarktes und die Wohnsicherheit innerhalb der ökonomischen Wirkungen.

2.1 Leistbares Wohnen – Soziale Wirkung

Die Wirkung leistbares Wohnen wurde anhand folgender Indikatoren bewertet:

- der Wohnungsaufwand je Nutzfläche für Kategorie A-Wohnungen
- der Mietaufwand je Nutzfläche bei Neubezug nach Bundesland und
- der Anteil der Bewohnerinnen und Bewohner mit einer Wohnkostenbelastung von mehr als 25 Prozent.

Abbildung 3: Der Wohnungsaufwand (Mieten inkl. Betriebskosten) je m² für Kategorie A-Wohnungen nach Gebäudeeigentümern[10]

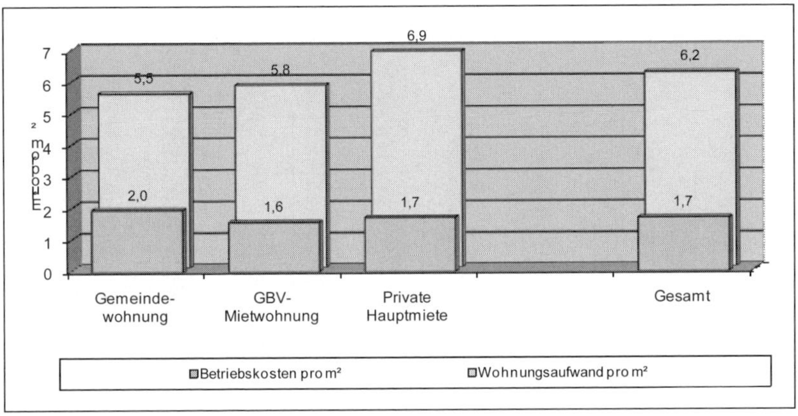

Quelle: Statistik Austria: Mikrozensus 2009, eigene Darstellung KDZ (2011)

Anhand der Auswertungen aus dem Mikrozensus 2009 kann festgehalten werden, dass der durchschnittliche Wohnungsaufwand in Mietwohnungen der Gemeinnützigen Wohnbauvereinigungen deutlich unter dem jeweiligen regionalen Niveau liegt. Durchschnittlich 18 Prozent höher sind die Wohnungsaufwände für private Wohnungen im Vergleich zu gemeinnützigen Mietwohnungen. Dabei spielt auch der preisdämpfende Bonitätseffekt des gemeinnützigen Eigenkapitals eine wichtige Rolle, dieser reduziert die Kosten für die Mieterinnen und Mieter um bis zu € 700,- jährlich.

Der Indikator des mittleren Wohnungsaufwandes bezieht sich auf den gesamten Wohnungsbestand und wird daher stark von den bereits lang bestehenden, vergleichsweise günstigen und überwiegend privaten Mietverträgen, den „Altmieten“, beeinflusst. Um das aktuelle Mietniveau am Wohnungsmarkt – und vor allem die Unterschiede zwischen den Anbietern – besser abzubilden, müssen daher die Mietkosten bei Neubezug bzw. mit einer Mietdauer von weniger als einem Jahr gesondert betrachtet werden. Aufgrund der gesetzlich beschränkten Mietanhebungen der GBV durch das Wohnungsgemeinnützigkeitsgesetz sind die Unterschiede bei der Neuvermietung deutlich stärker ausgeprägt. Die mittlere Neubezugsmiete für private Wohnungen liegt etwa 29 Prozent über derjenigen für GBV-Mietwohnungen.

10 Zu den GBV-Mietwohnungen gehören all jene Wohneinheiten, welche beim Mikrozensus der Kategorie „Genossenschaft und gemeinnützige Bauvereinigung“ zugeordnet werden.

Abbildung 4: Der Mietaufwand (exkl. Betriebskosten) je m² bei Neubezug (Wiedervermietung oder Erstbezug im letzten Jahr) nach Bundesland 2009[11]

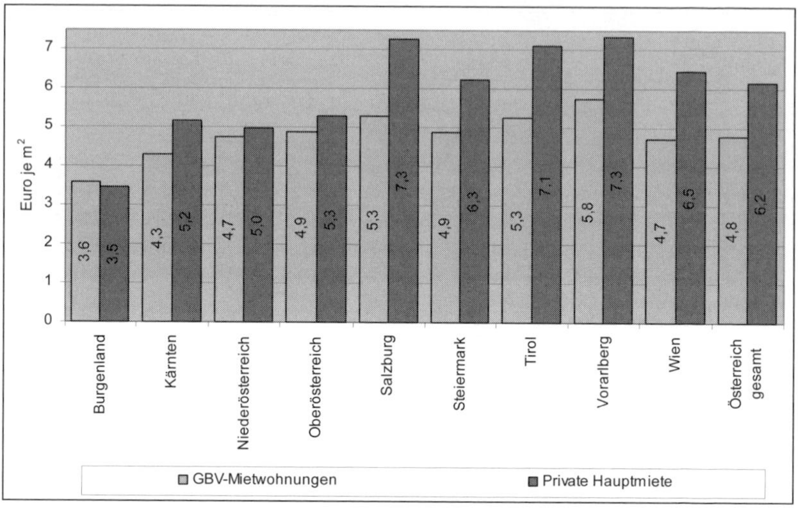

Quelle: Statistik Austria: Mikrozensus 2009, eigene Darstellung KDZ (2011)

Abbildung 5: Wohnkostenbelastung der Haushalte: Wohnkostenanteil >25 Prozent des Äquivalenzeinkommens 2008[12]

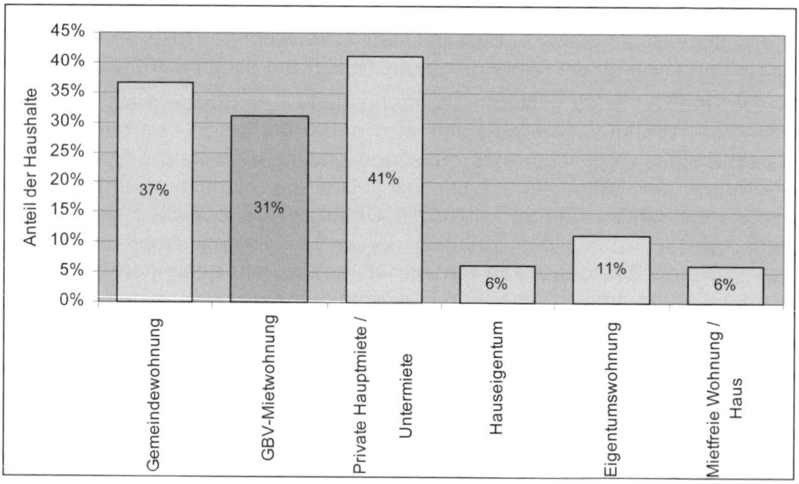

Quelle: Statistik Austria: EU-SILC 2008, eigene Darstellung KDZ (2011)

---

11 *„Der Einsatz von gemeinnützigem Eigenkapital gewährleistet eine hohe Bonität der Wohnbauunternehmen bei der Vergabe von Bankkrediten. Dies ermöglicht günstigere Kreditkonditionen, die Mieterinnen und Mieter profitieren vom Zinsvorteil.“* (GBV-Presseaussendung vom 03.02.2011).

12 Im Rahmen der EU-SILC-Erhebung zur Einkommenssituation und den Lebensbedingungen in den EU-Ländern wird von der Statistik Austria jährlich die (subjektive) Wohnkostenbelastung der Haushalte erhoben.

Die Wohnkostenbelastung setzt den Wohnungsaufwand in Beziehung zu den Bewohnerinnen und Bewohnern sowie zu deren spezifischer Einkommenssituation[13]. Bei etwas weniger als einem Drittel der Haushalte in gemeinnützigen Mietwohnungen liegt die Wohnkostenbelastung über 25 Prozent des Haushaltseinkommens, dieser Anteil liegt deutlich unter dem entsprechenden Anteil von etwa 41 Prozent bei den privaten Haupt- und Untermieten.

Zu beachten ist allerdings, dass die Wohnkostenbelastung vielfältigen Einflüssen unterliegt. Einerseits bestimmen regionale Unterschiede in den Einkommens- und Mietniveaus den jeweiligen Anteil der Wohnkosten an den Gesamtausgaben und andererseits sind die zur Verfügung stehenden Mittel determiniert durch den (sozio-)ökonomischen Status der Bewohnerinnen und Bewohner (Einkommen). Dies erklärt, dass die empfundene als auch die reale Wohnkostenbelastung bei Gemeindebaubewohnerinnen und Gemeindebaubewohner deutlich höher ist, als in Genossenschaftswohnungen obwohl der mittlere Aufwand für die Wohnung in Gemeindewohnungen deutlich niedriger ist.

Aufgrund des hohen Marktanteiles der Gemeinnützigen von 30 Prozent bei den Mietwohnungen wirken sich die deutlich geringeren Mieten (bei der Wiedervermietung) nicht nur positiv auf das Haushaltsbudget der Bewohnerinnen und Bewohner aus, sondern wirken darüber hinaus kostendämpfend auf den gesamten Mietsektor.

2.2 Die Stabilisierung des Wohnungsmarktes und die Wohnsicherheit – ökonomische Wirkung

Als Indikatoren für die Stabilisierung des Wohnungsmarktes und die Wohnsicherheit fungierten:

- die Entwicklung des Wohnungsaufwandes 2007-2009 von Kategorie A-Wohnungen und
- der Anteil der unbefristeten Mietverhältnisse sowie der Anteil der Mietverhältnisse mit einer Dauer von fünf und mehr Jahren

> *„Dass die Wohnkosten in Österreich trotz positiver wirtschaftlicher Entwicklung und Bevölkerungswachstum real stagnieren, ist unter anderem auf die Wirksamkeit des Systems der Wohnbauförderung und Wohnungsgemeinnützigkeit zurückzuführen.“*[14]

Die Wohnkosten lagen 2005 in Österreich deutlich unter jenen im Durchschnitt der EU-15-Staaten mit geringem Eigentümeranteil.[15] Ausschlaggebend für das vergleichsweise niedrige Mietenniveau ist der in Österreich sehr hohe Anteil an geförderten und gemeinnützigen Wohnungen.

---

13 Das Äquivalenzeinkommen ist das bedarfsgewichtete Netto-Pro-Kopf-Einkommen. Zu den GBV-Mietwohnungen gehören all jene Wohneinheiten, welche bei EU-SILC der Kategorie Genossenschaft zugeordnet werden.

14 Lugger; Amann: Wohnbau, 2006, S. 27.

15 Vgl. dazu: Czasny u.a.: Wohnzufriedenheit, 2008, S. 52. EU-15-Staaten mit niedriger Eigentümerquote: Der Anteil von Wohnungs- und Hauseigentümer liegt unter 60 Prozent.

Abbildung 6: Die Entwicklung des Wohnungsaufwandes 2007-2009 nach Eigentümerinnen und Eigentümern und Bundesland für Kategorie-A-Wohnungen[16]

	Durschn. Wohnungsaufwand pro m² 2009			Entwicklung des Wohnungsaufwands 2007 - 2009		
	GBV-Mietwohnung	Private Hauptmiete	Gesamt	GBV-Mietwohnung	Private Hauptmiete	Gesamt
Burgenland	4,4*	**	4,5	14%	**	15%
Kärnten	5,1	6,0*	5,3	4%	7%	4%
Niederösterreich	5,6	5,7	5,5	8%	8%	8%
Oberösterreich	5,9	6,5*	6,0	8%	11%	8%
Salzburg	6,8*	8,6	7,7	7%	3%	3%
Steiermark	5,6	6,9	6,1	9%	12%	7%
Tirol	6,0*	7,8	7,0	5%	9%	5%
Vorarlberg	6,6*	8,1	7,6	1%	6%	4%
Wien	6,0	6,7	6,2	7%	9%	8%
Österreich gesamt	5,8	6,9	6,2	7%	9%	7%

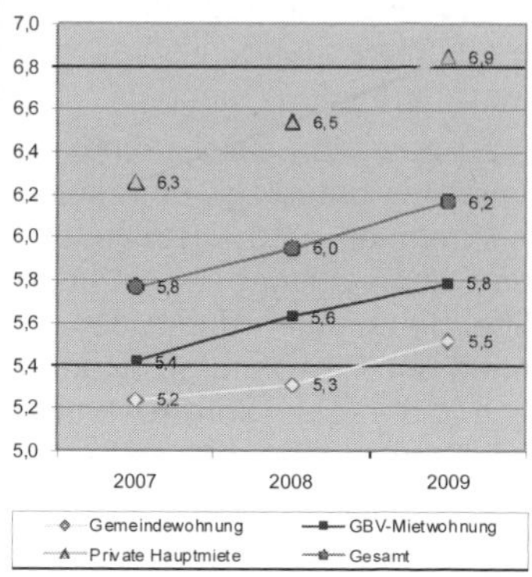

Quelle: Statistik Austria: Mikrozensus 2009, eigene Darstellung KDZ (2011)

Deutlich sind in Abbildung 6 nicht nur die Unterschiede in den Mietniveaus der Gebäudeeigentümerinnen und Gebäudeeigentümer abzulesen, sondern ebenso diejenigen nach der Lage der einzelnen Bundesländer. Österreichweit sind die durchschnittlichen Wohnungsaufwände (inkl. Betriebskosten) von 2007 bis 2009 um etwa 7 Prozent angestiegen – in annähernd gleichem Ausmaß wie die durchschnittlichen Wohnungsaufwände bei GBV-Mietwohnungen. Private Hauptmieten sind im selben Zeitraum um etwa 9 Prozent angestiegen, wobei die stärkeren Preissteigerungen im Privatmietsektor in erster Linie aus der Vermietung von Neubauwohnungen und der Wiedervermietung alter Wohnungen resultieren (siehe Abbildung 4).

Geht man davon aus, dass die Wohnung die stabile, geordnete Basis für die Teilhabe am sozialen und gesellschaftlichen Leben garantiert, geben die gemeinnützigen Wohnbauvereinigungen ihren Mieterinnen und Mietern durch die Bereitstellung von Wohnungen mit überwiegend unbefristeten Mietverträgen (97 Prozent) Wohnsicherheit und leisten damit einen grundlegenden Beitrag zur Stabilisierung der sozialen und gesellschaftlichen Verhältnisse.

16 * erhöhter Stichprobenfehler zwischen plus/minus 10 und 13 Prozent
** Stichprobenfehler über plus/minus 15 Prozent. Vor dem 3. Quartal 2007 lauteten die Bezeichnungen der Gebäudeeigentümer: „1. Hauptmietwohnung und 2. Genossenschaftswohnung“, so dass ein Teil der Gemeinnützigen bei den privaten Hauptmietwohnungen gezählt wurde und die Wohnungsaufwände der Privaten auch im Jahr 2007 dadurch noch leicht verfälscht (niedriger) sind.
Zu den GBV-Mietwohnungen gehören all jene Wohneinheiten, welche beim Mikrozensus der Kategorie Genossenschaft und gemeinnützige Bauvereinigung zugeordnet werden.

Abbildung 7: Der Anteil der unbefristeten und befristeten Mietverhältnisse[17]

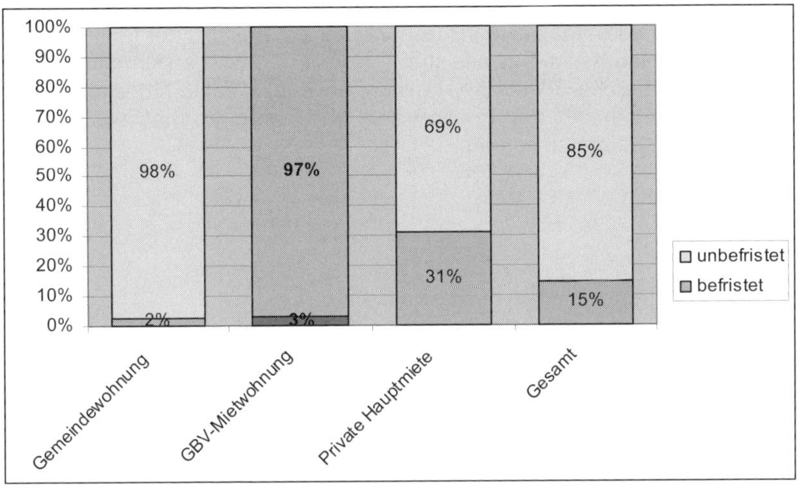

Quelle: Statistik Austria: Mikrozensus 2009, eigene Darstellung KDZ (2011)

Voraussetzung für das Bereitstellen von Wohnsicherheit sind darüber hinaus gesunde Unternehmen auf sicherem wirtschaftlichem Fundament. Das GBV-Geschäftsmodell (Vermögensbindung, engmaschiges Aufsichtsnetz durch die Landesbehörden und Kontrollnetz durch die Revision) erfüllt diese Voraussetzung und garantiert auch damit sicheres Wohnen. Zur Förderung der Wohnungsmobilität hat umso mehr die Bereitstellung eines hohen Angebotes an leistbaren Wohnungen (durch die Gemeinnützigen) in allen Regionen zentrale Bedeutung.

3. Fazit

Bereits anhand der ausgewählten Wirkungsbeispiele kann der Public Value oder gesellschaftliche Mehrwert der gemeinnützigen Wohnungswirtschaft festgemacht werden. Die zahlreichen sozialen, ökonomischen, ökologischen, räumlichen und gesellschaftlichen Wirkungen der gemeinnützigen Wohnungswirtschaft verhindern oder hemmen negative Entwicklungen auf dem Wohnungsmarkt, wie beispielsweise den (unkontrollierten) Anstieg der Miet- und Eigentumspreise in gut erreichbaren Lagen, den Wohnimmobilienmarkt destabilisierende Preisschwankungen („Boom and Bust"-Zyklen), Engpässe in der Wohnversorgung oder aber die räumliche und soziale Segregation. Demzufolge kann davon ausgegangen werden, dass die gemeinnützigen Wohnbauvereinigungen und die Länder als Fördergeber der Wohnbauförderung einen wesentlichen Beitrag zur territorialen und gesellschaftlichen Kohäsion leisten. Allerdings wäre die Erhebung, Sammlung und Aufbereitung zusätzlicher Daten und Beispiele für den

17 Zu den GBV-Mietwohnungen gehören all jene Wohneinheiten, welche beim Mikrozensus der Kategorie ‚Genossenschaft und gemeinnützige Bauvereinigung' zugeordnet werden.

Beleg des Public Value-Modells und respektive für die Erarbeitung eines aussagekräftigen Bewertungssystems notwendig. Nichtsdestotrotz lässt sich anhand des dargestellten Public Values am Beispiel der gemeinnützigen Wohnungswirtschaft zweifelsfrei feststellen, dass es sich lohnt, auch für andere Bereiche öffentlicher Leistungen Public Value-Modelle zu entwickeln, um einerseits den Public Value transparent zu machen, und ihn andererseits steuern zu können.

Teil 5:

Entwicklungsperspektiven

Josef MOSER

Verwaltungsreform aus Sicht des Rechnungshofes – Stand und Perspektiven

1. Voraussetzungen für Reformen

Die Forderungen von Politik, Expertinnen und Experten, Medien sowie Bürgerinnen und Bürgern nach Reformen und insbesondere nach einer umfassenden Verwaltungsreform folgen in immer kürzeren Abständen und werden immer lauter. Mehrere in den letzten beiden Jahrzehnten unternommene Anläufe (z.B. Aufgabenreformkommission, Österreich-Konvent, Expertengruppe, Verwaltungsinnovationsprogramme, Verwaltungsqualitätsoffensive) zu mehr Transparenz, Bürgerorientierung und Effizienz in der Verwaltung haben jedoch trotz umfassender Expertenvorschläge und durchaus anzuerkennender Einzelerfolge noch nicht zu einer umfassenden Neuordnung und Neugestaltung der Verwaltungsbereiche geführt. Brennende Zukunftsfragen – wie die Neugestaltung des Bildungswesens oder die Organisation und Finanzierung von Pflegeleistungen – sind ungelöst. Die Gestaltungskraft der Politik steht damit auf dem Prüfstand.

Der Rechnungshof sieht einen klaren politischen Willen und eindeutige politische Vorgaben über Umfang und Ziele als unabdingbare Voraussetzungen für eine erfolgreiche Staats- und Verwaltungsreform. Wegen der finanziellen Beziehungen und Abhängigkeiten der Gebietskörperschaften und der damit verbundenen Verflechtung der Finanzströme – Steuerverbund, komplexes Transfersystem zwischen den Gebietskörperschaften, vielfach auseinander fallende Finanzierungs-, Aufgaben- und Ausgabenverantwortung – muss die Reform alle staatlichen Ebenen umfassen. Da im bundesstaatlichen Organisationsgefüge die Wahrnehmung sämtlicher öffentlicher Aufgaben auf die einzelnen Gebietskörperschaften verteilt ist und vielfach überschneidende Aufgabenbereiche bestehen, können nachhaltige Verbesserungen nicht durch den Bund, die Länder oder die Gemeinden alleine umgesetzt, sondern nur durch eine gemeinsame Problemsicht und das Bekenntnis zum vereinbarten Lösungsweg erreicht werden. Diese Vorgangsweise deckt sich mit den Zielsetzungen des Art. 13 Abs. 2 B-VG – Koordinierung der Haushaltsführung der Gebietskörperschaften in Hinblick auf die Sicherstellung des gesamtwirtschaftlichen Gleichgewichts und nachhaltig geordnete Haushalte – und ist ein Gebot der europarechtlichen Vorgaben zur Wahrung einer gesamtstaatlichen Haushaltsdisziplin und der daraus erwachsenden gemeinsamen Budgetverantwortung.

Nur durch eine gemeinsame Vorgehensweise kann sichergestellt werden, dass die für eine erfolgreiche Reform notwendigen Verfahrensschritte – systematisch aufeinander abgestimmt – gesetzt werden. Den Ausgangspunkt der Reform muss eine Aufgabenreform bilden, erst dann können die dafür notwendigen Strukturen geschaffen bzw. angepasst und schlussendlich durch eine Organisationsreform möglichst bürgernah umgesetzt werden. Zur politischen Umsetzung sind eindeutige Vorgaben über den angestrebten Umfang der Reformen und die Zielrichtung erforderlich sowie die uneingeschränkte Bereitschaft zu deren Umsetzung.

2. Budgetäre Rahmenbedingungen

2.1 Eckdaten zur budgetären Entwicklung

Die ungünstigen volkswirtschaftlichen Rahmenbedingungen führten dazu, dass die Wirtschaftsleistung 2009 zurückging (BIP-Wachstum 2009 real – 3,9 Prozent, nominell -3,1 Prozent). Die Schrumpfung des BIP war zudem größer, als zum Zeitpunkt der Budgeterstellung noch angenommen. Sowohl die Warenexporte (-20,2 Prozent) als auch die Warenimporte (-18,4 Prozent) sanken stark. Ebenso ging die Zahl der unselbständig Beschäftigten um 1,4 Prozent zurück. Die Arbeitslosenquote stieg stark an – laut AMS um 1,4 Prozentpunkte auf 7,2 Prozent bzw. laut Eurostat um 1 Prozentpunkt auf 4,8 Prozent.

	2005	2006	2007	2008	2009
Staatliches Defizit gem. ESVG	-4,031 Mrd.	-3,855 Mrd.	-1,160 Mrd.	-1,328 Mrd.	-9,607 Mrd.
in Prozent des BIP	-1,65%	-1,50%	-0,43%	-0,47%	-3,50%
Staatliche Gesamtverschuldung	155,753 Mrd.	159,450 Mrd.	161,247 Mrd.	176,805 Mrd.	185,075 Mrd.
in Prozent des BIP	63,94%	62,05%	59,28%	62,46%	67,47%
Haftungen des Bundes	67,704 Mrd.	73,250 Mrd.	87,030 Mrd.	112,595 Mrd.	124,479 Mrd.
Zinsaufwand Bund netto	6,466 Mrd.	6,846 Mrd.	6,757 Mrd.	6,702 Mrd.	6,718 Mrd.
Abgabenquote (gem. VGR)	42,30%	41,80%	42,00%	42,60%	42,70%

Quelle: Bundesrechnungsabschluss 2009, Statistik Austria

Der vorangegangenen Tabelle sind die wesentlichen budgetären Rahmenbedingungen zu entnehmen, die den Handlungsbedarf zur Konsolidierung der staatlichen Haushalte deutlich machen.

Während das gesamtstaatliche Defizit 2008 unter den damals noch sehr günstigen Rahmenbedingungen eine konstante Entwicklung aufwies, zeigten sich 2009 deutlich die Auswirkungen der Finanz- und Wirtschaftskrise. Das Defizit stieg mit -3,50 Prozent über den EU-Referenzwert (Maastricht-Kriterien) für öffentliche Defizite. Die Entwicklung der letzten fünf Jahre ist Abbildung 1 zu entnehmen.

Die gesamtstaatliche Verschuldung nahm nach dem deutlichen Anstieg im Jahr 2008 auch 2009 von € 176,8 Mrd. auf € 185,1 Mrd. weiterhin stark zu und lag mit 67,5 Prozent (nach 62,5 Prozent im Vorjahr) ebenfalls deutlich über der Maastricht-Grenze. Der erhebliche Anstieg der Haftungen des Bundes von € 87,0 Mrd. im Jahr 2007 auf € 124,5 Mrd. im Jahr 2009 war insbesondere auf die Maßnahmen zur Finanzmarktstabilisierung und zur Exportförderung sowie auf ÖBB-Infrastrukturinvestitionen zurückzuführen.

Abbildung 1: Öffentliches Defizit des Staates, in Prozent des BIP 2005-2009

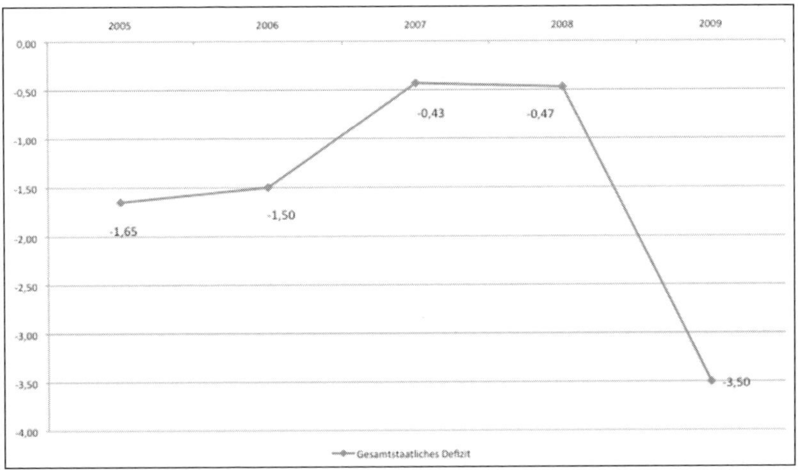

Quelle: Bundesrechnungsabschluss 2009 (2010). Statistik Austria

Die weiterhin hohe Abgabenquote von 42,7 Prozent (2009) sowie die hohe Zinsbelastung von netto € 6,7 Mrd. engen den Spielraum für die notwendige Budgetkonsolidierung weiter ein.

Die nachfolgende Tabelle stellt die tatsächlichen Budgetüberschüsse oder Budgetdefizite den im österreichischen Stabilitätspakt vereinbarten Werten gegenüber.

	Stabilitätspakt 2008		Budget-Notifikation	
	2008	2009	2008	2009
	in Prozent des BIP			
Bund	-1,33	-0,68	-0,67	-2,68
Länder (inkl. Wien)	0,45	0,49	0,12	-0,72
Gemeinden	0	0	0,02	-0,18
Sozialversicherungsträger	–	–	0,05	0,08
Gesamtstaat	-0,88	-0,19	-0,47	-3,5

Quelle: Bundesrechnungsabschluss 2009 (2010). Statistik Austria

Weder Bund (-2,68 Prozent statt -0,68 Prozent) noch Länder (-0,72 Prozent statt +0,49 Prozent) noch Gemeinden (-0,18 Prozent statt 0,0 Prozent) erfüllten im Jahr 2009 die Vorgaben aus dem Österreichischen Stabilitätspakt, wobei die Länder die Defizitvorgaben aus dem innerösterreichischen Stabilitätspakt bereits seit dem Jahr 2003 nicht mehr erfüllen. Der Primärsaldo des Bundes (Saldo ohne Zinsendienst) war 2009 mit € -5,343 Mrd. erstmals seit 1996 negativ (2008 noch € +4,692 Mrd.).

2.2 Notwendige Konsolidierungsschritte

Durch bereits beschlossene oder geplante ausgabensteigernde (z.B. Förderung der 24-Stunden-Betreuung, Valorisierung des Pflegegeldes, Verlängerung der Hacklerregelung bis 2013, Gratiskindergartenjahr, Finanzierung der Krankenkassen) und einnahmenmindernde (z.B. Senkung Lohnnebenkosten, Abschaffung der Studiengebühren, Steuerreform 2009) Maßnahmen werden sich weitere budgetäre Belastungen ergeben. Für die kommenden Jahre ist daher nicht mit einer Erfüllung der im europäischen Stabilitätspakt festgelegten Kriterien zu rechnen.

Am 2. Dezember 2009 stellte der ECOFIN-Rat ein übermäßiges Defizit in Österreich fest und gab Empfehlungen gemäß Art. 126 Abs. 7 AEUV ab. Er empfahl insbesondere, ab dem Jahr 2011 mit der Budgetkonsolidierung zu beginnen, um das Defizit 2013 wieder unter den Referenzwert von 3 Prozent des BIP zu senken. Unter dieser Prämisse wurde das aktuelle Stabilitätsprogramm für die Jahre 2009 bis 2013 erstellt.

Abbildung 2: Vergleich von Defizitzielen des Staates 2008-2013

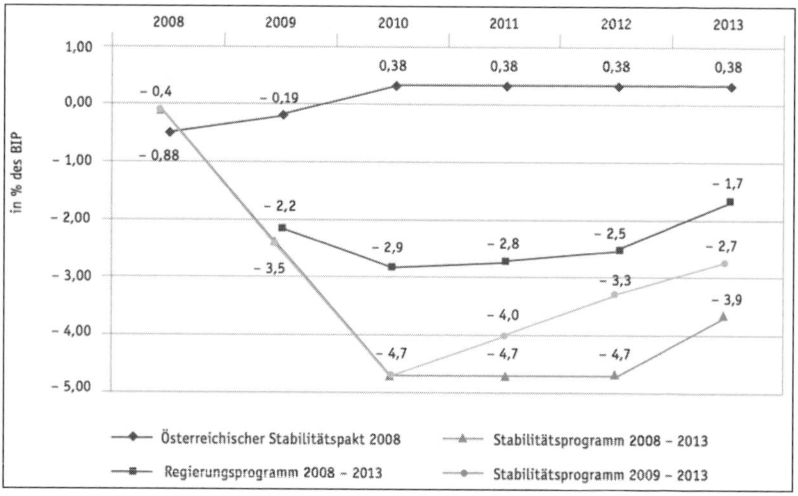

Quelle: Bundesrechnungsabschluss 2009

Das Stabilitätsprogramm 2009 bis 2013 weicht – aufgrund der Wirtschaftskrise und der darauf folgend geplanten Budgetkonsolidierung – vom österreichischen Stabilitätspakt 2008, dem Regierungsprogramm 2008 bis 2013 sowie dem Stabilitätsprogramm 2008 bis 2013 deutlich ab. Strebte die Regierung im österreichischen Stabilitätspakt 2008 noch einen ausgeglichenen Haushalt im Jahr 2010 an, geht das aktuelle Stabilitätsprogramm davon aus, dass im Jahr 2010 ein gesamtstaatliches Defizit von -4,7 Prozent des BIP erreicht wird. Bis zum Jahr 2013 soll ein Defizit von -2,7 Prozent des BIP erreicht werden.

Im Stabilitätsprogramm 2009 bis 2013 wurde eine ausgabenseitige Konsolidierung von jährlich 0,75 Prozentpunkten des BIP angenommen, allerdings wurden lediglich im Gesundheitsbereich konkrete Einsparungsmaßnahmen von 0,6 Prozentpunkten des BIP genannt. Laut nationalem, vom Nationalrat beschlossenem, Strategiebericht wird die Konsolidierung ausschließlich vom Bund getragen. Die Länder werden „eingeladen", sich an der Konsolidierung zu beteiligen. Laut dem der Europäischen Union gemeldeten Stabilitätsprogramm sollen die Länder mit einem Konsolidierungsvolumen von 0,3 bis 0,6 Prozent den Konsolidierungsbedarf mittragen.

Um ein nachhaltiges und zukunftssicheres Budget sicherstellen zu können, sind nicht nur eine strikte Haushaltsdisziplin sondern insbesondere strukturelle Konsolidierungsmaßnahmen durch eine umfassende Verwaltungsreform unumgänglich.

3. Verwaltungsreforminitiativen des Rechnungshofes

3.1 Der Rechnungshof als Wegbereiter für Reformen

Die Sicherstellung des bestmöglichen Einsatzes öffentlicher Mittel ist das wichtigste Ziel des Rechnungshofes. Er sieht sich als Wegbereiter für Reformen und bekennt sich in seiner Strategie dazu, sein Wissen und seine Erfahrungen aktiv einzubringen. Prüfen und Beraten stellen die Kernaufgabe des Rechnungshofes dar, wobei die Beratungsleistungen in den letzten Jahren verstärkt nachgefragt wurden. Der Rechnungshof reagiert auf diese steigende Nachfrage mit bedarfsgerechten Leistungen (z.B. Veröffentlichung von generellen Empfehlungen, Positionen und Kernaussagen, Mitwirkung an Reformvorhaben und in Arbeitsgruppen). Er nimmt seine beratende Funktion dabei ausschließlich auf der Grundlage seiner Prüfungstätigkeit wahr.

Ziele und Vorgaben für Reformen definiert die Politik. Der Rechnungshof übt bei seinen Prüfungen und Beratungen nicht Zielkritik, sondern Wegekritik. Er stellt seinen Sachverstand und seine praktische Prüfungserfahrung als föderatives Bund-Länder-Organ den politischen Entscheidungsträgerinnen und Entscheidungsträgern zur Verfügung und weist im Rahmen seiner Prüfungstätigkeit auf evidente Reformfelder hin, um Prozesse und Strukturen in der staatlichen Verwaltung weiter zu verbessern. Er gewährleistet dabei durch seine Prüfungstätigkeit auf allen Gebietskörperschaftsebenen eine den Bund, die Länder und die Gemeinden umfassende Gesamtsicht.

3.2 Positionspapiere zur Verwaltungsreform

Der Rechnungshof legte erstmals im August 2007 ein Positionspapier mit 206 aus seiner Prüfungstätigkeit abgeleiteten Vorschlägen (152 für den Bund, 54 für die Länder) zur Verwaltungsreform und zum Bürokratieabbau vor. Das Positionspapier gliedert sich in einen Textteil, der die aus Sicht des Rechnungshofs notwendigen Reformmaßnahmen beschreibt, und in einen Tabellenteil, in dem seine Vorschläge durch konkrete, nachvollziehbare Prüfungsergebnisse belegt werden.

Im März 2009 aktualisierte der Rechnungshof seine Positionen zur Verwaltungsreform in der Neuauflage des Positionspapiers. Er hatte dazu ein Nachfrageverfahren zu den 206 Einzelvorschlägen der Erstauflage durchgeführt. Innerhalb von zwei Jahren wurden rund 38 Prozent der Vorschläge umgesetzt. Weiters wurde in rund 22 Prozent der Fälle eine Umsetzung zugesagt. Bei rund 40 Prozent der Empfehlungen ist allerdings die Umsetzung noch offen. Umgesetzt wurden vor allem Vorschläge im eigenen internen Verantwortungs- oder Wirkungsbereich der jeweiligen Behörde/Stelle (z.B. durch Reorganisationsmaßnahmen oder die Einführung vorgeschlagener Managementmethoden). Deutlich schwieriger gestaltete sich die Umsetzung bei Empfehlungen, die ein Zusammenwirken mehrerer Stellen oder Gebietskörperschaften erforderten oder die auf Systemumstellungen oder Kompetenzänderungen abzielten.

Die Neuauflage enthält jene Vorschläge, die als umgesetzt angesehen werden können, nicht mehr. Der Rechnungshof hat dafür zahlreiche neue Vorschläge und Empfehlungen aus den seit der Erstauflage veröffentlichten Berichten in die Neuauflage eingearbeitet. Die Anzahl der Vorschläge im Tabellenteil ist dadurch auf 315 angewachsen und umfasst einerseits generelle Ansatzpunkte für Verwaltungsreformmaßnahmen (z.B. Aufgabenkritik, Einsatz moderner Steuerungsinstrumente, Harmonisierung der Dienst- und Pensionsrechte) und andererseits Verwaltungsbereiche mit besonders hohem Reformbedarf (z.B. Schulverwaltung, Gesundheit und Pflege, Förderungswesen).

3.3 Notwendige Reformmaßnahmen

Aus den im Positionspapier erfassten Berichten des Rechnungshofs ergeben sich mehrere Schwerpunkte und Handlungsfelder für künftige Verwaltungsreformmaßnahmen, die grundsätzlich nicht neu sind, die aber jeweils durch konkrete Prüfungsergebnisse und Problemdarstellungen belegt sind. Notwendige Reformmaßnahmen umfassen insbesondere folgende Bereiche, die im Positionspapier näher dargestellt werden:

- Deregulierung, Aufgabenkritik und sachgerechte Aufgabenverteilung
- Straffung der Behördenorganisation
- verstärkte Ziel- und Wirkungsorientierung der öffentlichen Verwaltung
- Einsatz moderner Steuerungsinstrumente zur Verwaltungsführung
- Modernisierung des Rechnungswesens der Gebietskörperschaften durch eine Haushaltsrechtsreform
- Zusammenführung von Finanzierungs-, Ausgaben- und Aufgabenverantwortung
- stärkere Kooperationen von Verwaltungsbehörden und öffentlichen Stellen
- verstärkte Bürgerorientierung
- effizientes Personalmanagement und Flexibilisierung des Personaleinsatzes
- effizientere Gestaltung des Förderungswesens
- weiterer Ausbau von E-Government
- Verwaltungsbereiche mit hohem Reformbedarf (z.B. Schulverwaltung, Gesundheit und Pflege)

4. Die Arbeitsgruppe Verwaltungsreform

4.1 Das Regierungsprogramm XXIV. GP

Die Regierung hat die Vorschläge des Rechnungshofs und anderer Expertenorganisationen in ihre Reformüberlegungen miteinbezogen. Das Regierungsprogramm für die XXIV. Gesetzgebungsperiode sieht die Einsetzung einer Arbeitsgruppe zur Erarbeitung von Konsolidierungsmaßnahmen vor, um die vereinbarten budgetären Rahmenbedingungen einhalten zu können. Es verweist dabei auf die Vorschläge des Rechnungshofes aus dem Positionspapier sowie auf ein zwischen dem Rechnungshof und dem Präsidenten des Staatsschuldenausschusses abgestimmtes Grundlagenpapier über „Vorschläge zur Verwaltungsreform".

Der Rechnungshof sieht sich gemeinsam mit dem IHS, dem WIFO und dem KDZ als Impulsgeber für einen neuen Anlauf zu den seit geraumer Zeit ausständigen Verwaltungsreformen. Die Expertenorganisationen bringen daher ihre Vorschläge für eine qualitativ hochwertige, effiziente, bürgernahe und kostengünstige Verwaltung in die im Februar 2009 erstmals zusammengetretene Arbeitsgruppe ein.

4.2 Die Arbeitsgruppe „Verwaltung neu"

Die Arbeitsgruppe setzt sich aus dem Bundeskanzler, dem Bundesminister für Finanzen (vertreten jeweils durch die beiden Staatssekretäre im BMF) und den Landeshauptleuten von Wien und Niederösterreich (vertreten jeweils durch die Landtagspräsidenten) als politischen Entscheidungsträgern sowie dem Präsidenten des Rechnungshofes und den Leitern der Wirtschaftsforschungsinstitute IHS und WIFO als Expertinnen und Experten zusammen. Sie wird insgesamt elf Arbeitspakete in den unterschiedlichsten Handlungsfeldern bearbeiten (z.B. Bildung, Gesundheit und Pflege, Effizienz der Verwaltung, effizientes Förderungswesen, Bürgerorientierung und Deregulierung, Aufgabenreform und Strukturbereinigung, Beamtenpensionen). Die Struktur zur Bearbeitung der einzelnen Themen, die in mehreren Schritten erfolgt, sieht weiters Vorbereitungsgremien aus Vertreterinnen und Vertretern der Verwaltung und aus Expertinnen und Experten vor, die alternative Lösungswege aufzeigen sollen.

Die Aufgabe der Expertinnen und Experten besteht in einem ersten Schritt in der Problemanalyse zu den von der Arbeitsgruppe vorgegebenen Arbeitspaketen sowie im Aufzeigen und Bewerten von Folgewirkungen, um das für die Reformen erforderliche Problembewusstsein zu schaffen.

Als zweiter Schritt werden die vorgelegten Problem- und Folgewirkungsanalysen von der Arbeitsgruppe behandelt und außer Streit gestellt. Die Arbeitsgruppe setzt dann ein Vorbereitungsgremium ein und beauftragt dieses Gremium mit der Erarbeitung von Lösungsvorschlägen zu den aufgezeigten und anerkannten Problemen.

Im dritten Schritt werden in den Vorbereitungsgremien Lösungsansätze erarbeitet und bewertet. Der Rechnungshof wirkt in den Vorbereitungsgremien durch das Aufzeigen von Sachlösungen mit, ohne dabei Interessenslagen zu berücksichtigen. Seine Vorschläge zielen auf eine bedarfsgerechte und effiziente Erbringung der Leistung im Sinne der Bürgerinnen und Bürger ab.

Der vierte Schritt besteht in der Entscheidung der Arbeitsgruppe über die Umsetzung der vom Vorbereitungsgremium vorgelegten Lösungsvorschläge.

Bereits frühzeitig drängte der Rechnungshof auf eine Einbindung aller parlamentarischen Kräfte in den Verwaltungsreformprozess, weil die Entscheidungsfindung nur auf breiter Basis nach einem eingehenden Diskussionsprozess mit den betroffenen Stakeholdern erfolgen kann. Als fünfter Schritt ist daher zur Vorbereitung der parlamentarischen Umsetzung die Einbindung der Klubs der fünf Parlamentsparteien im Rahmen von so genannten Österreich-Gesprächen vorgesehen.

5. Themen der Arbeitsgruppe „Verwaltung neu“

5.1 In Angriff genommene Arbeitspakete

In acht Arbeitsgruppensitzungen legte die vom Rechnungshof koordinierte Expertengruppe bis zum August 2010 zu insgesamt sechs Arbeitspaketen die vereinbarten detaillierten Analysen der Probleme und der damit verbundenen Folgewirkungen vor, die von der Arbeitsgruppe zustimmend zur Kenntnis genommen wurden: „Schulverwaltung“, „Effizienz der Verwaltung“ (mit den fünf Teilpakten Verwaltungskooperation, Verwaltungssteuerung, E-Government, Optimierung der Supportprozesse und Vergabe), „Harmonisierung der Pensionssysteme“, „Effizientes Förderwesen“, „Gesundheit und Pflege“ sowie „Aufgabenreform und Strukturbereinigung“. Diese Unterlagen wurden jeweils auch allen im Nationalrat vertretenen Parteien übermittelt.

Abbildung 3: Verwaltungsreform: Stand der Erledigung der elf Arbeitspakete

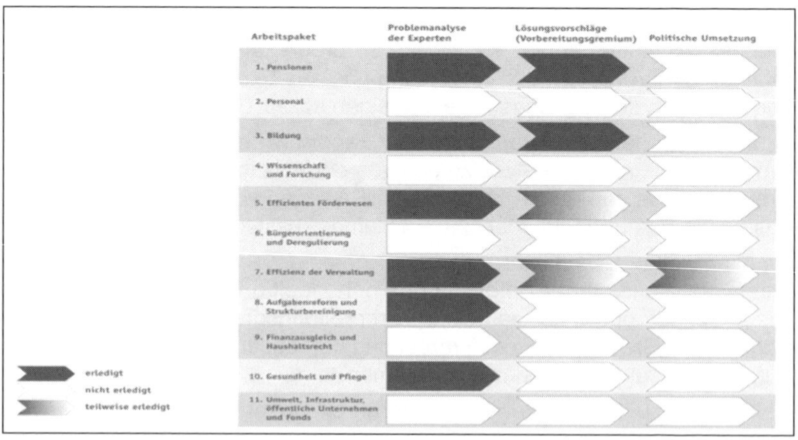

Quelle: Österreichischer Rechungshof: Verwaltungsreform, 2010, S. 49

Von den eingesetzten Vorbereitungsgremien wurden dazu teilweise bereits die Lösungsvorschläge präsentiert. Die Umsetzung der ersten Projekte wurde zwar bereits beschlossen, mit Ausnahme der Projekte aus dem Paket „Effizienz der Verwaltung" fehlt in allen von den Expertinnen und Experten abgearbeiteten Bereichen jedoch eine politische Entscheidung. Die letzte Arbeitsgruppensitzung fand im August 2010 statt. Dadurch ist vor allem bei den Gesprächen zur politischen Umsetzung ein Rückstau entstanden. Abbildung 3 gibt den Stand der Umsetzung zum Jahresende 2010 wieder.

Die vorgelegten Expertenpapiere können auf der Homepage des Rechnungshofs abgerufen werden.

5.2 Reform der Schulverwaltung

Im Vorbereitungsgremium „Schulverwaltung" konnte keine Einigung auf einen gemeinsamen Lösungsvorschlag erzielt werden, so dass der Arbeitsgruppe drei Endpapiere vorgelegt wurden.

Das Expertenpapier enthält sehr konkrete Lösungsvorschläge zu den aufgezeigten Hauptproblemen – z.B. nicht mehr zeitgemäße Schulverwaltung, hohe Ausgaben (Input) und durchschnittliche Erfolge (Output), Klassengrößen im OECD-Durchschnitt trotz überdurchschnittlichem Lehrer-Schüler-Verhältnis, nicht ausreichende Vorgaben für bildungspolitische Ziele. Das Lösungsmodell des Expertenpapiers beruht auf vier Grundsätzen:

- Ausgaben-, Aufgaben- und Finanzierungsverantwortung sowie interne Kontrolle der Schulgebarung in einer Hand
- einheitliche Steuerung auf Basis strategischer Bildungsziele (Output- und Outcomeorientierung)
- weitgehende Autonomie der Schulen in Bezug auf die Unterrichtsgestaltung und Personalauswahl unter einheitlichen Vorgaben, Zielen und rechtlichen Rahmenbedingungen
- Qualitätssicherung und Qualitätskontrolle der Leistungserbringung der Schulen durch ein permanentes übergeordnetes Monitoring

Es sieht neben einer Reform der Aus- und Fortbildung drei Organisationsebenen und Zuständigkeiten vor:

1. Eine letztverantwortliche Ebene mit folgenden Aufgaben:
   - umfassende Kompetenz zur Gesetzgebung für das gesamte Schulwesen
   - Budgethoheit und Verteilung der Mittel nach objektiven Kriterien, Budgetcontrolling
   - Qualitätsentwicklung und Qualitätssicherung: Bildungsziele, Standards
   - Sicherstellung einheitlicher Standards für das Bildungscontrolling
   - permanentes transparentes Monitoring der Erreichung der Bildungsziele samt Feedback
   - einheitliche institutionalisierte Aus- und Fortbildung
2. Eine einheitliche regionale Ebene zur Steuerung, Kontrolle und Aufsicht:

- Gewährleistung der Grundversorgung mit Unterricht unter Wahrung der Wahlmöglichkeit für Schülerinnen und Schüler sowie Eltern
- flächendeckendes Schulstandortkonzept
- Bestellung der Schulleitung nach einheitlichem Auswahlverfahren
- Ermittlung der zustehenden Personalressourcen in Form einer Pro-Kopf-Finanzierung
- Vollzug des einheitlichen Dienst- und Besoldungsrechts
- Aufsicht über die Schulen

3. Die Schulen zur weitgehend autonomen Organisation und Durchführung des Unterrichts:
   - freie Unterrichtsgestaltung (einschließlich der Wahl der Tagesform)
   - freie Personalauswahl der Lehrkräfte unter Beachtung objektiver Kriterien
   - Personalsteuerung und die Personalentwicklung durch die Schulleitung
   - freie Verfügbarkeit über limitierte finanzielle Ressourcen, Möglichkeit der Beschaffung von Drittmitteln
   - kundenorientierte und transparente Leistungsvergleiche mit anderen Schulen
   - Qualifizierung durch Ausbildungslehrgänge zum Schulleiter

Bei der Schulverwaltung bestehen auf politischer Ebene noch divergierende Vorstellungen, so dass bisher keine greifbaren Ergebnisse erzielt werden konnten. Das Expertenpapier wurde jedoch von allen Beteiligten als hervorragende Grundlage für intensive weiterführende Gespräche und Verhandlungen anerkannt.

5.3 E-Government und Optimierung der Supportprozesse

Das Vorbereitungsgremium „Effizienz der Verwaltung“ bearbeitete die Teilpakete „E-Government“ und „Optimierung der Supportprozesse“ und schlug aus einer Vielzahl von Projektvorschlägen jeweils zehn konkrete Projekte vor, die prioritär behandelt werden sollen.

Beim E-Government wurden beispielsweise folgende Projekte ausgewählt:

- Schaffung und Stärkung von Entscheidungsmechanismen (z.B. paritätische Entscheidungs- und Steuerungsgremien) zur gebietskörperschaftsübergreifenden Steuerung, Konsolidierung und Harmonisierung von E-Government-Anwendungen,
- die Einrichtung von One-Stop-Shop-Verfahren für die Lebenssituationen Geburt, Tod, Eheschließung, Gewerbeanmeldung und 24-Stunden-Betreuung sowie
- die Konsolidierung der Registeranwendungen.

Die prioritären Reformthemen zu den Supportprozessen umfassten beispielsweise

- die stärkere Vernetzung der Aus- und Weiterbildungsangebote im öffentlichen Sektor,

- die Ausdehnung von Shared Service-Projekten (Bibliothek, Druck etc.) auf nachgeordnete Dienststellen des Bundes in den Landeshauptstädten und auf andere Gebietskörperschaften sowie
- die Neuregelung der verfassungsrechtlichen Grundlage für Gemeindeverbände (keine Beschränkung auf „die Besorgung einzelner Aufgaben“ und keine Begrenzung durch Landesgrenzen).

Durch einen Ministerratsbeschluss vom 15. September 2009 wurden insgesamt 32 Projekte zum E-Government, den Supportprozessen und Verwaltungsreformmaßnahmen in einzelnen Ressorts beauftragt. Mit den bereits beschlossenen Projekten wurden wichtige Anliegen in Angriff genommen. Bei der vorgenommenen Priorisierung der Projekte in den Bereichen E-Government und Supportprozesse zeigt sich aber auch, dass bisher nur eine geringe Reformbereitschaft bei jenen Empfehlungen besteht, bei denen das Zusammenwirken mehrerer Stellen oder Gebietskörperschaften erforderlich wäre (Gemengelagen), oder die auf Systemumstellungen oder Kompetenzänderungen abzielen.

5.4 Harmonisierung der Pensionssysteme

Bund, Länder und Gemeinden weisen für ihre Beamten eigene spezifische Pensionsrechte auf, die sich ursprünglich wesentlich vom ASVG-Pensionssystem unterschieden und – im Gegensatz zur ASVG-Pensionsregelung mit seiner Höchstbeitragsgrundlage – von einer auf einer Durchrechnung basierenden Pensionsberechnung vom Letztbezugsprinzip geprägt waren. Zwischenzeitlich haben Pensionsreformen der Gebietskörperschaften in unterschiedlichem Ausmaß zu mehr Leistungs- und Beitragsgerechtigkeit beigetragen.

Basierend auf einer Querschnittüberprüfung des Rechnungshofes in allen neun Ländern zeigten die Expertinnen und Experten der Arbeitsgruppe auf, dass einige Länder noch nicht die im Paktum zum Finanzausgleich vereinbarte finanziell gleichwertige Umsetzung der Pensionsreform des Bundes durchgeführt haben, so dass die Beamtenpensionen dieser Länder teilweise noch deutlich über denen vergleichbarer Bundesbeamten liegen. Unterschiede zwischen dem Bund und den Bundesländern sowie zwischen den Bundesländern im Grad der Harmonisierung mit dem ASVG bestehen in den Kriterien Durchrechnungsdauer, Regelpensionsalter, Gesamtdienstzeit, Höchstbeitragsgrundlage, Verlustdeckelung, Pensionskonto und Parallelrechnung.

Die Bandbreite der monatlichen Ruhegenüsse von Akademikerinnen und Akademikern im Endausbau der Reformen liegt zwischen € 2.268,- und € 3.594,-. Dadurch ergeben sich erhebliche Unterschiede in der Pensionsleistung bis zum Ableben, die zwischen € 498.400,- und € 966.100,- ausmachen. Das tatsächliche Pensionsantrittsalter liegt in allen Gebietskörperschaften deutlich unter dem gesetzlichen und divergiert zwischen den Gebietskörperschaften stark (Bandbreite: 57 bis 61,7 Jahre).

Für die Beamten der Gemeinden und Städte gilt grundsätzlich das vom jeweiligen Landesgesetzgeber für die Gemeinden bzw. Städte beschlossene Pensionsrecht. Dieses entspricht in der Regel dem Landesbeamtenpensionsrecht, je nach Bundesland wenden die Gemeinden und Städte aber entweder das jeweils aktuelle Landesbeamtenpensionsrecht oder noch alte Rechtslagen des jeweiligen Landes mit wesentlich geringeren Einsparungen an.

Die Expertengruppe wurde auch beauftragt, die Sonderpensionsrechte von ÖBB, OeNB, ORF und den Sozialversicherungen darzustellen. Diese Sonderpensionsrechte führen teilweise zu deutlich höheren Ansprüchen als die Regelungen des Bundes und belasten diese Organisationen bzw. den Bund erheblich. Sie ermöglichen bestimmten Gruppen von Bediensteten auch einen gegenüber der Bundesregelung deutlich früheren abschlagfreien Pensionsantritt.

Die Umsetzung der Empfehlungen des Rechnungshofes zur Harmonisierung der Pensionssysteme in den Ländern würde bis 2046 Einsparungen von insgesamt € 714 Mio. ermöglichen. Die Länder Vorarlberg und Steiermark sowie Burgenland und Kärnten haben zwischenzeitlich im Sinne dieser Empfehlungen Pensionsreformen beschlossen und damit ein Einsparungspotenzial bis 2046 in Höhe von insgesamt € 477 Mio. erzielt.

5.5 Verwaltungssteuerung

Zum Teilpaket Verwaltungssteuerung – im Arbeitspaket „Effizienz der Verwaltung" – haben die Experten umfassende Lösungsvorschläge mit neun konkreten Projekten vorgelegt, die insbesondere auf eine bessere Koordinierung der Schnittstellen zwischen den Gebietskörperschaften abzielen.

Im Vorbereitungsgremium erfolgte dazu eine sehr intensive und kontroversielle Diskussion zu den notwendigen Grundlagen für eine zielgerichtete Verwaltungssteuerung im Rahmen der bundesstaatlichen Aufgabenverteilung. Über aus Sicht der Expertinnen und Experten unbedingt notwendige Maßnahmen (z.B. neue Instrumente zur Verwaltungssteuerung, Weiterentwicklung und Harmonisierung des Rechnungswesens) konnte im Vorbereitungsgremium mit den Vertreterinnen und Vertretern der Gebietskörperschaften kein ausreichender Konsens erzielt werden. Über die Realisierung der Lösungsvorschläge wird in der Arbeitsgruppe zu entscheiden sein.

5.6 Effizientes Förderungswesen

Österreich weist bei den direkten öffentlichen Förderungen im internationalen Vergleich ein weit überdurchschnittliches Volumen auf. Auf Basis von VGR-Daten (Subventionen und Vermögenstransfers) liegt das gesamte Förderungsvolumen in Österreich schon seit 1997 bei über 5 Prozent des BIP. Beim Förderungswesen wurde insbesondere

- auf die Vielzahl von Förderungsstellen mit teilweise überschneidenden Förderungsbereichen,
- auf die Intransparenz des Förderungssystems sowie
- auf die fehlenden Zielvorgaben und die fehlende Wirkungsorientierung hingewiesen.

Prüfungen des Rechnungshofes zeigten die mangelnde Abstimmung von Förderungszielen, Förderungsschwerpunkten und Einzelförderungsmaßnahmen innerhalb und zwischen den Gebietskörperschaften sowie zwischen Förderungsbereichen. Dies führt zu einem fehlenden Gesamtüberblick über die für einen Aufgabenbereich, für ein Projekt oder einem Förderungsempfänger insgesamt gewährten öffentlichen Mittel. Eine gebietskörperschaftsübergreifende Datenbanklösung konnte bisher nicht verwirklicht werden.

Im Vorbereitungsgremium wurden im Sinne eines Governance-Modells Vorschläge für Mindeststandards und Kenngrößen für die Gestaltung von Förderungen erarbeitet, wobei jedoch nur teilweise ein Konsens erzielt werden konnte. Wesentliche Grundlagen für die Neugestaltung sind eine bessere Abstimmung und erhöhte Transparenz durch die Einführung einer Förderungsangebotsdatenbank (zur Abstimmung der Programme) sowie einer Förderungsleistungsdatenbank (zur Abstimmung der Einzelförderungen).

Im Rahmen einer Förderungsstrategie sollten Bund und Länder akkordierte mehrjährige Förderungsschwerpunkte entwickeln sowie für jede Förderungssparte eine mehrjährige Förderungsstrategie. Darin sollten auch klare Regelungen zur Reduzierung der Förderungsabwicklungsstellen vereinbart werden. Aus Vergleichsberechnungen wurden sowohl beim Verwaltungsaufwand als auch beim Förderungsvolumen bedeutende Einsparungspotenziale abgeleitet, wobei die Positionen im Vorbereitungsgremium zum möglichen Umfang unterschiedlich waren.

5.7 Gesundheit und Pflege

Prüfungen und Untersuchungen deuten im österreichischen Gesundheits- und Pflegebereich auf grundlegende strukturelle Defizite hin, die zu Ineffizienzen führen und Einsparungs- bzw. Umschichtungsmöglichkeiten nahe legen. Strukturbereinigungen, Effizienzsteigerungen, Synergieeffekte und Qualitätsoptimierungen bleiben durch fehlende Leistungsabstimmung zwischen intra- und extramuralem Bereich und dem Pflegebereich sowie innerhalb der Bereiche ungenützt.

Abbildung 4: Gesundheitsausgaben in Österreich 1998-2008 in Mrd. Euro und in Prozent des BIP

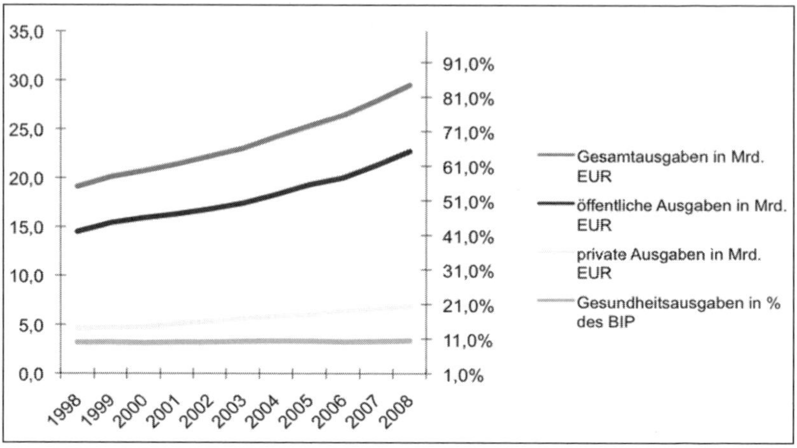

Quelle: Statistik Austria: Gesundheitsausgaben in Österreich laut System of Health Accounts (OECD 1990-2008)

Gemessen am BIP lagen die Gesundheitsausgaben in Österreich im Zeitraum 1998 bis 2008 zwischen 9,9 Prozent (Minimum) und 10,5 Prozent (Maximum) und damit über dem Durchschnitt der EU-15, der zwischen 8,0 Prozent und 9,3 Prozent[1] lag. Die Gesundheitsausgaben (inkl. Langzeitpflege) stiegen von 1998 bis 2008 um 54,4 Prozent (von € 19,1 Mrd. auf € 29,5 Mrd.) bzw. jährlich um durchschnittlich 5,0 Prozent. Die öffentlichen Gesundheitsausgaben erhöhten sich dabei stärker (56,8 Prozent) als die privaten Gesundheitsausgaben (49,3 Prozent).

Gesundheitsausgaben	1998 in Mrd. Euro	2008 in Mrd. Euro	Steigerung in Prozent
Stationäre Gesundheitsversorgung	7,5	11,8	57,3%
ambulante Gesundheitsversorgung	4,9	7,2	46,9%
Pharmazeutische Erzeugnisse und medizinische Güter	2,8	5,1	82,1%
häusliche Langzeitpflege	1,3	1,8	38,5%
Prävention und öffentliche	0,3	0,4	33,3%
Verwaltung	0,7	1	42,9%
Investitionen	1,1	1,6	45,5%
Sonstiges	0,5	0,6	20,0%
Summe	**19,1**	**29,5**	**54,5%**

Quelle: Statistik Austria: Gesundheitsausgaben in Österreich laut System of Health Accounts (OECD 1990-2008)

Laut den System of Health Accounts (OECD) wurden in Österreich 2008 rund 40 Prozent der Gesamtausgaben für Gesundheit für die stationäre Gesundheitsversorgung, rund 24 Prozent für die ambulante Gesund-

1 Wert der EU-15 für 2007

heitsversorgung und rund 17 Prozent für pharmazeutische Erzeugnisse und medizinische Güter verausgabt.

Die Ausgaben für stationäre Gesundheitsversorgung stiegen im Zeitraum 1998 bis 2008 mit rund 57 Prozent leicht überdurchschnittlich, die Ausgaben für pharmazeutische Erzeugnisse und medizinische Güter mit rund 82 Prozent hingegen sehr stark an. Der Ausgabenanteil für Prävention und öffentliche Gesundheitsdienste an den Gesamtausgaben blieb mit 1,3 Prozent (1998) bzw. 1,5 Prozent (2008) annähernd konstant. Im Vergleich zum EU-Durchschnitt von 2,6 Prozent sind diese Ausgaben unterdurchschnittlich.

Österreich hatte im Jahr 2007 über rund 68 Prozent mehr Akutbetten je 1.000 EW als der EU-Durchschnitt (EU-15). Die durchschnittliche Aufenthaltsdauer war 2006 um rund 13 Prozent geringer, die Aufnahmerate hingegen um rund 73 Prozent höher als der EU-Durchschnitt.

Kennzahlen für 2007 bzw. letztverfügbares Jahr	Österreich	Deutschland	Niederlande	Schweiz	EU-15
Betten je 1.000 EW	7,8	8,3	4,8	5,5	5,5
Akutbetten je 1.000 EW	6,4	5,7	3,4	3,6	3,8
Aufnahmen je 100 EW in Akutspitälern	26,6	20,2	10,5	16,4	15,4
Durchschnittliche Verweildauer in Tagen in Akutspitälern	5,8	7,8	6,6	7,8	6,7

Quelle: WHO: Health for all database, 2010. IHS: HealthEcon, 2010

Die Expertengruppe stellte zusammenfassend folgende Probleme im Bereich der Gesundheit fest, die unterschiedliche Sichtweisen bzw. Interessenslagen, Ineffizienzen, Doppelgleisigkeiten, Intransparenz, Zielkonflikte und Steuerungsdefizite bewirken:

- komplexe, fragmentierte verfassungsrechtliche Kompetenzverteilung
- Schnittstellenproblem Krankenanstalten – niedergelassener Bereich – Pflege
- zersplitterte Organisationsstruktur im Krankenanstaltenbereich
- zersplitterte Organisationsstruktur im niedergelassenen Bereich
- intransparente Finanzierungsstruktur
- mangelhafte Datenqualität, Qualitätsmessung und Qualitätssicherung sowie Effizienzinformation
- Personal, Dienstrecht im Krankenanstaltenbereich
- Prävention und Gesundheitsförderung
- Patientenentschädigungsfonds
- unzureichende Evaluierung von Reformmaßnahmen

Im Bereich der Pflege sahen die Expertinnen und Experten folgende wesentliche Problemstellungen:

- zersplitterte Finanzierungs- und Organisationsstruktur
- unzureichende Vorbereitung des Pflegewesens auf die demografische Entwicklung
- mangelhafte Datenqualität, Qualitätsmessung und Qualitätssicherung

Bisher wurde lediglich für den Gesundheitsbereich ein Vorbereitungsgremium eingesetzt, in dem die vertretenen Institutionen ihre unterschiedlichen Positionen zur Problemanalyse eingebracht haben. Die Expertinnen und Experten des Rechnungshofs, des IHS und des WIFO sahen die nachfolgenden Punkte als primäre Lösungsansätze im Gesundheitsbereich:

- Harmonisierung der Kompetenzen im Bereich der Gesundheit
- Zusammenführung der Aufgaben-, Ausgaben- und Finanzierungsverantwortung
- Realisierung des Prinzips „Geld folgt Leistung“
- sektorübergreifende Planung (inkl. Pflege)
- Überwindung der strikten Trennung zwischen niedergelassenem und ambulantem (Spitals-)Bereich
- Entwicklung eines bundesweit einheitlichen Modells zur ambulanten Leistungsabgeltung
- Standortoptimierung mit dem Ziel der Sicherstellung der Versorgungs- und Behandlungsqualität
- verbindliche, einheitliche Festlegung der Gebarung der Landesgesundheitsfonds
- Maßnahmen zur langfristigen Sanierung der Krankenkassen

5.8 Aufgabenreform und Strukturbereinigung

Eine klare Aufgabenverteilung verbunden mit der Finanzierungsverantwortung sind die Voraussetzungen für transparentes, effizientes und bürgernahes Verwaltungshandeln. Eine sinnvoll angelegte Staats- und Verwaltungsreform erfordert Aufgaben- und Finanzierungsentflechtungen zwischen den Gebietskörperschaften mit dem Ziel der Zusammenführung von Finanzierungs-, Aufgaben- und Ausgabenverantwortung. Eine Aufgabenreform im föderalen Staat muss mit der Neuregelung des Finanzausgleichs einhergehen.

Aufgabenkritik

Für die Gesamtkonzeption einer Aufgabenkritik ist die Schaffung von bzw. der konsequente Einsatz bestehender Produkt- und Leistungskataloge erforderlich.

Kostenintensive Normsetzungen sollten generell Aspekte der nachhaltigen Finanzierung berücksichtigen. Allerdings erfüllen die Gesetzesentwürfe die gesetzlich vorgesehene Kalkulationspflicht vielfach nicht ausreichend. Der Anteil der Gesetzesentwürfe mit ausreichend plausiblen Erläuterungen zu den Kostenfolgen lag in den letzten drei Jahren nur zwischen 60 Prozent und 73 Prozent. Eine Kalkulationspflicht und Darlegung von Kosten-Nutzen-Analysen in den Ländern wären ebenfalls zweckmäßig.

Sachgerechte Aufgabenerfüllung

Querschnittüberprüfungen des Rechnungshofes zu verschiedenen Themenbereichen (z.B. Pflegegeld, Schutz vor Naturgefahren, Kinderbetreuung) zeigten, dass die bestehende Kompetenzaufteilung bzw. Kompetenzzersplitterung zu Benachteiligungen der Bürgerinnen und Bürger sowie zu einem erhöhten Verwaltungsaufwand führt.

Im Rahmen der Aufgabenneuverteilung sind Bereiche mit getrennter Aufgaben-, Ausgaben- und Finanzierungsverantwortung möglichst auf einer Ebene zu bündeln. Vermischte und verflochtene Kompetenzbereiche hinsichtlich der Aufgabenträgerschaft und der Finanzierung bestehen z.B. im Bereich der Bildung, bei Krankenanstalten, im Sozial- und Pflegebereich, bei der Familienförderung oder im Personennahverkehr.

Zur Nutzung von Synergieeffekten sollten Aufgabenschwerpunkte der Gemeinden gemeinsam erfüllt werden; solche Schwerpunkte wären unter anderem lokale/regionale Versorgungs- und Entsorgungsinfrastruktur, diverse Leistungen für Bürgerinnen und Bürger (Kinderbetreuung, Altenbetreuung, mobile Pflege).

Organisationsreform

Synergien oder Potenziale zum Rückbau von Organisationsstrukturen werden überall dort nicht genutzt, wo Parallelstrukturen zwischen den Gebietskörperschaften (z.B. bei der Sozialhilfe, der Wirtschaftsförderung, dem Baurecht und Gewerberecht) bestehen.

Der Grundsatz, dass die Bezirksverwaltungsbehörden als umfassend zuständige erstinstanzliche Behörden der allgemeinen staatlichen Verwaltung fungieren, ist nicht durchgehend verwirklicht. Die Bezirkshauptmannschaften sind in den Bundesländern mit unterschiedlichen Kompetenzen versehen (z.B. Sozialhilfeverbände) und ein standardisierter Vollzug (z.B. Standards für Betriebsanlagengenehmigungen) ist nicht gesichert. Sowohl auf der Ebene der Bezirkshauptmannschaften als auch der Gemeinden bestehen oft sehr kleinteilige Strukturen, die eine effiziente und effektive Leistungserbringung erschweren und behindern. Die Möglichkeiten zu Verfahrenskonzentrationen und zum Ausbau des One-Stop-Shop-Prinzips sind noch nicht vollständig ausgeschöpft.

In einer Reihe von Verwaltungsbereichen (z.B. für den Exekutivdienst, die Gerichtsorganisation, die Forstdienste in den Ländern) liegen zweckmäßige Vorschläge zur Organisationsreform vor. Bei der Forschungsförderung wäre zwischen Bund und Ländern eine Strukturbereinigung vorzunehmen.

Ausgliederungen und außerbudgetäre Schulden

Ausgliederungen können die Flexibilität des Verwaltungshandelns erhöhen, sind aber nicht automatisch mit Effizienzsteigerungen verbunden und stellen somit keinen adäquaten Ersatz für behördeninterne Verwaltungsreformen dar. Sie sind nur sinnvoll, wenn durch sie Effizienzpotenziale realisiert werden können, die durch verwaltungsinterne Reformmaßnahmen nicht in gleicher Weise genutzt werden.

Als kritisch sind Ausgliederungen insbesondere dann zu betrachten, wenn sie ausschließlich als Instrument der Personalbewirtschaftung, zur „kreativen Buchführung“ in Hinblick auf die Maastricht-Kriterien oder als Flexibilisierungsinstrument zum Schuldenmanagement (z.B. zur Umgehung von Genehmigungsregelungen durch die Gemeindeaufsicht) eingesetzt wurden.

Mit diesen Ausgliederungen ist die Gefahr erheblicher außerbudgetärer Schulden (z.B. im Infrastrukturbereich, bei den Kommunen) verbunden. Im Jahr 2009 betrugen die Haftungen für Unternehmungen mit Bundesbeteiligung rund € 26,2 Mrd. Im Wesentlichen handelte es sich dabei um jene für die ASFINAG (rund € 10,6 Mrd.) und die ÖBB-Unternehmensgruppe (rund € 13,8 Mrd.). Die Problematik außerbudgetärer Schulden verschärft sich, wenn diese nicht aus dem Cashflow finanzierbar sind (z.B. ASFINAG, ÖBB).

Zur Aufgabenreform und Strukturbereinigung wurde zwar bereits ein Vorbereitungsgremium eingerichtet, dieses hat aber erst zweimal getagt und bisher noch keine konkreten Vorschläge erarbeitet. Zum Problemkreis der Ausgliederungen wurde vom Bundeskanzleramt eine Erhebung bei 40 ausgegliederten Rechtsträgern auf allen Gebietskörperschaftsebenen durchgeführt, um die bisherigen Ergebnisse zu evaluieren.

6. Weitere Themen mit besonderem Handlungsbedarf

Querschnittüberprüfungen des Rechnungshofes zu zwei aktuellen Themen zeigen typische Probleme einer komplexen, auf mehrere Institutionen und Gebietskörperschaften verteilten Aufgabenwahrnehmung auf. Eine erfolgreiche Verwaltungsreform muss dafür effiziente und bürgerorientierte Lösungen anbieten können.

6.1 Vollzug des Pflegegeldes

Im Zuge des Prüfungsschwerpunktes Vollzug des Pflegegeld überprüfte der Rechnungshof 21 Stellen, die Bundes- oder Landespflegegeld vollziehen – sechs Sozialversicherungsträger, neun Bundesländer, den Landesschulrat Oberösterreich, das Bundessozialamt sowie vier öffentliche Unternehmen, die ebenfalls Pflegegeld auszahlen – mit dem Ziel, die Gewährung und den Vollzug des Pflegegeldes grundsätzlich zu analysieren, die Folgen der Aufteilung auf eine Vielzahl von Entscheidungsträgern darzustellen und Vergleichskennzahlen zu erarbeiten.

Da eine verfassungsrechtliche Grundlage für eine einheitliche Pflegegeldregelung fehlt, ist die Zuerkennung von Pflegegeld in einem Bundespflegegeldgesetz und in neun Landespflegegeldgesetzen geregelt, die sich trotz einer 15a-Vereinbarung über gemeinsame Maßnahmen inhaltlich unterscheiden. Darüber hinaus gibt es jeweils eigene Einstufungsverordnungen, und die ergänzenden Vorschriften sind nur teilweise verbindlich.

Für die rund 330.000 Personen, die Pflegegeld nach dem Bundespflegegeldgesetz bezogen, waren insgesamt 23 Entscheidungsträgerinnen und Entscheidungsträger im Bereich des Bundes und der Länder (mittelbare Bundesverwaltung) zuständig. Die Anzahl der vollziehenden Stellen für das Landespflegegeld war noch erheblich höher. Mindestens 280 Stellen erließen Pflegegeldbescheide, in fünf von neun Ländern sind dafür mehrere Abteilungen des Amtes der Landesregierung zuständig; teilweise erfolgte der Vollzug über die Bezirksverwaltungsbehörden. Alleine in Wien waren damit drei Behörden mit vier bescheidausstellenden Einheiten befasst. Die Zersplitterung der Entscheidungsträgerinnen und Entscheidungsträger führte zu einem uneinheitlichen Vollzug des Pflegegeldes und zu vermeidbaren Verwaltungsaufwendungen. Die durchschnittliche Verfahrensdauer lag zwischen 40 und 137 Tagen. Der Rechnungshof stellte nicht nur große Unterschiede bei der Verfahrensdauer, sondern auch teilweise überlange Verfahren fest (z.B. dauerten in Wien 72 Prozent der Verfahren länger als drei Monate bzw. 27 Prozent länger als sechs Monate).

Wegen fehlender Standards erfolgte eine österreichweit uneinheitliche Einstufung von Kindern, Jugendlichen und dementen Personen. Die Qualität der zumeist unter großem Zeitdruck erstellten Gutachten war teilweise mangelhaft. Einzelnen Stellen stand für die Begutachtungen keine ausreichende Anzahl an Vertrauensärztinnen und Vertrauensärzten zur Verfügung und deren Beauftragung erfolgte zudem unausgewogen.

Der Vollzug durch mehrere Organisationseinheiten führte zu Unterschieden beim Informationsmaterial für die Pflegebedürftigen, beim Formularwesen, bei den Auswertungsmöglichkeiten der IT-Systeme, bei der rechtlichen Prüfung, bei den Bagatellgrenzen und bei den Eingaben in die Bundespflegegelddatenbank. Dadurch lag auch keine vollständige, österreichweite Statistik über das Bundespflegegeld vor. Die unvollständigen Daten ermöglichten kein verlässliches Gesamtbild über die Pflegegeldsituation in Österreich, das jedoch aufgrund der stark steigenden Ausgaben in diesem Bereich dringend erforderlich wäre.

Die Feststellungen des Rechnungshofes zeigen dringenden Handlungsbedarf, um das Pflegegeld entsprechend den tatsächlichen Bedürfnissen, nach einheitlichen Standards, rasch und bürgernah im Sinne der gesetzlichen Zielsetzungen auszahlen zu können. Seiner Ansicht nach sind dazu folgende Maßnahmen zu setzen:

- Reduktion der Entscheidungsträgerinnen und Entscheidungsträger
- Bündelung der Vollzugs- und Aufsichtskompetenzen
- einheitliche Rechtsgrundlage für die Gewährung des Pflegegeldes
- Optimierung der Verwaltungsabläufe und Reduktion der Verfahrensdauer durch konkrete Vorgaben (z.B. Terminvorgaben für die einzelnen Verfahrensschritte, Straffung der Abläufe, verstärkter IT-Einsatz)
- einheitliche Begutachtungs-, Schulungs- und Qualitätsstandards zur Vermeidung von Ungleichbehandlungen und ungerechtfertigten Einstufungsunterschieden
- Neuorganisation der ärztlichen Begutachtungen (z.B. Gutachterpools, Vereinbarung von Kontingenten)

6.2 Schutz vor Naturgefahren

Bei den Maßnahmen zum Schutz vor Naturgefahren stellte der Rechnungshof im Rahmen einer Querschnittprüfung über alle Länder und betroffenen Ministerien Mängel fest, die auf ein historisch gewachsenes System mit einer Vielzahl an Entscheidungsträgerinnen und Entscheidungsträgern zurückzuführen waren.

Abbildung 5: Übersicht über die Interessentenanteile nach der Art des Gewässers

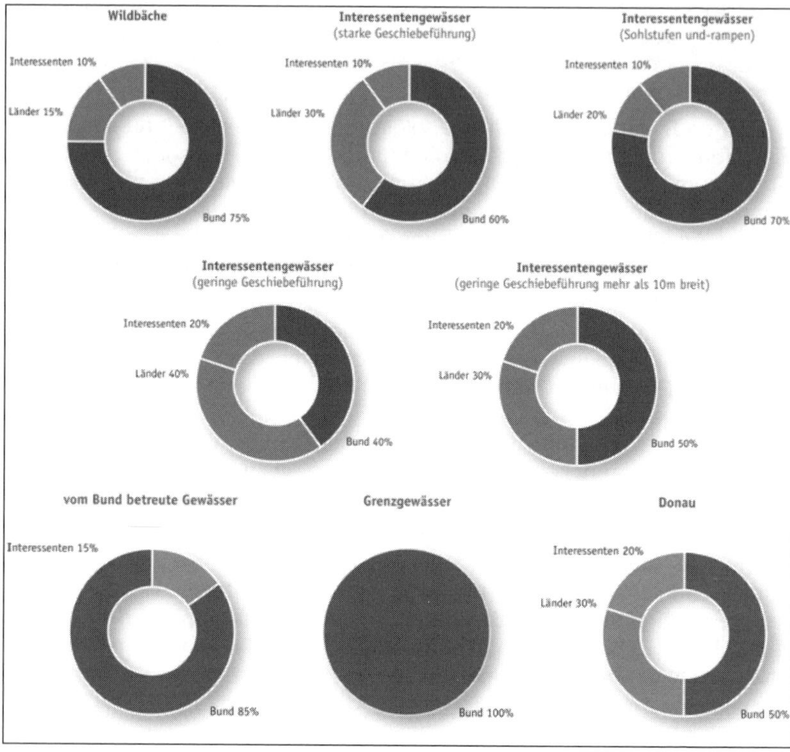

Quelle: Österreichischer Rechungshof: Verwaltungsreform, 2010, S. 55

Eine viel zu komplexe Rechtslage mit uneinheitlichen Definitionen, Schutzstandards und förderbaren Maßnahmen sowie die Kompetenzzersplitterungen innerhalb und zwischen den Gebietskörperschaften (vier Ministerien auf Bundesebene, dazu Landesebene und Gemeindeebene) erschweren die einheitliche Abwicklung von Katastrophenschutzmaßnahmen.

Schutzmaßnahmen können nicht gegen den Willen von Gemeinden bzw. Gemeindeverbänden und nicht ohne deren Zustimmung zu einer finanziellen Beteiligung gesetzt werden. Wegen der hohen Lasten und divergierenden Interessenslagen wurden deshalb notwendige Maßnahmen teilweise nicht im erforderlichen Umfang durchgeführt.

Die Regelungen bezüglich der Anerkennung, Bewertung und Vergütungshöhe von Katastrophenschäden im Vermögen physischer und juristischer Personen unterschieden sich in den einzelnen Ländern erheblich. Die Parameter für die zu gewährenden Beihilfen an physische und juristische Personen waren seitens der Länder mitunter nicht klar definiert und zum Teil für die Öffentlichkeit nicht zugänglich.

Bei präventiven Schutzwasserbaumaßnahmen orientierte sich die Höhe des zu entrichtenden Interessentenanteils an der Art des Gewässers.

Dabei waren Interessenten an Grenzgewässern gegenüber jenen an vom Bund betreuten Gewässern begünstigt. Letztere wiederum waren gegenüber den Interessenten an übrigen Gewässern bevorzugt. Die bedeutenden Unterschiede sind in Abbildung 5 dargestellt.

Abbildung 6 zeigt die Unterschiede in der Zuständigkeit und beim Finanzierungsschlüssel für die verschiedenen Phasen eines Flusses vom Wildbach bis zum Grenzgewässer.

Abbildung 6: Die Phasen eines Flusses vom Wildbach bis zum Grenzgewässer

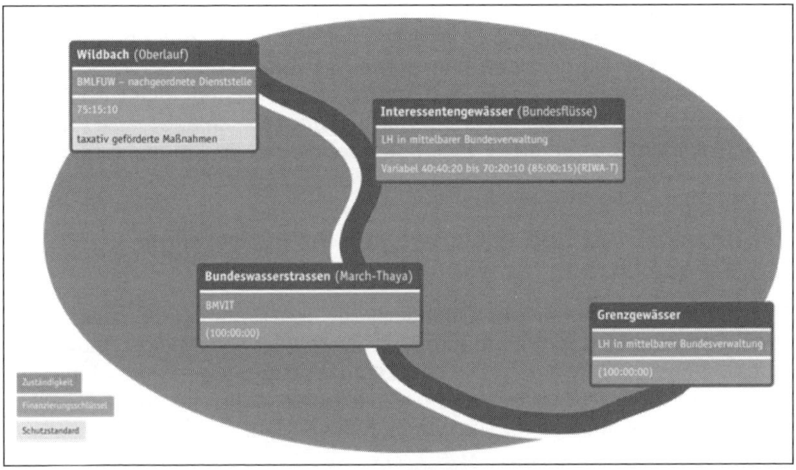

Quelle: Österreichischer Rechungshof: Verwaltungsreform, 2010, S. 56

Dies führte zu einer Reihe von negativen Folgewirkungen, wie z.B. einer erschwerten Abwicklung von Katastrophenschutzmaßnahmen, einer überlangen Verfahrensdauer von der Feststellung der Gefährdung bis zur Fertigstellung von Schutzmaßnahmen, zu trotz Gefährdung nicht realisierten Schutzmaßnahmen und einem komplizierten Interessensausgleich zwischen den Gemeinden. Es kam zu einer zeitverzögerten Auszahlung von Förderungsgeldern. Überdies lagen keine ausreichenden Informationen über die Gefährdungsräume vor. Die Förderungsvoraussetzungen waren nicht transparent und die Förderungsniveaus unterschiedlich, wobei soziale Aspekte weitgehend keine Berücksichtigung fanden.

Die nach Ansicht des Rechnungshofes notwendige Reform erfordert:

- Kompetenzbereinigung und Nutzung von Synergieeffekten
- Erarbeitung von Modellen für einen Lastenausgleich zwischen den Gemeinden
- Forcierung interkommunaler Zusammenarbeit
- einheitliche, bundesweit gültige Definition von förderbaren Maßnahmen und Kosten
- Vereinheitlichung der Vorschriften
- bundesweit einheitliche rechtliche Grundlagen zur Erstellung von Gefahrenzonenplänen

- überregionale Raumordnungspläne zur Freihaltung von festzulegenden Rückhalte- und Überströmungsflächen (Hochwasserabflussgebieten)
- Umsetzung der EU-Hochwasserrichtlinie

7. Zusammenfassende Schlussfolgerungen – Ausblick

Die budgetären Rahmenbedingungen zwingen zu strukturellen Konsolidierungsmaßnahmen, um die Maastricht-Kriterien wieder erfüllen zu können und die Nachhaltigkeit der Haushaltsführung sicherzustellen. Die Prüfungsergebnisse des Rechnungshofes und die dargestellten Beispiele machen die Notwendigkeit einer Verfassungs- und Verwaltungsreform deutlich. Diese ist erforderlich, um die Organisation und Aufgabenerfüllung im Interesse der Bürgerinnen und Bürger zu verbessern, die Wirksamkeit und Wirtschaftlichkeit zu steigern und die öffentlichen Mittel effizienter einzusetzen. Die Problemanalysen und Lösungsvorschläge der Expertenorganisationen lassen dazu folgende grundlegende Stoßrichtungen erkennen.

7.1 Transparenz und Faktenwissen als notwendige Voraussetzung für wirksame Steuerung

Transparenz gegenüber der Öffentlichkeit, den Parlamenten, aber auch gegenüber den Partnern im föderativen System ist notwendige Bedingung für eine effektive Steuerung. Die Grundlagen dazu müssen durch fundierte und vergleichbare Datenbestände sowie durch eine Harmonisierung im Bereich des Rechnungswesens geschaffen werden.

7.2 Ziele und Strategien als Basis des Verwaltungshandelns

In vielen Verwaltungsbereichen sind klare Ziele und Strategien noch nicht in ausreichendem Ausmaß definiert. Die großen Herausforderungen der Zukunft – wie die demografische Entwicklung, die Sicherung des hohen Niveaus unserer Gesundheits- und Pflegeversorgung oder die Optimierung des Bildungsangebots – sind gleichzeitig mit der notwendigen Budgetkonsolidierung nur zu bewältigen, wenn die zu setzenden Maßnahmen auf einer vorausschauenden Planung und auf langfristigen Strategien beruhen.

7.3 Geeignete Steuerungssysteme

In wichtigen Verwaltungsbereichen bestehen erhebliche Steuerungsdefizite, weil einerseits geeignete Entscheidungsstrukturen und andererseits die notwendigen Steuerungsinstrumente fehlen. Klare Verantwortlichkeiten können primär durch eine Zusammenführung von Ausgaben-, Aufgaben- und Finanzierungsverantwortung geschaffen werden. In übergreifenden Bereichen müssen für alle Partner verbindliche Rahmenbedingungen festgelegt werden (z.B. durch Grundsatzgesetzgebung, 15a-Vereinbarungen), auf deren Basis eine Steuerung durch einheitliche Datengrundlagen, Kosten- und Leistungsrechnung, Controlling und andere Steuerungsinstrumente erfolgt.

7.4 Wirkungsorientierung als Hebel für Reformen

Durch die Einführung der wirkungsorientierten Haushaltsführung im Bund und in mehreren Ländern werden inhaltliche Gesichtspunkte der Aufgabenerfüllung (angestrebte Wirkungen) in Bezug zu den Ressourcen gesetzt. Dadurch wird die Basis für eine integrierte Steuerung (Budget und Wirkungen) geschaffen, die durch eine mehrjährige Budgetplanung ergänzt wird. Die wirkungsorientierte Verwaltungsführung macht es für den Bund ab 2013 notwendig, Wirkungsziele und Kennzahlen zu entwickeln, das Budgetcontrolling um ein Wirkungscontrolling zu ergänzen und Fach- und Ressourcenverantwortung stärker zusammenzuführen. Dieses System wird auch dem Nationalrat künftig stärkere Einflussmöglichkeiten eröffnen, wobei der Rechnungshof zukünftig – auf Basis seiner Prüfungsfeststellungen zu Wirkungszielen und Wirkungsindikatoren – seinen Beitrag zu einer fundierten parlamentarischen Diskussion liefern wird.

7.5 Abstimmungsnotwendigkeit im Bundesstaat

Viele Beispiele des Rechnungshofes für notwendige Reformmaßnahmen zeigen die Besonderheiten und Herausforderungen des föderalen Systems auf. Eine erfolgreiche Staatsreform erfordert die Einbeziehung aller Gebietskörperschaften, um eine Zusammenführung von Finanzierungs-, Ausgaben- und Aufgabenverantwortung sicherzustellen. In vielen Verwaltungsbereichen ist ein besser koordiniertes Zusammenwirken von Bund, Ländern und Gemeinden auf Basis einer wirkungsorientierten Verwaltungssteuerung notwendig. Diese Maßnahmen können aber nur dann umgesetzt werden, wenn dafür der politische Wille aller Beteiligten vorhanden ist. Dies setzt die Bereitschaft voraus, rasch die notwendigen politischen Entscheidungen zu treffen, die durch alle Expertisen nicht ersetzt oder vorweggenommen werden können.

Claire CHARBIT

Governance of public policies in decentralised contexts: the multi-level approach[1]

1. Introduction

The crisis has provided an opportunity to enhance public interest in how governments function and reinforced the expectation that governments need to adapt and change. Indeed, difficulties encountered in implementing successful changes (like regulation reforms, post shocks policies), in particular for the provision of essential goods and services, reveal the importance, influence and complexity of institutional background. A prerequisite to reforming and increasing effectiveness of public policy is to identify the stakeholders involved in the design and implementation stages. Given their interdependency, a first step is to set-up an "institutional mapping" of their roles and responsibilities to clarify their relationships. In particular, sub-national governments play a key role in public policies. Why is it difficult to associate them in the achievement of ambitious and broad agendas such as the OECD "stronger, fairer and cleaner economies" target, or the Europe 2020 agenda for "smart, inclusive and sustainable" economies?

Sub-national governments are affected by the "yoyo game", from recovery policies based on huge public spending, to fiscal consolidation programmes, which drastically restrict them. Many local and regional authorities have faced financial difficulties as a consequence of the global crisis and current consolidation plans. This could lead to a reduction in the quantity and/or quality of public goods and services provided, as well as cuts in planned investments, precisely when public action is considered crucial for long term recovery.

The ability of municipalities and regions to "better spend", by identifying relevant paths for territorial competitiveness, "do more with less", is largely enshrined in their institutional background. Rather than isolated actors, sub-national authorities and central governments are "mutually dependent".[2] In this context, and for a majority of OECD member and non-member countries, the key underlying question is not whether to "decentralise or not" or even opt for a specific decentralisation model, but to look

---

1 This chapter reflects the analysis and studies carried out within the OECD Regional Policy Division (Public Governance and Territorial Development Directorate). The author would like to express her gratitude to colleagues who contributed to the multi-level governance programme, who made this synthesis paper possible, and have both enriched this multilevel governance approach and used it in different projects: Aziza Akhmouch, Dorothée Allain-Dupré, Camila Vammalle and Varinia Michalun.

2 See: OECD: Gaps, 2009. Charbit; Michalun: gaps, 2009.

at ways to improve capacity and coordination among public stakeholders at different levels of government to increase efficiency, equity and sustainability of public spending. This question of "multi-level governance" is therefore accurate, whatever the constitutional framework of countries, federal or unitary.

This chapter provides: first, a methodology to diagnose multi-level governance challenges; and, second, examples of tools used by OECD countries to bridge coordination and capacity "gaps".[3] This approach has been inspired by OECD regional development policy work, as regional development policy relies both on the diversity of territorial situations and the coherence of regional strategies at the national level. In practice, it has already been tested in a variety of public policies such as public investment, water, and innovation, which all contributed to enrich it with concrete sectoral evidence and experience.

The chapter is organised in four main sections. It begins with a brief presentation of the variety of decentralisation situations in OECD countries. Then, section two presents a multi-level governance methodology for assessing coordination and capacity difficulties. Section three presents a series of mechanisms used by OECD countries to address these challenges. The fourth section provides illustrations of this multi-level governance approach in different policy fields. Political economy challenges for reforming decentralisation arrangements between levels of government in OECD countries will be underlined in a conclusive section.

2. Decentralisation and regional data in OECD countries: a call for multi-level governance approach

Sub-national governments (SNGs) are facing financial difficulties as a consequence of the global crisis and current consolidation plans. These difficulties could lead to a reduction in their contribution to national policy objectives. While SNGs represent on average, 15 percent of GDP, 22 percent of public revenues, 31 percent of public spending, and are responsible for about 64 percent of public investment in OECD countries, there is a great variety of situations among countries.

2.1 Fiscal decentralisation in OECD countries[4]

Some unitary countries, especially Scandinavian ones, like Denmark and Sweden, reach comparable level of spending ratio (rate of sub-national spending on total public spending) and of revenue ratio (rate of sub-national revenues on total public revenues) than federal countries – like Canada or Switzerland (see Figure 1). Some common explanations can

3 The chapter does not intend to provide a survey of the literature on multilevel governance, which can be found in selected references quoted in the bibliography.

4 Data used in this section are accessible on the web site of the OECD Network on Fiscal Relations across Levels of Government, http://www.oecd.org/department/0,3355,en_2649_35929024_1_1_1_1_1,00.html [Download: 19.03.2011].

be mentioned for understanding the great variety of OECD countries decentralisation features.

Figure 1: Decentralisation in OECD countries[5]

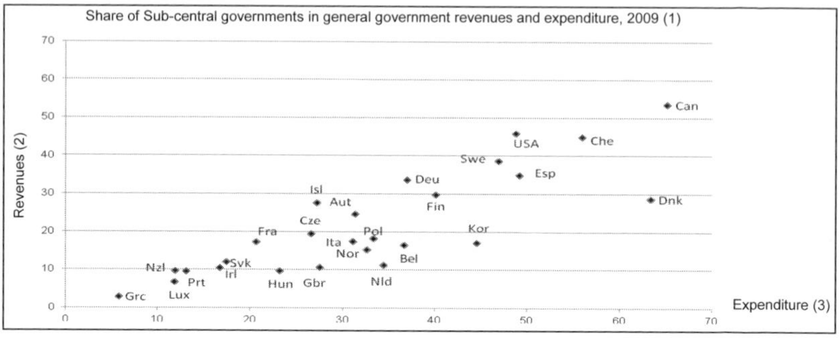

Source: OECD National Accounts

First, the degree of sub-national public spending share is very often correlated to the welfare competences allocated to SNG (see figure 2 about health spending in OECD countries).

Figure 2: Participation of each level of government in Health spending, 2009

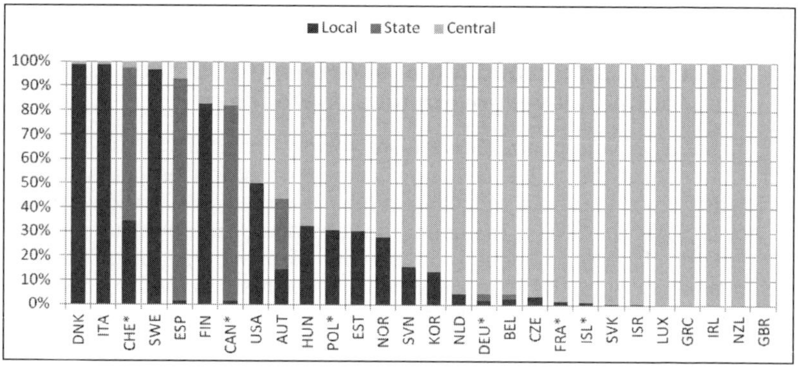

Source: OECD National Accounts

5 Note: Decentralization is measured by the share of sub-national governments in total public revenues and spending. General government revenues and expenditure are broken out between central government, sub-national governments (local and, when available, intermediate) and social security. As the share of social security revenues and spending varies widely between countries (from 4.4 percent in Denmark to 45.3 percent of spending in France), this has a significant impact on the remaining shares of central and sub-national governments.
(1) Or latest year available: 2008 for Canada, Hungary, New Zealand, Switzerland and the United States; 2007 for Korea
(2) Excluding transfers received from other levels of government
(3) Excluding transfers paid to other levels of government

Second, countries which show high share of sub-national revenues on national ones are often those where income revenue is mainly a local tax. Ongoing debates about the appropriate way to consider tax sharing instruments as own sub-national revenues or rather grants call for putting in perspective financial indicators of sub-national government degree of autonomy (OECD Network on Fiscal Relations across Levels of Government). However, even this limited indicator of decentralisation reveals the SNGs dependence on central government financial support (see figure 3). It also reveals the high degree of central governments' dependence on SNGs effectiveness in public goods delivery for services which are of high importance at the national level. Some even consider that there is a need to split in sub-national basket of competences the ones which concern above all national public goods, just implemented at the sub-national level, to more specific local and regional public goods and services. In the first case, SNGs could even be considered as "agents" of central governments, targeting national standards in terms of public service delivery.[6] In the second case, regional opportunities can be exploited for increasing regional competitiveness and attracting mobile sources for growth. While the first approach leads to a certain degree of homogeneity in public supply across the country, the second one may increase disparities. Both are necessary but will call for compensatory and redistribution mechanisms in the second case and stimulation of SNGs dynamism for supporting national growth and avoiding poverty traps in the first one (for a discussion on apparent opposition between efficiency and equity see Box 1).

Figure 3: Revenue Structure of Sub-National Governments (2009)

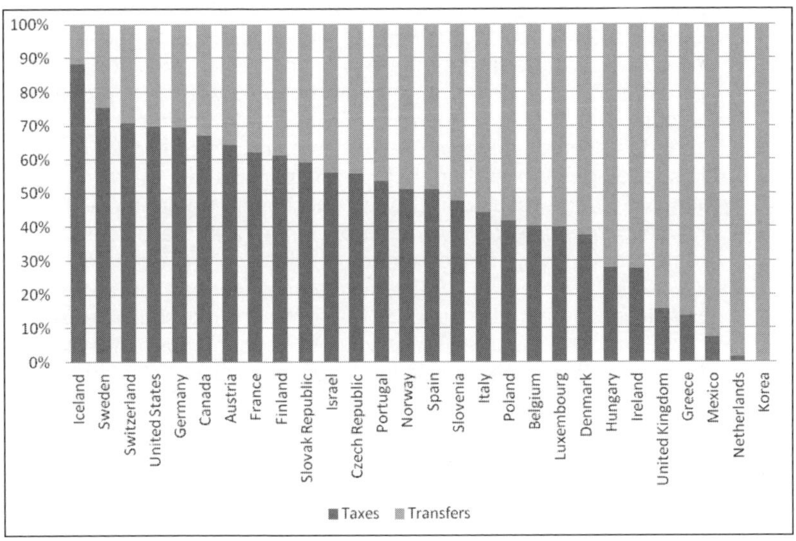

Source: OECD National Accounts

6 See Jorgen Lotz contribution to the OECD Fiscal Network Experts' meeting on Measuring Decentralisation, KIPF-OECD, Paris, March 10-11, 2011.

Box 1: About the efficiency-equity tradeoff

- Redistributive approaches for equity purposes aim at reducing (financial) disparities among people, and places (when sub-national authorities are responsible for basic public services).
- Selective approaches for efficiency and competitiveness purposes aim at growth for some places (that could later benefit to the whole country); they are based on the acknowledgment of agglomeration effects.

A first glance would thus consider policies for efficiency as contradictory from equity ones

- In practice, different elements plead for reconsidering this tradeoff:
  - "*Increasing returns of adoption*" (positive externalities associated with growing number of users) characterise knowledge economics. It is quite evident for network technologies. It is also the case with education since the larger number of diploma holders (wherever the place they study) the better the national ability to the adoption of and innovation in new knowledge. It might also be the same with health: the greater number of people receiving treatment the better it will be for the whole population. Thus *equity in public spending can increase* efficiency
  - "*Decreasing returns of investment*"*:* an excessive concentration in the allocation of public spending will meet limits in its ability to produce additional results (ex: health policy in the US: 15 percent of the PIB concentrated on 60 percent of people … with limited results in terms of average of life expectancy … because once the 60 percent are treated there is a limit in the impact on others' life. An additional dollar on the same people will not improve the output of the policy. Idem in France with higher education: "grandes ecoles" students are very few and a big amount of public spending is focused on them in comparison with university students. Average results are not so successful. Again, more *equity in public spending can increase effciency* (and the efficiency for some groups would not lead to the efficiency of the whole nation)
  - "*Dynamic perspective*" Efficiency/competitiveness of some regional economies at "t" might create wealth that could be redistributed at "t+n". Thus, *efficiency in public spending* (either by limiting the cost of public policy, for the same results, or by improving its outcomes) *could give an opportunity* (resources) *for equity.* Greater *efficiency* (in terms of jobs creation etc.) *could also impact the demand for public services* (education, health etc.) and *thus the implementation of equity programmes*. Some would also consider that this dynamic perspective would support the idea that necessary conditions are required for a place to be able to add sufficient conditions to be competitive. *Equity and efficiency at "t" condition efficiency and equity at "t+n"*.

2.2 Three apparent paradoxes in decentralisation trends

Without further developing on fiscal dimensions of relations between levels of government three main (somewhere paradoxical) conclusions can be underlined.[7]

Sub-national responsibilities in spending have increased but there is still a strong dependency on central governments for resources

Figure 4: Decentralisation in OECD countries[8]

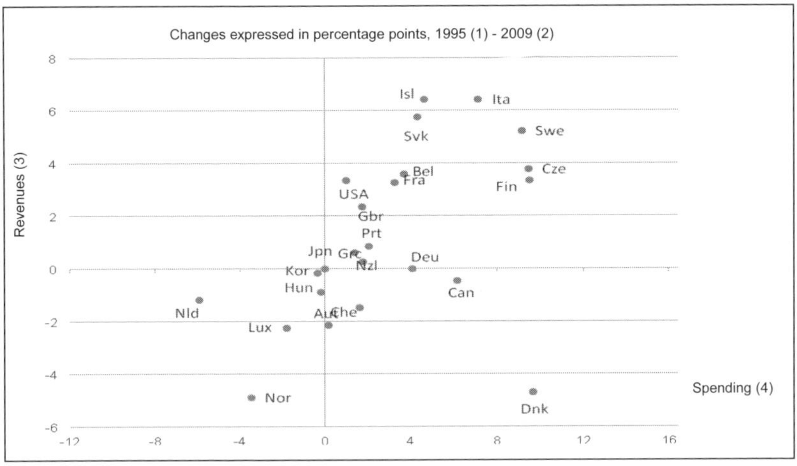

Source: OECD National Accounts database

From 1995 to 2009, the share of sub-national expenditure grew from 30 to 33 percent of total government expenditure (see figure 4). This increase, either due to allocation of new responsibilities to sub-national level, or because of increasing costs in local public service delivery, was essentially covered by more intergovernmental grants and less by SNGs taxes. SNGs have remained dependent on central government (in Austria, Switzerland, Denmark and Norway the share of sub-national resources has even de-

7 See: OECD: Recovery, 2009.

8 Note: Decentralisation is measured by the changes in the share of sub-national governments in total public revenues and spending. General government revenues and expenditures are broken out between central government, sub-national governments (local and, when available, intermediate) and Social Security. As the share attributed to Social Security varies widely between countries (from 45.3 percent of spending in France to 4.4 percent in Denmark), this has a significant impact on the remaining shares attributed to central and sub-national governments.
(1) Or earliest year available: 1996 for Norway; 2000 for Korea
(2) Or latest year available: 2008 for Canada, Hungary, New Zealand, Switzerland and the United States; 2007 for Korea
(3) Excluding transfers received from other levels of government
(4) Excluding transfers paid to other levels of government

creased[9]), and the growth of transfer systems has tied central and sub central fiscal policy and outcomes more closely together.

The absence of convergence of GDP among regions calls for central government interventions: equalisation and customisation

Figure 5: GDP per person of the poorest and richest TL3 regions; 2007 (as a percent of national average)[10]

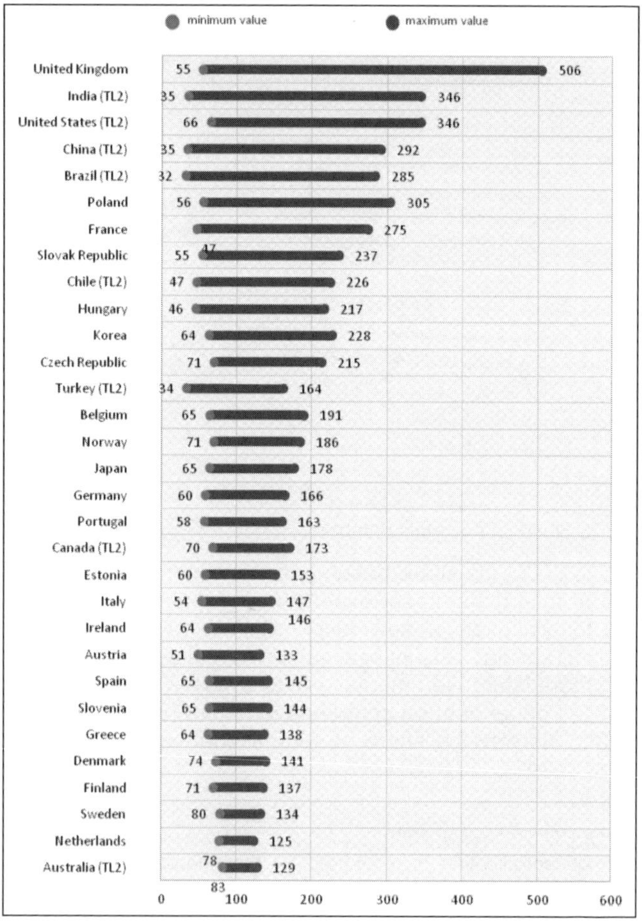

Source: OECD: Regions, 2011

9 This reduction is either due to rare cases of “recentralisation” of some responsibilities – e.g. health in Norway – or because of an increase in transfers.

10 Note: some of these disparities are due to commuting in metropolitan areas (such as London) which increases the output of places where people work but do not reside. Additional regional disparities indicators in terms of income per capita, a better measure to assess if regions are poorer or richer will soon be available.

While SNGs have more responsibilities, convergence of GDP among regions remains limited. Regional differences in GDP per capita within countries are often substantial and larger than among OECD countries (see figure 5). Although regional disparities in GDP per capita in Austria for example are low compared to OECD countries, as measured by the Gini index, the percentage of population living in lagging regions is above 50 percent, giving an indication of the different economic implications of disparities within countries. Regional disparities in output and employment opportunities in Austria are less intense than in the OECD average. However, in the last ten years in this country, while employment grew more than 2 percent yearly in the best performing region, in other regions, it was less than 0.5 percent.[11] While disparities among OECD countries were reduced over the past 20 years, regional differences often were not. In several places, regional disparities have even worsened over time.

Figure 6: Change in ratio between the richest and the poorest regions (GDP per person, 1995 to 2007)[12]

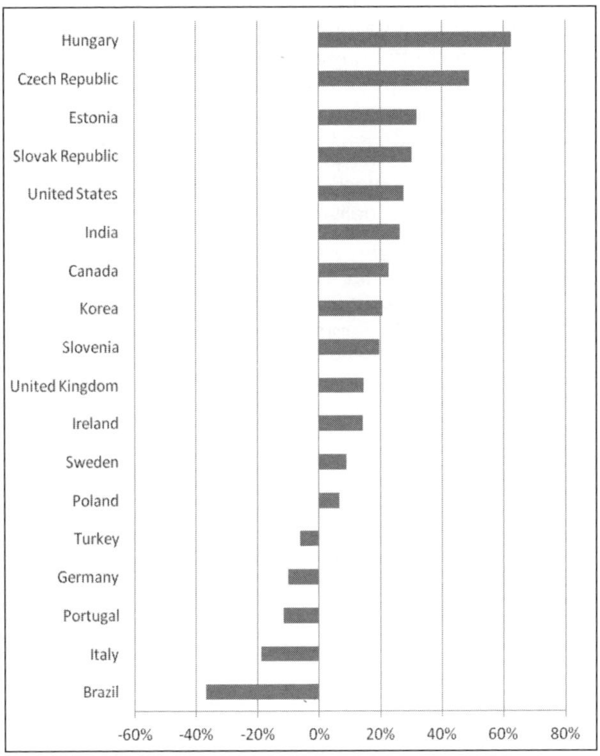

Source: OECD: Regions, 2011

11 See: OECD: Regions, 2011.

12 Note: values are available on 32 countries, here 12 countries are taken out whose change is less than + or -10 percent

The economic recession had a much differentiated impact on the loss of jobs within OECD countries, and increased disparities. In addition public funds will be tighter over the next few years. The gap between richer and poorer regions is likely to widen in many countries as the public spending axe falls. *This sign of "differences" among places calls for central government interventions for equalising access to public goods and for customising regional development policies since disparities exist and remain* (see figure 6).

Central governments devolve responsibilities to sub-national governments while trying to reinforce the control on standards of local public services and on performance of local delivery

In parallel to devolution movements, growing concerns of central governments can be observed on efficiency and effectiveness of public spending at sub-national levels. This can be done through standards regulation for local public services and/or by using systems of performance indicators for measuring and monitoring sub-national service delivery (see table 1).[13] It is often observed that an evolution from earmarked to general purpose grants goes with more control on sub-national outputs by using regulatory instruments or performance oriented budgeting. *Central governments are concerned by the performance of sub-national policy delivery, even when competences are clearly allocated to sub-national levels of government.*

Table 1: Examples of indicators used by different OECD countries to measure sub-national service delivery

	Category	Examples	Country/system
context	Demographics	• Population, gender, age, marital status, births, deaths	
	Service context	• Irregularities in water distribution	Italy (regional policy)
		• Per capita average expenses for theatre and concerts	
		• Air pollution due to transportation	
inputs	Materials	• Municipal nursing home beds	Finland
	Staff	• Number of required staff for the service	Turkey/BEPER
		• Numbers and qualifications of teachers	Finland
	Finances	• Net operating expenditures	Norway/KOSTRA
		• Education expenditures	Finland
		• Deflated expenditures and revenues	Netherlands
	Policy effort	• Capital expenditure by level of government and sector	Italy (regional policy)
		• Preparation and approval of territorial and landscape programming documents	
outputs	Policy outputs	• Number of inhabitants served	Turkey / BEPER
		• Amount of solid waste collected	
		• Visits to physician, dental care visits	Finland
		• Building permits issued	Australia
		• Number of passports, drivers licenses issued	Netherlands
	Service coverage	• Percent of aged inhabitants receiving home services	Norway/KOSTRA
		• Percent of children enrolled in kindergarten	
		• Recipients of social services as percent of the population	

13 See: OECD: Development, 2009.

	Category	Examples	Country/system
outputs	Efficiency	• Government funding per unit of output delivered	Australia
		• Spending efficiency: Achievement of payment level equal to 100 percent of previous year's financial appropriation	Italy (regional policy)
		• Children 1-5 years in kindergartens per full time equivalent	Norway/KOSTRA
		• Number of children per teacher	Sweden (education)
		• Cost per user	Sweden (elder care)
outcomes	Policy outcomes	• Education transition rates	Norway/KOSTRA
		• Response times to structure fires	Australia
		• Improved language skills of immigrants	Netherlands
	Effectiveness	• Effectiveness of outputs according to characteristics important for the service (e.g. timeliness, affordability)	Australia
		• Disease-specific cost-effectiveness measures	Finland (hospitals)
		• Passengers	Netherlands (transport)
		• Share of completion of students in secondary schools	Sweden (education)
	Equity	• Geographic variation in the use of services	Finland (hospitals)
		• Units per 1,000 members of target group	Germany (Berlin)
		• Recipients of home based care as a of share inhabitants in different age groups	Norway/KOSTRA
	Quality	• Number of days taken to provide an individual with needed assistance (e.g. youth)	Netherlands
		• Number of different caregivers providing elder home care to a single individual	Denmark
	Public opinion	• User satisfaction with local services	Netherlands

Source: OECD: Efficiency, 2006. OECD: Fiscal Network, 2007

2.3 The need for multi-level governance approaches

Interdependencies between levels of government can be of different nature: institutional (when the allocation of roles and responsibilities remains unclear); financial (when central and sub central governments are co-funders of public spending in regions) and socio-economic (when issues and/or outcomes of public policy at one level have impact on other regions and the national level). In such context, a full separation of responsibilities and outcomes in policy making cannot be achieved. Even in countries as federalised as the US, the federal government has progressively increased its role through intergovernmental regulations imposed on state and local governments through direct to more indirect actions that force sub-national levels policy change. The U.S. Advisory Commission on Intergovernmental Relations has even provided a taxonomy of "federally induced costs", which suggests discrete policy actions the federal government can take with impacts on state and local costs.[14]

There is no one optimal level of decentralisation (neither per public policy field nor for the whole public administration), since the sharing of competencies and its implementation remain strongly country specific. *However, multi-level governance is always required for managing public policies in a decentralised context.* Multi-level governance (MLG), here, is the term used to characterise the relationship between public actors situated at different territorial levels. MLG therefore refers to the explicit or implicit sharing of policy-making authority, responsibility, development and implementation at different administrative and territorial levels, i.e. (1) across

14 See Paul L. Posner in: Posner; Conlan: Management, 2008, p. 287f.

different ministries and/or public agencies at central government level (upper horizontally), (2) between different layers of government at local, regional, provincial/state, national and supranational levels (vertically), and (3) across different actors at sub-national level (lower horizontally).

3. Identifying coordination challenges: proposal for a multi-level governance methodology

Managing the relationship between levels of government, while not new, has become increasingly complex as countries continue to decentralise and also recentralise, fiscal, political and administrative competences. *How can governments both customise public policy to be adapted to specific contexts, avoiding the "one fits all" approach, and develop coherence among the diversity of sub-national characteristics and strategies? In the absence of an optimal model, how can countries identify and assess MLG challenges in order to improve the effectiveness of public policies in decentralised contexts?*

Box 2: The decentralisation debate: traditional arguments

Decentralisation refers to the transfer of competences from the central level to elected authorities at the sub-national level and is different from *deconcentration*, which refers to non-elected central government units in regions providing national public services at the territorial level.

Fiscally, governments have used decentralisation as a means to improve public spending effectiveness based on the idea that sub-national governments have better information on local spending needs and preferences, and are better positioned to deliver public goods.

Politically, decentralisation is rooted in democracy and representation concerns at the local level. This is coupled with the notion that political competition among local officials rises with decentralisation, and that the impact of both democracy and competition leads to increased political accountability and transparency.

Countervailing arguments for decentralising also exist. Fiscally, sub-national governments may not show prudence or sufficient ability to manage their financial affairs; politically, corruption might be reinforced; administratively, the sub-national level may lack the capacity to properly meet its responsibilities.

Granted that no clear-cut conclusion can be provided at this stage, decentralisation entails some risks related to multilevel governance challenges:

- *A potential race to the bottom* as the process of competition can become damaging (e.g. for redistributive systems such as social welfare, or environmental targets, because of tax rate cuts or limited implementation of standards to attract more investment).
- *A failure to exploit economies of scale* due to excessive multiplication of administrative overhead (e.g. increased employment and expenditure) with possible duplication of tasks.

- *Difficulty in meeting national macroeconomic goals* such as fiscal discipline and equalization. Sub-national governments may pursue different fiscal policies than those requested by national governments.
- *High transaction costs* particularly with respect to coherence across policies when provided by multiple units at different levels of government. This complexity can slow reform and/or lead hinder implementation (e.g. simplification of inefficient tax systems).

There is no "black and white" answer to whether or not decentralisation is a "good idea." Centralised and decentralised approaches can work relatively well, or relatively poorly, depending on a country's historical, cultural and political context, as well as on its ability to exploit inherent strengths and minimize potential weaknesses.

However, assuming that some pre-requisites are met (e.g. strong local democracy), decentralisation has positive outcomes:

- Public service and investment priorities that reflect local preferences and provide well-tailored responses to problems thanks to a strong, in-depth local knowledge of policy makers.
- Progress in good practices from a process of policy innovation, thanks to competition and comparison between local governments in the provision of services and investment activities.
- Political achievements: reinforcement of local democracy through citizen participation, countervailing force to central government, preservation of local identity by giving specific groups a degree of self-rule while maintaining the overall unity of the country.

Overall, there is no "optimal model" but common key coordination and capacity issues related to manage mutual relationships among levels of government.

The initial task consists in clearly identifying who is in charge of what, in terms of design, regulation, budget and implementation of the policy field that government wish to improve. Triviality in this "institutional mapping" approach is just apparent: many actors will be revealed as overlapping in some functions with others, depending on others' conditional decisions and being influenced by the use of one administrative tool or another. Overlapping per se is not a concern if coordination among stakeholders in the public policy delivery is effective. If not, various coordination "gaps" can explain some failure in efficiently managing public policies.

Sometimes the emergence of new issues (environmental concerns, demographic evolutions etc.) as such may even not be at the origin of an overlap, but rather, on the contrary, generate the opposite, i.e. a "vacuum" due to the absence of clear definition of competence and related allocation to one or another public actor. Again the question of capacity to address this issue and coordination with other stakeholders will be crucial.

Seven dominant "gaps" question multi-level governance of public policy: information, capacity, fiscal, policy, administrative, objective and accountability (see table 2). All countries are confronted with these challenges for the implementation of public policies strategies, but with some variation in the extent to which they are met and according to different policy fields. Rather than considering policy coherence as one component – amongst others – of public governance, this approach argues that it is essentially through better coherence of public action that outcomes of public policies such as efficiency, equity, sustainability, rule of law, accountability and participation can be achieved.

- *The information gap* is characterised by information asymmetries between levels of government when designing, implementing and delivering public policies. Sometimes the information gap results from strategic behaviours of public actors who may prefer to not reveal too clearly their strengths and weaknesses, especially if allocation of responsibility is associated to conditional granting. However, it is often the case that the very information about territorial specificities is not perceived by the central decision maker as well as sub-national actors may be ignorant about capital objectives and strategies.
- The *capacity challenge* arises when there is a lack of human, knowledge or infrastructural resources available to carry out tasks, regardless to the level of government (even if, in general, SNGs are more considered as suffering from such difficulty than central government).
- The *fiscal gap* is represented by the difference between sub-national revenues and the required expenditures for SNGs to meet their responsibilities and implement appropriate development strategies. In a more dynamic perspective, fiscal difficulties also include mismatch between budget practices and policy needs: in the absence of multi-annual budget practices for example, SNGs may face uncertainty in engaging appropriate spending, and the absence of flexibility in spending which is very beneficial in uncertain environment. A too strict earmarking of grants may also impede appropriate fungibility of resources and limit sub-national ability to deliver adapted policies.
- The *policy challenge* results when line ministries take purely vertical approach to be territorially implemented, while SNGs are best placed to customise complementarities between policy fields and concretise cross-sectoral approaches. Limited coordination among line ministries may provoke heavy administrative burden, different timing and agenda in managing correlated actions etc. It can even lead to strong inconsistencies and readability concerns when objectives of sectoral policy-makers are contradictory.
- The *administrative gap* occurs when the administrative scale for policy making, in terms of spending as well as strategic planning, is not in line with functional relevant areas. A very common case concerns municipal fragmentation which can lead jurisdictions to set ineffective public action by not benefiting from economies of scale. Some specific policies also request very specific, and often naturally fixed, boundaries.
- The *objective gap* refers to different rationalities from national and sub-national policy-makers which create obstacles for adopting convergent strategies. A common example deals with political parties' belonging, which may lead to opposed approaches. In such a case divergences across levels of government can be "politically" used for cornering the

debate instead of serving a common good. Even without any difference in political "colour" from the central government, a Mayor may prefer serving his/her local constituencies, instead of aligning decisions to national broader objectives which may be perceived as contradictory.

- The *accountability challenge* results from the difficulty to ensure the transparency of practices across different constituencies and levels of government. It also concerns possible integrity challenges of policy-makers involved in the management of public investment.

Table 2: "Mind the gaps": a diagnosis tool for coordination and capacity challenges

Information gap	Asymmetries of information (quantity, quality, type) between different stakeholders, either voluntary or not » ***Need for instruments for revealing & sharing information***
Capacity gap	Insufficient scientific, technical, infrastructural capacity of local actors » ***Need for instruments to build local capacity***
Funding gap	Unstable or insufficient revenues undermining effective implementation of responsibilities at sub-national level or for crossing policies » ***Need for shared financing mechanisms***
Policy gap	Sectoral fragmentation across ministries and agencies » ***Need for mechanisms to create multidimensional/systemic approaches at the sub national level, and to exercise political leadership and commitment***
Administrative gap	"Mismatch" between functional areas and administrative boundaries » ***Need for instruments for reaching "effective size"***
Objective gap	Different rationalities creating obstacles for adopting convergent targets » ***Need for instruments to align objectives***
Accountability gap	Difficulty to ensure the transparency of practices across the different constituencies » ***Need for institutional quality measurement*** » ***Need for instruments to strengthen the integrity framework at the local level*** » ***Need for instruments to enhance citizen's involvement***

Source: Charbit: Governance, 2011

This approach of coordination and capacity "gaps" has to be considered as a diagnosis tool for identifying the main difficulties in implementing effective policies in decentralised contexts. It can also serve to assess the instruments used by governments to face them.

4. Improving the effectiveness of policymaking: what mechanisms for addressing coordination and capacity difficulties across levels of government?

There are several mechanisms for coordinating public policies in decentralised contexts and reinforcing capacity at different levels of government. These instruments are more or less binding, flexible and formal. It is important to underline that each "coordination mechanism" can in practice help bridge different gaps and one specific challenge may require the combination of several tools. Table 3 presents a selection of instruments and country examples where they have been observed.

Some instruments are more comprehensive than others. A contract between levels of government for example encompasses: the identification of a common target, the contributions to be provided by each party; indicators for assessing the implementation of the agreed tasks; an enforcement mechanism for making commitment credible; often concerns more than just one policy field and is often associated with performance indicators.[15] By doing so, a contract contributes to address information asymmetries, to build capacities, to clearly agree on a common objective, to set a co-funding mechanism; to make interaction between levels of government transparent and so the possibility to each party to be accountable for its own contribution.

Table 3: Bridge the coordination and capacity gaps: some instruments and country examples

Contracts between levels of government	France, Italy, Spain, European Union, Canada
Evaluation, Performance Measurement, Including financial control	Norway , United Kingdom, United States
Grants, co-funding agreements	All countries : general purpose grants vs. earmarked; equalisation vs. regional development mechanisms; different types of conditions attached
Strategic planning requirements, Multi-annual budget	Along with investment contracts; can be associated with consolidation targets
Inter-municipal coordination	Mergers (Denmark, Japan) vs. inter-municipal cooperation (Finland, France, Spain etc.)
Inter-sectoral collaboration	One umbrella ministry vs. horizontal inter-ministerial mechanisms (all countries are concerned); Instrument to be related with vertical mechanisms for supporting cross sectorial implementation at the sub national level (intermediation bodies) (Australia, France etc.)
Agencies (specialised or generalist)	Agencies for Regional Development: Canada, Chile etc. Agencies for specific policy field (Health, Water, innovation etc.): France, Spain, Australia etc.
State Territorial Representatives	French Prefects, Polish voivoid, Head of County Administrative Board (Sweden), Italian prefects
Experimentation policies, Tender processes	Sweden, United States, Finland, France etc.
Legal mechanisms and standard settings	All countries define standards and set regulations, but their degree of implementation across levels of government varies
Citizens' participation	Great variety of tools and degree, often more dynamic at the sub national than at the national level
Private sector participation	All countries with dominant sectors of implementation (like Network Industries). From strategy design, to operator of infrastructure, to service provider of services and technical assistance
Institutional capacity indicators	Italy for sub national level

Source: Charbit: Governance, 2011

One instrument is not necessarily exclusive. For example financial control that often goes with grants, is just one instrument for better spending and addressing financial challenges. It needs to be complemented with other types of performance indicators, which go beyond budget execution by mobilising information on inputs and outcomes oriented measures; to allow for possible flexible ways in using funds etc. The main recommendation then consists in assessing each mechanism according to its contribution to solving identified coordination challenges. This methodological suggestion then needs to be implemented in an in depth way, fostering on specific public policy, coordination challenge, or objectives the country is looking for.

5. Multi-level governance in different policy contexts

The methodology which has been suggested so far has already been implemented in various policy fields as it was for different areas of public

15 See: OECD: Regions, 2007. OECD: Development, 2009.

administration (regulatory, budgetary and human resources reform).[16] The present section draws extensively from OECD recent work and publications on governance of public investment, sub-national finances and water policy.

5.1 Multi-level governance of public investment: lessons from the crisis[17]

The economic crisis revealed and crystallised multi-level governance (MLG) challenges inherent to decentralised political systems. All countries have encountered certain MLG gaps when implementing their investment strategies for the recovery. SNGs are crucial partners since they are responsible for 65 percent on average of public investment spending in OECD countries. Four challenges have been particularly important across levels of government: (1) the fiscal challenge, and the difficulty of co-financing investment; (2) the capacity challenge, linked to inadequate resources, staffing or processes for rapid, efficient and transparent implementation of investment funding; (3) the policy challenge, and the difficulty of exploiting synergies across different sectors and policy fields; and (4) the administrative challenge, and the fragmentation of investment projects at the local level.

Investment stimulus funding was allocated quickly, but spending has followed slowly. At the end of 2010, many countries had allocated more than 90 percent of their funds, in part through local governments. Spending has been slow, however, and there are significant variations across policy areas. The "rapidity" criterion predominated in the selection of projects. Requirements for the use of funding have had a strong influence on the type of projects selected by sub-national governments. During the recession, micro-scale short-term infrastructure projects conducted at the municipal level could easily meet the criteria for eligibility. The emphasis on speed in getting funds committed, although understandable as a goal, has probably overshadowed planning for maximum economic impact. Overall, the focus has been on spreading resources across the territory rather than targeting for territorial impact.

During the crisis, co-ordination across levels of government has proven critical for targeting investment priorities, ensuring coherence in fiscal policy and facilitating the implementation of national strategies. While some countries were able to mobilise existing co-ordination mechanisms, others had to create them. For example, Australia, Canada and France had co-ordination mechanisms that could be strengthened and used promptly (Regional Development Agencies in Canada, the Council of Australian Governments in Australia, contractual arrangements in France). In other countries, the crisis provided an opportunity to set up new ones. In Sweden, "regional co-ordinators" were created to co-ordinate policies and resources from different levels of government. In the United States, both

16 Charbit; Michalun: gaps, 2009.
17 Sections 4.1 and 4.2 derive from Dorothée Allain-Dupré (See: Allain-Dupré, investment, 2011).

the federal government and states have created new institutions, teams and platforms to co-ordinate the federal, states and agency levels. Countries with well-developed co-ordination mechanisms have been able to manage stimulus packages with a view to both short- and long-term challenges to recovery.

Beyond actors and institutions, the right strategies make a critical difference. The tensions in investment plans between the short and the long term can be mitigated if there are well-defined strategies, flexible enough to be adjusted in response to the crisis. In responding to the crisis, regional policy and related governance instruments have been valuable for prioritising investment. In France, for example, regional policy tools such as inter-governmental contractual agreements helped to identify better targets quickly and to channel new central investment funding more effectively.

5.2 Why multi-level governance matters for fiscal consolidation strategies?

As stimulus packages are phased out, many countries are planning some combination of tax increases and spending cuts in 2011 and undoubtedly in the following years. Collectively, these may amount to a tightening of some 1.25 percent of global GDP. Just as co-ordination of levels of government was important to implement recovery measures, multi-level governance mechanisms are necessary to manage consolidation and tailor expenditure cuts and investment priorities to local needs. What is important in periods of expanding expenditure is even more relevant in times of budget cuts, as these are intrinsically more difficult. Spending cuts tend to be better accepted when they are balanced by positive objectives such as long-term development and investment.

The crisis will have a prolonged effect on fiscal relations across levels of government. In many OECD countries, the financial situation of sub-national governments has already worsened significantly. Gross borrowing of western European sub-national governments is expected to reach € 262 billion in 2010, up more than 44 percent since 2007. Local public investment, stimulated in 2008-2009, is now a target of cuts in many regions and seems in some cases to be used as an adjustment variable. The lasting impact of the crisis on sub-national finances will differ across regions: the long-term impact of the crisis will persist in regions with structural problems, which were harder hit by the crisis, and this will intensify the fiscal challenges these regions will have to meet. To address these challenges, a one-size-fits-all approach will not be appropriate.

Many OECD countries are requiring sub-national governments to participate in consolidation efforts, either by reducing their funding or increasing the control over their budgets. In Italy, for example, the 2010 update of the Domestic Stability Pact sets the burden carried by regions and local governments. Accounting practices of central and sub-national governments have also been harmonised to increase the transparency of public accounts and the accountability of sub-central governments. Italy is also switching from a definition of historical costs to a definition of standard requirements and standard costs for public services so as to provide sub-national governments with appropriate incentives. In Spain, the Autonomous Communities have agreed to present accounts quarterly instead of annually to increase budget transparency. Canada is also asking its sub-national governments to implement strategic reviews and to reallocate 5 percent of their budgets each year. In the United Kingdom, the new government proposes to increase the level of decentralisation, but in exchange local governments will need to modernise their public sector to do "better" for less.[18]

Any successful deficit reduction plan requires the strong involvement of sub-national governments. Credible incentives can encourage local actors to reveal their specific knowledge and development potential, information that is particularly needed in times of tight budget constraints. Not only the fiscal gap, but also the policy, information and capacity gaps, run the risk of worsening, thereby shift the problem from the centre to the regions, in the absence of appropriate co-ordination efforts at all levels of government. The same multi-level governance instruments (contracts, performance indicators, inter-governmental committees etc.) can be used for both fiscal recovery and consolidation strategies, in order to: (1) accommodate appropriate budget cuts for short-term fiscal consolidation; and (2) invest in what can unlock each region's potential, restore growth and build resilient regions.

5.3 Multilevel governance: a prerequisite for integrated water policy[19]

The "water crisis" that many countries face nowadays is essentially a crisis of governance as in practice water policy reform faces complexity due to the multiplicity of actors, institutional inertia and related multilevel governance challenges.

Decentralisation of water policies over the past decades has resulted in a dynamic relationship with mutual dependence between public actors at all levels of government. Though sub-national actors have inherited from increasing responsibilities, they do not always have the competence to decide on the financial allocation required to meet these needs or to generate local public revenues, thus creating a "funding gap". Understanding multilevel governance challenges in water policy requires a holistic approach to coordination gaps.[20] As OECD 2011 report on multilevel governance of water policy shows, a country facing a sectoral fragmentation of water roles and responsibilities across ministries and public agencies (*policy gap*) may also suffer from contradictory targets between these public actors (*objective gap*), which may not favour the sharing of information because of silo approaches (*information gap*) and is likely to undermine capacity building at sub-national level (*capacity gap*) since local

18 See: Vammalle; Gaillard: fiscal policy, 2011.

19 This section extensively draws on Aziza Akhmouch (See: Akhmouch: Governance, 2011.

20 See: OECD: water, 2011.

actors, users and private actors would have to multiply efforts to identify the right interlocutor in the central administration.

Meeting these challenges requires innovative policy but also institutional responses to be designed, especially in the current context of fiscal constraints and climate change calling for effective and integrated policies. Water governance can be improved by means of better integration of territorial specificities and better coordination between public actors in charge of designing, regulating and implementing water policies across ministries, public agencies and between levels of government. Promoting coordination and capacity-building is a large and critical step toward bridging multilevel governance gaps in water policy.

There are several options for coordinating water policies across ministries and public agencies. Inter-ministerial bodies, committees and commissions are the main governance tools used in upper horizontal coordination of water policy and many OECD countries (France, Belgium, Chile etc.) have created a platform for dialogue and action between public actors in charge of water policy at central government level. Formal coordinating bodies such as *ad hoc* high level structures and central agency are also frequently used by governments for horizontal coordination (COAG in Australia, CONAGUA in Mexico). The *line ministry*, holding a dominant responsibility on water, is often the main tool adopted for ensuring interdepartmental and inter-ministerial coordination (UK). Coordination groups of experts and inter-agency programmes are also widespread, especially in EU countries in the framework of the Water Framework Directive implementation.

In addition, in OECD region, there is a wide variety of mechanisms for coordinating water policies across levels of government. These embrace the consultation of private actors (including citizens', water users associations and civil society), financial transfers and incentives across levels of government (e.g. earmarked v. general purposes grants for financing infrastructure), coordination agencies, contractual arrangements, multi-sectoral conferences, performance indicators, regulations, shared databases, river basin organizations, regulation and performance indicators, shared databases, river basin organizations and other intermediate bodies.

6. Conclusion – Reforming decentralisation: specific political economy challenges and examples of good practices

Multi-level governance challenges occur in institutional frameworks which are very country specific. Making institutional background evolve and implementing decentralisation reforms is often a complex and long process.[21] Decentralisation is not a one-off policy change; it is an on-going process where the end point of accountable and efficient local governments may well take many decades to achieve. In addition, in the process of institutional change, inertia and resistance can occur from those who

21 See: Charbit; Vammalle: government, 2010.

have benefited from the previously centralised system, especially in terms of power, information and decision.

Some lessons can be learned from the observation of various country cases.[22] The Austrian reform of fiscal equalisation in 2008 seems to have benefited from three main drivers: Reasonably good economic and fiscal conditions; bundling several elements of reform and use compensation mechanisms in order to obtain the support of various stakeholders (urban and rural, wealthier and poorer SNGs); and the possibility to align different political parties thanks to a clear political willingness and leadership. Such a configuration for changing the conditions of MLG issues and tools is not always reachable. "Procedural improvements" in multi-level governance is often considered as a good alternative to big decentralisation changes. This chapter has provided guiding principles for identifying what types of improvement may be needed and suggest various tools for implementing them.

22 See: Blöchliger; Vammalle: Federalism, 2011.

Josef PROBST

Verwaltungstheoretische Überlegungen zum österreichischen Gesundheitswesen

Angesichts der maßgeblichen Herausforderungen der Zukunft an das Gesundheitswesen besteht ein nachhaltiger Reformbedarf. Die Sozialversicherung hat mit dem Masterplan Gesundheit zentrale Inhalte in die Diskussion eingebracht. Im Zuge der Reformüberlegungen ist es sinnvoll zu analysieren, in wie weit das derzeitige Gesundheitssystem Public Management-, Public Governance- bzw. Public Value-Konzepte berücksichtigt, und was die aktuelle Diskussion von diesen Konzepten mitnehmen kann.

Als interessanter Unterpunkt stellt sich die Frage, in wie weit der aus der Gesundheitswissenschaft stammende Public Health-Ansatz den Grundlinien des Public Governance-Konzeptes folgt. Abschließend wird das Public Value-Konzept erörtert und dessen Relevanz für das Gesundheitswesen überprüft.

1. Die Ausgangssituation

Mit U$ 3.970,- pro Kopf liegt Österreich 2010 bei den Gesundheitsausgaben nach Luxemburg und den Niederlanden an dritter Stelle der EU-27. Nach aktuellen Prognosen des Instituts für Höhere Studien (IHS) werden die Gesundheitsausgaben ohne Maßnahmen zur Kostendämpfung von derzeit 10,5 Prozent bis zum Jahr 2030 auf über 12,5 Prozent des Bruttoinlandsproduktes steigen. Kontinuierlich steigend sind auch die Pro-Kopf-Kosten im Bereich der Spitäler. Legt man diese Steigerungen auf die bestehenden Finanzierungsquellen um, lässt sich erkennen, dass entweder die Abgaben- und Steuerlast dramatisch ansteigen wird oder weitere Schuldenaufnahmen für die laufenden Gesundheitsausgaben getätigt werden müssen.

In den letzten Jahren wurden immer wieder Mängel im Gesundheitswesen medial aufgezeigt. So berichtete das Profil allein im Jahr 2010 in drei von sieben gesundheitsrelevanten Coverstories über dramatische Zustände in Spitälern, schlechte Hausärzte und eine hohe Korruptionsanfälligkeit im Gesundheitswesen. „Todesfalle Krankenhaus, Österreich-Studie über tausende Tote durch Dilettantismus, Übermüdung und falsche Ärzte“ so betitelt das Profil eine Ausgabe im März 2009 und beschreibt in emotionalen Beispielen dramatische Qualitätsmängel in der Versorgung von kranken Menschen.

Strukturelle Probleme und Mängel in der Planung sind in hohem Maße vorhanden. Die Standortplanung von Spitälern durch die Bundesländer ist nur einer von mehreren Bereichen, die das verdeutlichen. So werden beispielsweise vier Spitäler mit einem geschätzten Investitionsvolumen von rund € 1,5 Mrd. in einem Umkreis von 60 Kilometer gebaut: Die Neubauten Mödling mit 337 Betten und Baden mit 389 Betten liegen 12 Kilometer voneinander entfernt. Wiener Neustadt mit 880 Betten und der Neubau Neunkirchen mit 363 Betten weisen eine Entfernung von 16 Kilometer auf.

Wenn Bundesländer bei der Standortfrage von Spitälern regionalem Druck nachgeben, wird das in der Folge meist mit Strukturpolitik begründet. Die Planung medizinischer Großgeräte folgt im Wesentlichen diesem Muster, das heißt, die Pläne folgen derzeit häufig Wünschen und nicht einem realen Bedarf.

Trotz prozessualer und struktureller Mängel ist die österreichische Bevölkerung mit dem Gesundheitssystem höchst zufrieden. Eine europaweite Befragung durch die Europäische Kommission ergab, dass 70 Prozent der Österreicherinnen und Österreicher mit der medizinischen Versorgung „sehr zufrieden" oder „zufrieden" sind. Der EU-Durchschnitt fiel mit knapp über 40 Prozent Akzeptanz eher ernüchternd aus.[1] Diese Befragung liegt allerdings elf Jahre zurück und wurde seither nicht mehr wiederholt. Doch Studien jüngeren Datums, wie der European Social Survey 2004 und aktuelle Zufriedenheitsumfragen, bestätigen die generelle Zufriedenheit der österreichischen Bevölkerung mit dem nationalen Gesundheitssystem. Das Ergebnis des Gesundheitsbarometers vom Januar 2010 zeigt, dass rund drei Viertel – konkret 73 Prozent – das österreichische Gesundheitssystem für besser als jenes von anderen EU-Staaten halten.[2] Eine vom Hauptverband der österreichischen Sozialversicherungsträger im Herbst 2010 in Auftrag gegebene Studie bestätigt dieses Ergebnis.[3]

In substantiellen internationalen Rankings wird das österreichische Gesundheitswesen sehr unterschiedlich beurteilt. Die Bandbreite reicht vom europäischen Kurzzeit-Gesundheitsweltmeister bis zu respektablen Plätzen bei umfassenden kritischen Analysen. Unumstritten steht dabei fest, dass die gute Zugänglichkeit des Systems für alle in Österreich lebenden Menschen, die rasche Verfügbarkeit der medizinischen Leistungen und modernste Geräte einen maßgeblichen Wert darstellen, den alle anerkennen und niemand missen möchte.

Aufgrund der hohen Zufriedenheit der Bevölkerung mit dem Gesundheitssystem wurden Reformbestrebungen gebremst[4] und auf die Diskussion über die Problematik der Bereitstellung öffentlicher Mittel reduziert.

Die demografische[5] und technologische Entwicklung sowie die aktuelle

---

1 Vgl. dazu: Eurostat: Gesundheit, 2002.

2 Vgl. dazu: Bundesministerium für Gesundheit: Gesundheitsbarometer, 2010, S. 2.

3 Vgl. dazu: GFK Healthcare Austria: Kundenzufriedenheit, 2010.

4 Vgl. dazu: Hauke; Bauer; Holzer: Bestandsaufnahme, 2007, S. 60.

5 Die demografische Entwicklung in Österreich steuert aufgrund sinkender Geburtenraten und steigender Lebenserwartung laut Prognosen der Statistik Austria (2009) auf eine zunehmend älter werdende Bevölkerung zu. Sind derzeit 22 Prozent, also jede/r fünfte Österreicher/in im Alter von über 60 Jahren, so werden es mittelfristig bis 2020 rund 26 Prozent sein, langfristig gesehen wird ab 2030 der Anteil mehr als 30 Prozent betragen. Frauen weisen eine höhere Lebenserwartung auf; insbesondere ab dem 75. Lebensjahr ist der Frauenanteil deutlich höher als jener der Männer (Vgl. dazu: Statistik Austria: Bevölkerungsprognose, 2010.).

Wirtschaftssituation[6] stellen das Gesundheitssystem in den nächsten Jahrzehnten jedoch vor besondere Herausforderungen. Die schwierige Aufgabe wird darin bestehen, nachhaltig eine für alle Menschen zugängliche, bedarfsgerechte, qualitativ hochwertige und effiziente Krankenversorgung bereitzustellen.

Benachteiligte Bevölkerungsgruppen haben nachweislich geringere Gesundheitschancen und die Abläufe im Versorgungssystem verstärken dieses Problem. Die staatliche Organisation von Gesundheitsleistungen muss so organisiert werden, dass die gesamte Bevölkerung unabhängig von Einkommen, Bildungsstand oder Beruf die notwendigen Leistungen bekommt und nachhaltig abgesichert ist.

1.1 Kein einheitliches Gesundheitssystem in Österreich

In Österreich gibt es kein einheitliches Gesundheitssystem, das definierten Zielen folgend ganzheitlich plant und agiert. Im Wesentlichen können drei große Einflussbereiche identifiziert werden, die unterschiedlichen Konzepten und Logiken folgen.

a. Die Öffentliche Spitalsversorgung als Bollwerk gegen Krankheit

Die öffentliche Hand stellt Spitäler in gleicher Weise zur Verfügung, wie sie Schulen und sonstige Infrastruktur bereitstellt. Kompetenzrechtlich ist es Aufgabe der Länder, die medizinische Versorgung der Bevölkerung durch Krankenanstalten sicherzustellen. 90 Prozent der öffentlichen Krankenhausbetten stehen im Eigentum der Bundesländer, in sieben Bundesländern sind die Landesspitäler in firmenbuchpflichtigen Holdinggesellschaften zusammengefasst.

Die Ausgaben für öffentliche Spitäler dominieren das österreichische Gesundheitswesen. Anteilsmäßig an den gesamten Gesundheitsausgaben fließt mit 41 Prozent überdurchschnittlich viel Geld in die Spitalsversorgung, nicht mitgerechnet ist dabei die ambulante Versorgung. In den EU-Staaten sind es durchschnittlich lediglich 36 Prozent. Von den Vergleichsstaaten geben nur die Schweiz und Italien anteilsmäßig mehr Geld für stationäre Versorgung aus.[7] Finanziert wird der Spitalsbereich durch vom Bund eingehobene allgemeine Steuermittel und durch Krankenversicherungsbeiträge, die als Pauschalsumme in die Bundesländer fließen. In den letzten Jahren wurde versucht, die Spitalsversorgung über die Bundesgesundheitskommission – in der Bund, Länder und Sozialversicherung vertreten sind – und über die jeweiligen Landesgesundheitsplattformen zu steuern.

6 In Österreich ist das Gesundheitswesen sehr stark an die wirtschaftliche Entwicklung gekoppelt. Der überwiegende Teil der öffentlichen Mittel kommt aus der Sozialversicherung als prozentueller Anteil des Erwerbseinkommens.

7 Vgl. dazu: Czypionka; Kraus; Röhrling: Spitalswesen, 2008.

b. Die Steuerung von Gesundheit ist Staatsaufgabe

Neben der Bereitstellung eines rechtlichen Rahmens zur Organisation der notwendigen Krankenbehandlungsleistungen ist die Erhaltung und Förderung der Bevölkerungsgesundheit und Gefahrenabwehr Staatsaufgabe. Dazu zählen die Bereiche Impfwesen, Medikamentenzulassung, Bekämpfung von Pandemien, Schulärztliche Dienste und Qualitätsaufsicht. Die Teilbereiche der Gesundheitssteuerung folgen meist einer vielfach isolierten Logik einzelner Fachbereiche und Kompetenzfelder.

c. Die österreichische Sozialversicherung als Schutz vor Risiken der Krankheit, des Alters und vor Arbeitsunfällen

Die Aufgabe der beitragsfinanzierten österreichischen Sozialversicherung ist es, die soziale Sicherheit der österreichischen Bevölkerung zu gewährleisten. Nach dem Prinzip der Selbstverwaltung organisiert, sorgt sie für Präventionsleistungen, Krankenbehandlung und Ersatz von Erwerbseinkommen. Selbstverwaltung bedeutet, dass die Verwaltungsaufgaben jenen Personengruppen übertragen werden, die daran ein unmittelbares Interesse haben. Repräsentantinnen und Repräsentanten dieser Personengruppen besorgen und verantworten die gesetzlich definierten Aufgaben weisungsfrei, aber unter mehrfacher staatlicher Aufsicht. Unmittelbar Interessierte für den Bereich der unselbständig Erwerbstätigen sind die Versicherten als Leistungsempfängerinnen und Leistungsempfänger sowie Beitragszahlerinnen und Beitragszahler, sowie ihre Dienstgeber als Beitragszahlerinnen und Beitragszahler. In der Sozialversicherung der selbstständig Erwerbstätigen haben die Versicherten als Leistungsempfängerinnen und Leistungsempfänger sowie Beitragszahlerinnen und Beitragszahler ein unmittelbares Interesse.

Die Rolle der Sozialversicherung hat sich im Zeitverlauf maßgeblich verändert. Ausgehend von einer Solidaritätsgemeinschaft und Einkaufsgenossenschaft auf einem vorgegebenen Markt hat die Sozialversicherung mit eigenen Angeboten und mit Einfluss auf die Sozialpolitik schrittweise eine aktivere Rolle übernommen.

Als Dachorganisation aller österreichischen Sozialversicherungsträger hat der Hauptverband der österreichischen Sozialversicherungsträger die Aufgabe, die allgemeinen und gesamtwirtschaftlichen Interessen der Sozialversicherungsträger wahrzunehmen (z.B. Begutachtung von Gesetzesentwürfen, Monitoring der volkswirtschaftlichen Entwicklung und deren Auswirkung auf das Sozialsystem sowie die Vertretung der Sozialversicherungsträger gegenüber ausländischen Einrichtungen).

2009 hat die österreichische Sozialversicherung im Auftrag der Bundesregierung ein mittelfristiges Kostenkonsolidierungskonzept für die Jahre 2010 bis 2013 erarbeitet. Die Umsetzung erfolgt durch verbindliche Zielvereinbarungen mit den Krankenversicherungsträgern. Der Konsolidierungspfad ist anspruchsvoll, zurzeit liegt die Sozialversicherung gut im Plan.

2. Masterplan Gesundheit – Einladung zum Dialog

In Österreich fehlen gemeinsame nationale Gesundheitsziele und kurative Behandlung bzw. hat die individuelle Krankenbehandlung Vorrang vor der Gesundheitsförderung und Prävention. Es kommt zu Über-, Unter- und Fehlversorgungen. Die Kompetenzen im Gesundheitsbereich sind zersplittert und die Finanzierung orientiert sich an vorhandenen Einrichtungen und nicht am Bedarf der Patientinnen und Patienten. In allen Wirtschaftsbereichen übliche Qualitätskriterien und Qualitätskontrollen werden von wichtigen Systempartnern als Sakrileg zurückgewiesen. Neben den demografischen Veränderungen ist das österreichische Gesundheitssystem mit einer stetig steigenden Zahl von chronisch erkrankten Menschen konfrontiert. Zur Sicherung ihrer Lebensqualität muss eine Führung und Begleitung durch diese Krankheiten bereitgestellt werden.

Aus Sicht der Sozialversicherung besteht im Gesundheitswesen aufgestauter umfassender Veränderungsbedarf. Die von der Politik vorangetriebene Finanzkonsolidierung der sozialen Krankenversicherung war unbestritten ein besonders wichtiger Schritt, der Reformbedarf ist aber breiter. Im Herbst 2010 ist daher die Sozialversicherung mit dem Reformvorschlag *Masterplan Gesundheit – Einladung zum Dialog* an die Öffentlichkeit gegangen. Dem Masterplan Gesundheit liegt die klare Mission zugrunde: Aufgabe des Gesundheitswesens ist es, für ein längeres selbst bestimmtes Leben bei guter Gesundheit zu sorgen.

Ein kritischer Blick auf die österreichische Situation zeigt: Die Österreicherinnen und Österreicher haben im Schnitt eine Lebenserwartung von 80,4 Jahren mit steigender Tendenz, die durchschnittliche Lebenserwartung in Gesundheit liegt aber um mehr als 20 Jahre darunter. Diese Diskrepanz zwischen Lebenserwartung und Lebensjahren in Gesundheit soll mit den im Masterplan festgelegten Maßnahmen langfristig abgebaut werden. Offensichtlich führen mehr Ausgaben für die derzeit praktizierten kurativen Behandlungen bzw. individuelle Krankenbehandlungen, oft auch als „Reparaturmedizin“ bezeichnet, nicht zu mehr gesunden Lebensjahren der Bevölkerung. Daher müssen Reformschritte zur Weiterentwicklung des österreichischen Gesundheitswesens darauf ausgerichtet sein, drei zentrale Ziele bestmöglich zu erfüllen:

- Verbesserung der Gesundheit der österreichischen Bevölkerung
- Orientierung am Bedarf der Bevölkerung
- Sicherstellung einer nachhaltigen und fairen Finanzierung

2.1 Die Kernforderungen des Masterplans Gesundheit[8]

1. Entwicklung von Gesundheitszielen

Zielgerichtet agieren und gestalten statt anlassbezogen reagieren.

Bereits im Jahr 2009 wurde zwischen dem Bund und den Ländern die Entwicklung österreichweiter Gesundheitsziele vereinbart. Einige Bundesländer haben für ihren Bereich Gesundheitsziele entwickelt, es gibt jedoch keine gemeinsamen übergeordneten Ziele. Es soll daher im Rahmen der Bundesgesundheitskommission ein Prozess zur Entwicklung von nationalen, politikfelderübergreifenden Gesundheitszielen initiiert werden, die sich an den WHO-21-Grundsätzen orientieren.

2. Ausbau von Prävention und Gesundheitsförderung

Damit der „Ernstfall" nicht immer der Regelfall ist!

Der Paradigmenwechsel, weg von der reinen Reparaturmedizin hin zum Ausbau von Prävention und Gesundheitsförderung ist aus Sicht der Sozialversicherung in allen Politikbereichen zu verstärken. Die Politik hat die gesetzlichen Grundlagen für den Ausbau der Gesundheitsförderung zu schaffen.

3. Planung, Steuerung und Qualitätssicherung auf österreichischer Ebene

Der Blick über den Tellerrand statt Besitzstandsdenken.

Im Mittelpunkt der Planung müssen die Patientinnen und Patienten und ihr jeweiliger Bedarf stehen. Die strategische Rahmenplanung soll in Zukunft bundeseinheitlich erfolgen. Sie muss sich an Gesundheitszielen, an international anerkannten Grundsätzen (evidence-based health policy) und am tatsächlichen Bedarf orientieren. Die Detailplanung bleibt dezentral und grundsätzlich unabhängig von den Leistungsanbietern. Geboten ist auch eine gesamthafte Finanzplanung für das Gesundheitswesen inklusive vereinbarter Konsolidierungsmaßnahmen für alle Bereiche des Gesundheitswesens.

4. Der/Die selbstbestimmte eigenverantwortliche Versicherte

Vom Lippenbekenntnis zum Lebensprinzip.

Ein modernes Gesundheitssystem setzt auf die aktive Mitwirkung der Bevölkerung. Voraussetzung für effektive Beteiligung ist allerdings das notwendige Wissen. Zu verstärken sind daneben Patientensicherheit und Konsumentenschutz. In Zukunft muss das Sachleistungsprinzip auch im Falle eines vertragslosen Zustandes zwischen einer Krankenkasse und

---

8 Der Masterplan Gesundheit kann im Detail auf der Homepage des Hauptverbandes der österreichischen Sozialversicherungsträger unter folgendem Link nachgelesen werden: http://www.hauptverband.at/mediaDB/730577_Masterplan%20Gesundheit_Langfassung.pdf [Download: 09.03.2011].

der Ärztekammer gesichert sein. Weiters sollen die Kompetenzen der Patientenanwaltschaft gesetzlich um den niedergelassenen Bereich erweitert werden. Die Sozialversicherung bekennt sich klar zu den neuen elektronischen Kommunikationsformen und zum umfassenden Einsatz der E-Health-Technologien. Gute Basis dafür ist das E-Card-System.

5. Die Entwicklung strukturierter Programme zur Behandlung chronisch Kranker und multimorbider Patientinnen und Patienten

Disease Management wirkt!

Mehr Lebensqualität für Patientinnen und Patienten bei gleichzeitig geringeren Kosten für das Gesundheitssystem ist erreichbar. Chronische Massenerkrankungen sowie Patientinnen und Patienten mit schweren multiplen Krankheiten bedürfen besonderer, strukturierter Betreuungsformen. Patientinnen und Patienten dürfen nicht aufgrund unterschiedlicher Finanzierungsströme zum Spielball im System werden. Für die Behandlung von chronischen Erkrankungen haben sich International Disease Management-Programme bewährt. Neben dem bestehenden Disease Management-Programm für Diabetes sollen für weitere Krankheitsbilder strukturierte Betreuungsprogramme entwickelt werden. Allgemeinmedizinerinnen und Allgemeinmediziner müssen im Rahmen von Disease Management-Programmen die Funktion eines verantwortlichen Gesundheitskoordinators übernehmen. Patientinnen und Patienten, die unter mehreren chronischen Krankheiten leiden, sind durch individuelles Krankheitsmanagement (Case Management) zu unterstützen.

6. Neue Versorgungsstrukturen

Krankheit kennt keine Öffnungszeiten.

Die Versorgung ist an den Bedürfnissen der Patientinnen und Patienten auszurichten, zwischen allen Leistungserbringern abzustimmen und an die Patientinnen und Patienten zu kommunizieren. Organisatorische Integration von Leistungsanbietern oder ganzer Versorgungsregionen fördert eine patientenorientierte ganzheitliche Betreuung. Die neuen Ärzte-GmbHs, Kassenambulatorien, Spitalsambulanzen und medizinische Institute müssen künftig umfassend abgestimmte Gesundheitsdienstleistungen anbieten und ihre Öffnungszeiten an die Bedürfnisse der Patientinnen und Patienten anpassen. Neue Strukturen brauchen auch neue Berufsbilder und eine verbesserte Ausbildung in allen Gesundheitsberufen.

7. Qualität messbar machen

„Wettbewerb der Besten um Qualität."

Ein Wettbewerb der Gesundheitsdienstleister um Qualität soll initiiert werden. Es braucht sektorenübergreifende Parameter für Prozess-, Struktur- und Ergebnisqualität. Entscheidende Kriterien für Qualität sind Objektivität und Transparenz. Die systematische Evaluierung soll, wie international üblich, durch ein unabhängiges Qualitätsinstitut erfolgen. Regelmäßige Qualitätsberichte sollen die Entwicklung transparent machen. Unverzichtbare Beiträge dazu sind unter anderem das standardisierte verpflichtende Risikomanagement (Checklisten) zum Beispiel für operative Eingriffe und das elektronische Rezept sowie die E-Medikation zur Reduktion von Medikationsfehlern. Die Aus- und Weiterbildung soll modernisiert werden. Die Themenfelder Kommunikation, Krankheitsmanagement, Public Health und Gesundheitsökonomie sind aufzunehmen bzw. bedürfen einer Vertiefung.

8. Die Restrukturierung der Spitäler

Vom traditionellen Spital zum regionalen Gesundheitszentrum.

Im Jahr 2008 standen 52.200 Betten im Rahmen der akut-stationären Versorgung zur Verfügung. Mit einer Akutbettendichte von 6,4 Akutbetten pro 1.000 EW liegt Österreich maßgeblich über dem EU-Durchschnitt von 3,6. Österreich hat jährlich 28 Spitalsaufenthalte pro 100 EW, im EU-Durchschnitt sind es 17 Aufenthalte. Verschiedenste Parameter zeigen einen hohen Konsolidierungsbedarf im österreichischen Spitalswesen. Standortschließungen stehen allerdings für die Sozialversicherung nicht zur Diskussion. Notwendig sind die bedarfsgerechte, länderübergreifend zu planende Umwandlung und Weiterentwicklung der Standorte in modern organisierte Gesundheitszentren. Tages- oder Wochenkliniken sowie eine Umstrukturierung von Spitalsambulanzen in Aufnahme- und Erstversorgungszentren oder Spezialambulanzen stehen zur Diskussion. Überkapazitäten im Bereich der Akutbetten sind bedarfsorientiert in Pflege- und Rehabilitationseinrichtungen umzuwandeln. Zwischen Bund und Ländern sind Zielvereinbarungen über einen definierten Konsolidierungspfad zu vereinbaren.

9. Finanzierung

Bedarfsdeckung zählt, nicht das Defizit.

Ein öffentliches Gesundheitswesen muss langfristig und nachhaltig finanziell abgesichert sein. Die Bevölkerung muss darauf vertrauen können, auch in Zukunft durch das System versorgt zu werden. Nachhaltigkeit verlangt das Bekenntnis der Verantwortungsträger zu einer Sicherung des Leistungsniveaus und zu einer ausgeglichenen Gebarung. Ein Blick in die Vergangenheit zeigt, dass im Zeitraum 1999 bis 2009 die Aufwendungen der Landesfondsspitäler um 4,4 Prozent gestiegen sind. Das BIP entwickelte sich im selben Zeitraum nur um +3,3 Prozent. Will man den Anteil der Gesundheitsausgaben am Bruttoinlandsprodukt ku□nftig annähernd konstant halten, ist es dringend notwendig, sich auf einen Konsolidierungskurs zu verständigen. Wenn die Entwicklung der Spitalskosten auch im Zeitraum 2011 bis 2020 jährlich wie in den letzten zehn Jahren über dem BIP liegt, ergeben sich im Vergleich zu einer parallelen Entwicklung zum BIP (IHS-Modellrechnung) Mehraufwendungen von jedenfalls € 5,7 Mrd. Sicherzustellen ist auch, dass Gelder des Gesundheitswesens nicht für regionale Wirtschaftsförderung zweckentfremdet werden.

Der Finanzierungsbedarf für die Umsetzung der Reformschritte – Ausbau integrierter Versorgungsmodelle, eine Qualitätsoffensive sowie Gesundheitsförderung und Prävention – ist aus dem zu hebenden Konsolidierungsvolumen zu finanzieren. Eine grundlegende Reform des Gesundheitswesens braucht zwingend auch eine Verfassungsänderung mit dauerhafter Klärung der Kompetenzen. Es widerspricht schon dem Wortsinn des Begriffes Verfassung, maßgebliche staatliche Zuständigkeiten und Verantwortlichkeiten jeweils nur befristet auf wenige Jahre zwischen Bund und Ländern zu paktieren. Die insgesamt notwendige Aufgabenreform im Staat inklusive der notwendigen Föderalismusdebatte muss wegen der Relevanz des Themas und der Finanzdimension auch das Gesundheitswesen einbeziehen.

2.2 Derzeitiger Stand des Reformprozesses

Der im Herbst 2010 vorgestellte Reformvorschlag wurde von Expertinnen und Experten sowie in den Medien auf inhaltlicher Ebene positiv bewertet. Kritik kam insbesondere von einzelnen politischen Stakeholdern und von der Österreichischen Ärztekammer mit der Begründung, dass im Entwicklungsprozess der Reformvorschläge kein ausreichender Diskurs stattgefunden habe. Seitens der Österreichischen Ärztekammer wird ihre fehlende Einflussnahme auf die Planung als Grundsatzkritik ins Treffen geführt.

Der Masterplan Gesundheit ist derzeit Teil eines politischen Diskussionsprozesses zur Reform des österreichischen Gesundheitswesens.

3. Das Gesundheitswesen wird von unterschiedlichen verwaltungstheoretischen Grundsätzen geleitet

Die Sozialversicherung, das öffentliche Spitalswesen und die übrige Gesundheitsverwaltung sind nicht ausreichend akkordiert. Die drei beschriebenen Bereiche handeln teilweise nach unterschiedlichen verwaltungstheoretischen Prinzipien. Im Wesentlichen folgt das Gesundheitswesen den Ideen des *Public Management*, in einzelnen Bereichen wird jedoch ein *Public Governance*-Ansatz angestrebt oder bereits umgesetzt. Im Folgenden werden die zwei Konzepte im Überblick vorgestellt und auf ihre Verankerung im österreichischen Gesundheitswesen exemplarisch hinterfragt.

3.1 Paradigmenwechsel durch Public Management

Seit den 1990er Jahren werden die unterschiedlichen Konzepte für eine verbesserte Verwaltungsarbeit im öffentlichen Bereich in unterschiedlicher Intensität von der Übernahme der Grundidee des Managements dominiert. Das mit dem Begriff des Public Managements beschriebene Strategiekonzept beleuchtet vor allem die Effizienzdimension von Staat und öffentlicher Verwaltung. Charakterisieren lässt sich diese Rolle durch einen Wechsel der Steuerung von einer Inputorientierung[9] zu einer Outputorientierung.[10]

9 In einer inputorientierten Verwaltung basieren Planung, Steuerung und Kontrolle auf der Zuteilung finanzieller Mittel, während weitestgehend keine Leistungs- oder Zielorientierung stattfindet.

10 Vgl. dazu: Schedler; Proeller: Management, 2003, 5ff.

In einer outputorientierten Verwaltung richten sich Planung, Steuerung und Kontrolle von Ressourceneinsatz an Leistungszielen aus, welche sich ihrerseits an den eigentlich angestrebten Wirkungen orientieren.

Ein wesentliches Element des Public Managements sehen Löffler und Schäffer im Wandel des Staatsverständnisses von einem *Ordnungsstaat*[11] zu einem *Dienstleistungsstaat*[12].[13] Mit dieser Entwicklung werden die ökonomischen Faktoren Effektivität, Effizienz und Qualität in die Verwaltungsarbeit übernommen.[14] Als strategische Ziele verbessern Kundenorientierung, Leistungs- und Wirkungsorientierung sowie Qualitätsorientierung den Leistungsprozess und die Führung in der öffentlichen Verwaltung.[15] Public Management geht davon aus, dass in der öffentlichen Verwaltung ein hohes Effizienz- und Effektivitätssteigerungspotenzial vorhanden ist. Wettbewerbsorientierung führt zu mehr Effizienz und Effektivität als Planung und Steuerung. Dem Public Management liegt ein optimistisches Menschenbild zugrunde, gekennzeichnet durch Leistungsbereitschaft und motivierbar durch Erfolge. Wenn Menschen in Veränderungen einbezogen werden, lassen sie sich auch auf Reformen ein.[16]

Die Orientierung am Public Management-Ansatz ist im Bereich der öffentlichen Spitäler wahrnehmbar. Die im Jahr 2005 durchgeführte Befragung im öffentlichen Spitalsbereich (Ebene des Spitalsmanagements und der Health Professionals) sowie der Bevölkerung zeigen im operativen Bereich eine deutliche Ausrichtung der Leistungen an den Zielparametern des Public Management-Ansatzes. Das Ergebnis zeigt, dass sich die Krankenhaus-Holdinggesellschaften der Bundesländer am Public Management orientieren, aufgrund der Rahmenbedingungen aber früh an Grenzen stoßen.

Einzelne Elemente zur Erzielung spezifischer Effekte wurden eingesetzt. Dazu gehören unter anderem die Entwicklung und Implementierung von Leitbildern sowie die Erstellung von Verhaltenskodizes für den Umgang mit Patientinnen und Patienten und deren Angehörigen. Die Umfrage weist jedoch nicht auf eine systematische und umfassende Systemgestaltung hin, insbesondere fehlen Hinweise zur Umsetzung einer ganzheitlichen Organisationsentwicklung. Die Gesundheitsprofessionistinnen und Gesundheitsprofessionisten dieser Spitäler haben dabei wirtschaftliche Aspekte im Gegensatz zu einer Patientinnen und Patienten- und Mitarbeiterorientierung als dominierend wahrgenommen, während von der Bevöl-

---

11 Ordnungsstaat: Durch die Überwindung von Willkür soll Rechtstaatlichkeit geschaffen werden. Erreicht wird das durch eine demokratisch legitimierte Verwaltung und den Aufbau regelgebundener hierarchischer Strukturen.

12 Dienstleistungsstaat: Die Weiterentwicklung des Ordnungsstaates sieht die Überwindung sozialer Ungleichgewichte und die Schaffung chancengleicher Lebenssituationen als zentrale Aufgabe. Durch den Aufbau sozialer Sicherungssysteme sollen Lebensrisiken reduziert und mittels der Bereitstellung von Dienstleistungen die Lebensqualität erhöht werden.

13 Vgl. dazu: Löffler: Herausforderung, 2003, S. 9. Schäffer: Verwaltungsinnovation, 2003, S. 139ff.

14 Vgl. dazu: Naschold; Bogumil: Modernisierung, 2000, S. 84.

15 Vgl. dazu: Schedler; Proeller: Management, 2003, S. 57ff.

16 Vgl. dazu: Schedler; Proeller: Management, 2003, S. 41ff.

kerung in einer weiteren Umfrage eine hohe Zufriedenheit mit dem Gesundheitssystem und den angebotenen Leistungen bestätigt wird.[17] Bei wirklich wichtigen Entscheidungen drängen politische Überlegungen aus Bereichen außerhalb des Gesundheitswesens die Sachorientierung in den Hintergrund.

Eine Orientierung des Public Management-Konzepts ist in weiten Teilen des Gesundheitswesens zumindest ansatzweise vorhanden. Es ist jedoch zu hinterfragen, ob Public Management generell als Verwaltungskonzept für das Gesundheitswesen übernommen werden kann, denn es wird persönlich und vielschichtig, wenn es um die Gesundheit der Menschen geht. Das simple Wirtschaftlichkeitsgebot stößt an seine Grenzen, weil die einfache und überschaubare privatwirtschaftliche Effizienzorientierung und die komplexere staatliche Gemeinwohlaufgabe nicht einfach gleichgesetzt werden können. Im Folgenden sollen die zwei Attribute Kundenorientierung und Qualität in Hinblick auf ihre Umsetzbarkeit überprüft werden.

Public Management-Ziel: Kundenorientierung im Gesundheitswesen

Mit dem Begriff der Kundenorientierung haben wir auf den ersten Blick besondere Schwierigkeiten. Konsumentensouveränität[18] im üblichen Sinn existiert im Gesundheitswesen nicht. Je schwieriger die Krankheitssituation umso weniger ist die reale Entscheidungs- und Nachfragerautonomie gegeben. Das Gleichgewicht in der Beziehung zwischen Leistungserbringern und Patientinnen und Patienten bleibt trotz aller notwendigen Bemühungen Illusion.

Das Konzept des Public Managements sieht den aus der Privatwirtschaft entlehnten Begriff Kundenorientierung ohnedies eher als Metapher, mit der eine Öffnung der Verwaltung gegenüber den Bedürfnissen der Bürgerinnen und Bürger erreicht werden soll.[19] Es handelt sich also nicht mehr um eine reale Einbeziehung der Betroffenen: *„Vielmehr soll und kann der Kunde bzw. die Kundin zur Überprüfung der Dienstleistungspalette und der Qualität der angebotenen Leistung genutzt werden“*.[20] Die Kundinnen und Kunden sind daher mit ihren individuellen Wünschen und Vorstellungen nur teilweise eingebunden.

Das Problem sitzt aber tiefer: *schwer oder schwierige Kranke* gelten häufig als *Problemfälle* und nicht als Kundinnen und Kunden des Gesundheitswesens. Es gilt daher, passende Facetten der Kundenorientierung im Interesse der Patientinnen und Patienten in das Gesundheitswesen zu übernehmen.

17 Vgl. dazu: Holzer; Bauer; Hauke: Ressourcenmanagement, 2007, S. 62ff.

18 Konsumentensouveränität versteht die Konsumentinnen und Konsumenten als vollständig informierte und rational handelnde Subjekte. Im Gesundheitswesen herrscht Informationsasymmetrie zwischen den Leistungsanbietern und den Leistungsempfängerinnen und Leistungsempfängern vor, die eine rationale Entscheidung der Leistungsempfängerinnen und Leistungsempfänger auf einem Wettbewerbsmarkt behindert.

19 Vgl. dazu: Schedler; Proeller: Management, 2003, S. 58.

20 Schedler; Proeller: Management, 2003, S. 58.

Das WHO-Konzept fasst unter dem Begriff Patientenorientierung (Responsivness) maßgebliche Elemente zusammen und spricht Patientenrechte in breiter Form an, wie beispielsweise Wahrung der Würde und der Intimsphäre.[21] Damit ist eine maßgebliche Richtung für moderne Gesundheitssysteme vorgegeben, um die wir uns zu bemühen haben.

Public Management-Ziel: Qualitätsorientierung im Gesundheitswesen

Qualität im Gesundheitswesen bedeutet eine ausreichende und zweckmäßige, patienten- und bedarfsgerechte, fachlich qualifizierte, aber auch wirtschaftliche, medizinische Versorgung mit dem Ziel, die Wahrscheinlichkeit erwünschter Behandlungsergebnisse bei Individuen und in der Gesamtbevölkerung zu erhöhen. Unter Qualität wird der Grad der Erfüllung von patientenorientierter, transparenter, effektiver und effizienter Erbringung der Gesundheitsleistungen in allen Sektoren des Gesundheitswesens verstanden.

Patientinnen und Patienten selbst sind mangels medizinischer Expertise insgesamt nicht in der Lage selbst Qualitätsparameter zu definieren. In Ermangelung transparenter öffentlicher Qualitätsmonitoringsysteme in Österreich ist es für die interessierten Patientinnen und Patienten auch bei besonderer Anstrengung nicht möglich, sich über die angebotene Qualität fundiert zu informieren. Die Patientinnen und Patienten sind konfrontiert mit skandalisierten Einzelfällen, persönlichen Empfehlungen und eitlen Berühmtheitsrankings in Zeitschriften. Nicht kleingeredet werden soll dabei das Bemühen um Qualitätsmanagement in vielen einzelnen Bereichen. Transparente Ganzheitlichkeit ist jedoch nicht zu finden.

Evidenzbasierung statt Eminenzbasierung in der medizinischen Vorgangsweise, der generelle Einsatz eines Fehlermeldesystems, wie CIRS (*Critical Incident Reporting System*), und die Beteiligung an der EU geförderten Patientensicherheit sind maßgebliche Elemente einer positiven Weiterentwicklung.

Zusammenfassend lässt sich feststellen, dass die Einführung von Public Management in der Verwaltung das Bewusstsein in Hinblick auf die Kundenorientierung sowie die Parameter Effizienz, Effektivität und Qualität stark verändert hat. Mit der gebotenen Vorsicht könnte man formulieren, dass im Spitalsbereich noch einiges an Potenzial für Public Management-Elemente besteht. Die Sozialversicherung ist engagiert auf dem Weg, mit dem Kostenkonsolidierungspfad 2013 und einer gemeinsamen strategischen Steuerung mittels Balanced Scorecard, welche die Perspektiven der Kundinnen und Kunden, Innovation der Mitarbeiterinnen und Mitarbeiter, die Prozesse und die Finanzen berücksichtigt. Die Balanced Score Card als strategisches Steuerungselement der Sozialversicherung enthält maßgebliche Elemente des Public Managements, geht aber darüber hinaus.

Generell ist festzumachen, dass das Public Management-Modell wichtige Orientierung bietet, das Thema Vertrauen der Bevölkerung in Staat und Verwaltung jedoch zu wenig anspricht. Fragen der Ethik bei der staat-

21 Vgl. dazu: WHO: Report, 2000, S. 24.

lichen Aufgabenerfüllung sowie zum Umgang mit sachfremden Einflüssen sind in diesem Konzept nicht ausreichend abgebildet.[22]

3.2 Integrierte Steuerung durch Public Governance

Im Gegensatz zu Public Management, das sich an messbaren Ergebniszielen orientiert, geht das Konzept von Public Governance auf sozialwissenschaftlich geprägte Grundsätze zurück. Fern einer einheitlichen Definition des Begriffes spielt aber konkret der gesellschaftliche Mehrwert durch Interaktion von verschiedenen Stakeholdern und Politikfeldern eine zentrale Rolle.[23]

„The importance of public governance does not so much pose the question of ‚how much state?‘ but rather ‚which state‘? – where we have to deal with the state as the interaction of multiple stakeholders, each of whom has some public responsibiltity to influence and shape decisions in the public sphere.“[24]

Als Metaziele von Public Governance gelten unter anderem die Steigerung der Lebensqualität und der Lebenserwartung für die gesamte Bevölkerung. Weiteres soll durch eine Erhöhung der Wahlbeteiligung die Akzeptanz von Entscheidungen verbessert werden. Damit eng verbunden ist das Vertrauen in das demokratische System. Folgt Public Management einem Wandel in der Staatsauffassung vom Ordnungsstaat hin zu einem effizienten Dienstleistungsstaat, so folgt nach Dearing[25] das Konzept von Public Governance dem Gewährleistungsstaat, der die Steuerung der gesellschaftlichen Entwicklung im Fokus hat. Der Staat muss dabei nicht alles selbst leisten, vielmehr ist es seine Aufgabe, Entwicklungen und Initiativen zu fördern bzw. abzusichern und einen Interessensausgleich zwischen gesellschaftlichen Gruppen zu moderieren. Folgende, allgemein gehaltene Prinzipien, definieren den Rahmen von Public Governance und stellen die Interaktionsgrundlage der jeweiligen Stakeholder dar. Stakeholder sind unter anderem Politik, Verwaltung, BürgerInnen, Interessensvertretungen, NGOs und Medien.

- Transparenz: Entscheidungsprozesse, Auswahlkriterien und Kosten müssen nachvollziehbar sein.
- Partizipation: Eine umfassende Beteiligung der Bürgerinnen und Bürger führt zu mehr Vertrauen und damit zu einer höheren Akzeptanz von Politik und Verwaltung sowie zu einer höheren Prozess- und Ergebnisqualität.
- Gleichstellung: Reduktion von Benachteiligung von Bevölkerungsgruppen und Personen aufgrund von Alter, Geschlecht, Herkunft, Religion oder andren Faktoren
- Accountability: Übernahme von Verantwortung für Qualität, Effizienz und Nachhaltigkeit der Leistungen gegenüber den Bürgerinnen und

22 Vgl. dazu: Dearing: Verwaltungsreform, 2007, S. 4.
23 Vgl. dazu: Bovaird; Löffler: Management, 2009, S. 9.
24 Bovaird; Löffler: Management, 2009, S. 219.
25 Vgl. dazu: Dearing: Verwaltungsreform, 2007.

Bürgern; dieser Begriff ist nicht als ausschließliche Rechenschaftslegung zu interpretieren, sondern geht einher mit dem Konzept von politischer Verantwortlichkeit. Neben erbrachten Leistungen und den erzielten Wirkungen unterliegen die Prozesse der Verantwortung des Staates, dazu zählt insbesondere die Sicherstellung von Lernprozessen.
- Effektivität: zielgenaue Erfüllung von relevanten Bedarfen
- Kohärenz: Politik und Handlungen müssen zusammenpassen und verständlich sein.
- Nachhaltigkeit: Langfristige Einhaltung von ökologischen, sozialen und ökonomischen Aspekten
- Evaluierung der genannten Prinzipien in regelmäßigen Abständen[26]

Das Verhältnis von Public Health und Public Governance

Besonders spannend ist in diesem Zusammenhang die Frage, inwieweit der für moderne Gesundheitssysteme propagierte Public Health-Ansatz dem Konzept von Public Governance entspricht.

> *„Public Health verbindet wissenschaftliche, organisatorische und politische Anstrengungen mit dem Ziel, die Gesundheit von Populationen oder definierten Teilpopulationen zu fördern und die Gesundheitssysteme bedarfsgerechter und wirtschaftlicher zu gestalten.“*[27]

Mit Maßnahmen der Krankenversorgung alleine sind die Herausforderungen der Zukunft nicht zu bewältigen. Der Public Health Ansatz setzt daher zusätzlich stark auf Gesundheitsförderung und Prävention. Diese Maßnahmenbereiche erfordern die Beteiligung der Menschen als Individuen und der Bevölkerung in ihren Lebenswelten. Die Beteiligung der Bevölkerung wiederum setzt Empowerment voraus. Empowerment bedeutet, Menschen durch die Steigerung ihrer sozialen und gesundheitlichen Kompetenzen zu befähigen, zu Ko-Produzentinnen und Ko-Produzenten sowie Gestalterinnen und Gestalter ihrer Lebenswelten zu werden. Die Bevölkerung soll dabei an Planung, Umsetzung, Qualitätssicherung und Evaluierung gesundheitsrelevanter Entscheidungen und Maßnahmen partizipieren.

Die Perspektive auf die Bevölkerung, also auf die kollektive Gesundheit, ist eines der grundlegenden Prinzipien von Public Health. Eine interdisziplinäre und intersektorale Zusammenarbeit soll die Beeinflussung von verschiedenen Gesundheitsdeterminanten, den bestimmenden Einflussfaktoren auf Gesundheit, ermöglichen. Neben der nicht beeinflussbaren genetischen Veranlagung müssen insbesondere die Lebensverhältnisse und das Gesundheitsverhalten in einer kulturellen, sozio-ökonomischen und ökologischen Umwelt berücksichtigt werden.

Um für die spezifischen Bedürfnisse und Erfordernisse der Bevölkerung die relevanten Gesundheitsleistungen anbieten zu können, sieht der Public Health-Ansatz ein zielgruppenorientiertes Vorgehen vor. Alter, Geschlecht, sozialer Status und ethnische Zugehörigkeit werden mit dem

26 Vgl. dazu: Bauer: Management, 2007, S. 40f.
27 Noack: Public Health, 2003, S. 757.

Ziel berücksichtigt, eine gesundheitliche Chancengleichheit ohne Zugangsbarrieren bereit zu stellen. Darüber hinaus muss an Personengruppen, die gesundheitspolitische Angebote nicht nützen, aktiv und angemessen herangetreten werden.

Vergleicht man den Public Health-Ansatz mit den wesentlichen Prinzipien von Public Governance so zeigt sich, dass hohe Parallelität gegeben ist. Das Public Health-orientierte strategische Ziel der Sozialversicherung ist, für ein längeres selbst bestimmtes Leben bei guter Gesundheit zu sorgen (Nachhaltigkeit). Das Health-in-All-Policies-Prinzip fordert ein politikfelderübergreifendes gemeinsames Handeln (Kohärenz). Maßgeblich für Public Health ist der Bedarf der Bevölkerung und von Bevölkerungsgruppen. Partizipation ist ein tragendes Element auf der individuellen Ebene und in den Lebenswelten, diesen Bedarf zu ermitteln.

Public Health findet sich im österreichischen Regierungsprogramm der XXIV. Gesetzgebungsperiode und auf europäischer Ebene hat die Public Health-Perspektive eine große Bedeutung.[28] Die Umsetzung ist in Österreich in Teilbereichen gelungen. Das österreichische Steuerungsgremium im Gesundheitswesen, die Bundesgesundheitskonferenz, hat vor zwei Jahren eine Arbeitsgruppe Public Health eingerichtet. Sie unterstützt beispielsweise den Aktionsplan Ernährung mit klarer Schwerpunktsetzung und einem Budget von € 10 Mio. bis inklusive 2013. Die Verstärkung der Public Health orientierten Ausrichtung des Gesundheitswesens ist eine wesentliche Forderung des Masterplans Gesundheit der Sozialversicherung.

Als kurze Zwischenbilanz kann man festhalten, dass Public Health im Kern dem Public Governance-Ansatz folgt. In der Wirklichkeit des österreichischen Gesundheitswesens sind einige wenige Ansatzpunkte in diese Richtung zu finden.

3.3 Schaffen eines Public Value Konzeptes als besondere Form von Public Governance

Das Public Value-Konzept geht auf die Ideen von Mark H. Moore zurück. Er sieht den Staat in einer aktiven Rolle[29] und die Bürgerinnen und Bürger als Hauptinteressensgruppe für öffentliche Leistungen und Güter. Moore geht es nicht in erster Linie um Inhalte und Wesensmerkmale von Public Value, sondern um den Prozess des Zufriedenstellens der Bürgerinnen und Bürgern. Seine *„normative theory of managerial (rather than organizational) behaviour“*[30] geht von ideenreichen, entschlossenen, unternehmerisch und planend handelnden Verwaltungsmitarbeiterinnen und Verwaltungsmitarbeiter aus, die nicht nur Gesetze ausführen, sondern die gesetzlichen Vorgaben in einer gemeinwohlorientierten Weise interpretieren und damit zu *„Public Managern“* werden.[31]

28 Vgl. dazu: Commission of the European Communities: Health, 2007, S. 10.

29 Public Value weist Staat und Verwaltung generell eine aktiv lenkende Rolle zu. Damit steht der Ansatz von Public Value deutlich im Gegensatz zu Public Management.

30 Moore: Public Value, 2001, S. 10.

31 Vgl. dazu: Moore: Public Value, 2001, S. 10f.

Im Gegensatz zu Public Management, das vor allem Outputs bewertet – also quantifizierbare Ergebnisse – berücksichtigt das Public Value-Konzept vorrangig den Outcome, also die gesellschaftliche Bedeutung bzw. den Erfolg oder Misserfolg bestimmter Maßnahmen.[32] Ein Beispiel dafür ist die Anzahl der behandelten Patientinnen und Patienten als Output im Gegensatz zu Indikatoren der allgemeinen Gesundheit einer Gesellschaft als Outcome.

Der Begriff von Public Value ist unscharf und nicht unumstritten. Public Value beschreibt das Agieren des Staates im öffentlichen Interesse und für das öffentliche Gemeinwohl.

> *„Public value is defined as the return created by public services that the public requires and expects for its taxes“*[33]

> *„Ultimately, public services will create value only if the public sees that it gets more from contributing taxes than from simply buying what it wants in the market place.“*[34]

> *„Managers of public sector enterprises can create value, in the sense of satisfying the desires of citizens and clients, both through public sectors producing and through establishing and operating properly ordered and productive institutions, which are publicly accountable.“*[35]

Der Staat greift unter Berücksichtigung ethischer Aspekte aktiv in reale Märkte mit unterschiedlicher Dichte von Akteurinnen und Akteuren und in die Autonomie der Akteurinnen und Akteure mit dem Ziel ein, Werte zu schaffen, die der private Sektor nicht ausreichend bereitstellen würde. Talbot stellt in Hinblick auf Public Value zwei kompetitive Wertepaare gegenüber, die im Sinne einer Werteorientierung vom Staat ausbalanciert werden müssen: gesellschaftlicher Nutzen versus persönlicher Nutzen und Sicherheit versus Autonomie.[36]

Werteorientierung, wie unter anderem Chancengleichheit, soziale Kohäsion, Fairness oder Respekt vor Minderheiten haben einen zentralen Stellenwert. Eine gute Lebensqualität für alle, ein effektiver und effizienter Rechtsstaat und eine funktionierende Demokratie werden von Dearing als zentrale Public Values identifiziert.[37]

Eine besondere Rolle für die Erzeugung von Public Value nimmt die Partizipation der Bevölkerung an den Verwaltungszielen und Verwaltungshandlungen ein. Partizipation setzt eine prinzipielle Teilnahme in Form von Betroffenheit oder Zugehörigkeit zu einer bestimmten Gemeinschaft voraus und schließt sowohl ein *Sich-Beteiligen* als auch ein *Beteiligt-Werden* mit ein. Während Zweiteres insbesondere Aufgabe der Verwaltung ist und durch rechtliche Rahmenbedingungen festgelegt wird, ist

32 Vgl. dazu: Kelly; Mulgan; Muers: Public Value, 2002, S. 15f.
33 Mahdon: Public Value, 2006, S. 9.
34 Talbot: Public Value, 2006.
35 Moore: Public Value, 2001, S. 53.
36 Talbot: Public Value, 2006.
37 Vgl. dazu: Dearing: Verwaltungsreform, 2007, S. 1.

Ersteres als Verantwortungsübernahme durch das Individuum in relevanten Entscheidungs- oder Handlungsprozessen zu sehen.[38] Partizipatives Handeln kann mittels Aktivierung oder Empowerment der betroffenen Personen seitens des Staates oder der Verwaltung gefördert werden.

Public Value ist eine Aggregation von Präferenzen, die wiederum stark von multiplen individuellen Werten der Bürgerinnen und Bürger abhängig ist. Rahmenbedingungen wie Partizipationskanäle müssen zur Analyse der einzelnen teils konkurrierenden[39] und sich verändernden Präferenzen der Bürgerinnen und Bürger geschaffen werden.[40]

Die Wünsche der Bevölkerung einfach nur umzusetzen, erzeugt nicht automatisch Public Value. Die Bürgerinnen und Bürger müssen als Individuen oder im Kollektiv bereit sein, etwas dafür zu geben. Das kann in Form von monetären Leistungen (Steuern und Beiträge) und in anderer Form erfolgen; beispielsweise durch die Einschränkung der individuellen Freiheit gegen kollektive Sicherheit, private Informationen gegen personalisierte Leistungen, Wartezeit gegen gute Behandlung etc. Die Opportunitätskosten der von der Bevölkerung erbrachten Leistungen spielen dabei eine zentrale Rolle, um einen Wert zu kreieren.[41]

Im Gesundheitsbereich geht es auf der Makroebene um die Teilnahme an gesundheitspolitischen Entscheidungen auf der Basis transparenter Fakten. Grundsätzliche Fragen, wie Gesundheitsziele für das Gesundheitswesen, könnten mit breit angelegten Gesundheitskonferenzen erarbeitet werden. Politische Entscheidungsfindung und begleitende Internetforen sind bis hin zur EU-Ebene üblich. Wünsche der Bevölkerung, die das kollektiv finanzierte Gesundheitssystem nicht bedienen kann, müssen offen angesprochen werden (z.B. keine generelle Bereitstellung von kostenlosen Empfängnisverhütungsprodukten). Über Leistungen an der Grenze soll bewusst und klar entschieden werden. Ein inhaltlich gutes Beispiel dafür ist die Ende der 1990er Jahre getroffene Entscheidung zur Übernahme von 70 Prozent der Kosten von künstlicher Befruchtung. Auf der Mesoebene geht es um die Teilnahme an der Gestaltung der Organisationsentwicklung einzelner Einrichtungen und von Behandlungsprozessen, wie die Entwicklung von Behandlungspfaden für Diabetikerinnen und Diabetiker. Am häufigsten partizipieren Patientinnen und Patienten auf der Mikroebene und zwar im Fall einer partnerschaftlichen Arzt-Patienten-Interaktion und mit eigenem Engagement durch die Auseinandersetzung mit einem gesundheitsorientiertern Lebensstil, durch aktive Überwindung von Krankheit oder bewusstes Leben mit der Krankheit.

---

38 Vgl. dazu: Rega: Gesundheitswesen, 2007, S. 39.

39 Talbot beschreibt vier in der Gesellschaft gegeneinander konkurrierende Public Values: Staatsgewalt (Regulation, Vertrauenswürdigkeit, Effektivität), Solidarität (Koproduktion, Umverteilung, sozialer Zusammenhalt), Autonomie (Wahlmöglichkeit, Wettbewerb, persönliche Gewinnmaximierung) und Gleichheit bzw. Verteilungsgerechtigkeit (Leistungsansprüche, Standards, Beratung). Es handelt sich dabei nicht um eine taxative Aufzählung von Werten. (Vgl. dazu: Talbot: Performance, 2010, S. 213.).

40 Vgl. dazu: Talbot: Performance, 2010, S. 130.

41 Vgl. dazu: Talbot: Performance, 2010, S. 129.

Ziel von Public Value ist es, durch Partizipation und Transparenz den Wert „Vertrauen" zu erzeugen. Patientinnen und Patienten sollen vertrauen können:

- auf jene, die die Leistungen erbringen (z.B. Vertrauen auf den behandelnden Arzt)
- auf die Qualität und Relevanz der Leistung (z.B. Vertrauen auf die gewählte Therapie)
- auf einen Partizipationsprozess, der die gesamte Bevölkerung einschließt (z.B. Vertrauen auf eine bedarfsorientierte Allokation von Gesundheitsleistungen)
- auf eine laufende Kontrolle von Prozessen und erbrachten Leistungen (z.B. Qualitätskontrollen in Gesundheitseinrichtungen)

Umsetzungsmöglichkeiten von Public Value im Gesundheitswesen

Das Public Value-Konzept und die Wirklichkeit des österreichischen Gesundheitswesens stehen aktuell in einem ziemlich großen Spannungsverhältnis. Das zeigen die folgenden Themenfelder.

a. Umfassende Patienten- und Bürgerbeteiligung

Eine stärkere Einbeziehung von Patientinnen und Patienten in ihre Behandlung und von Bürgerinnen und Bürgern in gesundheitspolitische Entscheidungen nimmt europaweit mittlerweile einen wichtigen Platz in der laufenden Reformdebatte über Gesundheitssysteme ein. Auch seitens der Verwaltung werden Erwartungen an eine stärkere Bürgerbeteiligung geknüpft. Dazu gehören eine Verbesserung der Behandlungsqualität und eine Erhöhung der Patientenzufriedenheit durch vermehrtes Einbeziehen der Menschen. Weiters wird eine von stärkerer Verantwortung getragene Beziehung zwischen Leistungsempfänger und Leistungserbringern bzw. allgemeiner, zwischen der Bevölkerung und dem Wohlfahrtsstaat erwartet.[42] In einigen europäischen Ländern hat die Gesundheitspolitik diesen Ansatz bereits aufgegriffen. Dabei nimmt Großbritannien eine Vorreiterrolle ein, seit die damalige New Labour-Regierung „Patient and Public Involvement" zu einem Eckpfeiler für eine patientenzentrierte Modernisierung des National Health Service erklärt hat.[43]

Die österreichische Gesundheitspolitik – und die dazugehörende Rechtspolitik – setzt derzeit auf eine starke Verankerung von Patientenrechten und deren anwaltliche Absicherung. Die Bearbeitung von Beschwerden und Abgeltung von entstandenen Schäden reduziert die Einbeziehung der Bevölkerung auf unzufriedene Patientinnen und Patienten. Zunehmend reagiert die Politik aber auf die Selbstorganisation von Patientinnen und Patienten sowie deren Angehörigen, bietet diesen vermehrt öffentliche Unterstützung an sowie Möglichkeiten der (informellen) politischen Beteiligung.[44] Über diese beiden Stränge hinaus lässt sich eine

42 Vgl. dazu: Forster; Nowak: Gesundheitspolitik, 2006, S. 504-519.
43 Vgl. dazu: Forster; Nowak: Gesundheitspolitik, 2006, S. 504-519.
44 Vgl. dazu: Regierungsprogramm für die XXIV. Gesetzgebungsperiode, S. 182. Forster; Nowak: Gesundheitspolitik, 2006, S. 504-519.

Vielzahl unkoordinierter und in der Regel schwach abgesicherter Partizipationsinitiativen einzelner Personen, Organisationen[45] oder Träger beobachten.

Die Organisation der Sozialversicherung in Form der Selbstverwaltung deckt mit der direkten Führung und Verantwortung der Betroffenen theoretisch im hohen Ausmaß das Partizipationsprinzip ab. Die Selbstverwaltungsgremien werden darüber hinaus noch ergänzt durch Beiräte, beschickt aus dem Bereich Seniorinnen und Senioren und von Gruppen mit besonderen Bedürfnissen. Die Kooperation mit Selbsthilfegruppen ist derzeit stabil, aber maßgeblich zu intensivieren. Die Sozialversicherung sollte über eine stärkere dezentrale Kommunikationsstruktur der Selbstverwaltung etwa auf Bezirksebene nachdenken.

Die Sozialversicherung bemüht sich in hohem Maß durch klare Kommunikation auch zu kritischen Fragen, durch Offenlegung von Forschungspartnern und Forschungsergebnissen das Prinzip der Transparenz zu leben. In der jüngsten Kundenbefragung beweist die Sozialversicherung einen hohen Vertrauenswert und liegt mit 81 Prozent zufriedener Kundinnen und Kunden, welche die Noten „sehr gut“ und „gut“ vergeben haben, gleich auf mit dem Bundesministerium für Gesundheit.[46]

Ein engagierter Versuch der Sozialversicherung in diese Richtung ist der Masterplan Gesundheit mit dem bewusst positionierten Untertitel „Einladung zum Dialog“ und der Ankündigung einer nationalen Gesundheitskonferenz. Die Ankündigung, breit in die Diskussion gehen zu wollen ist schon auf den ersten Metern mit sichtbaren Hürden verbunden.

Es ist davon auszugehen, dass mehr Patienten- und Bürgerbeteiligung auch in Österreich dazu beiträgt, die Qualität von Gesundheitsleistungen zu steigern und auch das öffentliche Gesundheitssystem als Handlungsfeld einer partizipatorischen Demokratie zu stärken. Manche könnten vielleicht auch davor zurückschrecken, weil Transparenz und Beteiligung die sehr guten Zufriedenheitswerte unter Umständen etwas nach unten rutschen lassen.

b. An legitimierten Gesundheitszielen orientierte Ressourcenallokation

Österreich ist eines der wenigen Länder der Wohlstandswelt, das keine nationalen Gesundheitsziele entwickelt hat.[47] Einzelne Bundesländer haben jedoch in unterschiedlicher Intensität und Qualität Gesundheitsziele formuliert. Es gibt jedoch keine nationalen Metaziele, die als Grundlagen für die Formulierung von Zielen in den Bundesländern gelten könnten. Das Fehlen von bundesweit einheitlichen Gesundheitszielen führt dazu, dass Prioritätensetzung und ein abgestimmtes und gemeinsames Vorgehen nicht funktioniert. In Österreich wird ohne Gesundheitsziele geplant und primär in Ressourcen- bzw. Versorgungseinheiten (z.B. Arztpraxen, Spitäler) gedacht. Es wäre wichtig, auch in Österreich einen Diskussionspro-

45 Die Selbstverwaltung der Sozialversicherung setzt die Beteiligung der Betroffenen um. Vgl. dazu das Kapitel 3.2 im vorliegenden Beitrag.

46 Vgl. dazu: GFK Healthcare Austria: Kundenzufriedenheit, 2010.

47 Vgl. dazu: Wismar: targets, 2006.

zess über Gesundheitsziele auf Bundesebene in Gang zu setzen. Die Inhalte sollten sich von den WHO 21-Zielen ableiten. Wesentliche Aspekte sind dabei die Zielgruppenorientierung mit besonderem Blick auf benachteiligte Gruppen, Prozessverbesserungen in der Krankenversorgung und Gesundheitsförderungsziele, die am Determinantenmodell aufbauen. Das Fehlen gemeinsamer und expliziter Ziele als Basis für ein gemeinsames und abgestimmtes Vorgehen und als Grundlage für eine breite Kooperation erschwert derzeit das Umsetzen einer gesamtheitlichen Gesundheitspolitik.

Sowohl die für die Bevölkerung bereitgestellten Gesundheitsleistungen als auch der Prozess der Bedarfserhebung müssen kontinuierlich überprüft werden. Ziel ist eine möglichst große Übereinstimmung von Bedarf und geplanten bzw. produzierten Leistungen.

In Österreich erfolgt die Planung nicht nach realen Bedarfen der Bevölkerung. Derzeit wird der intramurale und extramurale Bereich völlig getrennt geplant, einzelne Schritte zu einer möglichen Vernetzung blieben bisher in den Ansätzen stecken.

Darüber hinaus wird die Planung prinzipiell als Kapazitätenplanung aufgefasst, die sich an der Vergangenheit orientiert, nicht sektorenübergreifend und nicht ganzheitlich ausgerichtet ist. Wenn Planung einen normativen Anspruch erhebt, dann müsste sich diese an Gesundheitszielen orientieren.

c. Ko-Produktion von Gesundheitsleistungen

Der Staat kann nicht ohne die Mithilfe der Patientinnen und Patienten bzw. der Bevölkerung Gesundheit bereitstellen. Die Rolle des Staates entwickelt sich vom Macher zum Ermöglicher bzw. Koordinator, indem der Staat die Bürgerinnen und Bürger dazu befähigen muss, im Rahmen ihrer Möglichkeiten Ko-Produzenten ihrer Gesundheit zu werden. Das gilt im Krankheitsfall durch Mithilfe bei Versorgungsleistungen wie beispielsweise hoher Compliance. Vor allem aber ist Empowerment wichtig, um gesunde Menschen durch Prävention und Gesundheitsförderung möglichst lange gesund zu halten. Die verantwortungsvolle Auseinandersetzung und Beteiligung ist ein zentraler Produktionsfaktor für Lebensqualität.

Gerade im Kampf gegen chronische Erkrankungen ist neben einer optimierten Betreuung eine verstärkte Gesundheitsförderung und Prävention nötig. Um den Trend der steigenden Inzidenzraten zu brechen, bedarf es neuer gesundheitsfördernder Strategien, die an den zentralen Lebensstilfaktoren Ernährung, Bewegung, psychische Gesundheit und Suchtprävention ansetzen. Man darf allerdings nicht dem Irrglauben erliegen, dass die Bürgerinnen und Bürger nur durch den Appell an das Gesundheitsgewissen maßgeblich gesünder werden. Es braucht gesunde Lebenswelten und Rahmenbedingungen, die ein gesundes Verhalten fördern und ermöglichen.

d. Höherer Patientennutzen durch Integrierte Versorgung

Eine vernetzte und sektorenübergreifende Versorgung von Patientinnen und Patienten – Zusammenspiel von Hausärzten, Fachärzten, Krankenhäusern, und Krankentransportsystemen – führt zu einer Steigerung von Versorgungsqualität bei gleichzeitiger Reduktion der Gesundheitskosten. Integrierte Versorgung bedeutet aus der Public Health-Perspektive eine Abkehr von Krankheit als episodales, akutes und eindimensional betrachtetes Ereignis hin zu einer kontinuierlichen Beziehung zwischen Ärztinnen und Ärzten und ihre Patientinnen und Patienten unter der Einbeziehung von psychosozialen Umständen und der Lebenswelt der Betroffenen.

Disease Management Programme, wie beispielsweise das „Therapie Aktiv" für Diabetes Mellitus Typ II Patientinnen und Patienten, setzen diesen ganzheitlichen Ansatz um. Durch strukturierte Behandlungspfade soll den chronisch Kranken eine optimale evidenzbasierte und dennoch auf die individuelle Lebenswelt abgestimmte Betreuung zukommen. Zufriedenheitsstudien zeigen eine deutlich höhere Zufriedenheit mit der Betreuung, so empfinden 98 Prozent der Therapie Aktiv Teilnehmerinnen und Teilnehmer das Disease Management-Programm als hilfreich und würden es weiterempfehlen. 39 Prozent attestieren eine bessere Betreuung durch das Programm – 29 Prozent konnten keinen Unterschied feststellen und 31 Prozent wurden gleich bei Diagnosestellung eingeschrieben.[48]

Von insgesamt 11 Krankheitsbildern, die in Absprache mit der Österreichischen Ärztekammer für ein Disease Management-Programm als geeignet befunden worden sind, wird in Österreich derzeit nur das beschriebene umgesetzt und dies vorerst nur mit einer bescheidenen Teilnehmerzahl von ca. 21.000 Personen.

4. Ausblick

Derzeit bestehen reale Chancen, eine breit angelegte Reformdiskussion zur Weiterentwicklung des Gesundheitswesens zu führen, die über die übliche Kostendämpfungsdebatte hinausgeht. Ziel ist es, die Reformbestrebungen zwischen wirtschaftlichen Vorgaben und Wertorientierung so auszubalancieren, dass das Gesundheitswesen qualitätsgesichert die Bedürfnisse aller Bevölkerungsgruppen bedienen kann und nachhaltig zur Verfügung steht.

Die öffentlichen Spitäler, die politische Steuerung und die österreichischen Sozialversicherungen sind angehalten, eine gemeinsame Ausrichtung der Reformanstrengungen aktiv und unabhängig von den bestehenden Partikularinteressen voranzutreiben. Das Schaffen von Public Value kann dabei für die derzeitigen drei großen Einflussfaktoren – die öffentlichen Spitäler, die politische Steuerung und die Sozialversicherung – erkenntnisleitend sein.

Die Unterstützung aus dem Bereich der Gesundheits- und Verwaltungswissenschaften ist dabei hilfreich, die verfügbaren unterstützenden Ressourcen sind aber dem Umfang nach bescheiden. Die wenigen möglichen hilfreichen Personen und Institutionen werden daher besonders gefordert sein.

48 Vgl. dazu: Cometence Center Integrierte Versorgung: Disease-Management Programm, 2009.

Erich HECHTNER

Public Management – Der Wiener Weg: Erfahrungen und Ausblicke

Als ich am 1. Juli 2010 die Funktion des Wiener Magistratsdirektors übernahm, tat ich das mit großer Freude, aber auch im Bewusstsein der hohen Verantwortung, die auf mich zukam. Wien ist im internationalen Vergleich eine ausgezeichnet verwaltete Stadt. Der Magistrat hat sich in den letzten Jahren sehr erfolgreich von einer klassischen obrigkeitsstaatlichen Verwaltung zu einer Einrichtung entwickelt, für die die Dienstleistung oberste Priorität hat. Dieser Weg wird konsequent fortzusetzen sein, auch wenn sich die Rahmenbedingungen ändern und diese möglicherweise nicht einfacher werden.

Aus meiner langjährigen Erfahrung in verschiedenen Bereichen, nicht zuletzt als Direktor des Kontrollamtes der Stadt Wien, wusste und weiß ich, dass die Verwaltung Wiens auf einem hohen Niveau funktioniert. Mehr als Platz 1 in anerkannten internationalen Rankings und Benchmarks gibt es nicht. Das bedeutet vor allem einen Ansporn, diesen Level zu halten. Diesen Standard zeitgemäß weiterzuentwickeln, wird für den Magistrat der Stadt Wien die wesentliche künftige Aufgabe sein.

Wien hat einen grundlegenden Strukturwandel von einer klassischen obrigkeitsstaatlichen – und unter dieser Prämisse durchaus gut funktionierenden – Verwaltung zu einer modernen Dienstleistungseinrichtung bereits in den Jahren um die letzte Jahrhundertwende eingeleitet und in vielen Bereichen erfolgreich vollzogen. Public Management war der international geprägte Rahmenbegriff für einen Reformprozess, zu dessen wichtigsten strategischen Ziele die forcierte Kundenorientierung, die stärkere Verankerung betriebswirtschaftlicher Methoden und Werkzeuge, Effizienzsteigerung, eine größere Flexibilität und die Beschleunigung von Verwaltungsabläufen zählten. In der inneren Organisation der Verwaltung spiegelte sich die Umsetzung dieser Ziele in einer Tendenz zur Dezentralisierung der Ressourcenverantwortung wider. Dazu gehörte in Wien unter anderem die Umstellung des Finanzmanagements, das sich auf die zentrale Steuerung der finanziellen Mittel im Rahmen der Budgeterstellung sowie auf das zentrale Budgetcontrolling konzentriert, während der administrative Vollzug des Voranschlags in die Verantwortung der einzelnen Geschäftsgruppen des Magistrats übertragen wurde. Sukzessive kamen neue Steuerungsmodelle wie das Kontraktmanagement zum Einsatz, die auf eine stärkere Differenzierung zwischen strategischen und operativen Aufgaben ausgerichtet waren. Größere Eigenverantwortung für die einzelnen Abteilungen bei Wahrung der zentralen Steuerungsmöglichkeiten des strategischen Ganzen war das Ziel, dem man sich in einem schrittweisen, im Einzelnen oft schwierigen Prozess annäherte. Dieser Prozess war und ist prinzipiell offen. Es gilt immer wieder, die Organisationsformen und Prozesse für die von der Verwaltung zu erledigenden Aufgaben, entsprechend den Erfahrungen und den sich ändernden Rahmenbedingungen, anzupassen und weiterzuentwickeln. Der Veränderungsprozess geht daher weiter, bleibt eine ständige Aufgabe. Es geht dabei aber nicht um Systembrüche – auch in der Vergangenheit wurde gute Arbeit geleistet –, sondern um eine Entwicklung step by step.

Wissen und Kompetenz, Kreativität und Engagement der Mitarbeiterinnen und Mitarbeiter, verbunden mit der Bereitschaft, die auf uns zukommenden Veränderungen qualitätvoll bewältigen zu wollen, sind vor diesem Hintergrund der größte Wert, über den die Stadtverwaltung verfügt.

Es sind die Mitarbeiterinnen und Mitarbeiter selbst, die am besten wissen, wo es Potenziale gibt. Sie erfahren durch ihren Kontakt mit Menschen unserer Stadt deren Wünsche und Bedürfnisse aus erster Hand. Auf sie kommt es daher an. Die Meinung der Kolleginnen und Kollegen ist wichtig, sie ist von den Vorgesetzten zu hören und ernst zu nehmen. Dies gilt auch für den Magistratsdirektor. Mir ist es ein wichtiges Anliegen, durch Besuche möglichst viele Mitarbeiterinnen und Mitarbeiter kennenzulernen, einen persönlichen Kontakt herzustellen und aus erster Hand Informationen über ihre Arbeit und ihre Erfahrungen zu erhalten. Die Mitarbeiterinnen und Mitarbeiter können auf meine Unterstützung zählen. Nur so können wir gemeinsam erfolgreich sein.

Meine Funktion als Magistratsdirektor ist eine große Herausforderung, aber auch die vielfältigste, spannendste und wahrscheinlich schönste Aufgabe, die es auf administrativer Ebene in Österreich gibt. Ich sehe meine Funktion als Bindeglied zwischen Politik und Wiener Bevölkerung, und ich tue alles, um das vom Wiener Stadtsenat einstimmig in mich gesetzte Vertrauen zu rechtfertigen. Zu den wichtigen Aufgaben der Verwaltung und insbesondere der Verwaltungsspitze gehört in diesem Zusammenhang auch die Beratung der Politik in strategischen Fragen der Stadt und des Stadtmanagements.

Entscheidend für den so genannten „Wiener Weg“ und oberste Maxime für die künftige Ausrichtung sind folgende Zielsetzungen: Die Menschen in dieser Stadt müssen sich darauf verlassen können, dass der Magistrat professionell funktioniert, dass die Verwaltung auf hohem Niveau arbeitet und auf notwendige Veränderungen vorbereitet ist. Infrastrukturleistungen und Rechtssicherheit müssen garantiert sein. Der Schlüssel zum Erfolg sind nicht nur moderne Denkansätze und Instrumente, sondern auch soziale Intelligenz, das Eingehen auf Kundinnen und Kunden sowie Mitarbeiterinnen und Mitarbeiter.

Die in den vergangenen Jahren von der Stadt Wien eingeschlagene Richtung zu einem bürgernahen Dienstleistungsbetrieb wird weiterentwickelt. Dieser Veränderungsprozess geht somit weiter. Wo sich Verbesserungspotenziale heben lassen, werden wir nachjustieren. Wie weit Veränderungen Akzeptanz finden, ist dabei eine wichtige Frage. Diese Akzeptanz ist davon abhängig, wie mit den Mitarbeiterinnen und Mitarbeitern umgegangen wird. Nur zu dekretieren, ist zu wenig. Genauso wie ich erwarte, dass die Bürgerinnen und Bürger mit ihren Ansprüchen und Bedürfnissen ernst genommen werden, haben die Mitarbeiterinnen und Mitarbeiter Anspruch darauf, dass sie bei unsachlichen Beschwerden und ungerechtfertigten Vorwürfen Rückendeckung bekommen. Weisungen sind im Einzelfall notwendig. Führen allein durch Weisungen halte ich aber für kein zeitgemäßes Managementinstrument und entspricht nicht meinem Verständnis. Wir müssen um die Mitarbeiterinnen und Mitarbeiter werben, damit diese sich mit ihren Aufgaben und mit der Stadtverwaltung insgesamt identifizieren können, ihre Eigenverantwortung wahrnehmen und ihre kreativen Potenziale für die Stadt Wien entfalten.

Gerüchte und Ängste – selbst wenn sie objektiv unbegründet sind – können lähmend wirken und negative Energien entfalten. Ein wichtiges Mittel dagegen ist eine möglichst offene Information und Kommunikation auf allen Ebenen. Neben den dafür zur Verfügung stehenden zeitgemäßen Technologien bleiben der persönliche Kontakt, das persönliche Verhalten, das persönliche Gespräch unverzichtbar. Als Magistratsdirektor bin ich mir bewusst, dass ich selbst, gemeinsam mit meinem Team, Vorbildwirkung habe.

1. Kundenorientierung und Diversität

Die Verwaltung der Stadt Wien hat es nicht mit Untertanen zu tun, sondern mit selbstbewussten Bürgerinnen und Bürgern. Schnelligkeit, Effektivität und Rechtssicherheit sind entscheidende Parameter. Daran hat sich der Magistrat zu orientieren.

Ein weiterer wichtiger Aspekt: Nicht nur die Wienerinnen und Wiener, sondern auch die vielen Gäste und nicht zuletzt jene Menschen, die temporär hier leben, studieren und arbeiten, tragen auf ihre Weise zur Vielfalt der Stadt bei. Auf die Diversität einer mobiler gewordenen Gesellschaft hat sich die Verwaltung einzustellen. Weltoffenheit und entsprechende Sprachkenntnisse im Kontakt mit Kundinnen und Kunden werden zunehmend wichtiger. Das stellt sich heute anders dar als vor zwanzig Jahren. Es geht viel stärker auch um zwischenmenschliche und kommunikative Fähigkeiten von Mitarbeiterinnen und Mitarbeitern. Es ist schon richtig, dass die Amtssprache Deutsch ist, aber zahlreiche Faktoren machen Fremdsprachenkenntnisse unentbehrlich: Die offenen Grenzen und die Niederlassungsfreiheit in der Europäischen Union haben unsere Kundenstruktur ebenso verändert wie unser erklärtes wirtschaftspolitisches Ziel, ein attraktiver Standort für multinationale Unternehmen zu sein. Um mit Partnerinnen und Partnern in der EU zu kommunizieren, ist etwa Englisch hilfreich; für viele Recherchen im Internet ist diese Sprache nahezu selbstverständlich. Dass der Magistrat der Stadt Wien auf Augenhöhe mit einer global agierenden Wirtschaft und international vernetzten Verwaltungen kommuniziert, ist ein unverzichtbares Kriterium für die Marke und den Standort Wien.

2. Die Weiterentwicklung der Informations- und Kommunikationstechnologie

IKT ist ein integraler Bestandteil der modernen Gesellschaft und damit auch der Verwaltung. Rund 75 bis 80 Prozent der Wienerinnen und Wiener haben Internetzugang, in Zukunft werden es – wie bei Telefon oder TV –

praktisch 100 Prozent sein. Darauf haben wir uns auch mit unseren Informations- und Serviceangeboten einzustellen.

Die heutige junge Generation ist ganz selbstverständlich mit Internet und Handy aufgewachsen, die unser tägliches Leben und unsere Kommunikation entscheidend verändert haben. Die jederzeitige Verfügbarkeit von Informationen, die jederzeitige Erreichbarkeit, das unkomplizierte Kommunizieren in virtuellen Netzwerken stellen auch an die Stadtverwaltung neue Anforderungen. Die Menschen erwarten etwa rasche Antworten auf ihre E-Mails, zugleich müssen wir aber auch in komplexen Materien für Richtigkeit und Rechtssicherheit garantieren.

Der IKT-Einsatz war ein wesentlicher Motor der Verwaltungsmodernisierung der letzten eineinhalb Jahrzehnte und er soll auch in Zukunft der weiteren Vereinfachung und Beschleunigung von Verwaltungsvorgängen und der besseren Verfügbarkeit von öffentlichen Services dienen. Dabei soll die Technologie nicht als Belastung gesehen werden, sondern als Chance, mit den Anforderungen leichter umzugehen. Es ist aber auch die ständige Hinterfragung notwendig: Sind die Anwendungen etwa im Internet benutzerfreundlich? Erreiche ich damit den Großteil der Bevölkerung? Wie verständlich sind Formulare und sind sie im Hintergrund ohne viele Medienbrüche bearbeitbar? Die Einführung neuer EDV-Systeme nur um der Systeme willen, wäre kein sinnvoller Weg. Wir sind im IKT-Bereich derzeit da und dort mit unterschiedlichen Geschwindigkeiten unterwegs, hier brauchen Abteilungen sowie Mitarbeiterinnen und Mitarbeiter Beratung, Betreuung und Unterstützung auf dem Weg.

Dazu gehört auch die Optimierung des Zusammenspiels mit anderen Gebietskörperschaften. Wien ist ja nicht allein unterwegs. Gemeinsame Portaldienste sind eine Lösung, um den Kundinnen und Kunden einen optimalen Zugriff auf öffentliche Leistungen anzubieten. Hier liegen aber noch einige Herausforderungen vor uns.

Im Internet entstehen neue Kommunikationskulturen, die massive Auswirkungen auf gesellschaftliches Verhalten und auf die Erwartungshaltungen der Kundinnen und Kunden haben. Die Informationstechnologien sind nicht statisch, sondern bekanntermaßen ständig in Bewegung, die Stadt Wien muss die Entwicklungen – Stichwort Web 2.0 – sehr aufmerksam verfolgen und sich offensiv damit auseinandersetzen, um neue Möglichkeiten des Kundenservices und der Bürgerbeteiligung zu nutzen. Unseren Mitarbeiterinnen und Mitarbeitern werden wir Orientierungshilfen für den Umgang mit den neuen interaktiven Entwicklungen im Internet bieten müssen.

3. Organisationsentwicklung

Die Wiener Stadtverwaltung ist gut aufgestellt. Um ihre Leistungen auf der Grundlage der Rechtmäßigkeit und Rechtssicherheit mit größtmöglicher Effektivität und Effizienz zu erbringen, ist es in einem dynamischen Umfeld immer wieder erforderlich, Verwaltungsabläufe und Organisationsstrukturen zu evaluieren, damit sich der Magistrat den sich ändernden Ansprüchen und Erfordernissen anpasst. Qualitätvolle Veränderung und flexibles

Handeln sind die entscheidenden Erfolgsfaktoren. Moderne Informationstechnologien sind auch zu nützen, um die interne Kommunikation und wissensbasiertes Management auszubauen.

Ausgliederungen sind kein Selbstzweck. Man muss im Einzelfall analysieren, wieweit damit tatsächlich Einsparungen und eine höhere Wirtschaftlichkeit verbunden sind. In diesem Zusammenhang gibt es in der öffentlichen Debatte immer wieder auch Verwechslungen: Der KAV, Wiener Wohnen oder Wien Kanal sind – anders als die vor allem im Energiesektor im vollen Wettbewerb stehenden Wiener Stadtwerke – nicht ausgegliedert, sondern weiterhin Teile des Magistrats mit erhöhter wirtschaftlicher Selbständigkeit und Bewegungsfreiheit. Jedenfalls gilt: Die jeweilige Organisationsform ist nicht nach ideologischen Maßstäben, sondern nach dem Kriterium der Zweckmäßigkeit festzulegen. Der Magistrat bleibt eine Einheit, auch wenn er seine Aufgaben in unterschiedlichen Organisationsformen – Magistratsabteilung, Unternehmung gemäß der Wiener Stadtverfassung – erfüllt. Und auch jene Institutionen, die außerhalb des Magistrats im Eigentum der Stadt Wien stehen, wie die Wiener Stadtwerke oder die Wien Holding, sind Teil eines strategischen Ganzen und unterliegen im Übrigen auch der Kontrolle durch das Kontrollamt der Stadt Wien.

Ein vordringliches Projekt, das ich nach meinem Amtsantritt in Angriff genommen habe, ist ein umfassendes, professionelles Beschwerdemanagement für den Magistrat. Aus Beschwerden kann man viel lernen, aus ihrer adäquaten, kundenfreundlichen Behandlung viel Sympathie und Vertrauen gewinnen, die auch positive Rückwirkungen auf die Mitarbeiterinnen und Mitarbeiter haben. Wir brauchen dafür Standards und eine Vernetzung, um zentrale Informationen daraus ziehen zu können: Wo drückt schwerpunktmäßig der Schuh? Wo gibt es strukturelle Schwächen?

Ein konkreter aktueller Prozess zur Hebung von Verbesserungspotenzialen ist auch die Optimierung der Abwicklung von Bauvorhaben: Die Stadt Wien muss ihre Bauherrenfunktion in allen Bereichen, ebenso wie ihre behördlichen Aufgaben, mit höchster Kompetenz, Wirtschaftlichkeit und serviceorientierter Bürgernähe ausüben. Ziel ist ein Steuerungsmodell, das die im Magistrat vorhandenen Fachkompetenzen im Rahmen des Projekt- und Prozessmanagements bündelt. Auch im Bereich der Sachverständigen soll eine Bündelung angestrebt werden, um Verfahren für die Kundinnen und Kunden zu vereinfachen und zu beschleunigen.

Ein aktuelles Beispiel für die Verbesserung abteilungsübergreifender Vorgänge sind die notstandspolizeilichen Maßnahmen, wo die beteiligten Dienststellen in Form eines Arbeitsübereinkommens zu einer neuen, rascheren und reibungsloseren Form der Zusammenarbeit gefunden haben.

Im gesamten technischen Bereich bewegen wir uns in einem Spannungsfeld zwischen Ökonomie und Ökologie, das es durch adäquate strategische Ansätze aufzulösen gilt.

Für die Optimierung des Beitrags der Stadt Wien zu einer zukunftsorientierten Lehrlingsausbildung wurde ein umfassendes Projekt gestartet, das unter anderem Maßnahmen zur Motivation von Mädchen vorsieht, einen technischen Lehrberuf zu ergreifen.

Die wahrscheinlich größte Herausforderung der nächsten Jahrzehnte, sowohl in organisatorischer als auch in finanzieller Hinsicht, wird der steigende Pflegebedarf in unserer Gesellschaft sein. Für die Stadt Wien ist das nicht nur eine komplexe organisatorische Aufgabe, sondern die finanzielle Dimension zwingt auch dazu, alle Potenziale zur Effizienzsteigerung in anderen Bereichen zu nutzen.

4. Kritisches Selbstbewusstsein

Der Magistrat erfüllt seine Aufgaben so, dass er sich mit berechtigtem Selbstbewusstsein präsentieren kann. Gerade deshalb muss auch der selbstkritische Blick, die Fähigkeit zur kritischen Reflexion des eigenen Handelns ein selbstverständlicher Faktor in der Unternehmenskultur sein und bleiben. Interne Kontrollsysteme, für die wir flächendeckend Standards entwickelt haben, und die Analyse von Stärken/Schwächen in den Dienststellen sind kein Zeichen von Misstrauen gegenüber den Mitarbeiterinnen und Mitarbeitern, sondern Teil des Qualitätsmanagements. Funktionierende interne Kontrollsysteme bilden zudem eine Voraussetzung, um die Eigenverantwortung und die Selbständigkeit im operativen Bereich zu forcieren.

Korruptionsprävention ist und bleibt ein integraler Bestandteil der Unternehmenskultur. Wien hat dabei eine internationale Vorreiterrolle eingenommen und muss auch in Zukunft alles tun, um in der Bekämpfung dieses unheilvollen gesellschaftlichen Phänomens im Spitzenfeld zu bleiben.

Wir müssen unsere Leistungen verantwortungsvoll erbringen und Augenmaß bewahren. Die Stabilität der Personalkosten ist eine Zielsetzung, die auch in der Zukunft Bestand haben sollte. Das ist gerade im großen Bereich der Dienstleistungen notwendig.

Der Magistrat ist so gut wie seine Mitarbeiterinnen und Mitarbeiter. Die Stadt Wien bekennt sich als Arbeitgeberin zu einer Kultur der Fairness, der Chancengerechtigkeit und der sozialen Verantwortung. Systematische Personalentwicklung und umfassende, qualitätvolle Angebote zur berufsbegleitenden Aus- und Weiterbildung sind Bereiche, denen auch weiterhin höchste Aufmerksamkeit zuzuwenden ist. Der Sensibilisierung gegenüber unerwünschten gesellschaftlichen Phänomenen, insbesondere der Diskriminierung in allen ihren möglichen Formen – Frauen, ältere Mitarbeiterinnen und Mitarbeiter, Mobbing etc. –, kommt besondere Bedeutung zu.

Aufgrund der steigenden Lebensarbeitszeit der Menschen wird sich (nicht nur) der Magistrat verstärkt damit auseinandersetzen müssen, wie das Wissen und die Fähigkeiten einer immer größer werdenden Zahl von älteren Mitarbeiterinnen und Mitarbeiter optimal genutzt werden können, die länger arbeiten. Gesundheitliche Aspekte der Arbeitsumwelt sind dabei genauso wichtig, wie die attraktive Gestaltung der Arbeitsplätze. Vor diesem Hintergrund ist auch die Entwicklung im Schul- und Unisystem zu sehen, der mit größerer Durchlässigkeit und Flexibilität in der klassischen Karrierestruktur im öffentlichen Dienst zu begegnen sein wird.

Mitarbeiterinnen und Mitarbeiter, die im Vertrauen auf ihre zukünftige Pension ihre Lebensplanung erstellt haben, müssen sich verlassen können. Der Wiener Weg, gesellschaftliche Entwicklungen sozial ausgewogen und fair zu meistern, ist richtig.

5. Internationalität

Wien ist keine Insel. Wien ist eine europäische Metropole, die sich den Entwicklungen auf globaler, europäischer und regionaler Ebene nicht entziehen kann und will. Der Magistrat hat sich in immer stärkerem Ausmaß mit diesen Themen auseinanderzusetzen. Die Mitwirkung in internationalen Organisationen und Netzwerken zur Durchsetzung gemeinsamer Interessen in der Europäischen Union sowie die Zusammenarbeit in der Region werden auch auf administrativer Ebene an Bedeutung gewinnen. Wiens Interessen enden nicht an den Stadtgrenzen. Dafür ist das Bewusstsein zu schärfen.

Aus internationalen Kontakten, Vergleichen und Benchmarks kann man immer lernen. Man muss nicht dauernd das Rad neu erfinden. Deshalb ist der Austausch im internationalen Umfeld wichtig.

Klaus WIRTH

Strukturreformen im öffentlichen Sektor – Anmerkungen zu einer offenen Reformbaustelle

Die Finanzkrise hat zuletzt auch für große Unruhe im öffentlichen Sektor in Österreich gesorgt. Die stark eingebrochenen Steuereinnahmen und die gleichzeitig weiter wachsenden Finanzierungserfordernisse – insbesondere im Sozial- und Gesundheitsbereich – haben die öffentlichen Haushalte stark unter Druck gesetzt und das generelle Bewusstsein für die Notwendigkeit von weit reichenden Konsolidierungsmaßnahmen gestärkt. Regelmäßiger Programmpunkt beim „Sparkonzert" sind meist nicht näher bestimmte „Verwaltungsreformmaßnahmen".[1] Ebenfalls einen Dauerplatz im Programm haben Veränderungen bei den föderalen Strukturen.

So war es eigentlich nicht weiter überraschend, als jüngst wieder zwei Strukturthemen ins Zentrum der Konsolidierungsdiskussionen gerückt sind: einerseits die Forderung nach Gemeindezusammenlegungen und andererseits die Abschaffung/Zusammenlegung der Bezirksverwaltungsbehörden. Beides hat zu zeitweilig heftigen öffentlichen Disputen zwischen Befürworterinnen und Befürwortern sowie Gegnerinnen und Gegnern geführt. Letztlich sind die beiden Reformepisoden dann aber – wie viele zuvor – als Sturm im Wasserglas „eingeschlafen".

„Dieser Staat scheint unreformierbar" schrieb Hans Rauscher einst im Standard vom 19. August 2009. Die beiden genannten Episoden zeigen jedenfalls einmal mehr, wie schwer es offensichtlich ist, die etablierten und erstarrten Strukturen in Österreich grundsätzlichen zu reformieren. Auch dieser Beitrag wird daran wenig ändern können. Vor dem Hintergrund eines kurzen Rückblicks auf die beiden genannten Reformepisoden im Jahr 2010 soll durch den Blick über die Landesgrenzen anhand aktueller Reformbeispiele in Dänemark, der Schweiz und in Deutschland zumindest gezeigt werden, dass Reformen möglich sind, wenn man nur will.

1. Einmal mehr eine Forderung nach Gemeindefusionen?

Im Jahr 2010 wurde wieder einmal an einem bisher wohlbehüteten Tabu gerüttelt und gefordert, die kleinteilige Gemeindestruktur in Österreich durch gezielte Fusionen – also die Zusammenlegung – zu überwinden und dadurch Einsparungen im öffentlichen Sektor zu generieren. Nur ein Nebensatz des Chefs der Industriellenvereinigung in Oberösterreich Pöttinger am Rande einer Pressekonferenz im Januar 2010 hat einen emotionalen Sturm der öffentlichen Entrüstung ausgelöst, der in den folgenden Wo-

1 Vgl. dazu: http://m.bmf.gv.at/BUDGET/budgets/2009/beilagen/Verwaltungsreform.pdf [Download: 15.02.2011].

chen zu einer medial ausgetragenen Grundsatzdebatte „Fusion oder Kooperation?“ geführt hat.

Gerade die Gegnerinnen und Gegner von Gemeindefusionen verwiesen darauf, dass die Zusammenlegung von Gemeinden weder sinnvoll für die Rettung der öffentlichen Haushalte sei, noch dass die Befürworterinnen und Befürworter dieser Fusionsidee die vielen negativen Folgen dieser Strukturreform bei den Gemeinden – etwa für das Ehrenamt oder die lokale Demokratie – ausreichend bedacht hätten. VP Landesrat Stockinger fürchtete etwa, dass eine „Radikalzusammenlegung“ mehr zerstören als bringen würde.[2] Stattdessen beschworen die Gegnerinnen und Gegner von Gemeindezusammenlegungen einmal mehr die Gemeindekooperationen, von denen es bereits eine große Zahl gibt und die noch weiter ausgebaut werden sollten.

In einem früheren Beitrag habe ich die Vor- und Nachteile von Fusionen und Kooperationen einander gegenübergestellt.[3] Letztlich hängt es aber davon ab, wie die einzelnen Vor- und Nachteile gewichtet werden (z.B. Demokratienachteile der Kooperationen). Was jedoch insbesondere der Blick in die benachbarte Schweiz zeigt ist, dass über Gemeindefusionen auch relativ emotionslos diskutiert werden kann und dass viele der hierzulande ins Feld geführte Argumente gegen Fusionen (z.B. Identifikationsverluste, Rückgang beim Ehrenamt) am Ende vielleicht gar nicht so gravierend sind, wie dies immer behauptet wir.

Die Debatte um Gemeindefusionen hat einmal mehr aber auch eine Diskussion über die optimale Größe einer Gemeinde entfacht. Hier ist anzumerken, dass diese seit langem international geführte Diskussion bisher zu keinen klaren Aussagen geführt hat. Stattdessen kommen Expertinnen und Experten immer wieder zu der Einschätzung, dass eine eindimensional definierte optimale Größe (z.B. anhand der Einwohnerzahl oder der Fläche) de facto nicht existiert. Auch Pitlik[4] argumentiert, dass es schon aus theoretischer Perspektive kaum möglich sei, auf der Basis der vorliegenden ökonomischen Modelle eine optimale Gemeindegröße zu bestimmen, da die Optimallösung letztlich vom Standpunkt des Betrachters abhänge, mithin von gegenwärtigen Bewohnerinnen und Bewohnern und von (wohlmeinenden und allwissenden) Planerinnen und Planern unterschiedlich beantwortet würde.[5] Wenn dann doch „optimale“ Größen fixiert werden, dann vielfach als normativ festgeschriebene Mindestgrößen.[6]

Was aktuelle Analysen des WIFO jedoch zeigen, ist, dass – betrachtet man die Ausgaben pro EW nach Aufgabenbereichen und nicht undifferenziert insgesamt – es durchaus Größenvorteile gibt: Demzufolge kann Pitlik[7] zeigen, dass im Bereich der Hauptverwaltung die Pro-Kopf-Ausgaben der Gemeinden mit bis zu 500 EW um 64 Prozent und jene der

2 Vgl. dazu: Kronen-Zeitung vom 15.01.2010.
3 Vgl. dazu: Wirth: Fusion, 2010.
4 Vgl. dazu: Pitlik: Gemeindestruktur, 2010, S. 17.
5 Vgl. dazu: Widmer: Gemeindegröße, 2010.
6 Vgl. dazu die Beispiele Dänemark oder Schleswig-Holstein im vorliegenden Beitrag.
7 Vgl. dazu: Pitlik: Gemeindestruktur, 2010, S. 39.

Gemeinden zwischen 500 und 1.000 EW um 39 Prozent höher sind als die (durchschnittlichen) Pro-Kopf-Ausgaben der Klasse 5.001 bis 10.000 EW. Im Bereich öffentliche Ordnung und Sicherheit belaufen sich die Ausgabenabweichungen auf +213 Prozent bzw. +54 Prozent. Der Grund hierfür ist relativ einfach: ohne eine Mindestorganisation kommt auch eine Kleinstgemeinde nicht aus; die unvermeidlichen Fixkosten sind dann eben auf eine geringere Zahl an Einwohnerinnen und Einwohnern umzulegen.[8] Dass – wie Pitlik 2010 ermittelt hat – viele Kleinstgemeinden in einer Reihe von Bereichen vergleichsweise sehr geringe pro Kopf-Ausgaben aufweisen (z.B. Pensionen, Sozialausgaben, Wirtschaftsförderung, Kinderbetreuung), ist wohl weniger der spezifischen Effizienz als vielmehr den fehlenden konkreten Aktivitäten in diesen Gemeinden zuzuschreiben.

2. „Bezirksverwaltungsbehörden abschaffen" – Angriff auf eine heilige Kuh?

Die Bezirksverwaltungsbehörden sind in der zweiten Hälfte des 19. Jahrhunderts als Verwaltungsbehörden des Reiches geschaffen worden[9] und haben seither alle politischen Veränderungen, Irrungen und Wirren gut überstanden; sie sind eine feste Institution in der österreichischen Verwaltungslandschaft.[10] Die insgesamt 84 Bezirkshauptmannschaften (BH) in Österreich[11] sind sowohl flächenmäßig aber vor allem einwohnermäßig sehr unterschiedlich groß: der kleinste Bezirk hat rund 18.000 EW der größte etwa 150.000 EW.[12] Auch die Zahl der den Bezirken angehörenden Gemeinden ist hier sehr unterschiedlich groß: Demmelbauer[13] nennt hier etwa die BH Dornbirn (Vbg.) mit drei Gemeinden und mehr Einwohnerinnen und Einwohnern als die BH Feldbach (Stmk.) mit insgesamt 55 Gemeinden.

Doch 2010 war es kurze Zeit vorbei mit der Ruhe: Hochrangige Politikerinnen und Politiker, Interessenvertretungen der Wirtschaft und Wissenschaftlerinnen und Wissenschafter sprachen sich offen dafür aus, die Bezirkshauptmannschaften abzuschaffen oder zumindest ihre Anzahl deutlich zu reduzieren und neue regionale Verwaltungszentren zu schaffen.

In einem Interview mit den Oberösterreichischen Nachrichten hatte Nationalratspräsidentin Barbara Prammer etwa dazu aufgefordert, bei der

---

8 Damit bestätigen sich einmal mehr die Studienergebnisse von Bröthaler (Vgl. dazu: Bröthaler: Verwaltungsausgaben, 2005.), wonach die Netto-Ausgaben je EW für die allgemeine Verwaltung i.w.S. einen deutlich u-förmigen Verlauf haben und die Ausgaben in Gemeinden bis 1.000 EW signifikant über den Pro-Kopf-Ausgaben in Einheiten mit 1.000 bis 7.500 EW liegen.

9 Vgl. dazu: Demmelbauer: Bezirkshauptmannschaft, 1986, S. 453.

10 Im Jahr 1970 wurde das 100jährige Bestehen mit einer Festschrift gefeiert (Vgl. dazu: Gründler: Bezirkshauptmannschaften, 1970.).

11 Hinzu kommen noch die derzeit 15 Statutarstädte, die die Aufgaben der Bezirksverwaltungsbehörde im jeweiligen Stadtgebiet wahrnehmen.

12 Vgl. dazu die amtlichen Ergebnisse der Volkszählung 2001: http://www.statistik.at/web_de/statistiken/bevoelkerung/volkszaehlungen_registerzaehlungen/index.html [Download: 13.08.2010].

13 Vgl. dazu: Demmelbauer: Bezirkshauptmannschaft, 1986, S. 459.

Staats- und Verwaltungsreform „mutiger zu werden" und in diesem Zusammenhang die Abschaffung der Bezirkshauptmannschaften vorgeschlagen.[14] Diesen Vorschlag hat Klaus Pöttinger von der Industriellenvereinigung Oberösterreich ebenfalls noch einmal aufgegriffen und unterstützt.[15]

Was danach folgte, waren öffentliche Zurechtweisungen, flammende Plädoyers für die Wichtigkeit der Bezirksverwaltungsbehörden. Vorgetragen primär von Vertreterinnen und Vertretern der Bundesländer, die für die Bezirksverwaltungsbehörden verantwortlich sind. Erstaunlich an der Debatte war denn auch weniger, wer sich für die Bezirksverwaltungsbehörden stark macht, als vielmehr mit welchen Argumenten für oder gegen die Bezirksverwaltungsbehörden gesprochen wird: Den Argumenten Verwaltungsvereinfachung und Einsparung von Seiten der Befürworterinnen und Befürworter einer Auflassung werden vor allem Verluste an Bürgernähe und Standortnachteile entgegengestellt. So argumentiert etwa Landeshauptmann Erwin Pröll:

> *„Wer die Bezirkshauptmannschaften in Frage stellen will, agiert gegen Bürgerinteressen, weil er die Lebensqualität der Menschen verschlechtert. Er agiert aber auch gegen die Landesinteressen, insbesondere der Standortqualität."*[16]

Kärntens Landeshauptmann, Dörfler, stieß in ein ähnliches Horn, indem er meinte, wenn diese regionalen Servicestellen in den Bezirken auch noch wegrationalisiert werden würden, würde den Menschen, die im ländlichen Raum leben, der Zugang zu Ämtern verwehrt und diese gegenüber der Stadtbevölkerung als Menschen zweiter Klasse behandelt.[17] Der Kärntner Landesamtsdirektor Platzer meinte gar, dass 80 Prozent aller Bürgerkontakte zu den Behörden über die Bezirkshauptmannschaften laufen würden[18] und dass durch ein Auflassen der Bezirksverwaltungsbehörden ein erheblicher Verlust an Bürgerservice entstehe.[19]

Damit wurde ganz offensichtlich der Versuch unternommen, die Bevölkerung für die Erhaltung der Bezirksverwaltungsbehörden zu gewinnen und gleichzeitig die eigenen Landesinteressen ganz in den Hintergrund zu drängen. Denn betrachtet man etwa die Aufgaben der Bezirksverwaltungsbehörden, dann relativieren sich insbesondere der Bürgerserviceaspekt und die Bedeutung dieser Behörden für die Bürgerinnen und Bürger im Alltag.

---

14 Vgl. dazu: Oberösterreichische Nachrichten vom 25.08.2010. Vgl. dazu auch den gleich lautenden Vorschlag von Bernhard Felderer. In: Kleine Zeitung vom 03.07.2010.

15 Vgl. dazu: Österreich vom 14.12.2010.

16 Landesverwaltung ist täglich nah beim Bürger. In: APA vom 18.11.2010

17 Vgl. dazu: OTS Meldung vom 24.08.2010.

18 Vgl. dazu: Kleine Zeitung vom 24.11.2010, S. 18.

19 Außerdem vollziehe die BH – so Platzer – die unangenehmen Amtshandlungen (z.B. Schwarzbauten abreißen), die man den Bürgermeister – Wiederwahlrisiko! – nicht zumuten kann.

Mit welchen bürgerorientierten Leistungen werben die Bezirksverwaltungsbehörden denn im Allgemeinen? Da werden etwa die Reisepässe, die Personalausweise, die Identitätskarten, Namensänderungen und die Führerscheine (inkl. der L17-Berechtigungen etc.) genannt – für die Reisepässe stehen auch die Gemeinden zur Verfügung; weiters das weite Feld der Fischereikarten, der Jagdkarten, der Kirchenaustritte und der Gewerbeverfahren etc.

Mit etwas gutem Willen könnte man diese Leistungen auch ohne weiteres auf der Ebene der Gemeinden erledigen lassen, bzw. ist die Häufigkeit eines Kontakts mit der Bezirkshauptmannschaft (etwa für eine L17-Berechtigung) so selten, dass auch eine weitere Anfahrt zumutbar wird.

Egal: jedenfalls ist nach einem kurzen medialen Aufschrei die Abschaffung der Bezirksverwaltungsbehörden abgesagt worden, die kurze aber heftige Gemütswallung wieder abgeklungen. Bleibt derzeit allein als „Reformhoffnung“ das Konzept des Landeshauptmanns Franz Voves aus der Steiermark, der bereits 2009 angekündigt hatte, die bestehenden 16 Bezirksverwaltungsbehörden und die beiden Expondituren in der Steiermark zu sieben neuen Verwaltungszentren zusammenfassen zu wollen und dies auch zu einem zentralen Wahlkampfthema machte.[20] Einen ähnlichen Vorschlag hat die SPÖ in Kärnten in den letzten Tagen in die öffentliche Debatte eingebracht und gefordert, die Zahl der Bezirkshauptmannschaften in Kärnten deutlich zu reduzieren.[21]

Dass es durchaus auch anders gehen kann, sollen im Folgenden Beispiele aus anderen Ländern zeigen. Selbst wenn diese im Ansatz und der Vorgehensweise sehr unterschiedlich sind, zeigen sie doch ganz deutlich, dass jenseits aller Kampfrhetorik Strukturveränderungen möglich sind.

3. Strukturreform in anderen Ländern[22]

In der Schweiz hat sich insbesondere angeboten, das Beispiel des Kantons Bern vertieft zu bearbeiten, weil der Kanton Bern als besonders aktiv in Sachen Gemeindekooperation und Gemeindefusion gilt. In Deutschland wiederum liegt der Fokus auf dem Land Schleswig-Holstein, das zuletzt mit seinen umfassenden Reformbemühungen auf sich aufmerksam gemacht hat. Ergänzend werden Einschätzungen aus Dänemark präsentiert, die im Gegensatz zu den Ländern Schweiz und Deutschland ausschließlich auf der Grundlage von schriftlichen Unterlagen ermittelt wurden. In den anderen Ländern wurden jeweils noch persönliche Gespräche mit Verantwortlichen geführt.

---

20 Vgl. dazu: http://diepresse.com/home/politik/innenpolitik/516268/Voves-will-Bezirkshauptmannschaften-einsparen [Download: 03.03.2011] sowie http://www.kleinezeitung.at/steiermark/gemeinderatswahl/2316706/voves-will-verwaltungsreform-fuenf-jahren.story [Download: 09.03.2011].

21 Vgl. dazu: http://kaernten.orf.at/stories/501707/ [Download: 03.03.2011].

22 Die folgende Darstellung der internationalen Beispiele geht auf eine Ausarbeitung von Barbara Lehner im Auftrag des KDZ zurück.

4. Das Beispiel der Schweiz

Interkommunale Zusammenarbeit (IKZ) hat in der Schweiz eine lange Tradition und ist seit der Gründung des Bundesstaates (1848) weit verbreitet. In den letzten zehn Jahren hat die Bedeutung von IKZ nochmals deutlich zugenommen.[23] Festzustellen ist aber auch, dass in den letzten Jahren in der Schweiz vermehrt freiwillige Gemeindefusionen umgesetzt werden.[24] Der hohe Stellenwert von Kooperationen aber auch Fusionen ist – so Steiner[25] – auch das Ergebnis aktiver kantonaler Politik zur Förderung von Kooperationen und Fusionen. Dabei setzen Kantone in der Regel auf die Freiwilligkeit und die Eigeninitiative der Gemeinden; sie fordern aber auch konkretes kooperatives Handeln ein. Dafür setzen sie unterschiedliche nicht monetäre (z.B. durch Bereitstellen von Leitfäden/Arbeitshilfen, Anbieten von Beratungsleistungen, Sichtbarmachen von Good Practice-Leistungen), aber auch monetäre Anreize. Sie fordern aber vielfach auch Kooperationen durch die Vorgabe von Qualitätsstandards ein.[26] Auch wenn in einzelnen Kantonen die Möglichkeit besteht, Interkommunale Zusammenarbeit in Ausnahmefällen per Zwang zu verordnen, wird dies de facto nicht praktiziert.

Im interkantonalen Vergleich zeigt sich eine relativ hohe Korrelation zwischen Fusions- und Kooperationsförderung. Jene Kantone, die Kooperationen stark fördern, treiben auch die Fusionen stark voran. Zurückführen lässt sich dieser Zusammenhang auf das generelle Bekenntnis zu Reformen der jeweiligen Kantone. Haben die Kantone zunächst eher Kooperationen vorangetrieben, so wird derzeit – wie etwa im Kanton Bern – vielfach der Fokus auf die Fusion gelegt.

Innerhalb der Schweiz werden die Reformbemühungen des Kantons Bern als eine der am weitesten entwickelten angesehen. Auch der Kanton Bern überlässt es letztlich den Gemeinden selbst, die für sie jeweils günstigste Form der Zusammenarbeit zu wählen. Werden jedoch Aufgaben nicht effizient und kostengünstig genug erfüllt, greift der Kanton ein. Dabei kommt das im Gemeindegesetz aus dem Jahr 1998 festgeschriebene so genannte „Drei-Stufen-Modell der Zusammenarbeit" zum Tragen[27]:

- *Erste Stufe – Freiwilligkeit:* Interkommunale Zusammenarbeit basiert auf dem Prinzip der Freiwilligkeit und findet üblicherweise aus eigenem Antrieb und nach den jeweiligen Gemeindebedürfnissen statt. Aus kantonaler Sicht besteht hier meist kein Eingriffserfordernis. In bestimmten

23 Vgl. dazu den Vortrag von Reto Steiner vom 19.10.2010 im Rahmen der Veranstaltung „Public Management Impulse: Kooperation oder Fusion?" an der FH Oberösterreich GmbH, Campus Linz.

24 Vgl. dazu: Steiner; Reist: 2008.

25 Vgl. dazu das Interview mit Reto Steiner, Kompetenzzentrum für Public Management, Universität Bern vom 19.10.2010.

26 So behalten sich einige Kantone das Recht vor, den Gemeinden Vorgaben zur Qualität bestimmter Leistungen zu machen, sofern die Gemeinden zur Erfüllung dieser Aufgaben auf die Gewährung von Unterstützungsgeldern der Kantone angewiesen sind. Vgl. dazu das Interview mit Reto Steiner, Kompetenzzentrum für Public Management, Universität Bern vom 19.10.2010.

27 Vgl. dazu: Amt für Gemeinden und Raumordnung: Wegleitung, 2002, S. 13ff.

Situationen (z.B. Agglomerationen oder Regionen) besteht jedoch ein besonders großer Bedarf zur Koordination interkommunaler Zusammenarbeit. Zur Gewährleistung einer durchdachten Koordination und Organisation der Zusammenarbeit sieht das Gemeindegesetz (GG) für derartige Fälle den Abschluss eines Zusammenarbeitsvertrages der beteiligten Gemeinden vor.
- *Zweite Stufe – indirekter Druck:* Berner Gemeinden sind grundsätzlich autonom in der Organisation und Erfüllung ihrer Aufgaben. Sofern der Kanton jedoch zur kommunalen Aufgabenerfüllung finanziell beiträgt oder Gemeinden finanziell unterstützt, nimmt er bei Bedarf Einfluss auf die Art und Weise der Aufgabenerledigung, oder aber die Beiträge an die Gemeinden gekürzt oder gänzlich gestrichen werden, wenn etwa Kooperationen von den jeweiligen Gemeinden verweigert werden und dadurch – nachweislich – Qualitäts- und Kostenverluste entstehen.
- *Dritte Stufe – Zwang:* Nach alten wie neuem Gemeindegesetz hat der Kanton die Möglichkeit, die Gemeinden zur Zusammenarbeit zu zwingen, indem er sie etwa dazu verpflichtet, gewisse Aufgaben in Gemeindeverbänden zu erfüllen (z.B. Spitalverbände).

4.1 Umsetzung des Drei-Stufen-Modells in der Praxis

Die generelle Möglichkeit Kooperationen per Zwang herbeizuführen wurde nur ein einziges Mal eingesetzt (Spitalversorgungsgesetz). Im Bereich der stationären Versorgung (Spitäler) wurden die Kommunen zur Zusammenarbeit gezwungen (Spitalverbände). Im Rahmen der Aufgabenreform wurde dieser Bereich an den Kanton übertragen.

Generell setzt der Kanton Bern auf das Prinzip der Freiwilligkeit, in letzter Zeit versucht man durch gesetzliche Vorgaben lenkend bzw. steuernd einzugreifen (Stufe zwei). Indirekter Druck wird generell über die kantonale Gesetzgebung erzeugt. Beispielsweise enthält das Sozialhilfegesetz neuerdings Regelungen darüber, wie die Sozialhilfe zu organisieren ist und wie viele Fallzahlen (Output) bearbeitet werden müssen. In letzter Zeit ist dadurch ein deutlicher Anstieg der IKZ im Bereich der Sozialhilfe zu verzeichnen.

Ein weiteres Beispiel findet sich im Bereich der Tagesschulen: Gemäß kantonaler Vorgabe müssen die Gemeinden bei zehn vorliegenden Anmeldungen eine Ganztagsbetreuung (von 07:00 bis 17:00 Uhr) anbieten. Im Fall der Betreuung von mindestens zehn Schulkindern erhalten die Gemeinden finanzielle Unterstützung – in Form von Beiträgen oder einer Anrechnung auf den Lastenausgleich – durch den Kanton. Kommunale Alleingänge (Betreuung von weniger als zehn Kindern) sind möglich, werden aber finanziell nicht unterstützt. Die Kombination von Qualitätsvorgabe (Betreuungsumfang) und „negativen" monetären Anreizen bei weitgehender Flexibilität hinsichtlich der Kooperationsform führte – so Fischer – zur intensiveren Zusammenarbeit der Gemeinden.[28]

28 Vgl. dazu das Interview mit Fischer, Gemeindereformer beim Amt für Gemeinden und Raumordnung, Kanton Bern vom 29.10.2010.

4.2 Monetäre Fördermaßnahmen im Kanton Bern

Kooperationen

Der Förderschwerpunkt liegt von kantonaler Seite auf den nicht-monetären Maßnahmen (Seminare, Informationsveranstaltungen, Best Practice-Beispiele, die Einrichtung des „Gemeindereformers" als zentrale Anlaufstelle bzw. konkreter Ansprechpartner bei Kooperationen, wie Fusionen, Zusammenarbeit mit der Wissenschaft und die Initiierung von Schulprojekten). Für Kooperationen werden jedoch keine direkten bzw. pauschalen Fördergelder gewährt (weder für die Projektentwicklung, noch als Anschubfinanzierung etc.).

Fusionen

Monetäre Unterstützung erhalten fusionswillige Gemeinden (im Vergleich zu anderen Kantonen eher in einem bescheidenen Ausmaß). Für die Jahre 2010 bis 2013 wurden insgesamt SFR. 15 Mio. für die Fusionsförderung budgetiert. Die Fusionsförderung folgt einem zweigeteilten Modell, bestehend aus einer erfolgsunabhängigen und einer erfolgsabhängigen Komponente. Die erfolgsunabhängigen Abklärungsbeiträge (in Höhe von SFr. 50.000,- bis 100.000,-) werden auf Antrag für die Fusionsanbahnung und Fusionsabklärung gewährt. Sie wird unabhängig vom tatsächlichen Zustandekommen der Fusion gewährt. Die erfolgsabhängige Finanzhilfe wird nach Realisierung der Gemeindefusion gewährt. Das Förderausmaß ist von der Einwohneranzahl der fusionierenden Gemeinden abhängig (SFr. 400,- je EW) und nach oben hin begrenzt (Maximalbetrag: Förderung für 1.000 EW). Eine Rückzahlverpflichtung besteht für keine der bei beiden Komponenten.[29]

4.3 Folgerungen für Österreich

Das Beispiel Schweiz ist für die österreichische Diskussion in folgender Weise interessant:

- Bei den Kooperationsformen zeigt sich in der Schweiz, dass flexible Vertragsverhältnisse eine zunehmende Rolle spielen, wohingegen Verbandslösungen immer seltener entstehen.
- Obgleich auch in der Schweiz noch Bedarf nach weiteren Kooperationen gesehen wird, liegt der Schwerpunkt der Förderungen eindeutig bei den Fusionen. Gemeindekooperationen werden eher als im Interesse der einzelnen Gemeinden gesehen, weshalb diese auch nicht unbedingt von den Kantonen finanziell gefördert werden müssen.
- Gleichzeitig werden auch von Seiten des Kantons (hier Bern) Ineffizienzen in Gemeinden nicht gänzlich toleriert, wenn diese durch Kooperation überwunden werden könnten (Ineffizienz spürbar machen).

29 Der Grund für die einwohnerabhängige Gestaltung der Finanzhilfe liegt in der enorm kleinteiligen Gemeindestruktur des Kantons Bern. Damit wollte man insbesondere kleine Gemeinden zur Fusion animieren. Vgl. dazu das Interview mit Fischer, Gemeindereformer beim Amt für Gemeinden und Raumordnung, Kanton Bern vom 29.10.2010.

– Vergleicht man Österreich mit der Schweiz wird schnell ein Aspekt offenkundig, der wirtschaftliches Handeln und hier eben auch die Gemeindekooperation stärkt: In der Schweiz muss die Gemeindebevölkerung sowohl dem Steuersatz als auch dem Budget zustimmen. Aufgrund dieses praktizierten fiskalischen Äquivalenzprinzips werden Fehlanreize und Freerider-Probleme von vornherein vermieden. Während die Schweizer Gemeinden grundsätzlich auf Transferzahlungen der Kantone zur Realisierung kommunaler Projekte angewiesen sind, würden sie vermutlich auch danach trachten, so viel wie möglich im Alleingang zu realisieren.

5. Das Beispiel Schleswig-Holstein (Deutschland)

Im Jahr 2003 wurde der Landesrechnungshof Schleswig-Holstein (LRH-SH) damit beauftragt, eine Bestandsaufnahme und Bewertung der Verwaltungsstrukturen und Interkommunalen Zusammenarbeit in Schleswig-Holstein durchzuführen. In seinem Prüfbericht, der letztlich eine flächendeckende Verwaltungsstrukturreform auf kommunaler Ebene auslöste, kam der Landesrechnungshof Schleswig-Holstein zu folgenden Einschätzungen: Die kreisangehörigen Kommunen arbeiten – in Bezug auf die gesetzlich vorgesehenen Möglichkeiten – auf vielfältige Weise zusammen. Kooperationen finden schwerpunktmäßig in den Aufgabenbereichen Wasserversorgung, Abwasserbeseitigung und in der Schulträgerschaft statt. Bei den anderen Verwaltungsaufgaben findet eine Zusammenarbeit nur in Einzelfällen statt, und dies obwohl die Gemeinden vielfach das erforderliche Spezialwissen in den kommunalen Aufgabenfeldern nicht, oder nicht im erforderlichen Ausmaß vorhalten können (Motto: „*Es wird schon gut gehen*") und darüber hinaus auch Urlaubs- und Krankheitsvertretungen dieses fachliche Defizit vielfach noch verstärken.

Der Landesrechnungshof Schleswig-Holstein forderte demzufolge, dass die Ämter, Gemeinden und amtsfreien Städte ihre Anstrengungen in Hinblick auf Verwaltungszusammenschlüsse deutlich zu verstärken haben, um sowohl die Wirtschaftlichkeit aber vor allem die Leistungsfähigkeit der Verwaltungen zu sichern und zu steigern. Allein dabei auf Freiwilligkeit zu setzen, schien dem Landesrechnungshof nicht zielführend zu sein, weshalb er weiter vorschlug, nach einer befristeten Freiwilligkeitsphase (mit finanziellen Anreizen) auch gesetzgeberische Maßnahmen einzuleiten.[30] Ähnlich wie in Dänemark schlägt der Landesrechnungshof die Festlegung von Mindestgrößen für kommunale Verwaltungseinheiten vor. So sollen in Schleswig-Holstein nach der Reform zumindest 6.000 EW je Verwaltungseinheit, besser 8.000 zu betreuende Einwohnerinnen und Einwohner je Verwaltungseinheit (optimale Größe) umfassen. Unter Berücksichtigung weiterer Faktoren – etwa der geografischen Lage – wären insgesamt 70 Verwaltungszusammenschlüsse zu prüfen.[31]

30 Vgl. dazu: Landesrechnungshof Schleswig-Holstein: Kommunalbericht, 2005, S. 71.

31 Vgl. dazu: Landesrechnungshof Schleswig-Holstein: Kommunalbericht, 2005, S. 14.

Die Landesprüfer versuchten gleichfalls die Einsparmöglichkeiten ihrer Reformvorschläge abzuschätzen und kamen dabei zu folgenden Einschätzungen[32]: Insgesamt schätzen die Landesprüfer die Einsparungen allein bei den Personalkosten und ohne Berücksichtigung von weiteren Effizienzgewinnen – auf etwa € 14 Mio. jährlich. Die Zusammenlegung von zwei kleineren Verwaltungen (mit jeweils ca. 10 Planstellen) birgt nach Einschätzung des LRH jeweils ein Einsparpotenzial von durchschnittlich vier Planstellen. Die längerfristig erzielbaren Einsparungen (im Personalbereich durch natürliche Fluktuation) wurden vom Landesrechnungshof Schleswig-Holstein mit € 200.000,- pro Jahr und entfallener Verwaltungseinheit beziffert.

5.1 Verwaltungsstrukturreformgesetze

Die Empfehlungen des Landesrechnungshofes wurden in der Folge von der Landesregierung Schleswig-Holstein aufgegriffen und mit zwei Verwaltungsstrukturreformgesetzen im Jahr 2006 umgesetzt, mit dem Ziel, die Professionalität, Wirtschaftlichkeit und Bürgernähe der Verwaltungen zu verbessern, die Modernisierung und Verschlankung der Verwaltung auf allen Ebenen nachhaltig zu fördern und jedenfalls eine deutliche Reduktion der Zahl der Verwaltungseinheiten im kreisangehörigen Bereich zu erreichen.

Den Gemeinden wurde es danach freigestellt zu entscheiden, wie die größeren Verwaltungseinheiten realisiert werden können. Durch Gemeindefusionen, feste Verwaltungskooperationen oder durch Zusammenschlüsse von Verwaltungen zu so genannten Verwaltungszentren.[33] Dem Land war es letztlich nur wichtig, am Ende weniger und dafür größere (professionellere) Verwaltungseinheiten auf der Gemeindeebene zu haben.

Rückblickend zeigt sich, dass zwischen Januar 2001 und 2009 etwa 20 Prozent der Verwaltungszusammenschlüsse in Form der Verwaltungsgemeinschaft durchgeführt wurden und die restlichen 80 Prozent die so genannte Ämterkonstellationen nutzen.[34]

---

32 Vgl. dazu: Landesrechnungshof Schleswig-Holstein: Kommunalbericht, 2005, S. 18. Die Prognose möglicher Einsparungen durch die Zusammenlegung von Verwaltungseinheiten basiert auf einer vom Landesrechnungshof Schleswig-Holstein durchgeführten Analyse der Personalkostenentwicklung der einzelnen Verwaltungen in Abhängigkeit von der zu betreuenden Einwohnerzahl.

33 Vgl. dazu: http://www.statistik-nord.de/daten/bevoelkerung-und-gebiet/gebiet/kommunale-verwaltungsreform-schleswig-holstein/ [Download: 16.10.2010]. Bülow: Situationsbericht, 2008, S. 18ff.

34 Vgl. dazu: Innenministerium des Landes Schleswig-Holstein: Gemeindezusammenschlüssen, 2009. Zum Begriff/Konzept der Ämter vgl.: http://www.schleswig-holstein.de/IM/DE/KommunalesSport/UnsereKommunen/Aemter/Aemter_node.html [Download: 16.10.2010]. Ämter sind Körperschaften des öffentlichen Rechts ohne Gebietshoheit. Ihre Mitglieder sind die amtsangehörigen Gemeinden. Die inhaltliche Entscheidung über die Selbstverwaltungsangelegenheiten der Gemeinde liegt – wie auch bei amtsfreien Gemeinden – allein bei der Gemeindevertretung. Das Amt übernimmt die Umsetzung und

Insbesondere die Phase der freiwilligen Strukturveränderung war begleitet von sowohl *monetären* als auch *nicht monetären* Förderungen. Während der Freiwilligkeitsphase von März bis Ende Dezember 2006 konnten die Verwaltungen selbst Vorschläge für Verwaltungszusammenschlüsse beim Innenministerium einreichen. Wurden fristgerecht (Verwaltungsfusions-)Beschlüsse eingereicht, konnten sich die einzelnen Verwaltungen eine „Hochzeitsprämie" in der Höhe von € 250.000,- je wegfallender Verwaltung sichern. Insgesamt wurden vom Land Schleswig-Holstein über € 17 Mio. ausgezahlt.

Gleichzeitig war allen Gemeinden kommuniziert worden, dass es spätestens mit 1. April 2007 eine gesetzliche Regelung zur Neuordnung der Verwaltungen im kreisangehörigen Bereich geben wird.[35] Aus Angst vor einer späteren Zwangszusammenlegung ohne monetäre Entschädigung haben – so eine Einschätzung des Gemeindetags Schleswig-Holsteins – sehr viele Verwaltungen lieber „freiwillig" fusioniert; viele konnten sich den Verlockungen der „Hochzeitsprämie" nicht entziehen.[36]

5.2 Ergebnisse – Bewertungen

Durch die zurückliegenden Reformen hat sich die kommunale Verwaltungslandschaft in Schleswig-Holstein grundlegend verändert. Zwischen 2001 und 2009 sind insgesamt 59 Verwaltungszusammenschlüsse in Kraft getreten. Gleichzeitig ist die Zahl an Gemeinde-, Stadt- und Amtsverwaltungen von 222 auf 145 gesunken.[37] Die Effekte der Reform sind nur teilweise jetzt schon bekannt, manche werden erst längerfristig deutlich.

Eine Evaluierung von mehreren Fusionsbeispielen[38] kam etwa zu dem Schluss, dass im Personalbereich erhebliche Einsparungen erzielt werden konnten. Von den ursprünglich 269 Planstellen konnten in den acht Fusionsbeispielen 40 Stellen eingespart werden. Die Anzahl der Stellen pro 1.000 EW reduzierte sich von durchschnittlich 2,63 auf 2,27. Das Einsparvolumen liegt damit sogar über den vom Landesrechnungshof Schleswig-Holstein prognostizierten Werten. Insgesamt wurde ein jährliches Einsparvolumen von rund € 1,8 Mio. bzw. rund € 2,2 Mio. ermittelt (das jedoch durch die atypische Situation eines Amtes positiv beeinflusst wird). Den Einsparungen steht ein geringfügiger *personeller Mehraufwand* von insgesamt € 75.000,- pro Jahr gegenüber, der zurückzuführen ist auf eine Erhöhung der Aufwandsentschädigung des Amtsvorstehers, der Bestellung eines/r hauptamtlichen Gleichstellungsbeauftragten, der Höherstufung der leitenden Verwaltungsbeamten und anderer Mitarbeiterinnen und Mitarbeiter, die jedoch keine zwingende Folge der Verwaltungsfusion darstellen. Gleichzeitig kam es in den acht untersuchten Fällen mehrheitlich zu *Ein-*

Durchführung der Beschlüsse. Die amtsangehörigen Gemeinden brauchen daher keine eigene Verwaltung in Form von Verwaltungspersonal und Verwaltungseinrichtungen.

35 Vgl. dazu: Erstes Verwaltungsstrukturreformgesetz 2006, Präambel.

36 Vgl. dazu: Bülow: Situationsbericht, 2009, S. 99ff.

37 Innenministerium des Landes Schleswig-Holstein: Liste, 2009. Innenministerium des Landes Schleswig-Holstein: Gemeindezusammenschlüsse, 2009, S. 4.

38 Vgl. dazu: Kommunalberatung Dehn: Leitfaden, 2007, S. 25ff.

sparungen im laufenden Sachausgabenbereich (jährlich insgesamt € 174.000,-) durch Kostenreduktionen bei Telefonanlagen, Software-Lizenzen, Mengenrabatten. Die *einmaligen verwaltungsfusionsbedingten Investitionskosten* fielen in Abhängigkeit von der bisherigen Ausstattung sehr unterschiedlich aus: Die Vereinheitlichung der Informationstechnik hat in allen Fällen Mehrkosten erzeugt (insgesamt rund € 529.000,-). Nennenswerte Investitionen für Baumaßnahmen und Grunderwerb fielen bei der Hälfte der Fälle an. Der Gesamtaufwand hierfür belief sich auf rund € 4.138.000,-. In sechs Fällen wurden nach der Verwaltungsfusion Außenstellen in Form von Bürgerbüros eingerichtet.

Von Seiten des Innenministeriums Schleswig-Holsteins[39] wurden als Effekte insbesondere die nachfolgenden herausgestrichen.

Positive Effekte

- *Professionellere Verwaltung:* Von der gestiegenen Professionalität profitieren die Gemeinden bzw. die Gemeindevertreter (Stärkung der Gemeindeautonomie). Positive Wirkungen zeigen sich aber zudem auf Ebene der Landesverwaltung. Durch die Reduktion der Ansprechpartnerinnen und Ansprechpartner (bei den Ämtern) und die spezialisierungsbedingte Verbesserung der fachlichen Qualifikation haben sich die Anfragen an die Fachabteilungen auf Landesebene reduziert. Vor allem aber profitieren die Bürgerinnen und Bürger von fachlich höher qualifiziertem Personal, etwa durch höhere Leistungsqualität oder gegebenenfalls kürzere Bearbeitungsdauer. Aufgrund der zunehmenden Komplexität und Dynamik in der nationalen wie europäischen Rechtssprechung kann eine Spezialisierung auf einen bestimmten Aufgabenbereich auch für die Verwaltungsbediensteten entlastend wirken.
- *Reformbegünstigende Effekte:* Die höhere Personalkapazität (je Verwaltungseinheit), die Möglichkeit zur Spezialisierung sowie fusionsbedingt nun vorhandene, modernere und leistungsfähigere IT-Systeme wirken sich – unerwartet und unbeabsichtigt positiv – auf die gegenwärtige Reform des kommunalen Haushaltsrechts aus.
- *Einsparungen:* Eine finale Beurteilung tatsächlich realisierter Einsparungen ist aufgrund des Langfristcharakters noch nicht möglich. Den bisherigen Erfahrungen zufolge bestätigen sich jedoch die prognostizierten Werte. Teilweise werden personalbedingte Einsparungen sogar rascher als geplant realisiert. Zumal fusionsbedingt ein Überangebot an geeignetem Verwaltungspersonal in der fusionierten Einheit besteht, bewerben sich Bedienstete auf ausgeschriebene Stellen bei anderen Ämtern.
- *Rationalisierungseffekte:* Den Einsparungen stehen zwar fusionsbedingte einmalige Investitionen gegenüber, die langfristige, jedoch schwer quantifizierbare Rationalisierungseffekte mit sich bringen. Fusionsbedingt wurden insbesondere durch das Zusammentreffen unter-

---

39 Vgl. dazu das Interview mit Stöfen, Abteilung für Kommunale Angelegenheiten, Ordnungsrecht Wahlen und Sport, Innenministerium des Landes Schleswig-Holstein vom 05.11.2010. Schriftliche Stellungnahme zu dem Telefoninterview.

schiedlicher EDV-Systeme oftmals neue und zugleich höherwertigere Produkte angeschafft. Dies kann als ein durch die Fusion ausgelöster Rationalisierungsschritt betrachtet werden, durch den sich zukünftig beachtliche Einsparungen realisieren lassen. Zudem fallen die Kosten für IT-Programme oftmals unabhängig von der Anzahl der Nutzerinnen und Nutzer an.

Negative Effekte

- *Reibungsverluste:* Während der Fusionsphase kam es vereinzelt zu Reibungen, die jedoch als typische Begleiterscheinung eines Strukturwandels zu interpretieren sind. Zwar gibt es in einzelnen Ämtern noch „Spannungen", ganz überwiegend haben die Ämter jedoch die Übergangsphase erfolgreich hinter sich gebracht
- *Intensität bestimmter Verwaltungstätigkeiten:* Die Ämter sind „Schreibstube" der Gemeinden und müssen daher die Protokolle der Gemeinderatssitzungen anfertigen. Das dafür zuständige Verwaltungspersonal empfindet die fusionsbedingte Häufung dieser Tätigkeit (mehr amtsangehörige Gemeinden pro Amt) oftmals als Belastung. Objektiv betrachtet ist kein administrativer Mehraufwand entstanden. Vor der Fusion hat sich die Teilnahme an den Sitzungen nur auf mehrere Verwaltungseinheiten verteilt.
- *Längere Wegzeiten für die Bürgerinnen und Bürger:* Während der Reformdiskussion wurde wiederholt das Argument vorgebracht, dass sich Wegstrecken zum Amt verlängern. Das ist eine Tatsache, die es aus Sicht des Landes jedoch zu relativieren gilt. Viele Bürgerinnen und Bürger gehen nur alle paar Jahre zum Amt, etwa um ihren Personalausweis verlängern zu lassen. Bei anderen Leistungen, etwa im Sozialhilfebereich, werden Bürgerinnen und Bürger häufiger das Amt aufsuchen. Inwiefern längere Wegstrecken die Bürgerzufriedenheit verändern, kann jedoch nicht beurteilt werden. Im Übrigen wird dieses „Problem" auch durch moderne Kommunikationsmittel zunehmend relativiert.
- *„Preis der Freiwilligkeit":* Ursprünglich wurde die Berücksichtigung von tatsächlich vorhandenen Verflechtungsbeziehungen bei den Verwaltungsfusionen empfohlen. Dadurch sollten auch so genannte „Kragenverwaltungen" – Ämter, die mit eigenständiger Verwaltung um eine ihrerseits eigenständig verwaltete Stadt liegen – reduziert werden, etwa durch Fusion von Verwaltungen der zentralen Orte mit ihren Umlandgemeinden. Dieser Aspekt rückte zugunsten der freien Fusionspartnerwahl zum Teil etwas in den Hintergrund. Von den zentralen Orten wird dies gegenwärtig nach wie vor kritisiert, zumal Verwaltungen in ländlichen Gebieten in mehreren Fällen mit entsprechend strukturierten Verwaltungen fusioniert haben.

5.3 Folgerungen für Österreich

Das Beispiel Schleswig-Holstein zeigt, dass

- auf dem Weg zur Schaffung von neuen (und hier politisch) gewünschten Strukturen allein auf Freiwilligkeit zu setzen, nicht zu den gewünschten Veränderungen führt, es vielmehr einer klaren Entwick-

lungsstrategie bedarf, die zwar Elemente der Freiwilligkeit beinhalten kann, aber letztlich auch klare Konsequenzen sichtbar macht;
- insbesondere auch Verwaltungsstrukturreformen als Zusammenschlüsse zu größeren Verwaltungseinheiten nennenswerte Einsparungen bringen können und die Bürgernähe dadurch nicht zwangsläufig leiden muss;
- eine Reform der Gemeinden in einen gesamtstaatlichen Gesamtreformzusammenhang zu stellen ist.

6. Das Beispiel Dänemark

In den öffentlichen Diskussionen in Österreich wurde immer wieder auf die Reformerfolge in Dänemark verwiesen. Dies nicht zu unrecht, ist es dort gelungen, eine umfassende, *alle* Staatsebenen betreffende Neugestaltung des öffentlichen Sektors zu realisieren, die zum einen eine tief greifende Fusionsstrategie, ergänzend aber auch verpflichtende Kooperationen, sowohl auf Gemeindebene als auch zwischen Gemeinden und Regionen, beinhaltet.

Umfassende Gemeindegebietsreformen fanden in Dänemark erstmals in den 1970er Jahren statt. Im Jahr 2005 bekam die Reformdiskussion in Dänemark neuen Auftrieb durch eine Veröffentlichung der dänischen Strukturreformkommission (Commission of Administrative Structure)[40], in der die Größe der Gemeinden und Bezirke kritisiert wurde, weil nach wie vor einige als zu klein angesehen wurden, um den Leistungsanforderungen des Gesetzgebers gerecht werden zu können (Performance-Orientierung der Reform). Auch wurde die Aufgabenverteilung zwischen Staat, Bezirken und Gemeinden als nicht zufriedenstellend bewertet, weil durch eine zunehmende Dezentralisierung die Verantwortung für einzelne Aufgaben auf verschiedene dezentrale Einheiten verteilt wurde, was wiederum das Risiko von Zuständigkeits-/Verantwortungs-„Grauzonen“ erhöhte und die Sicherstellung einer konsistenten und koordinierten Vorgehensweise bzw. Bemühungen der dezentralen Leistungsträger erschwert. Zuletzt wies die Kommission auf die Doppelgleisigkeiten in einigen Aufgabengebieten hin, die die Koordination und Prioritätensetzung sowie die Steigerung der Effizienz bei der Aufgabenerledigung und die Verbesserung der Qualität der Dienstleistungen erschweren.[41]

Die dänische Strukturkommission empfahl daher eine weitgehende Reform des öffentlichen Sektors, mit drei Schwerpunkten: (1) eine Gebietsreform, (2) eine Aufgabenreform und (3) eine Finanzausgleichs respektive Fiskalreform.

Letztlich beschlossen und umgesetzt wurde das so genannte „Modified state model“, das folgende zentrale Reformelemente beinhaltet:
- *Abschaffung der Bezirke/Landkreise:* Die früheren Bezirke wurden zugunsten einer neuen Gebietskörperschaftsebene, den Regionen (Gebietskörperschaft mit politischer Instanz), abgeschafft. Aus den ur-

40 Vgl. dazu: The Ministry of the Interior and Health: government, 2005.
41 Vgl. dazu: The Ministry of the Interior and Health: government, 2005, p. 7.

sprünglich 13 Bezirken wurden zuletzt fünf Regionen. Diese haben im Vergleich zu den früheren Bezirken keine Steuerhoheit mehr und finanzieren sich aus Pflichtbeiträgen von Gemeinden und dem Staat (Fonds).

- *Gemeindegebiets-/umfassende Gemeindestrukturreform:* Ziel der Reform war es, die kleinteilige Gemeindestruktur zu überwinden und Gemeinden mit zumindest 20.000 EW (Mindestgröße; empfohlene Größe 30.000 EW) zu schaffen. Alle Gemeinden, die unter diesen Größenvorgaben lagen, hatten zwei Optionen: Sie konnten sich entweder Fusionspartner suchen und damit die geforderte Mindestgröße von 20.000 EW erreichen. Alternativ hatten die Gemeinden aber auch die Möglichkeit, verbindliche und dauerhafte Kooperationen mit Nachbargemeinden einzugehen. In diesem Fall war jedoch eine Mindestgröße von 30.000 EW zu erreichen. Die Partnersuche verlief bis auf zwei Gemeinden rasch und ohne Komplikationen.[42]

Seit Abschluss dieser Reformmaßnahmen gibt es in Dänemark nur mehr 98 Gemeinden mit durchschnittlich 55.200 EW, wobei allein 65 durch Gemeindefusionen entstanden sind; sieben Gemeinden unter 20.000 EW sind verpflichtende Partnerschaften mit anderen Gemeinden eingegangen.[43]

Zur Neuverteilung der Aufgaben zwischen der staatlichen, regionalen und kommunalen Ebene wurden insgesamt 50 einzelne Gesetze verabschiedet. Auf der regionalen Ebene reduzierte sich der Aufgabenumfang. Etwas mehr als die Hälfte wurde auf die staatliche Ebene und der Rest auf die kommunale Ebene verlagert. Zusätzliche Aufgaben der Gemeinden gibt es in den Bereichen Gesundheit, Beschäftigungspolitik, Sozialleistungen/-fürsorge, Bildung (Spezialbereiche), Wirtschaft, Transport- und Infrastrukturbereich, Umwelt und Kultur.

Den Regionen obliegen primär Aufgaben mit regionalem Bezug. Dazu zählen die Bereiche Gesundheit, Stadtentwicklung und Stadtplanung, Straßenbau, Versorgungsleistungen und Entsorgungsleistungen und öffentliche Investitionen.[44] Um die funktionalen Überschneidungen zwischen den Gemeinden und den Regionen beispielsweise im Gesundheitssektor zu bewältigen, müssen die Gemeinden und Regionen – vor dem Hintergrund der Vorgaben der zentralstaatlichen Ebene – verbindliche Kooperationen eingehen.[45]

6.1 Folgerungen für Österreich

Die Reformbemühungen in Dänemark sind für die österreichische Diskussion insofern anregend, als

- es in Dänemark gelungen ist, einen gesamthaften Strukturreformansatz zu realisieren, der die Aufgaben und Finanzierungsbeziehungen zwischen allen Ebenen betrachtet und konsequent optimiert hat;

42 Vgl. dazu: Mouritzen: Denmark, 2007, p. 20ff. The Ministry of the Interior and Health: government, 2005, p. 29.
43 Vgl. dazu: The Ministry of the Interior and Health: government, 2005, p. 16.
44 Vgl. dazu: Mouritzen: Denmark, 2007, p. 11.
45 Vgl. dazu: The Ministry of the Interior and Health: government, 2005, p. 29.

- es durch die Schaffung von größeren Gemeindeeinheiten auch zu einer Aufwertung der Gemeinden durch die Übertragung von Aufgaben von oben nach unten gekommen ist;
- die Einnahmenautonomie auf der Ebene der Gemeinden gesteigert wurde.

7. Österreich: Ein Land zwischen Reformrhetorik und strukturkonservativem Stillstand?

Liest man Hans Rauschers eingangs von mir zitierten Beitrag heute, dann stellt sich einmal mehr die Frage, ist der öffentliche Sektor in Österreich unfähig zu Veränderungen? Auch eine – wie auch immer man sie bewerten will – Umfrage der Kronen-Zeitung ist nicht besonders ermutigend:

Abbildung 1: Polit-Barometer

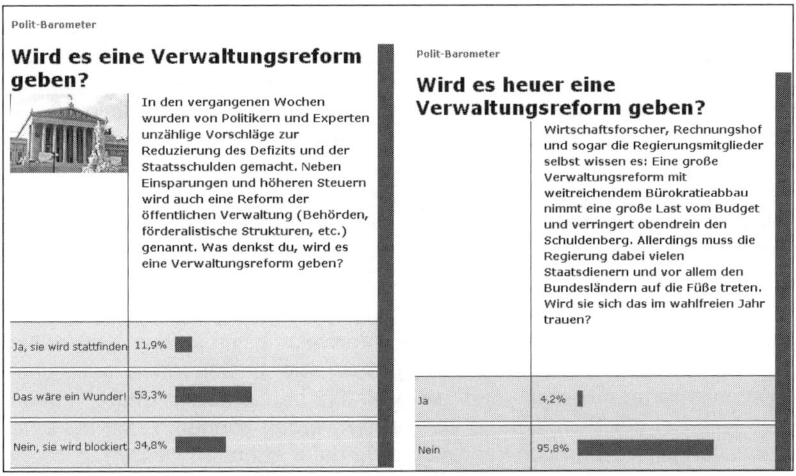

Quelle: http://www.krone.at/Kaernten/Wird_es_eine_Verwaltungsreform_geben-Polit-Barometer-Abstimmung-2571 [Download: 09.03.2011]

Mit Interesse blickt man denn auch hierzulande auf erfolgreiche Veränderungen in anderen Ländern.

8. Entwicklungsperspektiven der Gemeinden

Welche Schlüsse können aus dem oben Dargestellten für die Weiterentwicklung des Gemeindesektors in Österreich gezogen werden?

Zunächst: Eine Debatte über die optimale Gemeindegröße als Voraussetzung für Strukturreformen zu führen, ist nicht zielführend, weil unergiebig. Strukturreformen in einzelnen Gemeindegrößenklassen konkreter als bisher anzugehen, erscheint mir gleichwohl sinnvoll zu sein. Ein gutes Argument hierfür liefern unter anderem die oben genannten Studienergebnisse[46], wonach insbesondere auf der Ebene der Kleinstgemeinden

46 Vgl. dazu: Pitlik: Gemeindestruktur, 2010.

(bis 1.000 EW) jedenfalls eine Chance zu Effizienzsteigerungen durch größere Einheiten gegeben wäre. Ein zweites – hierzulande jedoch nicht näher untersuchtes – Argument wäre die administrative Leistungsfähigkeit von Kleinstverwaltungen. Dies war letztlich das entscheidende Moment für Strukturreformen im deutschen Bundesland Schleswig-Holstein, die am Ende aber auch zu maßgeblichen Einsparungen führen konnten.

Welcher Weg zu Strukturreformen dabei geeigneter ist, möchte ich hier offen lassen.[47] Grundsätzlich bieten sich hierfür die Gemeindefusion oder aber die verpflichtende Verwaltungskooperation an. Beide Wege sind steinig.

Für eine Fusion spricht[48], dass diese klare und eindeutige, und auf Dauer belastbare (einfachere) Strukturen schaffen, die – wenn etwa kleine Gemeinden fusionieren – leistungsfähiger und professioneller sind und eine einfachere Steuerung ermöglichen, weil keine zwischen mehreren autonomen Gemeinden abgestimmte Entscheidungen herbeigeführt und vollzogen werden müssen. Auch bieten sich als Chance eine Aufwertung der Funktion des zukünftigen Gesamtbürgermeisters, eine Professionalisierung der Verwaltung und größere Handlungsspielräume gegenüber dem Status quo. Aus der Perspektive der Länder bieten Fusionen die Chance auf leistungsfähigere Gemeindeverwaltungen. Größere Gemeinden könnten wiederum mehr Gewicht im föderalen Staatsaufbau haben. Aber auch aus dem Blickwinkel der lokalen Demokratie bietet die Fusion die Chance, dass eine klare erprobte Struktur – aber eben eine größere – geschaffen wird, die im Gegensatz zu intransparenteren Kooperationen eindeutig demokratisch legitimiert sind.

Für die verpflichtende Verwaltungskooperation spricht insbesondere, dass größere und leistungsfähiger Verwaltungsstrukturen geschaffen werden können, ohne dass zwangsläufig die bestehenden politischen Systeme infrage gestellt und die vielfach befürchteten Entfremdungsnachteile bei der Bevölkerung vermieden werden können. Auch bei einer Verwaltungskonzentration kann Vorsorge dafür getroffen werden, dass die Bürgerinnen und Bürger einen einfachen Zugang zu ihrer Gemeindeverwaltung bekommen. Hierfür bieten sich – je nach Größe der Gemeinden – dauerhafte oder auch temporäre Bürgerservice-Dependencen in den Gemeinden oder auch mobile Services an.

Allerdings müssten auf dem Weg zu größeren Verwaltungseinheiten noch einige rechtliche Hürden beseitigt werden: Denn eine sinnvolle Kooperationsform wäre etwa die Bildung von Gemeindeverbänden. Dies

---

47 In der Steiermark wurde ein konkreter Prozess gestartet und hierzu eine Gemeindereformgruppe (inkl. Arbeitsgruppen) ins Leben gerufen, deren Aufgabe es ist, Kooperationen sowohl auf kleinregionaler als auch auf großregionaler Ebene und Ausgestaltung der Förderrichtlinien zu intensivieren, Modelle für unterschiedliche Gemeindestrukturen inklusive des dafür notwendigen Prozessablaufes zu erarbeiten, eine Argumentationshilfe für die Verhandlungen zum Finanzausgleichsgesetz 2013 zu erstellen und zuletzt Maßnahmen zur Senkung der Kostenprogression bei den Sozialausgaben zu entwickeln. Vgl. dazu: http://www.landespressedienst.steiermark.at/cms/beitrag/11398702/29767960/ [Download: 20.02.2011].

48 Vgl. dazu: Wirth: Fusion, 2010.

macht aber als breit angelegte Verwaltungskooperation nur dann Sinn, wenn die vielfach empfohlenen Mehrzweckverbände auch in Österreich endlich möglich wären.[49] Eine zweite – aber ungleich komplexere – Alternative wäre darin zu sehen, die in der Verfassung (Art. 120 BVG) bereits seit längerem vorgesehene Gebietsgemeinde inhaltlich und rechtlich mit Leben zu erfüllen und damit neue Formen der Gemeindekooperation zu ermöglichen.

Daraus folgt nach meinem dafürhalten: wenn überhaupt eine Bereitschaft zu Strukturveränderungen besteht, dann wäre der Weg über Fusionen der jedenfalls „sauberer" und vielleicht sogar einfachere Weg, weil prinzipiell auch jetzt schon umsetzbar.

9. Entwicklungsperspektiven der Bezirksverwaltungsbehörden

Wenn also eine Auflassung der Bezirksverwaltungsbehörden an sich nicht gewünscht ist, ist dann die Reduktion der Anzahl und die Anpassung der Größenstrukturen die einzig machbare Entwicklungsperspektive? Wohl kaum, aber eine einfach zu kommunizierende und pragmatische Lösung.

Fakt ist, dass die Struktur der Bezirksverwaltungsbehörden in Österreich nach wie vor sehr unterschiedlich ist – Einwohnerinnen und Einwohner, zugehörige Gemeinden, Fläche – und durch eine Österreichweite Nivellierung Behördenstandorte eingespart und die verbliebenen größeren qualitativ aufgewertet werden könnten. Das Argument der räumlichen Erreichbarkeit ist angesichts des hohen Mobilitätsgrades in Österreich kein wirkliches KO-Kriterium mehr. Würde man etwa als Mindestgröße zumindest 100.000 EW festlegen, dann bedeutet das beispielsweise für Niederösterreich, dass von insgesamt 21 Bezirken, mehr als 75 Prozent mit anderen Standorten zusammengelegt werden müssten – oder auch könnten. Dabei sind die vielen zusätzlichen Außenstellen der Bezirksverwaltungsbehörden noch gar nicht mit eingerechnet.

Die Reformrendite – geringere Standortkosten, Effizienzgewinne durch bessere Auslastung – könnten dem System erhalten bleiben und vermehrt dort eingesetzt werden, wo bereits heute aufgrund fehlender Mittel die Leistungsfähigkeit der Landesverwaltungen eingeschränkt ist. Zu nennen wäre etwa der Bereich der Jugendwohlfahrt oder die sozialen Hilfen für eine zunehmend ältere Bevölkerung.

Wem die Nivellierung der Größenstruktur von Bezirksverwaltungsbehörden zu weit geht, dem bieten sich aber noch weitere Reformbereiche an.

- Zunächst könnte das bestehende Nebeneinander von Bezirksbehörden und Statutarstädten aufgelöst werden, indem die Agenden der Bezirksverwaltungsbehörden in die örtlichen Magistrate eingegliedert werden.

49 In Schleswig-Holstein war die Reform letztlich auch nur möglich, weil es mit den so genannten „Ämtern" eine Kooperationsform gab, die ähnlich einem Mehrzweckverband, eine Bündelung von Verwaltungsagenden ermöglicht hat. Zur rechtlichen Situation der Ämter vgl.: http://www.gesetze-rechtsprechung.sh.juris.de/jportal/?quelle=jlink&query=AmtsO+SH&psml=bsshoprod.psml&max=true&aiz=true [Download: 09.03.2011].

Dies würde allein in Niederösterreich vier Behördenstandorte betreffen, denn häufig liegen beide Behörden nur einen Steinwurf voneinander entfernt und die von der BH zu betreuenden Gemeinden sowie Bürgerinnen und Bürgern im direkten Umland einer Statutarstadt (z.B. BH Urfahr Umgebung mit Linz).

- Kritikerinnen und Kritiker werden einwenden, dass die Strukturbereinigungen ohne eine gleichzeitige Aufgabenkritik zu kurz greifen. Dem ist prinzipiell zuzustimmen. Parallel zu Überlegungen die Größenstruktur von Behörden zu verändern, täte auch eine Vereinheitlichung auf dem Gebiet der Leistungserbringung Not. Selbst innerhalb eines Bundeslandes gibt es vielfach keine einheitlichen Standards für den Vollzug von Landesgesetzen (z.B. Standards für Betriebsanlagengenehmigungen). Dass es hier in den letzten Jahren durchaus positive Veränderungen gegeben hat (z.B. im Burgenland mit dem Produktkatalog und den dahinter liegenden Standardprozessen) soll hier nicht ungenannt bleiben; allein es sind Einzelinitiativen geblieben.
- Eine Neuorganisation der Bezirksstrukturen bietet aber auch – und das zeigt gerade das Beispiel der Steiermark – die Chance die weiteren Landesverwaltungsstrukturen ebenfalls zum Gegenstand von Reformüberlegungen zu machen und diese im besten Fall an die neuen administrativen Strukturen anzupassen. Denn der Grundsatz, dass die Bezirkshauptmannschaften als umfassend zuständige erstinstanzliche Behörden der allgemeinen staatlichen Verwaltung fungieren, ist nach wie vor nicht durchgehend verwirklicht. Teilweise werden auf Landesebene parallel zu den Bezirken Einrichtungen des Bundes (z.B. Bundessozialämter, Arbeitsinspektorate, Bundesdenkmalamt, Wildbach- und Lawinenverbauung) tätig. Aber auch die eigentliche Landesverwaltung leistet sich teilweise parallele Standortstrukturen (z.B. im Straßenbau), deren Eingliederung in größere und leistungsfähigere Bezirkshauptmannschaften vorzusehen wäre.

Auch wenn die internationalen Beispiele nicht 1:1 auf Österreich übertragbar sind, geben sie klare Hinweise darauf, was machbar ist, wenn der entsprechende politische Wille vorhanden ist. Das soll Hoffnung geben, aber auch ein Appell an die Verantwortung der politisch Verantwortlichen sein, Mut zur Veränderung zu zeigen. Denn was offensichtlich am meisten fehlt, sind nicht die Ideen, wie es grundsätzlich gehen könnte, sondern ein insgesamt positives Reformklima und eine auf allen föderalen Ebenen gleichermaßen sichtbare Aufbruchstimmung, Neues zu wagen und Überkommenes nachhaltig zu verändern. Und statt öffentlich darüber zu diskutieren, wie man diese Ideen konkret zum Wohle aller umsetzen kann, wird – so mein Eindruck – vielfach nur mehr darüber nachgedacht, warum es gerade nicht geht. Und nach wie vor gelingt es den Vertreterinnen und Vertretern von Partikularinteressen im politischen System besser ihre individualistischen Interessen gegenüber den allgemeinen durchzusetzen. Doch wie hat schon Heraklit von Ephesos festgestellt: *„Alles fließt"* und vielleicht wird aus dem derzeitigen Rinnsal der Veränderung bald schon ein schöner Fluss!

Margit SCHRATZENSTALLER

Nachhaltige Steuerpolitik

Die öffentliche Hand finanziert ihre Aktivitäten überwiegend aus Steuerzahlungen der Unternehmen und privaten Haushalte sowie aus Beiträgen (vor allem zu den einzelnen Zweigen der gesetzlichen Sozialversicherung). Die Abgabenquote und damit der Anteil der Wirtschaftsleistung, der über die öffentlichen Haushalte umverteilt wird, beläuft sich in Österreich auf über 40 Prozent. Eine Abgabenleistung von Unternehmen und privaten Haushalten in dieser Größenordnung kann einen beträchtlichen Einfluss auf deren Entscheidungen ausüben. Eine am Leitprinzip der Nachhaltigkeit orientierte Politik muss daher nicht nur auf die Struktur der öffentlichen Ausgaben, sondern auch der Abgaben großes Augenmerk legen.

1. Anforderungen an eine nachhaltige Steuer- und Abgabenpolitik

Eine nachhaltige Steuer- und Abgabenpolitik befindet sich im Spannungsfeld zwischen der ökonomischen, der sozialen und der ökologischen Dimension der Nachhaltigkeit. In dieses Dreieck der Nachhaltigkeit lassen sich die traditionellen Ziele der und Anforderungen an die Steuer- und Abgabenpolitik einpassen.[1] Zur ökonomischen Nachhaltigkeit gehört grundsätzlich die Neutralität der Besteuerung auf effizienten Märkten, das heißt, die Minimierung von steuerlichen Verzerrungen ökonomischer Entscheidungen – etwa über Investitionen, Arbeitsangebot, Humankapitalbildung oder Ersparnisse. In Bereichen des Marktversagens dagegen, in denen das Marktgeschehen zu ineffizienten Resultaten führt, das heißt, das Niveau bestimmter Produktions- oder Konsumaktivitäten aus gesamtgesellschaftlicher Sicht zu hoch oder zu niedrig ist, können Steuern und Abgaben zur Erreichung gesamtgesellschaftlich optimaler Ergebnisse beitragen: in Form von Steuerbegünstigungen, die erwünschte Verhaltensweisen (etwa Bildung oder Forschung) fördern, oder von Lenkungssteuern, die unerwünschte Aktivitäten eindämmen (etwa den Verbrauch gesundheitsschädlicher Konsumgüter oder Energie- und Umweltverbrauch). Der letztgenannte Aspekt stellt die Verbindung zur ökologischen Nachhaltigkeit her: Ein ökologisch nachhaltiges Steuer- und Abgabensystem unterstützt die Erreichung umweltpolitischer Ziele, indem es auf ökologisch kontraproduktive steuerliche Regelungen möglichst verzichtet und das marktwirtschaftliche Instrument der Umweltsteuern gezielt als Ergänzung des übrigen (monetären wie nicht-monetären) umweltpolitischen Instrumentariums einsetzt. Ein sozial nachhaltiges Abgabensystem schließlich beachtet auch die verteilungspolitische Dimension, konkret die individuelle Leistungsfähigkeit (gemessen insbesondere am Einkommen

1 Vgl. zu einem kurzen Überblick über die Ziele der Besteuerung: Schratzenstaller: Finanzierung, 2008, S. 180-191.

und Vermögen) als Maßstab für eine „gerechte“ Verteilung der Steuerlast auf die Steuersubjekte.

Die drei Nachhaltigkeitsdimensionen stehen auch in Bezug auf die Steuer- und Abgabenpolitik nicht in einem konfliktfreien Verhältnis. Ein Beispiel sind Umweltsteuern, die positive Umwelt-, aber auch mögliche unerwünschte Verteilungswirkungen auslösen. Es gibt allerdings durchaus auch Zielharmonien: So hat eine mäßige Besteuerung der Arbeitseinkommen besonders in den unteren Einkommensbereichen nicht nur positive Verteilungs-, sondern auch Beschäftigungswirkungen, da in diesen Einkommensbereichen mögliche negative steuerliche Anreizwirkungen auf das individuelle Arbeitsangebot besonders hoch sind. Wenn Steuern mehrere positive Effekte kombinieren, spricht die neuere Literatur von mehrfachen Dividenden. So erwartet etwa Sandmo[2] eine dreifache Dividende von Umweltsteuern: positive Umwelteffekte, Ersatz von Steuern mit verzerrenden Wirkungen und Einnahmen für internationale Anliegen wie etwa Entwicklungshilfe.

2. Nachhaltigkeitsdefizite im österreichischen Abgabensystem

Die österreichische Abgabenstruktur weist aus Nachhaltigkeitssicht Defizite auf. Das Gewicht der Abgaben auf die Arbeit (Sozialversicherungsbeiträge und weitere Steuern auf die Lohnsumme, z.B. Kommunalsteuer, FLAF- und Wohnbauförderungsbeitrag) ist – selbst ohne Berücksichtigung der Lohnsteuer – überdurchschnittlich hoch und steigend (siehe Abbildung 1).

Abbildung 1: Abgabenstruktur Österreichs im Vergleich mit den EU-15 1980 und 2008 – Anteile unterschiedlicher Abgabenkategorien am BIP in Prozent

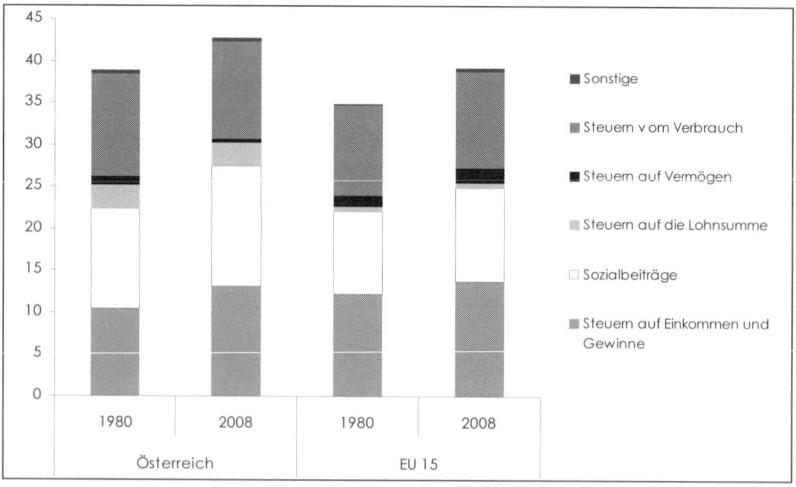

Quelle: OECD: Revenue Statistics 1965-2009, 2010

2 Vgl. dazu: Sandmo: Taxation, 2003.

Sozialversicherungsbeiträge und sonstige lohnsummenbezogene Abgaben sind in Österreich zwischen 1980 und 2008 von 14,7 Prozent auf 17,1 Prozent des BIP gestiegen und weisen damit im Vergleich zum Durchschnitt der EU-15 – Anstieg von 10,4 Prozent auf 11,8 Prozent des BIP im selben Zeitraum – eine vergleichsweise große Dynamik auf. Dagegen spielen vermögensbezogene Steuern (primär Grund- und Grunderwerbsteuer, Kapitalverkehrsteuer und bis August 2008 Erbschafts- und Schenkungssteuer) eine geringe und abnehmende Rolle: Ihr Anteil ging in Österreich im Betrachtungszeitraum von 1,1 Prozent auf 0,5 Prozent des BIP zurück. Gegenläufig ist die Entwicklung im EU-15-Durchschnitt, wo vermögensbezogene Steuern von 1,5 Prozent 1980 auf 1,9 Prozent des BIP 2008 zugenommen haben. Entsprechend weicht die Zusammensetzung der Gesamtabgaben in Österreich vom EU-15-Durchschnitt ab (siehe Abbildung 2).

Abbildung 2: Abgabenstruktur Österreichs im Vergleich mit den EU-15 1980 und 2008 – Anteile unterschiedlicher Abgabenkategorien an den Gesamtabgaben in Prozent

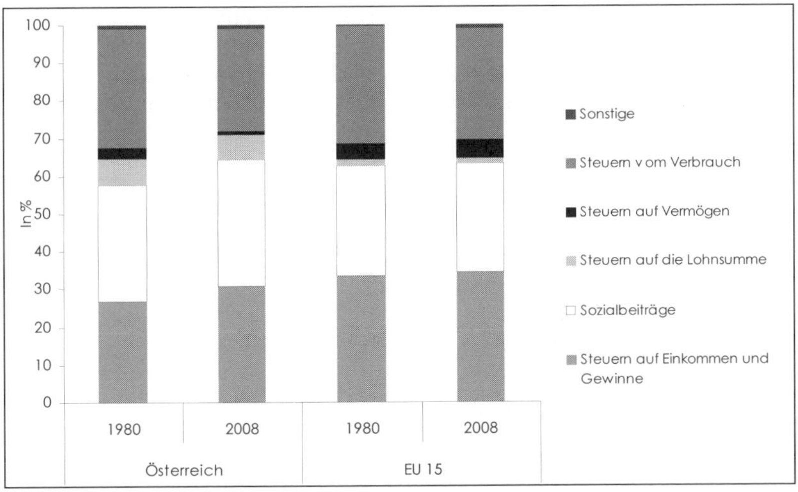

Quelle: OECD: Revenue Statistics 1965-2009, 2010

Arbeitsbezogene Abgaben machen 2008 40 Prozent des gesamten Abgabenaufkommens aus, gegenüber 37,9 Prozent 1980; der Beitrag der vermögensbezogenen Abgaben zum gesamten Abgabenaufkommen ist dagegen von 2,9 Prozent auf 1,3 Prozent gesunken. Im Durchschnitt der EU-15 ist der Anteil der Abgaben auf die Arbeit langfristig mit etwa 30 Prozent der Abgabeneinnahmen konstant, wogegen jener der vermögensbezogenen Steuern von 4,2 Prozent auf 5 Prozent gestiegen ist.

Vor dem Hintergrund aktueller empirischer Ergebnisse, wonach arbeitsbezogene Abgaben besonders starke negative Wachstums- und Beschäftigungswirkungen haben, vermögensbezogene Steuern dagegen die relativ wachstums- und beschäftigungsfreundlichste Abgabenkategorie bilden,[3] ist diese Entwicklung der ökonomischen Nachhaltigkeit des Abgabensystems nicht förderlich. Aber auch der sozialen Nachhaltigkeit wird durch den Bedeutungsverlust vermögensbezogener Steuern, der im Gegensatz zur zunehmenden Vermögensakkumulation und Vermögenskonzentration steht, nicht ausreichend Genüge getan.

Tabelle 1: Anteil der Ökosteuern am BIP bzw. Steueraufkommen in Österreich

	1995	2000	2005	2006	2007	2008	2009
Ökosteuern in Mio. Euro	3.889,1	5.444,7	6.897,3	6.852,7	7.084,6	7.278,2	7.140,8
Anteil Umweltsteuern am BIP nominell in Prozent	2,2	2,6	2,8	2,7	2,6	2,6	2,6
Anteil Umweltsteuern an Steuereinnahmen in Prozent	5,4	6,0	6,7	6,4	6,2	6,0	6,1

Quelle: Statistik Austria, WIFO, eigene Berechnungen Margit Schratzenstaller

Wie Tabelle 1 zeigt, ist gleichzeitig in den letzten Jahren ein abnehmender Beitrag der Umweltsteuern zur Finanzierung der öffentlichen Haushalte zu beobachten: Der Anteil der Ökosteuern am BIP, der 2005 mit 2,8 Prozent des BIP einen Höchststand erreicht hatte, stagniert bei 2,6 Prozent des BIP. An den Gesamtsteuereinnahmen (ohne Sozialversicherungsbeiträge) von Bund, Ländern und Gemeinden machen die Ökosteuern 2008 noch gut 6 Prozent aus, nach 6,7 Prozent 2005.

Abbildung 3: Einnahmen aus Umweltsteuern 2008, Prozent der Abgabeneinnahmen insgesamt

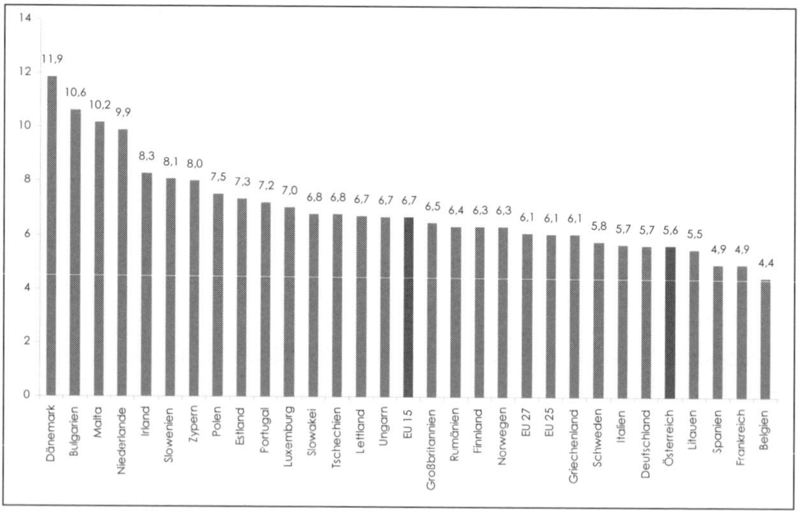

Quelle: Eurostat Datenbank

3 Vgl. dazu: Johansson et al.: Taxation, 2008. OECD: Reform, 2010.

Damit befindet sich Österreich 2008 bezüglich des Beitrags der Umweltsteuern zu den Gesamtabgabeneinnahmen auf dem 23. Platz unter den 27 EU-Mitgliedsländern (siehe Abbildung 3).

Die dargestellten Verschiebungen in der Abgabenstruktur sowie deren Abweichung vom EU-Durchschnitt spiegeln sich in den impliziten makroökonomischen effektiven Steuersätzen wider, die die effektive Abgabenbelastung der großen makroökonomischen Steuerbasen wiedergeben (siehe Tabelle 2). Während die Arbeitseinkommen in Österreich eine weit überdurchschnittliche und gegen den Trend steigende Abgabenlast tragen, sinkt jene auf Kapital ebenfalls gegen den Trend und liegt unter dem Durchschnitt der Eurozone und nur leicht über dem Durchschnitt der EU-25. Die realen, das heißt, deflationierten, impliziten österreichischen Steuersätze auf Energie sind zwischen 2000 und 2008 gestiegen und liegen über dem EU-Durchschnitt, allerdings im Jahr 2008 auch unter dem in Österreich 2004 erreichten Höchststand.

Tabelle 2: Implizite makroökonomische effektive Steuersätze

	Verbrauch (%)		Energie (€)		Arbeit (%)		Kapital (%)	
	2008 1)	2000/2008 2)	2008 3)	2000/2008 2)	2008 4)	2000/2008 2)	2008 5)	2000/2008 2)
Österreich	22,1	0,0	150,2	8,4	41,3	1,2	27,3	-0,3
EU-25	21,4	0,4	136,5	8,7	34,6	-1,2	26,5	1,0
EA-16	20,8	0,3	141,0	7,9	34,4	0,0	28,0	0,6

1) Verbrauchssteuern/privater Konsum
2) Veränderung in Prozentpunkten
3) Energiesteuern in € pro Tonne Erdöläquivalent, deflationiert mit der kumulierten Prozentveränderung des Verbraucherpreisindex (Basisjahr 2000)
4) Einkommensteuer, Lohnsteuer, Sozialversicherungsbeiträge/Arbeitnehmerentgelte
5) Steuern für private Haushalte und Unternehmen auf Bestand, Erträge und Transaktionen von Vermögen und Unternehmensgewinne/weltweites Gewinn- und Vermögenseinkommen privater Haushalte und Unternehmen

Quelle: European Commission: Taxation trends in the European Union, 2010

3. Ansatzpunkte für die Stärkung der Nachhaltigkeit des österreichischen Abgabensystems

Inzwischen liegen recht detailliert ausgearbeitete Vorschläge zur Stärkung der Nachhaltigkeit des österreichischen Abgabensystems vor, etwa die Studien des WIFO zu Optionen der Steuerreform aus dem Jahr 2008[4] oder zu Optionen der Budgetkonsolidierung aus dem Jahr 2010[5]. Generell zielen diese Vorschläge auf eine aufkommensneutrale Verschiebung der Abgabenbelastung weg vom Faktor Arbeit hin zu Umweltsteuern und weiteren Steuern auf „Public Bads" sowie zu bestimmten vermögensbezogenen Steuern ab.

Die beiden großen Steuerreformen des vergangenen Jahrzehnts – die Steuerreform 2004/05 sowie die Steuerreform 2009 – sind primär als Entlastungsreformen zu betrachten und enthalten relativ wenige nachhaltigkeitsfördernde Elemente.[6] Die ab 2011 greifenden Steuererhöhungen, die

4 Vgl. dazu: Aiginger u.a.: Steuerreform, 2008.
5 Vgl. dazu: Aiginger u.a.: Konsolidierung, 2010.
6 Im Rahmen der Steuerreform 2004/05 wurden die Erdgasabgabe und die Mineralölsteuer erhöht und eine Kohleabgabe eingeführt, gleichzeitig wurde Agrardiesel steuerlich entlastet. Vgl. zu Details: Breuss; Kaniovski; Schratzenstaller: Steuerreform, 2004, S. 627-643. Zur Steuerreform 2009/10 vgl.: Schratzenstaller: Steuerreform, 2010, S. 687-702.

fast die Hälfte des Konsolidierungspaketes des Bundes ausmachen, enthalten eine Reihe auch strukturell sinnvoller Maßnahmen.[7] So stammt jeweils ein Drittel der Mehreinnahmen, die im Vollausbau 2014 ein Volumen von € 2,3 Mrd. erreichen werden, aus der Erhöhung bestehender bzw. der Erhöhung neuer Umweltsteuern (Mineralölsteuer, Ökologisierung der Normverbrauchsabgabe, Abschaffung der Energieabgabenvergütung für Dienstleistungsunternehmen, Flugticketabgabe) sowie vermögensbezogener Steuern (Stabilitätsabgabe der Banken, Wertpapier-Kapitalertragsteuer). Auch wenn die positiven Effekte der Umweltsteuererhöhungen durch diverse Kompensationsmaßnahmen – Senkung der KFZ-Steuer für Spediteure, Erhöhung der Pendlerpauschale, Ausnahme des Agrardiesels von der Mineralölsteuererhöhung – etwas gedämpft werden, so können sie doch den Ausgangspunkt für eine mittelfristig aufkommensneutrale „ökosoziale" Abgabenstrukturreform bilden: Diese hätte die langfristige und stufenweise Erhöhung von Umweltsteuern und weiteren Steuern auf Aktivitäten mit unerwünschten individuellen und gesamtgesellschaftlichen Auswirkungen (Tabaksteuer, Alkoholsteuern, Steuern auf Glücksspiel) sowie die stärkere Ausschöpfung bestimmter vermögensbezogener Steuern (Grundsteuer, Erbschafts- und Schenkungssteuer, Finanztransaktionssteuer) zu beinhalten. Mit den erzielbaren Mehreinnahmen sollten die hohen arbeitsbezogenen Abgaben vor allem für untere und mittlere Einkommen gesenkt werden. Eine solche Abgabenstrukturreform impliziert eine Stärkung sämtlicher Dimensionen der Nachhaltigkeit. Der Ersatz lohnbezogener Abgaben durch vermögensbezogene Steuern verbesserte die Wachstums- und Beschäftigungsfreundlichkeit des Abgabensystems und verringerte das bestehende soziale Ungleichgewicht im Abgabensystem, das insgesamt kaum progressiv wirkt.[8] Die systematischere und intensivere Nutzung von Umweltsteuern als zweite wichtige Quelle zur Gegenfinanzierung von Senkungen der Abgaben auf den Faktor Arbeit erhöhte die ökologische Nachhaltigkeit des Abgabensystems. Elemente einer solchen Ökologisierung wären die schrittweise weitere Erhöhung von Mineralölsteuer und Energieabgaben, die stufenweise Reduktion der Energieabgabenvergütung für energieintensive Unternehmen sowie die Abschaffung weiterer ökologisch kontraproduktiver Steuerbegünstigungen, die (weitere) Ökologisierung der Steuern im Verkehrsbereich (KFZ-Steuer, motorbezogene Versicherungssteuer, Normverbrauchsabgabe) sowie die Einführung einer CO_2-Steuer.

---

7 Vgl. für Einzelheiten: Schratzenstaller: Bundesvoranschlag, 2011, S. 63-84.
8 Vgl. dazu: Guger u.a.: Umverteilung, 2009.

Wolfgang GRATZ

Die Zukunft des Verwaltungsmanagements

1. Die Studie

Im Rahmen einer Studie des Studiengangs Public Management der Fachhochschule Campus Wien wurden im Zeitraum November 2009 bis März 2010 43 Expertinnen und Experten zu Entwicklungstendenzen in der Bundesverwaltung befragt. Es handelte sich um 11 Frauen und 32 Männer, 21 „Verwaltungsexterne", darunter drei ehemalige Ministerinnen und Minister sowie 22 „Verwaltungsinterne", darunter sieben Sektionsleiterinnen und Sektionsleiter sowie vier Sektionsleiterstellvertreterinnen und Sektionsleiterstellvertreter. Die Interviews orientierten sich am Konzept des „Lösungsfocus".[1] Es wurde den interviewten Personen völlig freigestellt, welche inhaltlichen Fragen sie anschnitten und welche nicht.

Im Folgenden sei eine kurze Übersicht auf zentrale Ergebnisse wiedergegeben.

1.1 Visionen

Zur Frage: Was sind ihre Visionen, ihre positiven Bilder zur Bundesverwaltung, ergibt sich folgendes großes Bild:

- Das Ziel einer Bundesstaatsreform im Sinne von klarer Aufgabenverteilung ohne Doppel- und Mehrgleisigkeiten wird von der überwiegenden Mehrheit der Interviewten genannt.
- Es gibt eine hohe Übereinstimmung in Richtung auf eine entwicklungsorientierte, reaktionsschnelle, flexible, professionelle und bürgerorientierte Verwaltung.
- Zur grundsätzlichen Ausrichtung der Bundesverwaltung gibt es unterschiedliche Positionen: von einer betriebswirtschaftlich orientierten, mit der Privatwirtschaft voll konkurrenzfähigen Verwaltung bis hin zu einer Verwaltung, die Hüterin des Rechtsstaates und Garantin einer geordneten und kontinuierlichen gesellschaftlichen Entwicklung ist.
- Die Mehrheit der Interviewten wünscht sich eine Bundesverwaltung, die verbindet und integriert: effektives und effizientes Management, Bürgernähe, Orientierung an Anspruchsgruppen, Rechtsstaatlichkeit und über eine dementsprechende Organisationskultur verfügt.

  Konkrete Punkte hierzu sind unter anderem:

- erfolgreiche Umsetzung der Haushaltsreform, allgemein mehr Wirkungsorientierung und Arbeiten mit Zielvereinbarungen
- Nutzung moderner Kommunikationstechnologien (Web 2.0) in der Verwaltung und mit den Bürgerinnen und Bürgern
- klare und aufgabenbezogene Strukturen und Aufgabenverteilungen zwischen und in den Ressorts

---

1 Vgl. dazu: Jackson; McKergow: Focus, 2007.

- eine zentrale politische Verantwortung für Verwaltungsreform
- ein starkes strategisches Zentrum
- Strukturen, die weniger starr, aber klar sind
- gut funktionierende Kooperationen zwischen den Ressorts und mit anderen Institutionen und Organisationen des öffentlichen und privaten Sektors
- Es besteht die Vision einer langfristig ausgerichteten, nicht primär an der Tagesberichterstattung orientierten Politik, die die Verwaltung strategisch steuert ohne laufend in das operative Geschäft einzugreifen.
- Aufnahmeverfahren und Besetzung von Führungsfunktionen sind professionell organisiert und frei von politischen Einflussnahmen.
- Die Funktion der obersten beamteten Führungsebene der Bundesministerien wird einerseits verstanden als operative Umsetzung der strategischen Entscheidungen der Bundesminister.
- Zum anderen besteht aber auch die Erwartung, dass die Spitzenbeamten einen eigenständigen und selbstbewussten Part als Hüterin des Rechtsstaates, Wahrerin der Kontinuität und profunde Expertinnen und Experten der jeweiligen Materien und so eine aktive und langfristig orientierte Rolle für die Gestaltungs- und Ordnungsfunktion des Staates spielen.
- Von Beamtinnen und Beamten wird erwartet, dass sie unbestechlich, objektiv und selbstbewusst sind und sich nicht, auch nicht von Politikerinnen und Politikern, unter Druck setzen lassen, wenn es gilt, den Rechtsstaat und eine unparteiische Verwaltungsführung zu vertreten und zu verteidigen.
- Es gibt kein in sich geschlossenes Beamtenbild mehr, sondern unterschiedliche Rollenprofile. Es bestehen derzeit heterogene und teilweise auch widersprüchliche Erwartungen an die Beamtenschaft.

1.2 Ist-Zustand

Die überwiegende Mehrzahl der Interviewten sieht ihre Zukunftsvorstellungen aktuell nur sehr bedingt realisiert: auf einer Skala zwischen 0 bis 10[2] ergaben sich durchschnittlich bei den Expertinnen und Externen rund 3,6 (Streuung zwischen zwei und sechs), bei den Internen: rund 3,8 (Streuung zwischen 0 und 7,5).

Der Ist-Zustand wurde von den Interviewten differenziert eingeschätzt. An der Leistungserbringung der Bundesverwaltung wird zumeist relativ wenig Kritik geübt. Sie gilt als im internationalen Vergleich gut bis sehr gut vorzeigbar. Es wird folgendes anerkannt:

- Die Bediensteten sind im Allgemeinen gut bis sehr gut ausgebildet und befähigt.
- Es bestehen beruflicher Ethos, Korrektheit und Verfassungstreue.
- Die Bundesverwaltung sorgt für Stabilität.
- Es werden in unterschiedlichem Umfang positive Entwicklungen im Bereich der angewendeten Managementinstrumente, aber auch in der Verwaltungskultur gesehen.

2 10: vollständige Erfüllung der formulierten Vision, 0: überhaupt nichts realisiert

- Im Binnenbereich der Verwaltung gab und gibt es eine Vielzahl kleinerer und größerer Veränderungen bzw. Reformen. Die Instrumente moderner Verwaltungsführung sind grundsätzlich vorhanden. Der Großteil der Veränderungen war allerdings nicht in der Fläche, sondern auf Teilbereiche begrenzt.
- Die EU und internationale Kooperationen bzw. Vernetzungen haben in verschiedenen Bereichen einen Entwicklungsschub gebracht.

Als besonders hemmend werden angesehen:

- die – ebenfalls sehr häufig genannte – diffuse, aber eingriffsintensive Rolle der Ministerkabinette, die zunehmende Politisierung der Verwaltung, insbesondere bei Personalentscheidungen
- ein als zu groß und zu weitgehend empfundener Einfluss der Gewerkschaft Öffentlicher Dienst (GÖD) sowie der Personalvertretungen, der über die unmittelbare Vertretung von Dienstnehmerinteressen hinausgeht und sich auch auf inhaltliche Fragen öffentlicher Leistungen bezieht
- auf mehrere Ressorts zersplitterte und sich bei Regierungsbildungen jeweils verändernde Zuständigkeiten, die eine zügige Bewältigung gesellschaftlicher Probleme merklich behindern
- Auch innerhalb der Ressorts sind die Zuständigkeiten teilweise nicht an Klarheit und an der Aufgabe, sondern an anderen, auch politischen Kalkülen orientiert.
- Auf neue Herausforderungen wird bevorzugt mit Gesetzen reagiert. Es besteht eine Überreglementierung, die sowohl den Beamtinnen und Beamten wie den Bürgerinnen und Bürgern nicht zeitgemäße Fesseln auferlegen. Recht wird als Steuerungsinstrument überdehnt und überfordert.
- Die gewachsenen Strukturen und Normen werden schrittweise durch neue Regelungen ergänzt oder ersetzt, ohne dass es zu grundlegenden neuen, großen „Würfen“ kommt. Daher ist der Gesamtapparat auch für Insider nicht leicht, für Außenstehende kaum zu durchschauen.
- Eine markante strategische Untersteuerung geht mit operativer Übersteuerung Hand in Hand.
- Überkommene Organisationskulturen, Führungsgrundsätze und die Führungspraxis zeigen teilweise gegenüber den neuen Managementinstrumenten großes Beharrungsvermögen und Widerstandskraft.
- Das bestehende Organisations- und Managementverständnis ist nur schwerlich geeignet, komplexe Probleme integrativ über die Grenzen von Organisationseinheiten, Behörden, Gebietskörperschaften und unter Einbindung privatrechtlicher Organisationen (NPOs, NGOs, Unternehmen) zu bearbeiten. Es fehlen Konzeptionen und praktische Erfahrungen in Netzwerken sowie in Kooperations- und Verhandlungssystemen projektförmig neue Lösungen zu entwickeln und in Modellprojekten zu erproben.
- Gute Ideen versickern am Dienstweg. Starre Hierarchien erschweren die Kommunikation und Kooperation. Dies führt teilweise zu Frustration und Rückzugstendenzen.
- Die Bundesverwaltung wird als weitgehend hilf- und ratlos im Umgang mit Mitarbeiterinnen und Mitarbeitern mit größeren Leistungsproblemen

erlebt. Gleichzeitig ist sie zu wenig befähigt, positives Verhalten entsprechend zu verstärken.
- Das Dienstrecht wird allgemein in hohem Ausmaß als reformbedürftig erlebt. Gleichzeitig erscheint unter den gegebenen Rahmenbedingungen ein weit reichender Schritt unwahrscheinlich.
- Im Bereich der Führung gibt es zu wenig Zielsetzungen, Strategien, Regeln, Qualifikationen.
- Negative Elemente der Organisationskultur sind: zu hohe Orientierung an Macht und an Personen, zu wenig Sach- und Aufgabenorientierung, Intransparenz, zu wenig Offenheit und Reflexion, starke Beharrungselemente und mangelnde Flexibilität. Vor allem von den Externen wird die Verwaltung als nach wie vor zu innenorientiert, zu wenig aufgaben- und ergebnisbezogen und zu sehr an persönlichen Konstellationen und Machtkalkülen orientiert erlebt.

1.3 Prognose: in fünf Jahren

Wiewohl ein Großteil der Interviewten einen großen Reformbedarf (Reformstau) sieht, besteht insgesamt nur sehr wenig Optimismus für grundsätzliche Veränderungen.

- Die große Mehrheit erwartet ein: „Die Verwaltung wird dort stehen, wo sie heute steht" oder eine: „weiter wie bisher", also kleinere Reformschritte, aber nicht „große Würfe".
- Es wird angenommen, dass die Fortschritte in der IKT und die zunehmende Integration in der Europäischen Union Treiber der Entwicklung sein werden.
- Das Internet (Web 2.0) wird den Bürgerinnen und Bürgern Möglichkeiten geben, sich zu vernetzen und mehr Druck als bisher auf die Verwaltung auszuüben.
- Größere Hoffnungen werden in die Bundeshaushalts-Reform, ihre Wirkungsorientierung und den damit verbundenen Kulturwandel gesetzt. Es gibt die Hoffnung, dass die neue Budgetierung auch die Kopplung Politik-Verwaltung verbessert. Teilweise wird aber auch Skepsis bezüglich einer erfolgreichen Umsetzung geäußert.

1.4 Gesamtbild

- Letztlich entsteht ein ambivalentes Bild: Die österreichische Bundesverwaltung erbringt in verschiedenen internationalen Vergleichen eine hohe Lebensqualität für die Bürgerinnen und Bürger und einen attraktiven Standort für die Wirtschaft. Diese Leistungen werden jedoch mit beachtlichen Reibungsverlusten und (zu) hohen Kosten erbracht. Die Interviewten zeigen bemerkenswert geringes Vertrauen in die Problemlösungskapazität des politischen Systems, dem sie nicht zutrauen, die anstehenden großen Zukunftsfragen adäquat bearbeiten und lösen zu können.
- Die Interviews zeichnen ein überwiegend positives Bild von öffentlichen Dienst. Ihm wird zugeschrieben, traditionelle Beamtentugenden mit zeitgemäßen Arbeits- und Managementformen verbinden zu können. Es werden jedoch kulturelle (Binnenorientierung, Konfliktscheu) Verän-

derungs-Resistenzen und interessensbedingte Blockierungen negativ vermerkt. An den Nahtstellen zwischen Politik und Verwaltung wird eine Erosion festgestellt, die von grundsätzlichen Fragen der Steuerung bis zu Praktiken bei Personalentscheidungen reicht.

- Es gibt eine Reihe von Kommissionsberichten, Studien und wissenschaftlichen Analysen zur Verfasstheit und den Problemlagen der Strukturen und Kompetenzen des öffentlichen Sektors. Sie sind zumeist folgenlos und bilden Archivschichten, auf die wiederum nächste Schichten abgelagert werden.
- Grundsätze des Change Managements (Aufbau einer starken Führungskoalition, Entwickeln einer kraftvollen Vision, klare strategische Vorgaben und Partizipation in der operativen Umsetzung, Orientierung an Konsequenz und Nachhaltigkeit) sind nur selten konsequent realisiert.
- Es fällt schwer, etwas Bestehendes aufzugeben, fallen zulassen. Häufig bestehen Veränderungen darin, dass auf das Vorhandene etwas Zusätzliches aufgepfropft wird. Dies führt zu einer übergroßen, selbst für Insider schwer zu durchschauenden und handzuhabenden Komplexität (besonders ausgeprägt im Dienstrecht).
- Es besteht Scheu, zu zentralen Fragen der Leistungserbringung, der Arbeitsbeziehungen und der kulturellen Muster Selbstbeobachtung im Sinne differenzierter Diskurse und Analysen zu betreiben. Dies behindert die nachhaltige Weiterentwicklung der Bundesverwaltung wesentlich.
- Es gibt eine nur schwer überschaubare Fülle an Reformschritten und Veränderungsprozessen in Teilbereichen, aber auch in der Fläche.
- Zumeist handelt es sich hierbei um Veränderungen erster Ordnung (Verbesserung, Optimierung des bestehenden Systems) und nicht um Veränderung zweiter Ordnung (Veränderungen der grundlegenden Operationslogik des Systems, tief greifende Reform der Leistungserbringung, markante Entwicklungen der Organisationskultur).
- Veränderungen zweiter Ordnung, also „große Würfe", werden für die Zukunft nicht erwartet.

2. Folgerungen

Bisher wurde zu viel vorgeschlagen und zu wenig analysiert, zu viel reformiert ohne nachzudenken, zu sehr auf glatte Lösungen gesetzt , zu wenig Räume für die geduldige und fundierte Bearbeitung von Widersprüchen eröffnet.

Praxis wie Theorie haben sich zu sehr mit dem aktuell-modischen und zu wenig mit hinterfragenswerten systemischen Mustern, mit mentalen Modellen und Tiefenstrukturen auseinandergesetzt. Felder der Neugierde, der Nachdenklichkeit und der prozesshaften Gestaltung von tief gehenden Veränderungsprozessen liegen weitgehend brach.

Eine spezifische Auseinandersetzung mit dem real existierenden politisch-administrativen System und seiner fatalen Verklammerung zwischen von den Bundesländern gesteuerten Bundesparteien, parteipolitisch ausgerichteter Gewerkschaftsfunktionärinnen und Gewerkschaftsfunktionären, Personalvertreterinnen und Personalvertretern sowie öffentlich Bediensteten, die zu weiten Teilen politisch zugeordnet sind, ist bisher jedoch weit gehend unterblieben.

Es sind nicht Formen von Modell-Platonismus gefragt, sondern Studien erforderlich, die der Frage nachgehen, wie die gelebte Praxis des Regierens in Österreich aussieht und was erste Schritte zu seiner Destabilisierung in Richtung auf ein neues Gleichgewicht, das fairer, nachhaltiger und wirksamer ist, sein könnten.

Es macht wenig Sinn, an der Spitze der Pyramide zu arbeiten, wenn deren Fundamente und unteren Schichten instabil sind.

Es gibt Gründe, sich weniger mit „nice to haves", sondern mit „musts" zu beschäftigen, also mit Problemen, die ziemlich bedrohlich werden können, wenn sie nicht angegangen werden. Im Folgenden sei darauf näher eingegangen.

2.1 Es ist möglich, dass die Zukunft sehr hart wird

Die systemischen Ursachen der Finanzkrise, die durch Platzen einer durch Finanzderivate hochgetriebenen Spekulationsblase entstanden ist, sind keineswegs überwunden. Eine neuerliche Krise in einigen Jahren gilt als nicht unwahrscheinlich. Die Möglichkeiten der Staaten, für Verluste von Finanzkonzernen und deren Folgen aufzufangen, sind so erschöpft, dass sie dazu nicht mehr die Finanzkraft haben. Zudem steht die EU spekulativen Angriffen auf einzelne Staaten nach wie vor ziemlich hilflos gegenüber. Die Stabilisierung des Finanzsystems und die notwendig gewordenen antizyklischen Budgetpolitiken haben die Staatsschulden massiv ausgeweitet und die Spielräume der Staaten, gesellschaftliche Probleme zu lösen, deutlich eingeschränkt.

Von den USA (Tea Party-Movement) über Ungarn bis nach Skandinavien – das bis vor kurzem als weitgehend immun gegenüber solchen Tendenzen galt – spannt sich ein Bogen politischer Bewegungen, die Hass schüren, Feindbilder aufbauen, spalten, differenzierte und integrierende Politiken verächtlich machen. Nachträglich erscheinen die Sanktionen der EU gegen die österreichische Regierung im Jahre 2000 als untauglicher Weg, einer erkannten Bedrohung gegenüberzutreten.

Allgemein gibt es eine Tendenz zu einer aktivistischen, massenmedialen Inszenierung von Tagespolitik, die das Gelingen nachhaltiger politischer Lösungen unwahrscheinlich macht. Zunehmende berechtigte Zukunftsängste und mangelndes Vertrauen in Regierungen begünstigt politische Bewegungen, die die Wahrscheinlichkeit guten Regierens nicht erhöhen.

Es ist nicht zu erwarten, dass sich der politische Stil und die Steuerung der Verwaltung durch die Politik verbessert. Der von den Interviewten gezeigte Pessimismus hat sich bisher bewahrheitet. Von der Erstellung des Bundeshaushaltsgesetzes 2011 bis zur aktuellen Auseinandersetzung über die Abschaffung der Wehrpflicht. Die Wahrscheinlichkeit, dass sich die Verhältnisse weiter verschlechtern, ist größer als die Chance einer positiven Entwicklung.

Anscheinend hat Public Governance ein ähnliches Schicksal wie die Propagierung gesunder Lebensformen. Deren Verbreitung in Wissenschaft und Medien sowie der Absatz gesunder Waren und Dienstleistungen sind direkt proportional den Prävalenzen von Dickleibigkeit und Bewegungsarmut. Es scheint so, als ob die Formulierung von Public Governance-Visionen und einzelnen Reforminsellösungen mit einer drastischen Verringerung staatlicher Gestaltungsräume und negativen Veränderungen der Kultur des Öffentlichen einhergehen.

Die Verwaltung muss sich vorbereiten, einen eigenständigen professionellen und zugleich strikt rechtsstaatlichen Part zu spielen und durch Beweglichkeit einen Faktor für gesellschaftliche Stabilität darzustellen.

2.2 Politik – Verwaltung: Nahtstelle oder Sollbruchstelle?

Die österreichischen Formen der zunehmenden Politisierung fügen sich in internationale Trends ein[3]: größer und stärker werdende Ministerkabinette, politische Besetzungen, verstärkter Druck auf Beamtinnen und Beamte in Richtung auf politische Gefügigkeit. Österreich zeichnet sich dabei durch besondere Intransparenz und „Verwaschenheit“ aus. Die gegenwärtige Steuerung der Verwaltung durch die Politik ist unsauber. Sie stellt in vielen Bereichen ein Dunkelfeld bzw. eine Grauzone dar. Dies ist rechtlich bedenklich, teilweise rechtswidrig und widerspricht anerkannten Managementgrundsätzen nach eindeutig definierten Entscheidungskompetenzen und Berichtspflichten.

Mit der Politik wäre ein Dialog zu führen über: Was sind berechtigte Interessen und Bedürfnisse einerseits der Politikerinnen und Politiker, andererseits der Beamtinnen und Beamten? Welche Qualitätskriterien muss eine gelebte Praxis erfüllen, um den Anforderungen eines demokratischen Rechtsstaates sowie wirksamer Verwaltungsmanagements zu entsprechen? Wenn die Verwaltung will, dass Fortschritte erzielt werden, wird sie – vor allem ihre Spitzenbeamtinnen und Spitzenbeamten – selbst aktiv werden müssen. Politische Prozesse – insbesondere in der österreichischen Politikkultur – verlaufen in hohem Ausmaß informell. Dementsprechend ist hier wohl eine „konzertierte Informalität“ durch Aktivitäten einer Vielzahl von Key-role-playern an verschiedenen Orten und zu verschiedenen Gelegenheiten angesagt (Motto: „*Wenn ich schon einem Politiker die Wahrheit sage, dann besser unter vier Augen oder im kleinen Kreis zur passenden Gelegenheit*“).

Weitere Optionen sind: eine pointierte Beschreibung der gegenwärtigen Situation und ihrer negativen Auswirkungen, eine Initiative, dass sich Spitzenbeamtinnen und Spitzenbeamte selbst einen Code of Conduct geben – Wie sollen sich Beamtinnen und Beamte gegenüber politischen Funktionsträgerinnen und Funktionsträgern verhalten? Was dürfen Sie (nicht)? – sowie die öffentlichkeitswirksame Kommunikation und das Leben dieses Commitments. Bei alldem ist zu berücksichtigen, dass öffentliches Interesse nicht entlang allgemeiner Fragestellungen entsteht, sondern aus konkreten Anlässen hochkocht. Solche Gelegenheiten wären zu

3 Vgl. dazu: Peters; Pierre (Ed.): Politicization, 2004.

nutzen und nicht wie die aktuelle Causa Darabos-Entacher (Januar 2011) ziemlich ungenützt verstreichen zu lassen.

2.3 Je mehr Reformen, desto weniger Veränderung

Organisationen lernen, also verändern sie sich in ihren Mustern, Tiefenstrukturen, in ihrem genetischen Code dann, wenn zwischen Reformschritten innegehalten wird und zentrale Fragen bearbeitet werden: Was haben die Menschen/hat die Organisation gelernt? Wie können wir das bezahlte Lehrgeld gut in die Zukunft investieren? Bis wohin ist die Veränderung vorgedrungen? Woran bemerken unsere Anspruchsgruppen die Veränderung? Welche neuen Probleme sind entstanden? Welche Stärken haben wir gezeigt?

Andernfalls wird eine halbherzige Reform mechanisch auf die Überreste der vorangegangenen gesetzt – Reformen als Garanten für Nicht-Veränderung.[4]

2.4 Entscheidungen werden oben getroffen, die Leistungserbringung entscheidet sich unten

Basisbediensteten – street-level-bureaucrats[5], worunter auch Sozialarbeiterinnen und Sozialarbeiter, Lehrerinnen und Lehrer, Polizistinnen und Polizisten verstanden werden – tun nicht das, was sie tun sollen, sondern das, was sie tun können und tun wollen. Wer dies nicht berücksichtigt, betreibt letztlich Glasperlenspiele und verliert den Bezug zur Verwaltungsrealität. Die Arbeitssituation der Basisbediensteten – das was sich am „point of sale" abspielt – sind die für die Bürgerinnen und Bürger entscheidenden Konkretisierungen der Politikfelder. Dort werden die Ernten oder auch Missernten eingefahren. Diese führt zum nächsten Punkt.

2.5 Führung ist der zentrale Transmissionsriemen für Leistungen und Veränderungen

Über Führung entscheidet sich, was unten ankommt und was von unten nach oben gelangt. Führung wird in vielen Verwaltungsbereichen nach wie vor dem Zufall höchstpersönlicher Fähigkeiten, Neigungen und Leidenschaften sowie Begrenzungen überlassen. In den letzten zehn Jahren wurde ein wohl dreistelliger Millionenbetrag aufgewendet, um die Prozesse der Verwaltung durch Informations- und Kommunikationstechnologien effizienter zu machen. Vergleichsweise müssen die Investitionen in Führungssysteme – Grundsätze, Standards, Instrumente, Evaluierungen, Entwicklungsmaßnahmen mit jeweils hoher Verbindlichkeit – als völlig ungenügend erscheinen. Führung ist nicht nur ein zentraler Erfolgsfaktor für die unmittelbare Leistungserbringung, sondern auch ein zentraler Ansatz, eine bestehende Organisationskultur weiterzuentwickeln.

4 Vgl. dazu: Burke: Change, 2008.
5 Vgl. dazu: Myers; Vorsanger: Bureaucrats, 2007, p. 153-164.

Öffentlich Bedienstete sind zunehmend Wissensarbeiterinnen und Wissensmitarbeiter.[6] Diese benötigen maßgeschneiderte Systeme der Förderung von Personen und Teams, eine klare strategische und zugleich gelebte Ausrichtung (Sinnstiftung), lebendige Kommunikationsformen, Beurteilung anhand von Ergebnissen und vertragen keine Engführung.

Im Studiengang Public Management der FH Campus Wien studieren vor allem „Basisbedienstete", aber auch zum geringeren Teil Führungskräfte. In den verschiedenen Fallstudien und praxisbezogenen Ausarbeitungen der Studierenden zeigt sich regelmäßig, dass die Umsetzung von Reformschritten in der unmittelbaren Leistungserbringung verschiedene, auch gewichtige strukturelle und aufgabenbezogene Konfliktfelder erzeugt. Wenn diese nicht aktiv und sorgfälltig von kompetenten Führungskräften angegangen werden, entstehen regelmäßig persönliche Konflikte, die die Leistungsfähigkeit des Teams bzw. der Organisationseinheit beeinträchtigen. Führung ist die kritische Erfolgsgröße für das Gelingen oder Scheitern von Veränderungsprozessen.

2.6 Kooperationen und Vernetzungen müssen im eigenen Haus beginnen

Es gilt, den Verknüpfungsmodus der Verwaltung zu ändern. Nach wie vor findet man in der Bundesverwaltung typischerweise eine vertikal und horizontal fein gegliederte Organisation vor, die vor allem hierarchisch gesteuert wird.

Gegenwärtig funktioniert in vielen Bundesministerien die Zusammenarbeit zwischen Organisationseinheiten nur suboptimal. Kooperationen zwischen mehreren Bundesministerien gestalten sich zumeist mühsam. Dies gilt auch vielfach für Kooperationen mit anderen öffentlichen oder privaten Rechtsträgern, NGOs und NPOs.

In den letzten Jahren wurde jedoch zunehmend theoretisches Wissen und methodisches Instrumentarium über gelingende Kooperationen zwischen Organisationseinheiten aufgebaut. Es ist möglich, komplexe Themen prozesshaft, in verschiedene Phasen sequenziert, mit differenzierten Formen der Kooperation, Kommunikation und Entscheidungsfindung fair zu bearbeiten. Erfolgsfaktoren sind Fairness und Balance von Geben und Nehmen. Hingegen sind Kooperations- und Verhandlungssysteme, in denen Delegierte mit der Stimme ihres Herrn sprechen müssen und keine angemessenen Spielräume zur Verfügung haben, schwerfällig und suboptimal.

2.7 Die Bürokratie steckt in uns allen[7]

- Es gibt einerseits Bürokratie im alten Gewand der Vorschriften, andererseits Bürokratie im modisch-schicken Outfit von Qualitätsmanagement, Risikomanagement, Ziel- und Leistungsvereinbarungen, Controlling, Prozessbeschreibungen und dergleichen mehr. Teilweise ist Projektmanagement, das die Limitierungen und Defizite formalisierter Li-

6 Vgl. dazu: Drucker: Management, 2002.
7 Vgl. dazu: Gratz: Bürokratie, 2010, S. 12-14.

nienorganisationen überwinden soll, seinerseits zu einem bürokratischen Klon geworden. Auf diese Weise entstanden eine Reihe neuer Professionen mit zertifizierten bzw. akademisierten Ausbildungen (z.B. Qualitätsmanagerinnen und Qualitätsmanager, Controllerinnen und Controller, Projektmanagerinnen und Projektmanager etc.). Diese Techniken haben ebenso das Potenzial, unternehmerisches Handeln zu begünstigen und zu professionalisieren wie es zu ersticken.

- Neue und alte Bürokratien setzen tief liegenden Ängsten vor Chaos und Kontrollverlust den Mythos entgegen, dass die Menschen, ihre Interaktionen und das Dasein an sich beherrschbar seien, wenn denn alles genügend geregelt wäre.
- Organisationsmodelle, die auf Selbstorganisation, Vertrauen und ökologischen Prinzipien beruhen, sind hingegen exponierte Biotope, von denen man sich bei auftretenden Problemen rasch wieder trennt. Man kehrt dann zu den vertrauten bürokratischen Monokulturen zurück. Andererseits funktionieren Bürokratien bei Problemen nach dem Grundsatz: mehr vom Selben, also mehr Kontrolle und Normierung. Sie stellen somit hochstabile Systeme dar.
- Ein wichtiger Erfolgsfaktor von Bürokratie liegt aber auch in uns selbst. Die bürokratische Hölle sind nicht nur die anderen. Wer ist schon gänzlich frei vom Bedürfnis, dass Menschen und Dinge sich genau so und nicht anders verhalten als es seinen Erwartungen entspricht? Ein solches Kontrollbedürfnis hat jedenfalls in jeder Bürokratenseele seinen festen Platz.
- Bürokratie ist aber auch deshalb so attraktiv, weil sie es den Führungskräften ermöglicht, was immer auch geschieht, sich als Teil der Lösung und nicht als Teil des Problems anzusehen. Sie stellen Verschiebebahnhöfe dar, in denen die Verantwortung über eine Vielzahl von Weichen nach unten rollt, bis sie am Point of Sale, also am Ort der Leistungserbringung wie an einem Prellbock hängen bleibt.
- Je kundennäher die Mitarbeiterinnen und Mitarbeiter handeln, desto leichter geraten sie mit den bürokratischen Regelungen im Konflikt. Da solche Spannungsfelder nicht offen angesprochen werden (dürfen), bilden die Mitarbeiterinnen und Mitarbeiter Formen von Gegenmacht aus. Das Spektrum reicht von „*die Vorgesetzten dumm sterben lassen*“ bis zu mehr oder weniger subtilen Widerstandstaktiken.
- Auf diese Weise bestätigen sie die in Bürokratien vorherrschenden Glaubenssätze, dass Vorgesetzte sich autoritär durchsetzen müssen, ohne die Situation und die Bedürfnisse der Mitarbeiterinnen zu beachten. Man kann in Abwandlung eines Zitates von Karl Kraus sagen: „*Bürokratie ist die Krankheit, für deren Therapie sie sich hält*“.
- Es wird spannend sein zu beobachten, ob die Reform des Bundeshaushaltsrechts eine geeignete Behandlung bürokratischer Störungen darstellt. Wenn man dies erreichen will, wird man sich aber Zusätzliches zu den bisherigen Vorbereitungsschritten einfallen lassen müssen.

2.8 Wissenschaft – Teil des Problems oder Teil der Lösung?

Die Haltung gegenüber Innovationen: „*Auch das wird an uns vorbeigehen, werden wir aussitzen, oder wenn dies nicht geht, so zurecht schleifen, dass es uns passt*" ist nicht so selten. Sie wird begünstigt durch Managementkonzepte, die eher normativen als empirischen Charakter haben. Modelle, die die Wirklichkeit so glätten, dass sie in sich geschlossen wirken, kann man verschieden interpretieren: als Versuche, tief liegende Ängste vor dem Chaos, dem Unberechenbaren zu binden, als Heilsversprechen in einer katholisch geprägten Kultur, als Marketingstrategie (stromlinienförmige, elegante Produkte).

Die Verwaltung wird sich dann tief ergehend weiterentwickeln können, wenn der viel beschworene Managementregelkreis auch in der Verwaltungsforschung Eingang findet: eine differenzierte und saubere Problemanalyse, was bedeutet, das man den Unsauberkeiten der Praxis nicht ausweicht, realistische Ziele, Lösungen und Optionen, die dem real existierenden politisch-administrativen System angemessen sind.

Veränderungsprozesse finden bestenfalls teilweise die Rahmenbedingungen, die sie eigentlich bräuchten, vor. Sie verlaufen sprunghaft, unvorhersehbar, bleiben zumeist Stückwerk, das weitere Veränderungen erfordert. Dies gilt es zu thematisieren.

Lernen als Voraussetzung für Entwicklung findet nur dann statt, wenn diese Erfahrungen kommuniziert und ausgewertet werden.

Wir benötigen weiterhin visionäre Konzepte und Einzelbeispiele geglückter Veränderung. Wir benötigen vor allem aber Nachdenklichkeit, Diskurs, geteiltes Experimentieren, wie wir die Bedrohungen und tief verwurzelten Limitierungen der österreichischen Bundesverwaltung überwinden können.

Der Titanic hätte es gut getan, wenn man weniger Wert auf luxuriöse Innenarchitektur und mehr Sorgfalt auf die Schoten gelegt hätte. Der Vergleich hinkt: Wir haben die Chance, das Staatsschiff auch auf hoher See tüchtiger und widerstandsfähiger zu machen.

Teil 6:
Zusammenfassung und Schlussfolgerungen

Zusammenfassung und Schlussfolgerungen

Helfried BAUER, Peter BIWALD, Elisabeth DEARING

Helfried BAUER, Peter BIWALD, Elisabeth DEARING

Zusammenfassung und Schlussfolgerungen

1. Zum Stand der Konzepte

In den Beiträgen von Rolf Alter und Stéphane Jacobzone, Helfried Bauer und Elisabeth Dearing, Peter Biwald und Bruno Rossmann, Tony Bovaird und Elke Löffler sowie Otto Brodtrick werden die Konzepte von New Public Management und Public Governance sowie zentrale und bisher teils unterbelichtete Bereiche, wie die Rolle der Innovationen und des Finanzmanagements unter Governance-Vorzeichen, behandelt. Hier soll zunächst der „rote Faden" dieser Darstellungen und Analysen verfolgt werden.

1.1 Vom New Public Management ...

Das Modell des New Public Managements (NPM) der 1990er Jahre bietet auch heute noch die (einzige) Alternative zum „Bürokratiemodell" früherer Jahrzehnte, wenngleich es vielfach zu ergänzen und zu präzisieren bleibt. Da das New Public Management „keine eigene Theorie [ist], sondern ein Konzept mit unterschiedlichen theoretischen und empirischen Einflüssen" (Schedler und Proeller) bedarf es der Ergänzungen, die sich aufgrund von praktischen Erfahrungen und Evaluierungen anbieten. Grundsätzlich funktioniert das Konzept des NPM unter verschiedenen ideologischen Vorstellungen über die wünschenswerte Art der öffentlichen Interventionen in Wirtschaft und Gesellschaft und ist auch hinsichtlich der Implementierung in verschiedener Weise adaptierbar. Dies ergibt sich aus der Fokussierung des Konzepts auf die „Binnenmodernisierung" im Sinn betriebswirtschaftlicher Maximen, auf die marktwirtschaftlichen Anreize bei der Produktion diverser Dienstleistungen und Infrastrukturen sowie auf verstärkte Kundenorientierung.

Dabei markiert eine zentrale Erkenntnis den Unterschied zwischen den Modernisierungsansätzen der 1970er und 1980er Jahre auf der einen und dem Konzept des New Public Managements auf der anderen Seite: Einfache, eindimensionale Ansätze der Reorganisation, wie beispielsweise das Verfolgen einzelner Strategien (Auslagern von einzelnen öffentlichen Aufgaben in eigene Gesellschaften, Kostendeckung bei Gebührenhaushalten) oder der Einsatz einzelner Instrumente (wie des Verwaltungsmarketings oder der Kosten- und Leistungsrechnung), reichen zur nachhaltigen Modernisierung des Staatssektors unter den Bedingungen erhöhter Anforderungen der Bürgerinnen und Bürger an den Staat sowie fortgeschrittener Globalisierung und Verflechtungen nicht aus. Vielmehr braucht es ein ganzheitliches, umfassendes und interdependentes System, in dem die – zur Erwerbswirtschaft unterschiedlichen – Ziele und Denkweisen von Politik und Verwaltung des öffentlichen Sektors ebenso figurieren wie nicht hierarchische Organisationsprinzipien der Vernetzung, des Lernens voneinander sowie ein neues Selbstverständnis und darauf beruhende Motivationen der ausführenden Mitarbeiterinnen und Mitarbeiter sowie der Führungskräfte.

Allerdings muss dieses System flexibel gehandhabt werden, da es auch von der Art der öffentlichen Aufgaben und der erbrachten Leistungen abhängt, welche Systemelemente jeweils im Vordergrund stehen. Planung und Umsetzung der Finanzpolitik im Bundesstaat verlangen beispielsweise andere Denk- und Handlungsweisen wie Sicherheits- und Schutzaufgaben für die Bevölkerung oder die Erstellung von Dienstleistungen, die noch dazu sehr differenziert angelegt sind (z.B. Ausstellen von Reisepässen, Vermitteln von Arbeitslosen oder Behandeln chronisch Kranker). In der Welt der Konzepte geht man konsequenterweise davon aus, dass je nach Aufgabe unterschiedliche Kompetenzen des Personals – Kreativität, Risikobereitschaft oder Verlässlichkeit bzw. Einhalten von Regeln und Vorschriften – sowie verschiedene Organisationskulturen und Organisationsformen erforderlich sind. Die Praxis ist davon allerdings weit entfernt, da Politik und große Bevölkerungsgruppen von der öffentlichen Verwaltung meist nur eines verlangen: „*Vertreter des öffentlichen Dienstes haben Regeln und Vorschriften einzuhalten*" (Otto Brodtrick).

1.2 ... zu Public Governance

Ein wesentlicher Fortschritt auf der Ebene der Konzepte des Verwaltungsmanagements, der besonders im letzten Jahrzehnt erreicht worden ist, besteht in der Erkenntnis, dass der stark ökonomisch ausgerichtete Ansatz des New Public Managements der 1990er Jahre in ein System von Elementen „zeitgemäßem Regierens", das meist mit „Public Governance" bezeichnet wird, eingebettet werden muss. Public Governance wird als staats- und gesellschaftspolitisch ausgerichtete Makroperspektive, als politischer Reformansatz mit einem reichhaltigen sozialwissenschaftlichen Erkenntnisschatz für den Staat verstanden. Hierbei stehen nicht die Institutionen des demokratischen Staates per se im Vordergrund, sondern die Entscheidungs- und Steuerungsprozesse des Regierens und der Machtausübung sowie die Werthaltungen und Verhaltensweisen der verschiedenen Akteurinnen und Akteure. Während man nach dem NPM-Konzept nicht den sozio-ökonomischen Kontext betrachtet, in dem die Menschen handeln, sich auch nicht um die soziale Lage von Wählergruppen oder um Fairness und Gerechtigkeit kümmert, ist dies nach dem Governance-Konzept anders: Die soziale Lage großer Gruppen und/oder von Minderheiten ist bei der Wirkungsorientierung des öffentlichen Handelns bedeutsam, weil eines der Ziele von gutem Regieren der soziale Ausgleich, die Sicherung einer angemessenen Lebensqualität für alle und die Schaffung von zusätzlichen Aspekten des Gemeinwohls (Public Value) ist. Ebenso sind strategische Weitsicht über mögliche Herausforderungen für den öffentlichen Sektor, wie beispielsweise das Ver- oder Bestärken der Werte kollektiver Risikovorsorge, die Bekämpfung von Armut aufgrund der Ungleichheit der Einkommen sowie die Partizipation der Bürgerinnen und Bürger als Kernelement öffentlicher Dienstleistungsproduktion, gefordert.

Bei allen Unterschieden in den Werten, Zukunftsvorstellungen und politischen Zielen der einzelnen Regierungen und Länder bedeutet Public

Governance heute in den westlichen Staaten, eine solche Form von Demokratie zu entwickeln, die den Ansprüchen der verschiedenen Bevölkerungs- und Interessensgruppen nach mehr Chancengleichheit und Lebensqualität bei gleichzeitiger Beteiligung am politischen Geschehen und bei der Suche konsensbetonter Lösungen entspricht. Dies soll vor anderem durch das Weiterentwickeln von Strukturen und Prozessen der öffentlichen Aufgabenerfüllung, durch das Treffen von Entscheidungen an Hand ausreichender Analysen und empirischer Evidenzen („evidence-based decision-making") und durch das Herstellen einer gemeinsamen Bindung an strategisch wichtige Reformen zwischen den einzelnen Regierungsebenen im föderalen Staat, zwischen den politischen Parteien und den Stakeholdern erreicht werden. Im öffentlichen Finanzmanagement kann es beispielsweise nicht mehr darum gehen, die Verteilung der Steuermittel im Sinn des Wahrens der „Besitzstände" der einzelnen Gebietskörperschaften, sondern unter Berücksichtigung der jeweiligen Aufgaben flexibel nach vorrangigen Wirkungs- und Leistungszielen für den Gesamtstaat und abgestimmt mit seinen Untergliederungen zu regeln. Die als unwirtschaftlich geltende und auch demokratiepolitisch problematische gemeinschaftliche Trägerschaft und Finanzierung einzelner Aufgaben muss dabei entflochten werden. Dagegen wären zwischen den Bundesländern Elemente von Leistungs- und Effizienzwettbewerb („yardstick competition", dosierter Steuerwettbewerb) vorteilhaft, wofür unter anderem auch vermehrte Transparenz über die Qualität der Leistungen, über den Versorgungsgrad bei bestimmten Leistungen und über das Erreichen von Wirkungszielen für die Bürgerinnen und Bürger geschaffen werden müsste.

1.3 Ergebnisorientierte Budgetierung und Innovation

In Verbindung mit den behandelten Reformen der Aufgabenerfüllung im Sinn der Konzepte des New Public Managements und von Public Governance stehen in verschiedenen OECD-Staaten die oft weit reichenden Ansätze der Modernisierung des öffentlichen Finanzmanagements. Ein Teilbereich betrifft die Modernisierung des Haushalts- und Rechnungswesens, das sich in Österreich noch immer stark auf die Grundsätze der Verwaltungskameralistik stützt. Die Ansätze der Globalbudgets in Verbindung mit der dezentralen Fach- und Ressourcenverantwortung sowie der ergebnisorientierten Budgetierung sind streng genommen Teile des Konzepts von Public Management. Auch explizite Verbindungen zwischen Public Governance und der neuen Budgetierung bestehen – so etwa hinsichtlich der gesellschaftlichen Wirkungsorientierung und des Gender Budgetings zum Voranbringen von Gleichstellungszielen. Der Ausbau des öffentlichen Rechnungswesens in Richtung der Output-, Outcome- und Inputinformationen liefert zusätzliche Daten, die für „evidence-based decision-making" unerlässlich sind. Sie dienen – je nach Ausprägung – der Erleichterung der strategischen Zielsetzungen, ebenso auch der Erhöhung der Autonomie und der Ergebnisverantwortung jener Organisationseinheiten, die mit der Aufgabenausführung betraut sind. Zentrales Ziel ist dabei die Verbesserung von Planungs- und Entscheidungsprozessen auf Basis besserer Informationen über die Performance von Organisationseinheiten und Programmen.

Die bevorstehende tief greifende Änderung des Haushaltsrechts des Bundes kann als bedeutende Innovation aufgefasst werden, sofern die Umsetzung gelingt. Denn Innovationen sind, wie Bovaird und Löffler ausführen, ein Schlüsselfaktor, um trotz knapper Ressourcen die Qualität der öffentlichen Leistungen zu erhöhen, und um die Erreichung der Wirkungsziele voran zu bringen. Allerdings wurde Innovation bisher vielfach missverstanden, als eine Art von „Zugabe“ zur Verwaltungs- und Politikmodernisierung.

> *„Rather, it should be seen as the dynamic element which leads to improvement in services and/or governance, so that innovation should be subjected to the same cost-benefit calculus as is applied to the outcomes of services or the achievements of public governance.“*

Tony Bovaird und Elke Löffler streichen auch einen Umstand hervor, der mit dem Konzept von New Public Management gut zusammenpasst, nämlich von „managed competition“ (Schedler und Proeller) – also von organisiertem Benchlearning – der auch zur Förderung der Innovation im Verwaltungsmanagement hilfreich wäre:

> *„Innovation may be more favoured by collaborative strategies, e.g. in joined-up government (between government agencies at the same level of decision-making) and partnership working between sectors and between commissioners and providers. Collaborative and partnership commissioning can more easily offer win-win solutions and, in addition, they make innovation easier, as risks can be absorbed by the partnership as a whole, rather than being borne by the individual partners.“*

2. Realisierungen

Es ist bemerkenswert, dass bei einer überblicksartigen Betrachtung weitgehende Übereinstimmung der Konzepte von New Public Management und Public Governance mit der internationalen Praxis, also den aktuellen Zielen und Maßnahmen für „effektives Managen und gutes Regieren“ herrscht.

2.1 Übereinstimmung von Konzepten und Realisierungen ...

Hinsichtlich der *Umsetzung des New Public Managements* soll zunächst die unterschiedliche politische Ausrichtung hervorgehoben werden: „*Während in den skandinavischen Ländern Public Management-Ansätze im Vordergrund stehen, die die Ergebnissteuerung zur Steigerung der Qualität der öffentlichen Leistungen in den Mittelpunkt rücken, wurden in Ländern mit neoliberaler Modernisierungspolitik Public Management-Strategien gefahren, bei denen Deregulierung und Entstaatlichung* […] *dominierten (z.B. Neuseeland, Australien, USA).*“ Auch die schrittweise Einführung von dezentraler Fach- und Ressourcenverantwortung sowie der korrespondierende Einsatz von Globalbudgets gilt als ein weiterer Reformansatz, „*der in vielen Ländern im Zuge von Konsolidierungsprozessen zunehmend mit*

Erfolg Anwendung gefunden hat […] *Die Umsetzung der dezentralen Fach- und Ressourcenverantwortung führte in vielen OECD-Ländern zu erhöhtem betriebswirtschaftlichen Denken und rückte strategische Überlegungen stärker in den Mittelpunkt.*" (Peter Biwald und Bruno Rossmann).

Die Umsetzung der *Konzepte von Public Governance* zeigt sich an dem von der OECD organisierten Wissens- und Erfahrungsaustausch der letzten Jahre, zuletzt etwa auf einer Konferenz der für Public Governance zuständigen Ministerinnen und Minister im Jahre 2010 sowie in den von der OECD gebotenen Analysen von Best Practices.[1] Übereinstimmung zwischen Konzepten und der Umsetzung in der politischen Praxis besteht etwa hinsichtlich der folgenden strategischen Ziele von Public Governance:

- *Verstärken von Ethik als Gesamtheit von Werten, Normen, Verhaltenskodices im öffentlichen Sektor:* Damit soll auch das Vertrauen in demokratisches Regieren gefestigt oder wieder erhöht werden.
- *Verbessern des Dialogs mit den Institutionen der Zivilgesellschaft und Förderung der Bürgerbeteiligung*
- *Erreichen einer hohen strategischen Flexibilität („strategic agility"), worunter die Fähigkeit der Regierungen verstanden wird, auf die zunehmend komplizierten Herausforderungen für die Staaten möglichst vorausschauend und pro-aktiv zu antworten. Man denke in diesem Zusammenhang beispielsweise an die Aufgaben- und Verwaltungsreform im Bundesstaat oder an die gegenwärtig umzusetzende Konsolidierung der öffentlichen Finanzen in vielen EU-Ländern, welche die hohe Verschuldung des Gesamtstaates unter Kontrolle bringen, gleichzeitig jedoch neue Impulse für mehr soziale Gerechtigkeit, für nachhaltiges Wirtschaftswachstum, aber auch für den Klimaschutz schaffen soll.*
- *Übergang zu stärkerer Wirkungsorientierung des öffentlichen Handelns:* Dafür werden Wirkungsziele festgelegt, Wirkungskennzahlen entwickelt, Wirkungen und Leistungen gemessen und evaluiert. Die dadurch erzeugte Klarheit über die jeweiligen Prioritäten ist einerseits für die Mitarbeiterschaft in der öffentlichen Verwaltung handlungsleitend, andererseits macht sie den Bürgerinnen und Bürgern gegenüber transparent, was Politik und Verwaltung planen und was sich die Menschen von ihnen erwarten können.
- *Forcieren von Innovationen zur Erreichung von Effektivität und Effizienz:* Von der OECD wird diesbezüglich auch der Umstand hervorgehoben, dass „*promoting and enabling an environment conductive to innovation is crucial to generating a dynamic public sector focused on performance and greater productivity at no additional cost. This could entail maximising the use of new technologies, making things simpler and more transparent for citizens and businesses, preventing corruption, and building human capital* […] *The wide sharing of information electronically across sectors and boundaries within the public sector is critical to boost innovation and reducing administrative burdens*" (Rolf Alter und Stéphane Jacobzone).

1 Vgl. dazu den Beitrag Rolf Alter und Stéphane Jacobzone zum Thema „Public Management and Governance: an OECD Perspective" in der vorliegenden Publikation.

Die Umsetzung zentraler Ansatzpunkte des *Finanzmanagements*, so vor allem der *Output- und Outcome(Wirkungs-)Orientierung* kann nach Peter Biwald und Bruno Rossmann heute nahezu in allen westlichen Reformstaaten konstatiert werden:

> „*Alle Staaten arbeiten mit Output- und Outcomemaßen und führen Evaluierungen mit unterschiedlicher Intensität durch* [...] *Mehr als die Hälfte der OECD-Staaten arbeitet bereits seit mehr als zehn Jahren damit. In der Praxis hat sich aber gezeigt, dass sich viele Informationen zwar in den Budgetdokumenten niederschlagen, aber bislang nicht den Weg in budgetäre Entscheidungsprozesse gefunden haben (z.B. Kanada, USA).*“

2.2 ... und Spannungsfelder bei der Umsetzung der Konzepte

Verschiedene Autorinnen und Autoren, wie Otto Brodtrick, Tony Bovaird und Elke Löffler, ebenso Peter Biwald und Bruno Rossmann weisen in ihren Beiträgen nicht nur auf unbestreitbare Erfolge, sondern ebenso auf Begrenzungen und Widersprüchlichkeiten der Konzepte und damit auch auf Probleme bei der Umsetzung der Konzepte hin.

Ein besonders wichtiges Element, das bei Evaluierungen der Modernisierung herauskommt, ist die Warnung vor undifferenzierten Konzepten, vor scheinbar einfachen Erfolgsrezepten und vor schematischem Vorgehen. Otto Brodtrick weist auf den Umstand hin, dass zum Voranbringen von wenig erfolgreichen Organisationen mit suboptimalen Leistungen „*das Verordnen systemweiter Regeln und Durchsetzung derselben mit Hilfe universeller mechanistischer Kontrollen jedenfalls misslingen muss. Das wäre so, als wollte man allen dieselbe Brille verschreiben, damit auch wirklich alle besser sehen*“. Oder, um eine andere Analogie des Autors zu benutzen: „*es wäre, als wollte man den Betreibern von Atomkraftwerken und Reisebüros* [seitens der Behörden] *dasselbe Verhalten vorschreiben*“.

Ein weiterer Umstand betrifft das Verhältnis der beiden Konzepte des New Public Managements und des „guten Regierens“ zueinander, die sich grundsätzlich möglichst ergänzen sollten. Angesichts unterschiedlicher Kulturen, Traditionen und Rahmenbedingungen wird dies jedoch nicht in jedem Fall widerspruchsfrei erreicht werden können. So bestehen für den einen oder anderen konzeptionellen Ansatz unterschiedliche Interpretationen, etwa bezüglich der Verantwortlichkeit (Accountability). Die öffentliche Verwaltung hat beispielsweise die Verantwortung für das Wahren der Rechtsstaatlichkeit generell und für das Einhalten aller Vorgaben und Vorschriften im Einzelfall. Ebenso wird sie für das Erzielen bestmöglicher Ergebnisse (Leistungen und Wirkungen), also für Effizienz und Effektivität verantwortlich gemacht. Beides wird sich öfters nicht miteinander vereinbaren lassen. Widersprüche bestehen auch fallweise bezüglich der strategischen Zielvorgaben (z.B. Begünstigen des Ausbaus von Infrastruktur zur Sicherung der Standortqualität versus Förderung des Ressourcenausgleichs im Finanzausgleich). Selbst innerhalb der wirtschaftlichen Betrachtung kann es zu Widersprüchen zwischen dem Erbringen bestimmter Leistungen bei knappen Ressourcen (z.B. rasche, effiziente Erledigung einer Anfrage) und dem Erzielen von Wirkungen (z.B. zufriedene Klientinnen und Klienten durch ausführliche Beratung) kommen.

Otto Brodtrick führt dazu aus, dass auch in der Praxis der staatlichen Institutionen, trotz erheblicher Fortschritte in ihrer Produktivität und Innovationskraft, Spannungsfelder bestehen bleiben, die sich aus der immanenten Funktion von Public Management und Governance ergeben. Beispiele für inhärente Spannungsfelder sind etwa:

Einerseits	Andererseits	Spannungsfeld
Die öffentliche Verwaltung bekennt sich dazu, dass Teamwork wünschenswert und notwendig ist.	Der öffentliche Dienst belohnt im typischen Fall nicht die Teamleistung, sondern die Leistung der/s Einzelnen.	Spannungen zwischen Rhetorik und tatsächlichem Umgang mit Mitarbeitern des öffentlichen Dienstes entstehen.
Global- und Detailbudgets zur Umsetzung von Dezentralisierung von Verantwortung und Zusammenführung von Fach- und Ressourcenverantwortung	Die tatsächliche Budgetgliederung siedelt nach wie vor die Hauptverantwortung in den zentralen Supporteinheiten an.	Die Verantwortlichkeit von Fachbereichen und dezentralen Einheiten kann nicht gelebt werden.

Auch im Bereich des Finanzmanagements zeigen sich positive Ergebnisse und teils grundsätzliche Unzulänglichkeiten. Zu den positiven Erfahrungen in der Verwendung von Output- und Outcomeinformationen zählen laut Peter Biwald und Bruno Rossmann unter anderem:

- erhöhter Druck auf Regierungen, den Fokus auf Ergebnisse zu legen
- mehr und bessere Information über Ziele und Prioritäten der Regierung
- Ermutigung zu mehr Planung sowie Signalfunktion für die administrativen und politischen Akteurinnen und Akteure
- erhöhte Transparenz für das Parlament und die Öffentlichkeit
- Potenzial zur Verbesserung der Effizienz und der Implementierung von Programmen

Allerdings zeigt sich, dass es in den meisten OECD-Staaten keinen systematischen Ansatz zur Verknüpfung von Ausgaben und Ergebnissen gibt, der alle Ressorts mit einbezieht. Ergebnispläne und Ergebnisziele werden im Budgetprozess nicht immer diskutiert und genehmigt, in einigen Ländern sind Planungs- und Budgetierungsprozess sogar getrennt, so beispielsweise in Schweden. Zur Verbesserung der Performance setzen die Finanzministerien häufig drei Instrumente ein: finanzielle Belohnungen bzw. Sanktionen, finanzielle Flexibilität bzw. Flexibilität bei leitenden Bediensteten sowie „naming and shaming“.

2.3 Realisierungen in Österreich

Der Überblick über die Realisierungen der Konzepte in der Praxis der österreichischen Gebietskörperschaften erfolgte auf Basis der Beiträge von Renate Brauner, Elisabeth Dearing, Paul Gruber, Gerold Kaltenbrunner und Eduard Pesendorfer, Erich Hechtner sowie von Thomas Prorok und Klaus Wirth.

Auf Städte- und Gemeindeebene hatten Public Management- und Governance-Reformen in den letzten 15 Jahren einen hohen Stellenwert. Die Schwerpunkte dieser Reformen sind die Optimierung der Organisationsstrukturen – weniger breit und dafür flacher, Strukturen an Zielgruppen ausgerichtet, mehr Verantwortung für die ausführenden Stellen –, der Ausbau der Bürger- und Kundenorientierung – Bürgerservicestellen als Standard, Aufbau von E-Government, Kunden- und Bürgerbefragungen – sowie die Verbesserung der Qualität und Transparenz der Leistungen – Qualitätsmanagement, Produktkatalog, Kosten- und Leistungsrechnung. Weiters hat das Personalmanagement und die Mitarbeiterorientierung einen hohen Stellenwert bei Reformen, Personalentwicklung, Mitarbeitergespräche und Weiterbildungskonzepte stehen dabei im Vordergrund. Relativ geringe Bedeutung hat in den letzen Jahren der Ausbau der Steuerungsinstrumente gehabt. Zielvereinbarungen wie auch eine ergebnis- und wirkungsorientierte Steuerung sind lediglich in einem Teil der reformfreudigen Städte und Gemeinden ein Thema. Folglich hat die Nutzung von Produktkatalogen für die Budgetierung und die ergebnis- und wirkungsorientierten Steuerung wenig Bedeutung. Das Gemeindehaushaltswesen hat sich in den letzten Jahren nicht weiterentwickelt, eine ergebnis- und wirkungsorientierte Steuerung hat im Haushaltswesen keinen Eingang gefunden. Ebenso war die Bürgerbeteiligung und Bürgerpartizipation kein zentraler Reformschwerpunkt.

Ein Weiterentwicklungsbedarf besteht weiters beim strategischen Management, der Steuerung der Beteiligungen sowie beim gemeinsamen Vorantreiben der Reformen durch Politik und Verwaltung. Positiv hervorzuheben ist, dass es jedoch in verschiedenen Gemeindegrößenklassen gute Beispiele einer ganzheitlichen Verwaltungsreform gibt. In der Größenklasse bis 10.000 EW soll an dieser Stelle die Gemeinde Engerwitzdorf genannt werden, in der Größenklasse bis 25.000 EW die Stadtgemeinde Leoben und stellvertretend für mehrere Großstädte ist die Stadt Linz zu erwähnen.

Auf Landesebene nehmen bei der Realisierung von Public Management und Governance insbesondere die Bundesländer Wien und Oberösterreich eine Vorreiterposition ein. Wien hat seit den späten 1990er Jahren den auf den Grundsätzen des Public Managements basierenden „Wiener Weg der Verwaltungsmodernisierung" verfolgt und dabei besonders die Integration der zentralen Elemente des Public Managements entscheidend vorangetrieben. Mit Globalbudgetierung und Kontraktmanagement wurde und wird der Dialog zwischen Politik und Verwaltung gefördert und die dezentrale Verantwortlichkeit gestärkt. Wien ist auch die einzige Gebietskörperschaft, in der sowohl Gender Mainstreaming als auch Gender Budgeting schon Jahre vor dem Inkrafttreten des Art. 13 Abs. 3 B-VG („*Bund, Länder und Gemeinden haben bei der Haushaltsführung die tatsächliche Gleichstellung von Frauen und Männern anzustreben.*") für den gesamten Magistrat vorgegeben wurde und bereits flächendeckend implementiert ist. Das Regierungsübereinkommen vom November 2010 sieht auch mehr Partizipation und Mitbestimmung in Wien vor, was unter anderem durch das Stärken von Minderheitenrechten und durch partizipative Budgeterstellung erfolgt. Durch das Einbinden der verschiedenen

Stakeholder, aber auch der ausführenden Mitarbeiterinnen und Mitarbeiter des Magistrats schon im Budgetierungsprozess soll ein „Mehr" an sozialer Nachhaltigkeit garantiert werden. Durch die erstklassigen Leistungen im Sektor der Daseinsvorsorge angefangen von der Wasserversorgung, über den öffentlichen Verkehr, die medizinische Versorgung bis hin zur Unterstützung bedürftiger Menschen trägt Wien zu hoher Lebensqualität bei einem angemessenen Preis bei und schafft damit Public Value in den Kategorien der Solidarität durch Umverteilung, ebenso der ökologischen und ökonomischen Nachhaltigkeit.

Oberösterreich hat bereits im Jahr 2003 das langfristige Management- und Unternehmenskonzept WOV 2015 für eine wirkungsorientierte Landesverwaltung beschlossen. Im März 2010 wurde das Management- und Unternehmenskonzept verlängert (WOV 2021). Hervorzuheben sind die Langfristigkeit, die Orientierung an angestrebten Wirkungen, eine abgestufte Zielhierarchie (langfristig-konzeptionell, strategisch und operativ) und die konsequente Abbildung der neuen Verantwortlichkeiten in der Aufbauorganisation der Landesverwaltung. Bemerkenswert ist auch eine Aussage im Entwicklungsfeld „Wettbewerb" unter dem Aspekt der Leitaussage „Dienstleistungsunternehmen Land Oberösterreich als lernende Verwaltung": hier sind verstärkt Benchmarkings mit anderen Landesverwaltungen vorgesehen, damit vorhandene Optimierungspotenziale wahrgenommen werden können. Auch findet sich bei der Verankerung einer gemeinsamen Ergebnis- und Ressourcenverantwortung ein Hinweis auf die Notwendigkeit und Bereitschaft zur Abstimmung mit dem Bund, ein Beitrag zur Stärkung der Kohärenz.

Auf der Bundesebene hat sich seit einer Studie über die Verankerung von Grundsätzen von Public Governance im Jahr 2005 zumindest einiges weiterentwickelt und verbessert. Waren Elemente von Partizipation damals noch wenig entwickelt, gibt es immerhin jetzt Standards für die Öffentlichkeitsbeteiligung, die mit Regierungsbeschluss zur Anwendung im Bund empfohlen wurden. Das neue Haushaltsrecht schafft weitere Standards zur nachhaltigen Budgetgestaltung und Transparenz. In der Bundesverfassung wurde der Gleichstellungsgrundsatz verankert. Die „Vorbereitungsgruppe zur Verwaltungsreform" hat etwa zur Verbesserung der Steuerungsqualität ein Verwaltungssteuerungsgesetz eingefordert, das neben dem Haushaltsrecht Klarheit und Handlungsanleitung auch für die inhaltliche Wirkungs- und Leistungssteuerung bieten soll. Wirkungsorientierung wird von Elisabeth Dearing als Hebel für Reformen durch eine neue Steuerungsphilosophie (z.B. Zusammenführung der Fach- und Ressourcenverantwortung, Dezentralisierung) und durch eine neue Verwaltungskultur etwa des Vertrauens in die Fähigkeiten der Führungskräfte und Mitarbeiterschaft gesehen. Neue Verantwortlichkeiten entstehen beim Parlament durch die ergänzende Befassung mit Wirkungs- und Leistungszielen und Indikatoren, da Zielkonflikte oder multikausale Wirkungen deutlich werden. In dieser Richtung wirkt auch der Rechnungshof durch seine gesamtstaatliche Prüfkompetenz unterstützend. Die Bundesministerinnen und Bundesminister als Leiterinnen und Leiter der einzelnen „Großorganisationen Bundesministerium" sind verantwortlich für die Entwicklung und Vereinbarung von Wirkungszielen und für ihre Evaluierung durch Wirkungsindikatoren. Ein verstärkter Dialog zwischen Politik und Verwaltung ist dadurch gefordert.

3. Das Vertrauen in Staat und Verwaltung stärken

Die Stärkung des Vertrauens in Staat und Verwaltung – auch ein international, insbesondere auf OECD-Ebene angesprochenes Thema – erfordert einen vielfältigen, mehrdimensionalen Ansatz und Methodenmix. In diesem Abschnitt werden dazu drei Schwerpunkte behandelt: Der Ausbau des Qualitätsmanagements und die Verankerung von Qualitätsstandards (Rosmarie Drexler, Thomas Prorok und Michael Kallinger, Markus Hödl), die verstärkte Öffentlichkeitsbeteiligung, der Bürgerhaushalt und die Freiwilligenarbeit (Rita Trattnig und Kerstin Arbter, Johannes Middendorf sowie Martin Duelli und Heike Sprenger), Open Government im Zeitalter von Web 2.0 (Bernhard Krabina) und damit verbesserte Datengrundlagen der öffentlichen Statistik (Sonja Steffek).

Public Management legt seinen Schwerpunkt auf sozio-ökonomische Probleme, die mit den Wirkungen des Verwaltungshandelns zu lösen sind. Qualitätsmanagement legt seinen Schwerpunkt auf die Wirkungen bei den Kundinnen und Kunden. Diese Ausrichtung auf die Wirkung stellt die Verbindung zwischen Public Management und Qualitätsmanagement dar. Qualitätsmanagement ist dabei ein zentraler Ansatz für die Entwicklung einer lernenden Organisation.

Mit dem Common Assessment Framework (CAF) existiert ein reifes Qualitätsmanagement für öffentliche Verwaltungen. Mit dessen Anwendung gelang es in den letzten zehn Jahren ein besseres Verständnis für Ziel- und Wirkungsorientierung zu schaffen, die Bürger- und Kundenorientierung zu stärken, die interne Kommunikation wie auch Mitarbeiterorientierung auszubauen sowie Prozesse und Öffentlichkeitsarbeit zu optimieren, das Wissensmanagement zum Thema zu machen und eine größere Offenheit für Benchlearning und Kooperationen zu fördern. Faktum ist, dass der CAF-Ansatz auf Bundes- und Länderebene (hier insbesondere bei den Bezirksverwaltungsbehörden) bereits häufig im Einsatz ist, während auf der Städte- und Gemeindeebene diese Form des Qualitätsmanagements noch relativ geringe Verbreitung hat.

Flächendeckend definierte Qualitätsstandards sind auch Ausdruck einer neuen Verwaltungskultur und werden dadurch in der täglichen Arbeit der öffentlichen Verwaltung erkennbar. Die Kommunikation nach außen leistet einen wichtigen Beitrag für ein modernes Image der Verwaltung. Vor zwei Jahren wurden in einem Projekt des Bundeskanzleramtes mit Unterstützung des KDZ unter intensiver Beteiligung von Bezirkshauptmannschaften und Magistratsverwaltungen aus ganz Österreich gemeinsame Qualitätsstandards für Betriebsanlagengenehmigungen, Bürgerservicestellen und Kundenbefragungen erarbeitet. Leider sind diese vorerst nur auf Papier geblieben und allenfalls in einzelnen Organisationen umgesetzt worden.

Mehr Vertrauen in den Staat und in die Öffentlichkeitsbeteiligung gelingt dann, wenn sie qualitätvoll durchgeführt wird, alle Beteiligten offen für eine neue Art der gemeinsamen Gestaltung von Lösungen sind und für die Akteurinnen und Akteure der Nutzen durch ihre Beteiligung erkennbar wird. Ganz konkret gilt es, die im Band dargestellten Standards der Öffentlichkeitsbeteiligung zu verbreiten und anzuwenden.

Bürgerpartizipation folgt der Erkenntnis, dass sich die Bürgerinnen und Bürger für ihre konkrete Lebenslage und nicht für Zuständigkeiten der Verwaltung interessieren. Je konkreter der Vorschlag und je stärker das untermittelbare Lebensumfeld tangiert ist, desto größer ist die Bereitschaft sich zu beteiligen. Ein wichtiger Teil der Bürgerpartizipation ist das Ehrenamt. Die Förderung von Ehrenamt und bürgerlichem Engagement erfordert auch Strukturen, wie es beispielsweise das Büro für Ehrenamt der Stadt Feldkirch sowie die dortige Vereinsplattform als Nachschlagewerk für die Bürgerinnen und Bürger bilden. Das Instrument des Bürgerhaushalts, das heißt, Bürgerinnen und Bürger können sich an der Aufstellung von (überschaubaren) Teilen des Gemeindehaushalts aktiv beteiligen, dient anderswo ebenfalls der Partizipation, hat in Österreich jedoch noch keinen Stellenwert. Letztlich geht es um einen umfassenden Ansatz der „Bürgerkommune“, der die Bausteine „Stadtteilarbeit“, „Sozialraumorientierung“ und „Bürgerhaushalt“ verknüpft.

In vielen Publikationen zu Open Government ist von „Paradigmenwechsel“ oder „Revolution“ die Rede. Obwohl das Phänomen Web 2.0 oder Social Media noch massive gesellschaftliche Veränderungen – auch für die öffentliche Verwaltung – verursachen wird, erscheint es doch etwas überzeichnet, in der Euphorie von einem Paradigmenwechsel zu sprechen. Bei Open Government geht es darum, die Stakeholder (insbesondere die Bürgerinnen und Bürger) in den Prozess der Politikgestaltung mit einzubeziehen und mitwirken zu lassen und dafür die sozialen Medien zu nutzen.

Einen wichtigen Beitrag zur Verbesserung der Datengrundlagen für das Treffen von empirisch abgesicherten Entscheidungen bildet das im Beitrag von Sonja Steffek erläuterte zentrale Adress-, Gebäude- und Wohnungsregister (AGWRII). Dieser wertvolle Bestand wurde in den zuletzt vergangenen Jahren geschaffen. Der umfangreiche, harmonisierte und damit qualitativ verbesserte Datenbestand in dem auch viele Verwaltungsdaten der Gemeinden eingebunden wurden, schafft für Bund, Länder und Gemeinden eine verlässliche und effiziente Arbeitsgrundlage, die auch den Bürgerinnen und Bürgern sowie den Bauträgern durch verminderten Kontaktbedarf mit den Behörden zu Gute kommt. In Verbindung mit anderen, insbesondere raumbezogenen Datenquellen, wird beispielsweise in den Bereichen der Raum-, Infrastruktur- oder Energieversorgungsplanung eine bisher nicht leicht herstellbare Transparenz geboten und Möglichkeiten für verstärkte empirische Analysen eröffnet.

4. Fairness, Gender- und interkulturelle Gerechtigkeit

Mehr als die Hälfte der österreichischen Bevölkerung sind Frauen mit ihren eigenen Lebensrealitäten, die oft noch von traditionellen Rollenbildern geprägt sind. Die entsprechende Teilhabe von Frauen an Politik,

Wissenschaft oder Wirtschaft ist jedoch noch nicht ausreichend entwickelt. So hat etwa eine Studie des BMVIT im Bereich Verkehrsplanung ergeben, dass technische Regelwerke, etwa Ö-Normen, in männerdominierten Gremien entwickelt werden. Es ist daher kein Wunder, wenn Gender-Aspekte in derartigen Gremien bisher nicht berücksichtigt werden.

Gabriele Heinisch-Hosek unterstreicht die Notwendigkeit nachhaltiger Gender-Politik und erachtet Weichenstellungen in mehrfacher Hinsicht für erforderlich: von der Ausbildung und Arbeitswelt, über Frauen in Führungspositionen bis zu Gender Budgeting. Dazu kommt ein grundsätzliches In-Frage-Stellen von traditionellen Rollenbildern und deren Weiterentwicklung, beides Hebel für mehr Gender-Gerechtigkeit in Beruf und bei der Familienarbeit. Einkommenstransparenz ist notwendig, um die „gender pay gaps" deutlich zu machen und damit eine Basis für ausgleichende Maßnahmen zu bieten. Das neue Gesetz, wonach Unternehmungen ab 2011 intern die Einkommen von Männern und Frauen transparent machen müssen, ist ein Schritt in die richtige Richtung. Im Einkommensbericht 2010 – vom Rechnungshof in Zusammenarbeit mit der Statistik Austria erstellt – wurden wieder die geschlechtsspezifischen Einkommensunterschiede betont, die oft aufgrund der Wahl von tendenziell schlechter bezahlten Berufen durch Frauen und vermehrter Teilzeitarbeit entstehen. Solche Einkommensberichte sind ein gutes Beispiel für eine gendersensible Datenerhebung, welche Analysen und genderspezifische Maßnahmen ermöglicht.

Aufgrund des umfassenden Ansatzes kann Gender Mainstreaming als Beitrag zu mehr Fairness in vielen Bereichen und damit für gutes Regieren gesehen werden. Faire Ressourcenverteilung zwischen Frauen und Männern zählen hier ebenso dazu, wie die Präsenz in Führungsfunktionen oder die Chancengleichheit in der Ausbildung und Arbeitswelt.

Ähnlich breit ist der Ansatz in der Stadt Graz (Priska Pschaid). Die Stadt Graz versteht Gender Mainstreaming als Instrument der Organisationsentwicklung, da die Gender-Perspektive alle Bereiche der Verwaltung und Politik erreichen muss. Die Autorin sieht Gleichstellung als Ziel und Gender Mainstreaming als Leitstrategie für die Umsetzung. Ein Erfolgsfaktor für die Implementierung von Gender Mainstreaming in Graz war, aus Sicht der Autorin, der Umstand, dass der Magistratsdirektor Gender Mainstreaming als Führungsaufgabe definiert und auch vorgelebt hat. Der von Elisabeth Klatzer geforderte einschlägige Wissensaufbau wird in Graz durch Gender Agents mit speziellem Gender Know how nachhaltig gefördert. Wie breit der Ansatz in Graz ist, zeigen die Praxisbeispiele, die von speziellen Gleichstellungszielen für Produkte und Dienstleistungen, über genderspezifische Fragen für Prüfungen durch den Stadtrechnungshof bis zu flächendeckenden Schulungen und verpflichtenden Punkten im Mitarbeitergespräch reichen.

Sandra Frauenberger und Elisabeth Klatzer befassen sich mit dem Teilaspekt Gender Budgeting und zwar aus theoretischer und aus politischer Sicht. Elisabeth Klatzer sieht als wesentliches Ziel eine Veränderung der Budgetpolitik in Richtung einer ausgewogenen Verteilung der Ressourcen, um eine verbesserte Gleichstellungssituation für Frauen zu erreichen. Frauen sollen dadurch in die Lage versetzt werden, ökonomisch unabhängig zu werden und gleichberechtigt an allen Lebensbereichen teilzuhaben. In der Reform des Haushaltsrechts durch das BHG 2013 sieht sie gute Ansatzpunkte, durchaus kritisch wird hingegen die Beschränkung auf *ein* Gender-Wirkungsziel gesehen, da Gender Budgeting einen Querschnittsansatz darstellt, der alle Bereiche staatlichen Handelns durchdringen sollte. Auch die fehlende Partizipation von Expertinnen sowohl in den Prozessen der Entstehung des neuen Haushaltsrechts als auch in der Umsetzung von Gender Budgeting wird als Manko gesehen. Betont wird zudem die Notwendigkeit einer strategischen Verankerung von Gender Budgeting in der Organisation, wie dies etwa in Wien geschehen ist, sowie einer gezielten Ausbildung und Begleitung durch Expertinnen für alle Fachbereiche.

Der Beitrag von Sandra Frauenberger bezieht sich auf Gender Budgeting in Wien, wo schon sehr früh mit einer systematischen Verankerung in Politik und Verwaltung begonnen wurde. Gendersensible Statistiken und Gender-Analysen sind bereits Standard. Durch das forcierte Fragen stellen zu den Auswirkungen auf Frauen und ihre Lebensrealitäten konnte bereits zur Bewusstseinsbildung in Politik und Verwaltung beigetragen werden. Damit nimmt die Stadt Wien in diesem Bereich eine Vorreiterrolle ein, die auch für den Bund Anregungen bietet.

Einen anderen Aspekt von Fairness und Gerechtigkeit streichen Ursula Struppe und Viktoria Benesch in ihrem Beitrag zu „Diversity Management und Integration“ hervor. Sie gehen dabei von den unterschiedlichen Zugängen zur Vielfalt der Bevölkerung aus. Die Integration ist dabei auf den Prozess der Inklusion und der Einbindung in eine Gesellschaft ausgerichtet und bezieht sich auf die Frage des Zugangs zu öffentlichen Leistungen und Partizipation. Das Befassen mit der Diversität der Bevölkerung soll hingegen den Blick freimachen für Chancen und Potenziale, die damit einhergehen. Das seit dem Jahr 2010 existierende Integrations- und Diversitätsmonitoring erhebt insbesondere die demografischen Entwicklungen in diesem Bereich und schafft so Planungs- und Entscheidungsgrundlagen einerseits für die Gestaltung von öffentlichen Leistungen (z.B. geht jetzt die erste Zuwanderergeneration bereits in Pension) und andererseits für die Personalplanung und Personalentwicklung innerhalb der Verwaltung. Auch dies stellt einen namhaften Beitrag zu einem „evidence-based decision making“ dar, das die Qualität und die Wirksamkeit öffentlicher Aufgabenerfüllung nachhaltig erhöhen kann.

Die Justiz stellt eine wesentliche Säule für das Rechtsstaatsprinzip dar und kann als Hüterin von Gerechtigkeit und Fairness in der Gesellschaft gesehen werden. Vertrauen in die Justiz ist doppelt kostbar, da dieses einerseits dem Staat die Legitimation für die Ausübung von Hoheitsgewalt gibt und andererseits ein direkter Bezug zum Befolgen der Rechtsordnung durch die Bürgerinnen und Bürger (Compliance) besteht. An die Richterinnen und Richter werden in hohem Ausmaß ethische Ansprüche gestellt. Die Befassung der Richterinnen und Richter mit einer richterlichen Ethik (Werner Zinkel) und die Ausgestaltung der Begriffe „Fairness und Gerechtigkeit“ in der „Welser Erklärung“ von 2007 sind ein Schritt in die richtige Richtung. Allerdings bedarf es in Zeiten zunehmender öffentlicher Kritik an der Justiz einer ständigen Selbstreflexion und der Auseinandersetzung mit den Wirkungen des richterlichen Handelns nach außen.

5. Nachhaltigkeit von Politik und Verwaltung

Das Thema Nachhaltigkeit von Politik und Verwaltung wird unter verschiedenen Aspekten betrachtet. Zunächst werden für unterschiedliche Politik- und Steuerungsfelder nachhaltige Ansätze dargestellt – von der wirkungsorientierten Steuerung am Beispiel der Bundesverwaltung (Monika Geppl, Wolfgang Hajek und Andreas Thaller), einer nachhaltigen Finanzpolitik des Bundes (Reinhold Lopatka), dem Personalmanagement im demografischen Wandel (Angelika Flatz) bis zu einer governanceorientierten Entscheidungsvorbereitung am Beispiel von Umweltverträglichkeitsprüfungen im Straßenbau (Christine Rose und Oliver Frank).

Wirkungsorientierte Steuerung bedarf einer Stelle, die die Nachhaltigkeit des Wirkungsansatzes sichert. Auf Bundesebene wird dies die Wirkungscontrollingstelle im Bundeskanzleramt sein, die sich insbesondere um die Koordination des ressortübergreifenden Wirkungscontrollingprozesses, um die begleitende Unterstützung der Ressorts bei der ressortinternen Wirkungssteuerung, um die Qualitätssicherung der Wirkungsziele und Maßnahmen sowie um die ressortübergreifenden Berichtspflichten an den Nationalrat kümmern wird. Während auf Bundesebene die wirkungsorientierte Steuerung im Zuge der Umsetzung der Bundeshaushaltsreform derzeit ausgerollt wird, hat dies auf den Ebenen der Länder und Gemeinden noch einen geringen Stellenwert.

Eine nachhaltige Finanzpolitik darf nicht nur einen Blick auf die Staatsschulden und die Ausgabendynamik werfen, sondern auch den Fokus auf eine verstärkte Konnexität der Aufgaben-, Ausgaben- und Einnahmenverantwortung sowie eine verstärkte Abgabenautonomie der Länder und Gemeinden legen. Damit eng verbunden ist eine grundsätzliche Reform des Finanzausgleichs, mit der Aufgabenorientierung und Transferentflechtung als Reformschwerpunkte.

Der demografische Wandel führt im Personalmanagement öffentlicher Verwaltungen zu neuen Herausforderungen: von der Durchlässigkeit zwischen öffentlichem und privatem Sektor, aber auch innerhalb des öffentlichen Dienstes, über die Rekrutierung – das heißt, insbesondere die Attraktivität als Arbeitgeber zu erhöhen und die Rekrutierung zu professionalisieren und zu standardisieren – bis zu betrieblichen Gesundheitsprogrammen und lebenslangem Lernen.

Anschließend werden „nachhaltige Verwaltungsreformen" betrachtet – aus Sicht einer strategischen Verwaltungsreform (Erich Wolny und Christoph Andlinger), einer nachhaltigen Produktbudgetierung (Christian Mürkl), einem nachhaltigen Verwaltungsmanagement in einer kleineren Gemeinde (Alfred Watzinger und Alexander Maimer) sowie aus dem E-Government-Blickwinkel (Ronald Sallmann und Elvira Regenspurger). Zusätzlich werden noch Ansätze einer ganzheitlichen Steuerung (Hannes Fazekas und Johann Wachter) sowie zur Strukturreform (Bernhard Müller) präsentiert.

Das strategische Management von Verwaltungsreformen am Beispiel der Stadt Linz zeigt anhand der Dimension der „KundInnen PartnerInnen“ die Reformschwerpunkte „e-Linz“, „Teleservice-Center“ sowie „Bürgerservice-Center“ auf. Weiters bildet das Organisationskonzept einen Schwerpunkt: mit der Magistratsstrukturreform, den Ausgliederungen sowie dem Schaffen der Unternehmensgruppe Linz.

Die nachhaltige Produktsteuerung in Wiener Neustadt zeigt, dass in der laufenden Umsetzung der Produktbudgetierung derzeit der Produktkatalog parallel zum Voranschlag gemäß der VRV zu erstellen ist. Eine „Haushaltsreform“, die ein Wahlrecht zur Art der Budgetierung vorsieht, wäre daher hilfreich, um einen doppelten Aufwand vermeiden zu können.

Engerwitzdorf steht für ein nachhaltiges Verwaltungsmanagement in kleineren Gemeinden. Damit verbunden ist ein umfassender Reformansatz – vom Bürgerservice und Personalmanagement, über ein durchgehendes Zielvereinbarungssystem, Workflow und E-Government bis zu einer produktorientierten Steuerung und Prozessoptimierung. Die Erfolgsfaktoren sind ein schrittweises Vorgehen bei der Verwaltungs- und Politikmodernisierung, die maßgebliche Unterstützung des Bürgermeisters bei Verwaltungsreformbemühungen sowie das Aufbauen einer Vertrauenskultur.

Schließlich widmet sich dieser Abschnitt noch den Fragen, wie die Daseinsvorsorge künftig gewährleistet kann (Peter Biwald und Karl Kamper), welche Bedeutung Public Value für die Steuerung im öffentlichen Bereich hat (Alexandra Schantl und Nikola Hochholdinger) sowie welche Schlüsse aus politischer Sicht aus dem Governance-Ansatz (Matthias Tschirf) gezogen werden können.

Wie angesichts der Ausgliederungen und des Leistungszukaufs von außen die Städte und Gemeinden künftig die Daseinsvorsorge steuern und gewährleisten können, beantwortet das Gewährleistungsmanagement. Für die von kommunalen Beteiligungen erbrachten Leistungen bedarf es Leistungsvereinbarungen, die über das klassische Beteiligungsmanagement hinausgehen und insbesondere die Leistungsinhalte betreffend die Ergebnisse, angepeilte Wirkungen und Qualitätsstandards im Fokus haben. Die Bandbereite geht darüber hinaus und reicht mit den externen Leistungserbringern vom Sozialbereich bis zu technischen Dienstleistungen, wie auch der Ver- und Entsorgung. Im Sozialbereich sind dies beispielsweise die Rettungsdienste, mobilen Dienste und Pflegeheime, aber auch die Kinderbetreuung. Die Umsetzung des Gewährleistungsmanagement wird uns am Beispiel der Stadt Graz näher erläutert.

Am Beispiel des Public Value-Modells der gemeinnützigen Wohnungswirtschaft und des damit verbundenen Wirkungs- und Indikatorenmodells werden ausgewählte Wirkungen und Indikatoren vorgestellt. Dies zeigt, dass es sich lohnen würde, auch für andere Bereiche öffentlicher Leistungen Public Value-Modelle zu entwickeln, um einerseits Public Value transparent zu machen und andererseits besser steuern zu können.

6. Entwicklungsperspektiven

Die Rolle des Staates und seine Verantwortlichkeiten haben sich in den letzten Jahren grundlegend gewandelt. Querschnittsaufgaben, wie Klimaschutz, Migration, Armutsbekämpfung oder die Bewältigung der Finanzkrise, haben an Bedeutung gewonnen und bedürfen neuer Lösungen. Hier kann die Umsetzung der Konzepte von Public Management und Governance hilfreich sein, um gutes Regieren zu gewährleisten. Dies bedeutet etwa eine strategische Balance zwischen den staatlichen Handlungsfeldern, ein koordiniertes Vorgehen der Akteurinnen und Akteure auf allen Regierungsebenen und eine neue Kultur des Vertrauens, der Offenheit für Neues sowie von Werten als Leitlinien für die Mitarbeiterinnen und Mitarbeiter zu entwickeln bzw. zu stärken.

Die Beiträge in diesem Abschnitt behandeln nicht nur grundsätzliche Probleme der staatlichen Aufgabenerfüllung, sondern zeigen auch Lösungswege für die festgestellten Defizite auf. Immer wieder geht es um die Notwendigkeit des Arbeitens mit langfristigen Strategien, des Analysierens der Interdependenzen von Maßnahmen und Wirkungen und um das gebietskörperschaftsübergreifende Denken und Handeln.

Josef Moser zeigt die Fülle an Reformkonzepten und Reformvorschlägen, die aus Rechnungshofprüfungen, aber auch aus den aktuellen Arbeiten der Vorbereitungsgruppe „Verwaltungsreform" hervorgegangen sind. Ein zentraler Gesichtspunkt ist auch hier das ungenügende gebietskörperschaftsübergreifende Zusammenwirken der Verwaltungen, das in hohem Maße Ineffizienzen und Ineffektivitäten hervorruft. So wurden etwa für die 330.000 Personen, die Pflegegeld des Bundes bezogen, insgesamt 23 Entscheidungsträgerinnen und Entscheidungsträger in Bund und Ländern tätig. Die durchschnittliche Verfahrensdauer lag zwischen 40 und 137 Tagen. Auch die Zersplitterung der Aufgaben-, Ausgaben- und Finanzierungsverantwortung in ein und demselben Aufgabenbereich macht die Verantwortlichkeiten schwer zuordenbar und daher wenig effektiv. Dies kritisiert auch Josef Probst, wenn er für den Gesundheitsbereich die fehlende Gesamtstrategie und einheitlichen Ziele der verschiedenen Träger und Teilbereiche vermisst. Die Spitäler sehen sich als Bollwerk gegen Krankheit, die Sozialversicherungsträger als Sicherheitsnetz für Risiken, wie Alter oder Krankheit, der Bund als strategischer Steuermann für gute Gesundheit und Gefahrenabwehr (z.B. Impfungen, Medikamentenzulassung etc.). Für dieses komplexe Geflecht existiert derzeit kein schlüssiger Ordnungsrahmen.

Hauptansatzpunkte für Reformen sieht Josef Moser in einer verstärkten Transparenz und dem Aufbau von Faktenwissen für „evidence-based decision making". Aber auch eine vertikale und horizontale Abstimmung, etwa von Wirkungszielen und Wirkungsindikatoren einschließlich des Controllings gilt als vorrangig, um die Kohärenz öffentlicher Aufgabenerfüllung zu stärken. Ähnliches fordert Josef Probst in seiner Erläuterung des vom Hauptverband der Sozialversicherungsträger im November 2010 vorgelegten Masterplans Gesundheit. Eine Maßnahme ist etwa das Entwickeln von politikfeldübergreifenden Gesundheitszielen im Sinne der WHO-21-Grundsätze. Wenn internationale Vorgaben berücksichtigt werden und national einheitliche Gesundheitsziele vorliegen, die Bund, Länder und Städte/Gemeinden akzeptieren und nach ihren Möglichkeiten zur Umsetzung beitragen, so könnte dies als gelebtes Beispiel von gutem Regieren bewertet werden.

Passend dazu präsentiert Claire Charbit einen „multi-level approach“ der OECD für gutes Regieren. Dabei geht es nicht um die Frage: dezentralisieren oder zentralisieren, sondern darum, die Vorteile der Dezentralisierung durch gute Koordination effektiv zu gestalten. Eine Analyse von ebenenübergreifender Koordination in den OECD-Mitgliedstaaten hat ergeben, dass das Zusammenwirken der staatlichen Ebenen verschiedene Defizite aufweist, die von Kapazitätsdefiziten (z.B. fehlendes Know-how lokaler Akteurinnen und Akteure, wie komplexer werdende öffentliche Aufgabenerfüllung wirksam erfolgen kann), über Finanzierungsdefizite (z.B. wenn Einnahmenhoheit mit Aufgaben- und Ausgabenverantwortlichkeit nicht ausbalanciert ist) bis zu politischen Defiziten (z.B. wenn die Gesamtsicht durch sektorale Fragmentierung verloren geht) reichen. Gute Praktiken in den Mitgliedstaaten zur Beseitigung dieser Defizite sind längst vorhanden. Frankreich, Italien und Spanien schließen etwa Kontrakte zwischen den Ebenen; eine Koordinierung durch rechtliche Regelungen und Standards als Vorgaben erfolgt in zahlreichen Staaten. Welche Maßnahmen zur Koordinierung am besten geeignet sind, muss nach dem jeweiligen Verwaltungskontext entschieden werden. Jedenfalls wird zur Bewältigung der Finanz- und Wirtschaftskrise, die etwa die lokale Ebene in strukturschwachen Gebieten besonders trifft, eine gemeinsame Lösung für einen guten Koordinierungsmechanismus gefunden werden müssen.

Einen anderen Aspekt staatlicher Steuerung stellt die Gestaltung der Steuerpolitik dar. Margit Schratzenstaller sieht Nachhaltigkeitsdefizite im österreichischen Abgabensystem im überdurchschnittlich hohen und weiter steigenden Gewicht der Abgaben auf die Arbeit. Dagegen spielen vermögensbezogene Steuern (z.B. Grundsteuer etc.) eine geringere und abnehmende Rolle. Arbeitsbezogene Abgaben haben besonders starke negative Wachstums- und Beschäftigungswirkungen, vermögensbezogene Steuern hingegen bilden eine relativ wachstums- und beschäftigungsfreundliche Abgabenkategorie. Die Umweltsteuern haben in den letzen Jahren einen abnehmenden Beitrag zur Finanzierung öffentlicher Haushalte geleistet. 2008 befand sich Österreich damit auf dem 23. Platz unter den 27 EU-Mitgliedstaaten. Zur Stärkung der Nachhaltigkeit sieht die Autorin Ansatzpunkte durch den Ersatz lohnbezogener Abgaben durch vermögensbezogene Steuern, um damit das Abgabensystem wachstums- und beschäftigungsfreundlicher zu machen. Eine zusätzliche Quelle zur Gegenfinanzierung einer Reduktion lohnbezogener Abgaben liegt in einer weiteren Erhöhung der Mineralölsteuer und Energieabgaben.

Neben den Reformansätzen von Public Governance ist die Fortführung von bereits „traditionellen“ Public Management-Reformen durchaus geboten und erwünscht. In einer Großstadt wie Wien (Erich Hechtner) bedeutet das eine Fortsetzung und Vervollständigung des bisherigen Wegs. Mit dem Schwerpunkt Kundenorientierung wird eher der Public Management-Ansatz angesprochen, mit dem Diversitätsaspekt eher die Governance-Gesichtspunkte hervorgehoben. Für das Nutzen der Potenziale der Bevölkerungsvielfalt gilt es, daran zu arbeiten, den Menschen mit Migrationshintergrund gleichen und fairen Zugang zu öffentlichen Leistungen zu ermöglichen und eine Teilhabe am politischen Leben zu gewährleisten.

Im Sinne des „politischen Defizits" von Claire Charbit können Hindernisse bei der Umsetzung von übergreifenden Reformen oft in einem Denken gesehen werden, das auf die eigene Organisation oder einen Sektor konzentriert ist und den „Blick über den Tellerrand" nicht für sinnvoll oder notwendig erachtet. Dass dieser aber geboten ist, zeigen uns Vorgaben aus der Europäischen Union, die etwa in der EU-Strategie „Europa 2020" ganz konkrete und quantifizierte Ziele vorseht (z.B. die Reduzierung des Anteils an Bürgerinnen und Bürgern unterhalb der jeweils nationalen Armutsgrenze um 25 Prozent oder die Erhöhung des Anteils erneuerbarer Energien auf 20 Prozent), die auf nationaler Ebene umzusetzen sind. Nicht nur die Orientierung an EU-Vorgaben, sondern auch die Analyse von Wirkungszusammenhängen zwischen Bundesministerien oder auch zwischen Bund, Ländern und Gemeinden sind gefordert, wenn man Querschnittsaufgaben wirksam erfüllen will. Der Hinweis auf die Ministerverantwortlichkeit (Bund), auf den Föderalismus (Länder) oder auf die Gemeindeautonomie kann keine Entschuldigung dafür sein, sich nicht mit den Zielen und Maßnahmen auseinanderzusetzen, die Nachbarorganisationen planen, durchführen oder evaluieren. Für Strukturreformen gilt all dies in besonderem Maße, wie auch Beispiele aus Dänemark, Schleswig-Holstein und der Schweiz zeigen (Klaus Wirth).

Den verwaltungskulturellen Rahmen zu mehr Kohärenz und besserer Koordinierung der Aufgabenerfüllung bilden neue Formen von Diskurs und Dialog zwischen den Akteurinnen und Akteuren auf allen Ebenen. Wolfgang Gratz kritisiert in seinem Beitrag den Ist-Stand, bei dem bisher zu viel vorgeschlagen, zu wenig analysiert, zu viel reformiert wurde ohne nachzudenken und zu wenig Raum für die fundierte Bearbeitung von Widersprüchen eröffnet wurde. Aus Sicht des Autors werden weiterhin visionäre Konzepte und Einzelbeispiele geglückter Veränderung benötigt. Vor allem aber braucht es Nachdenklichkeit, ein Ende von Einzelreformen ohne evaluierende Reflexion, den fundierten Diskurs zwischen den Partnern öffentlicher Aufgabenerfüllung und geteiltes Experimentieren dazu, wie die tief verwurzelte Limitierung der österreichischen Bundesverwaltung überwunden werden kann.

7. Schlussfolgerungen

Auf der Grundlage der Fülle von Gedanken, Erfahrungen und Empfehlungen in den Beiträgen dieses Bandes werden abschließend einige Thesen formuliert. Damit soll ein Beitrag zur Diskussion über die Ziele und nächsten Schritte in der Weiterentwicklung der Reformen von öffentlichem Management und Public Governance geleistet werden.

These 1: Gutes Regieren braucht das Land

Hauptziel von gutem Regieren muss es sein, Gemeinwohl durch sozialen Ausgleich und ausreichender Sicherheit zu schaffen sowie zu individueller

Lebensqualität ebenso wie zur kollektiven Zukunftssicherung beizutragen. Dies erfordert ein vollständiges Umsetzen der Hauptelemente des bewährten Konzepts von Public Management sowie der Grundsätze und strategischen Ziele von Public Governance. Wenngleich Österreich in einigen Bereichen der Verwaltungsmodernisierung (z.B. E-Government, Schließen von Leistungskontrakten und Globalbudgets zwischen der politisch-administrativen Führung und den ausführenden Organisationseinheiten, Qualitätsmanagement im Weg von CAF-Selbstbewertungen) durchaus international bestehen kann, ist in anderen Handlungsfeldern ein teils massiver Reformstau gegeben. Misstrauenskultur und Gesprächsblockaden betreffen etwa die ausstehenden strukturellen Reformen der Aufgabenverteilung auf die einzelnen staatlichen Ebenen, das System des Finanzausgleichs mit seinen Widersprüchen und unzulänglichen Instrumenten, den Abbau dezentraler Parallelstrukturen von Bundes- und Landesverwaltungen sowie unzureichende Gemeindekooperationen im engeren Verwaltungsbereich und bei verschiedenen Dienstleistungen. Dies führt zu Benachteiligungen einzelner Gruppen der Bevölkerung, zu Wohlfahrtsverlusten und letztlich auch zu sinkendem Vertrauen der Bevölkerung in die Problemlösungsfähigkeit vor allem von Bund und Ländern sowie generell zu einem Vertrauensverlust in die demokratischen Institutionen. Nachhaltiges Handeln ist angesagt, denn mehreren Studien zufolge ist bereits ein Drittel der Bevölkerung mit der Demokratie unzufrieden.

These 2: Strategische Weitsicht und Gestaltungskraft im Bundesstaat

Politik und Verwaltung müssen sich vorrangig auf die Lösung der komplizierten Reformbereiche konzentrieren und hierfür strategische Weitsicht und Gestaltungskraft auf- und ausbauen. Problemanalysen und Lösungsvorschläge der internationalen und nationalen Expertenorganisationen zeigen die grundlegenden Stoßrichtungen:

- Es geht um das Verstehen und Ausbalancieren zentraler politischer Visionen und Werte auf der einen sowie gesellschaftspolitischer Präferenzen auf der anderen Seite, um das Verknüpfen der laufenden Anpassungen mit den langfristigen Erfordernissen nachhaltiger Lösungen, um das Einbeziehen des Faktenwissens und um Schaffen von Transparenz gegenüber der Öffentlichkeit, den Parlamenten und den Partnern.
- Erzeugen von Kohärenz des öffentlichen Planens und Handelns in dem Sinn, dass die Partner im föderalen System, in den Selbstverwaltungskörpern des öffentlichen Sektors sowie der öffentlichen Unternehmen zu einem gemeinsamen Reformverständnis sowie zur Bindung an Ziele und Maßnahmen der großen Reformprojekte gelangen.
- Zulassen und Sichern von Spielräumen für dezentrales Handeln und Schaffen geeigneter Rahmenbedingungen für die Koordinierung und Steuerung in den ebenenübergreifenden Aufgabenbereichen: Ein konkreter Ansatz bestünde darin, die Stimmigkeit des Vollzugs des Bundesrechts durch die neun Bundesländer im Weg von gemeinsam festgelegten Qualitätsstandards und von optimierten Prozessen, die im Sinn des Lernens voneinander entwickelt werden, zu sichern.

These 3: Reformen des öffentlichen Finanzmanagements priorisieren

Gutes Regieren verlangt, die Finanzpolitik besser zu koordinieren und die Gestion der Ressourcen im Bundesstaat neu zu organisieren. Die Ausrichtung der Finanzpolitik der Gebietskörperschaften auf Ziele der finanzwirtschaftlichen Konsolidierung muss auch die Herausforderungen der Budgetpolitik durch den Klimawandel, die neue EU-Strategie „Europa 2020" sowie die Notwendigkeit von Investitionen in Bildung, Forschung und Entwicklung in Rechnung stellen. Die Vereinbarungen des nationalen Stabilitätspaktes müssen aktualisiert und wenigstens halbjährlich auf ihre Einhaltung hin überprüft werden. Auch die Arbeit auf den weiteren Baustellen des Finanzmanagements, nämlich

- die Ökologisierung des Steuersystems, das heißt, die *„systematischere und intensivere Nutzung von Umweltsteuern als ein Teil der Gegenfinanzierung von Senkungen der Abgaben auf den Faktor Arbeit"* (Margit Schratzenstaller),
- die Flexibilisierung des Finanzausgleichs verbunden mit einer verstärkten Aufgabenorientierung, mit dem Zusammenführen von Aufgaben-, Ausgaben- und Finanzierungsverantwortung und einem damit Hand in Hand gehenden, tiefgehenden Abbau der intragovernmentalen und sonstigen Transfers und
- die Erweiterungen und Modifikationen des traditionellen öffentlichen Rechnungswesens im Sinn der bereits bei verschiedenen Gebietskörperschaften erfolgreich praktizierten Ansätze,

muss vorangetrieben werden.

These 4: Wirkungsorientierung des öffentlichen Handelns als Schlüsselfaktor

Die Umsetzung der Wirkungsorientierung bedarf noch großer Anstrengungen, was die Klarheit von Zielen und organisatorischen Verantwortungen, aber auch die Entwicklung einer neuen Kultur des Vertrauens in die Fähigkeiten der Führungskräfte und der Mitarbeiterschaft betrifft.

Die vielfach fehlende oder unzulängliche Abstimmung zwischen den Gebietskörperschaften, aber auch zwischen den Bundesministerien, beeinträchtigt die Wirksamkeit öffentlicher Aufgabenerfüllung stark. Die Hierarchisierung der Ziele, wie sie etwa in Wien und in Oberösterreich praktiziert wird, ist beim Bund kaum vorhanden, obwohl es international dafür zahlreiche gute Beispiele gibt (z.B. Finnland, Schottland etc.). Nach dem Bundeshaushaltsgesetz 2013 sind lediglich ein Strategiebericht mit langfristigen Schwerpunktsetzungen und Wirkungsziele pro Untergliederung vorgesehen; für die Dienststellen an der Basis ist die Konkretisierung der Wirkungsziele durch Maßnahmen nicht ausreichend, um ihnen eine klare Handlungsanleitung zu geben. Verknüpfungen zwischen den Wirkungszielen und den finanzpolitischen Strategieplänen bedürfen einer Verstärkung und/oder Konkretisierung auch auf den dezentralen Ebenen des öffentlichen Handelns.

Der Dialog zwischen Parlamenten, politischen Ressortführungen und den Führungskräften der Verwaltungen ist meist auf allen staatlichen Ebenen und in mehreren Ressorts und Steuerungsbereichen verbesserungsbedürftig. Davon werden die Parlamente und die Verantwortlichen für die Fachbereiche profitieren, können sie doch künftig durch die neuen Informationen zu Wirkungszielen und geplanten Strategien im Sinn eines integrierten Ansatzes über inhaltliche und finanzielle Schwerpunkte entscheiden. Zur Entwicklung der Ziele und zur Kontrolle der Zielerreichung böte ein gemeinsam für alle Ebenen geltender (begrenzter) Katalog von nationalen Wirkungskriterien und Wirkungsindikatoren Hilfe für die Prioritätensetzung, der auch verlässliche empirische Evidenzen bieten würde.

These 5: Gerechtigkeit, Gleichheit, Sicherheit – Dimensionen des Gemeinwohls

Gerechtigkeit, Fairness und Integrity/Honesty sind international vorrangige Werte, die das öffentliche Handeln demokratischer Staaten prägen. Wichtige Voraussetzung zu ihrer Verstärkung sind Transparenz und Sicherheit in allen Belangen. Alle Regierungsebenen müssen daran arbeiten, dass die Informationen vollständig, verlässlich, verständlich und leicht zugänglich sind. Transparenz dient als Voraussetzung für die Beteiligung der Bürgerinnen und Bürger am Gemeinschaftsleben, ebenso zur Abwehr von Unvereinbarkeiten und Interessenskonflikten in öffentlichen Funktionen. Der Staat hat eine hohe Verantwortung für den Schutz von Leib und Leben, ebenso für ein Mindestmaß an Versorgungssicherheit, für staatliche Ordnung und die Verlässlichkeit seiner Institutionen.

Die bisher praktizierte Solidarität durch ausreichende Umverteilung, die einen relativ hohen gesellschaftlichen Zusammenhalt begünstigt hat, sollte durch weitere Elemente einer Strategie des Stärkens der Wertebasis des öffentlichen Handelns gesichert werden. Schaffen der besten Bildungsmöglichkeiten für die Jugend, Gender Mainstreaming und wertschätzenden Umgang mit den Zugewanderten sollen diesen großen Bevölkerungsgruppen faire Chancen auf Teilhabe an Wirtschaft und Politik, an Kultur und Wissenschaft – also zu entsprechender Präsenz bzw. zur Integration in der Gesellschaft – bieten. Dafür müssen entsprechende individuelle Kompetenzen und Kapazitäten (soziale, sprachliche und inhaltliche) aufgebaut sowie gesetzliche und andere Rahmenbedingungen für den Zugang zu öffentlichen Leistungen und Partizipation geschaffen werden.

Das Bemühen um eine zukunftsweisende Interpretation von Gemeinwohl soll bei allen öffentlichen Leistungen und Wirkungen über den unmittelbaren Nutzen für die Individuen (z.B. für Studierende, für Kranke etc.) und für die Gemeinschaft (z.B. ökologischer Nutzen, Standortqualitäten etc.) hinaus zusätzlich angepeilt und realisiert werden. Dies wird durch Konkretisieren der verschiedenen Dimensionen – Gleichheit, Solidarität, Decken der Sicherheits- und Ordnungsbedürfnisse – unterstützt, was je nach Aufgabenstellung zu differenzierten Public Values und zur Benennung von unerwünschten Zuständen führen wird. Dabei sind auch mögliche Zielkonflikte des Public Values zu bearbeiten und gegenseitiges Verstärken der betreffenden Aspekte des Gemeinwohls zu suchen. Das Klären und das wiederkehrende Überarbeiten der verschiedenen angestrebten Public Values bieten nicht nur den Bürgerinnen und Bürgern Orientierung, sondern gewährt auch Hilfe bei der Definition und Überprüfung von Wirkungen des öffentlichen Handelns, stärkt aber auch das Selbstverständnis (Rollenbild) von Führungskräften und Mitarbeiterinnen und Mitarbeitern im öffentlichen Sektor.

These 6: Bürgerbeteiligung ausbauen, Ehrenamt stärken

Die Serviceorientierung für die Bürgerinnen und Bürger war bisher eine der erfolgreich umgesetzten Public Management-Reformen. Die governancebasierte Weiterentwicklung ergänzt diese um die Aspekte des Förderns von Bürgerengagement, von Bürgerbeteiligung und der Mitwirkung von Bürgerinnen und Bürgern bei der Leistungserbringung. Bestehende sachliche und räumliche Grenzen der aktiven Bürgerbeteiligung gilt es dadurch zu überwinden, dass beispielsweise im Rahmen der Sozialarbeit Bürgerengagement auch sozialraumorientiert organisiert wird, oder dass die Budgetierung auch partizipatorische Handlungsbereiche eröffnet. Das Ehrenamt hat einen großen Stellenwert; alle öffentlichen Verwaltungen haben ein Interesse, ihre Strukturen und Prozesse so weiterzuentwickeln, dass sie das bürgerschaftliche Engagement ermöglichen, unterstützen und fördern. Ein weiterer Erfolgsfaktor ist die aktive und kontinuierliche Pflege der Beziehungen zwischen der Verwaltung und jenen Gruppen der Bürgerschaft, die sich beteiligen wollen, aber nicht können (z.B. aus sprachlichen oder kulturellen Gründen etc.), aber auch zu jenen, die könnten aber nicht wollen, weil sie kein Interesse daran haben.

These 7: Der entwicklungsorientierte Staat hat Zukunft

Der gegebene Stand der Modernisierung des öffentlichen Sektors in Europa und in Österreich macht deutlich, dass nicht das Bewahren und Absichern, sondern auch der Blick auf bisher vernachlässigte Alternativen und die Entwicklung neuer Lösungen, etwa zur Reduzierung von Ungleichheit und zu besser ausbalancierter Machtverteilung, erforderlich sind.

> „*Of all the competing and only partially reconcilable ends that we might seek, the reduction of inequality must come first* […] *if we remain grotesquely unequal, we shall lose all sense of fraternity: and fraternity, for all its fatuity as a political objective turns out to be the necessary condition of politics itself* […] *We have always known that inequality is not just morally troubling: it is inefficient*"[2]

Das Verfolgen von Innovationen und das Streben nach besserer Balance der Machtverteilung benötigen einen offenen Dialog über bestehende Defizite des föderalen Systems, über die kaum genützten Beteiligungspotenziale von nicht etablierten aber manchmal innovativen Partnern und über die nicht offen gelegten Alternativen des Regierungshandelns. Neue institutionelle und verfahrensmäßige Designs von Dialogen zwischen den

2 Judt: Land, 2010, p. 184f.

Regierungen und den Partnern in Wirtschaft und Gesellschaft, oder zwischen Bund, Ländern und Gemeinden zu einzelnen Fach- und Reformbereichen sowie den damit verbundenen Konfliktzonen (z.B. Konsenskonferenzen etc.), öffentliche Kreativ-Workshops zwischen Bürgerinnen und Bürgern, Mitarbeiterinnen und Mitarbeitern der Verwaltungen und politischen Verantwortlichen sollten erprobt und genützt werden. Auch der Einsatz von Mediation, von öffentlichen Hearings mit Expertinnen und Experten sowie vermehrte Volksbefragungen und Volksabstimmungen mögen ebenfalls zur Ernsthaftigkeit der Dialoge und zu brauchbaren Ergebnissen beitragen. Es bedarf somit einer Belebung, „*einer Renaissance der Demokratie und eines Gestaltungs- und Führungswillens der Politik*“ (so die Meinung eines politischen Mandatars). Die Erkenntnis eines weitblickenden Historikers dagegen lautet: „*But republics and democracies exist only by virtue of the engagement of their citizens in the management of public affairs.*“

Teil 7:
Anhänge

Anhang 1

Autorenverzeichnis

Anhang 2

Quellen- und Literaturverzeichnis

Anhang 3

Stichwortverzeichnis

ANHANG 1

Autorenverzeichnis

Dr. Rolf Alter was appointed the Director for Public Governance and Territorial Development of the Organisation for Economic Co-operation and Development (OECD) in Paris on 1 July 2009. For the preceding three years, since 2006, he served as Chief of Staff of OECD Secretary-General, Mr. Angel Gurría. Mr. Alter joined the OECD's Economics Department in 1991 in the newly created division on Transition Economies. He then became a senior economist and later a Counsellor for the Directorate of Financial, Fiscal and Enterprise Affairs. This position included a special assignment as Programme Director for the Investment Compact of the Stability Pact for South East Europe. In the interim, between 1996 and 1998, Mr. Alter was an advisor to the Executive Director of the OECD. In 2001, Mr. Alter was appointed Head of the Regulatory Reform Programme of OECD, and subsequently nominated Deputy Director for the Public Governance and Territorial Development Directorate in 2002. Prior to joining the OECD, in 1987, Mr. Alter was an economist in the Research Department of the International Monetary Fund, in Washington D.C., and moved two years later to the IMF's African Department. He started his professional career in 1981 in the German Ministry of Economy in Bonn, as a staff member of the General Economic Policy Department. Mr. Alter holds a doctorate degree from the University of Goettingen, Germany, following post-graduate work in Germany and the United States.
Contact: rolf.alter@oecd.org

Dr. Christoph Andlinger MBA ist seit 1992 beim Magistrat der Landeshauptstadt Linz, wo er aktuell die Abteilung Organisations- und Personalentwicklung leitet. Zuvor war er beim Bundesministerium für Finanzen sowie beim Europaparlament in Luxemburg und Brüssel tätig. Nebenberuflich lehrt er an Fachhochschulen sowie der Donau-Universität Krems „Change Management" und betriebswirtschaftliche Fächer.
Kontakt: christoph.andlinger@mag.linz.at

DI^{in} Dr.^{in} Kerstin Arbter führt seit 1998 ein Ingenieurbüro für Landschaftsplanung (http://www.arbter.at). Als Expertin für partizipative Planungsprozesse unterstützt sie Verwaltungsbedienstete in Bund, Ländern und Gemeinden bei der Durchführung qualitätsvoller und wirkungsvoller Beteiligungsprozesse. Sie hat an der Entwicklung der österreichischen Standards der Öffentlichkeitsbeteiligung mitgewirkt und den Praxisleitfaden dazu verfasst. Kerstin Arbter ist Gründungsmitglied der „Strategiegruppe Partizipation" (seit 2002). Sie hält Gastvorlesungen, Vorträge und Seminare zum Thema Öffentlichkeitsbeteiligung.
Kontakt: office@arbter.at

Hon.-Prof. Dr. Helfried Bauer war bis Ende 2008 Leiter des KDZ Zentrum für Verwaltungsforschung. Er ist heute als Lehrbeauftragter an einer Fachhochschule in Wien und an der Universität Innsbruck tätig. Seine

Forschungs- und Arbeitsschwerpunkte sind öffentliche Finanzen, Politik- und Verwaltungsmodernisierung.
Kontakt: helfried.bauer@gmx.at

Mag.[a] Viktoria Benesch ist Wienerin mit Migrationshintergrund und Teil des Diversitätsmanagementteams der MA17. Ihre Arbeitsschwerpunkte sind unter anderem: diversitätsgerechte Organisationsentwicklung und Prozessbegleitung. Sie ist mitverantwortlich für die Durchführung der Diversity-Checks in den Abteilungen des Magistrats der Stadt Wien und begleitet die strategische Implementierung des integrationsorientierten Diversitätsmanagements in der Geschäftsgruppe Gesundheit und Soziales.
Kontakt: victoria.benesch@wien.gv.at

Mag. Peter Biwald ist seit 1999 Geschäftsführer der KDZ Managementberatungs- und WeiterbildungsGmbH und seit 2009 Geschäftsführer des KDZ Zentrum für Verwaltungsforschung. Seine Arbeitsschwerpunkte sind Grundlagenprojekte zu Public Management/Governance und Finanzausgleich, Verwaltungsreformprojekte bei Gebietskörperschaften und deren Betrieben sowie Managementtrainings. Er ist staatlich geprüfter Unternehmensberater und Lektor an der Donau-Universität Krems sowie an den Fachhochschulen des BFI Wien und dem FH Campus Wien.
Kontakt: biwald@kdz.or.at

Prof. Tony Bovaird ist Professor für öffentliches Management an der Universität Birmingham (INLOGOV) und Director bei Governance International. Zu seinen aktuellen Forschungs- und Beratungsschwerpunkte zählen wirkungsorientierte Verwaltungsführung, Open Government, Bürgerbeteiligung im Sinne von Ko-Produktion und neue soziale Medien. Prof. Bovaird ist gemeinsam mit Elke Löffler Herausgeber des Lehrbuchs „Public Management and Governance", das als zweite Auflage 2009 bei Routledge erschienen ist.
Kontakt: tony.bovaird@govint.org

Mag.[a] Renate Brauner ist seit 2007 Vizebürgermeisterin und Landeshauptmannstellvertreterin für Wien sowie amtsführende Stadträtin für Finanzen, Wirtschaftspolitik und die Wiener Stadtwerke. Renate Brauner war sieben Jahre Mitglied der Bezirksvertretung Wien-Margareten und von 1990-1996 Gemeinderätin und Abgeordnete zum Wiener Landtag. Danach wurde sie Mitglied des Stadtsenates der Wiener Landesregierung. Von 1996-2004 war sie amtsführende Stadträtin für Integration, Frauenfragen, Konsumentenschutz und Personal/Tierschutz sowie Präsidentin des Wiener Integrationsfonds, 2001 übernahm sie ebenfalls die Zuständigkeit für die Feuerwehr. Seit Juli 2004 ist sie amtsführende Stadträtin für Gesundheit und Soziales und übernahm drei Jahre später die Agenden des langjährigen Stadtsenatsmitgliedes Sepp Rieder.
Kontakt: renate.brauner@wien.gv.at

Prof. Dr. Otto Brodtrick lehrte zwölf Jahre (bis 2009) Strategie, Organisation und Change Management im MBA-Programm der McGill Universität in Montreal. Zuvor bekleidete er leitende Stellen in der öffentlichen Verwaltung Kanadas, davon fünfzehn Jahre im kanadischen Rechnungshof in der Performance- und Organisationsforschung. Seit Ende seiner Lehrtä-

tigkeit sind seine aktuellen Forschungsinteressen nun Organizational Diagnosis und Organizational Learning.
Kontakt: brodtrick@brnet.ca

Claire Charbit is the Deputy Head of the Regional Development Policy Division of the Public Governance and Territorial Development Directorate of the OECD (GOV). Since she started working at the OECD, her work has focused on multi-level governance issues and their impact on regional development. She has contributed to several OECD horizontal reports and national Territorial Reviews, and participates regularly in national and international think tanks. She co-ordinates for GOV the OECD Network on Fiscal Relations across Levels of Government, and the Governance of Water Policy in the OECD Horizontal Project. She holds a PhD in Economics, with a specialisation in Institutional Economics. Before joining the OECD, she was Professor of Economics at the National School of Telecommunications in Paris where she worked and published mainly on Territorial Dynamics of Economics of Knowledge.
Contact: claire.charbit@oecd.org

MR Dr.in Elisabeth Dearing war bis 2010 Leiterin der Abteilung III/7 – Verwaltungsreform und Personalcontrolling des Bundeskanzleramtes. Seit Ende 2010 ist sie Leiterin der Abteilung 5B2-Volkswirtschaft und Kompetenzcenter Wirkungsorientierung im Österreichischen Rechnungshof. Zu ihren Arbeitsschwerpunkten zählen: Verwaltungsmodernisierung, Public Governance, Wirkungsorientierung, Qualitätsmanagement. Sie ist Lehrbeauftragte an der FH Campus Wien für „Public Management“ und Vortragende an der Verwaltungsakademie des Bundes.
Kontakt: dearing@rechnungshof.gv.at

Dr.in Rosmarie Drexler MSc ist seit 1994 Leiterin der Bezirkshauptmannschaft Zell am See. Sie ist selbständige Kommunikations- und Managementtrainerin und Beraterin für Team- und Organisationsentwicklung. Die Bezirkshauptmannschaft Zell am See wurde international für ihre Verwaltungsreform ausgezeichnet; dazu zählen unter anderem der Speyrer Preis 1998 und der Public Service Award 2004 der UNO.
Kontakt: rosmarie.drexler@salzburg.gv.at

Martin Duelli MEd ist Leiter der Stabstelle Strategisches Management im Amt der Stadt Feldkirch und begleitender Unternehmensberater für Kommunen. Seine Arbeitsschwerpunkte sind Strategieentwicklung, Organisations- und Personalentwicklung, die Begleitung von Bürgerbeteiligungsprozessen sowie die Koordination von Projekten der interkommunalen Zusammenarbeit.
Kontakt: martin.duelli@feldkirch.at

Bgm. NR Hannes Fazekas besuchte von 1979-1982 das Institut für Polizeipraktikanten, war sechs Jahre Funkstreifenpolizist in Wien-Favoriten, eine Zeit die ihn sozial stark prägte (sozial schwache Menschen, Probleme durch Arbeitslosigkeit). Fazekas wechselte im Anschluss daran zur Einsatzabteilung Kranich am Flughafen Schwechat, wo er eine Ausbildung zum Wachkommandanten absolvierte. Danach schloss er die Sicherheitsakademie als Polizeioffizier ab, er erwarb mehrere Zusatzqualifikationen.

Seine sozialdemokratischen Wurzeln reichen zurück bis hin zum Urgroßvater, der bereits 1904 Mitglied der SPÖ und gewerkschaftlich tätig war. Ab 2000 war er SPÖ-Stadtrat für Jugend und Schulen, seit 2001 Parteivorsitzender von Schwechat. Im Juni 2002 wurde Hannes Fazekas zum Bürgermeister von Schwechat gewählt. Im Mittelpunkt seiner politischen Tätigkeit stehen vor allem die Bekämpfung der Arbeitslosigkeit sowie die Themen Bildung, Sicherheit, Verkehr und Infrastruktur.
Kontakt: buergermeister@schwechat.gv.at

SC Mag.ª Angelika Flatz ist seit 2009 Leiterin der Sektion „Öffentlicher Dienst und Verwaltungsinnovation" im Bundeskanzleramt. Die Schwerpunkte ihrer Tätigkeit bilden das strategische Personalmanagement des Bundes und die Aktivierung des bundesinternen Arbeitsmarktes. 2008-2009 leitete sie das Büro der Bundesministerin für Frauen und Öffentlichen Dienst und vor ihrem Eintritt in das Bundeskanzleramt das Büro der Präsidentin des Nationalrates. Ihre Laufbahn begann die Juristin als Assistentin am Institut für Rechtswissenschaften an der Technischen Universität Wien.
Kontakt: angelika.flatz@bka.gv.at

Mag. Oliver Frank ist seit 2006 Referent im Bundesministerium für Verkehr, Innovation und Technologie, Abteilung II/ST3, Rechtsbereich Bundesstraßen. Er ist unter anderem mit der Durchführung von Umweltverträglichkeitsprüfungsverfahren betreffend Bundesstraßenbauvorhaben und mit der Legistik im Bereich des Bundesstraßengesetzes beschäftigt.
Kontakt: oliver.frank@bmvit.gv.at

Sandra Frauenberger ist seit 2007 Frauen- und Integrationsstadträtin in Wien. Als laut eigenen Angaben „leidenschaftliche Politikerin" mit gewerkschaftlichen Wurzeln kämpft die Sozialdemokratin für die Gleichstellung und Chancengleichheit von Frauen. Neben dem Frauenbereich und der Integration fallen auch das Personal der Stadt Wien, der Konsumentenschutz, die Antidiskriminierungsstelle für gleichgeschlechtliche Lebensweisen, die Wiener Märkte und die Informations- und Kommunikationstechnologie der Stadt Wien in ihren Zuständigkeitsbereich.
Kontakt: sandra.frauenberger@wien.gv.at

Mag.ª Elisabeth Freiberger MPA ist seit 1993 im steirischen Landesdienst tätig und seit 2004 als Leiterin der Fachabteilung 1A Organisation im Amt der Steiermärkischen Landesregierung zuständig für Organisation, Aus- und Fortbildung. Sie ist Juristin, Organisationsentwicklerin, Trainerin und Coach. Ihre Arbeitsschwerpunkte sind Organisations- und Verwaltungsentwicklungsprojekte.
Kontakt: elisabeth.freiberger@stmk.gv.at

Mag.ª Monika Geppl hat Sozioökonomie mit Schwerpunkt Public Management an der Wirtschaftsuniversität Wien studiert. Seit September 2008 ist sie im Bundeskanzleramt tätig. Als Referentin für das ressortübergreifende Wirkungscontrolling arbeitet sie unter anderem am Aufbau der ressortübergreifenden Wirkungscontrollingstelle im Bundeskanzleramt.
Kontakt: monika.geppl@bka.gv.at

a.o. Univ. Prof. Dr. jur., Mag. rer. soc. oec. Wolfgang Gratz ist seit 2003 mit verschiedenen Funktionen im öffentlichen Sektor betraut, von 2008-2010 zeichnete er sich als Studiengangsleiter Public Management der FH Campus Wien verantwortlich. Derzeit ist er Gesellschafter der Gratz & Partner OG (Training, Beratung) und lehrt an der Universität Wien und dem FH Campus Wien. Er ist a.o. Mitglied der Fakultät für Interdisziplinäre Forschung und Fortbildung der Universität Klagenfurt (iff), Abteilung für Organisationsentwicklung und Gruppendynamik.
Kontakt: wolfgang.gratz@fh-campuswien.ac.at

Dr. Paul Gruber war von 1990 bis 2005 fachlicher Experte für Verwaltungsreform und Verwaltungsentwicklung sowie Projektleiter zahlreicher großer Reformprojekte in der oberösterreichischen Landesverwaltung, insbesondere auch der Entwicklung und Einführung der wirkungsorientierten Landesverwaltung (WOV). Seit 2005 ist er Bezirkshauptmann von Grieskirchen bzw. Urfahr-Umgebung.
Kontakt: paul.gruber@ooe.gv.at

Wolfgang Hajek ist seit 1992 im Bundeskanzleramt tätig. Zunächst über einen langen Zeitraum in der Personalabteilung für konkrete Personalangelegenheiten und Personalentwicklung zuständig, ist er seit Oktober 2010 Referent in der ressortübergreifenden Wirkungscontrollingstelle im Bundeskanzleramt.
Kontakt: wolfgang.hajek@bka.gv.at

Dr. jur. Erich Hechtner ist seit 1984 bei der Stadt Wien tätig. Er war unter anderem Leiter der für das Gewerbewesen zuständigen Magistratsabteilung, bevor ihn der Wiener Gemeinderat im Jahr 2006 zum Kontrollamtsdirektor bestellte. Mit Wirksamkeit vom 1. Juli 2010 wurde er vom Wiener Stadtsenat einstimmig zum Magistratsdirektor und Landesamtsdirektor von Wien bestimmt.
Kontakt: erich.hechtner@wien.gv.at

BM^{in} Gabriele Heinisch-Hosek ist seit 2. Dezember 2008 Bundesministerin für Frauen und Öffentlichen Dienst. Seit 1985 unterrichtete Heinisch-Hosek an der Wiener Schwerhörigenschule und legte 1992 die Lehramtsprüfung für Sonderschulen für schwerhörige und gehörlose Kinder ab. Ihre politische Laufbahn begann 1990 im Gemeinderat von Guntramsdorf, 1995 wurde sie geschäftsführende Gemeinderätin für Kunst, Kultur, Unterricht und Erziehung, 1999 wurde sie zur Nationalratsabgeordneten der Bezirke Mödling und Wien-Umgebung. Von 2001 bis 2004 war Gabriele Heinisch-Hosek Kinder- und Jugendsprecherin der sozialdemokratischen Parlamentsfraktion und zwischen 2001 und 2009 Bezirksfrauenvorsitzende der SPÖ-Mödling. Von 2004 bis April 2008 war sie Frauensprecherin der SPÖ im Parlament und Vorsitzende des parlamentarischen Gleichbehandlungsausschusses und hatte diese Position bis zu ihrer Angelobung als Landesrätin für Gesundheit, Soziales und Jugendwohlfahrt am 10. April 2008 inne.
Kontakt: gabriele.heinisch-hosek@bka.gv.at

Mag. (FH) Markus Hödl hat an der Fachhochschule Technikum Kärnten Kommunales Management studiert und war von April 2002 bis Ende 2010

als Berater und Trainer des KDZ Zentrum für Verwaltungsforschung tätig. Er bearbeitete insbesondere Organisationsentwicklungsprojekte in öffentlichen Verwaltungen, unter anderem mit dem Fokus auf Qualitätsmanagement und Bürgerservice. Auch wurden von ihm zahlreiche Seminare und Weiterbildungsveranstaltungen für Führungskräfte sowie Mitarbeiterinnen und Mitarbeiter konzipiert und durchgeführt. Seit Februar 2011 ist er Amtsleiter der Gemeinde Allerheiligen im Mürztal und setzt nun innovative Ansätze und Instrumente des Public Managements und von Governance in der Praxis um.
Kontakt: m.hoedl@allerheiligen-muerztal.steiermark.at

DI^{in} Nikola Hochholdinger hat an der Technischen Universität Wien Raumplanung und Raumordnung studiert und einige Jahre im Bereich der Verkehrsplanung gearbeitet bevor sie im Jahr 2002 als wissenschaftliche Mitarbeiterin ins KDZ Zentrum für Verwaltungsforschung wechselte. Ihre Forschungs- und Arbeitsschwerpunkte umfassen Projekte in den Bereichen Gemeindefinanzen, Soziales, Stadtwirtschaft und kommunale Infrastruktur. KDZ-intern betreut sie den Bereich Statistiken und Datenbanken und führte im KDZ ein Geographisches Informationssystem (ArcGis) zur Visualisierung und Analyse raumbezogener Sachverhalte ein.
Kontakt: hochholdinger@kdz.or.at

Stéphane Jacobzone, Counsellor, Public Governance and Territorial Development Directorate, contributed to the organisation of the recent meeting of the public governance Committee at Ministerial Level held in Venice in November 2010. His recent work on governance covers regulatory oversight and regulatory frameworks, the implications of the financial crisis for quality regulation in the financial sector. His work also involves the institutional design for utility sectors, indicators of regulatory management systems, and co-ordinating country-based projects (initiative to strengthen competitiveness in Mexico, reviews in Australia, France, Italy, Korea, Norway, Sweden, Switzerland, and Brazil). Prior to this Mr. Jacobzone worked in OECD DELSA, co-ordinating the OECD health project and assessing the economic implications of ageing and the diffusion of new health technologies for public finances and health systems. Mr. Jacobzone began his career at the French Ministry of Finance, on public finance and public sector efficiency, transport and health economics. He taught at Sciences Po, ENA and ENSAE, authored 12 books and reports, and over forty articles. He graduated at the French Ecole Polytechnique, and ENSAE.
Contact: Stephane.Jacobzone@oecd.org

Mag. Michael Kallinger ist stellvertretender Leiter der Abteilung für Verwaltungsinnovation im Bundeskanzleramt. Er studierte an der Wirtschaftsuniversität Wien, arbeitete dann im IT-Bereich sowie bei Austrian Airlines und ist nunmehr seit rund zehn Jahren im Bundeskanzleramt tätig. In dieser Zeit betreute er die Online-Umsetzung von Amtswegen und mehrere Verwaltungsreformprogramme. Mag. Kallinger ist der österreichische Delegierte im Public Governance Committee der OECD und in der Innovative Public Services Group (EU-Ebene).
Kontakt: michael.kallinger@bka.gv.at

Mag. Dr. Gerold Kaltenbrunner ist seit 1983 beim Amt der oberösterreichischen Landesregierung beschäftigt. Seit 2006 ist er Leiter der Gruppe Verwaltungsentwicklung, Organisation und Controlling in der Abteilung Präsidium des Amtes der oberösterreichischen Landesregierung. Ebenso ist er seit 2006 Lektor an der Fachhochschule Linz, Sozial- und Verwaltungsmanagement.
Kontakt: gerold.kaltenbrunner@ooe.gv.at

Mag. Dr. Karl Kamper ist seit 2004 Finanzdirektor der Landeshauptstadt Graz. Er hat die finanzielle Konsolidierungsstrategie der Stadt in den letzten Jahren auf der Verwaltungsebene begleitet und zahlreiche Initiativen zur Verbesserung der Finanzlage (Aufgabenkritik, Cash Pooling, konsolidierter Rechnungsabschluss, Eckwertbudgetierung, Pilotprojekt Grundssteuer, Ausgliederungen, „Haus Graz") mitgestaltet. Vorher war er unter anderem Finanzmanager in der Papierindustrie sowie Assistent am Institut für Finanzrecht an der Universität Graz.
Kontakt: karl.kamper@stadt.graz.at

Dr.in Elisabeth Klatzer MPA ist derzeit selbstständige Wissenschafterin, Aktivistin und Beraterin im Bereich öffentliche Finanzpolitik, Gender Budgeting und europäische Wirtschaftspolitik. Sie hat langjährige Erfahrung in der öffentlichen Verwaltung, unter anderem als Gender Mainstreaming-Beauftragte des Bundeskanzleramtes, und ist gefragte Beraterin internationaler Organisationen zum Thema Gender Budgeting. Sie wurde 2010 mit dem Käthe-Leichter-Preis für herausragende Leistungen auf dem Gebiet der Frauenforschung, Geschlechterforschung und Gleichstellung ausgezeichnet. Weiters ist sie Mitbegründerin und Mitglied der zivilgesellschaftlichen Gruppe Watch Group. Gender und öffentliche Finanzen sowie des Europäischen Gender Budgeting-Netzwerkes.
Kontakt: elisabeth.klatzer@bka.gv.at

Mag. Bernhard Krabina studierte an der Wirtschaftsuniversität Wien Betriebswirtschaft mit den Schwerpunkten Wirtschaftsinformatik und Informationswirtschaft und hat den Zertifikatslehrgang Wissensmanagement der KMA und WU Executive Academy absolviert. Seit 2003 arbeitet er im KDZ als wissenschaftlicher Mitarbeiter, Berater und Trainer im Bereich Public Management und Governance. Seine Themenschwerpunkte sind Wissensmanagement, E-Government, Informations- und Kommunikationstechnologie sowie Open Government und Government 2.0.
Kontakt: krabina@kdz.or.at

Dr.in Elke Löffler ist Geschäftsführerin des Beraternetzwerkes Governance International (http://www.govint.org) und berät öffentliche Verwaltungen bei der wirkungsorientierten Steuerung. Ihre Arbeitsschwerpunkte umfassen Bürgerbeteiligung, Qualitätsmanagement und Leistungsmessung. Zuvor war Elke Löffler bei der OECD tätig. Frau Löffler promovierte an der Deutschen Hochschule für Verwaltungswissenschaften Speyer.
Kontakt: elke.loeffler@govint.org

Dr. jur. Reinhold Lopatka, geb. 1960 in Vorau, studierte Theologie und Jus an der Karl-Franzens-Universität in Graz, danach war er Assistent am Institut für Kirchenrecht an der juridischen Fakultät. Von 1983-1991 war er

steirischer Landesobmann, von 1984-1990 Bundesobmannstellvertreter der Jungen ÖVP, von 1991-1993 Vorsitzender des Steiermärkischen Hilfswerks, von 1986-2003 Abgeordneter im Steiermärkischen Landtag, von 2000-2003 Klubobmann, von 1993-2001 Landesgeschäftsführer der Steirischen Volkspartei, von 2003-2007 Abgeordneter zum Nationalrat und Generalsekretär der ÖVP, von 2007-2008 Sport-Staatssekretär im Bundeskanzleramt und seit 2008 Staatssekretär im Finanzministerium.
Kontakt: reinhold.lopatka@bmf.gv.at

Mag. Alexander Maimer ist Projektleiter der KDZ Managementberatungs- und WeiterbildungsGmbH. Seine Forschungs- und Arbeitsschwerpunkte sind die Einführung betriebwirtschaftlicher Instrumente (Kostenrechnung, Controlling), Verwaltungsmodernisierung, Geschäftsprozessoptimierung sowie E-Government.
Kontakt: maimer@kdz.or.at

Johannes Middendorf ist Leiter des Personal- und Finanzservice im Bezirksamt Lichtenberg von Berlin und seit 2004 maßgeblich an der Entwicklung des Bürgerhaushalts beteiligt sowie verantwortlich für die administrative Betreuung des Bürgerhaushalts in Berlin-Lichtenberg und Beauftragter für Gender Budgeting.
Kontakt: johannes.middendorf@lichtenberg.berlin.de

Dr. Josef Moser ist seit 1. Juli 2004 Präsident des Rechnungshofes, gleichzeitig auch Generalsekretär der Internationalen Organisation der Obersten Rechnungskontrollbehörden (INTOSAI). Der Rechnungshof überprüft als föderatives Bund-Länder-Gemeinde-Organ im Rahmen seiner verfassungsrechtlich verankerten Unabhängigkeit, ob die durch die Budgets zur Verfügung gestellten Mittel sparsam, wirtschaftlich und zweckmäßig eingesetzt werden. Die Ausübung der öffentlichen Kontrolle ist einer der Eckpfeiler des Parlamentarismus und der Demokratie.
Kontakt: office@rechnungshof.gv.at

Bgm. Bernhard Müller, BA (Jg. 1973), Magistratsbediensteter (derzeit karenziert), Studium der Politikwissenschaft und Publizistik an der Universität Wien. Seit 2003 ist er Mitglied des Gemeinderates, seit März 2005 Stadtrat für Finanzen und Wirtschaft, seit Oktober 2005 Bürgermeister der Statutarstadt Wiener Neustadt (SPÖ). Er ist Mitglied der Geschäftsleitung des Österreichischen Städtebundes und Vorstandsmitglied des KDZ Zentrum für Verwaltungsforschung. Weiters ist er Vizepräsident des Verbandes sozialdemokratischer GemeindevertreterInnen in NÖ. Seit 2010 Bundesvorsitzender des Kommunalpolitischen Referats der SPÖ. Zahlreiche Vorträge und Veröffentlichungen zu kommunalwissenschaftlichen Themen, unter anderem „Visionen für eine moderne Stadtpolitik" im Rahmen der Schriftenreihe „Stadtdialog" des Österreichischen Städtebundes. Bernhard Müller ist gemeinsam mit Michael Rosecker Herausgeber der „Bibliothek der Grundwerte" (Verein Alltag Verlag).
Kontakt: bgmsekr@wiener-neustadt.at

Mag. (FH) Christian Mürkl ist seit 1999 beim Magistrat der Stadt Wiener Neustadt tätig. Seit dem Jahr 2003 ist er Leiter der Finanzverwaltung der Stadt und seit dem Jahr 2004 Geschäftsführer der städtischen Tochter-

gesellschaft „Immobilien – Freizeit – Parken – Wiener Neustadt“ GmbH. Neben den Agenden der Finanzverwaltung sind seine wesentlichen Projekte unter anderem die Einführung einer Kosten- und Leistungsrechnung für Teilbereiche des Magistrats, die Erstellung eines flächendeckenden Produktkatalogs und die Mitwirkung bei der Gründung diverser Tochtergesellschaften, inklusive der Einrichtung eines entsprechenden Beteiligungsmanagements.
Kontakt: christian.muerkl@wiener-neustadt.at

Dr. Eduard Pesendorfer ist seit Juni 1970 beim Amt der oberösterreichischen Landesregierung beschäftigt. Er ist seit 28. Oktober 1988 Landesamtsdirektor und als solcher hauptverantwortlich für die Verwaltungsentwicklung in Oberösterreich.
Kontakt: lad.pesendorfer@ooe.gv.at

Dr. Josef Probst, geboren 1954, absolvierte das Jusstudium an der Universität und promovierte 1977. Er war vier Jahre Assistent am Institut für Arbeitsrecht an der Universität Linz, von 1982 bis April 1991 in der Oberösterreichischen Gebietskrankenkasse, seit Mai 1991 Generaldirektor-Stellvertreter im Hauptverband der österreichischen Sozialversicherungsträger und seit April 2005 ist er Mitglied des Verbandsmanagements im Hauptverband der österreichischen Sozialversicherungsträger. Vor allem gehört es zu seinen Aufgaben mit dem im Herbst 2010 vorgestellten „Masterplan Gesundheit – Einladung zum Dialog“ den Reformprozess im Österreichischen Gesundheitswesen voranzutreiben.
Kontakt: josef.probst@hvb.sozvers.at

Mag. Thomas Prorok ist seit 2000 Mitarbeiter des KDZ Zentrum für Verwaltungsforschung und seit 2009 stellvertretender Geschäftsführer. Zu seinen Arbeitsschwerpunkten zählen Qualitätsmanagement – Common Assessment Framework (CAF), die wirkungsorientierte Verwaltungsführung, aktuelle Fragen der Reform des öffentlichen Sektors, Fragen der Europäischen Integration & Local Public Governance sowie Capacity Building: Local Goverments & Associations.
Kontakt: prorok@kdz.or.at

Mag.[a] Dr.[in] Priska Pschaid ist seit Mitte 2001 bei der Stadt Graz beschäftigt. Die berufliche Laufbahn führte sie vom Personalamt zur damaligen Frauenstadträtin und weiter in das Kulturamt als Wissenschaftsreferentin. Seit 2005 ist sie Gender Mainstreaming-Projektleiterin, seit Januar 2011 ist sie Referatsleiterin für Frauen und Gleichstellung. Sie ist Personal- und Organisationsentwicklerin, Projektmanagerin, zertifizierter Führungskräftecoach, zeritifizierter Gender Agent und eingetragene Mediatorin. Der Implementierungsprozess von Gender Mainstreaming bei der Stadt Graz wurde 2008 mit dem Österreichischen Verwaltungspreis und 2009 mit einem Best-Practice-Certificate des European Public Sector Awards EPSA ausgezeichnet.
Kontakt: priska.pschaid@stadt.graz.at

Mag.[a] Elvira Regenspurger ist seit 2003 im Umfeld des E-Government (Konzeption, Redaktion, Usability) tätig und war fünf Jahre lang Mitarbeiterin im Team des Amtshelfers „HELP.gv.at“. Sie ist seit Herbst 2008 Pro-

jektleiterin bei PuMa – Public Management Consulting und als solche mit der Durchführung der Leitinitiative „Digitale Städte“ des Österreichischen Städtebundes betraut. Ihre weiteren Arbeitsschwerpunkte sind die Entwicklung der Informationsgesellschaft in österreichischen Gemeinden, E-Government-Projekte im kommunalen Bereich und Marketing sowie Presse- und Öffentlichkeitsarbeit.
Kontakt: regenspurger@public-management.at

Dr.in Christine Rose, Mutter von drei Kindern, leitet derzeit die Abteilungen II/ST3 Rechtsbereich Bundesstraßen und II/FFBL Flughäfen, Flugsicherungsanlagen, Bodeneinrichtungen und Luftfahrthindernisse im Bundesministerium für Verkehr, Innovation und Technologie. Sie hat in Graz Jus und in Paris Rechtsvergleichung studiert und im Anschluss daran berufliche Erfahrung an der Wirtschaftsuniversität Wien, im Bundeskanzleramt und im Verwaltungsgerichtshof gesammelt. Sie hat auf den Gebieten des Familienrechts, Disziplinarrechts und Wasserrechts publiziert.
Kontakt: christine.rose@bmvit.gv.at

Mag. Bruno Rossmann ist als Budgetexperte in der Kammer für Arbeiter und Angestellte für Wien und als Berater des Grünen Parlamentsclubs tätig. Seine Arbeits- und Forschungsschwerpunkte sind öffentliche Finanzen, Budgetanalysen und Steuern. Er ist Experte des Arbeitsausschusses des Staatsschuldenausschusses bei der Österreichischen Nationalbank.
Kontakt: bruno.rossmann@akwien.at

Dr. Ronald Sallmann ist seit 2003 Eigentümer und Geschäftsführer des auf IT-nahe Verwaltungsreformthemen spezialisierten Beratungsunternehmens PuMa – Public Management Consulting und seit 2008 Co-Geschäftsführer der IT-Kommunal GmbH mit Fokus auf die Entwicklung und den Betrieb kommunaler E-Government-Services. Der Autor verfügt über langjährige Erfahrung im Bereich der Kommunalverwaltung. Lehraufträge an den Fachhochschulen Campus Wien und FH Kärnten, jeweils in den Studiengängen Public Management.
Kontakt: sallmann@public-management.at

Mag.a Alexandra Schantl ist ausgebildete Philologin und Kommunikationswissenschafterin und arbeitet seit 2008 im KDZ Zentrum für Verwaltungsforschung. Ihre Kerngebiete als wissenschaftliche Mitarbeiterin liegen in den Bereichen Stadtwirtschaft und Internationales. Davor war Alexandra Schantl zehn Jahre in der Wirtschaftsagentur Wien tätig, wo sie unter anderem das EuropeDirect Wien Büro, die offizielle EU-Infostelle der Stadt Wien, leitete. Darüber hinaus war sie von 2006-2009 nebenberuflich Lektorin für den Studienlehrgang „Europäische Wirtschaft und Unternehmungsführung“ der Fachhochschule des BFI Wien. Ehrenamtlich ist Alexandra Schantl Vorsitzende der Europäischen Förderalistischen Bewegung Wien.
Kontakt: schantl@kdz.or.at

Dr.in Margit Schratzenstaller ist seit 2003 als Referentin für öffentliche Finanzen am Österreichischen Institut für Wirtschaftsforschung (WIFO) tätig und war von Oktober 2006 bis Mai 2008 stellvertretende Leiterin des WIFO. Sie ist Lehrbeauftragte an der Universität Wien und der Wirt-

schaftsuniversität Wien. Ihre Forschungs- und Arbeitsschwerpunkte sind Budget- und Steuerpolitik, internationaler Steuerwettbewerb, fiskalischer Föderalismus, Gender Budgeting, Familienpolitik. Sie ist Expertin im Staatsschuldenausschuss bei der Österreichischen Nationalbank und Mitglied im Kuratorium des KDZ Zentrum für Verwaltungsforschung.
Kontakt: margit.schratzenstaller@wifo.ac.at

Mag.[a] Heike Sprenger ist Leiterin der Abteilung Büro für Ehrenamt, Jugendservice und Integration im Amt der Stadt Feldkirch. Ihre Schwerpunkte sind Veranstaltungsmanagement und Konzepterarbeitung für die unterschiedlichen Arbeitsbereiche.
Kontakt: heike.sprenger@feldkirch.at

Mag.[a] Sonja Steffek MAS ist bei der Bundesanstalt Statistik Österreich in der Abteilung Register, Klassifikationen und Methodik tätig. Zu ihren Arbeitsschwerpunkten zählt die Koordination und Weiterentwicklung des Projekts „Adress-GWR-Online" sowie aller begleitenden Projekte (z.B. Energieausweisdatenbank). Darüber hinaus ist sie für die Entwicklung und Koordination begleitender Maßnahmen (z.B. Entwicklung eines österreichweit einheitlichen Baubeschreibungsformulars gemeinsam mit dem Österreichischen Institut für Bautechnik) zuständig.
Kontakt: sonja.steffek@statistik.gv.at

Dr.[in] Ursula Struppe ist Abteilungsleiterin der MA17, Abteilung für Integration und Diversität. Die Schwerpunkte der Aufgaben der Abteilung sind einerseits Integrationsmaßnahmen für Zuwandernde (Sprach- und Orientierungskurse, Beratungseinrichtungen) und andererseits die Unterstützung und Weiterentwicklung der Diversitätspolitik und Diversitätsorientierung der Stadt Wien.
Kontakt: ursula.struppe@wien.gv.at

Ing. Mag. Andreas Thaller ist seit 2003 im Bundeskanzleramt tätig. Seit März 2010 ist er Bereichsstellvertreter und Abteilungsleiter in der Sektion III (Öffentlicher Dienst und Verwaltungsinnovation). Sein Zuständigkeitsbereich umfasst insbesondere das HR-Controlling, das Wirkungscontrolling (ressortübergreifende Wirkungscontrollingstelle des Bundes) und den Personalplan des Bundes.
Kontakt: andreas.thaller@bka.gv.at

Mag.[a] Rita Trattnigg, Politikwissenschafterin, ist als Expertin für nachhaltige Entwicklung im Bundesministerium für Land- und Forstwirtschaft, Umwelt und Wasserwirtschaft tätig. Ihre Schwerpunkte sind: Europäische Union, Partizipation (http://www.partizipation.at) und Governance, „Wachstum im Wandel" und Lebensqualität. Sie ist Initiatorin der „Strategiegruppe Partizipation", die seit 2002 im Auftrag des Lebensministeriums aktiv ist und fungierte gemeinsam mit Elisabeth Dearing als Leiterin des Projekts „Standards der Öffentlichkeitsbeteiligung". Neben ihrer Lehr-, Vortrags-, und Publikationstätigkeit (unter anderem Mitherausgeberin von „State and Civil Society") war sie Mitglied OECD-Arbeitsgruppe „Open and inclusive policy making". Darüber hinaus moderiert und begleitet sie Veränderungsprozesse auf regionaler und lokaler Ebene.
Kontakt: rita.trattnigg@lebensministerium.at

LAbg. GR Dr. Matthias Tschirf studierte Rechtswissenschaften. Danach startete er seine berufliche Laufbahn als Verfassungs- und Verwaltungsjurist im Bundeskanzleramt, war Kabinettschef der Minister Riegler und Weiss. Danach leitete er die Personalabteilung des Wirtschaftsministeriums. Er gehört seit 1992 dem Wiener Landtag an, war 2001 bis 2010 Klubobmann und ist Vorsitzender des Kontrollausschusses. Er ist Autor mehrerer juristischer und politischer Artikel. Im Mittelpunkt seiner politischen Interessen stehen Rechts- und Verfassungsfragen, Themen zu Mittel- und Osteuropa und die Ökumene.
Kontakt: matthias.tschirf@oevp-wien.at

Mag. Johann Wachter wurde im Jahr 1991 zum stellvertretenden Stadtamtsdirektor und 2004 zum Stadtamtsdirektor der Stadtgemeinde Schwechat ernannt. Er hat unter anderem wesentlich am Aufbau des Schwechater Bürgerbeteiligungsverfahrens mitgewirkt und war Projektleiter im Rahmen der Teilnahme der Stadtgemeinde Schwechat am 5. Speyerer Qualitätswettbewerb 2000 (Preisträger im Themenfeld „BürgerInnenorientierung"). Zwei aktuelle Schwerpunkte seiner Tätigkeit bilden das „Managementkonzept Schwechat" sowie eine entsprechende E-Government-Strategie.
Kontakt: j.wachter@schwechat.gv.at

Alfred Watzinger ist seit 1988 Amtsleiter der Gemeinde Engerwitzdorf in Oberösterreich und für Organisations- sowie Personalentwicklung, für Europafragen und rechtliche Angelegenheiten zuständig. Die Gemeinde Engerwitzdorf erhielt mehrfache Auszeichnungen, wie beispielsweise den Community Award 2003, den Komprix 2003 oder einen Anerkennungspreis im Rahmen des Speyerer Wettbewerbes 2005. Seit 2000 ist er selbständiger Unternehmensberater für Städte und Gemeinden, 2009 schloss er die Ausbildung zum „Akademischen Verwaltungsmanager" ab.
Kontakt: a.watzinger@engerwitzdorf.gv.at

Dr. Klaus Wirth (Dipl. Verwaltungswissenschafter) ist Seniorexperte und Berater beim KDZ Zentrum für Verwaltungsforschung. Er hat in den letzten Jahren eine große Zahl von Verwaltungsmodernisierungsmaßnahmen nach dem Vorbild des Public Managements begleitet. Zu seinen inhaltlichen Schwerpunkten zählen unter anderem gesamthafte Organisationsentwicklungsprojekte, Bürgerserviceprojekte und zuletzt vermehrt Projekte aus dem Bereich der Gemeindekooperation.
Kontakt: wirth@kdz.or.at

Univ.-Prof. Dr. Erich Wolny ist seit 1. August 2000 Magistratsdirektor der Stadt Linz. Zuvor war er Leiter des städtischen Präsidialamtes sowie Präsidialdirektor. Vor seiner Tätigkeit bei der Stadt Linz war er Univ.-Assistent sowie Univ.-Dozent beim Institut für Verwaltungsrecht und Verwaltungslehre der Johannes Kepler Universität Linz, wo er auch jetzt noch laufend Lehr- und Forschungstätigkeiten in den Bereichen Verwaltungslehre und Gemeinderecht wahrnimmt.
Kontakt: erich.wolny@mag.linz.at

Mag. Werner Zinkl ist Vorsteher des Bezirksgerichtes Leibnitz, seit 2007 Präsident der Vereinigung der österreichischen Richterinnen und Richter und seit 2004 Mitglied im Fortbildungsbeirat des Bundesministeriums für Justiz.
Kontakt: werner.zinkl@richtervereinigung.at

ANHANG 2

Quellen- und Literaturverzeichnis

Aiginger, Karl u.a.: Optionen zur Konsolidierung der öffentlichen Haushalte in Österreich. Wien: WIFO 2010.

Aiginger, Karl u.a.: Ziele und Optionen der Steuerreform. Plädoyer für einen anspruchsvollen Ansatz. Wien: WIFO 2008.

Akhmouch, Aziza: Multi-level Governance of Water Policy in OECD Countries (=OECD Regional Development Working Papers). Paris: OECD Publishing 2011. In: http://www.oecd.org/gov/regional/workingpapers [Download: 19.03.2011].

Allain-Dupré, Dorothée: Making the most of public investment in a tight fiscal environment: multi-level governance lessons from the crisis (=OECD Regional Development Working Papers). Paris: OECD Publishing 2011. In: http://www.oecd.org/gov/regional/workingpapers [Download: 19.03.2011].

Allianz SE: Allianz Demographic Pulse 2011, 1.

Amt für Gemeinden und Raumordnung: Neues Gemeindegesetz. Wegleitung zum neuen Gemeindegesetz vom 16. März 1998. Bern 2002. In: http://www.jgk.be.ch/site/agr_gemeinden_gemeindereformen_internereorganisation_wegleitung_gemeindegesetz_2auflage.pdf [Download: 12.05.2010].

Appelt, Erna (Hrsg.): Gleichstellungspolitik in Österreich. Eine kritische Bilanz (=Demokratie im 21. Jahrhundert, Bd. 5). Innsbruck, Wien, Bozen: Studienverlag 2009.

Arbeitsgruppe Verwaltung NEU: Harmonisierung der Pensionssysteme. Wien 2010.

Argyris, Chris; Schön, Donald A.: Die Lernende Organisation. Grundlagen, Methode, Praxis. Stuttgart: Klett-Cotta Verlag 1999.

Arndt, Marcus: Aktuelle Rechtsfragen aus Anlass von Verwaltungszusammenschlüssen. In: Die Gemeinde. Zeitschrift für die kommunale Selbstverwaltung in Schleswig-Holstein 59(2007), 12, S. 315-319.

Arnold, Rolf: Kompetenz. In: Wörterbuch Erwachsenenpädagogik, hrsg. von Rolf Arnold, Sigrid Nolda, Ekkehard Nuissl, Bad Heilbrunn: Klinkhardt 2001.

Auditor General to the House of Commons, Minister of Supply and Services: Report. Ottawa 1979.

Autorinnenkollektiv: Gender Budgeting in Österreich. Möglichkeiten und Grenzen einer politischen Gleichstellungsstrategie. In: Gleichstellungspolitik in Österreich. Eine kritische Bilanz (=Demokratie im 21. Jahrhundert, Bd. 5), hrsg. von Erna Appelt, Innsbruck, Wien, Bozen: Studienverlag 2009, S. 79-98.

Bakker, Isabella: Fiscal Policy, Accountability and Voice: The Example of Gender Responsive Budget Initiatives (=UNDP, occasional paper 2002, 1). Background report for HDR. Toronto 2002. In: http://hdr.undp.org/en/reports/global/hdr2002/papers/bakker_2002.pdf [Download: 12.05.2010].

Bauer, Helfried, Biwald, Peter; Dearing, Elisabeth: Öffentliches Management in Österreich: Realisierungen und Perspektiven (=Arbeitshilfen für Gemeinden, Bd. 41). Wien: KDZ 2003.

Bauer, Helfried, Mitterer Karoline: Zum Abbbau von Transferverflechtungen. Wien: KDZ 2009.

Bauer, Helfried: New Public Management und Governance – Strategien zur nachhaltigen Weiterentwicklung der öffentlichen Verwaltung. In: Öffentliches Management in Österreich – Realisierungen und Perspektiven (=Arbeitshilfen für Gemeinden, Bd. 41), hrsg. von Helfried Bauer, Peter Biwald, Elisabeth Dearing, Wien: KDZ 2003, S. 11-29.

Bauer, Helfried: Public Management und Public Governance zur Patienten- und zur Leistungsorientierung. In: Wirkungsgeleitetes Ressourcenmanagement in öffentlichen Gesundheitsbetrieben – Patienten und Leistungsorientierung, hrsg. von Elke Holzer, Helfried Bauer, Eugen Hauke, Wien: Facultas 2007, S. 21-48.

Bauer, Helfried: Public Value – Ethik des Staatshandelns. In: Verwaltung Innovativ 2010, 1, S. 5.

Bauer, Helfried: Qualitätsstandards und Service-Charters als neuer Modernisierungsansatz. In: Qualitätsstandards für BürgerInnen und für die Wirtschaft,Beiträge zur Österreichischen Bezirkshauptleutekonferenz von 20.-21. November 2007 in Graz, hrsg. von Bundeskanzleramt, Wien: BKA 2008, S. 19-26.

Bauer, Helfried; Biwald, Peter; Dearing, Elisabeth (Hrsg.): Public Governance – Öffentliche Aufgaben gemeinsam erfüllen und effektiv steuern (=Öffentliches Management und Finanzwirtschaft, Bd. 2). Wien, Graz: NWV 2005.

Bauer, Helfried; Mitterer Karoline: Kriterien für einen aufgabenorientierten Finanzausgleich. Wien KDZ 2009.

Bauer, Helfried; Mösenbacher, Christine; Sachse, Irene: Grundlagen des Qualitätsmanagements. Wien: KDZ 2007.

Bauer, Helfried; Pitlik, Hans; Schratzenstaller, Margit (Hrsg.): Reformen der vertikalen Aufgabenverteilung und Verwaltungsmodernisierung im Bundesstaat (=Öffentliches Management und Finanzwirtschaft, Bd. 9). Wien, Graz: NWV 2008.

Bauer, Helfried; Rossmann, Bruno: Mehr Professionalität im Finanzmanagement erforderlich. Gastkommentar. In: Die Presse vom 28.04.2010.

Bauer, Werner T.: Krise der Demokratie – Zukunft der Demokratie. Wien: ÖGPP 2003. In: http://www.politikberatung.or.at/typo3/fileadmin/02_Studien/2_staat/KriseZukunftDemokratie.pdf [Download: 15.03.2011].

Beigewum: Frauen Macht Budgets. Staatsfinanzen aus Geschlechterperspektive. Wien: Mandelbaum Verlag 2002.

Berger, Peter: Kurze Geschichte Österreichs im 20. Jahrhundert. Wien: WUV 2007.

Bergmann Nadja u.a.: Gender Budgeting – Handbuch zur Umsetzung geschlechtergerechter Budgetgestaltung. Wien 2004. In: http://www1.uni-ak.ac.at/gender/wp-content/gender-budgeting-handbuch.pdf [Download: 31.03.2011].

Berners-Lee, Tim; Hendler, James; Lassila, Ora: The Semantic Web: a new form of Web content that is meaningful to computers will unleash a revolution of new possibilities. In: Scientific American 284(2001), 5, S. 34-43. In: http://www.scientificamerican.com/article.cfm?id=the-semantic-web [Download: 15.03.2011].

Bertelsmann Stiftung: Soziale Gerechtigkeit in der OECD – Wo steht Deutschland? Sustainable Governance Indicators 2011. Gütersloh: Bertelsmann Stiftung 2011.

Bezirksamt Lichtenberg: Konzeption des Bezirksamtes Lichtenberg zur Gemeinwesenentwicklung. Auf dem Weg zur Bürgerkommune. Berlin-Lichtenberg 2005. In: http://www.berlin.de/imperia/md/content/balichtenberghohenschoenhausen/buergerservice-gemeinwesen/gemeinwesenkonzept.pdf?start&ts=1259074716&file=gemeinwesenkonzept.pdf [Download: 28.01.2011].

Bezirksamt Lichtenberg: Rahmenkonzeption „Berlin-Lichtenberg auf dem Weg zur Bürgerkommune". Berlin-Lichtenberg 2009. In: http://www.berlin.de/imperia/md/content/balichtenberghohenschoenhausen/buergerservice-gemeinwesen/buergerkommune_lichtenberg.pdf?start&ts=1256134969&file=buergerkommune_lichtenberg.pdf [Download: 28.01.2011].

Birk, Florian: Koproduktion als Neuansatz für bürgerschaftliches Engagement. Mitwirkung der Bürger/innen als Chance in der Finanz- und Leistungskrise. In: Innovative Verwaltung 32(2010), 9, S. 29-31.

Biwald, Peter; Maimer, Alexander: Wirkungsorientierte Steuerung – Beiträge zur kommunalen Haushaltsreform. In: Haushaltsreform aus Sicht der Städte und Gemeinden (=IKW-Schriftenreihe „Kommunale Forschung in Österreich", Bd. 119), hrsg. von Friedrich Klug, Linz: IKW 2010, S. 9-32.

Biwald, Peter: Das Haushaltswesen in Österreich. In: Öffentliche Haushalte in Österreich. Handbuch, hrsg. von Gerhard Steger, 3. Auflage, Wien: Verlag Österreich 2010, S. 395-438.

Biwald, Peter; Dearing, Elisabeth; Weninger, Thomas (Hrsg.): Innovation im öffentlichen Sektor – Festschrift für Helfried Bauer (=Öffentliches Management und Finanzwirtschaft, Bd. 10). Wien, Graz: NWV 2008.

Biwald, Peter; Hödl, Markus: Leistungsstandards – State of the art. KDZ Skriptum im Auftrag des Bundeskanzleramtes. Wien: KDZ 2001.

Biwald, Peter; Hödl, Markus; Maimer, Alexander (Hrsg.): Kommunale Infrastrukturbetriebe erfolgreich führen – Grundlagen, Beispiele, Perspektiven (=Öffentliches Management und Finanzwirtschaft, Bd. 11). Wien, Graz: NWV 2009.

Biwald, Peter; Mitterer, Karoline; Parzer, Philipp: Steuerung und Organisation kommunaler Daseinsvorsorge. Grundlagenpapier zum Arbeitskreis 1 des Österreichischen Städtetages in Innsbruck 2008. Wien: KDZ 2008.

Biwald, Peter, u.a.: Grundlegende Reform des Finanzausgleichs. Projekt „Transfers und Kostentragung". Wien: KDZ 2010.

Blöchliger, Hansjörg et al.: Sub-central Governments and the Economic Crisis: Impact and Policy Responses (=Economic Department Working Papers, No. 752). Paris: OECD Publishing 2010.

Blöchliger, Hansjörg; Vammalle, Camila: Reforming Fiscal Federalism and Local Government. Lessons from OECD Countries. Paris: OECD Publishing 2011.

Blom-Hansen, Jens: Municipal Amalgamations and Common Pool Problems: The Danish Local Government Reform in 2007. In: Scandinavian Political Studies 2009, p. 51-73.

Blondal, Jon et al.: Budgeting in Australia. In: OECD Journal on Budgeting 8(2008), 2, p. 1-64.

Blondal, Jon: Budget Reform in OECD Member Countries. In: Reformen der vertikalen Aufgabenverteilung und Verwaltungsmodernisierung im Bundesstaat (=Öffentliches Management und Finanzwirtschaft, Bd. 9), hrsg. von Helfried Bauer, Hans Pitlik, Margit Schratzenstaller, Wien, Graz: NWV 2008, S. 145-162.

BLSG: Leitfaden – Umgang mit Web 2.0 für MitarbeiterInnen der öffentlichen Verwaltung. Wien 2010. In: http://reference.e-government.gv.at/uploads/media/TOP-06-5b_BeamteZweiNull-1.0.0_final_20101019.pdf [Download: 15.03.2011].

Blum, Jürgen; Manning, Nick: Public Management Reforms across OECD-Countries. In: Public Management and Governance, ed. by Tony Bovaird, Elke Löffler, 2nd Edition, London u.a.: Routledge 2009, p. 41-57.

Borins, Sanford: Loose Cannons and Rule Breakers, or Enterprising Leaders? Some Evidence About Innovative Public Managers. In: Public Administration Review 60(2000), 6, p. 498-507.

Bovaird, Tony: Basing strategiy in the public sector on the concept of public value. In: Innovation im öffentlichen Sektor – Festschrift für Helfried Bauer (=Öffentliches Management und Finanzwirtschaft, Bd. 10), hrsg. von Peter Biwald, Elisabeth Dearing, Thomas Weninger, Wien, Graz: NWV 2008, S. 260-270.

Bovaird, Tony: Basing strategy in the public secotr on the concept of public value. In: Innovation im öffentlichen Sektor – Festschrift für Helfried Bauer (=Öffentliches Management und Finanzwirtschaft, Bd. 10), hrsg. von Peter Biwald, Elisabeth Dearing, Thomas Weninger, Wien, Graz: NWV 2008, S. 260-270.

Bovaird, Tony: Beyond engagement and participation – user and community co-production of public services. In: Public Administration Review 67(2007), 5, p. 846-860.

Bovaird, Tony: Developing new relationships with the „market“ in the procurement of public services. In: Public Administration 84(2006), 1, p. 81-102.

Bovaird, Tony: Marketing in public sector organizations. In: Public Management and Governance, ed. by Tony Bovaird, Elke Löffler, 2nd Edition, London u.a.: Routledge 2009, p. 81-94.

Bovaird, Tony: The role of competition and competitiveness in Best Value in England and Wales. In: Public Policy and Administration 15(2000), 4. p. 25-42.

Bovaird, Tony; Downe, James: N generations of reform: a loosely-coupled armada or ships that pass in the night? In: International Public Management Journal 9(2006), 4, p. 429-455.

Bovaird, Tony; Löffler, Elke: Public Managment and Governance. 2nd Edition. London u.a.: Routledge 2009.

Bovaird, Tony; Löffler, Elke: The changing context of public policy. In: Public Management and Governance, ed. by Tony Bovaird, Elke Löffler, 2nd Edition, London u.a.: Routledge 2009, p. 15-26.

Bovaird, Tony; Löffler, Elke: Understanding public management and governance. In: Public Management and Governance, ed. by Tony Bovaird, Elke Löffler, 2nd Edition, London u.a.: Routledge 2009, p. 3-13.

Bovaird, Tony; Löffler, Elke; Downe, James: Co-Production of Public Services and Policies: The Role of Emerging Technologies. In: State of the eUnion – Government 2.0 and Onwards, ed. by John Gøtze, Christian Bering Pedersen, Copenhagen 2009, p. 257-270. In: http://21gov.net [Download: 01.03.2011].

Bovaird, Tony; Martin, Steve; Downe, James: Reforming local government: impacts and interactions of central government policies from 2000 to 2006. Final report of the meta-evaluation of the local government modernisation agenda (=Report to Communities and Local Government). London: Communities and Local Government 2009.

Bovaird, Tony; Rippin, A.; Russell, Ken: Strategic change at the public-private interface: does competition enhance innovation in public services? Paper presented at British Academy of Management Annual Conference. Cardiff: Cardiff Business School 2002.

Breuss, Fritz; Kaniovski, Serguei; Schratzenstaller, Margit: Steuerreform 2004/05 – Maßnahmen und makroökonomische Effekte. In: WIFO-Monatsberichte 77(2004), 8, S. 627-643.

Brodtrick, Otto: Accountability: The Canadian approach. In: Public Governance – Öffentliche Aufgaben gemeinsam erfüllen und effektiv steuern (=Öffentliches Management und Finanzwirtschaft, Bd. 2). Wien, Graz: NWV 2005, S. 58-71.

Bröthaler Johann: Die Verwaltungsausgaben der österreichischen Gemeinden, (=Materialen zu Wirtschaft und Gesellschaft, Bd. 92). Wien: AK 2005.

Bröthaler, Johann u.a.: Aufgabenorientierte Gemeindefinanzierung in Österreich. Wien: Springer 2002.

Bröthaler, Johann u.a.: Grundlegende Reform des Finanzausgleichs: Reformoptionen und Reformstrategien. Wien 2011.

Bröthaler, Johann; Bauer, Helfried; Schönbäck, Wolfgang: Österreichs Gemeinden im Netz der finanziellen Transfer. Wien: Springer 2006.

Bruch, Christoph: Akteneinsichtsrecht in den USA: Ein Bürgerrecht wird durchgesetzt. Geschichte der politischen Konflikte um den Freedom of Information Act bis zur seiner ersten Novellierung 1974. Dissertation. Freie Universität Berlin 2000. In: http://www.diss.fu-berlin.de/diss/servlets/MCRFileNodeServlet/FUDISS_derivate_000000000613/00_Bruch.pdf [Download: 15.03.2011].

Buchinger, Erwin; Lindner, Peter: Steuern ohne Ziel – Ziele ohne Steuerung: die Mühen der politischen Zielsteuerung. In: Public Governance – Öffentliche Aufgaben gemeinsam erfüllen und effektiv steuern (=Öffentliches Management und Finanzwirtschaft, Bd. 2), hrsg von Helfried Bauer, Peter Biwald, Elisabeth Dearing, Wien, Graz: NWV 2005, S. 85-100.

Budäus, Dietrich (Hrsg.): Public and Nonprofit Management. Neuere Entwicklungen und aktuelle Problemfelder, 4. Forschungskolloquium Hamburg – Linz – Potsdam, Hamburger Universität für Wirtschaft und Politik, 5.-7. Juni 2002. Linz: Trauner 2002.

Budäus, Dietrich: Von der bürokratischen Steuerung zum New Public Management – eine Einführung. In: New Public Management (=Managementforschung, Bd. 8), hrsg. von Dietrich Budäus, Peter Conrad, Georg Schreyögg, Wiesbaden: Gabler 1998, S. 1-11.

Budäus, Dietrich; Conrad, Peter; Schreyögg, Georg (Hrsg.): New Public Management (=Managementforschung, Bd. 8). Wiesbaden: Gabler 1998.

Budlender, Debbie u.a.: Gender Budgets Make Cents. Understanding Gender Responsive Budgets. London: Commonwealth Secretariat 2002.

Bülow, Jörg: Situationsbericht 2007. In: Die Gemeinde. Zeitschrift für die kommunale Selbstverwaltung in Schleswig-Holstein 60(2008), 1, S. 18-21.

Bullinger, Hans-Jörg; Warnecke, Hans-Jürgen: Neue Organisationsformen im Unternehmen. Berlin u.a.: Springer 1996.

Bundeskanzleramt (Hrsg.). Die Altersstruktur des Bundespersonals. Implikationen und Vorschau bis 2020. Wien: BKA 2007. In: http://www.bka.gv.at/DocView.axd?CobId=26673 [Download: 16.12.2010].

Bundeskanzleramt (Hrsg.): Das Personal des Bundes 2010. Daten und Fakten. Wien: BKA 2010. In: http://www.bka.gv.at/DocView.axd?CobId=40688 [Download: 16.12.2010].

Bundeskanzleramt (Hrsg.): Neuordnung der Kompetenzverteilung in Österreich: Grundlagen und Ergebnisse der Arbeitsgruppe für Fragen der Neuordnung der bundesstaatlichen Kompetenzverteilung (Strukturreformkommission). Wien: BKA 1994.

Bundeskanzleramt (Hrsg.): Qualitätsstandards für BürgerInnen und für die Wirtschaft, Beiträge zur Österreichischen Bezirkshauptleutekonferenz von 20.-21. November 2007 in Graz. Wien: BKA 2008.

Bundeskanzleramt: Arbeitshilfe für Gender Budgeting in der Verwaltung. Wien: BKA 2007.

Bundeskanzleramt: CAF 2006. Verbesserung der Organisation durch Selbstbewertung. Wien: BKA 2006.

Bundeskanzleramt: Handbuch Ressortinternes Wirkungscontrolling. Ressorts wirkungsorientiert steuern. Wien: BKA 2011.

Bundeskanzleramt: Handbuch Wirkungsorientierte Steuerung. Unser Handeln erzeugt Wirkung. Wien: BKA 2010.

Bundeskanzleramt; EIPA-CAF-Ressource Center (Hrsg.): CAF – Common Assessment Framework 2006. Wien: BKA 2006. In: http://www.bka.gv.at/verwaltungsinnovation [Download: 26.03.2011].

Bundesministerium des Inneren (Hrsg.): Demographischer Wandel und Öffentlicher Dienst. Wien 2007. In: http://www.verwaltung-innovativ.de/nn_684686/DE/Presse/Artikel/ArtikelArchiv/2008/20080318__demographischer__wandel__und__oeffentlicher__dienst.html [Download: 16.12.2010].

Bundesministerium für Arbeit, Soziales und Konsumentenschutz: Sozialbericht 2009-2010. Ressortaktivitäten und sozialpolitische Analysen. Wien: BMASK 2010.

Bundesministerium für Finanzen: Arbeitsbehelf zum Bundesfinanzgesetz 2011. Beilagen. Wien 2010.

Bundesministerium für Finanzen: Bericht der Bundesregierung – Strategiebericht 2009-2013 gemäß § 12 g BHG. Strategiebericht zum Bundesfinanzrahmengesetz 2009-2013. Wien: BMF 2009.

Bundesministerium für Finanzen: Bericht der Bundesregierung – Strategiebericht 2010-2014 gemäß § 12 g BHG. Strategiebericht zum Bundesfinanzrahmengesetz 2010-2014. Wien: BMF 2010.

Bundesministerium für Finanzen: Wirkungsorientierte Haushaltsführung. Handbuch. Wien: BMF 2009.

Bundesministerium für Gesundheit: Gesundheitsbarometer – Was die ÖsterreicherInnen über die heimische Gesundheitsversorgung denken. Wien: BMG 2010. In: http://www.bmg.gv.at/cms/home/attachments/5/8/6/CH1212/CMS1287055124905/pk_unterlage_gesundheitsbarometer.pdf [Download: 08.02.2011].

Burke, Warner: Organisation Change. 2nd Edition. Thousand Oaks: Sage 2008.

Charbit, Claire: Governance of public policies in decentralised contexts: the multi-level approach (=OECD Regional Development Working Papers). Paris: OECD Publishing 2010. In: http://www.oecd.org/gov/regional/workingpapers [Download: 19.03.2011].

Charbit, Claire; Michalun, Maria Varinia: Mind the gaps: Managing Mutual Dependence in Relations among Levels of Government (=OECD Working Papers on Public Governance, No. 14). Paris: OECD Publishing 2009.

Charbit, Claire; Vammalle, Camila: Modernising government. In: Making Reform Happen: Lessons from OECD countries, ed. by the OECD, Paris: OECD Publishing 2010, p. 209-237.

Cicero: De Officii. Cambridge: Harvard University Press 1913.

Cohen, Allan R. u.a.: Wirkungsvolles Verhalten in Organisationen. Stuttgart: Schäffer-Poeschel Verlag 1996.

Colbe, Walther Busse von u.a. (Hrsg.): Betriebswirtschaft für Führungskräfte. Eine Einführung in wirtschaftliches Denken und Handeln für Ingenieure, Naturwissenschaftler, Juristen und Geisteswissenschaftler (=USW-Schriften für Führungskräfte, Bd. 30). Stuttgart: Schäffer-Poeschel 2000.

Cometence Center Integrierte Versorgung: Disease-Management Programm Diabetes Mellitus Typ zwei. Befragungsergebnisse Zufriedeneheit der Programmteilnehmer. Steiermark 2009. Graz: STGKK 2009. In: http://www.wgkk.at/mediaDB/654392_Endbericht_Befragung_Internet.pdf/ [Download: 08.02.2011].

Crainer, Stuart: Key Management Ideas. Thinkers that changed the management world. 3rd Edition. London u.a.: Financial Times Management 1998.

Czypionka, Thomas; Kraus, Markus; Röhrling, Gerald: Effizienz im Spitalswesen: Es bleibt noch viel zu tun ... In: Health System Watch – Beilage zur Fachzeitschrift Soziale Sicherheit 2008, 3, S. 1-10.

Dearing, Elisabeth: Die gute Verwaltung. In: Verwaltung Innovativ 2010, 2, S. 8.

Dearing, Elisabeth: Verwaltungsreformen in Österreich – Stand und Perspektiven. Thesenpapier. WIFO-KDZ-Workshop „Aufgaben- und Verwaltungsreform“ vom 15. November 2007. Wien 2007. In: http://www.kdz.eu/de/wifo-kdz-workshop-2007 [Download: 08.02.2011].

Dearing, Elisabeth: Verwaltungsreformen in Österreich – Stand und Perspektiven. In: Reformen der vertikalen Aufgabenverteilung und Verwaltungsmodernisierung im Bundesstaat (=Öffentliches Management und Finanzwirtschaft, Bd. 9), hrsg. von Helfried Bauer, Hans Pitlik, Margit Schratzenstaller, Wien, Graz: NWV 2008, S. 123-132.

Dearing, Elisabeth: Wirkungsorientierte Haushaltsführung – neue Steuerung für die Fachbereiche. In: Steuerung im neuen Haushaltsrecht – die Rolle der Fachbereiche (=Managementforum 2009), hrsg. vom Bundeskanzleramt, Wien: BKA 2009, S. 17-26.

Demmelbauer, Josef: Die Bezirkshauptmannschaft in der österreichischen Verwaltungsorganisation. In: Die Verwaltung 19(1986) 4, S. 453-474.

Diepentahl, Petra; Jackels, Reinhold; Osterhage Andrea: Bildung als Möglichkeitsraum für alle. In: Lernort Gemeinde, hrsg. von Annette Mörchen, Markus Tolksdorf, Bielefeld: Bertelsmann 2009, S. 273-284.

Doppler, Klaus; Lauterburg, Christoph: Change Management, den Unternehmenswandel gestalten. 5. Auflage. Frankfurt am Main: Campus Verlag 1996.

Doz, Yves; Kosonen, Mikko: Fast Strategy – How Strategic Agility will Help You Stay Ahead of the Game. Harlow: Wharton School Publishing 2008.

Drexler, Rosmarie: Kommunikative Kompetenz für eine Lernende Verwaltung. Der Beitrag des Common Assessement Framework. Masterthese. Universität Salzburg 2010.

Drucker, Peter: Was ist Management. Das Beste aus 50 Jahren. München: Econ 2002.

Duelli, Martin: Innovation entsteht im Dialog. In: Innovation im öffentlichen Sektor – Festschrift für Helfried Bauer (=Öffentliches Management und Finanzwirtschaft, Bd. 10), hrsg. von Peter Biwald, Elisabeth Dearing, Thomas Weninger, Wien, Graz: NWV 2008, S. 303-313.

Economica Institut für Wirtschaftsforschung: Privatisierungspotentiale bei öffentlichen Unternehmen in Österreich. Wien: Economica 2010.

Edler, Jakob; Georghiou, Luke: Public procurement and innovation – Resurrecting the demand side. In: Research Policy 36(2007), p. 949-963.

Elson, Diane: Gender Responsive Budget Initiatives: Some Key Dimensions and Practical Examples. Paper presented at the conference on Gender Budgets, Financial Markets, Financing for Development, February 19th and 20th 2002. Berlin: Heinrich-Boell Foundation 2002.

Erich Wonka: Stadtplanungskarten auf der Grundlage gebäudebezogener statistischer Daten. In: Kartographie als Kommunikationsmedium = Cartography as a communication medium Wien (=Wiener Schriften zur Geographie und Kartographie, Bd. 17), hrsg. von Karel Kriz, Wien: Institut für Geographie und Regionalforschung der Universität Wien, Kartographie und Geoinformation 2006.

Europäische Kommission: Eine Digitale Agenda für Europa (=KOM(2010) 245 endgültig/2). Brüssel 2010. In: http://eur-lex.europa.eu/LexUriServ/LexUriServ.do?uri=COM:2010:0245:FIN:DE:PDF [Download: 15.03.2011].

Europäische Kommission: Europäisches Regieren. Weißbuch. Brüssel: EK 2001. In: http://eur-lex.europa.eu/LexUriServ/site/de/com/2001/com2001_0428de01.pdf [Download: 15.03.2011].

Europäische Kommission: European Economic Forecast – Autumn 2010. Brüssel: EK 2010. In: http://ec.europa.eu/economy_finance/eu/forecasts/2010_autumn_forecast_en.htm [Download: 18.01.2011].

Europäische Kommission: Putting Knowledge into Practice: A Broad-based Innovation Strategy for the EU. Brüssel: EK 2006.

Europäische Kommission: The Social Situation in the European Union 2009. Luxemburg 2010.

Europäische Kommission: White Paper „Together for Health: A Strategic Approach for the EU 2008-2013". Brüssel: EK 2007. In: http://ec.europa.eu/health-eu/doc/whitepaper_en.pdf [Download: 08.02.2011].

Europarat: Gender Budgeting. Final report of the Group of specialists on gender budgeting. Strassburg: Europarat 2005.

European Institute of Public Administration: European Primer on Consumer Satisfaction Management. Maastricht: EIPA 2008. In: http://www.eupan.eu/files/repository/document/customer_satisfaction/EU_Primer_English__FINAL_LR.pdf [Dwonload: 26.03.2011].

Eurostat: Bevölkerungsprojektionen 2008-2060. STAT 08/119 vom 26.08.2008. In: http://europa.eu/rapid/pressReleasesAction.do?reference=STAT/08/119&format=HTML&aged=0&language=DE&guiLanguage=en [Download: 16.12.2010].

Eurostat: Statistiken zur Gesundheit Eckzahlen für den Bereich Gesundheit 2002. In: http://epp.eurostat.ec.europa.eu/cache/ITY_OFFPUB/KS-08-02-002/DE/KS-08-02-002-DE.PDF [Download: 08.02.2011].

Fallenböck, Markus; Galla, Franz; Stockinger, Stefan: Urheberrecht in der digitalen Wirtschaft. Wien: Manz 2005.

Ferlie, Ewan; Lynn, Laurence Jr.; Pollitt, Christopher (Ed.): The Oxford handbook of public management. Oxford u.a.: Oxford University Press 2005.

Filzmaier, Peter: Der Zug der Lemminge. Heute stehen wir am Abgrund, morgen sind wir einen großen Schritt weiter. Wien: Ecowin-Verlag 2010.

Fleischmann, Eduard: Ressourcenorientiertes Haushaltswesen. In: Innovation im öffentlichen Sektor – Festschrift für Helfried Bauer (=Öffentliches Management und Finanzwirtschaft, Bd. 10), hrsg. von Peter Biwald, Elisabeth Dearing, Thomas Weninger, Wien, Graz: NWV 2008, S. 139-151.

Fohler-Norek Christine: Einführung in das New Public Management (=Skriptum, Nr. 25). Wien: Stadt Wien 2000.

Forster, Rudolf; Nowak, Peter: Gesundheitspolitik und Patientenbeteiligung: Prinzipielle Möglichkeiten, englische Praxis, österreichische Perspektiven. In: Soziale Sicherheit 2006, 12, S. 504-519.

Frey, Regina: Paradoxes of Gender Budgeting. Paper im Rahmen der First International Conference on Gender Responsive Budgeting and Social Justice in Vilnius 14.-15. Januar 2008. Vilnius 2008. In: http://www.esf-gleichstellung.de/fileadmin/data/Downloads/Materialsammlung/Paradoxes_of_Gender_Budgeting.pdf [Download: 31.03.2011].

Friesl, Christian; Polak, Regina; Hamachers-Zuba, Ursula (Hrsg): Die Österreicherinnen. Wien: Czernin 2009.

Führungsforum Innovative Verwaltung: 7 Gebote zur Verwaltungsentwicklung auf Basis des Positionspapiers von Mai 2010. Wien: FIV 2010. In: http://www.fiv.at/aktivitaeten/Sieben_Gebote_zur_Verwaltungsentwicklung.pdf [Download: 28.03.2011].

Führungsforum Innvoative Verwaltung: Wirkungsvolle Verwaltungsentwicklung. Positionen des Führungsforums Innovative Verwaltung zur Reform der öffentlichen Verwaltung in Österreich. Wien: FIV 2010. In: http://www.fiv.at/aktivitaeten/FIV-Positionspapier.pdf [Dwonload: 26.03.2011].

GFK Healthcare Austria: Kundenzufriedenheit 2010. Eine Studie von GfK Austria im Auftrag des Hauptverbandes der österreichischen Sozialversicherungsträger. Wien: GFK 2010.

Glasby, Jon: Commissioning for Health and Well-being: an Introduction. Bristol: Policy Press 2011.

Graaf, Johannes de Villiers: Theoretical Welfare Economics. Cambridge: Cambridge University Press 1957.

Gratz, Wolfgang: Bürokratie Unsere heimliche Geliebte. In: Sozialwirtschaft 20(2010), 5, S. 12-14.

Gründler, Johannes (Hrsg.): 100 Jahre Bezirkshauptmannschaften in Österreich. Festschrift. Wien: Selbstverlag der Österreichischen Bundesländer 1970.

Gubitzer Luise u.a.: Gender Budgeting als Beitrag zur Demokratisierung europäischer Wirtschaftspolitik? Studie im Auftrag des Bundesministeriums für Bildung, Wissenschaft und Kultur. Wien: WU-Wien 2008. In: http://www.femtech.at/fileadmin/downloads/Wissen/Themen/Gender_allgemein/Gender_Budgeting_Demokratisierung_Wirtschaftspolitik.pdf [Download: 28.03.2011].

Gubitzer, Luise; Klatzer, Elisabeth; Neumayr, Michaela: Gender Budgeting – Anleitung und Beispiele zur Umsetzung in öffentlichen Institutionen. Wien: BKA 2008. In: http://egbn.eu/pdf/GB_german.pdf [Download: 28.03.2011].

Gubitzer, Luise; Klatzer, Elisabeth; Neumayr, Michaela: Gender Budgeting in der Bundesverwaltung. Pilotstudie am Beispiel ausgewählter Teile des Drogenbudgets. Studie im Auftrag des Bundesministeriums für Gesundheit und Frauen. Wien 2006.

Güntert, Bernhard: Integrierte Versorgung im österreichischen Gesundheitswesen – Chancen und Gefahren aufgrund verschiedener Erfahrungen in Deutschland und der Schweiz. Vortrag auf der 2. Kärntner Gesundheitskonferenz vom 19. September 2007. Pörtschach 2007.

Guger, Alois u.a.: Umverteilung durch den Staat in Österreich. Wien: WIFO 2009.

Hack, Hans: Dezentrale Fach- und Ressourcenverantwortung. In: Öffentliches Management in Österreich – Realisierungen und Perspektiven (=Arbeitshilfen für Gemeinden, Bd. 41), hrsg. von Helfried Bauer, Peter Biwald, Elisabeth Dearing, Wien: KDZ 2003, S. 47-58.

Hämmerle, Walter: Leitartikel der Wiener Zeitung vom 31.12.2010, S. 2.

Harich, Jack: A Model in Crisis – An Analytical Approach to Solving the Global Environment Sustainability Problem. o.O. 2005. In: http://www.thwink.org/sustain/manuscript1/AModelInCrisis.htm [Download: 15.03.2011].

Hartley, Jean: Innovation in Governance and Public Services: Past and Present. In: Public Money and Management 2005.

Hauke, Eugen; Bauer, Helfried; Holzer, Elke: Bestandsaufnahme der Organisations- und Managementreformen in Krankenhäusern der öffentlichen Hand. In: Wirkungsgeleitetes Ressourcenmanagement in öffentlichen Gesundheitsbetrieben – Patienten und Leistungsorientierung, hrsg. von Elke Holzer, Helfried Bauer, Eugen Hauke, Wien: Facultas 2007, S. 59-75.

Hauptverband der österreichischen Sozialversicherungsträger (Hrsg.): Handbuch der Österreichischen Sozialversicherungen 2010. Wien: HVB 2010.

Hauptverband der österreichischen Sozialversicherungsträger: Bericht über die langfristige Entwicklung der gesetzlichen Pensionsversicherung für den Zeitraum 2007 bis 2050. Wien: HVB 2009.

Hauth, Eva: Informationsgehalt der Landesrechnungsabschlüsse – eine kritische Analyse. In: Das öffentliche Haushaltswesen in Österreich 50(2010), 4-51(2011), 1, S. 137-159.

Heintze Cornelia: Bildung und Gesundheit als öffentliche Güter im wohlfahrtsstaatlichen Kontext – ein Vergleich zwischen Deutschland und skandinavischen Ländern hinsichtlich Finanzierung, Wohlfahrtsergebnissen und Beschäftigungsrelevanz. Studie im Auftrag der Hans-Böckler-Stiftung. Leipzig 2007.

Herodot: Historien. Düsseldorf: Artemis und Winkler 2004.

Herzberg, Carsten; Röcke, Anja; Sintomer, Yves: Was ist ein Bürgerhaushalt? In: http://www.buergerhaushalt.org/grundlagen/was-ist-ein-burgerhaushalt/ [Download: 27.05.2007].

Hill, Hermann: Qualitätsmanagement im 21. Jahrhundert – Ein Neuansatz. In: Die öffentliche Verwaltung 2008, 19, S. 789-797.

Hill, Hermann: Über Binnenmodernisierung zu Good Governance. Aktivierung und Einbezug gesellschaftlicher Mitglieder als Staatsaufgabe. In: Verwaltung, Organisation, Personal 22(2000), 12, S. 9-12.

Hödl, Markus: Steuern von Qualität und Leistungen. In: Kommunale Infrastrukturbetriebe erfolgreich führen – Grundlagen, Beispiele, Perspektiven (=Öffentliches Management und Finanzwirtschaft, Bd. 11), hrsg. von Peter Biwald, Markus Hödl, Alexander Maimer, Wien, Graz: NWV 2009, S. 128-152.

Holzer, Elke; Bauer Helfried; Hauke Eugen: Wirkungsgeleitetes Ressourcenmanagement in öffentlichen Gesundheitsbetrieben – Patienten und Leistungsorientierung. Wien: Facultas 2007.

Hood, Christopher: A Public Management for all seasons? In: Public Administration 1991, 69, S. 3-19.

Horn, Gustav u.a.: Herausforderungen für die Wirtschaftspolitik 2011. Der Euroraum in Trümmern? (=IMK-Report, Nr. 59). Düsseldorf 2011.

Huemer, Ulrike: Zur kritischen Analyse am Haushaltswesen in den Bundesländern. In: Das öffentliche Haushaltswesen in Österreich 50(2010), 4-51(2011), 1, S. 160-165.

Huth, Susanne: Bürgerschaftliches Engagement von Migrantinnen und Migranten – Lernorte und Wege sozialer Integration. Frankfurt am Main: INBAS-Sozialforschung GmbH 2007.

Innenministerium des Landes Schleswig-Holstein: Gebietsänderungen durch Verwaltungszusammenschlüsse auf der Ebene der Gemeinden und Ämter im Rahmen der Verwaltungsstrukturreform in Schleswig-Holstein. In: http://www.statistik-nord.de/daten/bevoelkerung-und-gebiet/gebiet/kommunale-verwaltungsreform-schleswig-holstein/ [Download: 16.10.2010].

Innenministerium des Landes Schleswig-Holstein: Liste aller Verwaltungszusammenschlüsse in den Gemeinden und Ämtern in Schleswig-Holstein. Kiel 2009. In: http://www.schleswig-holstein.de/cae/servlet/contentblob/301476/publicationFile/verwaltungszusammenschluesse.pdf [Download: 13.08.2010].

Innenministerium des Landes Schleswig-Holstein: Verfahren bei Verwaltungs- oder Gemeindezusammenschlüssen. Kiel 2009. In: http://www.schleswig-holstein.de/cae/servlet/contentblob/301450/publicationFile/verwaltungsreformOrientierungshilfe.pdf [Download: 13.08.2010].

Internet & Gesellschaft Co:llaboratory: Offene Staatskunst – Bessere Politik durch „Open Government"? Abschlussbericht. Berlin: Co:llaboratory 2010. In: https://sites.google.com/site/igcollaboratory/open-government/abschlussbericht2 [Download: 15.03.2011].

Jackson, Paul; McKergow, Mark: The Solutions Focus. The Solutions Focus: Making Coaching & Change SIMPLE. London: Brealey 2007.

Johansson, Asa et al.: Taxation and Economic Growth (=OECD Economics Department Working Paper, Nr. 620). Paris: OECD Publishing 2008.

Judt, Tony: Ill Fares the Land. A Treatise on our Present Discontents. London: Penguin, Book Ltd. 2010.

Julius, DeAnne: Public Services Industry review: Understanding the Public Services Industry: How big, how good, where next? London: BERR 2008. In: http://www.bis.gov.uk/policies/economics-statistics/economics/public-services-industry-review [Dwonload: 18.03.2011].

KDZ: Einsatz des Common Assessment Framework in Österreichs öffentlicher Verwaltung. Wien: KDZ 2009.

KDZ; Österreichischer Städtebund: Produktkatalog für Österreichs Städte 2010. Wien: KDZ 2010.

KDZ; Österreichischer Städtebund; BMF: Leistungsorientiertes Kommunalmanagement – Leitfaden Produkte. Wien: KDZ 1999.

Kelly, Gavon; Mulgan, Geoff; Muers, Stephen: Creating Public Value. An Analytical Framework for Public Service Reform. London: Strategy Unit, Cabinet Office 2002. In: http://www.allamreform.hu/letoltheto/kozfeladatok/kulfoldi/public_value2.pdf [Download: 27.01.2011].

Klatzer, Elisabeth u.a.: Gender Budgeting in the Constitution – A Look at Formal and Real Conditions in Austria. In: Internationale Politik und Gesellschaft 2010, 2, S. 48-64.

Klatzer, Elisabeth: Finanzverfassung und Gender. Die Finanzverfassungsreform als emanzipatorisches Projekt? In: Projekt Österreich. In welcher Verfassung ist die Republik?, hrsg. von Daniela Graf, Franz Breiner, Wien: Czernin Verlag 2005.

Klatzer, Elisabeth: Gender Budgeting als Instrument der Gleichstellung? Fakten zur politischen Umsetzung in Österreich. In: Steuergerechtigkeit – umverteilen! Widespruch. Beiträge zu sozialistischer Politik 29(2010), 58, S. 123-136.

Klatzer, Elisabeth: Geschlechtergerechte Budgetgestaltung – Gender Budgeting in Österreich. Überblick und Ausblick. In: Gender Budgeting. Theorie und Praxis im internationalen Vergleich (=Studien zur Frauen- und Geschlechterforschung, Bd. 4), hrsg. von Ruperta Lichtenecker, Gudrun Salmhofer, Innsbruck, Wien u.a: Studienverlag 2006, S. 133-153.

Klatzer, Elisabeth: Neue Qualitätsmaßstäbe für die Finanzpolitik – Gender Budgeting als Prüfmaßstab geschlechtergerechter Budgetpolitik. In: Going Gender & Diversity. Ein Arbeitsbuch, hrsg. von Iris Appiano-Kugler, Traude Kogoj, Wien: Facultas 2008, S. 113-124.

Klatzer, Elisabeth: Reform of Public Finance Management: Integrating Gender Budgeting and Performance-Based Budgeting. Paper presented at the 12th biennial CIGAR Conference Comparative International Governmental Accounting Research „New Challenges for Public Sector Accounting“, 28th-29th May 2009. Modena 2009.

Klatzer, Elisabeth: Verankerung von Gender Budgeting in der Finanzverfassung. Textvorschläge. Dok. 527/A VORL-K, Ausschuss 10, 5. Sitzung vom 12.05.1004. Wien 2004. In: http://www.konvent.gv.at/portal/page?_pageid=905,678705&_dad=portal&_schema=PORTAL [Download: 21.05.2010].

Klatzer, Elisabeth; Neumayr, Michaela (Hrsg.): Gender Budgeting in Europa, Konferenzdokumentation (=Materialien zu Wirtschaft und Gesellschaft, Nr. 99). Wien: AK Wien 2006.

Klatzer, Elisabeth; Schlager, Christa: EU macroeconomic governance and gender orders: the case of Austria. In: Questioning Financial Governance from a Feminist Perspective, ed. by Isabella Bakker, Diane Elson, Brigitte Young, London u.a.: Routledge 2011.

Kommunalberatung Dehn: Leitfaden für Kommunen zur Ermittlung von Einsparungen durch Verwaltungszusammenschlüsse einschließlich einer Untersuchung von Praxisfällen. Erstellt im Auftrag des Innenministeriums des Landes Schleswig-Holstein. Kiel 2007. In: http://www.schleswig-holstein.de/cae/servlet/contentblob/301488/publicationFile/verwaltungsreformLeitfadenErgebnisbericht.pdf [Download: 05.11.2010].

Königswieser, Roswitha; Exner, Alexander: Systemische Intervention. Architekturen und Designs für Berater und Veränderungsmanager. Stuttgart: Klett-Cotta Verlag 2000.

Konrad, Kai A.; Zschäpitz, Holger: Schulden ohne Sühne. Warum der Absturz der Staatsfinanzen und alle trifft. 2. Auflage. München: C.H.Beck 2010.

Kriz, Karel u.a. (Hrsg.): Kartographie als Kommunikationsmedium = Cartography as a communication medium Wien (=Wiener Schriften zur Geographie und Kartographie, Bd. 17). Wien: Institut für Geographie und Regionalforschung der Universität Wien, Kartographie und Geoinformation 2006.

Landesrechnungshof Schleswig-Holstein: Kommunalbericht 2005. Kiel 2005. In: http://www.landesrechnungshof-sh.de/index.php?getfile=komu_bericht2005.pdf [Download: 14.08.2010].

Landesrechnungshof Schleswig-Holstein: Verwaltungsstrukturen und Zusammenarbeit im kreisangehörigen Bereich. Eine Bestandsaufnahme und Bewertung. Kiel 2003. In: http://www.landesrechnungshof-sh.de/index.php?getfile=bestandsaufnahme.pdf [Download: 16.10.2010].

Lenk, Klaus: E-Government ist about Government – Verwaltungsmodernisierung mit IT im nächsten Jahrzehnt. In: Zwischenbilanz: E-Government und Verwaltungsmodernisierung. Electronic Government als Schlüssel zur Modernisierung von Staat und Verwaltung Memorandum des Fachausschusses Verwaltungsinformatik der Gesellschaft für Informatik e.V. und des Fachbereichs 1 der Informationstechnischen Gesellschaft im VDE, September 2000 (=Stiftungsreihe Nr. 91), hrsg. von Klaus Lenk, Martin Brüggemeier, Stuttgart: Alcatel-Lucent Stiftung Stiftungs-Verbundkolleg e.V. 2001, S. 12-21. In: http://www.stiftungaktuell.de/files/sr91_e-government_und_verwaltungsmodernisierung.pdf [Download: 15.03.2011].

Lenk, Klaus: Electronic Government und Transparenz – Die Öffnung der Verwaltung als Konsequenz der neuen Informations- und Kommunikationstechniken. In: Der Zugang zu Verwaltungsinformationen – Transparenz als archivische Dienstleistung (=Beiträge des 5. Archivwissenschaftlichen Kolloquiums der Archivschule Marburg, Nr. 33), hrsg. von Nils Brübach, Marburg 2000.

Leutner, Eva: NGO's im Dialog zwischen Politik und BürgerInnen – Erste-Hilfe-Stationen, Katalysatoren, PartnerInnen? In: Public Governance – Öffentliche Aufgaben gemeinsam erfüllen und effektiv steuern (=Öffentliches Management und Finanzwirtschaft, Bd. 2), hrsg von Helfried Bauer, Peter Biwald, Elisabeth Dearing, Wien, Graz: NWV 2005, S. 362-383.

Löffler, Elke: Herausforderung an die öffentliche Verwaltung aus Sicht verschiedener Akteure – eine governanceorientierte Analyse. In: Verwaltung im 21. Jahrhundert – Herausforderung, Probleme, Lösungswege. 20. Kolloquium der Schweizerischen Akademie der Geistes- und Sozialwissenschaften, hrsg. von Rainer J. Schweizer u.a., Freiburg: Universitätsverlag 2003, S. 3-24.

Löffler, Elke: Prioritäten setzen – bürgerschaftliches Engagement mobilisieren: Österreichische Pilotkommunen gesucht. In: Forum Public Management 2010, 3, S. 10-13.

Löffler, Elke: Public governance in a network society. In: Public Management and Governance, ed. by Tony Bovaird, Elke Löffler, 2nd Edition, London u.a.: Routledge 2009, p. 215-232.

Löffler, Elke: Vernetzte Verwaltung: Governance für die Verwaltung 2.0 in Österreich. In: Forum Public Managment 2010, 4, S. 4-6.

Löffler, Elke; Bovaird, Tony: Politische Steuerung neu gedacht: eine governanceorientierte Konzeption des Verhältnisses von Politik und Verwaltung. In: Public Governance – Öffentliche Aufgaben gemeinsam erfüllen und effektiv steuern (=Öffentliches Management und Finanzwirtschaft, Bd. 2), hrsg von Helfried Bauer, Peter Biwald, Elisabeth Dearing, Wien, Graz: NWV 2005, S. 30-39.

LSE Government: Innovation in government organizations, public sector agencies and public service NGOs . London: LSE 2008.

Lucke, Jörn von: Open Government – Öffnung von Staat und Verwaltung. Deutsche Telekom Institute for Connected Cities. Friedrichshafen: Zeppelin University GmbH 2010. In: http://www.zeppelin-university.de/deutsch/lehrstuehle/ticc/JvL-100509-Open_Government-V2.pdf [Download: 15.03.2011].

Mahdon, Michelle: Public Value and health. London: The work foundation 2006. In: http://www.theworkfoundation.com/research/publications/publicationdetail.aspx?oItemId=112 [Download: 08.03.2011].

Markl, Hubert: Die Kulturelle Evolution – Risiko und Chance. In: Frankfurter Allgemeine Zeitung vom 31.12.1980.

Martin, Steve J.: The State of Local Services: Performance Improvement in Local Government. London: Communities and Local Government 2008.

Martin, Steve J.: Engaging with citizens and other stakeholders. In: Public Management and Governance, ed. by Tony Bovaird, Elke Löffler, 2nd Edition, London u.a.: Routledge 2009, p. 279-295.

Matzner-Holzer, Gabriele: Egon Matzner – Querdenker für eine andere Welt. Ein politisches Vermächtnis. Wien: Czernin 2011.

Mayrhuber, Christine u.a.: Gender-Budget-Analyse für Oberösterreich. Studie des Österreichischen Instituts für Wirtschaftsforschung und Solution im Auftrag des Amtes der Oberösterreichischen Landesregierung. Wien, Salzburg: WIFO 2006.

Mayrhuber, Christine u.a.: Gender-Budget-Analysen: Methodische und konzeptionelle Grundlagen. WIFO-Monatsbericht 80(2007), 1, S. 47-54.

Mayrhuber, Christine: Kurzüberblick über Gender Budgeting Initiativen und Projekte in Österreich. In: Gender Budgeting in Europa, Konferenzdokumentation (=Materialien zu Wirtschaft und Gesellschaft, Nr. 99), hrsg. von Elisabeth Klatzer, Michaela Neumayr, Wien: AK Wien 2006, S. 23-36.

Meyers, Marcia; Vorsanger, Susan: Street-Level Bureaucrats and the Implementation of Public Policy. In: The Handbook of Public Administration, ed. by Guy Peters, Jon Pierre, London: Sage 2007, p. 153-164.

Mitlöhner, Rudolf: Mit X wie Hoffnung. In: Die Furche vom 23.12.2010.

Mohr, Egon: Aktuelle Regeln und Anwendungen des Haushaltswesens beim Land Vorarlberg. In: Das öffentliche Haushaltswesen 50(2010), 4-51(2011), 1, S. 166-175.

Moore, Mark Harrison: Creating Public Value. Strategic Management in Government. 6th Edition. Cambridge: Harvard University Press 2001.

Moore, Mark: The Public Value Scorecard. A Rejoinder and an Alternative to „Strategic Performance Measurement and Management in Non-Profit Organizations“ by Robert Kaplan (=Working Paper, No. 18). Boston: The Hauser Center for Nonprofit Organizations, Kennedy School of Government, Harvard University 2003. In: http://www.hks.harvard.edu/hauser/PDF_XLS/workingpapers/workingpaper_18.pdf [Download: 27.01.2011].

Mossialos, Elias et al.: LSE Project: Framework Performance Assessment 2006.

Mouritzen, Poul Eric: Denmark. Reforming Local Government in Denmark: How and Why. Barcelona 2007. In: http://www.strukturforsk.dk/publ/4.pdf [Download: 14.10.2010].

Naschold, Frieder; Bogumil, Jörg: Modernisierung des Staates. New Public Management in deutscher und internationaler Perspektive. 2. vollst. aktual. u. stark erw. Auflage. Opladen: Leske + Budrich 2000.

Naschold, Frieder; Bogumil, Jörg: Modernisierung des Staates. New Public Management und Verwaltungsreform (=Grundwissen Politik, Bd. 22). Opladen: Leske + Budrich 1998.

Needham, Catherine; Murray, Alasdair: The Future of Public Services in Europe. London: Unison and Ver.di 2005.

Noack, Richard Horst: Public Health in Europa: Forschung, Ausbildung und Perspektiven. In: Das Public-Health-Buch. Gesundheit und Gesundheitswesen. Gesundheit fördern – Krankheit verhindern, hrsg. von Friedrich Wilhelm Schwartz, 2., völlig neu bearb. und erw. Auflage, München u.a.: Urban & Fischer 2003, S. 757-771.

Ö1-Morgenjournal vom 14. Juni 2010

OECD: Bridging the Gaps between Levels of Government (=OECD Policy Brief, No. 2009, 10). Paris: OECD Publishing 2009.

OECD: Conclusions of the Ministerial Meeting of the OECD Public Governance Committee. Paris: OECD Publishing 2011. In: http://www.oecd.org/governance/ministerial2010. [Download: 20.03.2011].

OECD: Estonia, Towards a Single Government Approach (=Public Governance Reviews). Paris: OECD Publishing 2011. – forthcoming

OECD: Finland, Working Together to Sustain Success (=Public Governance Reviews). Paris: OECD Publishing 2010.

OECD: From Stimulus to Consolidation: Coordination across Levels of Government Matters. Paris: OECD Publishing 2011.

OECD: Governing Regional Development Policy: the use of performance indicators. Paris: OECD Publishing 2009.

OECD: Government at a Glance. 1st Edition. Paris: OECD Publishing 2009.

OECD: Government at a Glance. 2nd Edition. Paris: OECD Publishing 2011. – forthcoming

OECD: Ireland, Towards an Integrated Public Service (=Public Governance Reviews). Paris: OECD Publishing 2008.

OECD: Linking Regions and Central Governments: contracts for regional development. Paris: OECD Publishing 2007.

OECD: Modernising Government: The Way Forward. Paris: OECD Publishing 2005.

OECD: Multi-level Regulatory Capacity in Australia. Paris: OECD Publishing 2009.

OECD: OECD Public Governance review of Finland. Draft report. Paris: OECD Publishing 2010 – forthcoming

OECD: OECD-Factbook 2010. Paris: OECD Publishing 2010.

OECD: Performance Budgeting in OECD Countries. Paris: OECD Publishing 2007.

OECD: Regional Outlook. Paris: OECD Publishing 2011.

OECD: Regions at a Glance. Paris: OECD Publishing 2011.

OECD: Regions Matter: Economic Recovery, Innovation and Sustainable Growth. Paris: OECD Publishing 2009.

OECD: Restoring Fiscal Sustainability: Lessons for the Public Sector, Paris: OECD Publishing 2010.

OECD: Tax Policy Reform and Economic Growth (=OECD Tax Policy Studies, No. 20). Paris: OECD Publishing 2010.

OECD: The Call for Innovative and Open Government: An overview of country initiatives. Paris: OECD Publishing 2011.

OECD: The OECD Innovation Strategy: Getting a Head Start on Tomorrow. Paris: OECD Publishing 2010.

OECD: Water public governance in OECD countries: a multi-level perspective. Paris: OECD Publishing 2011.

Oesterreichische Nationalbank: Stand der österreichischen Direktinvestitionen im Ausland nach Regionen. Wien 2010.

Osborne, Stephen P.: The Innovative Capacity of Voluntary Organisations: Managerial Challenges for Local Government In: Local Government Studies 24(1998) 1, p. 19-40.

Osimo, David (Hrsg): Government 2.0 – Hype, Hope or Reality? In: European Journal of ePractice 2010, 9, p. 2-4. In: http://www.epractice.eu/files/European %20Journal%20epractice%20Volume%209_2.pdf [Download: 15.03.2011].

Österreichische Gesellschaft für Politikberatung und Politikentwicklung: Armut und Reichtum in Tirol. Wien 2009. Wien: ÖGGP 2009. In: http://www.politikberatung. or.at/typo3/fileadmin/02_Studien/5_armut/armutreichtumtirol2009.pdf [Dwonload: 26.03.2011].

Österreichischer Nationalrat: Materialen zur Regierungsvorlage 1331 der Beilagen XXII. GP. Wien: NR 2007. In: http://www.parlament.gv.at/PG/DE/XXII/I/I_01331/ fname_057830.pdf [Download: 14.05.2010].

Österreichischer Rechnungshof: Bericht des Rechnungshofes: Wiedervorlage: Reihe Oberösterreich 2009, 5: Haushaltsstruktur der Länder (ohne Wien) – Finanzierungsinstrumente der Gebietskörperschaften mit Schwerpunkt Stadt Wels – Regionaler Wirtschaftsverband Grieskirchen, St. Georgen und Tollet – Reihe Oberösterreich 2009, 8: Reformen der Beamtenpensionssysteme des Bundes und der Länder – Reihe Oberösterreich 2009, 9: Klimarelevante Maßnahmen der Länder im Bereich Energie – Oberösterreichische Landesbank Aktiengesellschaft; Follow-up-Überprüfung – Vergleich des Abgabenwesens der Landeshauptstädte Linz und Salzburg (=Reihe Oberösterreich, 2010, 5). Wien: Rechnungshof 2010. In: http://www.scotland.gov.uk/About/scotPerforms/ indicators [Download: 24.03.2011].

Österreichischer Rechnungshof: Bundesrechnungsabschluss 2009. Wien: RH 2010.

Österreichischer Rechnungshof: Finanzierungsinstrumente der Gebietskörperschaften (=Reihe Länder 2010, 4). Wien: RH 2010.

Österreichischer Rechnungshof: Positionen. Verwaltungsreform II. Vorschläge des Rechnungshofes zur Verwaltungsreform und zum Bürokratieabbau. Wien: RH 2009.

Österreichischer Rechnungshof: Verwaltungsreform (=Reihe Bund 2010/14). Wien: RH 2010.

Österreichischer Rechnungshof: Verwaltungsreform (=Reihe Positionen, 2007, 1). Wien: Rechnungshof 2007. In: http://www.rechnungshof.gv.at/fileadmin/ downloads/2009/aktuelles/Verwaltungsreform/Positionen/Pos_Verwref_2007.pdf [Download: 27.03.2011].

Ostrogorski, Georgije: History of the Byzantine state. 2nd Edition. Oxford: Basil Blackwell 1968.

Ours, Jan van: Kommentar im Rahmen der Wirtschaftspolitischen Gespräche „The effects of the crisis on the labour market". WKO-Veranstaltung vom 28.10.2010.

Pesendorfer, Konrad; Leitner, Ferdinand: Neue Zugänge zur Messung von Wohlstand und gesellschaftlichem Fortschritt. In: Wirtschaftspolitische Blätter 2010, 4, S. 533-544.

Peters, Guy; Pierre, Jon (Ed.): Politicization of the Civil Service. London, New York: Routledge Chapman & Hall 2004.

Peters, Guy; Pierre, Jon (Ed.): The Handbook of Public Administration. London: Sage 2007.

Pira International Ltd.: Commercial exploitation of Europe's public sector information. Final report for the European Communities. Surry: Pira International 2000. In: http://www.epsiplus.net/psi_library/reports/commercial_exploitation_of_europe_s_public_sector_information_pira_study [Download: 15.03.2011].

Pitlik, Hans: Ansatzpunkte und Wirkungen von Verwaltungsreformen aus der Perspektive der ökonomischen Bürokratietheorie. In: Reformen der vertikalen Aufgabenverteilung und Verwaltungsmodernisierung im Bundesstaat (=Öffentliches Management und Finanzwirtschaft, Bd. 9), hrsg. von Helfried Bauer, Hans Pitlik, Margit Schratzenstaller, Wien, Graz: NWV 2008, S. 108-122.

Pitlik, Hans; Wirth, Klaus; Lehner, Barbara: Gemeindestruktur und Gemeindekooperation. Studie im Auftrag des Bundesministeriums für Finanzen. Wien: WIFO 2010.

Plato: The Republic. London: Oxford University Press 1945.

Policy Group: Innovation in Government Organizations, Public Sector Agencies and Public Service NGOs. Draft Working Paper. London: NESTA 2008.

Pollitt, Christopher; Bouckaert, Geerd: Public management reform: a comparative analysis. 2nd Edition. Oxford u.a.: Oxford University Press 2004.

Posner, Paul L.; Conlan, Timothy J. (Ed.): Intergovernmental Management for the 21st Century. Washington: Brookings Institution Press 2008.

Prinz, Thomas: Integrative Bewertungsverfahren zur ressourcenschonenden Siedlungsentwicklung. In: Angewandte Geoinformatik 2004. Beiträge zum 16. AGIT-Symposium 2004, hrsg. von Josef Strobl u.a., Heidelberg: Wichmann Verlag 2004, S. 550-555. In: http://ispace.researchstudio.at/downloads/2004/prinz_2004_agit_bewertungsverfahren.pdf [Download: 22.03.2011].

Prinz, Thomas; Dollinger, Franz; Wonka, Erich: Erfassung von Siedlungsräumen mit Hilfe von statistischer Rasterdaten am Beispiel Salzburgs. In: CORP 2006: Treffpunkt der PlanerInnen, 11. Internationale Konferenz zu Stadtplanung und Regionalentwicklung in der Informationsgesellschaft vom 13.-16. February 2006 in Wien (=Geo-Multimedia 06, Tagungsband 2006), hrsg. von Manfred Schenk, Wien: Eigenverlag des Vereins CORP 2006, S. 419-423.

Public Accounts Committee: Learning and Innovation in Government. Forty-third report of session 2008-09. London: House of Commons 2008.

Rega, Rega, I. M.: Patienten- und Bürgerbeteiligung im Gesundheitswesen Deutschlands, Finnlands und Polens: Patienten- und Bürgerbeteiligung im Gesundheitswesen Deutschlands, Finnlands und Polens, Göttingen: Universitätsverlag 2007.

Regierungsprogramm für die XXIV. Gesetzgebungsperiode. In: http://www.oevp.at/Common/Downloads/Regierungsprogramm2008-2013.pdf [Download: 10.01.2011].

Reichard, Christoph: Das Konzept des Gewährleistungsstaates. Referat auf der Jahrestagung 2003 des Wissenschaftlichen Beirats der GÖW. o.O. 2003. In: http://www.econbiz.de/archiv/p/up/public_management/konzept_gewaehrleistungsstaat.pdf

Reichard, Christoph: Governance öffentlicher Dienstleistungen. In: Public and Nonprofit Management. Neuere Entwicklungen und aktuelle Problemfelder, 4. Forschungskolloquium Hamburg – Linz – Potsdam, Hamburger Universität für Wirtschaft und Politik, 5.-7. Juni 2002, hrsg. von Dietrich Budäus, Linz: Trauner 2002, S. 24-42.

Reichard, Christoph; Wollmann, Hellmut (Hrsg.): Kommunalverwaltung im Modernisierungsschub (=Stadtforschung aktuell, Bd. 58). Basel u.a.: Birkhäuser 1996.

Röber, Manfred: Über einige Missverständnisse in der verwaltungswissenschaftlichen Modernisierungsdebatte. In: Kommunalverwaltung im Modernisierungsschub (=Stadtforschung aktuell, Bd. 58), hrsg. von Christoph Reichard, Hellmut Wollmann, Basel u.a.: Birkhäuser 1996, S. 98-111.

Ross, Paul-Stefan: Bürgerkommune als Leitbild einer zukunftsfähigen Entwicklung der lokalen Gesellschaft. In: Lernort Gemeinde, Annette Mörchen, Markus Tolksdorf, Bielefeld: Bertelsmann 2009, S. 213-224.

Rossmann Bruno: Do we need Fiscal Spending Rules in Austria? A Comment on Gerhard Steger. In: Wirtschaftspolitische Blätter 53(2006), 1, S. 75-81.

Rossmann, Bruno: Ist das neue Haushaltsrecht ein Meilenstein zu dessen Modernisierung? In: Das öffentliche Haushaltswesen 50(2010), 4-51(2011), 1, S. 114-136.

Rossmann, Bruno: Zur Bedeutung der Governance im Rahmen der Reorganisation des Staates. In: Public Governance – Öffentliche Aufgaben gemeinsam erfüllen und effektiv steuern (=Öffentliches Management und Finanzwirtschaft, Bd. 2), hrsg von Helfried Bauer, Peter Biwald, Elisabeth Dearing, Wien, Graz: NWV 2005, S. 19-29.

Rugor, Regina; Studzinski, Gundula von: Qualitätsmanagement nach ISO Norm. Ein Praxisleitfaden für MitarbeiterInnen in sozialen Einrichtungen. Weinheim u.a.: Beltz 2003.

Sacks, David; Murray, Oswyn: Encyclopedia of the ancient Greek world. A dictionary of the ancient Greek world. New York u.a.: Oxford University Press 1996.

Sandmo, Agnar: Environmental Taxation and Revenue for Development (=WIDER Discussion Paper, No. 2003/86). Helsinki: UNU-WIDER 2003.

Schäffer, Heinz: Verwaltungsinnovation und New Public Management – Ideen, Erfahrungen, Perspektiven, ein Beitrag aus österreichischer Sicht. In: Verwaltung im 21. Jahrhundert – Herausforderung, Probleme, Lösungswege. 20. Kolloquium der Schweizerischen Akademie der Geistes- und Sozialwissenschaften, hrsg. von Rainer J. Schweizer u.a., Freiburg: Universitätsverlag 2003, S. 133-166.

Schaffer, Nicole; Holzinger, Florian; Woitech, Birgit: Gender Budgeting in Forschungs- und Technologieprogrammen. Studie im Auftrag des Bundesministeriums für Verkehr, Innovation und Technologie. Wien: BMVIT 2009.

Scharmer, G. Otto: Die Theorie U. Von der Zukunft her führen. Heidelberg: Carl Auer Verlag 2009.

Schauer, Reinbert: Öffentliche Betriebswirtschaftslehre – Public Management. Grundzüge betriebswirtschaftlichen Denkens und Handelns in öffentlichen Einrichtungen. Wien: Linde 2008.

Schedler, Kuno; Proeller, Isabella: New Public Management. 2. überarb. Auflage. Bern, Stuttgart, Wien: Haupt UTB 2003.

Schedler, Kuno; Proeller, Isabella: New Public Management. 4. Auflage. Bern, Stuttgart, Wien: UTB 2009.

Schein, Edgar: Organizational Culture and Leadership. San Francisco: Jossey-Bass 2004.

Schick, Allen: Crisis Budgeting. In: OECD Journal on Budgeting 9(2009), 3, p. 1-14.

Schick, Allen: The Roles of Fiscal Rules in Budgeting. In: OECD Journal on Budgeting 3(2003), 3, p. 7-32.

Schmidt, Jochen: Die sanfte Organisations-Revolution. Von der Hierarchie zu selbststeuernden Systemen. Frankfurt am Main: Campus Verlag 1993.

Schratzenstaller, Margit: Bundesvoranschlag setzt erste Konsolidierungsschritte. In: WIFO-Monatsberichte 84(2011), 1, S. 63-84.

Schratzenstaller, Margit: Finanzierung öffentlicher Leistungen – Status und Perspektiven. In: Innovation im öffentlichen Sektor – Festschrift für Helfried Bauer (=Öffentliches Management und Finanzwirtschaft, Bd. 10), hrsg. von Peter Biwald, Elisabeth Dearing, Thomas Weninger, Wien, Graz: NWV 2008, S. 180-191.

Schratzenstaller, Margit: Steuerreform 2009/10. In: WIFO-Monatsberichte 83(2010), 9, S. 687-702.

Schrenk, Manfred (Hrsg.): CORP 2006: Treffpunkt der PlanerInnen. 11. Internationale Konferenz zu Stadtplanung und Regionalentwicklung in der Informationsgesellschaft. 11. Internationale Konferenz zu Stadtplanung und Regionalentwicklung in der Informationsgesellschaft vom 13.-16. February 2006 in Wien (=Geo-Multimedia 06, Tagungsband 2006). Wien: Eigenverlag des Vereins CORP 2006.

Schreyögg, Georg: Organisation, Grundlagen moderner Organisationsgestaltung, Wiesbaden: Gabler 2008.

Schwalb, Lilian; Walk, Heike (Hrsg.): Local Governance – mehr Transparenz und Bürgernähe? Wiesbaden: VS Verlag 2007.

Schwartz, Friedrich Wilhelm (Hrsg.): Das Public-Health-Buch. Gesundheit und Gesundheitswesen. Gesundheit fördern – Krankheit verhindern. 2., völlig neu bearb. und erw. Auflage. München u.a.: Urban & Fischer 2003.

Schwartz, Friedrich Wilhelm (Hrsg.): Das Public-Health-Buch. Gesundheit und Gesundheitswesen. Gesundheit fördern – Krankheit verhindern. 2., völlig neu bearb. und erw. Auflage. München u.a.: Urban & Fischer 2003.

Schweizer, Rainer J. u.a. (Hrsg.): Verwaltung im 21. Jahrhundert – Herausforderung, Probleme, Lösungswege. 20. Kolloquium der Schweizerischen Akademie der Geistes- und Sozialwissenschaften. Freiburg: Universitätsverlag 2003.

Sedlak, Werner: Aktuelle Regeln und Anwendungen des Haushaltswesens in Wien. In: Das öffentliche Haushaltswesen in Österreich 51(2010), 2-4, S. 74-78.

Sen, Gita: Engendering von Finanzministerien. In: Engendering der Makroökonomie. femina politica – Zeitschrift für feministische Politikwissenschaft 11(2002), 1, S. 58-69.

Senge, Peter M. u.a.: Das Fieldbook zur Fünften Disziplin. 2. Auflage. Stuttgart: Klett-Cotta Verlag 1997.

Senge, Peter M.: Die fünfte Disziplin. Kunst und Praxis der Lernenden Organisation. 4. Auflage. Stuttgart: Klett-Cotta Verlag 1997.

Senge, Peter: Warum Unternehmen sich jetzt neu erfinden müssen. In: Organisationsentwicklung. Zeitschrift für Unternehmensentwicklung und Change Management 29(2010), 1, S. 4-12.

Sharp, Rhonda: Budgeting for equity: Gender budget initiatives within a framework of performance oriented budgeting. United Nations Development Fund for Women (UNIFEM). New York: UNIFEM 2003.

Sharp, Rhonda: Financing for gender equality and the empowerment of women. In: Written statement für die Commission on the Status of Women Fifty-first session, 26.2.-9.3.2007. New York: United Nations 2007.

Simon, Fritz B.: Einführung in die systemische Organisationstheorie. Heidelberg: Carl Auer Verlag 2009.

Simon, Fritz B.: Einführung in die Systemtheorie und Konstruktivismus. Heidelberg: Carl Auer Verlag 2006.

Sintomer, Yves; Herzberg, Carsten; Röcke, Anja: Der Bürgerhaushalt in Europa – eine realistische Utopie? Zwischen partizipativer Demokratie, Verwaltungsmodernisierung und sozialer Gerechtigkeit. Wiesbaden: VS Verlag 2010.

Sirlinger Gerald: Gender Budgeting am Beispiel Wien. In: ÖGZ 75(2009), 12-76(2010), 1, S. 44-45.

Sloterdijk, Peter: Der verletzte Stolz. In: Der Spiegel vom 08.11.2010.

Sohm, Walter: Territorium und Reformation in der hessischen Geschichte 1526-1555. Veröffentlichungen der Historischen Kommission für Hessen und Waldeck, Bd. XI, 1: Urkundliche Quellen zur hessischen Reformationsgeschichte, Einleitung. Marburg: N. G. Elwert Verlag 1915.

Stadt Feldkirch: Bürgerengagement in Feldkirch. Das Konzept. Feldkirch: Amt der Stadt Feldkirch 2004.

Stadt Wien, MA5: Gendersensible Statistik (=Statistische Mitteilungen der Stadt Wien, Heft 2005, 1,2) Wien 2005. In:http://www.wien.gv.at/statistik/pdf/genderstatistik.pdf [Download: 16.02.2011].

Stadt Wien: Diversitätsmonitor der Stadt Wien. Wien: MA17 2009. In: https://www.wien.gv.at/integration/monitor.html [Download: 01.02.2011].

Stadt Wien: Gender Budgeting Pilotbezirk. Wien: MA57 2005. In:http://www.wien.gv.at/menschen/gendermainstreaming/pdf/budgeting-pilotbezirk.pdf [Download: 16.02.2011].

Stadt Wien: Integrationsmonitor der Stadt Wien. Wien: MA17 2009. In: https://www.wien.gv.at/integration/monitor.html [Download: 01.02.2011].

Stadt Wien: Synthesebericht Integrations- und Diversitätsmonitoring Wien. Wien 2010. In: https://www.wien.gv.at/integration/monitor.html [Download: 01.02.2011].

Stadt Wien: Tagungsdokumentation zur Enquete „Gender Budgeting – Wege zur geschlechtergerechten Verteilung öffentlicher Gelder und Leistungen". Wien: MA57 2005. In: https://www.wien.gv.at/menschen/frauen/pdf/gender-budgeting.pdf [Download: 16.02.2011].

Stadt Wien: Voranschlag und Rechnungsabschluss der Stadt Wien für diverse Jahrgänge. Wien: MA5.

Staes, Patrick; Thijs, Nick: Quality Management on the European Agenda. In: Eipascope 2005, 1, p. 33-41.

Statistik Austria: Ergebnisse der Bevölkerungsprognose 2010. In: http://www.statistik.at/web_de/statistiken/bevoelkerung/demographische_prognosen/bevoelkerungsprognosen/index.html [Download: 08.03.2011].

Statistik Austria: Österreichische Forschungsquote 2010. Wien: STAT 2010.

Statistik Austria: Regionalergebnisse der kleinräumigen Bevölkerungsprognose 2009. In: http://www.statistik.at/web_de/statistiken/bevoelkerung/demographische_prognosen/bevoelkerungsprognosen/index.html [Download: 08.03.2011].

Statistik Austria: Statistiken/Bevölkerung/Geburten, Daten aus 2009. In: http://www.statistik.at/web_de/statistiken/bevoelkerung/geburten/index.html [Download: 26.01.2011].

Steger, Gerhard: Austria's Budget Reform: Howto Create Consensus for a Decisive Change ofFiscal Rules. In: OECD Journal on Budgeting 10(2010), 1, p. 1-14.

Steinbeck, John: Logbuch des Lebens: Geschichte einer Expedition. München: Kindler 1963.

Steinbrück, Peer: Unterm Strich. Hamburg: Hoffmann und Campe 2010.

Steiner, Reto; Ladner, Andreas: Die Schweizer Gemeinden im Fokus – Gemeindebefragung 2005. In: Perspektiven für Gemeindefinanzen (=Schriftenreihe Finanzen der öffentlichen Hand), hrsg. von Alexander Glatthard, Ulrich Irsch, Bern: Emissionszentrale Schweizer Gemeinden 2006. In: http://www.kpm.unibe.ch/dateien/1023.pdfdatei.pdf [Download: 02.08.2010].

Steiner, Reto; Reist, Pascal: Gemeindefusionen liegen bei Kantonen im Trend. In: Schweizer Gemeinde 45(2008), 11, S. 10-11.

Steinmann, Horst; Schreyögg, Friedrich: Management. Grundlagen der Unternehmensführung: Konzepte – Funktionen – Praxisfälle. 4. Auflage. Wiesbaden: Gabler 1997.

Stroebe, Rainer W.: Grundlagen der Führung. Arbeitshefte Führungspsychologie. Band 2. 10., überarb. Auflage. Heidelberg: I. H. Sauer-Verlag 1999.

Talbot, Colin: Measuring Public Value. Manchester: The Herbert Simon Institute, Manchester Business School o.J. In: http://www.theworkfoundation.com/Assets/Docs/Colin_Talbots_presentation.pdf [Download: 25.01.2011].

Talbot, Colin: Performance Management. In: The Oxford handbook of public management, ed. by Ewan, Ferlie, Laurence Lynn, Jr., Christopher Pollitt, Oxford u.a.: Oxford University Press 2005, S. 491-517.

Talbot, Colin: The value of everything. In: Public Finance from June 9th, 2006. In: http://www.publicfinance.co.uk/features/2006/the-value-of-everything-by-colin-talbot/ [Download: 08.01.2011].

Talbot, Colin: Theories of performance – organizational and service improvement in the public domain. Oxford u.a.: Oxford University Press 2010.

Tapscott, Don: Government 2.0: Rethinking Government and Democracy for the Digital Age. In: State of the eUnion – Government 2.0 and Onwards, ed. by John Gøtze, Christian Bering Pedersen, Copenhagen 2009, p. 6-14. In: http://21gov.net [Download: 01.03.2011].

Tapscott, Don; Williams, Anthony D.: Wikinomics – die Revolution im Netz. München 2007.

The Ministry of the Interior and Health: The local government reform – in brief. London 2005. In: http://www.im.dk/publikationer/government_reform_in_brief/ Kommunal_UK_screen.pdf [Download: 30.07.2010].

The Scottish Government: Scottish Budget Spending Review 2007. In: http://www.scotland.gov.uk/Publications/2007/11/13092240/0 [Download: 24.03.2011].

The White House, Office of the Press Secretary, „Remarks by the President in welcoming senior staff and cabinet secretaries to the White House", Washington January 21, 2009. In: http://www.whitehouse.gov/the-press-office/remarks-president-welcoming-senior-staff-and-cabinet-secretaries-white-house [Download: 15.03.2011].

Tidd, Joseph; Bessant, John; Pavitt, Keith: Managing Innovation Integrating Technological Market and Organizational Change. 2nd Edition Chichester: Wiley 2001.

Trattnig, Rita; Wutscher, Werner: Erfolgsfaktoren für Good Governance in der Verwaltung – eine Innensicht. In: Public Governance – Öffentliche Aufgaben gemeinsam erfüllen und effektiv steuern (=Öffentliches Management und Finanzwirtschaft, Bd. 2), hrsg. von Helfried Bauer, Peter Biwald, Elisabeth Dearing, Wien, Graz: NWV 2005, S. 47-57.

Trebesch, Karsten (Hrsg.): Organisationsentwicklung. Konzepte, Strategien, Fallstudien. Stuttgart: Klett-Cotta Verlag 2000.

Vammalle, Camila; Gaillard, Norbert: Fiscal policy in a tight fiscal context: the sub-national government perspective. In: Institutional and Financial Relations across Levels of Government in a Tight Fiscal Context. Paris: KIPF/OECD Publishing 2011.

Voranschlags- und Rechnungsabschlussverordnung (VRV) 1997, BGBl. II 787/1996 idF. 118/2007.

Walsh, Kieron; Davis, Howard: Competition and Service: The Impact of the Local Government Act 1988. London: Department of the Environment 1993.

Walsh, Kieron; Davis, Howard: Competitive Tendering for Local Authority Services: Initial Experiences. London: Department of the Environment 1991.

Waltl, Waltraud: Entwicklung eines Aktionsplans zur nachhaltigen Implementierung des Common Assessment Framework in der Gesamtorganisation. Master-thesis. Graz 2010.

Watchgroup Gender und Öffentliche Finanzen: Elemente einer Gender-Analyse des Steuersystems. In: Steuern! Alternativen zur neoliberalen Steuerpolitik. Kurswechsel 2006, 1, S. 25-26.

Watchgroup Gender und Öffentliche Finanzen: Geschlechtergerechte Budgetgestaltung. Wien o.J. In: http://www.partizipation.at/fileadmin/media_data/Downloads/themen/watchgroup_genderbudgeting_darstellung.pdf [Download: 14.05.2010].

Watzlawick, Paul: Wie wirklich ist die Wirklichkeit? Wahn, Täuschung, Verstehen. 3. Auflage. München u.a.: Piper 1976.

Weinert, Ansfried B.: Organisations- und Personalpsychologie. 5. Auflage. Weinheim, Basel: Beltz Verlag 2004.

Weinert, Ansfried B.: Organisationspsychologie. Ein Lehrbuch. 4. Auflage. Weinheim: Psychologie Verlags Union 1998.

Widmer, Roman: Die Frage der optimalen Gemeindegröße – der Fall Schweiz. Bulletin des Schweizerischen Städteverbandes vom 26.03.2010.

WIFO: Pensionsprognose im Auftrag des Bundesministeriums für Finanzen. Wien 2010.

WIFO: Prognose für 2011 und 2012: 2012: Aufschwung setzt sich fort, Risiken bleiben bestehen. Presseinformation vom 15.12.2010. In: http://www.wifo.ac.at/wwa/downloadController/displayDbDoc.htm?item=P_2010_12_17$.PDF [Download: 08.02.2011].

Wirth, Klaus: Fusion oder Kooperation? In: Forum Public Management 2010, 2, S. 16-19.

Wismar, Matthias: Health targets: governance strategies and health systems capacity. European Observatory on Health Systems and Policies 2006.

Wonka, Erich; Kaminger, Ingrid; Katzlberger, Gernot: Regionalstatistische Auswertungen mit geographischen Rastern in der Raumplanung. In: Informationen zur Raumentwicklung 2009, 10-11, S. 661-674. In: http://www.bbr.bund.de/nn_21942/BBSR/DE/Veroeffentlichungen/IzR/2009/10__11/Inhalt/inhalt.html [Download: 22.03.2011].

World Health Organization: Health World Report 2000 – Health Systems: Improving Performance. Genf: WHO 2000. In: http://www.who.int/whr/2000/en/whr00_en.pdf [Download: 08.02.2011].

Downloads

http://21gov.net

http://diepresse.com/home/politik/innenpolitik/516268/Voves-will-Bezirkshauptmannschaften-einsparen

http://digitale.staedte.gv.at

http://ec.europa.eu/economy_finance/eu/forecasts/2010_autumn_forecast_en.htm

http://ec.europa.eu/health-eu/doc/whitepaper_en.pdf

http://ec.europa.eu/public_opinion/archives/flash_arch_en.htm

http://egbn.eu/pdf/GB_german.pdf

http://epp.eurostat.ec.europa.eu/cache/ITY_OFFPUB/KS-08-02-002/DE/KS-08-02-002-DE.PDF

http://eur-lex.europa.eu/LexUriServ/LexUriServ.do?uri=COM:2010:0245:FIN:DE:PDF

http://eur-lex.europa.eu/LexUriServ/site/de/com/2001/com2001_0428de01.pdf (2011-03-15)

http://europa.eu/lisbon_treaty/glance/index_de.htm

http://europa.eu/rapid/pressReleasesAction.do?reference=IP/10/225&format=HTML&aged=0&language=DE

http://europa.eu/rapid/pressReleasesAction.do?reference=STAT/08/119&format=HTML&aged=0&language=DE&guiLanguage=en

http://gis.lebensministerium.at/eLISA/frames/index.php?&145=true&gui_id=eLISA

http://hdr.undp.org/en/reports/global/hdr2002/papers/bakker_2002.pdf

http://kaernten.orf.at/stories/501707/

http://m.bmf.gv.at/BUDGET/budgets/2009/beilagen/Verwaltungsreform.pdf

http://reference.e-government.gv.at/uploads/media/TOP-06-5b_BeamteZweiNull-1.0.0_final_20101019.pdf

http://standards.kdz.eu

http://www.allamreform.hu/letoltheto/kozfeladatok/kulfoldi/public_value2.pdf

http://www.berlin.de/imperia/md/content/balichtenberghohenschoenhausen/buergerservice-gemeinwesen/gemeinwesenkonzept.pdf?start&ts=1259074716&file=gemeinwesenkonzept.pdf

http://www.berlin.de/imperia/md/content/balichtenberghohenschoenhausen/buergerservice-gemeinwe-sen/buergerkommune_lichtenberg.pdf?start&ts=1256134969&file=buergerkommune_lichtenberg.pdf

http://www.bis.gov.uk/policies/economics-statistics/economics/public-services-industry-review

http://www.bka.gv.at/DocView.axd?CobId=19951

http://www.bka.gv.at/DocView.axd?CobId=26673

http://www.bka.gv.at/DocView.axd?CobId=32347

http://www.bka.gv.at/DocView.axd?CobId=34413

http://www.bka.gv.at/DocView.axd?CobId=40688

http://www.bka.gv.at/verwaltungsinnovation

http://www.bmg.gv.at/cms/home/attachments/5/8/6/CH1212/CMS1287055124905/pk_unterlage_gesundheitsbarometer.pdf

http://www.buergerhaushalt.org/grundlagen/was-ist-ein-burgerhaushalt/

http://www.buergerhaushalt-lichtenberg.de

http://www.caf-zentrum.at

http://www.corp.at/archive/CORP2006_PRINZ.pdf

http://www.diss.fu-berlin.de/diss/servlets/MCRFileNodeServlet/FUDISS_derivate_000000000613/00_Bruch.pdf

http://www.econbiz.de/archiv/p/up/public_management/konzept_gewaehrleistungsstaat.pdf

http://www.energieatlas.bayern.de/index.htm

http://www.epractice.eu/files/European%20Journal%20epractice%20Volume%209_2.pdf

http://www.epsiplus.net/psi_library/reports/commercial_exploitation_of_europe_s_public_sector_information_pira_study

http://www.esf-gleichstellung.de/fileadmin/data/Downloads/Materialsammlung/Paradoxes_of_Gender_Budgeting.pdf

http://www.eupan.eu/files/repository/document/customer_satisfaction/EU_Primer_English__FINAL_LR.pdf

http://www.feldkirch.at/vereine

http://www.femtech.at/fileadmin/downloads/Wissen/Themen/Gender_allgemein/Gender_Budgeting_Demokratisierung_Wirtschaftspolitik.pdf

http://www.fiv.at/aktivitaeten/FIV-Positionspapier.pdf

http://www.fiv.at/aktivitaeten/Sieben_Gebote_zur_Verwaltungsentwicklung.pdf

http://www.gesetze-rechtspre-chung.sh.juris.de/jportal/?quelle=jlink&query=AmtsO+SH&psml=bsshoprod.psml&max=true&aiz=true

http://www.graz.at/Gleichstellung

http://www.hauptverband.at/mediaDB/730577_Masterplan%20Gesundheit_Langfassung.pdf

http://www.hks.harvard.edu/hauser/PDF_XLS/workingpapers/workingpaper_18.pdf

http://www.im.dk/publikationer/government_reform_in_brief/Kommunal_UK_screen.pdf

http://www.jgk.be.ch/site/agr_gemeinden_gemeindereformen_internereorganisation_wegleitung_gemeindegesetz_2auflage.pdf

http://www.justiz.gv.at/internet/html/default/2c9484852308c2a6012374f7a4b7043b.de.html;jsessionid=988456CEDFBEAFE47BEEFA3404877DA3

http://www.kdz.eu/de/wifo-kdz-workshop-2007

http://www.kietzatlas.de/lichtenberg

http://www.kleinezeitung.at/steiermark/gemeinderatswahl/2316706/voves-will-verwaltungsreform-fuenf-jahren.story

http://www.konvent.gv.at/portal/page?_pageid=905,678705&_dad=portal&_schema=PORTAL

http://www.kpm.unibe.ch/dateien/1023.pdfdatei.pdf

http://www.landespressedienst.steiermark.at/cms/beitrag/11398702/29767960/

http://www.landesrechnungshof-sh.de/index.php?getfile=bestandsaufnahme.pdf

http://www.landesrechnungshof-sh.de/index.php?getfile=komu_bericht2005.pdf

http://www.oecd.org/document/14/0,3343,en_2649_34119_2074062_1_1_1_1,00.html

http://www.oecd.org/gov/regional/workingpapers

http://www.oevp.at/Common/Downloads/Regierungsprogramm2008-2013.pdf

http://www.parlament.gv.at/PG/DE/XXII/I/I_01331/fname_057830.pdf

http://www.parlament.gv.at/SUCH/viewsource.shtml?docid=7c937c2a50710e4b2bbb121c84bbd972_both&qtf_teaser:query=bt1.bidxlemtitle:%22transparenzdatenbankgesetz%22#match0

http://www.partizipation.at/fileadmin/media_data/Downloads/themen/watchgroup_genderbudgeting_darstellung.pdf

http://www.pinzpower.at/bhplus/index.html

http://www.politikberatung.or.at/typo3/fileadmin/02_Studien/2_staat/KriseZukunftDemokratie.pdf

http://www.politikberatung.or.at/typo3/fileadmin/02_Studien/5_armut/armutreichtumtirol2009.pdf

http://www.publicfinance.co.uk/features/2006/the-value-of-everything-by-colin-talbot/

http://www.rechnungshof.gv.at

http://www.rechnungshof.gv.at/fileadmin/downloads/2010/beratung/verwaltungsreform/Effizienz_Verwaltung/Loesungwsvorschlaege_Verwaltungssteuerung.pdf

http://www.rechnungshof.gv.at/fileadmin/downloads/2010/beratung/verwaltungsreform/Gesundheit/Problemanalyse_Gesundheit_und_Pflege.pdf

http://www.rechnungshof.gv.at/fileadmin/downloads/2010/beratung/verwaltungsreform/Aufgabenreform/Problemanalyse_Aufgabenreform.pdf

http://www.schleswig-holstein.de/cae/servlet/contentblob/301450/publicationFile/verwaltungsreformOrientierungshilfe.pdf

http://www.schleswig-holstein.de/cae/servlet/contentblob/301476/publicationFile/verwaltungszusammenschluesse.pdf

http://www.schleswig-holstein.de/cae/servlet/contentblob/301488/publicationFile/verwaltungsreformLeitfadenErgebnisbericht.pdf

http://www.scientificamerican.com/article.cfm?id=the-semantic-web

http://www.scotland.gov.uk/About/scotPerforms/indicators

http://www.scotland.gov.uk/Publications/2007/11/13092240/0

http://www.statistik.at/web_de/statistiken/bevoelkerung/demographische_masszahlen/demographische_indikatoren/index.html

http://www.statistik.at/web_de/statistiken/bevoelkerung/demographische_prognosen/bevoelkerungsprognosen/index.html

http://www.statistik.gv.at/web_de/klassifikationen/regionale_gliederungen/raster_mgi_lambert/index.html

http://www.statistik.gv.at/web_de/klassifikationen/regionale_gliederungen/raster_etrs_laea/index.html

http://www.statistik.gv.at/web_de/services/geodaten/index.html

http://www.statistik-nord.de/daten/bevoelkerung-und-gebiet/gebiet/kommunale-verwaltungsreform-schleswig-holstein/

http://www.stiftungaktuell.de/files/sr91_e-government_und_verwaltungsmodernisierung.pdf

http://www.strukturforsk.dk/publ/4.pdf

http://www.theworkfoundation.com/Assets/Docs/Colin_Talbots_presentation.pdf

http://www.theworkfoundation.com/research/publications/publicationdetail.aspx?oItemId=112

http://www.thwink.org/sustain/manuscript1/AModelInCrisis.htm

http://www.uni-due.de/biwi/issab/sozialraumorientierung

http://www.usp.gv.at/

http://www.vermessung.bayern.de/file/pdf/3583/Pr%C3%A4sentation_Lautenbacher_Wolf.pdf

http://www.verwaltung-innovativ.de/nn_684686/DE/Presse/Artikel/ArtikelArchiv/2008/20080318__demographischer__wandel__und__oeffentlicher__dienst.html

http://www.verwaltungskostensenken.at/Deutsch/BRGERINNENPROGRAMM/_start.htm

http://www.verwaltungskostensenken.at/Deutsch/Initiative/_start.htm

http://www.wgkk.at/mediaDB/654392_Endbericht_Befragung_Internet.pdf/

http://www.whitehouse.gov/the-press-office/remarks-president-welcoming-senior-staff-and-cabinet-secretaries-white-house

http://www.who.int/whr/2000/en/whr00_en.pdf

http://www.wien.gv.at

http://www.wien.gv.at/menschen/gendermainstreaming/pdf/budgeting-pilotbezirk.pdf

http://www.wien.gv.at/statistik/pdf/genderstatistik.pdf

http://www.zeppelin-university.de/deutsch/lehrstuehle/ticc/JvL-100509-Open_Government-V2.pdf

http://www2.unpan.org/egovkb/datacenter/CountryView.aspx

https://sites.google.com/site/igcollaboratory/open-government

https://sites.google.com/site/igcollaboratory/open-government/abschlussbericht2

https://www.wien.gv.at/integration/monitor.html

https://www.wien.gv.at/menschen/frauen/pdf/gender-budgeting.pdf

Tageszeitungen

FOCUS 2008, 26 vom 23.06.2008

Frankfurter Allgemeine Zeitung vom 31.12.1980

Globe & Mail Newspaper vom 02.01.1999

Kleine Zeitung vom 03.07.2010

Kleine Zeitung vom 24.11.2010

Kronen-Zeitung vom 15.01.2010

Oberösterreichische Nachrichten vom 25.08.2010

Österreich vom 14.12.2010

ANHANG 3

Stichwortverzeichnis

H

I

J

K

L

M